手繪清朝

第1卷

著者　（日）伊东忠太
策划　金明学
翻译　王二贵　宋德强　胡红娟
杨英华　成玉婷　王丽媛
范　帅

山西出版传媒集团
山西人民出版社

图书在版编目（C I P）数据

手绘清朝/（日）伊东忠太著；王二贵等译. —太原：山西人民出版社，2015. 10
ISBN 978-7-203-09161-5

Ⅰ. ①手… Ⅱ. ①伊… ②王… Ⅲ. ①中国历史-史料-清代 Ⅳ. ①K249. 06

中国版本图书馆 CIP 数据核字（2015）第 194535 号

手绘清朝

著　　者：（日）伊东忠太
出版策划：金明学
译　　者：王二贵　宋德强　赵一萍等
责任编辑：贾　娟
装帧设计：陈　婷

出 版 者：山西出版传媒集团·山西人民出版社
地　　址：太原市建设南路 21 号
邮　　编：030012
发行营销：0351—4922220　4955996　4956039　4922127（传真）
天猫官网：http：//sxrmcbs. tmall. com　电话：0351—4922159
E—mail：sxskcb@163. com　发行部
sxskcb@126. com　总编室
网　　址：www. sxskcb. com

经 销 者：山西出版传媒集团·山西人民出版社
承 印 者：山西出版传媒集团·山西新华印业有限公司

开　　本：787mm×1092mm　1/8
印　　张：65
字　　数：500 千字
印　　数：1-1 500 册
版　　次：2015 年 10 月第 1 版
印　　次：2015 年 10 月第 1 次印刷
书　　号：ISBN 978-7-203-09161-5
定　　价：1200. 00 元（全 2 卷）

序 言

1945年（昭和20年）9月，为了保存明治以来东大各位老师的学术成果，我将自己的研究室搬到了位于岩手县山脚下的一个小山村（今雫石町内）。

在伊东老师的资料中，有很多当时伊东老师遍访各地（以中国为代表）的调查资料，和数千张图画佳作。这些资料都整理得井井有条，分门别类地装在木头箱子里。当我每天在仓库内查阅这些资料时，都感觉是在和各位老师进行亲切交谈而倍感喜悦。在搬家的过程中，也感觉各位令人尊敬、德才兼备的老师们就在我身边，而感到非常幸运。

伊东先生的足迹遍及埃及、印度、土耳其等地，还多次访问了中国各地。当时的中国还是清政府时期，在慈禧太后的统治之下，伊东先生作为工程学博士而受到了优厚待遇。当时的交通条件非常有限，只能是徒步、骑马、划船，有时还需要乘坐轿子前往各地，他用笔记录下了拥有数千年历史的古建筑及风土人情，把在各地观察到的东西都如实地记录了下来。

历经三年，伊东先生的足迹遍及世界各地。从中原各地经遥远的四川栈道，到达重庆；从成都登上峨嵋山，转而又从云南大理翻山越岭进入缅甸，访问了印度等南亚各国；又从南亚来到黎巴嫩、土耳其等地，从埃及到希腊，遍访欧美各地。这种超人的行动力，是其他学者无法相比的。

这次旅行的目的是要探寻日本建筑的渊源，而这项工作是从法隆寺的研究开始的，可以说先生是东西文化交流、研究的先驱者。在旅行途中收集的内容图文并茂，当然也采用了照片拍摄的方法，但更多的是先生自己的绘画作品。老师的绘画栩栩如生，毫不夸张地说，先生的绘画比照片更精准，绘画中的每个线条都富有韵味。

一百多年后的今天，画中的东西大多已消失。收录在本书中部分的内容，已经成为极具研究价值的资料，我也曾向老师学习，在中国各地调研考察。在云南、成都等资料相对贫乏的地区，老师书中的素材真的就成了重要的参考资料。

通过这些珍贵的资料，我们可以从中感受到老师丰富的个性和独特的魅力，可以说，老师既是工程学家，同时也是艺术家，老师对建筑学的深厚感情，是他对事物万象以及色彩的无限的好奇心吧。

伊东先生编纂了日本建筑史大纲，并对它们的起源进行了探访。在中国游历的过程中，发现了大同云冈石窟，使法隆寺建筑论的论据得到证实。为了寻找证据，足迹遍及了印度、希腊等地，而且还求证了西欧学者对东方建筑史、东方文化史的价值认识。在本书中我们可以看到最原始的记录。

直到今天，世界上很多学者们在对东西文化交涉史进行着更广泛、深入的研究。先生留下的这些资料一定会让他们受益匪浅的。

藤岛亥治郎

编辑者的话

本书是伊东忠太于1902年（明治35年）4月至第二年6月在中国各地进行调研考察时的所见所闻。原书共5册，大部分内容为彩色或黑白手绘图，并且对图进行了附加说明。

本书在伊东忠太原有的绘图基础上，进行了说明，编辑而成。

原本

野帖原本现由伊东忠太次子伊东祐信收藏。

①封面

在原本的各封皮上都用糨糊贴着纸，纸上由伊东忠太本人亲手写有标题，标题如下：

《清国第一册　由北京至张家口》

《清国第二册　由张家口至西安》

《清国第三册　由西安至重庆》

《清国第四册　由重庆至贵阳》

《清国第五册　由贵阳至新街》

背面也是相同的，只不过用（第〇卷）来表示，在第二卷里，插入了经由地龙门。

封面的尺寸为16×10厘米，厚度为1–2厘米，封面使用了蓝绿色的布装订。

②内部纸张

内部采用了上好材质的乳白色纸张，每隔4厘米印有浅蓝色的方格线，用于记录当时的野外调查。

③记载内容

记载的内容有：笔者在调查中的遭遇、建筑、文物、古迹、当地风俗等。按行程做了记载，没有日期，但排列上有前后顺序，可以根据日志的内容进行确认。内容主要分为以下八个种类：

a　建筑：建筑是伊东忠太调查的主要内容，记录内容详实，只是记录方法有所不同。

b　文物：古迹、石碑、坟墓、大钟、佛教用具等。

c　资料：有备忘录、各个县县志摘要，当地所见所闻、图表等。

d　地图：有区间行程图以及里程表、城市地图、地形剖面图等。

e　风俗：有人物、物品等。

f　景观：有整幅的彩色素描图。

g 绘画：为笔者亲手所绘，内容为调研时的见闻。

h 附录：有参考资料、笔记、图表、剪纸画等。

从笔者开始写作，到现在已经过了一百多年的时间了，纸张也已发黄，彩色的图画也已褪色，其中部分在后期进行过调整，文字是用钢笔写的，但也有些是用铅笔写的。

文中错字、误记的内容也不少，对这些错误的地方在收录本书时都作了注释。

在地名、寺庙等的专用名词以及一些建筑用语中，也有误记或记录不统一的地方，对此，我们也做了相应的注解。

还有度、量、衡的单位，由于日本和中国以及各个地方都不统一，不尽相同，因此，在记述中也没做考订。

收录

在收录本书时，原则上尽可能的按原文排列，忠实地再现原文。

①排列：如前所述，原文中的各个图表未必是按行程顺序记录的，还有即使是同一主题、同一调查对象，记录时也有间隔，对此，排列顺序按原文排列，必要时加以注解。

②章节：将原文的卷，做为本书的章节。为了方便读者阅读，在每章的封面上都画了行程简图，对路线概要重新做了说明。

③再现：原书中多为彩色图画，因此我们也尽可能的用彩色图画来再现原书。在收录时，基本按原书的尺寸收录。因此，读者可以根据图的序号进行查找。

④其他：对表、题及图解说明有不一致的地方，以及原书中插入的地图及备忘录等，是对原书中的部分内容进行了改动和割舍，如原书的序数单位只有第二卷用了卷，其他四本都使用册，本书中全部采用了卷的说法。

目录，索引

本书卷首的目录，都是参照原书的目录编写的。

图表说明

对本书中的每幅图，都尽可能地做了说明。说明的内容原则上都是根据伊东忠太日志来进行说明的，基本上都与野帖原本相对应，由泷本弘之执笔，最终由『刊行会』定稿。对著者的见解及当时状况的说明。执笔时尽可能的按各种资料等记录，有些注解是按编辑时的立场来进行注解的。关于这点，请参照本书第二卷伊东祐信的解说。

记事说明

记事，对一些主要图表、用语及原书中错误的地方进行了说明。误记及异体字可能会使读者造成误读，不易理解，所以对该部分也做了注解。关于地名的记录，我们在尊重原书的基础之上，对一些地名不统一的地方，没有明显错误的地方，都参照野帖的资料，统一进行了修订，原则上都采用当时的称谓。如云南府（昆明市）、嘉定府（乐山市）等，现在这些地名及行政区划都发生了变化，对此我们都在括号里添加了现在的名称。当时北京的正式名称是京师（顺天府），在本书中全采用北京。对一些建筑用语及特殊用语都进行了说明，对一些不统一的地方也做了适当修改。

第1卷目录

目录中，只列出了全部行程中特别重要的地名。详细的请参照各卷目录以及行程略图、概述。页码下括号内的数字是指原书的卷数及页码数。

第一卷 行程略图

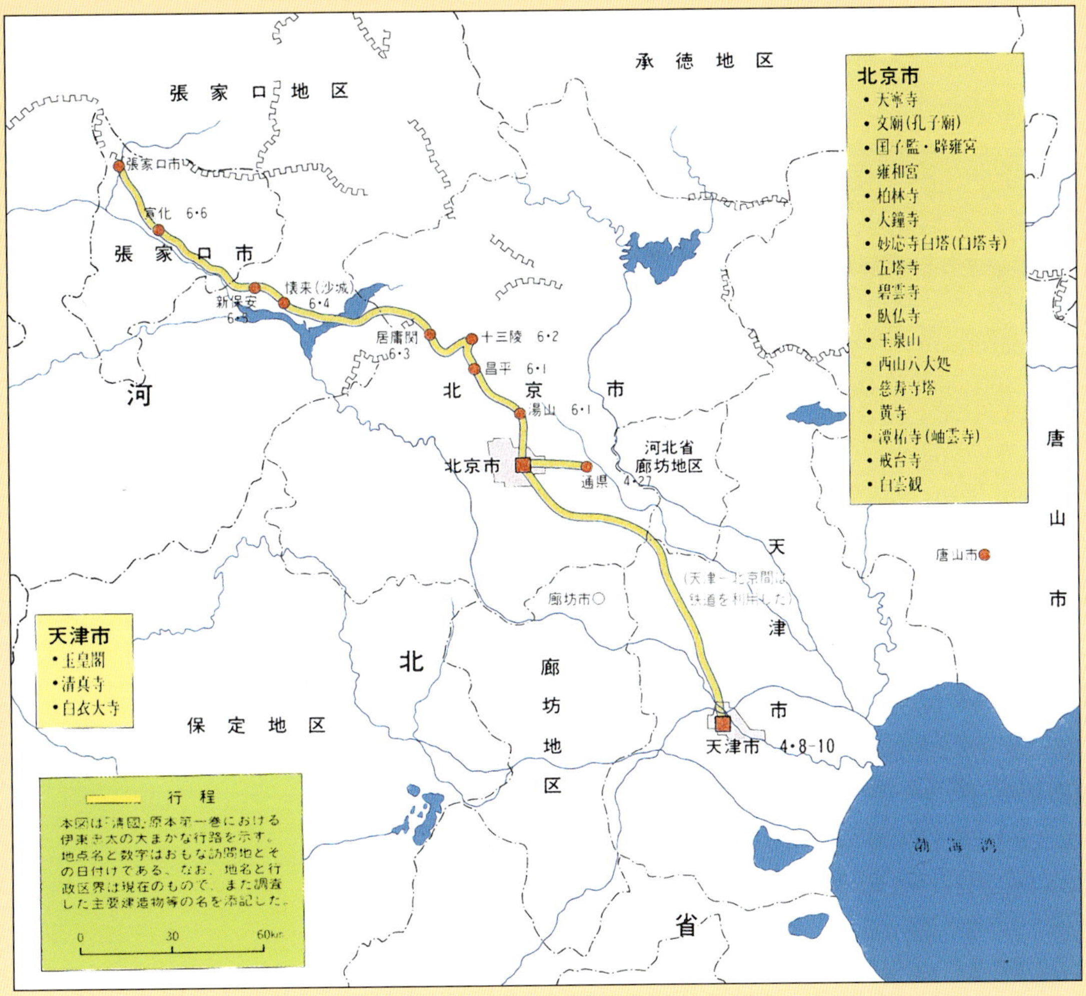

1902年（明治35年）再度访问清国，在此之前，伊东忠太已于1901年完成了他的第一次中国之行。1900年，在华北地区爆发了义和团运动，义和团被镇压之后，西方列强占领了北京城，就在此时，伊东忠太接到内阁的命令，前往清国，对故宫前后进行了为期两个月（1901年7—8月）的实地调查。当时慈禧太后为了躲避战乱，伺机逃往西安。在《清国北京皇城》《渡清日记》中都有详细的记录。当时担任翻译的是外国语学校的岩原大三。岩原之后一直留在了中国。

第一卷

1902年（明治35年）3月29日，从东京新桥乘火车出发，4月2日从广岛宇品登船，经玄海滩，横渡黄海、渤海于4月8日到达大沽。曾在上次调查中担任翻译的岩原大三在港口接站。在此之后的调查中，岩原一直担任翻译工作，与我同行。大沽是天津的外港，当天我们乘火车从大沽到达天津。在天津的时间很短，只有半天，只转了几个地方，由于时间很累，所以没有留下详细的记录，只留下了一些图画。从天津乘火车于4月10日到达北京。

在北京的最初几天，我们住在了一个名叫『德兴堂』的旅馆，后经朋友宫岛大八介绍住到了由川岛浪速经营的警务学堂，在此大约住了4个月左右。在北京调查了周边的卧佛寺、玉泉山、八大处等有名的寺院。在雍和宫有日本本愿寺的留学僧——寺本婉雅，他在此学习藏传佛教的各种教义。还访问了道教全真派的祖庭——白云观，令人叹为观止。在北京期间，还进行了三次小的旅行。第一次是4月27日，乘火车前往通州（北京东郊）的一日游，在通洲对塔作了调查。第二次是5月18日—20日对潭柘寺、戒台寺（北京西郊）进行了调查。最后一次是从6月1日，大约用了一个月的时间对山西进行了调查。去山西的旅行时间是从6月1日出发，线路是骑马从十三陵到居庸关，经八达岭到达石家庄。

第一冊

目次

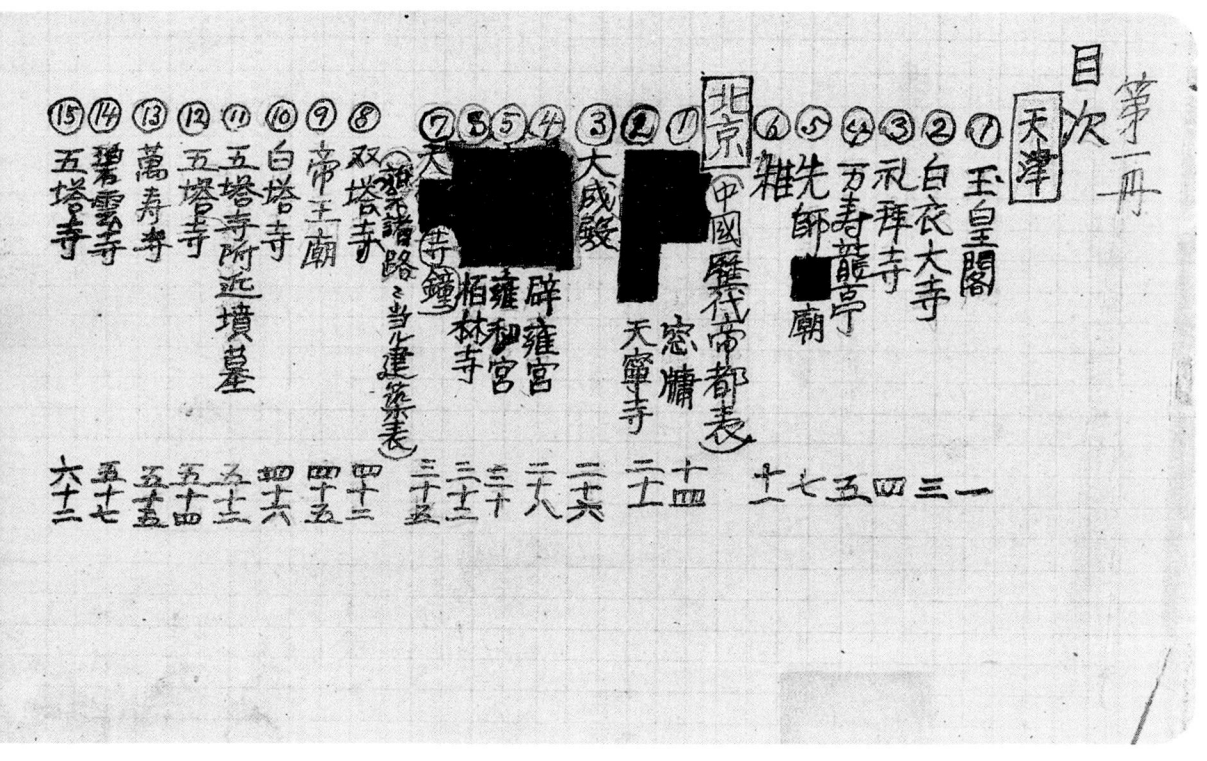

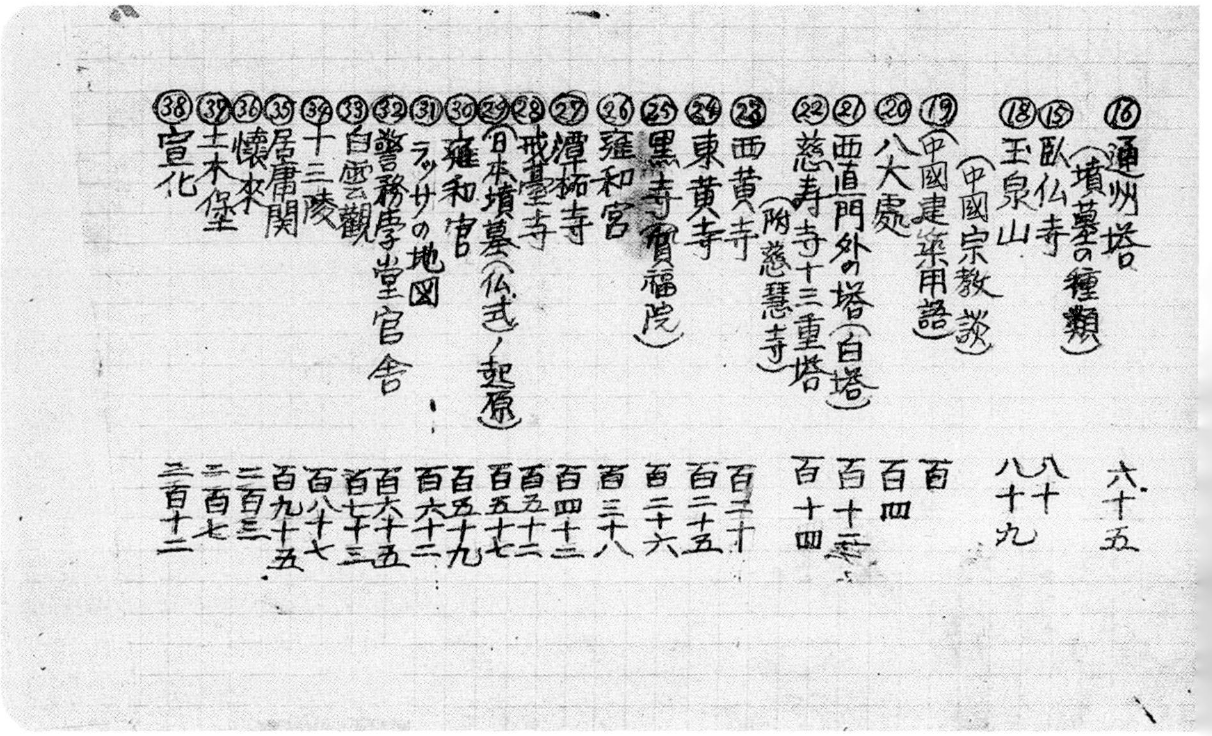

牌楼建于光绪十七年，斗拱结构与众不同。如照片所示，正吻上有数条像武器一样的东西，尾垂木由一个斗支出三根栱，样子独特，由 a 和 e 相连接，组成图中形状。

里面的殿叫清虚阁，整个阁楼分为上下两层。

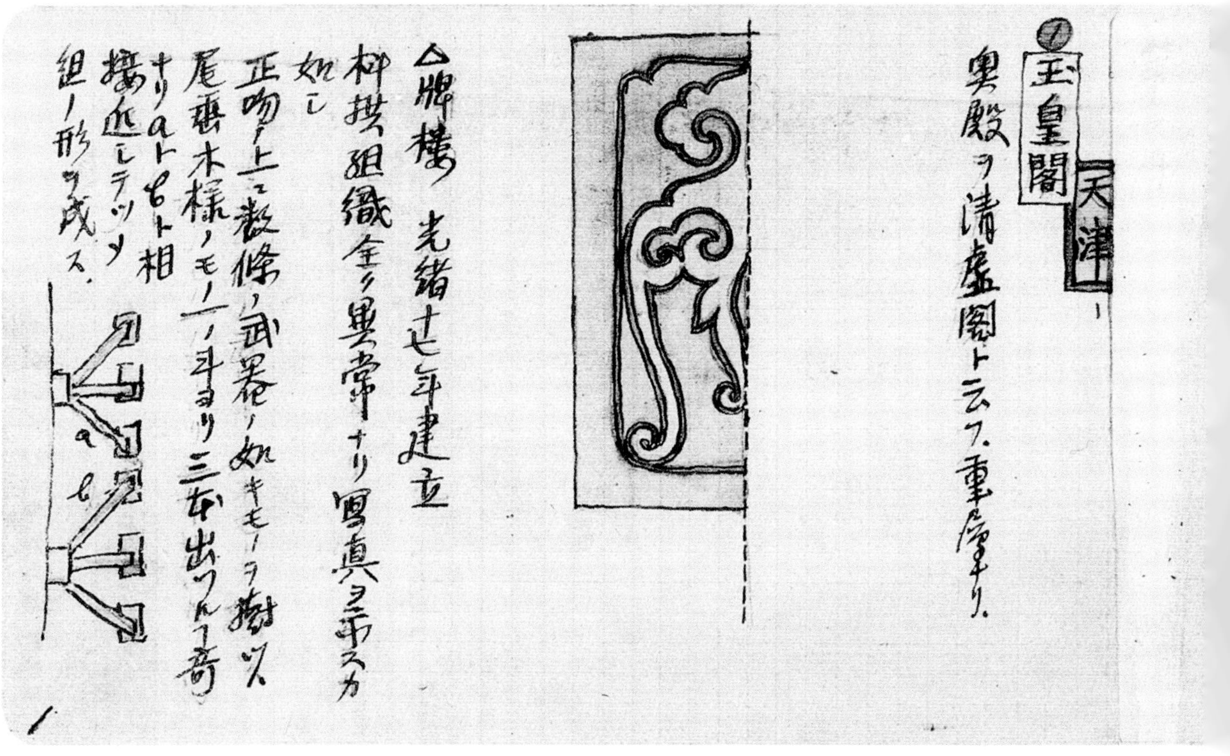

1天津（1）玉皇阁（4月10日）

笔者于明治三十五年（1902）4月8日到达天津，住宿在芙蓉馆。10日雇了一辆人力车，拿着相机，用了一上午的时间在各地进行拍摄、调查。『玉皇』是道教『天帝』的意思。玉皇阁是为了祭拜天帝而修建的。图中央是玉皇阁门板上的图案。

2天津（2）玉皇阁（2）（4月10日）

天津玉皇阁位于城内东北角，建于明宣德二年（1427），之后进行了重修，正吻是建筑屋顶正脊两端的装饰件。有点类似怪兽的模样。右图是凤凰的形状。

尾垂木的末端

屋脊正吻上的装置

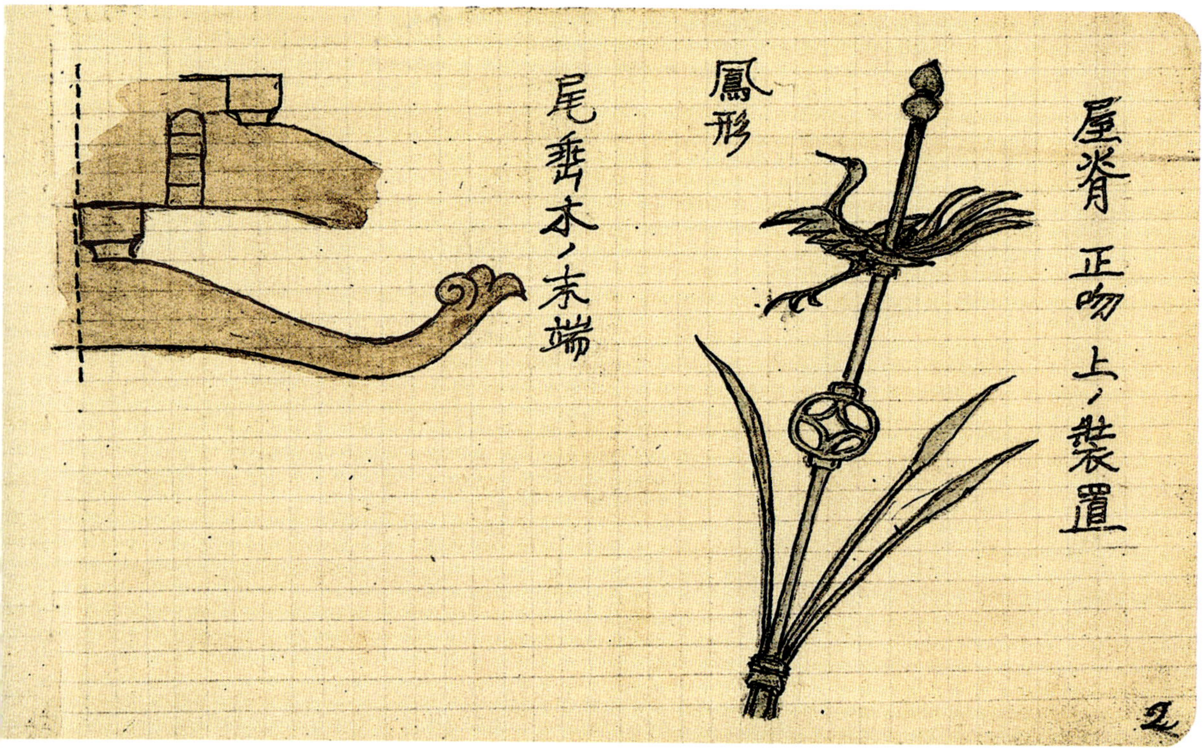
屋脊正吻上ノ装置
鳳形
尾垂木ノ末端

4天津（4）礼拜寺（4月10日）

笔者注意到这个寺庙屋顶的形状很特殊，并进行了拍摄。之后将照片发表在《建筑杂志》（168号）上。礼拜寺修建于清康熙四十二年（1703），是一所中国风格的回教寺院。左边的一部分文字已模糊不清，正吻类似于鯱，很罕见。

正吻即鸱吻，在北京城内这样的正吻有很多。很有意思。

为穹隆顶棚，颇为珍奇。

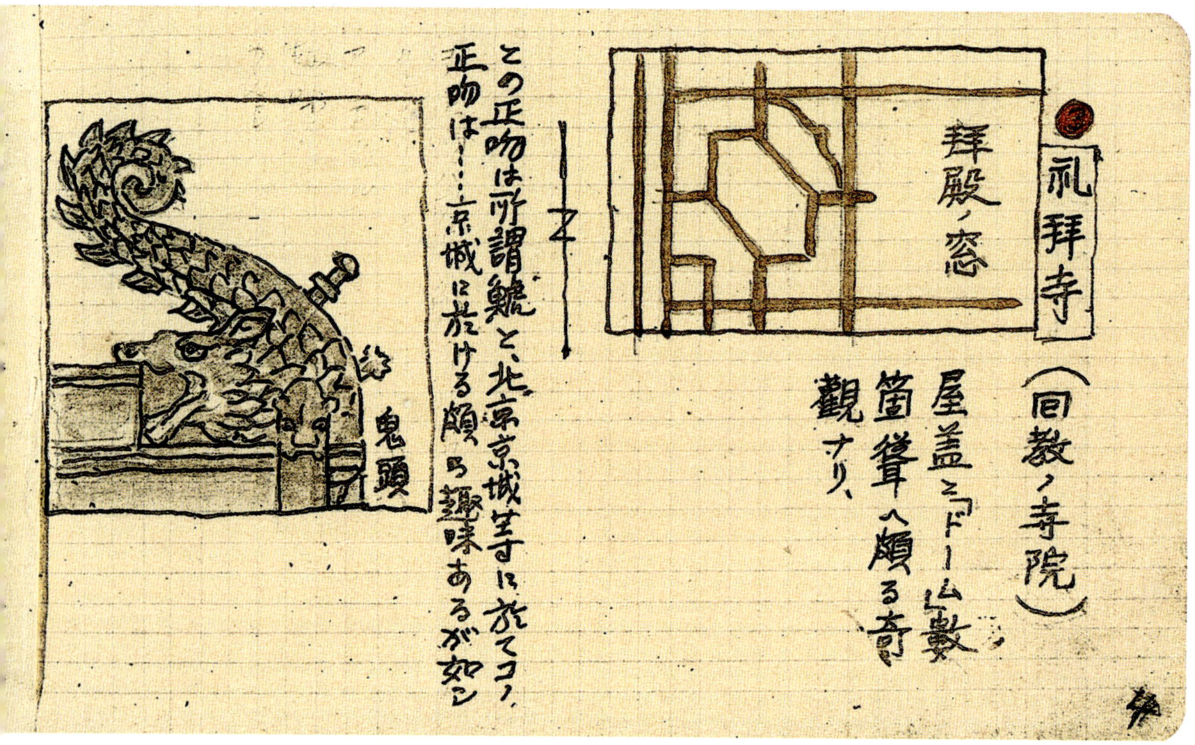
礼拜寺
（回教ノ寺院）
屋蓋ニハドーム数箇聳ヘ頗ル奇観ナリ、
拝殿ノ窓
この正吻は所謂鯱と、北京京城等に於てコノ、正吻は……京城に於ける頗る趣味あるが如シ
鬼頭

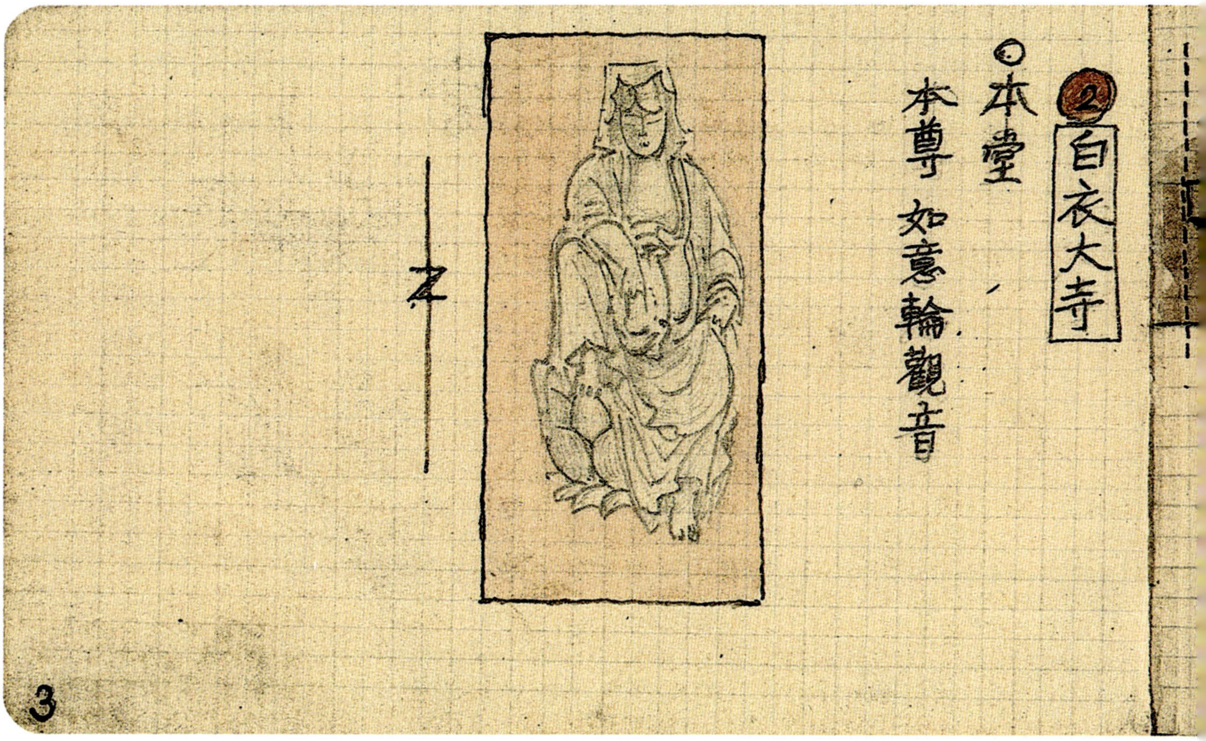

3天津（3）白衣大寺（4月10日）

如意轮观音发宏愿是用如意宝珠和宝轮的功德，救一切众生于苦难之中。『白衣大寺』即现在的大悲院。

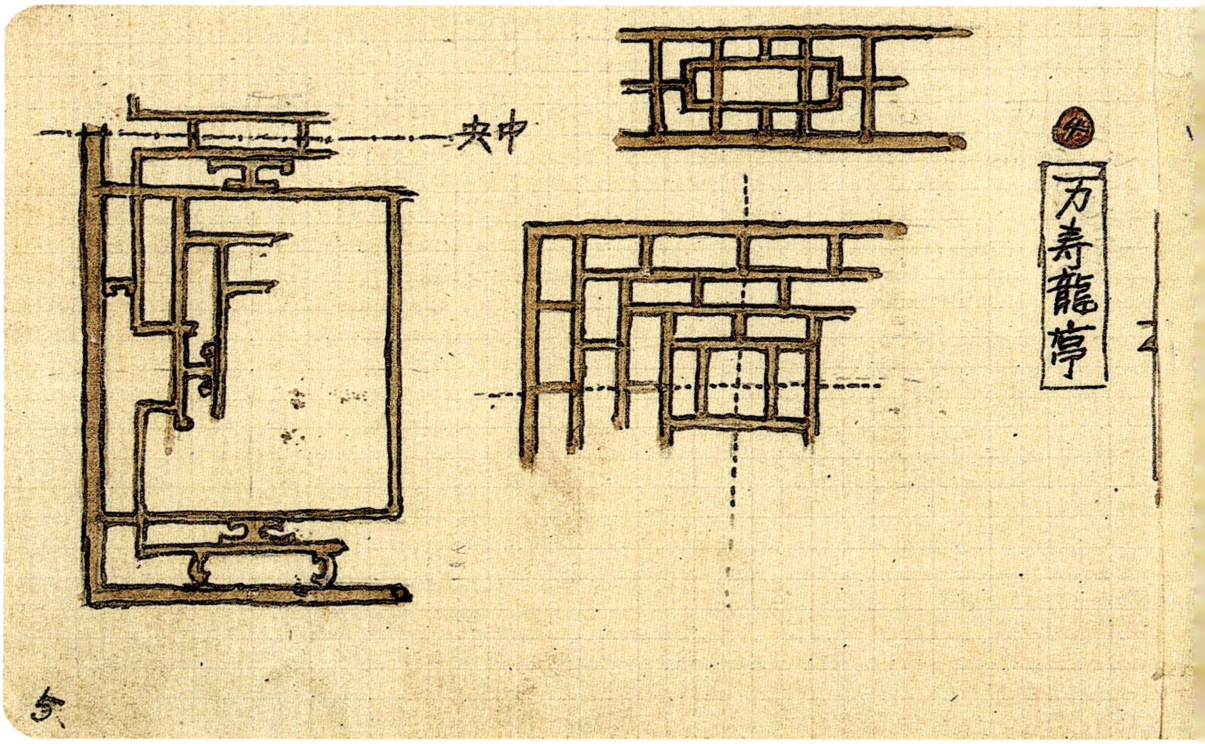

5天津（5）万寿龙亭（1）（4月10日）

窗户由细的木条构成，造型多种多样。在日本看惯了推拉门窗户的样子，对此还是有印象的。我们也采集了各地不同款式的窗户图案。

直隶省

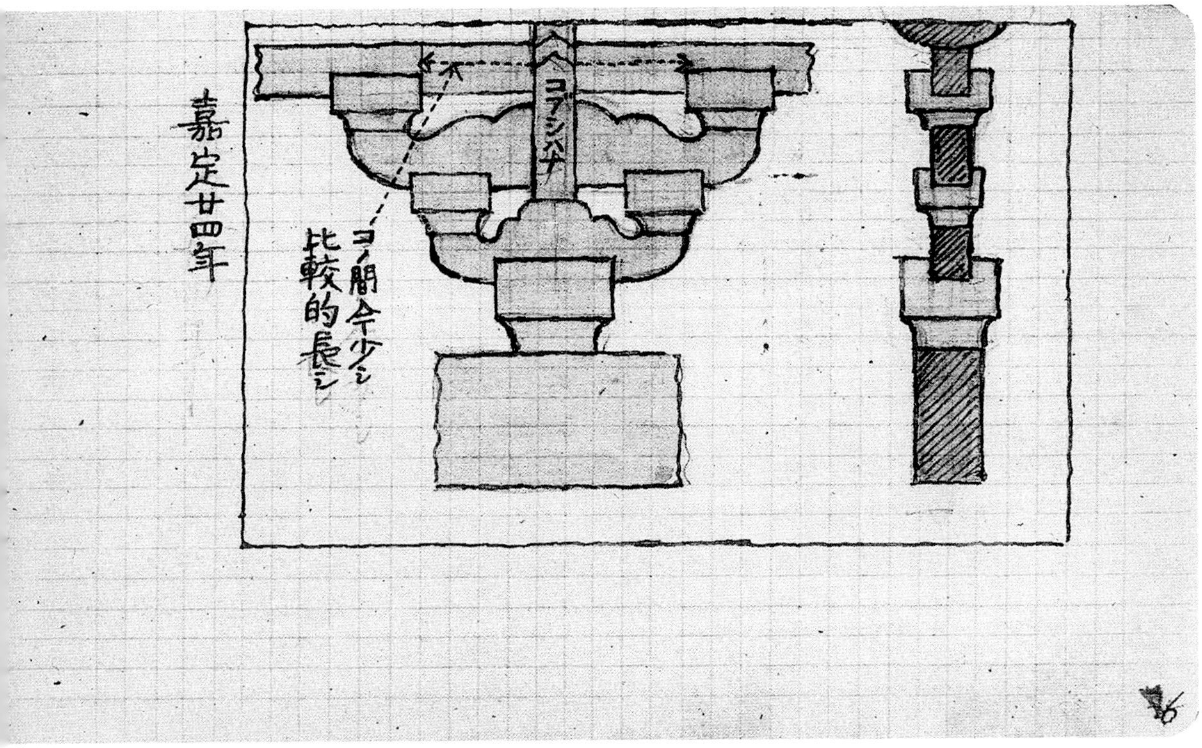

6天津（6）万寿龙亭（2）（4月10日）

左图虽写有嘉定二十四年，但历史上嘉定只到十七年，准确地讲应该是南宋绍定四年，相当于西历的1231年。斗拱是支撑屋檐的承重结构，位于立柱和横梁的交接处。清代的装饰很复杂。图中的斗拱，上有线条装饰，使高度增加，形式富于变化。

日本建筑的斗拱结构为中国样式。

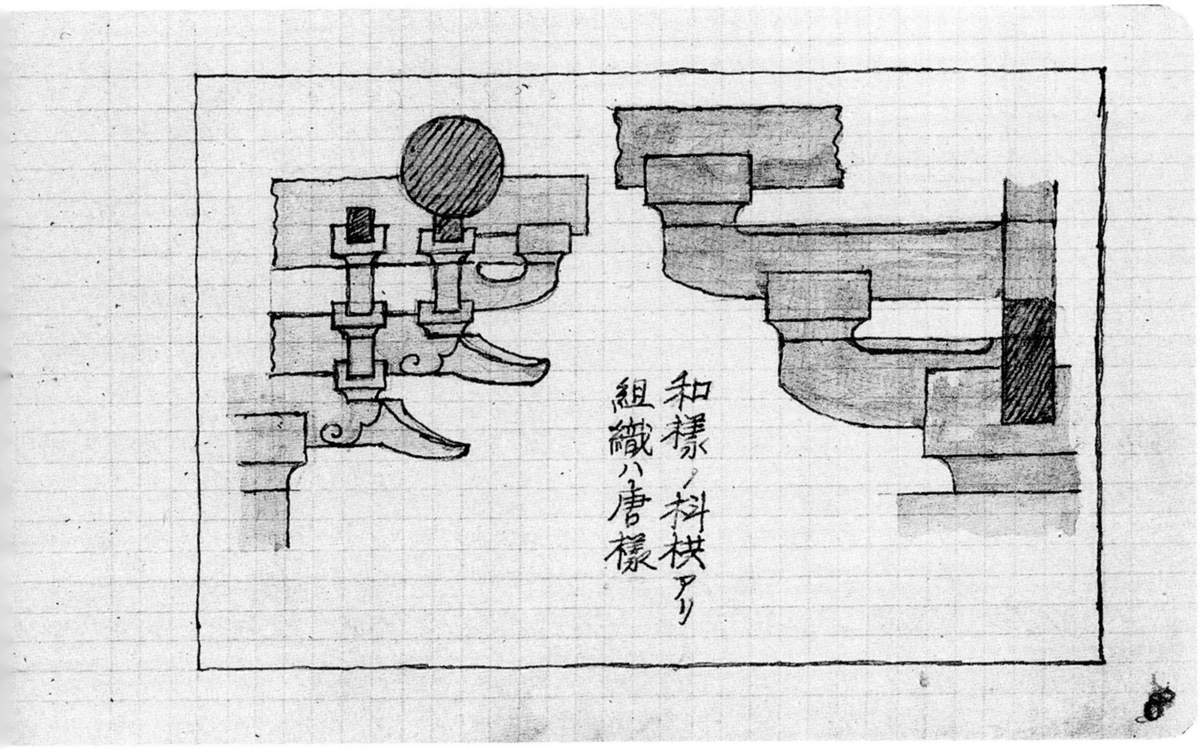

8天津（8）先师庙（2）（4月10日）

先师庙位于旧城东部，建于明正统元年（1436），之后，多次进行过扩建和重修。所谓日本式建筑，有明确的形式，即：栱是与斗一起构成斗拱的水平材料，承托斗和横梁，位于木口的垂直面和下端曲面的交接处。

这扇门与玉皇阁的门相同，有斗拱，尾垂木上有护墙板，向外突出，向前突出约一丈。

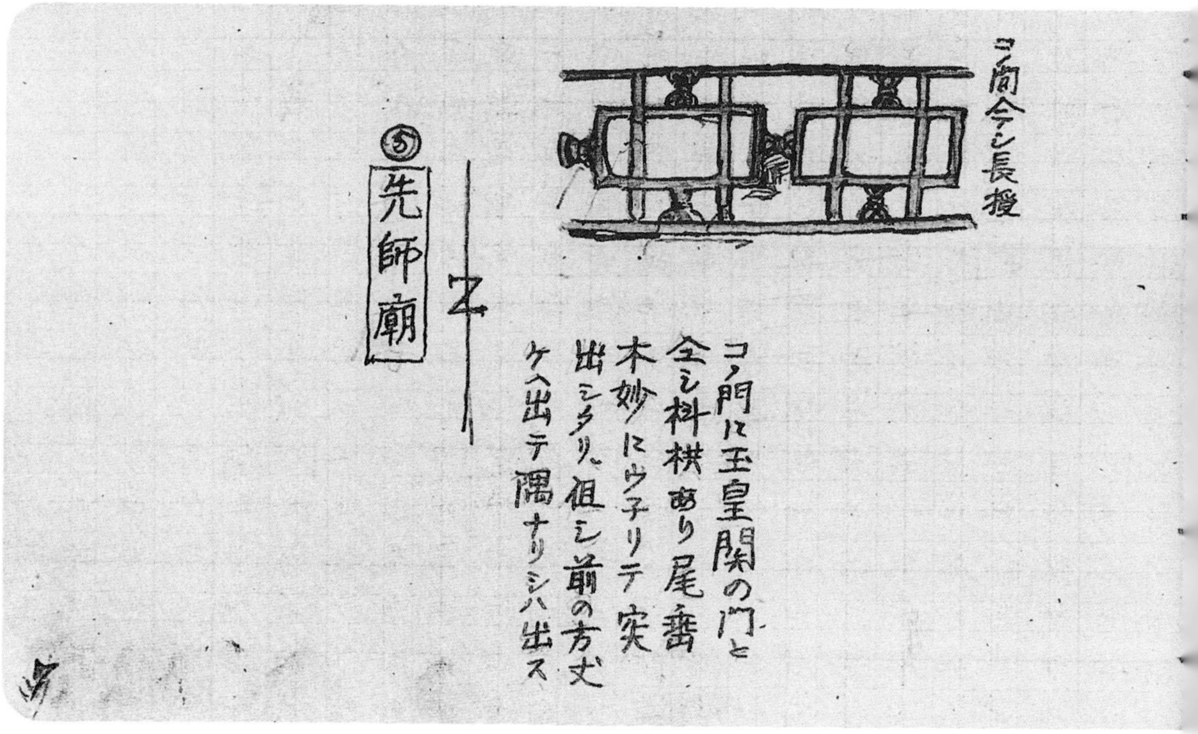

7 天津（7）万寿龙亭（3）/先师庙（1）（4月10日）

先师是对孔子的别称。先师庙即孔子庙，另还有文庙、夫子庙等称呼。图的右半部分是对万寿龙亭的记述。『玉皇関』是『玉皇阁』的笔误。

先师庙的平面图

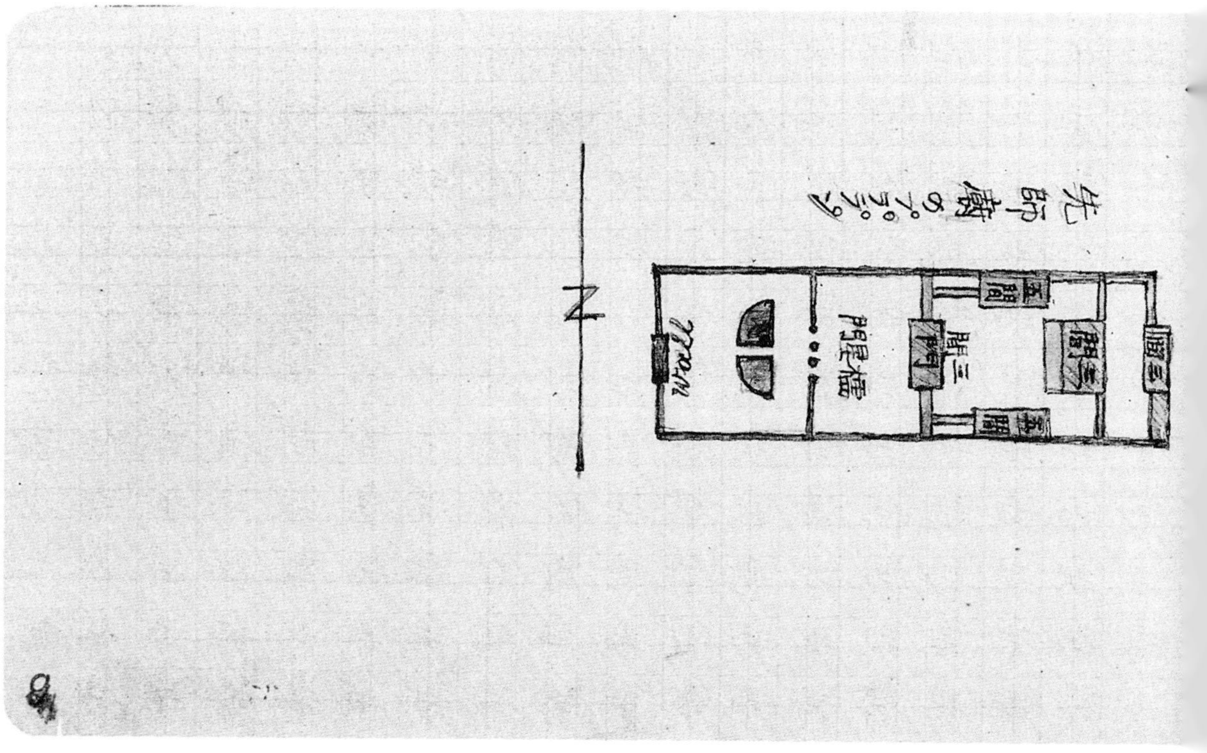

9 天津（9）先师庙（3）（4月10日）

主殿屋顶铺着黄色的琉璃瓦，庙外有明代修建的二座牌楼。『プラン』是『プラン』的笔误。

直隶省

两手中指和母指连成的手印　　地藏王菩萨

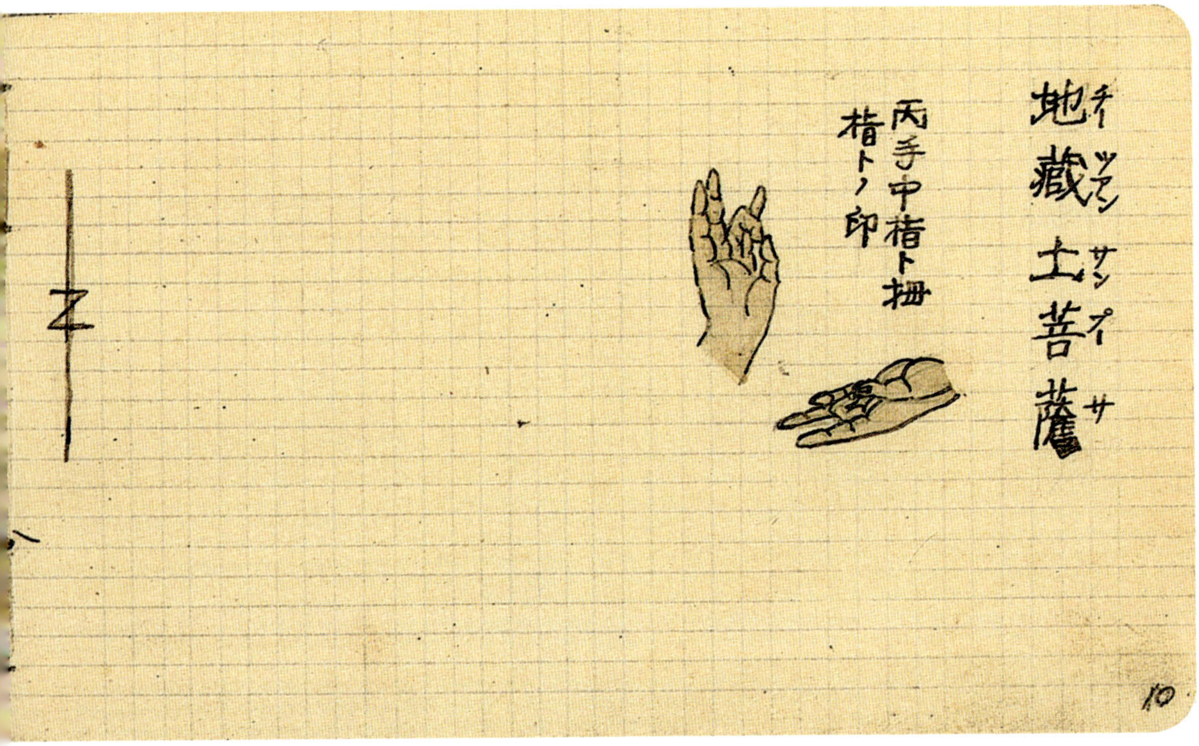

10天津（10）（4月10日）

因对佛像的手印感兴趣，所以对各地的手印做了记录。在先师庙中看到的是不是地藏王菩萨的塑像，不是很明确。『丙手』是『两手』的笔误。

天津芙蓉馆的窗户

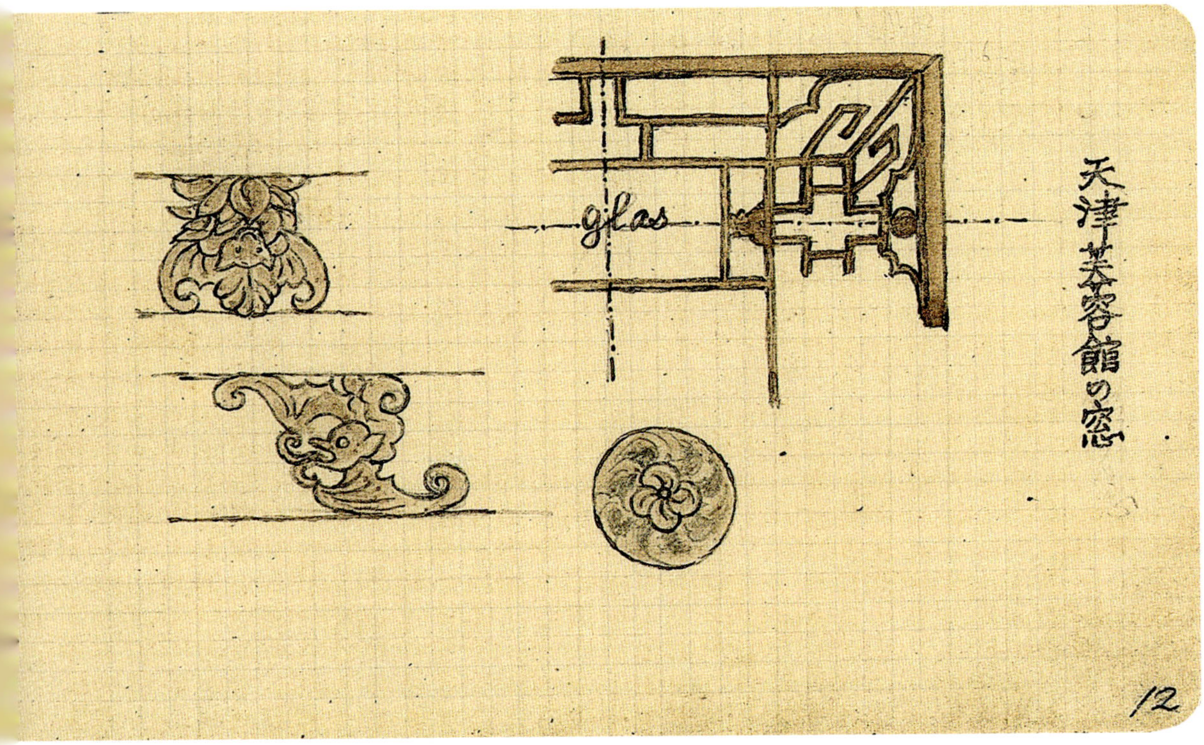

12天津（12）芙蓉馆（2）（4月8日~10日）

芙蓉馆位于日本租界内，在中国的房间里铺设了榻榻米，把内部改造为日本样式，右下角及左侧的图案是把右面窗户做工放大后的图案。

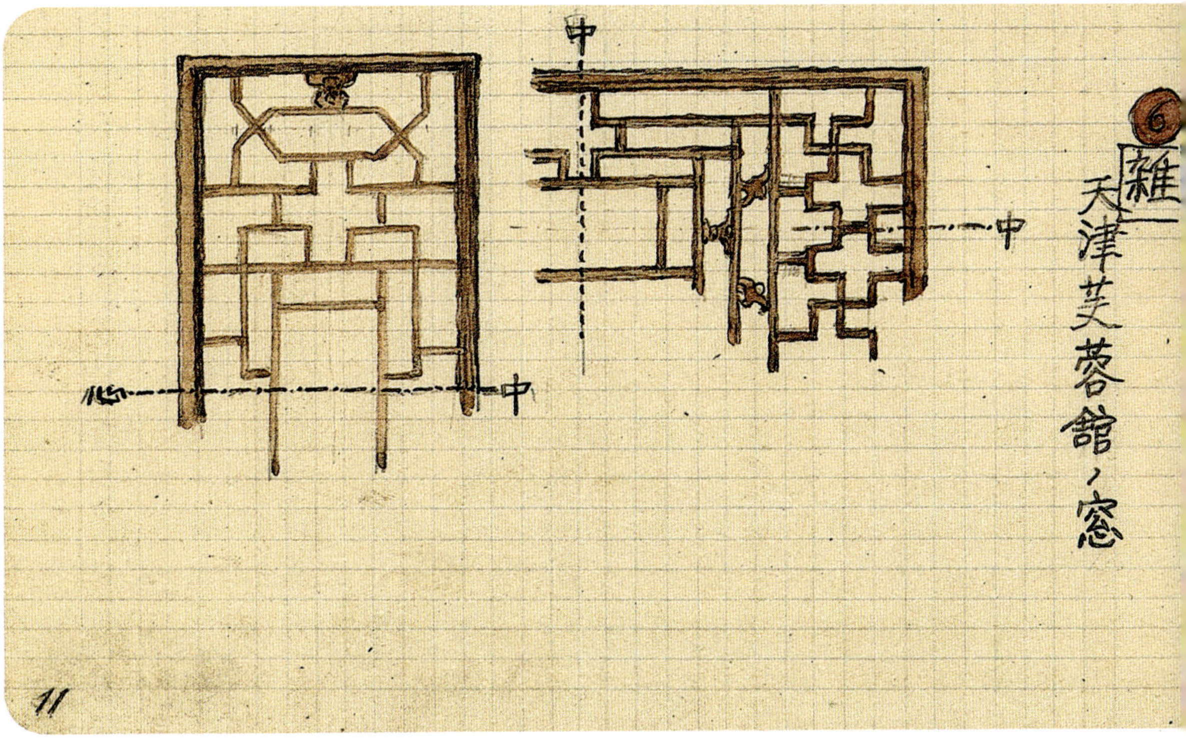
雑
天津芙蓉館ノ窓
中
中
中
11

11天津（11）芙蓉馆（1）（4月8日~10日）

芙蓉馆是笔者于8日、9日两天在天津期间住宿的旅馆。该旅馆在日本旅馆中评价最高，口碑最好。

青砖 青砖和普通的砖大小相同，也是用普通的土烧制而成，但其硬度不及其他砖。砖墙的砌筑形式为三顺一丁。

泥屋顶 在檩子上铺上芦苇，上面抹泥，之后铺瓦。把泥和芦苇搅拌在一起砌成墙，在墙面上刷一层黑色的漆，一般多使用芦苇。

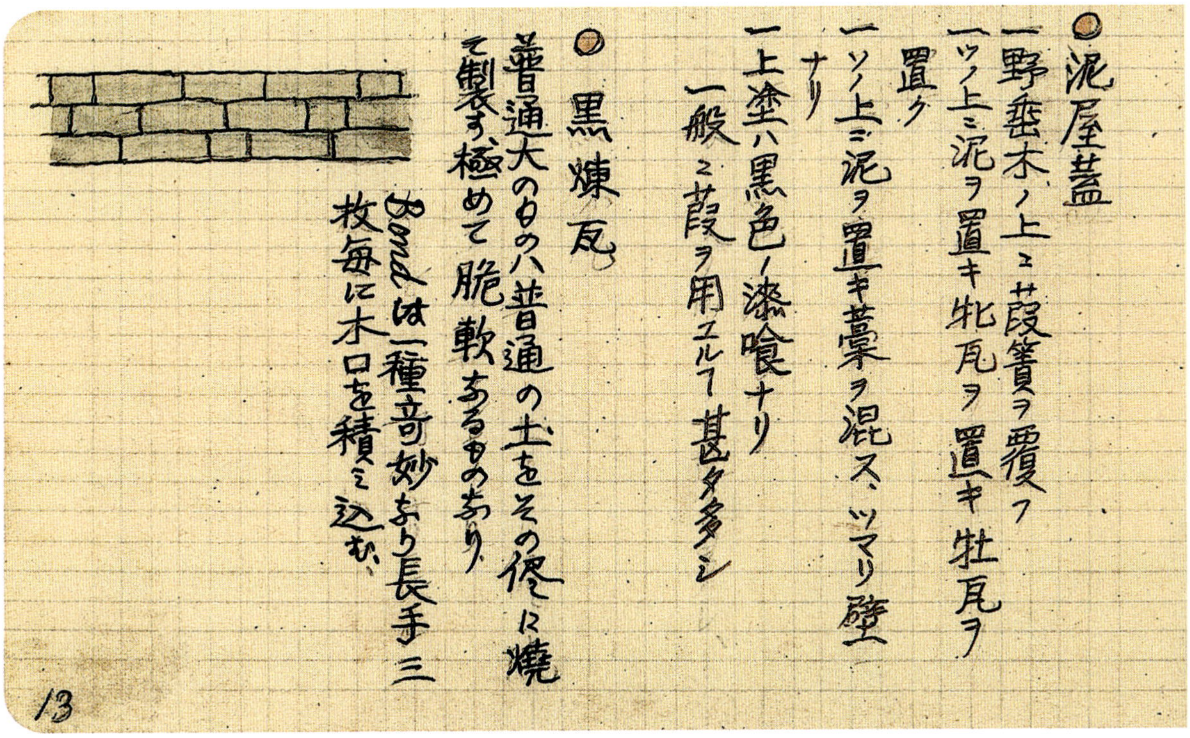
泥屋蓋
一野垂木ノ上ニ葭簀ヲ覆フ
ソノ上ニ泥ヲ置キ牝瓦ヲ置キ牡瓦ヲ置ク
一ソノ上ニ泥ヲ置キ藁ヲ混ス、ツマリ壁ナリ
一上塗ハ黒色ノ漆喰ナリ
一般ニ葭ヲ用ヰルコト甚ダ多シ
黒煉瓦
普通大のものハ普通の土をその儘に焼きて製す極めて脆軟なるものあり
Bandは一種奇妙なり長手三枚毎に木口を積み込む、
13

13天津（13）民宅的构造（4月10日）

『Band』是指把砖瓦等砌在一起的建筑用语，在这儿，我们看到了砖墙垒砌的珍奇手法。

烟囱 烟囱是建在屋顶上像小塔一样的东西，设计非常精巧，如果在门的两侧各建一个相互对称时，就成为一种装饰，很美观。

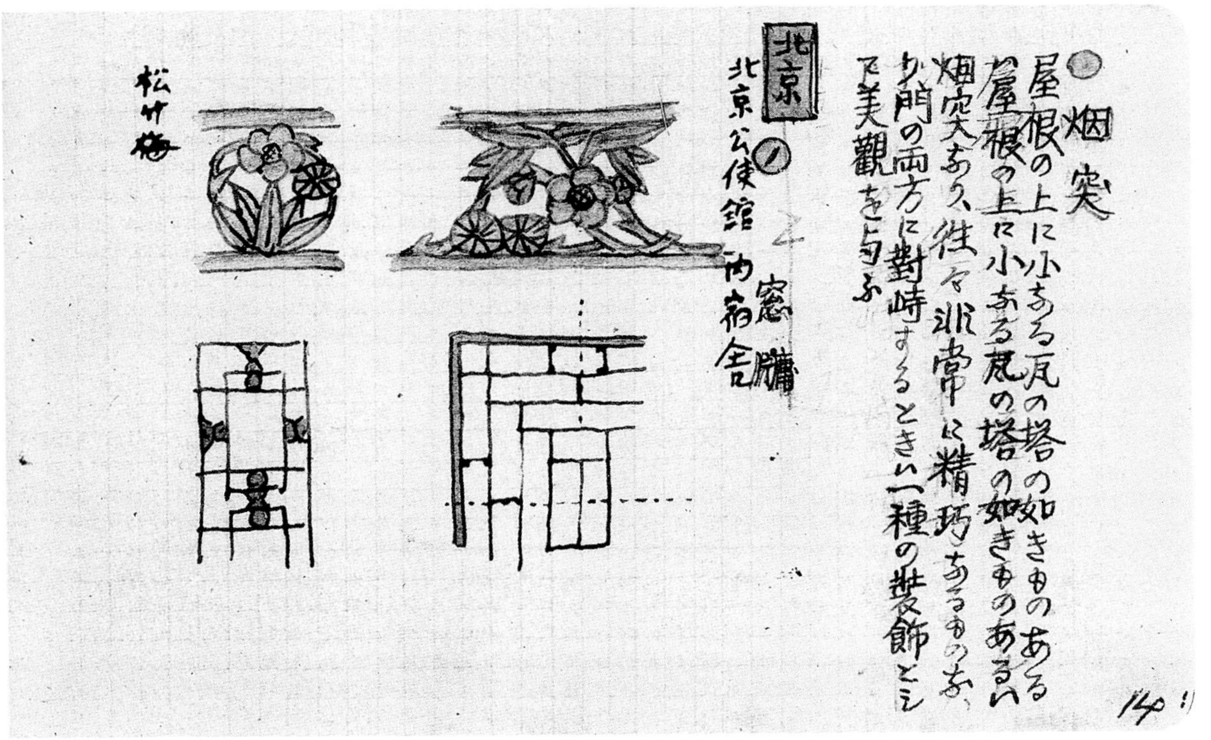
○烟突
屋根の上に小なる瓦の塔の如きものある
屋根の上に小なる瓦の塔の如きものあるい
烟突大なるへ往々非常に精巧なるものあり、
か門の両方に對峙するときは一種の装飾として美観を与ふ
北京
北京公使館内宿舎 ①
窓牖
松竹梅
14 1

14北京（1）日本公使馆宿舍（1）（4月）

屋顶的烟囱类似于朝鲜的土炕，用于排气。炕与土炕又有所不同，炕是砌石房间内高出地面的一种设施，里面通烟，外部取暖，白天可以坐在炕上吃饭、聊天、工作，晚上用于睡觉。『窗牖』是指窗户上的细木条，上面的两幅图是左下部分的放大图。

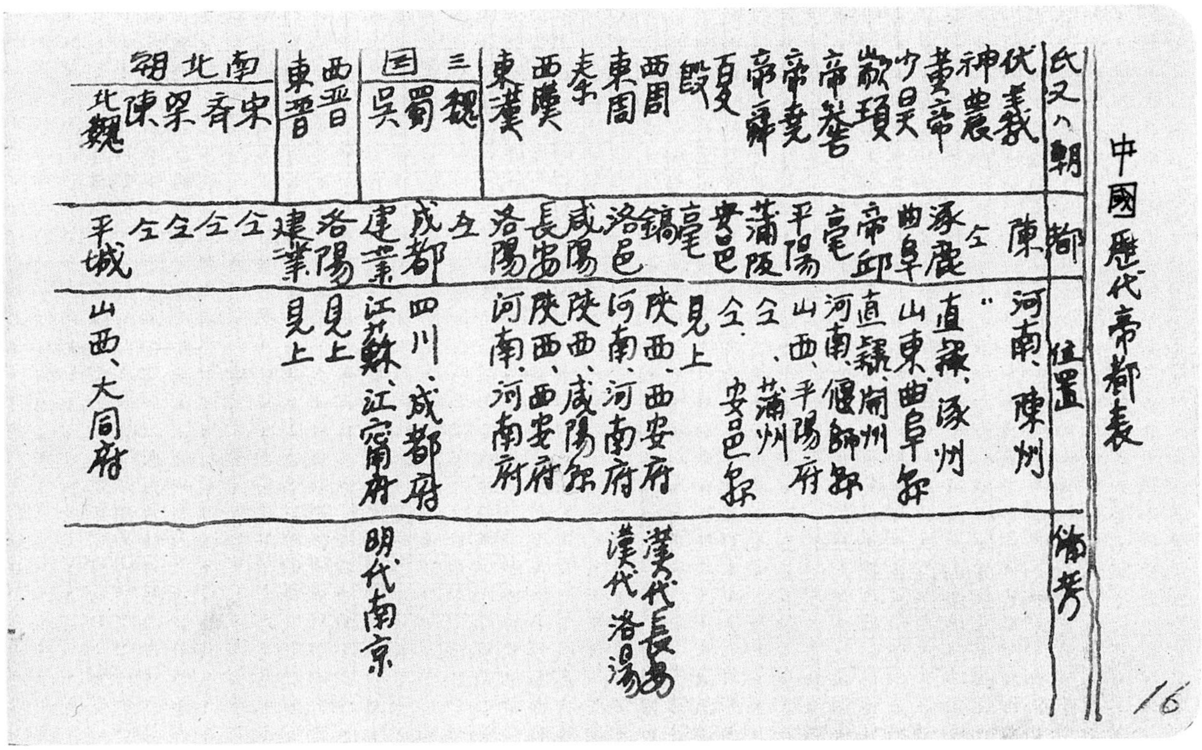

中國歷代帝都表

氏又ハ朝	都	位置	備考
伏羲	陳	河南、陳州	
神農	仝	"	
黄帝	涿鹿	直隷、涿州	
少昊	曲阜	山東曲阜縣	
顓頊	帝邱	直隷開州	
帝嚳	亳	河南偃師縣	
帝堯	平陽	山西、平陽府	
帝舜	蒲阪	仝、蒲州	
夏	安邑	仝 安邑縣	
殷	亳	見上	
西周	鎬	陝西、西安府	漢代長安
東周	洛邑	河南、河南府	漢代洛陽
秦	咸陽	陝西、咸陽縣	
西漢	長安	陝西、西安府	
東漢	洛陽	河南、河南府	
三國 魏	仝		
蜀	成都	四川、成都府	
呉	建業	江蘇、江寧府	明代南京
西晋	洛陽	見上	
東晋	建業	見上	
南北朝 宋	仝		
斉	仝		
梁	仝		
陳	仝		
北魏	平城	山西、大同府	

16

16历代帝王建都表（1）

伏羲、神农氏及尧、舜是传说中的皇帝。

崇文门顶层（三层）的屋脊上没有正吻，但有旁吻。

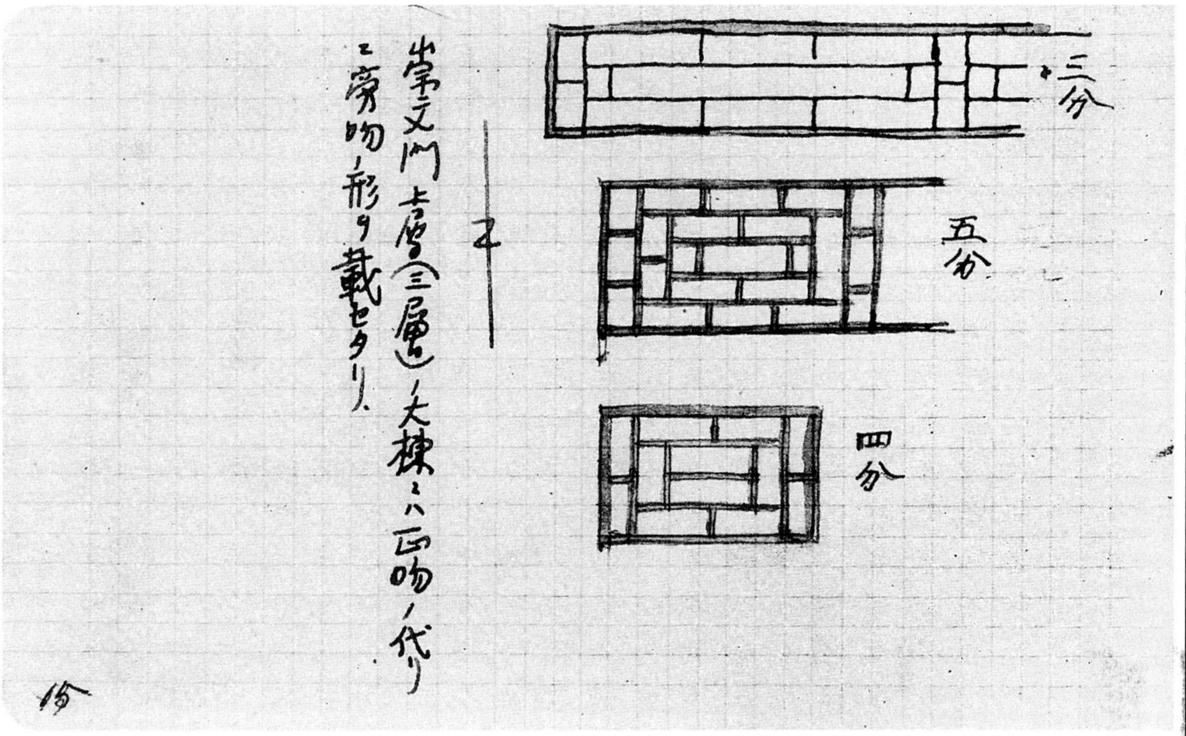

15北京（2）日本公使馆宿舍（2）（4月）

日本公使馆位于北京东交民巷，东交民巷是北京的使馆区。因笔者从文部省领取的留学费用不多，所以到达北京的当天就会见了内田康哉公使，想住在公使馆，但对方说：『博士可以名正言顺住旅馆』而婉拒。

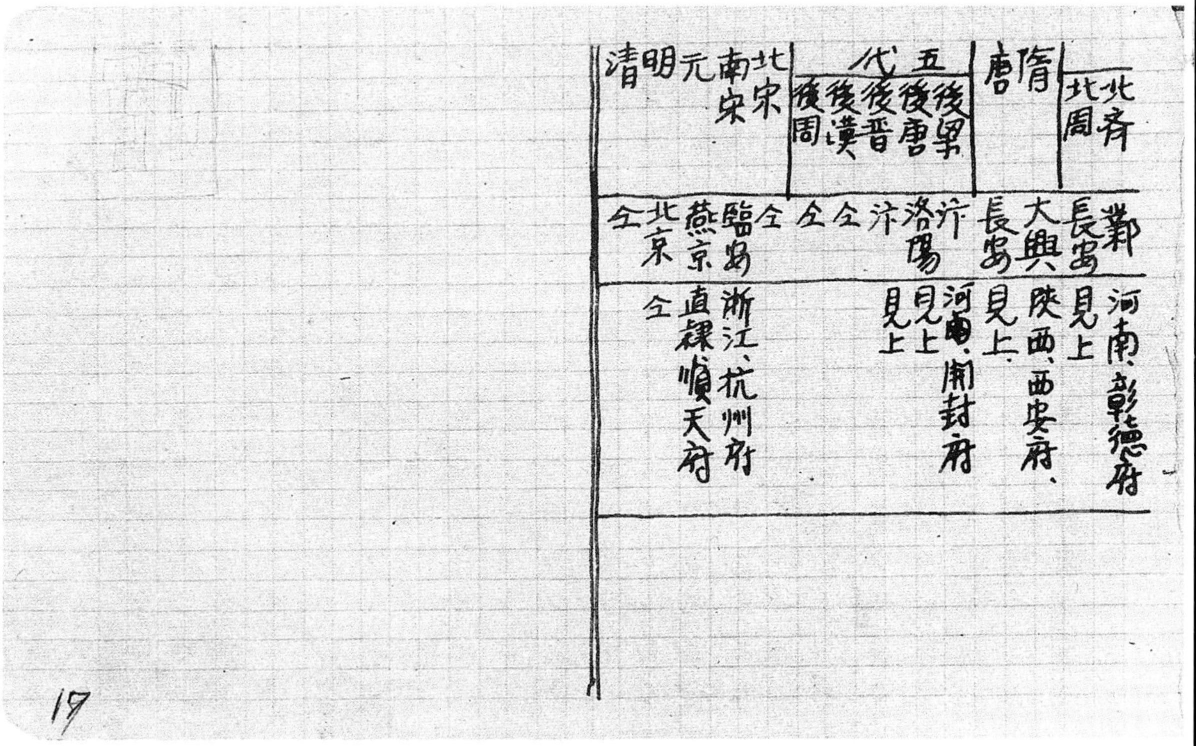

17历代帝王建都表（2）

古代历代帝都大多集中在黄河流域。

直隶省

柱子上以及标、板壁、挑山的两端都有装饰。
这个地方是绿、蓝的晕渲风格。

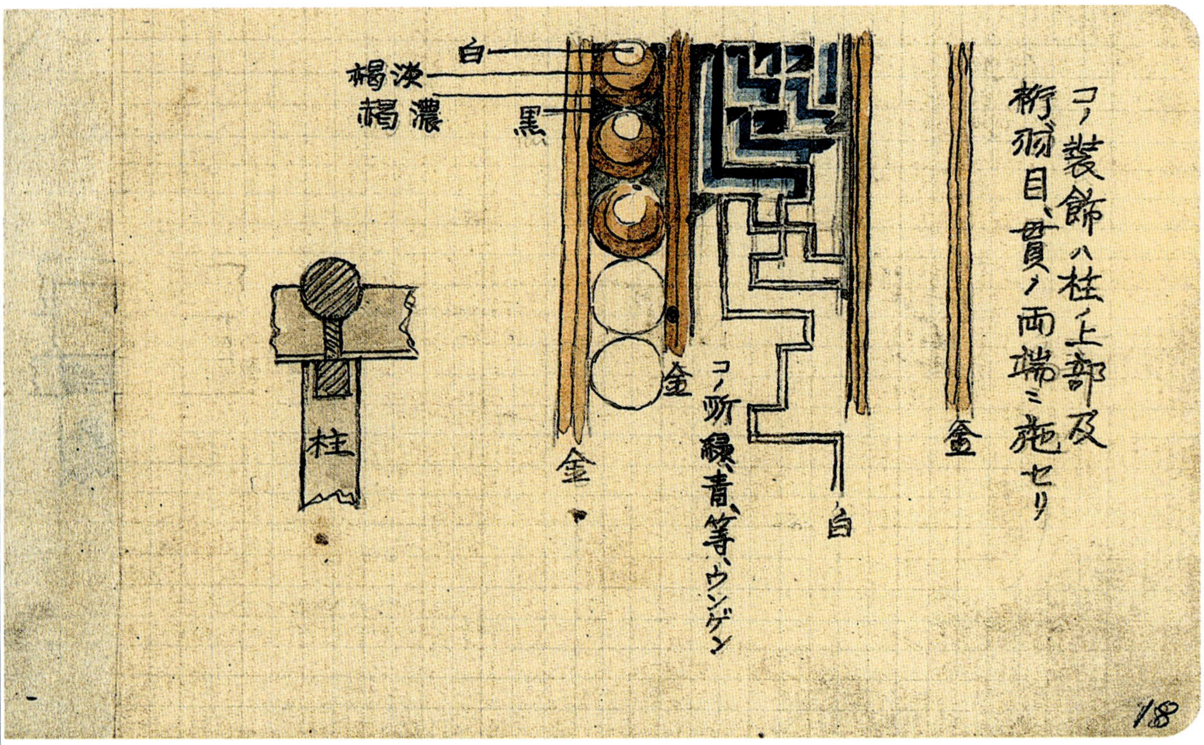

18北京（3）彩画（4月）

中国的建筑一般不采用木材的原色，都要进行涂色，以此体现出一种文化。如图所示，我们把它称之为彩绘，图中只是一个普通的样式。晕渲指的是颜色的浓淡。

天津芙蓉馆的窗户。

20北京（5）警务学堂宿舍（2）（4月13日）

我们居住的警务学堂宿舍是北京传统的住宅样式——四合院。内部生活设施完善。

这些图案的面积都是相同的。

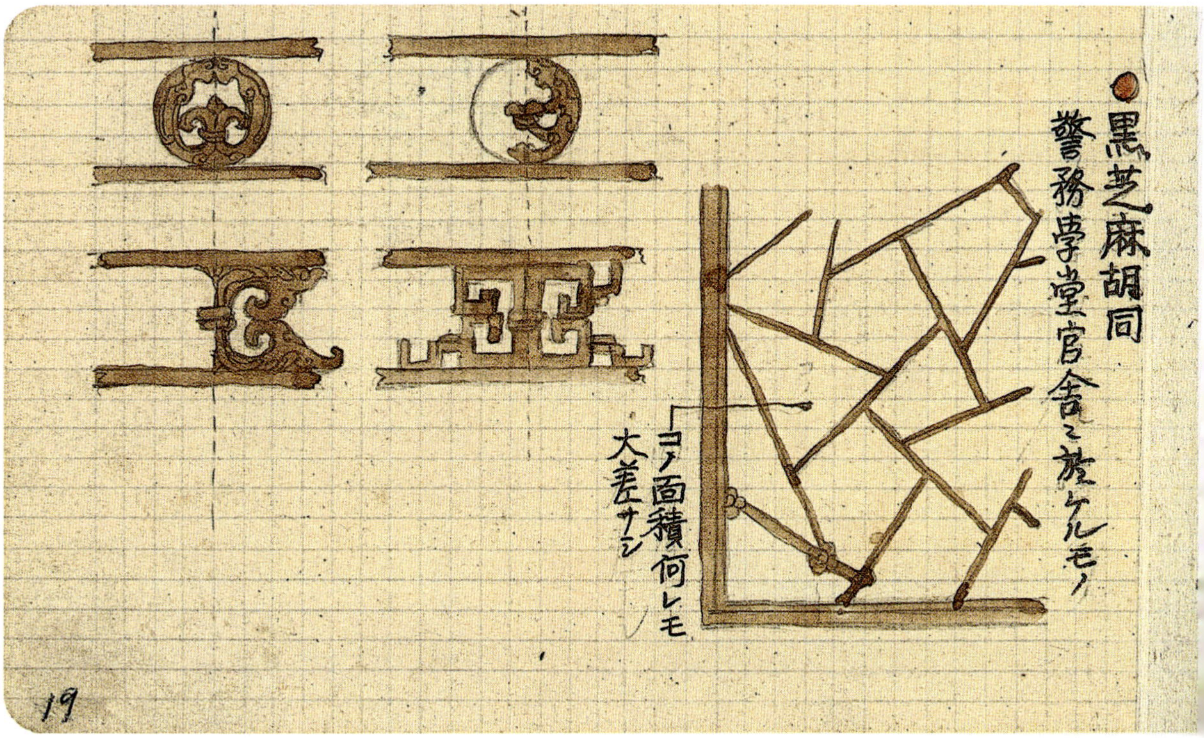

19北京（4）警务学堂宿舍（1）（4月13日）

警务学堂是由川岛浪速经营的，是由日本教官给清国培训警官的地方，蒙川岛的好意，我们就住进了位于黑芝麻胡同的警务学堂宿舍，川岛浪速是女间谍川岛芳子的养父。

天宁寺 平面八角十三层，台基一片长三十尺五寸，铺石一片长三十一尺半，塔基一片长二十七尺，全高二百九十九尺，塔基勾栏下有斗拱。

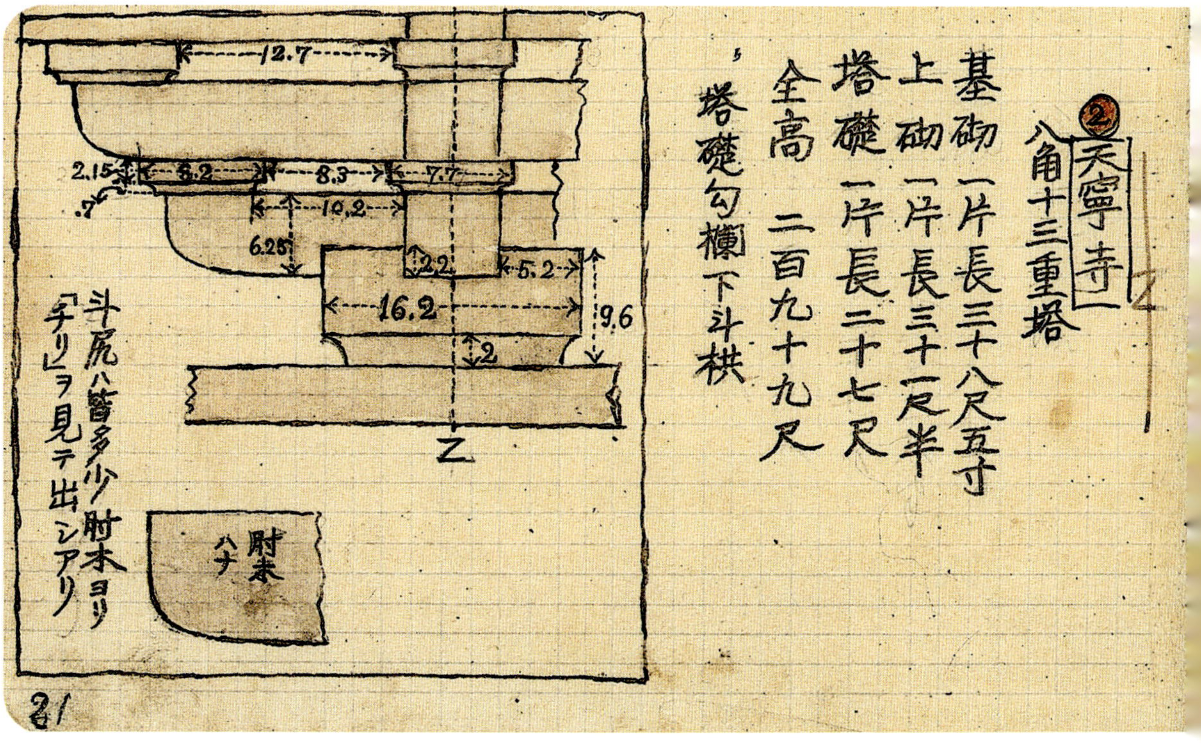

21北京（6）天宁寺塔（1）（4月15日）

位于北京外城广安门外的天宁寺，建于北魏孝文帝时期，最初名叫光林寺，之后曾多次更名，于元朝末期毁于战火。明宣德年间（1426—1435）进行重修，取名天宁寺。

22 北京（7）天宁寺塔（2）（4月15日）

位于北京境内的天宁寺塔是一座八角十三层的实心砖塔。隋开皇年间（581—600）各地纷纷修建舍利塔，天宁寺塔就是在此期间修建的佛塔之一。为辽代建筑样式，塔基呈八角形，分为上下两层，塔身立于塔基之上。

塔共十三层，塔基为方形平台，塔身四正面辟券门，券门两侧有佛像，其余四面为直棂窗。两侧有砖雕佛像，斗横四个角有横木。

塔底为须弥座，下有斗拱勾栏，须弥座上又加一道束腰，下有护墙板，三层仰莲座承托塔身，下面两层为砖砌，九轮很特殊。柱子底端刻有盘龙图案，在勾栏处进行了巧妙的装饰，据考证，应为隋代遗物。

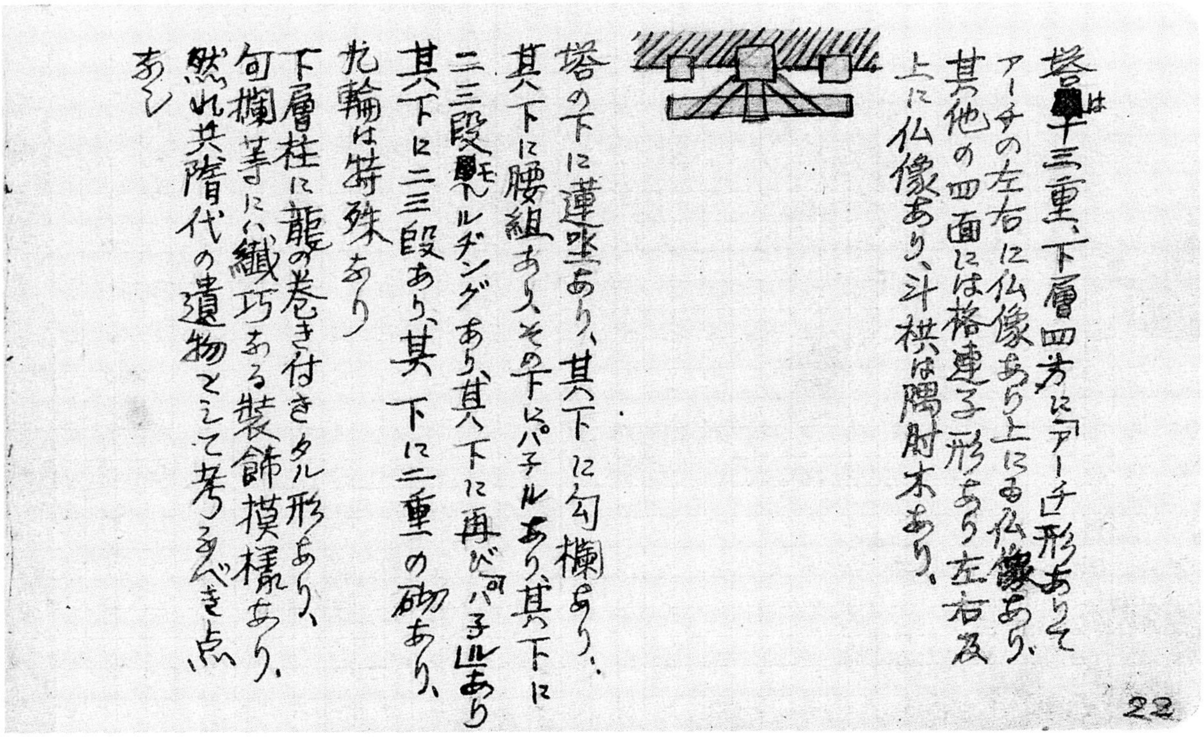
塔は十三重、下層四方に「アーチ」形ありてアーチの左右に仏像あり上にも仏像あり其他の四面には格連子形あり左右及上に仏像あり、斗栱は隅肘木あり、
塔の下に蓮坐あり、其ノ下に勾欄あり、其ノ下に腰組あり、その下にパネルあり、其ノ下に二三段ノモールヂングあり其ノ下に再び「パネル」あり其ノ下に二三段あり、其下に二重の砌あり、
九輪は特殊あり
下層柱に龍の巻き付きたル形あり、勾欄等には繊巧ある装飾模様あり、然れ共隋代の遺物として考ふるべき点あり
22

24 北京（9）（4月15日）

图中的墓碑全部是用砖砌的，砖也可作墙。

附近像这样的墓塔有很多，左图为其中之一，是用砖砌成的。
在这座塔的旁边有一座规模不大的八角七层塔，其建筑样式与十三层塔完全相同，破损严重。

コノ塔の傍に小なる八角七重の塔あり
其意匠全然十三重のものと相仝じ、
大破に帰せり
その附近墓標多し、左に図するもの八
其ノ一なり、之れ磚を以て造る

24

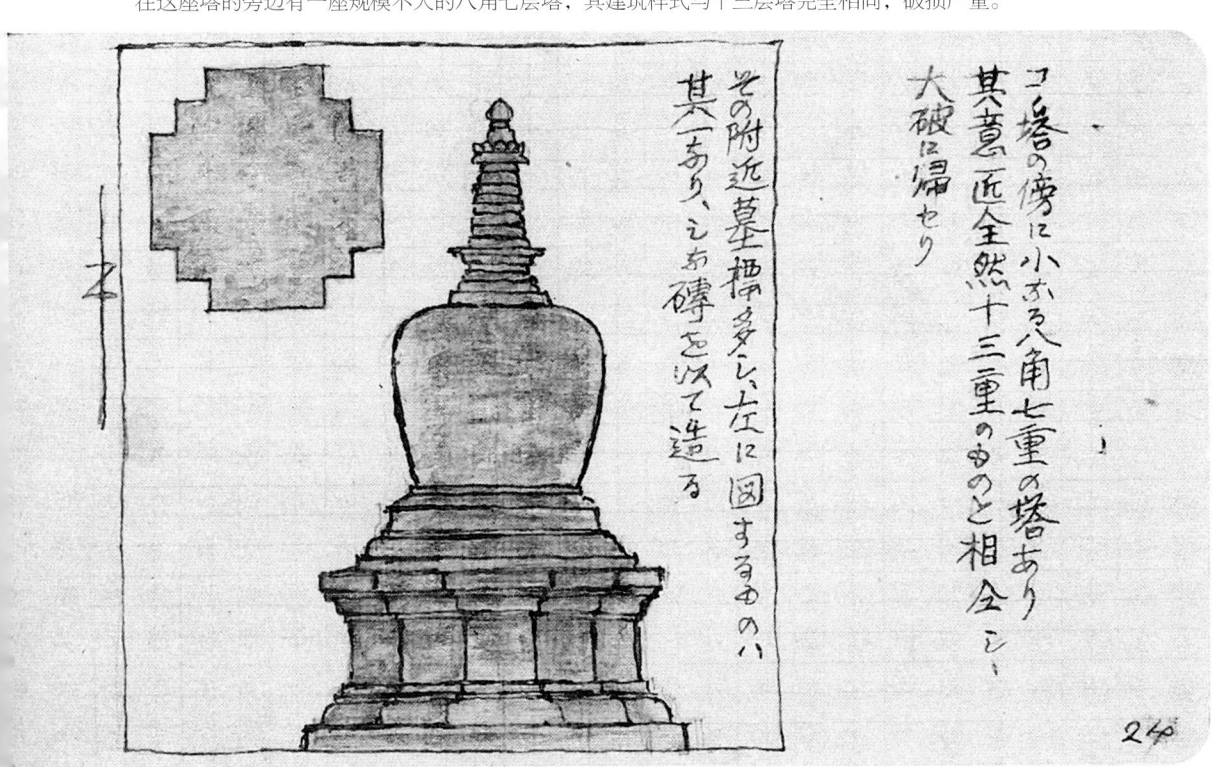

该塔为舍利塔的一种，值得观赏，高十三层，是一座实心塔，内填充土。
十三层轮廓、曲线分明。

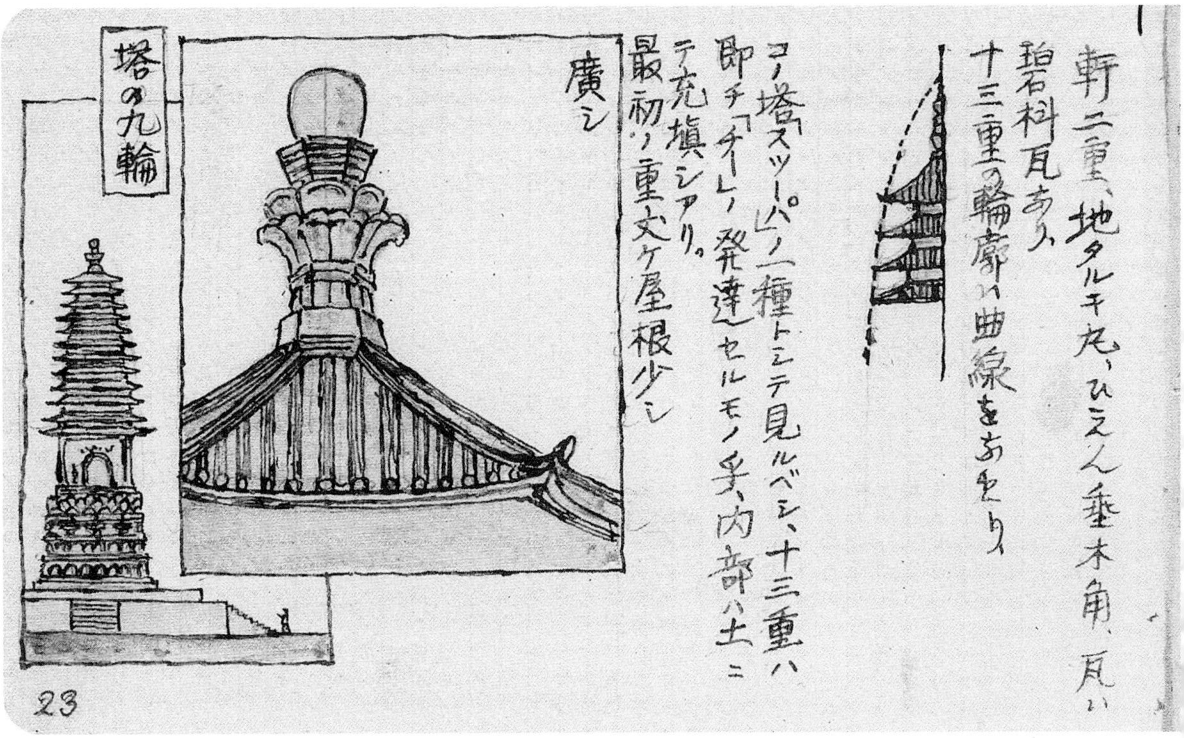

23北京（8）天宁寺塔（3）（4月15日）

笔者在《中国建筑装饰》一书中写道：这座塔从二层以上逐层收减，整体来看，二层以上还是很厚重的，相轮形状奇特，双重请花上装饰有宝珠。

这种装饰图案多用于城市店铺的栏杆，有时也用于马车的板壁。

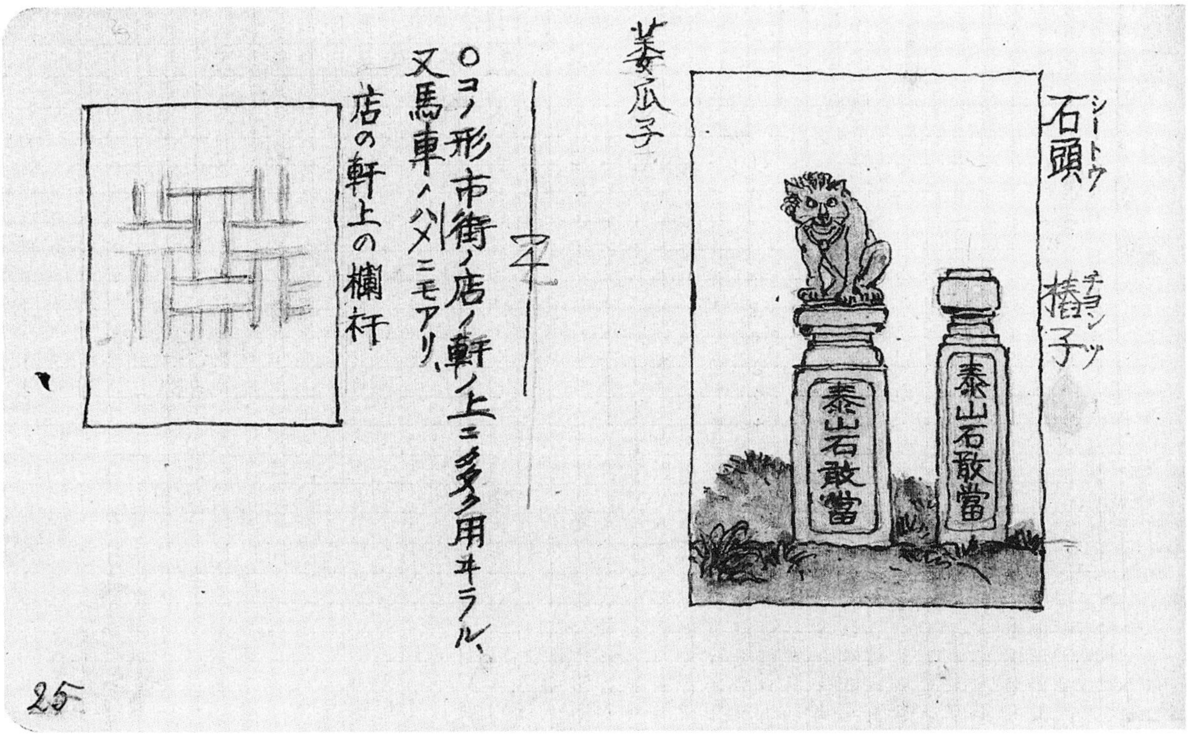

25北京（10）（4月15日）

『石敢当』最早是立在十字路口的交通安全碑。关于『石敢当』的来历，有多种不同的传说，据说『石敢当』是五代晋国时一位大力士的名字。五岳之首的泰山石敢当最为有名，能驱邪保平安。

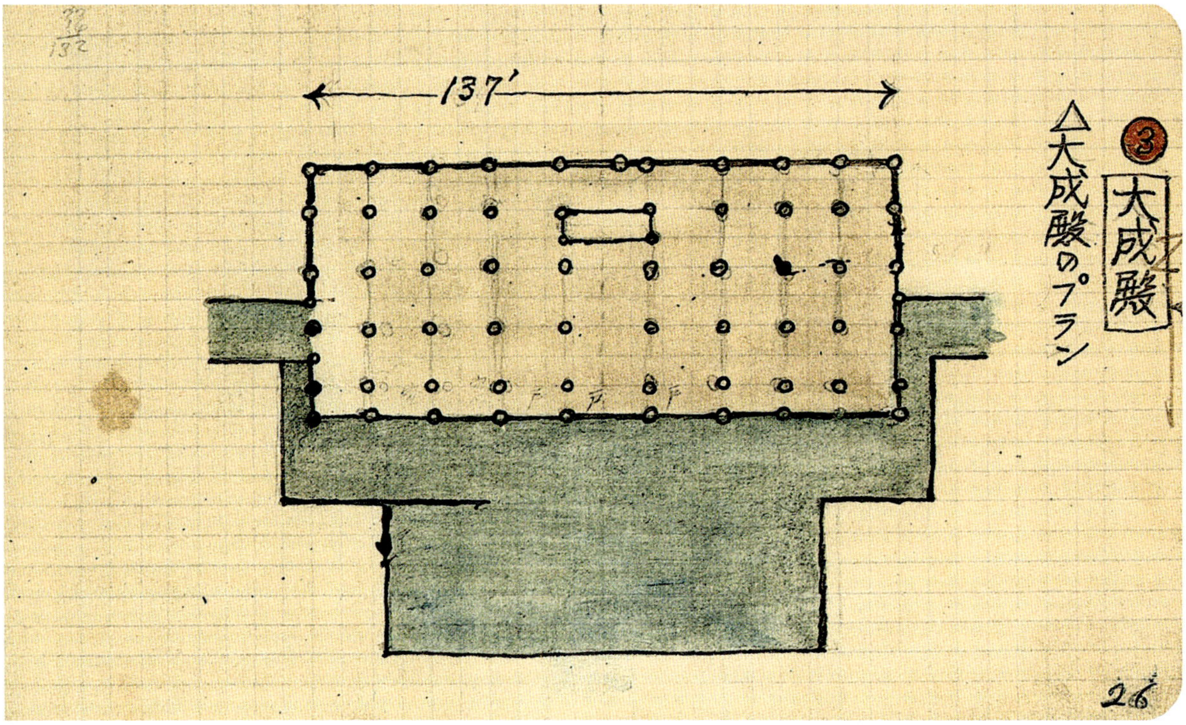

大成殿的平面图

26北京（11）孔子庙（1）（4月16日）

北京孔子庙位于城内安定门东侧，大成殿是其主体建筑，立于砖建的台基之上，为重檐庑殿顶，上铺黄色琉璃瓦，是一座面阔九间进深五间的雄大建筑。

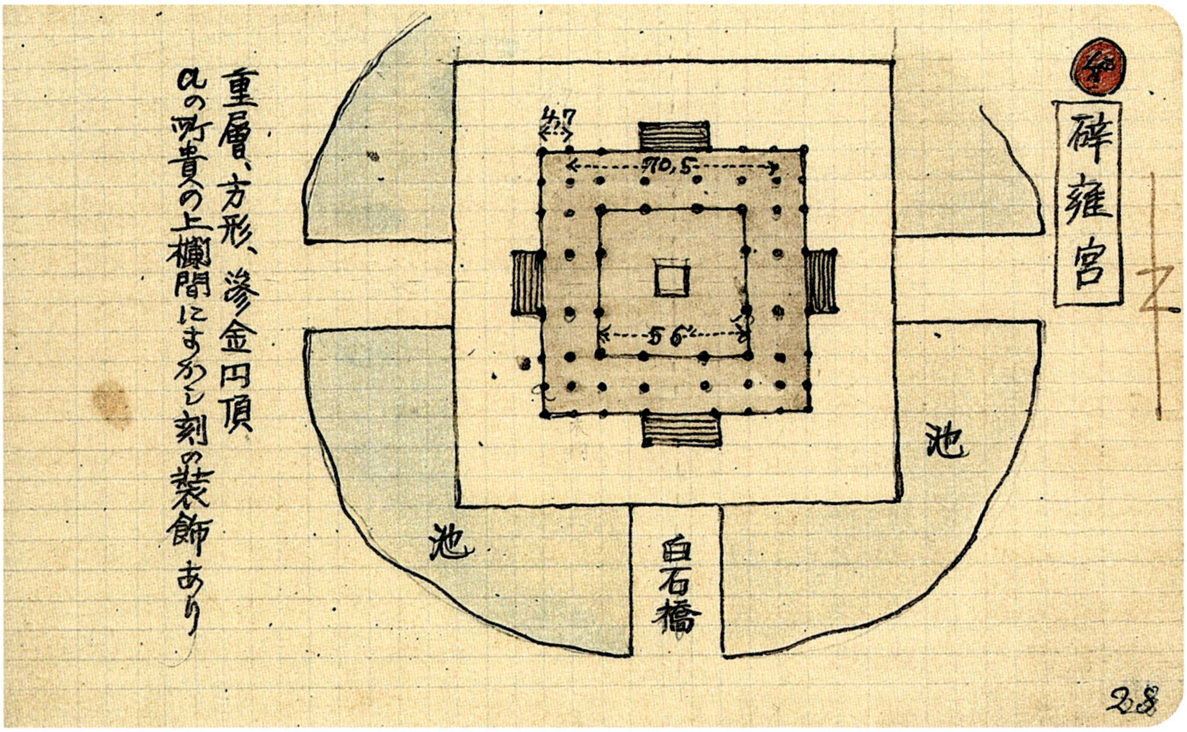

二层构造，平面为方形，屋顶为渗金圆顶，在门槛上有雕刻的装饰。

28北京（13）辟雍宫（1）（4月16日）

辟雍宫是国子监的主体建筑。国子监是中国皇族和官僚子弟学习的地方，为古代最高学府。北京的国子监建于元大德十年（1306），这里也曾是皇帝亲自讲学的地方。

大成殿的门 斗拱为纯正的日本建筑样式，设计独特，门上有有名的石鼓。

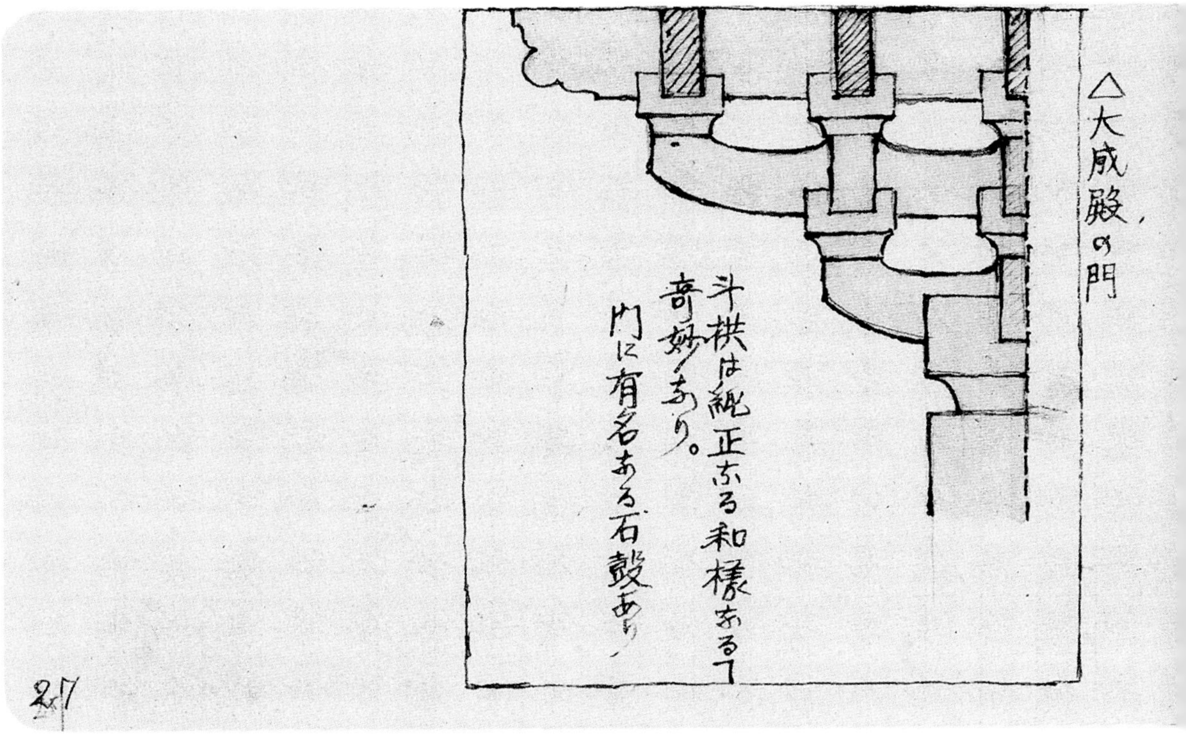

27北京（12）孔子庙（2）（4月16日）

『石鼓』是公元前八世纪的文物，于唐代末期在陕西出土。刻在石鼓上的文字叫石鼓文，非常有名。元代皇庆元年（1312），石鼓文放置在大成门内，乾隆年间，复制的石鼓文被放于此地，正品石鼓文保存在故宫。（关于日本建筑的斗拱，请参照图8）

辟雍宫门上的板壁

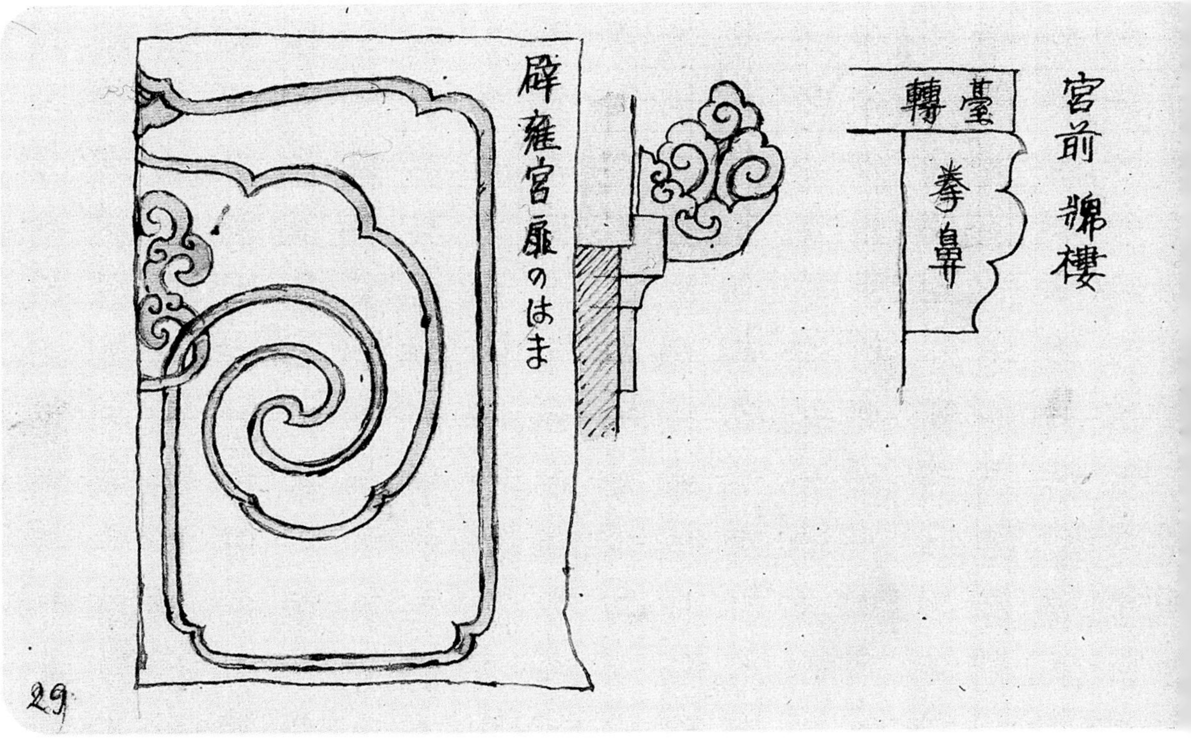

29北京（14）辟雍宫（2）（4月16日）

来到国子监，首先看到的是挂有『太学』匾额的太学门和牌楼。位于太学门后侧的辟雍宫倒映在名叫『月河』的池水中，左图是辟雍宫大门裙板上的图样，『拳鼻』是指连接柱子顶端，横梁的突出部分。

直隶省

30北京（15）雍和宫（1）（4月16日）

穿过国子监的一条小路，就进入雍和宫。雍和宫是雍正帝把自己作皇太子时居住的宫殿，作为寺庙而捐赠的，是藏传佛教的祖庭。

雍和宫面阔七间，进深四间，在殿顶绘有宝轮图案（一般多绘龙）和类似于三叉金刚杵的图案。

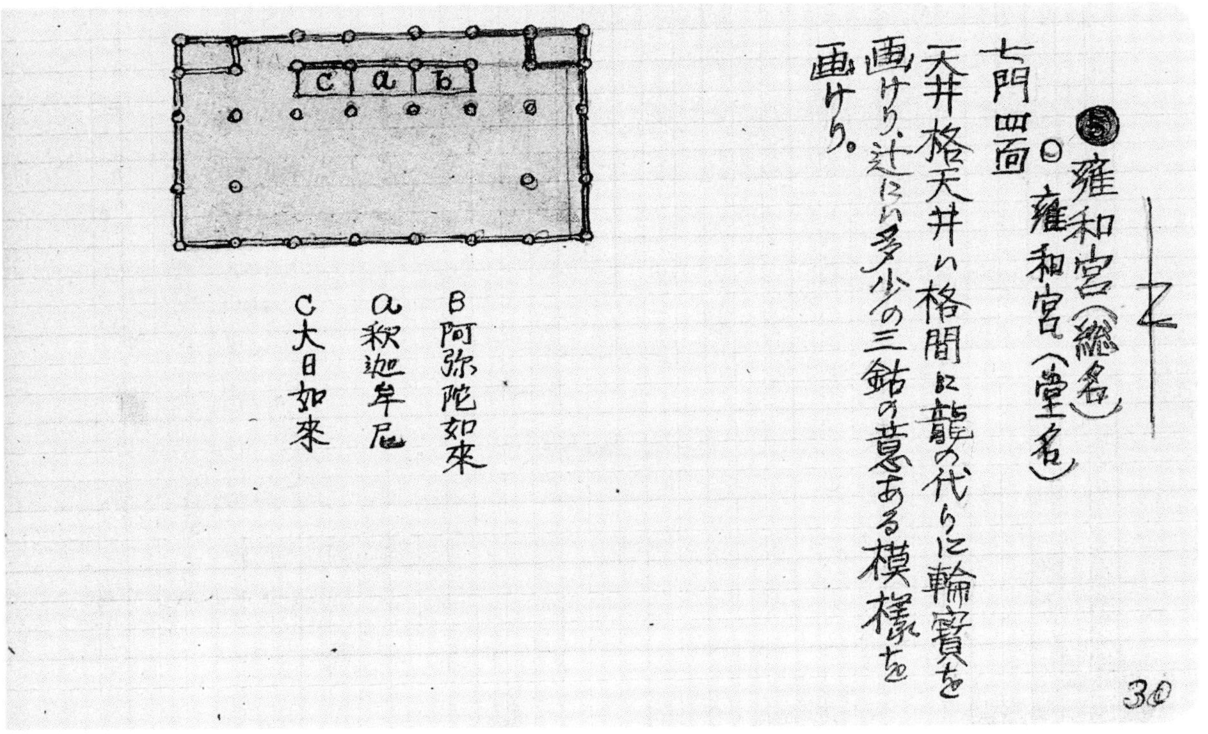

32北京（17）柏林寺（1）（4月16日）

柏林寺位于安定门内，雍和宫附近。是北京八大庙之一，创建于元代至正七年（1347），在明清两代曾进行过三次重修。康熙五十一年（1712）正逢康熙寿辰，曾在此举行过祝寿仪式。『花狭门』是『花狭间』的笔误，是一种用于门、窗上的细木条。

柏林寺正殿　柏林寺正殿门上的图案。

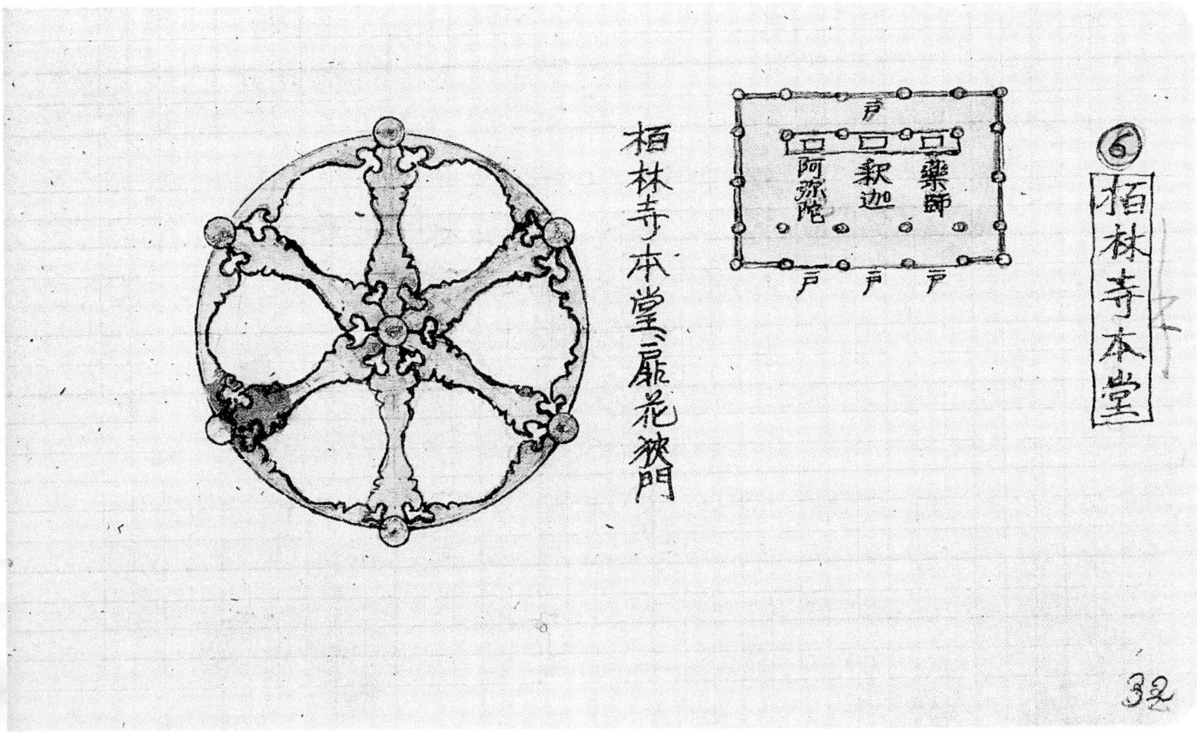

雍和宫的后面是永佑殿，永佑殿后侧是法轮殿。

Design for a Lama-God
雍和宮の後に永佑殿あり
その後に法輪殿あり、
乙
31

31北京（16）雍和宫（2）（4月16日）

从国子监出来，在雍和宫转了一圈，期待日后还能再来。图中的绘画是壁画上的图案之一。（本卷从128图到138图、159图到163图，都是雍和宫内的图像，以供参考）

柏林寺本尊阿弥陀佛和药师佛的手印。如图。

本寺的佛像多为端庄相，这种现象在其他寺院中并不多见。其宗派为柏林宗。桌台上陈列着喇嘛教中常见的八宝，四周墙壁上绘有佛教故事的壁画。

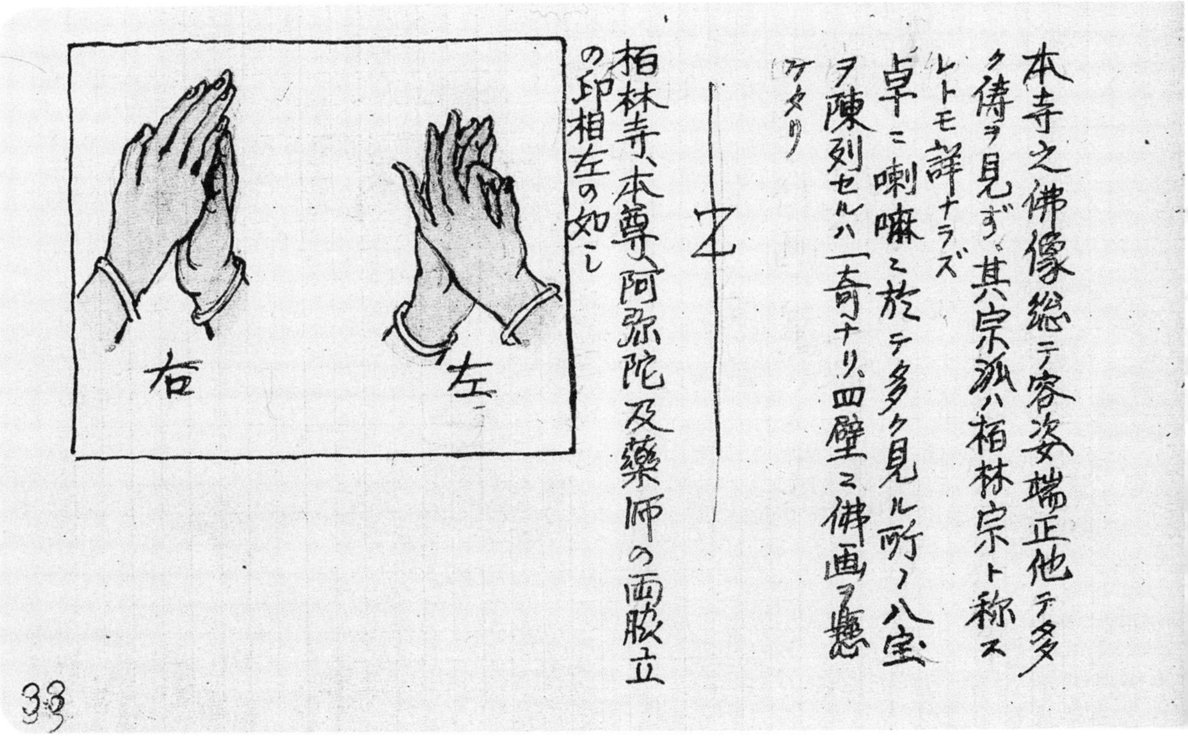
本寺之佛像総テ容姿端正他テ多ク侍ヲ見ズ。其宗派ハ柏林宗ト称スレトモ詳ナラズ
卓ニ喇嘛ニ於テ多ク見ル所ノ八宝ヲ陳列セルハ一奇ナリ。四壁ニ佛画ヲ懸ケタリ
乙
柏林寺ハ本尊ハ阿弥陀及薬師ノ両肱立ノ印相左ノ如シ
右
左
33

33北京（18）柏林寺（2）（4月16日）

柏林寺中轴线上的建筑有：山门、天王殿、圆俱行觉殿、大雄宝殿、维摩阁，大雄宝殿内的三世佛，维摩阁内的七尊佛像皆为明代作品，堪称佳作。

直隶省

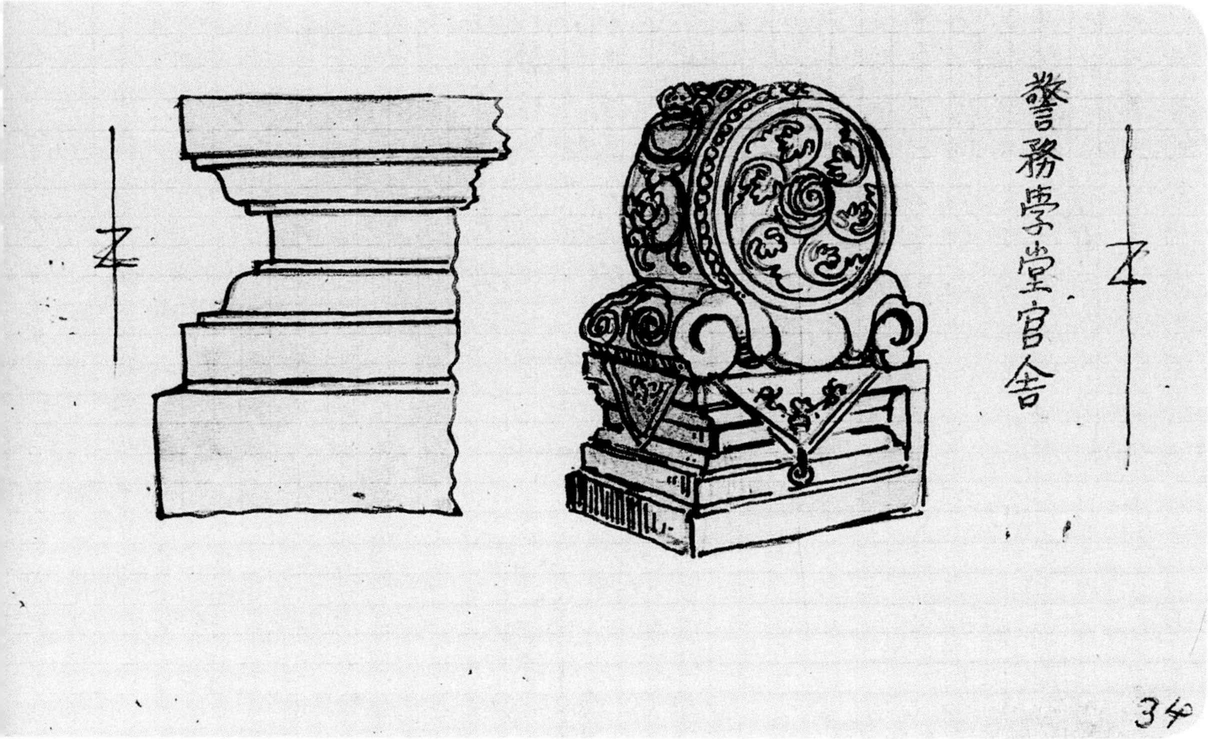

34北京（19）警务学堂宿舍（3）（4月17日）

门柱的台座为抱鼓石，大门内侧是门轴，外侧有雕刻装饰物如图，大小、种类有很多。

大明永乐帝铸造
钟的内处都刻有经文，缺少创意。

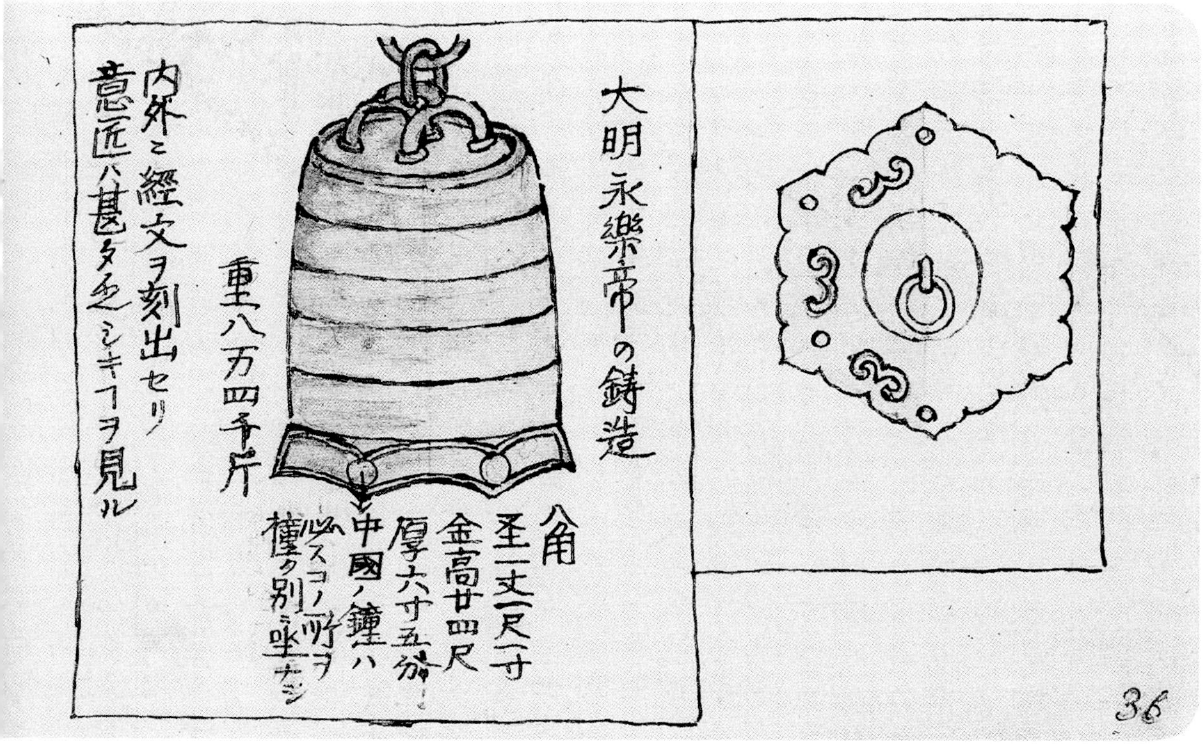

36北京（21）大钟寺（2）（4月19日）

大钟寺内的大钟从明初到清初一直安放在万寿寺。因『在白虎方向，如有金气，会有炎难』，所以乾隆年间，将此大钟移至该寺，移动方法是利用冬季结冰，将钟滚动至此。右图是寺院大门的门环（门的把手）。

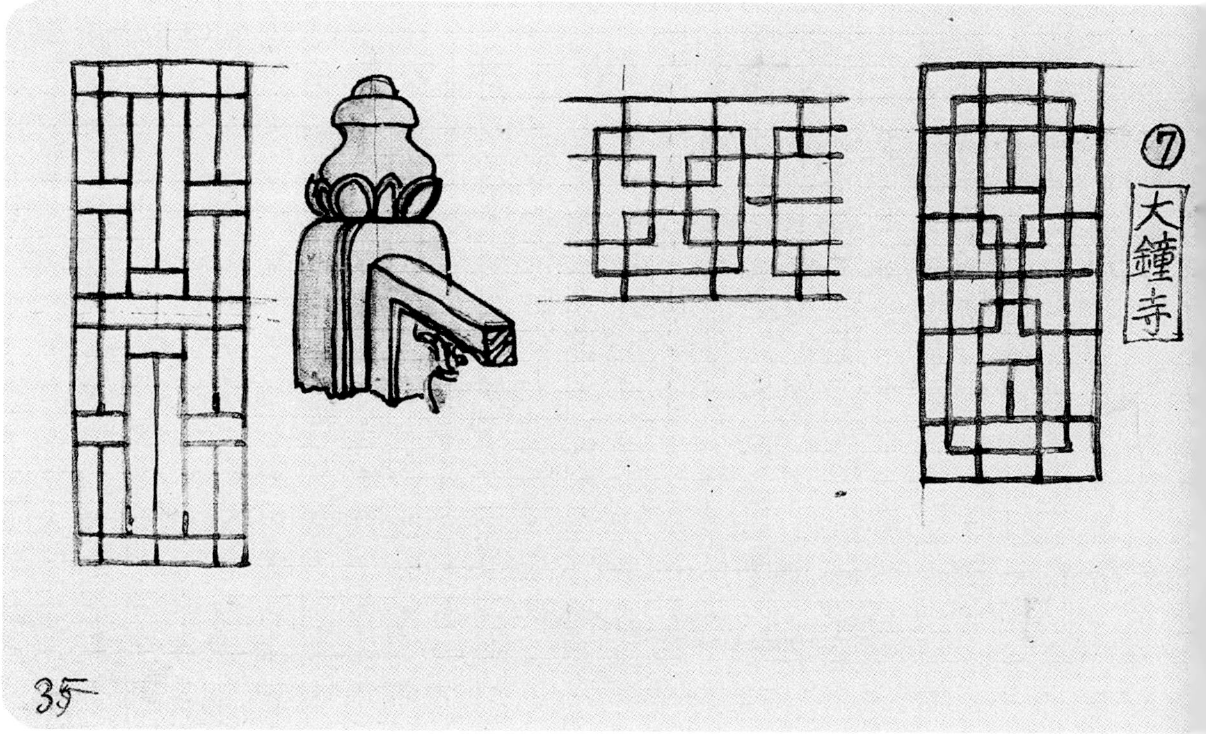

35北京（20）大钟寺（1）（4月19日）

大钟寺原名觉生寺，俗称大钟寺。因寺内有大钟而广为人知。从右数的第三幅图是寺院栏杆的一部分。

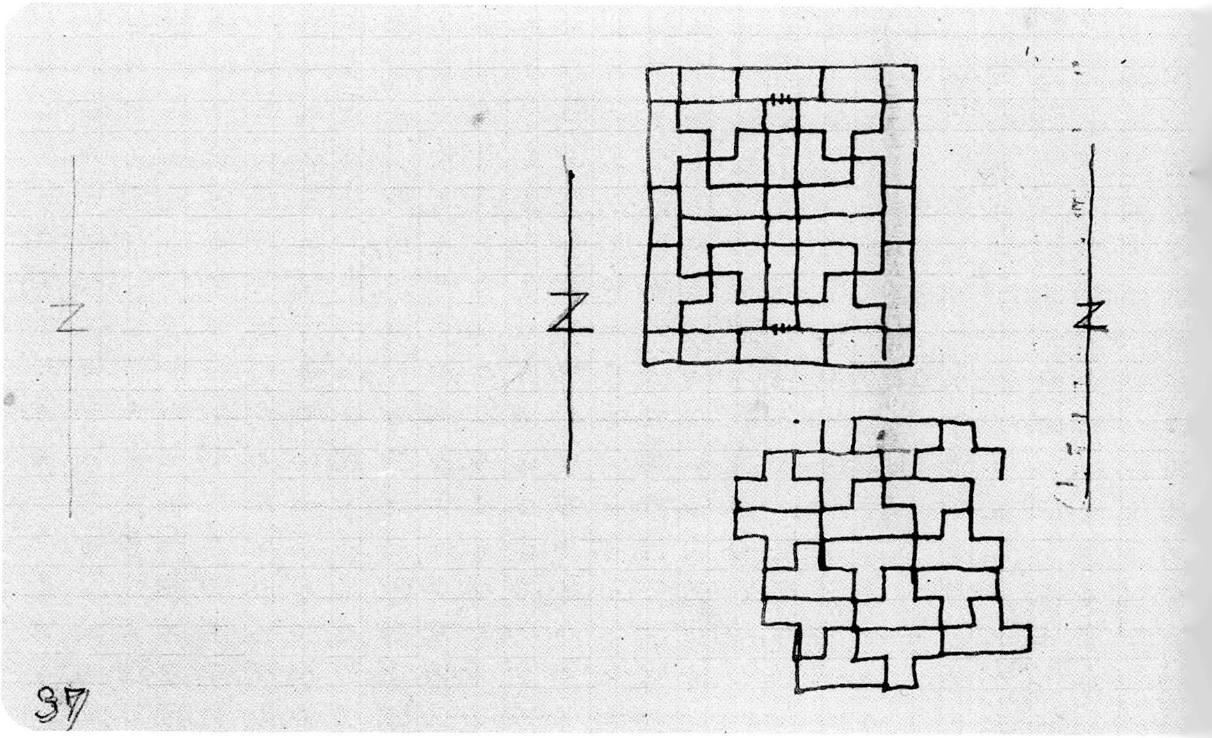

37北京（22）大钟寺（3）（4月19日）

在钟上雕刻的经文有《华严经》、《金刚经》、《金光明经》等，共计二十余万字。现在，在大钟寺内收集、展示有各种各样、大大小小的钟，可以称作是『钟的博物馆』。

38北京（23）中岛裁之（1）（4月20日）

中岛裁之是一位日本汉学家，因在中国创办日语学校，而被人们所熟知。同时，他也是东文学社的创办人，因在中国内地旅行经验丰富，所以去拜访了他，听了他的一些故事。

开封 有宋徽宗的宫城、城堡、古寺、壁画等。
洛阳 有很多雅致的建筑。
函谷关 同上。
潼关 同上。
花阴县 山上有奇特建筑，有唐肃宗时期雕刻的大石碑，庙宇值得观赏，大多为唐代遗物。
临潼 有温泉。
长安 附近有很多穴居，有宫城，官衙，终南山有古寺。

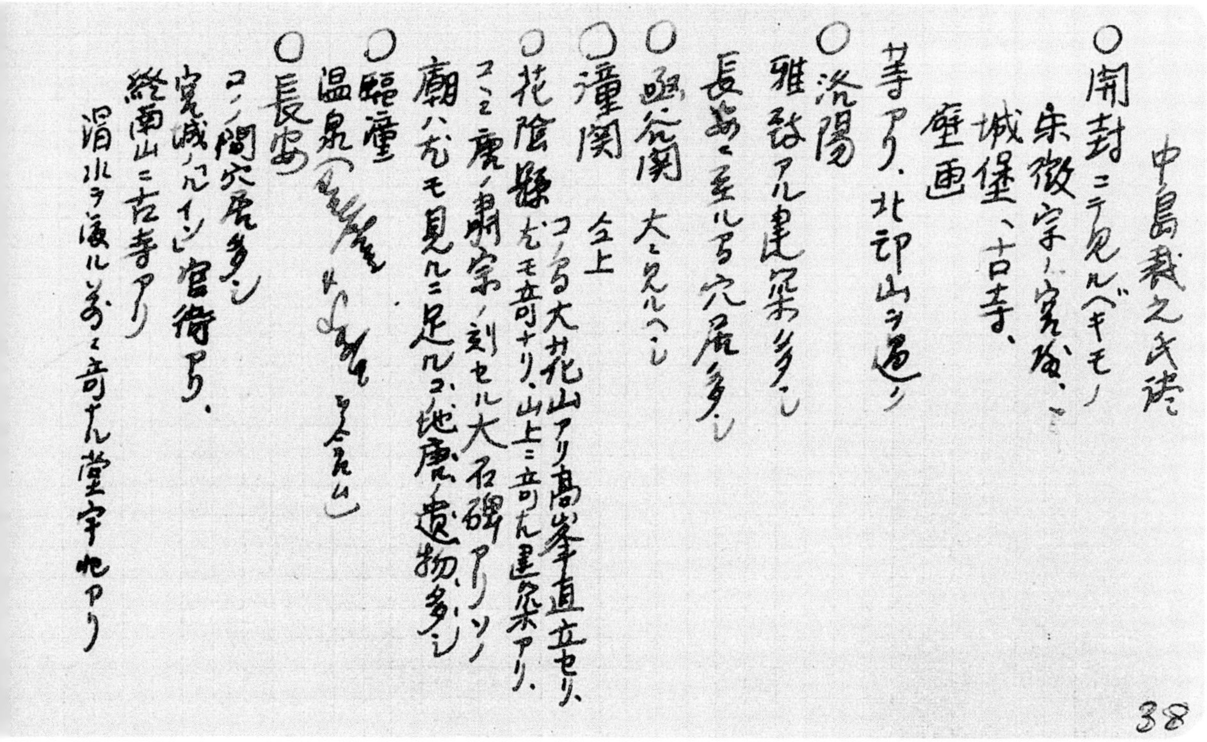
中島裁之氏談
○開封ニテ見ルベキモノ 宋徽宗ノ宮殿、城堡、古寺、壁画等アリ、北邙山ヲ過ソ
○洛陽 雅致アル建築多シ 長安ニ至ル等穴居多シ
○函谷関 大ニ見ルベシ
○潼関 仝上
○花陰縣 コノ邑大花山アリ高峯直立セリ、山上ニ奇ナル建築アリ。ココニ唐ノ粛宗ノ刻セル大石碑アリ、ソノ廟ハ尤モ見ルニ足ル、此處遺物多シ
○臨潼 温泉（[illegible]）
○長安 コノ間穴居多シ 宮城〈ハイン〉官衙アリ、終南山ニ古寺アリ 渭水ヲ渡ル等ニ奇ナル堂宇アリ
38

40北京（25）中岛裁之（3）（4月20日）

日志中对中岛裁之有如下评述『中岛裁之在中国很讲信用，为人忠厚老实，处事方式中国化』。

成都 东侧有夏井火井，产山盐。
重庆 有很多建筑，沿岸有一个叫万称的地方。
沙市 新赤壁中最好的地方是巫山峡。
太原路 从昌平翻过长城，就可以看到居庸关的大门——八达岭。
宣化 张家口（可以看到秦代的长城）。

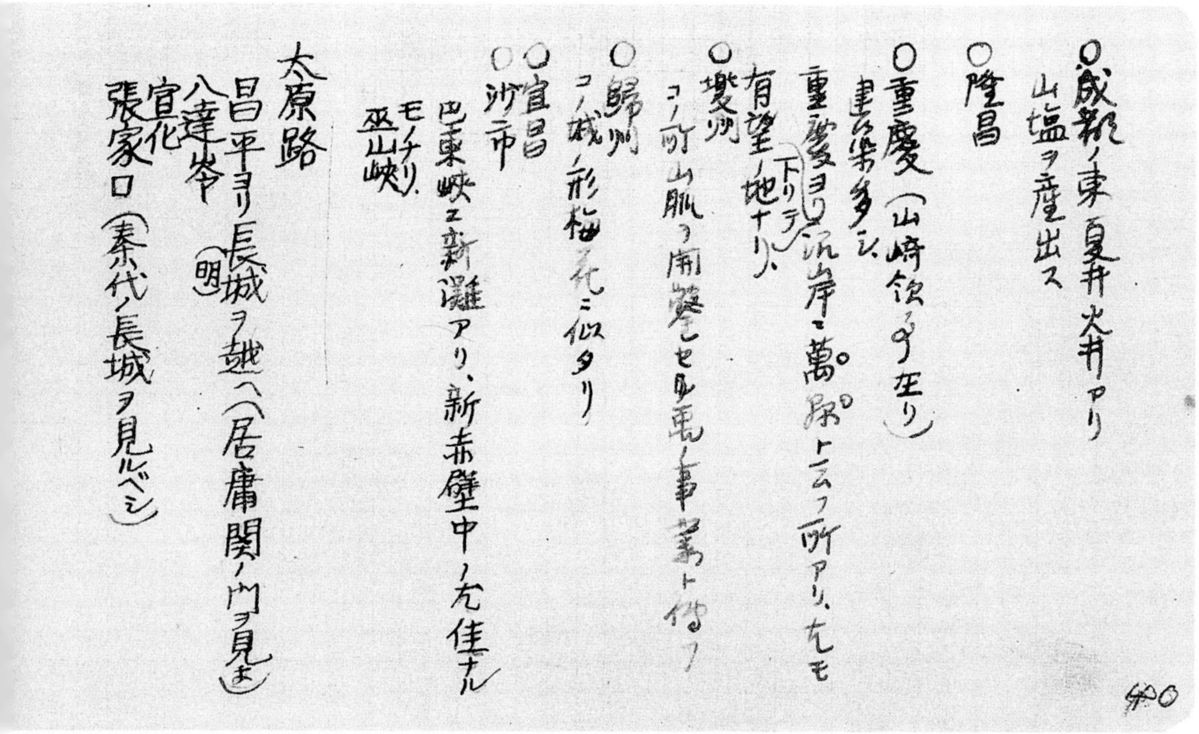
○成都ノ東 夏井火井アリ 山塩ヲ産出ス
○隆昌
○重慶（山崎氏ヲ在リ） 建築多シ 重慶ヨリ下リテ沿岸ニ萬邸ト云フ所アリ、尤モ有望地ナリ、
○叙州 コノ所山脈ヲ開鑿セル[illegible]事業ト傳フ
○歸州 コノ城彩梅花ニ似タリ
○宜昌
○沙市 巴東峡ニ新灘アリ、新赤壁中ノ尤佳ナル モノチリ 巫山峡
太原路 昌平ヨリ長城（明）ヲ越ヘ（居庸関ノ門ヲ見ル） 八達岭
宣化 張家口（秦代ノ長城ヲ見ルベシ）
40

咸阳　（有咸阳宫的遗物）
宝鸡　（从此地可以进入蜀栈道）
留霸　有留候庙，精巧雅致，还有唐代的石碑。
剑阁　有七十二峰，有如屏风。
汉州　有庞大的宫殿群。

成都　有刘玄德时代的宫城，宋代进行了修缮。有城堡、南门处有孔明庙，有唐代的石碑。
峨眉山　（刻有从嘉定时期登山人的名字）有很多大型建筑。

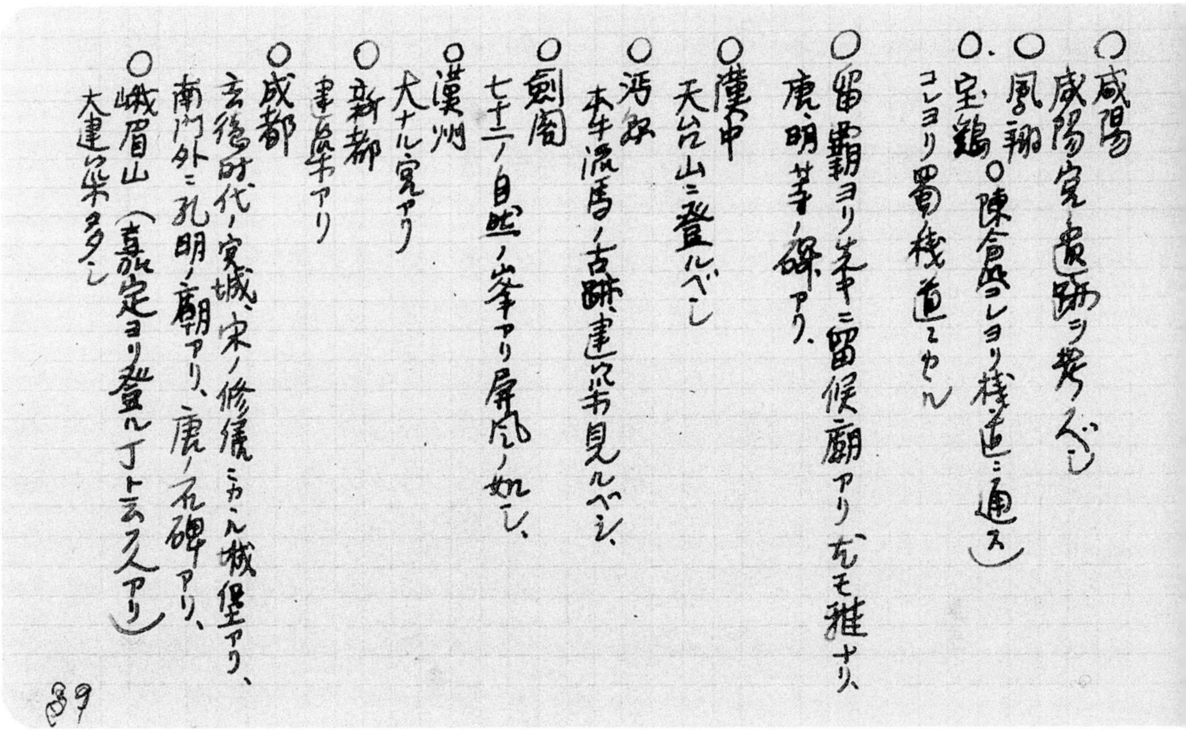
○咸陽 咸陽宮遺跡ヲ見ルベシ
○鳳翔 ○宝鶏 ○陳倉コレヨリ桟道ニ通ス
コレヨリ蜀桟道ニ入ル
○留霸ヨリ半里ニ留侯廟アリ尤モ雅ナリ
唐明ノ碑アリ
○漢中 天台山ニ登ルベシ
○沔 本ニ流馬ノ古跡、建築見ルベシ、
○剣閣 七十二ノ峰ノ峰アリ屏風ノ如シ、
○漢州 大ナル宮アリ
○新都 建築アリ
○成都 玄徳時代ノ宮城、宋ノ修繕ニカヽル城堡アリ、南門外ニ孔明ノ廟アリ、唐ノ石碑アリ、
○峨眉山（嘉定ヨリ登ル丁ト云フ人アリ）大建築多シ
39

39北京（24）中島裁之（2）（4月20日）
日志中写道：『走访了位于宣武门外的东文学社，并见到了中岛裁之。中岛是位中国通，内地旅行经验丰富，我们向他咨询了一些有关旅行方面的事情，他非常认真、仔细地给我们画了地图，还详细说明了从北京到成都以及三峡的沿途情况，告诉了我们沿途的名胜古迹，确实受益匪浅。』

涿州　有两座金代遗物（塔），在距涿州二三里处有三义庙。
保定　有辽代遗物（石碑）。
定州　有座高塔，比涿州塔要高。
正定　邯郸有一寺庙。
独乡　有一关于岳飞的石碑。
大同府
五台山
正定

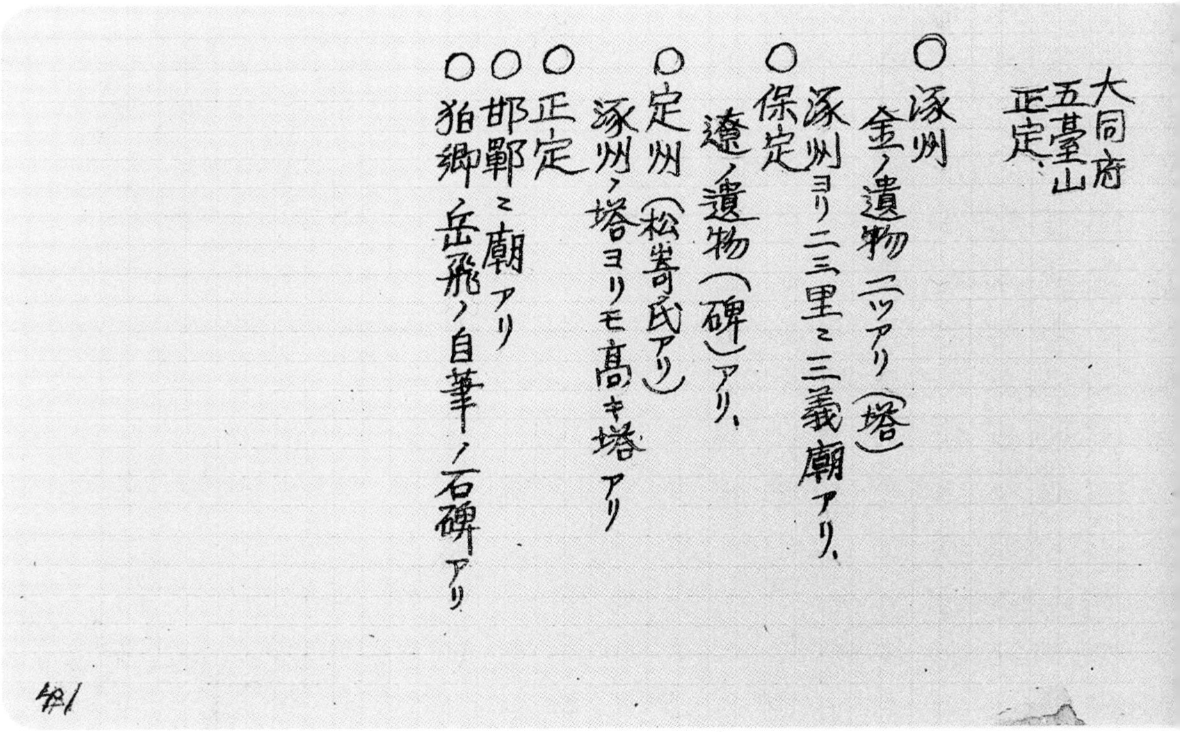
大同府 五臺山 正定、
○涿州 金ノ遺物二ツアリ（塔）涿州ヨリ二三里ニ三義廟アリ、
○保定 遼ノ遺物（碑）アリ、
○定州（松崎氏アリ）涿州ノ塔ヨリモ高キ塔アリ
○正定
○邯鄲ニ廟アリ
○狛郷 岳飛ノ自筆ノ石碑アリ
41

41北京（26）中島裁之（4）（4月20日）
『松寄氏』是定州定武书院的一名教师，在日俄战争中，任陆军特别任务班第一班班长。

42北京（27）双塔寺（1）（4月22日）

因庆寿寺内有两座佛塔，所以俗称双塔寺。据碑文记载：佛塔建于元代，塔的建筑样式为辽金风格。西塔说明中的『綾』是『稜』的笔误。

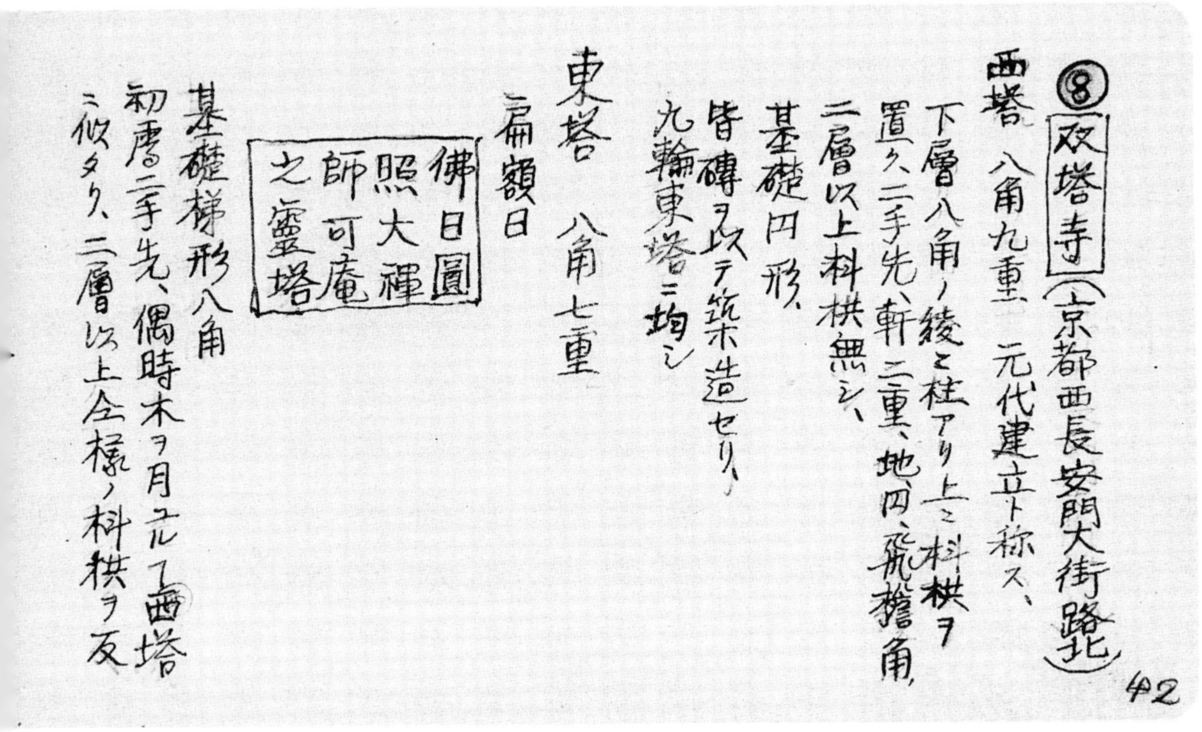
⑧ 双塔寺（京都西長安門大街路北）
西塔 八角九重 元代建立ト称ス、
下層八角ノ綾ニ柱アリ上ニ料栱ヲ
置ク、二手先、軒二重、地四、飛檐角、
二層以上料栱無シ、
基礎円形、
皆磚ヲ以テ築造セリ、
九輪東塔ニ均シ
東塔 八角七重
扁額日
佛日圓照大禪師可庵之靈塔
基礎梯形八角
初層二手先、偶時木ヲ用ユル丁西塔
ニ似タリ、二層以上全様ノ料栱ヲ反
42

双塔寺 位于北京西长安大街路北，西塔为平面八角形，九层，元代建筑。下层为八角构造，有木柱、上有斗拱，屋檐为双重飞檐角，二层以上无斗拱。

东塔 为平面八角七层，扁额上写着：佛日圆照大禅师可庵之灵塔。塔基为平面，为梯形八角，与西塔类似，二层以上斗拱结构相同。

44北京（29）双塔寺（3）（4月22日）

双塔寺位于西单十字路口东侧，后因长安街扩建而被拆除，现已不复存在。『请花』也可写作『受花』，是佛教建筑中经常使用的装饰花形。『着子』是『着手』的笔误。

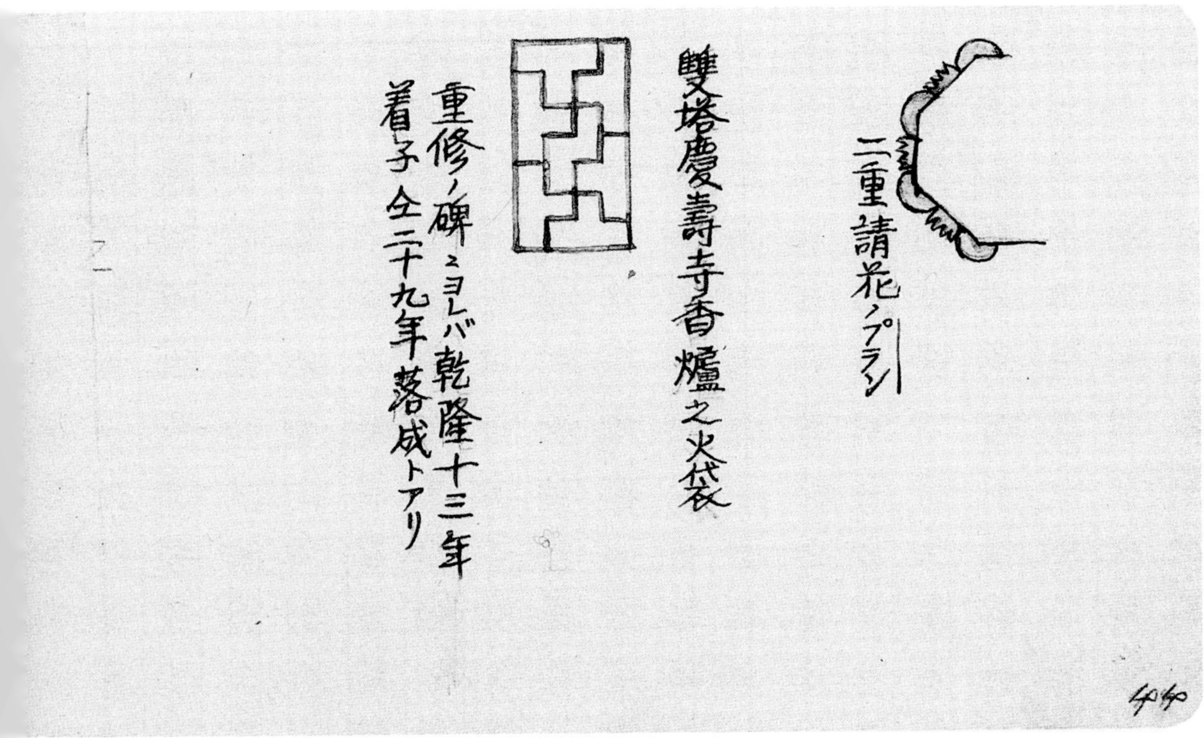
二重請花ノプラン
雙塔慶壽寺香爐之火袋
重修ノ碑ニヨレバ乾隆十三年
着子全二十九年落成トアリ
44

双重仰莲平面图

据碑文记载，该塔始建于乾隆十三年，于（乾隆）二十九年完工建成。

43北京（28）双塔寺（2）（4月22日）

在东塔塔刹的顶部有三颗宝珠，下有新月形、水烟、五轮、大宝珠、露盘。八条铁锁将水烟与横梁连在一起。西塔的结构与东塔相同。

水烟四枚　九轮　双重飞檐角

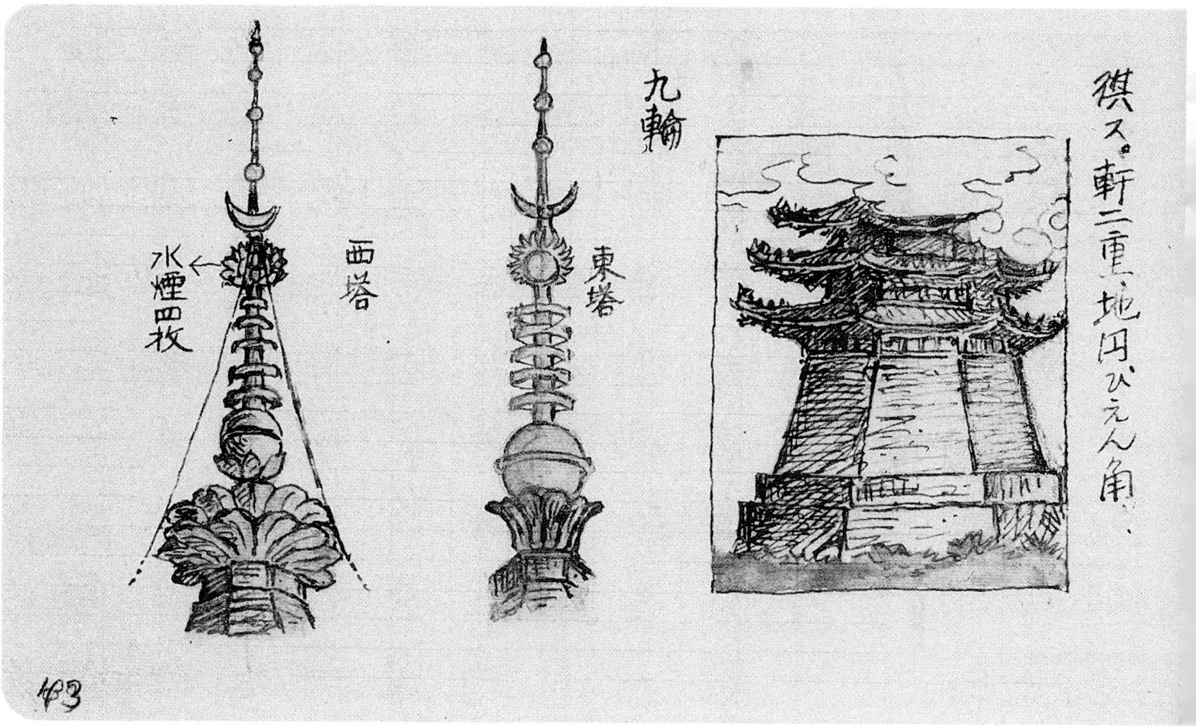

45北京（30）帝王庙（4月22日）

帝王庙，是为祭拜历代帝王而修建的庞大建筑群。庚子事变后八国联军中的法军驻扎在此地，作为马舍使用，逐渐衰败。楹是指厅堂前部的柱子。

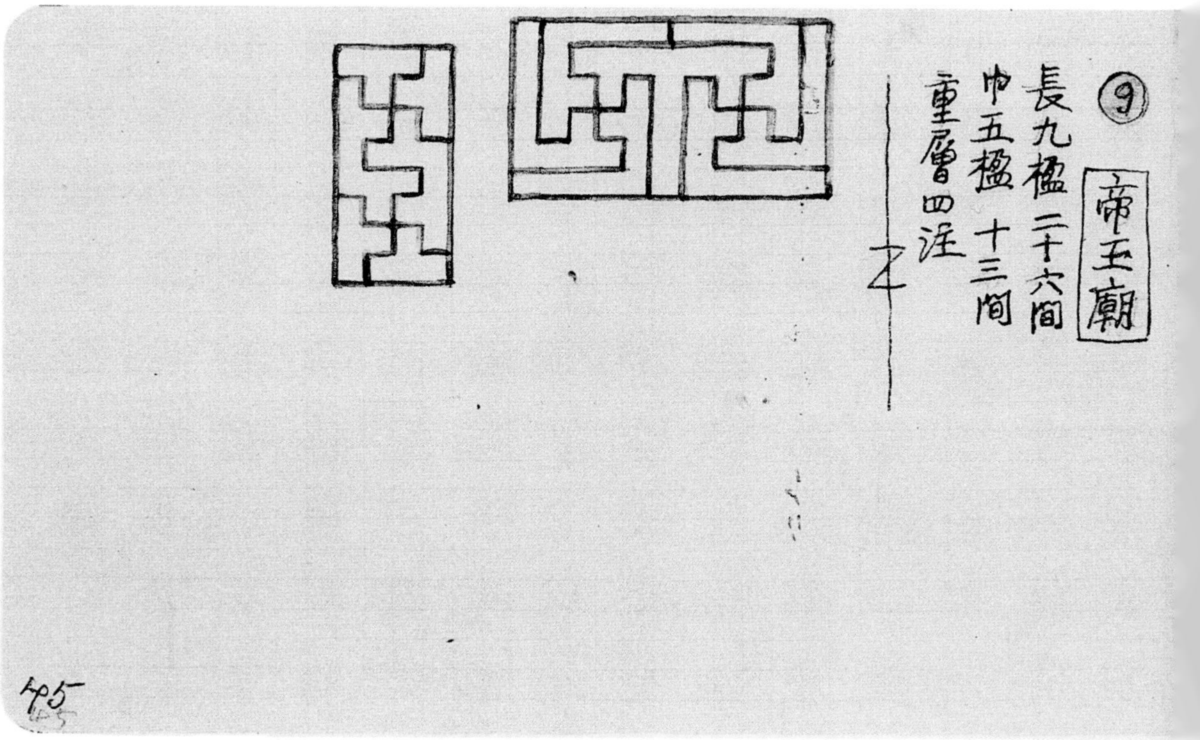

46北京（31）白塔寺（1）（4月22日）

妙应寺塔俗称白塔，也称白塔寺。建于元世祖至元十六年（1279），规模宏大，妙应寺白塔也是规模最大的塔之一，是一座完全藏传佛教式的喇嘛塔。

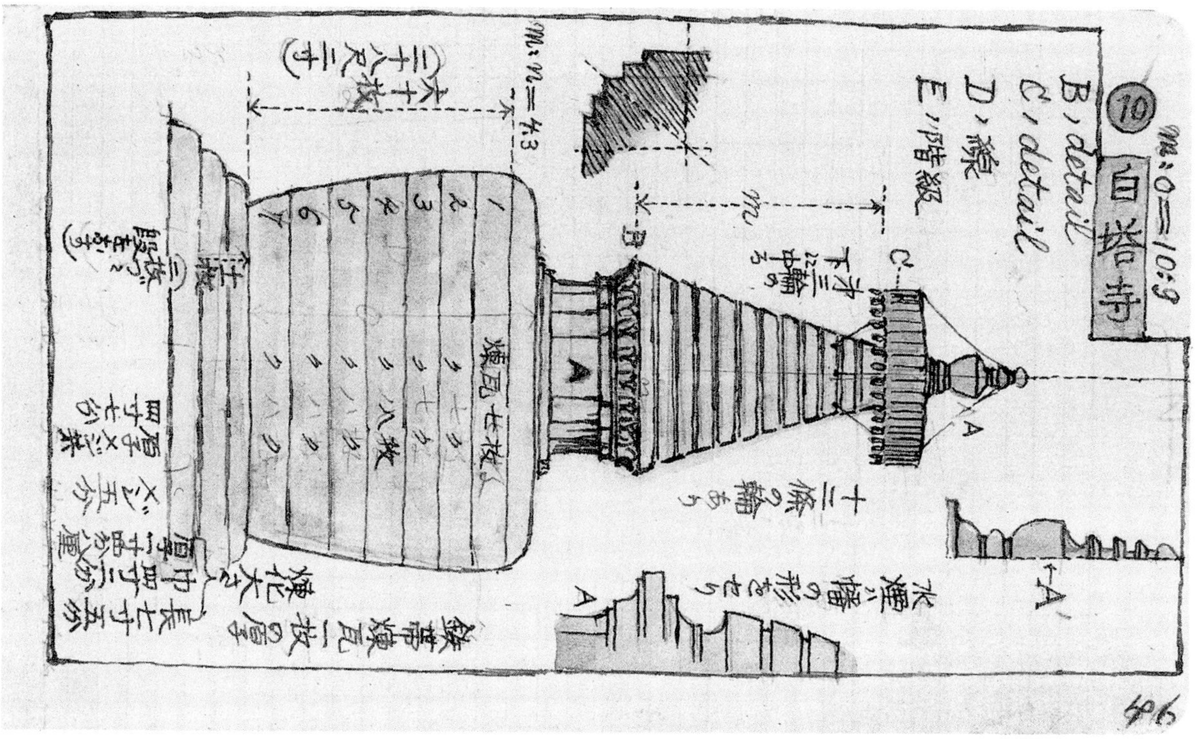

48北京（33）白塔寺（3）（4月22日）

白塔高约 160 尺（51 米），塔的外部（涂）为白色，塔身上嵌有七个铁项圈。钟为明代物品。

明代的大钟

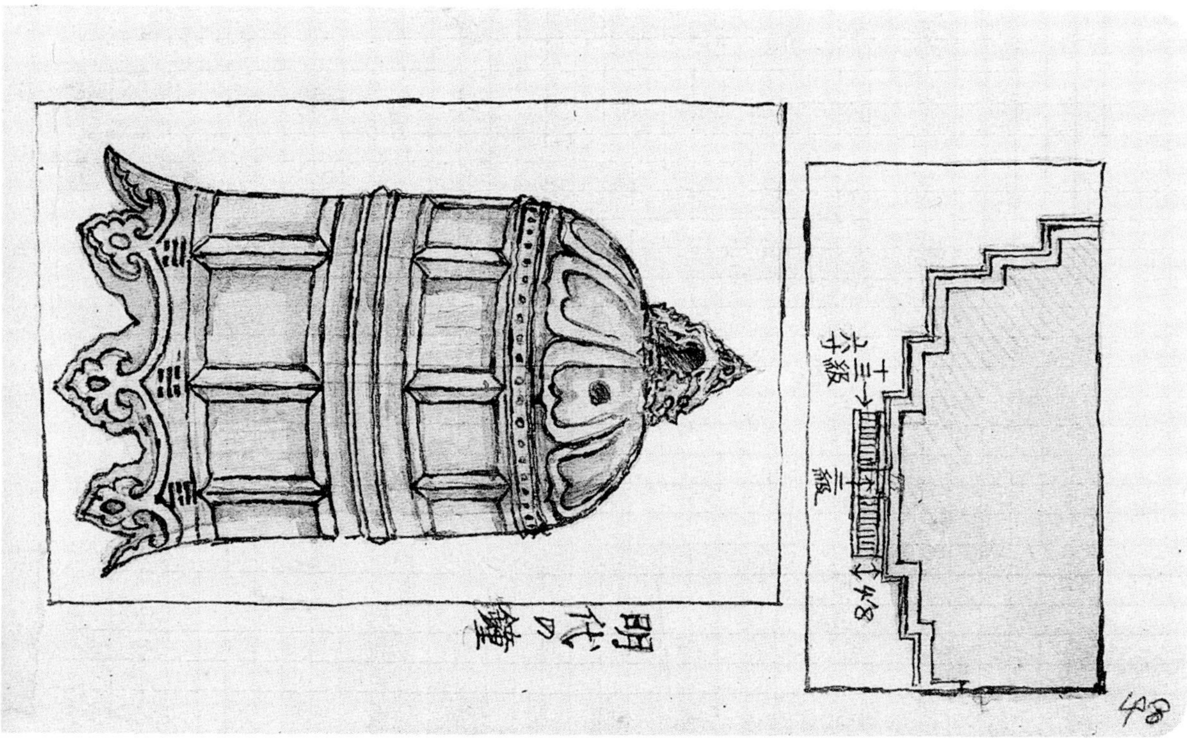

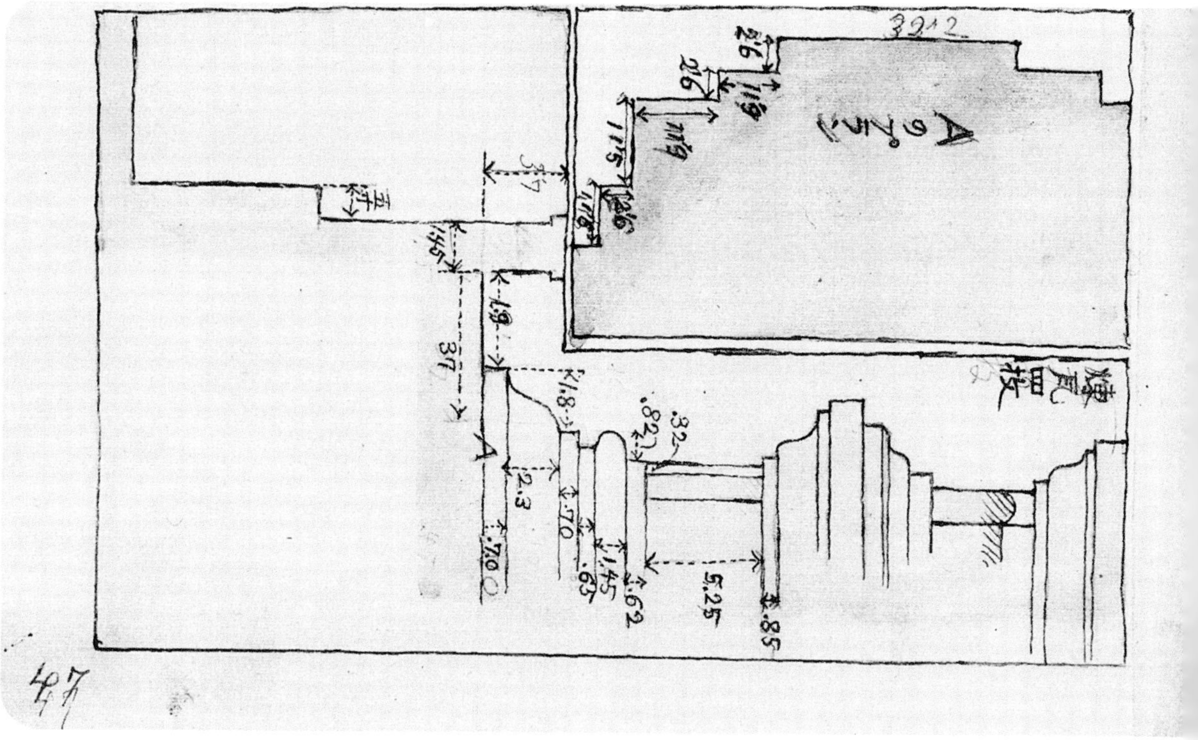

47北京（32）白塔寺（2）（4月22日）

众塔基呈方形折角须弥座，须弥座有精细的雕刻，（装饰）线条简洁明了。

49北京（34）白塔寺（4）（4月22日）

图为相轮宝盖（46图C部分）以及小塔的详细情况，在宝盖的四周挂有铜质华幡（图的左下角就是其中的一部分），下端挂有风铃。

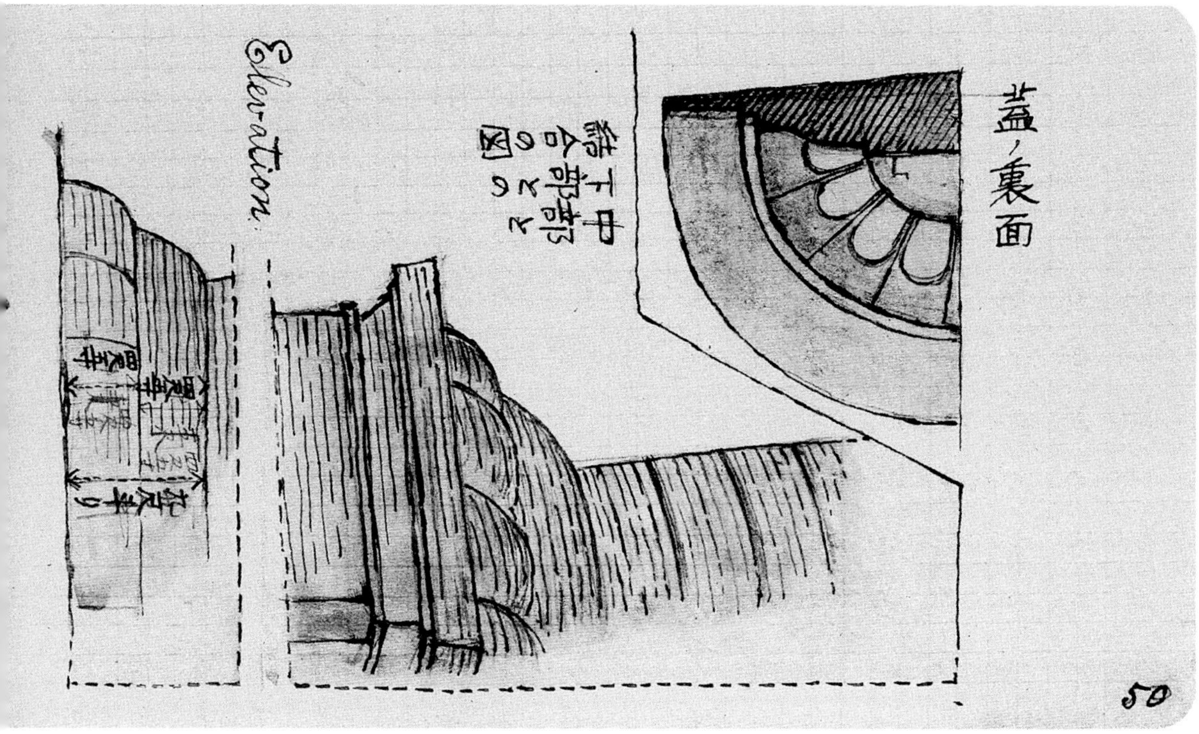

50北京（35）白塔寺（5）（4月22日）

塔基上方筑有莲花座，塔基上的塔身呈覆钵式，塔刹为方形，上有二层天盘，并有相轮。

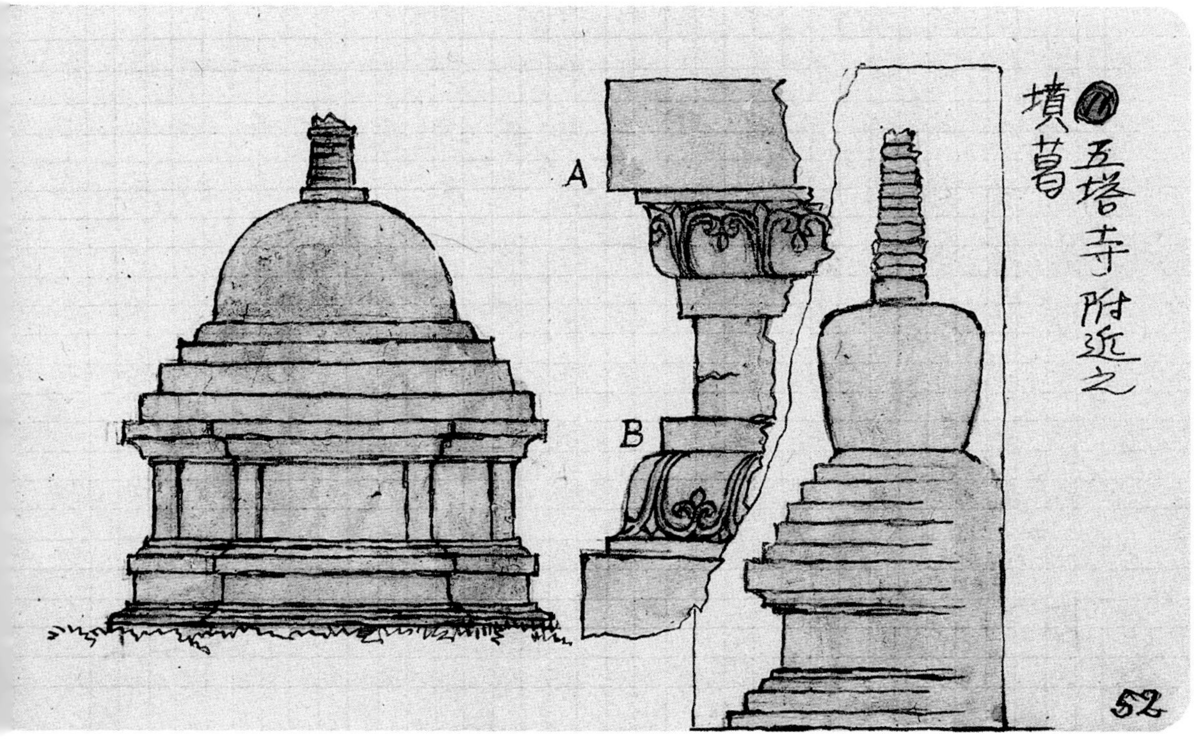

52北京（37）五塔寺附近的坟墓（1）（4月26日）

坟墓的样式很多，其中有一座最引人关注，图为五塔寺附近的坟墓。『坟葛』是『坟墓』的笔误。

51北京（36）白塔寺（6）（4月22日）

白塔是辽代为了镇守副都燕京（今北京）而修建的五色塔之一。白塔寺在元代曾受到厚爱，发展为鼎盛时期。但在元末被烧毁，天顺年间，寺庙进行重建，建成后命名为『妙应寺』。

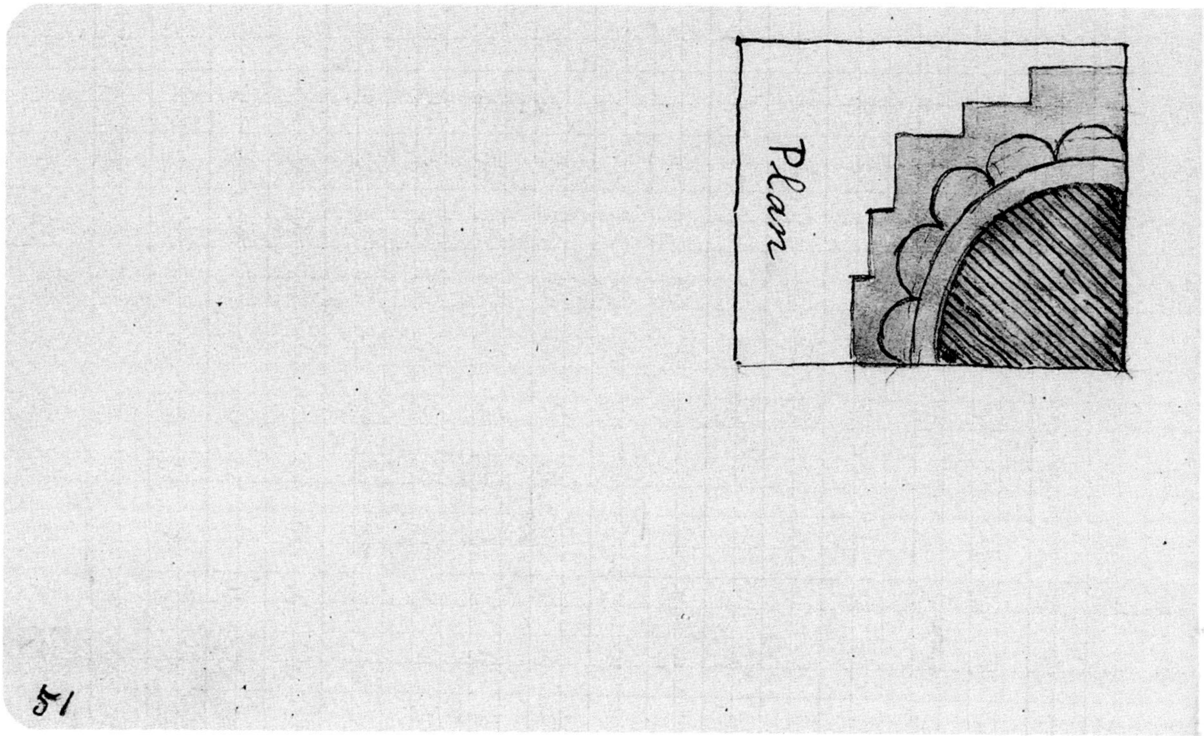

53北京（38）五塔寺附近的坟墓（2）（4月26日）

这也是五塔寺附近的一座坟墓。

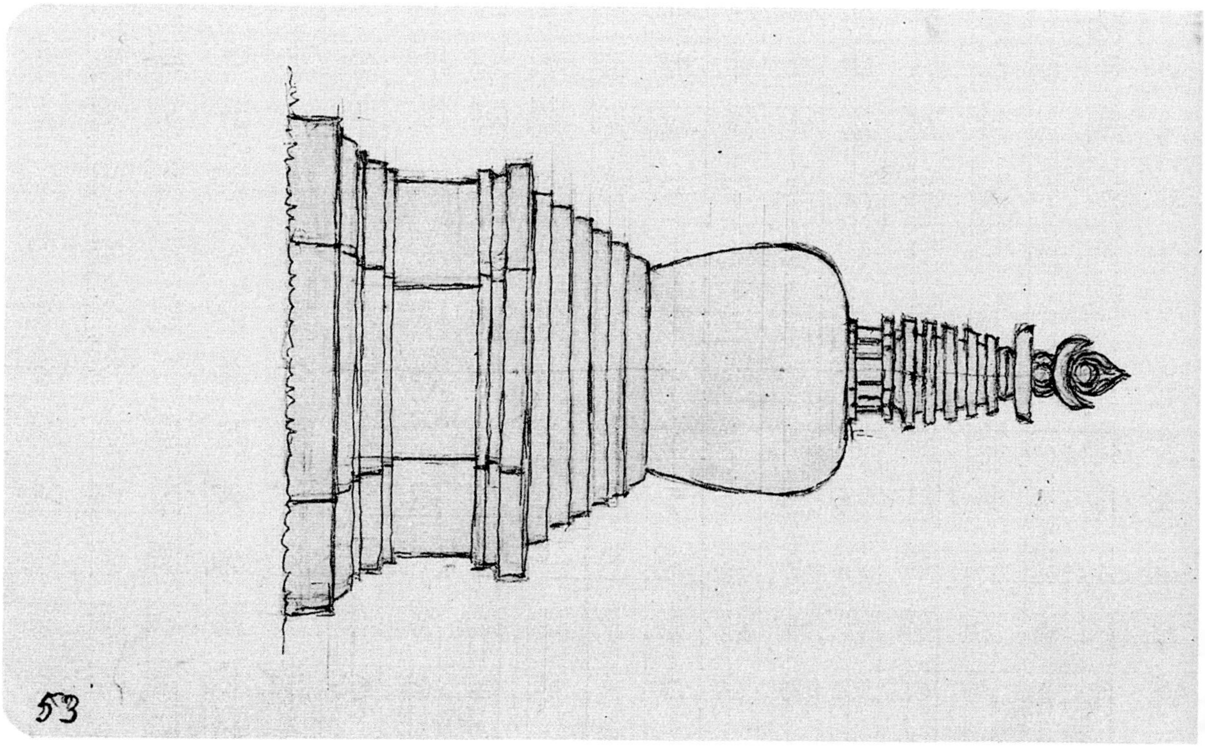

直隶省

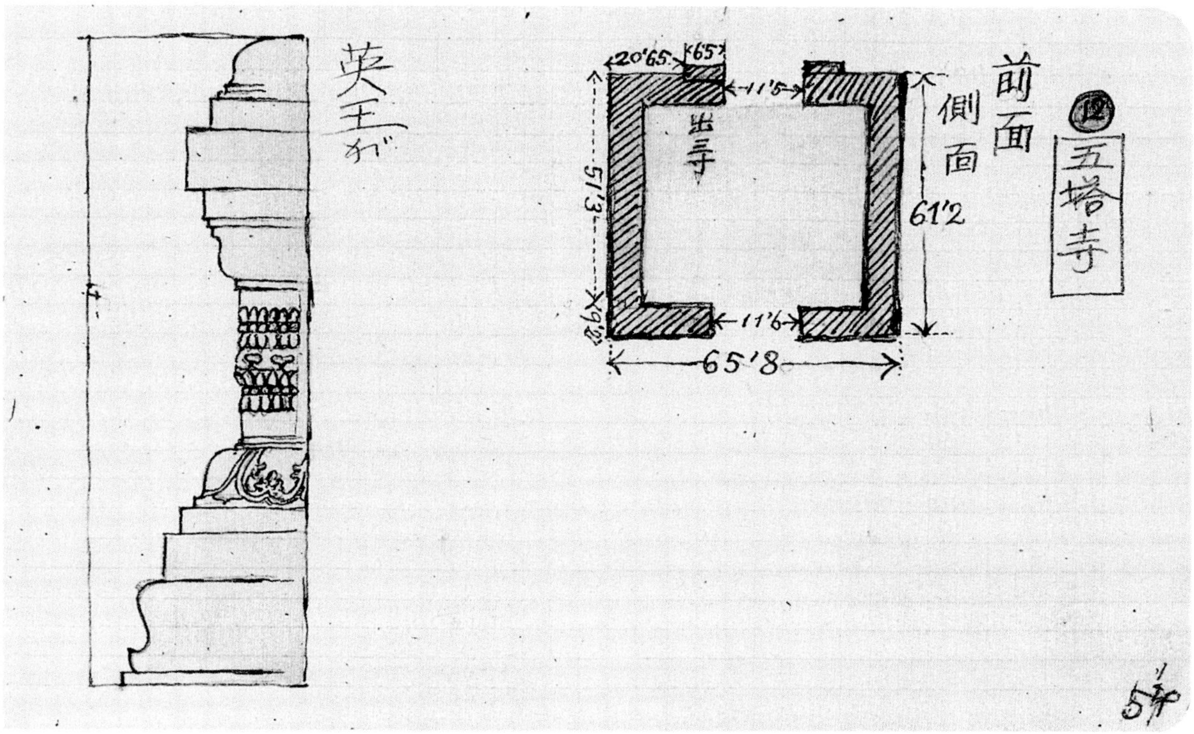

54北京（39）五塔寺（1）（4月26日）

（五塔寺又名正觉寺）因大正觉寺内有五座金刚宝座（大正觉塔），所以一般又被称作五塔寺，修建于明成化九年（1473）。塔建于高台即五座金刚宝座之上，且模仿印度的佛陀伽耶塔修建的。

56北京（41）北京郊外之所见（4月26日）

头发的分法，在万寿寺附近看到后，画的素描，因对儿童和妇女的服装发型感兴趣，从而进行了收集。

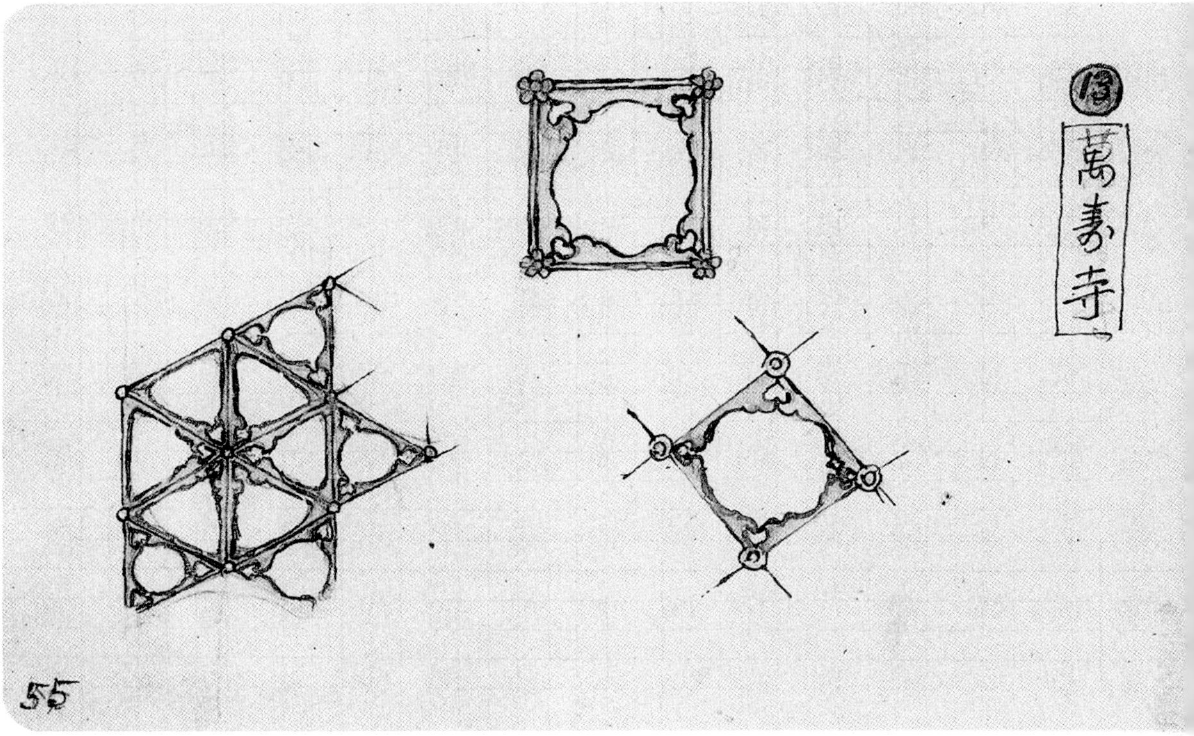
⑬
萬壽寺
55

55北京（40）万寿寺（4月26日）

据说北京万寿寺建于明万历五年，主要用于收藏汉译的大藏经文，据说慈禧太后从京城沿水路向西游西湖（昆明湖）时，曾在此休息。

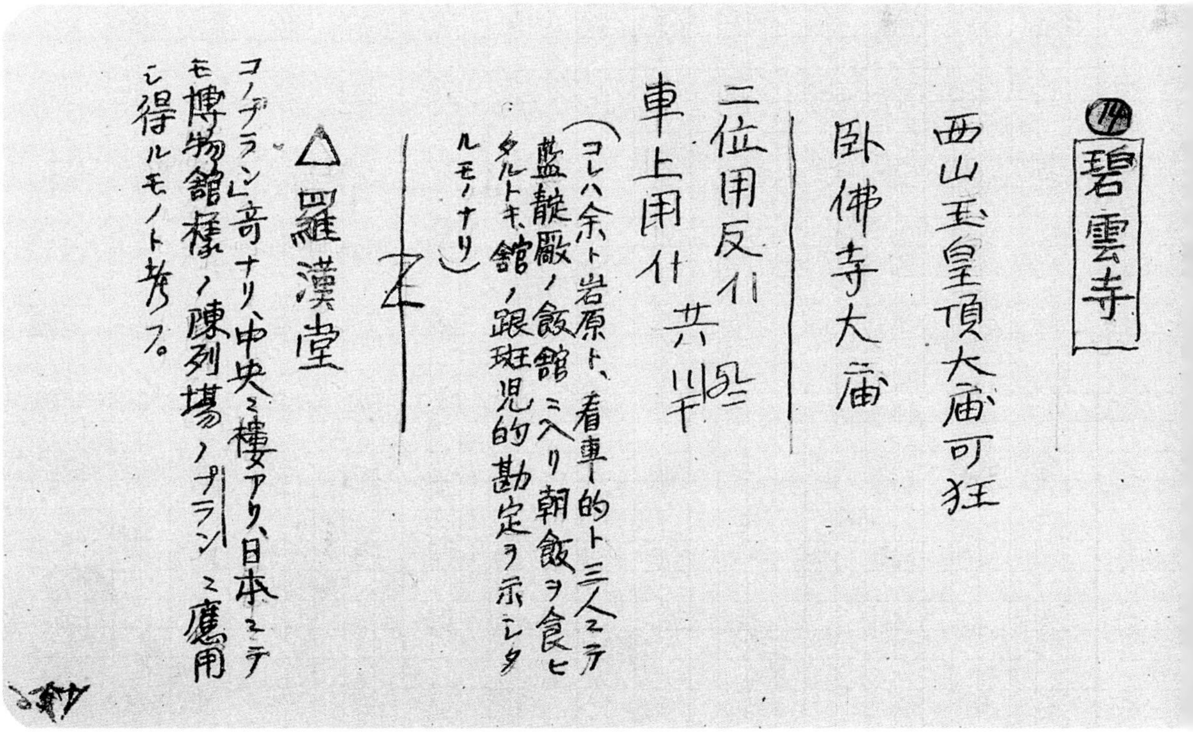
⑭
碧雲寺
西山玉皇頂大廟可狂
臥佛寺大廟
二位用反イ
車上用什 共卌
（コレハ余ト岩原ト、看車的ト三人ニテ
監龍殿ノ飯館ニ入リ朝飯ヲ食ヒ
タルトキ、館ノ跟班児的勘定ヲ示シタ
ルモノナリ）
△羅漢堂
コノプランハ奇ナリ、中央ニ楼アリ、日本ニテ
モ博物館様ノ陳列場ノプラン ニ應用
シ得ルモノト考フ。

57北京（42）碧云寺（1）（4月26日）

碧云寺于元至顺三年（1332），相传此地为耶律阿利吉（楚材的孙子）宅邸。明代中期和明后期曾由二位太监重修。乾隆十三年（1748）进行了大规模的修缮，在寺内新建金刚宝座塔和罗汉堂，所谓『看车的』就是车夫，『跟班儿的』就是服务生的意思。

在屋顶的正中央和角上都建有窣坡塔

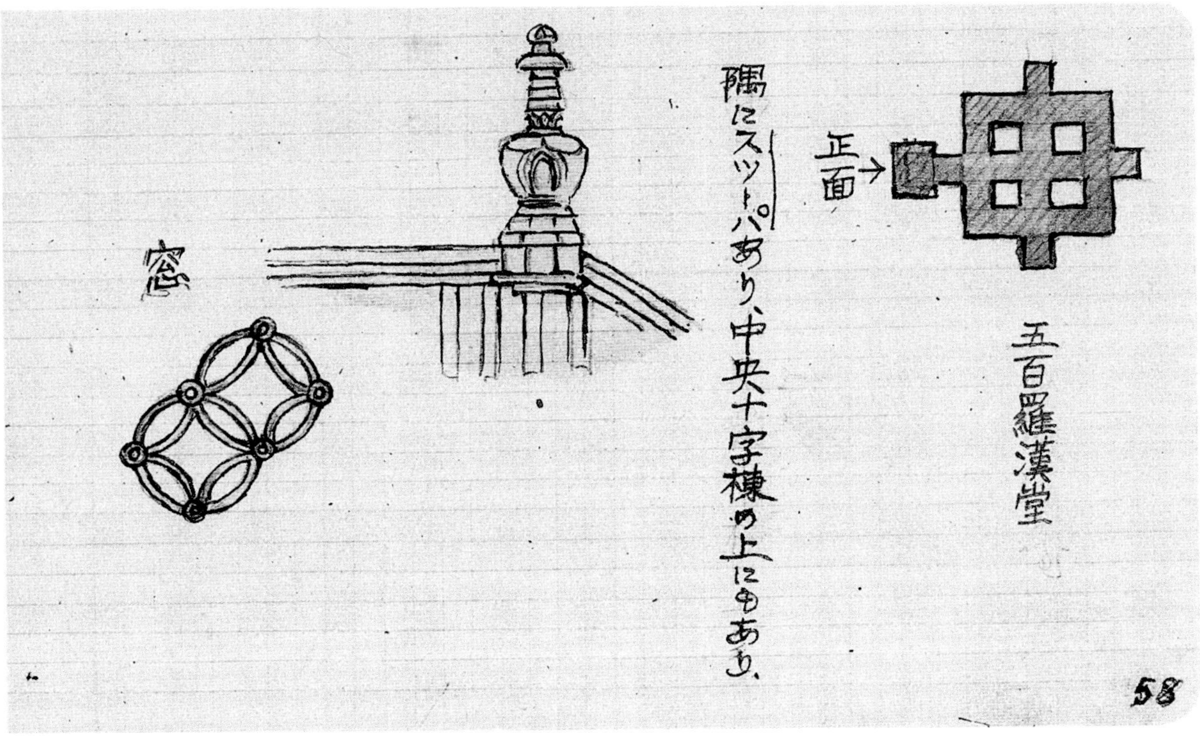

58北京（43）碧云寺（2）（4月26日）

罗汉堂的平面呈田字型，内有500尊罗汉像和七尊佛像，是以杭州净慈寺的罗汉堂为模板修建的。在屋顶的正中央和四个角建有五座窣坡塔，五塔之意也被很好地表现出来。

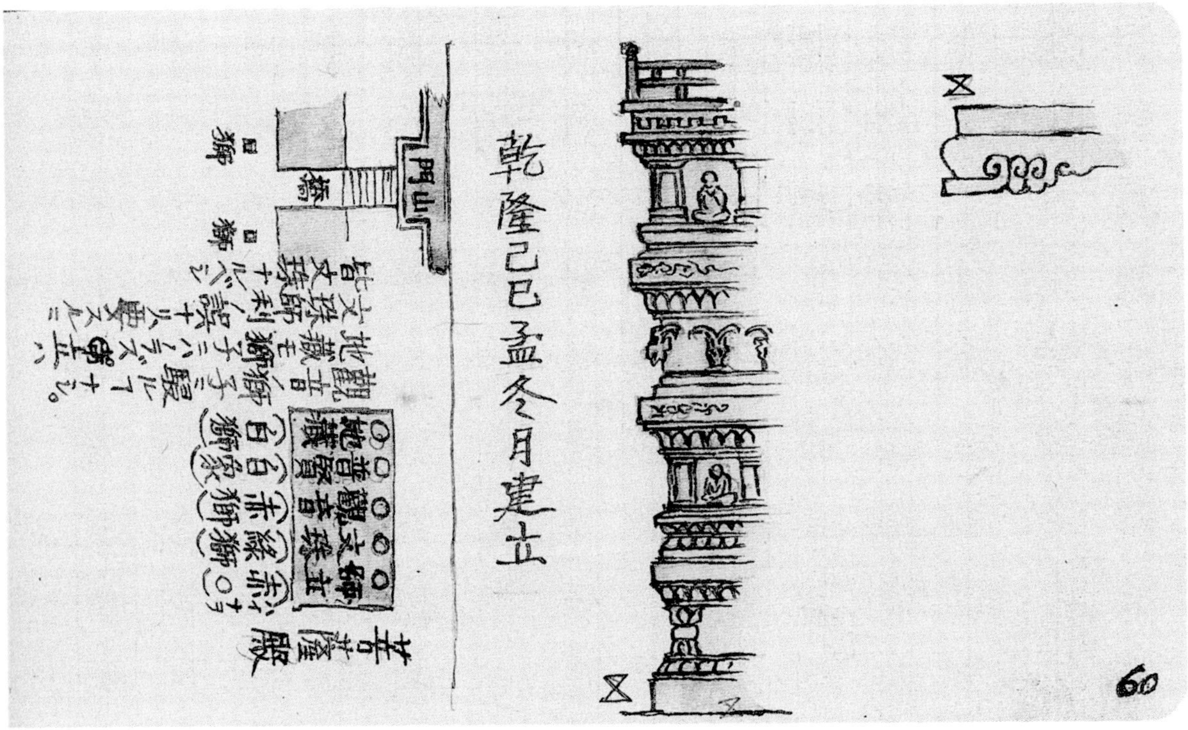

60北京（45）碧云寺（4）（4月26日）

塔基砖石结构处有几层以蛇皮砲砌，两侧有护栏，护栏不同于印度及西藏风格的柱子。塔身上雕刻有佛像、天部像及兽类等图案，并还有一些唐草文等细小的雕刻。右上图与中央图的下端连接。『駸』是『骑』的笔误。

59北京（44）碧云寺（3）（4月26日）

『五方塔』是五座塔的意思，是乾隆十三年大规模修建寺庙时修建，建筑样式与大正觉寺（五塔寺）的金刚宝座塔相似。在高大的塔基上修建了五座塔，是全部使用汉白玉修建的。

下层　上层　五方塔

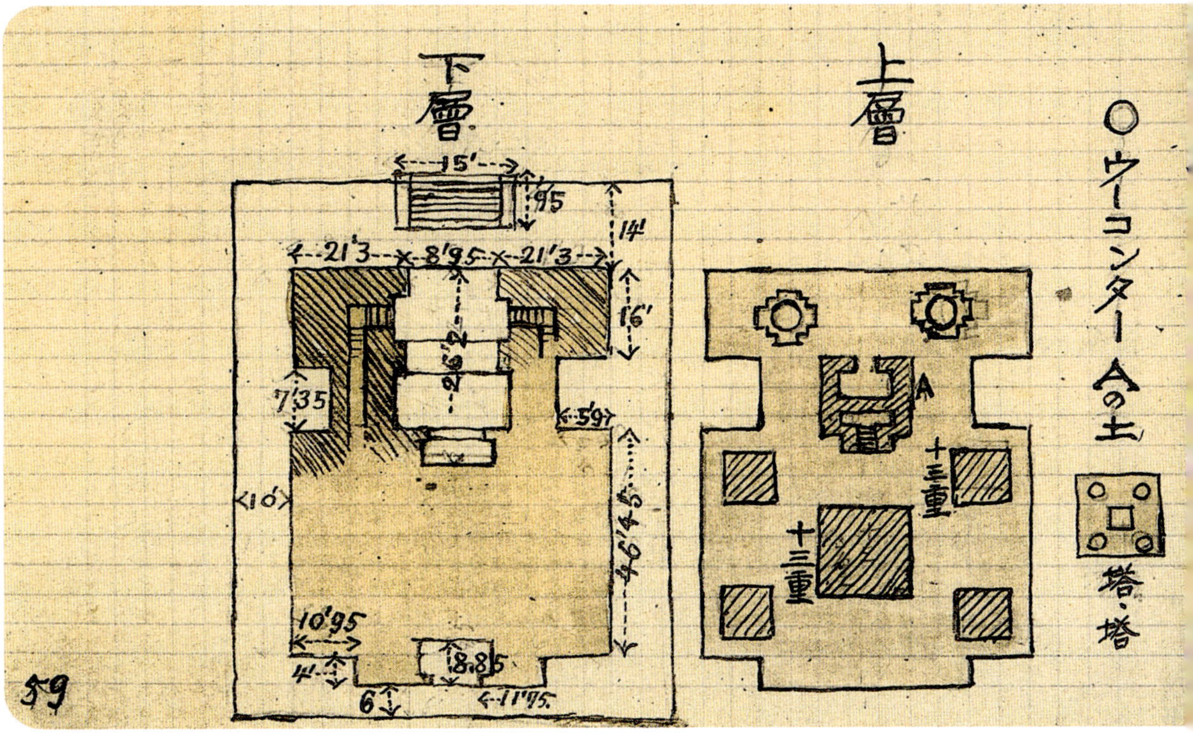

61北京（46）碧云寺（5）（4月26日）

碧云寺位于西山的北侧，因依山势而建造，所以从山门可以直接进入。从背后的金刚宝座塔上可以看到北京景色，很是特别。1925年，孙中山先生在北京去世后，曾在该寺停放过灵枢。

碧云寺平面图

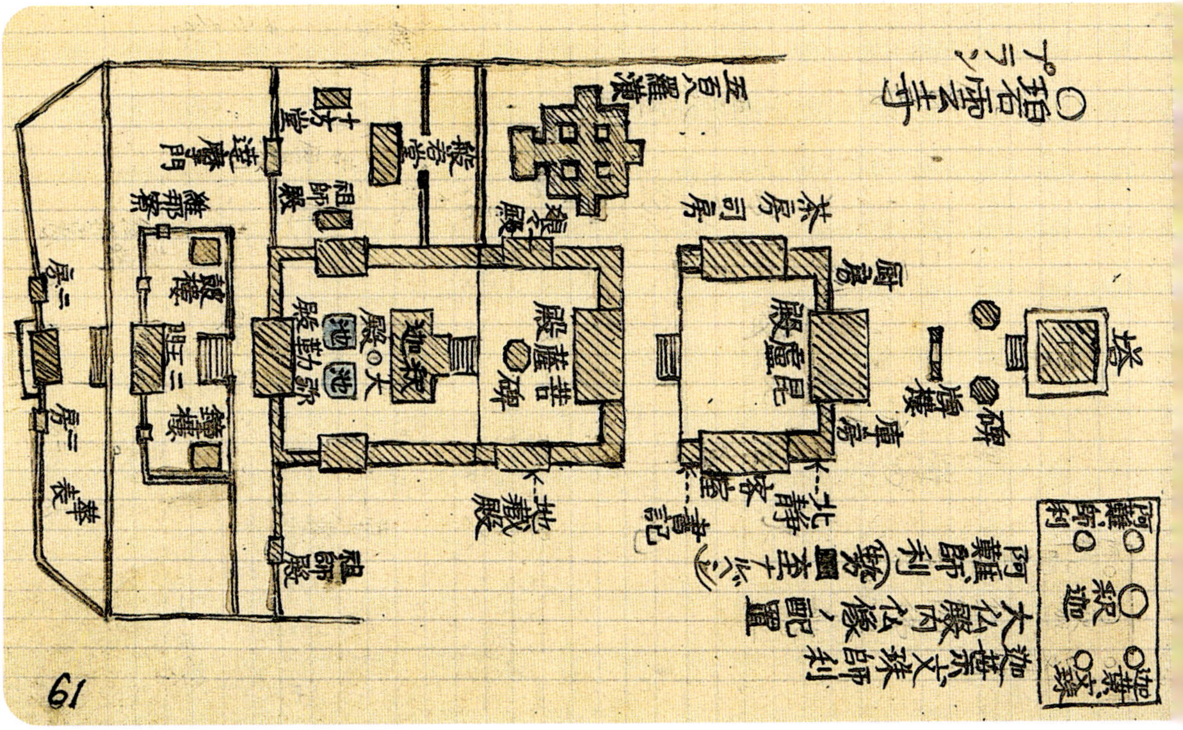

五塔寺　五塔记

入口的拱门形状和佛像背光相同。上有天狗，共两足似鸟，两足踏于佛脚之上。佛像手捧宝珠，脚踩一条蛇。佛像下端塑有一猛兽，上唇较和工，类似貘。猛兽下有一尊劳翅飞马像，还塑有狮子、象等。中间有板壁、板壁上雕刻有动物（马）、宝轮、三叉金刚杵、碣磨、三义等，腰部以上分为五层，每层都有佛龛，佛龛内刻有一尊佛像，佛龛的分界线是柱子和斗拱，如左图。

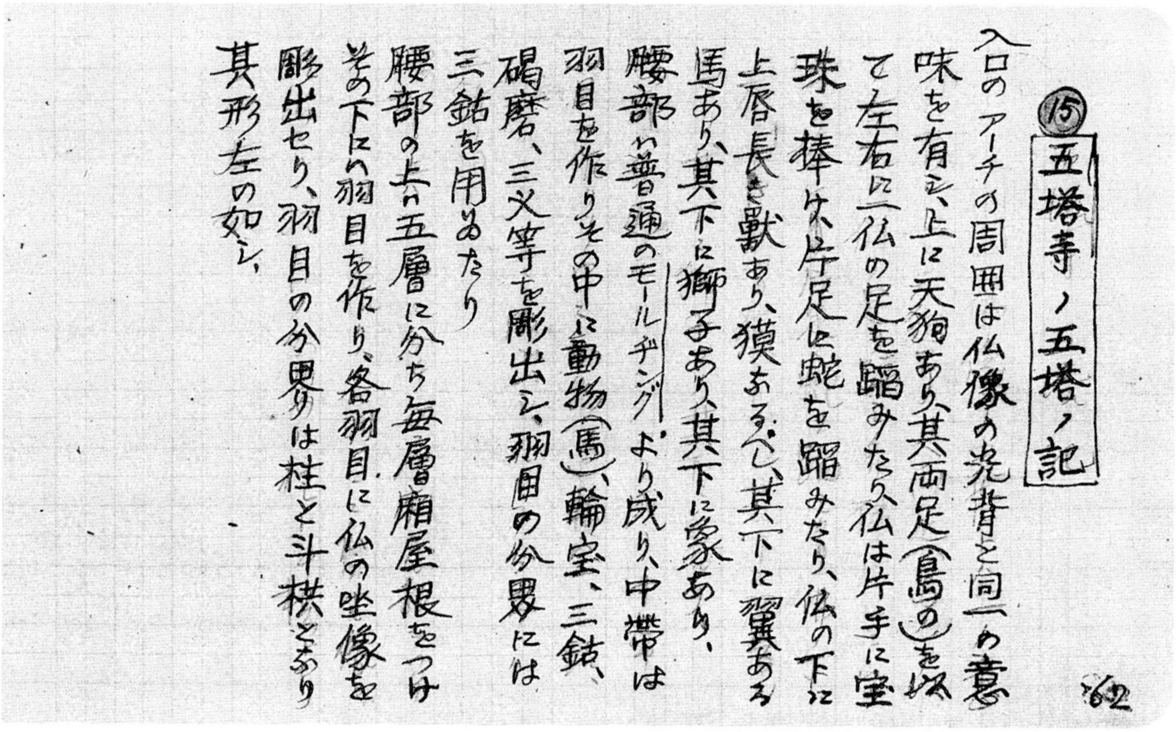
⑮ 五塔寺ノ五塔ノ記

入口のアーチの周囲は仏像の光背と同一の意味を有し、上に天狗あり、其両足(鳥の)を以て左右に仏の足を踏みたり、仏は片手に宝珠を捧げ、片足に蛇を踏みたり、仏の下に上唇長き獣あり、貘なるべし、其下に翼ある馬あり、其下に獅子あり、其下に象あり、

腰部は普通のモールヂングより成り、中帯は羽目を作りその中に動物(馬)、輪宝、三鈷、碣磨、三叉等を彫出し、羽目の分界には三鈷を用ゐたり

腰部の上に五層に分ち毎層廂屋根をつけその下には羽目を作り、各羽目に仏の坐像を彫出せり、羽目の分界は柱と斗栱とより其形左の如し、

62

62北京（47）五塔寺（2）（4月26日）（上接54图）

明成祖时，印度高僧班迪来华，向明成祖献佛像五尊和金刚宝座规式，五塔寺就是据此于成化九年（1473）修建而成。虽说是根据班迪的设计修建，为藏传佛教样式，但融入了中国元素。

中央有一大塔，四角各建一小塔，在印度雅利安建筑中，这样的案例有很多，这种建筑手法从印度经中国西藏传入中国内地。

有一个陶制的绿色小屋，下层为方形，上层为圆形。

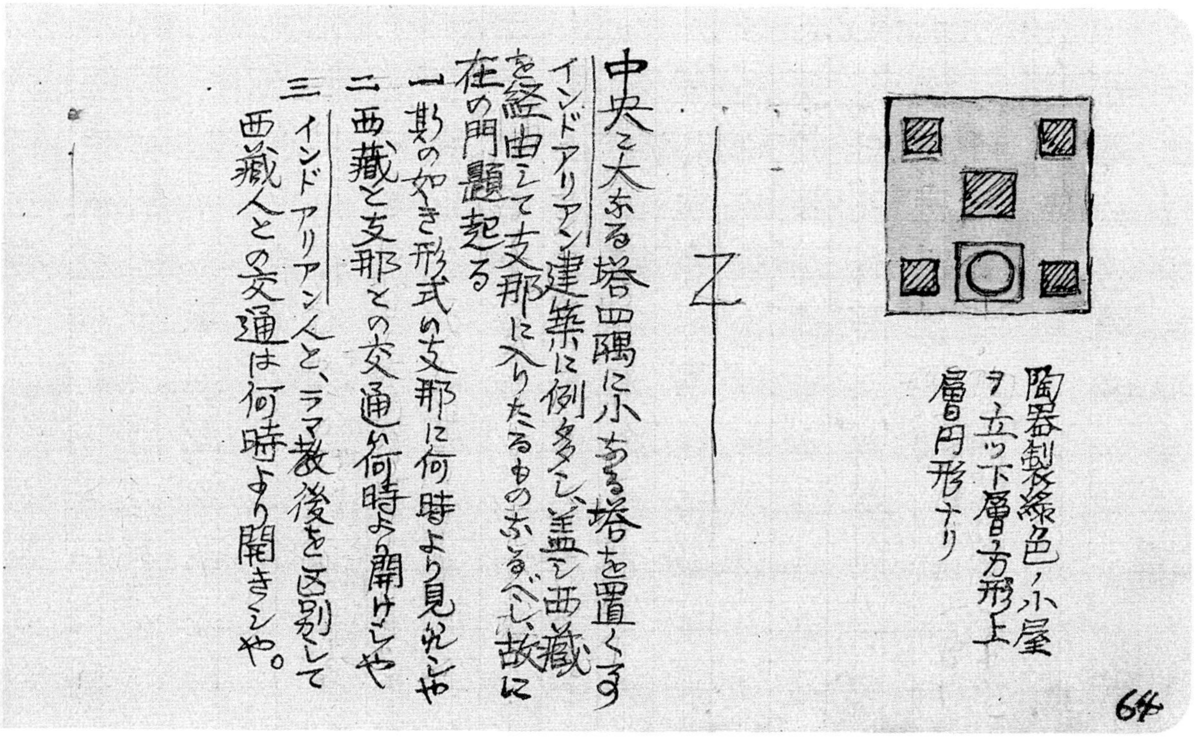
陶器製緑色ノ小屋ヲ立ツ下層方形上層円形ナリ
中央に大なる塔四隅に小なる塔を置くはインドアリアン建築に例多くし、蓋し西藏を経由して支那に入りたるものなるべし、故に左の問題起る

一 斯の如き形式の支那に何時より見えしや

二 西藏と支那との交通は何時より開けしや

三 インドアリアン人と、ラマ教後を区別して西藏人との交通は何時より開きしや。

64

64北京（49）五塔寺（4）（4月26日）

中部是方十三尺八寸的塔基，共十三层，四个角各有一方形塔柱，高约十一尺五分，共十一层，塔刹装饰有相轮，宝座的基座高约四十尺。

塔基上筑有五塔，中央大塔为13层，上还有铜铸小塔，四角各塔为11层，上还有子塔。各塔均用白大理石建成，并涂为朱红色。

图案各不相同

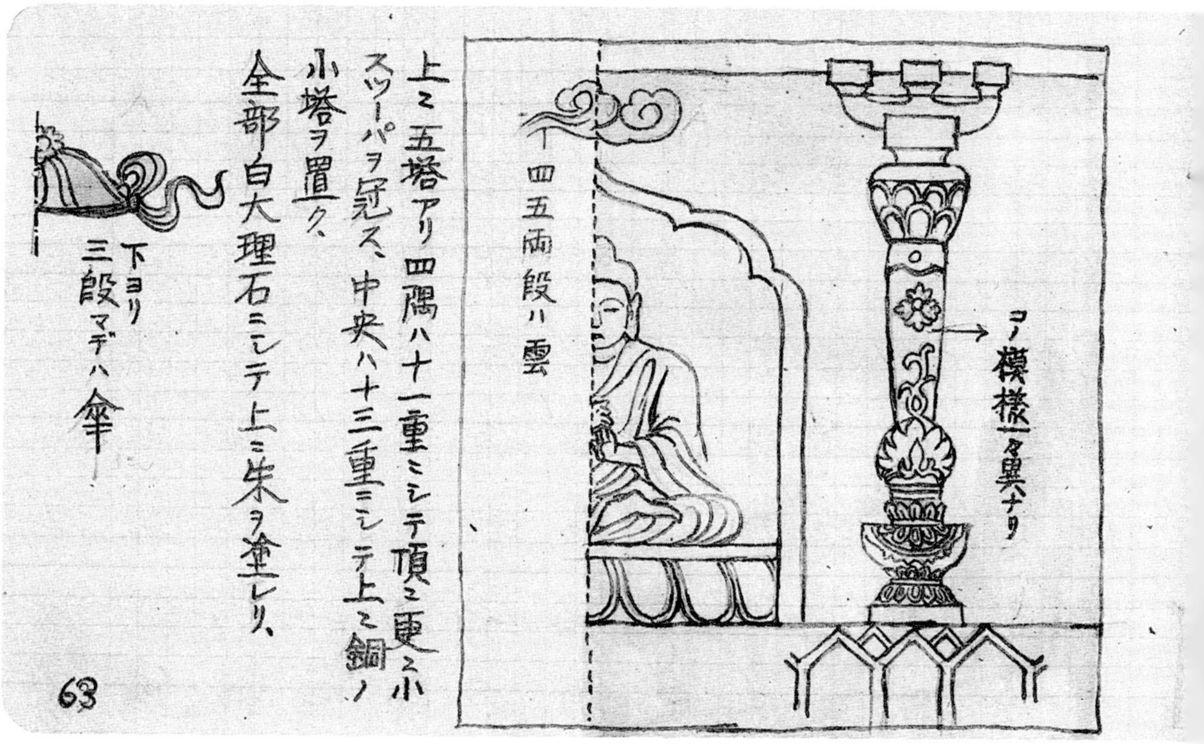
上ニ五塔アリ四隅ハ十一重ニシテ頂ニ更ニ小スツーパヲ冠ス、中央ハ十三重ニシテ上ニ銅ノ小塔ヲ置ク、全部白大理石ニシテ上ニ朱ヲ塗レリ、
下ヨリ三段マデハ傘
四五両段ハ雲
コノ模様一々異ナリ
63

63 北京（48）五塔寺（3）（4月26日）

五塔的塔身部分有佛龛、佛像，中间有立柱分开，塔基和塔身上用浮雕装饰，尽显精致。62图中的『moulding』是指凹凸带状的装饰。

八角十三层舍利塔，砖石结构

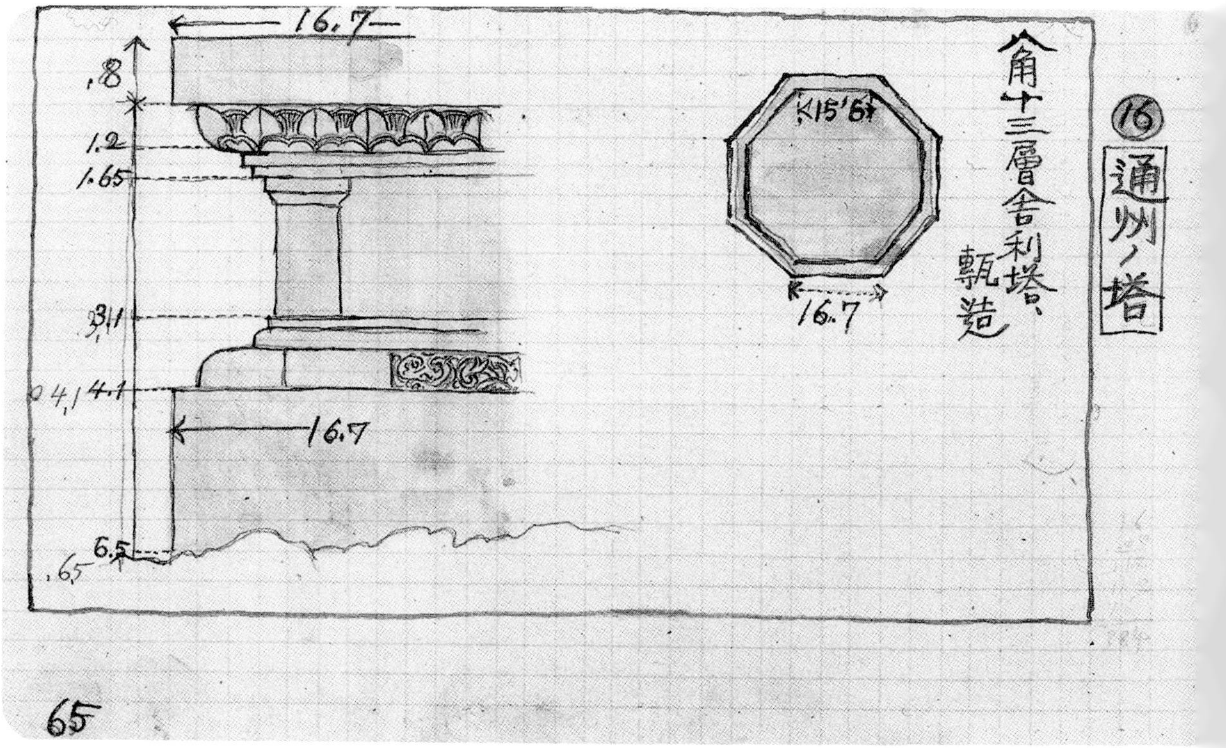
16
通州ノ塔
八角十三層舎利塔、甎造
16.7
.8
1.2
1.65
3.1
4.1
16.7
6.5
16.7
65

65 通州（1）通州塔（1）（4月27日）

8点从北京站出发，9点40到达通州站。从通州站向西北方向走大约两里多路，到达通州城南门，进到城后，看到路面很脏，铺的石板路面也是凹凸不平。

一面有三个窗棂，边上有人像柱。

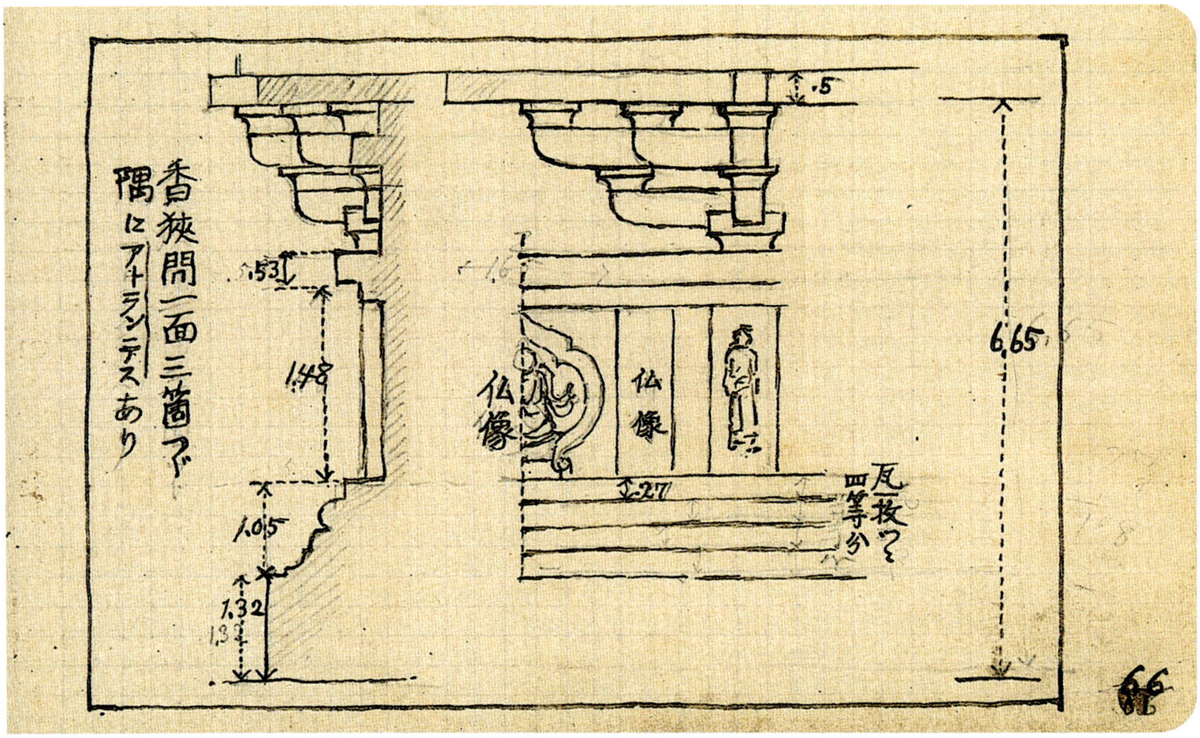

66通州（2）通州塔（2）（4月27日）

通州塔位于通州城西北白河岸边，原名燃灯佛舍利宝塔，俗称通州塔。该塔建于唐贞观七年（633），清康熙三十五年（696）重建，为典型的辽金建筑样式。

在门口的扁额上写着：古刹胜教禅林。
碑文上写着：唐贞观七年癸巳建。

燃灯佛舍利塔
明万历三十八年庚戌工部郎中平湖陆基。

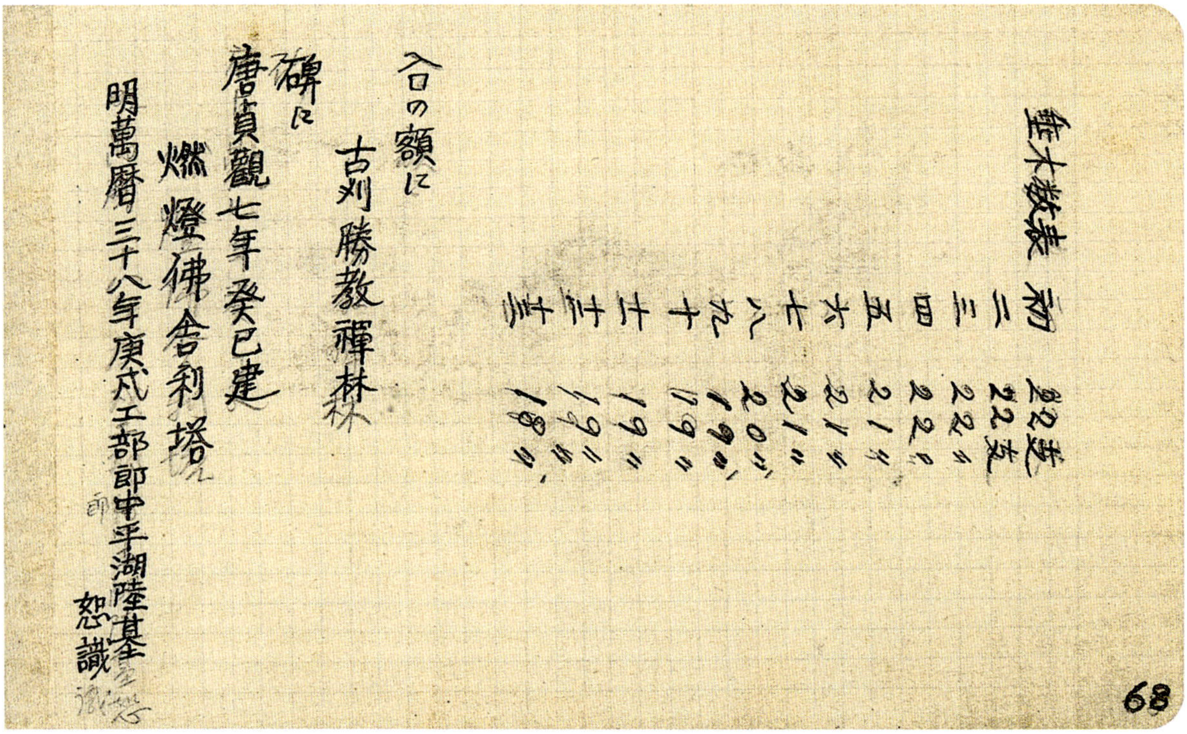

68通州（4）通州塔（4）（4月27日）

图中的数字是塔各层椽子的数量。从图中的数字可以看出，层数越高，椽子的数量递减，与天宁寺塔造型相同。

67通州（3）通州塔（3）（4月27日）

右图二是塔基的尺寸图，顶部为斗拱结构，是典型的唐代建筑样式。

斗拱及护墙板的构成

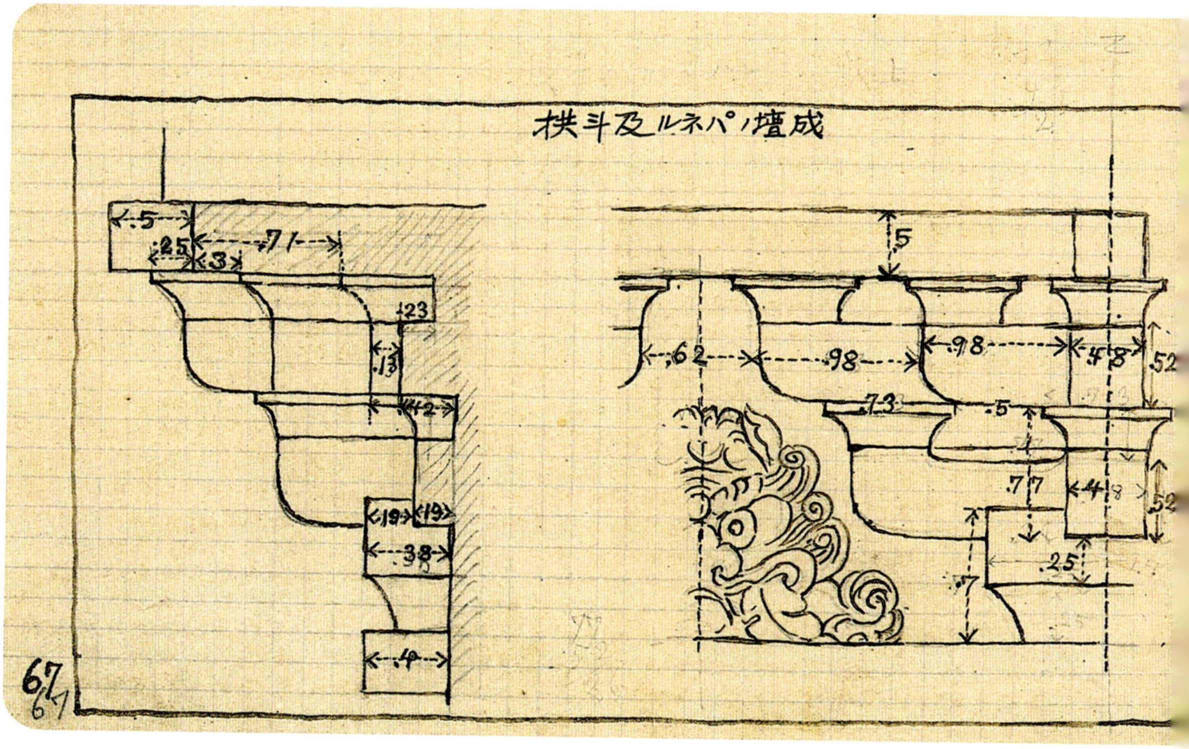

69通州（5）通州塔（5）（4月27日）

塔刹部分有几个很大的相轮，相轮上部分已经缺失，下部分保持了辽金建筑的传统风格。

双重仰莲座　　莲花座

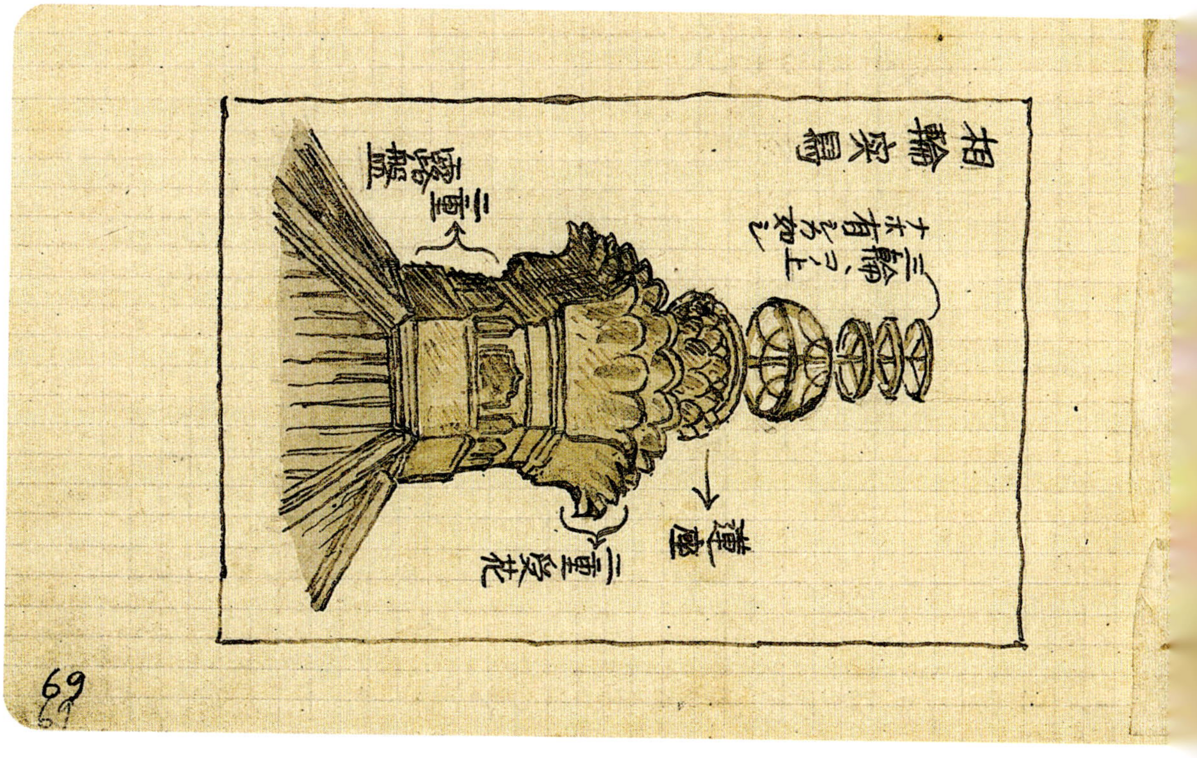

70通州（6）通州塔（6）（4月27日）

塔周围的栏杆，顶部为圆形，中间为束身式，上面的横木与下面的横木构成卍字形。日本的法隆寺也采用了这种横木结构的卍字型，建筑风格为辽金样式。

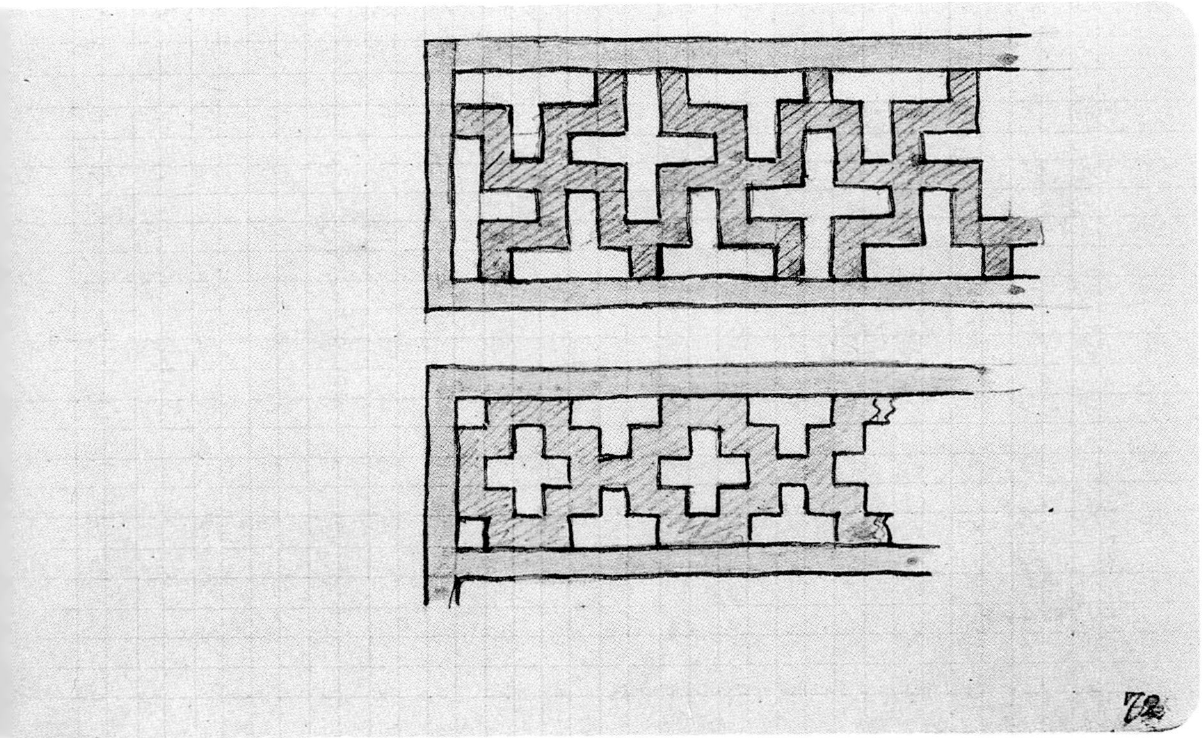

72通州（8）通州塔（8）（4月27日）

这个画样，是横的卍，下面的图把卍变形为横的十字型。

高栏、缝隙的种类

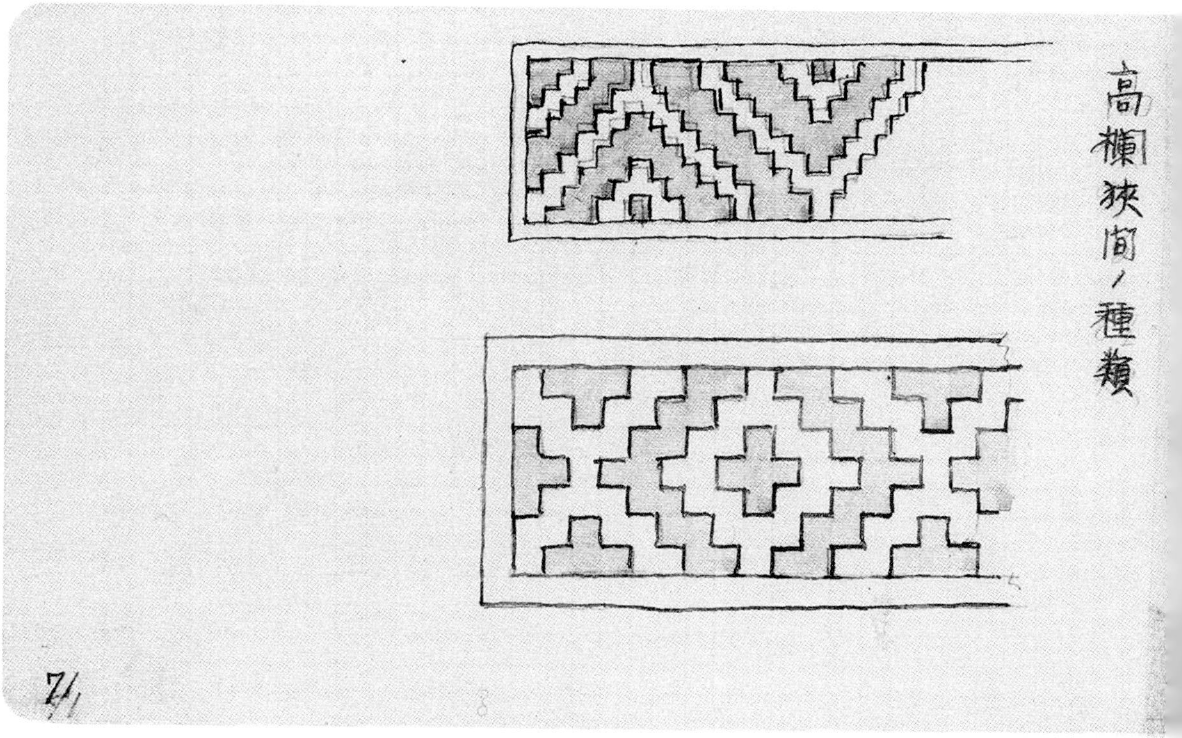

71通州（7）通州塔（7）（4月27日）

此图为栏杆的图案，可以看成是图72卍字形更为复杂的变化。

73通州（9）通州塔（9）（4月27日）

塔第一层墙面上的画像。在东南西北四面墙上，都有一个券门，其他的四个墙面上有格子样式的窗户，只是南面有出入口，往里走约6尺有一个小房间。

直隶省

屋檐
双重飞檐角
九轮

第一层为普通样式
四角有横木
二层以上的斗拱与高栏下的斗拱相同

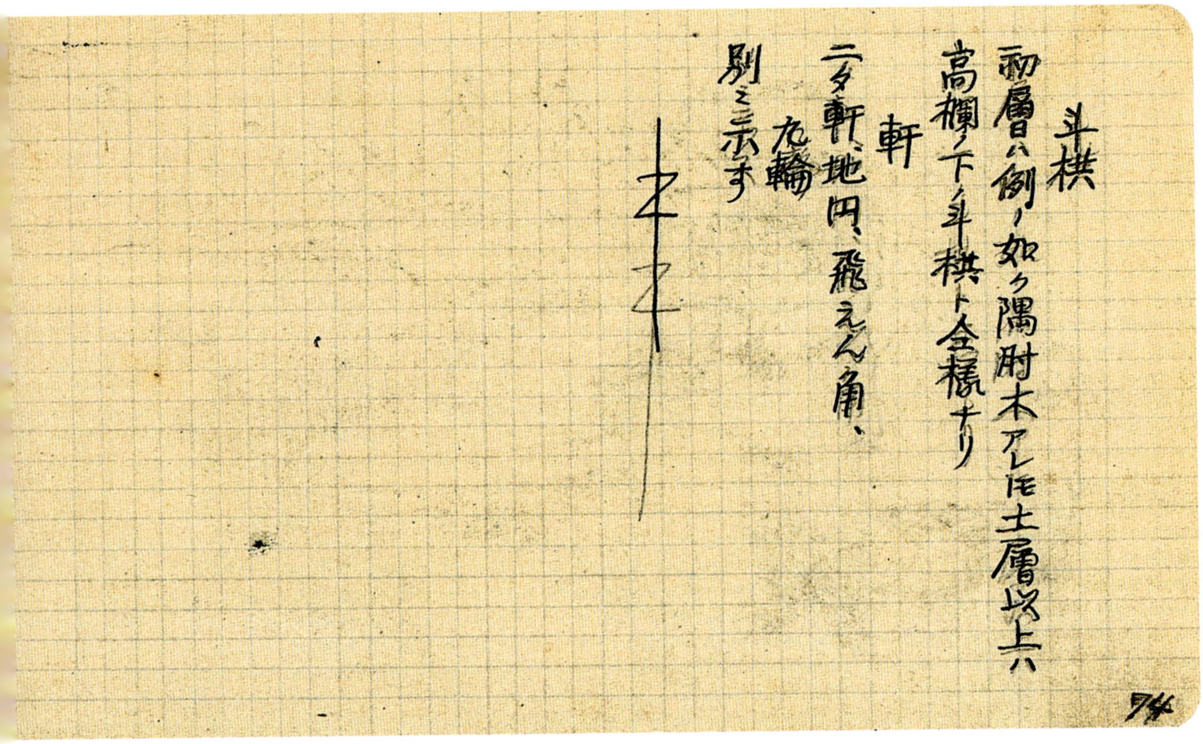
斗栱
初層ハ例ノ如ク隅附木アレドモ上層以上ハ
高欄ノ下ノ斗栱ト同様ナリ
軒
二タ軒、地円、飛えん角、
九輪
別ニ示ス
74

74通州（10）通州塔（10）（4月27日）

『肘木』是建筑中的一种支撑捆件，支撑斗和横梁的水平材料，与斗组合成斗拱，『飞えん』是『飞檐垂木』之意。（请参照图166、183）

通州附近之家屋
76

76通州（12）民家（4月27日）

通州民宅两侧和后面部分为砖墙，正面是门和窗户，院子有院墙，这是北方民宅常见的一种样式。

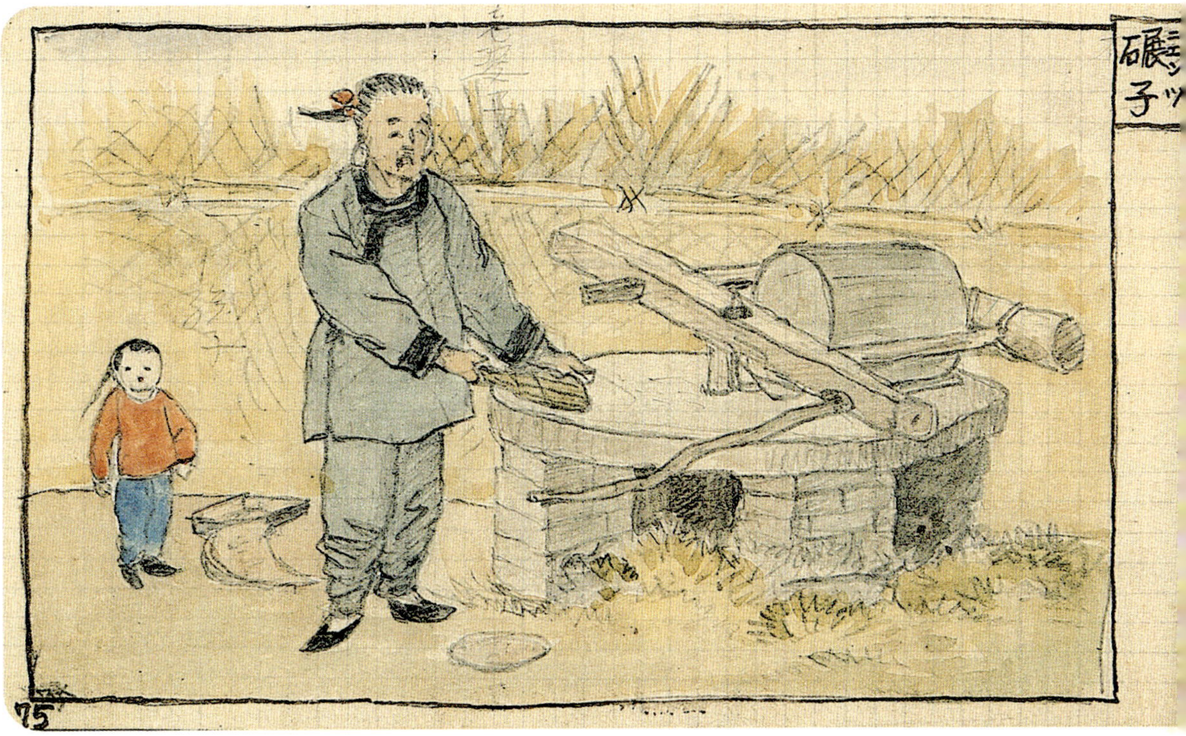

75通州（11）碾子（4月27日）

碾子即日语的『ひき臼』，把谷物撒在有刻纹的碾盘上，来拉拽碾磙子的一种结构，一般多是由蒙住眼睛的毛驴来拉碾磙子。

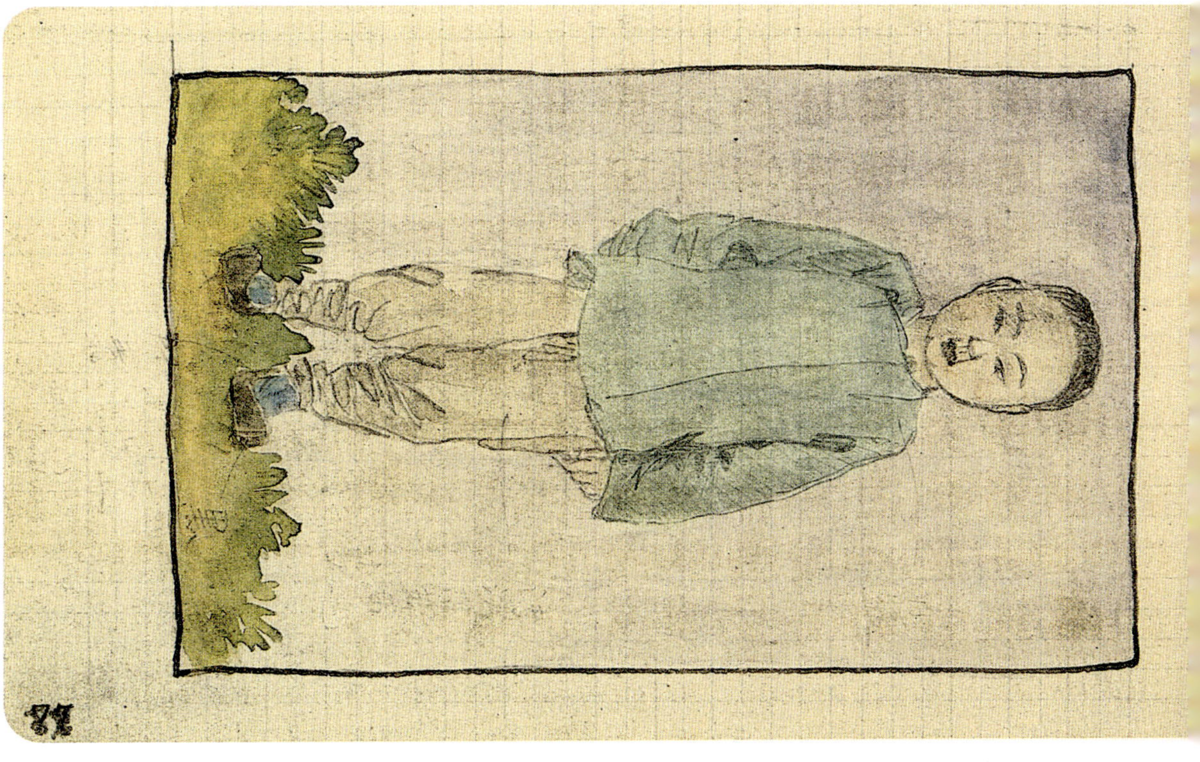

77通州（13）小孩（4月27日）

在当天的日志中写道：来到通州站后，因为离火车开车时间还有一个半小时，就去附近的村庄转了转。到了村子里，聚过来很多小孩，于是就和他们来打发时间，这个素描图就是在当时所画。

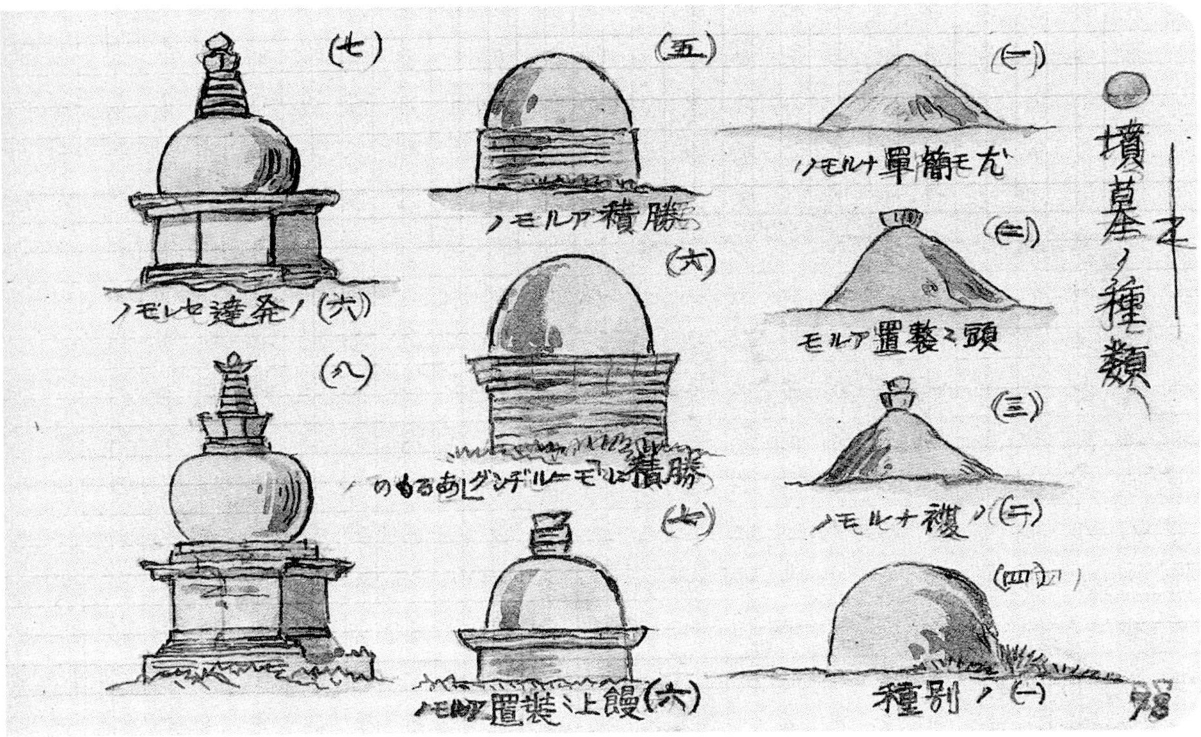

78北京（50）坟墓的种类（1）（4月）

北京坟墓的种类，从通州返回北京时画的草图。

天王殿　中央为弥勒佛像，两侧为四天王像东方持国天王、南方增长天王、北方多闻天王、西方广目天王。

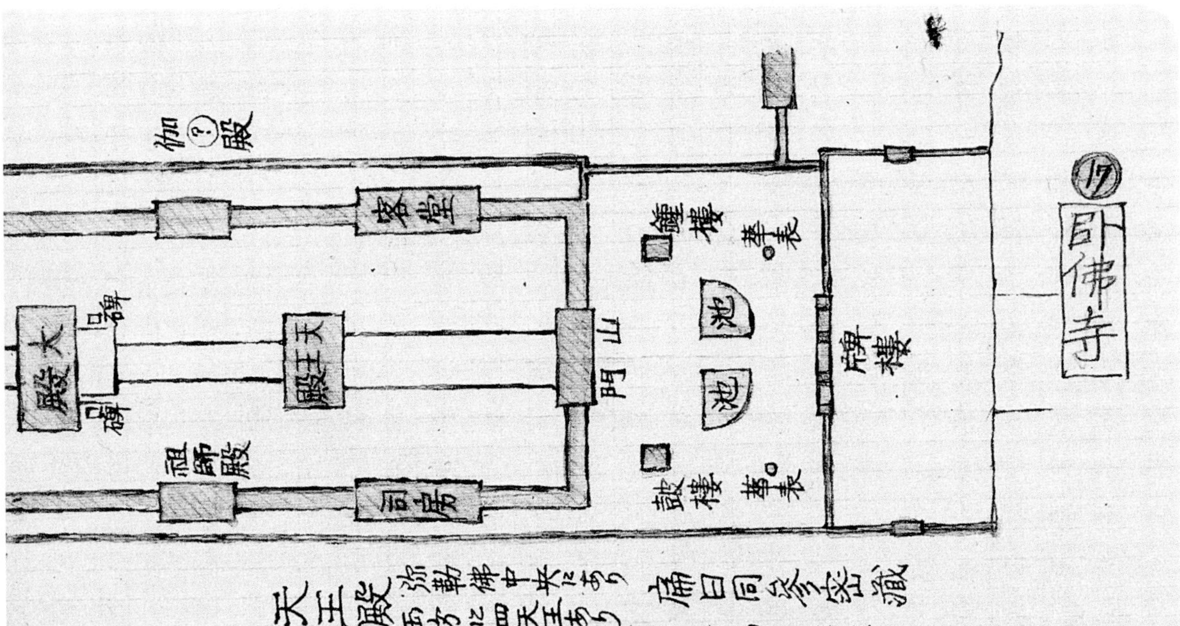

80北京（52）卧佛寺（1）（5月1日）

卧佛寺即十方普觉寺，是位于聚宝山南麓的名刹，因寺内有一尊很大的释伽牟尼涅槃像，所以一般被称作卧佛寺。该寺始建于唐代，元英宗时代扩建，在寺内铸造了一尊巨大的卧佛铜像，铸铜像冶铜50万斤。

79北京（51）坟墓的种类（2）（4月）

寺院中没有普通人的坟墓，这点和日本有所不同。墓地一般在外城的东边或城外。

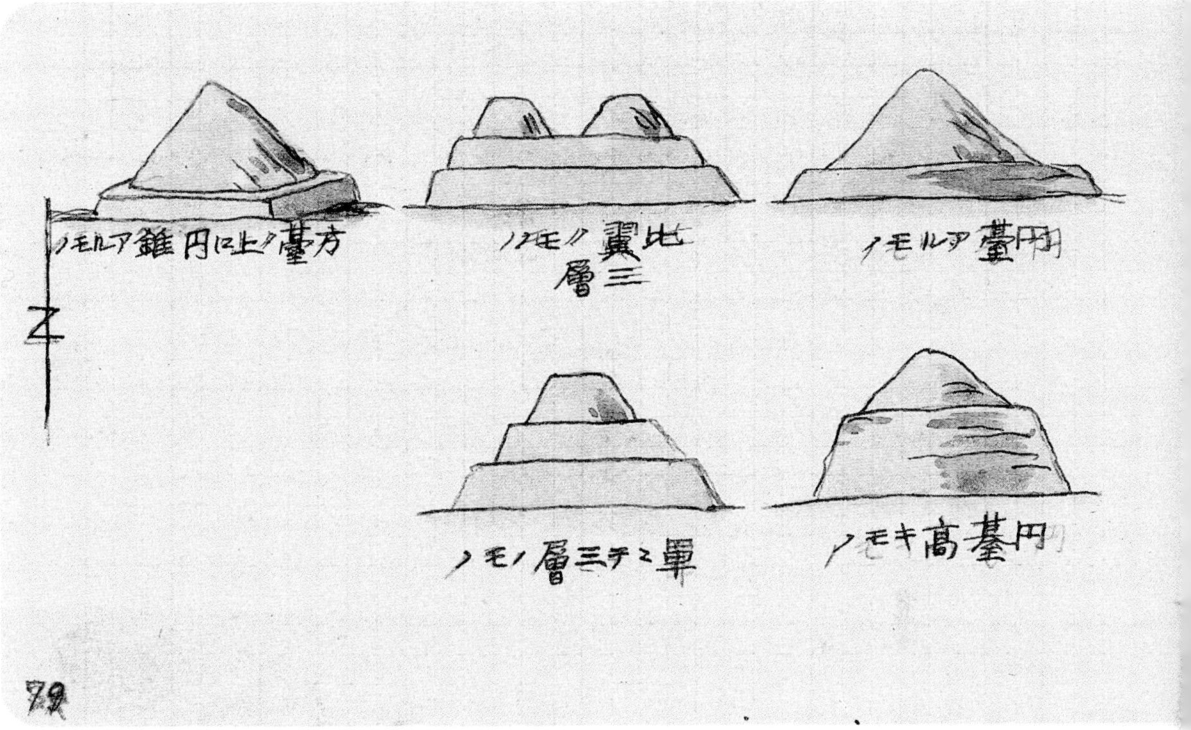

81北京（53）卧佛寺（2）（5月1日）

卧佛寺在明代时称作寿安寺，极为繁荣。清雍正十二年（1734）进行了大规模的修缮，改名为十方普觉寺。

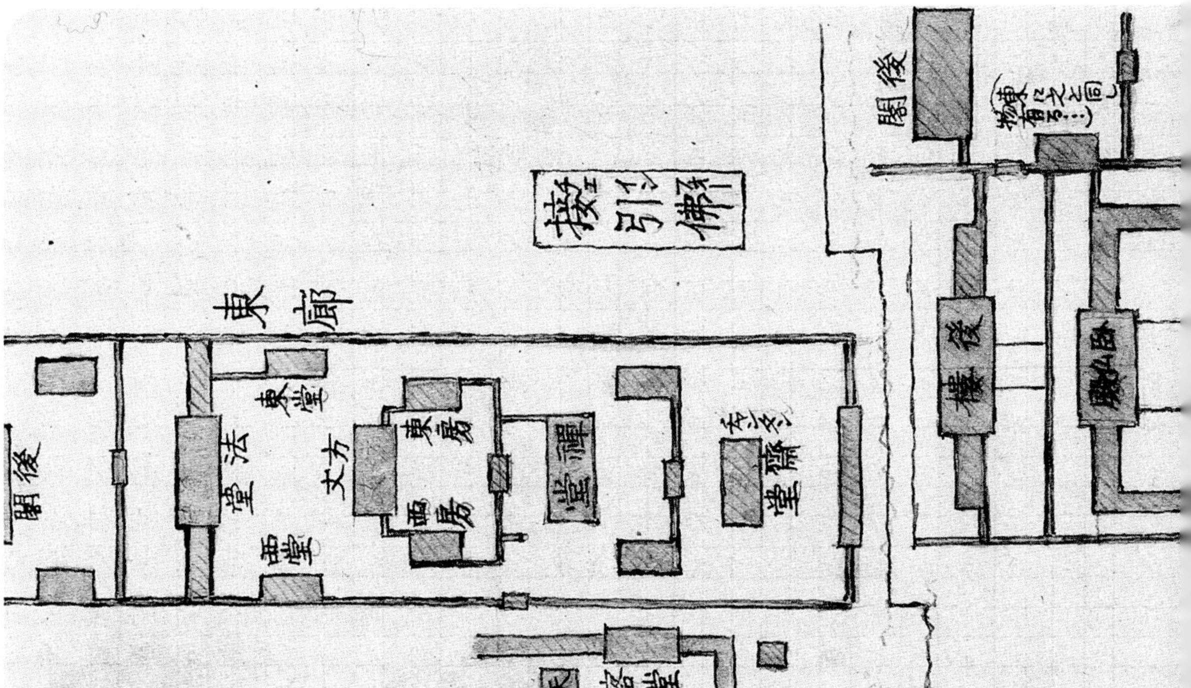

四天王像

（一）东方持国天王，摩利清（北）手持琵琶，右脚踏天人腹，左脚踩小鬼。
（二）南方增长天王，摩利红（东）右手持宝剑，左手置于左腿之上，右脚踏于龟背之上，左脚踩小鬼。
（三）西方广目天王，摩利寿（南）右手握蛇，左手持宝珠，右脚踏于猿面奴腹之上，左脚踩小鬼。
（四）北方多闻天王，摩利海（西）右手持宝伞，左手置于左腿之上，手握银鼠，右脚踏天狗，左脚踏小鬼。

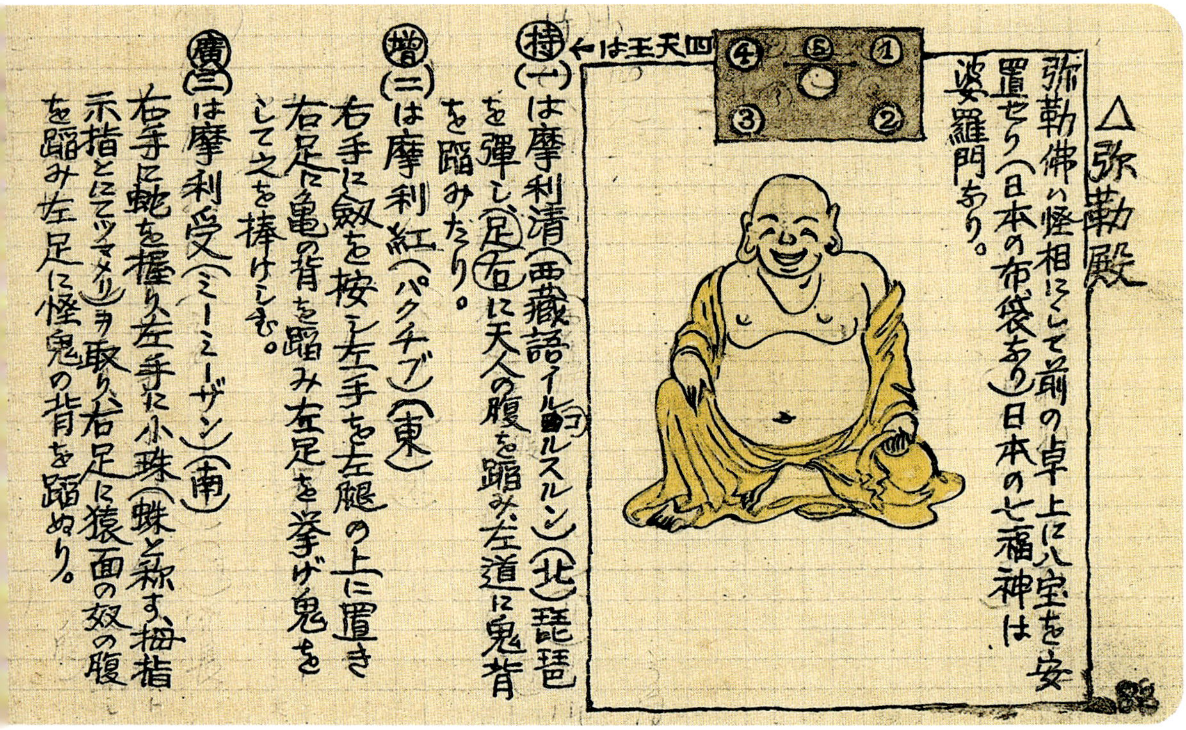
△弥勒殿
弥勒佛ハ怪相にくして前の卓上に八宝を安置せり（日本の布袋なり）日本の七福神は婆羅門なり。
四天王は←
④ ⑤ ① ③ ②
(持)(一)は摩利清（西蔵語イルマヨルスルン）(北)琵琶を弾じ(足)(右)に天人の腹を踏み左道に鬼背を踏みたり。
(増)(二)は摩利紅（パクチブ）(東)右手に剣を按し左手を左腿の上に置き右足に亀の背を踏み左足を挙げ鬼をして之を捧げしむ。
(広)(三)は摩利受（ミーミーザン）(南)右手に蛇を握り左手に小珠（蛛と称す、拇指示指とにてツマメリ）ヲ取り右足に猿面の奴の腹を踏み左足に怪鬼の背を踏ぬり。

82北京（54）卧佛寺（3）（5月1日）
弥勒佛安置在天王殿（图80），关于弥勒佛的说法中国与日本有很大的不同。（三）文章最后的『踏ぬり』是『踏めり』的笔误。

后楼 为上下两层，一层供奉释迦佛，胁侍为文殊菩萨，二层有释迦牟尼和十八罗汉塑像，罗汉塑像形态各异，栩栩如生，有的乘马，有的骑象，有的立于蛟龙之上。正中为释迦像，右侧为阿弥陀佛像，左侧为达摩立像。

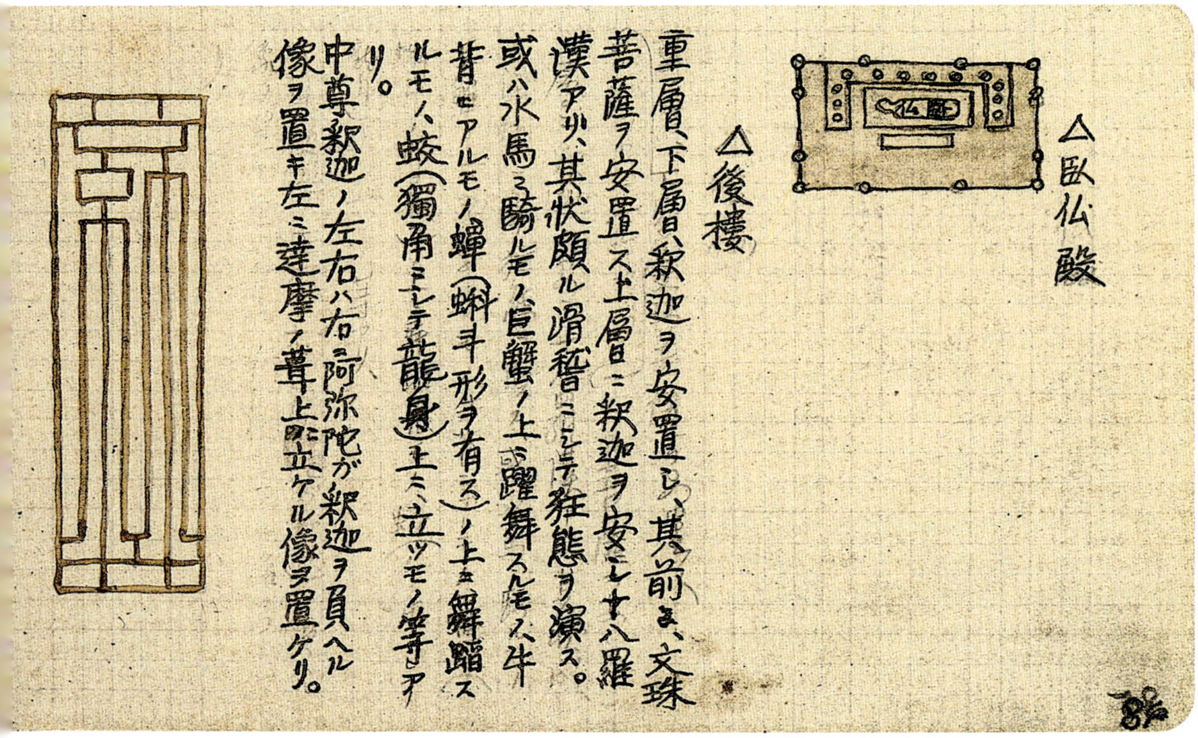
△臥仏殿
△後楼
重層、下層ニ釈迦ヲ安置シ、其前ニ文珠菩薩ヲ安置ス上層ニ釈迦ヲ安ニシテ十八羅漢アリ、其状頗ル滑稽ニシテ狂態ヲ演ス。或ハ水馬ニ騎ルモノ、巨蟹ノ上ニ躍舞スルモノ、牛背ニアルモノ、蝉（蝌斗形ヲ有ス）ノ上ニ舞踊スルモノ、蛟（獨角ニシテ龍身）ニ立ツモノノ等アリ。中尊釈迦ノ左右ハ右ニ阿弥陀ガ釈迦ヲ負ヘル像ヲ置キ左ニ達摩ノ葦上ニ立ケル像ヲ置ケリ。

84北京（56）卧佛寺（5）（5月1日）
卧佛是一尊铜铸的彩色涅槃像，右手曲肱托头，左手自然平放，睡卧于长椅之上，旁边有12尊小佛像，枕边三尊，腿边三尊，后方有六尊，卧佛像为明代作品。

83 北京（55）卧佛寺（4）（5月1日）

天王殿正中供奉弥勒佛，四周为四大天王像。弥勒像背后是韦陀像，四大天王手中持有不同的神器和动物，意将鬼怪踏于脚下。大雄宝殿（大殿）主像为释伽牟尼像，另有胁侍塑像。

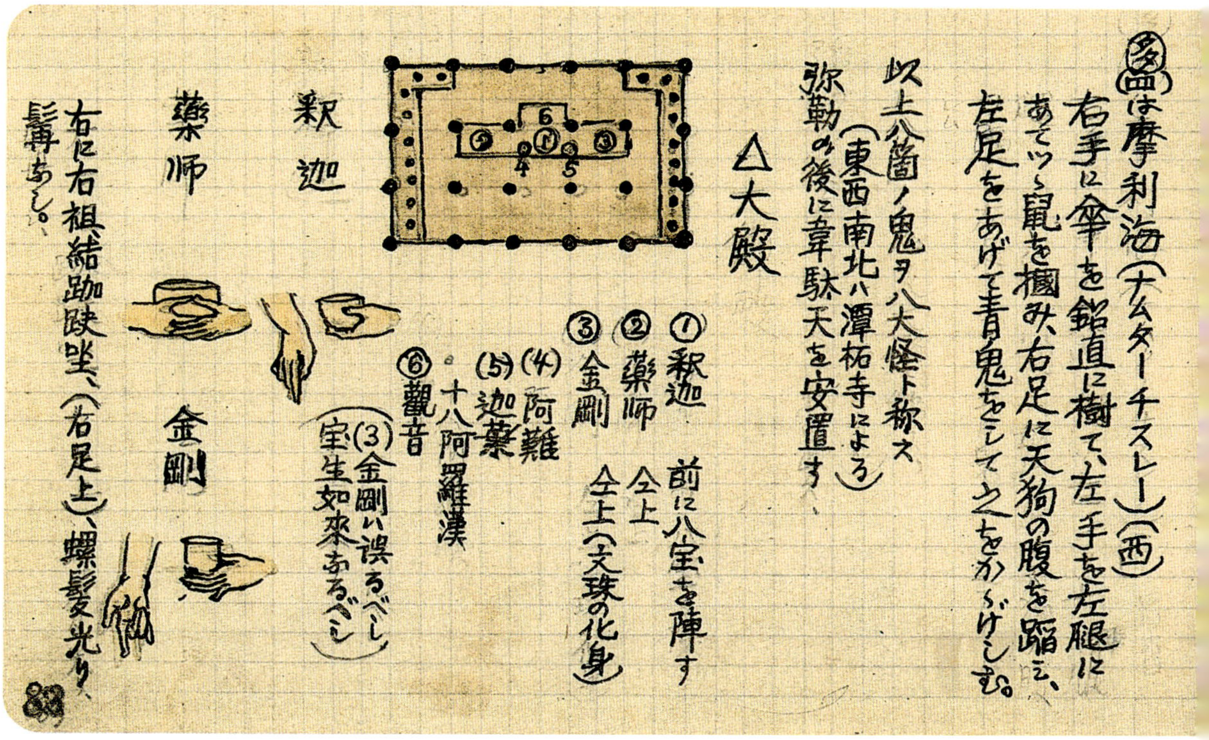

右手に傘を鉛直に樹て、左手を左腿にあてツゝ鼠を摑み、右足に天狗の腹を蹈ミ、左足をあげて青鬼をして之をかゝげしむ。
以上八箇ノ鬼ヲ八大怪ト称ス
(東西南北ハ潭柘寺による)
弥勒の後に韋駄天を安置す
△大殿
①釈迦 前に八宝を陣す
②薬師 仝上
③金剛 仝上(文殊の化身)
(4)阿難
(5)迦葉
十八阿羅漢
⑥観音
(3)金剛ハ誤るべし 宝生如来なるべし
釈迦
薬師
金剛
右に右祖結跏趺坐、(右足上)、螺髪光り、髭なし。
83

右侧的一间内有佛龛，佛龛为三层，下层为方形，第二层为八角形，第三层为圆形，造型奇特。

后阁 为二层建筑，二层有释迦牟尼和大悲观音像，大悲观音像为四臂十二面。

85 北京（57）卧佛寺（6）（5月1日）

右面的格子图案与图86右侧相同，都是在后阁发现的。

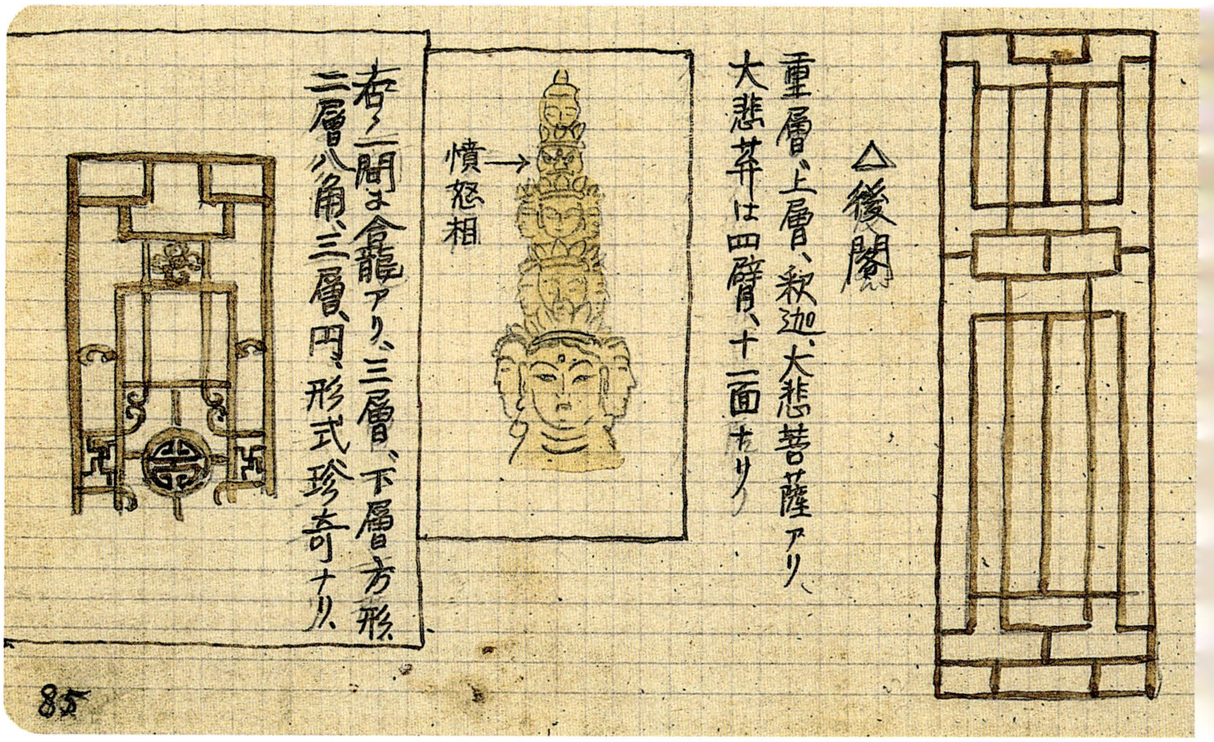

△後閣
重層、上層、釈迦、大悲菩薩アリ、大悲菩は四臂、十二面なり
憤怒相
右二間ニ合龕アリ、三層、下層方形 二層八角、三層円、形式珍奇ナリ。
85

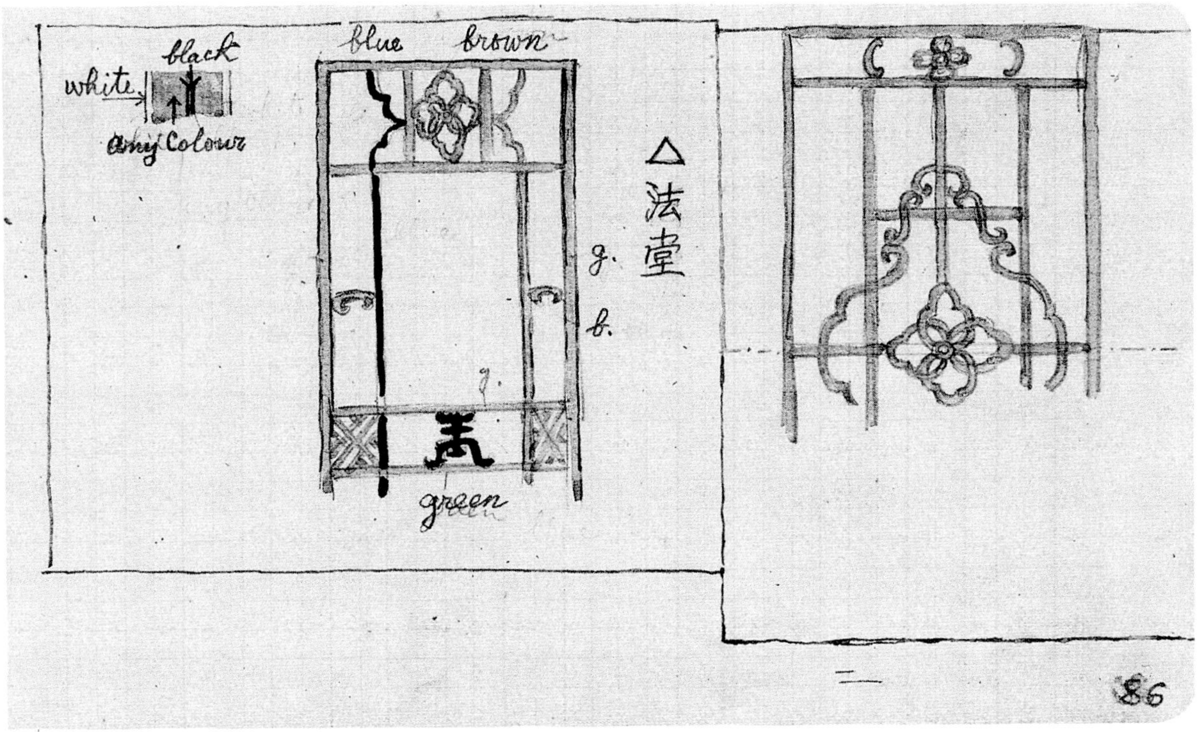

86北京（58）卧佛寺（7）（5月1日）

格子窗的设计很华丽，以冷色调为主。

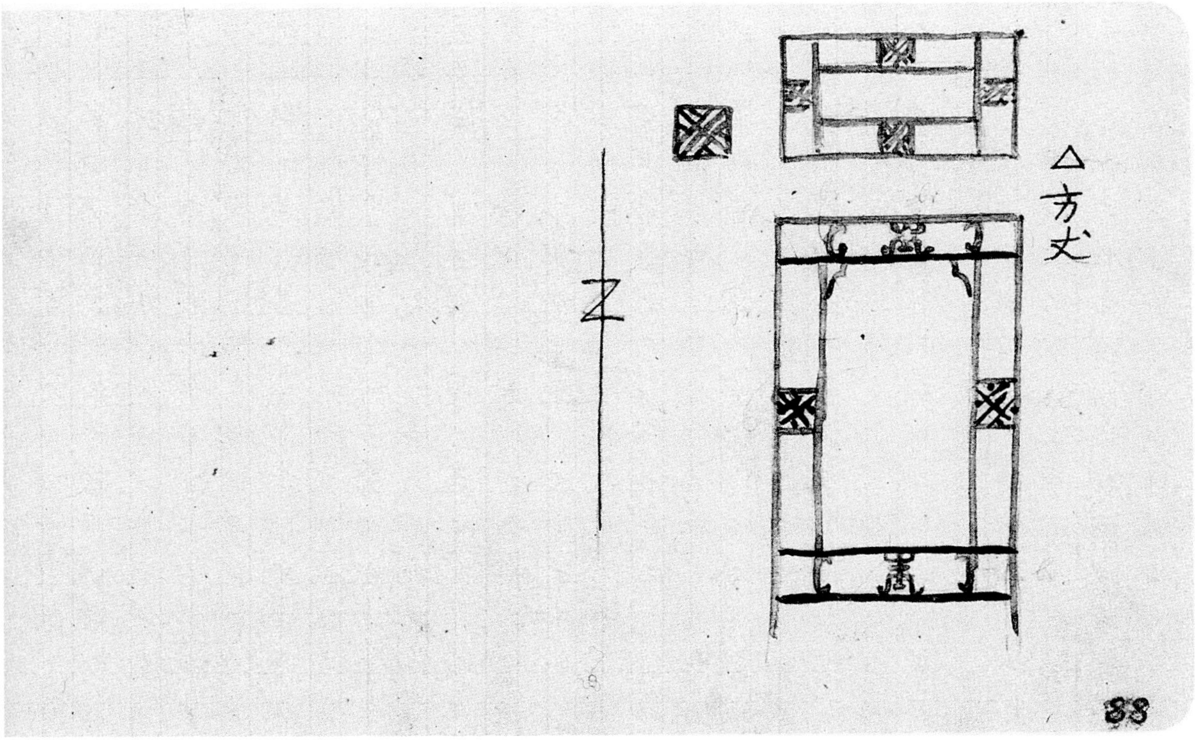

88北京（60）卧佛寺（9）（5月1日）

87北京（59）卧佛寺（8）（5月1日）

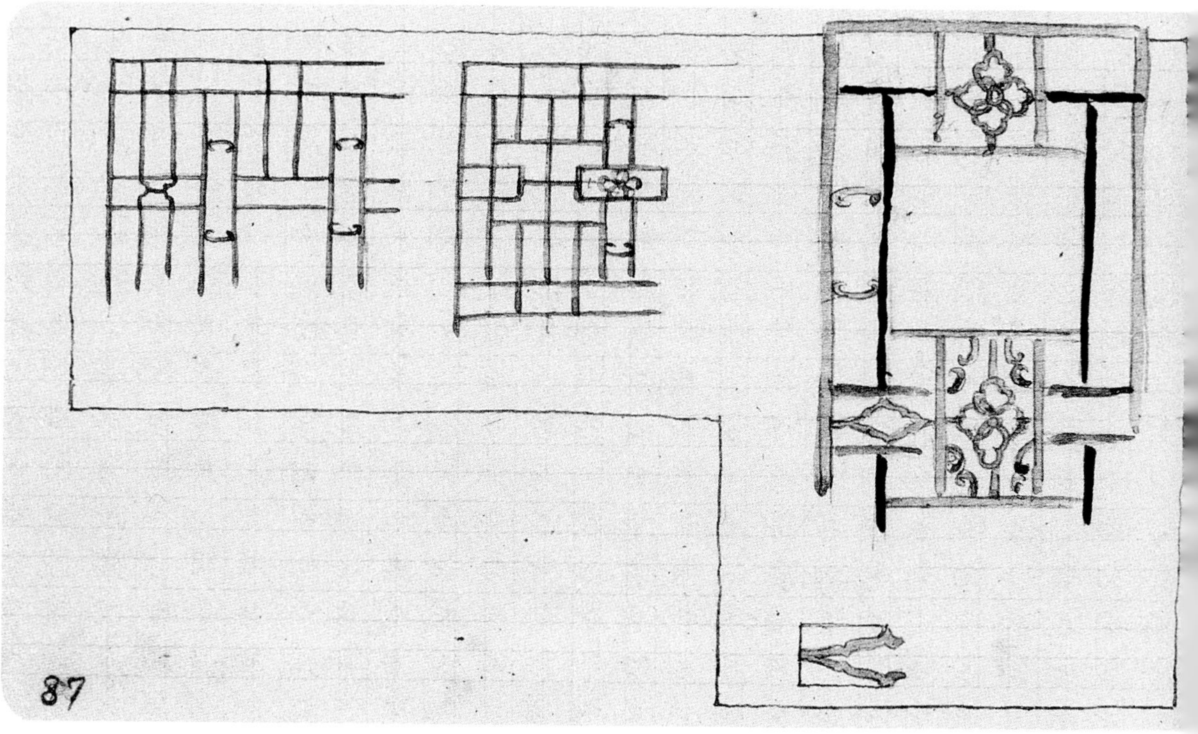
87

玉泉山　玉泉山上有四座宝塔，如图。(一)平面为八角七层的白色小塔，上装饰有窣坡塔，来代替相轮，俗称小白塔。(二)有七层或三层的陶制琉璃塔，形状与万寿山后的宝塔相同。

89北京（61）玉泉山（1）（5月3日）

山上因有泉水，故称作玉泉山，有天下第一泉的美誉。泉水为皇帝的御用水，没有特别的恩赐是无法入内的。

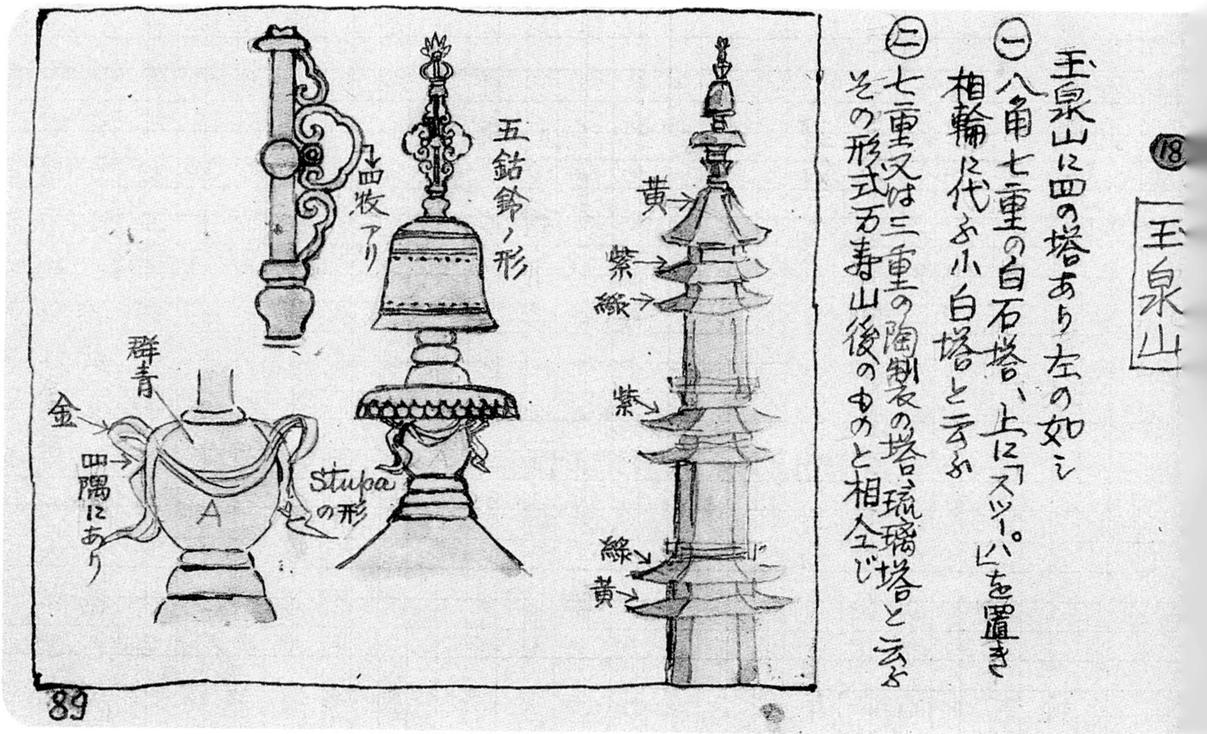
18
玉泉山
玉泉山に四の塔あり左の如し
一 八角七重の白石塔、上に「スツーパ」を置き相輪に代ふ小白塔と云ふ
二 七重又は三重の陶製の塔琉璃塔と云ふ その形式万寿山後のものと相仝じ
五鈷鈴ノ形
群青
金
四隅にあり
A
Stupaの形
黄
紫
緑
89

（三）平面为七层八角的砖塔，也称大塔，大塔的相轮也是七层八角。

（四）妙高寺塔　应该考虑一下五塔寺、碧云寺等塔之间的关系。

琉璃塔的平面图

塔前有佛殿，在佛殿的大梁上绘有八宝图。

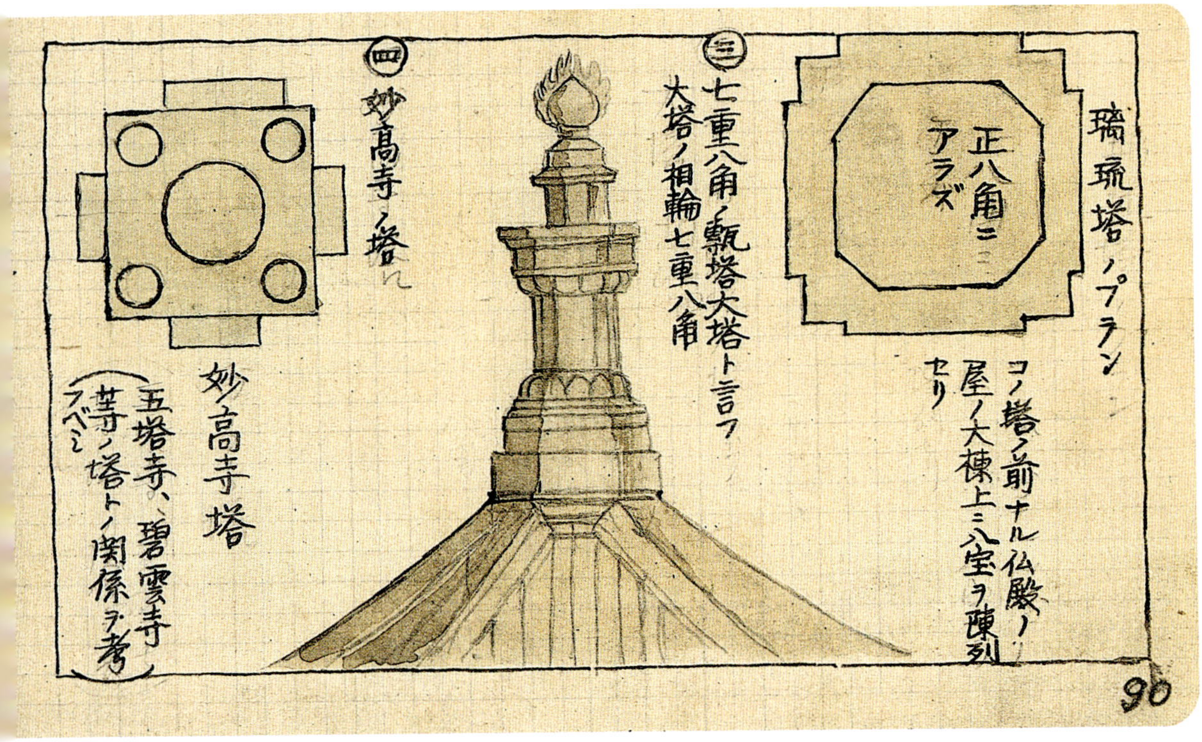

90北京（62）玉泉山（2）（5月3日）

玉泉山上有一宝塔，名玉峰塔，玉峰塔影是乾隆皇帝选出的玉泉山十六景之一。据日志载，因导游一直催促下山，说从山下也可以看到所以未能登塔。

妙高寺塔的轮廓与暹罗国塔酷似。

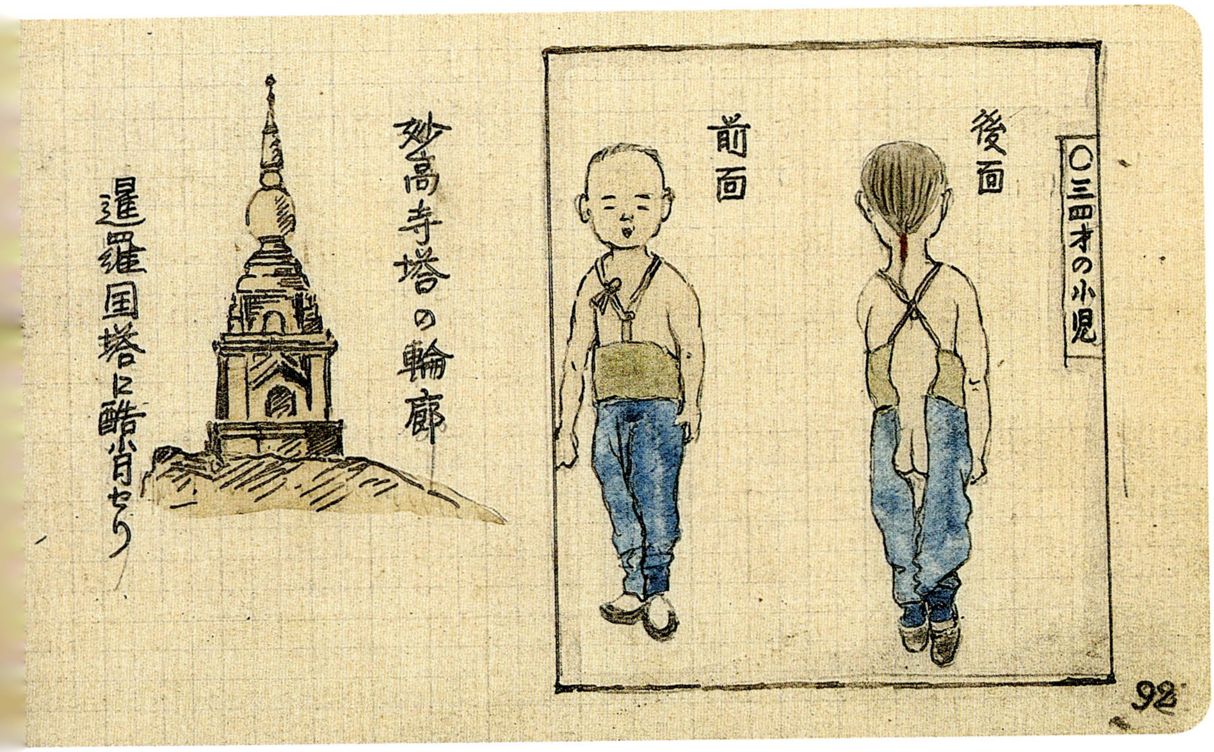

92北京（64）玉泉山（4）（5月3日）

妙高寺塔，从整体来看采用了九轮手法，为泰国建筑风格。小孩的素描图是在附近遇见而绘制的。

乾隆年间建立，因遭雷击而损毁，碑也遭到破坏。

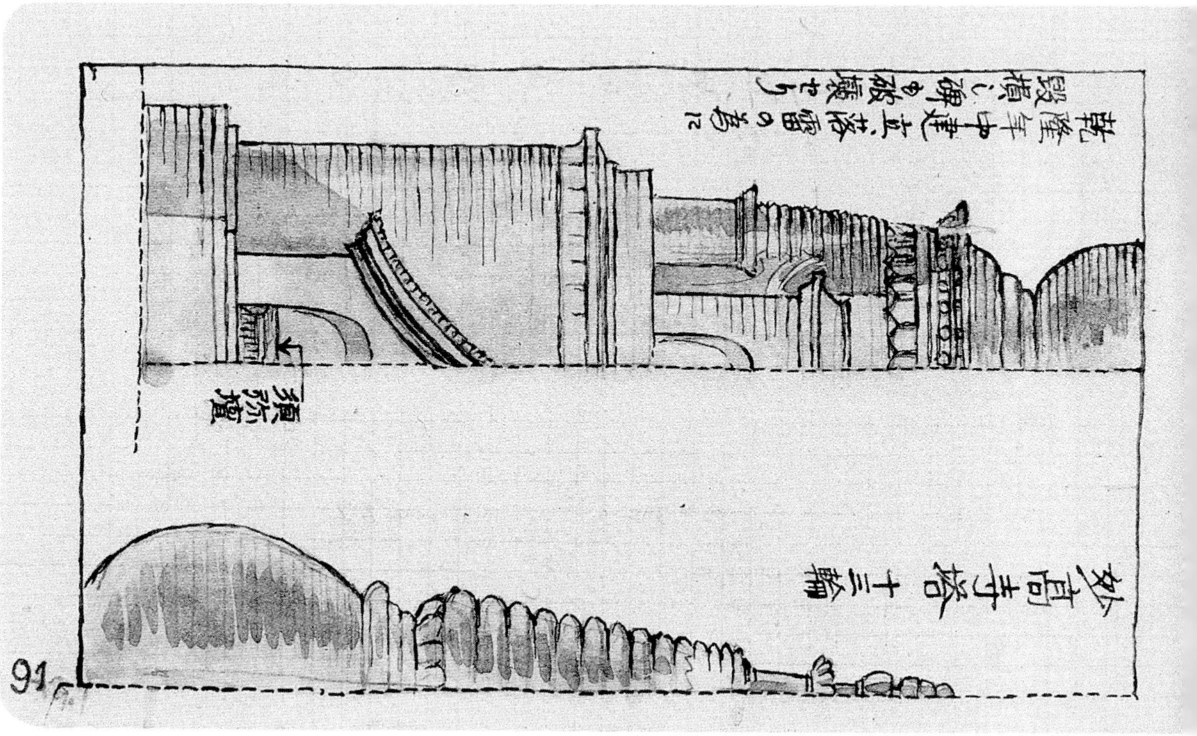

91北京（63）玉泉山（3）（5月3日）

妙高寺建于乾隆年间，因遭雷击，碑文受损，所以也就没有了它的历史史料。塔为五塔形式，造型特异，九轮的修建手法也很少见。

鞋的种类　图4鞋尖上有两条细条绳，女鞋上可装饰有花。

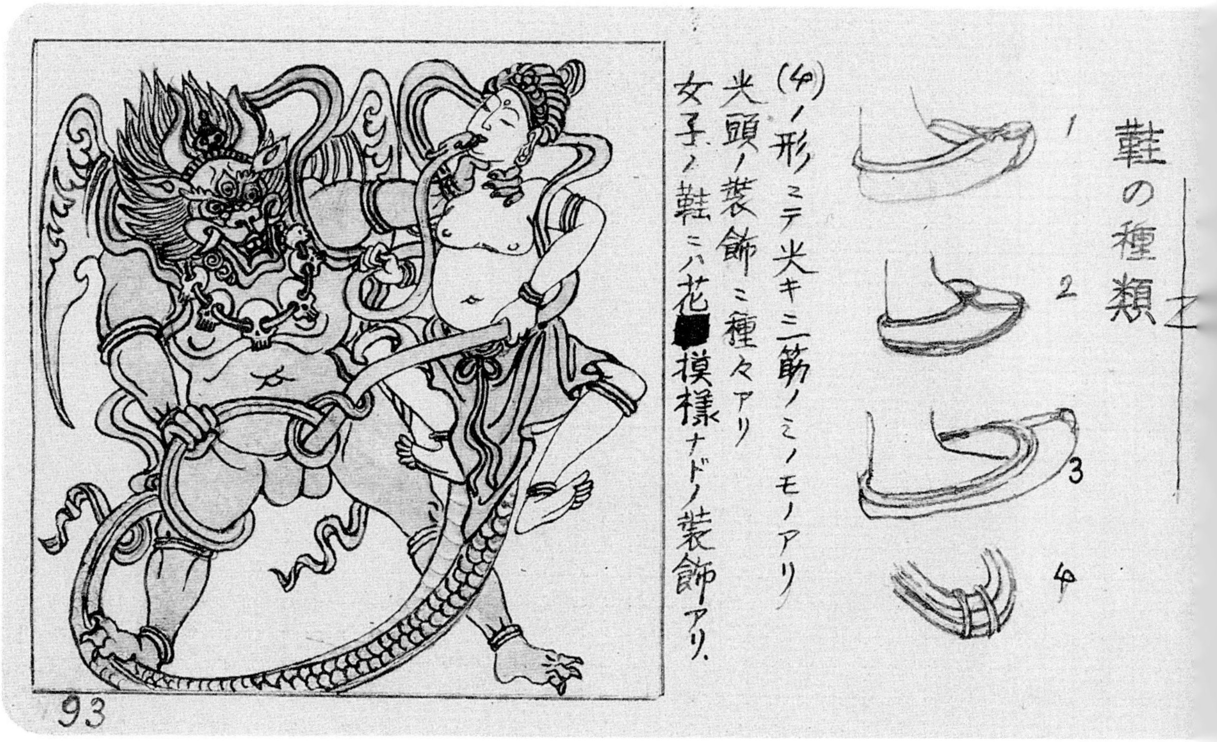

93北京（65）鞋的种类

鞋底为把旧布叠很多层缝起来做成的千层底，在中国做鞋被看作是女人的针线活功夫的标志。『光』是『尖』的笔误。

（以下略去94、95、96、97图）

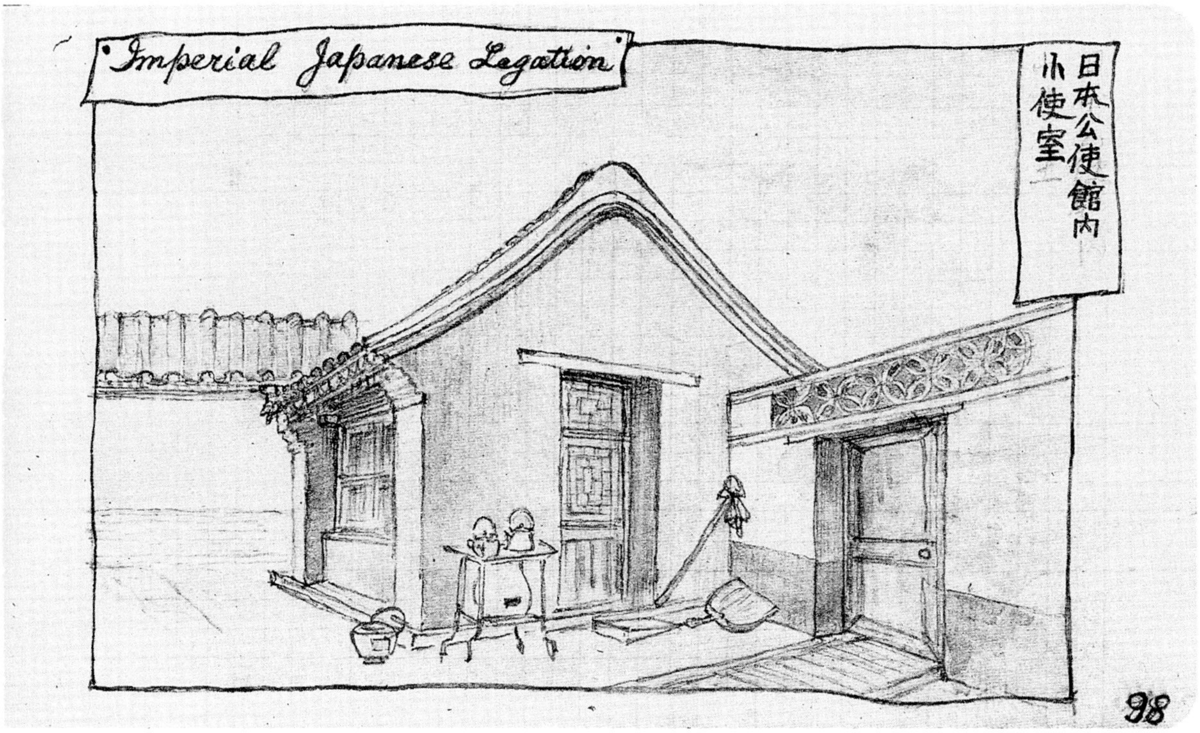

98北京（70）日本公使馆的勤杂工房间

一般石山墙上并不开设门，图中的门是为了工作方便而改造的。

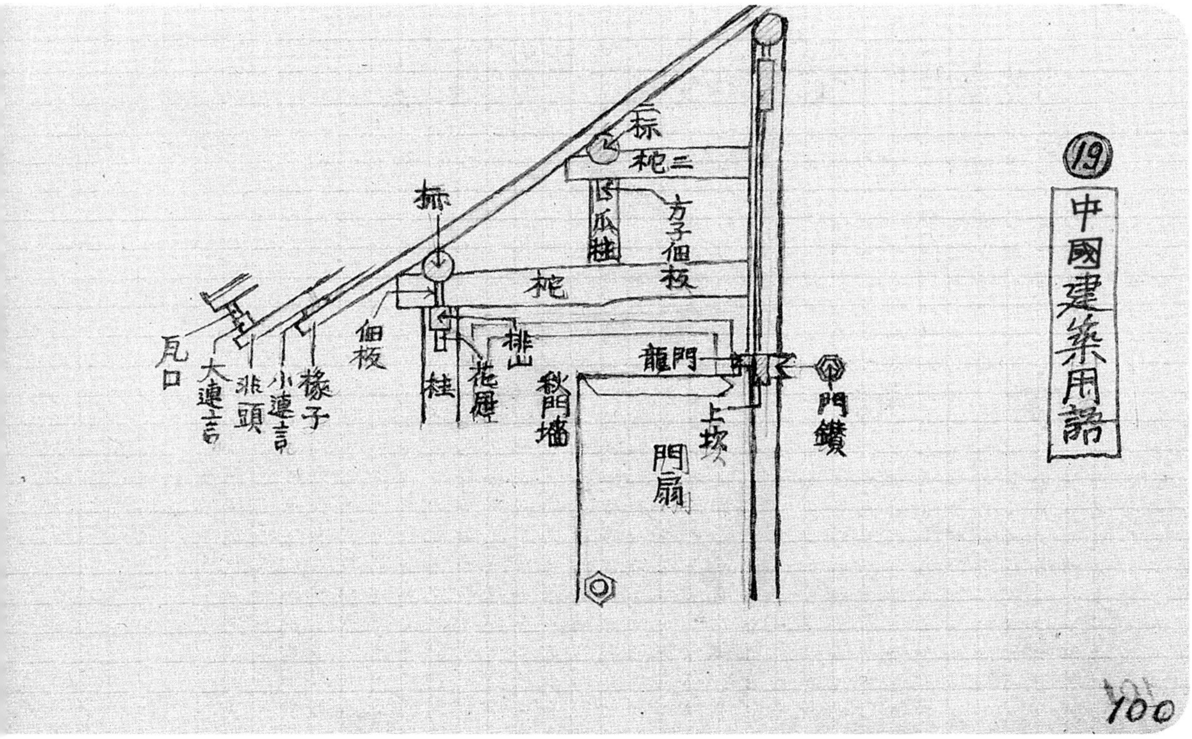

100建筑用语（1）（5月7日）

日志里记载：『今天叫来了木工头儿，询问了建筑物各个部分的名称，其中不乏有很多发明创造的地方』。

99平面图的设计

本图为笔者最拿手的绘画作品之一，该图巧妙地将中国特色的器具、日本妇人和猫组合在一起。

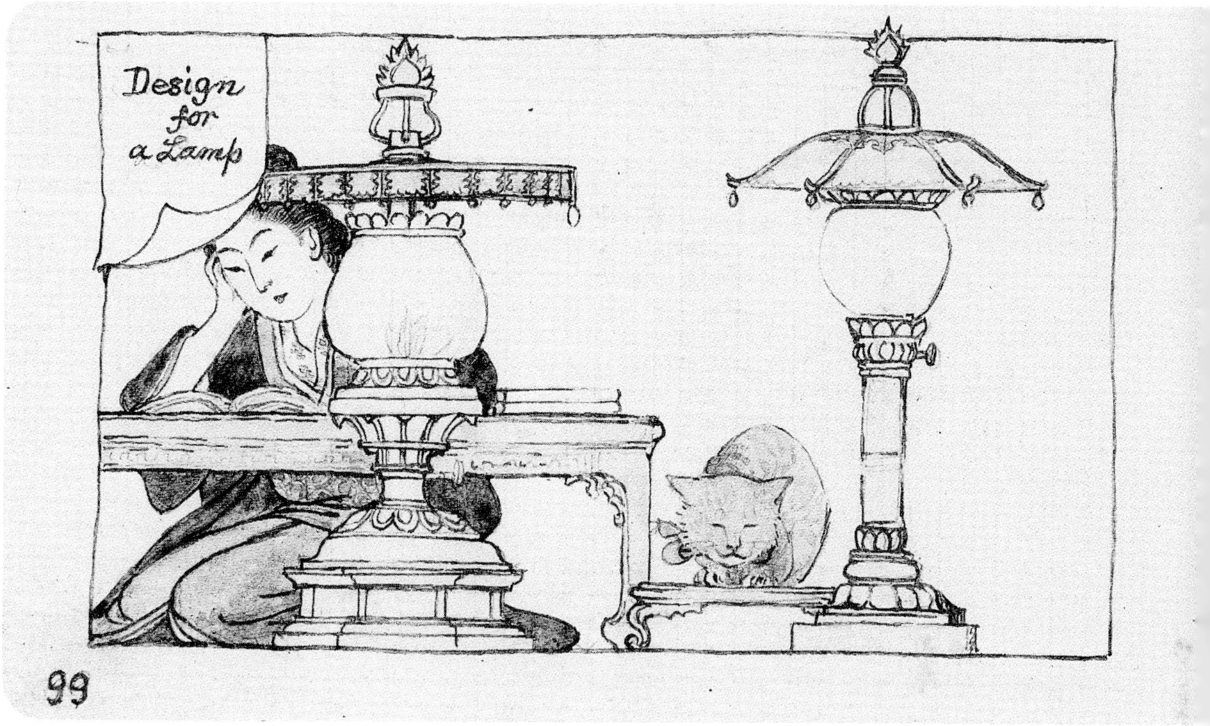

101建筑用语（2）（5月7日）

上面部分为当时中国的建筑用语，下面部分是相对应的日语。

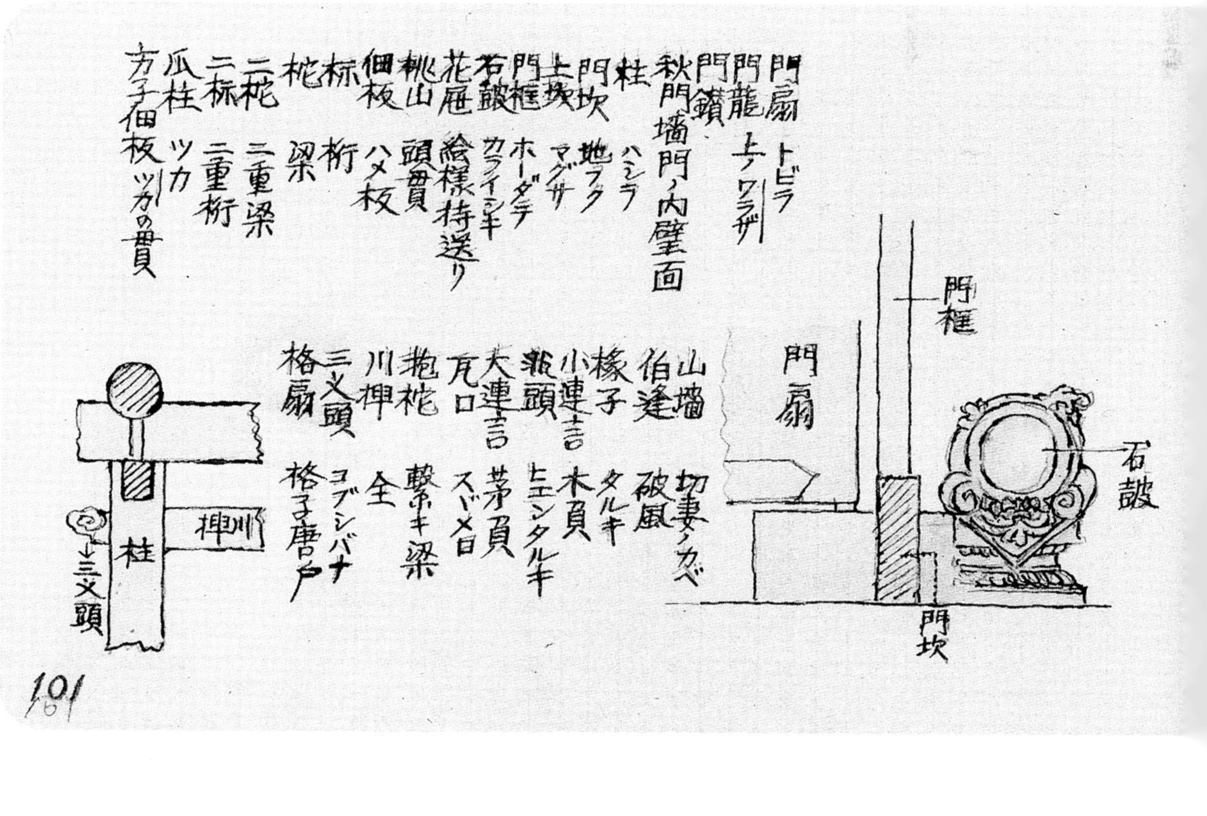

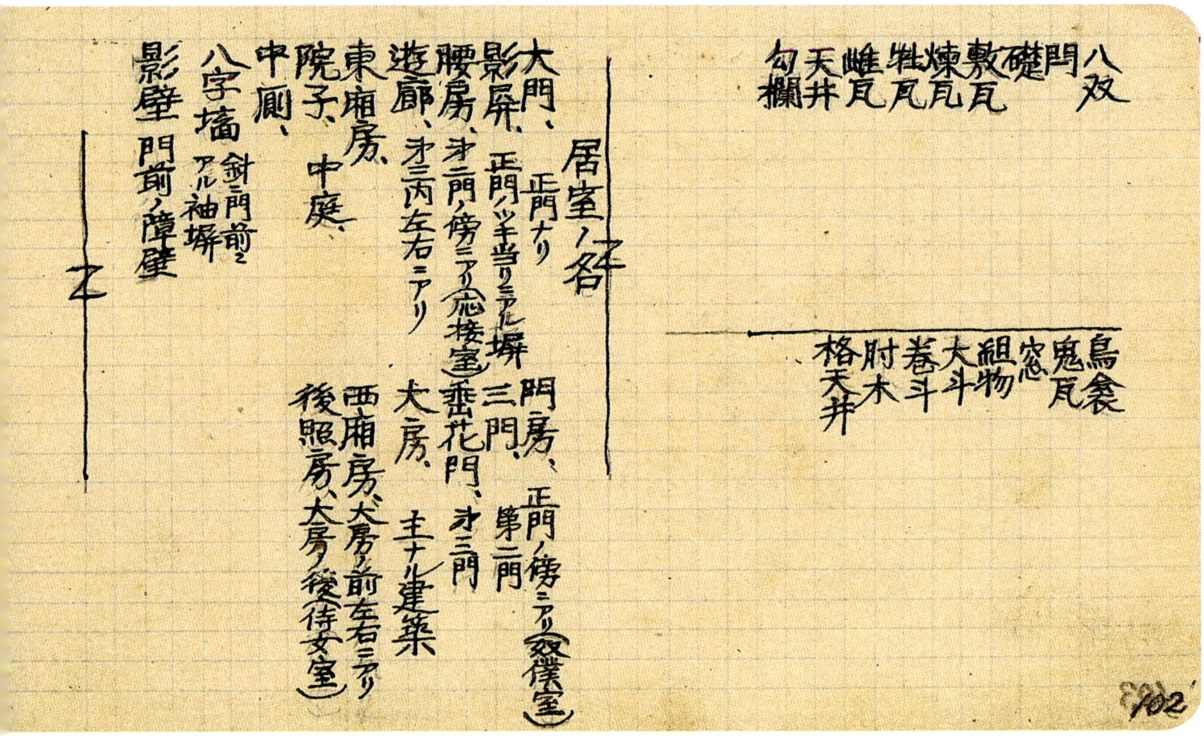

102 建筑用语（3）（5月7日）

八大处

（一）灵光寺　灵光寺名为灵庙窣堵波院，在墓区有一座不大的墓塔，四周有栏杆环绕，墓顶为平顶，在四个角及中央各建有窣堵波塔，建筑样式与五塔寺、碧云寺的塔相类似。

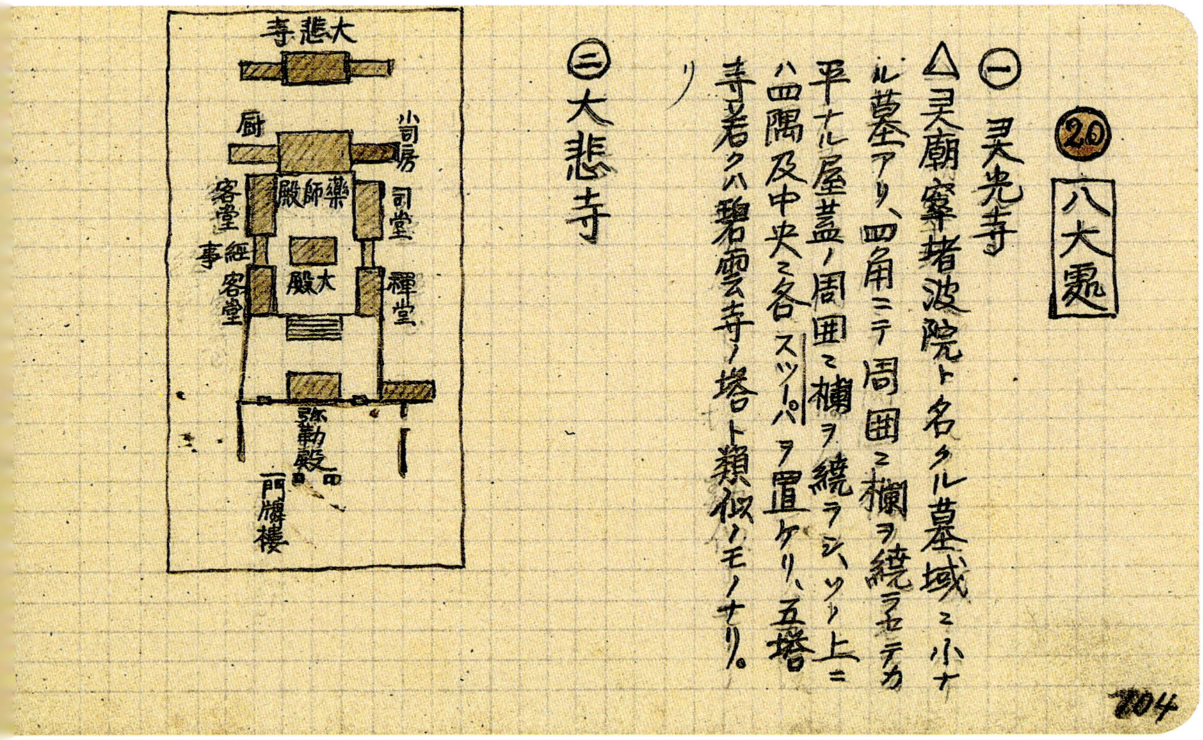

104 北京（72）八大处（1）（5月8日）

八大处指的是位于北京西郊处的八所佛教寺院群，灵光寺是八大处中的第二处。有八角十层招仙塔。1900年，八国联军入侵北京而遭到破坏。

103北京（71）敞篷车（5月8日）

图为驱车去西山途中的蓝靛场。蓝靛是蓝色染料。蓝靛场是一个非常热闹的地方。拉车的是骡子。

105北京（73）八大处（2）（5月8日）

大悲寺是八大处中的第4处，原名为隐寂寺。在大殿前面有两棵800多年历史的银杏树。内有刘元雕塑的18罗汉塑像，堪称佳作。

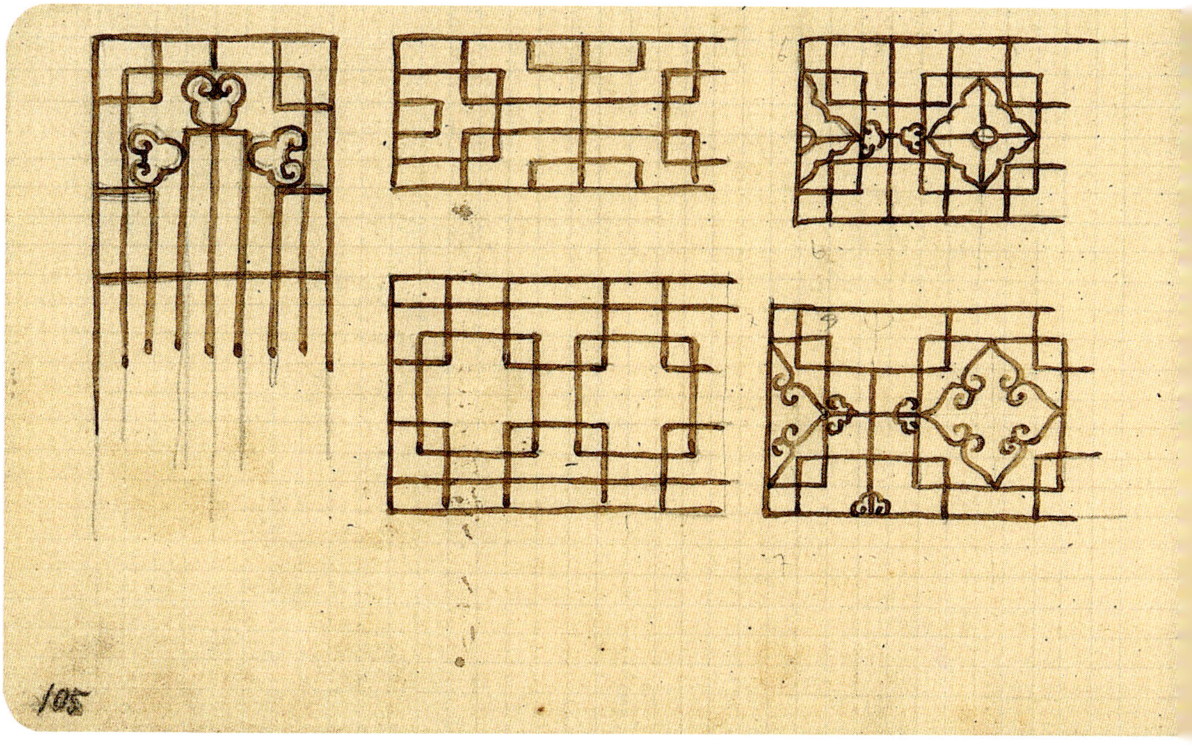

直隶省

有康熙十年的大钟，龙头造型奇特。

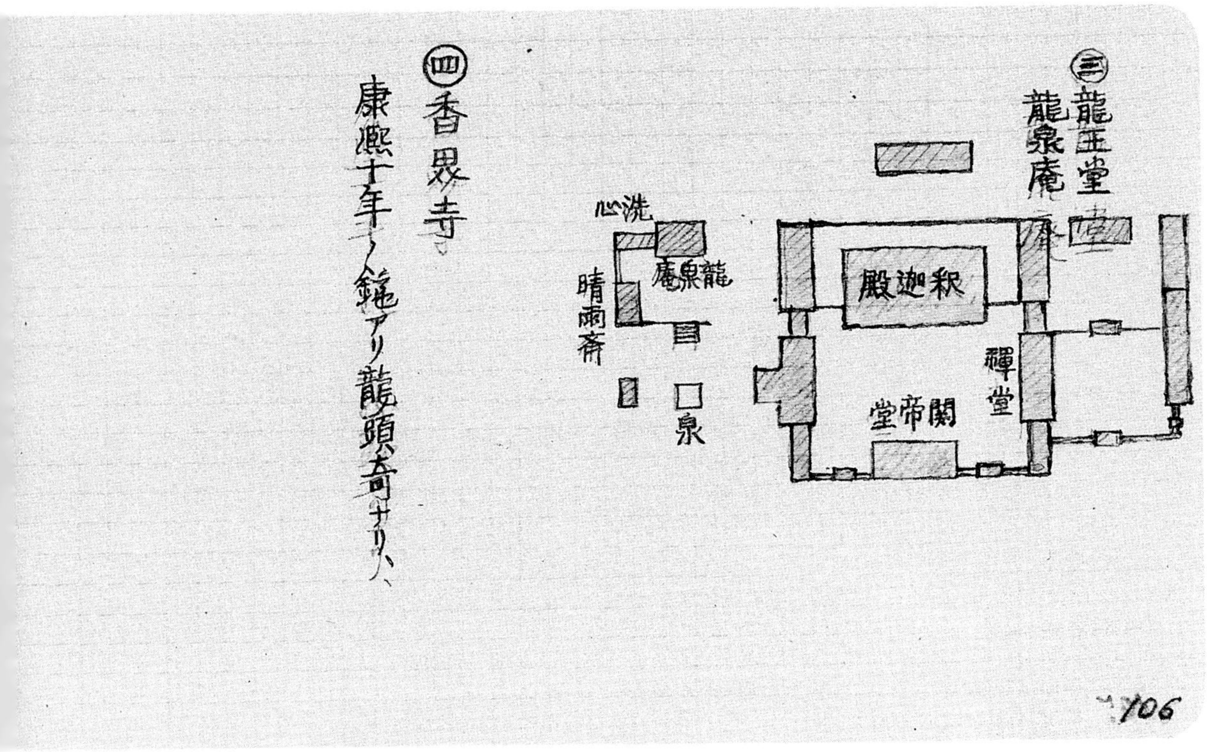

106 **北京（74）八大处（3）（5月8日）**

龙王堂是北京八大处的第五处，又名龙泉庵。传说在堂前地下住着一条龙，有上、中、下三处泉水。上面泉水为甜水泉，泉水清澈，可与矿泉水相比，中间有个小方池，下面有个大池子。

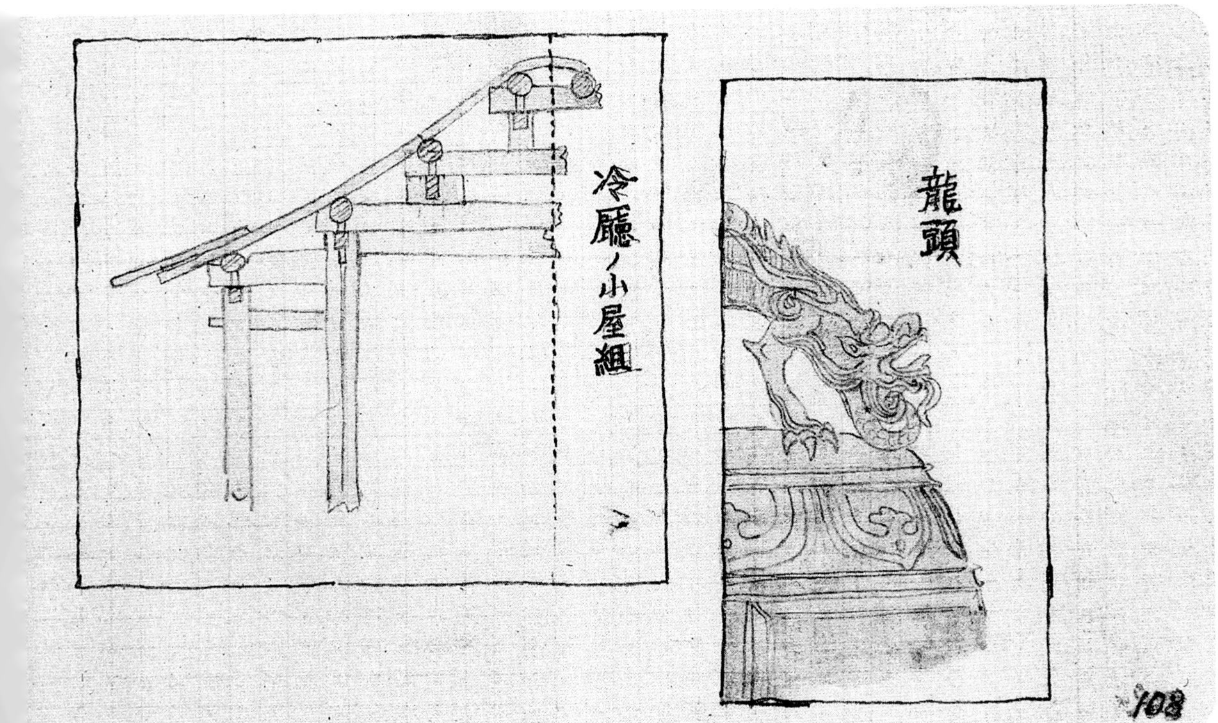

108 **北京（76）八大处（5）（5月8日）**

后楼的东侧有一凉厅。是夏季纳凉的地方。从香界寺再走一里多山路就到达山顶宝珠洞，这是八大处的第七处。洞内砾石如彩珠杂陈、晶莹闪烁，固称宝珠洞。右图为香界寺大钟的一部分。

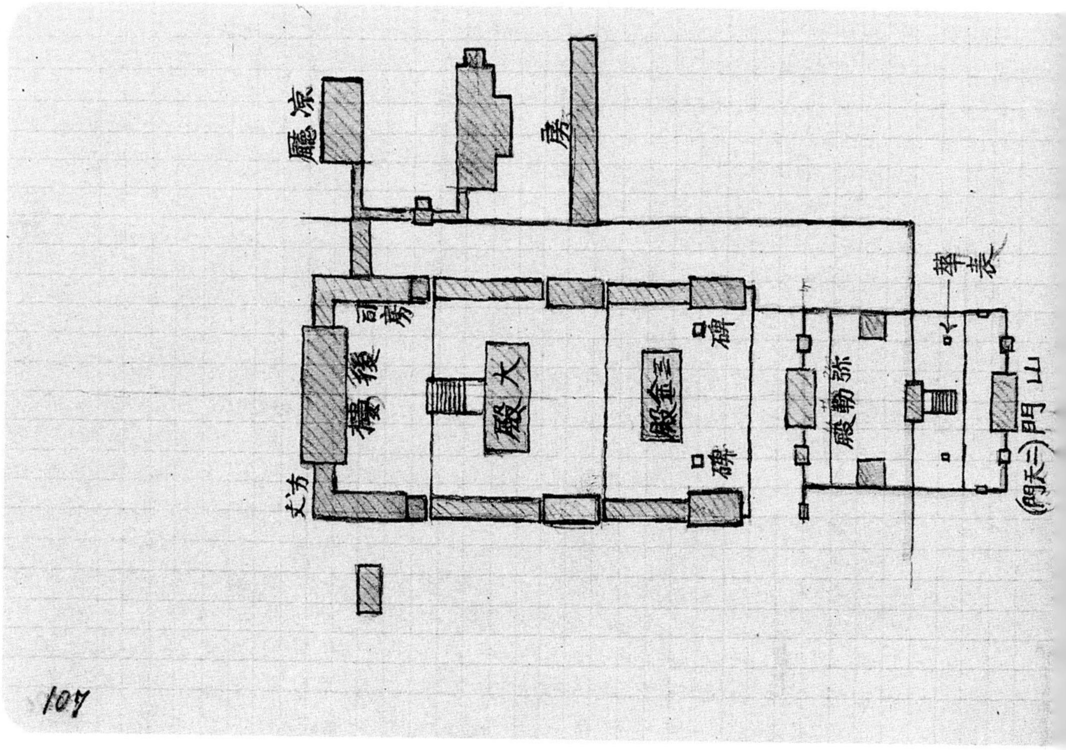

107 北京（75）八大处（4）（5月8日）

香界寺是八大处的第六处，是八大处的中心，是八大处中规模最大、最整齐的寺庙。该寺创建于唐代，乾隆年间修建行宫，是清朝皇帝休息的地方。

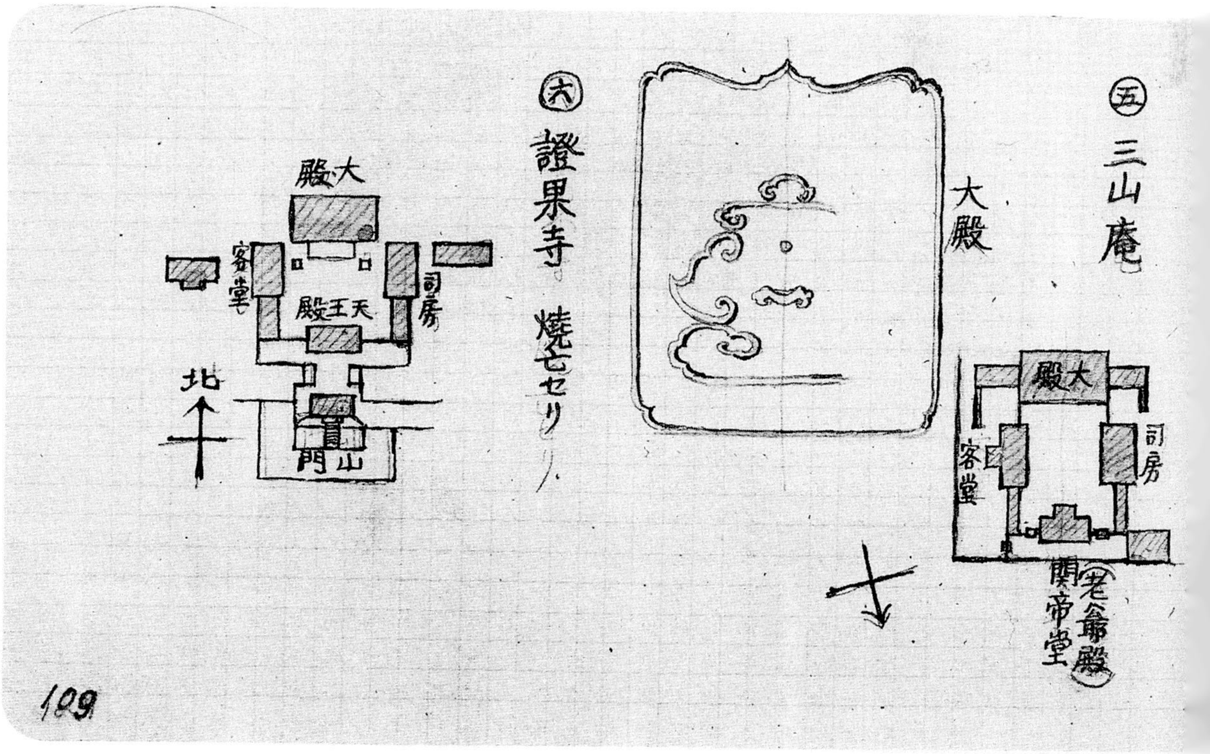

109 北京（77）八大处（6）（5月8日）

三山庵是八大处的第三处。因地处翠微山、平坡山、卢师山三座山之间而得名。图中间是三山庵大殿板壁的模样。证果寺是八大处的第八处，位于卢师山。

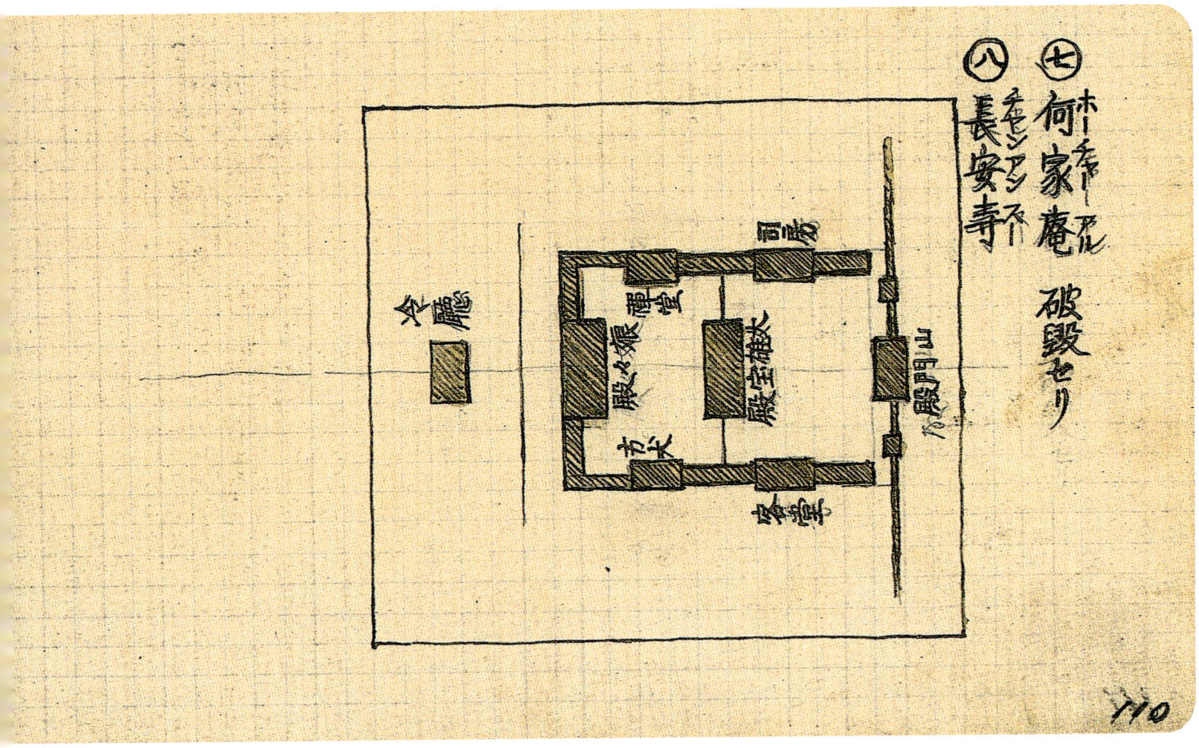

110 北京（78）八大处（7）（5月8日）

长安寺是八大处的第一处，位于翠微山麓，也叫万应长安禅寺。这个墓地内有墓塔，与灵光寺墓地的墓塔相同，为五塔形式。

西直门外的塔（也叫白塔儿）

白塔儿位于三河桥附近，其平面图与白塔寺相类似，高约八十尺。塔基五十二尺二寸，方形，高约十尺。

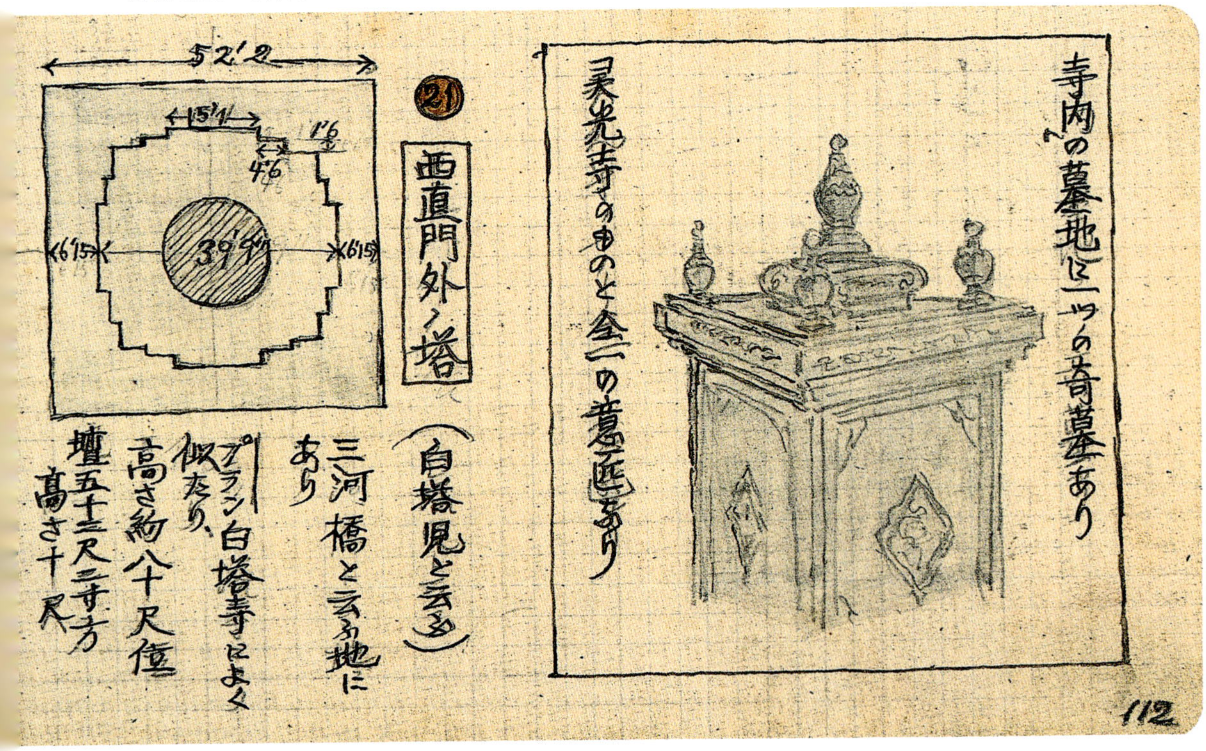

112 北京（80）八大处（9）/白塔儿（1）（5月8日）

位于西直门外的寺庙基本被毁，只留下一座塔（白塔儿）。寺和塔的修建年代不详，从样式来推断，应是元末明初的作品。

寺内有大明万历年间的大钟，形状普通，但龙头与香界寺的相同，创意独特。

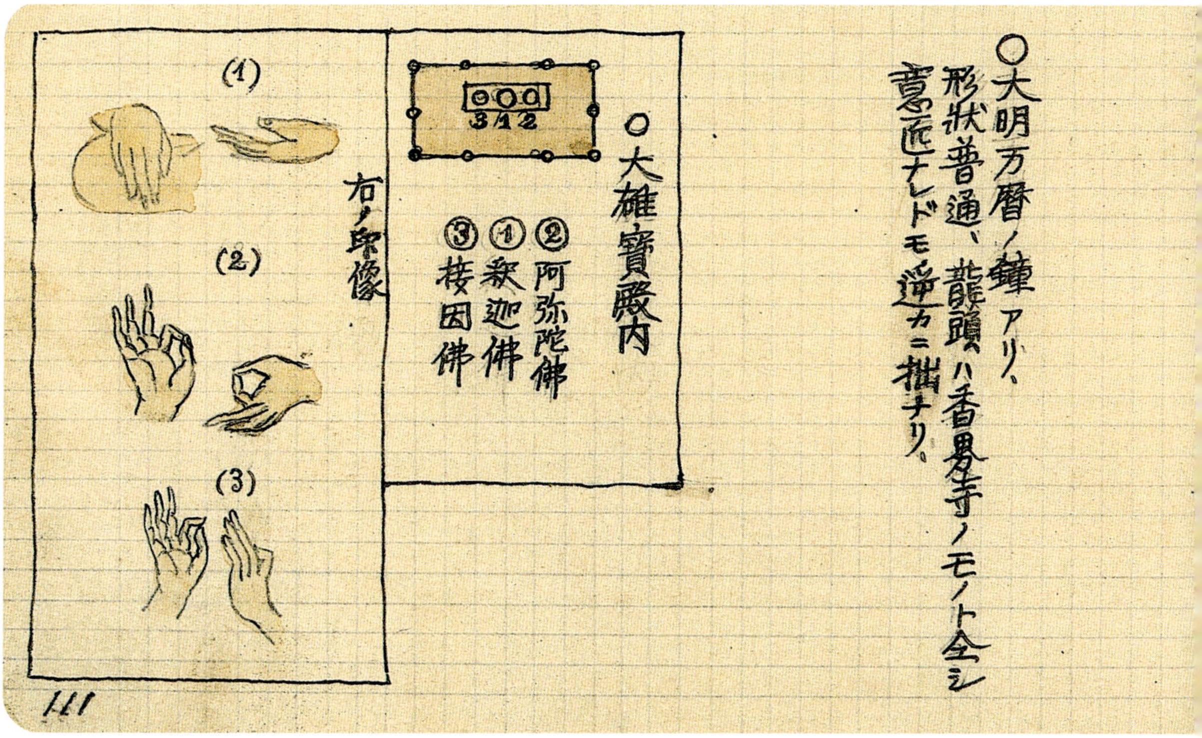
○大明万暦ノ鐘アリ、
形状普通、龍頭ハ香界寺ノモノト仝シ
意匠ナレドモ遥カニ拙ナリ。
○大雄寶殿内
②阿弥陀佛
①釈迦佛
③接引佛
312
右ノ印像
(1)
(2)
(3)
111

111 北京（79）八大处（8）（5月8日）

清『印像』是『印相』的意思。右面图中的手印与（右）大雄宝殿内各佛像相对应。

这座塔的每层皆为折角结构，这种样式在印度及印度周边的国家经常可以看到，整体构造居于白塔寺和永安寺之间，具有研究价值。

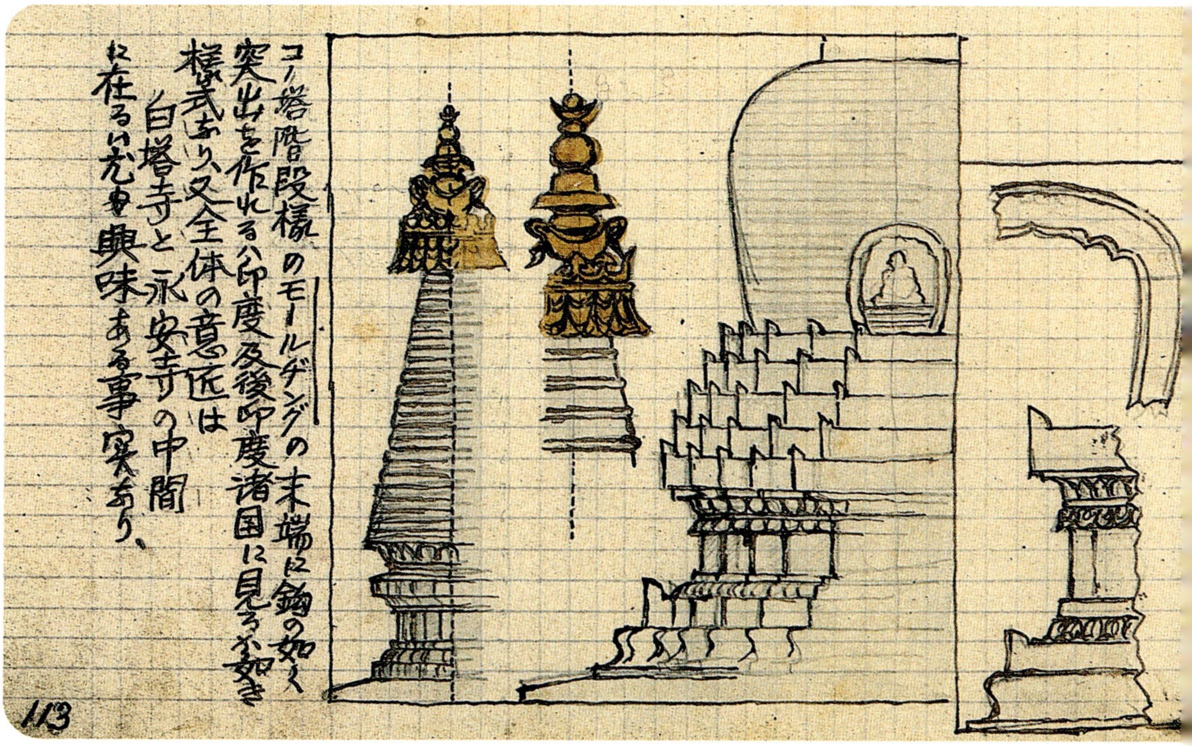
コノ塔階段様のモールヂングの末端に鈎の如く
突出を作れる八印度及後印度諸国に見るが如き
様式なり、又全体の意匠は
白塔寺と永安寺の中間
に在るは尤も興味ある事実なり、
113

113 北京（81）白塔儿（2）（5月8日）

这座塔的塔基较为特殊，台座上部有5条装饰，台座下部有带状凹凸装饰，折角结构。这座塔在中国没有相类似的。

慈寿寺十三重塔（在八里庄）

下面护墙板上刻有八宝，护墙板的边框设为佛龛，内置佛像（灵兽），上层的护墙板边框有蟠龙角柱，斗拱四，上面护墙板七个，下面护墙板六个。

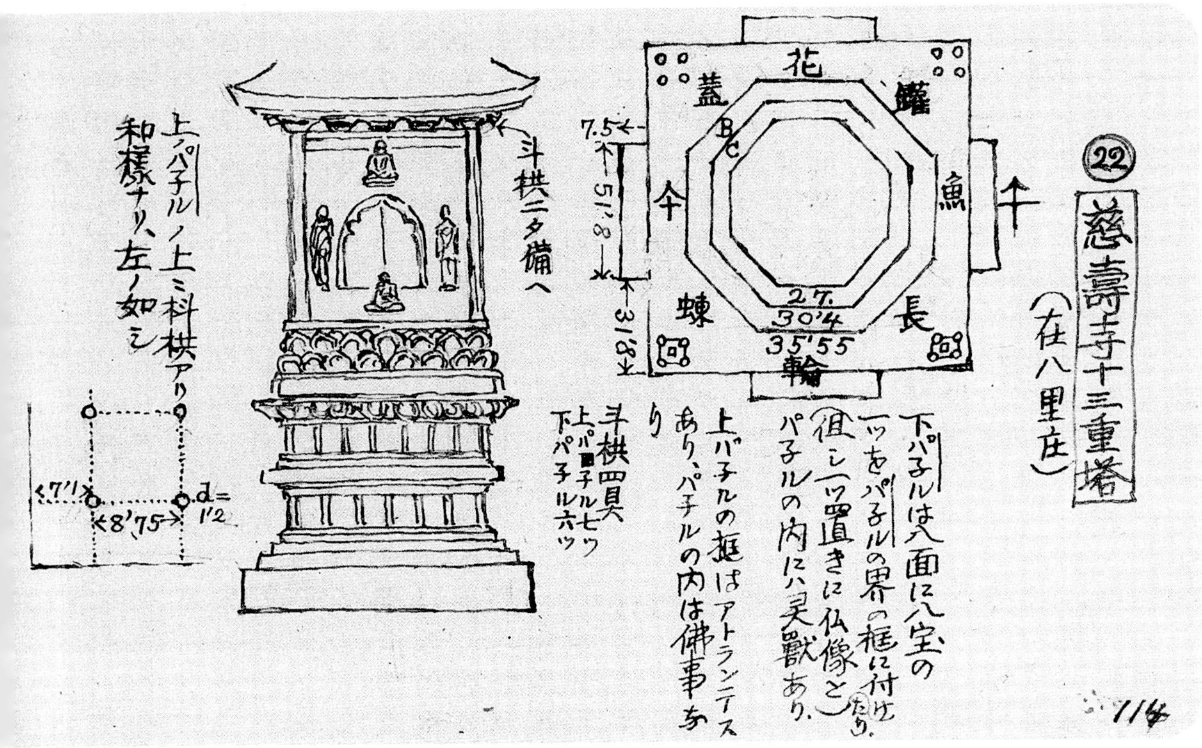
㉒
慈壽寺十三重塔
(在八里庄)
下パ子ルは八面に八宝のツをパ子ルの界の框に付せり
(但シ一ツ置きに仏像と)
パ子ルの内に八灵獣あり
上バチルの框はアトランテスあり、パチルの内は佛事あり
斗拱四具ヘ
上パ子ル七ツ
下パ子ル六ツ
斗拱二タ備ヘ
上ノパ子ルノ上ミ科拱アリ和様ナリ、左ノ如シ
花
蓋
魚
長
輪
35'55
30'4
27
114

114 北京（82）慈寿寺塔（1）（5月10日）

慈寿寺塔位于阜成门外八里庄，所以俗称八里庄塔，现在寺废仅存塔。具体建筑年代不详。传说建于明万历四年（1576）。

从第二层到十三层的斗拱结构

在每层的飞檐垂木上都挂有风铃，碑文上刻有“大明万历丁亥年造”。

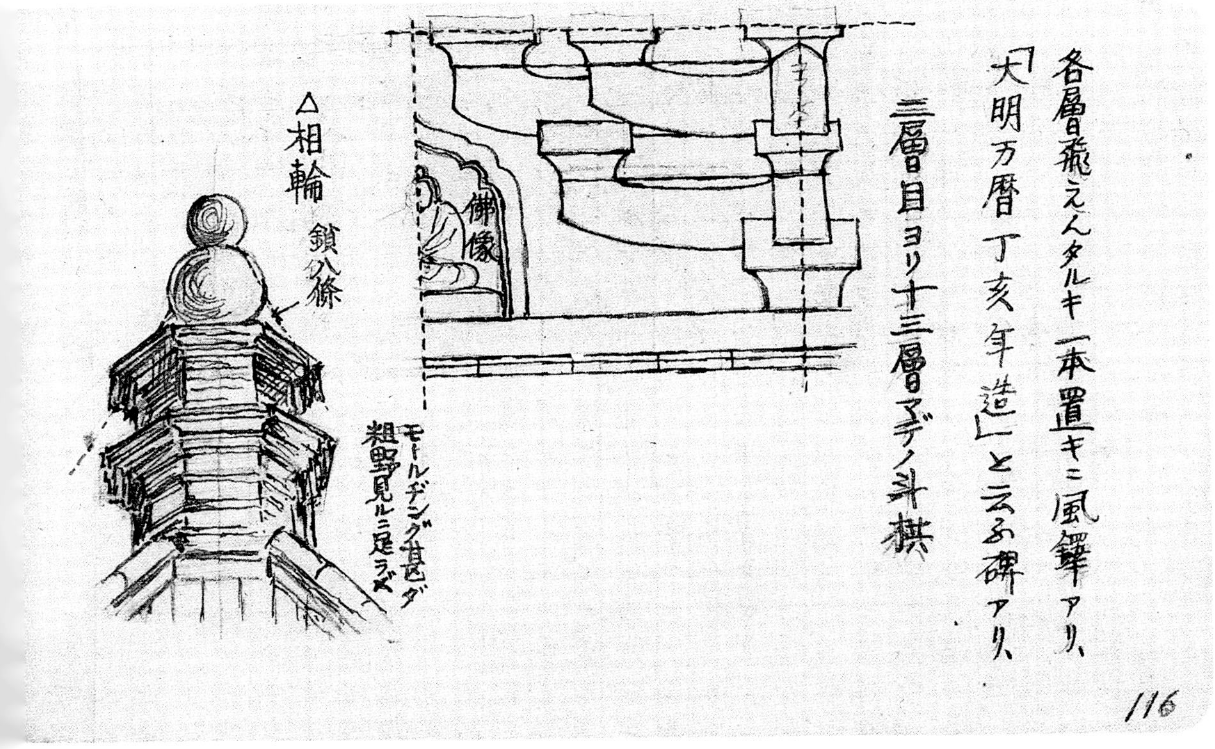
各層飛えんタルキ一本置キニ風鐸アリ、
「大明万暦丁亥年造」ト云フ碑アリ、
二層目ヨリ十三層マデノ斗拱
△相輪
鎖八條
佛像
モールヂング甚ダ粗野見ルニ足ラズ
116

116 北京（84）慈寿寺塔（3）（5月10日）

二层以上屋顶的建筑手法重复了第一层的手法。从相轮来看，双层的仰莲和宝珠与天宁寺塔同工，但笔者对它评价是规模不及天宁寺塔，已经看不出当初的豪华。

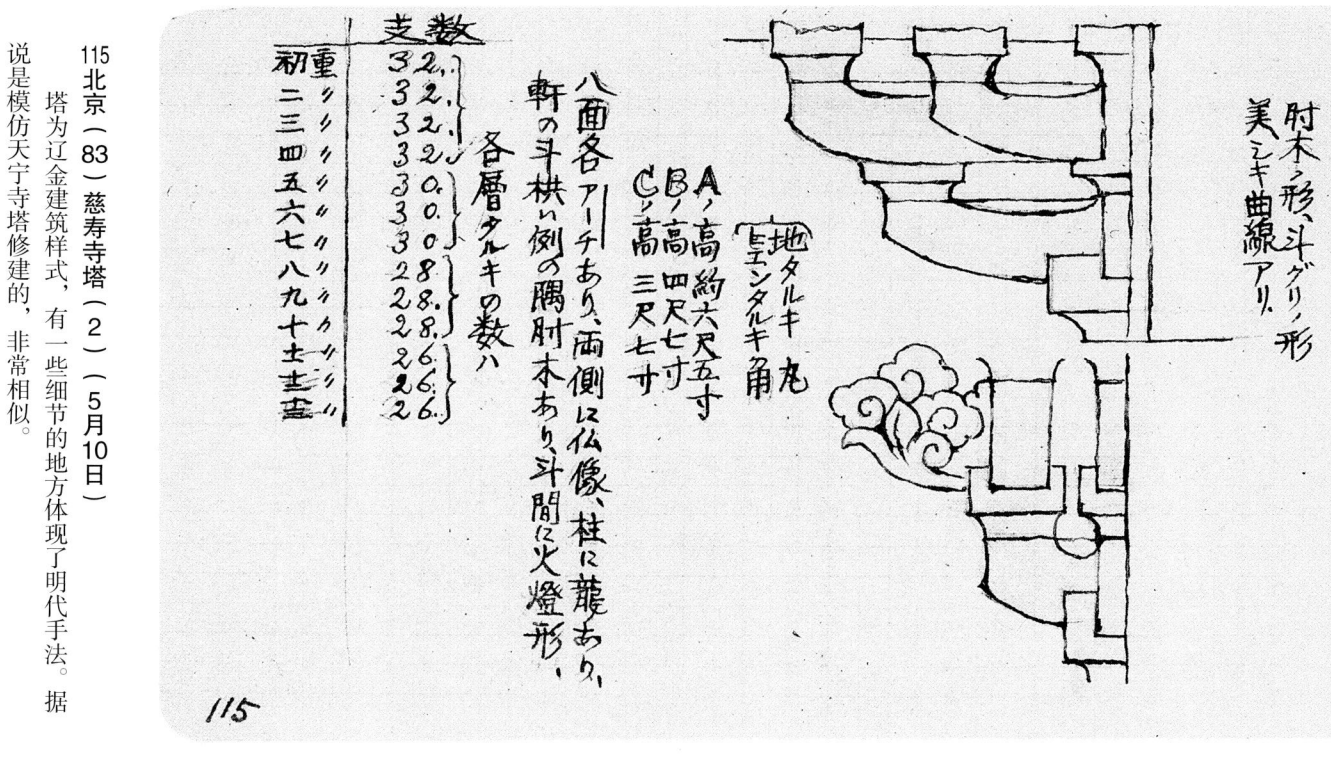

八面各有券门，券门两侧有佛像，柱子上雕刻有龙，屋檐的斗拱为常见的形式。

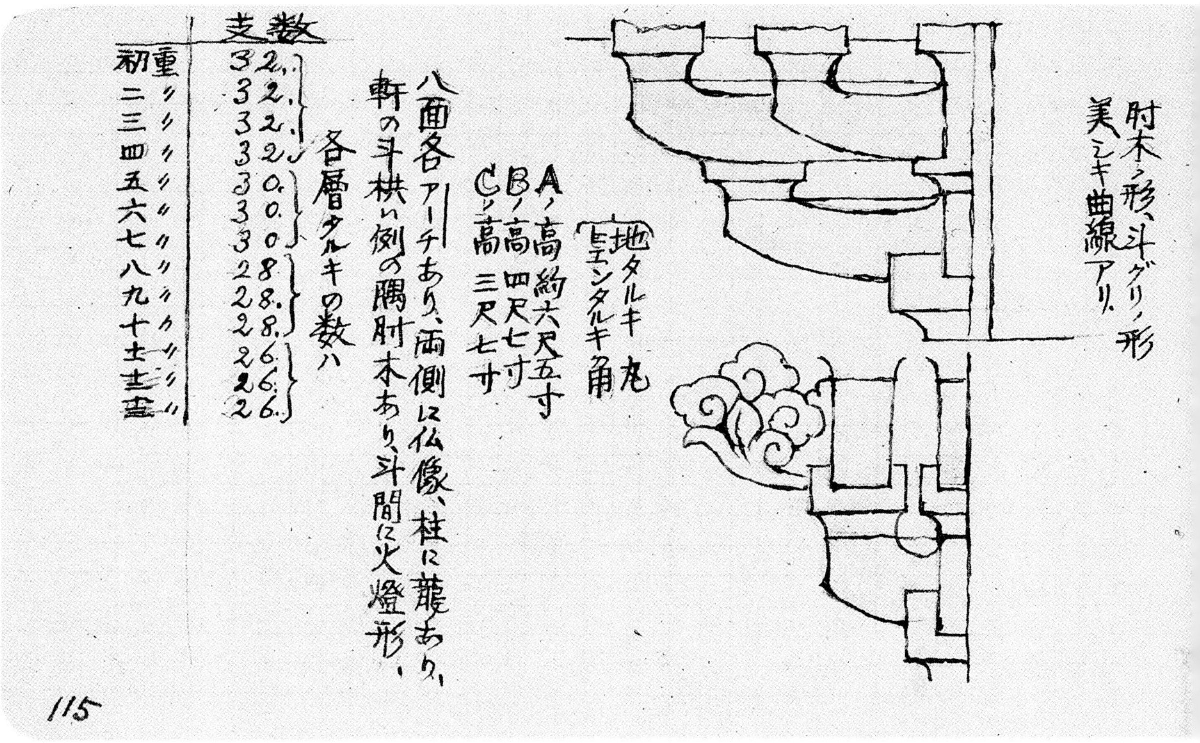
肘木ノ形、斗グリノ形
美シキ曲線アリ。
地タルキ丸
ヒエンタルキ角
Aノ高約六尺五寸
Bノ高 四尺七寸
Cノ高 三尺七寸
八面各アーチあり、両側に仏像、柱に龍あり、
軒の斗栱は側の隅肘木あり、斗間に火燈形、
各層タルキの数ハ
支数
初重 32
二〃 32
三〃 32
四〃 32
五〃 30
六〃 30
七〃 30
八〃 28
九〃 28
十〃 28
十一〃 26
十二〃 26
十三〃 26
115

115 北京（83）慈寿寺塔（2）（5月10日）

塔为辽金建筑样式，有一些细节的地方体现了明代手法。据说是模仿天宁寺塔修建的，非常相似。

这座莲花台的花瓣造型独特，优于其他地方的莲花座，穹窿左右的佛像，还有柱上的龙都是泥塑。与天宁寺塔有类似之处，但又有自己的特点。悬山、飞梁上有复杂的装饰。

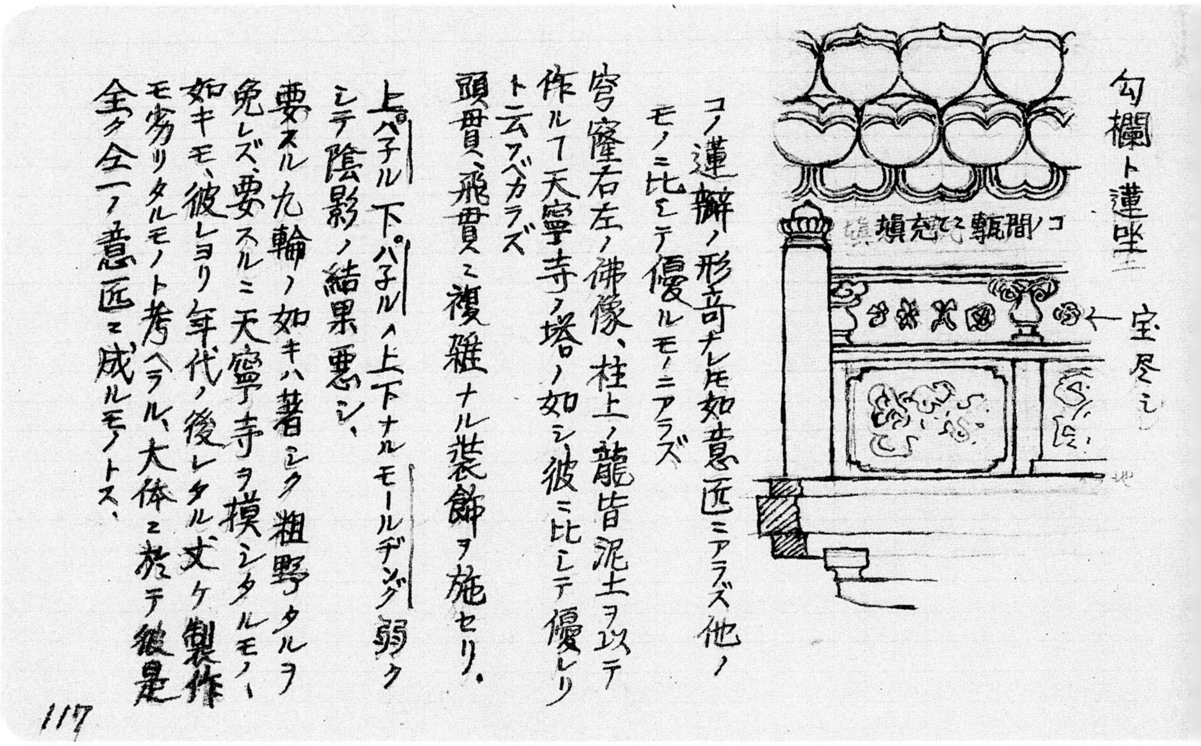
勾欄ト蓮坐
宝尽シ
コノ蓮瓣ノ形奇ナルモ如意匠ニアラズ他ノ
モノニ比シテ優ルモノニアラズ
穹窿右左ノ佛像、柱上ノ龍皆泥土ヲ以テ
作ル了天寧寺ノ塔ノ如シ彼ニ比シテ優レリ
ト云フベカラズ
頭貫、飛貫ニ複雑ナル装飾ヲ施セリ。
上ハ子ル下ハ子ルノ上下ナルモールデングノ弱ク
シテ陰影ノ結果悪シ、
要スル九輪ノ如キハ著シク粗野タルヲ
免レズ、要スルニ天寧寺ヲ模シタルモノ、
如キモ、彼レヨリ年代ノ後レタル丈ケ製作
モ劣リタルモノト考ヘラル、大体ニ於テ彼是
全ク全一ノ意匠ニ成ルモノトス、
117

117 北京（85）慈寿寺塔（4）（5月10日）

图中，宝珠柱是主柱，由架木、瓶束、平梁、板壁等各部件构成，是一个完整的建筑样式。一般在架木与平梁之间是空的，但这里却非常充实，下面有板壁。『妙意匠』是『好意匠』的笔误。

在塔基的四角有小堂，建有石碑，现已破损，考察了其构造，内部多用钢筋，如图所示。

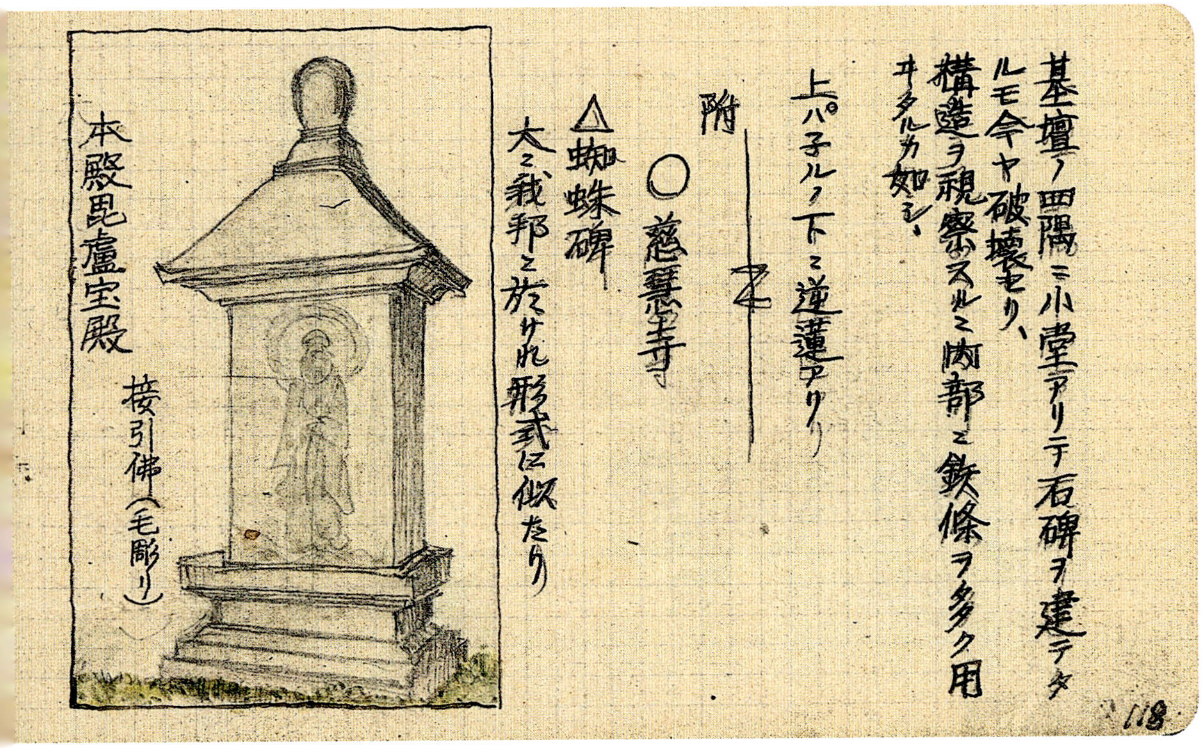

118 北京（86）慈寿寺塔（5）（5月10日）

『镶板、壁板』是建筑用的护墙板的意思。『蜘蛛碑』是位于慈慧寺本殿附近的一座石碑，和在日本经常看到的石碑形状、样式相同。

该塔与五塔寺性质相同

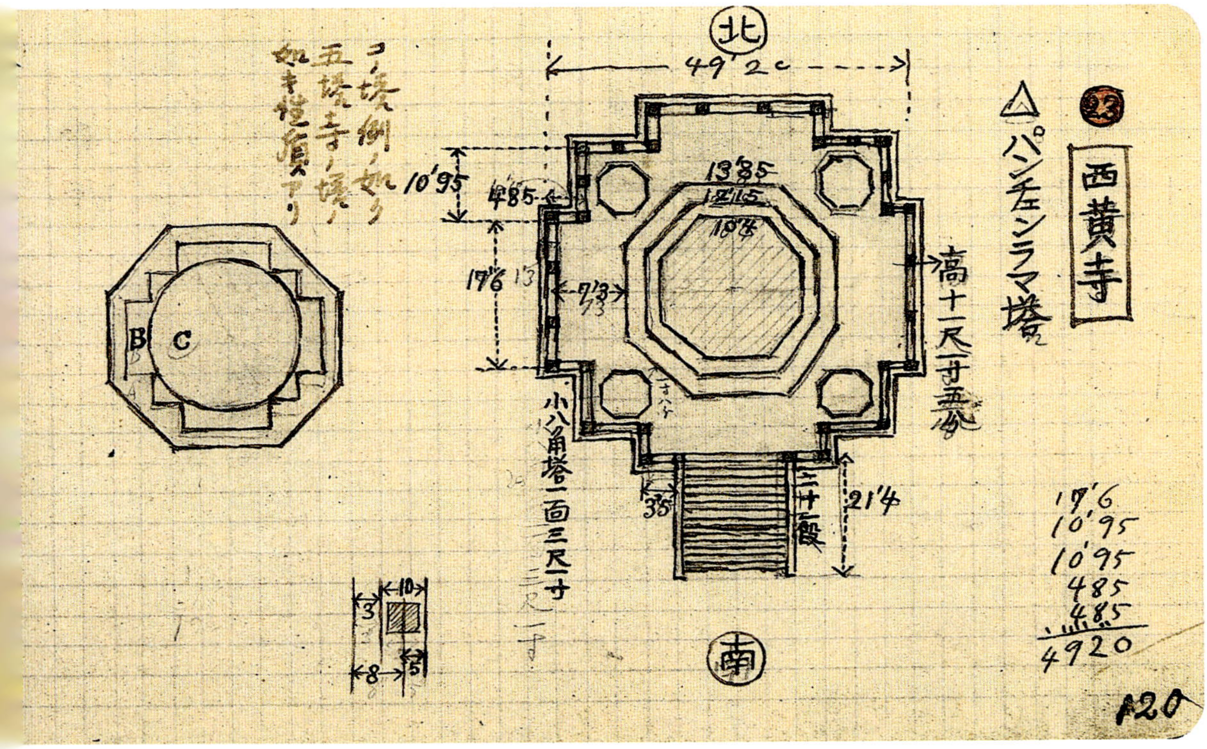

120 北京（87）西黄寺（1）（5月13日）

西黄寺的『班禅塔』的由来：为了庆祝清朝乾隆帝的七十寿辰，第六世班禅来到北京，住在西黄寺中，因患天花圆寂在该寺中。乾隆帝为了纪念他，在寺中修建了衣冠石塔，命名为清净化塔。

连鬓胡是指连着鬓角的胡子，如图。

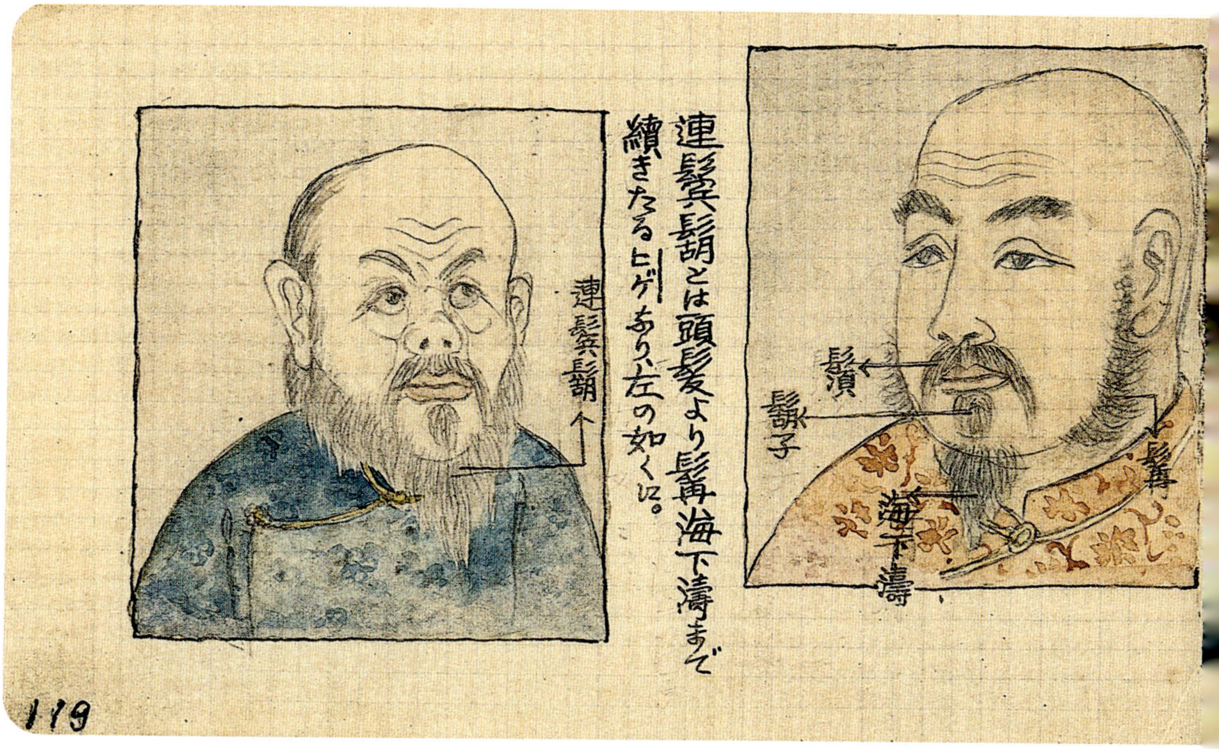
連鬓鬍とは頭髪より鬍海下濤まで
續ぎたるヒゲあり、左の如くに。
連鬓鬍
海下濤
119

119 **髭的名称**

髭因部位不同，有不同的叫法。如髭、髯、鬚等，图中的类型是很好反映当时风俗的上好资料。

A 为八角须弥座塔基，经 B 层，C 为塔身，塔身丰满，呈覆钵式，C 上为 D，呈倾斜面，面上采用了石雕手法，石雕随处可见。D 上为 E，E 呈馒头状，其上是 G、F，为 22 层。这部分与 B 层结构相同，为平面，E 部为束腰式。

G 上为莲花座，上有十三层相轮，相轮上有鎏金水烟、宝珠，左右两侧飘有鎏金装饰重囊，比例均整，建筑手法较为固定，为古代建筑的完美样式。但没什么创意。

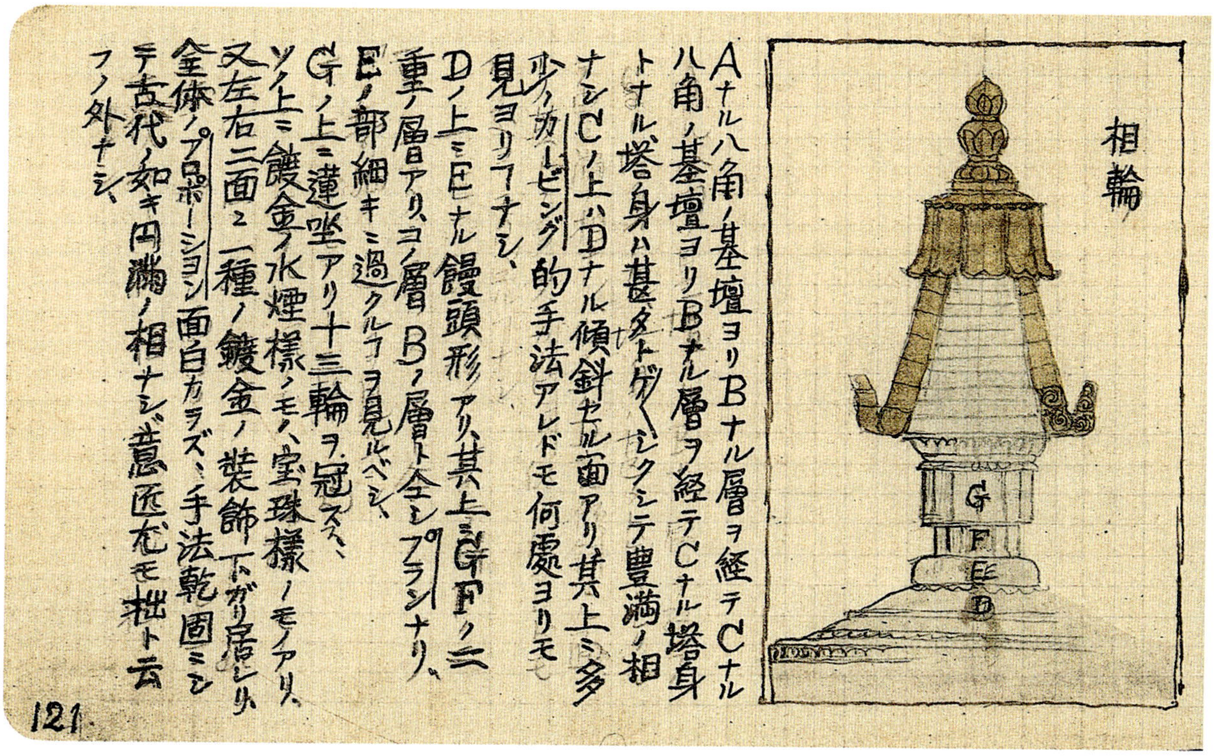
相輪
G
F
E
D
Aナル八角ノ基壇ヨリBナル層ヲ経テCナル
八角ノ基壇ヨリBナル層ヲ経テCナル塔身
トナル塔身ハ甚ダトゲゲシクシテ豊満ノ相
ナシ。Cノ上ハDナル傾斜セル面アリ其上ニ多
少ノカービング的手法アレドモ何處ヨリモ
見ヨリフナシ、
Dノ上ニEナル饅頭形アリ、其上ニGFノ二
重ノ層アリ、コノ層Bノ層ト全シプランナリ、
Eノ部細キニ過クルコヲ見ルベシ、
Gノ上ニ蓮坐アリ十三輪ヲ冠ズ、
ソノ上ニ鍍金ノ水煙様ノモノ、宝珠様ノモノアリ、
又左右二面ニ一種ノ鍍金ノ装飾下ガリ居レリ
全体ノプロポーションハ面白カラズ、手法乾固ニシ
テ古代ノ如キ円満ノ相ナシ、意匠モ拙ト云
フノ外ナシ、
121

121 **北京（88）西黄寺（2）（5月13日）**

塔基的形状如右图所示，四周有栏杆，中间是藏式主塔，四角各有一座塔形经幢，座面上建有五塔，为五塔形式。五塔台的前后各有一座汉白玉牌坊。

天王殿内四天王的布局与卧佛寺相同。

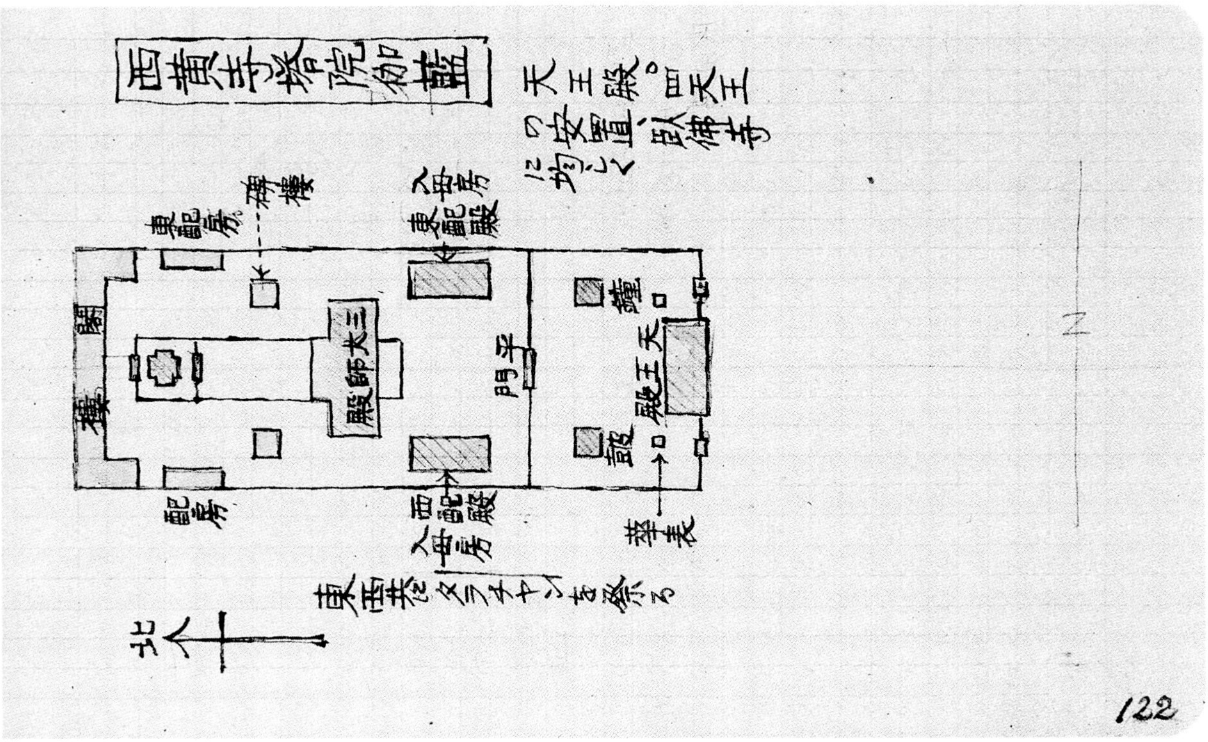
天王殿の四天王の安置は臥佛寺に均しく
東西共にタラチヤンを祭る
東配殿
西配殿
門
天王殿
北
122

122 北京（89）西黄寺（3）（5月13日）

清顺治九年（1652）五世达赖启程进京，顺治帝热情招待。为五世达赖在北京滞留期间居住而修建了西黄寺。

三面八臂，三只眼，呈结跏趺坐。

文成公主被称作救度佛母，在唐太宗贞观年间，嫁给西藏王，后人奉她为女神，并祭拜。尼婆罗长女（尺尊公主）同被奉为女神，因她们对西藏的文明发展，发挥了极大作用，固被称作女神。

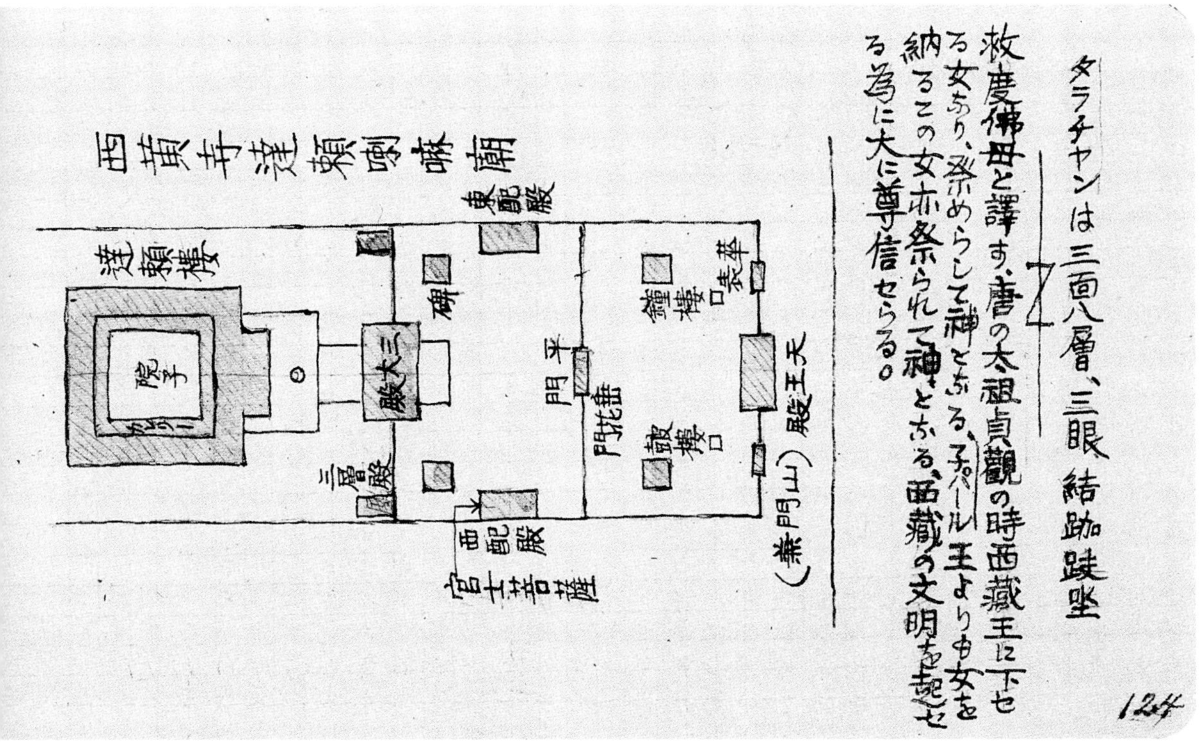
西黄寺達頼喇嘛廟
タラチヤンは三面八層、三眼 結跏趺坐
救度佛母と譯す。唐の太祖貞觀の時西藏王に下せる女あり、祭めらして神となる。ネパール王よりも女を納るこの女亦祭られて神となる。西藏の文明を進せる為に大に尊信せらる。
東配殿
西配殿
碑
門
天王殿
124

124 北京（91）西黄寺（5）（5月13日）

达赖喇嘛庙。『三面八层』是『三面八臂』的笔误。关于『达赖庙』请参照164图。

123 北京（90）西黄寺（4）（5月13日）

唐朝王室的文成公主嫁给了西藏吐蕃王室松赞干布。拉萨的大昭寺内有文成公主和松赞干布的肖像图。

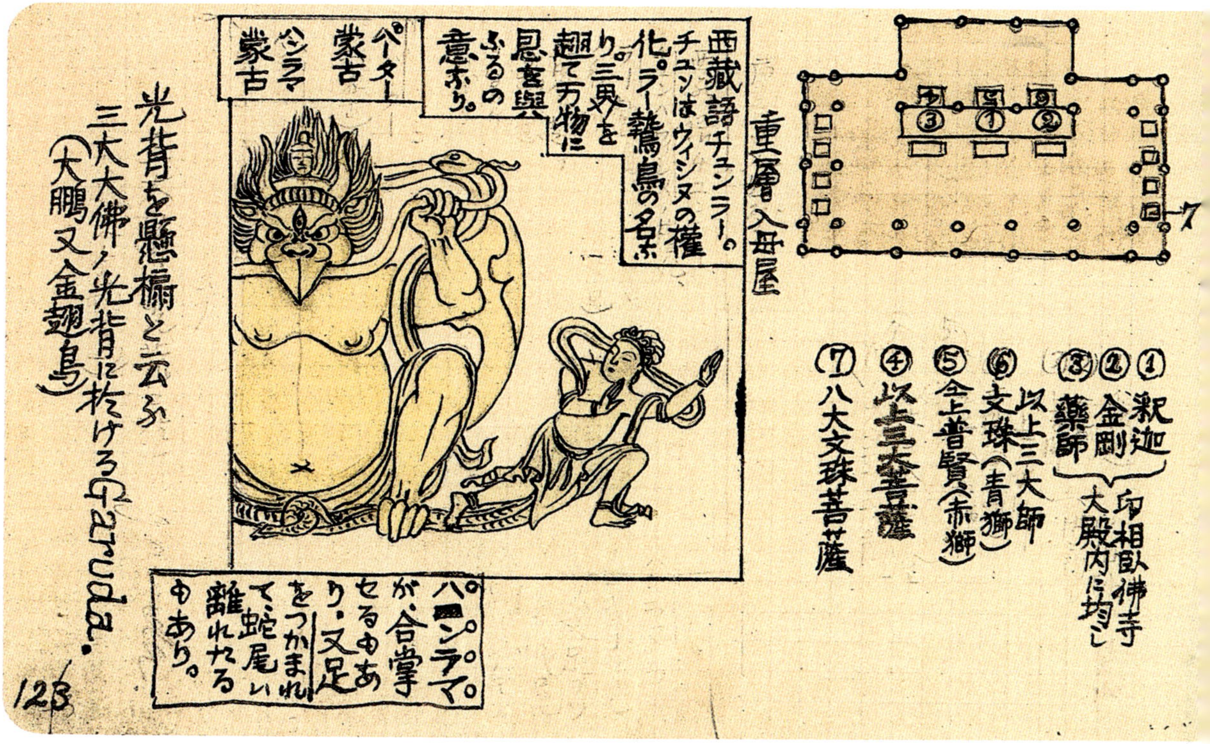

125 北京（92）东黄寺（1）（5月13日）

因西黄寺与东黄寺接连，所以又被称作双黄寺。在大殿木柱的柱头有与花栱相似的雕刻装饰，大斗的形状并非纯汉式，有藏传佛教寺院的建筑手法。。

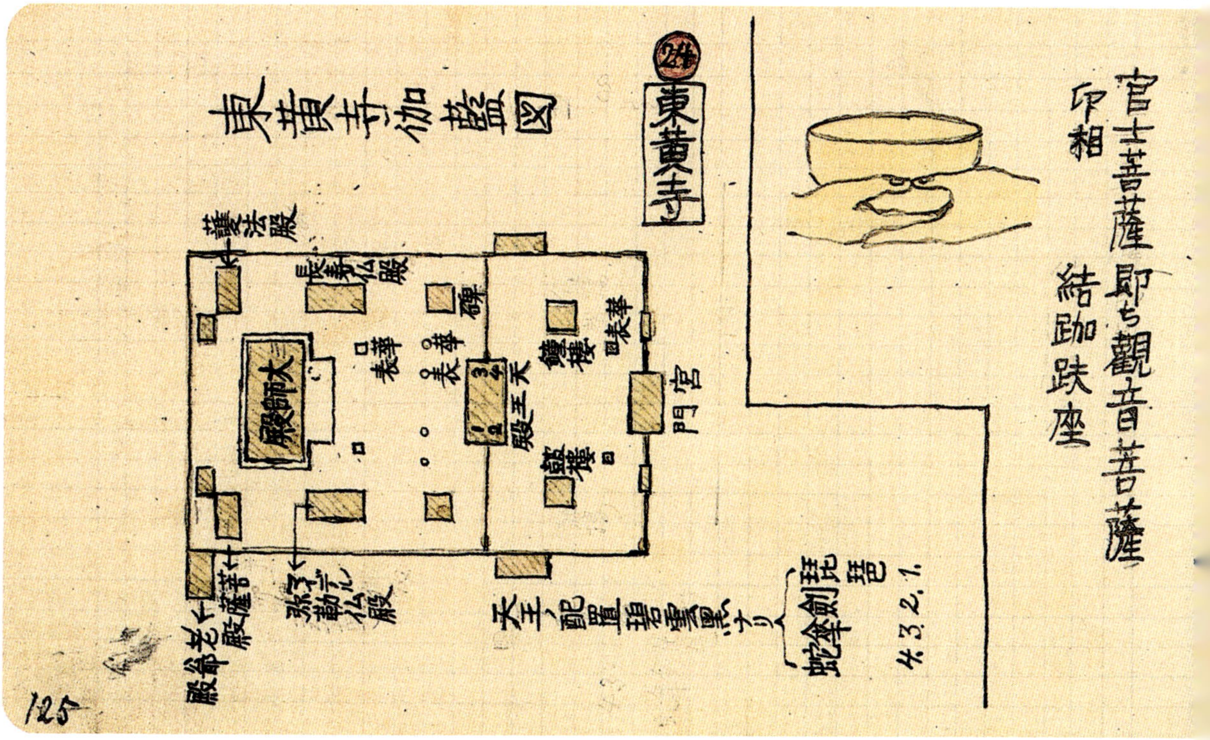

黑寺（质福院）

大殿为重檐歇山顶，由于开设天窗，采光很好，且造型新颖，山墙的装饰颇具特色，三宝殿为单檐歇山顶，各殿宇建于顺治年间。

东黄寺三大师殿

在重檐庑殿顶的中央，有窣波塔。

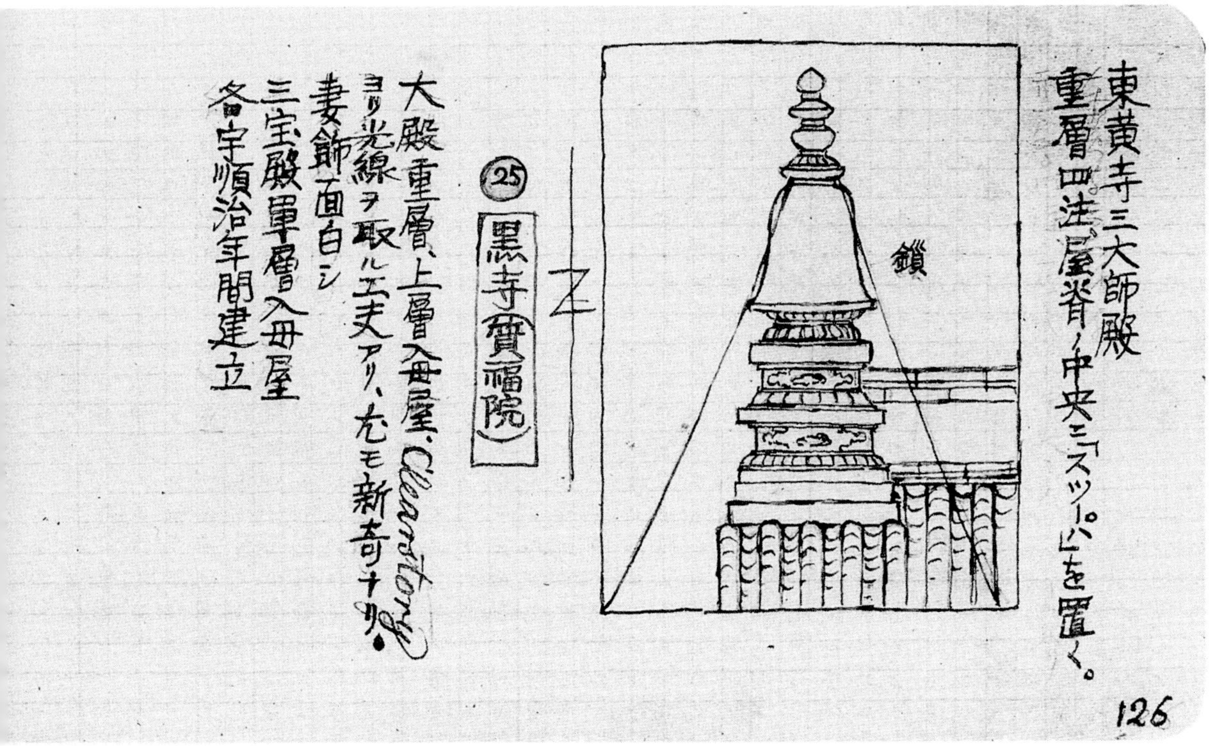
東黄寺三大師殿
重層四注屋脊ノ中央ニ「スツーパ」を置く。
鎖
㉕
黒寺(質福院)
大殿重層、上層入母屋、Clearstory
ヨリ光線ヲ取ル工夫アリ、尤モ新奇ナリ。
妻飾面白シ
三宝殿単層入母屋
各宇順治年間建立
126

126 北京（93）东黄寺（2）/黑寺（1）（5月13日）

『clearstory』是建筑用法，多用于寺院等高大的纵向天窗（直棂窗）。

雍和宫是雍正皇帝储君时的行宫，后改作藏传佛教寺院，也就是说，现在的佛寺曾是雍亲王府邸。其他的寺院殿堂及钟楼、鼓楼都是后人修建的。

西藏拉萨的藏传佛教殿堂，其布局、形式与雍和宫有所不同。

雍和门，后改造为天王殿，内供弥勒佛、四大天王和韦陀菩萨。

雍和宫，即大殿，殿内供三尊佛像。

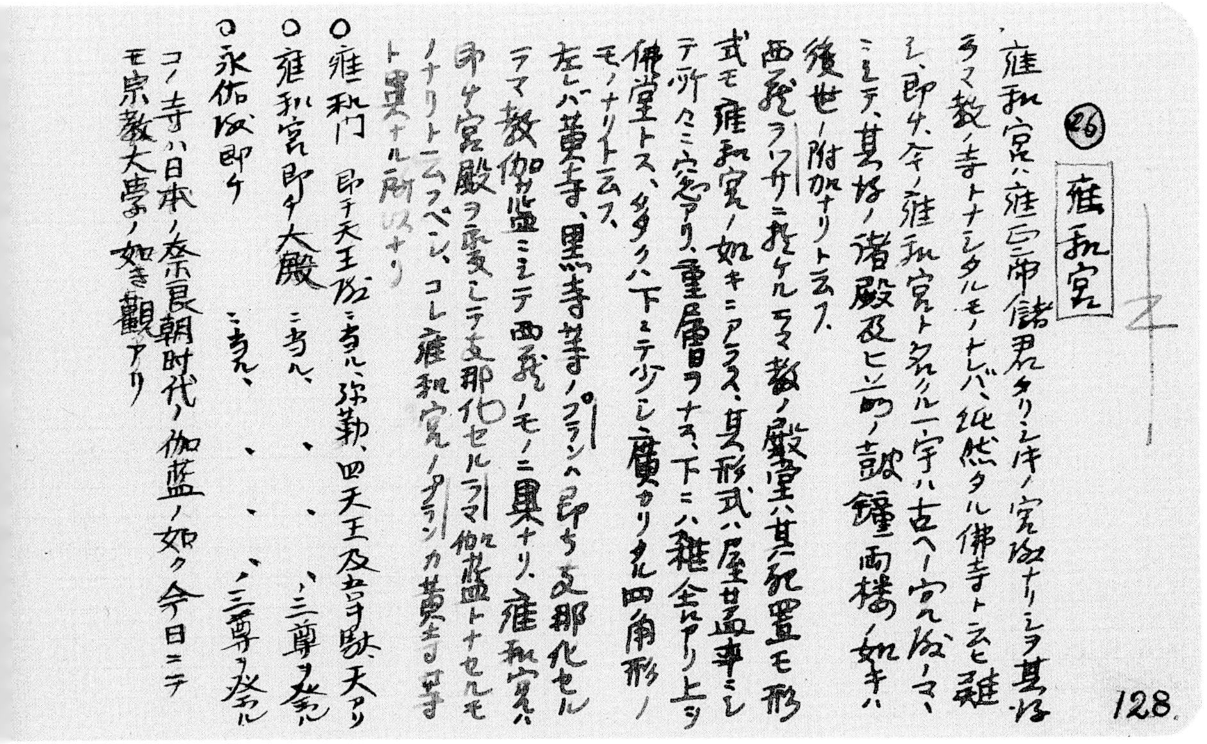
㉖
雍和宮
雍和宮ハ雍正帝儲君タリシ時ノ宮殿ナリシヲ其後
ラマ教ノ寺トナシタルモノナレバ、純然タル佛寺ト云ヒ難
シ、即チ今ノ雍和宮ト名クル一宇ハ古ヘノ宮殿ノママ
ニシテ、其他ノ諸殿及ビ並ニ鼓鐘両楼ノ如キハ
後世ノ附加ナリト云フ。
西蔵ラサニ於ケルラマ教ノ殿堂ハ其配置モ形
式モ雍和宮ノ如キニアラズ、其形式ハ屋蓋平ニシ
テ所々ニ突起アリ、重層ヲナス、下ニハ雑金アリ上ツ
佛堂トス、多クハ下ニテ少シ廣カリシ四角形ノ
モノナリト云フ。
左レバ黄寺、黒寺等ノプランハ即チ支那化セル
ラマ教伽藍ニシテ西蔵ノモノニ異ナリ、雍和宮ハ
即チ宮殿ヲ改変シテ支那化セルラマ伽藍トナセルモ
ノナリト云フベシ、コレ雍和宮ノプランガ黄寺黒寺
ト異ナル所以ナリ
○雍和門 即チ天王殿ニ当ル、弥勒、四天王及韋駄天アリ
○雍和宮 即チ大殿 ニ当ル、三尊ヲ祭ル
○永佑殿 即チ ニ当ル、三尊ヲ祭ル
コノ寺ハ日本ノ奈良朝时代ノ伽藍ノ如ク今日ニテ
モ宗教大学ノ如キ観アリ
128.

永佑殿，内供三尊佛像。

这个寺庙和日本奈良时代的伽蓝相同，可以说雍和宫是今天的宗教大学。

128 北京（95）雍和宫（3）（5月15日）

这一天对雍和宫进行了实地考察，文中第一行的『储君』是皇位继承人的意思。

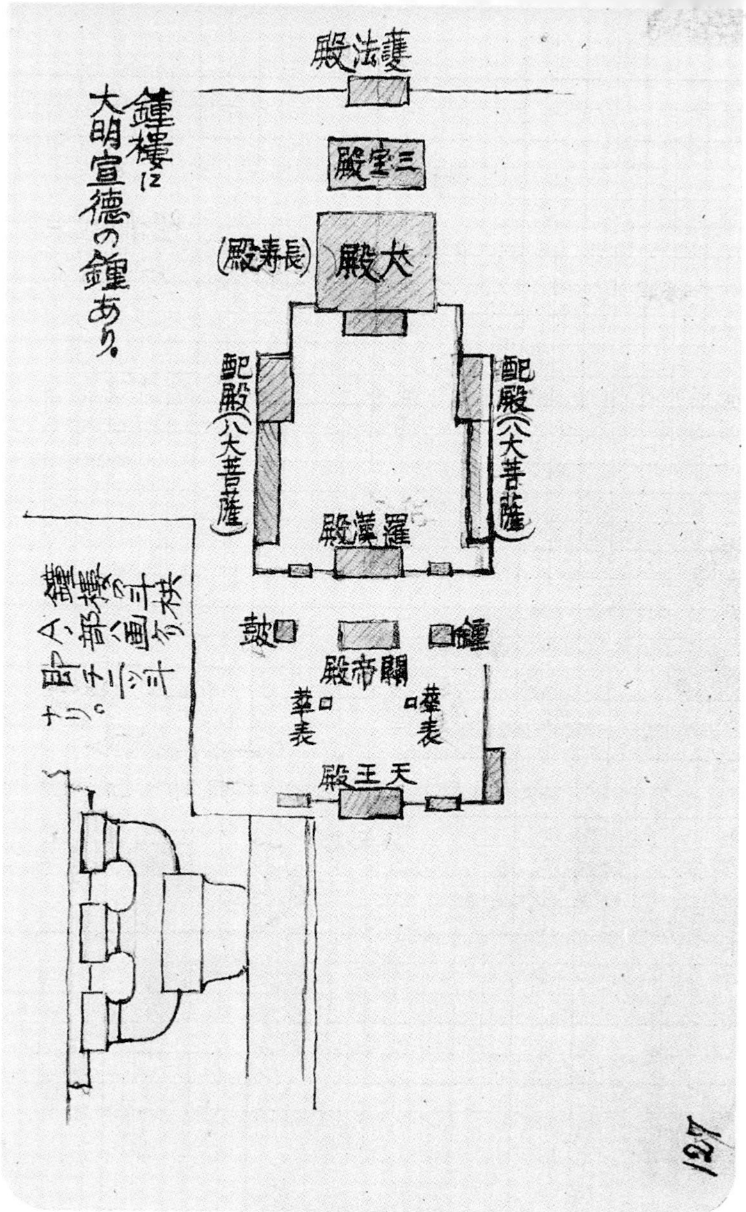

127 北京（94）黑寺（2）（5月13日）

黑寺钟楼的斗拱是采用了两个斗的建筑实例。在日本镰仓时代也有这种建筑样式。在中国古老的汉代也有这种实例。近代建筑中也有这种建筑实例。图的左上角大斗的装饰很有特色。

129 戏画

雍和宫原本是雍正皇帝即位前的府邸，建于康熙三十三年（1694）。雍正三年（1725）改称雍和宫。乾隆九年（1744）雍和宫正式改为喇嘛庙。这幅图是笔者所绘的。

直隶省

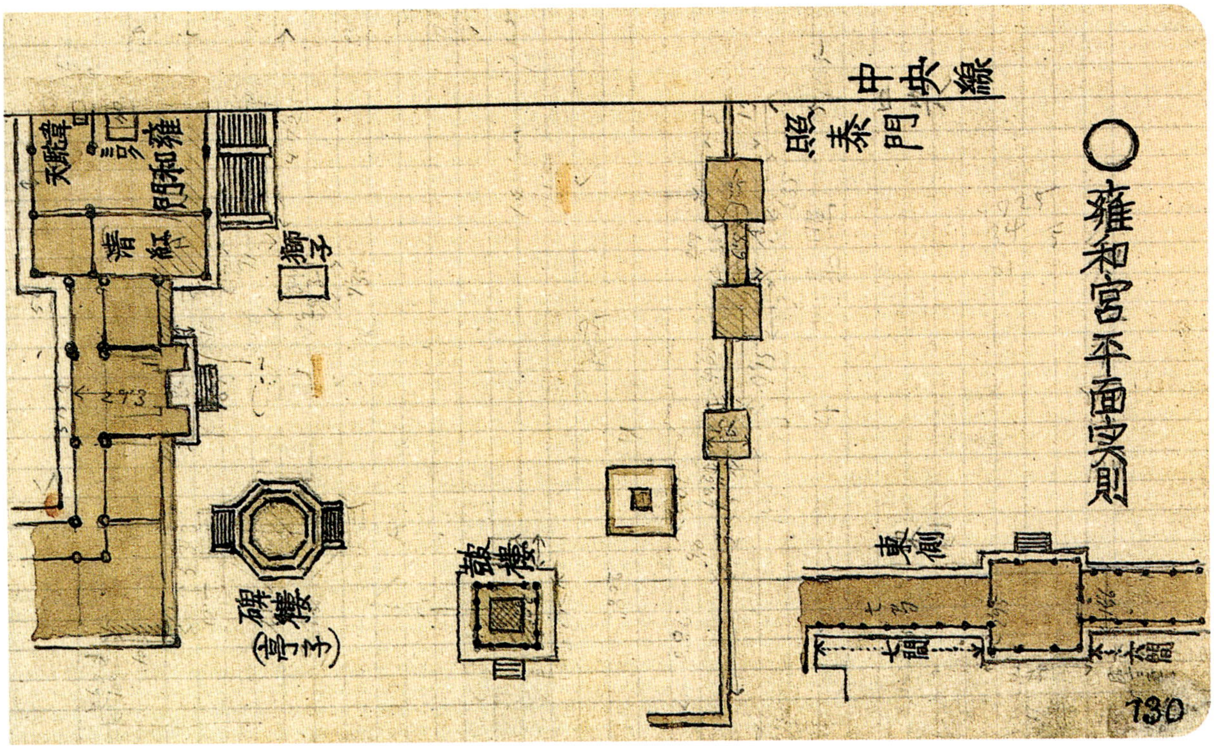

130北京（96）雍和宫（4）（5月15日）

130–133图是一张小的平面图，由中轴线将它分成东西两部分。日志中记载，这个建筑物是于5月15日和5月16日实际测量的。照泰门呈宫殿式，屋顶为黄色琉璃瓦，三栋建筑并成一排。鼓楼的对面是钟楼。雍和门是雍亲王府的正门，现已改成天王殿，殿内供奉着弥勒佛和四大天王。

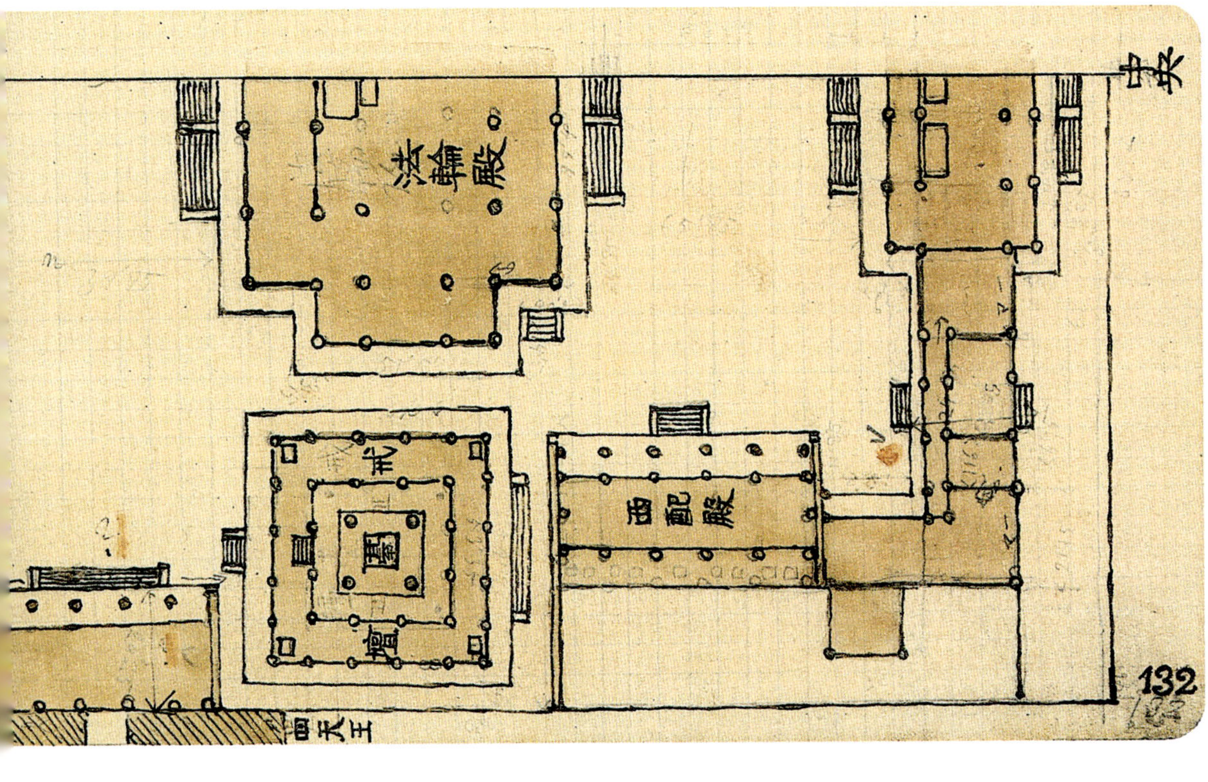

132北京（98）雍和宫（6）（5月15日）

永祐殿在王府时代是雍亲王的寝殿，现殿内供奉三尊佛像。法轮殿为十字形的平面图，在屋顶上建有五座小佛塔，为五塔样式。法轮殿现是举行各种法事的场所。殿内有黄教教主宗喀巴的塑像。

131 北京（97）雍和宫（5）（5月15日）

雍和宫有四座碑亭，上有用满、汉、蒙、藏四种文字书写的碑文，记述了藏传佛教的由来和乾隆时代的盛况。碑亭建于乾隆五十七年（1792）。碑亭的北侧就是雍和宫，它相当于一般寺庙的大雄宝殿。

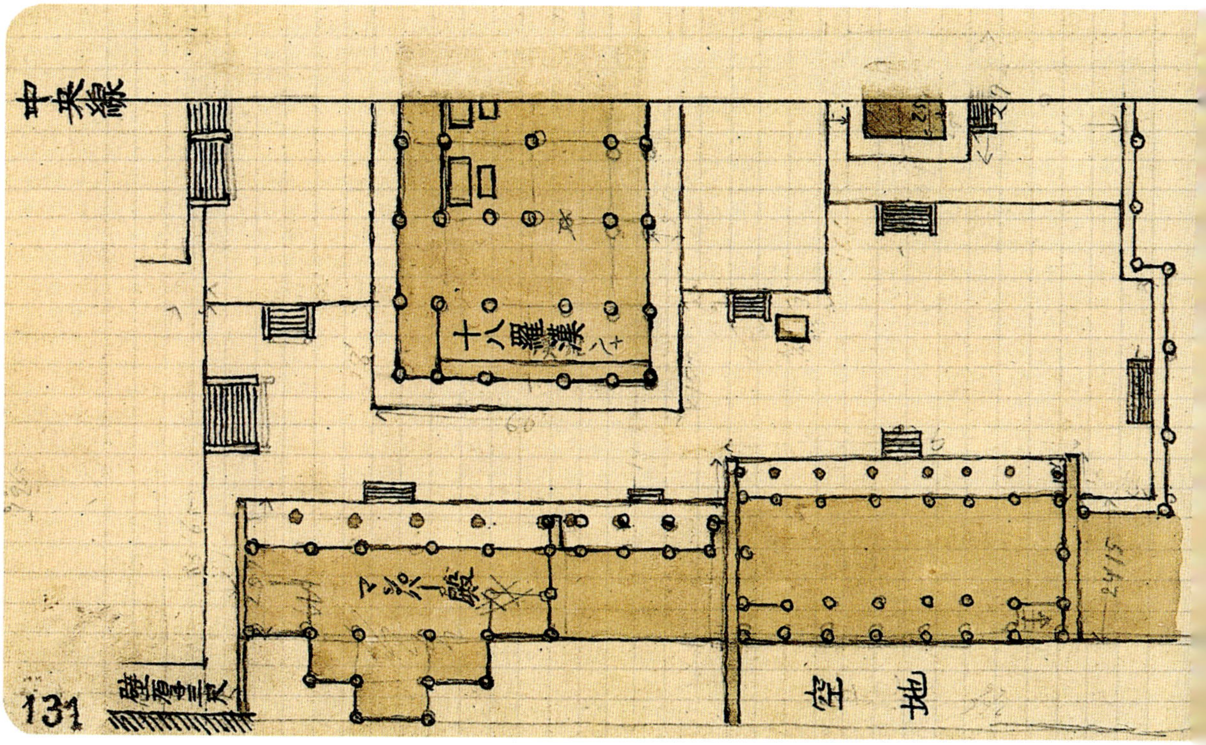

133 北京（99）雍和宫（7）（5月15日）

『轮藏』即延绥阁，在中轴线上与它相对应的是永康阁。这两座楼阁由飞廊与A部分即万福阁相通，万福阁屋顶为重檐歇山顶。阁内有一尊用白檀香木雕成的弥勒佛立像。

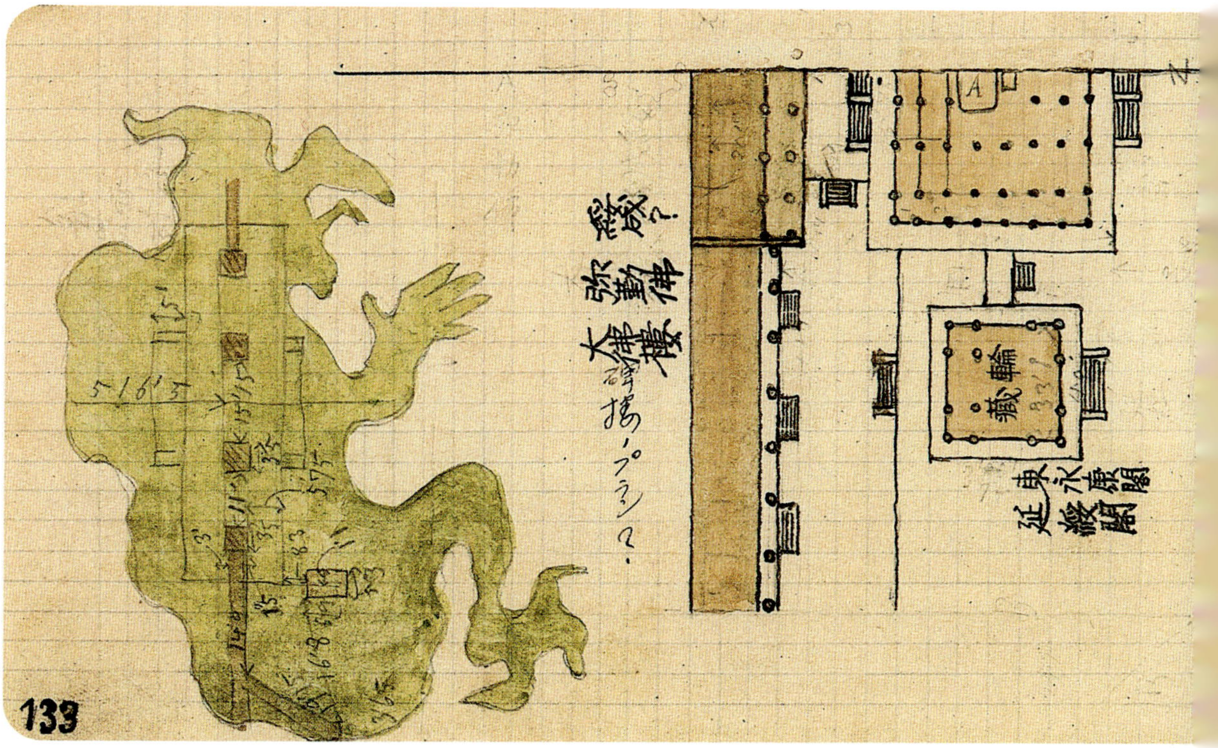

134 北京（100）雍和宮（8）（5月）

△戒壇堂
重〇ミシテ クリーアストーリーより光を採る、
△西配殿
本尊釈迦

衣紋奇ナリ

ラマ教ニハ俗眼ヨリ見テ淫猥、残酷ナルナル相多シ、又極端ナル怪相異相アリ、蓋シ土民ノ極メテ未開、幼稚ナルヲ証明スベキナリ、
仏像ノ種類ノ多キ了実ニ驚クベシ、多クハ幽晦ニシテ不可解、
法会ニハ大なる喇叭、銅鑼、鼓、等ヲ用フ、現今北京ニ行ハルゝ婚葬ノ式儀モ多クハラマ的ノ行儀ヲ有スルカ如シ、
要スルニ今日ノ清国ノ文物ヲ解スル上ニ於テラマ教ヲ研究スルハ尤モ必要ニシテ且ツ尤も趣味に富めるものなりとす。

134

136 北京（102）雍和宮（10）（5月15日）

△Garuda
ウィシヌは牛ニモナル、種々ノ形ヲ現ス、鳥モ其一ナリ、
ヲ仏ジャイナ教ニテ尊信セラル、蛇ノ如キ毒虫ヲ喰フ也、
シバが戦ふときこの鳥を先きに用ひたり

△喇嘛
ハ元来純正ナル大乗教ナリ、後ネパルに行ハレタル女神崇拝教ヲ入レ、又西蔵固有ノ宗教（妖術ノ如キモノ）ヲ加味シテ全ク堕落セリ、日本ノ真言ニ似タル法ヲ修スルモ元来禅ト仝シ性質ナリ。

日本	蒙古語	西蔵語
一	Nigga―ニッガ	Chig―チッグ
二	hair―ハイル	Nih―ニー
三	Koloppa―コロッパ	Sung―サン
四	Trob―トロップ	Shih―シー
五	Taba―タバ	Ugga―ウッガ
六	Jwerga―ジェルガ	Chuck―チュック
七	Talla―タルラ	Tung―トゥン
八	Nehma―子ーマ	Chatt―チャット
九	Isso―イッソ	Cuh―クー
十	Allaba―アッラバ	Ju―ジュ
		日本語音に近シ

136

雍和宫的十二因缘图

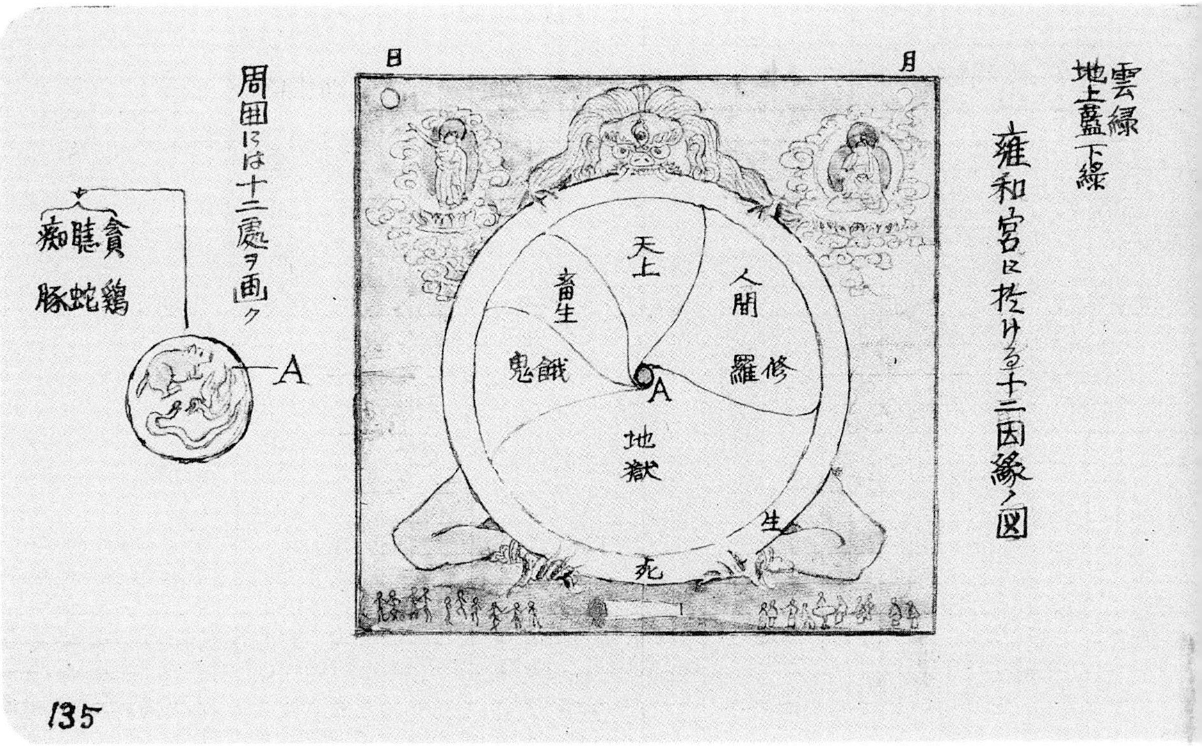

135 北京（101）雍和宫（9）（5月15日）

雍和宫的大钟

钟上有大明成化二十年九月吉日制的铭记。

137 北京（103）雍和宫（11）（5月15日）

过了熙康门，有东钟楼、西鼓楼。每天早晨敲钟，黄昏时击鼓，钟、鼓的声音远远流淌。钟鼓的功能是报时。

直隶省

138北京（104）雍和宫（12）（5月15日）

法衣是藏传佛教的喇嘛在做法事时穿的衣服，头带黄色冠帽。

140北京（105）八城庄街头之所见（5月18日）

八里庄慈寿寺有一座十三层塔。此图是去岫云寺（潭柘寺）途中所绘的作品。骑驴者是翻译岩原大三。

清国的度量衡　小尺五尺为一步，三百六十步为一里，一里相当于日本的五町。

清代的尺有两种，大尺多用于裁缝，小尺用于木匠，大尺比小尺长五分。小尺把八尺定为一丈（一步相当于日本的二步），把二尺五寸定为一足，把两足定为一步。

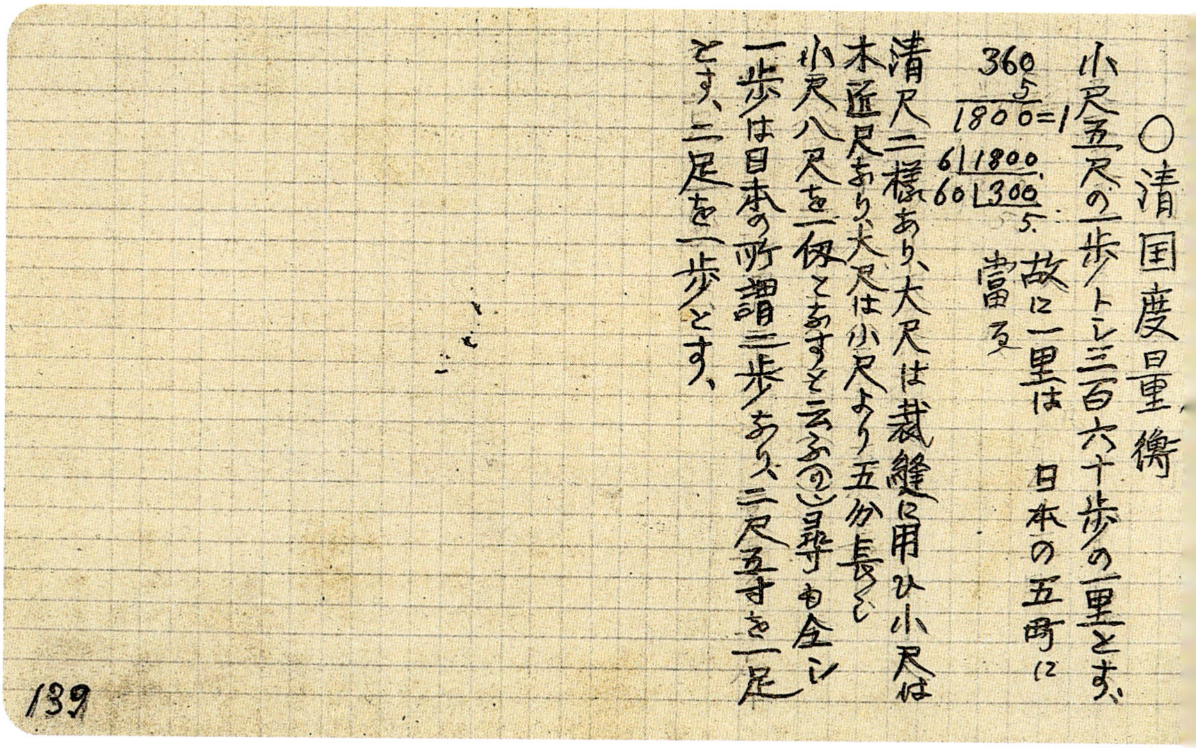
○清国度量衡
小尺五尺ノ一歩トシ三百六十歩ノ一里とす、
故に一里は日本の五町に當る
清尺二様あり、大尺は裁縫に用ひ小尺は
木匠尺あり大尺は小尺より五分長く
小尺八尺を一仭とあすと云ふ
一歩は日本の所謂二歩あり、二尺五寸を一足
とす、二足を一歩とす、
139

139
清国的度量衡

『木匠』也就是日语中的大工。清代的小尺一里因地方而有所差异，但日本明治时期的一里，大约就是七分之一到八分之一的程度。

○潭柘山岫雲寺途上所見
馬鞍山ノ北
羅睺嶺上ヨリ
西方ノ連山ヲ望ム
141

141
北京（106）岫云寺（潭柘寺）的途中（5月18日）

冒着酷暑徒步走到山口，登上山顶。山顶名为罗睺岭。在马鞍山南侧，一边吹着凉风一边休息，眺望西边延绵不断的山脉，那种景象颇为壮观。

观音殿 为辽金建筑，历史上曾有过二次大的修缮，但都保留了原有样式，最近的一次修缮是在咸丰年间。

内部装饰：梁上有彩绘，与中和殿、保和殿的装饰完全相同，只是规模不及中和殿、保和殿。鸱吻做工精细，为清代的普通样式。佛像没什么看点，有十八罗汉的画像，有嘉靖年间的大钟，斗拱奇特，值得观赏。山墙为砖砌，歇山顶。

文殊殿在观音殿的东侧，本尊文殊菩萨像甚奇特。

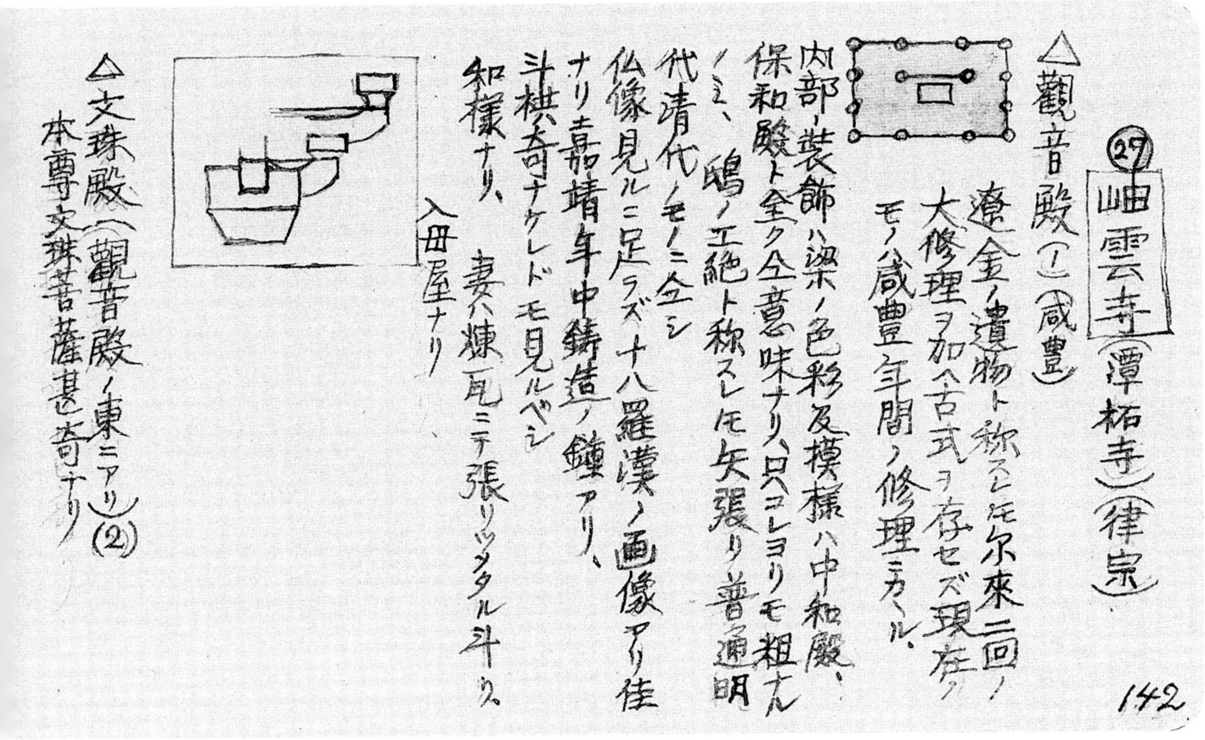
㉗ 岫雲寺（潭柘寺）（律宗）

△觀音殿（1）（咸豊）

遼金ノ遺物ト称スルモ爾來二回ノ大修理ヲ加ヘ古式ヲ存セズ現存ノモノ咸豊年間ノ修理ニカヽル、

内部ノ装飾ハ梁ノ色彩及模様ハ中和殿、保和殿ト全ク仝意味ナリ、只ヽコレヨリモ粗ナルノミ、鴟ノ工絶ト称スレモ矢張リ普通明代清代ノモノニ仝シ

仏像見ルニ足ラズ十八羅漢ノ画像アリ佳ナリ嘉靖年中鋳造ノ鐘アリ、

斗栱奇ナケレドモ目見ルベシ

和様ナリ、妻ハ煉瓦ニテ張リツタル斗リ、入母屋ナリ

△文殊殿（觀音殿ノ東ニアリ）（2）

本尊文殊菩薩甚ダ奇ナリ

142

142北京（107）岫云寺（潭柘寺）（1）（5月18日・19日）

观音殿的斗拱，斗特别大，也没有形成一斜面，横木的大部分都埋在大斗中。

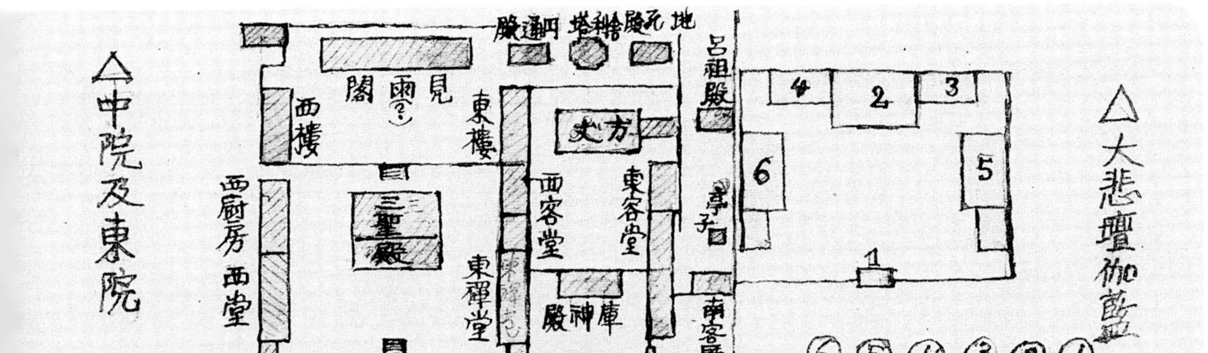

144北京（109）岫云寺（潭柘寺）（3）（5月19日）

岫云寺的前身始于晋，话说先有潭柘寺，后有北京城，幽州是北京的旧称。该寺是北京规模最大的寺院。大悲坛一角位于西院的后方，占据了戒坛的西侧。

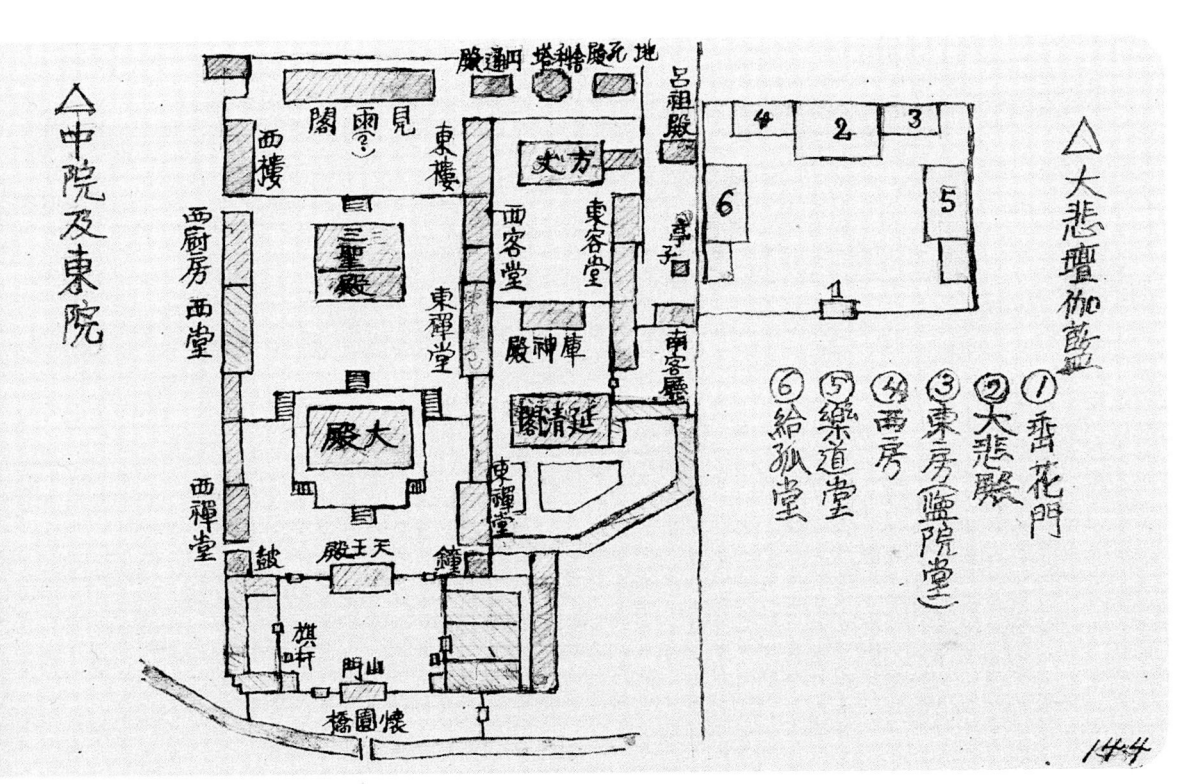

△祖　堂（在观音殿的西侧，供奉着历代住持的牌位）
△龙王殿（在祖堂的两侧，内供奉龙王）
△大悲殿（5）供奉大悲观音菩萨

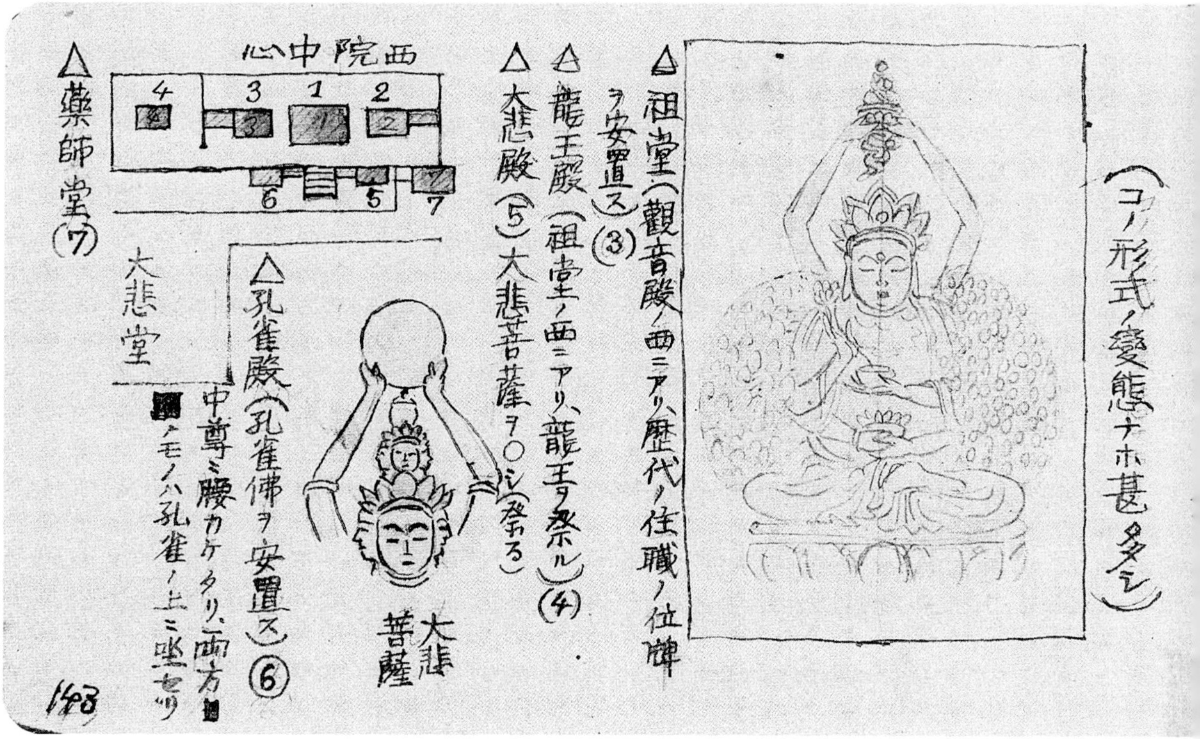

143 北京（108）岫云寺（潭柘寺）（2）（5月19日）
上图所示为观音殿的一角，在西院的背后。规模都不大。

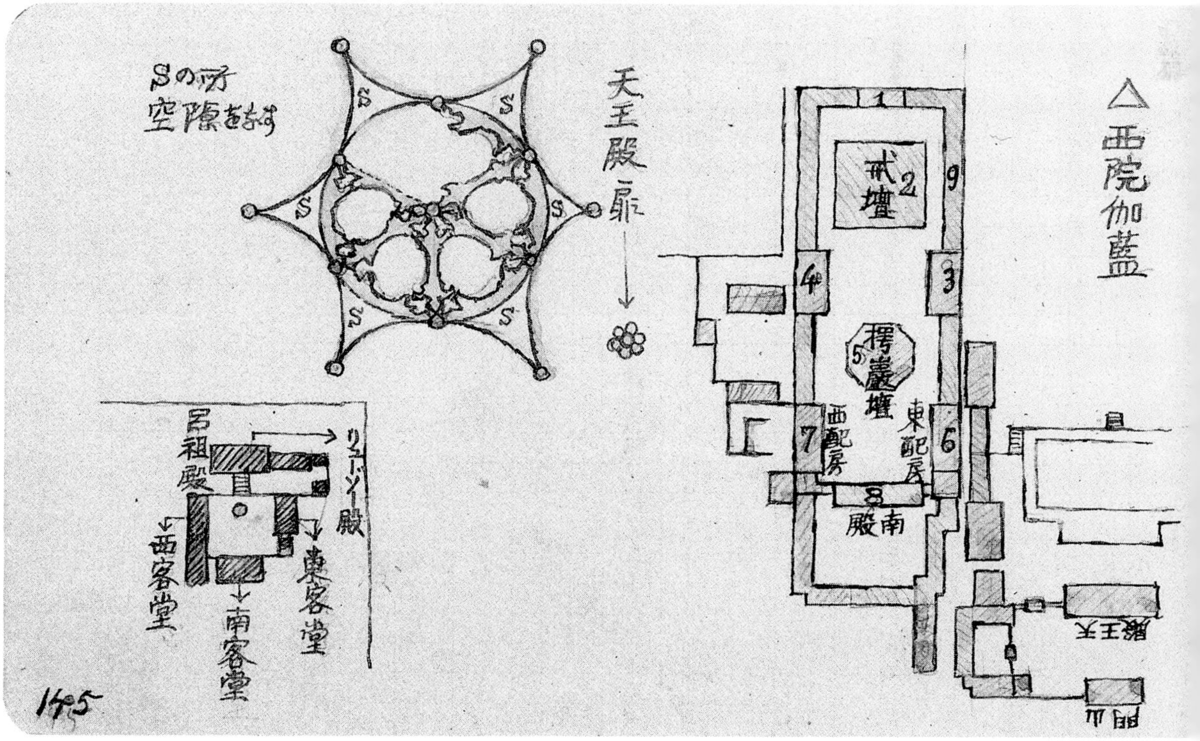

145 北京（110）岫云寺（潭柘寺）（4）（5月19日）
左下为吕祖殿一角，与东院相连。中庭（里院）有流杯亭，亭内有水道，当泉水流过时，放入酒杯，任其随水漂浮，止于某处，取而饮之，并饮酒作诗，这就是中国古代有名的『曲水流觞』的习俗。

△三圣殿　有十二因缘图，比雍和宫的密，供奉本尊阿弥陀佛。有宣德年间的大钟，三圣殿由前后殿构成，前殿叫斋殿，后堂叫三圣殿。

△大雄宝殿（康熙年间重建）　内外抱柱下面有几何图案，每个造型各不相同，建筑手法及色彩都有值得借鉴的地方。内部大梁与中和殿、保和殿的相类似，建筑手法及样式值得研究。

△戒坛　面阔三间，进深四间，歇山顶，有三成石坛，形式简陋，远不及雍和宫的戒坛，单檐、山墙，屋顶上铺着普通瓦。

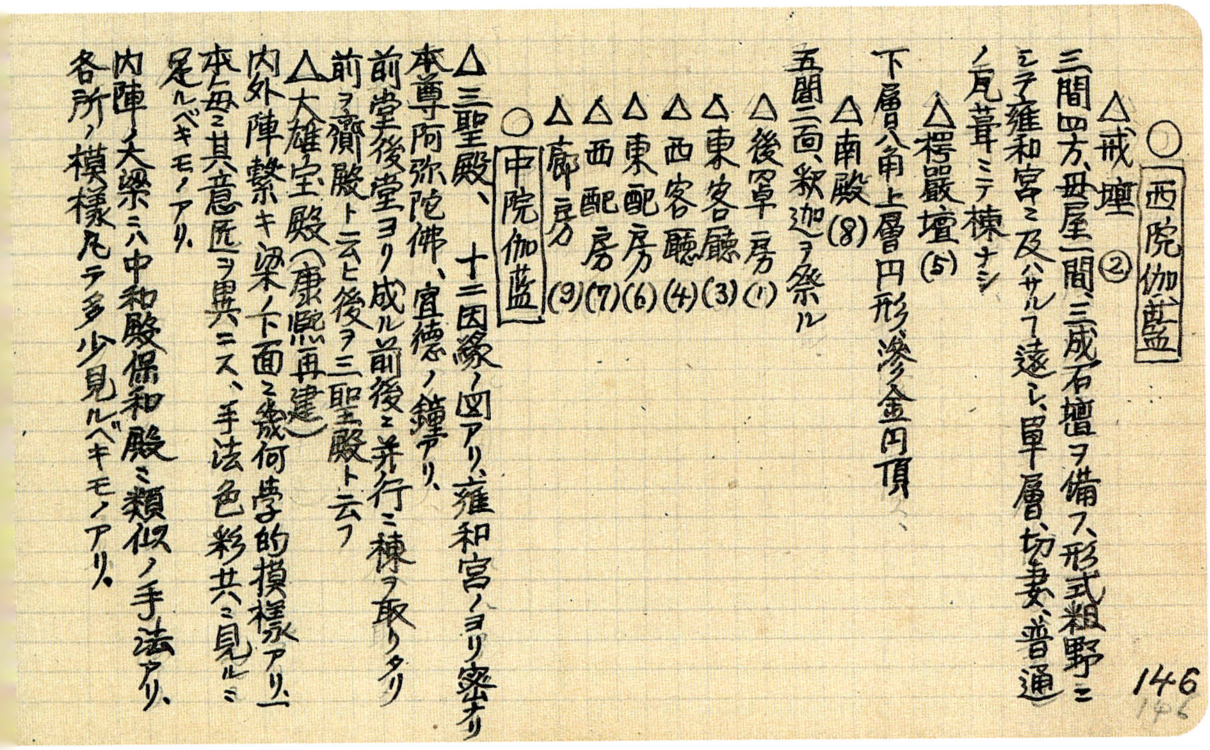
○西院伽藍
△戒壇 ②
三間四方、母屋一間、三成石壇ヲ備フ、形式粗野ニシテ雍和宮ニ及バサルコト遠シ、單層、切妻、普通ノ瓦葺ニテ棟ナシ
△楞嚴壇 (5)
下層八角上層円形、滲金円頂
△南殿 (8)
五間二面、釈迦ヲ祭ル
△後罩房 (1)
△東客廳 (3)
△西客廳 (4)
△東配房 (6)
△西配房 (7)
△廊房 (3)
○中院伽藍
△三聖殿、十二因縁ノ図アリ、雍和宮ノヨリ密ナリ、本尊阿弥陀佛、宣德ノ鐘アリ、前堂後堂ヨリ成ル、前後ニ並行ニ棟ヲ取リタリ、前ヲ齋殿ト云ヒ後ヲ三聖殿ト云フ
△大雄宝殿（康熙再建）内外陣繋キ梁ノ下面ニ幾何学的模様アリ、一本毎ニ其意匠ヲ異ニス、手法色彩共ニ見ルニ足ルベキモノアリ。
内陣ノ大梁ニハ中和殿保和殿ニ類似ノ手法アリ、各所ノ模様ヲ見テ多少見ルベキモノアリ。
146

146 北京（111）岫云寺（潭柘寺）（5）（5月19日）
文中的数字与图145的平面图相对应。

△楞严坛　下层为八角形，上层为圆形，鎏金圆顶。

△南殿　面阔五间，进深二间，内供释迦。

戒坛是在春季或冬季授戒时用的，内部也藏有一些经书。

岫云寺的伽蓝布局完备，是其他寺院无法比拟的，极具研究价值，保存了古代建筑风格，明代建筑很少。

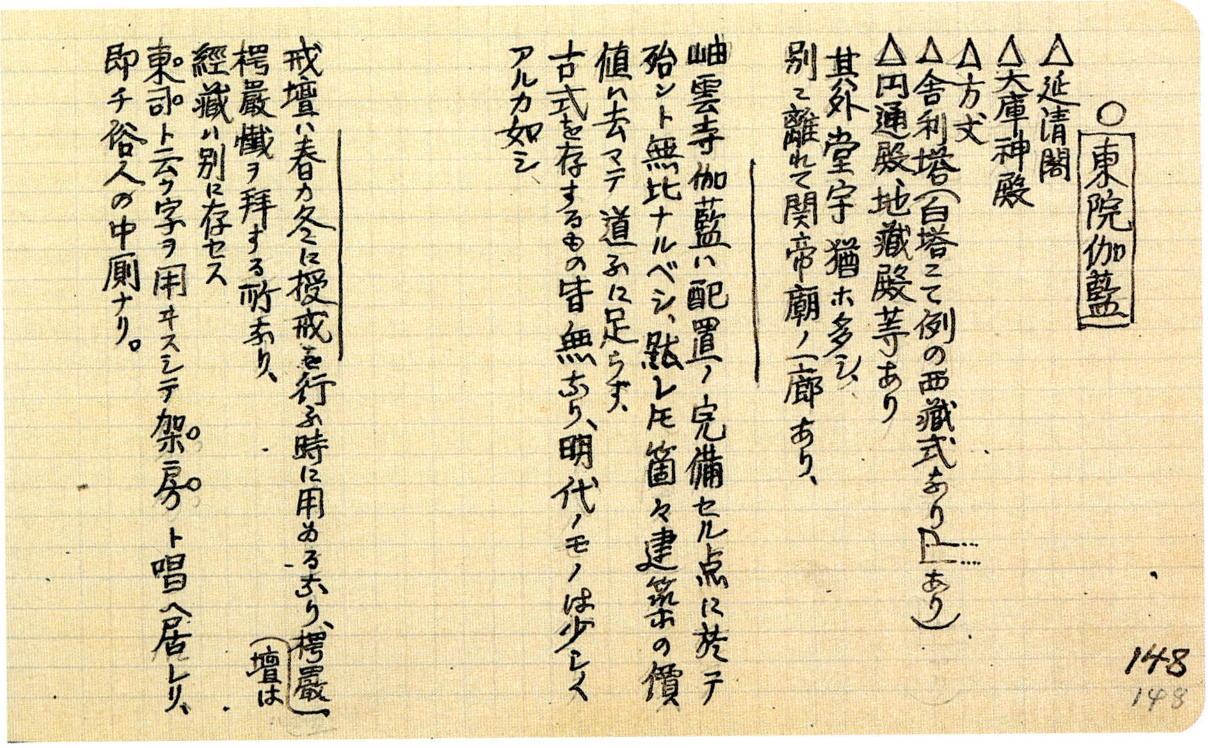
○東院伽藍
△延清閣
△大庫神殿
△方丈
△舎利塔（白塔ニて例の西藏式あり）
△円通殿地藏殿等あり
其外堂宇猶ホ多シ、別ニ離れて関帝廟ノ廊あり、
岫雲寺伽藍ハ配置ノ完備セル点ニ於テ殆ント無比ナルベシ、然レドモ箇々建築の價値ハ去マテ道ふに足らず、古式を存するもの皆無なり、明代ノモノは少しくアルカ如シ
戒壇ハ春カ冬ニ授戒を行ふ時に用ゐるなり、楞嚴壇は楞嚴懺ヲ拝する所なり、經藏ハ別に存セス
東司ト云フ字ヲ用キスシテ架房。ト唱ヘ居レリ、即チ俗人の中厠ナリ。
148

148 北京（113）岫云寺（潭柘寺）（7）（5月19日）
『东司』『架房』『俗人的中厕』都是指便所，现在一般叫厕所。

△舍利塔（白塔为普通的喇嘛塔）。

△有圆通殿、地藏殿等，此外还有很多殿堂，也有伽蓝殿。

面阔五间，进深四间，重檐庑殿顶，上铺黄色琉璃瓦，正吻很大，屋檐两层。

△天王殿 面阔三间，进深三间，殿内供弥勒佛、四天王。四天王像比其他寺庙的年代古老一些，内部装饰与大殿相同，有几何图案，与中和殿、宝和殿相似。

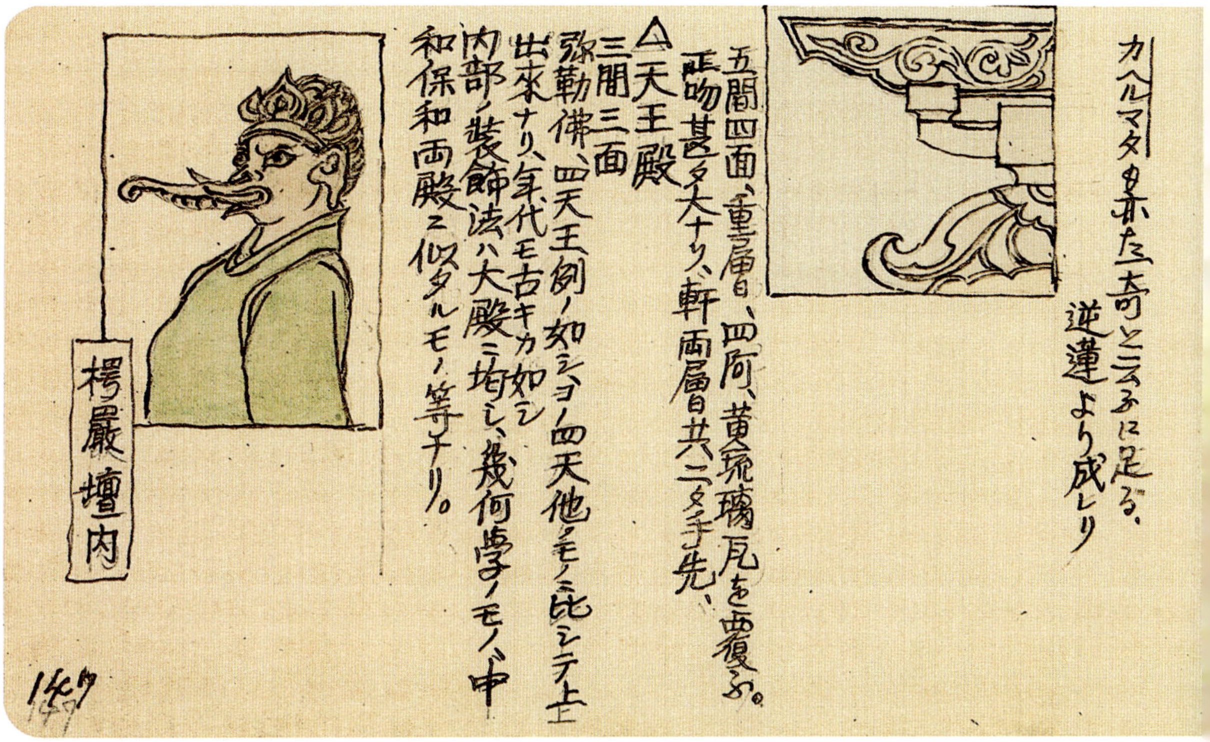

147 北京（112）岫云寺（潭柘寺）（6）（5月19日）

驼峰是斗拱和大梁之间的一种装饰。

山门中有旃檀佛，辽寿堂内有释伽佛。
手持铃铛和三叉金刚杵。

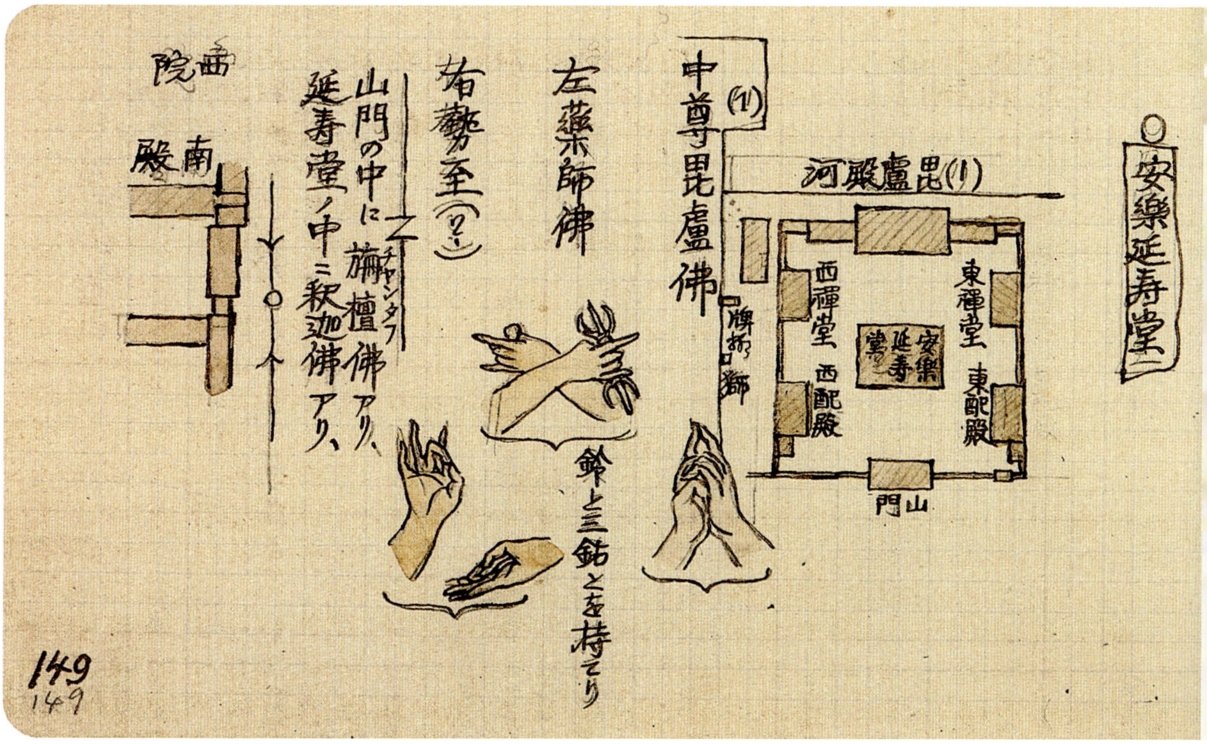

149 北京（114）岫云寺（潭柘寺）（8）（5月19日）

图为安乐延寿堂的一角。位于山门之外，参道的东侧，小溪流水，安静详和，是和尚们退休后休养的好地方。

150 北京（115）岫云寺（潭柘寺）（9）（5月19日）

在寺院的前方有一块平地，这里聚集了金、元、明、清各个时代大大小小的墓塔。

坟墓 潭柘寺有各种各样的高僧墓塔，但大多为七层，无层级的覆钵式塔很少。

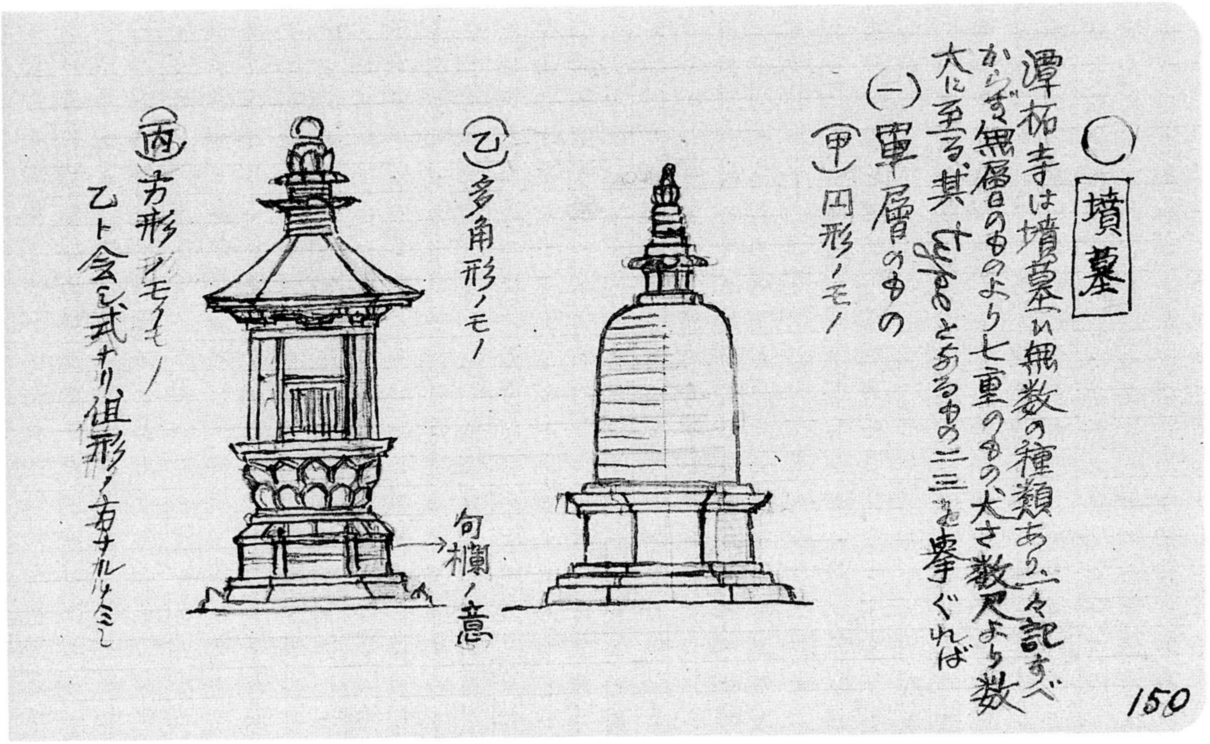
○ 墳墓
潭柘寺は墳墓は無数の種類あり一々記すべ
からず無層のものより七重のもの大さ数尺より数
大に至る其 type とあるもの二三を挙ぐれば
(一) 単層のもの
(甲) 円形ノモノ
(乙) 多角形ノモノ
(丙) 方形ノモノ
乙ト全ク式ナリ但形ノ方ナルノミ
勾欄ノ意
150

152 北京（117）戒台寺（1）（5月20日）

戒台寺位于西山马鞍山麓，建于唐武德五年（622），辽代道宗时期。高僧都在此建戒坛。寺庙依山而建，戒坛堂位于中心的东侧。『上半身裡』是『上半身裸』的笔误。

戒台前面是弥勒殿，中央有弥勒佛像，东侧是南海观世音菩萨，西侧是幽冥教主地藏王菩萨。地藏王菩萨有三头六臂。

在 AB 的柱子上，有观音菩萨的莲花台，观音像，单足立于莲花台上，单膝下屈，有乘云之感。

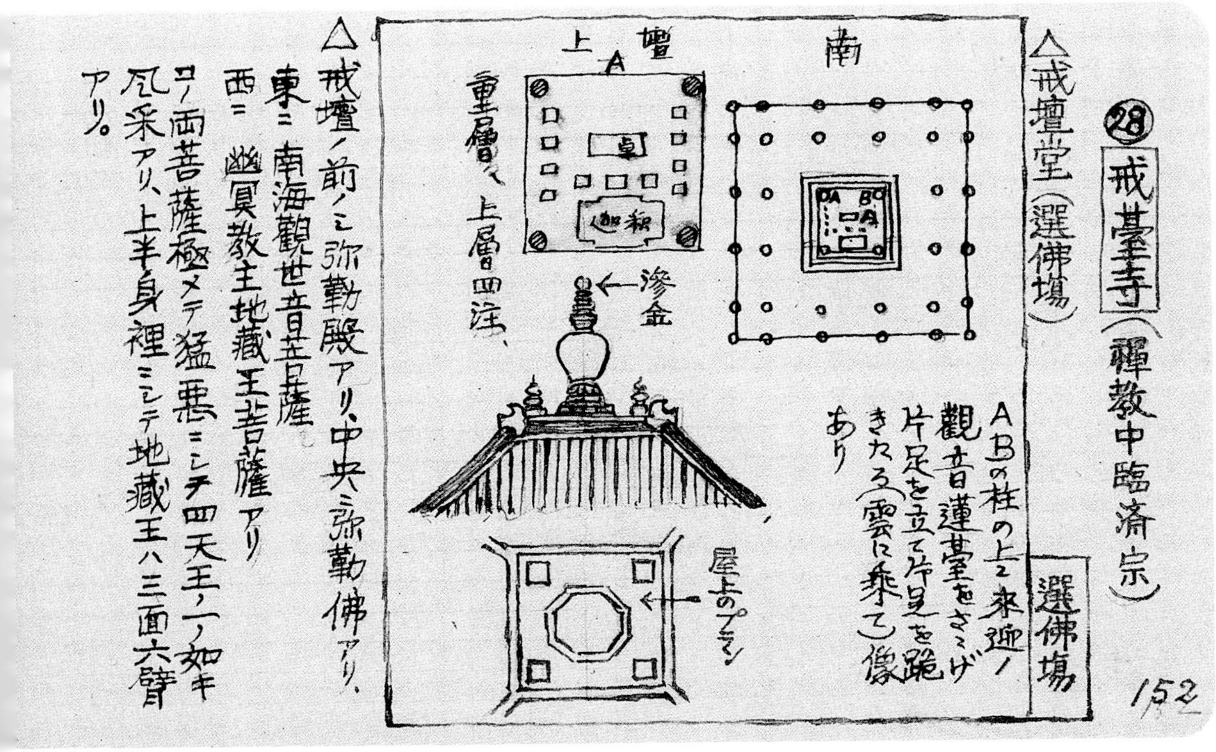
28 戒臺寺（禅教中臨済宗）
△戒壇堂（選佛場）
南
ABの柱の上に来迎ノ観音蓮臺をささげ片足を立て片足を跪きたる（雲に乗て）像あり
選佛場
壇上 A
重層ノ上層四注
滲金
屋上のプラン
△戒壇ノ前ニ弥勒殿アリ中央ニ弥勒佛アリ、
東ニ南海観世音菩薩
西ニ幽冥教主地蔵王菩薩アリ
コノ両菩薩極メテ猛悪ニシテ四天王ノ如キ風采アリ、上半身裡ニシテ地蔵王ハ三面六臂アリ。
152

151 北京（116）岫云寺（潭柘寺）（10）（5月19日）
墓塔因修建年代不同，样式也多种多样，历代高僧的舍利塔都集中在这里，为研究历史提供了很多的实物资料。境内树木众多，环境优美，详和宁静。

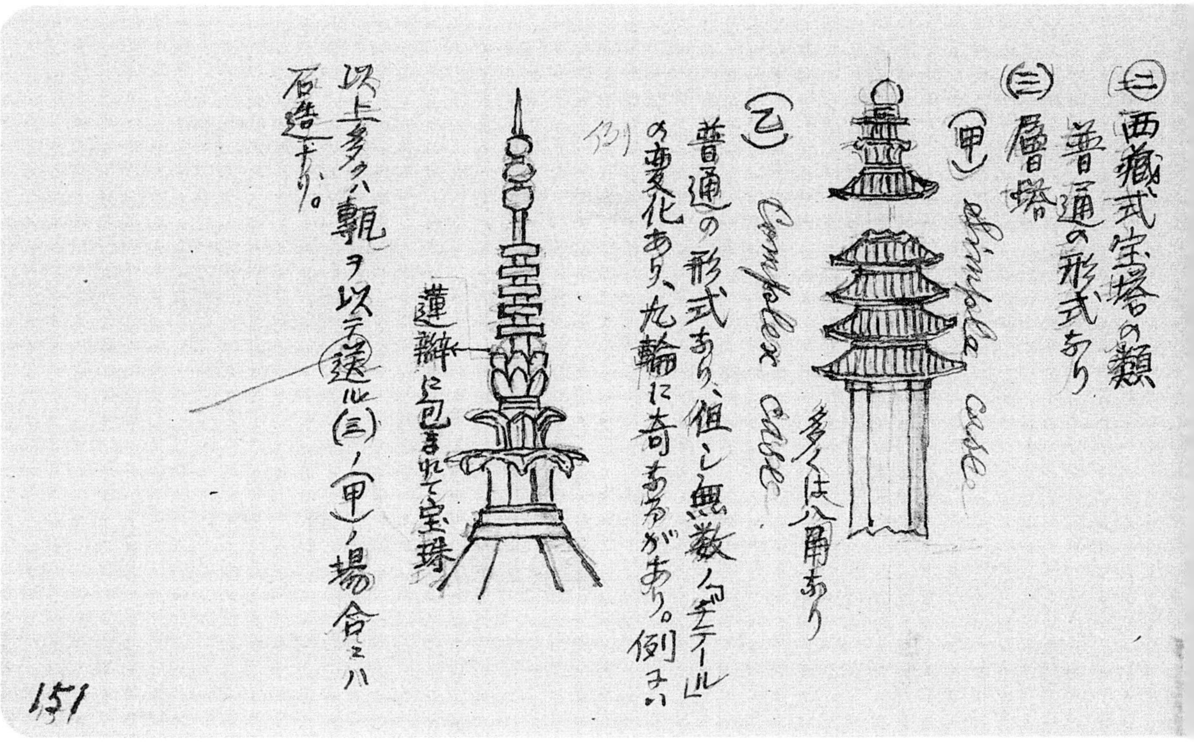

(二) 西藏式宝塔の類
普通の形式あり
(三) 層塔
(甲) simple case
多くは八角あり
(乙) complex case
普通の形式あり、但し無数の變化あり、九輪に奇あるがあり。例へば
例
蓮瓣に包まれて宝珠
以上多クハ甎ヲ以テ造ル(三)ノ(甲)ノ場合ニハ石造ナリ。
151

头像上有三只眼的两角兽，手上缠绕二条蛇，头载宝冠，宝冠上有骷髅图案。颈上挂有骷髅，腰上塑有新砍的人头，将蛇做为腰带，所持器具为：右上：火轮，右中：降魔杵，右下：半块骷髅，左上：火轮，左下：赤火轮。

观音塑像为三头六臂，头上塑有三只眼的独角兽，其装束与地藏菩萨相同，所持器具为：右上：月，右二：五叉

153 北京（118）戒台寺（2）（5月20日）
戒台堂也叫选佛场。四角双层，屋顶如图 152 五塔结构。内有用汉白玉做的三层的方台，是授戒的场所。

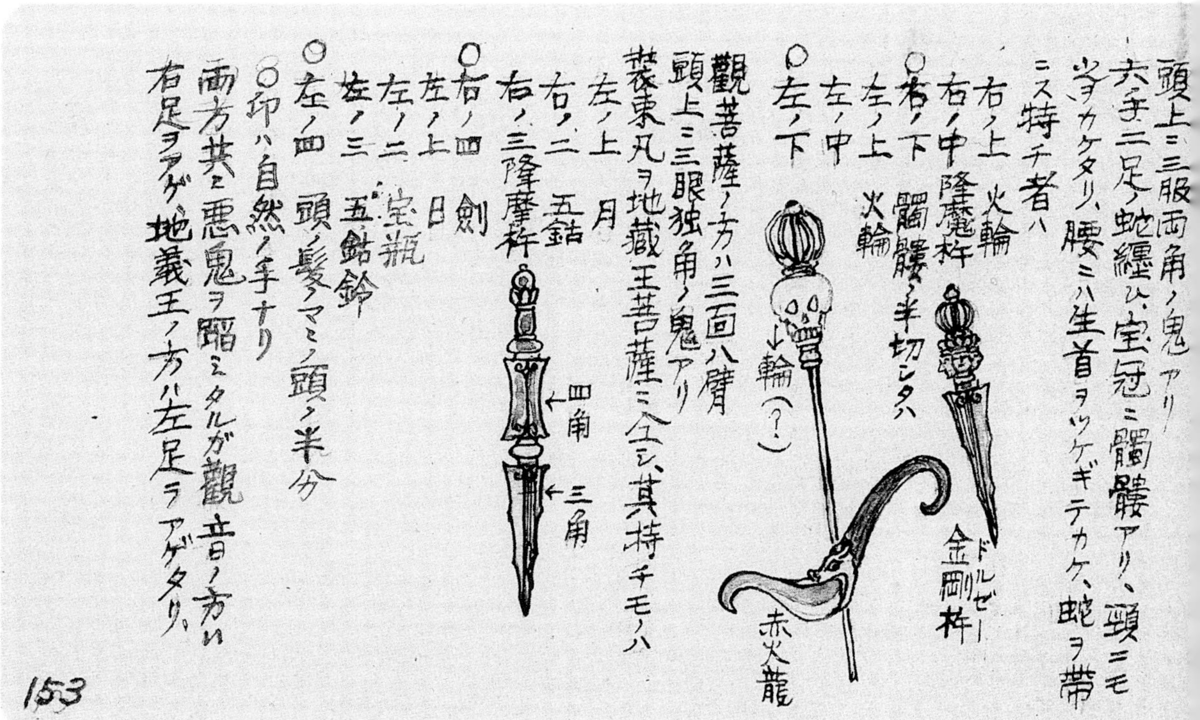

頭上ニ三眼両角ノ鬼アリ
六手二足ノ蛇纏ヒ、宝冠ニ髑髏アリ、頸ニモ
髑ヲカケタリ、腰ニハ生首ヲツケギテカケ、蛇ヲ帯
ニス持チ者ハ
右ノ上 火輪
右ノ中 降魔杵
右ノ下 髑髏ノ半切レタハ
左ノ上 火輪
左ノ中
左ノ下
輪(?)
金剛杵 ドルゼー
赤火龍
觀音菩薩ノ方ハ三面八臂
頭上ニ三眼独角ノ鬼アリ
装束凡ヲ地藏王菩薩ニ全シ、其持チモノハ
右ノ上 月
右ノ二 五鈷
右ノ三 降魔杵
右ノ四 剣
左ノ上 日
左ノ二 宝瓶
左ノ三 五鈷鈴
左ノ四 頭髮ノマニノ頭ノ半分
印ハ自然ノ手ナリ
両方共ニ悪鬼ヲ蹈ミタルガ觀音ノ方ハ右足ヲアゲ地藏王ノ方ハ左足ヲアゲタリ。
四角
三角
153

金刚杵，右三：降魔杵，右四：剑；左上：日，左二：宝瓶，左三：五叉金刚铃，左四：佛像的头发部分安置有佛经，约占头发的一半。手印自然下垂，两尊佛像都脚踏恶魔，观音菩萨为右脚，地藏王菩萨为左脚。

△**千佛阁** 为三层楼阁，单檐庑殿顶。

△**天王殿** 面阔三间，进深二间，摩利海手持宝珠（多持银鼠），摩利清手持琵琶，右手下垂，抱天之人，与其他的略有不同。

△**大雄宝殿** 面阔五间，进深三间，中心有龙，三尊的印相也有所不同。

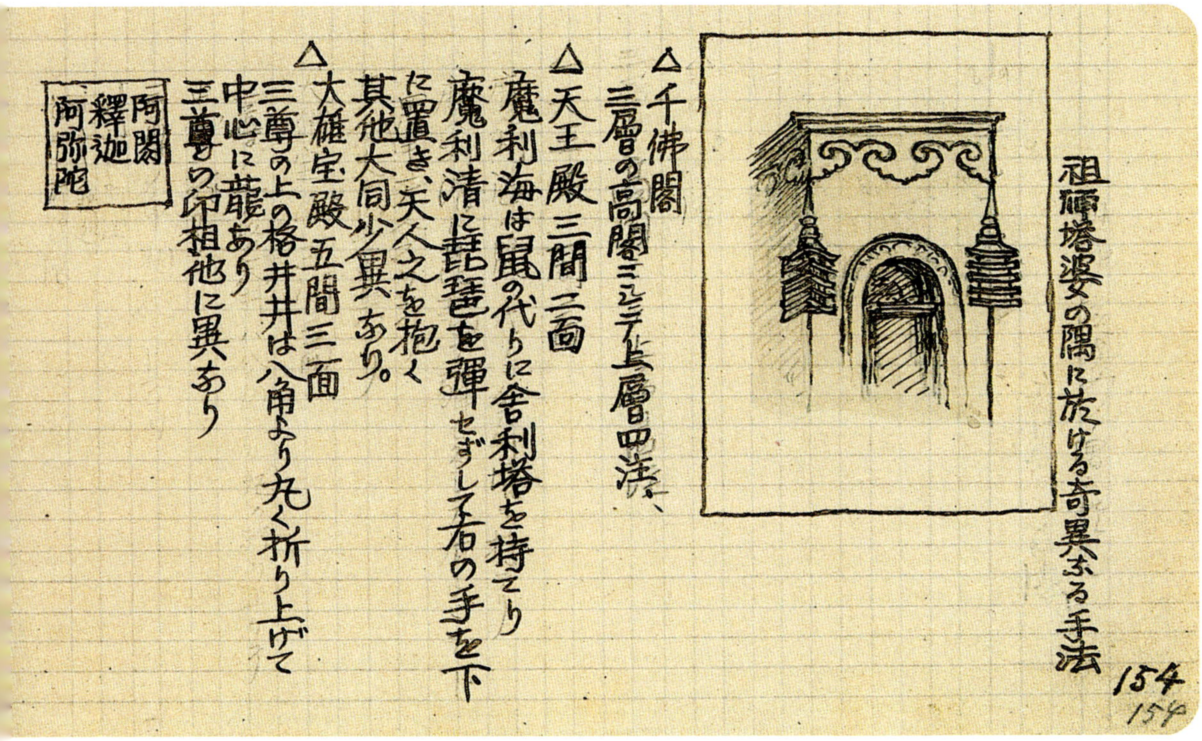
祖師塔婆の隅に於ける奇異なる手法
△千佛閣
三層の高閣ニシテ上層四注
△天王殿 三間二面
魔利海は鼠の代りに舎利塔を持てり
魔利清は琵琶を彈せずして右の手を下に置き、天人之を抱く
其他大同少異あり。
△大雄宝殿五間三面
三尊の上の格井井は八角より先く折り上げて
中心に龍あり
三尊の印相他に異なあり
阿閦
釋迦
阿弥陀
154

154北京（119）戒台寺（3）（5月20日）

千佛阁与山门相对，位于大雄宝殿的后侧，是规模宏大的建筑。站在千佛阁顶可以看到绝妙美景。『格井井』是『格天井』的笔误。

药师佛的手印与其他的不同。

大雄宝殿按惯例供三尊佛像，正中为释迦佛，东为药师佛，西为阿弥陀佛。

又一种不同样式的斗拱，但形式不太美观。

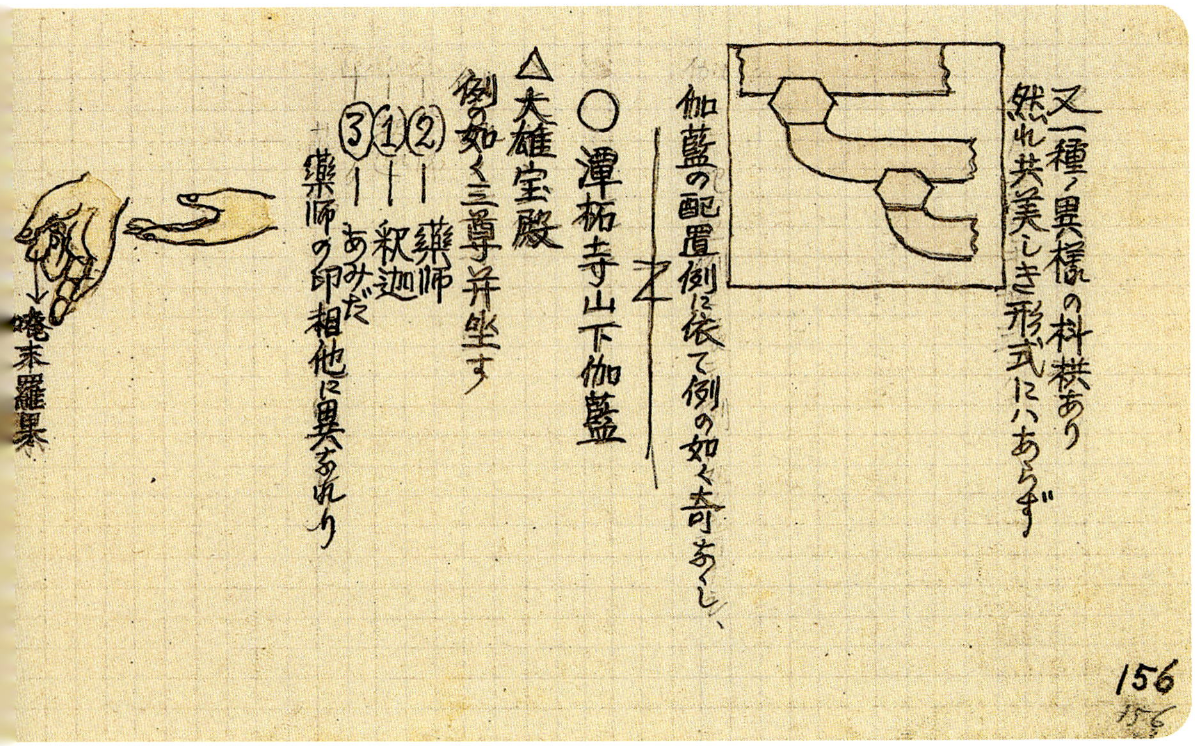
又一種ノ異様の枓栱あり
然れ共美しき形式にハあらず
伽藍の配置例に依て例の如く奇なくし、
○潭柘寺山下伽藍
△大雄宝殿
例の如く三尊并坐す
②—藥師
①—釈迦
③—あみだ
藥師の印相他に異なれり
156

156北京（121）戒台寺（5）（5月20日）

大雄宝殿是中国佛教寺院的中心建筑，斗拱的斗也称斗组，一般呈长方体。

155 北京（120）戒台寺（4）（5月20日）

③的手印叫法界定印，在日本一般是大日如来的手印。

千佛阁 下层为斋堂，上层为千佛阁，阁内供接引佛，左右手印相同。

建筑粗犷，柱子的形状与鼓楼相同，颇有创意。

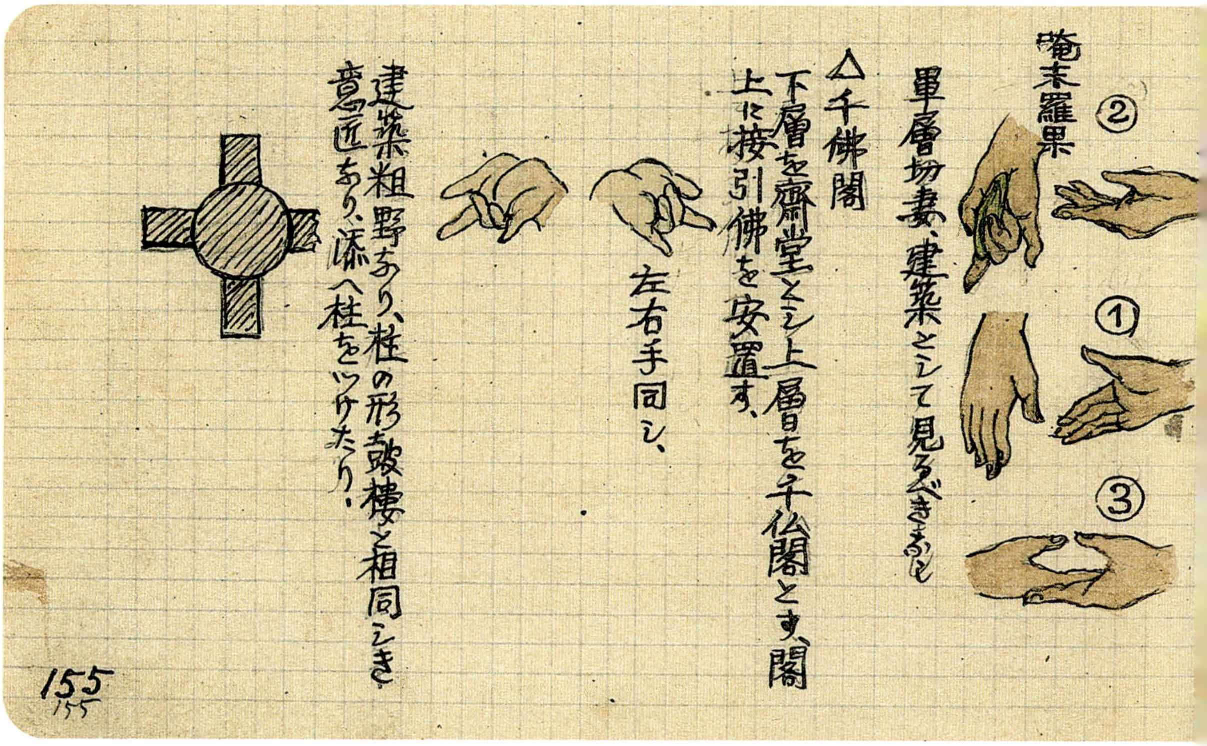
②
庵摩羅果
單層切妻、建築として見るべきものなし
①
③
△千佛閣
下層を齋堂として上層を千佛閣とす、閣上に接引佛を安置す、
左右手同じ、
建築粗野なり、柱の形も鼓樓と相同じき意匠なり、添へ柱をつけたり。
155

157 日本坟墓的起源（1）

研究坟墓一般都要先从研究塔的派系入手，可以看出，追寻东洋建筑的起源是作者的真实意图。

（一）将喇嘛塔上的九轮去掉即为无顶塔。

（二）宝塔右喇嘛塔上加了层檐。

（三）多宝塔添加了二层屋檐。

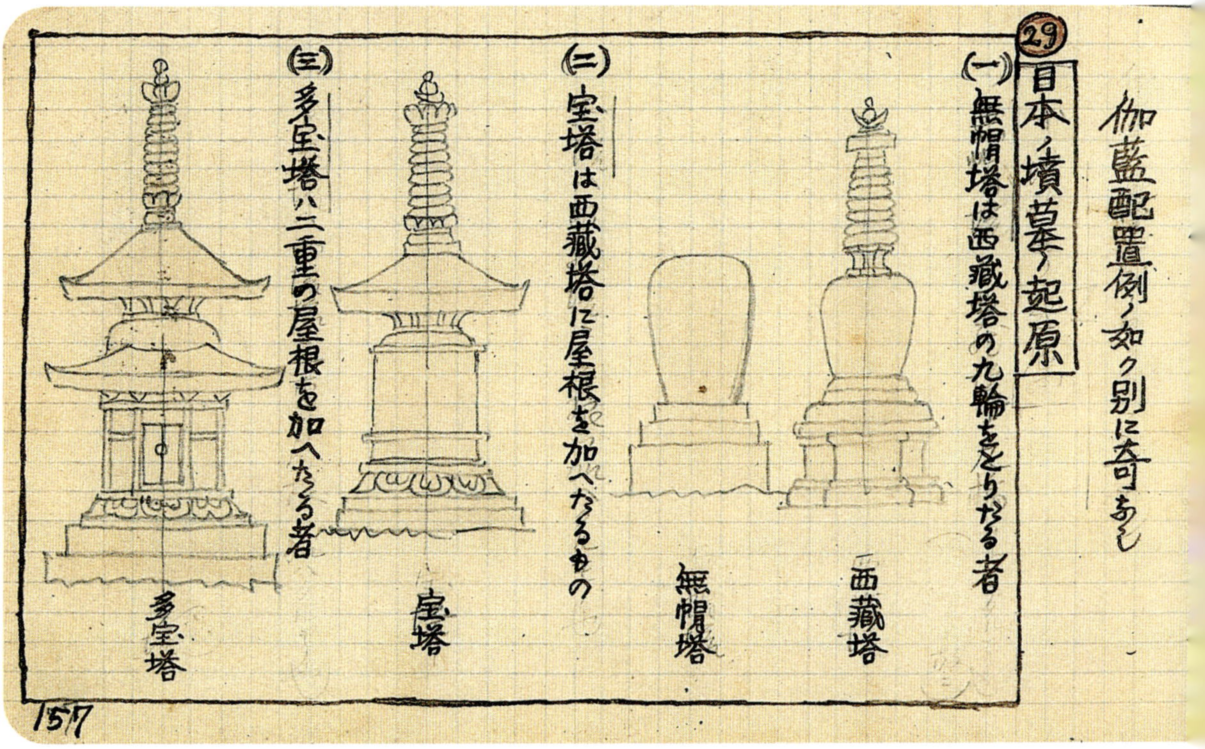
29
伽藍配置例ノ如ク別に奇なし
日本ノ墳墓ノ起原
(一)無帽塔は西藏塔の九輪をとりたる者
西藏塔
無帽塔
(二)宝塔は西藏塔に屋根を加へたるもの
宝塔
(三)多宝塔ハ二重の屋根を加へたる者
多宝塔
157

（四）宝印塔是将喇嘛塔的圆形部分去掉，把圆形部位建成整体塔基而发展起来的，从中可以看到五轮喇嘛塔的起源。

（五）五轮塔为喇嘛塔的起源，通过上述理论可以对日本坟墓系统做出解说。

（六）层塔为多层塔，逐渐发展为喇嘛塔的九轮塔。

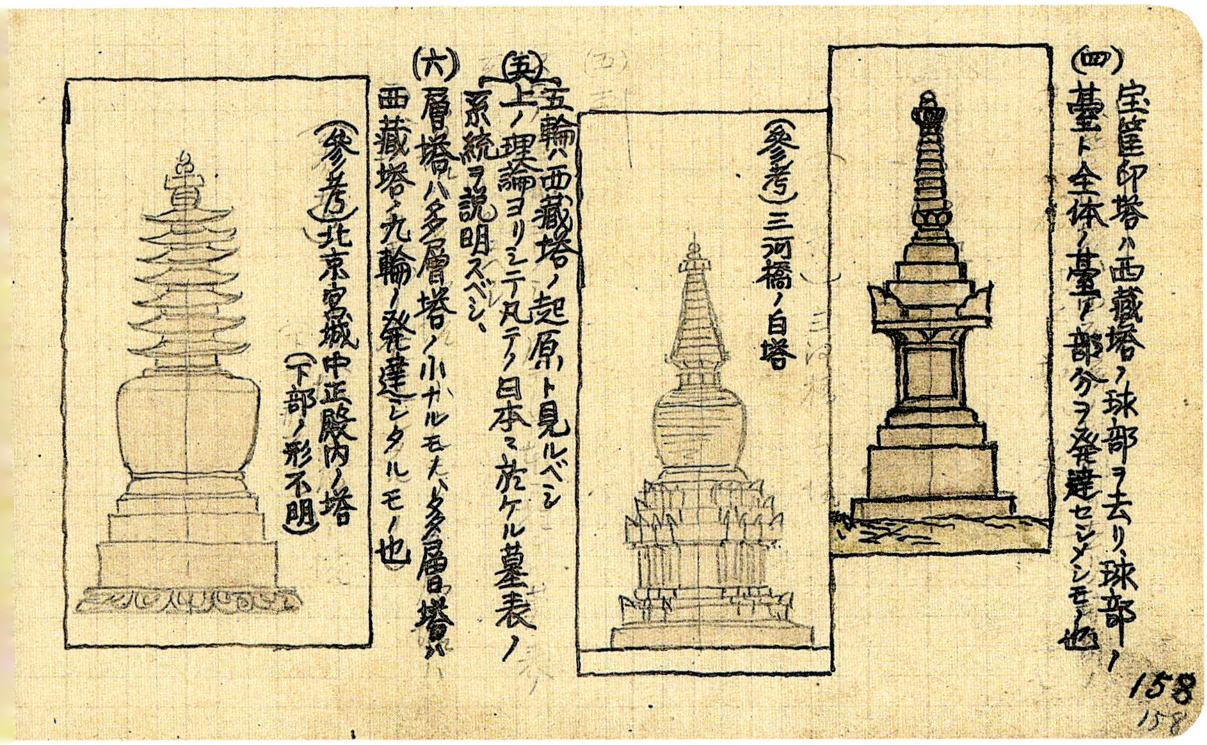
(四) 宝筐印塔ハ西藏塔ノ球部ヲ去リ、球部ノ
臺ト全体ノ臺リノ部分ヲ発達セシメシモノ也
(参考) 三河橋ノ白塔
(五) 五輪ハ西藏塔ノ起原ト見ルベシ
上ノ理論ヨリシテ凡テノ日本ニ於ケル墓表ノ
系統ヲ説明スベシ
(六) 層塔ハ多層塔ノ小ナルモノ大ナルハ多層塔ハ
西藏塔ノ九輪ノ発達シタルモノ也
(参考) 北京宮城中正殿内ノ塔
(下部ノ形不明)
158

158 日本坟墓的起源（2）

『墓表』一般写为『墓标』。左端的图案是前年调查中所做的笔记。

法轮殿内香炉的一部分。

标和挑山之间的板壁。

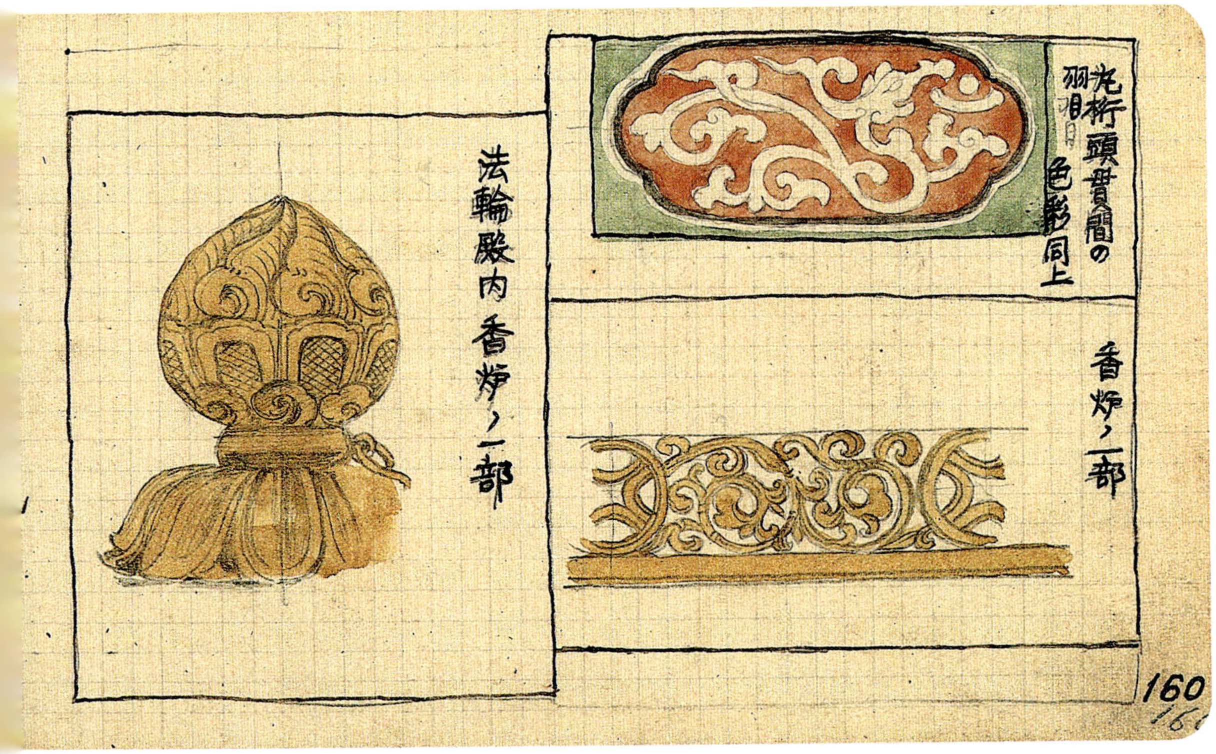
光桁頭貫間ノ羽目
色彩同上
香炉ノ一部
法輪殿内 香炉ノ一部
160

160 北京（123）雍和宫（14）（5月23日）

左图为香炉的顶部，同样做工的东西在天王殿也有。花蕾的形状与垂花门的垂花构思相同。

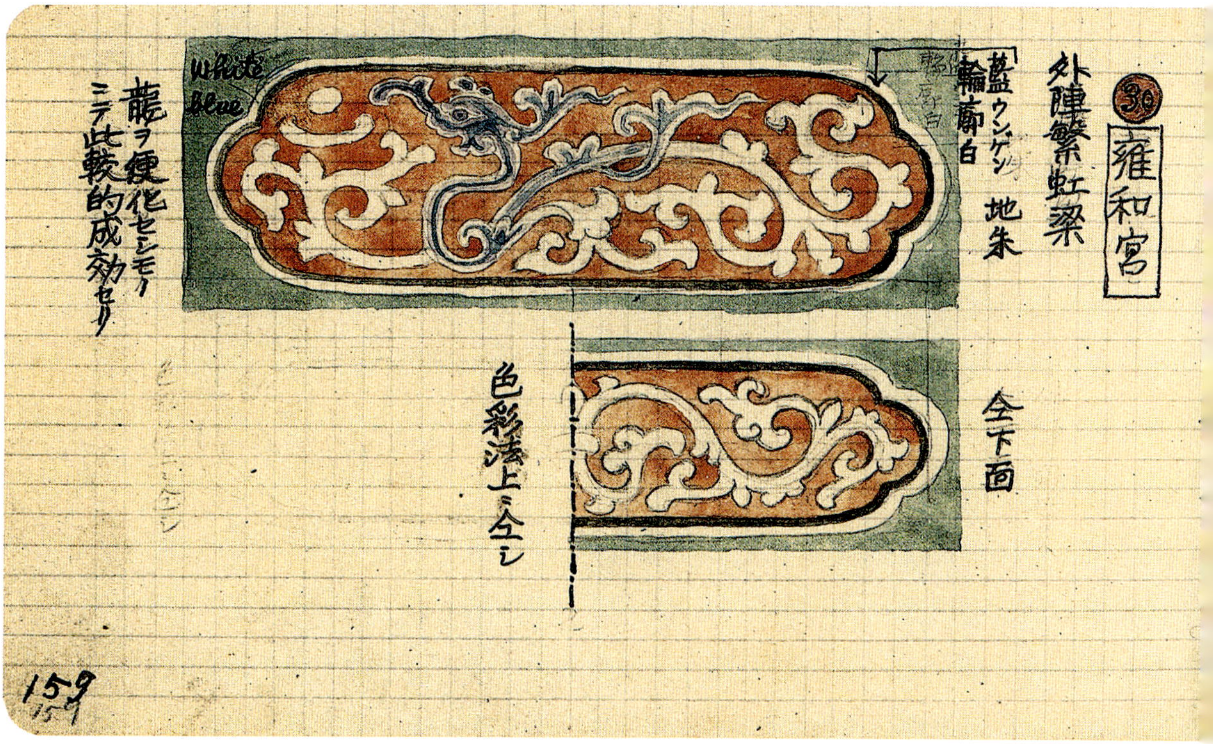

159北京（122）雍和宫（13）（5月23日）

这张图尤为特别，是藏传佛教寺院独有的彩画，在梁中央刻有梵文的真言。虹梁是梁的一种（略微弯成弓形的梁），『繁虹梁』是『繫虹梁』的笔误。

法轮殿本尊释迦牟尼像，
相貌端庄为庄严相。

161北京（124）雍和宫（15）（5月23日）

现存的佛像：本尊释迦牟尼佛的左侧是燃灯古佛，右侧为弥勒佛座像。

拉萨的地图 地图是由西藏人绘制的，为六十多年前的作品，其中有佛教寺院建筑。圆形轮廓四周有门（第一图），殿内有佛坛，上有佛殿，墙壁上有壁画，法堂旁边有四座佛塔（第二图），造型奇特。

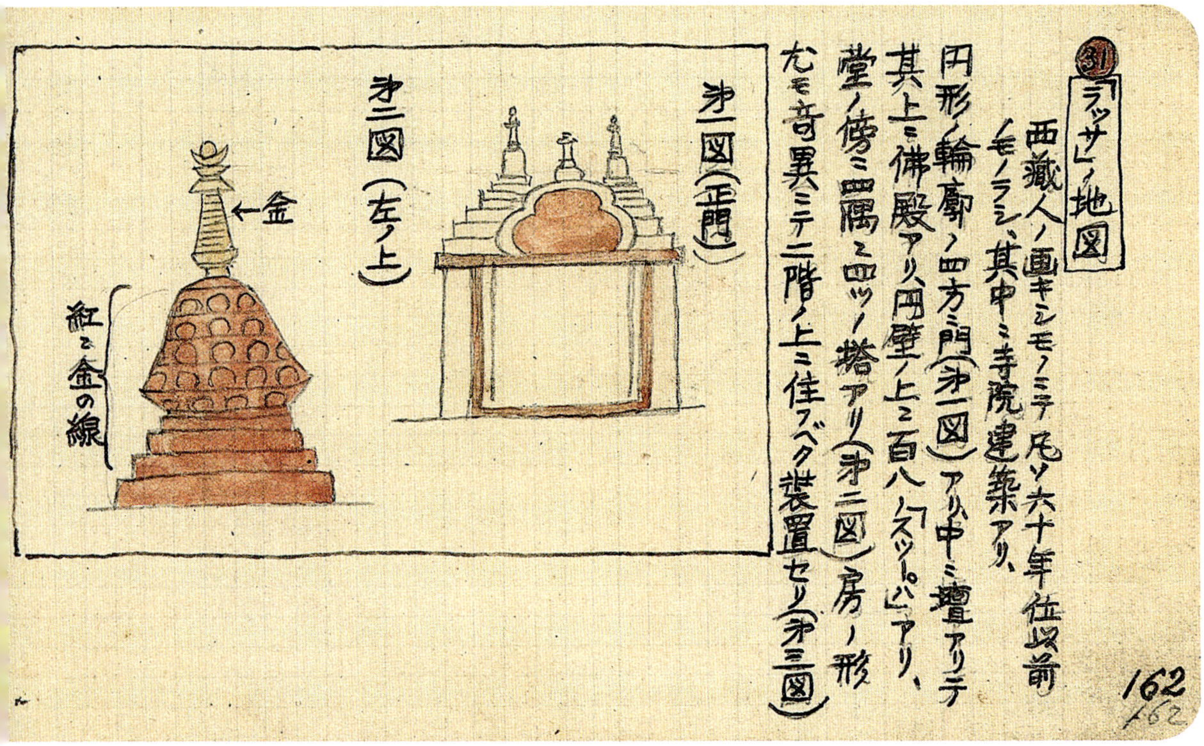
31
「ラッサ」ノ地図
西藏人ノ画キシモノニシテ凡ソ六十年位以前ノモノラシ、其中ニ寺院建築アリ、
円形ノ輪廓ノ四方ニ門(才一図)アリ、中ニ壇アリテ其上ニ佛殿アリ、円壁ノ上ニ百八ノ「スツーパ」アリ、
堂ノ傍ニ四隅ニ四ツノ塔アリ(才二図)房ノ形モ奇異ニシテ二階ノ上ニ住ムベク装置セリ(才三図)
才一図(正門)
才二図(左ノ上)
金
紅ニ金ノ線
162

162 北京（125）雍和宫（16）拉萨的地图（1）（5月23日）

藏族人把他们自己省城拉萨的地图也绘制在了壁画上，笔者把自己感兴趣的东西记录下来。这幅图的第一图相当于164图的门。

西藏王松赞干布娶了唐太宗的女儿文成公主和尼泊尔国王的女儿尺尊公主。二位公主都没有生子，都非常敬重国王。二人虔诚信佛，受到了佛教信徒的爱戴，被认为是有法力，是神的化身。从而形成了女神崇拝习俗，被称为佛母。

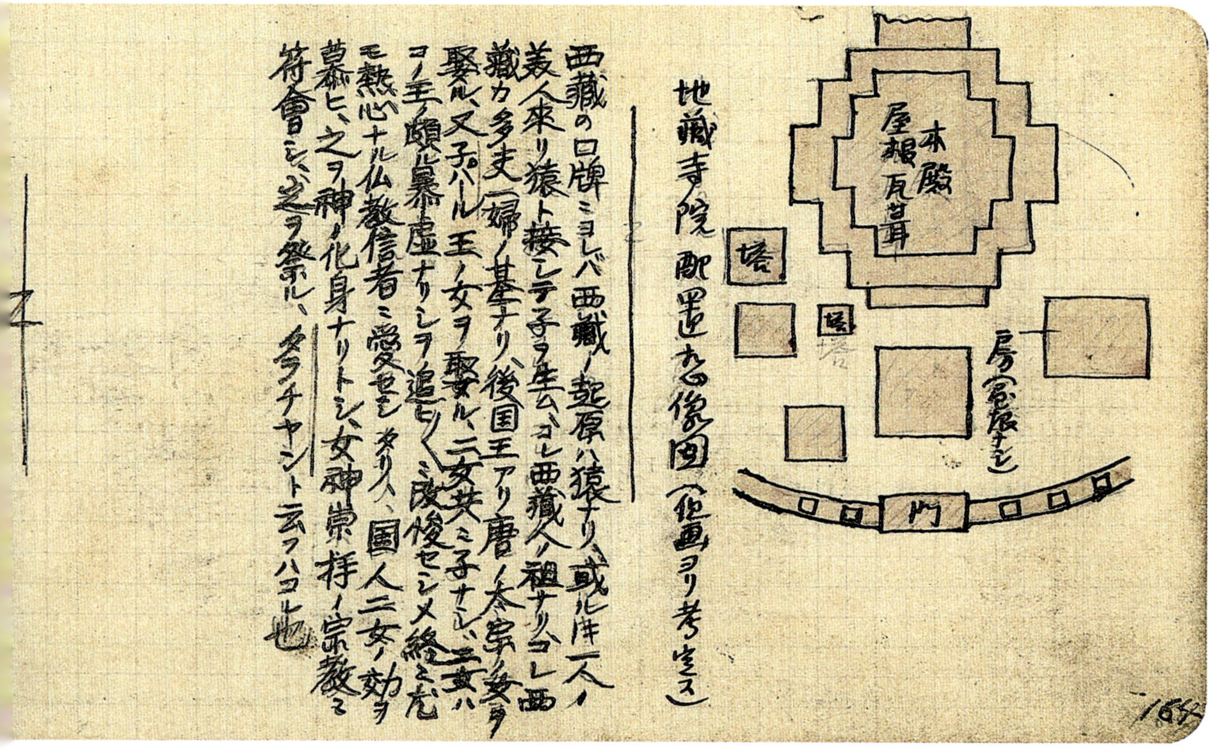
西藏寺院配置想像図(絵画ヨリ考定ス)
本殿
屋根瓦葺
塔
房
門
西藏ノ口碑ニヨレバ西藏ノ起原ハ猿ナリ、或ル時一人ノ美人来リ猿ト接シテ子ヲ生ム、コレ西藏人ノ祖ナリ、
後国王アリ唐ノ太宗ノ女ヲ娶ル、又子ハール王ノ女ヲ娶ル、二女共ニ子ナシ、
国人二女ノ功ヲ慕ヒ之ヲ神ノ化身ナリトシ、女神崇拝ノ宗教ニ符會シ之ヲ祭ル、タラチヤント云フハコレ也

西藏寺院局部图

164 北京（127）雍和宫（18）拉萨的地图（3）（5月23日）

右图的平面图是笔者考定过的东西。

163北京（126）雍和宫（17）拉萨的地图（2）（5月23日）

第一幅图是过街塔的样式，塔身位于高台之上。位于北京北侧居庸关的云台（现塔身已被焚毁，只剩下基座），图为现存过街塔的实例。

第三図（右ノ下）
第二図（左ノ下）
赤
赤
163

影壁的山墙　这个叫圆博风板，与尖博风板不同。圆博风板时，不使用梁。

165北京（128）警务学堂宿舍（4）（5月26日）

『影屏』是隐壁的意思，在隐壁上大多写有字或绘有图案。隐壁一般建于大门内，即大门内的屏蔽物。图为侧面的博风板。

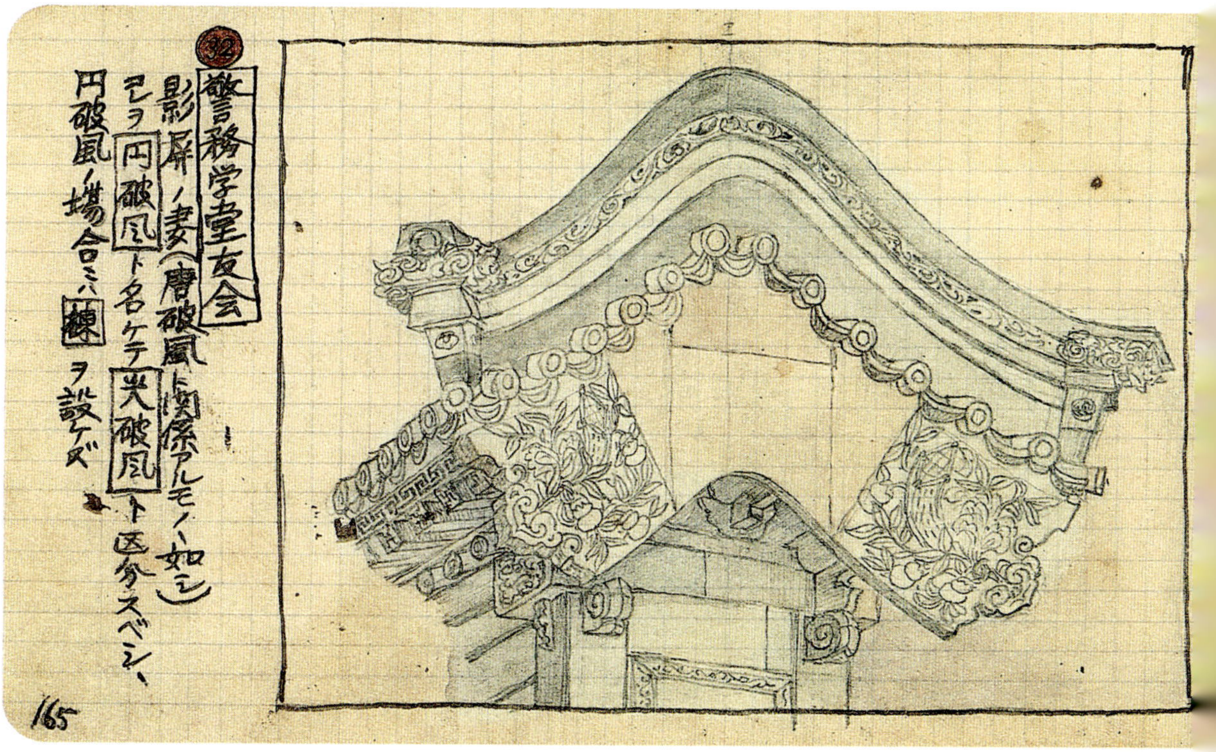
警務学堂友会
影屏ノ妻（唐破風ト関係アルモノ如シ）
コレヲ円破風ト名ケテ尖破風ト区分スベシ、
円破風ノ場合ニハ梁ヲ設ケズ
165

直隶省

166北京（129）警务学堂宿舍（5）（5月26日）

中国的宅院，进了大门往左拐，一般还有一个门，叫二道门。从这个门可以进到正房前面的院子。不过，它并不是中轴线上的建筑。

168北京（131）福田君的画像（5月26日）

在警务学堂宿舍。当天的日志中写道，『觉得特别可爱，就给他画了一幅肖像画』。日志中有『稻田』一词。稻田氏是属于教官级别的人，福田是笔误。

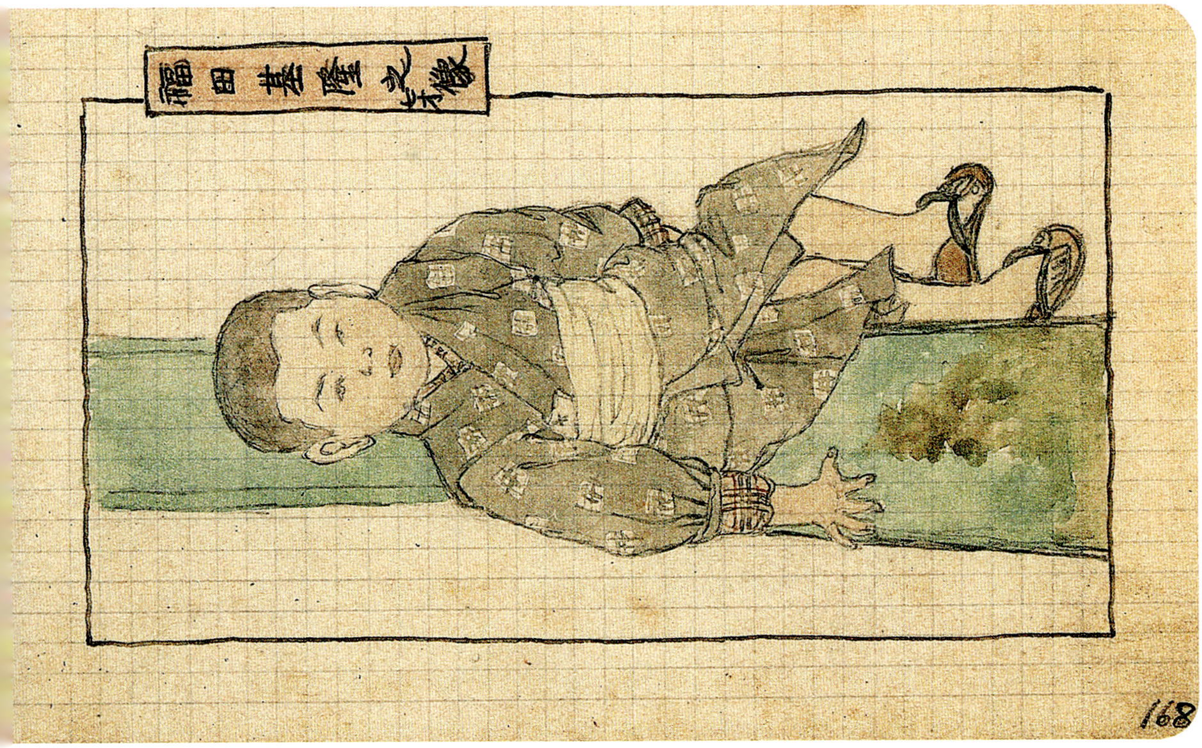

飞檐垂木的切口，比平常的地垂木大。

地垂木的切口

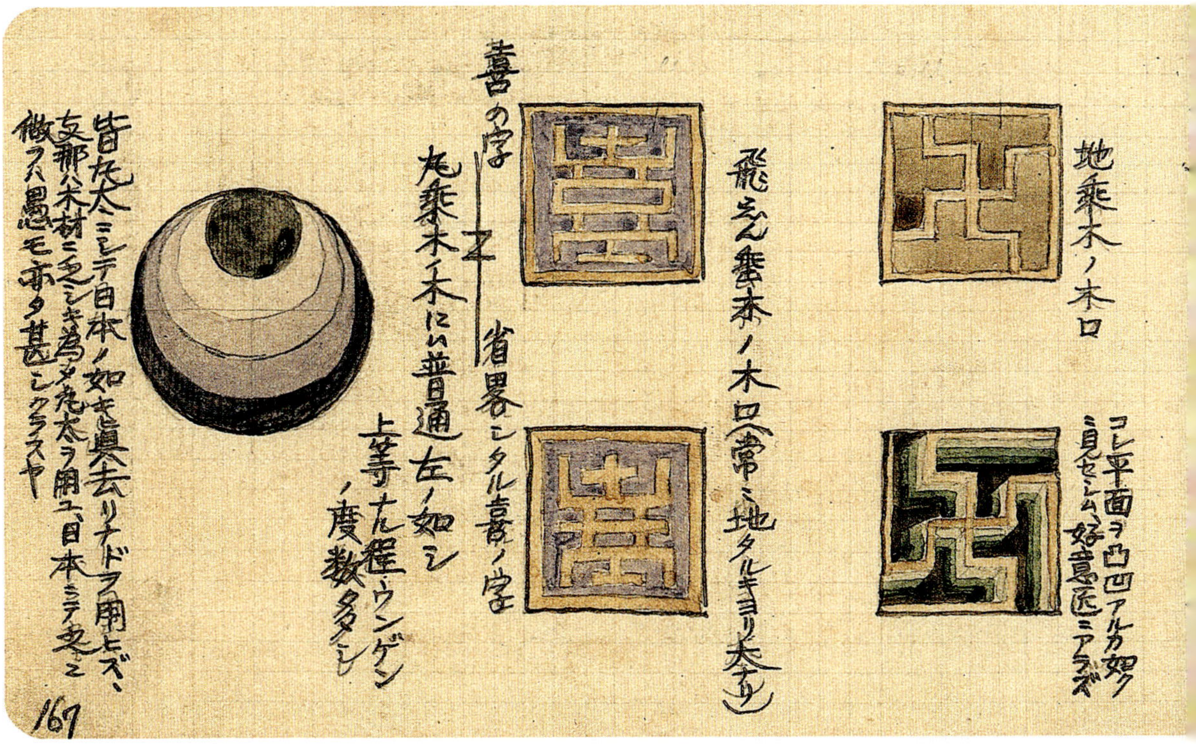

167 北京（130）警务学堂宿舍（6）（5月26日）

在柱头写的文字大多数是『寿』字。左边的圆形椽子的柱头上画着个圆，与下半部分的圆套在一起，中间颜色渐次淡浓，是典型的晕渲创意。

这种屋顶是一种等级较低的屋顶形式，多用于等级较低的建筑，屋顶多使用青瓦，中国古建筑采用屋脊上装饰各种兽形的手法。屋顶为歇山顶，有山墙。

169 北京（132）民宅屋脊的顶端（5月）

普通民宅的屋脊多为图中的形状，修建好后不做雕刻等的装饰，这种手法在中国叫『清水脊』。

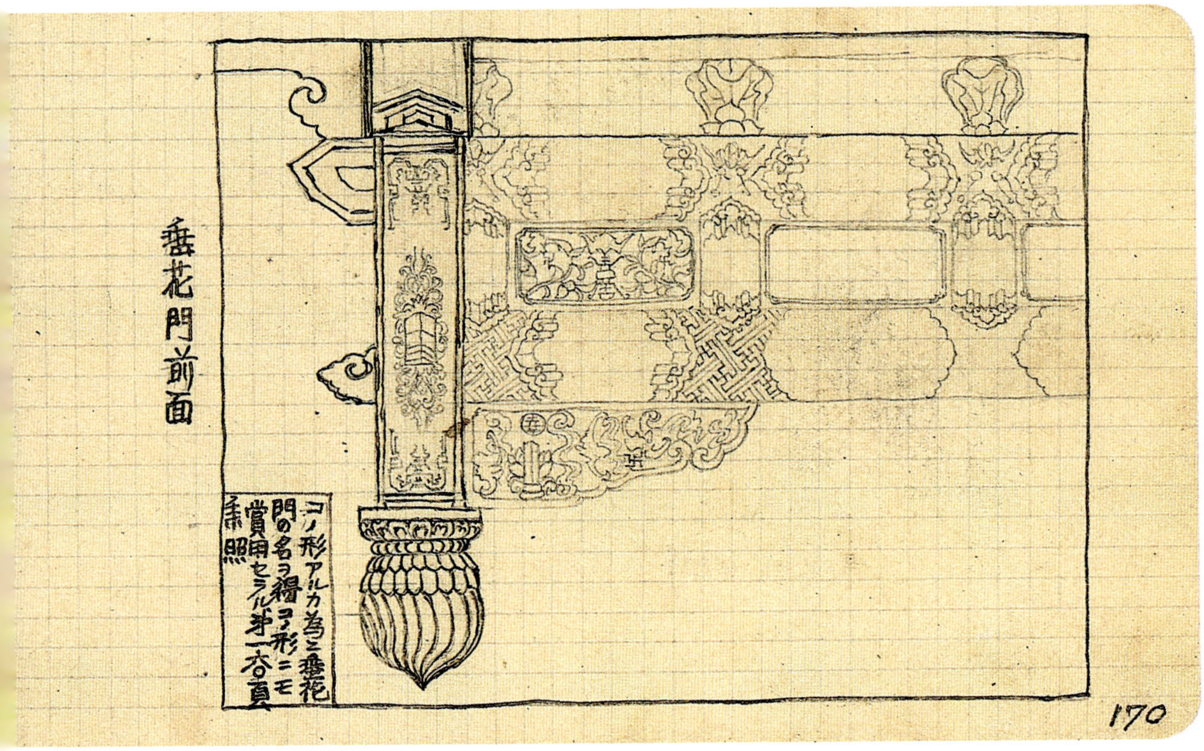
垂花門前面
コノ形アルカ為ニ垂花門の名ヲ得コノ形ニモ賞用セラル第一六〇頁参照
170

170 北京（133）警务学堂宿舍（7）（5月26日）（上接167图）

垂花，顾名思义，就是花瓣向下垂的意思。垂花门为宅邸的第二道门，是内宅与外宅的分界线和唯一通道。

博风板的形状　（一）如何填充这些不规则的形状；（二）在中间一定要插入五角形，且有一角朝上；（三）没有使用水平线、垂直线；（四）虽然是不规则的线条构成，但面积几乎相同，没有使用平行线，这种窗户的特色如图。

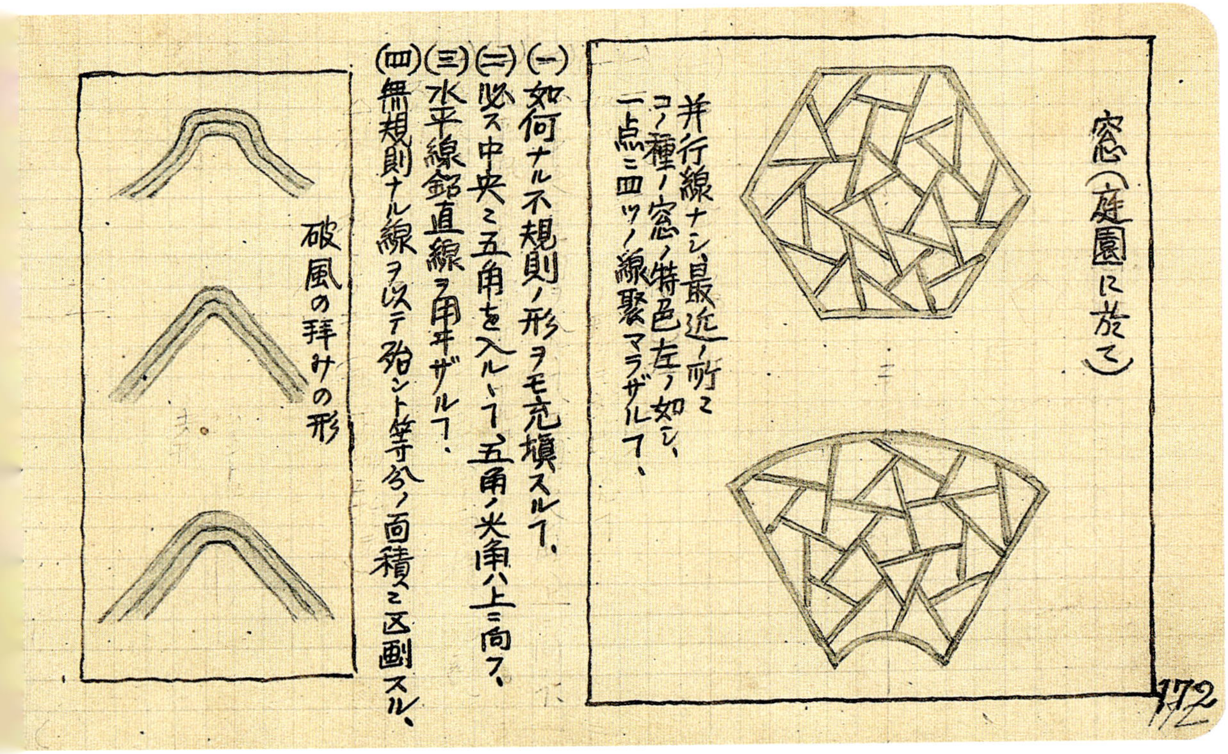
窓（庭園に於て）
并行線ナシ、最近ノ所ニコノ種ノ窓ノ特色左ノ如シ、一点ニ四ツノ線聚マラザルコト、
(一) 如何ナル不規則ノ形ヲモ充塡スルコト、
(二) 必ス中央ニ五角を入ルルコト五角ノ尖角ハ上ニ向フ、
(三) 水平線鉛直線ヲ用ヰザルコト、
(四) 無規則ナル線ヲ以テ殆ント等分ノ面積ニ区画スル、
破風の拜みの形
172

172 北京（135）警务学堂宿舍（9）（5月26日）

庭园里的建筑物经常采用的窗户样式，由不规则的线条构成，呈水纹状，这种构思来自冰的裂纹。

171北京（134）警务学堂宿舍（8）（5月26日）

像是把东西卷起来一样的围墙，出入口是很普通的小门，但门的形状有很多。

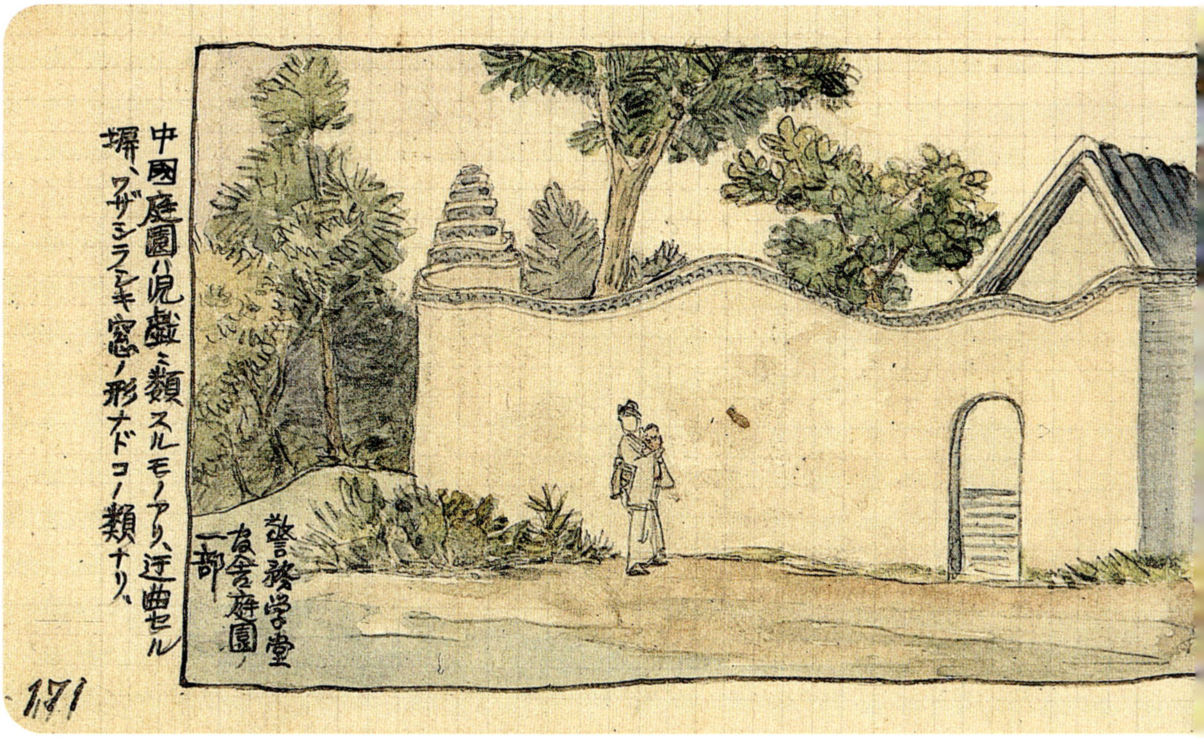

173北京（136）白云观（1）（5月28日）

白云观是道教第二大宗派全真道派的祖庭。元代的时候，长春真人丘处机曾在此居住，称长春宫，丘处机去世后，他的弟子们在此修建了道院，取名白云观。明末时被烧毁，后于康熙四十五年（1706）重建。

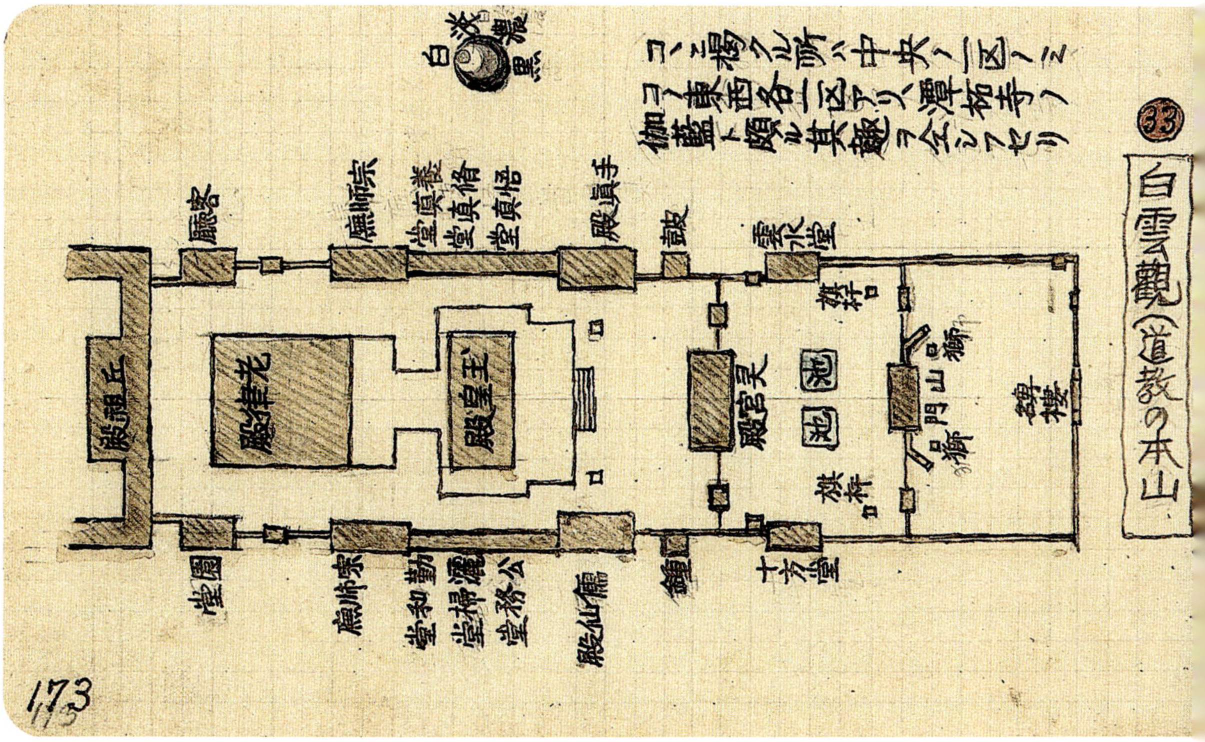

直隶省

灵官殿 面阔三间，进深两间，正中为护法神王灵官，此处还有（一）赵公明（赵灵官）；（二）温灵官（温琼）；（三）马灵官（马胜）；（四）刘灵官（岳飞）的神像。四灵官相当于佛教的四天王，手持宝剑，与佛教四天王职能相同，为护法神。

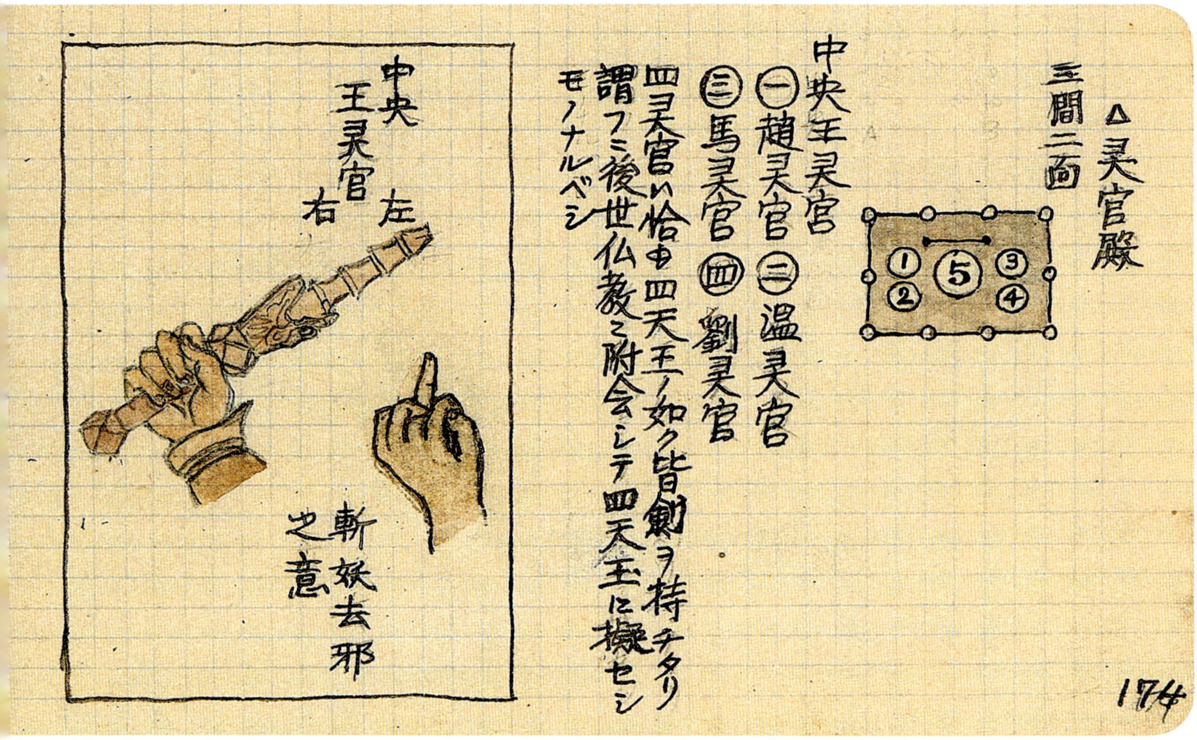
△灵官殿
三間二面
中央王灵官
㈠趙灵官 ㈡温灵官
㈢馬灵官 ㈣劉灵官
四灵官ハ恰モ四天王ノ如ク皆剣ヲ持チタリ
謂フニ後世仏教ニ附会シテ四天王ニ擬セシモノナルベシ
中央
王灵官
右 左
斬妖去邪之意
174

174 北京（137）白云观（2）（5月28日）

玉皇殿 奉祀玉皇大帝，殿内正中奉7神，左右两侧供奉32尊神像，共计39尊，和玉皇大帝同居玉皇殿。

伏虎图
鬼曰：白虎也算不得什么东西，让你瞧瞧我的厉害。
评曰：难道你不知道老虎的尾巴摸不得吗？

△玉皇殿
本殿ナリ、中央ニ七神、左右三十二神合セテ三十九神アリ、
玉皇ト称シ居レリ。
伏虎ノ図
白虎ナリ
鬼曰ク（白虎デハ已レノ力ンドシニモ足ラナイ、見セ物ニデモシテヤロー）
評曰、虎ノ尾ヲ踏ムトユフ諺ハアリ（虎ノ尾ヲヒッパル」ハ嶄新ナリ、呵々）
176

176 北京（139）白云观（4）（5月28日）
白云观有个测字先生，日本人都很喜欢，值得期待。对白云观的建筑也非常感兴趣。

降龙图 在青龙之上绘有祥云
鬼曰：龙尾肉与龙眼肉真是天壤之别呀！
龙曰：太难吃了，还是别吃了吧。

A 为降龙图
B 为伏虎图

175 北京（138）白云观（3）（5月28日）

降龙伏虎图是灵官殿壁画的一部分。『A』和『B』个别地方不是很清楚。『龙眼肉』是热带产的一种果实。

A ノ處 降龍ノ形像ヲ造リ
B ノ處 伏虎ノ形像ヲ造リ
降龍ノ図
青龍ニシテ雲ヲ配セリ、
鬼曰ク
ドーモ龍眼肉ト違ッテ龍尾肉ヘアンマリ感心モナイ
龍曰ク、マヅいあらば喰って貰はぬ、
175

老律堂 供七位真人，正中供丘祖，左一：孙祖，左二：王祖，左三：郝祖；右一：马祖，右二：潭祖，右三：刘祖，殿内的布置与佛堂相同，塑像前有供桌。

177 北京（140）白云观（5）（5月28日）

老律堂又叫七真殿，供奉着道教的七位真人。七真殿的背后是丘祖殿，供奉着长春真人的塑像。长春真人原名邱长春，因跟随成吉思汗而扩大了道教的势力。

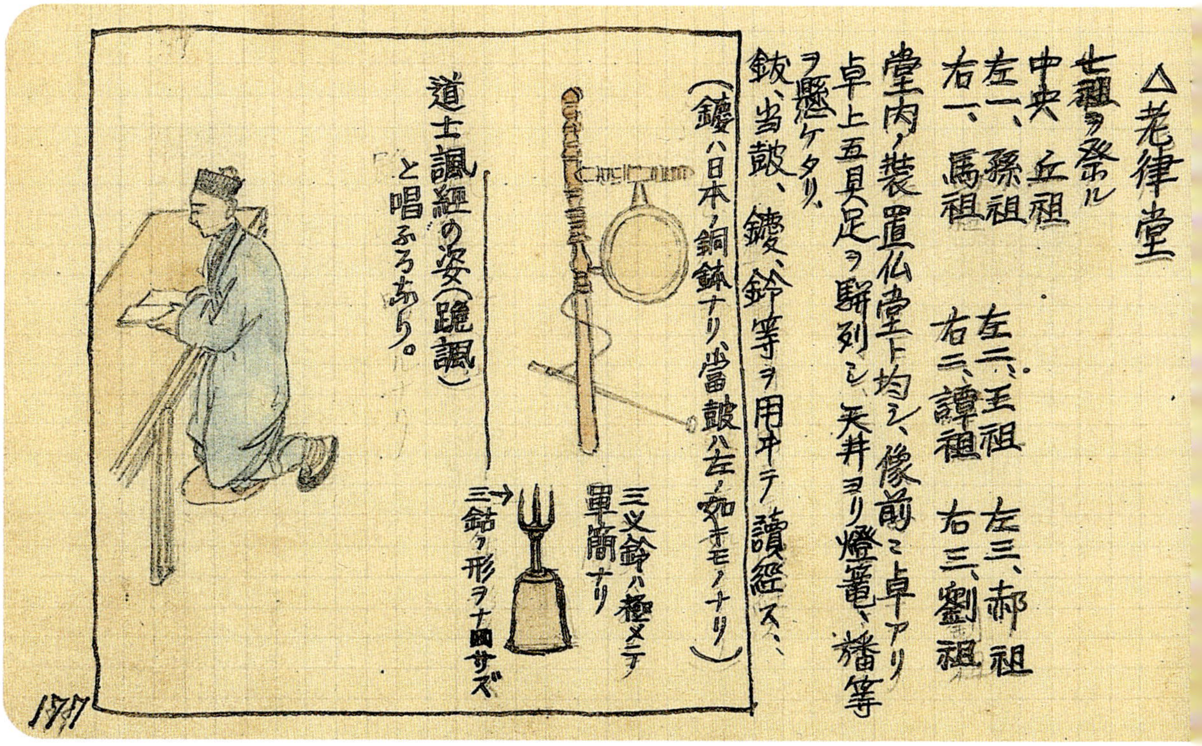

△老律堂
七祖ヲ祭ル
中央 丘祖
左一、孫祖 左二、王祖 左三、郝祖
右一、馬祖 右二、譚祖 右三、劉祖
堂内ノ装置仏堂ト均シ、像前ニ卓アリ
卓上五具足ヲ駢列シ、天井ヨリ燈竃、播等ヲ懸ケタリ、
鈸、当鼓、鏤、鈴等ヲ用ヰテ讀經ス、
道士諷經の姿
177

道士诵经图

钹、鼓、铃等都在诵经时使用。

据说这种发髻为汉代遗风。

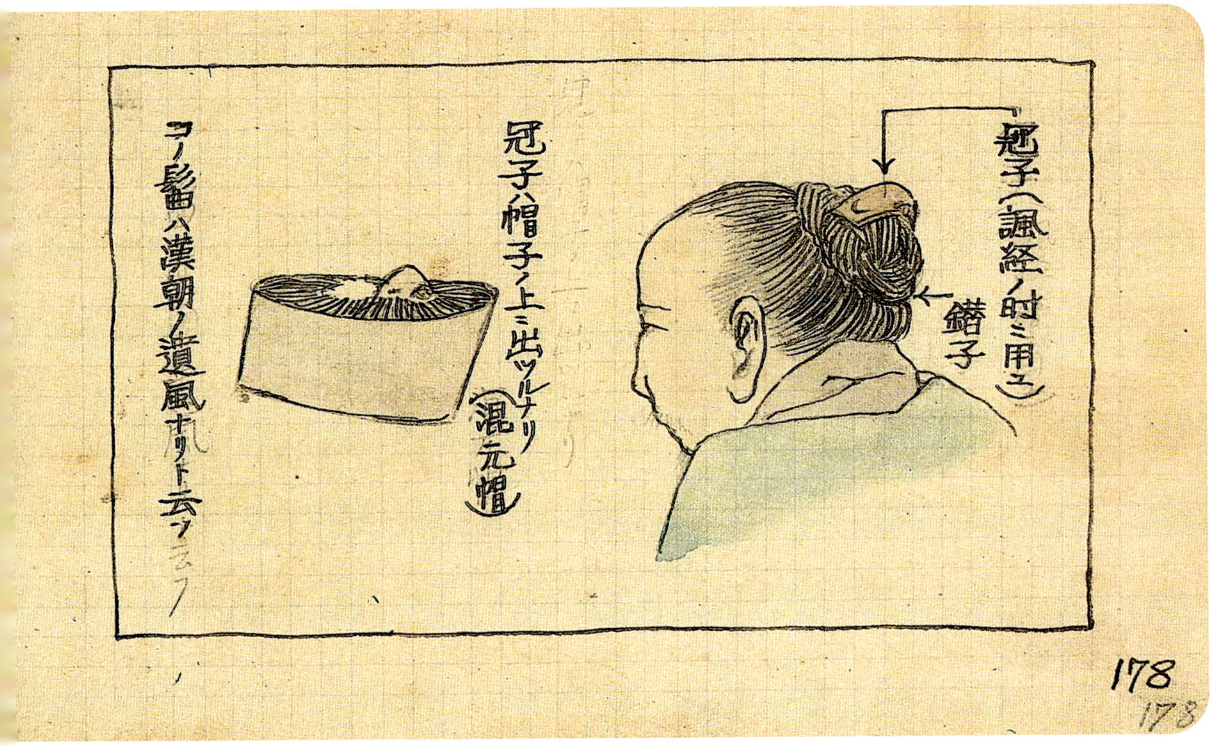

178 北京（141）白云观（6）（5月28日）

看到道士的衣服、帽子和发型，让人想起了中国古代的样子。『混元』在道教中是开天辟地之意。

三清阁内的三神，正中为元始天尊，两侧为道德天尊（即老子），东侧是灵宝天尊。

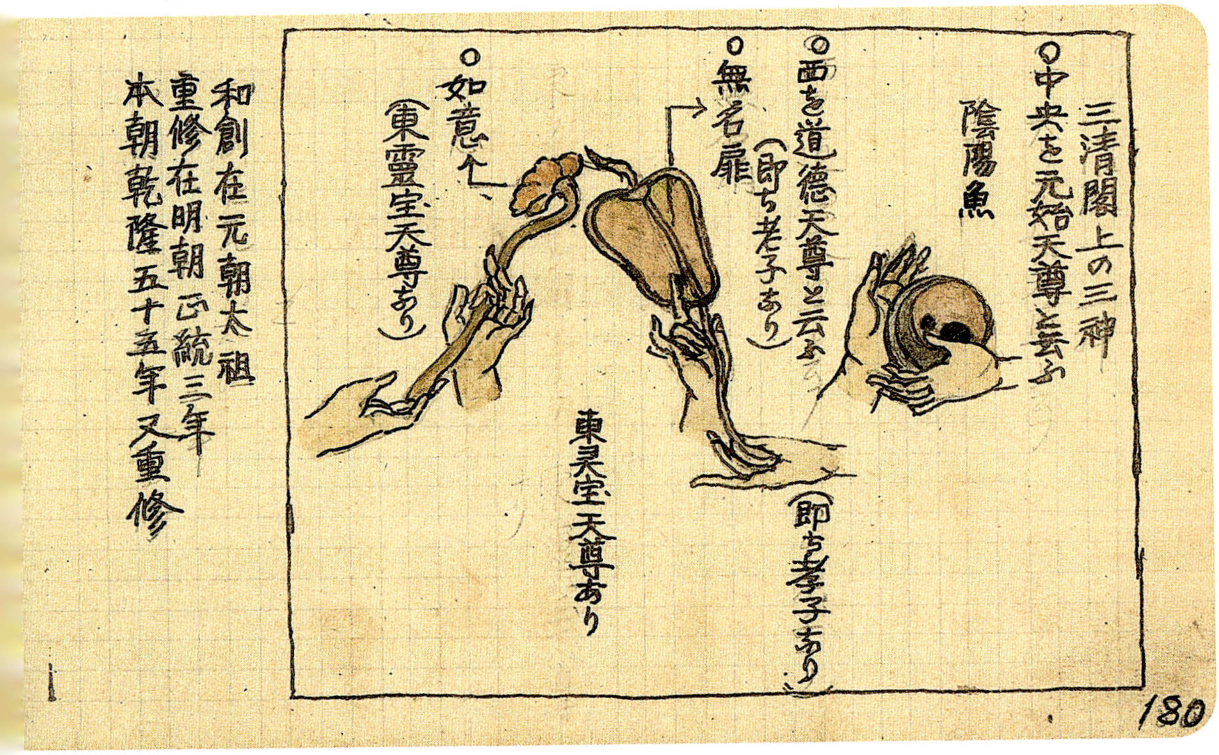

180 北京（143）白云观（8）（5月28日）

三清阁建于明正统年间，阁内收藏着《道藏》5350卷和其他贵重道教经典，被称为第一宝。第二宝是老子的石像。第三宝是《松雪道德经》，以上这些被称作是『观藏三宝』。

四御殿　中间的二尊塑像是：东边为勾陈上宫天皇大帝，西边为紫微北极大帝，神像前的供桌上陈列有八宝，令人惊叹，此处还有木鱼、钟、鼓等道具。

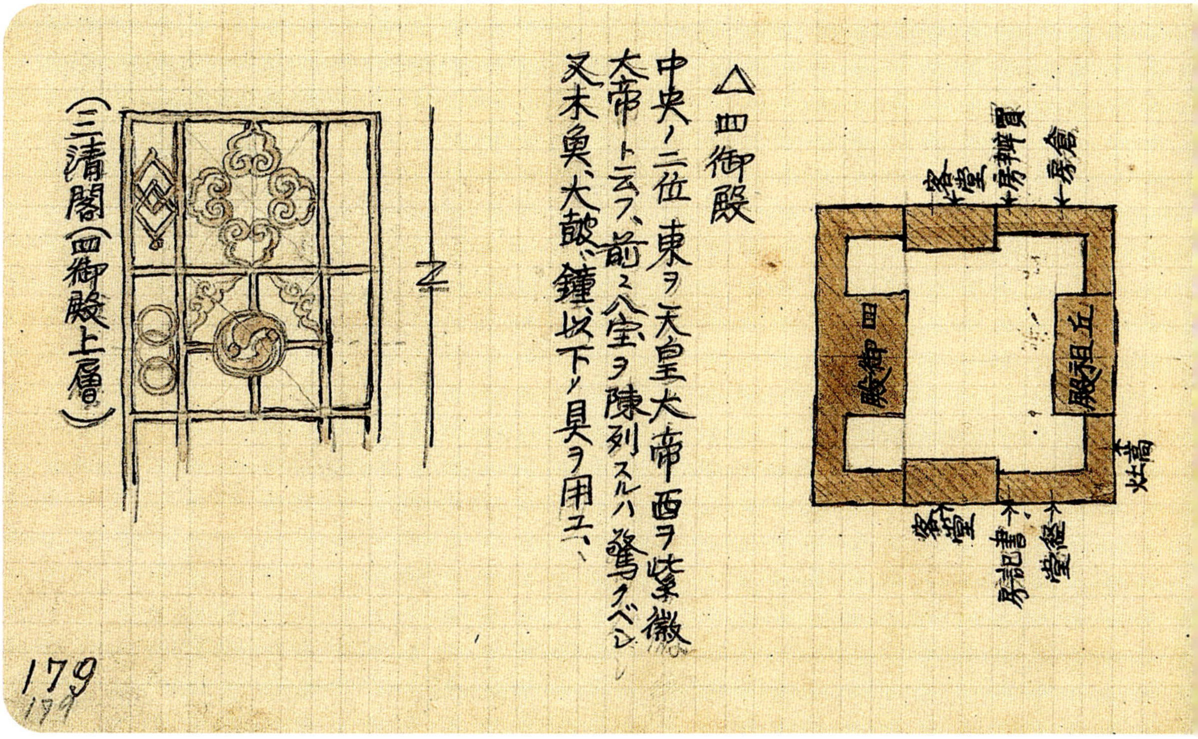
△四御殿
中央ノ二位 東ヲ天皇大帝 西ヲ紫微大帝トシ、前ニ八宝ヲ陳列スルハ驚クベシ、又木魚、大鼓、鐘以下ノ具ヲ用ユ、
三清閣（四御殿上層）
四御殿
呂祖殿
179

179 **北京**（142）白云观（7）（5月28日）
四御殿为二层阁楼，上层是三清阁，下层是四御殿。四御殿供奉四尊像，正中间是两尊大帝像，左右各一尊。

山门的屋檐造型奇特，没有斗拱。

在观外还有玉清观、吕祖祠、吕公堂、关帝庙、吕祖宫、真武庙、圆通观等建筑。

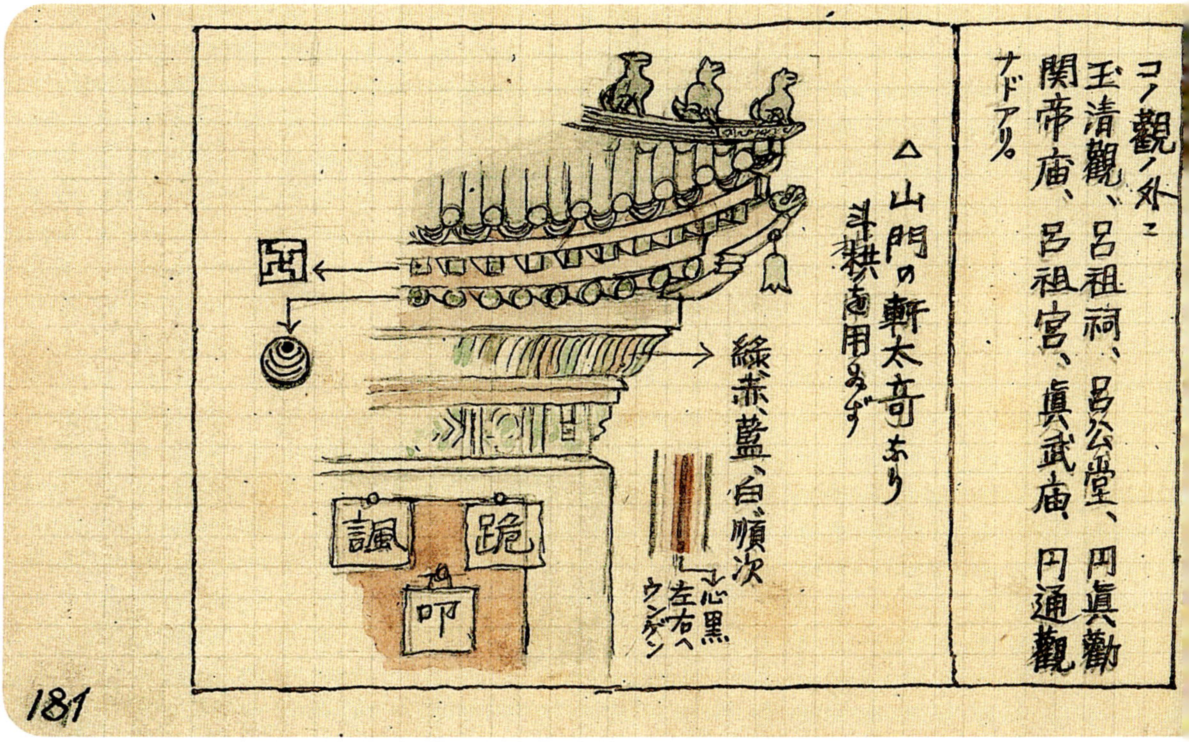
コノ観ノ外ニ 玉清観、呂祖祠、呂公堂、関帝庙、呂祖宮、真武庙、円通観ナドアリ。
△山門の軒太奇あり
斗拱使用せず
緑、赤、藍、白順次
心黒
左右ヘウンゲン
諷
跪
叩
181

181 **北京**（144）白云观（9）（5月28日）
白云观是道教的祖庭，虽从建筑布局到建筑样式都与佛教寺院有所不同，但都遵从了中国古代宫殿建筑的传统模式。

总之，道观的布局、结构与佛教寺院有所不同，各个殿堂也不同于佛教。

山门前面的文字

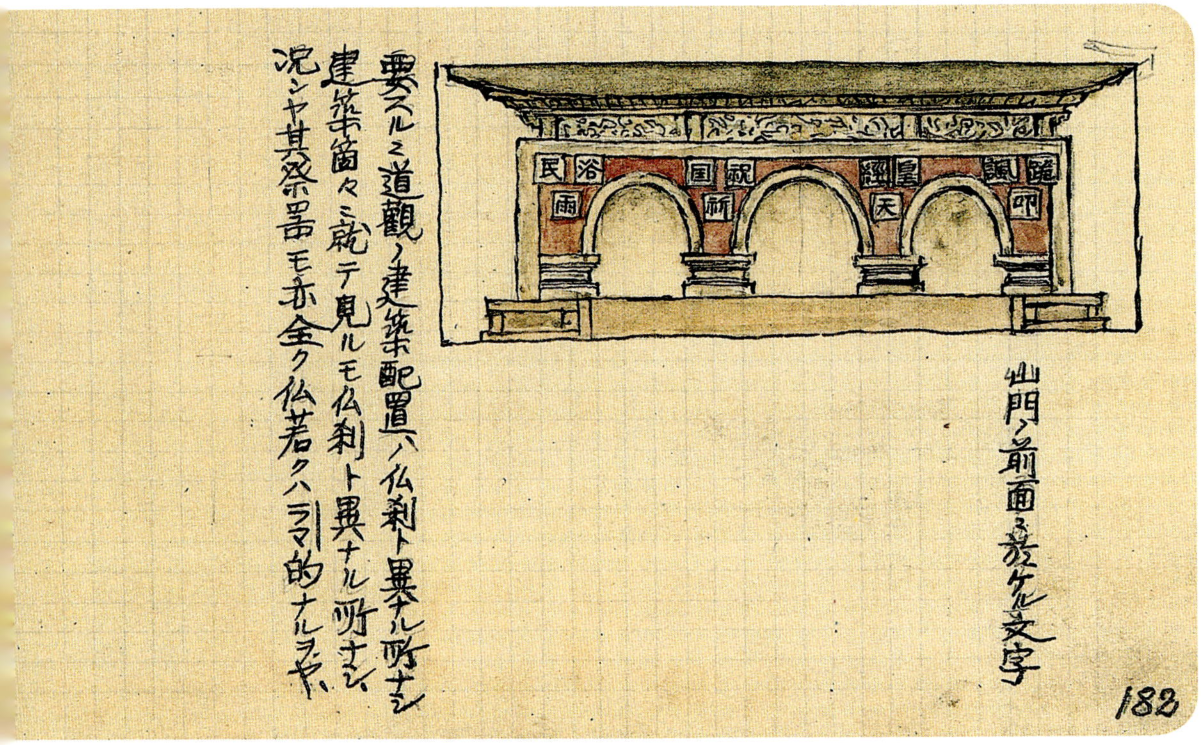
要スルニ道觀ノ建築配置ハ仏刹ト異ナル所ナルモ
建築箇々ニ就テ見ルモ仏刹ト異ナル所ナシ
況ンヤ其祭器モ亦全ク仏若クハラマ的ナルニ於テヤ
山門ノ前面ニ於ケル文字
182

182北京（145）白云观（10）（5月28日）

现在白云观的山门上挂有『中国道教协会』的牌子，现为全国道教中心，山门是灰色的墙体。图中的文字现在已看不清楚了。

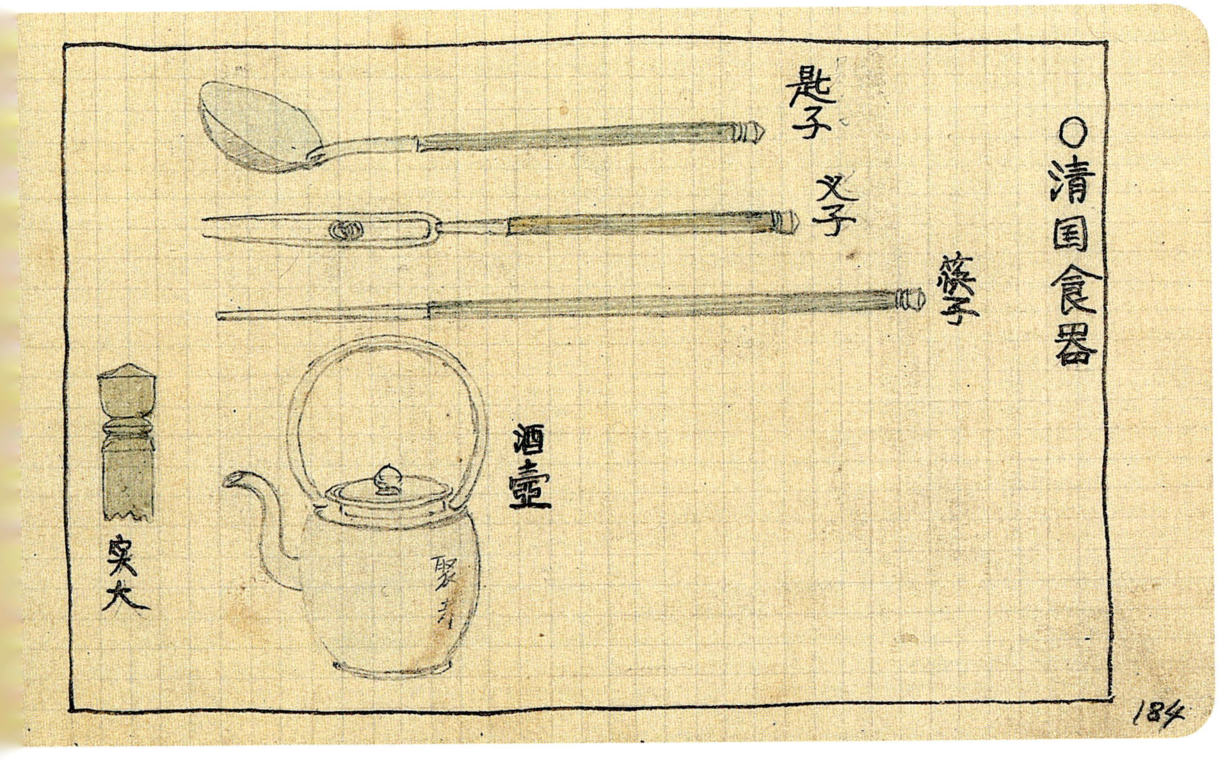
○清国食器
匙子
叉子
筷子
酒壺
実大
184

184清朝的餐具

屋顶（下等建筑） 在椽子上铺设用树枝、竹子等做的网。在网上水平放置芦苇等，上面铺一层土，在土上铺瓦，为一种简陋的屋顶。如下图。

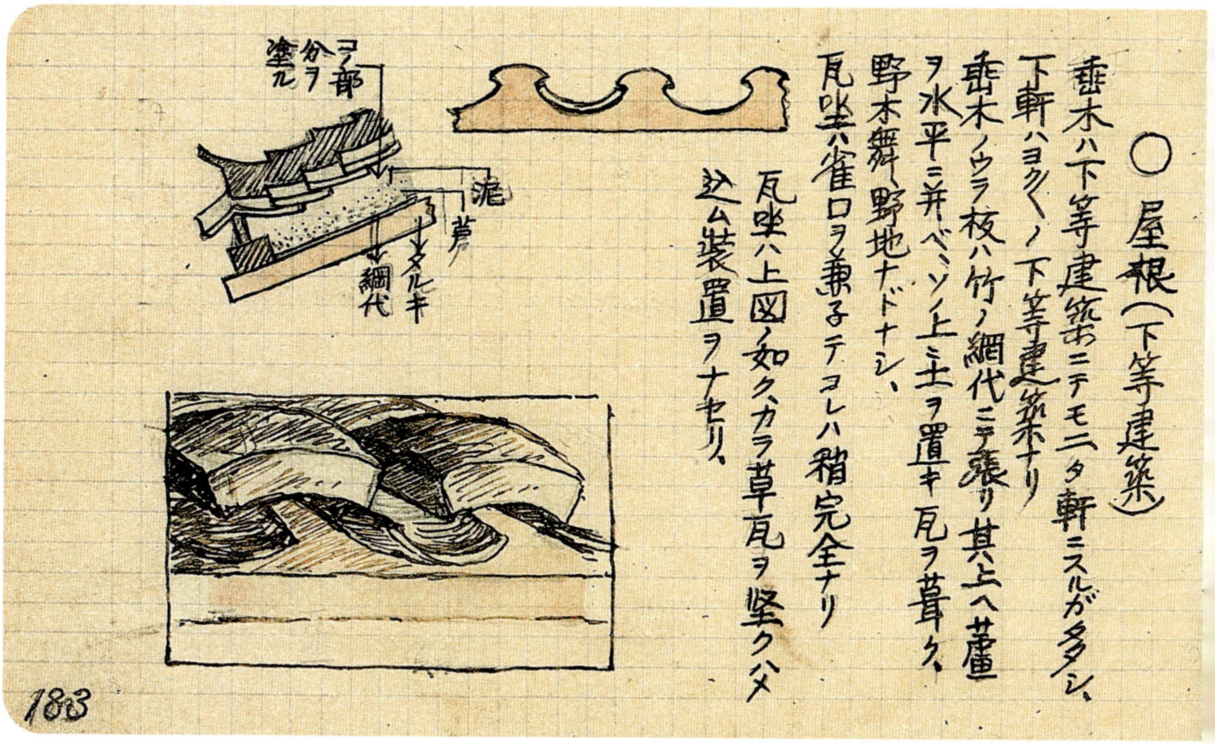
○屋根（下等建築）
垂木ハ下等建築ニテモ二タ軒ニスルガ多シ、
下軒ハヨク〳〵ノ下等建築ナリ
垂木ノウラ枚ハ竹ノ網代ニテ張リ其上ヘ蘆
ヲ水平ニ並ベ、ソノ上ニ土ヲ置キ瓦ヲ葺ク、
野木舞、野地ナドナシ、
瓦ハ雀口ヲ兼子テコレハ稍完全ナリ
瓦ハ上図ノ如ク、カラ草瓦ヲ堅クハメ
込ム装置ヲナセリ、
泥
芦
網代
タルキ
183

183 北京（146）民宅的屋顶（5月）

『二夕軒』可写作『二軒』，垂木构造，可分为上下两层，上层叫飞檐垂木，下层叫地面垂木。

高世三記
岩原大三郎
185

185 高濑和岩原的画像（5月）

右侧的是翻译岩原大三（当时写的是大三郎），左侧的是日本公使馆的高濑（日志上写的是高世）。笔者从到达北京之后，就得到他们的很多关照，岩原是外国语学校汉语专业毕业的年轻人，前年在紫禁城做调研时就做我的翻译，是老朋友了。

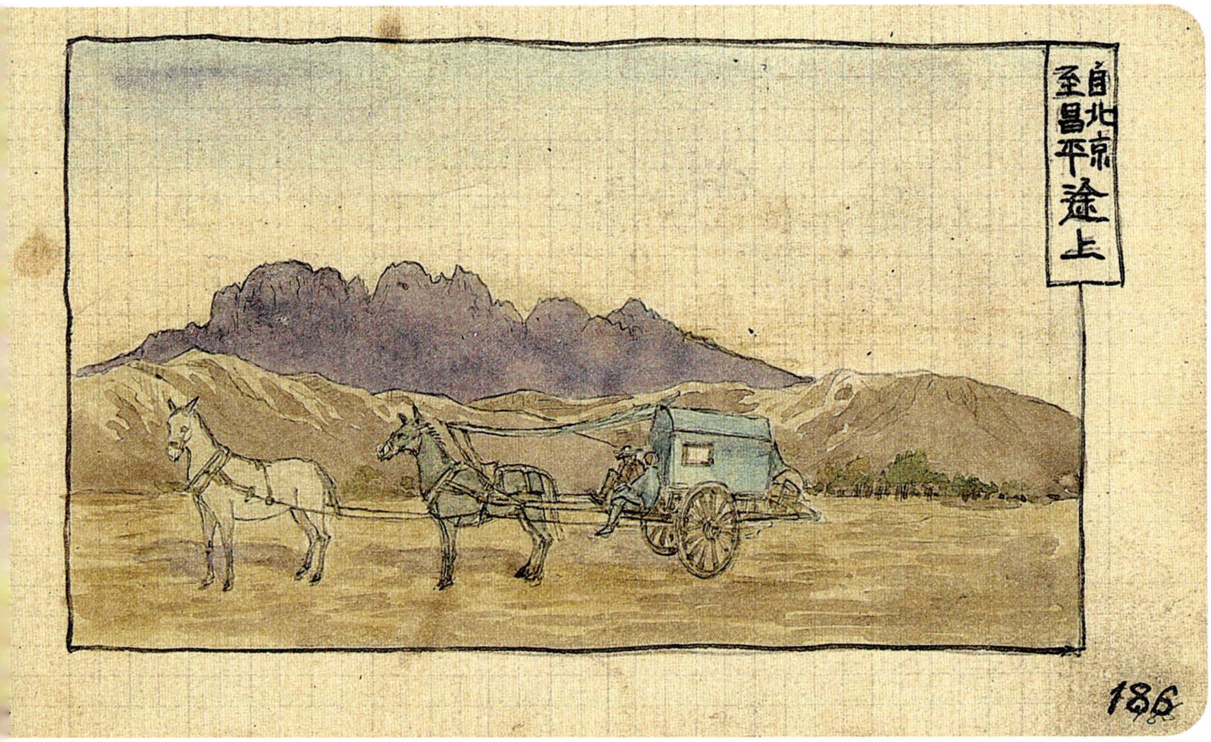
自北京至昌平途上
186

186 从北京前往昌平的途中（6月1日）

这幅画画的是从张家口去往山西途中的情景。马车虽硬邦邦的，但却很结实也很宽敞，坐两人也不觉得挤。伊东、岩原乘着马车，横川、宇都宫骑着毛驴，随从挑着行李步行的画面。

从大红门向北走约二十里，有牌楼，牌楼前面是一对华表，华表的底座为八角形，上有八角形石柱，其上有蹲兽，名叫望天虎，是一种与龙极相似的动物，石柱上雕刻有龙和祥云，酷似天安门前的华表。石柱高为一尺九寸，底座四尺一寸五分，总高度为三十六尺，底座雕刻精美。

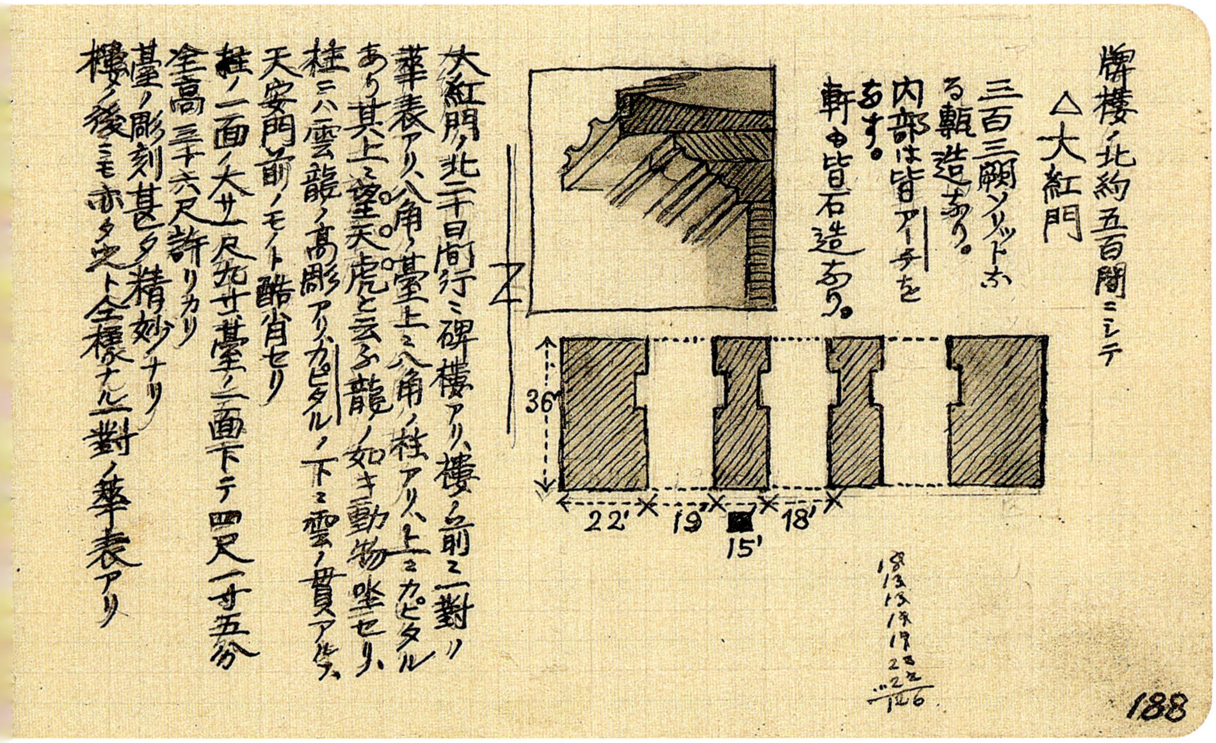
牌樓ノ北約五百間ニシテ
△大紅門
三百三闕ノソリッドナル甎造ナリ。
内部ハ皆アーチヲナス。
軒モ皆石造ナリ。
大紅門ノ北二十日間行ケハ碑樓アリ、樓ノ前ニ一對ノ華表アリ、八角ノ臺ノ上ニ八角ノ柱アリ、其ノ上ニカピタルアリ其上ニハ望天虎ト云フ龍ノ如キ動物坐セリ。柱ニハ雲龍ノ高彫アリ、カピタルノ下ニ雲ノ貫アルハ天安門前ノモノト酷肖セリ
柱ノ一面ノ大サ一尺九寸臺ノ一面下テ四尺一寸五分
全高三十六尺許リカリ
臺ノ彫刻甚ダ精妙ナリ
樓ノ後ニモ亦タ之ト全様ナル一對ノ華表アリ
36'
22'
19'
15'
18'
188

大红门 为单檐歇山顶，面阔五间，其下辟有三个红券门，皆为砖造。

188 十三陵（2）（6月2日）

大红门是陵区的正门，『华表』也可写作『华标』，在入口处有一根高大的柱子，是标识，标识是capital（カピタル），指的是柱子的顶部。文中『二十日间』是『二十二间』的笔误。『三百三闕』是『三面三闕』的笔误。

牌楼全部用白色大理石建成，保留了原有的色彩，现已全部脱落。

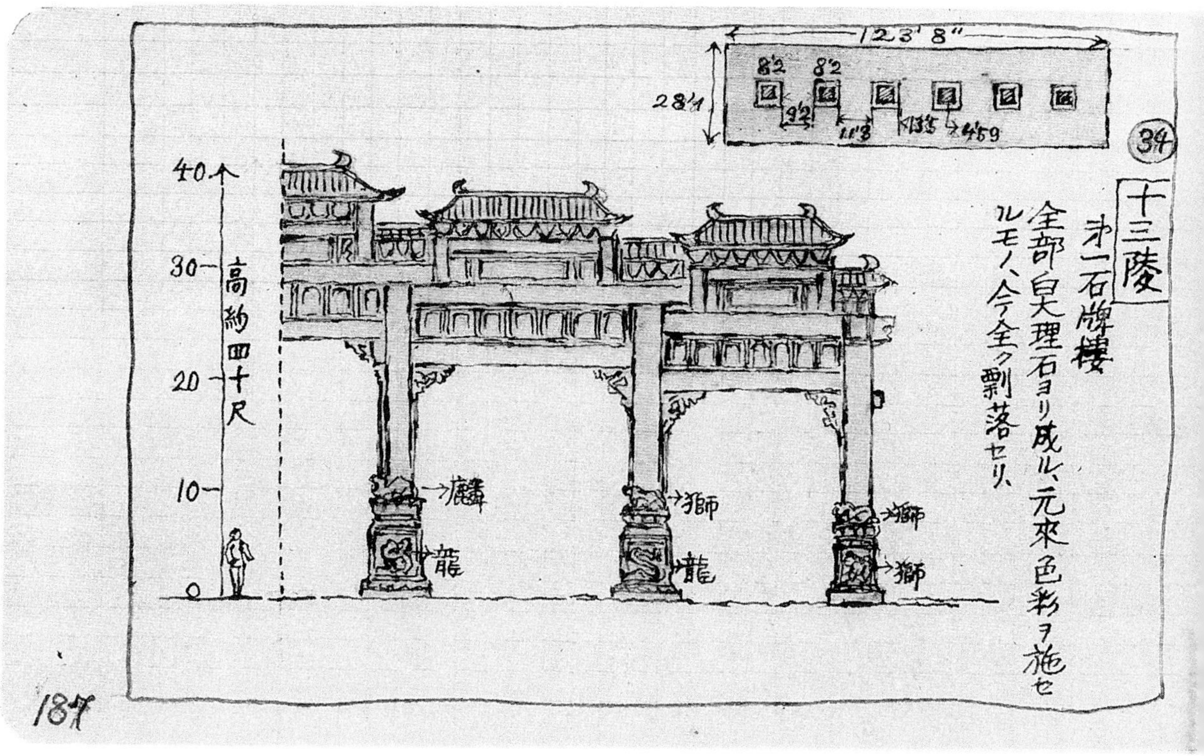

123'8"
28'1"
8'2"
34
十三陵
第一石牌楼
全部白大理石ヨリ成ル、元来色彩ヲ施セルモノ、今ヤ全ク剥落セリ。
高約四十尺
40
30
20
10
0
麒麟
獅
龍
187

187 十三陵（1）（6月2日）

从昌平向北走5里，有一个石造的大牌楼。各个部位的雕刻都很精美，是明代雕刻技术的最好例证。这是进入明代皇帝陵墓区域的第一门，这里面有皇帝和皇后的十三座陵墓，俗称十三陵。

碑楼地面高度为二十七尺，厚度为二尺三寸，宽为七尺二寸五分，碑坊上写有大明长陵神功圣德碑的字样，碑文末尾记载：洪熙元年四月十七日，孝子嗣皇帝高炽谨述。从中可以看出是为永乐帝而修建的。东侧有乾隆皇帝的御笔，后面有乾隆五十年的铭记，两侧有嘉庆九年的题文，碑上左右共雕刻三条龙。

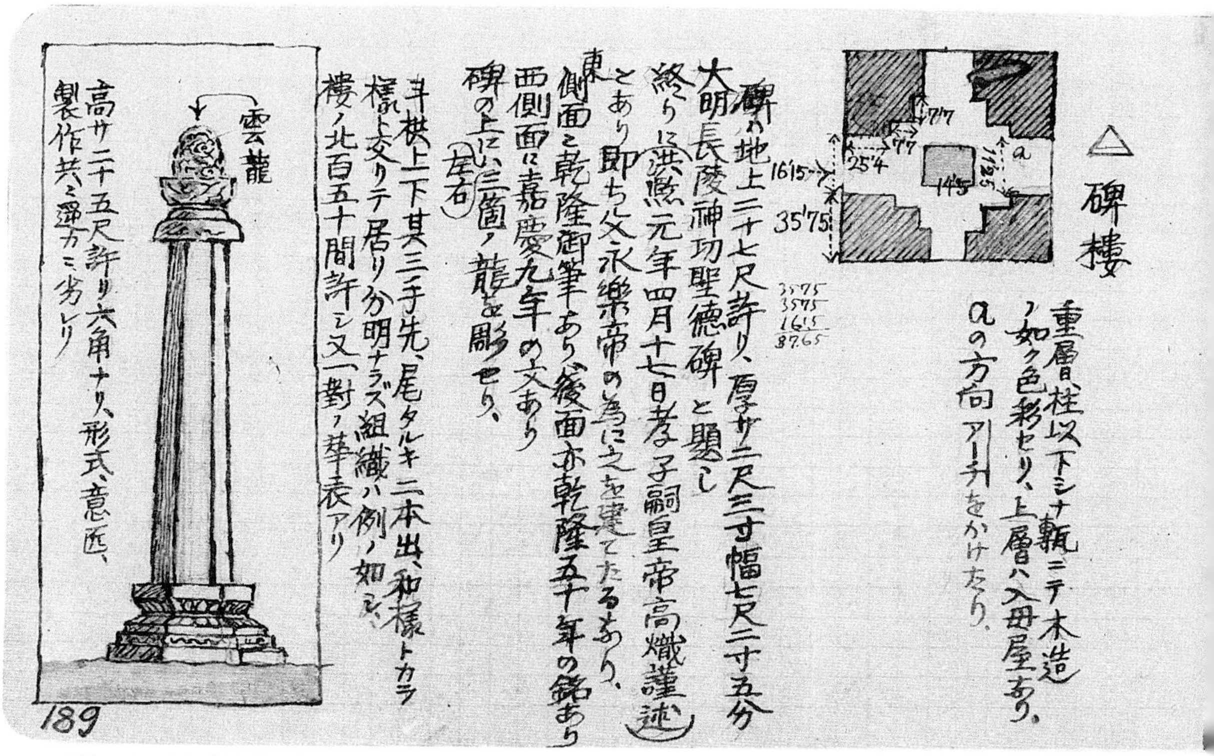

碑楼
重層柱以下シナ甎ニテ木造ノ如ク色彩セリ、上層ハ入母屋なり。
aの方向アーチをかけたり。
碑ハ地上二十七尺許リ、厚サ二尺三寸幅七尺二寸五分
大明長陵神功聖徳碑と題し
終りに洪熙元年四月十七日孝子嗣皇帝高熾謹述
とあり 即ち父永楽帝の為に之を建てたるなり。
東側面に乾隆御筆あり後面に乾隆五十年の銘あり
西側面に嘉慶九年の文あり
碑の上に（左右）三箇ノ龍を彫セり。
斗栱上下其三手先、尾タルキ二本出、和様トカラ様ト交リテ居リ分明ナラズ組織ハ例ノ如シ。
楼ノ北百五十間許ニ又一対ノ華表アリ
雲龍
高サ二十五尺許リ六角ナリ、形式、意匠、製作共ニ遥カニ劣レリ
189

高约二十五尺，基座为六角形，其创意、制作都并不特别好。

189 十三陵（3）（6月2日）

从碑亭向北约一百七十米的地方有一对华表，如右图所示。笔者认为，这对华表无法与刚才碑楼前立的那一对华表相提并论。

华表

在华表以北二十五里的地方，排列有很多动物的石像。第一坐狮，第二立狮，第三麒麟，第四立麟，第五坐骆驼，第六立骆驼，第七坐象，第八立象（立象特别高大，为石造，形状、大小适中，高约一丈，长约二丈，底座为石造），第九坐麟，第十立麟，第十一坐马，第十二立马，第十三武官，第十四武官，第十五文官，第十六文官，第十七文官，

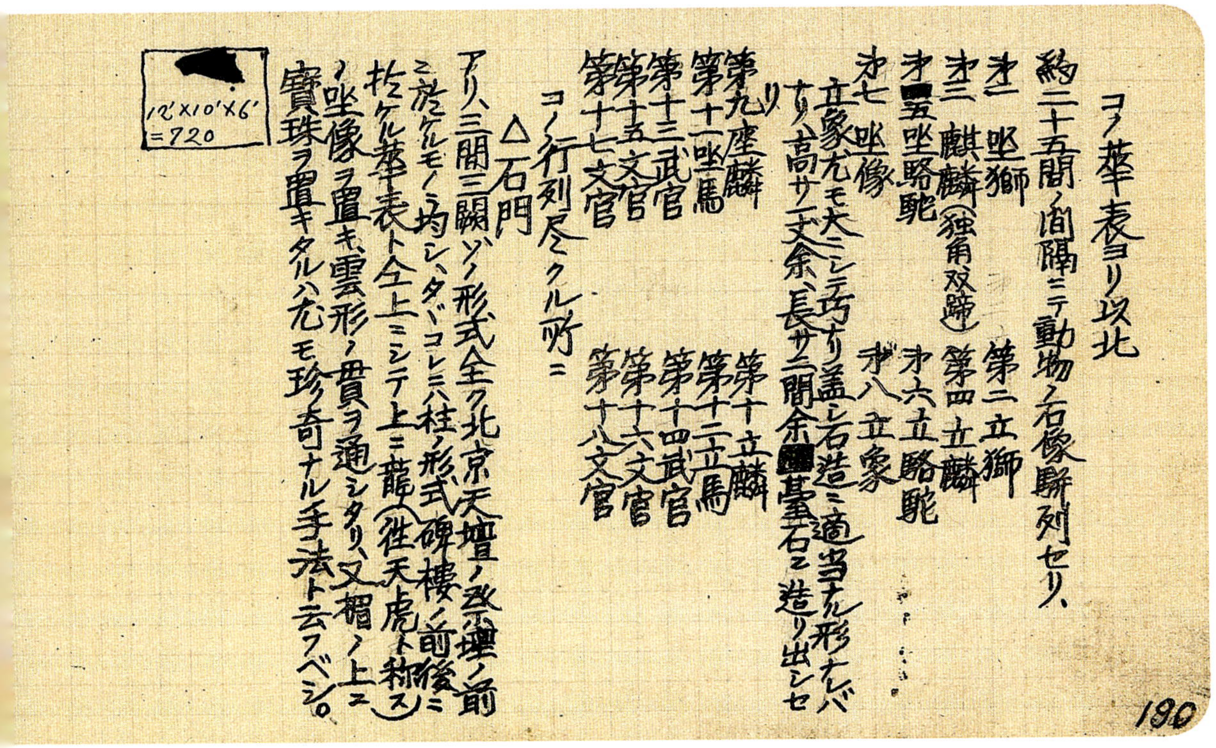
ヨノ華表ヨリ以北
約二十五間ノ間隔ニテ動物ノ石像駢列セリ、
第一 坐獅 第二 立獅
第三 麒麟(独角双蹄) 第四 立麟
第五坐駱駝 第六 立駱駝
第七坐像 第八 立象
立象尤モ大ニシテ巧ナリ蓋シ石造ニ適当ナル形ナレバナリ、高サ一丈余、長サ二間余■基石ニ造リ出シセ
第九座麟 第十立麟
第十一坐馬 第十二立馬
第十三武官 第十四武官
第十五文官 第十六文官
第十七文官 第十八文官
コノ行列尽クル所ニ
△石門
アリ、三間三闕ゾノ形式全ク北京天壇ノ祭壇ノ前ニ於ケルモノト均シ、タヾコレニハ柱ノ形式碑楼ノ前後ニ於ケル華表ト全ク上ニシテ上ニ龍(狴天虎ト称ス)ノ坐像ヲ置キ、雲形ノ貫ヲ通シタリ、又楣ノ上ニ寶珠ヲ置キタルハ尤モ珍奇ナル手法ト云フベシ。
12'×10'×6' =720
190

190 十三陵（4）（6月2日）
穿过牌楼，在路的两侧排列着很多石人、石兽，这个华表是189图。『第七坐像』应该是『第七坐象』。阙是宫殿、陵墓前的建筑物，属于门的一种，在这儿是两个柱子之间的意思。

第十八文官。

石门 面阔三间，形状与北京天坛前面的石门相同，柱子的形状与碑楼前面的华表相同，上雕刻图龙，柱上有蹲兽，自下而上都雕刻有祥云图案，并放置宝珠，建筑手法奇特。

这个平面图与其他十二陵相同。

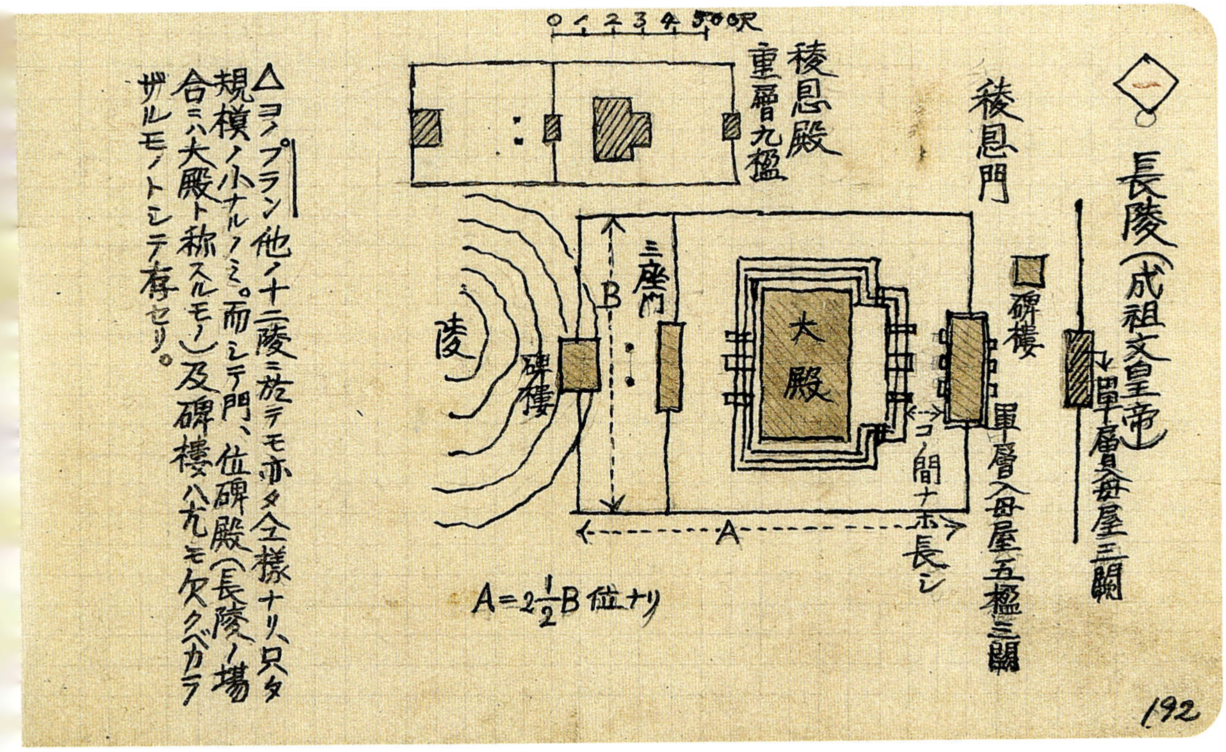
長陵(成祖文皇帝)
單層無屋三闕
稜恩門
單層ノ廡屋五楹三闕
碑樓
稜恩殿
重層九楹
0 1 2 3 4 5 10尺
大殿
三座門
B
碑樓
陵
コノ間ナホ長シ
A
A=2½B位ナリ
△ヨノプラン他ノ十二陵ニ於テモ亦タ全様ナリ、只タ規模ノ小ナルノミ。而シテ門、位碑殿(長陵ノ場合ニハ大殿ト称スルモノ)及碑樓ハ尤モ欠クベカラザルモノトシテ存セリ。
192

192 十三陵（6）（6月2日）
『楹』是柱子的意思。

此门为十三陵的正门，进了这个门，就进入十三陵园区。十三座坟墓散落在天寿山麓，其中尤以成祖陵规模为宏大。

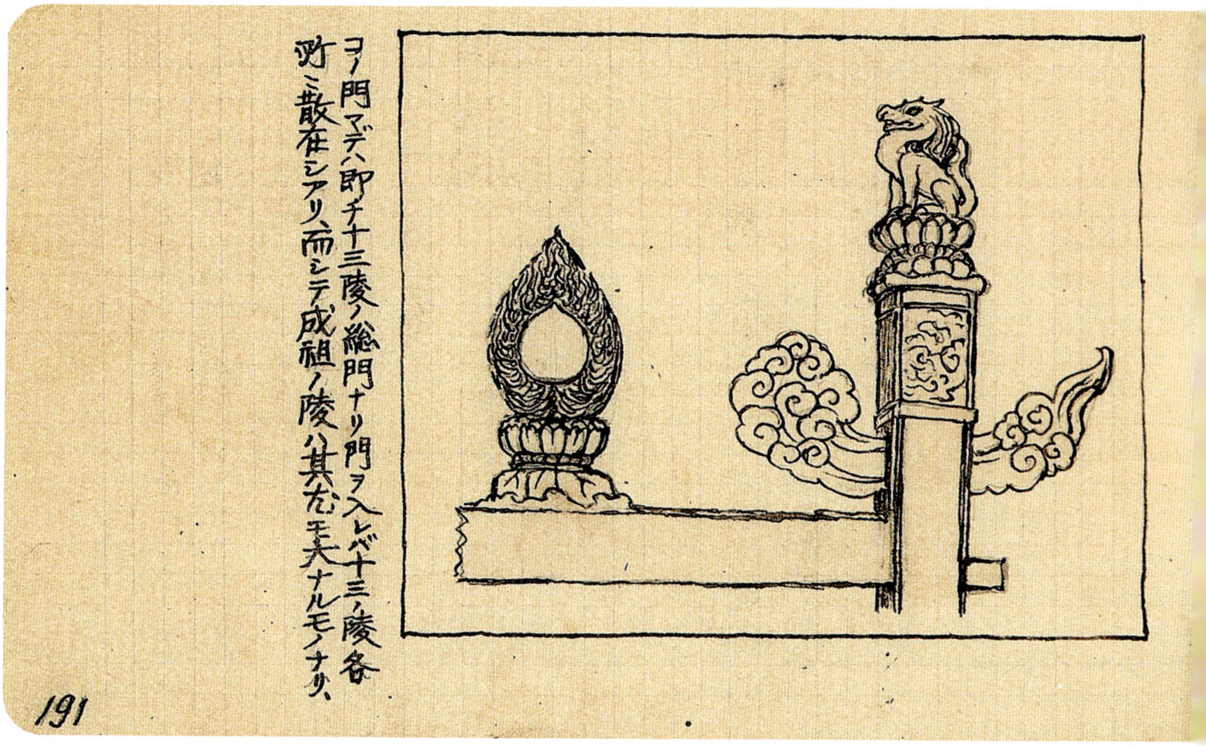
コノ門マデハ即チ十三陵ノ總門ナリ門ヲ入レバ十三ノ陵各
所ニ散在シアリ而シテ成祖ノ陵ハ其尤モ大ナルモノナリ。
191

191 十三陵（5）（6月2日）

进了这个门，就是十三陵的陵区了，也就是人们说的冥界。从这儿可以看到天寿山树木林立，陵墓就散布其中。图为石门的上部。

碑楼　碑上刻有“成祖文皇帝之陵”，色彩陈旧，且已脱落。其形状与北京的钟楼相似，在类似城墙的高台之上有二层楼阁。

内柱直径十一尺，底座为方形，约六尺七寸，这种实例实属罕见，外柱直径约二尺五寸二，侧面约一尺八寸，陵顶的装饰色彩淡雅、清新，与众不同，在格扇上绘有中国风格的图案，很美观。

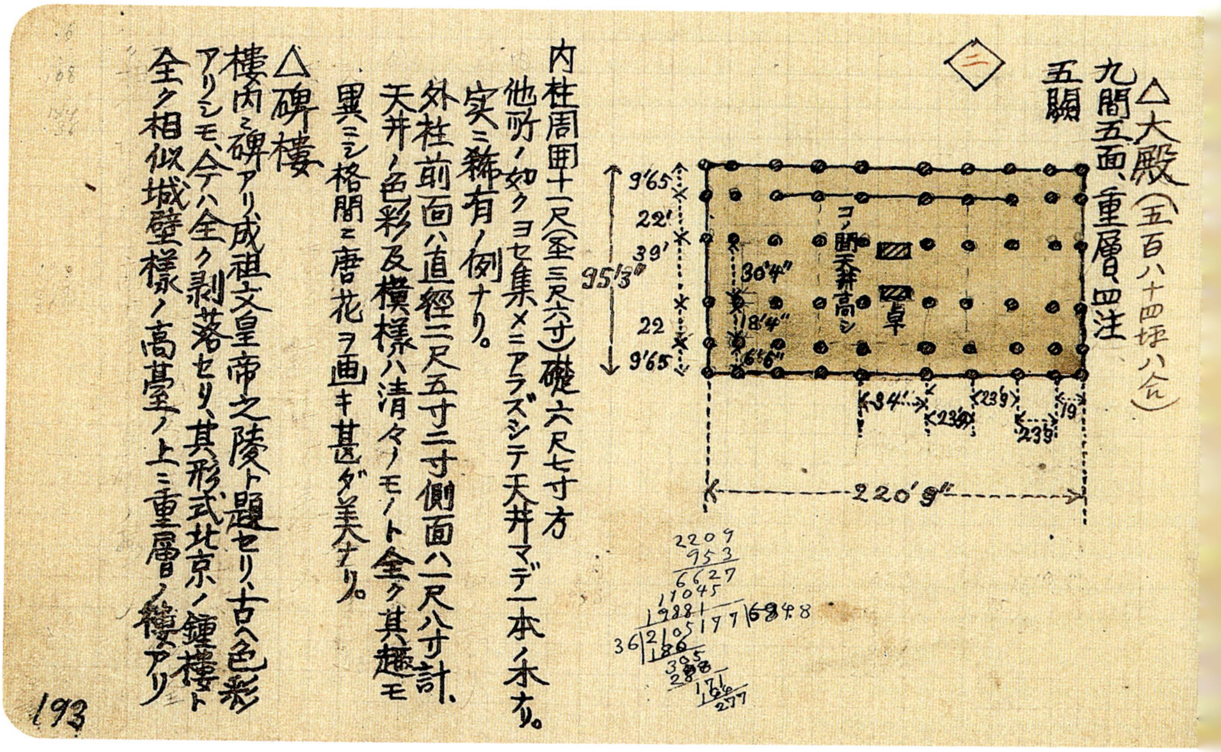
二
△大殿（五百八十四坪八合）
九間五面、重層、四注
五間
コノ間天井高シ
卓
9'65
22'
39'
95'3"
30'4"
18'4"
6'6"
22
9'65
34'
23'9
23'9
23'9
19
220'9"
内柱周囲十一尺（径三尺六寸）礎六尺七寸方
他所ノ如クヨセ集メニアラズシテ天井マデ一本ノ木ナリ。
実ニ稀有ノ例ナリ。
外柱前面ハ直徑二尺五寸二寸側面ハ一尺八寸計、
天井ノ色彩及模様ハ清々ノモノト全ク其趣モ
異ニシ格間ニ唐花ヲ画キ甚ダ美ナリ。
△碑樓
樓内ニ碑アリ成祖文皇帝之陵ト題セリ、古ヘ色彩
アリシモ、今ハ全ク剥落セリ、其形式北京ノ鐘樓ト
全ク相似城壁様ノ高基ノ上ニ重層ノ樓アリ
193

193 十三陵（7）（6月2日）

大殿相当于日本神社的前殿，正中间安放着牌位。高大内柱的材质为楠木，后面的小山岗就是明成祖的坟墓，没有墓柱之类的东西，这点与日本的古坟相似。

直隶省

194 居庸关（1）（6月3日）

居庸关是从河北平原通往北方山区地带的一条通路，因地处峡谷，所以道路极为凶险。元代，在主要的交通要道居庸关关门处修建了一座过街塔，但现在仅存有主体建筑（云台），云台上原建有三座喇嘛塔。

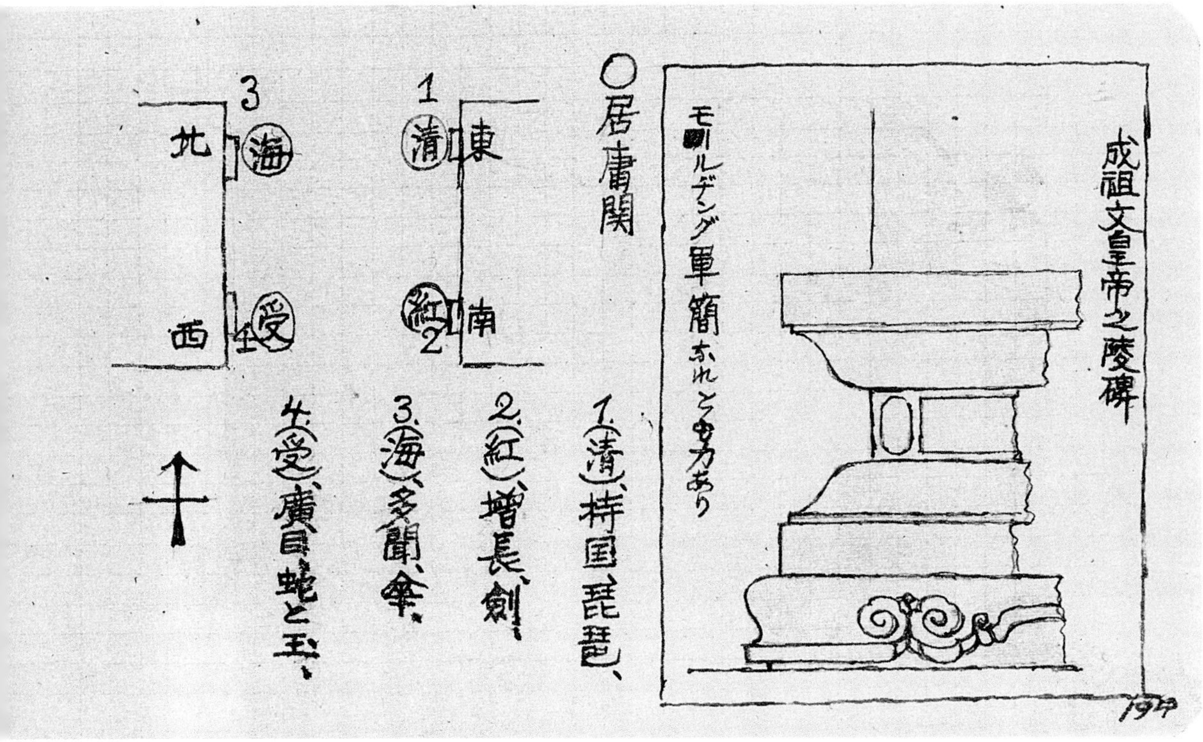

内外的雕刻精美，令人惊叹。佛像的雕刻极其精致，穹窿构造很独特。

西侧正中有“至正五年〇〇乙酉九月”的铭记，摩利红塑像左侧也有一铭记，铭记的内容为“正统十年五月十五日功德，灵信官林普贤发心修造”，从碑文可以看出，此碑为明代修建。

196 居庸关（3）（6月3日）

左图的铭记是明代正统年间的物品，花费了5年的时间进行修整，拆除了当时已倒塌的塔，修建了佛殿。清康熙四十一年（1702）寺遭火焚。

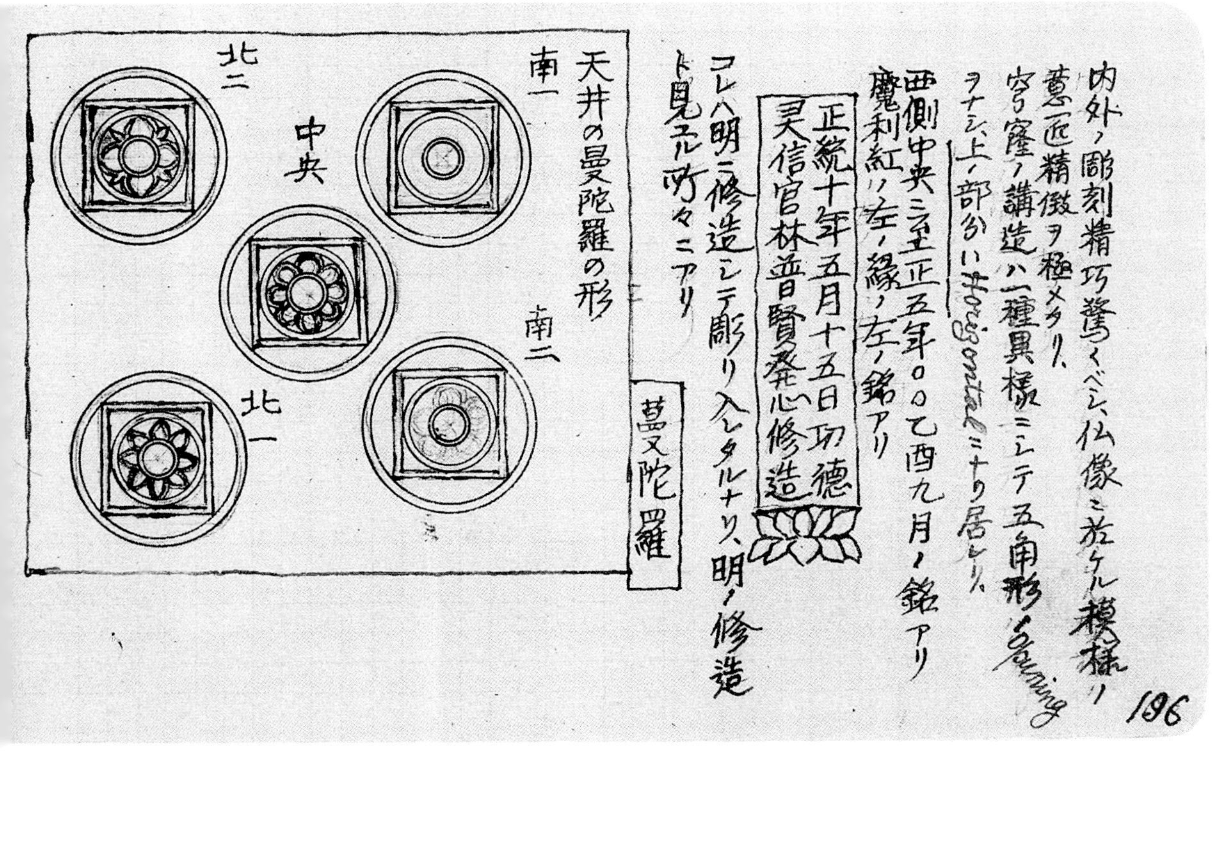

东侧：摩利海对面是摩利清，
摩利受对面是摩利红。

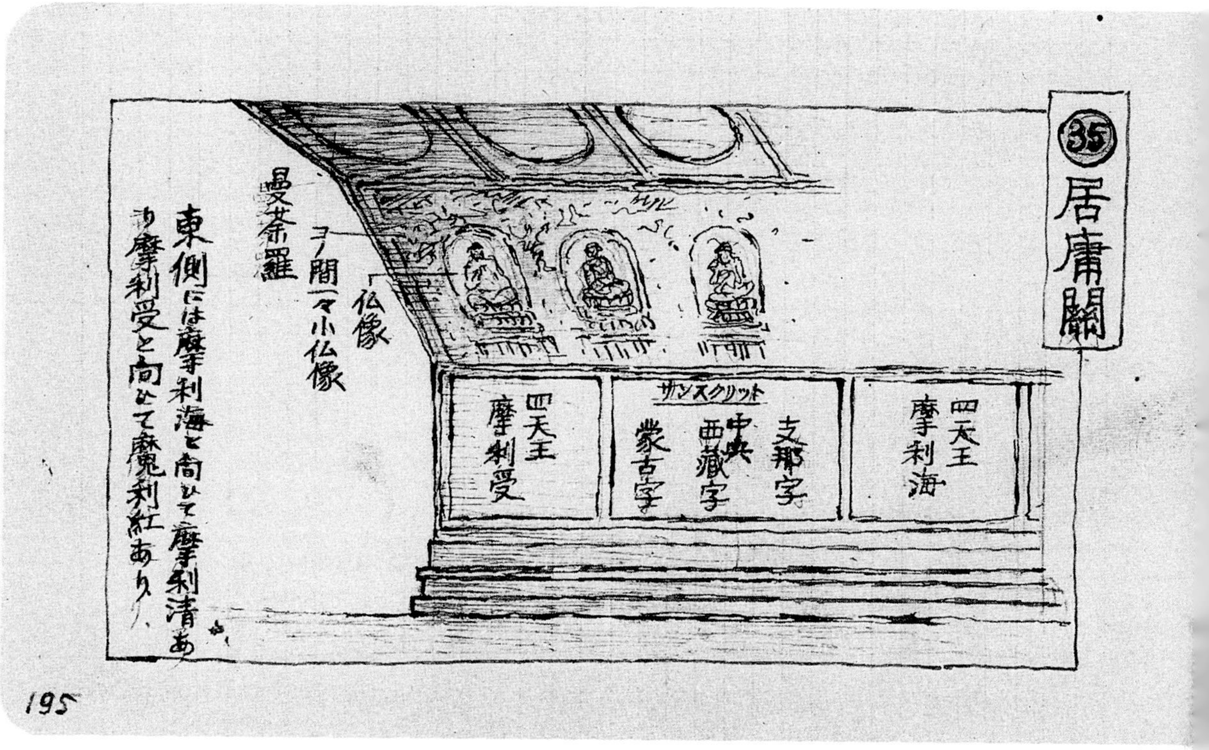

195 **居庸关（2）（6月3日）**

在云台的墙面上，刻有用六种文字（汉、西夏、维吾尔、蒙古、藏、梵）雕刻的『陀罗尼经文』。摩利海、摩利清、摩利受、摩利红分别相当于多闻天王、持国天王、广目天王、增长天王。

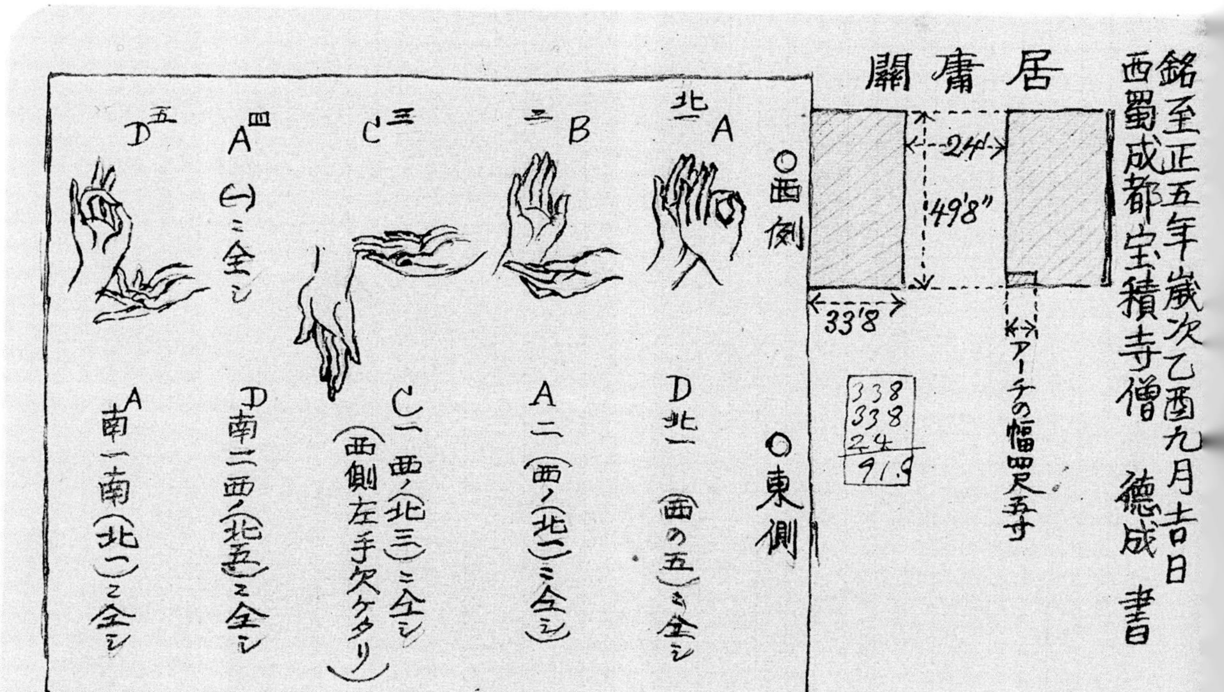

197 **居庸关（4）（6月3日）**

右图的铭记：墙面上是用汉文雕刻的陀罗尼经的末尾部分。在四大天王的上面，东西还各有5尊佛像，虽然不知道他们的名字，但从手印来看，可以看出是藏传佛教的佛像，比较特殊。

居庸关建筑说

关于居庸关详细的建筑历史，我们可以从至正五年的铭记中看出：居庸关修建于元代，关门为兵家必争之地，从装饰和现有的建筑可以看出，有明显的喇嘛教建筑手法。第一，在五角的券门周围雕刻有佛像，佛像头部有背光，并雕刻七条蛇；第二，内部的四大天王像与北京附近寺院看到的天王像相似，只是塑像更加雄伟，比其他地方的要好得

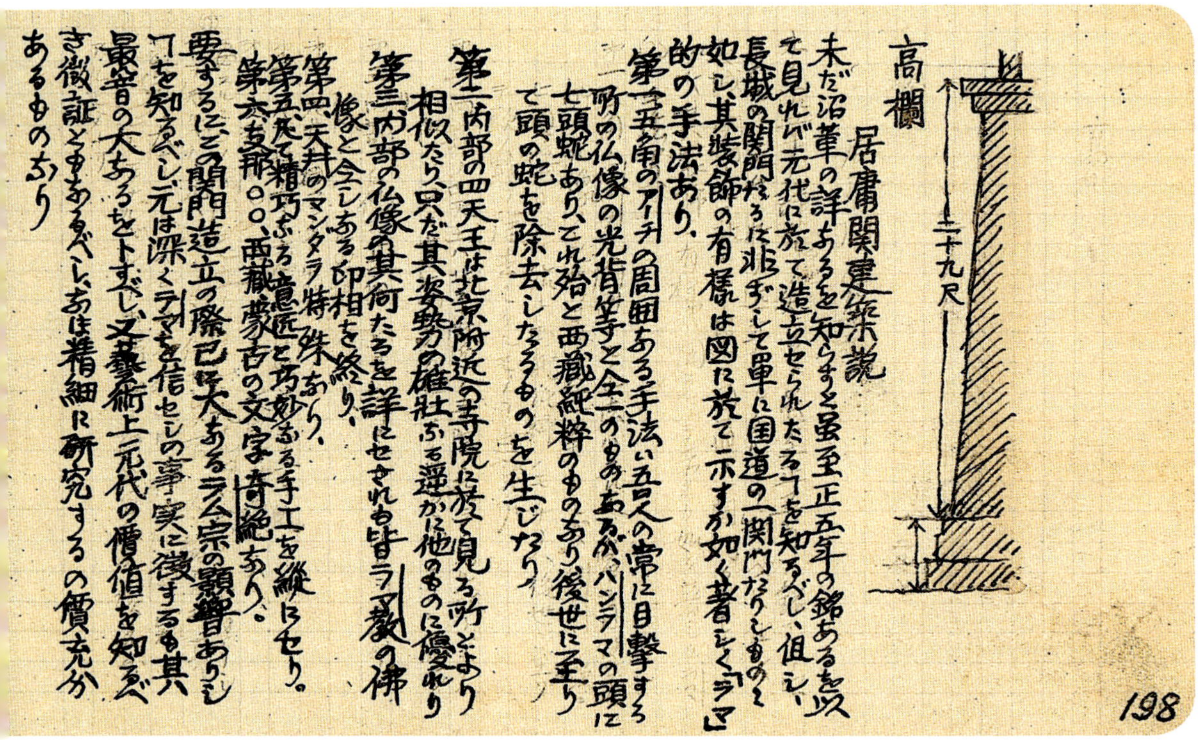
高欄
二十九尺
居庸関建築説
未だ沿革の詳なるを知らずと雖至正五年の銘あるを以
て見れば元代に於て造立せられたることを知るべし、但し、
長城の関門たるに非ずして単に国道の一関門たりしものゝ
如し、其装飾の有様は図に於て示すが如く著しく「ラマ」
的の手法あり、
第一 五角のアーチの周囲ある手法は五百人の常に目撃する
所の仏像の光背等と全一のものあるが、パンラマの頭に
七頭蛇あり、これ殆と西蔵純粋のものなり、後世に至り
て頭の蛇を除去したるものを生じたり、
第二 内部の四天王は北京附近の寺院に於て見る所とより
相似たり、只だ其姿勢の雄壮なる遥かに他のものに優れり
第三 内部の仏像の其何たるを詳にせざれも皆ラマ教の佛
像と今レある印相を終り、
第四 天井のマンダラ特殊なり、
第五 尤て精巧なる意匠と巧妙なる手工を縦にせり。
第六 支那〇〇、西蔵、蒙古の文字奇絶なり。
要するにこの関門造立の際已に大なるラマ宗の影響ありし
事を知るべし、元は深くラマを信ぜしの事実に徴するも其
最皆の大なるをトすべし、又芸術上元代の価値を知るべ
き徴証とするを得べし、尚は精細に研究するの價充分
あるものなり
198

多；第三，内部的佛像都与喇嘛教的佛像相同，并有各种印相；第四，券底的曼陀罗画像比较特殊；第五，创意独特，手法巧妙；第六，内有中国藏族和蒙古族的文字。总之，从关门的建造可以看出喇嘛教在当时的影响力之大，元朝还是非常推崇喇嘛教的，这些东西对研究元代历史有极大的价值。

198 居庸关（5）（6月3日）

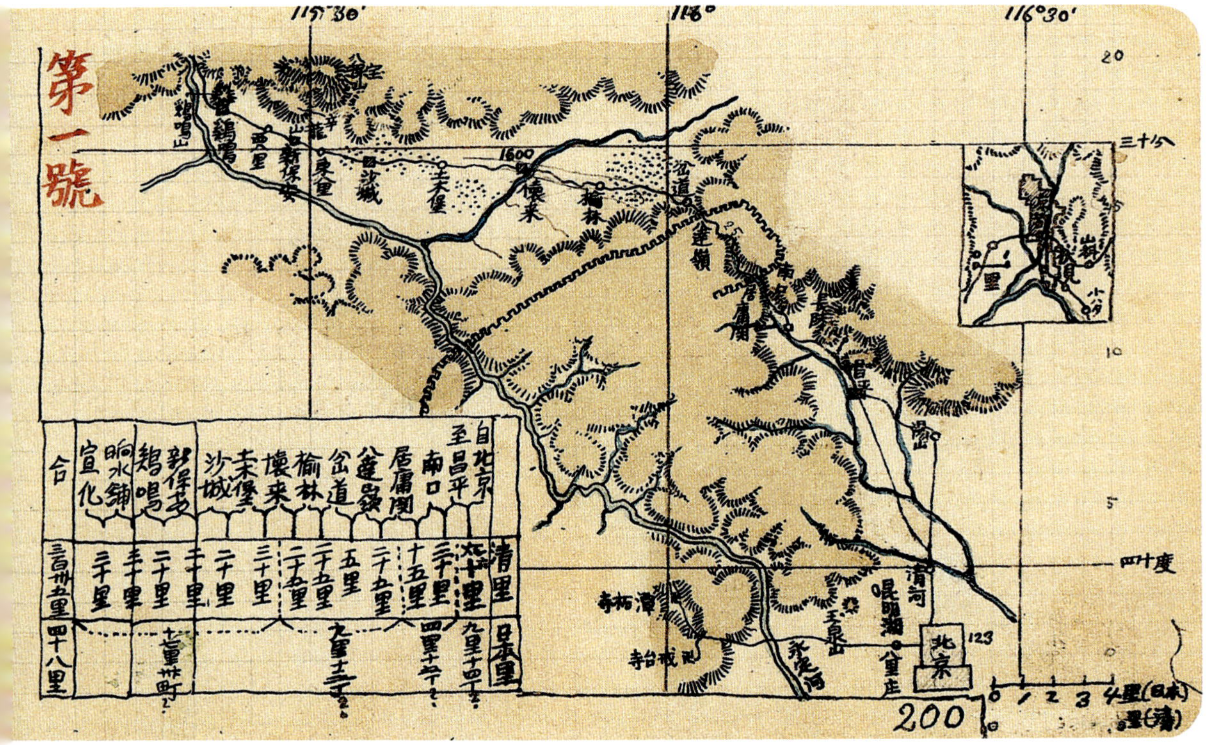
第一號
115°30'
116°
116°30'
四十度
北京
昌平
南口
居庸関
八達嶺
岔道
懐来
沙城
宣化
鶏鳴
清里
日本里
0 1 2 3 4里(日本)
200

200 地图第一号（北京—鸡鸣）

199 八达岭（6月3日）

从居庸关走过一片山地，到达山顶八达岭。关城有东西两门，东门上刻着『居庸外镇』，西门上刻着『北面锁钥』，两门与城墙相连，城墙（长城）依山而建，蜿蜒曲折，像一条长蛇延伸到远方。

八達嶺より東方を望む（万里長城）
199

201 从岔道去榆林途中的大沙滩（6月3日）

下了山岭，再走5里左右，有个岔道。前面是大片沙滩，沙滩里只稀稀落落地有些柳树，这就是通往张家口的路线。

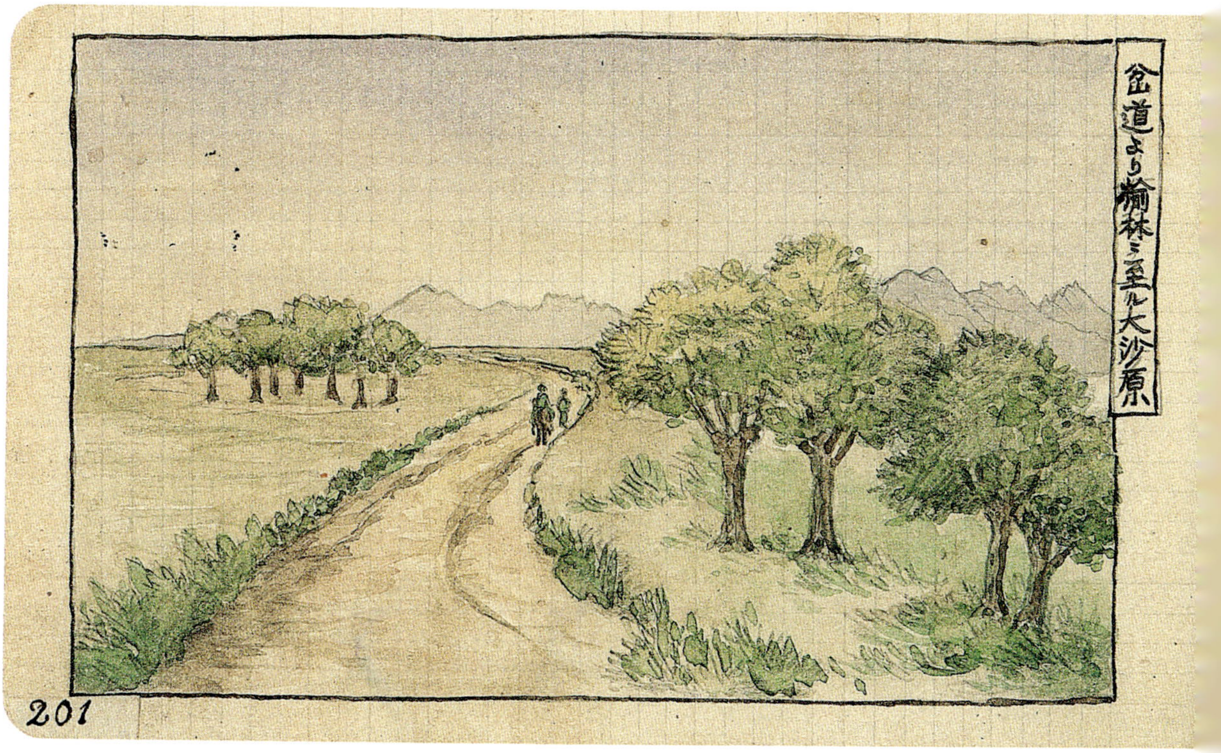
岔道より楡林ニ至ル大沙原
201

眺望楼 面阔四间，开设有拱形窗户。

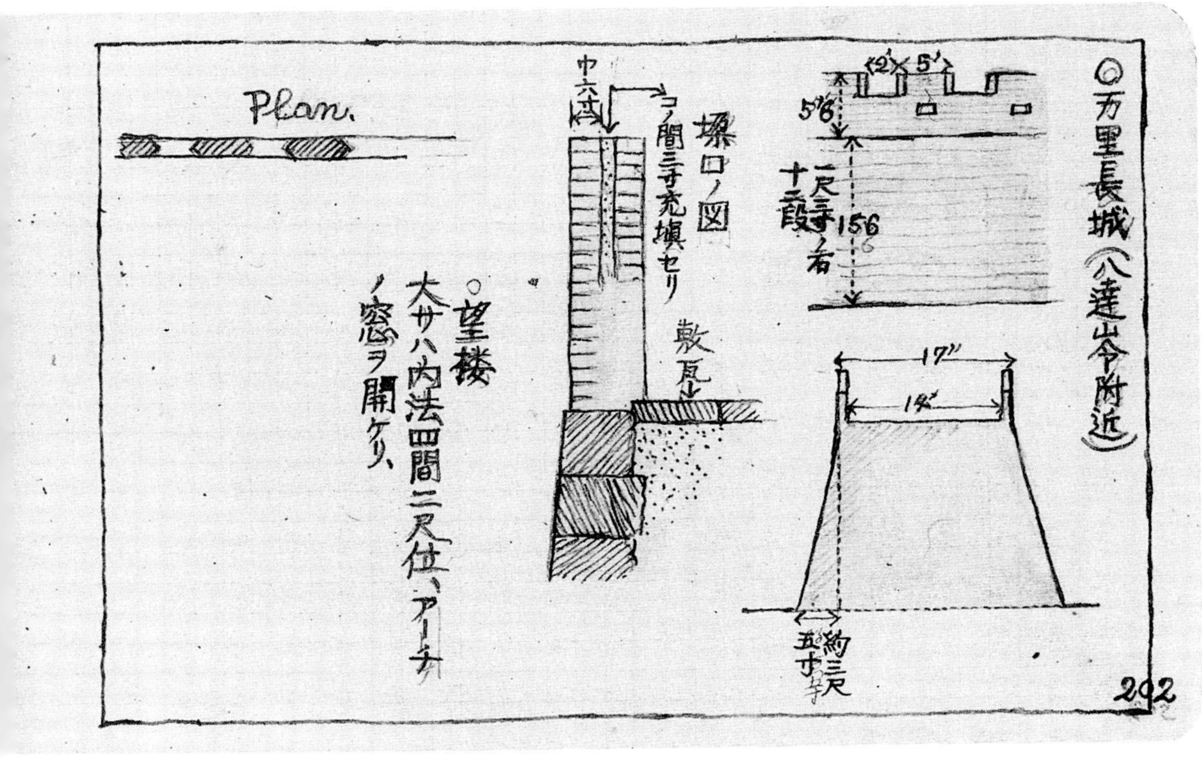
○万里長城（八達嶺附近）
Plan.
○望楼
大サハ内法四間二尺位、アーチノ窓ヲ開ケリ、
塀ロノ図
コノ間二寸充填セリ
敷瓦
156
17'
14'
202

202 万里长城（6月3日）

对八达岭附近的长城进行了实际探测，八达岭附近的长城是明代完工的，结构最为完整，与张家口（第二卷6图）相比较的话，差别还是很明显的。

这个村庄的房屋很特别，在店前有长约一间的回廊，有如日本的雪国屋檐下有博风板，屋顶为单坡。

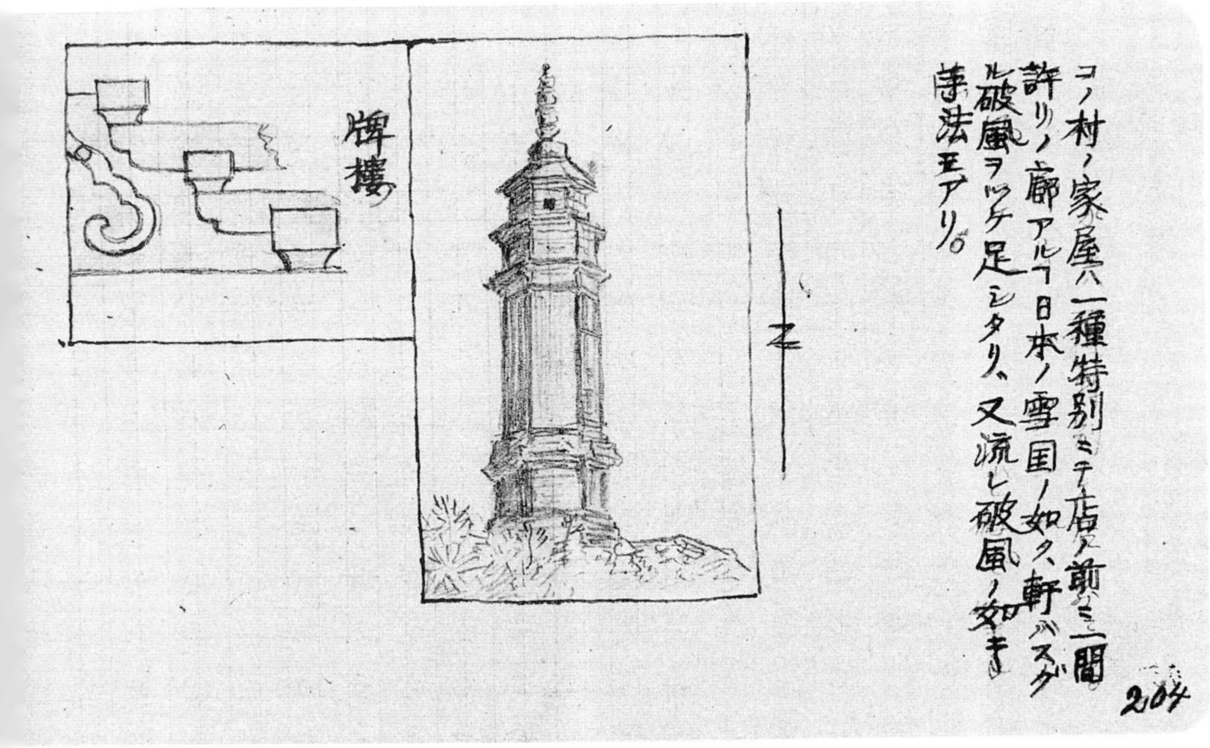
牌樓
コノ村ノ家屋ハ一種特別ニテ店ノ前ニ一間許リノ廊アルコト日本ノ雪国ノ如ク、軒ハスグル破風ヲツケ足シタリ、又流レ破風ノ如キ手法モアリ
204

204 怀来（2）（6月4日）

走在怀来街头，觉得这个地方房屋的构造还是很有趣的。左图是泰山庙的四重塔。

怀来

泰山庙（道教） 屋顶的构造尤为奇特，鸱吻也与众不同。在屋脊的正中建有一楼阁状的物件，左右各有6个骑着马全副武装的塑像，鬼瓦中有鱼，为一奇观。旁吻上有骑像，下梁下有鬼龙子。

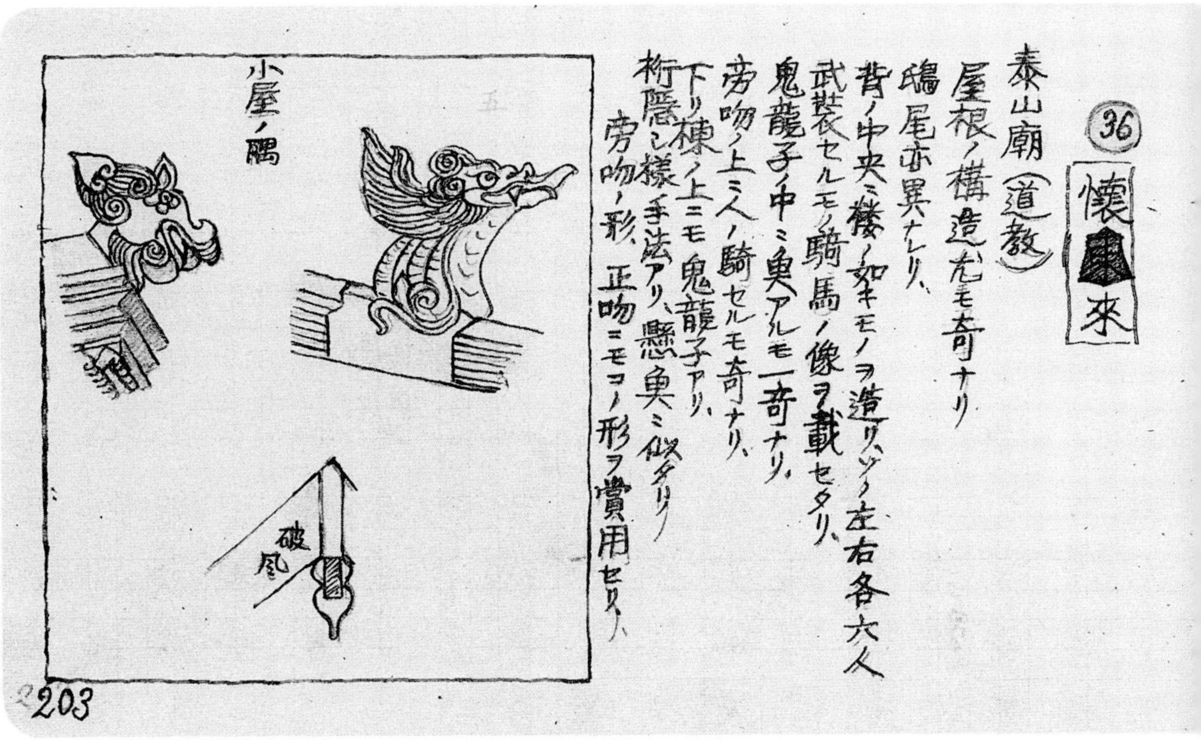
36
懐來
泰山廟（道教）
屋根ノ構造尤モ奇ナリ
鴟尾亦異ナリ、
背ノ中央ニ楼ノ如キモノヲ造リ、ソノ左右各六人
武装セルモノ騎馬ノ像ヲ載セタリ、
鬼龍子ノ中ニ魚アルモ一奇ナリ、
旁吻ノ上ニ人ノ騎セルモ奇ナリ、
下リ棟ノ上ニモ鬼龍子アリ、
桁隠シ様ノ手法アリ、懸魚ニ似タリ、
旁吻ノ形、正吻ニモコノ形ヲ賞用セリ、
小屋ノ鴟
破風
203

203 怀来（1）泰山庙（6月4日）

怀来是一个有一千余户人家的大城镇，街头也很热闹。泰山庙就位于怀来城处的东侧，鬼龙子是屋脊上的一种装饰，也叫走兽，有各种各样的形状。

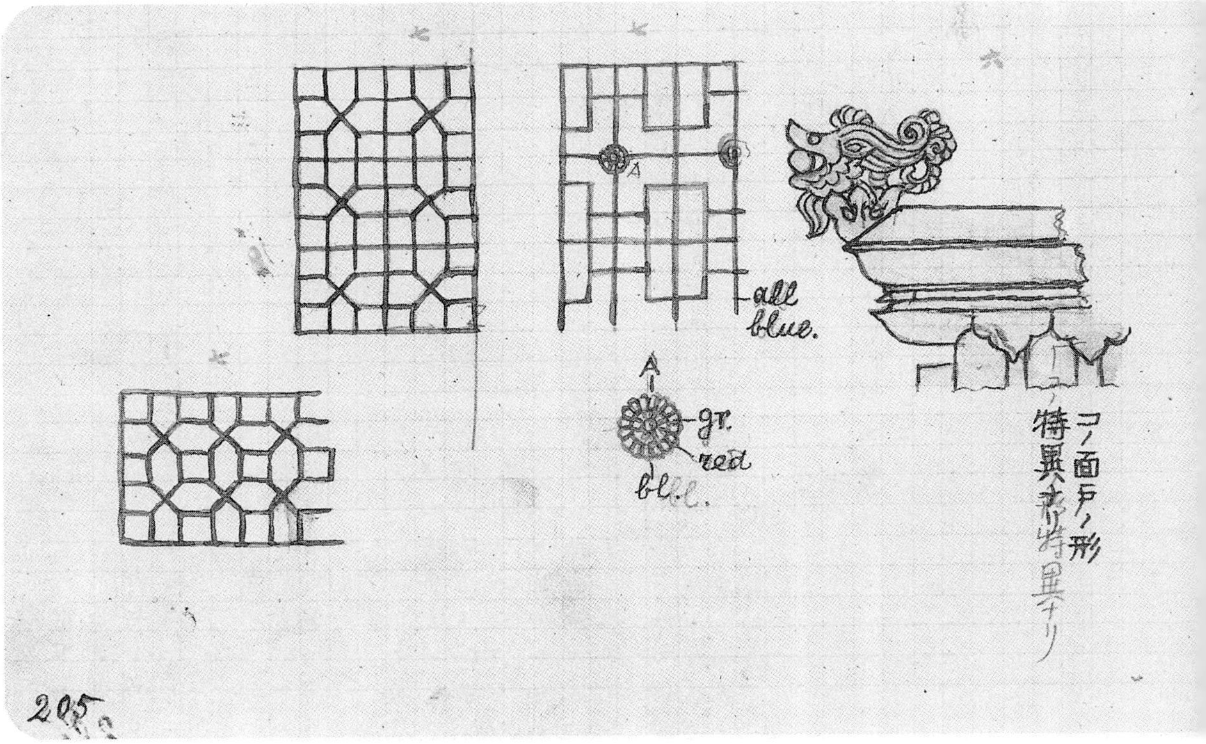
all blue.
A
gr.
red
blue.
コノ面戸ノ形
特異ナリ
205

205 怀来（3）（6月4日）

右面的图是民宅屋顶的装饰，与泰山庙屋顶上的装饰基本相同。左面的图是民宅窗户的样式，呈格条状。

将这些半圆形的瓦，垒成如左图的形状。

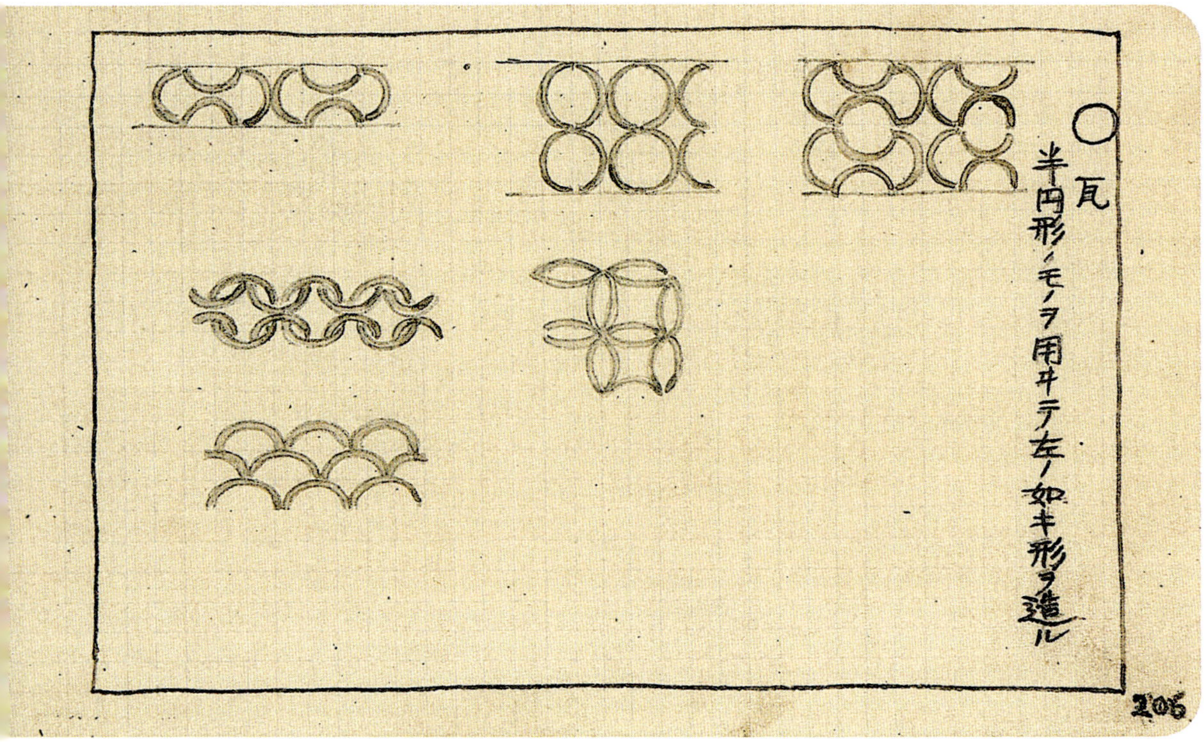
○瓦
半円形ノモノヲ用ヰテ左ノ如キ形ヲ造ル
206

206怀来（4）（6月4日）

把瓦组合成不同的形状，叫『瓦花』，多用于围墙的顶部或墙体本身，瓦花的种类有很多。

悬鱼的种类

面户瓦种类很多，创意独特，大梁的装饰手法也很多。

创意颇为丰富

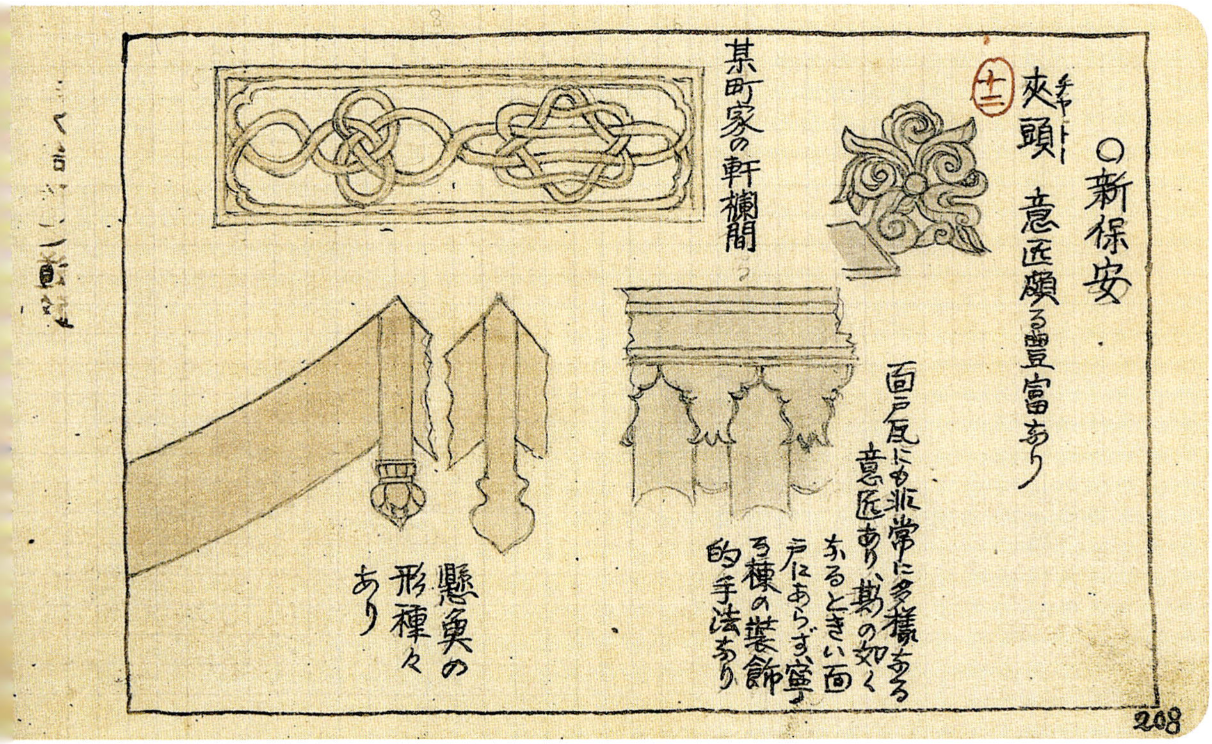
○新保安
意匠頗る豊富あり
某町家の軒欄間
懸魚の形種々あり
208

208新保安（6月5日）

面户瓦是建筑物正脊处使用的脊瓦，起装饰作用。悬鱼是挂在屋顶两端博风板上的一种装饰物。

这个部位雕刻有龙，手法极好。
在双坡屋顶中央，有哥特式风格的圆形拱顶，绘有以蔓藤为图案的曲线花纹，与日本的六叶草相似，颇为奇特。
附近村落的入口处和出口处都有类似神社的建筑，其实是唱戏的舞台，即剧场。

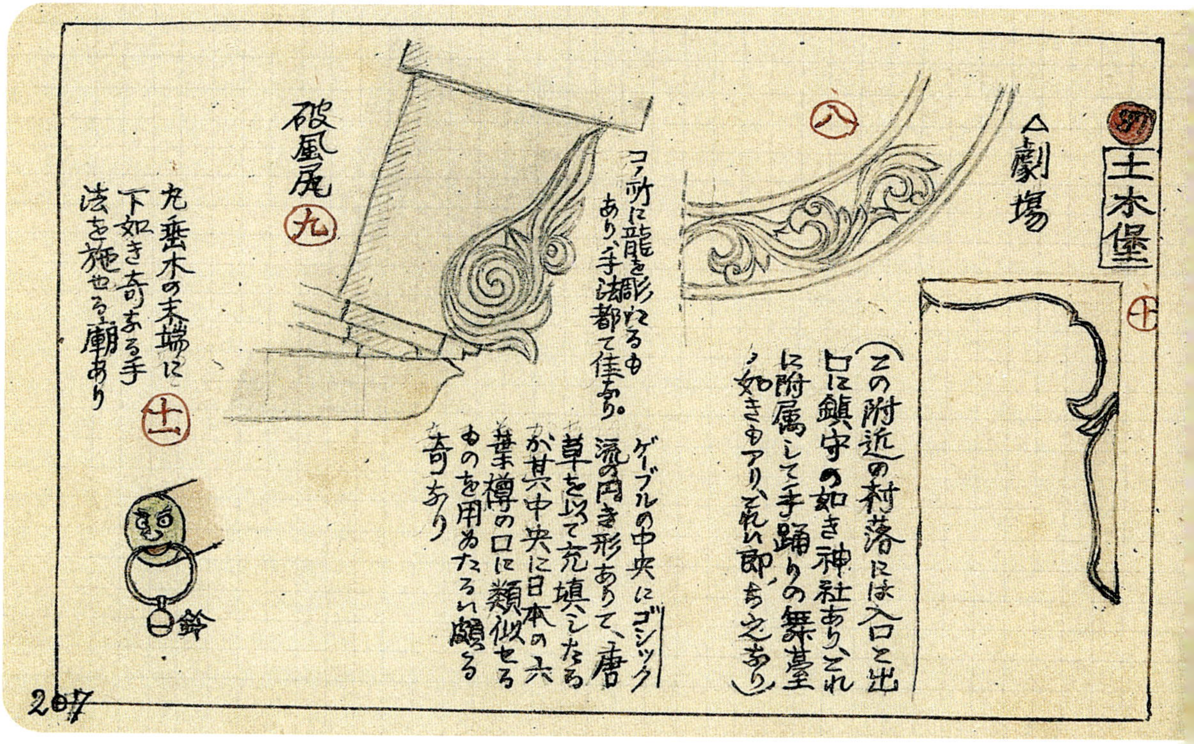

207 **土木堡（6月4日）**

土木堡，是明英宗被瓦剌军俘虏的古战场，也就是历史上有名的土木堡之变（1449）。土木堡有一个戏台，右图八是圆形窗户的边框。右图十是戏台入口处的绘画。土木堡是一个很贫穷的村庄。

209 **晌水铺附近的道路（6月5日）**

据日志记载：晌水铺附近的路都是山路或河道，马车极难通过。不仅如此，山路非常狭窄，有很多马、骡子、毛驴、骆驼等行走在这条路上，非常混杂，特别浪费时间。

从晌水铺附近远望黄阳山。

210 从晌水铺附近看到的黄阳山（6月5日）

黄阳山下是一片平缓的田野，连绵数十里。田野上有几座像波浪一样起伏的小山丘，这座死火山高约七千尺，是张家口一带最高的山丘。

上层面阔五间，进深二间，下层面阔七间，进深三间。

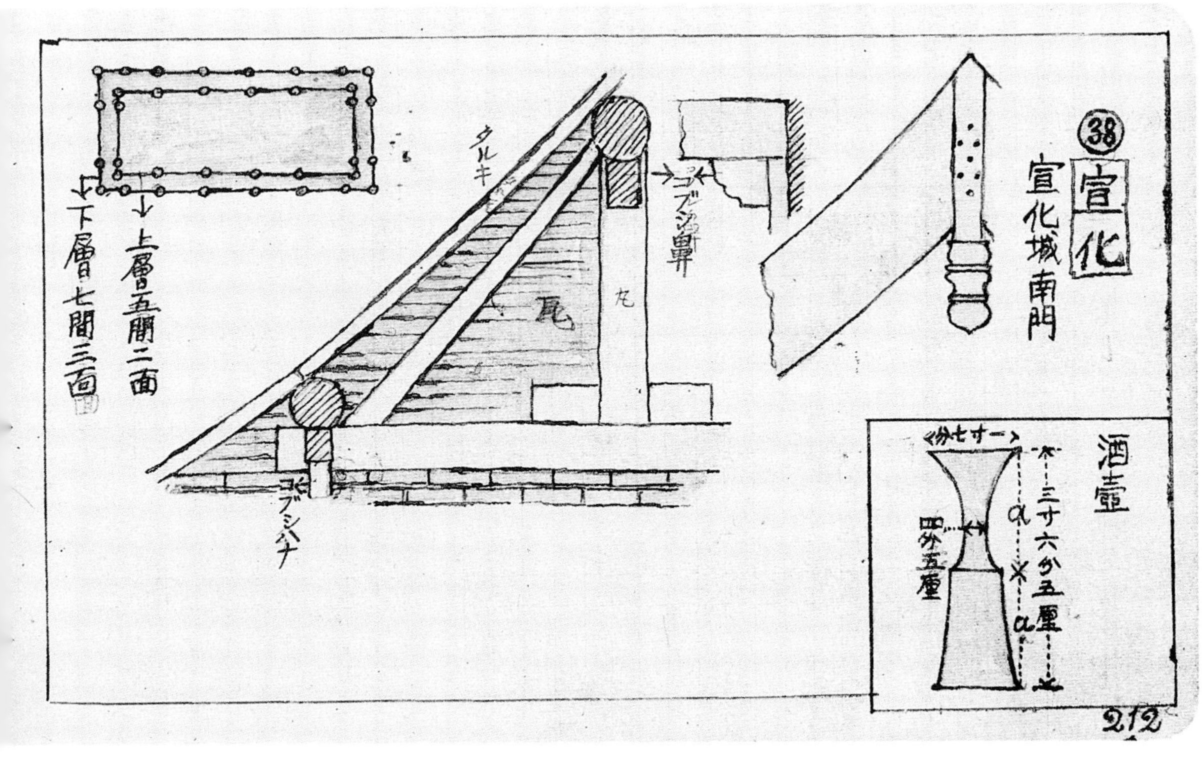

212 宣化府（1）（6月6日）

宣化府当时号称是六里四方，但笔者觉得是四里四方。走访完南门后进入城内，城里有很多卖日本擦手毛巾的商户。房屋的建筑保存有古代的风格，能获得很多有用的东西。

211 地图第二号（鸡鸣—三十里铺）

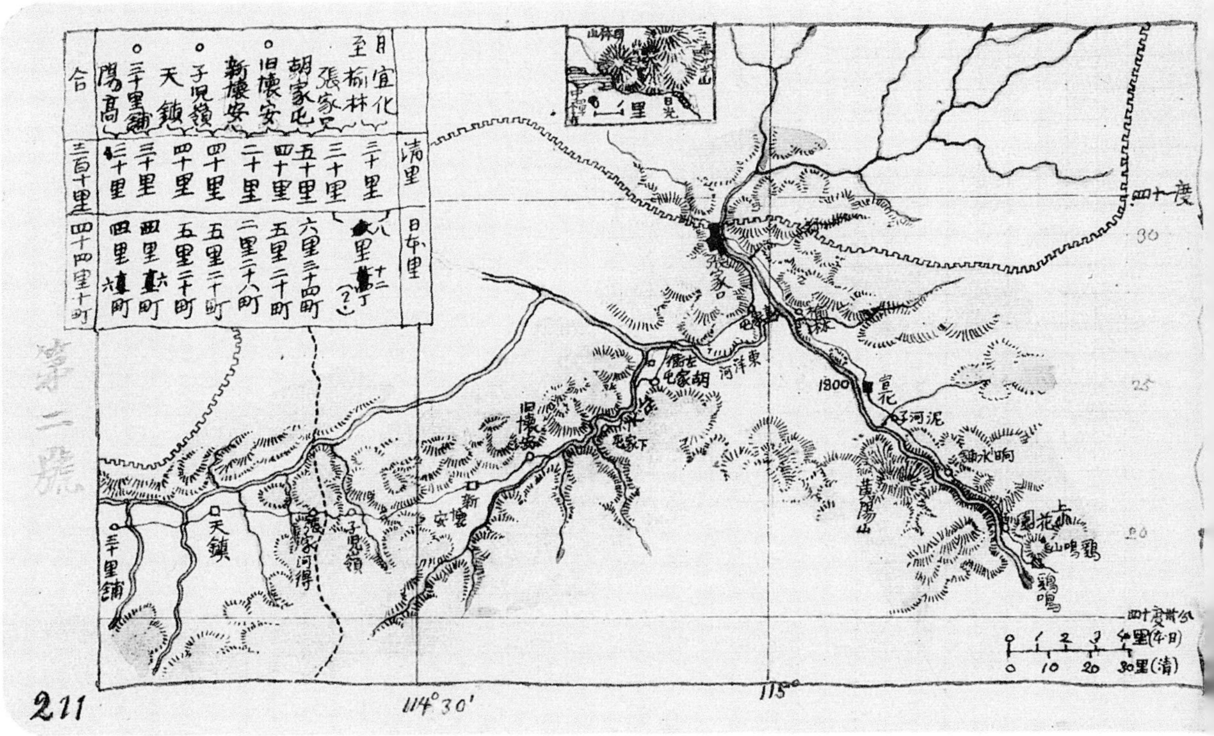

除了这些以外，还有很多造型不同的东西，可以说造型无数。这些东西和日本的金刚栅、金刚垣相同，创意奇特。

213 宣化府（2）（6月6日）

金刚栅、金刚垣在日本的仁王门等地，经常可以看到是排列为一排的栅栏。这些东西一般摆在家门口等地。

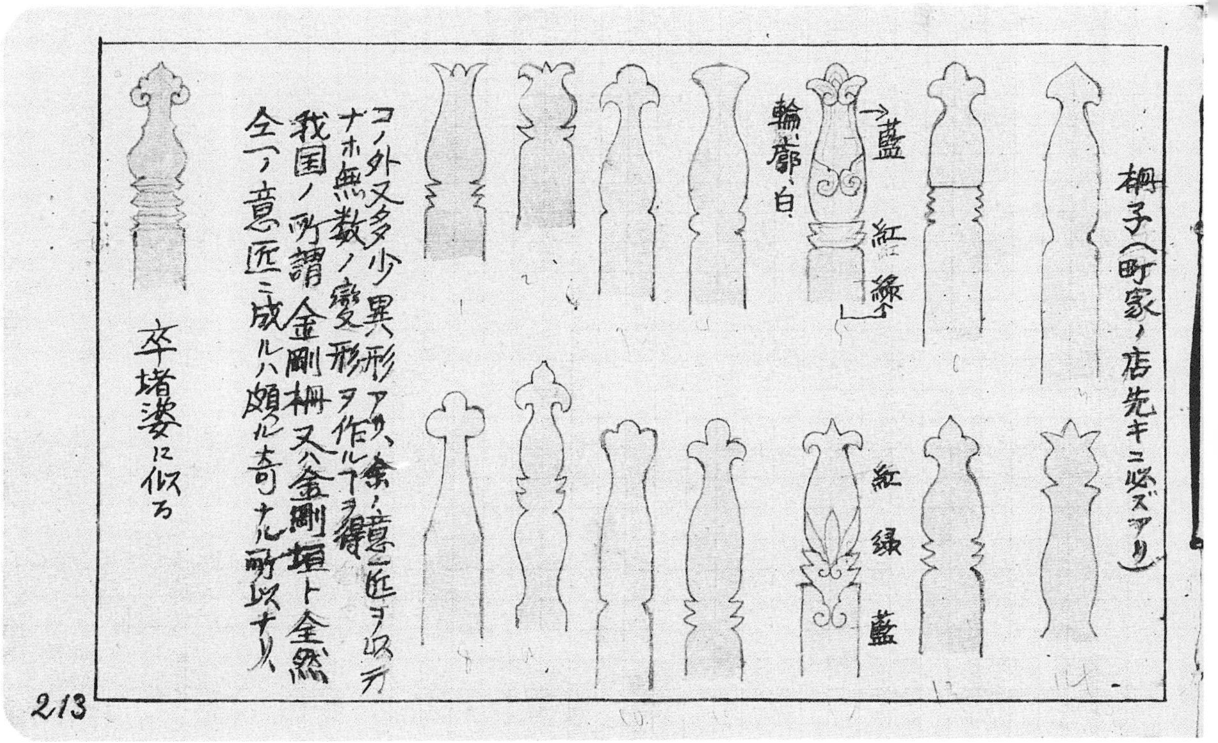

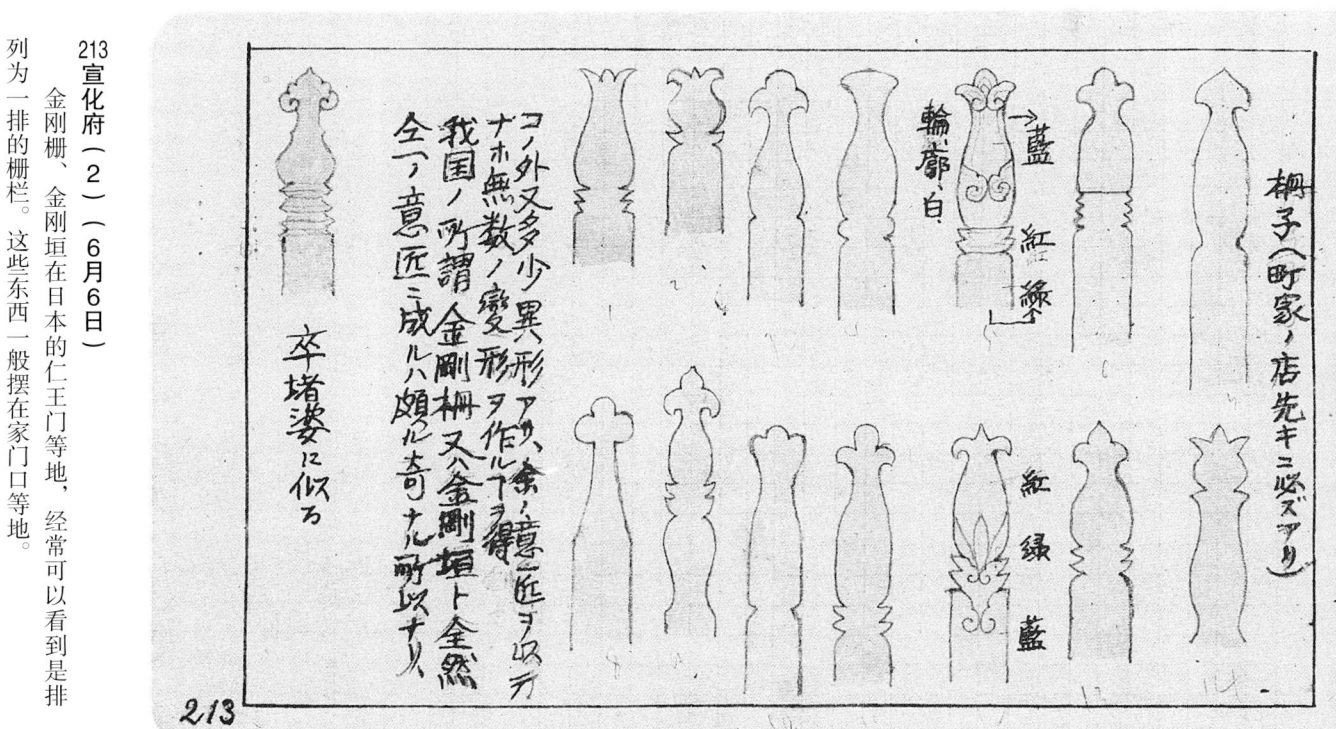

钟楼 为三层歇山顶，前后有走廊，正殿门前有走廊，如左图。

某殿堂博风板上的装饰。

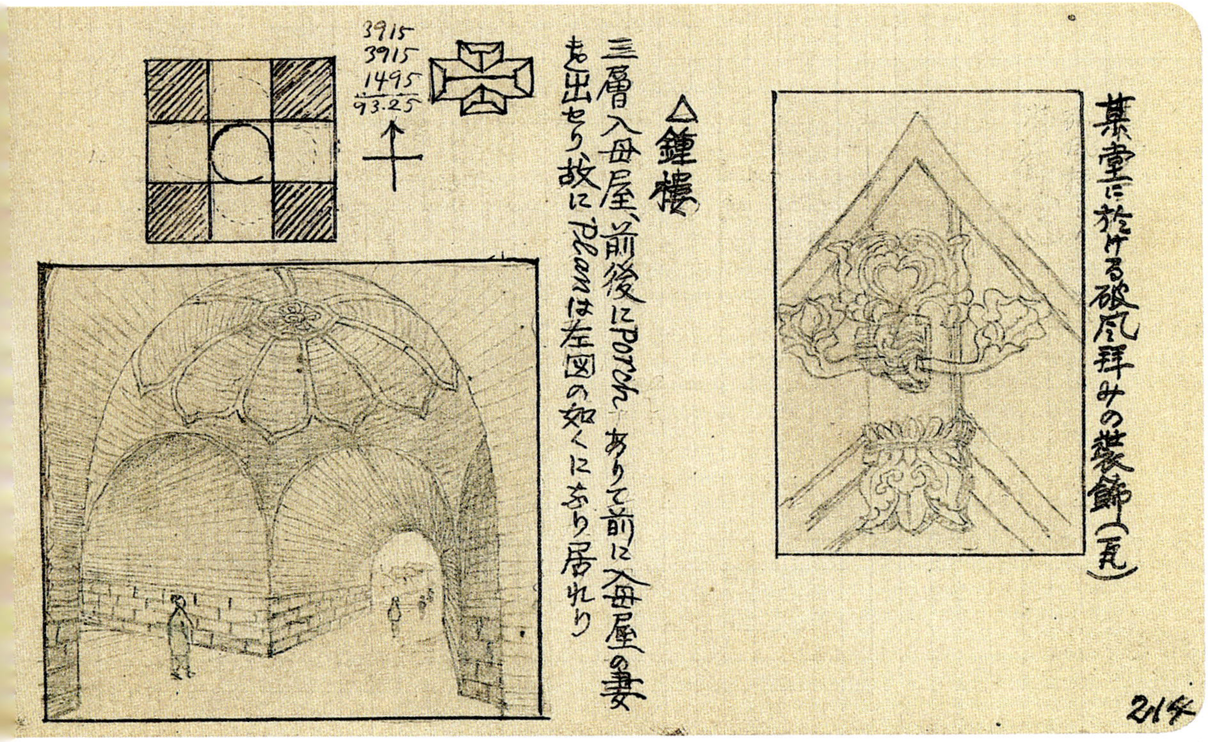

214 **宣化府（3）（6月6日）**

钟楼建在高九十三尺二寸五分的砖造十字券洞上。券门宽为十四尺九寸五分，为穹窿顶。宣化以西地区的钟楼、鼓楼都采用这种建筑手法。

下层斗拱图

楼上平面图

楼下平面图

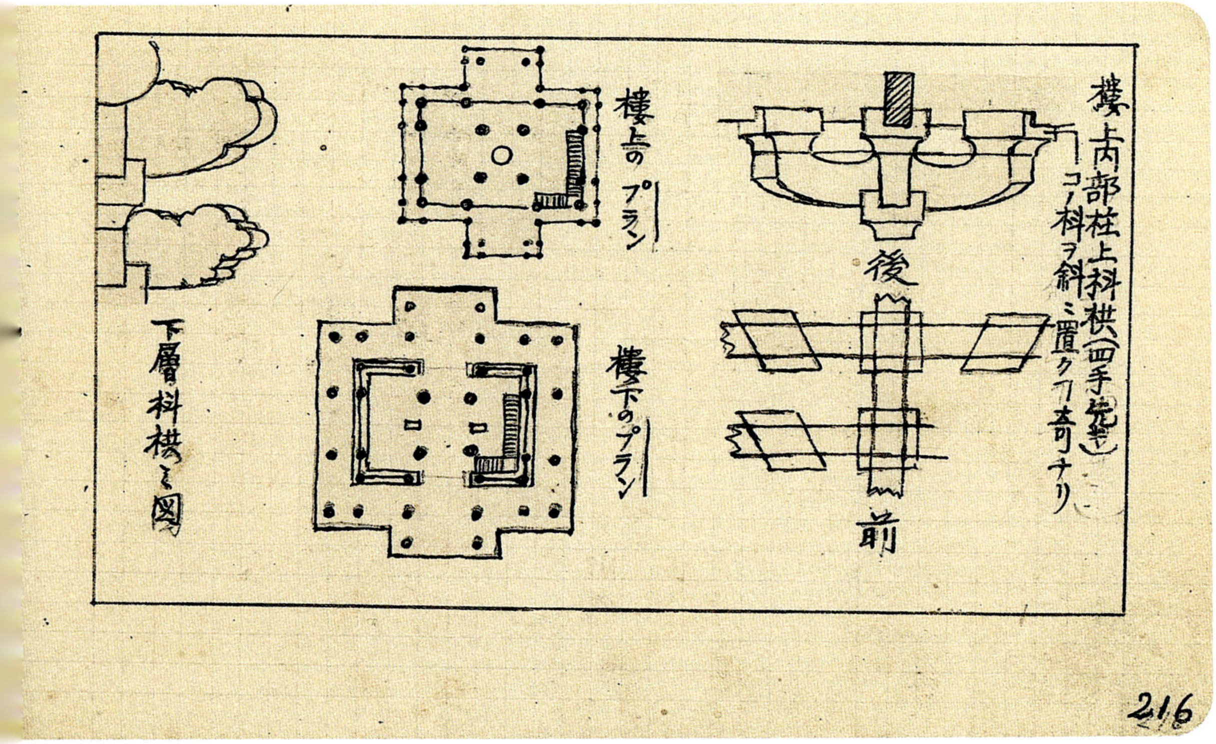

216 **宣化府（5）（6月6日）**

钟楼的下层为五间三面（开间是五间，进深是三间），四周设一环形走廊。内柱用砖围绕，大钟用四根通天柱架于楼体上层中央。上层面阔三间，进深三间，采用歇山式屋檐构造，上下层都有参拜厅。

钟楼上的斗拱

215
宣化府（4）（6月6日）

笔者认为下层侧面的手法是『花屉的形状』，是日本镰仓时代惯用的手法，值得关注。

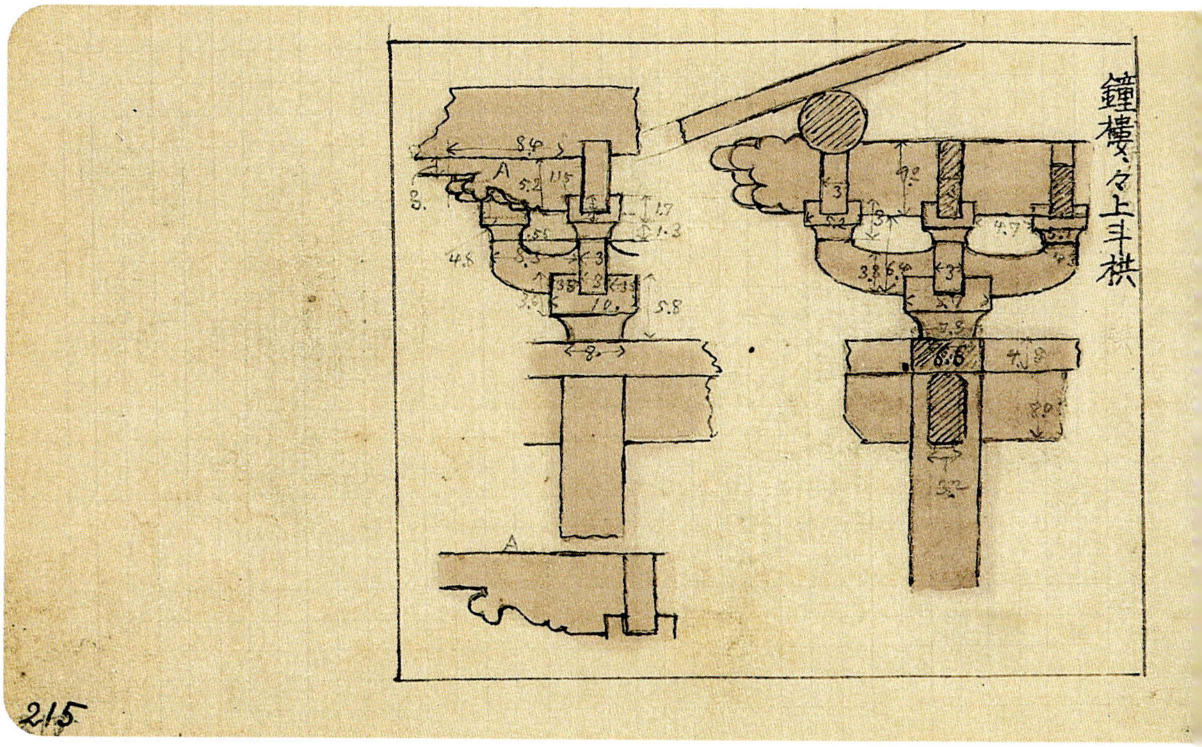

在楼的下层有二通碑

（1）碑铭：大明弘治七年岁次甲寅九月上日

（2）有重建的碑文：清远楼记

末尾为：乾隆岁次戊辰闰七月朔日文林郎宣化，尔知县加一级西蜀雷时建立。此碑为明代建筑，破损严重，丹青也已剥落。在修缮时，保存了明代样式，被认为是明代的遗物。修缮时，在原有的基础上，采用了斗拱拳鼻等手法。

217
宣化府（6）（6月6日）

『vault』是圆筒状的顶棚。

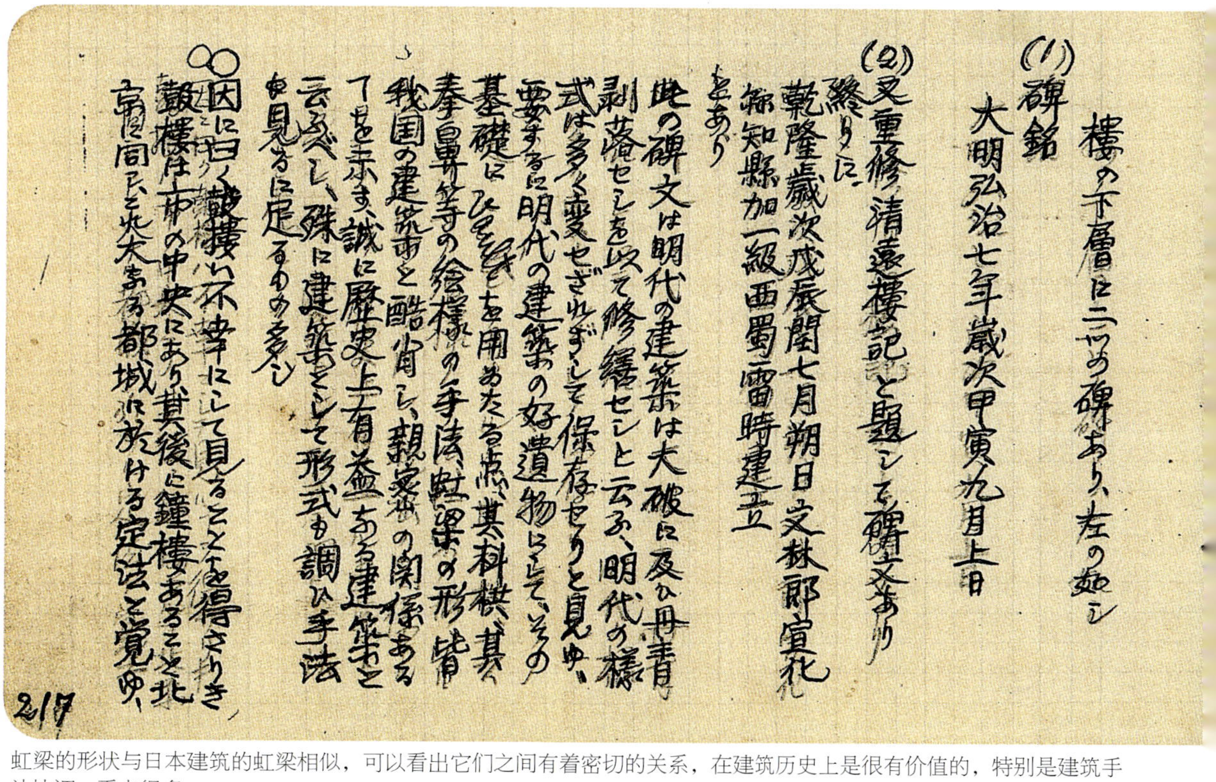
楼の下層に二ヶの碑あり、左の如し
(1) 碑銘
大明弘治七年歳次甲寅九月上日
(2) 又重修清遠楼記と題して碑文あり
終りに
乾隆歳次戊辰閏七月朔日文林郎宣化
府知縣加一級西蜀雷時建立
とあり
此の碑文は明代の建築は大破に及び丹青剥落せしを以て修繕せしと云ふ、明代の様式は多く変更せざりしと見ゆ、保存せりと見ゆ、その要する所は明代の建築の好遺物にして、その基礎にて……を用ひたる点、其斗栱、其拳鼻等の絵様の手法、虹梁の形皆我国の建築と酷肖し、親密の関係あるを示す、誠に歴史上有益なる建築と云ふべし、殊に建築として形式も調ひ手法も見るに足るもの多し
○因に曰く、鼓楼は不幸にして見ることを得ざりき
鼓楼は市の中央にあり其後に鐘楼あることは北京に同じ、是大なる都城に於ける定法と覚ゆ、
217

虹梁的形状与日本建筑的虹梁相似，可以看出它们之间有着密切的关系，在建筑历史上是很有价值的，特别是建筑手法协调，看点很多。

○鼓楼在市中央，其后是钟楼。

218 宣化府（7）（6月6日）

下层采用『出檐』的手法，如右图可以看到以台轮为首的挑山、板壁、虹梁等。

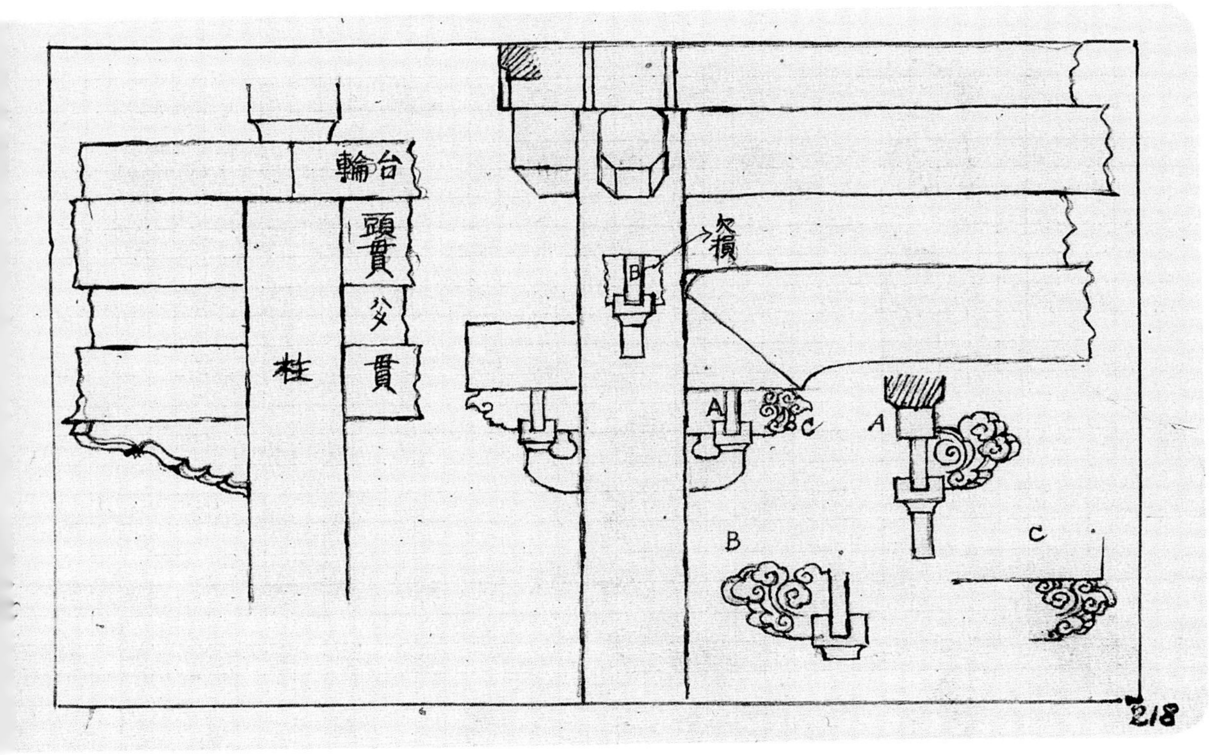

220 宣化府（9）（6月6日）

玉皇阁矗立在高高的石砌城垣之上，是一座木构三层建筑。上层为歇山顶，山墙上有在日本经常看到的悬鱼和驼峰。

康熙五十六年重修的石碑。

第三层的屋檐。

悬鱼的形状很特别。

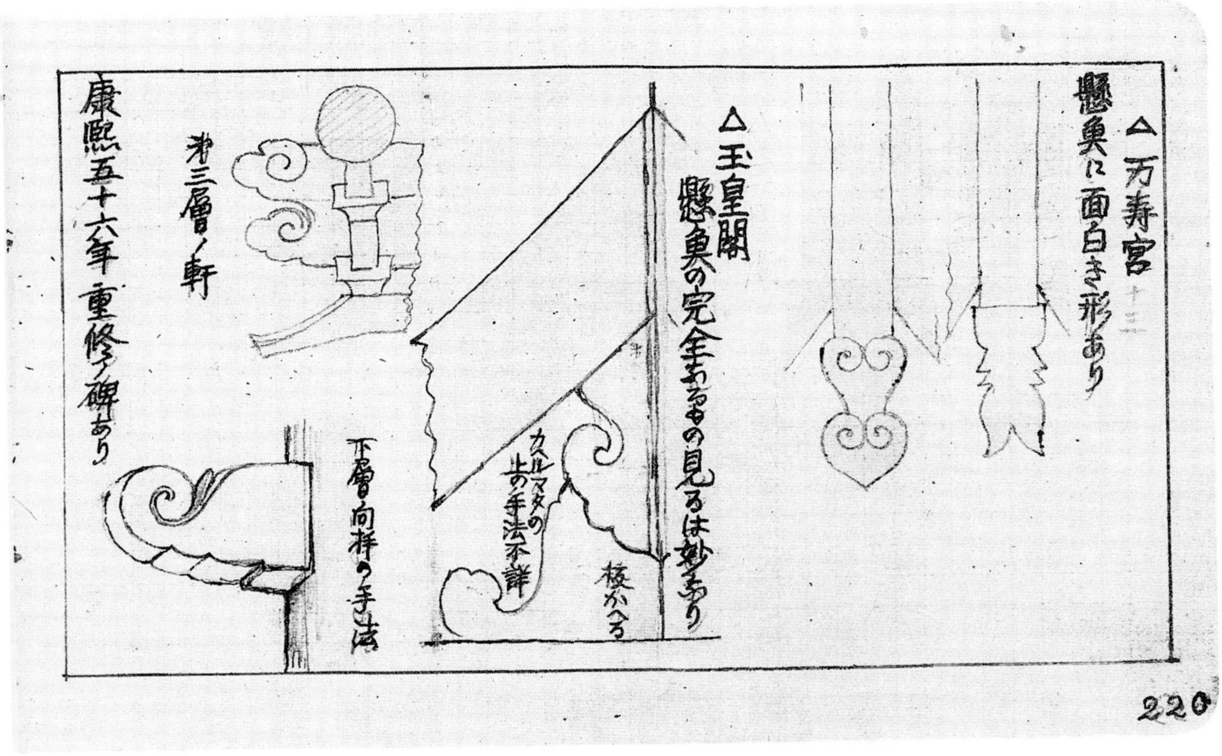

像这种单坡层顶的博风板的案例有很多。而且还附带有惹草。

街上有很多这种二层建筑，前面带有厢房，多采用单出水的博风板。博风板和屋顶的坡度是有一定关系的，墙面装饰也很发达，值得观赏。

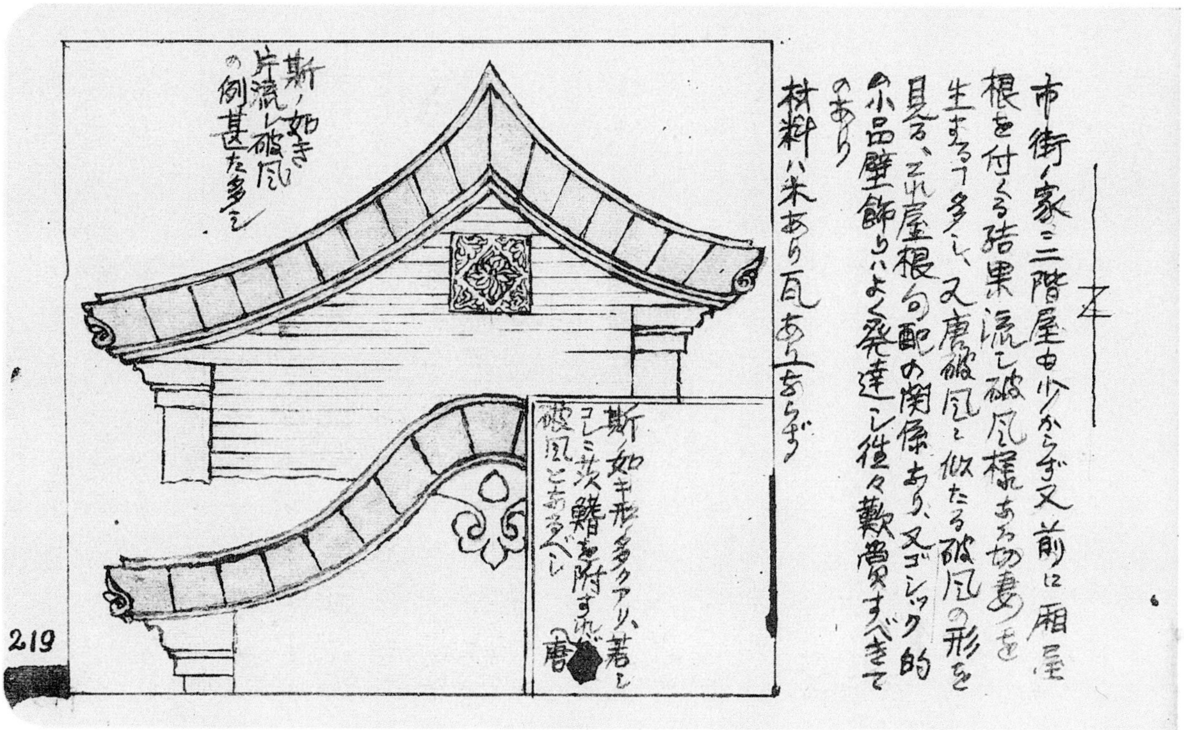

市街ノ家二階屋も少からず又前に廂屋根を付くる結果流レ破風構ある切妻を生ずること多し、又唐破風と似たる破風の形を見る、これ屋根勾配の関係あり、又ゴシック的の小品壁飾りはよく発達し往々歎賞すべきてのあり
斯ノ如き片流レ破風の例甚だ多し
斯ノ如キ形多クアリ、若しコレニ装飾を附すれば唐破風となるべし
219

219

宣化府（8）（6月6日）

博风板，是指屋顶两端伸出山墙之外的板，意在防风雪。惹草是指在博风板上能看到的云状装饰物，是钉在博风板边沿的方形木板。

钟楼的设计巧妙，墙体前出，上面建筑的平面设计和立体设计都很巧妙。

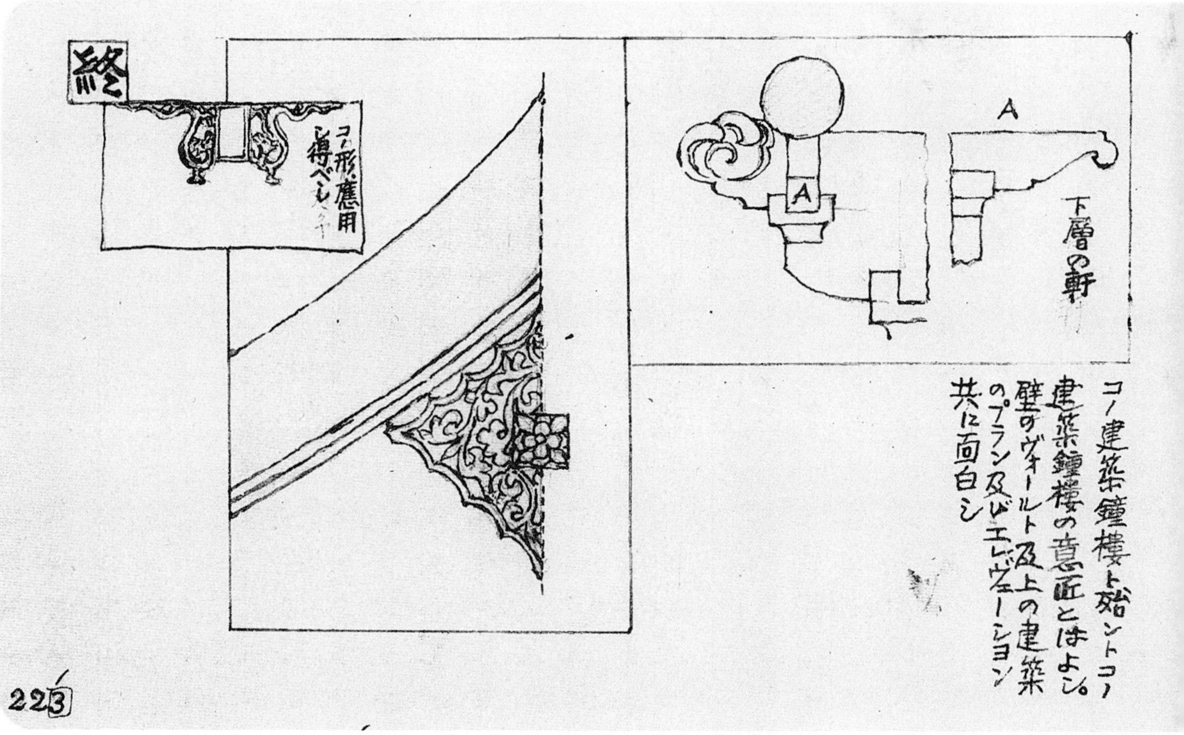

終
コノ形應用し得べし
A
A
下層の軒
コノ建築鐘楼ト始ンドコノ壁のヴォールト及上の建築のプラン及びエレヴェーションは共に面白し
223

221

宣化府（10）（6月6日）

文中第二行的记录比较混乱，是玉皇阁钟楼创意好的意思。

第二卷 行程略图

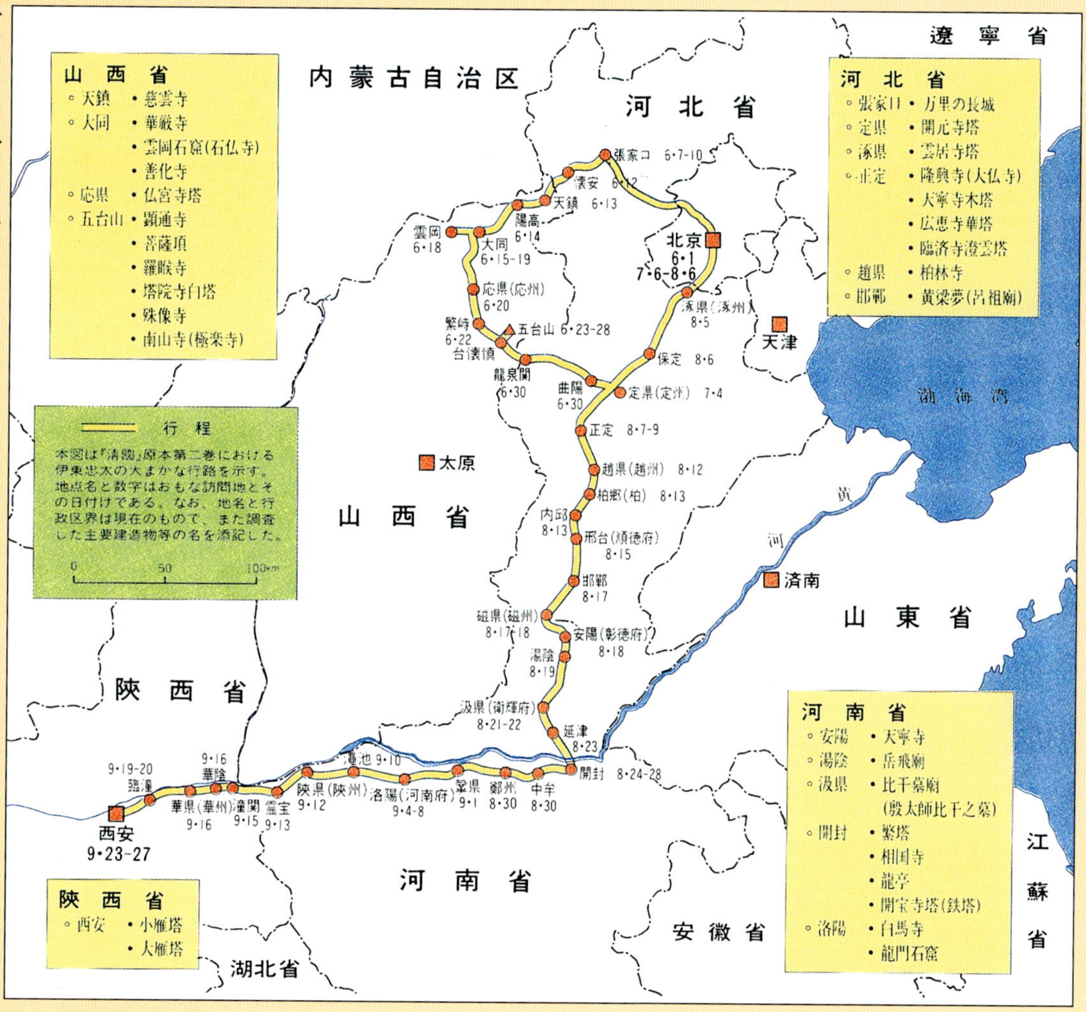

6月1日，从北京出发去五台山进行调查。这次的旅行与以往不同，不是持有大清护照的官方允许行为，而属于个人行为。住宿是民间的普通旅馆，吃饭也是自费，粗茶淡饭，晚上还要吹冷风，其中也有过很多失败的经历。

6月7日到达张家口，6月15日到达大同，6月18日骑马去云冈石窟的石佛寺，即现在的第二区进行了考察。在云冈看到了法隆寺的渊源。从日志中可以看出，笔者对云冈研究的发现，感到惊喜。从大同往南，在去往五台山的途中，看到了应县木塔，它与云冈石窟一样，都是笔者偶然发现的。云冈和应县部分可以说是第二卷的精华部分，对五台山的调查，笔者在日本学者中也是最早的一位。从6月24日开始，历经五天，笔者以台怀镇的佛教寺院为中心展开了调查。从五台山往东走，就到了曲阳、正定，从保定乘火车返回北京，到达北京的时间是7月6日，之后一直在北京待到8月5日。

8月6日从北京出发，去往河北（直隶）、河南郑州、开封、洛阳等地，途经华山去往西安。这条线路是老朋友冈仓天心在1893年时走过的，伊东忠太对这条线路也有所耳闻。在日志中引用了《栈山峡雨日记》，它是日本汉学家竹添进一郎于1876年（明治九年）探寻时的记录。途中，笔者深刻地感受到了中国历史的深厚，目堵了黄河文明遗址。看到了小说《三国演义》中出现的地名，调查了各地的佛教寺院和道观、建筑、坟墓等。9月6日、7日对洛阳郊外的龙门石窟进行了调查，7日晚上住宿在了龙门附近的客栈。

到达西安后，参观了秦始皇陵，在华清池洗了温泉，在西安期间，参观以碑林为首的名胜古迹，佛教寺院等。

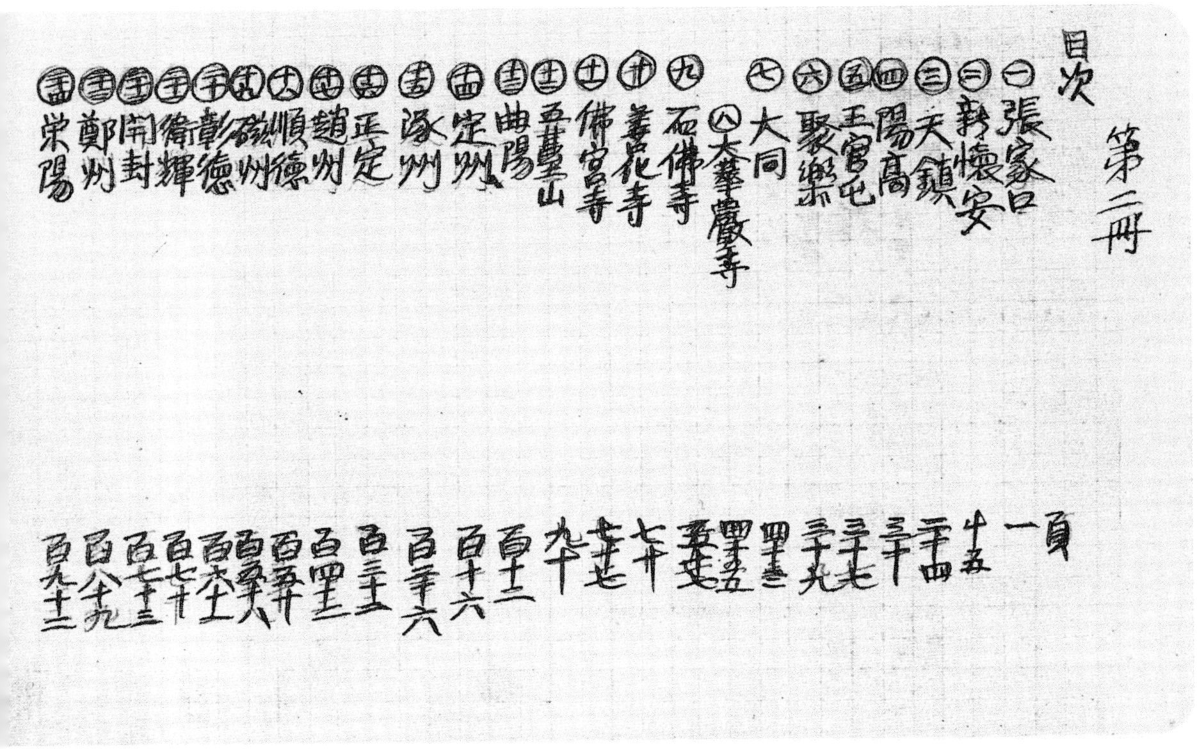

目次　第二冊

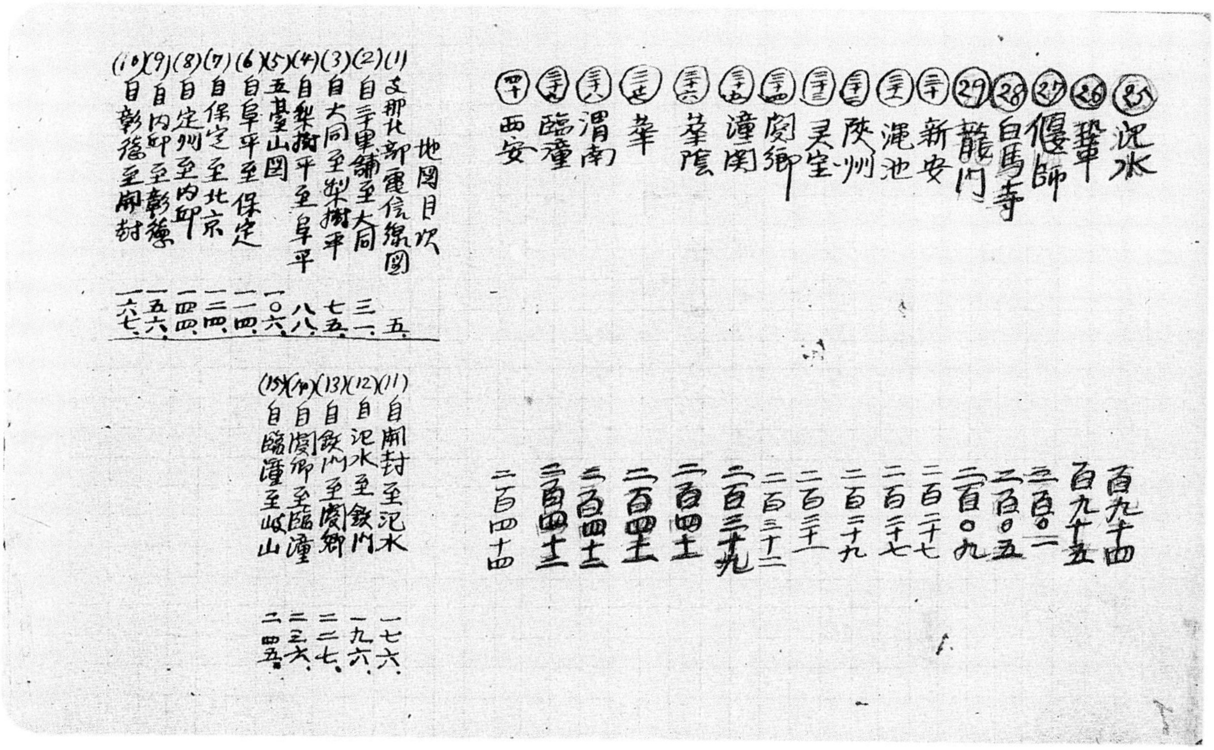

柱子顶端有鬼面。横梁的切口处装饰有人物像。屋脊正中的修建手法和正切的手法与在宣化附近看到的手法相同。

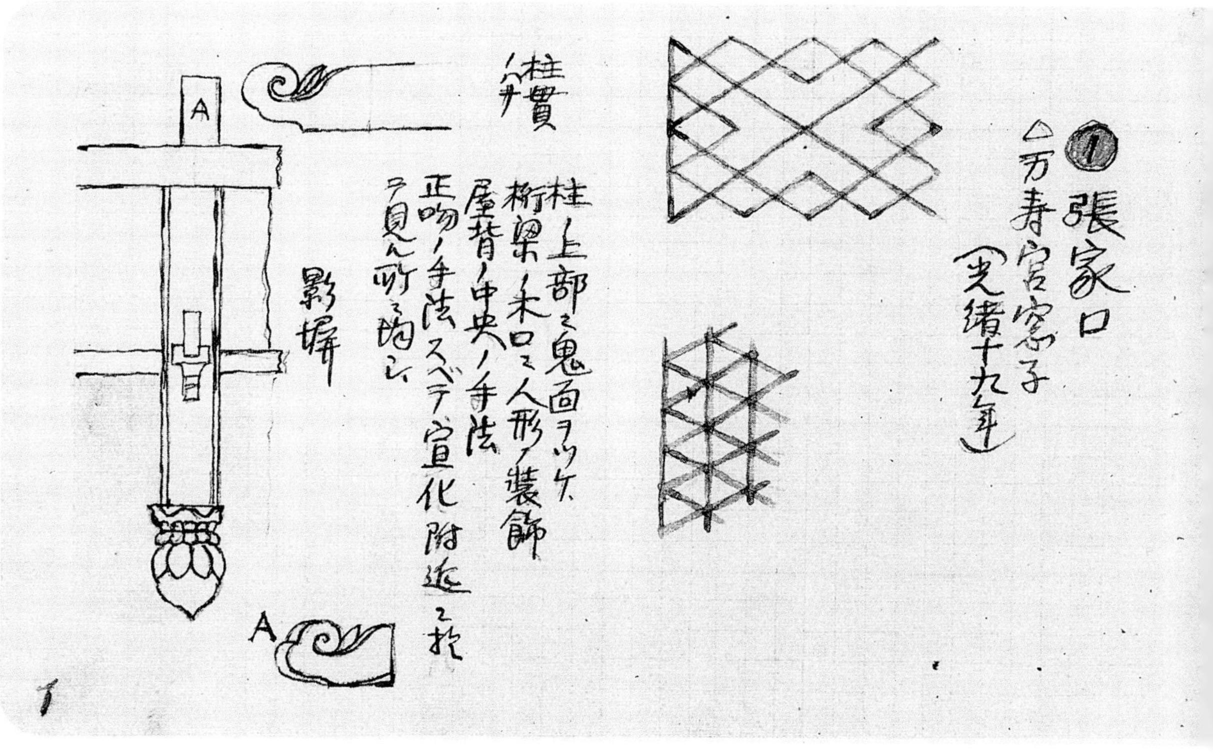

1张家口（1）万寿宫（1）（6月7日）

张家口位于北京西北约395里处，与万里长城相邻。人口约十万，是一个重要的交易场所。据日志记载，于6月7日下午5：30到达张家口。当地有价值的建筑物有：关帝庙、文昌阁等，都是新建筑物。万寿宫也是张家口市内的古迹。『影屏』也叫影壁，是用于遮挡视线的墙壁，多建在大门内侧。

直隶省

2 张家口（2）万寿宫（2）（6月8日）

『石椿子』是拴马的石柱。这与孙悟空在天界做养马的小官（弼马温）有一定的关联。

大钟的龙头图案很古怪，类似于人头。

正吻

附近拴马的石柱上有石猴像

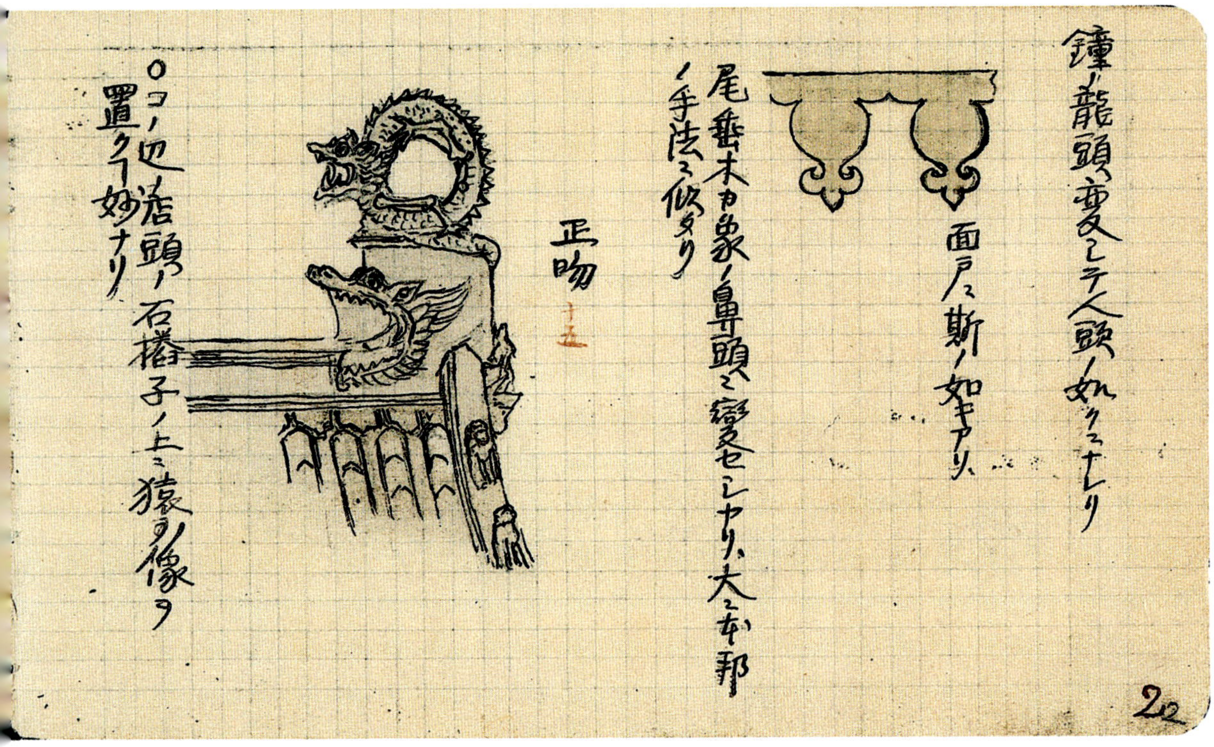
鐘ノ龍頭変ニテ人頭ノ如クナリ
面戸ハ斯ノ如キアリ
尾垂木ヲ象ノ鼻頭ニ變セシナリ、大ニ本邦ノ手法ニ似タリ
正吻
○コノ辺ノ店頭ノ石擋子ノ上ニ猿ノ像ヲ置クハ妙ナリ
20

4 张家口（4）（6月8日）

6月4日日志中写道：张家口是位于永定河西岸的一个大都市，人口约有十万左右。一行人投宿在一家德国人经营的旅馆，这家旅馆的规模很大，房间也很漂亮，即使在北京也很难找到像这样的旅馆。

张家口上保关上的石纹。

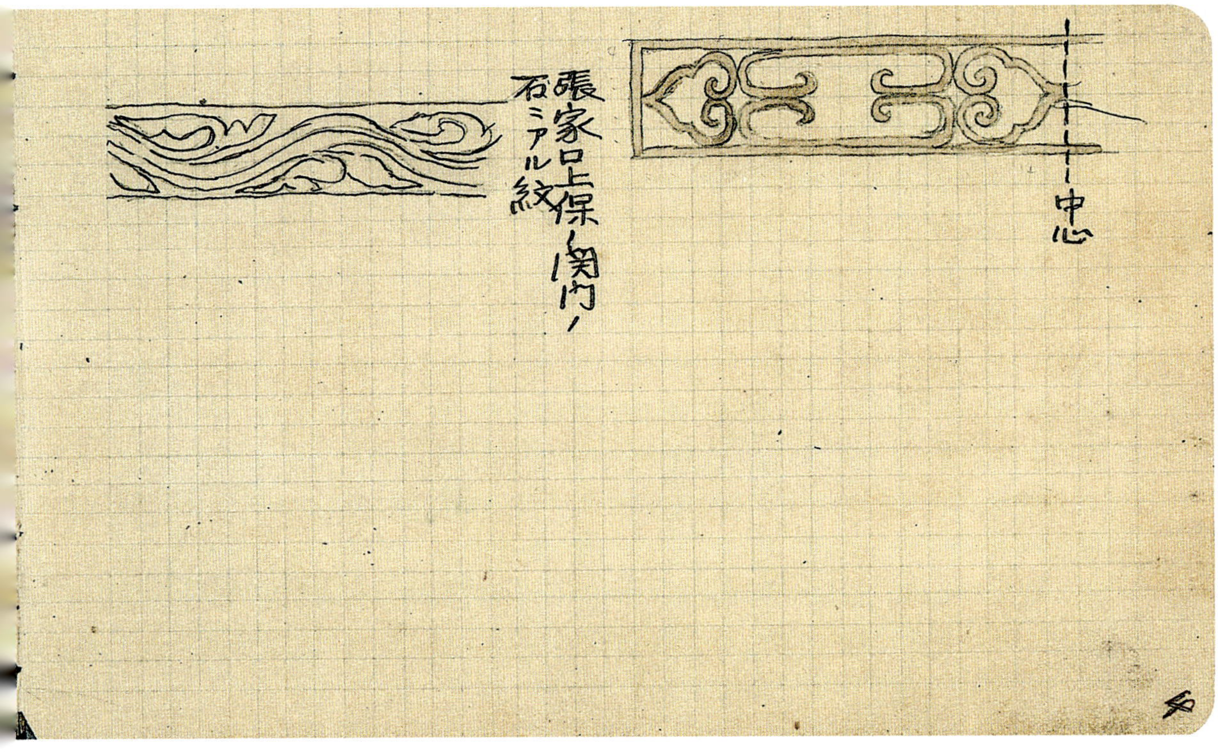
中心
張家口上保関ノ石ニアル紋

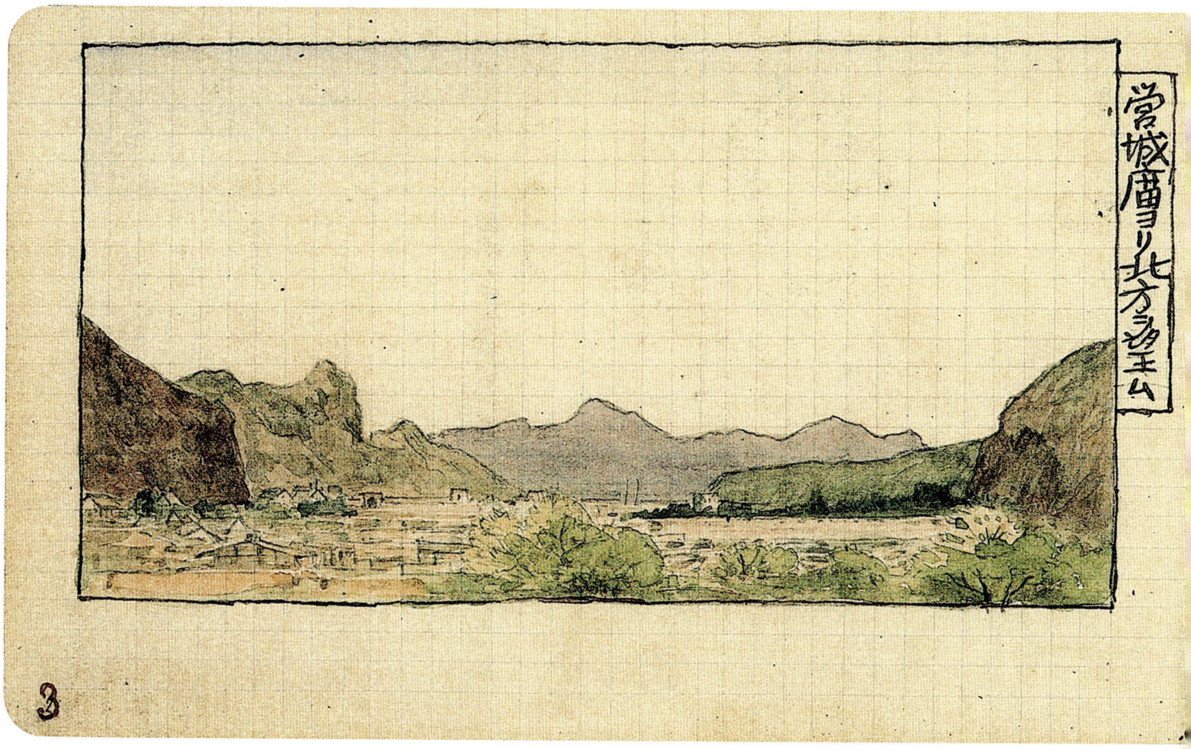

3张家口（3）从营城庙向北眺望的景色（6月8日）

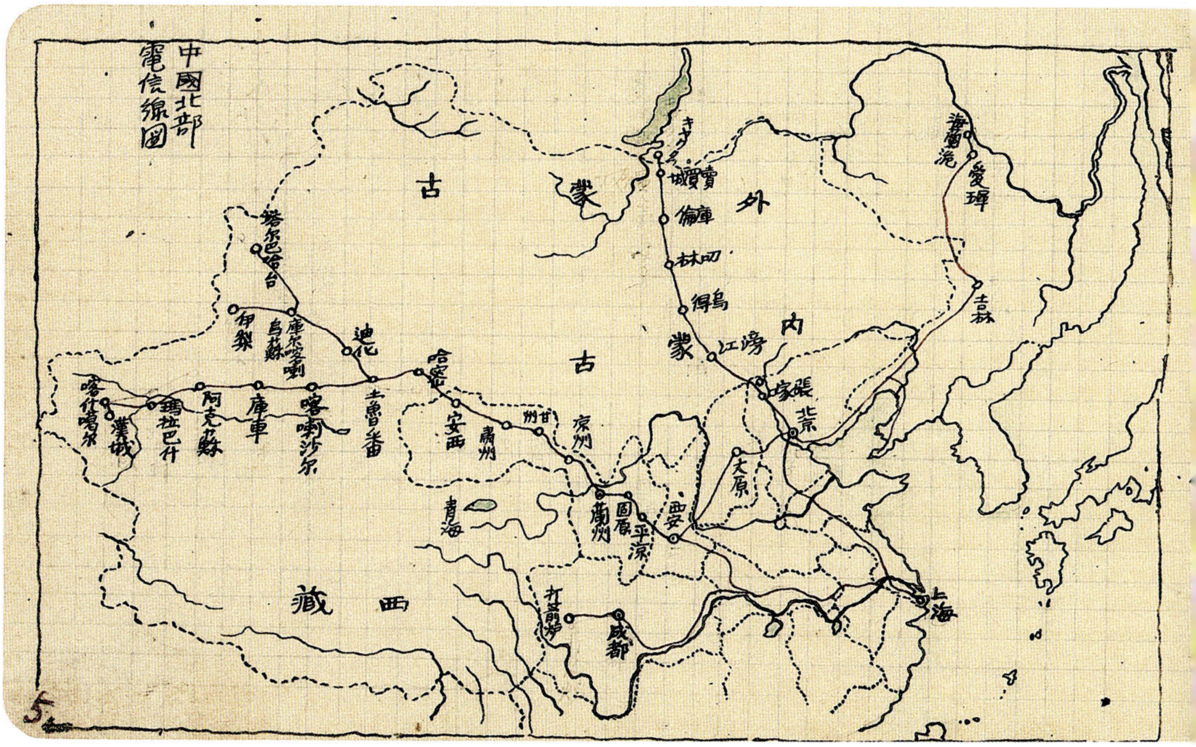

5张家口（5）电信线路图（6月8日）

访问了张家口电信局，了解了一些有关电信的情况。

万里长城 长城的高度并不固定，有的地方二丈五左右，有的地方二丈左右。所用的石材都是附近山上的石材，石材的大小也不一，大的有一尺五寸左右，小的一尺左右，二尺大的石材很少见。石材的大小以一个人拿得动为限。长城上有像眺望楼一样的建筑，但大多已倒塌，只留下内部的土，秦始皇时代的长城基本都是这样的，还没有使用砖瓦，所以修建起来比较容易。

张家口关门的拱门下有一块古老的石头，上有图形，应该是秦代的物品，极为古老。

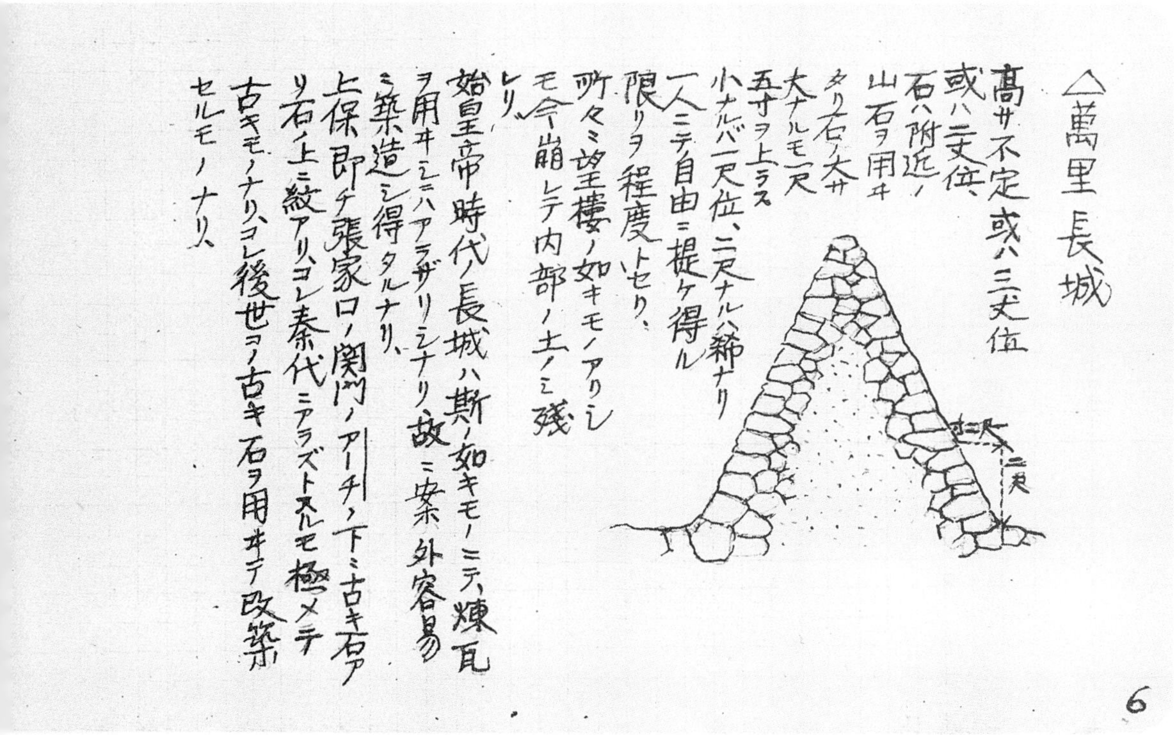
△萬里長城
高サ不定或ハ二丈五位
或ハ二丈位、
石ハ附近ノ
山石ヲ用ヰ
タリ石ノ大サ
大ナルモ一尺
五寸ヲ上ラス
小ナルハ一尺位、二尺ナルハ稀ナリ
一人ニテ自由ニ提ケ得ル
限リヲ程度トセリ、
所々ニ望楼ノ如キモノアリシ
モ今崩レテ内部ノ土ノミ残
レリ
始皇帝時代ノ長城ハ斯ノ如キモノニテ煉瓦
ヲ用ヰニハアラザリシナリ故ニ案外容易
ニ築造シ得タルナリ、
上保即チ張家口ノ関門ノアーチノ下ニ古キ石アリ
石ノ上ニ紋アリコレ秦代ニアラズトスルモ極メテ
古キモノナリ
二丈
6

6张家口（6）万里长城（1）（6月8日）

访问完电信局后，去走访了市区北部的万里长城，这儿与八达岭附近的长城有很大的不同。

这种屋顶之间相互协调，排成一列，这种建筑使用大梁的并不多见。

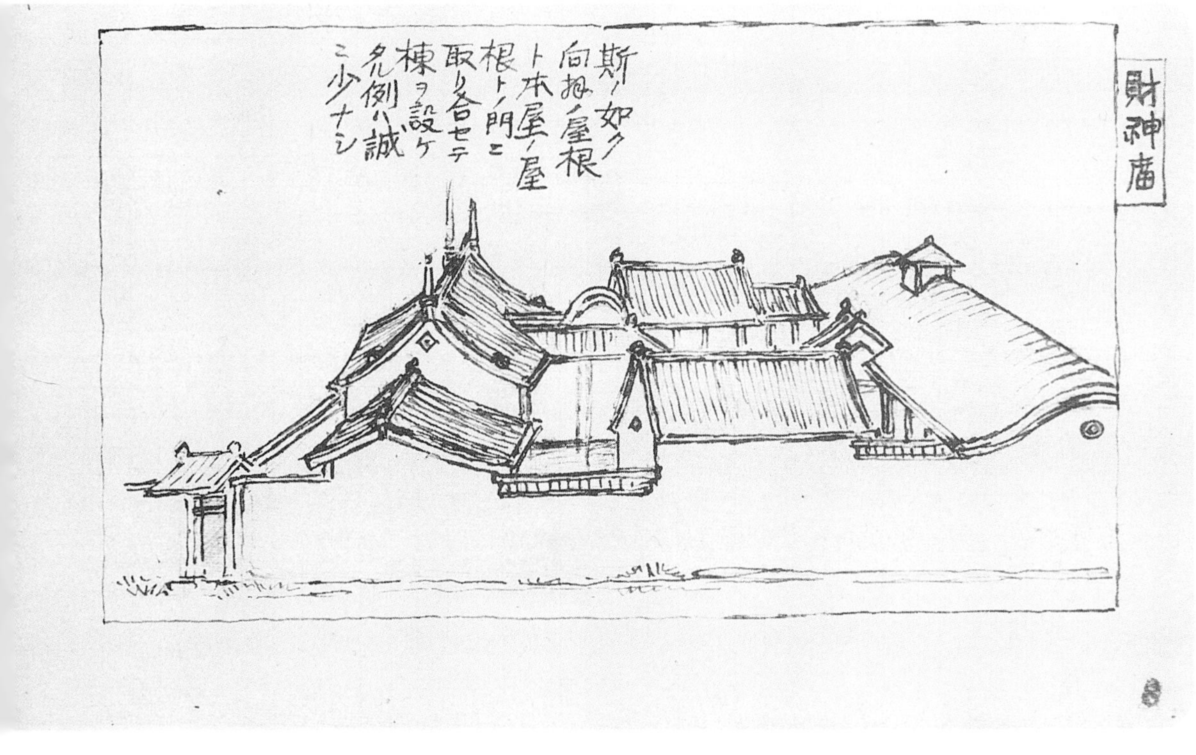
財神廟
斯ノ如ク向拝屋根ト本屋ノ屋根ト門ニ取リ合セテ棟ヲ設ケタル例ハ誠ニ少ナシ
8

8张家口（8）财神庙（1）（6月9日）

财神庙里大多供奉着《三国演义》的英雄人物——关羽。关羽是蜀汉时期的一名武将，是刘备玄德的一名干将，大家熟知的关羽是一位容貌英俊、魁武伟岸的美男子。死后人们建关帝庙来祭拜他，后世尊他为武财神。

这种屋顶的坡度较缓，为单出水，多使用博风板。木结构的住宅很多。使用木制博风板时，两侧的出檐都很深。

张家口民宅像这样的屋顶有很多，为张家口所特有。

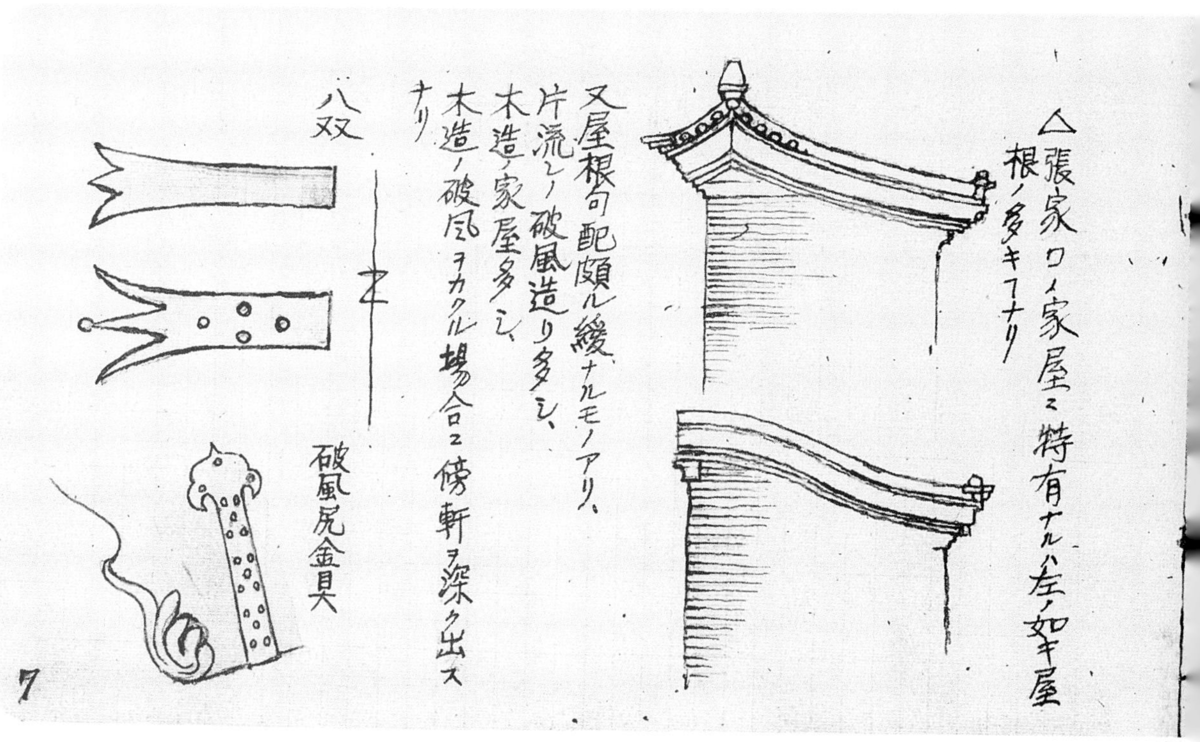
△張家口ノ家屋ニ特有ナルハ左ノ如キ屋根ノ多キコトナリ
又屋根勾配頗ル緩ナルモノアリ、片流レノ破風造リ多シ、木造家屋多シ、木造ノ破風ヲカクル場合ニ傍軒ヲ深ク出スナリ
八双
破風尻金具
7

7 张家口（7）（6月9日）

6月9日，在市内转了关帝庙等几个地方的殿堂，市内有西洋杂货店，是一个繁华的城市，物价很高。

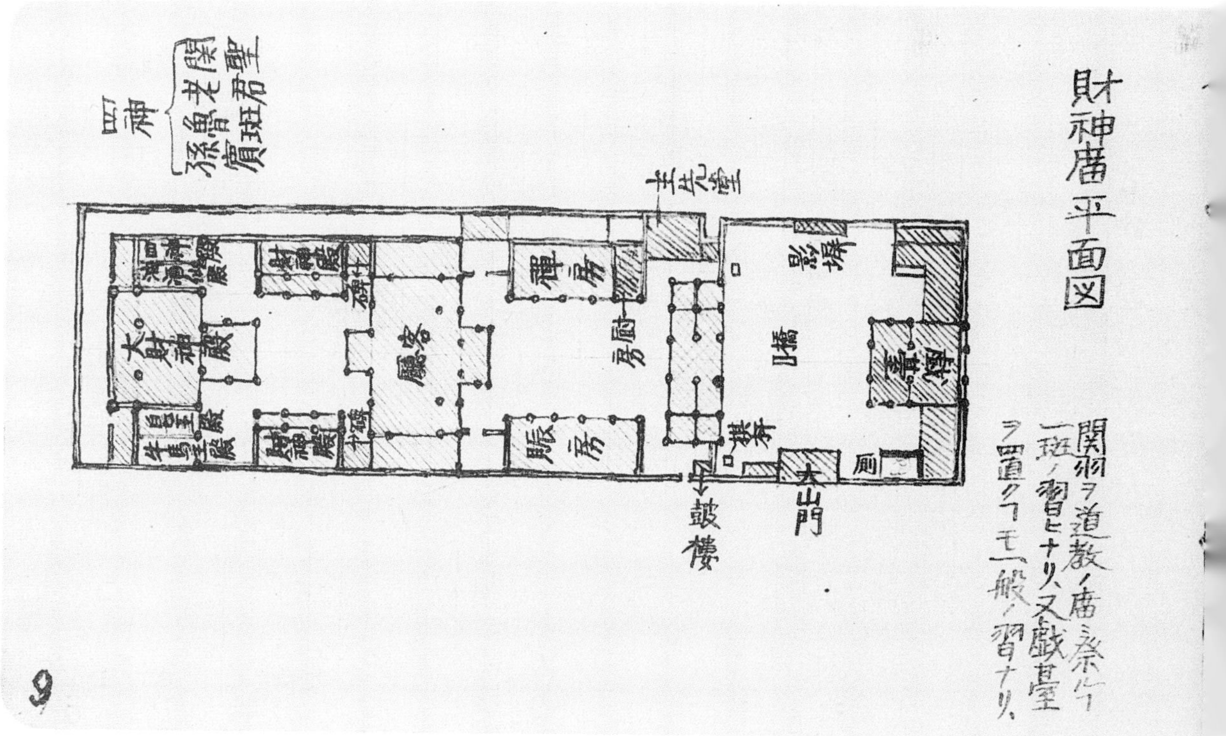
財神廟平面図
関羽ヲ道教ノ廟ニ祭ルハ一班ノ習ヒトナリ又戯臺ヲ置クモ一般ノ習ナリ
四神
関聖
老君
魯班
孫臏
影壁
山門
鼓樓
客廳
大財神殿
9

9 张家口（9）财神庙（2）（6月9日）

四神也叫四君，分别是：关圣——关羽，老君——老子，鲁班——建筑祖师，孙膑——战国时代的军事家，他们都是道家祭祀的诸神。戏台是给神佛表演技艺唱戏的舞台。

文昌阁 文昌阁的钟楼采用了宣化府钟楼同样的建筑手法，平面设计图为十字形。洞中心为穹窿顶，上建有楼阁。

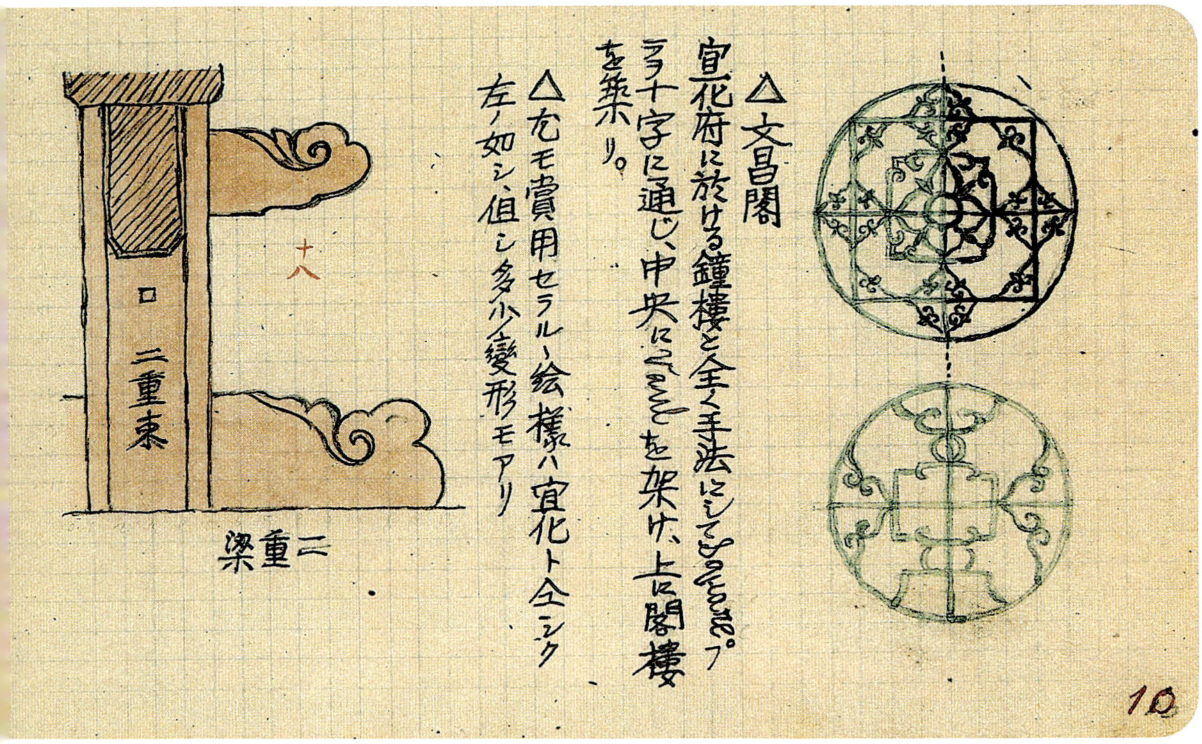
△文昌閣
宣化府に於ける鐘樓と全く手法にして ground plan
ヲ十字に通じ、中央に vaul を架け、上に閣樓
を築り。
△尤モ賞用セラル、絵様ハ宣化ト全ク同ジク
左ノ如シ、但シ多少變形モアリ
二重束
二重梁
十八
10

10 张家口（10）（6月9日）

右边圆形图是财神庙的窗户，「vaul」是「vault」的笔误，即穹窿顶之意。

万里ノ長城
12

12 张家口（12）万里长城（2）（6月9日）

张家口北侧的长城没用砖块和水泥，内部是用土来填充的，笔者的结论是：修筑容易，通过容易。

玉皇阁　是一个道观，规模适中，正殿的屋脊采用了常规的手法，排列有鬼龙子。雕刻极为复杂，有失厚重之感。

某庙的出檐

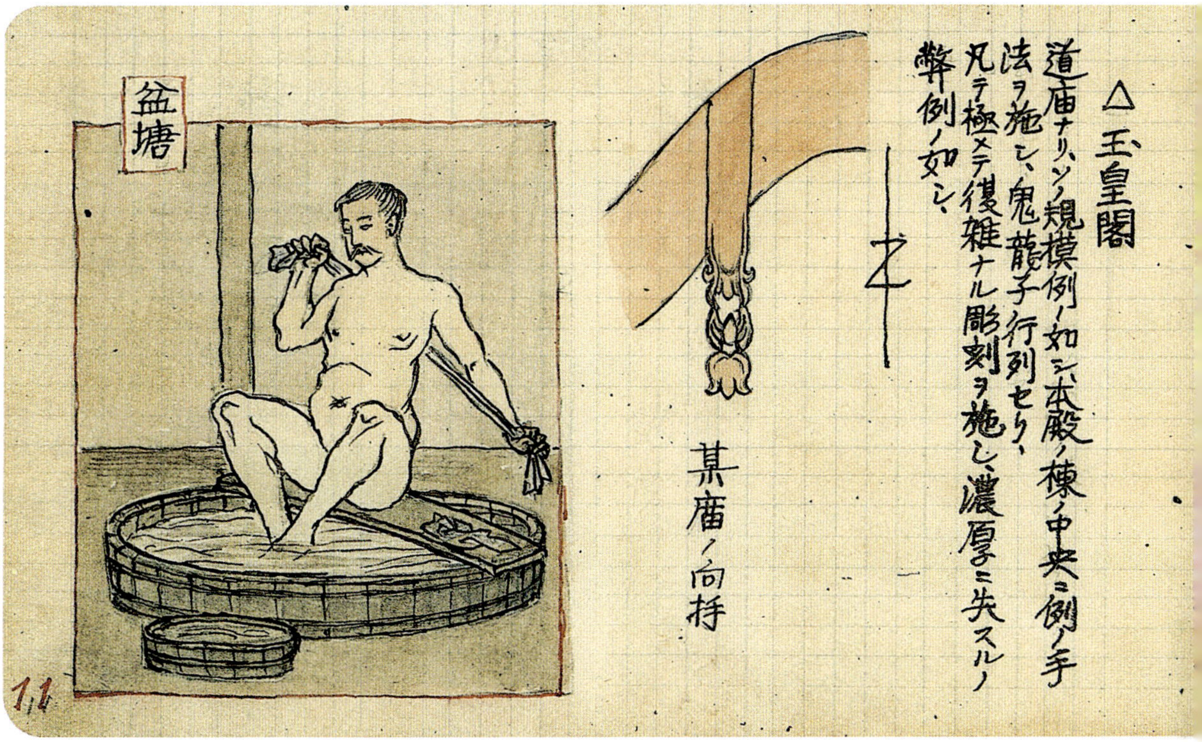

△玉皇閣
道廟ナリ、ソノ規模例ノ如シ、本殿ノ棟ノ中央ニ例ノ手法ヲ施シ、鬼龍子行列セリ、凡テ極メテ復雑ナル彫刻ヲ施シ、濃厚ニ失スルノ弊例ノ如シ、
某廟ノ向拝
盆塘
11

11张家口（11）（6月7日）

6月7日，去了张家口市内的澡堂，洗去旅途中的尘埃。价格是6钱，每个人都用一个大木桶洗澡，大木桶名叫盆塘。图中的人物是笔者自己。

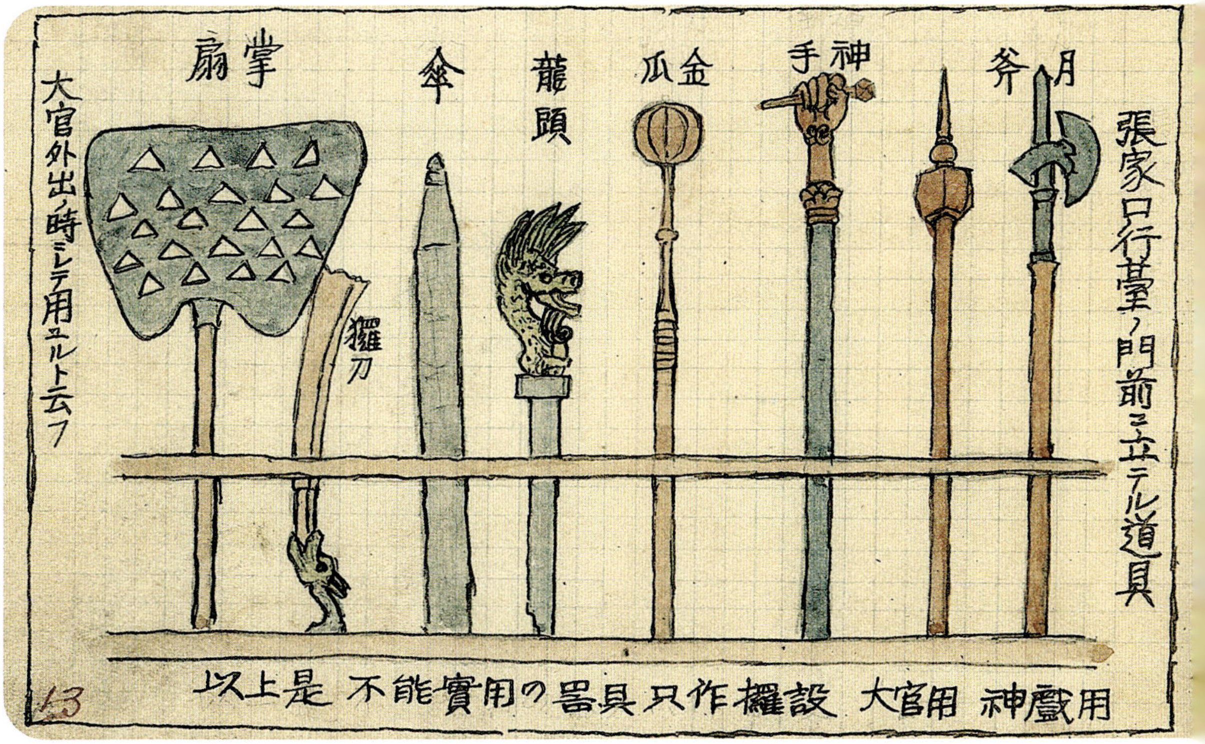

張家口行臺ノ門前ニ立テル道具
大官外出ノ時ニシテ用ユルト云フ
掌扇
傘
龍頭
金瓜
神手
月斧
以上是不能實用の器具只作擺設　大官用　神儀用
13

13张家口（13）仪仗具（6月9日）

图为张家口招待所前排列的道具，不是特别实用，多用于仪式或演出。

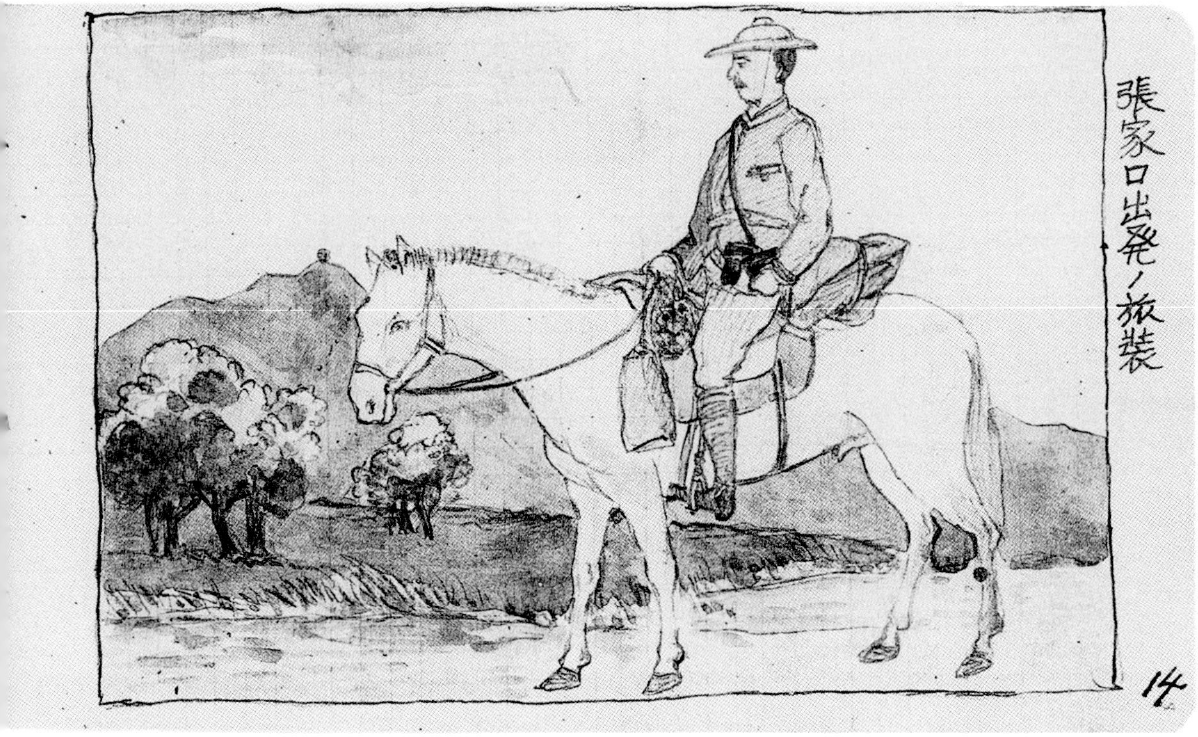
張家口出発ノ旅装
14

14 张家口（14）出发图（6月10日）

在张家口，旅馆的二掌柜德国人（哈无然），一直劝我说要骑马旅行，而且一定要买蒙古的好马。6月10日，我们一行五人骑马向大同出发。

玉皇阁 台基为正方形，下开设拱门，四通八达，门洞中央为穹窿顶，上建有二层楼阁，东侧挂有“东拱神京”、西侧挂有“西连古晋”的扁额，上层的屋顶前后都有三角形博风板。

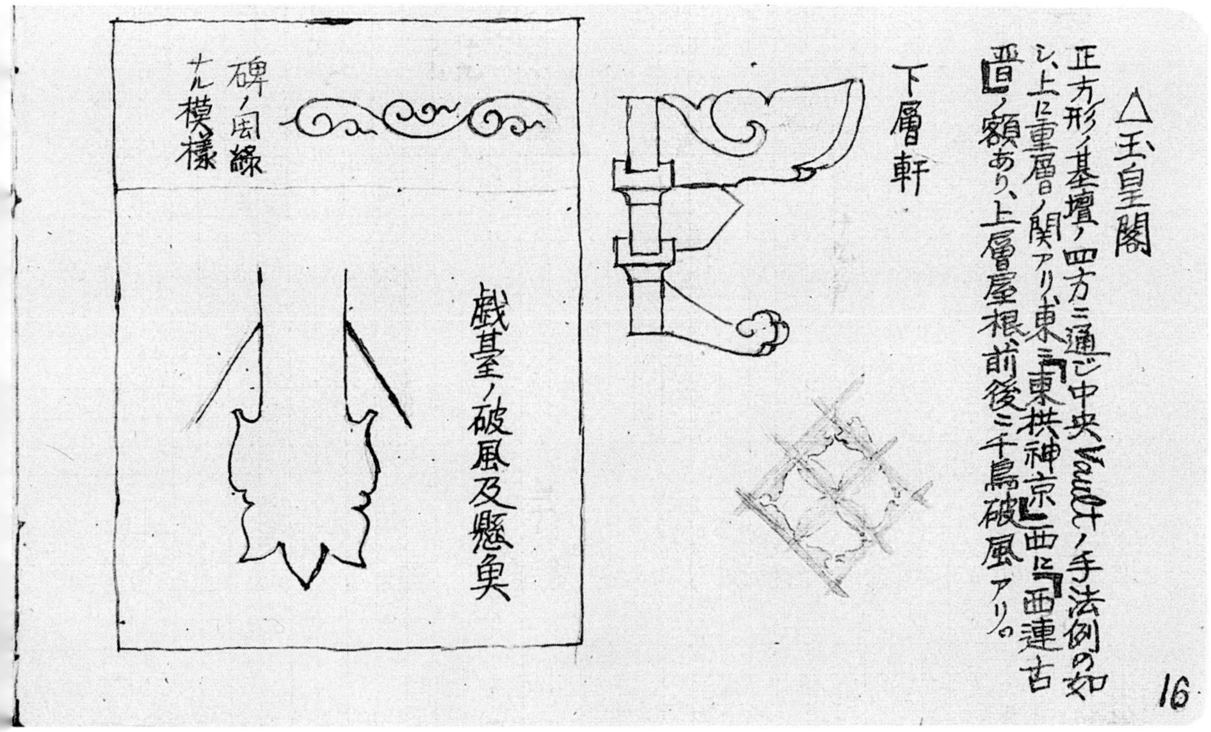
△玉皇閣
正方形ノ基壇ノ四方ニ通ジ中央Vaultノ手法例の如シ、上ニ重層ノ閣アリ、東ニ「東拱神京」西ニ「西連古晋」ノ額あり、上層屋根前後ニ千鳥破風アリ。
下層軒
戯臺ノ破風及懸魚
磚ノ周縁ナル模様
16

16 新怀安（2）玉皇阁（6月12日）

玉皇阁与宣化的钟楼构造相同（请参照第一卷214图）。

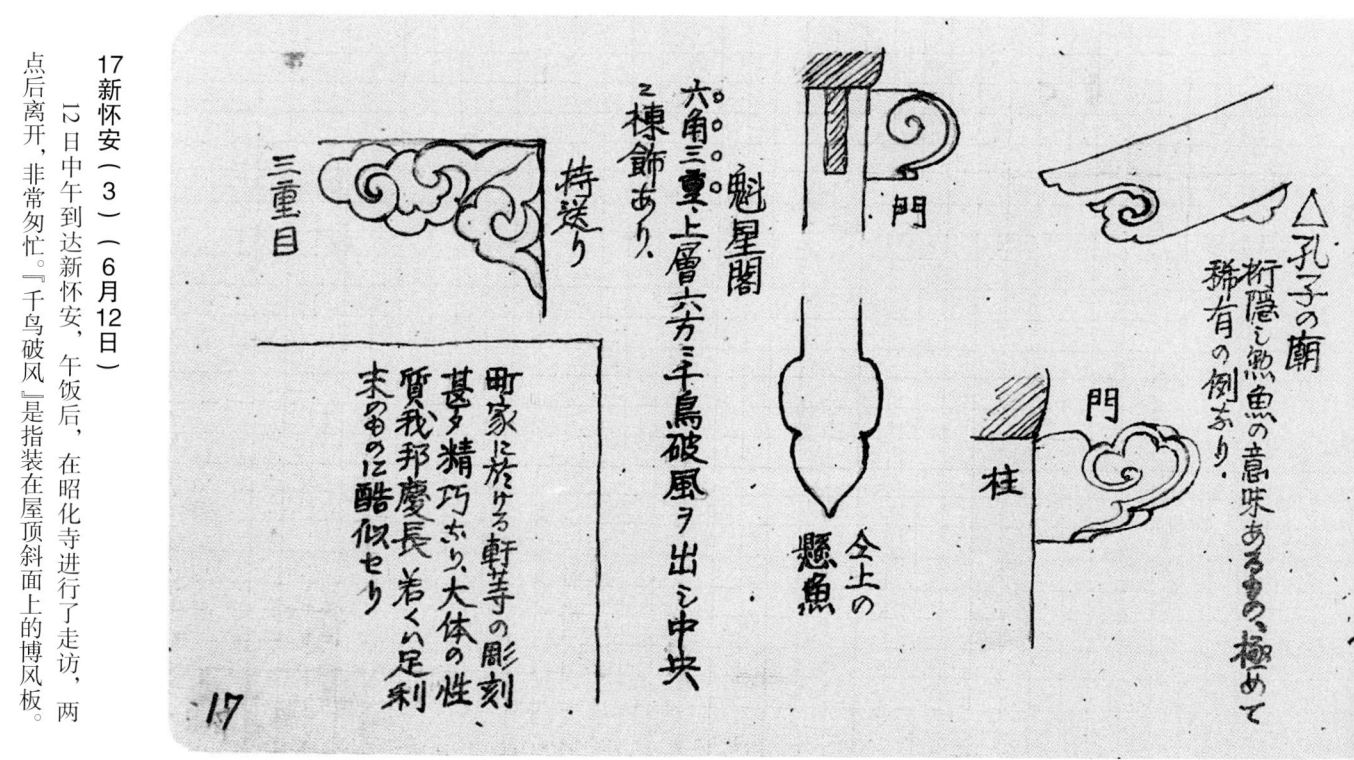

A 拳鼻的变化非常之多，但多是重复的曲线。意义不大。
B 拳鼻的种类也很多，但样式甚佳。

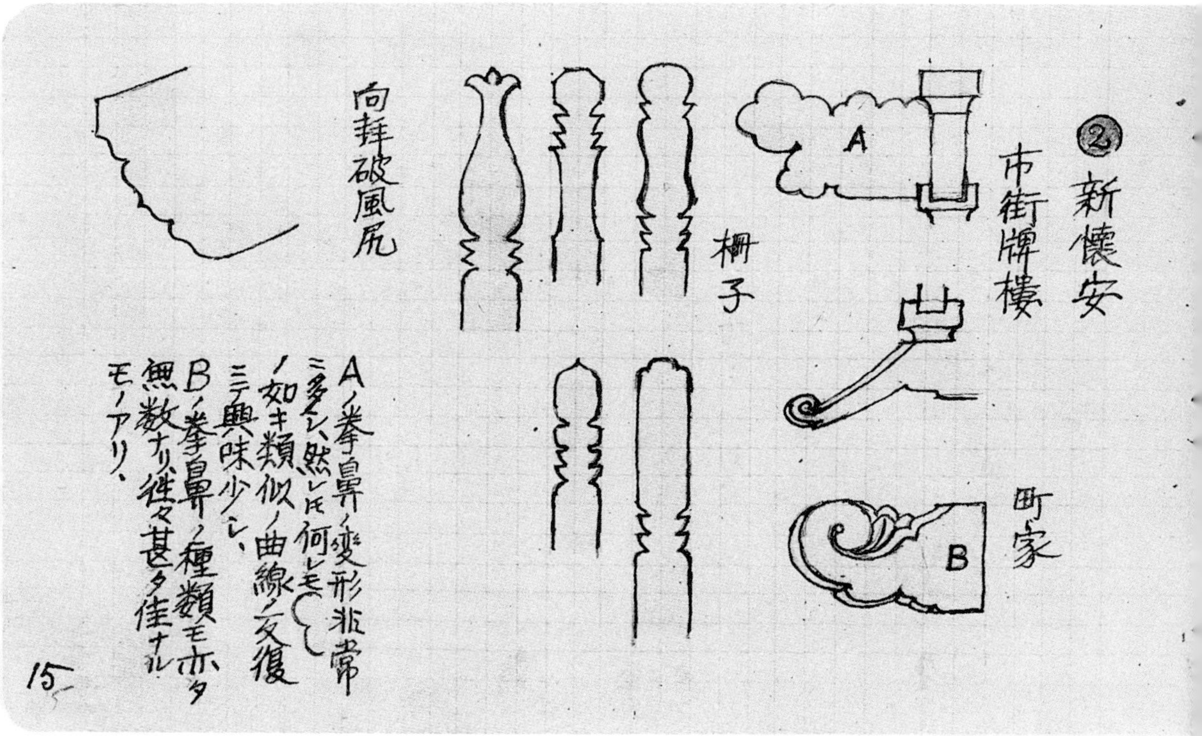
② 新懐安
市街牌樓
A
町家
B
柵子
向拝破風尻
Aノ拳鼻ノ変形非常ニ多シ、然レドモ何レモ同ジ如キ類似ノ曲線ノ反復ニテ興味少シ、
Bノ拳鼻ノ種類モ亦タ無数ナリ、往々甚ダ佳ナルモノアリ、
15

15新怀安（1）（6月12日）

新怀安（现在的怀安）是县厅所在地，是一个非常热闹的地方，这里的建筑有昭化寺、玉皇阁、文庙等。『栅子』请参照第一卷213图。

市内民宅屋檐下的雕刻非常精美，大体的性质与日本庆长、足利末期的雕刻酷似。

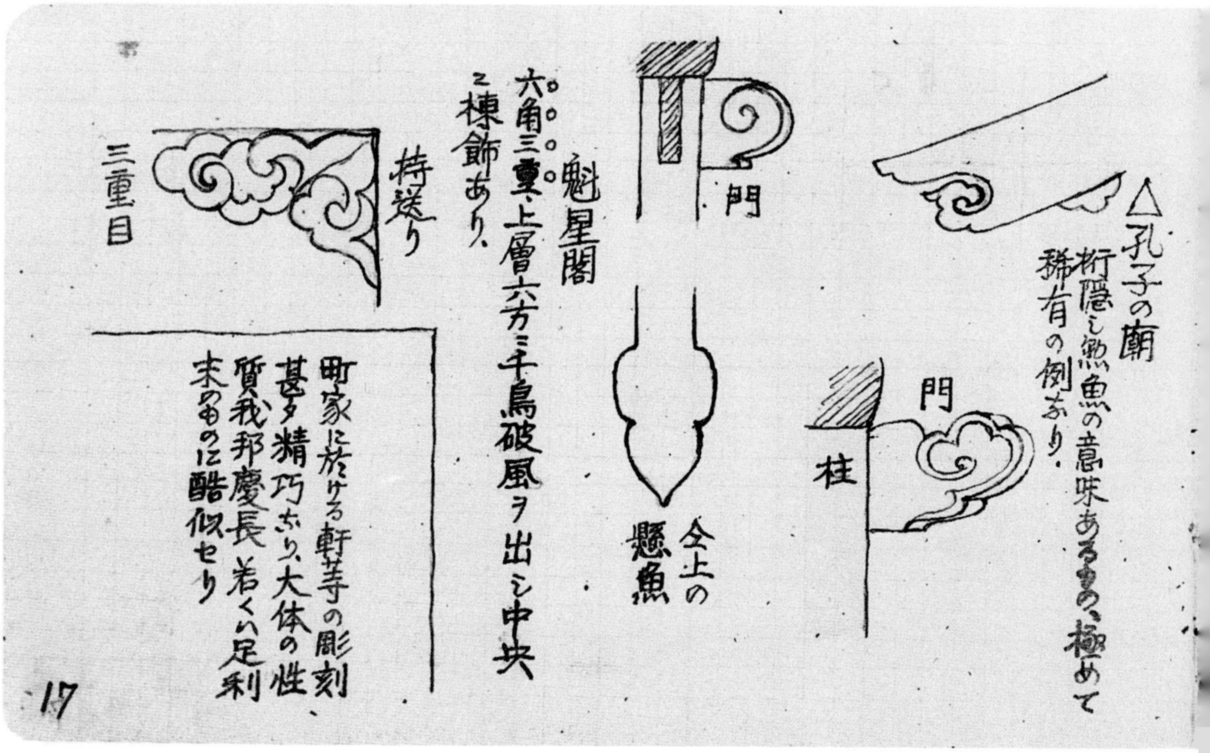
△孔子の廟
桁隠し懸魚の意味あるもの、極めて稀有の例なり。
門
柱
門
仝上の懸魚
魁星閣
六角三重、上層六方ニ千鳥破風ヲ出シ中央ニ棟飾あり、
持送り
三重目
町家に於ける軒下の彫刻甚ダ精巧なり、大体の性質我邦慶長、若くハ足利末のものに酷似せり
17

17新怀安（3）（6月12日）

12日中午到达新怀安，午饭后，在昭化寺进行了走访，两点后离开，非常匆忙。『千鸟破风』是指装在屋顶斜面上的博风板。

直隶省

大雄宝殿为单檐歇山顶，有悬鱼，标、妻钫不详。

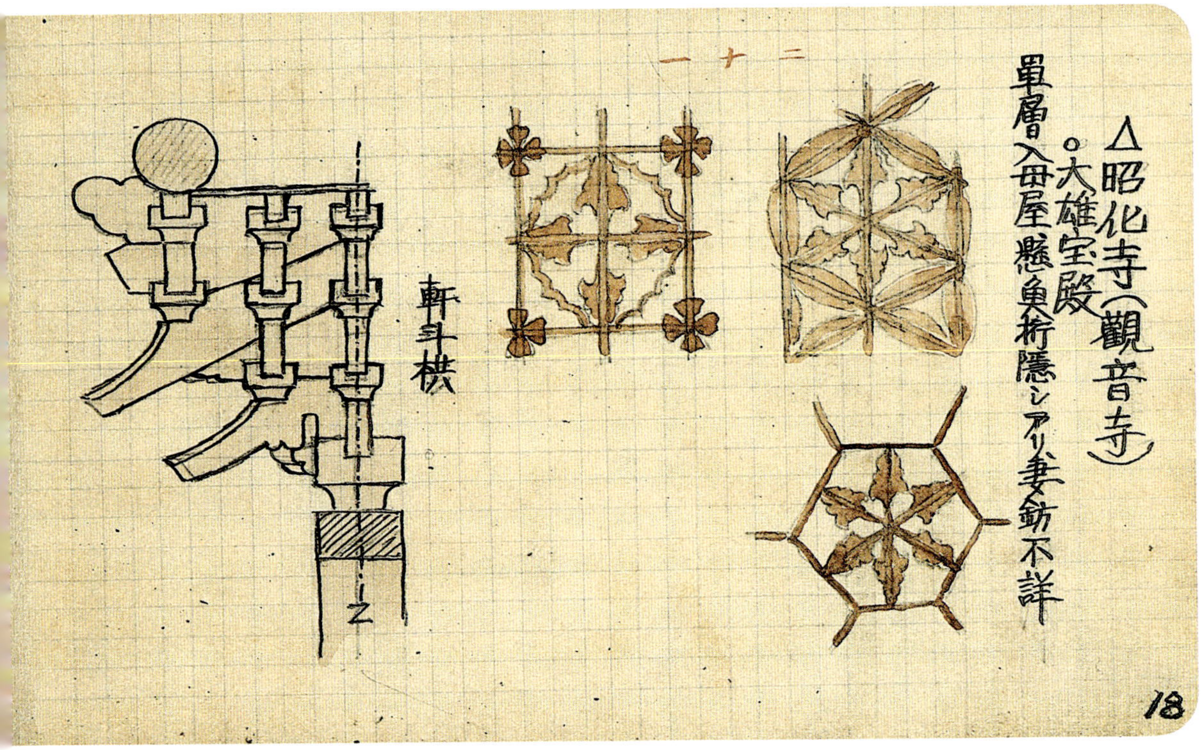

18 新怀安（4）昭化寺（1）（6月12日）

昭化寺的大雄宝殿，在伽蓝正殿供有释迦牟尼。图左为屋檐的斗拱，在这里笔者第一次看到真正意义上的尾垂木。右边是门的图案，创意新颖。

大雄宝殿之前的石造八角灯笼。

地藏宝殿内部构架

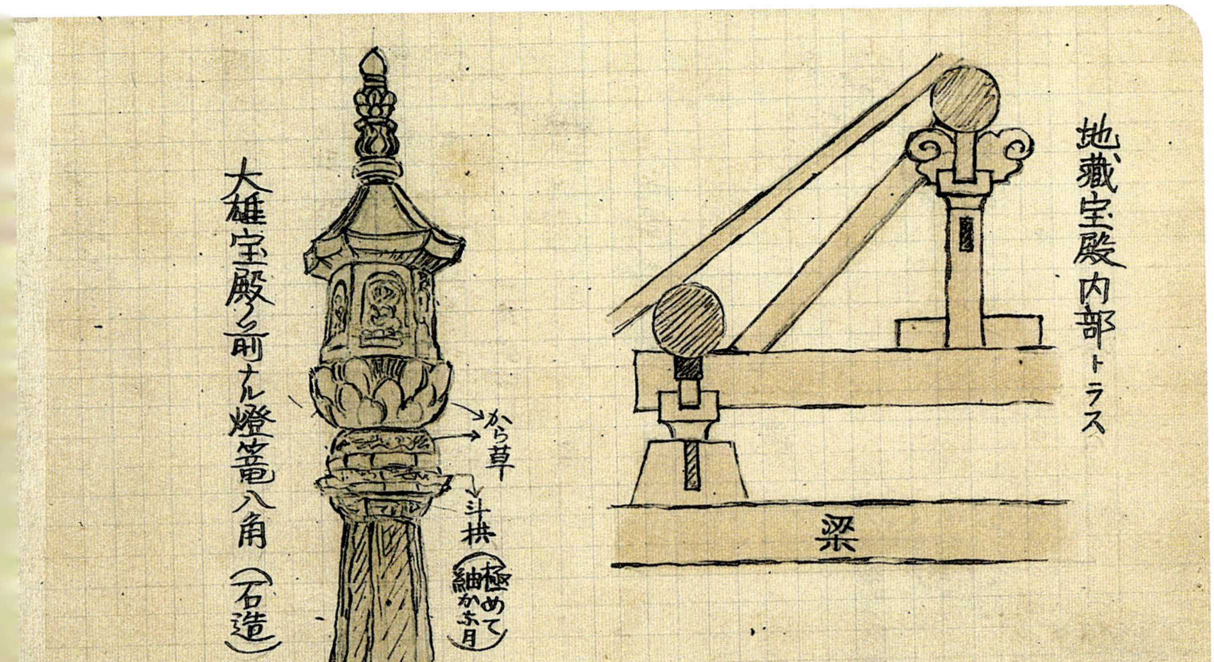

20 新怀安（6）昭化寺（3）（6月12日）

昭化寺的地藏宝殿和东侧的观音殿，形式、构造完全相同。观音殿内供有观音像，这个寺俗称观音寺，可能是因为有观音菩萨的原因吧。『truss』是三角构架的意思。

19新怀安（5）昭化寺（2）（6月12日）

昭化寺的伽蓝配置井然有序，左右对称的殿堂，形式、构造完全相同。山门的左右两侧有旁门。斗拱及悬鱼的形状富于变化。

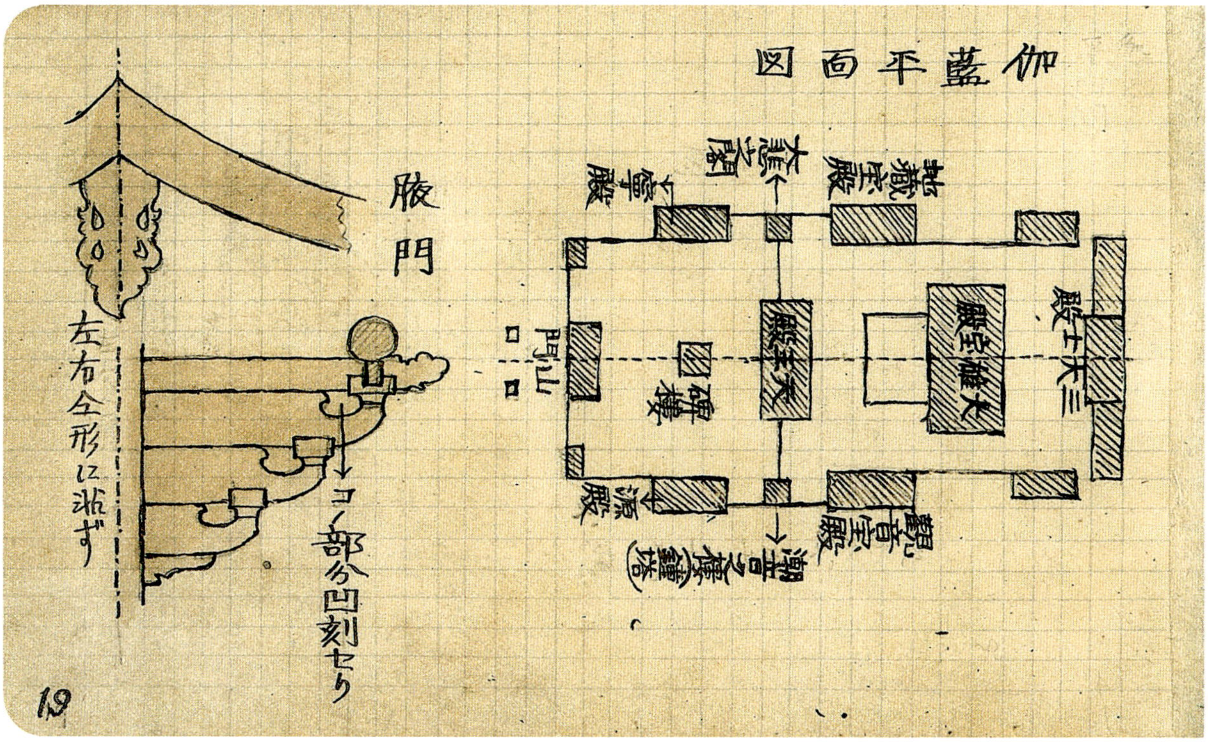

天王殿的悬鱼（已破损）尝试着用点线来修补。

碑上有大明正统十年岁次乙丑九月九日立石的铭记。题为：敕赐昭化寺碑。

21新怀安（7）昭化寺（4）（6月12日）

天王殿内有藏传佛教的四大天王。左图为：用鱼鳍将天王殿破损的悬鱼进行修补，第一次见到这种案例。钟楼和大悲楼的建筑形式相同，四周都有三角形的博风板。笔者认为栏杆的创意与日本的格子式瞭望口极为相似，值得关注。

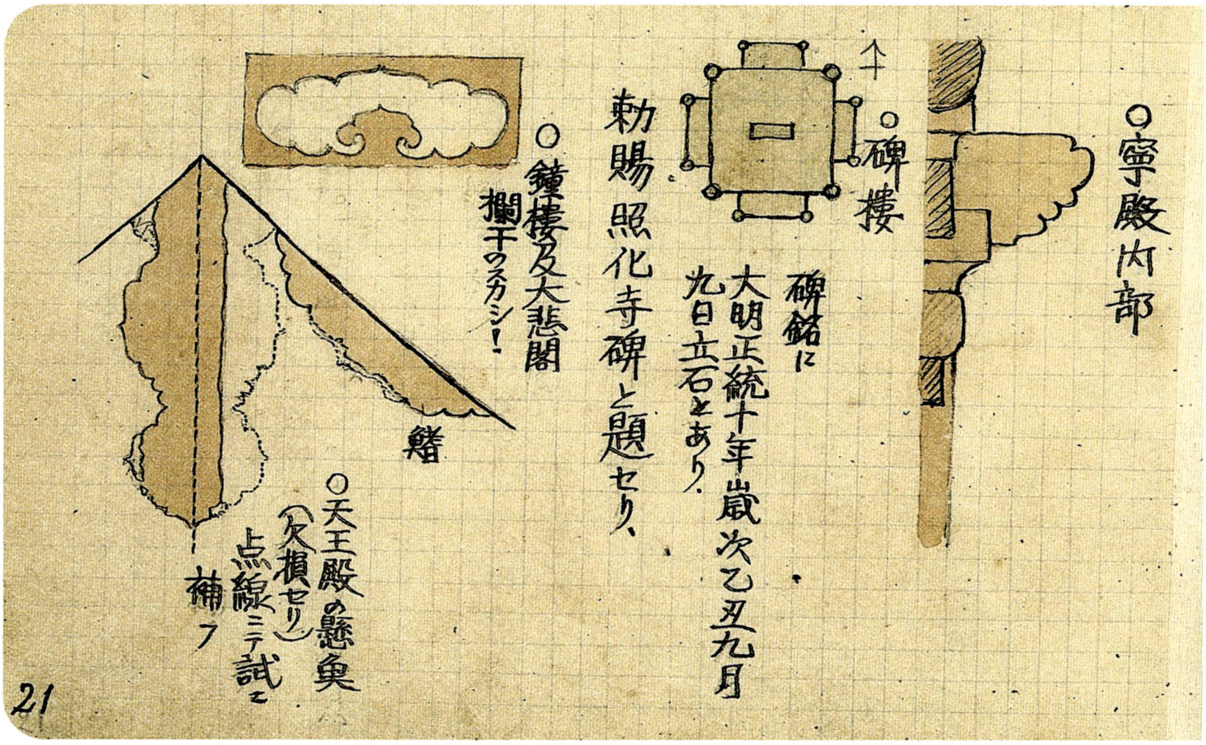

金刚垣的上部　屋顶为单檐庑殿式，右屋脊上有复杂的装饰。碑楼及钟楼、大悲殿的两侧皆有博风板，正中间采用了道观特有的装饰手法，本尊释迦像堪称杰作。背光上常见的伽楼罗鸟，从中可以看出藏传佛教的影响。大雄宝殿内部装饰极为精美，令人目不暇接。

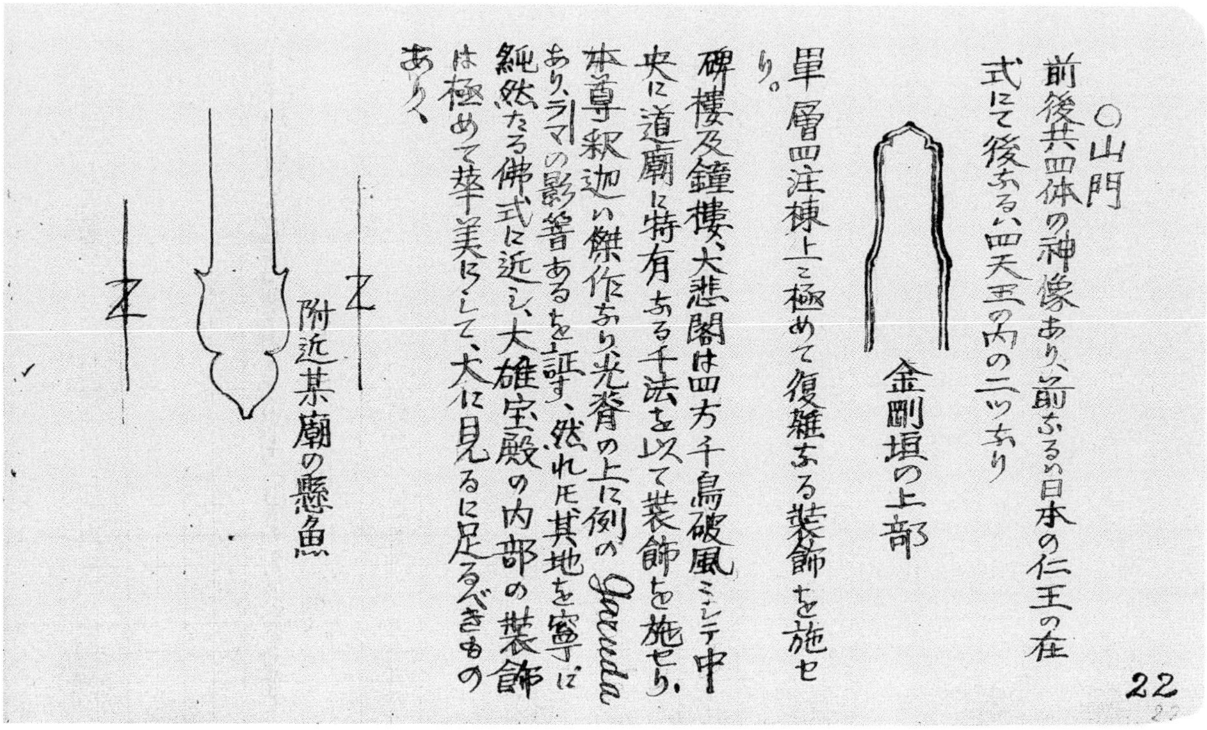
○山門
前後共四体の神像あり、前なるは日本の仁王の在
式にて後なるは四天王の内の二ツなり
金剛垣の上部
単層四注棟上に極めて複雑なる装飾を施せり。
碑楼及鐘楼、大悲閣は四方千鳥破風ニシテ中
央に道廟に特有なる手法を以て装飾を施せり、
本尊釈迦は傑作なり光背の上に例のGaruda
ありラマの影響あるを証す、然れ共其地を寧ろ
純然たる佛式に近し、大雄宝殿の内部の装飾
は極めて華美にして、大に見るに足るべきもの
あり。
附近某廟の懸魚
22

22新怀安（8）昭化寺（5）（6月12日）
『四注』是『庑殿』的意思。

这是一个双龙头的造型，附近像这样的雕刻有很多，造型也很多变。

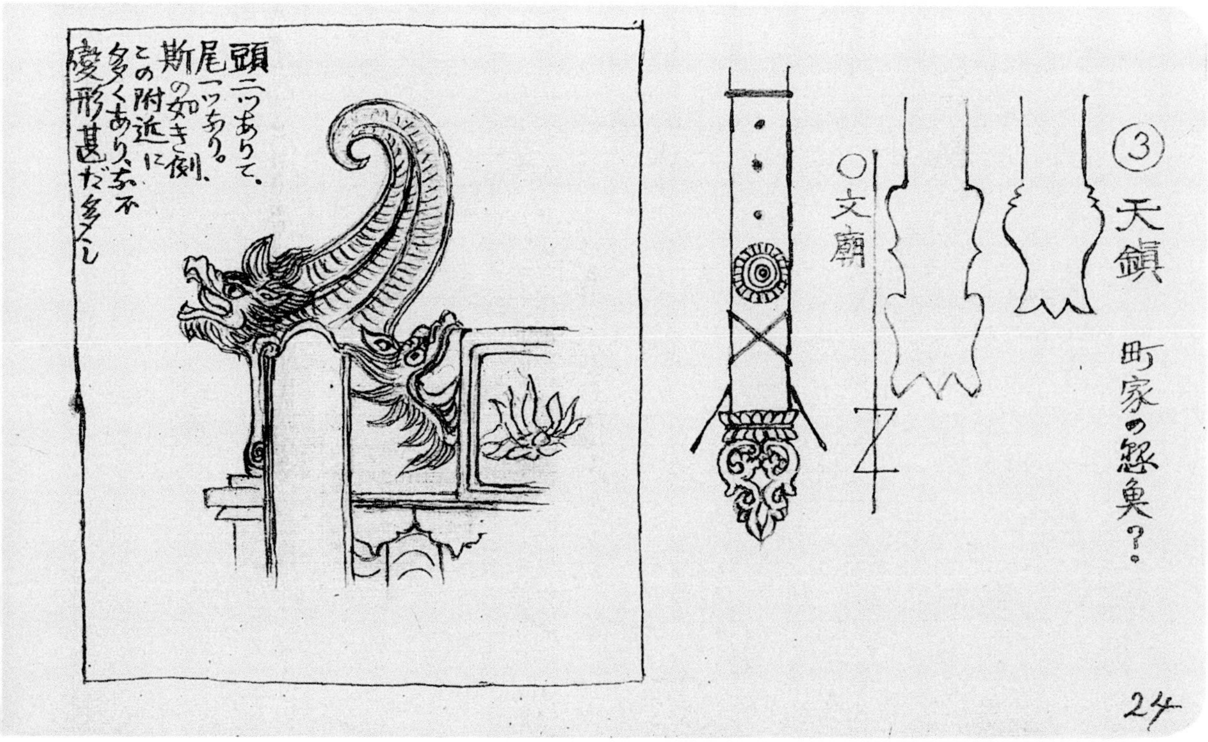
③ 天鎮
町家の懸魚?
○文廟
頭二ツありて、
尾一ツあり。
斯の如き例、
この附近に
多くあり、而も
変形甚だ多くし
24

24天镇（1）文庙（孔子庙）（6月13日）
在天镇最值得看的建筑是慈云寺，此外还有文庙和玉皇阁。图中悬鱼的主要目的是遮挡博风板。左侧屋脊上的装饰是将正吻和侧吻合在一起的形状。

张家河得附近民宅悬鱼的种类有很多，不像日本的悬鱼千篇一律。

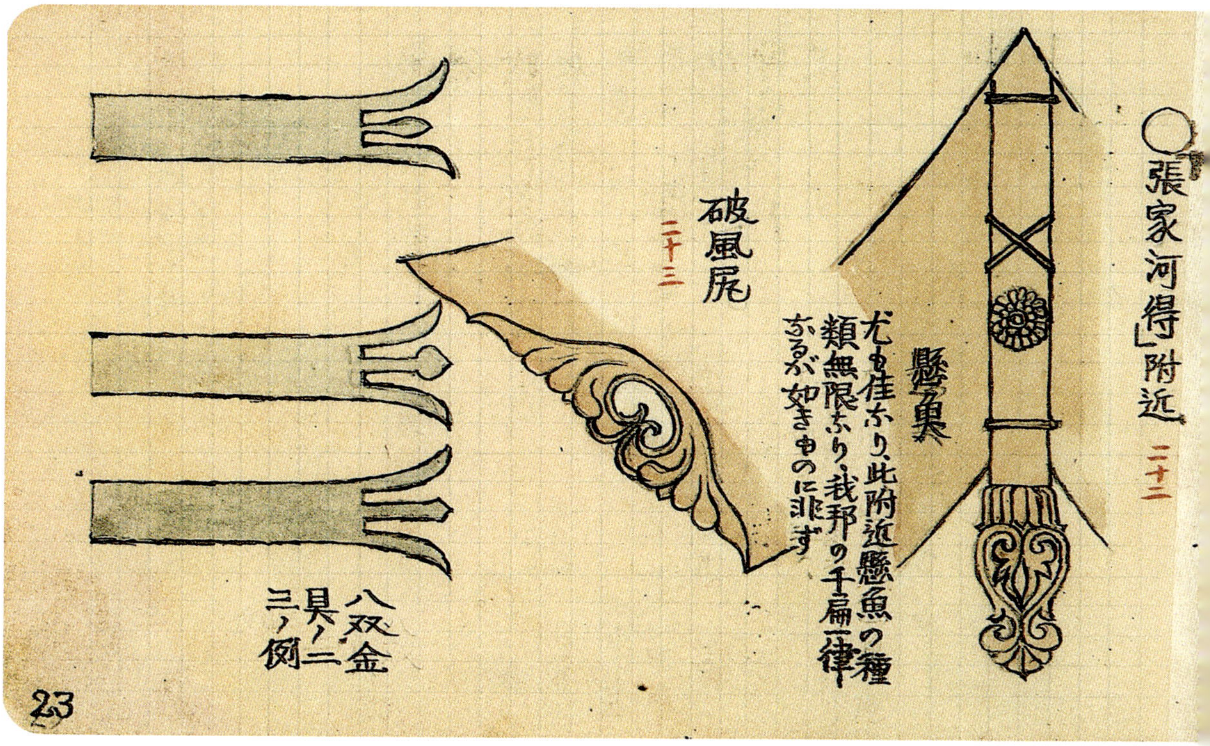

○張家河得」附近
二十二
懸魚
尤も佳なり、此附近懸魚の種類無限なり、我邦の千篇一律なるが如きものに非ず
破風尻
二十三
八双金具ノ二三ノ例
23

23新怀安（9）张家河得附近（6月12日）

从新怀安出发，到达子儿岭，在子儿岭住了一晚，从这里跨过一座小山丘，便进入山西高原。在山西访问的第一站是张家河得。图为附近民宅。

碑上刻有万历三十二年的铭记，左图是碑四周的图样。附近木造建筑很多，构造形式也与日本相类似。

玉皇阁（常见的拱顶）木造的悬鱼很有意思。

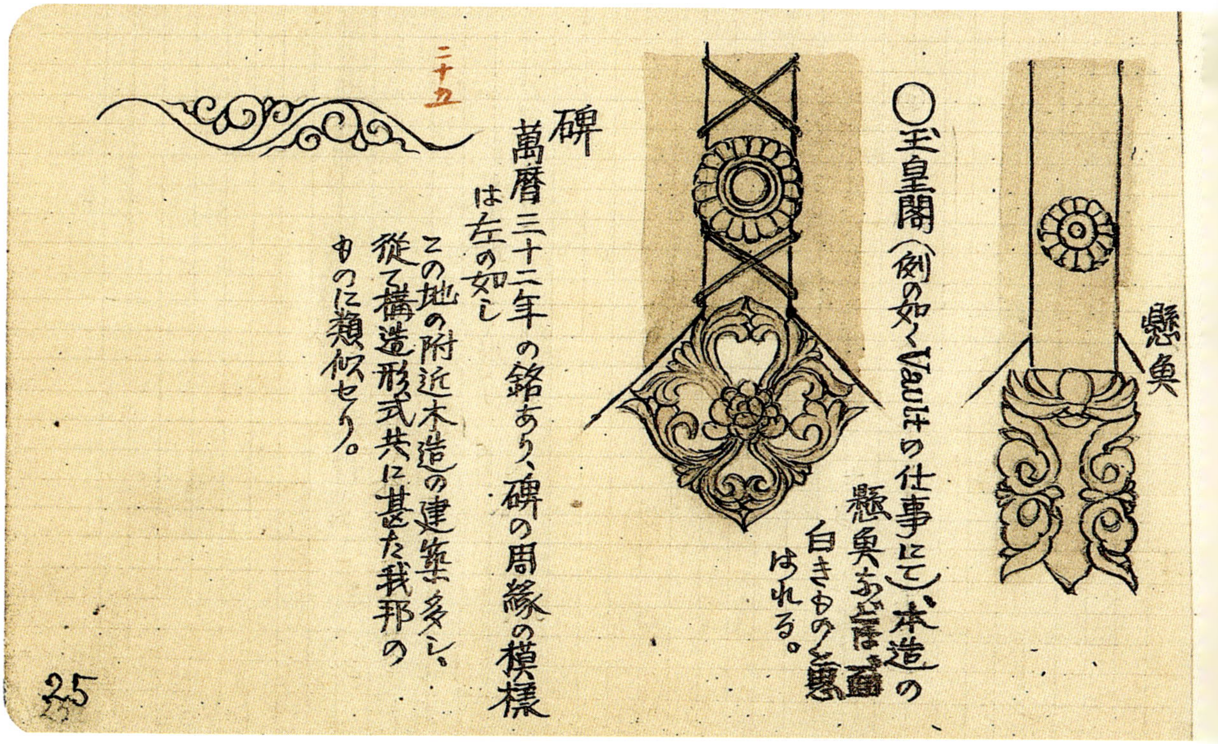

○玉皇閣（例の如くVaultの仕事にて）、木造の懸魚なるは面白きものと思はれる。
懸魚
碑
萬曆三十二年の銘あり、碑の周縁の模様は左の如し
この地の附近木造の建築多し、従て構造形式共に甚だ我邦のものに類似せり。
二十五
25

25天镇（2）玉皇阁（6月13日）

右图的圆形装饰等同于日本的六叶饰（六叶饰：六瓣形或六角形的金属物件，把六片树叶图案化而成用于门、横木版条上掩盖铆钉的装饰）。用于掩盖铆钉，一般为固有图案。下面的文字用来装饰柱头，即悬鱼。

26天镇（3）慈云寺（1）（6月13日）

慈云寺的伽蓝配置与新怀安的昭化寺相似。门内有钟楼、鼓楼，都为圆形、双层，但屋顶没设置风楼，很是罕见。为棕形柱（参照29图）。

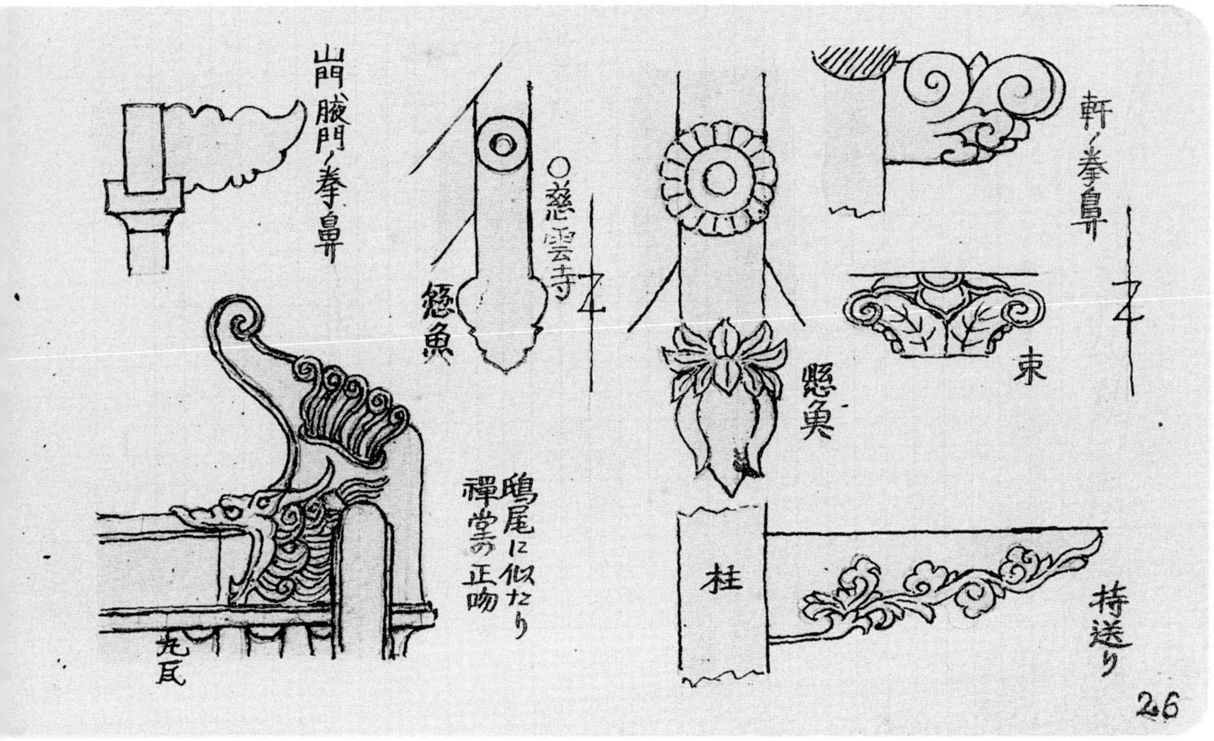

四大天王为摩利家族

钟鼓楼　为圆形，双层，没有风楼，很奇特。上层为溜金圆顶。

殿内有释迦、阿弥陀佛、药师佛佛像，四周墙壁绘有壁画，为唐代作品。

28天镇（5）慈云寺（3）（6月13日）

慈云寺原名法华寺，建筑年代不详。碑上的铭记『大明嘉靖十八年』是在重修时刻上去的，从当地传说和建筑手法来看，应是唐宋时期创建的，因曾多次重修，屋顶已面目全非。

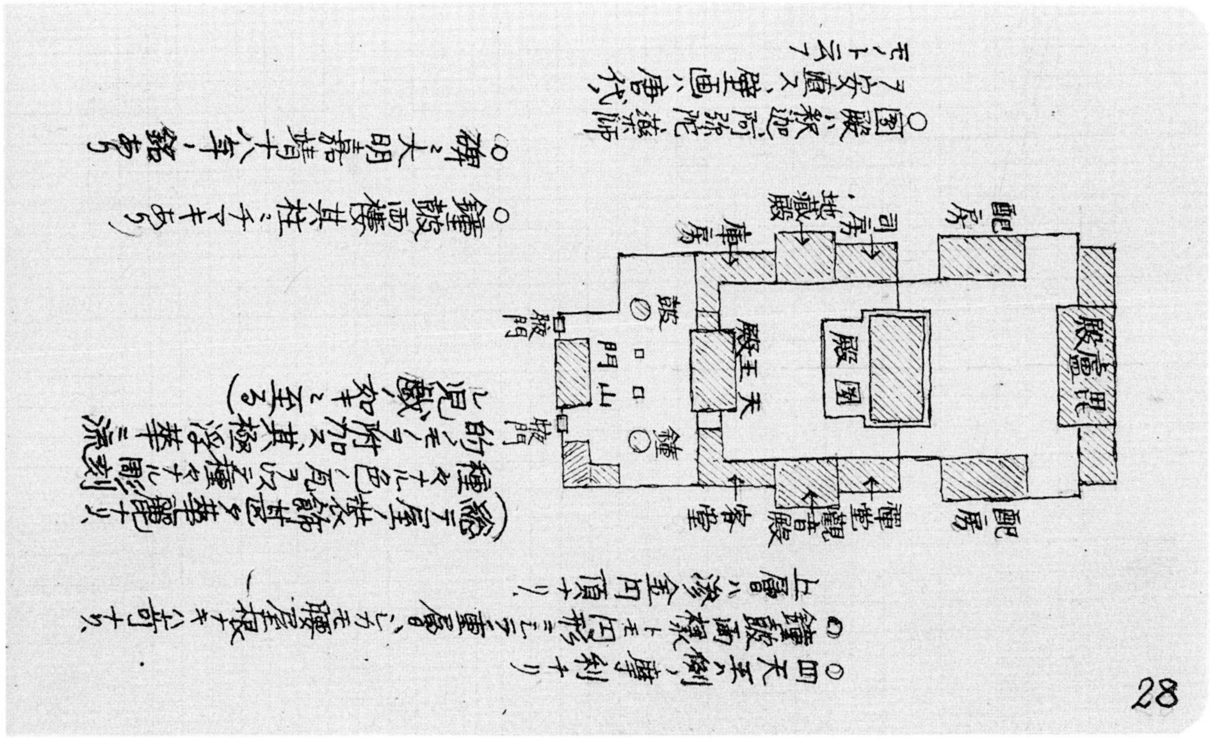

毘卢殿 面洞五间、进深一间，为单檐。山墙、屋檐的斗拱各具特色。每根檩子上都挂有风铃，外侧的斗拱间绘有壁画，佛像门上有格扇，格扇为 5 乘以 1，有九个环甲，三侧有轴，轴上有复杂的条纹。

山墙的出檐很深，右屋脊中央有宝丁，左右放置有兽形。

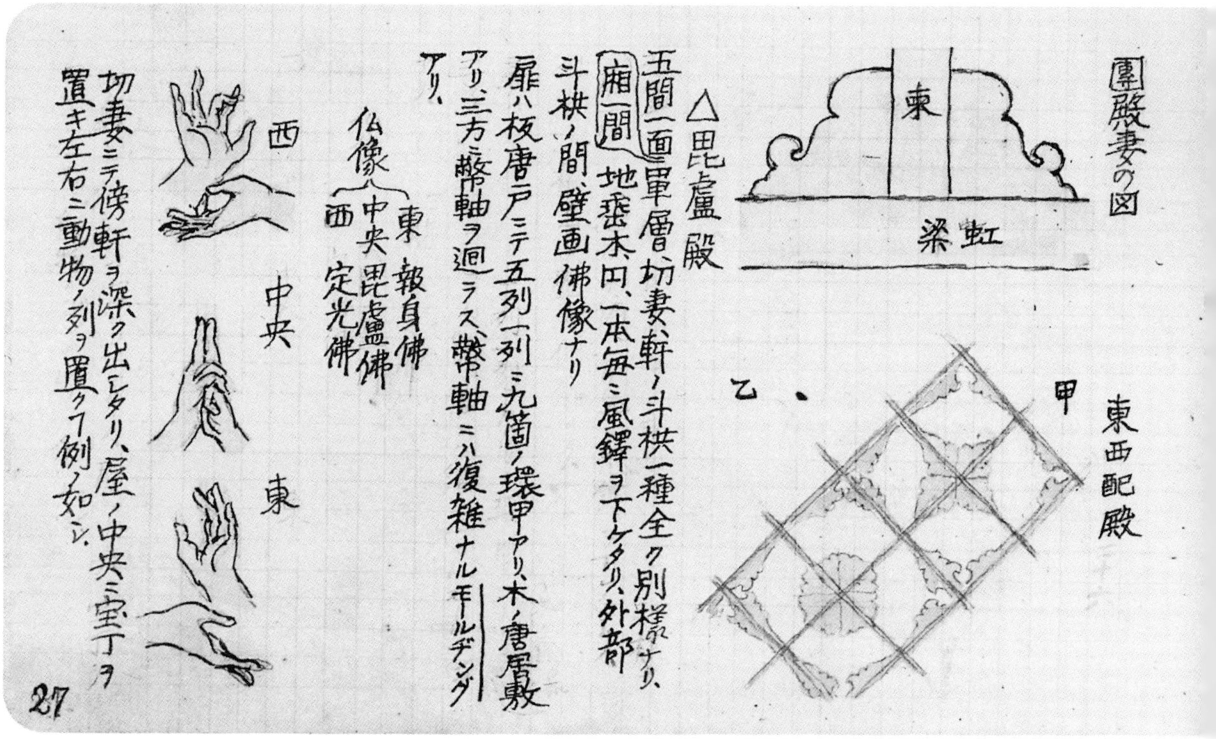

圍殿妻の図
東
虹
梁
東西配殿
甲
乙
△毘盧殿
仏像ハ 東 報身佛 中央 毘盧佛 西 定光佛
西
中央
東
切妻ニテ傍軒ヲ深ク出シタリ、屋ノ中央ニ宝丁ヲ置キ左右ニ動物ノ列ヲ置ク例ノ如シ。
27

27天镇（4）慈云寺（2）（6月13日）

大殿内供有释伽佛、阿弥陀佛、药师佛，四周有壁画，为唐代作品。日志中写道：『壁画完成得如此之好，令人难以置信。』『環甲』是『鐶甲』的笔误，是为了遮掩门上的铆钉的一种五金件。『唐居敷』是支撑门柱的厚石板。

禅堂及司房屋檐
有棕形柱，斗拱的形状与日本的相似。

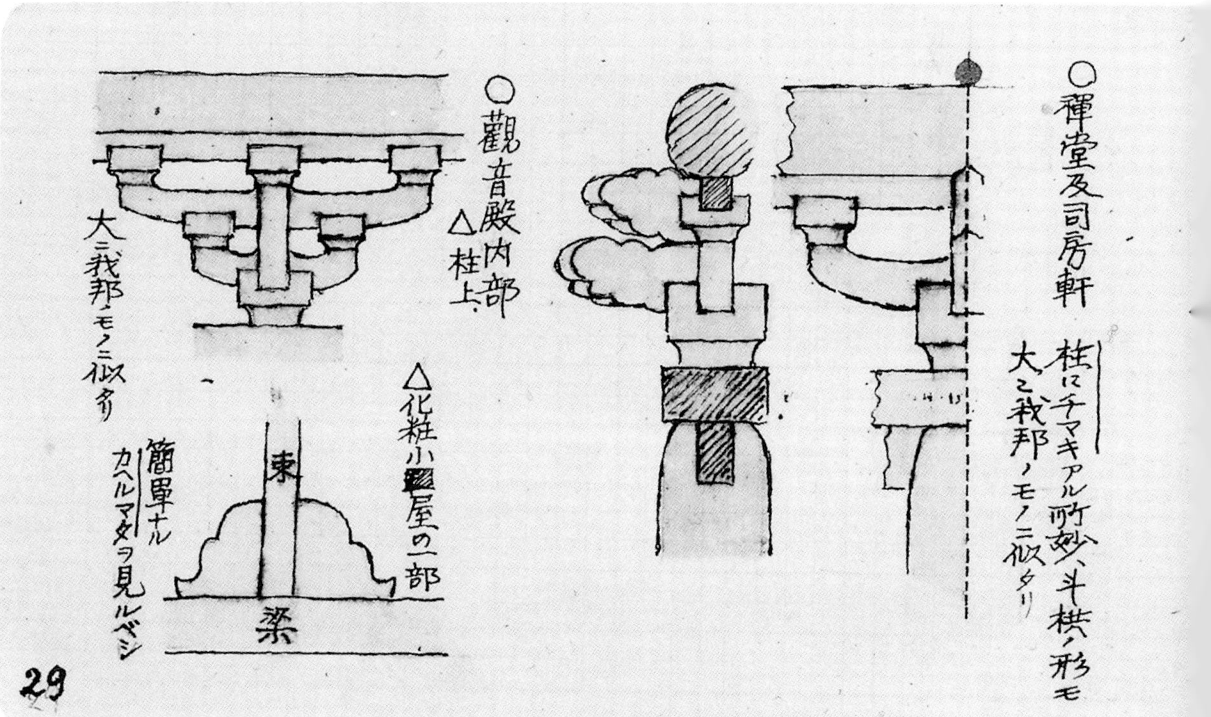

○禪堂及司房軒
○觀音殿内部
△柱上
大ニ我邦ノモノニ似タリ
△化粧小屋ノ一部
簡單ナルカヘルマタヲ見ルベシ
東
梁
29

29天镇（6）慈云寺（4）（6月13日）

观音殿与地藏殿相对，建筑形式相同。内部的斗拱与日本镰仓・室町时代的相类似。禅堂以及司房的斗拱与日本中古时期的类似。右半图所示物体中间比两端部分细。

山西省

30阳高（1）（6月14日）

到达阳高的时间是14日正午，笔者一个人吃了午饭后，去走访各种建筑，直到傍晚，其他三人去县厅置办马鞍。

在市街上有一牌楼，面阔三间，有风楼，这种样式的牌楼很少见。

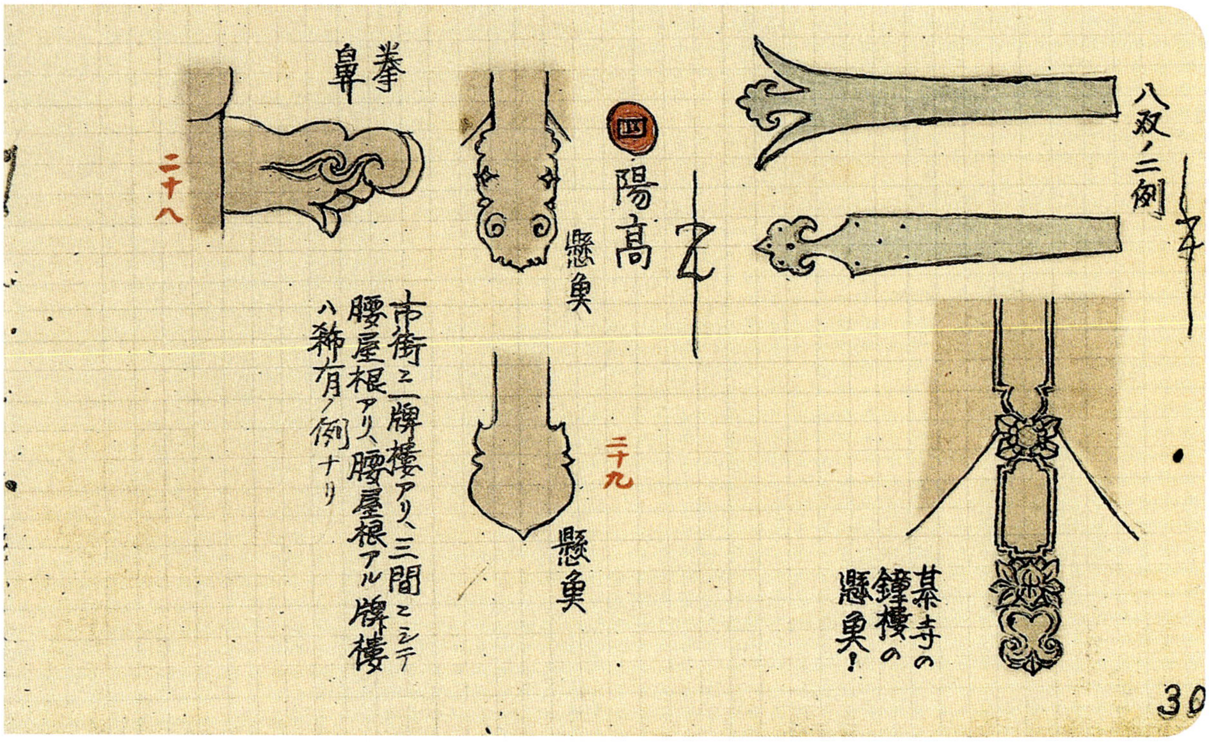
八双ノ二例
某寺の鐘樓の懸魚！
陽高
懸魚
懸魚
市街ニ一牌樓アリ、三間ニシテ腰屋根アリ、腰屋根アル牌樓ハ稀有ノ例ナリ
拳鼻
二十八
二十九
30

32阳高（2）昊天阁（1）（6月14日）

昊天阁从碑文内容来看，修建于明正德十三年（1516），万历四十年（1612）对碑进行重修。可以说，昊天阁是明代的杰作。

阁的下层有碑文，上面写着阳和城新建玉皇阁记，重修碑的时间为万历四十年。

博风板的坡度很大，长度很长，建筑比例酷似日本的建筑（法隆寺金堂），面阔三间，为方形，有三层楼阁，上层为歇山顶，博风板的出檐很深，类似于日本藤原、镰仓等地的博风板。

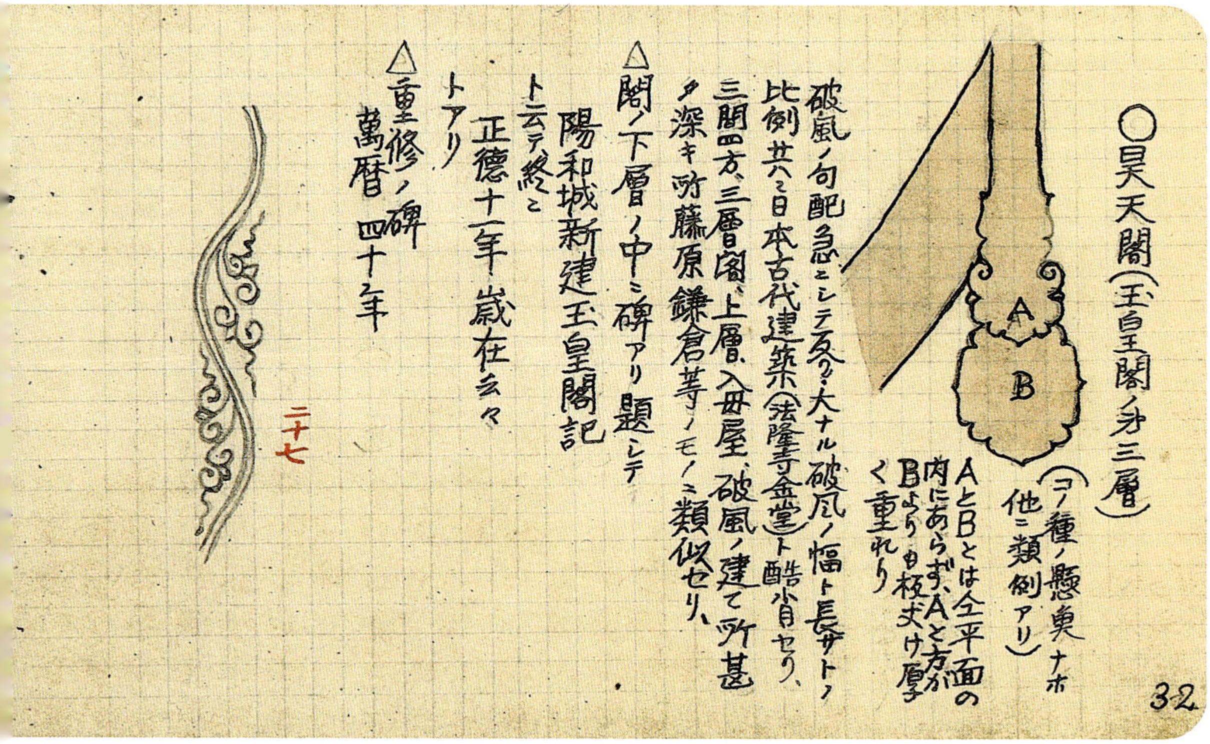
○昊天閣（玉皇閣ノ事）三層
（コノ種ノ懸魚ナホ他ニ類例アリ）
AとBとは全平面の内にあらず、Aと方がBより一日板丈け厚く重れり
破風ノ勾配急ニシテ反ク、大ナル破風ノ幅ト長サトノ比例共ニ日本古代建築（法隆寺金堂）ト酷似セリ、三間四方、三層閣、上層入母屋、破風ノ建テ所甚ダ深キ所藤原鎌倉等ノモノニ類似セリ、
△閣ノ下層ノ中ニ碑アリ題シテ
陽和城新建玉皇閣記
ト云テ終ニ
正德十一年 歳在云々
トアリ
△重修ノ碑
萬曆四十年
二十七
32

31地图第三号（三十里铺—大同・云冈）

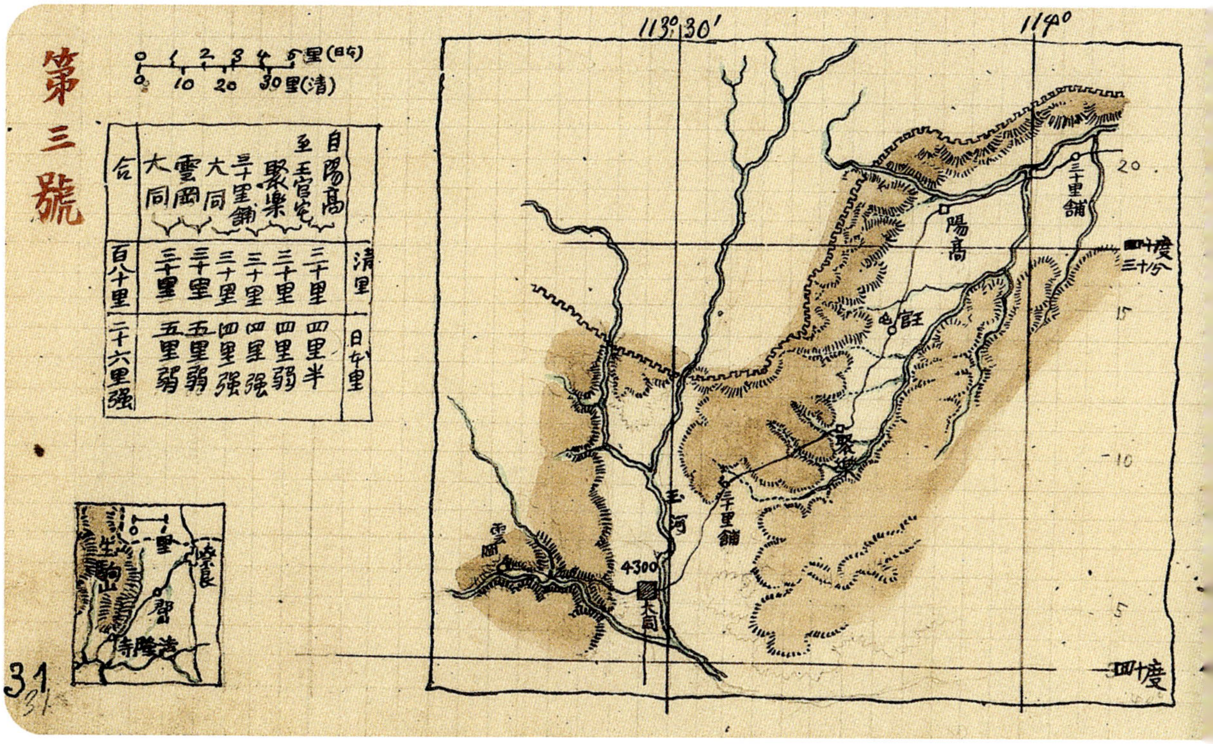

每隔四根挂有风铃。

阁的匾额上写有重修的年代。

内部一侧为窗户，其他三侧有壁画。

三层的内部把梁造成这种形状。

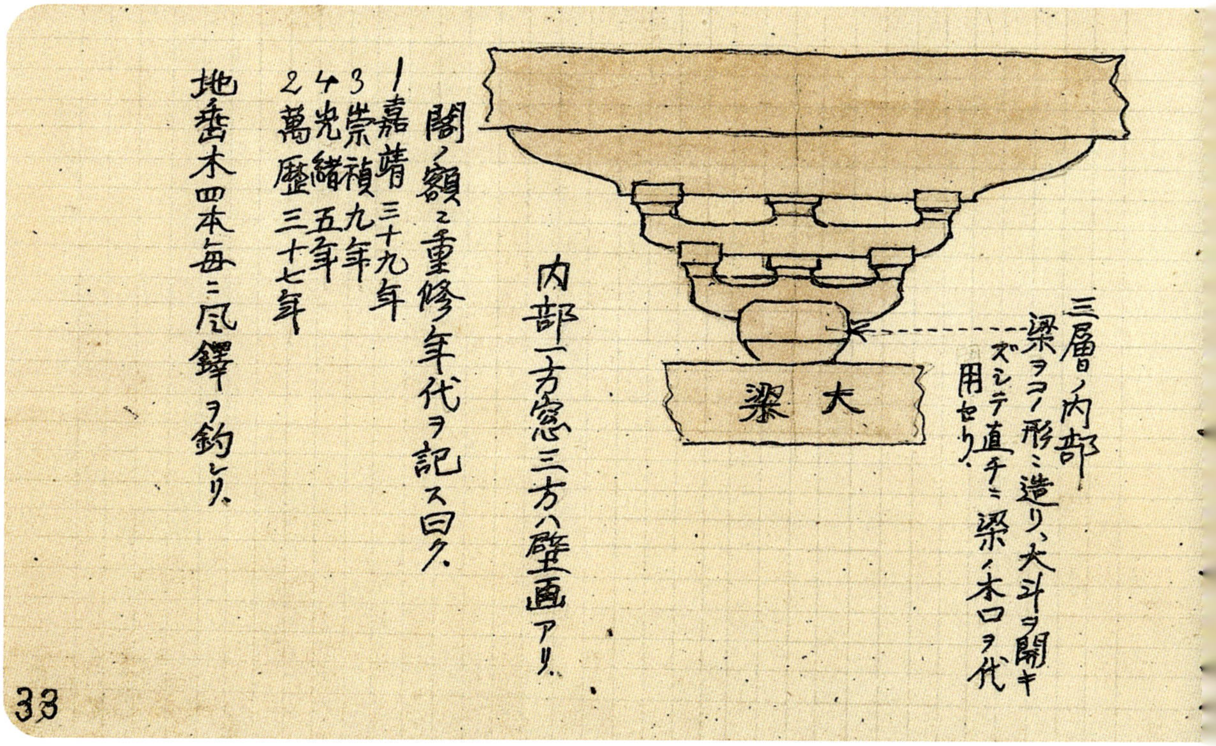

33阳高（3）昊天阁（2）（6月14日）

昊天阁内部的斗拱与天镇慈云寺禅堂的相类似，大斗如右图所示。

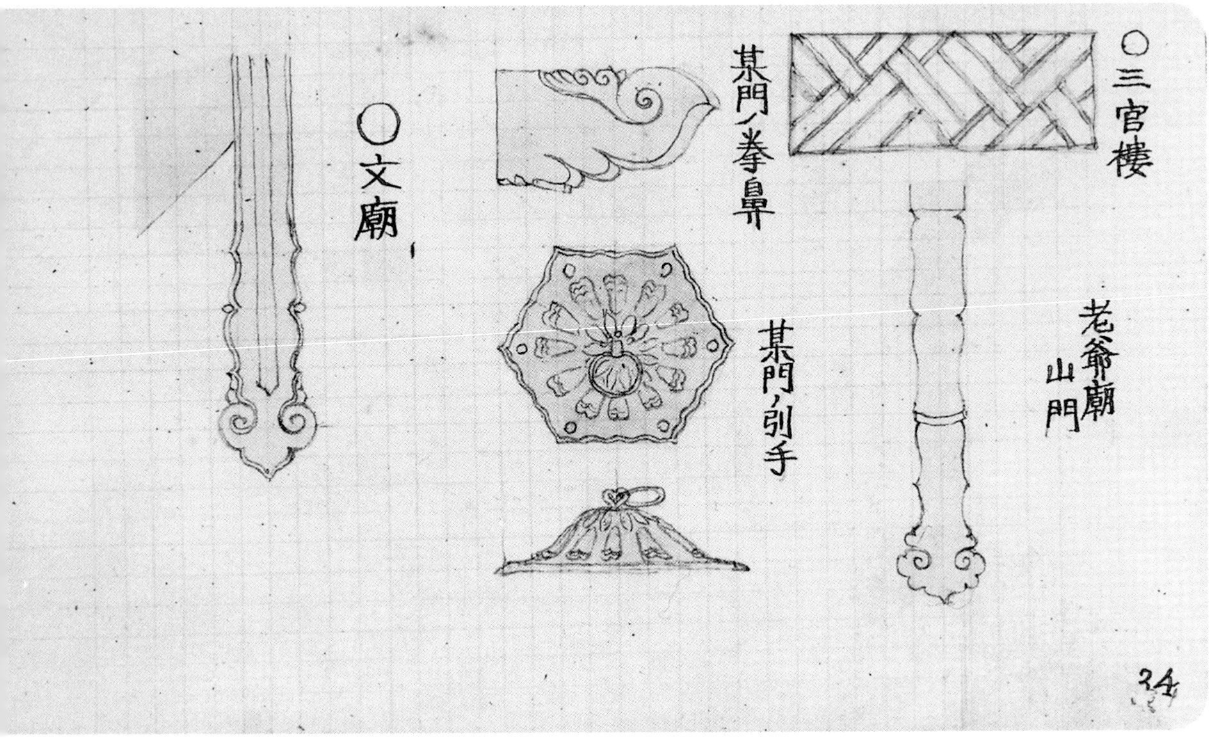

34阳高（4）（6月14日）

关于阳高这个地方，日志中是这样写的：『阳高城建于明洪武年，方圆有一里半，该城的建筑有文庙、紫霞宫、玉皇阁等。』

四角的修建手法奇特，此处采用了非常复杂的营造手法，这样的案例有很多，如，建了许多游离的小柱子。

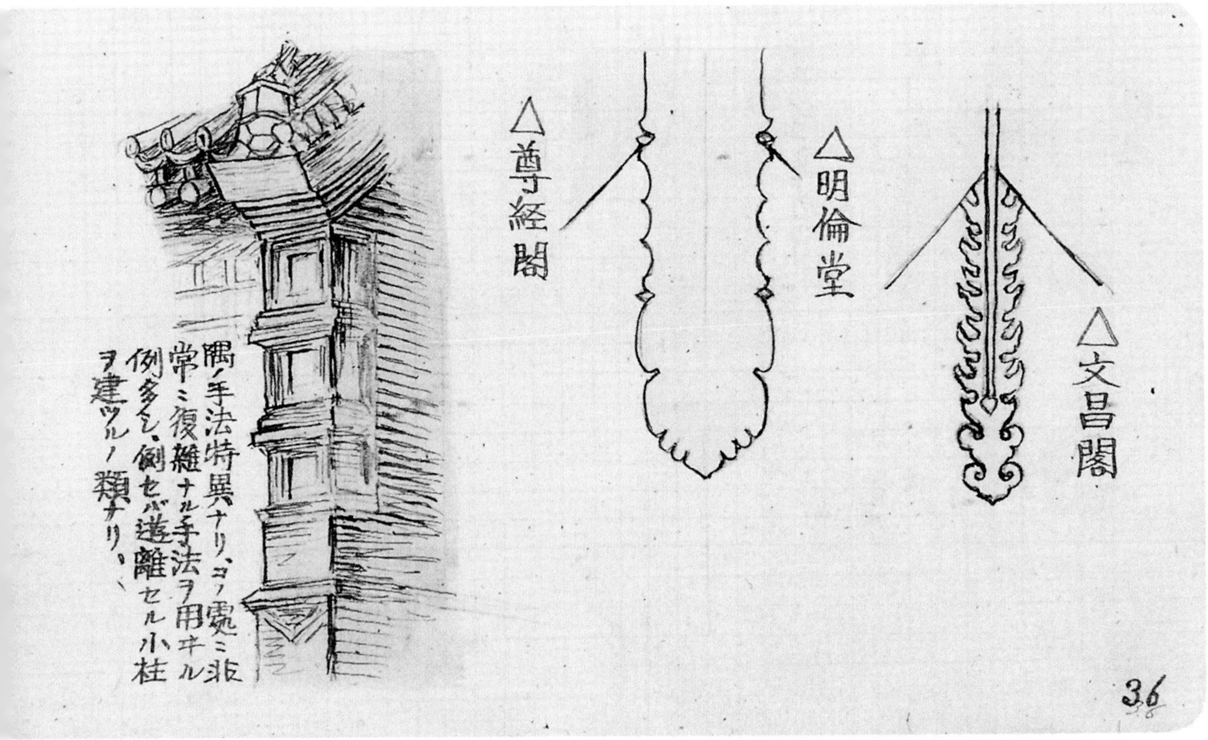

36阳高（6）（6月14日）

左图是山墙（房屋建筑的左右两边之墙的上端与前后屋顶间的斜坡形成的一个三角形），似古体山字，故称山墙。『隅の手法』是指边缘部位的处理方法，有很多较为复杂的雕刻。

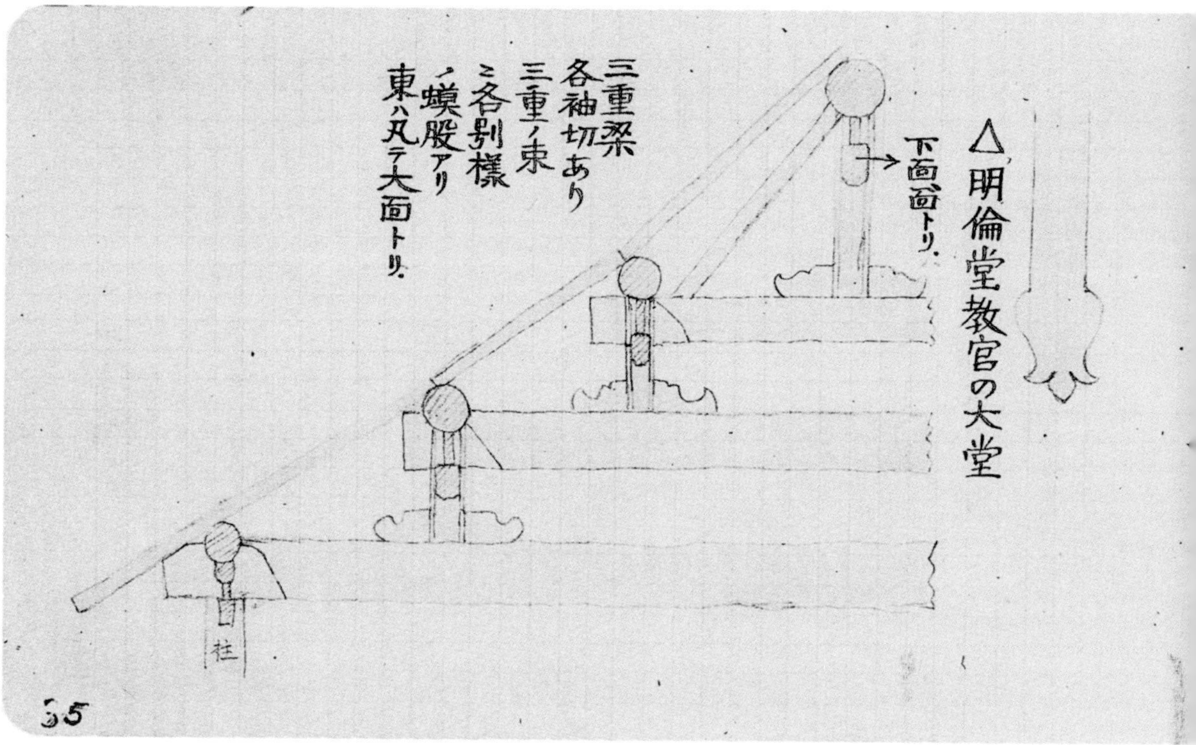

35阳高（5）（6月14日）

阳高的文庙虽然没有什么特别重要的地方，但明伦堂内部的支架和驼峰却与众不同，值得关注。『袖切』是虹梁（如图所示）向边上倾斜削薄的部分。

王官屯　观音庙

观音庙内有一大明万历年间的大钟，龙头的形状与日本的相似。

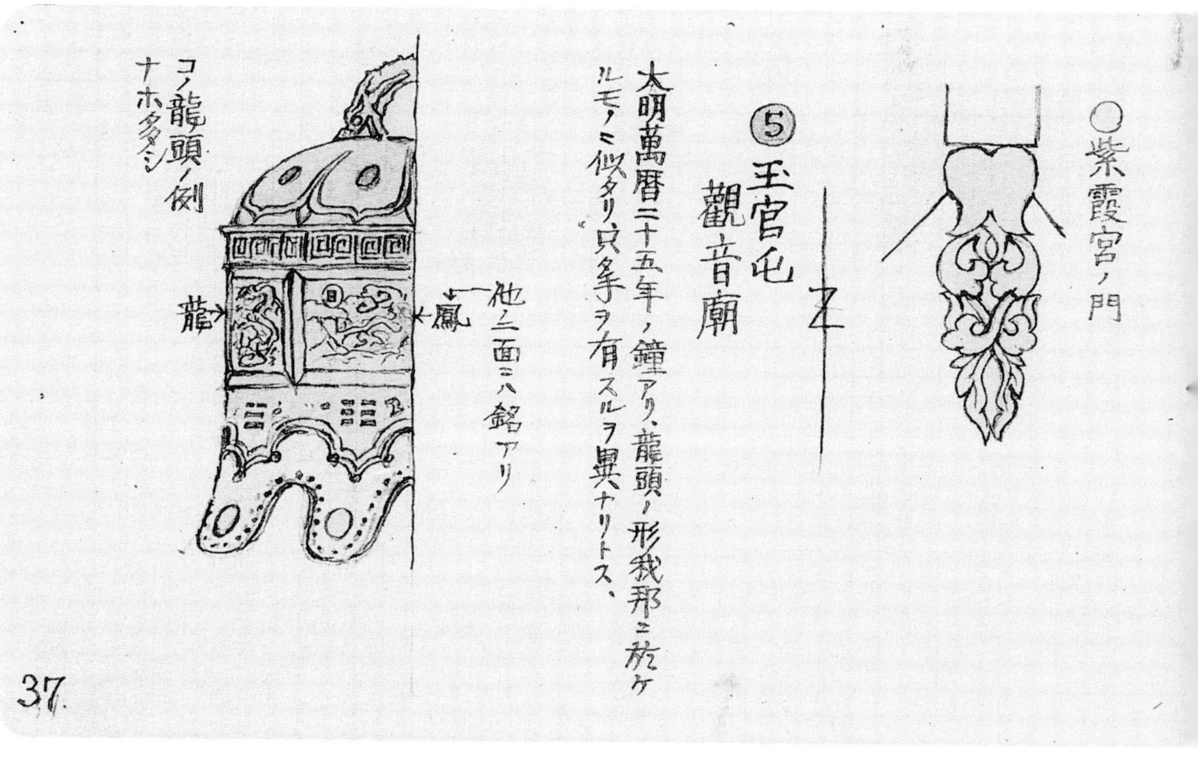

37王官屯（6月15日）

王官屯有观音庙，图为观音庙内的大钟。到达王官屯的时间是下午3点，天气炎热，温度表显示地面温度达到华氏150度。

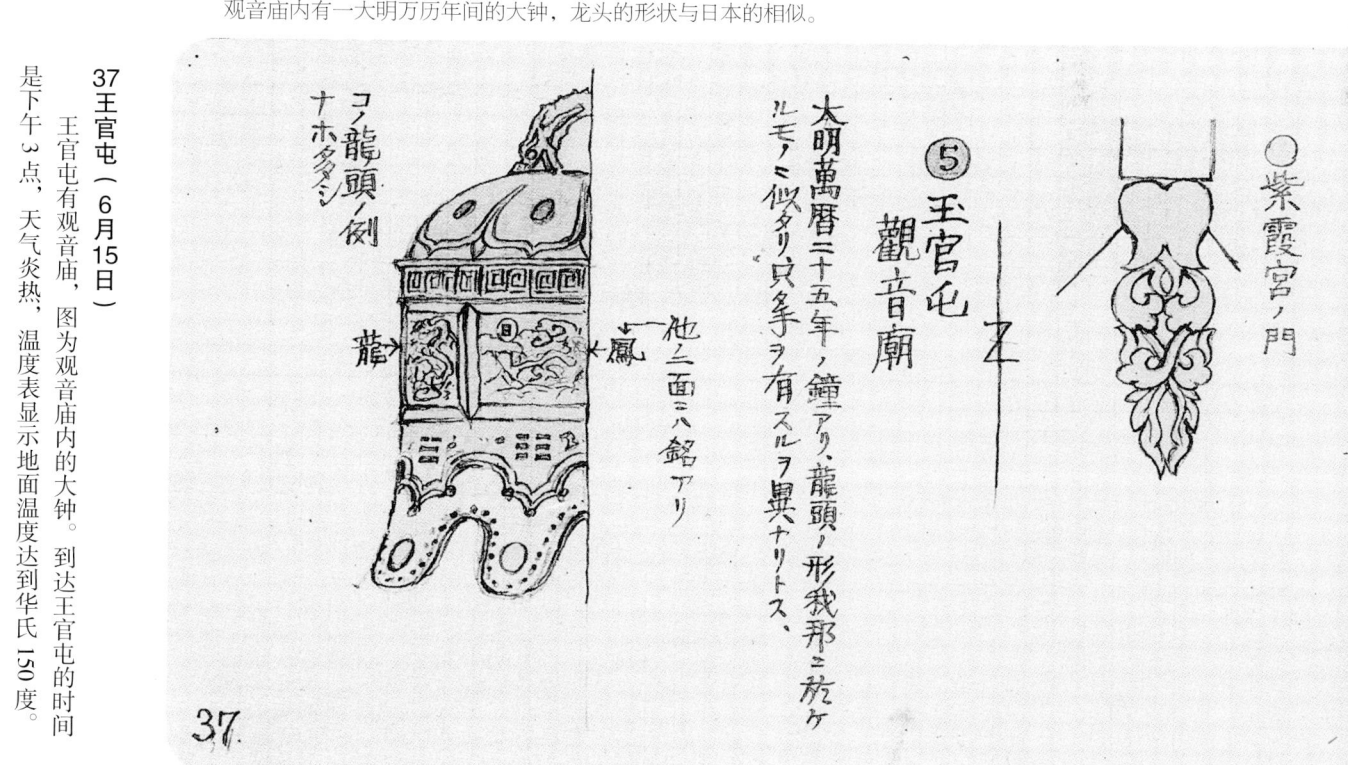

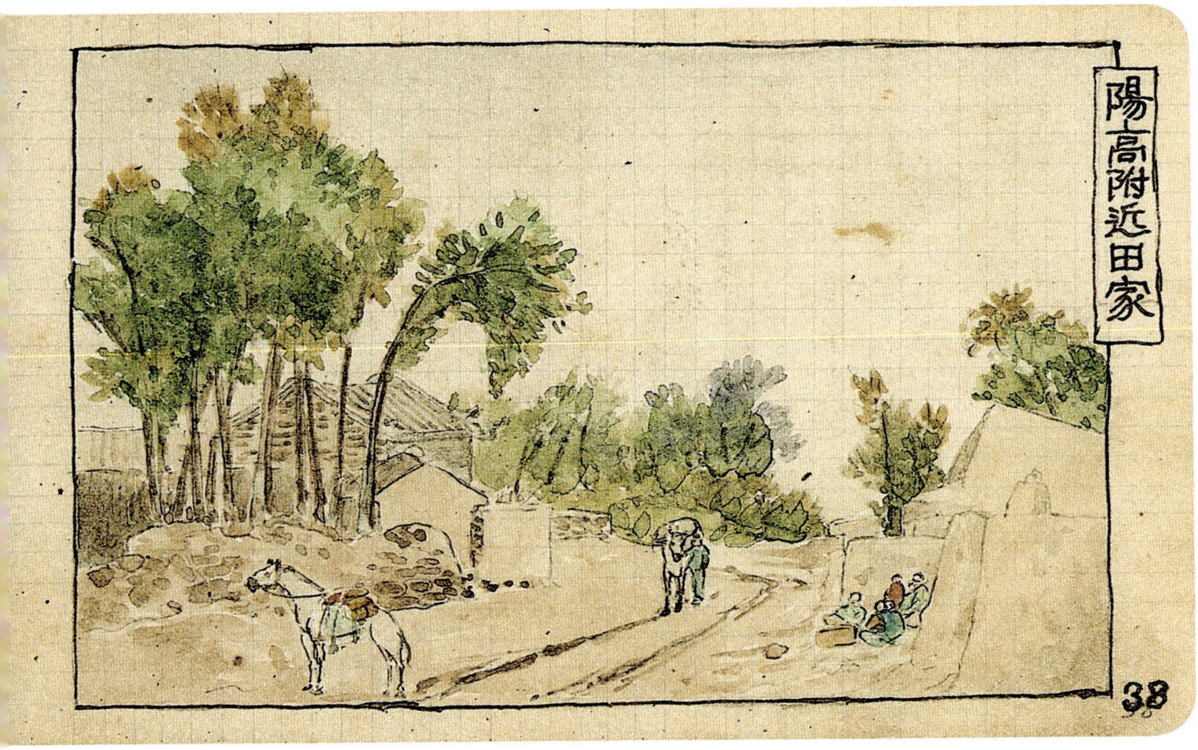
陽高附近田家
38

38阳高（7）（6月14日）

我们一行人虽然一大早从三十里铺出发，但因马匹状态不佳，所以还是晚了。这幅图是先行到达阳高后，在城内利用等候的时间绘制的一幅素描图。

殿内有几尊佛像，极为精美，具体年代不详，据推测应为唐代作品，特别是弥勒佛的铜像与日本法隆寺内的佛像相似。塑像有波纹，台基上有莲花座，上塑有佛像，其姿态、容貌端详，衣纹简洁流畅，是罕见的佛像珍品。

菩萨像两尊，为青铜像。四大天王各一尊，为塑像。

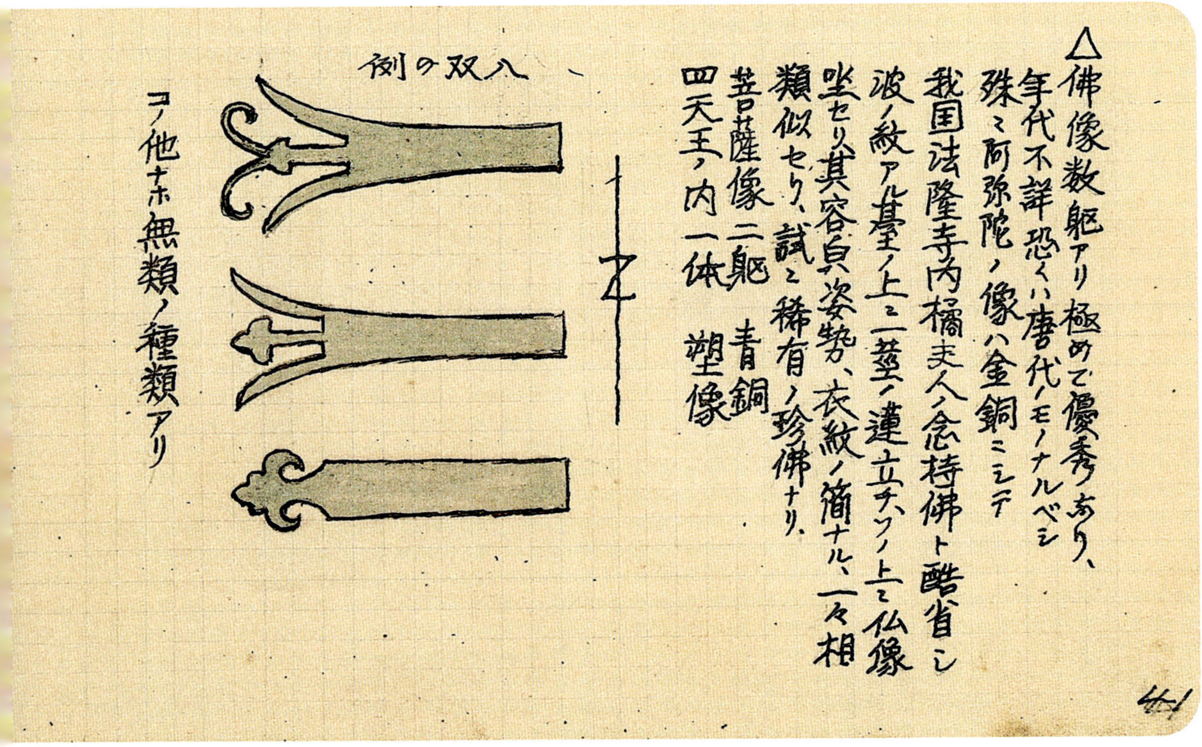
△佛像数躯アリ極めて優秀なり、
年代不詳恐くハ唐代ノモノナルベシ
殊ニ阿弥陀ノ像ハ金銅ニシテ
我国法隆寺内橘夫人ノ念持佛ト酷省シ
波ノ紋アル基ノ上ニ一茎ノ蓮立チソノ上ニ仏像
坐セリ其容貞姿勢、衣紋ノ簡ナル、一々相
類似セリ、試ニ稀有ノ珍佛ナリ。
菩薩像二躯 青銅
四天王ノ内一体 塑像
八双ノ例
コノ他ナホ無類ノ種類アリ
41

41聚乐（2）（6月15日）

第二天早上，拍摄了崇宁寺的佛像，寺内芍药、郁金香盛开，特别漂亮。文中的『酷省』是『酷肖』，『試二』是『誠二』的笔误。

钟楼的悬鱼，一例为三角形博风板，一例为唐风，很是奇特。

39聚乐（1）（6月15日）

于正午时分到达王官屯，因为天气太热，所以大家先午休，下午三点出发，傍晚七点到达聚乐。说到聚乐，字面意思挺好的，虽然城墙具有研究价值，但实际上是相对比较贫穷的地方，在聚乐有一个叫崇宁寺的不错的寺庙。

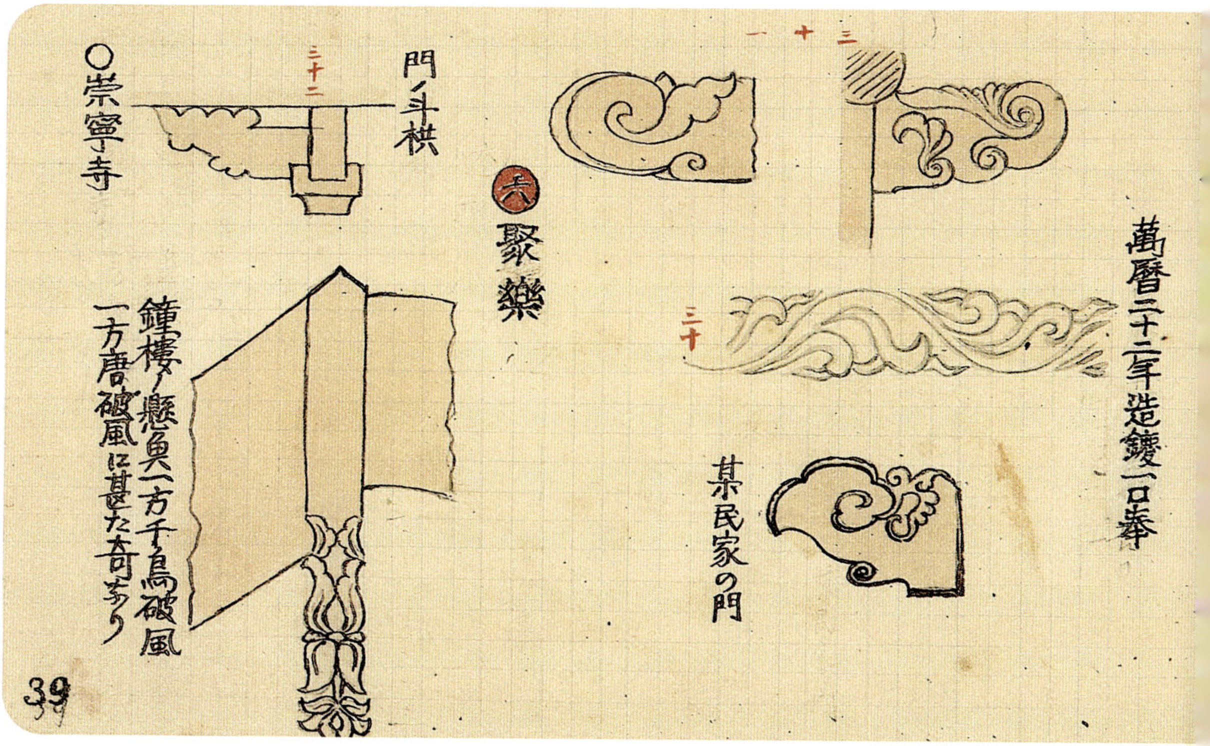

42大同府（1）三十里铺客房内部（6月16日）

三十里铺的意思是说该店铺离大同府有三十里距离，在这附近，大约每隔十里有一个村庄，所以叫十里铺、二十里铺等。图中标题的『三千里』是笔误。

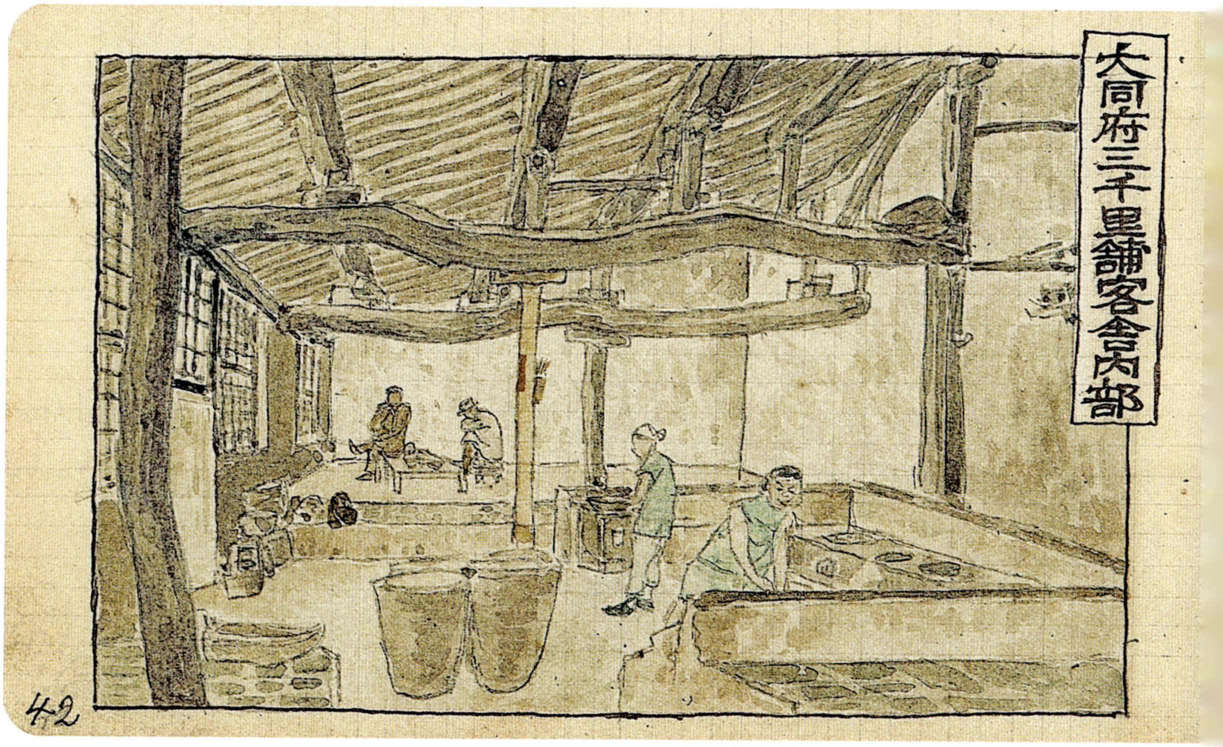

大同建筑的特点

大同的明代建筑，特别是塔寺的建造多使用柱子和卷斗，大斗的大小和柱头的大小几乎相同。大型建筑很多，山墙面和侧墙面都很深，与日本镰仓时代的建筑相似。

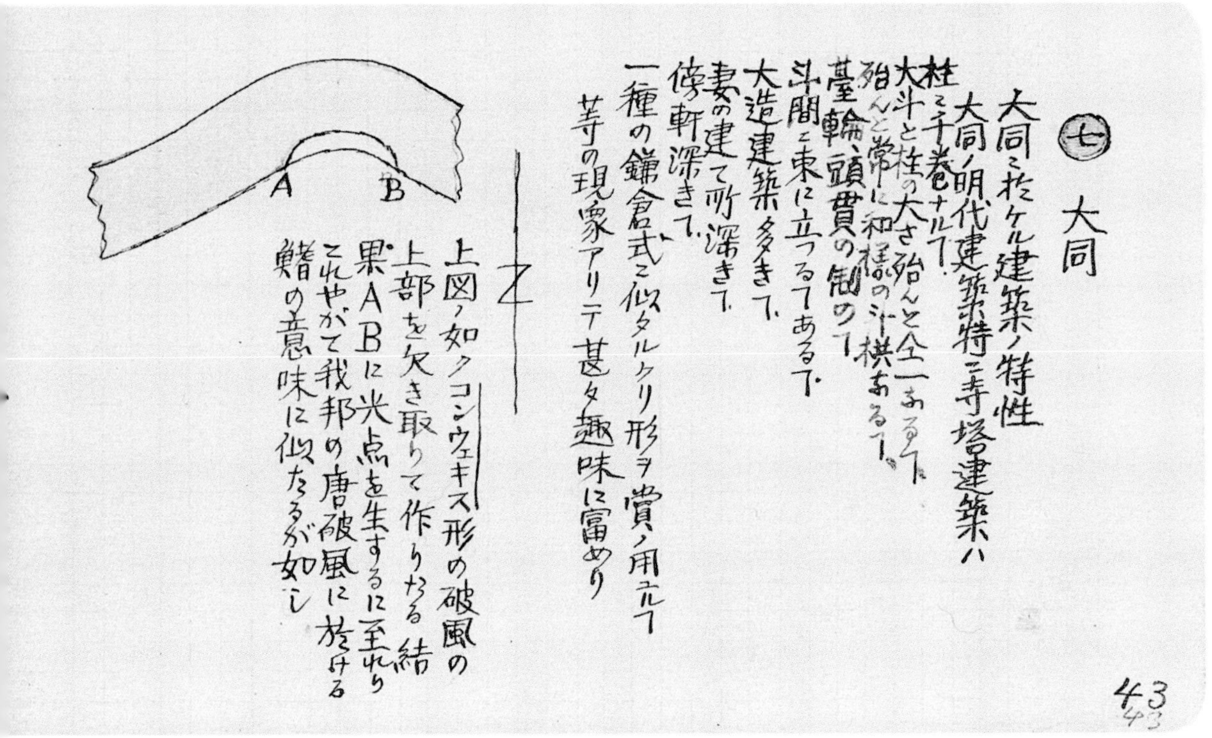
㊆ 大同
大同ニ於ケル建築ノ特性
大同ノ明代建築特ニ寺塔建築ハ
柱ニ千巻ナルて
大斗と柱の大さ殆んと全一あるて
殆んど常に和様の汁栱あるて
臺輪、頭貫の制のて
斗間ニ束に立つるてあるて
大造建築多きて
妻の建て所深きて
傍軒深きて
一種の鎌倉式ニ似タルクリ形ヲ貫ノ用ユルて
等の現象アリテ甚タ趣味に富めり
A
B
上図ノ如クコンウェキス形の破風の上部を欠き取りて作りたる結果ＡＢに光点を生ずるに至れり
これやがて我邦の唐破風に於ける鰭の意味に似たるが如し
43

43大同府（2）（6月16日）

大同历史悠久，因地理位置优越，历史上曾建都。北魏时代，被称作平城，为北魏首都。辽金时代被称作西京，作为陪都。大同各代文物、古迹很多，是一个很好的地方。『コンウェキス』是凸形平缓的意思。

殿内碑文上写着：大金国西京大华严寺重修薄伽藏教记，为金代建筑风格，斗拱等为古代样式，斗拱部分：大斗和卷斗的比例等与日本的相同，在斗拱之间采用了中间束腰的样式。

正殿 面阔五间，进深四间，单檐歇山顶。

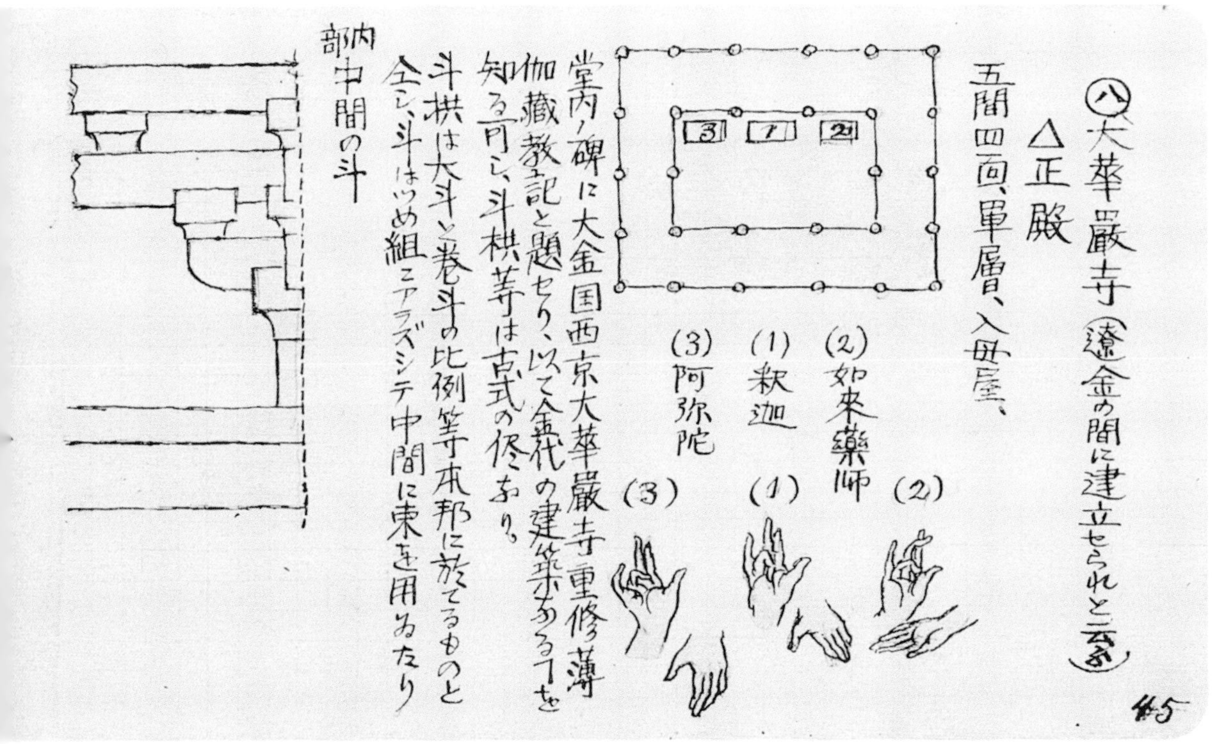
㈧ 大華嚴寺（遼金の間に建立せられしと云ふ）
△正殿
五間四面、單層、入母屋、
3 1 2
(2) 如来藥師
(1) 釈迦
(3) 阿弥陀
(3) (1) (2)
堂内ノ碑に大金国西京大華嚴寺重修薄伽藏教記と題せり、以て金代の建築なることを知る可し、斗栱等は古式の侭なり、
斗栱は大斗と巻斗の比例等本邦に於てるものと全く、斗はつめ組ニアラズシテ中間に束を用ゐたり
内部中間の斗
45

45大同府（4）大华严寺（1）（6月17日）

大华严寺位于大同市内，为辽金建筑，分为上下华严寺。上华严寺吸取了大量唐代文化风格。在看了下华严寺的建筑后，笔者专心调查，非常喜悦，几乎达到了疯狂的程度。

44大同府（3）大同府妇人髷（发髻）图 （6月16日）

大同风格与北京不尽相同，特别是妇女保持有古代的传统风格。发髻很有特色，想必应该是明代的风格吧。右边的两人为已婚女性，左边的三人为未婚女性。『末嫁』是『未嫁』的笔误。

46大同府（5）大华严寺（2）（6月17日）

正殿上挂有『薄伽教藏』的匾额，是下华严寺的主体。薄伽教藏殿是存放佛经的殿堂。在殿内四壁有藏经橱，为重楼结构。上层为佛龛，下层藏经，建筑精美。殿内的佛像为辽金时期作品，笔者评价它们为雕塑中的精品。

外部柱子的斗拱　　柱上的斗拱

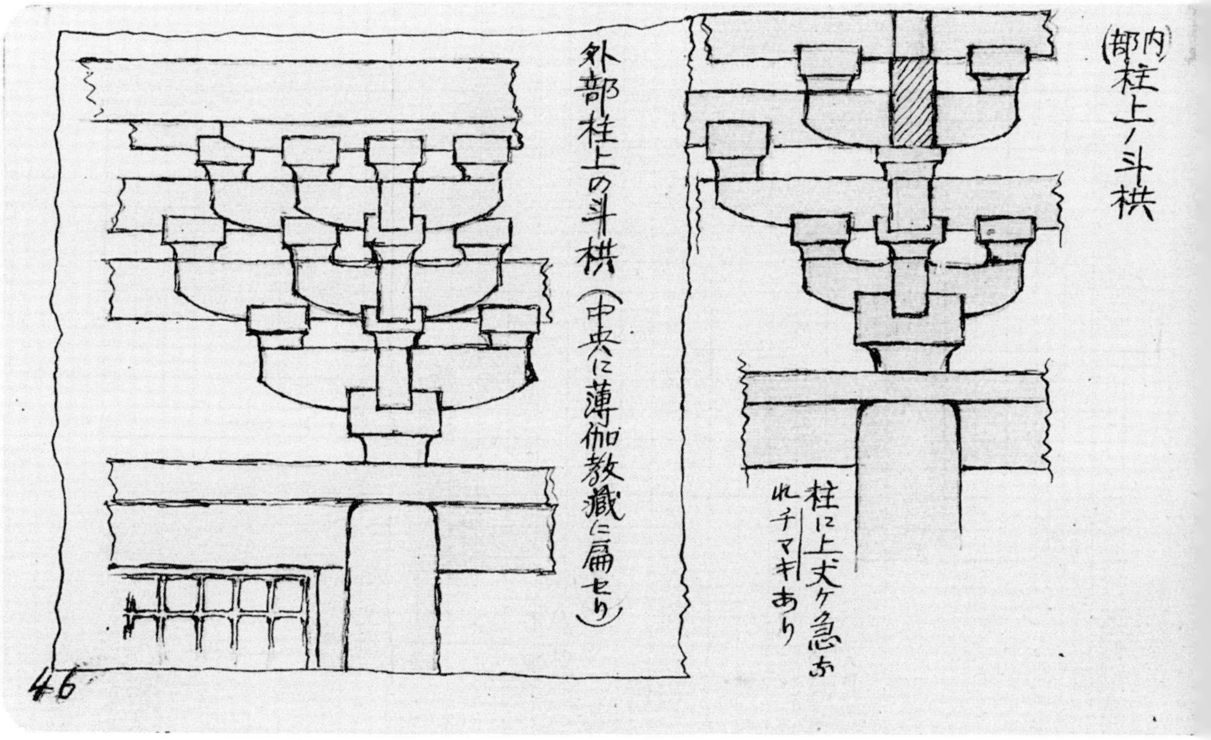

鸱吻的形状　鸱吻的形状与日本唐招提寺的鸱吻有相似之处。

梵钟　梵钟的形状与日本的极为相似。

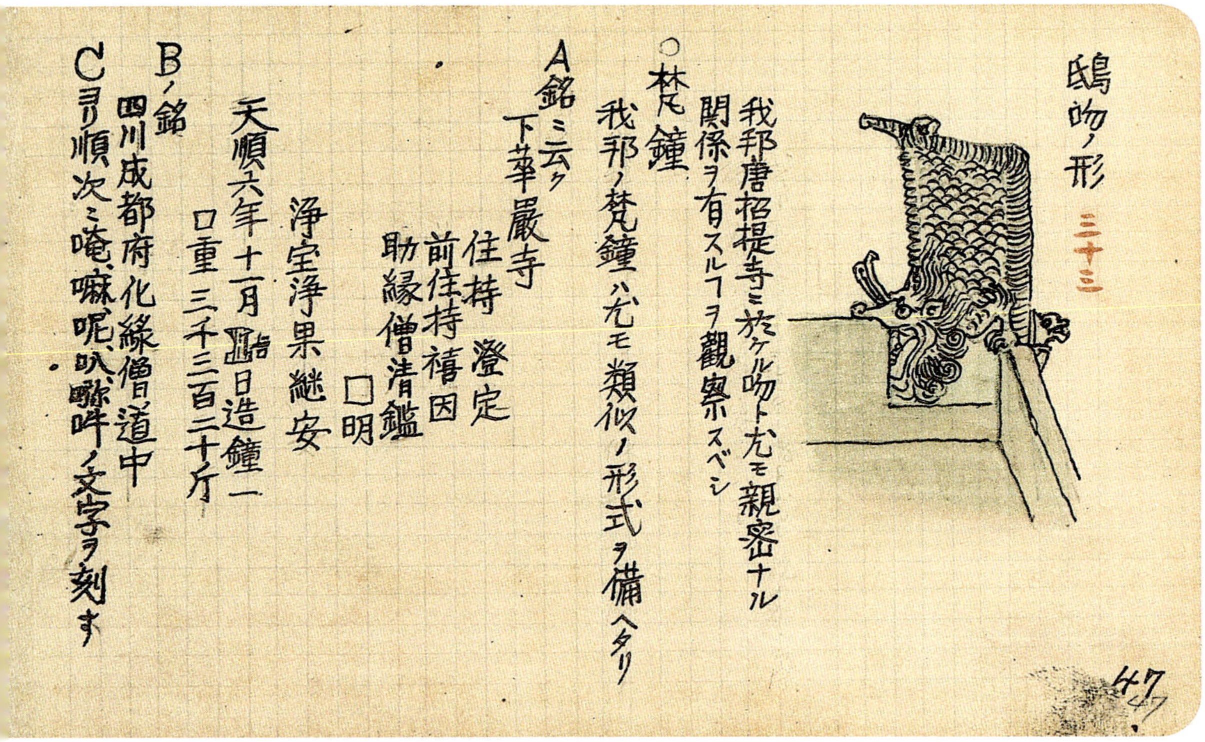
鴟吻ノ形
三十三
我邦唐招提寺ニ於ケル吻ト尤モ親密ナル
関係ヲ有スルコヲ観察スベシ
○梵鐘
我邦ノ梵鐘ハ尤モ類似ノ形式ヲ備ヘタリ
A銘ニ云ク
下華嚴寺
住持 澄定
前住持 積因
助縁僧清鑑 □明
淨宝淨果繼安
天順六年十一月 日造鐘一
口重三千三百二十斤
B銘
四川成都府化縁僧道中
Cヨリ順次ニ唵嘛呢叭嘧吽ノ文字ヲ刻ス
47

47大同府（6）大华严寺（3）（6月17日）

『唵嘛呢叭咪吽』是藏传佛教的真言，是『宝石莲花中』的意思。只要心怀净土，僧侣、信徒只要不断地念诵，死后就可以去往西方净土，就像日本人念诵南无阿弥陀佛。

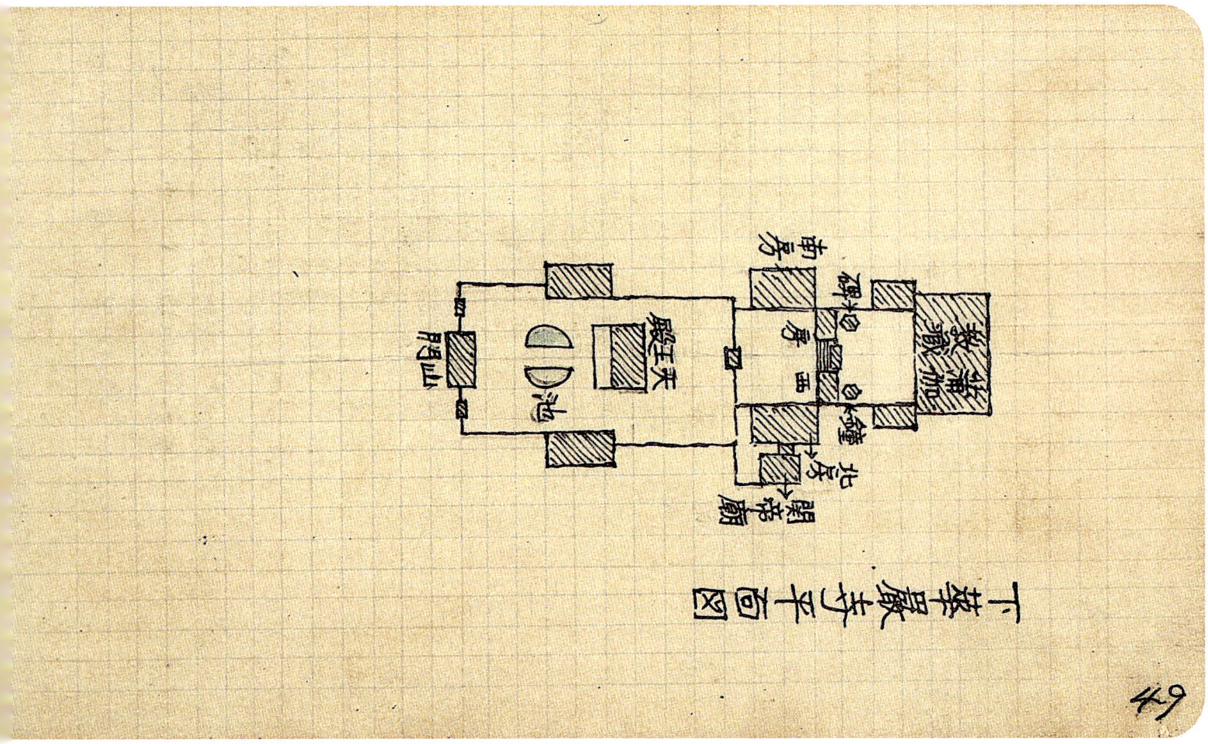
下華嚴寺平面図
南房
北房
関帝廟
49

49大同府（8）大华严寺（5）（6月17日）

薄伽教藏建于重熙七年（1038），为宝贵的辽金建筑。下华严寺的平面图与上华严寺相比，显得更为自由、奔放。

48大同府（7）大华严寺（4）（6月17日）

钟A、B部分刻有铭记，该图为钟的侧面图。

A
B
銘
48

天王殿 面阔三间，进深三间，有山墙，内供喇嘛教的四大天王，殿顶有平棋天花图案，有虹梁、脊木。

50大同府（9）大华严寺（6）（6月17日）

天王殿的建筑年代晚于正殿，虹梁、脊木的形状及拳鼻的图案各不相同，梁上有驼峰，呈三角构架结构。

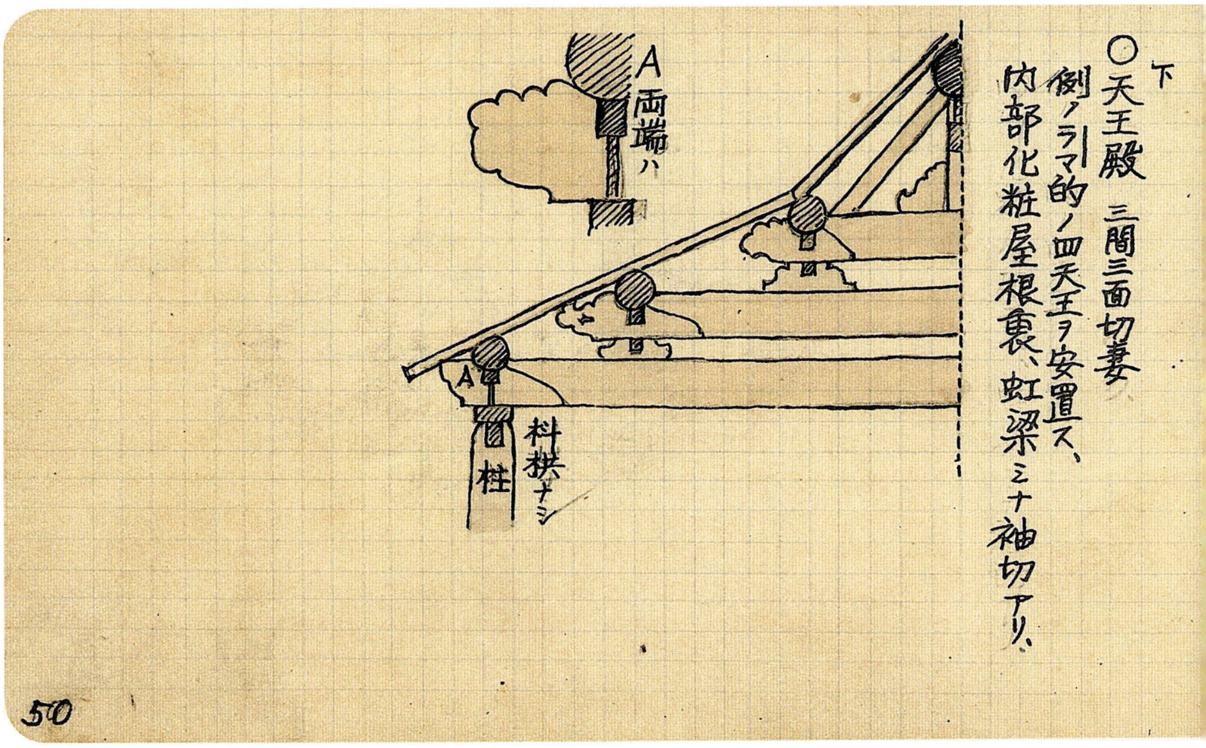
下
○天王殿 三間三面切妻
側ノラマ的ノ四天王ヲ安置ス、
内部化粧屋根裏、虹梁ニナ袖切アリ、
A両端ハ
斗栱ナシ
柱
A
50

下华严寺正殿的亭子
这个短柱长度不够

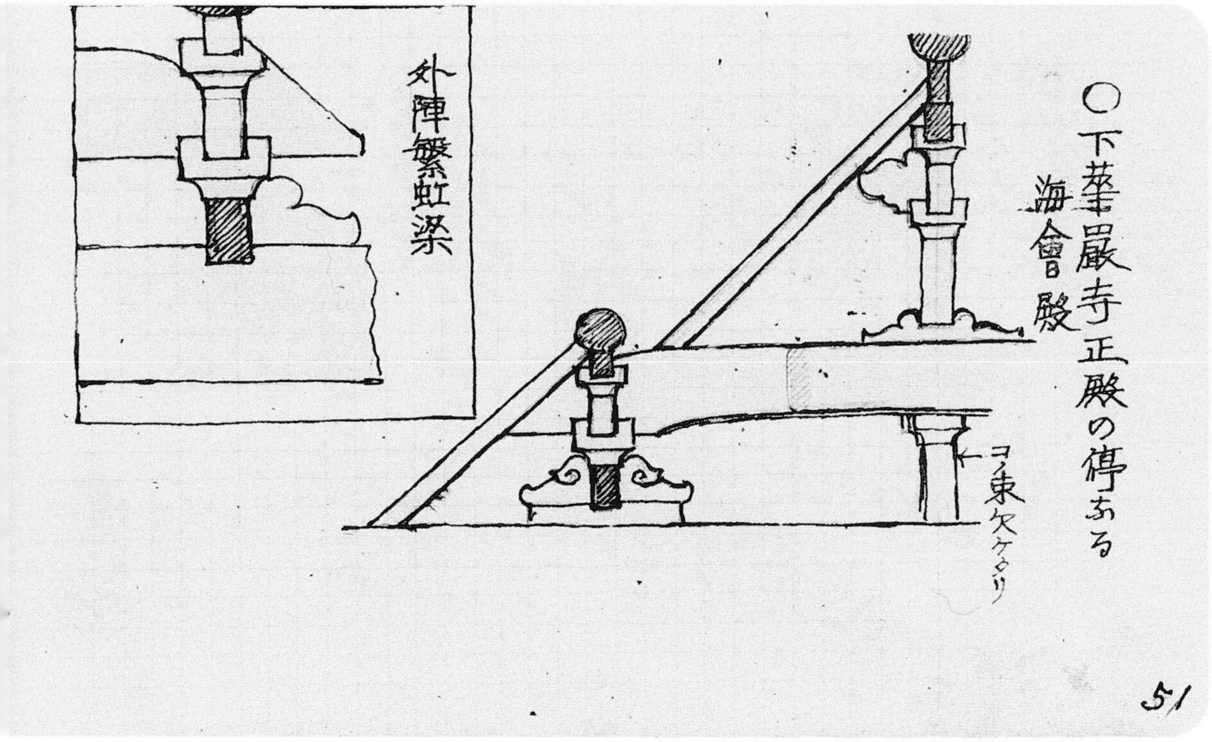
○下華嚴寺正殿の傳ある
海會殿
外陣繋虹梁
コノ束欠ケタリ
51

51大同府（10）大华严寺（7）（6月17日）

海会殿在正殿的东北方向，面阔五间，进深三间，是单檐双坡屋顶建筑，内安放着观音佛像。这种建筑形式非常古老，笔者认为它大致应修建于金代。图中的『繫虹梁』是『系虹梁』的笔误。

鼓楼 共有三层楼。上层房间的四个角上都建有千鸟破风风格的装饰。中间还搁置了宝瓶。面阔三间，进深三间。

上华严寺 大雄宝殿

面阔七间，进深五间、单檐、庑殿顶、黄琉璃瓦、正吻。下华严寺正殿中也有拱梁。虽然内部诸神像庄严肃穆、色彩鲜艳，如同新的一样。但并没有特别值得观摩的地方，周围的壁画也很普通。总的来说，下华严寺并没有什么特别值得模仿的地方。

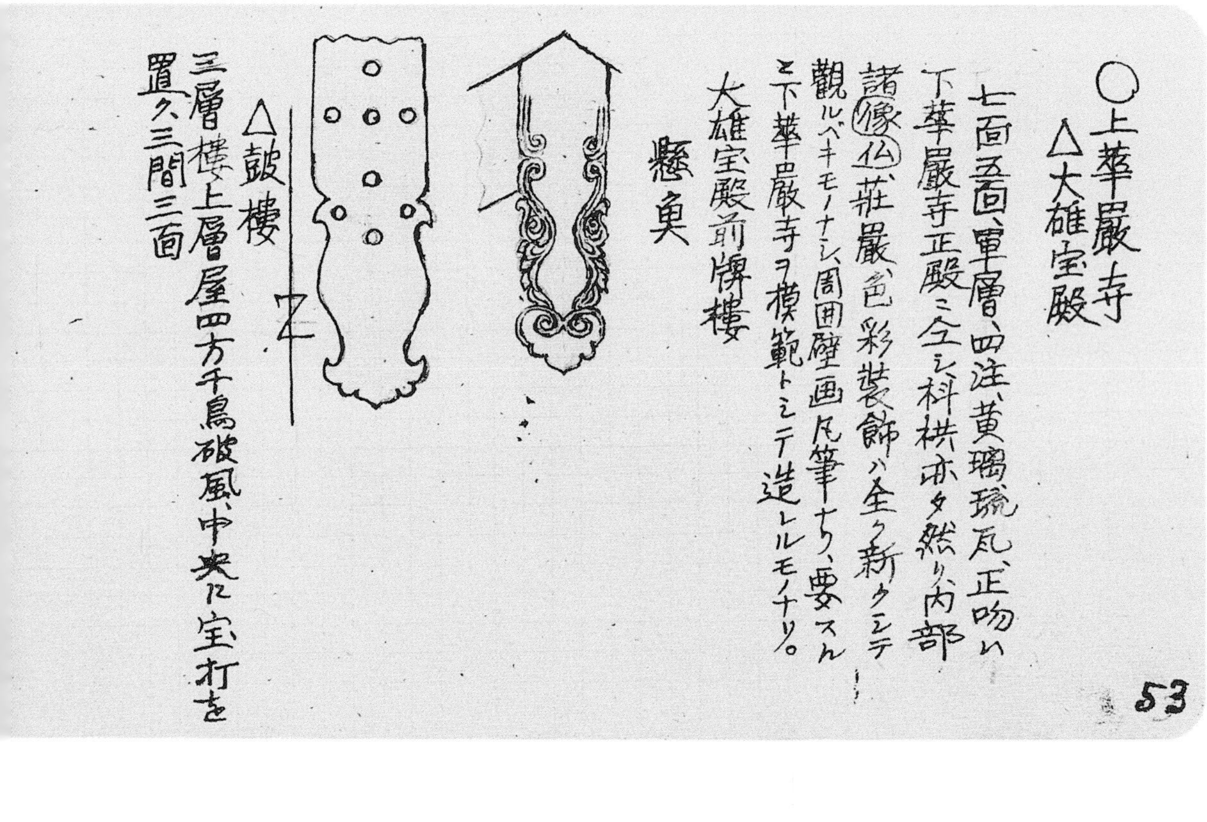
○上華嚴寺
△大雄宝殿
七面五面、單層、四注、黄瑠璃瓦、正吻ハ
下華嚴寺正殿ニ全シ、科栱亦タ然リ、内部
諸像仏荘嚴色彩装飾ハ全ク新クシテ
観ルベキモノナシ、周囲壁画凡筆ナリ、要スルニ
下華嚴寺ヲ模範トシテ造レルモノナリ。
大雄宝殿前牌樓
懸魚
△鼓樓
三層樓上層屋四方千鳥破風、中央ニ宝打を
置ク三間三面
53

53大同府（12）大华严寺（9）（6月17日）

上华严寺的大雄宝殿中供奉着五尊佛。左右两侧还依次供奉着天部诸神像，全部都出自明代，但壁画出自清代。

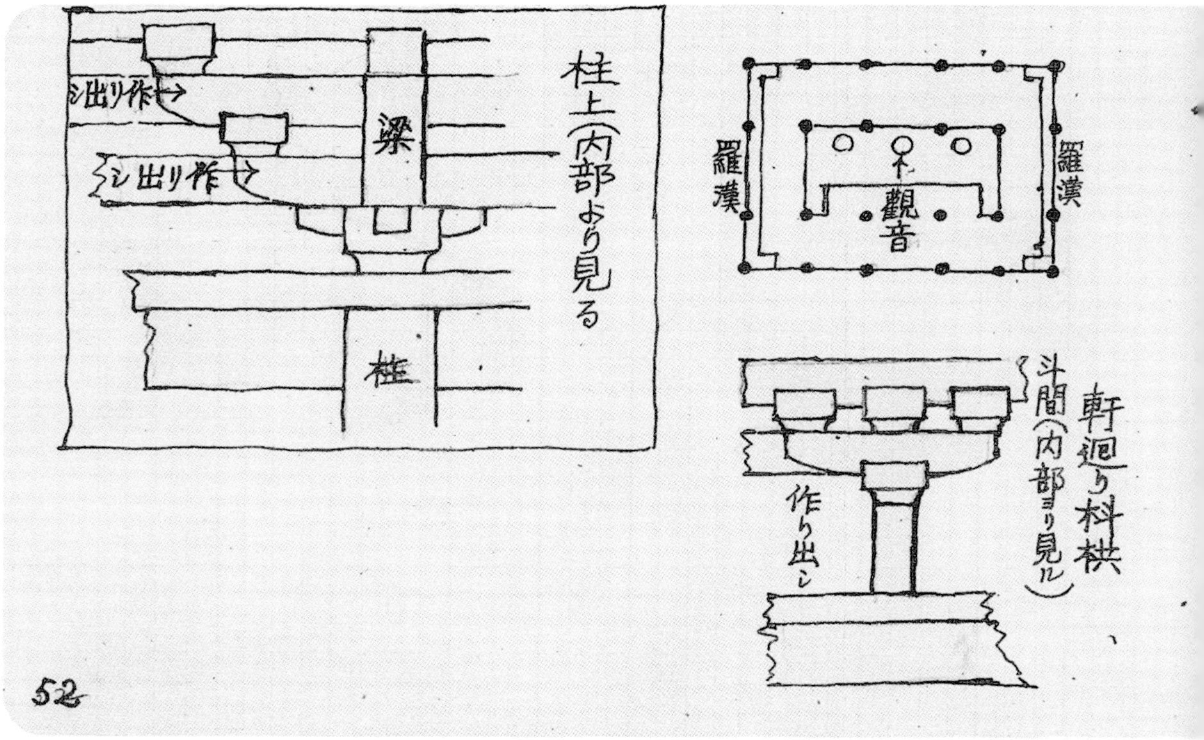

52大同府（11）大华严寺（8）（6月17日）

这种利用连接檐端及斗拱短柱的建筑手法，类似于镰仓时代以前一直惯用的方法。另外，殿内很多石像的相貌都与日本弘仁时代的佛像相似。笔者推测这些石像应该建成于辽金时期。

太平楼　面阔三间、进深三间、三层楼，最上层是歇山屋顶、悬鱼如左图所示。一般都是悬挂在顶端上部，像日本一样悬挂在顶端下部的现象是非常少见的。

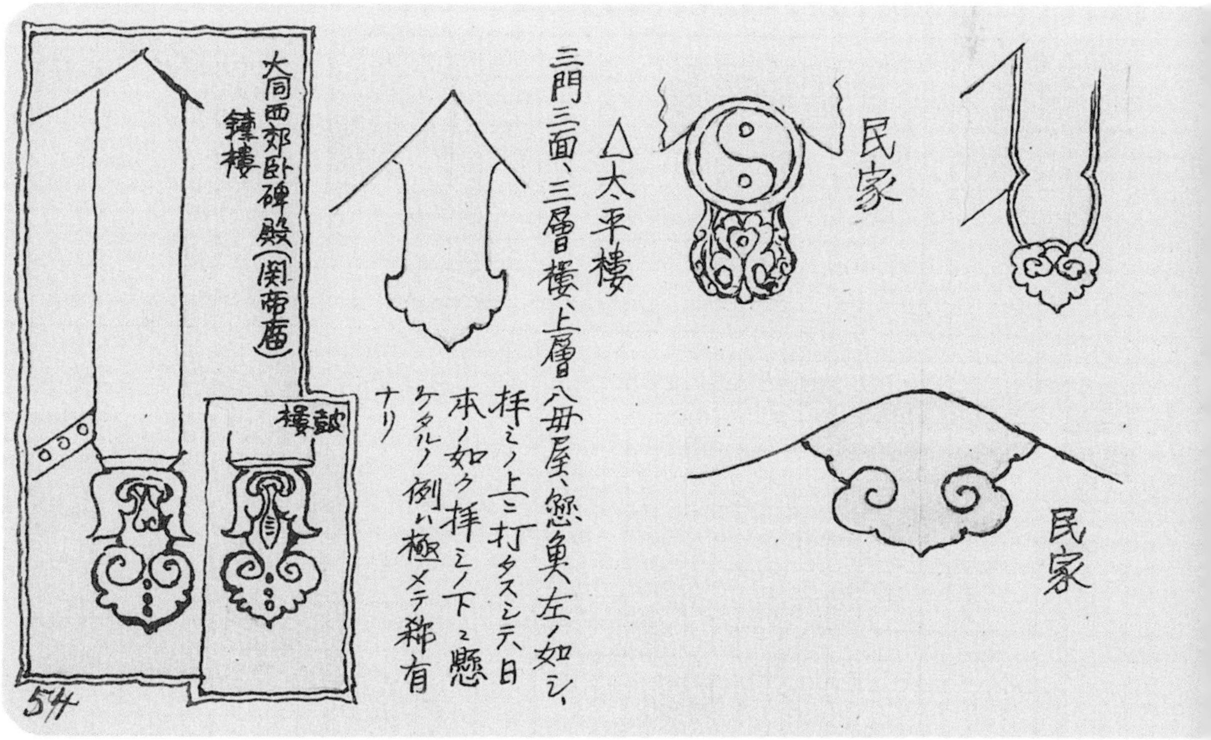

54大同府（13）大华严寺（10）（6月17日）

『扦ミ』是『拝ミ』的笔误，是指将材料堆成山形之后顶端的部分。『三门』是『三间』的笔误。

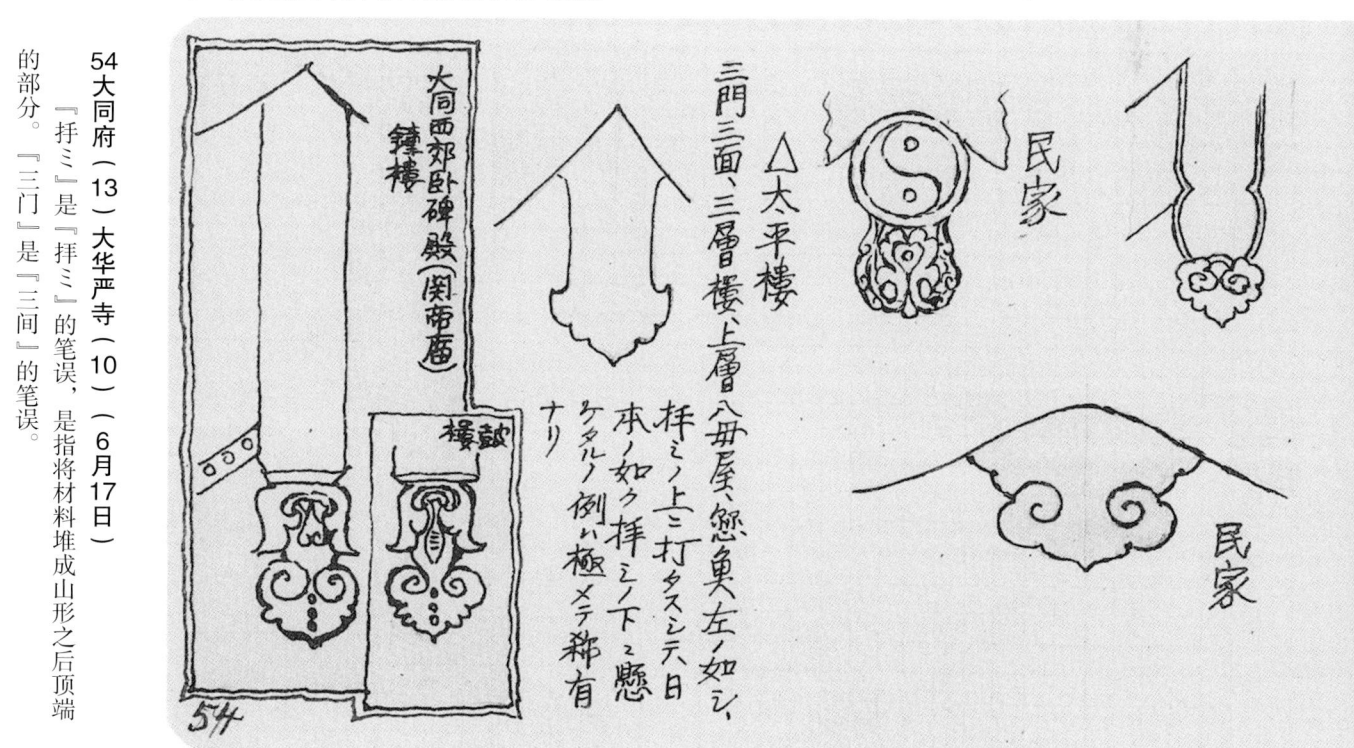

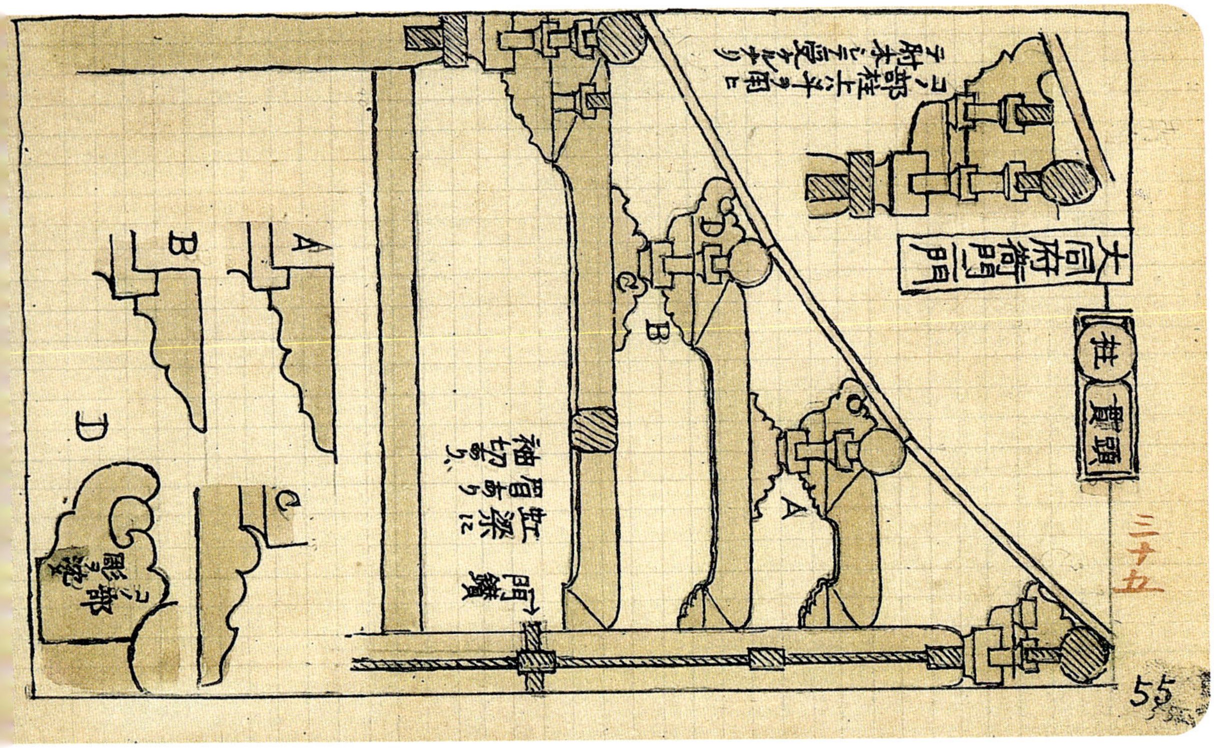
大同府衙門
A
B
C
D
三十五
55

55 大同府（14）大同府衙门的第二道门（6月17日）

『衙门』就是『官署』的意思。『眉』就是指虹梁下端平行刳开的部分。

大佛殿　第一窟

穿山而过 Rock-cut，佛像前面是一间单坡檐屋，将屋顶完全架起，并在外面修建了四层楼。这种构造极其新颖。大佛高约六丈，有斗拱，墙壁四周的佛像都保留着初建时的样子。

石佛寺（大同以西三十里，在云冈境内）　分为东部、中部、西部三个区域。在砂岩石丘上刻出无数个大小不一的佛龛，全部朝南，与武周川相临。图为中部区域的石窟寺，由东向西数共有十窟。

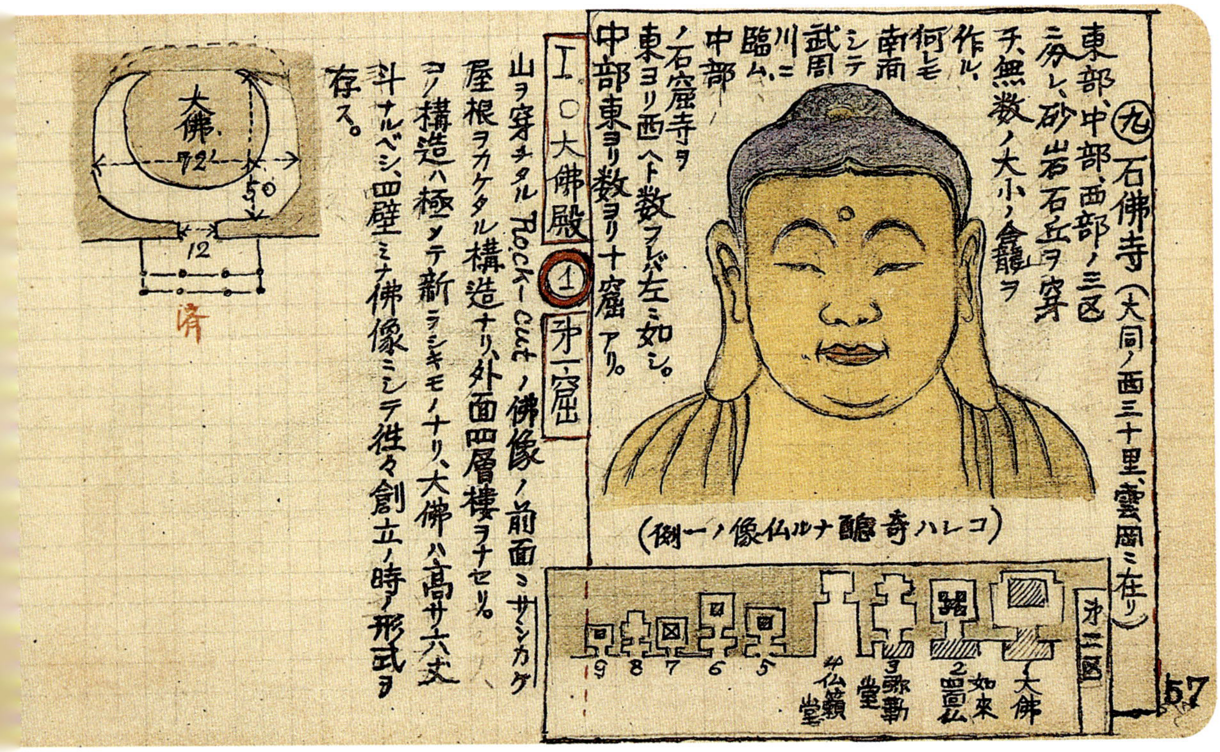
九 石佛寺（大同ノ西三十里雲岡ニ在リ）
東部、中部、西部ノ三区ニ分レ、砂岩石丘ヲ穿チ無数ノ大小ノ龕ヲ作ル。何レモ南面シテ武周川ニ臨ム。
中部ノ石窟寺ヲ東ヨリ西ヘト数フレバ左ノ如シ。
中部東ヨリ数ヨリ十窟アリ。
（コレハ奇醜ナル仏像ノ一例）
I ○大佛殿 ① 第一窟
山ヲ穿チタル Rock-cut ノ佛像ノ前面ニサシカケ屋根ヲカケタル構造ナリ。外面四層楼ヲナセリ。コノ構造ハ極メテ新ラシキモノナリ。大佛ハ高サ六丈斗ナルベシ。四壁ニ佛像ニシテ往々創立ノ時ノ形式ヲ存ス。
大佛
72
50
12
第二区
大佛
如来
9 8 7 6 5
57

57 云冈石窟（石佛寺）（1）（6月18日）

大同以西三十里有个叫云冈的村落，石窟寺就坐落在那里，那是北魏时期遗址。笔者调查了第二区第九窟，这里简直就是『法隆寺的故乡』。日志记载：『不仅有令人开心的事情……』（在这份『野帖』中记载，从东开始的前四窟，分别用窟名来称呼，第五窟以后改用顺序号来称呼。由于没有时间，因此没有调查第一区和第三区）。

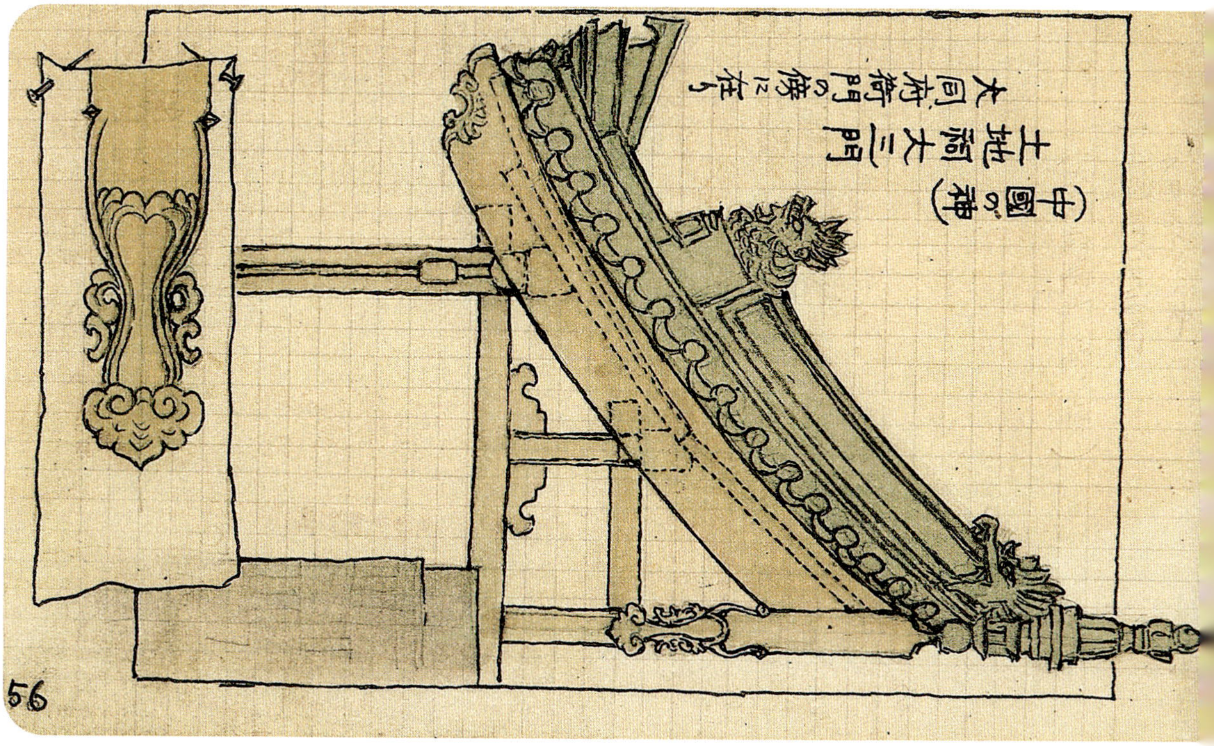

56大同府（15）土地祠大三门（6月17日）

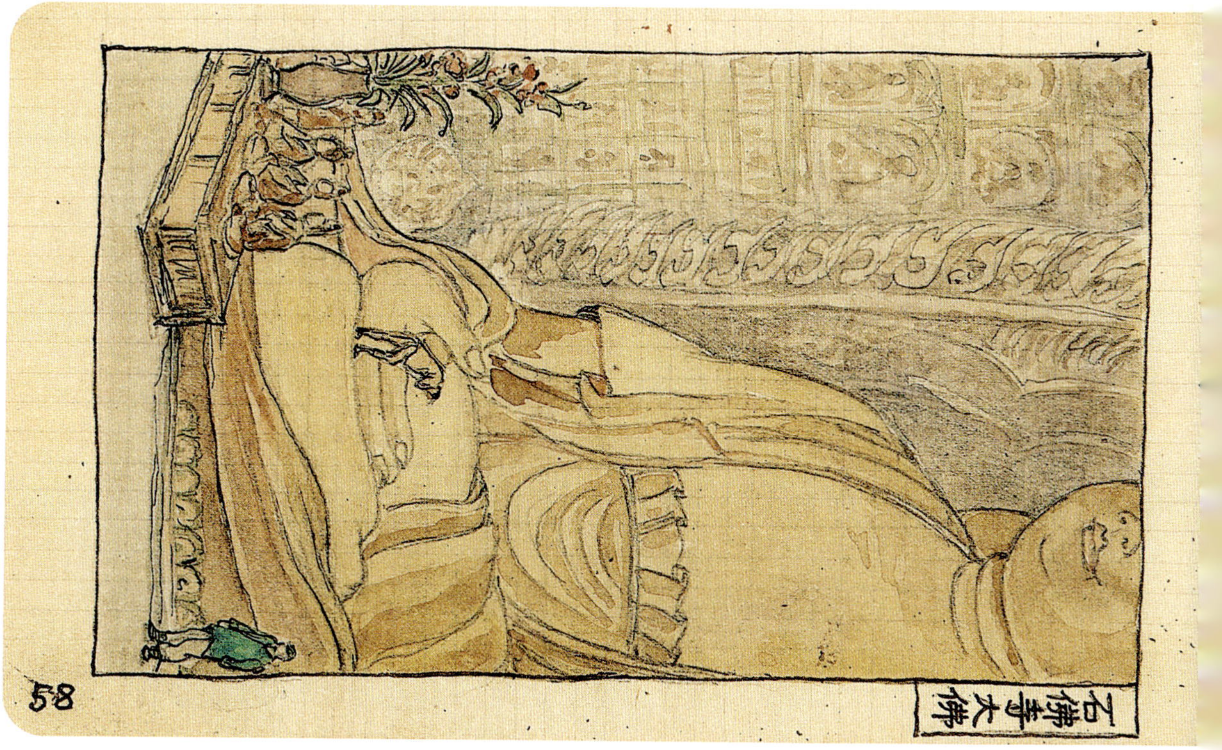

58云冈石窟（石佛寺）（2）（6月18日）

云冈石窟从后魏明元帝神瑞年间（414～416）开工，于光明帝正光年间（520～525）完工，历经七帝，耗时百余年。笔者在日志中记载：这种石雕艺术是日本推古时代石雕艺术的祖先，与犍陀罗艺术属于同一体系。

如来殿　第二窟

和大佛殿一样都是四层结构，屋顶正好是单坡屋檐的一半。如图所示是其中一间石窟中央的正方塔。有石柱，最下层的四周都雕有佛像。上层的四周也有佛像，四个角落还有九重塔支撑着华盖，华盖又直接与天花板相接。

墙四周有无数佛像，大多保留着初建时的样子，没有被改过的痕迹。

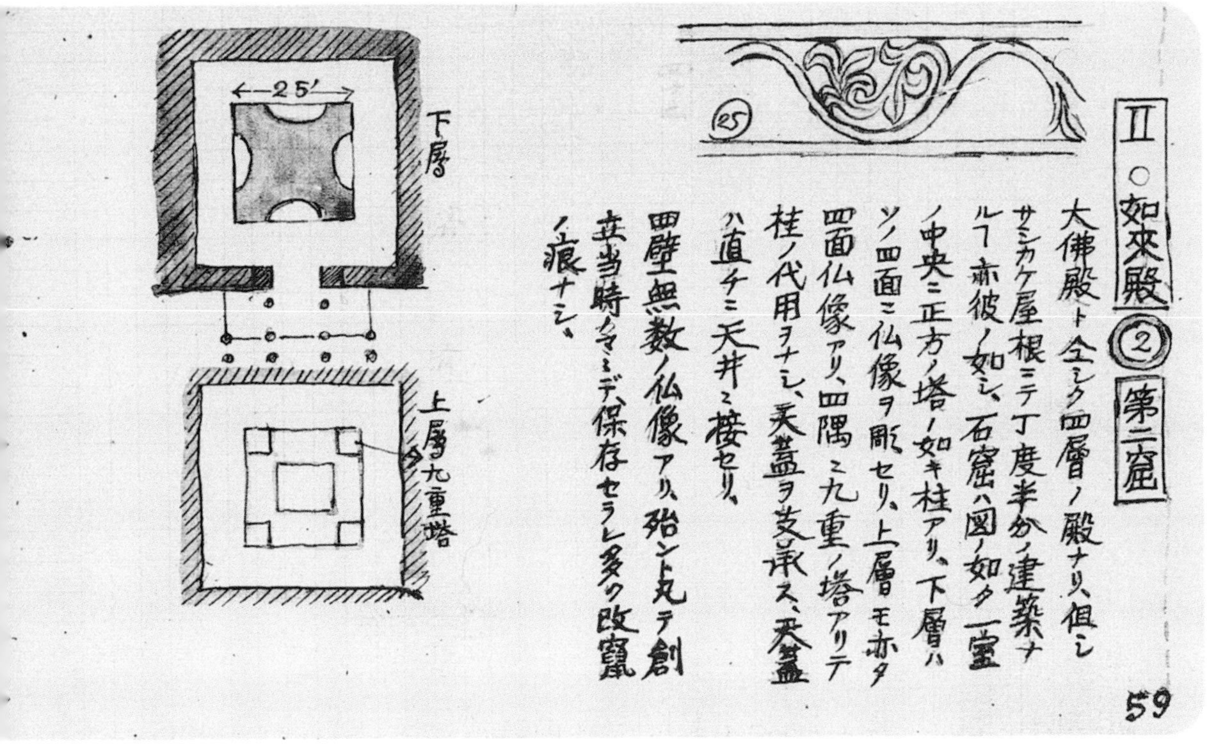
25′
下層
上層
上層九重塔
25
II ○如来殿 ② 第二窟
大佛殿ト全ク四層ノ殿ナリ、但シサシカケ屋根ニテ丁度半分ノ建築ナルノ亦彼ノ如シ、石窟ハ図ノ如ク一室ノ中央ニ正方ノ塔ノ如キ柱アリ、下層ハソノ四面ニ仏像ヲ彫セリ、上層モ亦タ四面仏像アリ、四隅ニ九重ノ塔アリテ柱ノ代用ヲナシ、天蓋ヲ支承ス、天蓋ハ直チニ天井ニ接セリ、
四壁無数ノ仏像アリ、殆ント丸テ創立当時ノママニテ、保存セラレ多ク改竄ノ痕ナシ、
59

59云冈石窟（石佛寺）（3）（6月18日）

笔者记载：如来殿中的很多佛像都酷似日本法隆寺金堂内的佛像和壁画。那些雕像服饰与鸟佛大师的作品风格类似。图案和日本所谓的推古式，即法隆寺的风格相一致。（『如来殿』即如今的第六窟）

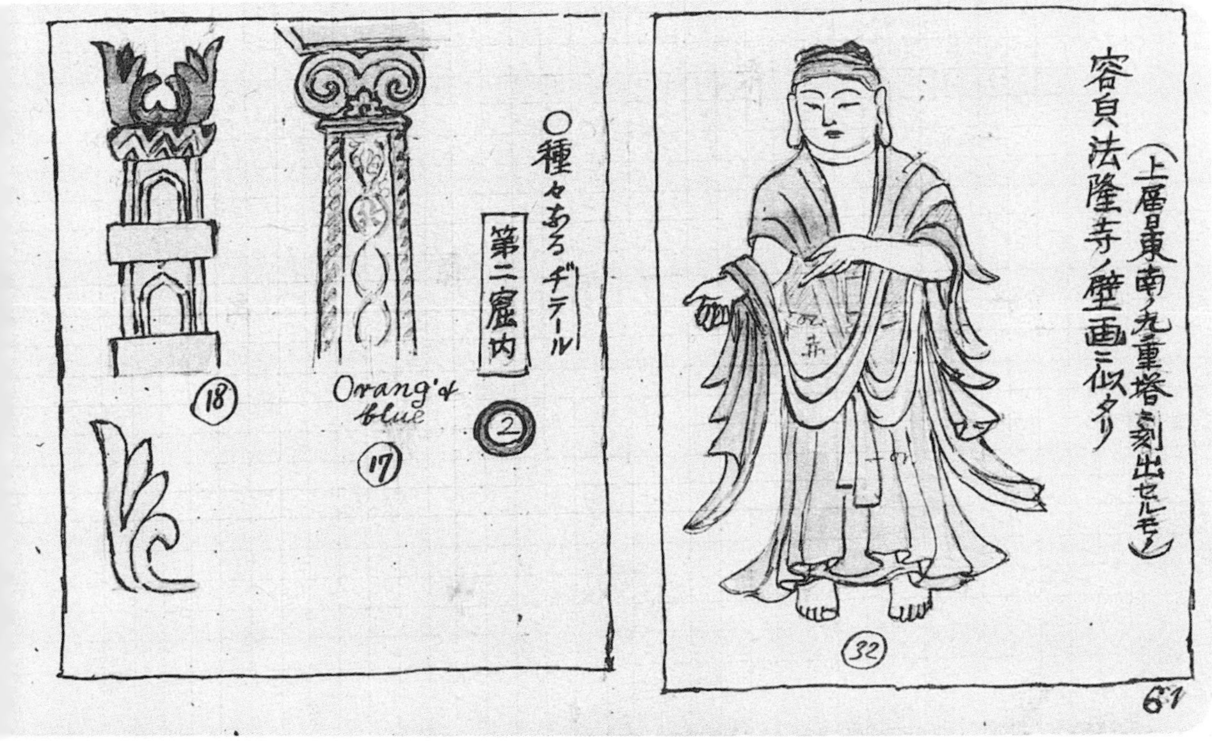
○種々ある ヂテール
第二窟内
②
18
Orang & blue
17
（上層東南ノ九重塔ニ刻出セルモノ）
容貌法隆寺ノ壁画ニ似タリ
32
61

61云冈石窟（石佛寺）（5）（6月18日）

左图中佛像服饰与法隆寺金堂内药师及释迦牟尼两旁童子的服饰款式相同。另外，图60中左边的图是右边图的背光部分（即佛像背后表示光明的装饰）。其姿态、线条、色彩都宛如法隆寺中看到的一样。（『第二窟』与『如来殿』相同，即如今的第六窟）

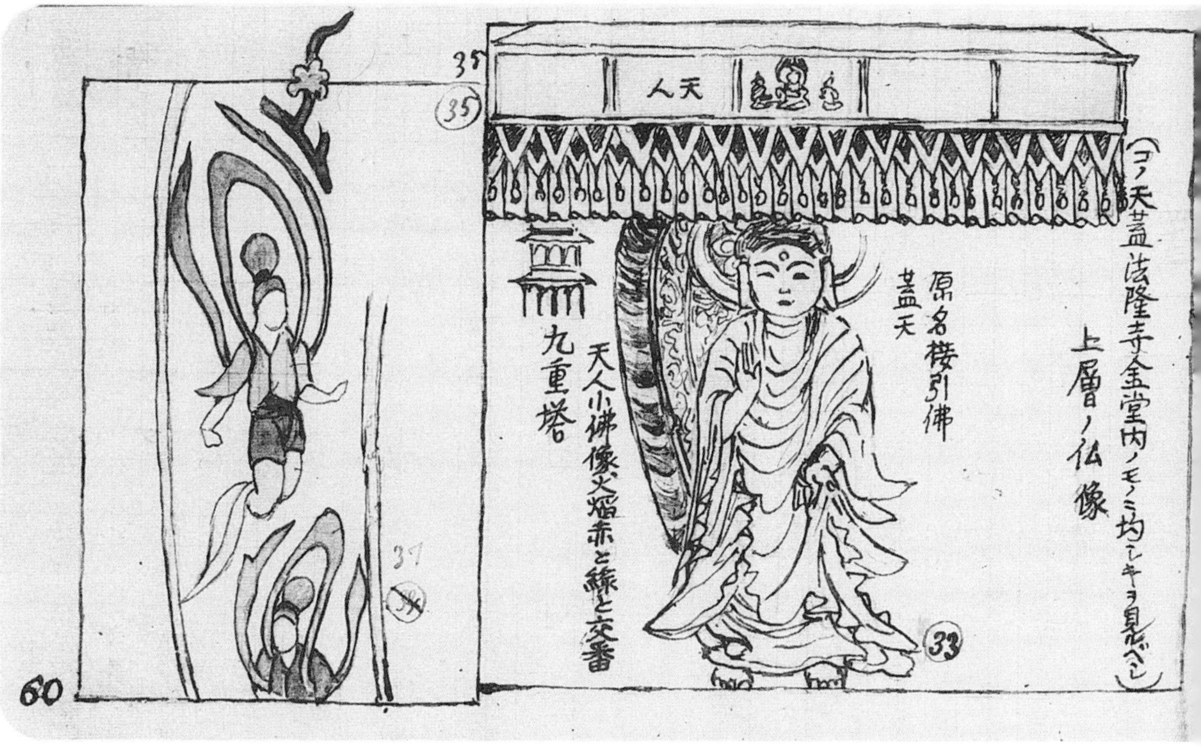
35
天人
コノ天蓋法隆寺金堂内ノモノニ均シキヲ見ルベシ
上層ノ仏像
原名楼引佛
蓋天
天人小佛像火焰赤ト緑ト交番
九重塔
33
37
60

60云冈石窟（石佛寺）（4）（6月18日）

右图中的华盖只有上层佛像才有。鳞形装饰，末端挂的铃铛，鳞形下挂着的折叠布等等，这些都与法隆寺金堂内的装饰相同。

第三窟到第五窟外面的石佛都与鸟佛大师的作品无异。细长丑陋的相貌、衣服和印相、放在台座上的衣服，每一件物品都与鸟佛大师的作品风格一致。放在两旁的护法像也与本尊出自同一手法，还有佛像的背光，也完全是同一种手法。

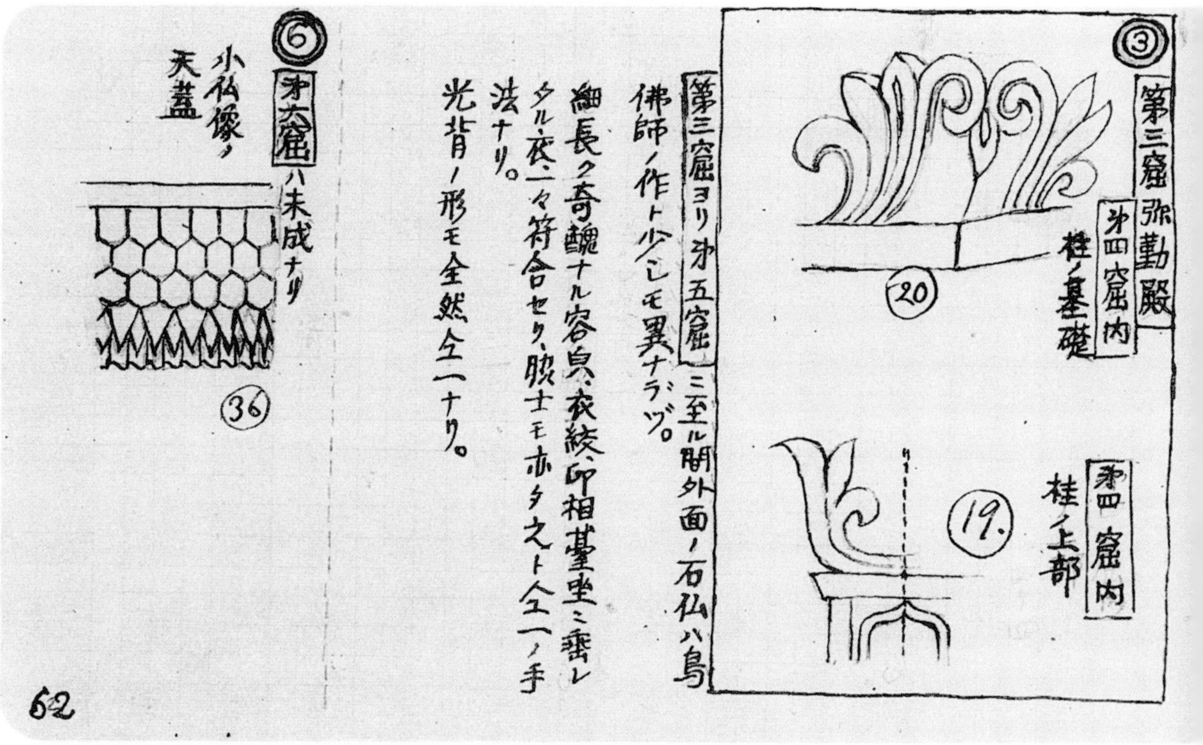
③
第三窟弥勒殿
第四窟内
柱ノ基礎
20
第四窟内
柱ノ上部
19.
第三窟ヨリ第五窟ニ至ル間外面ノ石仏ハ鳥佛師ノ作ト少シモ異ナラヅ。
細長ク奇醜ナル容貌、衣紋、印相、基壇ニ垂レタル衣ニ々符合セク、脇士モ亦タ之ト仝一ノ手法ナリ。
光背ノ形モ全然仝一ナリ。
⑥
第六窟ハ未成ナリ
小仏像ノ天蓋
36
62

62云冈石窟（石佛寺）（6）（6月18日）

第三窟的弥勒殿采用四层楼的结构设计。内部佛像保存完好，极少有后世修复的部分。（第三窟、第四窟分别是现在的第七窟、第八窟）

第八窟　（第五窟第二个门的斗拱上也有这种造型。）
（法隆寺金堂高栏下部的一种造型。采用了类似于驼峰的设计，与此很相似。）

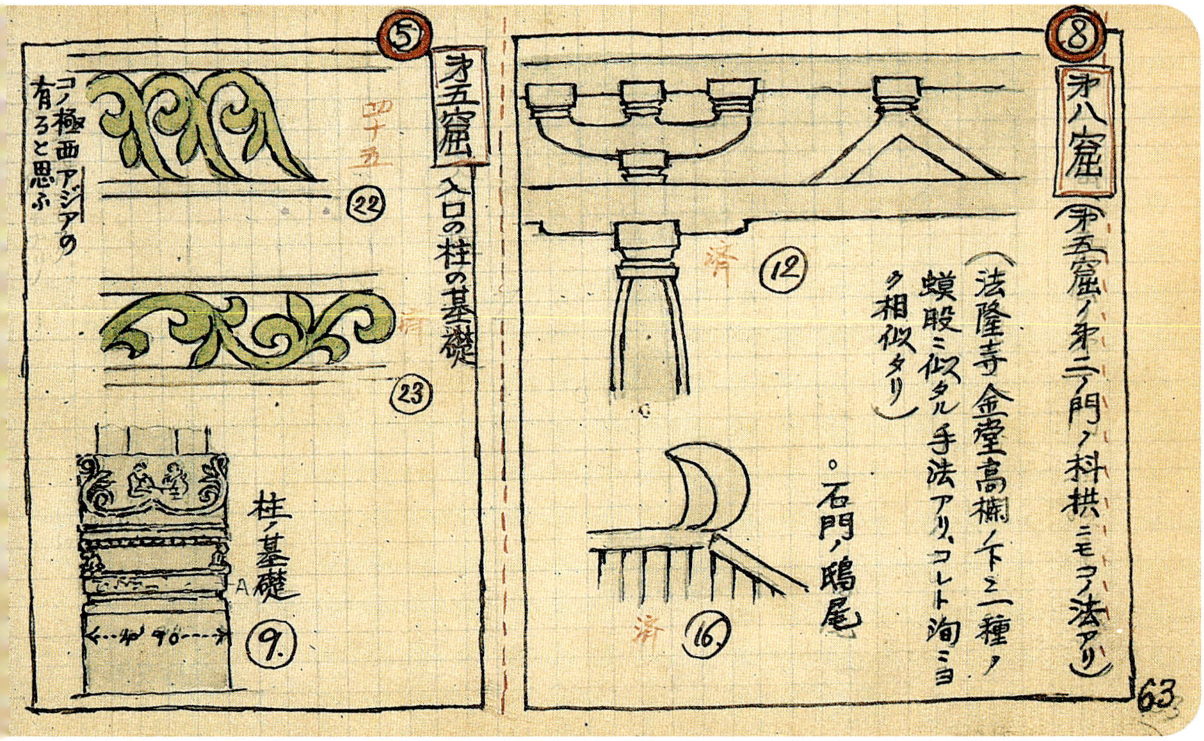
才五窟
入口の柱の基礎
コノ極西アジアの有ると思ふ
柱ノ基礎
才八窟
（才五窟ノ才二門ノ科拱ニモコノ法アリ）
（法隆寺金堂高欄ノ下ニ一種ノ蟆股ニ似タル手法アリ、コレト洵ニヨク相似タリ）
石門ノ鴟尾
63

63云冈石窟（石佛寺）（7）（6月18日）

第五窟窟内的佛像及装饰完全保留了古式风格。上部的三斗以及三斗间的人字顶柱、图64中的栏杆以及其他样式，都仿佛是法隆寺金堂内的装饰一样。（第八窟、第五窟分别是现在的第十二窟，第九窟）

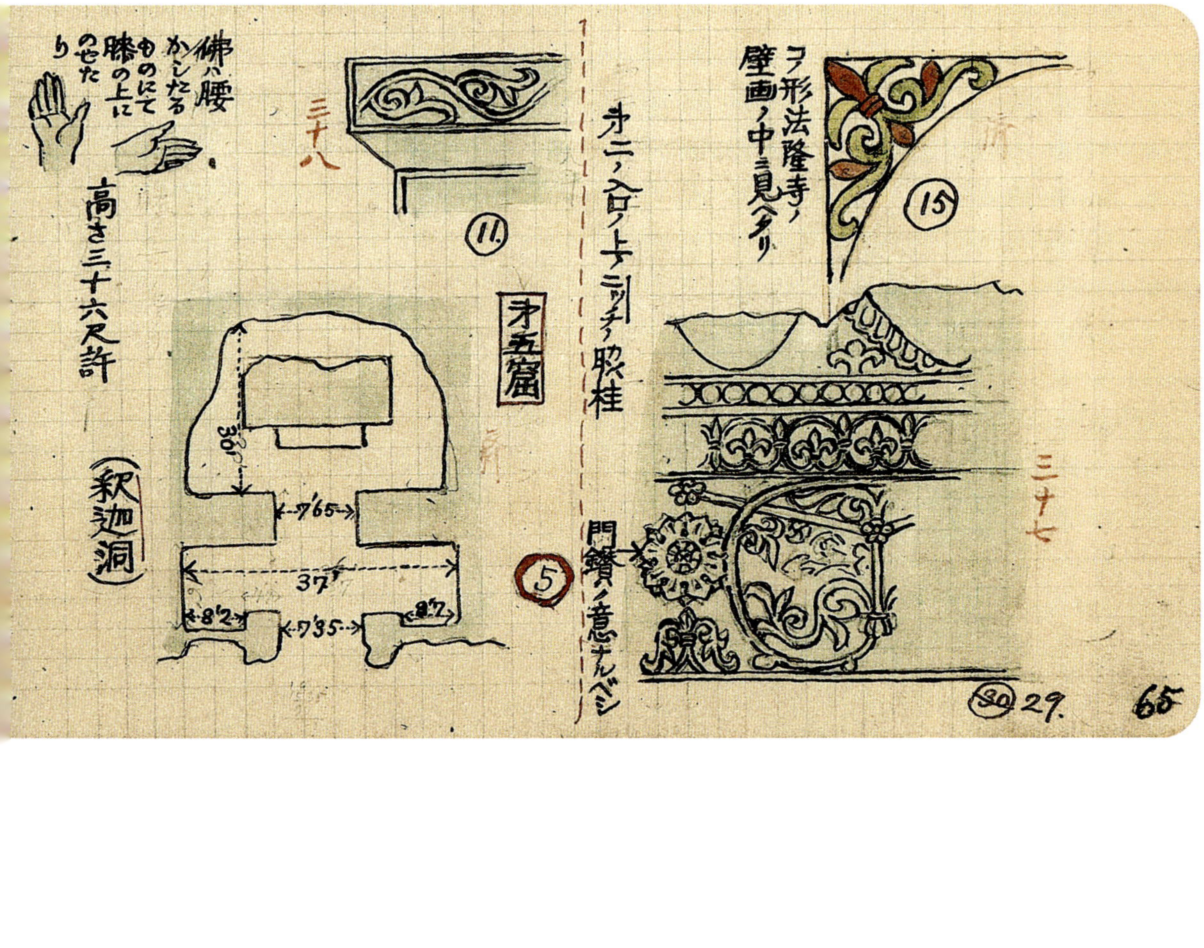
佛ハ腰かけたるものにて膝の上に手をのせたり
高さ三十六尺許
（釈迦洞）
才五窟
ヲ形法隆寺ノ壁画ノ中ニ見ヘタリ
65

65云冈石窟（石佛寺）（9）（6月18日）

右上是第二个门的拱形部分，右下是入口处门梁的上半部分样式。与法隆寺相似的地方举不胜举。『胁柱』是『脇柱』的笔误。

64云冈石窟（石佛寺）（8）（6月18日）

图右是第五窟当中柱子的上部分，大斗上刻有类似希腊和亚西利亚混搭风格的图案。斗上刳有莲花，下面是一个皿形结构。柱子是八角柱，还带粗糙的凸腹状，上面刻有佛像。『ニッチ』就是壁龛的意思。

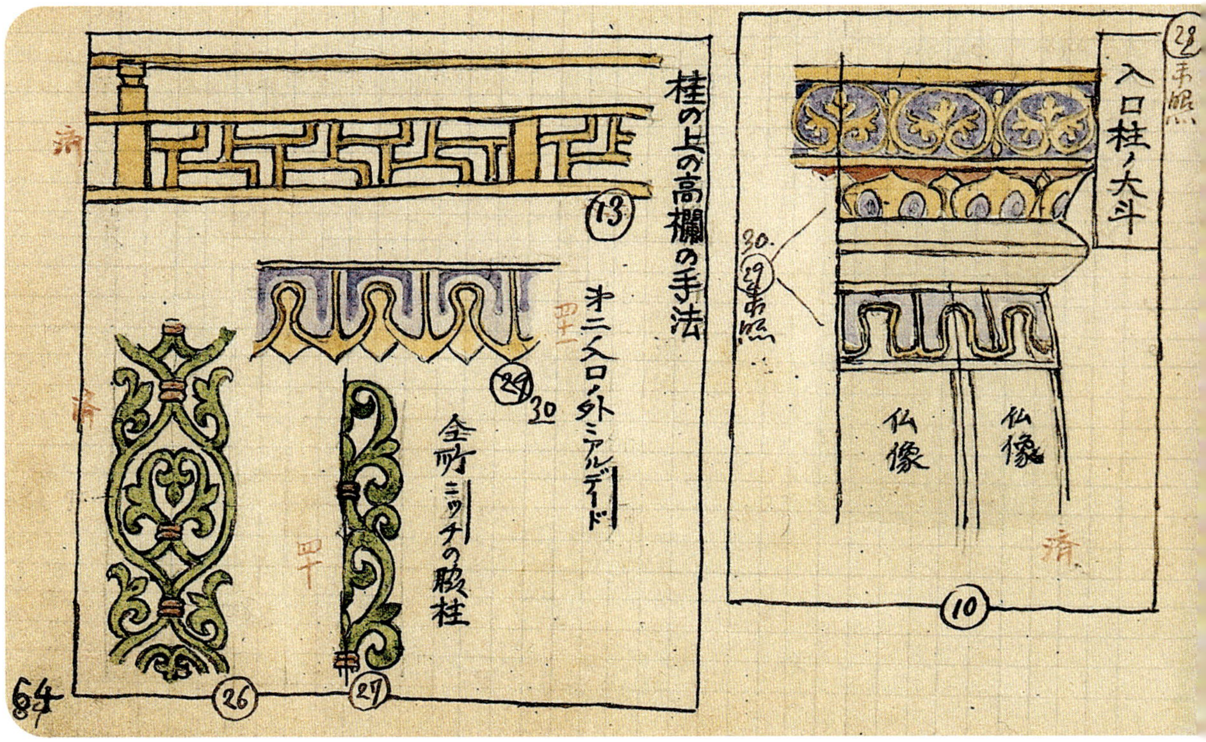

第六窟　大体上和第一窟完全相同，大部分佛像都是坐姿。（须弥坛）上高约为二十五尺。

内屋南侧入口处的北部刻有“降魔”的字样，十分有趣。

66云冈石窟（石佛寺）（10）（6月18日）

上图是第六窟入口处上部的门梁。左下是亚西利亚风格的图案。柱子上刻有一些螺旋形花纹，由此可看出爱奥尼亚式风格的传入。还有不少图案运用到了科林斯式图案，经变形后形成的叶蓟风格。（acanthus 植物图案的一种）（第六窟即现在的第十窟）

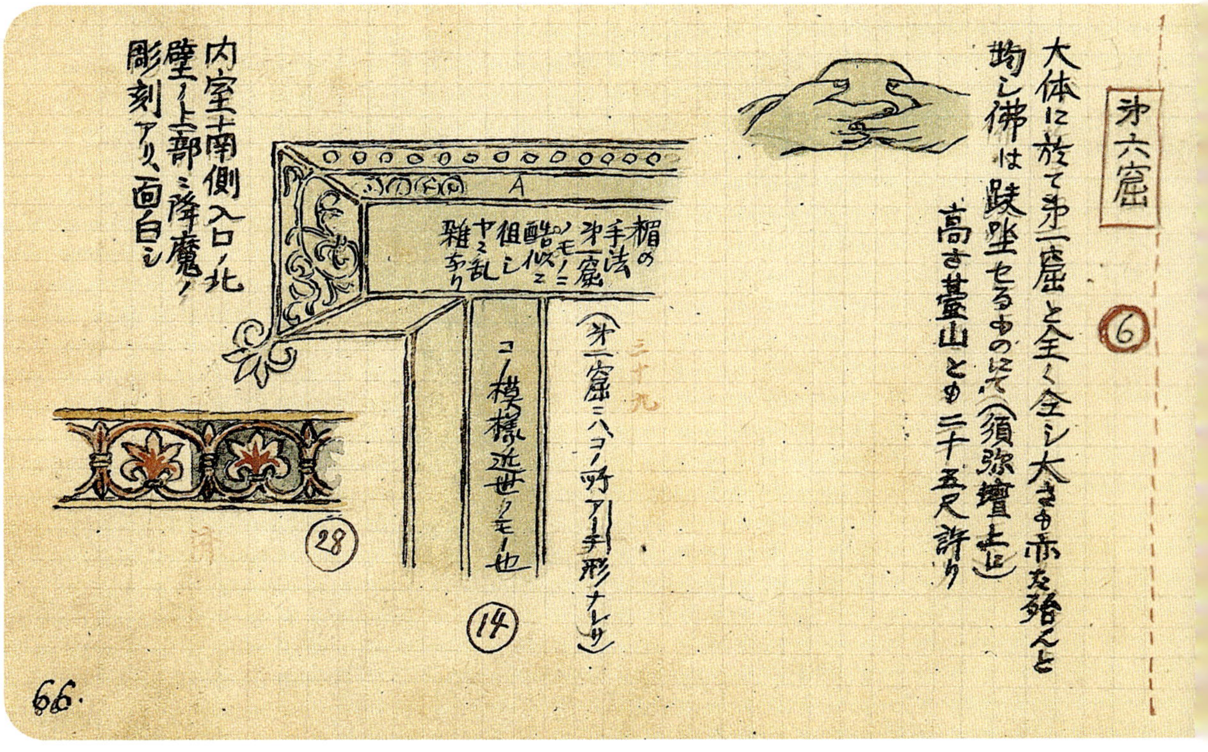

第七窟

中央有一根如图所示的石柱，一直通到天花板。四周摆满了佛像，正面是一尊无量寿佛像。四面墙壁上也刻满了佛像。后世对这一窟进行了多次的修缮，致使其失去了最初的形态。无量寿佛有六丈高，两旁还有侍者，柱子的上部分也刻有佛像。这一窟的外部比内部，更具有价值，另外还有数不清的鸟佛师式佛像。

千佛洞内部还有塔的雕刻，值得一看。

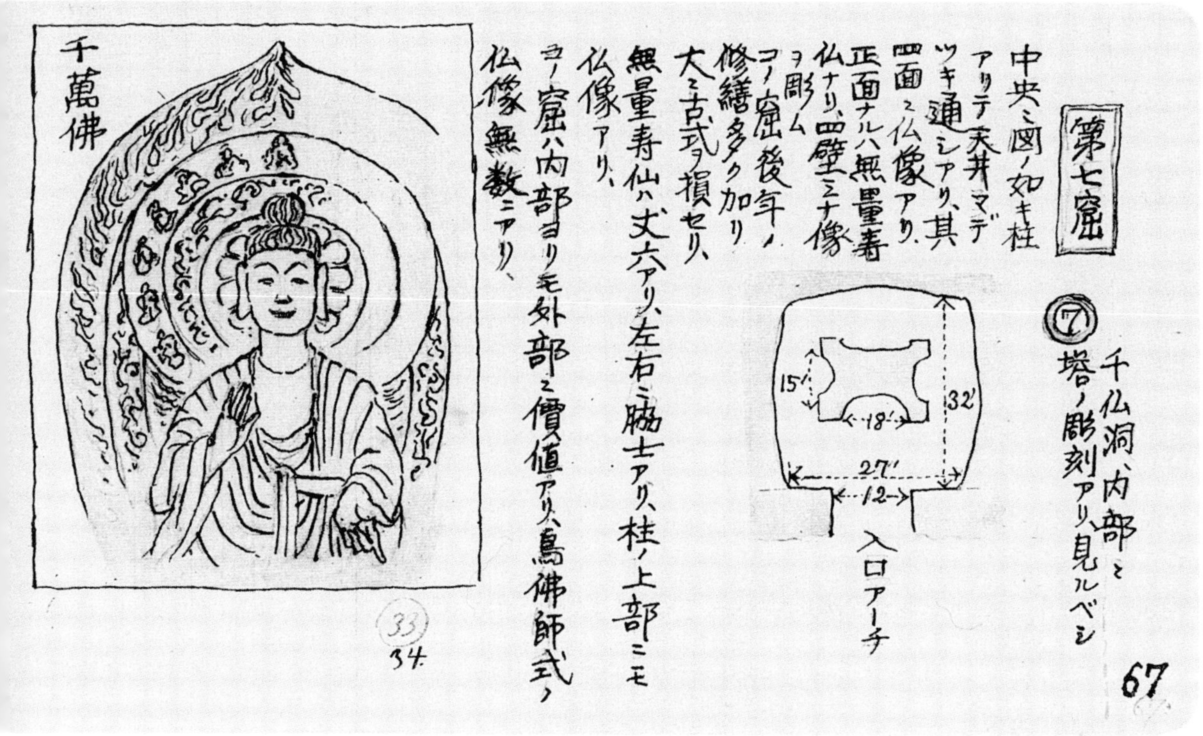
千萬佛
第七窟
中央ニ図ノ如キ柱アリテ天井マデツキ通シアリ、其四面ニ仏像アリ、正面ナルハ無量寿仏ナリ、四壁ニモ像ヲ彫ム
コノ窟後年ノ修繕多ク加リ大ニ古式ヲ損セリ、無量寿仏ハ丈六アリ、左右ニ脇士アリ、柱ノ上部ニモ仏像アリ、
コノ窟ハ内部ヨリモ外部ニ價値アリ、鳥佛師式ノ仏像無数ニアリ、
⑦ 千仏洞ノ内部ニ塔ノ彫刻アリ見ルベシ
15'
18'
32'
27'
12
入口アーチ
33
34
67

67 云冈石窟（石佛寺）（11）（6月18日）

第七窟与如来殿极为相似，只是比如来殿小一些。这个窟的外面有无数的佛像，容貌、服饰、背光部分都属于鸟佛大师的风格。以左图为例，笔者在日志中记载：他对两者之间惊人的相似度感到震惊。（第七窟即为现在的第十一窟）

A部分顶上有三尊佛像，下面有一尊佛像，都保留着原来的样子，未经过修缮。

B、C部分中印度教寺庙的雕刻非常精美。

完全保留原来的样子，未经后世修缮。

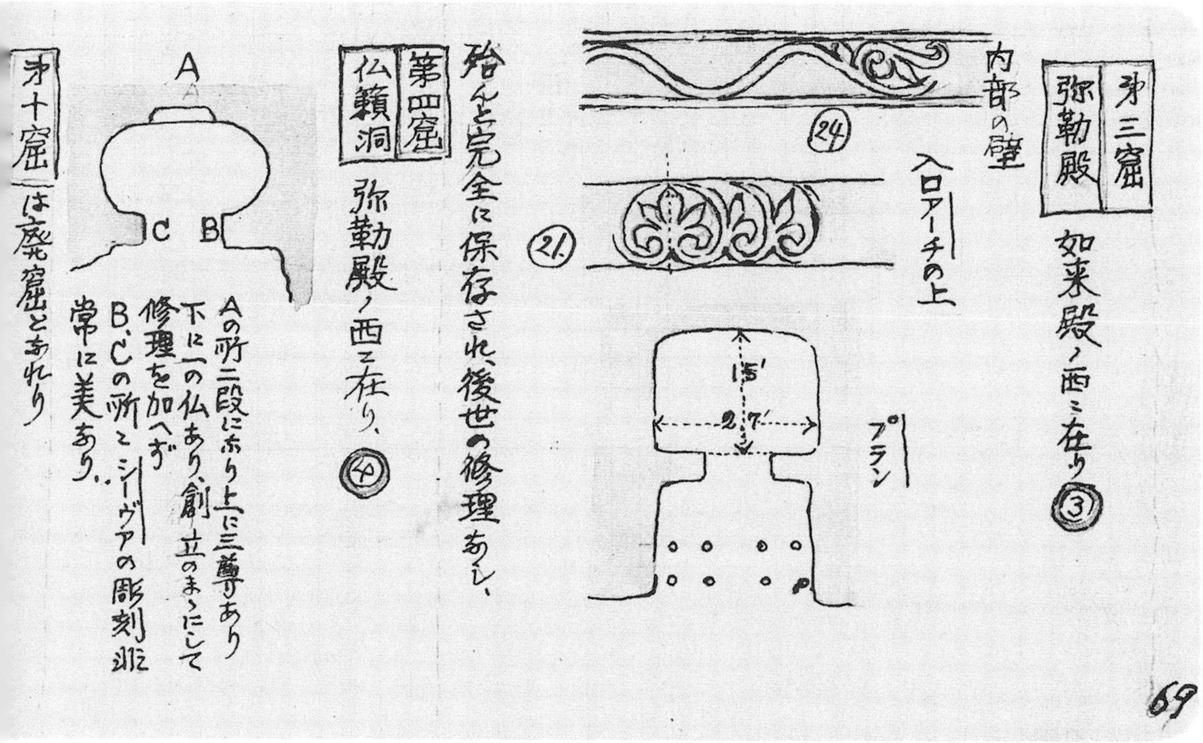
第十窟は廃窟となれり
A
C B
Aの所二段になり上に三尊あり下に一の仏あり、創立のまゝにして修理を加へず
B.Cの所にシーヴアの彫刻非常に美あり、
第四窟 仏籟洞
弥勒殿ノ西ニ在リ、④
殆んと完全に保存され、後世の修理なし、
24
21
15'
27'
プラン
内部の壁
入口アーチの上
第三窟 弥勒殿
如来殿ノ西ニ在リ ③
69

69 云冈石窟（石佛寺）（13）（6月18日）

弥勒殿与佛簌洞都保存完好，但第十窟成了废窟。（第三窟即现在的第七窟）

第九窟

佛像双足交叉，坐在佛台上。高约五丈五尺，有斗（脚长约八尺）。经过后世多次修缮。外部的鸟佛师式佛像值得一看。

第八窟

佛像在A部分的顶上盘膝而坐。第二个门的门楣上是一弧形。经过后世多次修缮，外部的鸟式佛像值得一看。

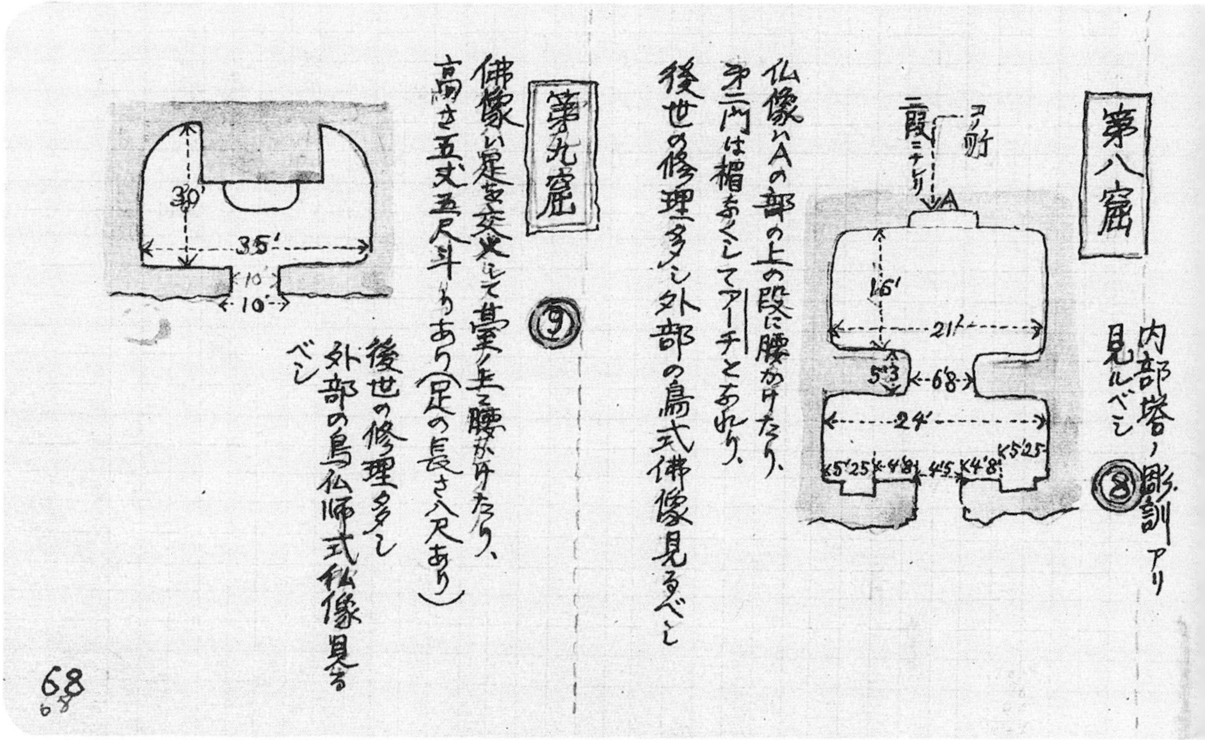
第八窟

内部塔ノ彫訓アリ見ルベシ

⑧

コノ所

二段ニナレリ

A

16'

21'

5'3

68

24'

5'25 4'8 4'5 4'8 5'25

仏像ハAの部の上の段に腰かけたり、

オ二門は楣まるくしてアーチとなれり、

後世の修理多し外部の鳥式佛像見るべし

第九窟

⑨

佛像ハ足を交叉して臺の上に腰かけたり、

高さ五丈五尺斗りあり（足の長さ八尺あり）

後世の修理多し

外部の鳥仏師式仏像見るべし

30'

35'

10'

10'

68

68云冈石窟（石佛寺）（12）（6月18日）

第八窟与第五窟相似，只是比较小。第九窟与大佛殿相似，也只是小一些。这两窟内部都有很多后世修复的部分，但外部有许多鸟佛师式风格的佛像。『彫訓』是『雕刻』的笔误。（第八窟、第九窟分别是现在的第十二窟、第十三窟。）

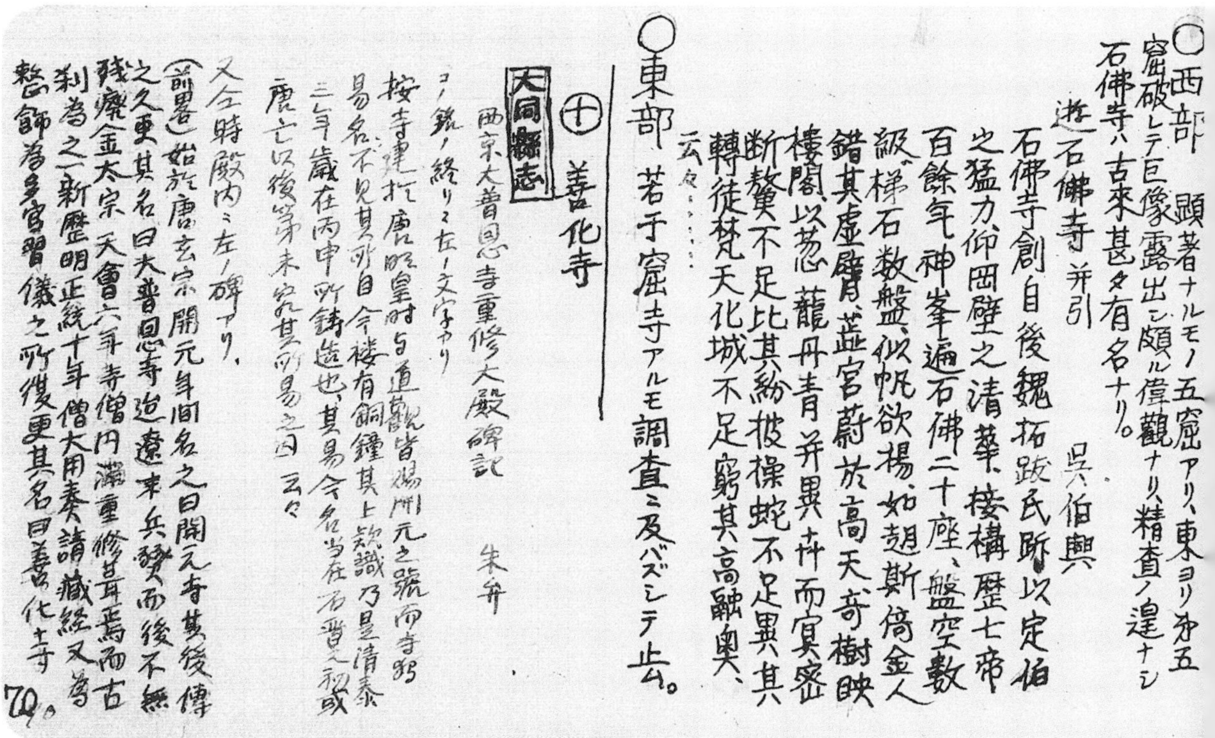
○西部　顕著ナルモノ五窟アリ、東ヨリ第五窟破レテ巨像露出シ頗ル偉観ナリ、精査ノ遑ナシ

石佛寺ハ古来甚ダ有名ナリ。

遊石佛寺并引　呉伯與

石佛寺創自後魏拓跋氏跡以定伯之猛力仰岡壁之清華接構歴七帝百餘年神峯遍石佛二十座、盤空數級、梯石数盤、似帆欲揚、如翅斯倚金人錯其虚壁、並宮蔚於高天奇樹映樓閣以葱蘢丹青并異卉而寘密斷鰲不足比其紛披𣕽蛇不足異其轉徒梵天北城不足窮其高融奥、

云々……

○東部　若干窟寺アルモ調査ニ及バズシテ止ム。

⑩　善化寺

大同縣志　西京大普恩寺重修大殿碑記　朱弁

コノ銘ノ終リニ左ノ文字アリ

按寺建於唐明皇时与道観皆赐開元之號而寺则易名不見其所自今樓有銅鐘其上款識乃是清泰三年歳在丙申所鑄造也其易今名当在石晋之初或唐亡以後第未究其所易之因　云々

又仝時殿内ニ左ノ碑アリ、

（前略）始於唐玄宗開元年間名之曰開元寺其後傳之久更其名曰大普恩寺迨遼末兵燹而後不無殘廢金太宗天會六年寺僧円滿重修葺焉而古剎為之一新歴明正統十年僧大用奏請藏経又為整飭為多官習儀之所復更其名曰善化寺

70.

70云冈石窟（石佛寺）（14）（6月18日）

笔者的调查对象只针对中央区域（第二区）。除此之外，东部（第一区）还有四窟。而西部（第三区）第五窟有关的巨型雕像就是现在第二十窟的露天坐像大佛。左半部分是从接下来要提到的善化寺的县志上摘录下来的。

山西省

71 大同府（16）善化寺（1）（6月19日）

善化寺在大同市以南，因此也被称为南寺。日志记载：善化寺的建筑在大金时代天会六年（1128）得以重修。这一五体的佛像就是如来，壁画也是一幅佳作。『单僧』是『单层』的笔误。

佛像正面的五体都在丈六以上，且为坐像。
A、B 部分有许多佛像都是一丈有余的立像，皆为杰作。

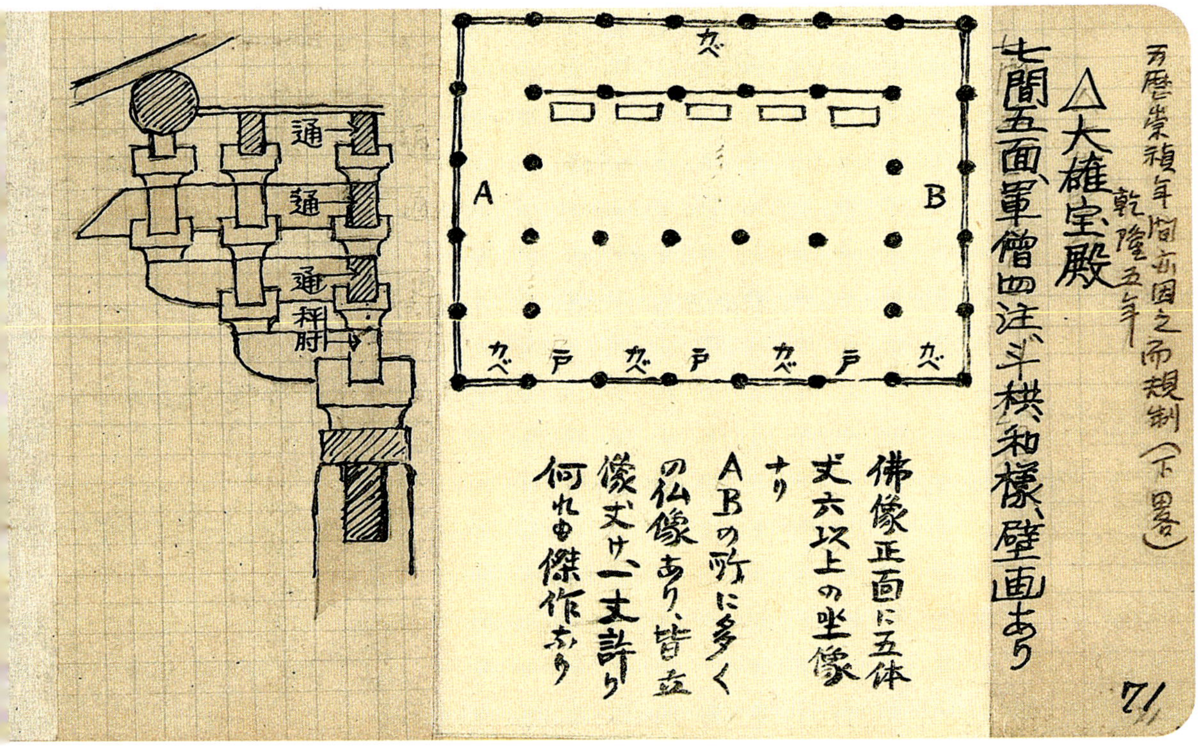
万暦崇禎年間亦因之而規制（下畧）
乾隆五年
△大雄宝殿
七間五面、單檐四注、斗栱、和様、壁画あり
佛像正面に五体丈六以上の坐像なり
AＢの所に多くの仏像あり、皆立像丈け一丈許り何れも傑作あり
カベ
ト
A
B
通
肘
71

73 大同府（18）善化寺（3）（6月19日）

天王殿与三圣殿、大雄宝殿相同，都是单檐庑殿顶。或许正是因为殿堂全部采用庑殿顶，屋顶并排排列才显得更为稀奇。唐朝建筑大多采用庑殿顶，这个寺院恰巧将这一独特设计展现出来。

天王殿 面阔五间，进深三间，单檐、庑殿顶。四天王是藏传佛教中的护世四神。设计虽然简单但却是佳作。这应该是藏传佛教传入初期的作品。四天王脚下共同摆弄着什么东西。

东西楼 面阔三间，进深四间，三层楼，最上层是歇山屋顶。悬鱼的形状非常特殊。

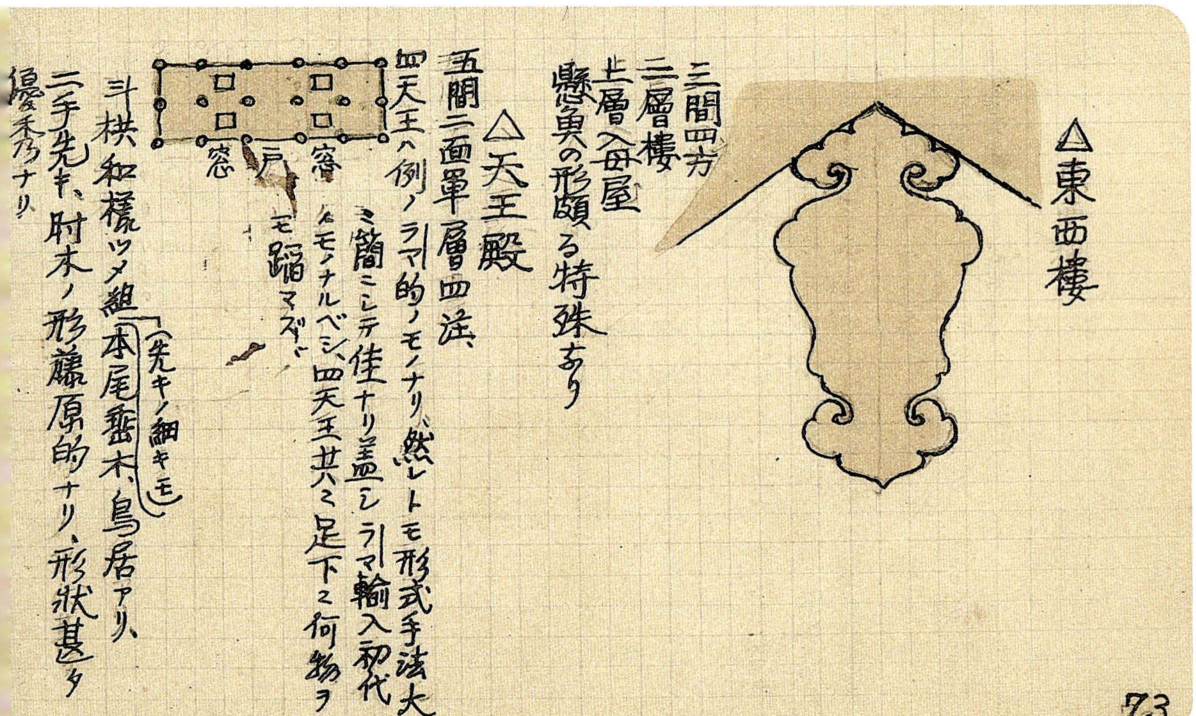
△東西楼
三間四方
三層楼
上層入母屋
懸魚の形頗る特殊あり
△天王殿
五間三面單層四注
四天王ハ例ノラマ的ノモノナリ、然レトモ形式手法大ミ簡ニシテ佳ナリ蓋シラマ輸入初代ノモノナルベシ、四天王共ニ足下ニ何物ヲカ踏マズ
斗栱和様ツメ組（先キノ細キモ）本尾垂木、鳥居アリ、二手先キ、肘木ノ形藤原的ナリ、形状甚ダ優秀ナリ
窓
戸
窓
73

72大同府（17）善化寺（2）（6月19日）

三圣殿采用了减柱的建筑形式，因此殿内更为开阔，这里供奉着华严三圣。殿内有四座石碑，南宋人朱弁撰写的碑文：『大金西京大普恩寺重修大殿记』。大普恩寺是善化寺的旧称，有时也被称为『开元寺』。

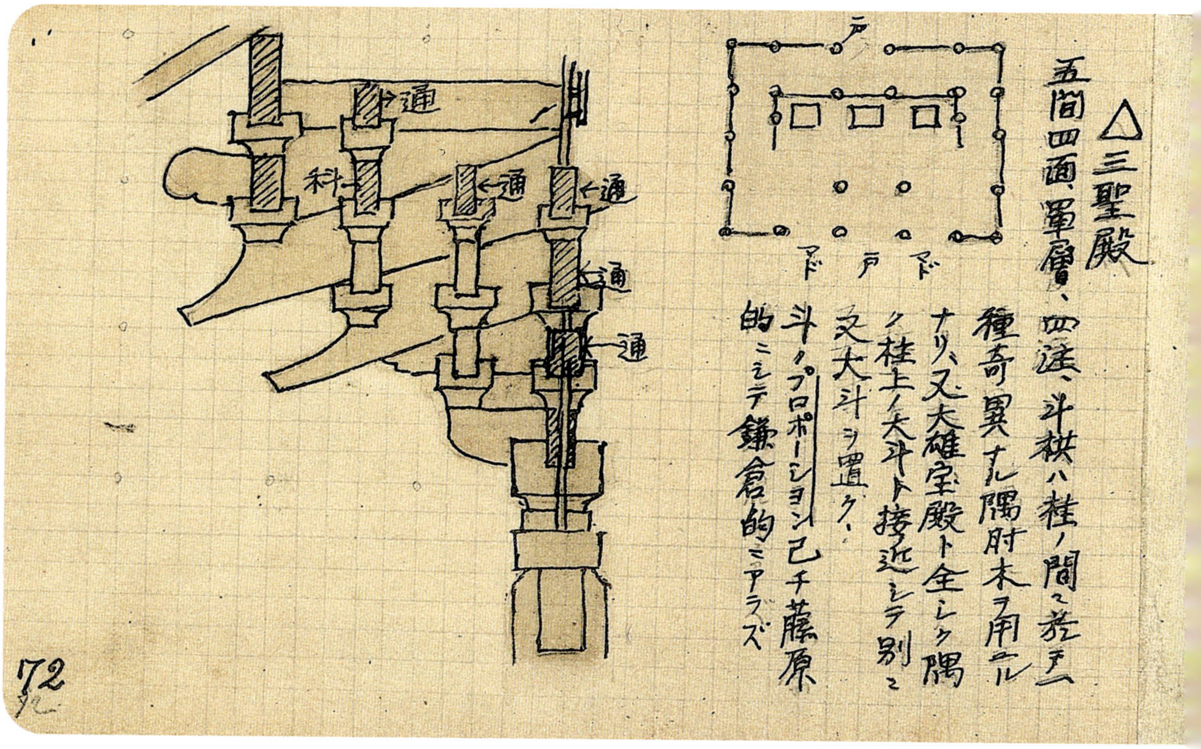
△三聖殿
五間四面、單層、四注、斗栱ハ柱ノ間ニ於テ二種奇異ナル隅肘木ヲ用ヒルナリ。又大雄宝殿ト全ジク隅ノ柱上ノ大斗ト接近シテ別ニ又大斗ヲ置ク。
斗ノプロポーションモ己チ藤原的ニシテ鎌倉的ニアラズ
通
72

这是这座寺院现在的结构。从外观来看无疑是唐代的建筑。在大金年间得以重修。将原貌完好保留下来。正殿内的佛像也是唐代的。天王殿的结构与正殿差不多。然而到了藏传佛教盛行时期，将四天王安置到了这里。

74大同府（19）善化寺（4）（6月19日）

善化寺始建于唐朝开元年间（713 ~ 742），在辽末战乱中被烧毁，并在金朝得以重建，善化寺是现存最大的建筑。

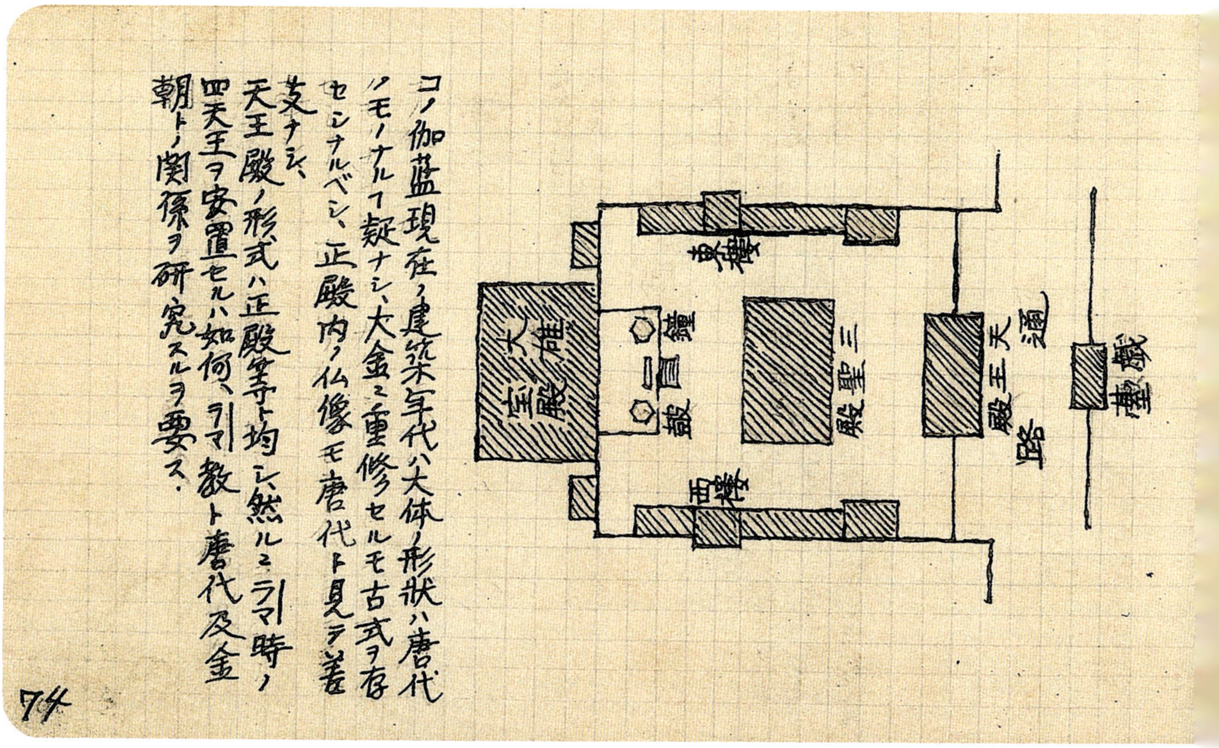
コノ伽藍現在ノ建築年代ハ大体ノ形状ハ唐代ノモノナルハ疑ナシ、大金ニ重修セルモ古式ヲ存セシナルベシ、正殿内ノ仏像モ唐代ト見テ差支ナシ、天王殿ノ形式ハ正殿等ト均シ然ルニラマ時ノ四天王ヲ安置セルハ如何、ラマ教ト唐代及金朝トノ関係ヲ研究スルヲ要ス。
大雄宝殿
三聖殿
天王殿
74

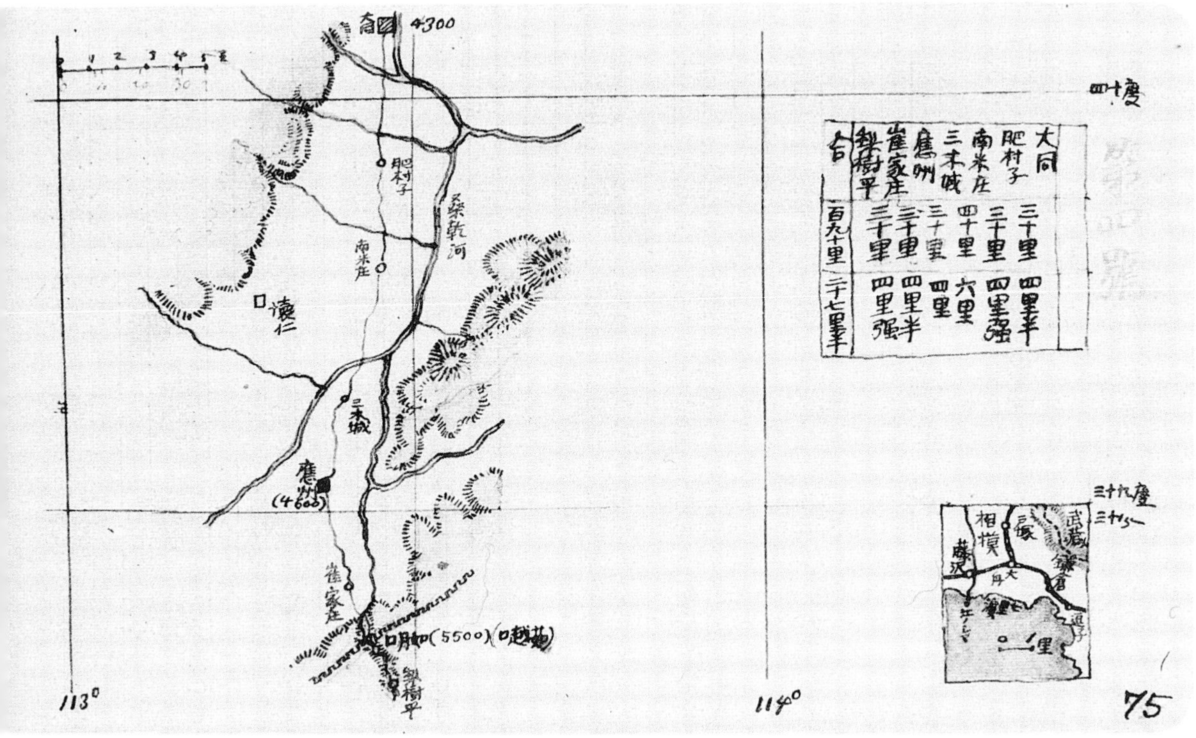
75

75大地图第四号（大同—梨树平）

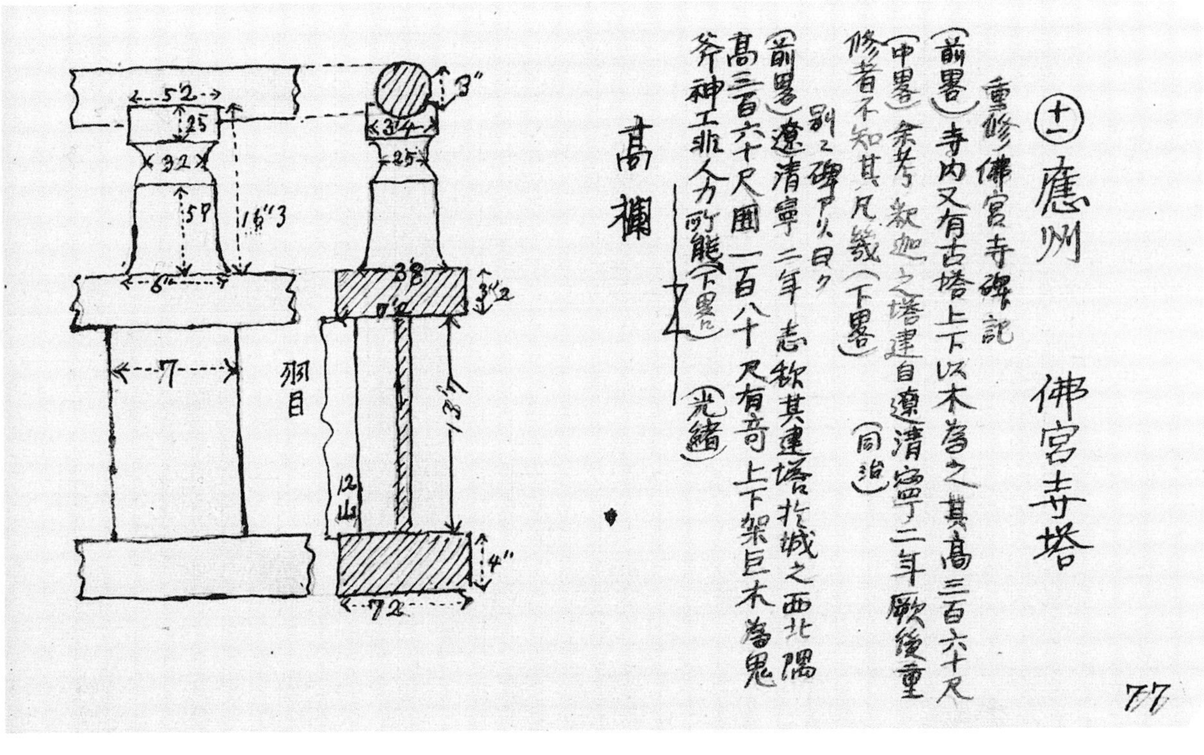
77
十一 應州 佛宮寺塔
重修佛宮寺碑記
（前略）寺内又有古塔上下以木為之其高三百六十尺（中略）余考釈迦之塔建自遼清寧二年厥後重修者不知其凡幾（下略）（同治）
（前略）遼清寧二年志称其建塔於城之西北隅高三百六十尺圍一百八十尺有奇上下架巨木為鬼斧神工非人力所能（下略）（光緒）
高欄

77应县（1）佛宫寺（1）（6月20日）

佛宫寺位于大同以南三十公里的应县，寺内有一座八角五层结构的巨型木塔。碑文记载：应县木塔始建于大辽清宁二年（1056），是目前中国保存最古老的木塔。另外日志中提到：『在半癫狂的状态下着手调查并拍照』。这对研究大辽的一些问题能给出一些启示。

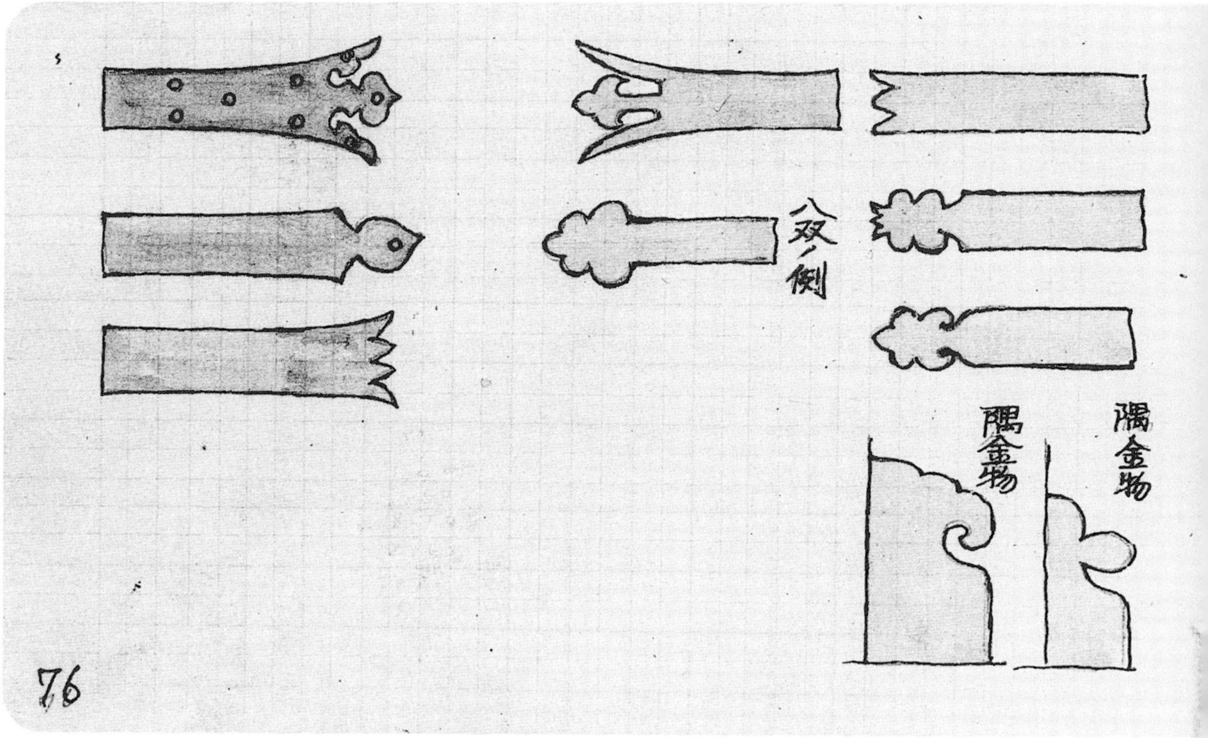

76大同府（20）善化寺（5）（6月19日）

『八双』就是『八双金物』的简称，是指将门轴插入一个箱形物件中并水平安装。隅金物也是安装在门的四个角，起保护和装饰作用。

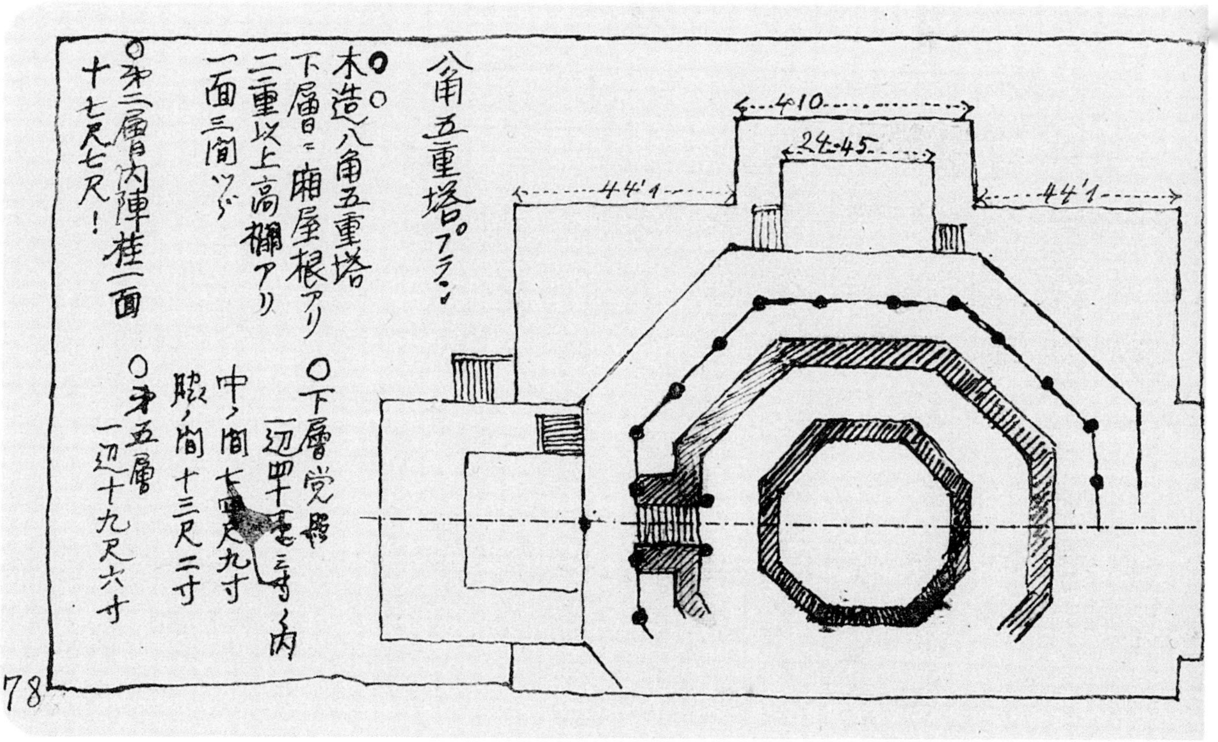

78应县（2）佛宫寺（2）（6月20日）

塔的第一层有外檐，每层都是面阔一间，进深三间。第一层除侧柱和中柱是用砖砌起来之外，其余都是木造结构。每层的柱子都是依靠连接下侧侧柱与中柱之间的梁而立起来的，没有用到中心柱。

山西省

79应县（3）佛宫寺（3）（6月20日）

图中的斗拱用来连接中间和侧面，右边是一个断面。这一结构与善化寺大雄宝殿相似，这说明两者建造的年代相近。

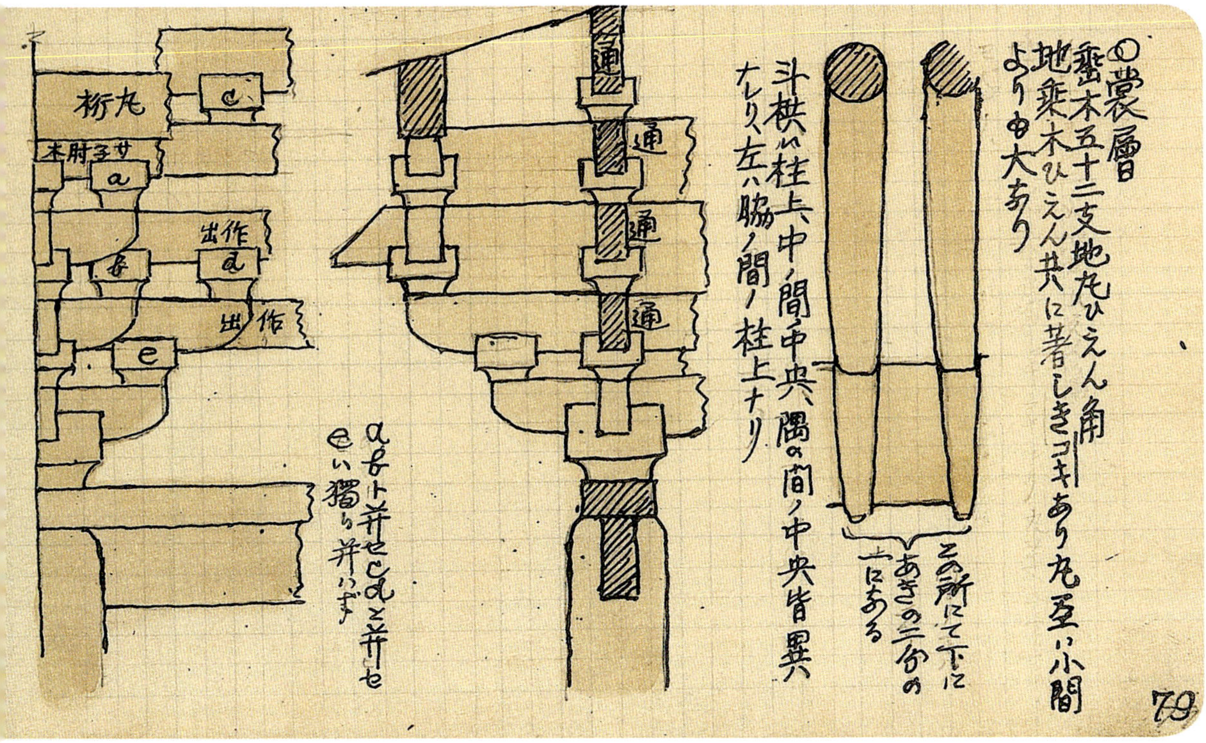

裳阶 飞檐用五十二根支地椽子支撑，檐椽与椽子均有雕刻，内侧距离较大。

柱上、中央部分、角落里的斗拱形态各异。左图是旁边柱子上的图案。

81应县（5）佛宫寺（5）（6月20日）

在中国很少能看到木塔，这座塔不仅是木造塔，而且是一座高达二百多尺的巨型塔。更在大辽清宁二年（1056）创建之后，以当时的形式完整保存至今。笔者对这一匠心独运、巧夺天工的设计叹为观止。

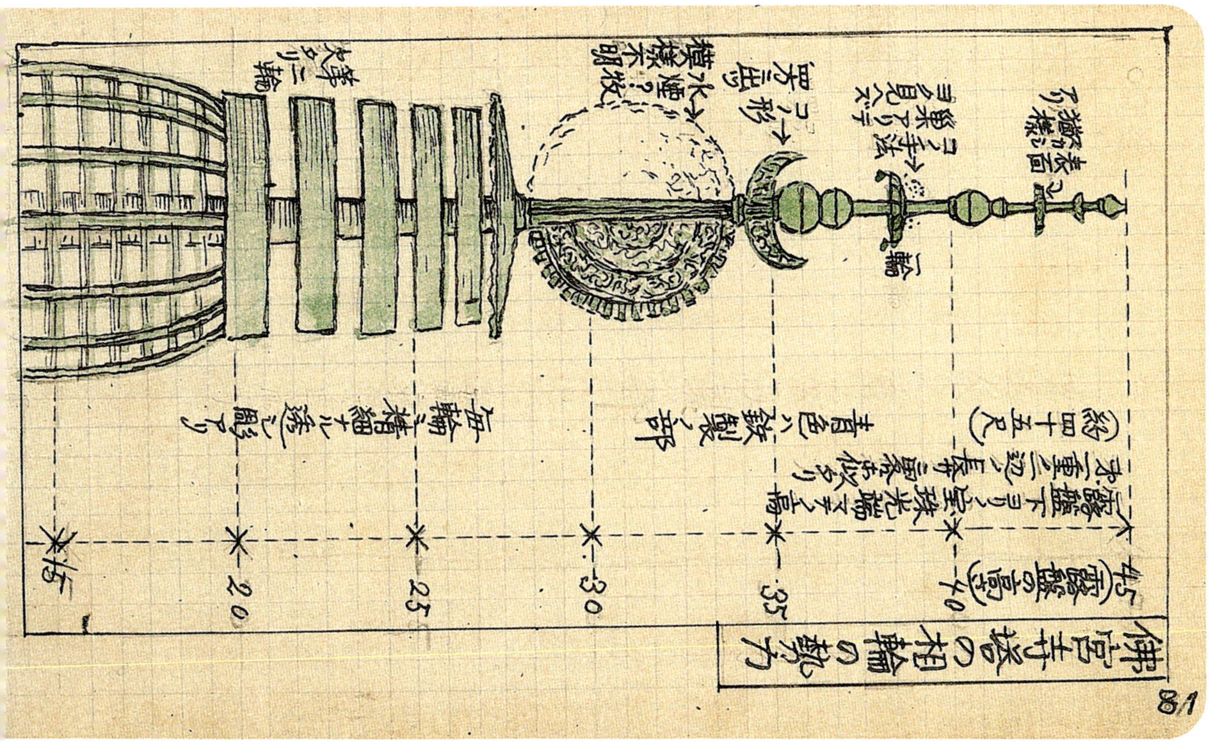

中间柱间的斗拱如左图所示，A部分用到了隅肘木，这种工艺在之前的各个地方都是作为欣赏的。

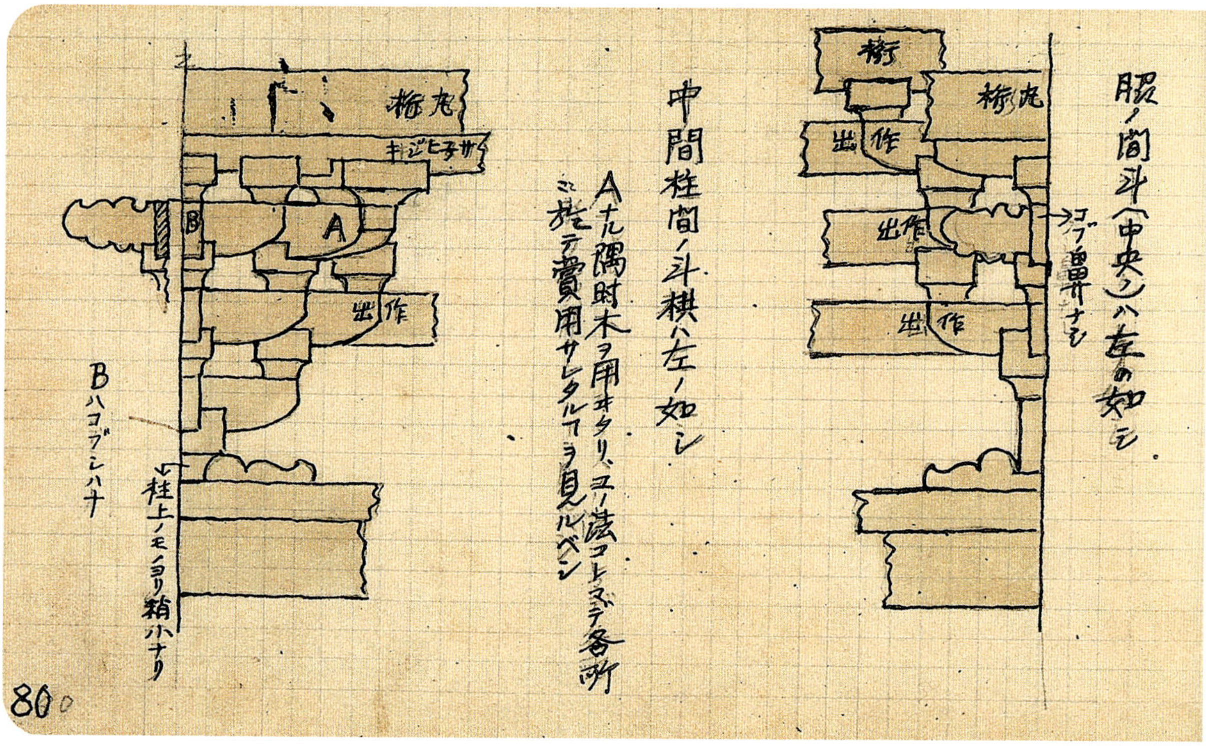

80应县（4）佛宫寺（4）（6月20日）

如左图所示，中柱间斗拱中的大斗要比柱上稍小一些，左右两边都有一些装饰品，A部分用了隅肘木。如右图所示，侧面的中间部分用到了和大华严寺海会殿类似的束带和顶柱。

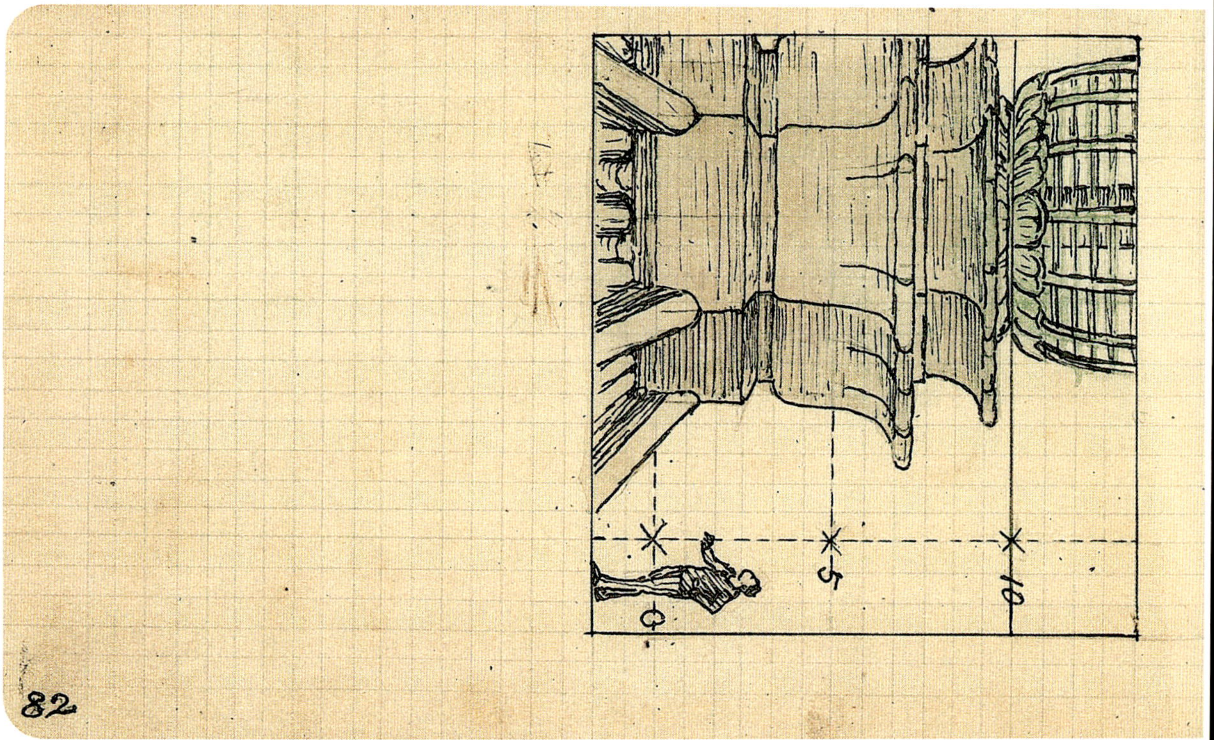

82应县（6）佛宫寺（6）（6月20日）

佛宫寺塔与大华严寺、善化寺一起，作为大同地区辽金时代三大遗物，在中国建筑史上大放异彩。

83 应县（7）佛宫寺（7）（6月20日）

如图所示是第一层的斗拱。笔者认为，它整体的形状与日本南都药师寺塔的斗拱极为相似，其双层的尾垂木结构引起了笔者的注意。另外，大斗及卷斗的各部分比例与藤原时代有所不同。

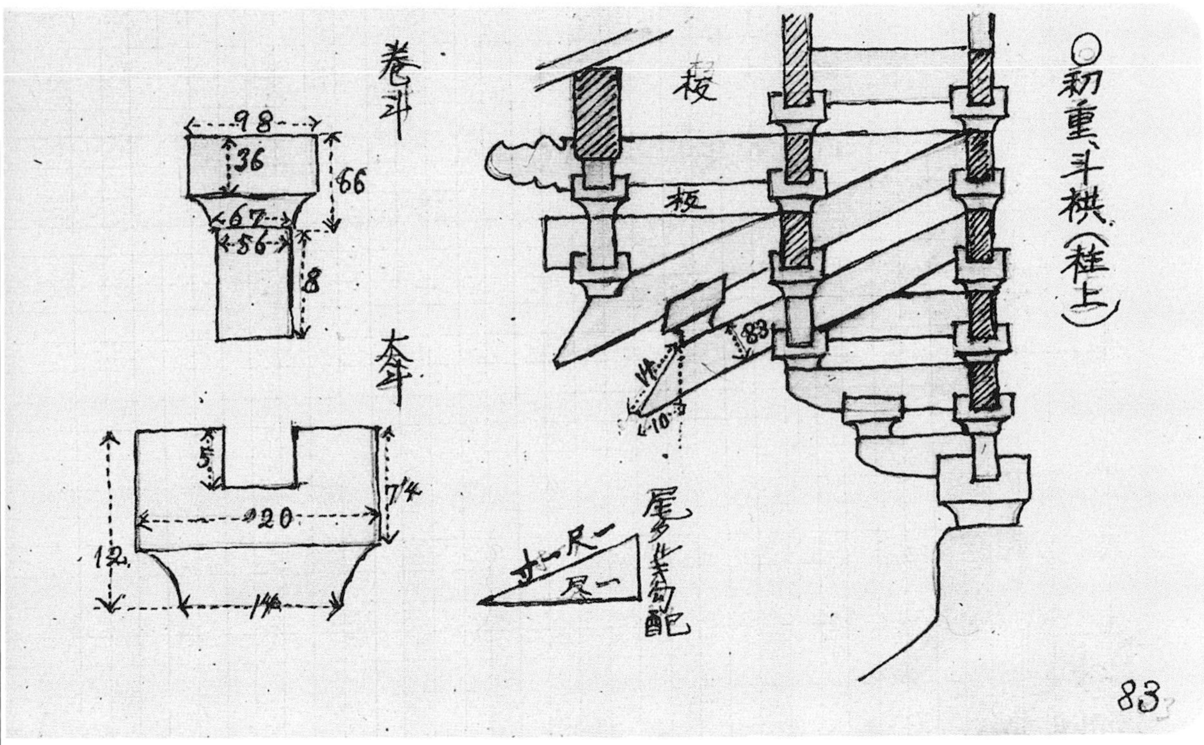

令人惊奇的是，斗拱每层的手法均不同。
第五层二出跳中间的拱呈支柱斗拱形式。
第四层二出跳为补间铺作。
第四层中至三出跳没有昂，中柱有半补间铺作。
第二层如前所述，有田出跳，尾部伸出二柱。

第一层也有四出跳，尾部伸出二柱，中间斗拱呈半补间铺作，勾栏下铺作也与各层呈三出跳，但其手法之一为全金属标，意匠纵横，富于变化，足以叹奇。出檐为木制，很少见，如此檐不多。

85 应县（9）佛宫寺（9）（6月20日）

其建筑手法是斗拱的形式之一。

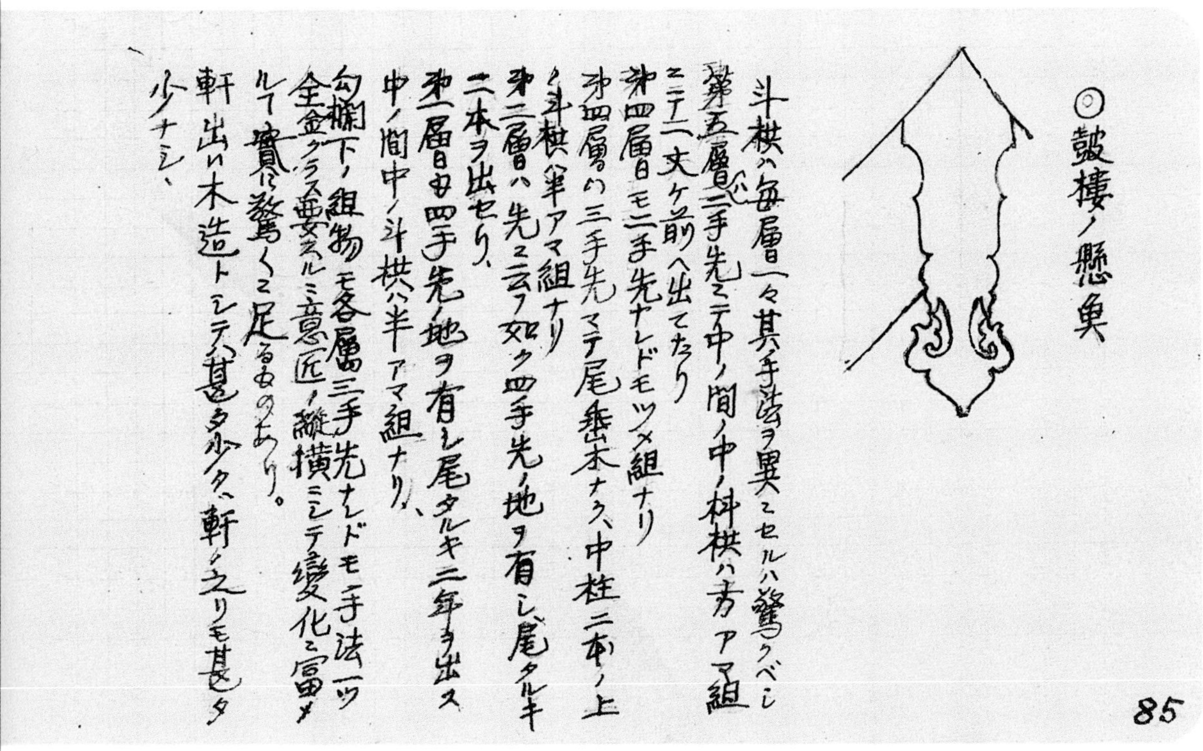

外部斗拱上涂着黄土以及春天的颜色，柱子的斗、丹之间画着龙。南面的墙壁和石板上还有画像。每层的中间都安放着佛像，并且每一层都立着侧柱和入侧柱。梁上建有上层柱，但没有中心柱。

第一层椽数 四十六　　第二层椽数 四十四
第三层椽数 四十　　第四层椽数 三十九
第五层椽数 三十六

各层勾栏三出跳铺作，各层窗外均有护墙板，斩斗拱四出跳无拱，有昂，斗间有壁画。第二层有支轮，第二层柱间有一异样斗拱，它是斜着出拱的。

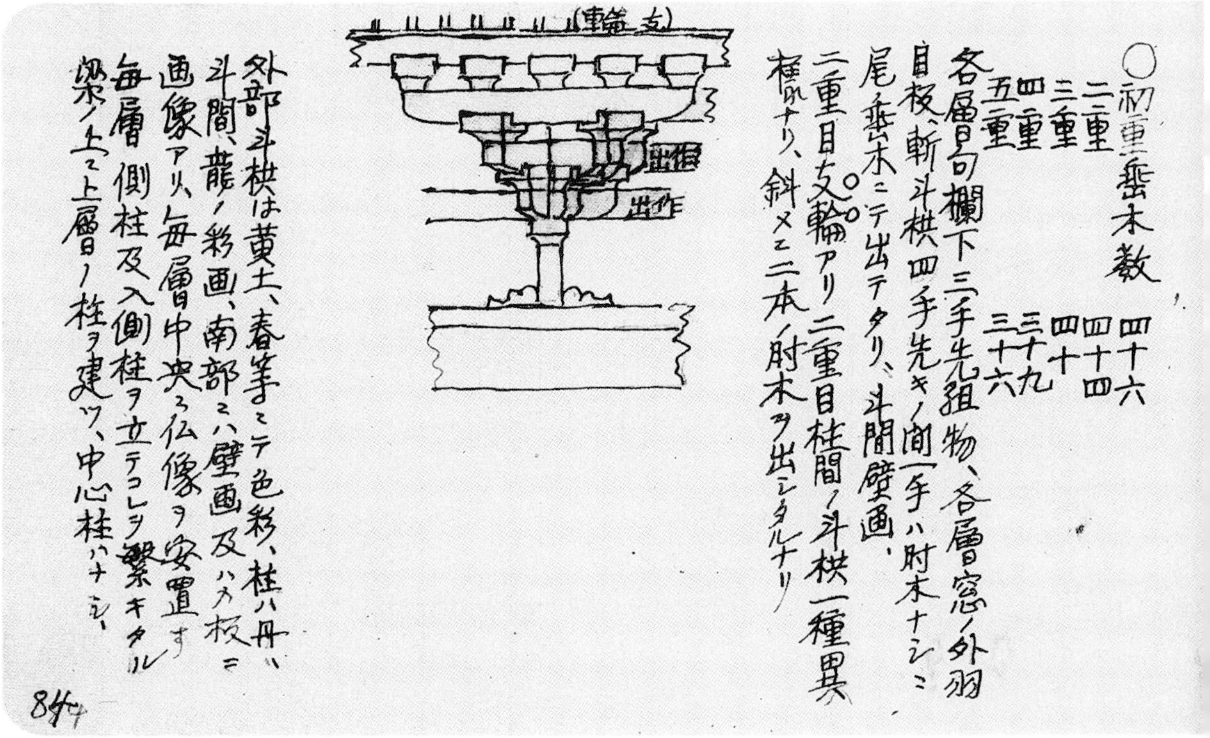

○初重垂木数 四十六
二重 四十四
三重 四十
四重 三十九
五重 三十六
各層勾欄下三手先組物、各層窓ノ外羽目板、斬斗栱四手先キノ間(手ハ肘木ナシ)ニ尾垂木ニテ出テタリ、斗間壁画、
二重目支輪アリ二重目柱間ノ斗栱一種異様ナリ、斜メニ二本ノ肘木ヲ出シタルナリ
外部斗栱は黄土、春等ニテ色彩、柱ハ丹ハ斗間、龍ノ彩画、南部ニハ壁画及ハカ板ニ画像アリ、毎層中央ニ仏像ヲ安置ス
毎層側柱及入側柱ヲ立テコレヲ繋キタル梁ノ上ニ上層ノ柱ヲ建ツ、中心柱ハナシ、
84

84应县（8）佛宫寺（8）（6月20日）
如右图所示，用椽子数量来表示上半部分的缩减。图上并无太大的递减感，给人以威严而稳重的感觉。

鉄吉嶺北道路
86

86应县铁吉岭北道路（6月22日）
过了长城的如越口，道路开始变成满是石头的上行河滩路。不久听到了潺潺水声，这是行程中第一次听到这么悦耳的声音。

87应县铁吉岭南道路（6月22日）

登至河滩顶峰就变成了险峻的山路。牵马前行，徒步登至山顶，便来到了铁吉岭。向北望去，大同一马平川，尽收眼底，南面只见五台山的山峦高耸。下坡路更为险峻，几乎吓破了胆。

这是繁峙附近发现的、结构最复杂的悬鱼。一个悬鱼就要用到青、红、绿等各种颜色。

89繁峙（6月22日）

从铁吉岭下来就到了繁峙，景象一下子变得不同。河流中鱼虾成群，田地广阔无垠。由于后魏定都大同，皇帝们屡次造访，形成这里一片丰饶的景象。

88地图第五号（梨树平—阜平）

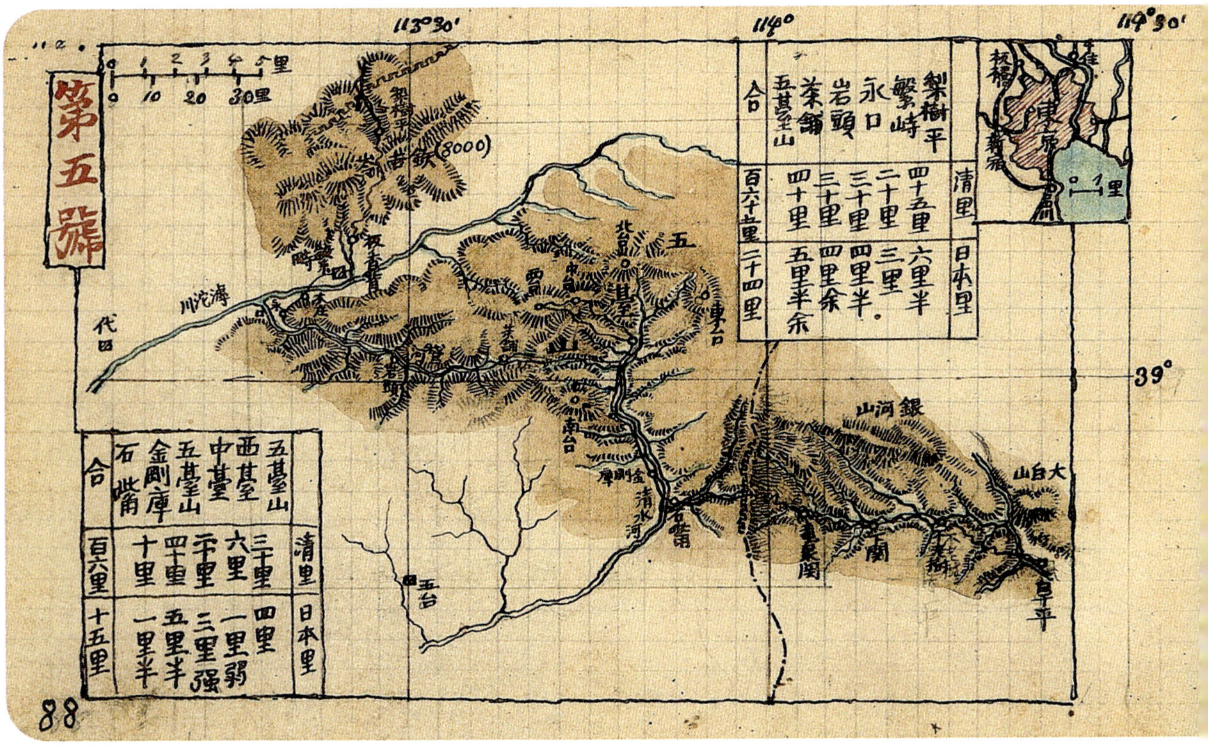

90五台山（1）巡查（6月23日）

五台山也被称作清凉山，自古以来就是佛教圣地。『五台』即指在东、西、南、北、中各有一座台，每座台都有万尺余高。正如它的名字那样，每座台的顶峰都是台状。台内有佛寺64座（出自明代《清凉山志》）。左图所示是从繁峙派来的护卫巡查。

关于五台山的由来，在《清凉志》中有详细注解。

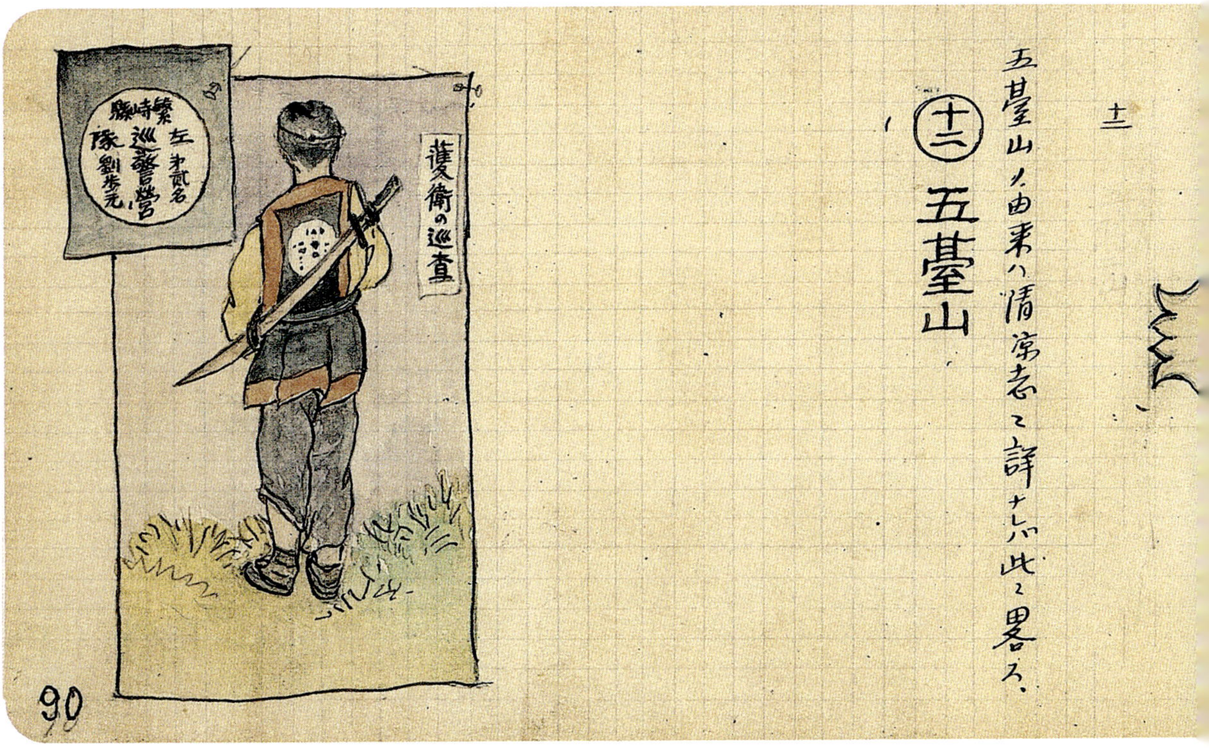

大显通寺

水陆殿（在南面） 本尊为观音菩萨。

文殊殿（在水陆殿以北） 这里安放着文殊像，左右两边分别摆放着十六个被称为“乐架”的武器。

大殿（在文殊殿以北） 这里安放着释迦三尊，是双檐庑殿顶，屋上还有宝瓶。前面碑上刻着圣旨。天顺二年即公历三十五年。

无量殿（在大殿以北） 殿前石碑上刻着永明寺重修记。是宗祯年间的建筑，到了明代被称为永明寺。本尊为无量佛，

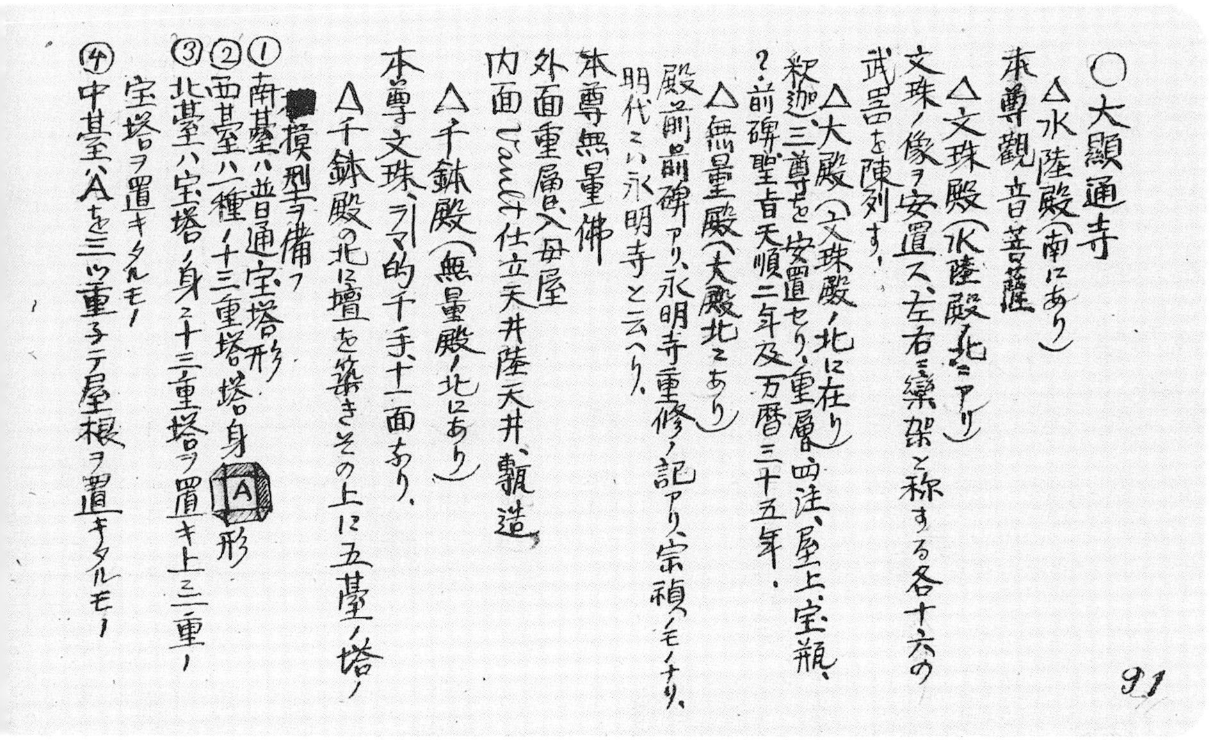

○大顯通寺
△水陸殿（南にあり）
本尊觀音菩薩
△文殊殿（水陸殿北ニアリ）
文殊ノ像ヲ安置ス、左右ニ樂架ト称スル各十六ノ武器ヲ陳列ス。
△大殿（文殊殿ノ北に在り）
釈迦三尊ヲ安置セリ、重層四注、屋上宝瓶、
?前碑聖旨天順二年及万暦三十五年。
△無量殿（大殿北ニあり）
殿前ニ石碑アリ、永明寺重修ノ記アリ、宗禎ノモノナリ、
明代ニハ永明寺ト云ヘリ。
本尊無量佛
外面重層入母屋
内面Vault仕立天井陸天井、甎造
△千鉢殿（無量殿ノ北ニあり）
本尊文殊、ラマ的千手十一面あり。
△千鉢殿の北に壇を築きその上に五基ノ塔ノ模型ヲ備フ
①南基ハ普通宝塔形
②西基ハ一種ノ十三重塔塔身[A]形
③北基ハ宝塔ノ身ニ十三重塔ヲ置キ上ニ二重ノ宝塔ヲ置キタルモノ
④中基ハAヲ三ツ重子テ屋根ヲ置キタルモノ
91

91 五台山（2）大显通寺（1）（6月25日）

显通寺创建于东汉，后魏的孝文帝将此重建。唐太宗李世民重新修复并称其为大华严寺。到了清代，太宗下令重建并更名为大显通寺。

外部是双檐歇山屋顶。里面是瓦造的顶棚。

千钵殿（在无量殿以北） 本尊为文殊像，以及喇嘛的千手十一面像。

千钵殿以北的筑台上有五座塔的模型。

①南台是普通的宝塔形。

②西台是一座十三层的塔，塔身为如图中形状。

③北台塔身上修建了一座十三层的塔，在此基础上再建一座双层塔。

④中央 A 部分修了三层屋顶。

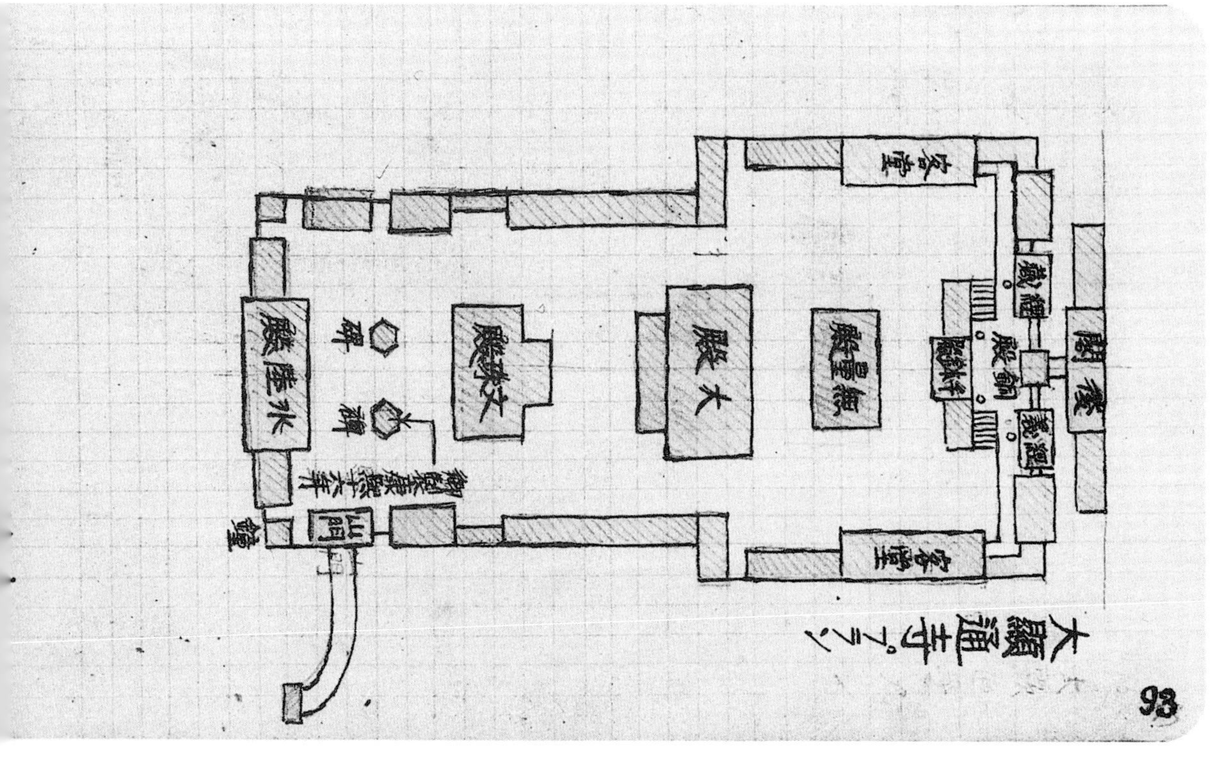

93 五台山（4）大显通寺（3）（6月25日）

据说在修建初期，由于显通寺所处地形与印度的灵鹫峰所处地形相似，因此被称为『灵鹫寺』。

本寺是五台山中最古老最大的建筑。据说修建于后汉明帝永平年间。后经过屡次修缮。如今光从建筑的角度来说，并无多少过人之处。本寺在佛像寺地位最高。其住持被称为纲司，塔院寺住持被称为副纲司。

东台与北台相似。

铜殿 在坛上，铜制双檐的歇山屋顶。

经藏 在铜殿的左右两边，瓦制双檐的歇山屋顶。

后阁 在铜殿的后面，双檐、双坡屋顶。

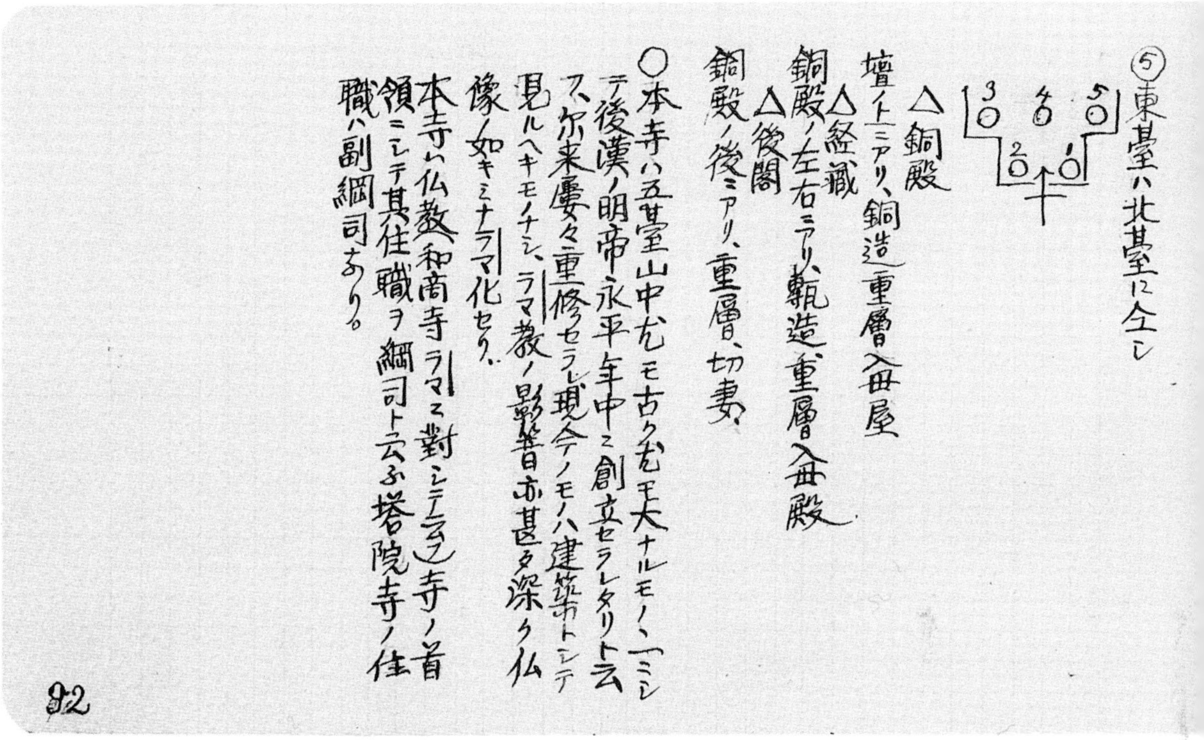
⑤東臺ハ北臺ニ全シ
△銅殿
壇ノ上ニアリ、銅造重層入母屋
△経蔵
銅殿ノ左右ニアリ、瓦造重層入母殿
△後閣
銅殿ノ後ニアリ、重層、切妻、
○本寺ハ五臺山中尤モ古ク尤モ大ナルモノ、ニシテ後漢ノ明帝永平年中ニ創立セラレタリト云フ、尓来屢々重修セラレ現今ノモノハ建築トシテ見ルヘキモノナシ、ラマ教ノ影響亦甚タ深ク仏像ノ如キミナラマ化セリ、
本寺ハ仏教（和尚寺ラマニ對シテ云フ）寺ノ首領ニシテ其住職ヲ綱司ト云フ塔院寺ノ住職ハ副綱司なり。
92

92 五台山（3）大显通寺（2）（6月25日）

大显通寺内现存的建筑属于明清时代的作品，铜殿内四面墙上有一万尊铜制的小佛，中央有一尊铜制大佛。

菩萨顶（喇嘛寺）

修建于元朝，按顺序有如下建筑：牌楼、山门、鼓楼、钟楼、天王殿、中殿、文殊殿。这座寺院统管着五台山上另外十五座喇嘛寺，同时受到政府保护。

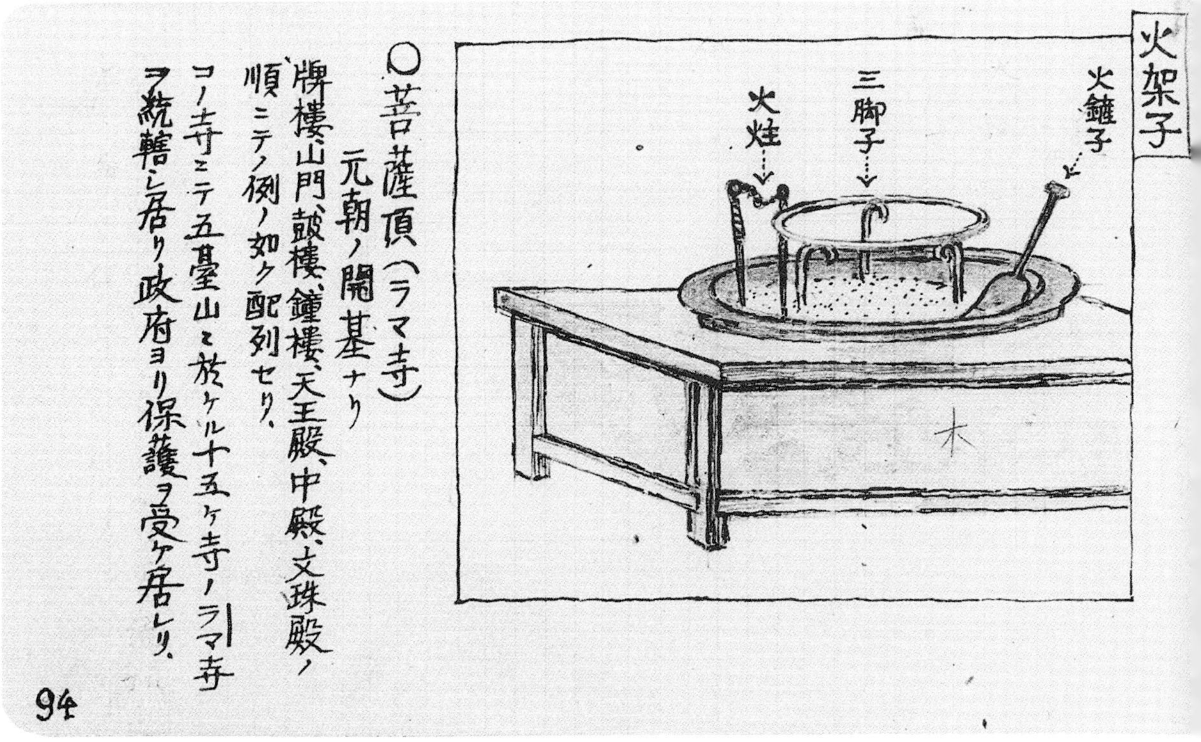

○菩薩頂（ラマ寺）
元朝ノ開基ナリ
牌楼、山門、鼓楼、鐘楼、天王殿、中殿、文殊殿ノ順ニテノ例ノ如ク配列セリ、
コノ寺ニテ五臺山ニ於ケル十五ヶ寺ノラマ寺ヲ統轄シ居リ政府ヨリ保護ヲ受ケ居レリ、
94

94 五台山（5）菩萨顶（1）（6月25日）

菩萨顶是文殊菩萨的住所，因此也被称为文殊寺。明代藏传佛教教徒进驻五台山，大喇嘛住宿于菩萨顶，并统一了整座山的喇嘛寺。同时由于清朝康熙、乾隆皇帝都曾亲临菩萨顶进行朝拜，因此受到了特殊礼遇。

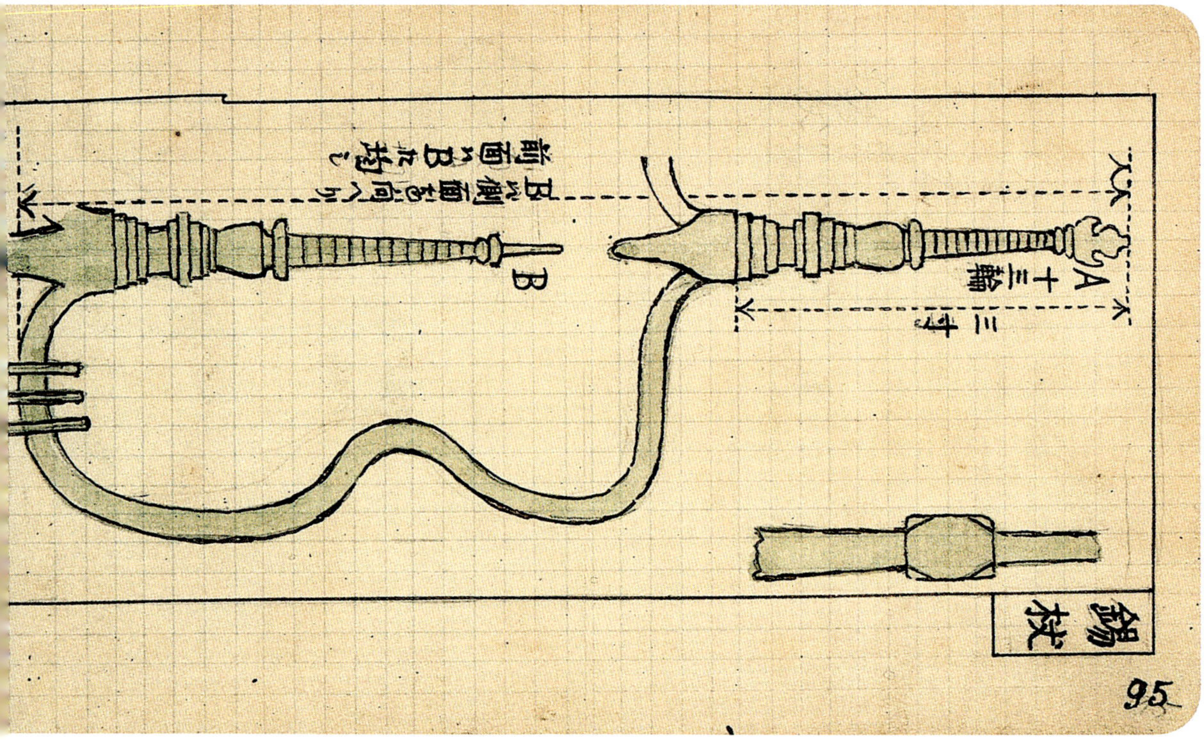

95五台山（6）菩萨顶（2）（6月25日）

五台山的独特之处在于，有许多火盆、锡杖这类令人敬重和好奇的佛教用品。

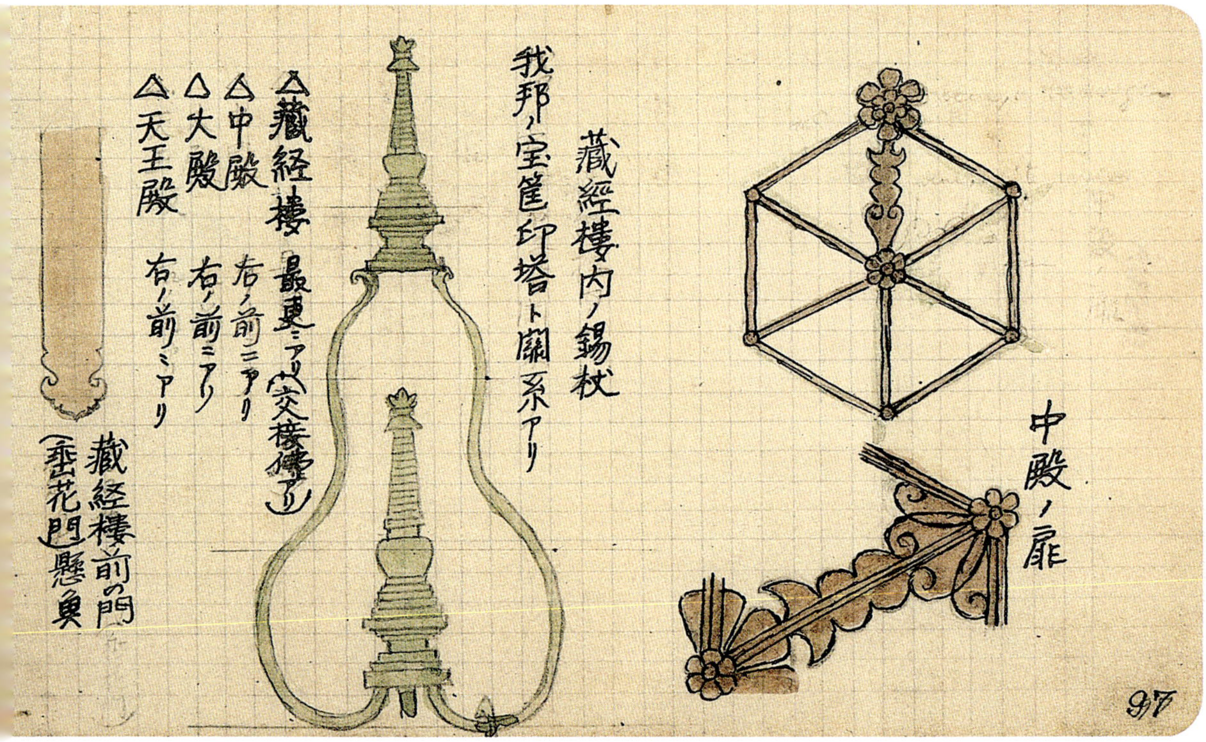

97五台山（8）慈福寺（2）（6月25日）

锡杖塔的基座和塔顶很大，但塔身很小。笔者认为这是向宝箧印塔过渡时期的一种建筑形式。

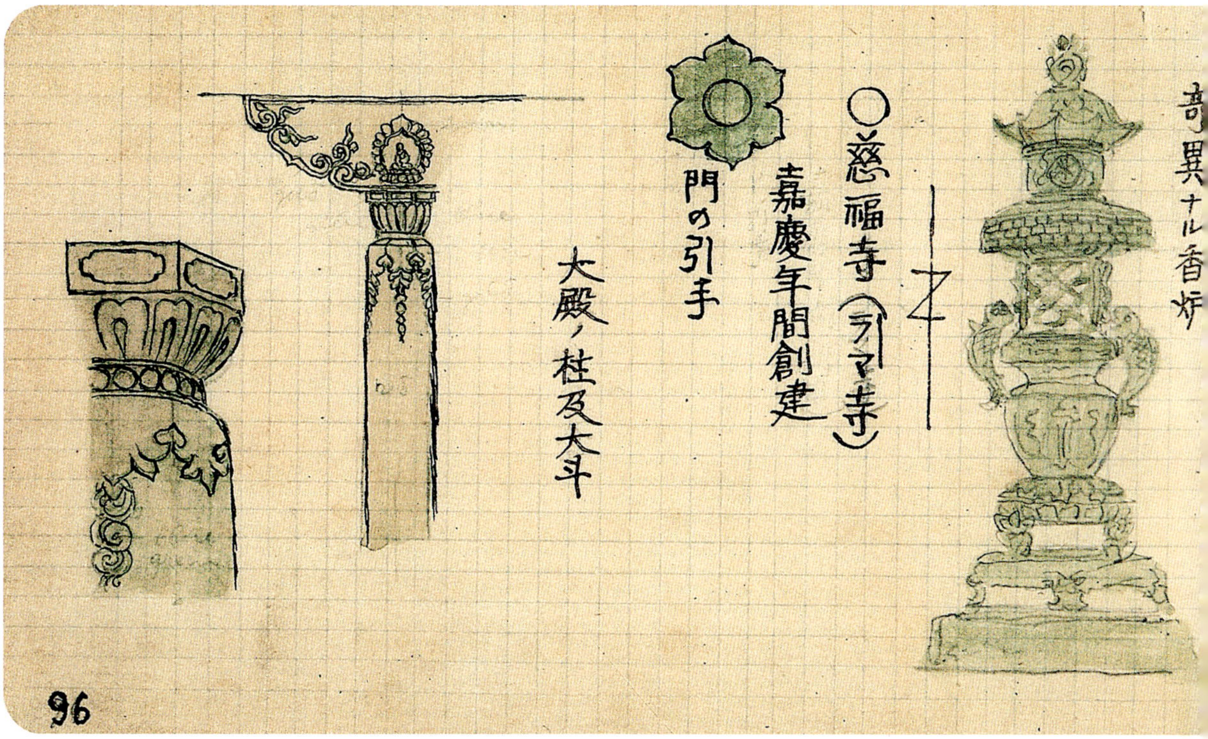
奇異ナル香炉
〇慈福寺（ラマ寺）
嘉慶年間創建
門の引手
大殿ノ柱及大斗
96

96 五台山（7）慈福寺（1）（6月25日）

慈福寺大殿里的柱子都是藏式风格，这里也有和菩萨顶内相同的锡杖。在内殿还有一尊非常精致的欢喜天（佛教的护法神之一）雕像。

屋顶中央安放着法轮宝。左右各放置着一只鹿像。这种鹿在附近的寺院中随处可见。

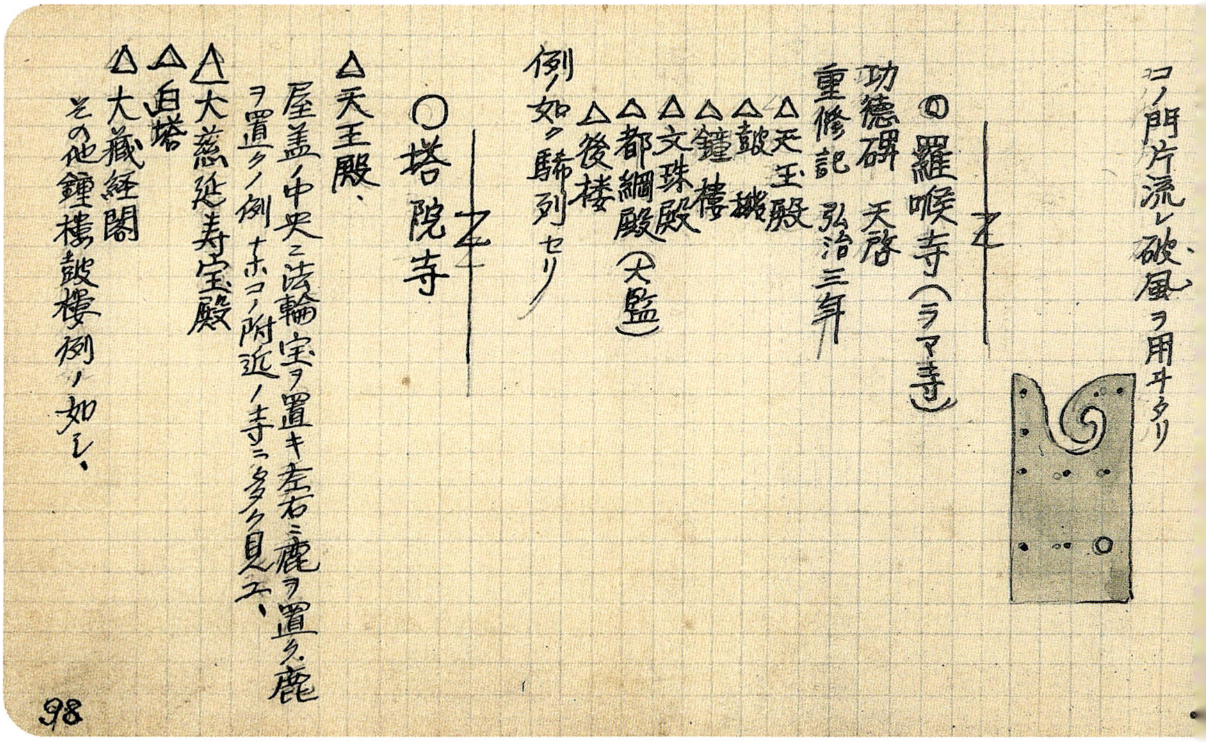
コノ門片流レ破風ヲ用ヰタリ
〇羅喉寺（ラマ寺）
功徳碑 天啓
重修記 弘治三年
△天王殿
△鼓楼
△鐘楼
△文殊殿
△都綱殿（大監）
△後楼
例ノ如ク聯列セリ
〇塔院寺
△天王殿
屋蓋ノ中央ニ法輪宝ヲ置キ左右ニ鹿ヲ置ク鹿
ヲ置タノ例ナホコノ附近ノ寺ニ多ク見ユ、
△大慈延寿宝殿
△白塔
△大蔵経閣
その他鐘楼鼓楼例ノ如シ、
98

98 五台山（9）罗睺寺（6月25日）

罗睺寺是五台山五大禅寺之一，始建于唐代，明代弘治三年（1401）得以重修。当正殿中的莲花花瓣开放时，中间的佛像便会显现出来。『开花现佛』便由此而来。

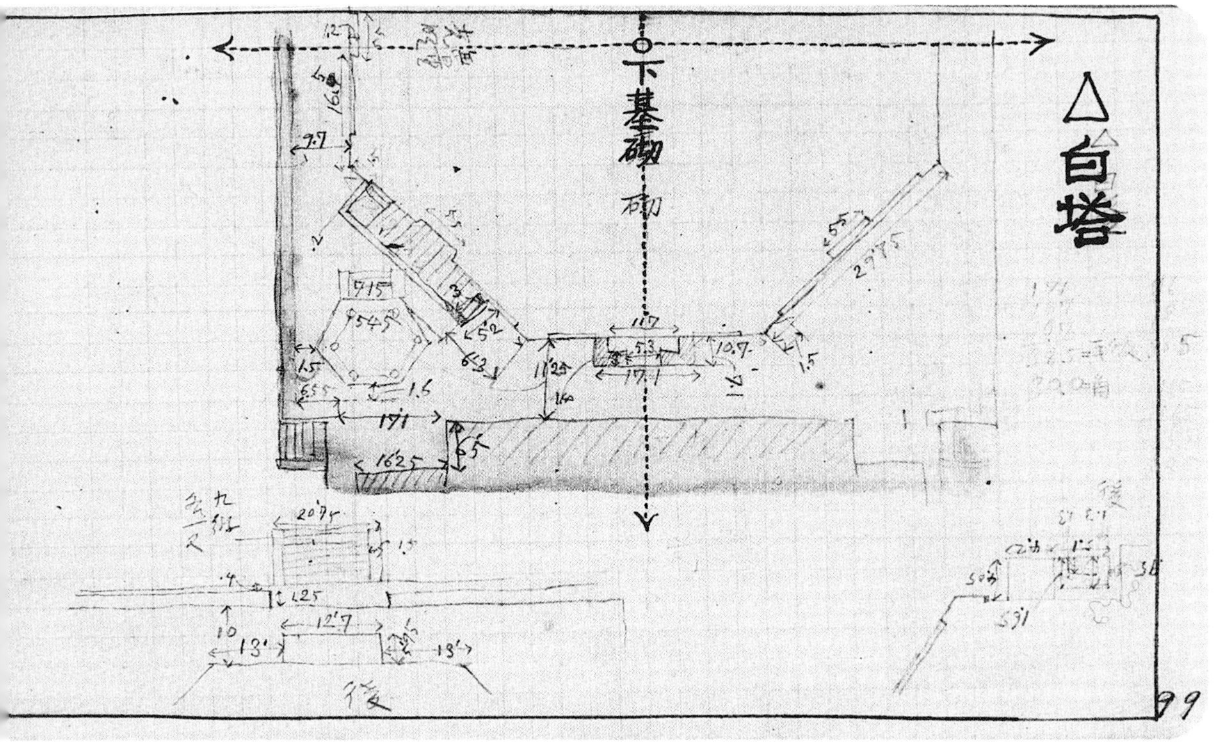
△白塔
下基礎
後
99

99五台山（10）塔院寺白塔（1）（6月26日）

塔院寺，因寺内有一座做工精良的大白塔而得名。相传印度阿育王将三十颗释迦牟尼火葬后炼成的舍利子分散在世界各地，五台山大白塔就是其中一处。始建于明代万历七年（1580），于万历十年（1583）竣工。

殊像寺　这里供奉着文殊真像，并依此命名。相传文殊像出自唐代的神人之手。寺院刚刚经过重修。

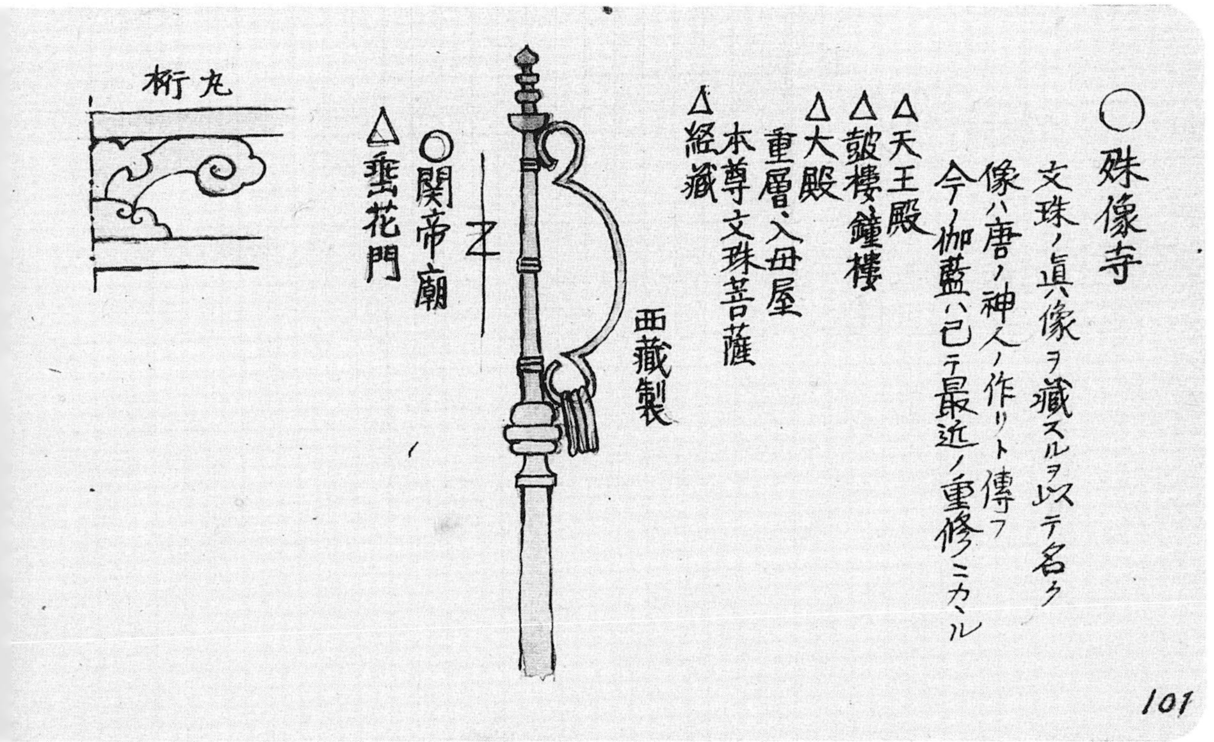
○殊像寺
文殊ノ眞像ヲ藏スルヲ以テ名ク
像ハ唐ノ神人ノ作リト傳フ
今ノ伽藍ハ已テ最近ノ重修ニカヽル
△天王殿
△鼓樓鐘樓
△大殿
重層入母屋
本尊文殊菩薩
△經藏
○關帝廟
△垂花門
西藏製
丸桁
101

101五台山（12）殊像寺（6月26日）

殊像寺是五台山五大禅寺之一。始建于唐代，明代成化二十三年（1487）再建。大殿（文殊阁）奉主尊文殊菩萨骑狮像，背后有释迦三尊。另外殿内还有五百尊罗汉像，都是明代的雕像。

此塔的构造与北京城的白塔基本相同，但规模要比北京白塔大很多，设计也要比北京白塔丰富得多。

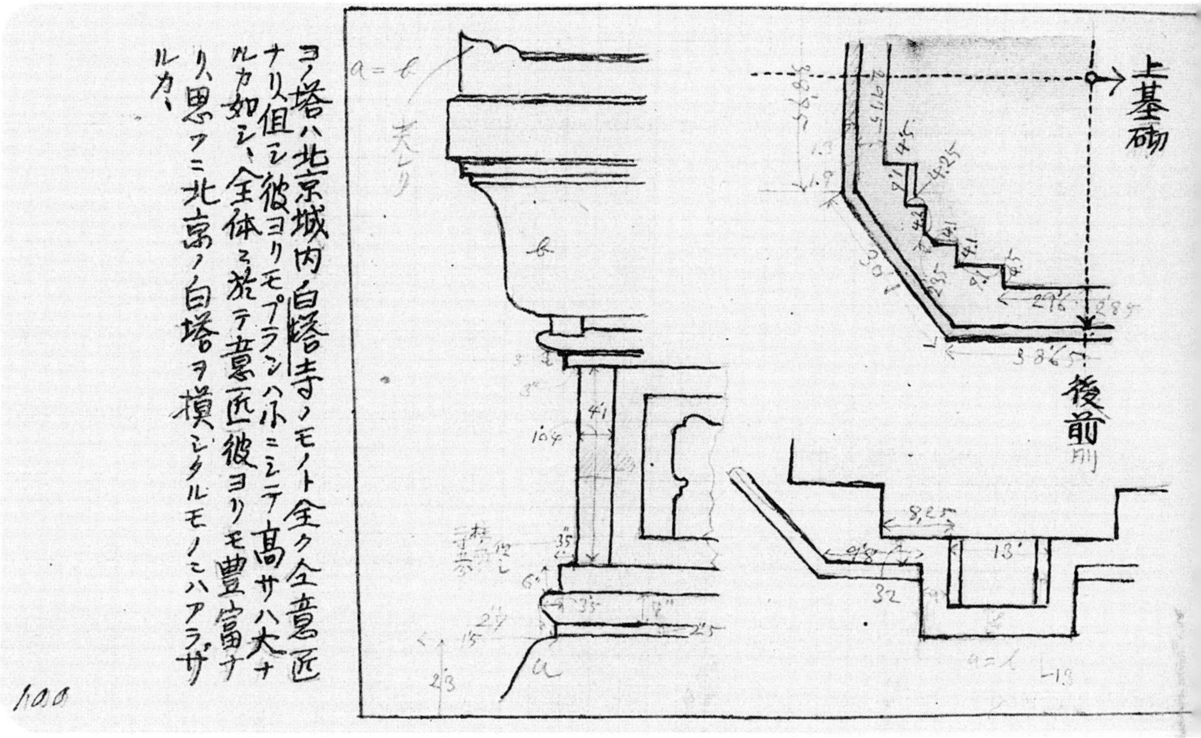
ヨノ塔ハ北京城内白塔寺ノモノト全ク全意匠
ナリ但シ彼ヨリモプランハ小ニシテ高サハ大ナ
ルカ如シ、全体ニ於テ意匠彼ヨリモ豊富ナ
リハ思フニ北京ノ白塔ヲ模シタルモノニハアラザ
ルカ
後
前
100

100 五台山（11）塔院寺白塔（2）（6月26日）

大白塔的塔基并非正八角形，其原因至今无人知晓。整体来看，塔基、塔身、塔尖三部分区别不大，塔顶的宝珠也太小。笔者认为大白塔在模仿北京白塔寺的基础上，另外加入了一些其它工艺。

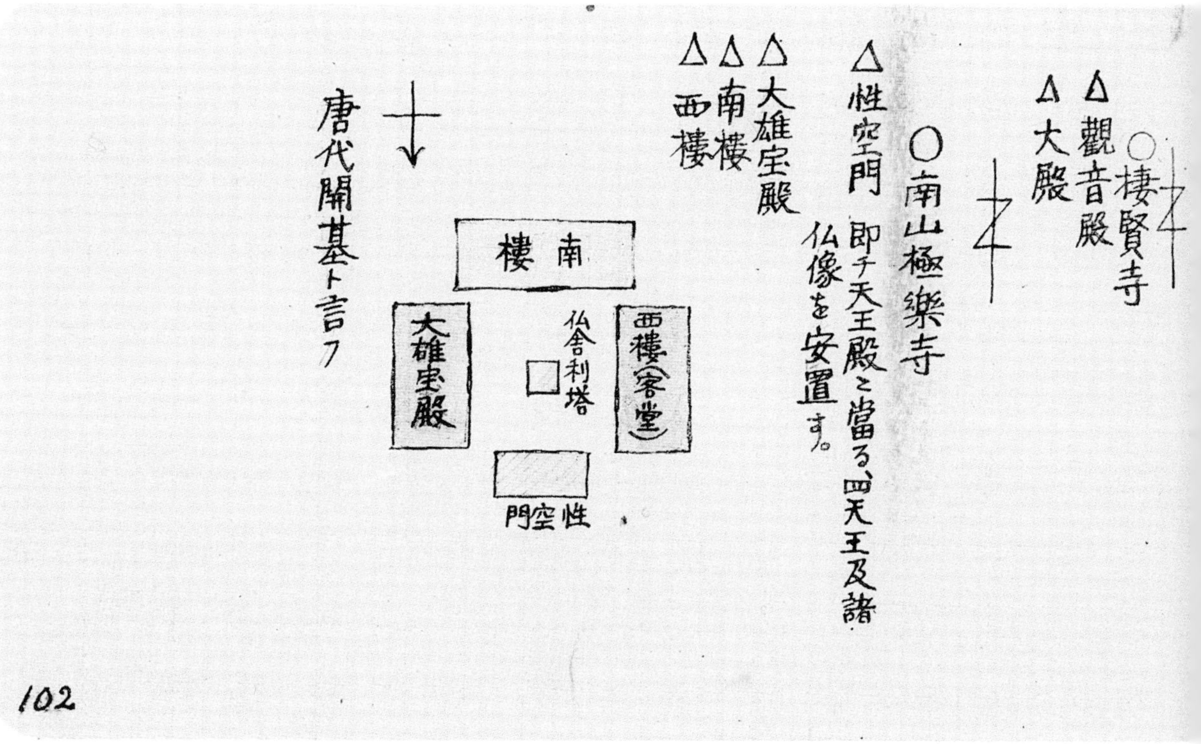
○棲賢寺
△△ 観音殿 大殿
○南山極樂寺
△性空門 即チ天王殿ニ當ル。四天王及諸仏像ヲ安置ス。
△大雄宝殿
△南樓
△西樓
唐代開基ト言フ
南樓
大雄宝殿
仏舎利塔
西樓(客堂)
性空門
102

102 五台山（13）南山寺（6月26日）

南山寺是佑国寺、极乐寺、善德院的总称。据说初建于元代元贞年间，明代嘉靖二十年（1591）重修。笔者一行人受到僧侣的热情款待，享用了特别美味的饭菜。

103五台山（14）钟图（6月26日）

这是南山寺的钟，设计非常独特，画了草图，正德七年即1512年。

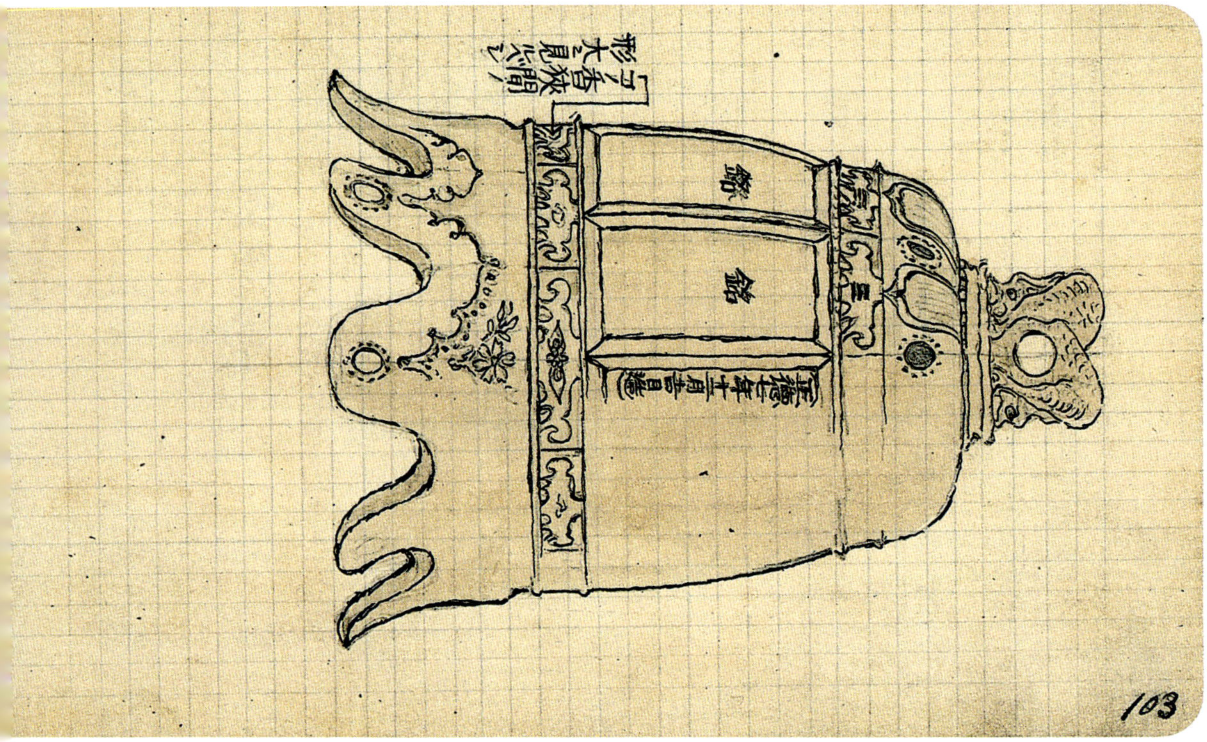

105五台山（16）南山寺舍利塔（2）（6月26日）

笔者认为这座塔的形状看似失去了平衡感，但三层塔基威严高耸，台上四个角落都放置一座石狮，整体将这座塔的设计巧妙之处展现出来，不失协调。

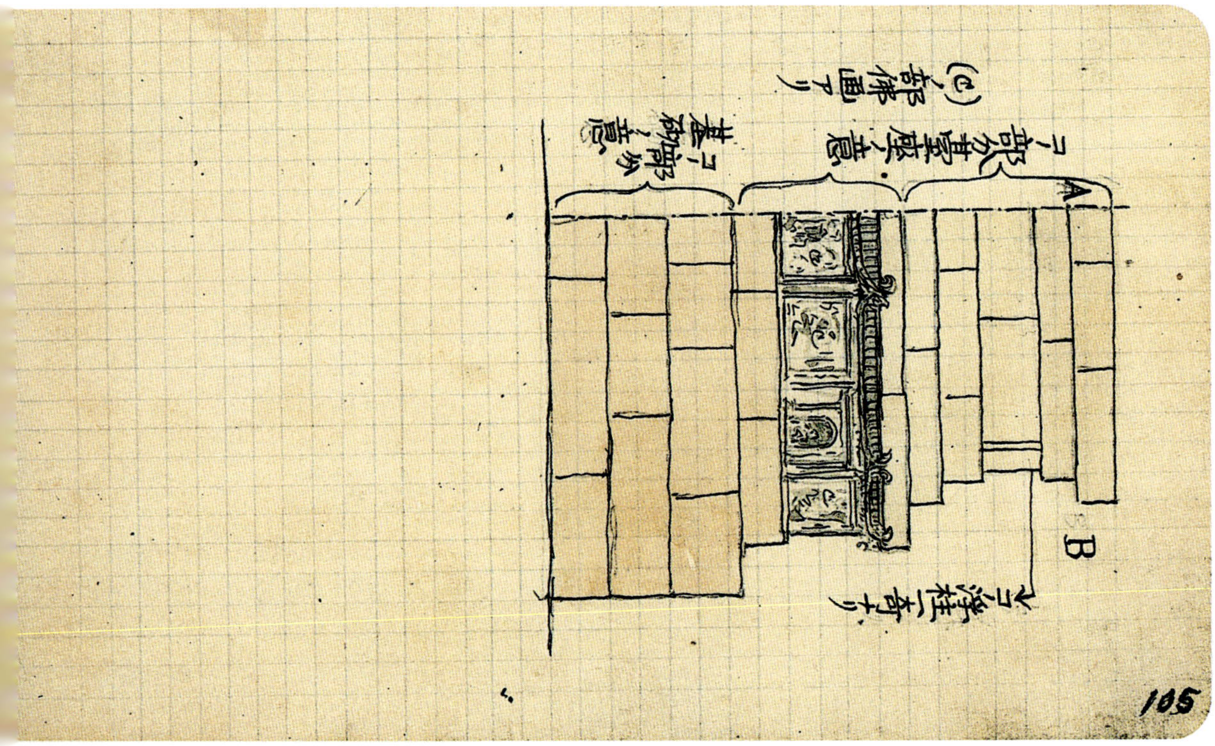

舍利塔 这座塔与宝箧印塔相似。塔身没什么特别，但塔基规模很大。

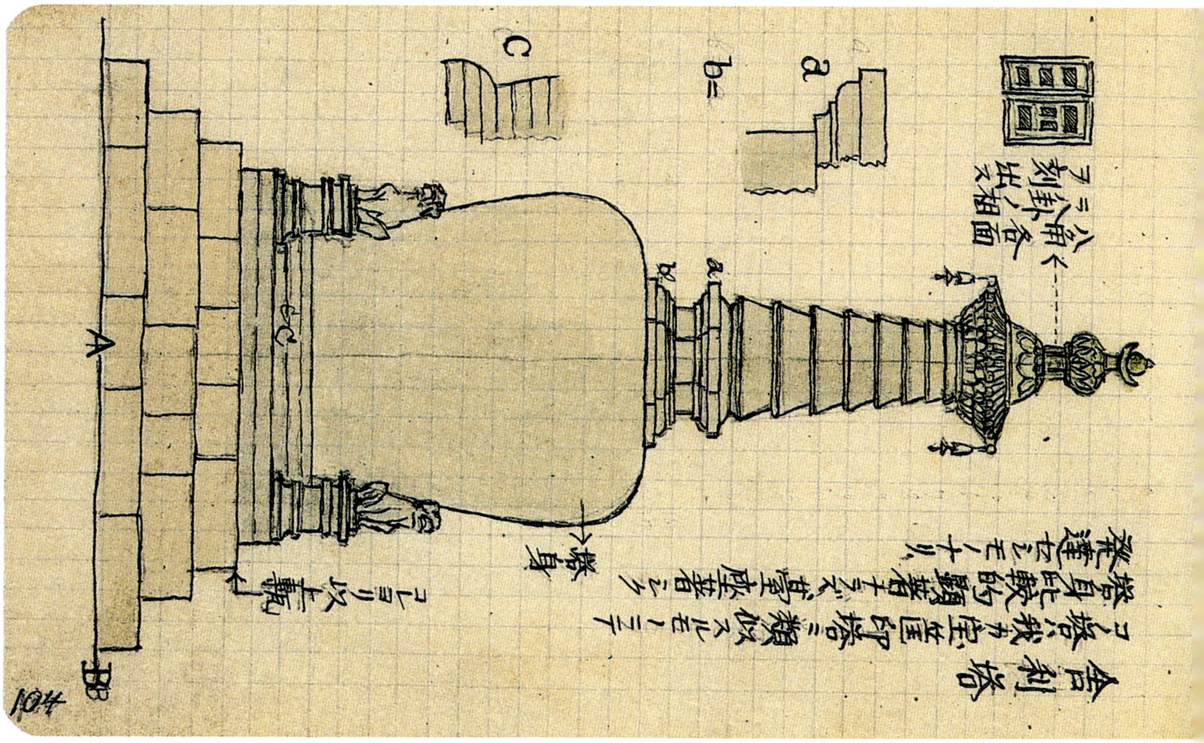

104
五台山（15）南山寺舍利塔（1）（6月26日）

这座舍利塔修建年代不明，笔者从样式来推断应是清朝中期的建筑。塔身建在三层高的石造塔基上，其特征是塔顶相轮很大，而塔身非常小。

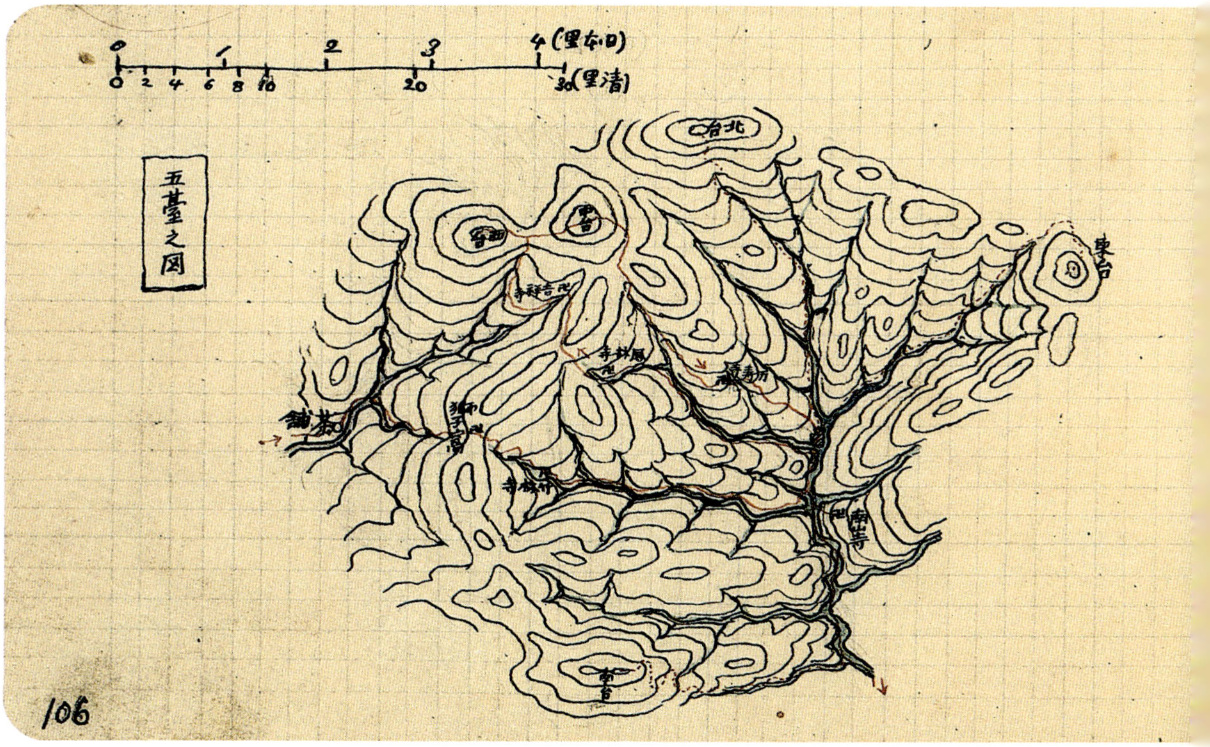

106
五台山（17）五台图

这里画的是五台山四面环山的地形。笔者一行人经过一个茶铺到达了五台的中心台怀镇，但现在一般都走南面的线路。

西台 佛殿内有宇塔一尊，但塔已破烂不堪，无迹可循。佛殿也已经非常破旧，无法参观。

中台（石造） 有一座塔。塔基的每一边都为十五尺。宝塔形球体上建有一个七层的屋盖，在第七层上镶有一颗宝珠，蕴意大大的顶盖。这种情况下相轮就变成了层塔。每层都有八个角，每一面都有佛像。正面塔身上还刻有壁龛。中间安放着佛像，壁龛左右两边有佛像，基座上还有雕刻，应该是明代初期作品。

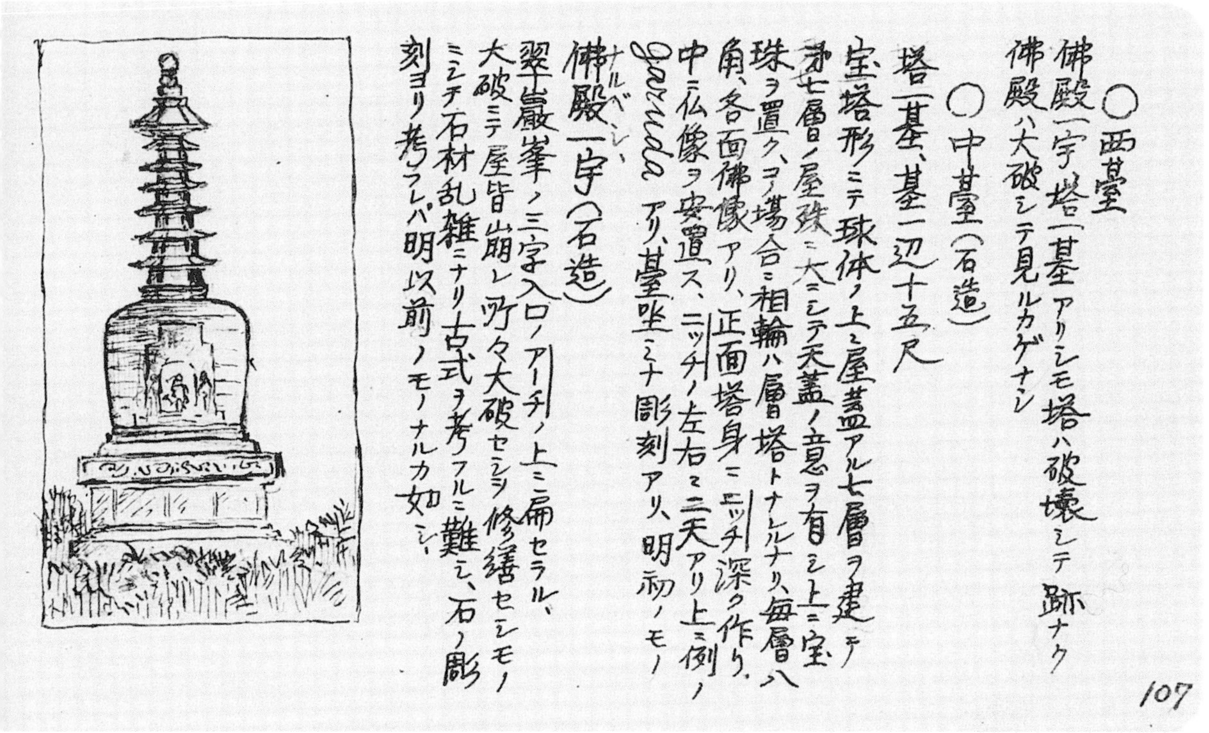
○西臺
佛殿(宇塔(基アリシモ塔ハ破壊シテ跡ナク
佛殿ハ大破シテ見ルカゲナシ
○中臺(石造)
塔(基、基一辺十五尺
宝塔形ニテ球体ノ上ニ屋蓋アル七層ヲ建テ
第七層ノ屋殊ニ大ニシテ天蓋ノ意ヲ有シ上ニ宝
珠ヲ置ク、コノ場合ニ相輪ハ層塔トナルナリ、毎層八
角、各面佛像アリ、正面塔身ニニッチ深ク作リ
中ニ仏像ヲ安置ス、ニッチノ左右ニ二天アリ上ニ例ノ
garuda アリ、臺坐ニモ彫刻アリ、明初ノモノ
ナルベシ
佛殿一宇(石造)
翠巌峯ノ三字入口ノアーチノ上ニ扁セラル、
大破シテ屋皆崩レ所々大破セルヲ修繕セシモノ
ミニテ石材乱雑ニナリ古式ヲ考フルニ難シ、石ノ彫
刻ヨリ考フレバ明以前ノモノナルカ如シ
107

107 五台山（18）西台/中台（6月28日）

日志记载：西台的顶部十分平整，花草盛开，十分美丽，像是铺上了一层绒毯。另外，顶峰的佛塔全部倒塌，佛像散落一地，只有大明洪武年间的佛碑孤伶伶地立在那里。（我们）打开便当，就着随从端来的野葱，细细享用起来。

佛殿一宇（石造） 翠严峰三字入口处的拱形石门上还挂着匾。已经非常破烂，房屋也已经倒塌，各处破旧之处都经过了修缮，石料杂乱地堆积在那里。很难想象是古建筑，但从石雕来看应该是明代以前的作品。

塔院寺　大白塔

与白塔寺的不同之处在于如左图所示的第19轮变成了笋形。天花板周围有三十二个铜播，每个铜播上还镶着三个宝铎。顶上的渗金宝瓶形比白塔寺的小，与圆形相接的部分要比与上图相接的部分的工艺更加自然，加上a线以便于管理。

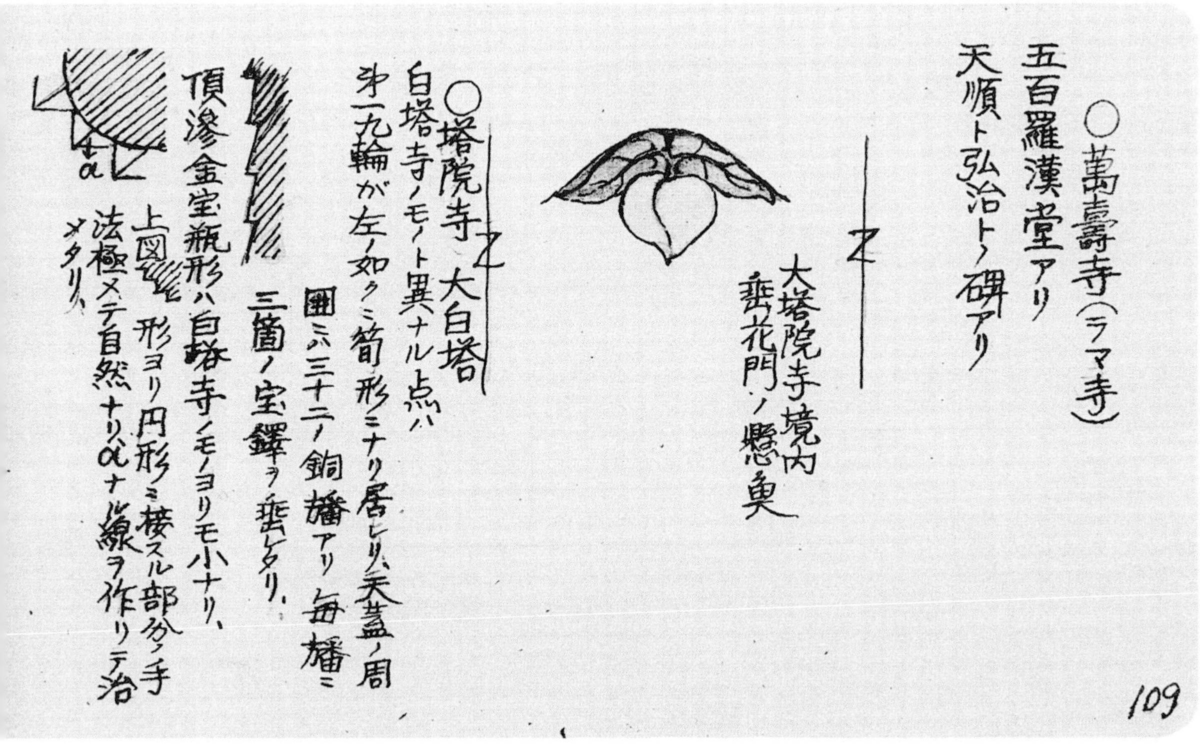
○萬壽寺(ラマ寺)
五百羅漢堂アリ
天順ト弘治トノ碑アリ
大塔院寺境内
垂花門ノ懸魚
○塔院寺 大白塔
白塔寺ノモノト異ナル点ハ
第一九輪ガ左ノ如ク筍形ニナリ居レリ、天蓋ノ周
囲ニハ三十二ノ銅幡アリ 毎幡ニ
三箇ノ宝鐸ヲ垂ゲタリ、
頂滲金宝瓶形ハ白塔寺ノモノヨリモ小ナリ、
上図ノ形ヨリ円形ニ接スル部分ノ手
法極メテ自然ナリ、αナル線ヲ作リテ治メタリ
α
109

109 五台山（20）万寿寺/塔院寺白塔（3）（6月26日）

五台山原来是文殊菩萨的显灵圣地。当地，堂塔虽有所减少，但仍然数不胜数，其中大部分是藏传佛教文物，即使询问寺中僧侣也不知所云。但是，五台山不愧是五台山。（笔者）一行在五台山如愿之后，离开这里。白塔寺，请参考第一卷46图片。

108 五台山（19）站在中台上眺望北台（6月28日）

中台顶上要比西台宽敞一些，视野也更开阔，因此能看清山间所有的塔堂，包括东西南北四台。（笔者）一行人被这壮观的景致深深吸引。这里还残留着一座塔堂。

110 石嘴／龙泉关（6月29日～30日）

离开五台来到石嘴有一座关帝庙。

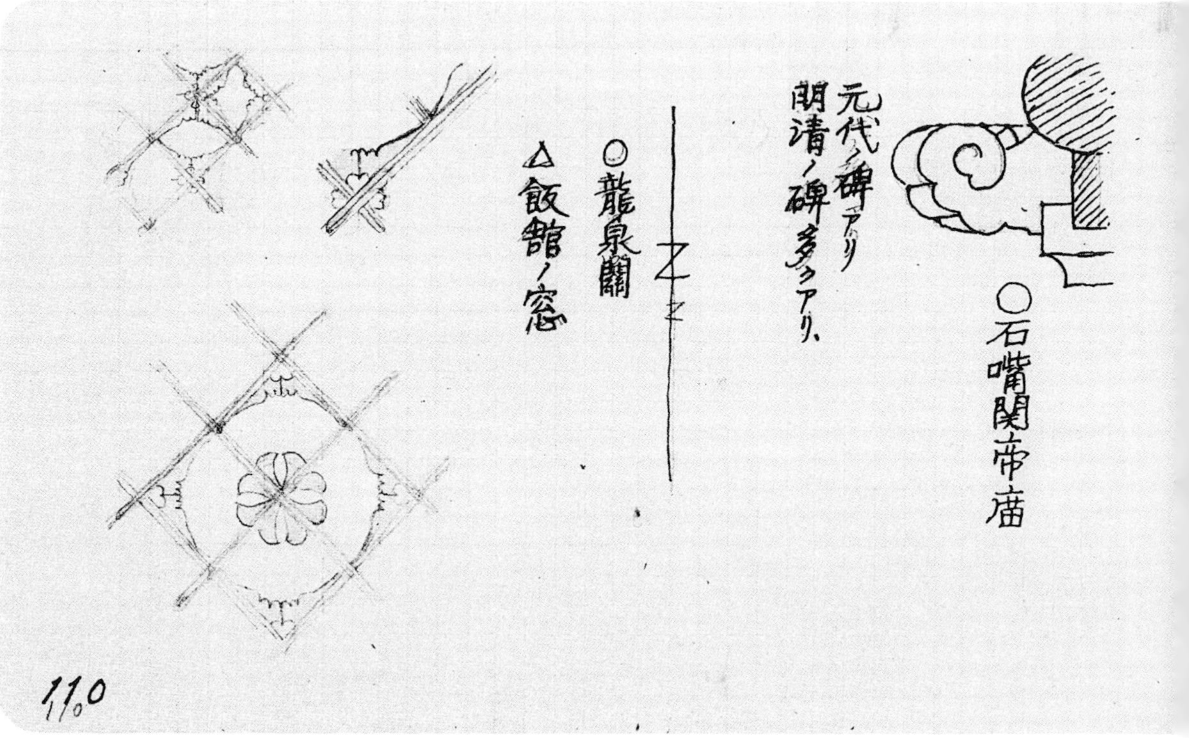

111 从龙泉关眺望东北面的群山峻岭（6月30日）

龙泉关是长城的一部分，和山西一样属于中央直属地区。日志记载：过了关就要当心了。脚下都是深谷，关口足有五六千尺高。传言五台山顶峰有一万多尺，看来一点也不夸张。

113 从下关眺望银河山（6月30日）

（笔者）一行人在下关稍事休息。下关北面有一座银河山，山顶的线条就像锯齿一样。如果用日本相似的来解释这一带地形的话，那么五台山的高峰就是浅间山，龙泉关就是轻井泽，银河山就是妙义山，只是规模要大很多。

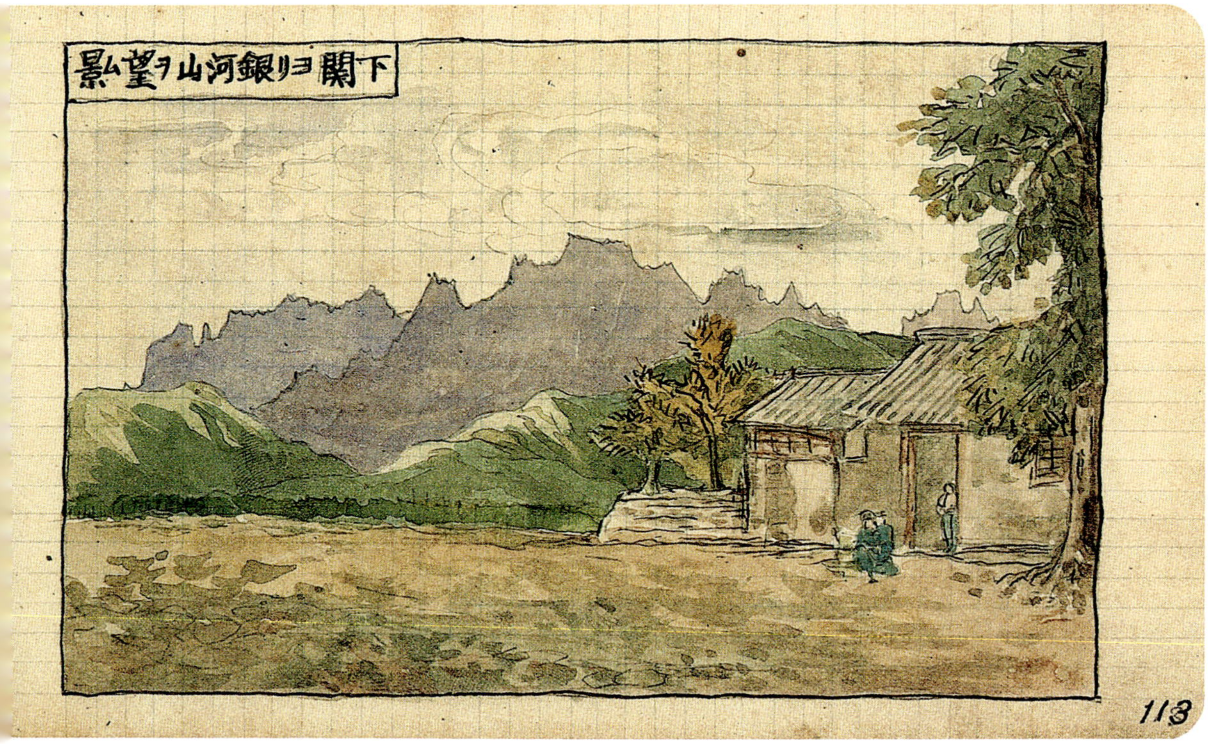

曲阳　纯阳宫（北岳庙）

从唐朝开始，纯阳宫成为供奉北岳恒山诸神的地方。正殿被称为“德宁殿”，面阔九间，进深五间，双檐庑殿顶。内有元代大德六年修建的一口钟，石碑有宋代的，但大多数都是明代的。

宋代石碑与明朝石碑的设计完全不同。建筑上的斗拱也没有明代那么细。尾垂木的斜角上还刻有鸟舌，斗拱的比例也和古代建筑相一致。这恐怕是元代的建筑经近年来多次修缮才成为如今的模样。钟的形状和明代基本相同，但龙头的形状奇异，顶上还镶有一颗宝珠。衣带周围还有小环，馒头形上有莲花瓣和小孔。下面有八片叶子。德宁殿面阔九间，进深五间。

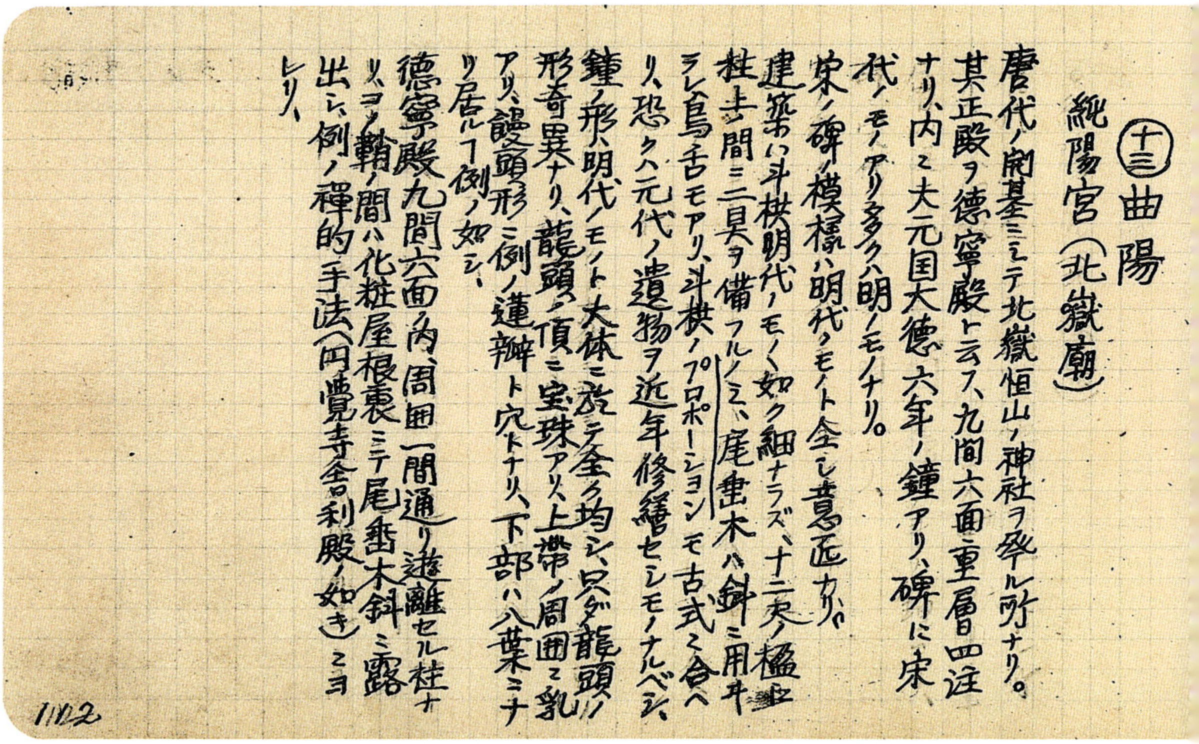

(十三)曲陽
純陽宮(北嶽廟)
唐代ノ創基ニシテ北嶽恒山ノ神社ヲ祭ル所ナリ。
其正殿ヲ徳寧殿ト云フ、九間六面重層四注
ナリ。内ニ大元国大徳六年ノ鐘アリ、碑ニ宋
代ノモノアリ多クハ明ノモノナリ。
宋ノ碑ノ模様ハ明代ノモノト全ク意匠ナリ。
建築ニハ斗栱明代ノモノ如ク細ナラズ、
尾垂木ハ斜ニ用ヰ
ラレ鳥舌モアリ、斗栱ノプロポーションモ古式ニ合ヘ
リ。恐クハ元代ノ遺物ヲ近年修繕セシモノナルベシ。
鐘ノ形ハ明代ノモノト大体ニ於テ全ク均シ、只ダ龍頭ノ
形奇異ナリ、龍頭ノ頂ニ宝珠アリ、上帯ノ周囲ニ乳
アリ、饅頭形ニ例ノ蓮瓣ト穴トナリ、下部ハ八葉ニナ
リ居ルコト例ノ如シ。
徳寧殿九間六面ノ内、周囲一間通リ遊離セル柱ナ
リ。ヨノ鞘ノ間ハ化粧屋根裏ニシテ尾垂木斜ニ露
出シ、例ノ禅的手法(円覚寺舎利殿ノ如キ)ニヨ
レリ。
112

112 **曲阳（1）纯阳宫（6月30日）（接图115）**

曲阳县城以西，有一处历代帝王供奉北岳恒山诸神的地方。据说是从汉朝天汉三年（公元前98年）武帝供奉北岳开始的，之后历代一直重修。德宁殿中至今还悬挂着忽必烈的『德宁之殿』的大匾。

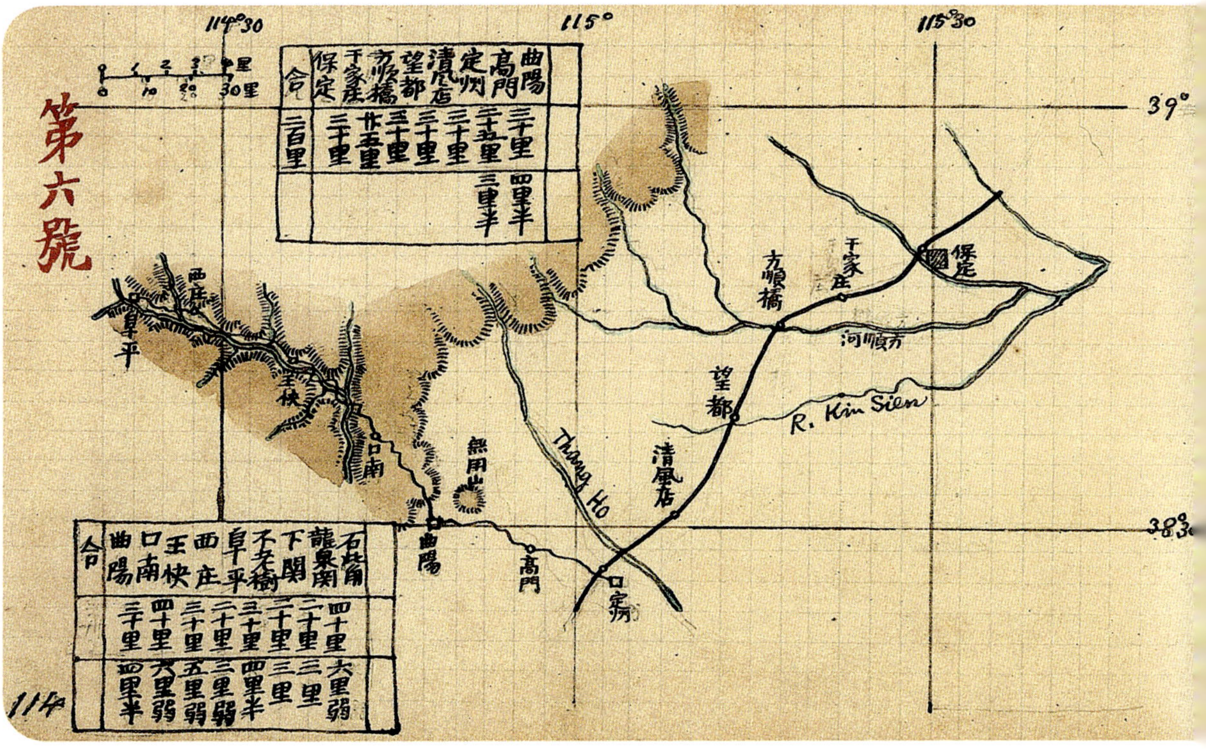

114°30
115°
115°30
39°
第六號
曲陽
高門
定州
清風店
望都
方順橋
于家庄
保定
合
石嶺
龍泉関
下関
不老樹
阜平
西庄
王快
口南
R. Kin Sien
114

114 **地图第六号（阜平—保定）**

修德塔 有一座嘉靖十九年的石碑，其碑文记载距今已有一千五百余年。五层八角塔，每一面长为十一尺七寸，高约为一百二三十尺。

虽然有五层，但第一层的主要部分已经没有了。二层以上非常小。五台山上有许多五层、三层塔，都模仿了修德塔第一层的主要景观。

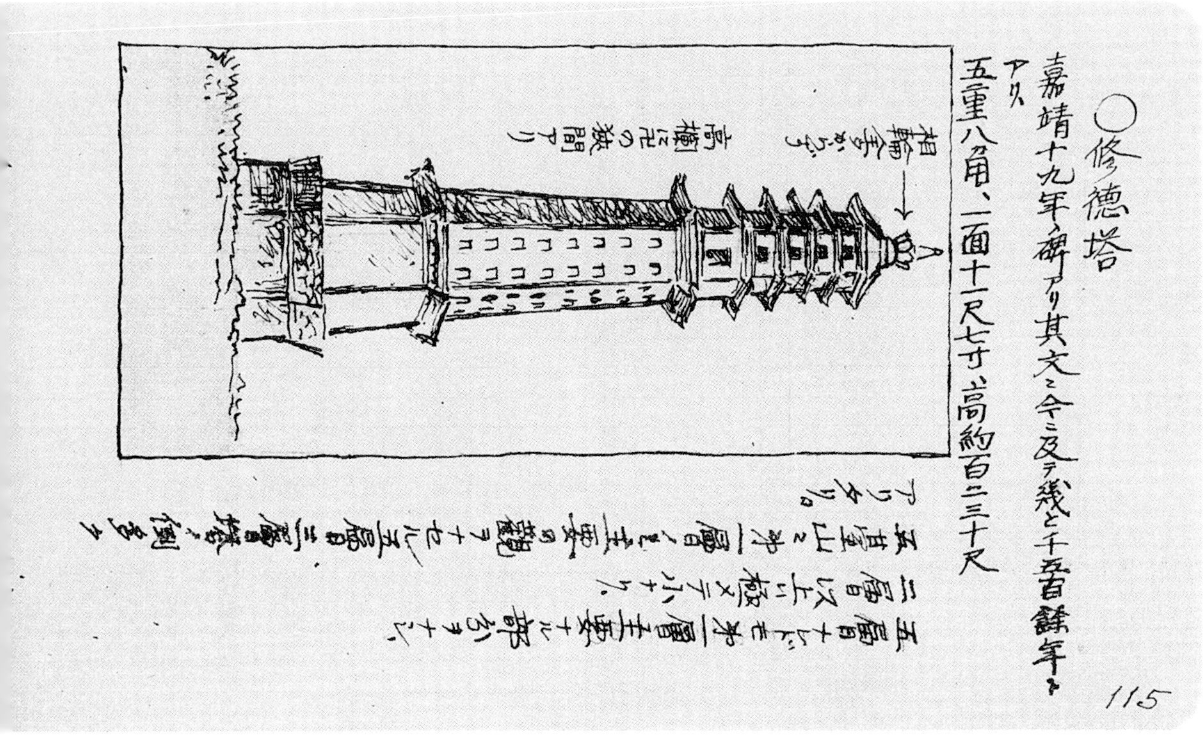

115 曲阳（2）修德塔（6月30日）（续图112）

修德塔是保存至今的一座平面八角形六层塔。这张草图上画了七层，嘉靖十九年相当于1540年。

开元寺的八角十一层塔
第一层其中一面有一个三十二尺五寸的大窗子。

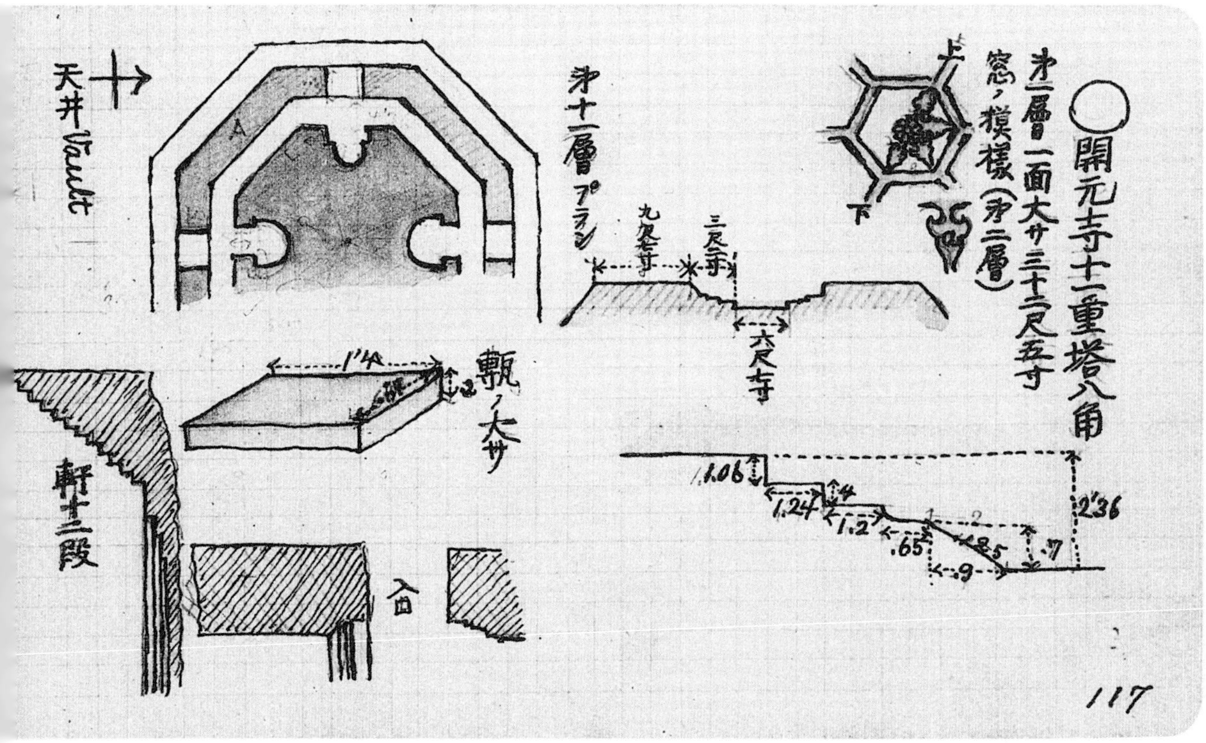

117 定州（2）开元寺塔（1）（7月4日）

定州塔当中有一座料敌塔（开元寺），始建于宋代。定州与契丹接壤，作为军事要地，该塔起到监视敌情的作用，因此被称为料敌塔。整体轮廓为曲线形，上部尺寸骤减，屋顶没有特别设计，只是顺着刳形部分将屋顶突出。

定州　众春园

这里是韩魏公开发的一块地方，也是苏东坡的住处，其地有一块叫做“雪浪石”的石头。另外，石碑多为宋代的，刻着东坡撰文题写的内容。还有许多刻着明清时代神谕的石碑。这是门上的破风和悬鱼。

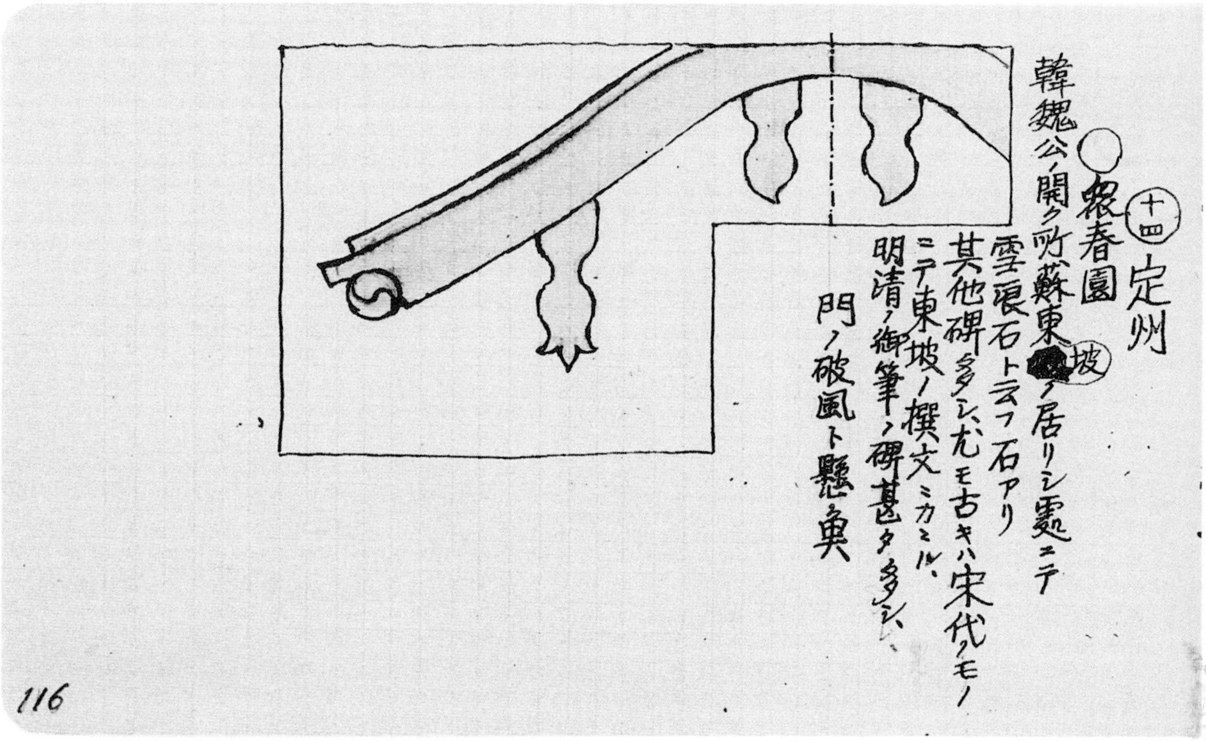
十四
定州
衆春園
韓魏公ノ開ク所蘇東坡ノ居リシ處ニテ
雪浪石ト云フ石アリ
其他碑多シ尤モ古キハ宋代ノモノ
ニテ東坡ノ撰文ニカヽル、
明清ノ御筆ノ碑甚タ多シ、
門ノ破風ト懸魚
116

116 **定州（1）众春园（7月4日）**

定州即现在的定县，本是战国时期中山国之都。城郭面积很大但人口稀少。这里有一座名为定武书院的学校，由横川省三的同伴——松崎保一任教。

目测一下高度的话，是另一边的六倍半，即201尺。相当于二十丈。

第十层的A部分刻有壁龛，还有佛像。另外还有壁画、顶棚、四方佛。第九层的顶棚、方格顶棚上雕有绘画，和式斗拱的a部分比较奇特，另外还有四方佛。

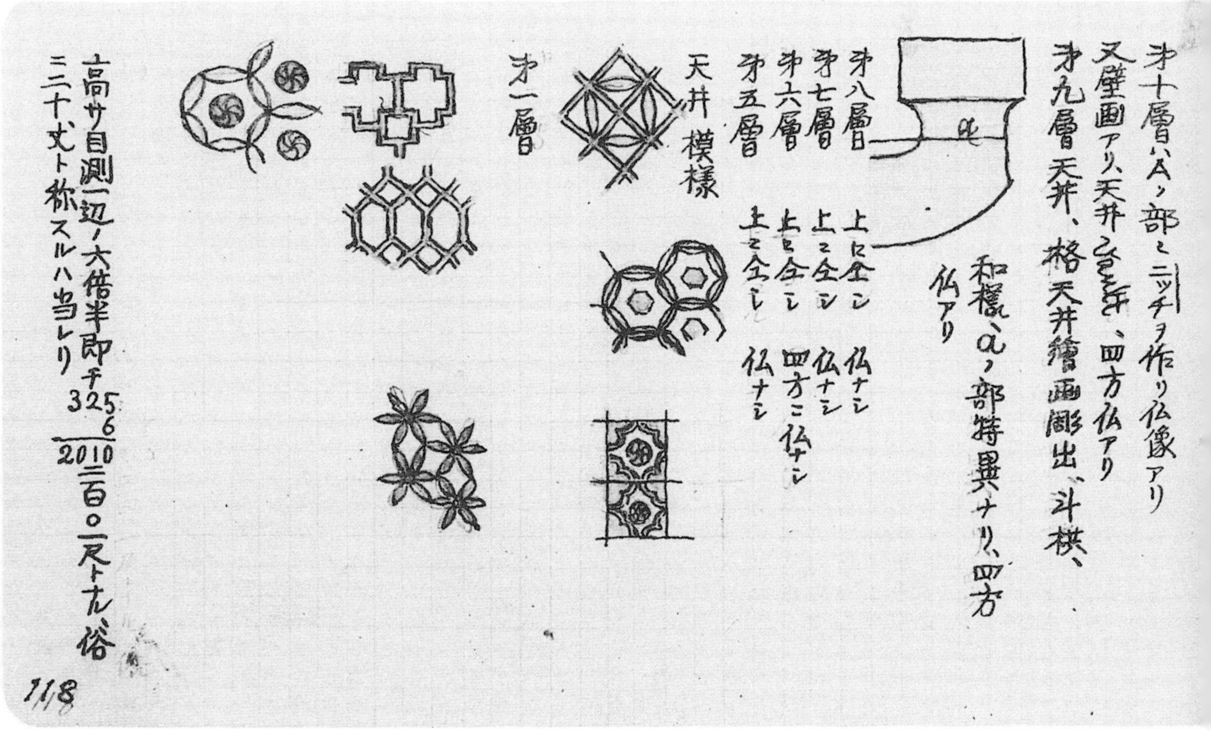
第十層ハAノ部ニ龕ヲ作リ仏像アリ
第九層天井、格天井繪画彫出、斗栱、
仏アリ
第八層
第七層
第六層
第五層
天井模様
第一層
二十丈ト称スルハ当レリ
118

118 **定州（3）开元寺塔（2）（7月4日）（接图121）**

开元寺塔内结构为外塔体环抱内塔体，楼梯穿越内塔体盘旋而至最高层。便道上方的方格天花板上，绘有非常精致的图案，与上层构造不同。开元寺塔遗留了宋代的建筑风格。

孔子庙　大成殿

面阔五间进深三间，单檐双坡屋顶。梁上用了丸木。在两端横断面的四个角上加上了一些工艺，做成袖切结构。

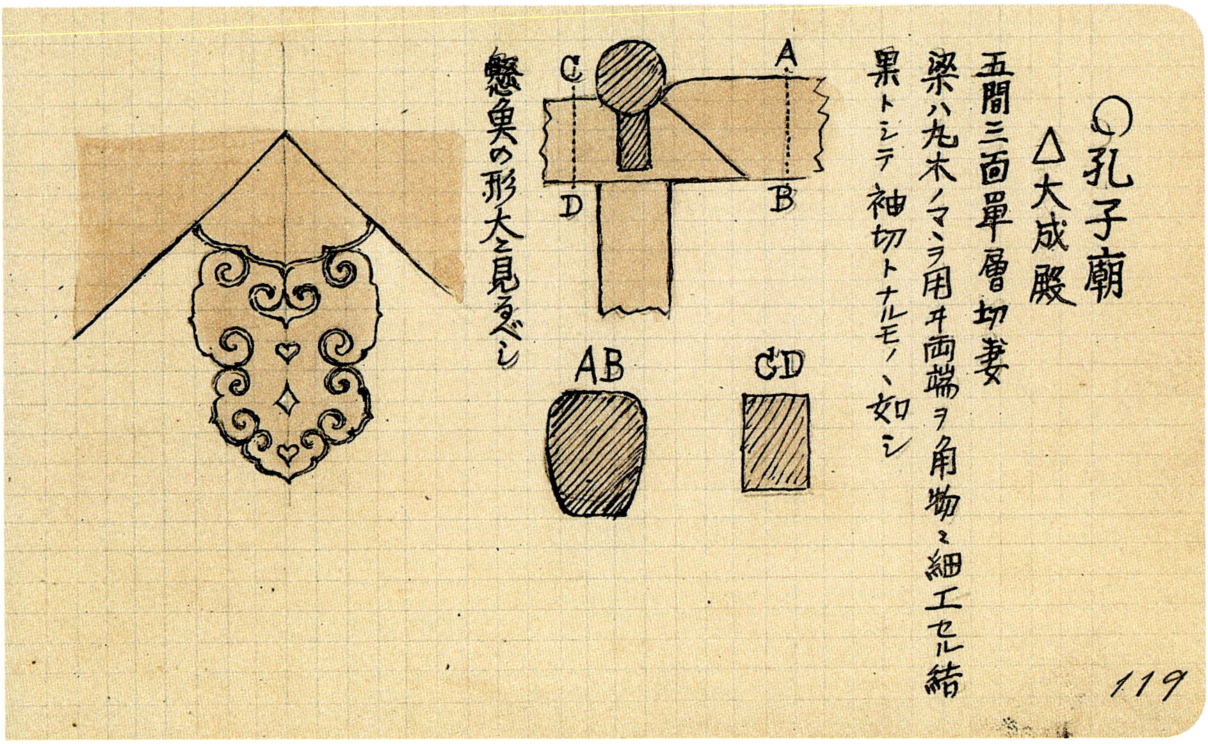
○孔子廟
△大成殿
五間三面單層切妻
梁ハ丸木ノマヽヲ用ヰ両端ヲ角物ニ細工セル結果トシテ袖切トナルモノヽ如シ
懸魚ノ形大ニ見ルベシ
A
B
C
D
AB
CD
119

119 **定州（4）孔子庙（1）（7月4日）**

孔子庙又称文庙，是定州非常重要的建筑，其梁上的建筑特点如图所示：左边是悬鱼，与日本的三花悬鱼相比，这应该叫五花悬鱼吧。

开元寺塔

（一）共十一层，最底层非常开阔。从第二层开始像印度高塔一样轮廓逐渐收缩。

（二）东西南北四面都开有门，四个方向还都有窗，窗格样式都一样，都是几何图案，窗户颜色为红色。

（三）每层都有屋顶，只做带状装饰并涂色。

（四）全部为瓦造，白色。

（五）寺内分为内阵外阵。下为外阵，是格状天花板。上为拱形。

（六）和式斗拱。

（七）相轮如图所示，无特别有趣之处。

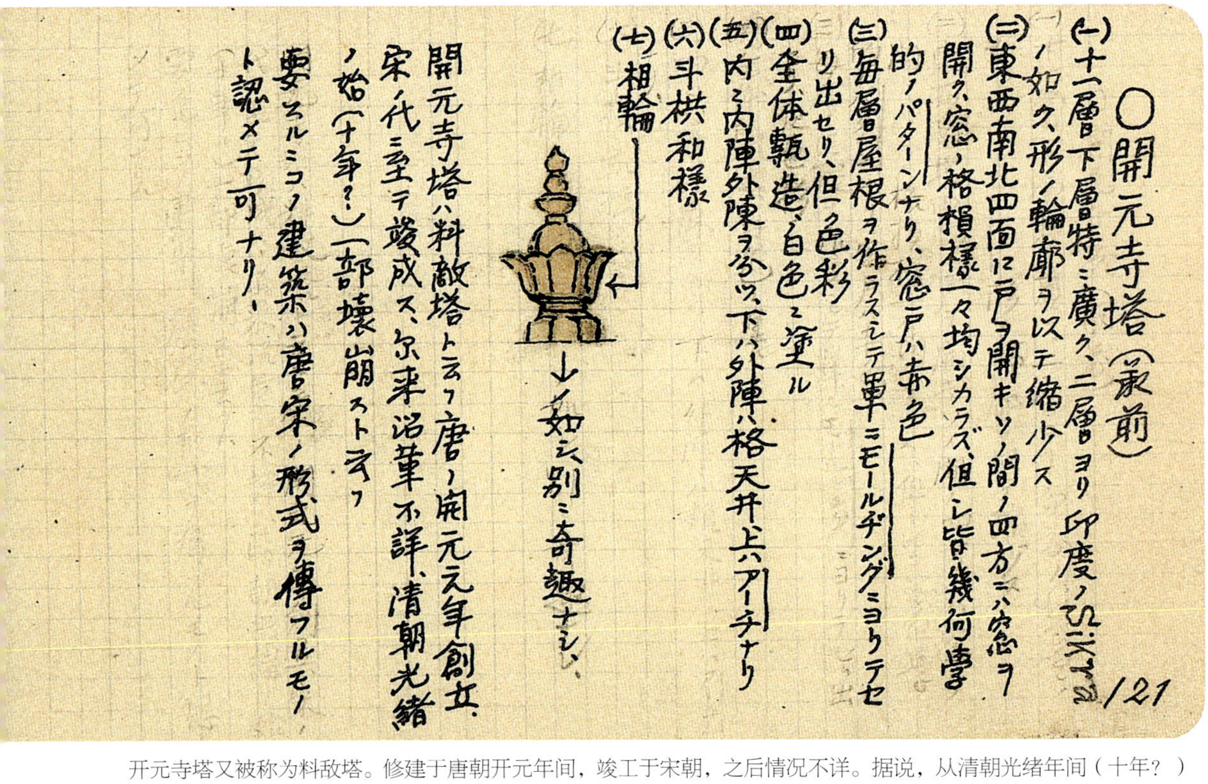
○開元寺塔（最前）
(一)十一層下層特ニ廣ク二層ヨリ印度ノsikraノ如ク形ノ輪廓ヲ以テ縮少ス
(二)東西南北四面ニ戸ヲ開キソノ間ノ四方ニハ窓ヲ開ク、窓ノ格子模様ハ一々均シカラズ、但シ皆幾何學的ノパターンナリ、窓戸ハ赤色
(三)毎層屋根ヲ作ラズシテ單ニモールヂングニヨリテセリ出セリ、但色彩
(四)全体甎造、白色ニ塗ル
(五)内ニ内陣外陣ヲ分ツ、下ハ外陣ハ格天井上ハアーチナリ
(六)斗栱和様
(七)相輪
↓ノ如シ別ニ奇趣ナシ、
開元寺塔ハ料敵塔トモ云フ唐ノ開元元年創立宋代ニ至テ竣成ス、爾来沿革不詳、清朝光緒ノ始（十年?）一部壊崩ストモ云フ
要スルニコノ建築ハ唐宋ノ形式ヲ傳フルモノト認メテ可ナリ。
121

开元寺塔又被称为料敌塔。修建于唐朝开元年间，竣工于宋朝，之后情况不详。据说，从清朝光绪年间（十年？）开始，一部分塔开始崩塌，总之，这一建筑被认为是唐宋建筑形式的代表。

121 **定州（6）开元寺塔（3）（7月4日）（接图118）**

『sikra』的正确写法是『sikkra』，属于印度高塔之一。

这个形状与日本的
悬鱼差不多，值得一看。

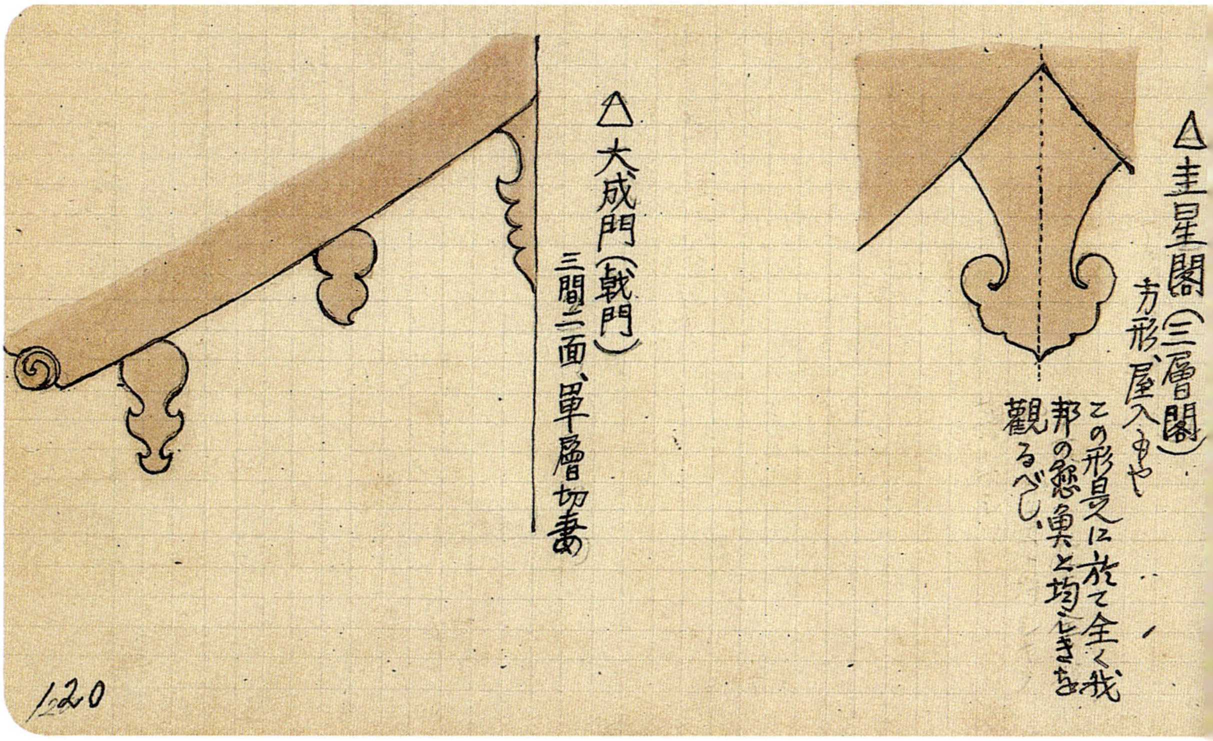
△奎星閣（三層閣）
方形屋入もや
この形是に於て全く我邦の懸魚と均しきを観るべし
△大成門（戟門）
三間二面、單層切妻
120

120 定州（5）孔子庙（2）（7月4日）

如图所示：奎星阁的悬鱼几乎和日本的一模一样。大成门上筑有如左图的形状。实际上是将横梁末端完全覆盖的一种设计形式。

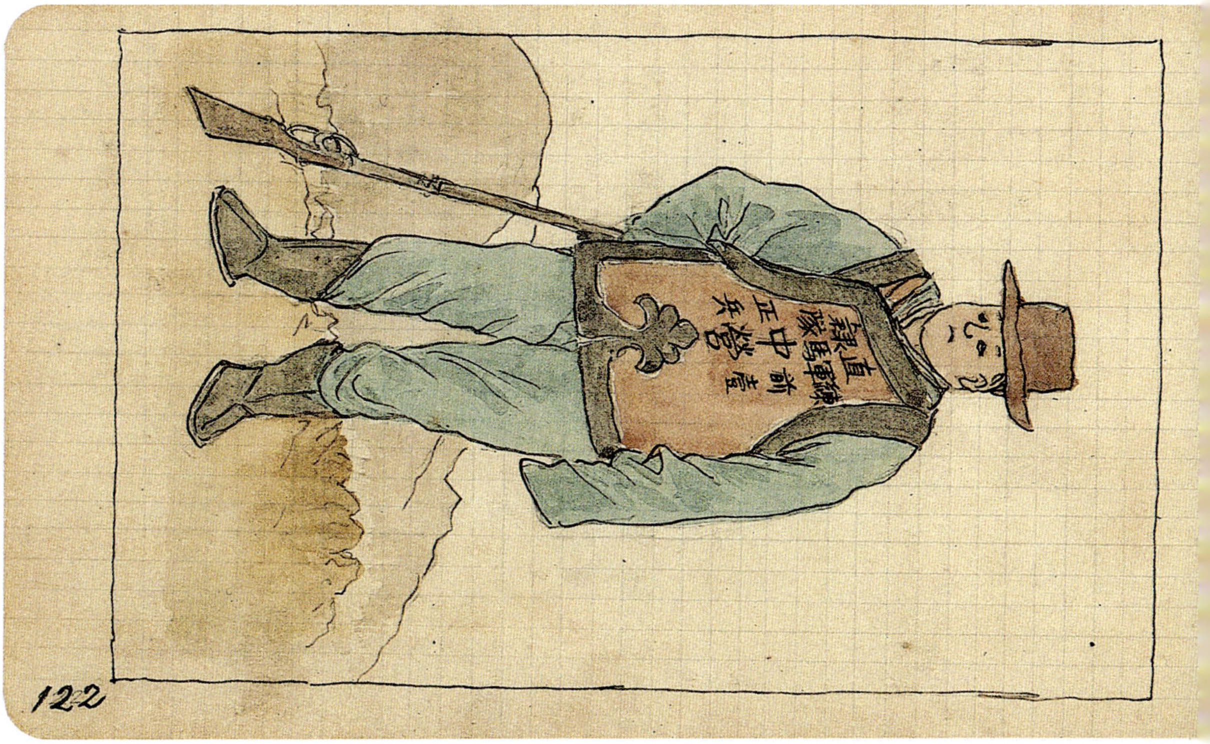
122

122 定州（7）护卫兵队（7月4日）

护卫兵每人每天有四百文的酬劳，除此之外无任何补贴。笔者在日记中这样写道：正因如此，他们对薪水的期待异常强烈。

直隶省

123 定州（8）山西旅行一行人肖像

山西旅行同行的各位成员。横川省三、伊东忠太、宇都宫五郎、岩原大三，共计四人。正如每个人的秉性不同，所骑之马也各有各的癖性，着实让这四人感到苦恼。这次悲喜与共的清国内陆旅行，使四人受到沉重的教训，也给予了他们自信。（岩原请参照第一卷图 185）

125 山西旅行完了图

这幅图体现了山西云游的出发地点及其脉络。天女脚下的环状线是下一次的行程。

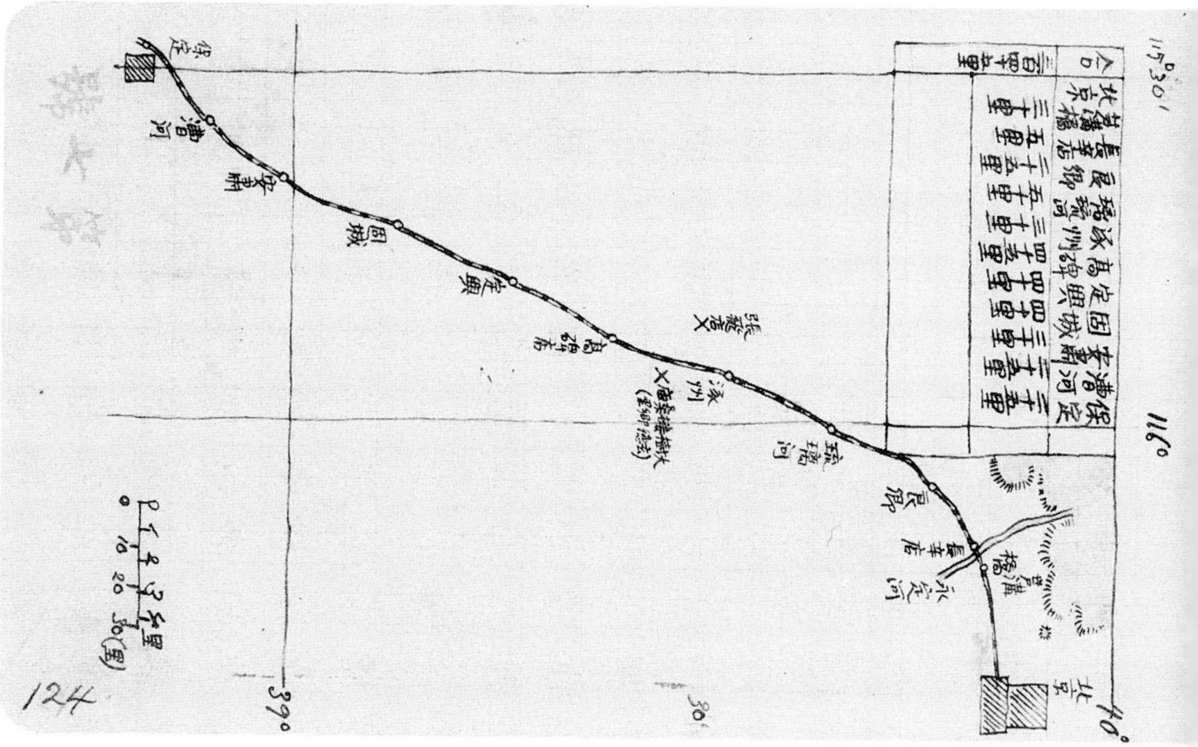

124 地图第七号（保定—北京）

这一片区域，不仅有《三国志》中刘备、张飞、关羽桃园三结义的涿州，还有春秋战国时期遗址。

辽金时期遗物。基本构造和通州塔相似。高栏是法隆寺塔的变形。斗束类似于应县塔。

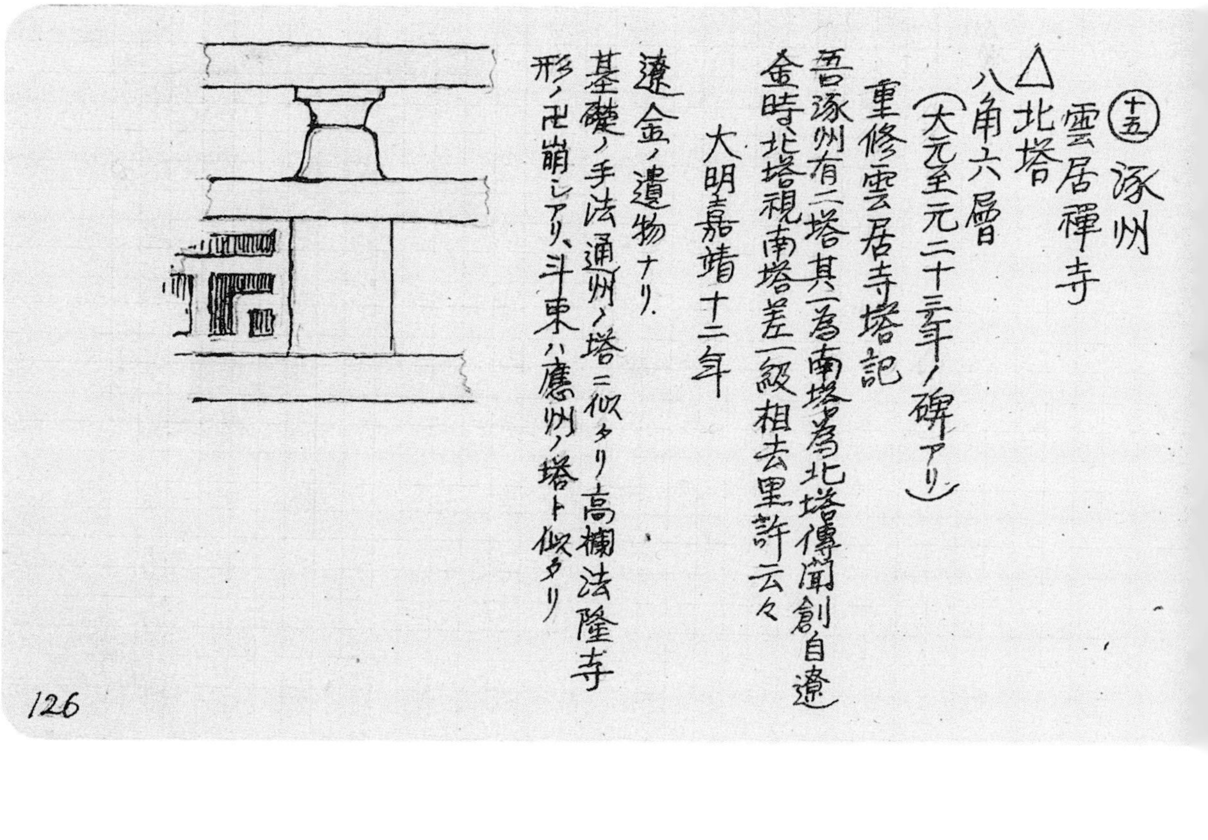
⑮涿州
雲居禪寺
△北塔
八角六層
(大元至元二十三年ノ碑アリ)
重修雲居寺塔記
吾涿州有二塔其一為南塔為北塔傳聞創自遼
金時北塔視南塔差一級相去里許云々
大明嘉靖十二年
遼金ノ遺物ナリ.
基礎ノ手法通州ノ塔ニ似タリ高欄法隆寺
形ノ卍崩シアリ、斗束ハ應州ノ塔ト似タリ
126

126 涿州（1）云居寺（1）（8月5日）

云居寺有南塔、北塔两座塔。至元二十三年即1284年。大明嘉靖二十年即1533年。重修记中，将云居寺的现状完好地记录下来。

直隶省

东南西北各开着一扇弧形门，四面还有八个窗户。每层每面各三间，门和窗在最中间。
另外还有柱贯和腰贯。窗户下面还有短柱。隅柱为圆形，中柱取自大面。两边的肘木上都有一个大斗。

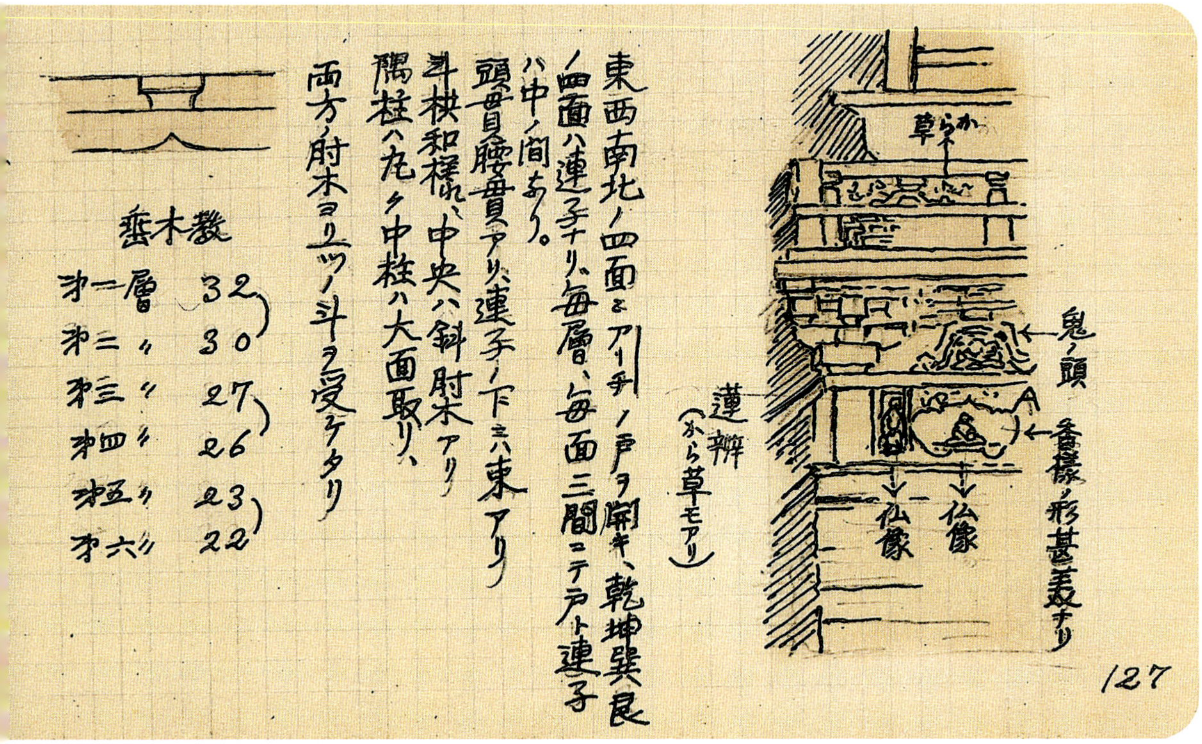

草らか
鬼ノ頭
A
香様ノ形甚ダ美ナリ
仏像
仏像
蓮弁
（から草モアリ）
東西南北ノ四面ニアリ円弧ノ戸ヲ開キ、乾坤巽艮ノ四面ハ連子ナリ、毎層、毎面三間ニテ戸ト連子ハ中ノ間ナリ。
頭貫、腰貫アリ、連子ノ下ニハ束アリ
斗栱和様ニ、中央ハ斜肘木アリ
隅柱ハ丸ク中柱ハ大面取リ、
両方ノ肘木ヨリ二ツノ斗ヲ受ケタリ
垂木数
第一層 32
第二〃 30
第三〃 27
第四〃 26
第五〃 23
第六〃 22
127

127 涿州（2）云居寺（2）（8月5日）

椽的层数如图所示，看一下图的话，会觉得塔的比例非常有趣。南塔的第一层非常大，而第五层非常小。『香样』一般写成『格狭间』，是一种装饰。

塔顶相轮很粗笨，不值一看。

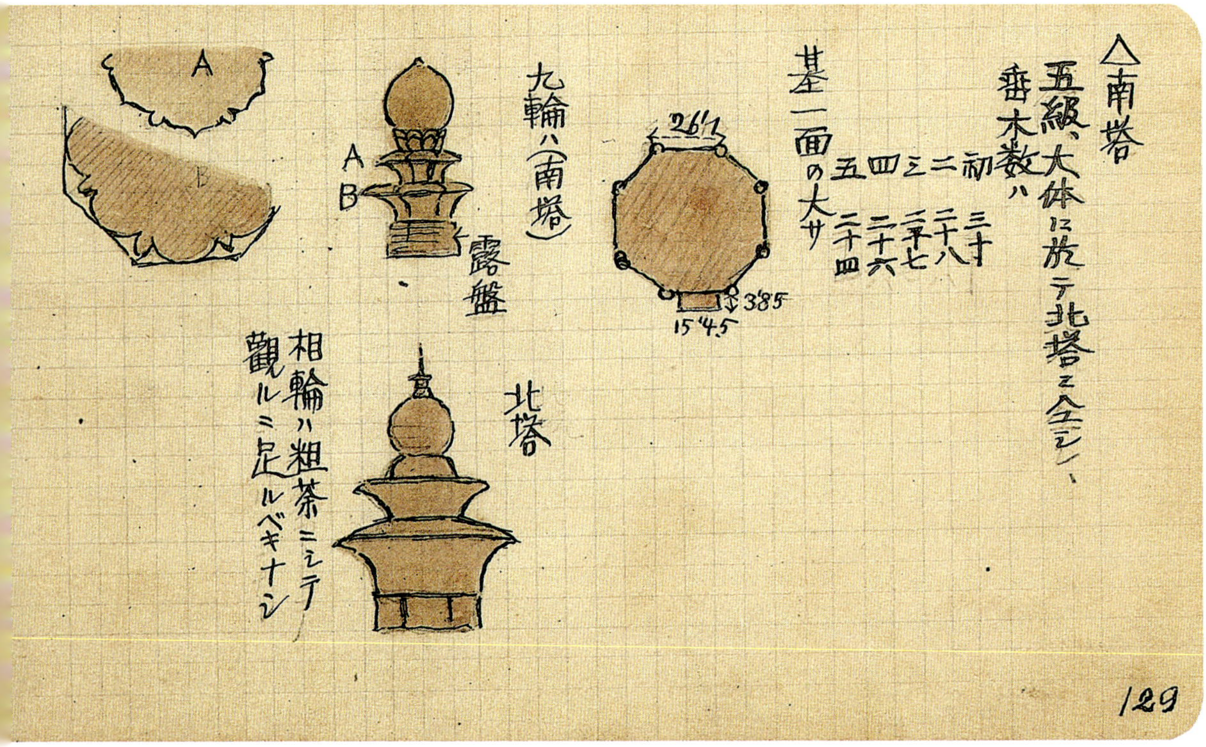

△南塔
五級、大体ニ於テ北塔ニ同ジ、
垂木数ハ
初 三十
二 二十八
三 二十七
四 二十六
五 二十四
基一面ノ大サ
261
385
1545
九輪ハ（南塔）
A
B
露盤
北塔
相輪ハ粗笨ニシテ観ルニ足ルベキナシ
129

129 涿州（4）云居寺（4）（8月5日）

如图是两塔的九轮。笔者认为『很没意思』。两者都被后世改变了形状。

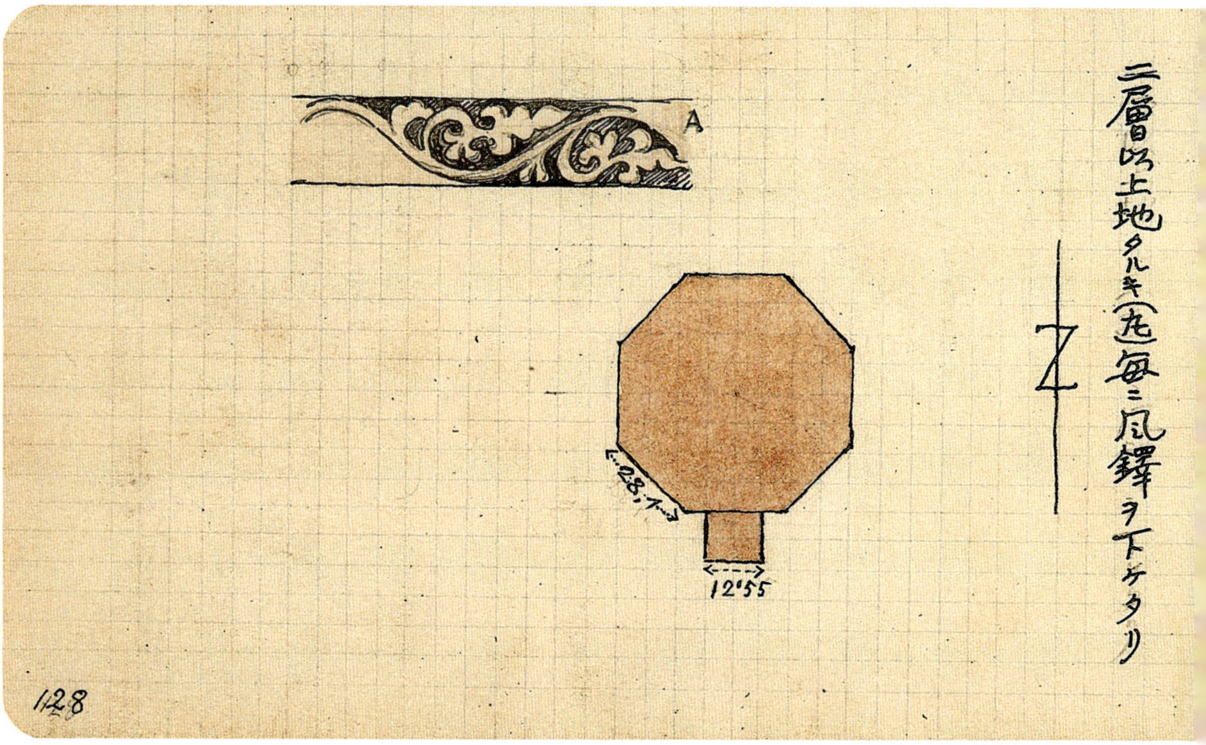
二層以上地タルキ（丸）毎ニ風鐸ヲ下ケタリ
A
28.7
12.55
128

128
涿州（3）云居寺（3）（8月5日）
右图下是北塔的平面图，上面展示的是图中A部分的图案。

涿州以南二十里有一个大树楼桑村。据称是汉代的古迹。玄德的故乡就在这里。张飞店的由来是因为张飞的故乡有一口古井，张飞卖肉时曾用过这口井，因此得名，在涿州西南面距离易州十五里路。

涿州东门外五里处有一座清凉寺。寺内有一座五层小塔，采用九轮形式建造，值得一看。

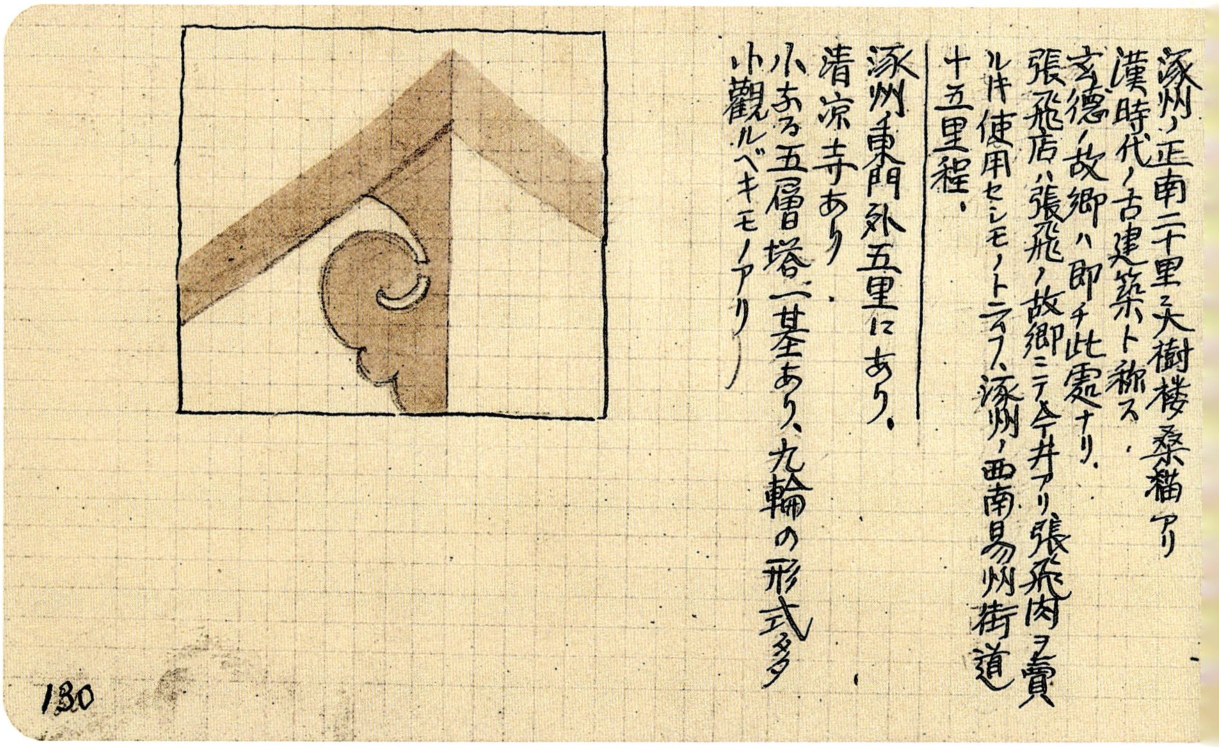
涿州ノ正南二十里ニ大樹楼桑村アリ
漢時代ノ古建築ト称ス
玄徳ノ故郷ハ即チ此処ナリ
張飛店ハ張飛ノ故郷ニテ今井アリ張飛肉ヲ売
ルトキ使用セシモノトテ又涿州ノ西南易州街道
十五里程
涿州東門外五里ニあり
清涼寺あり
小ある五層塔一基あり、九輪の形式多
ク観ルベキモノアリ
130

130
涿州（5）（8月5日）
涿州是刘备和张飞的故里。周边还有许多《三国志》中的旧址。

131 保定府（8月6日）

在保定，就数文庙最吸引人。如图所示，是仪门的窗框，是由六角形和三角形构成的几何图案，与通常所说的『冰纹』相似。

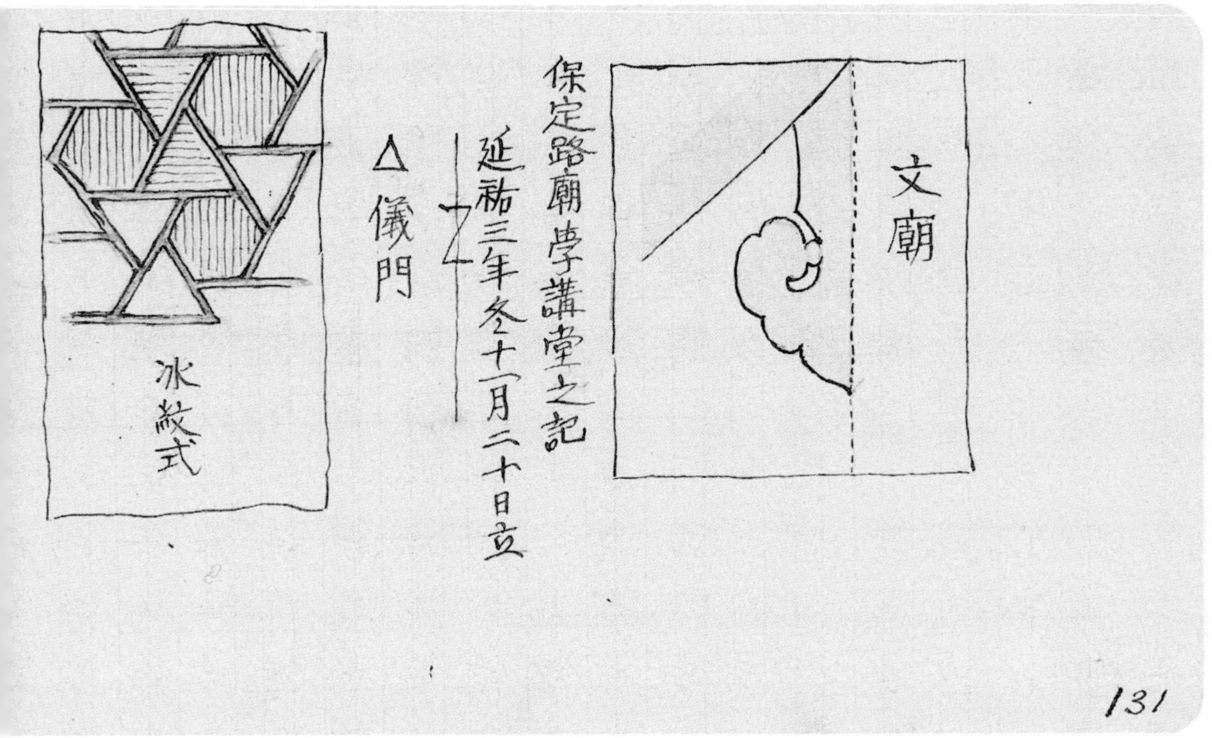

正定即为古代的恒州。这座碑上的龙形象秀美，与天平时代风格一致。

133 正定府（2）大佛寺（2）（8月8日）

大殿共有三层，第二、三层有外檐，这种结构类似于日本药师寺金堂中所谓的『二重一阁』结构。大殿旁边还有一座著名的隋代石碑，碑上一盘龙将题字环绕，设计十分巧妙。

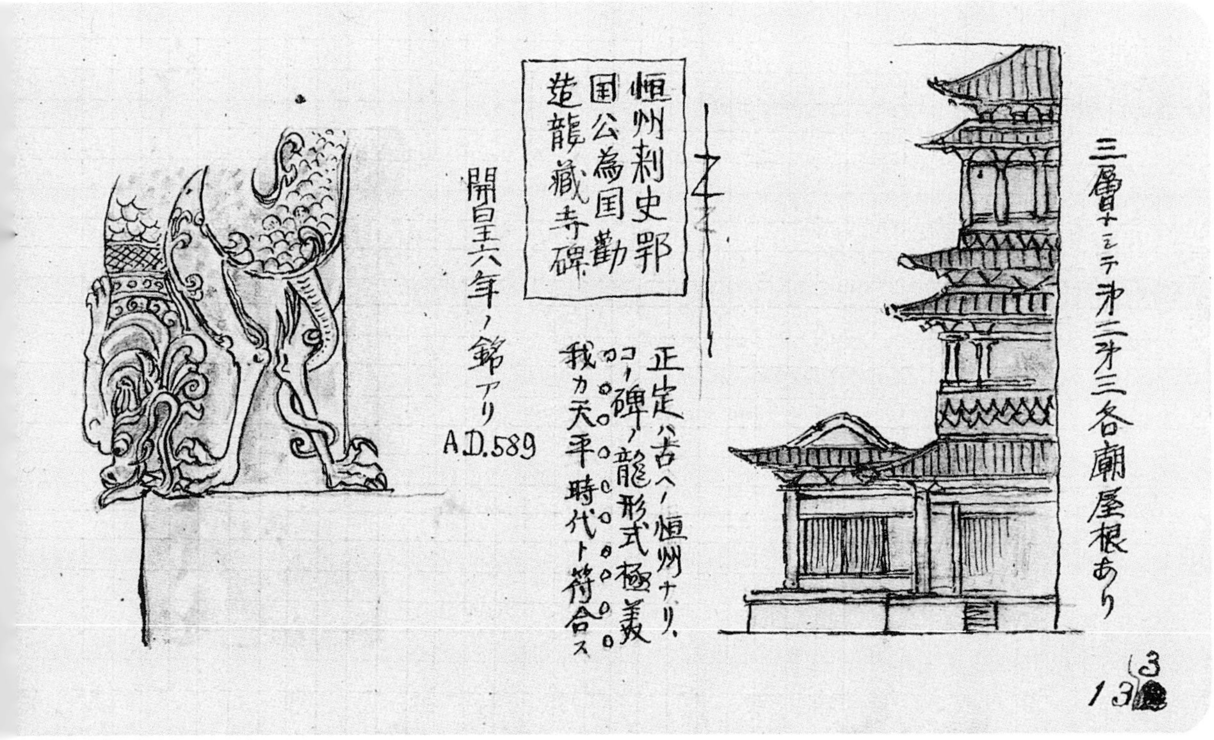

132 正定府（1）大佛寺（1）（8月7日）

大佛寺最初被称为龙藏寺，宋初更名为龙兴寺。到了清朝康熙年间又被叫做隆兴寺。由于本尊是现存最大的铜佛像，因此一般被称为大佛寺。寺内规模宏大，毫不逊色北京的雍和宫。

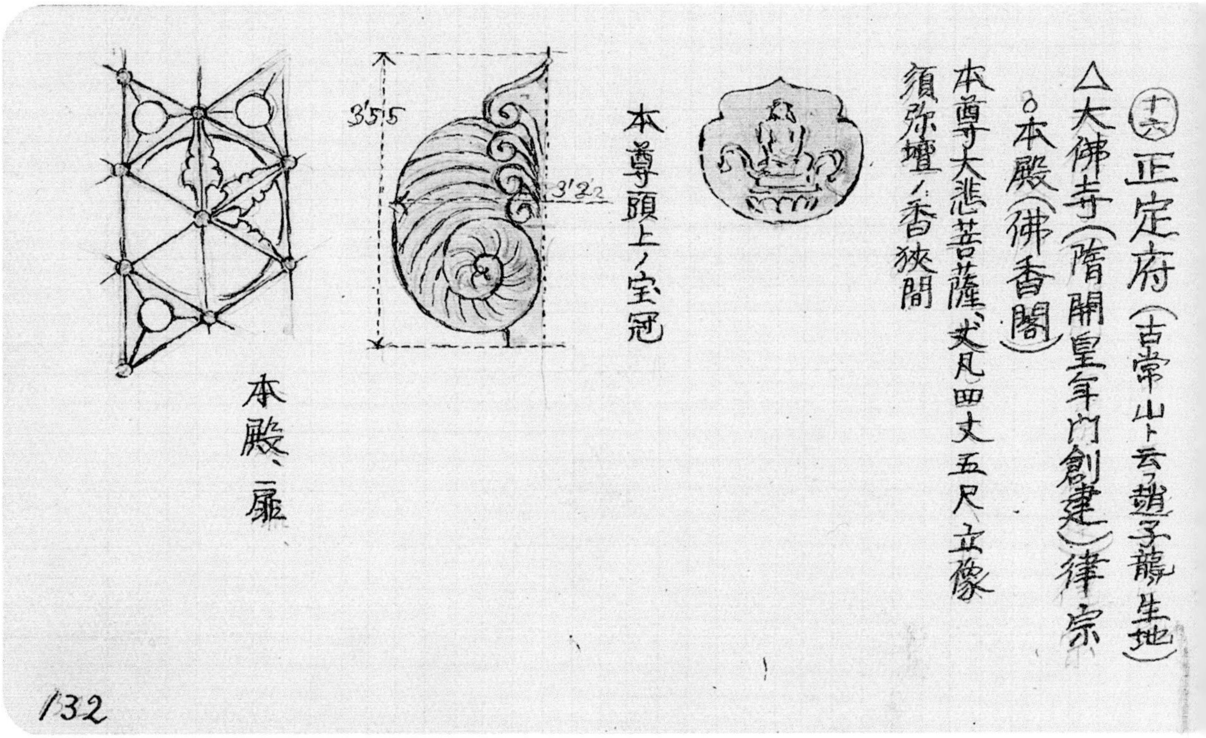

正定府（古常山ト云フ趙子龍ノ生地）
△大佛寺（隋開皇年間創建）律宗
○本殿（佛香閣）
本尊大悲菩薩、丈凡四丈五尺立像
須弥壇ノ香狹間
本尊頭上ノ宝冠
3'5.5
3'2.2
本殿ノ扉
132

摩尼殿 本尊为释迦牟尼，前面桌子上摆放着八宝菜。背光上有 gannda，后面有观音像。六师殿的东前方有一座碑。雕龙的形状值得一看。

有一座端栱二年间重修的石碑。石碑周围刻有枯草图案，与天平时代的作品相似。另还有大正十三年的一座碑。

134 正定府（3）大佛寺（3）（8月8日）

本寺的建筑中，最古老的要数北宋皇祐四年建造的摩尼殿。东西方向以狭长的平面展开，四个角设了参拜廊作为出入口，其他部分都是墙壁。观音像是明代的作品，非常有名。

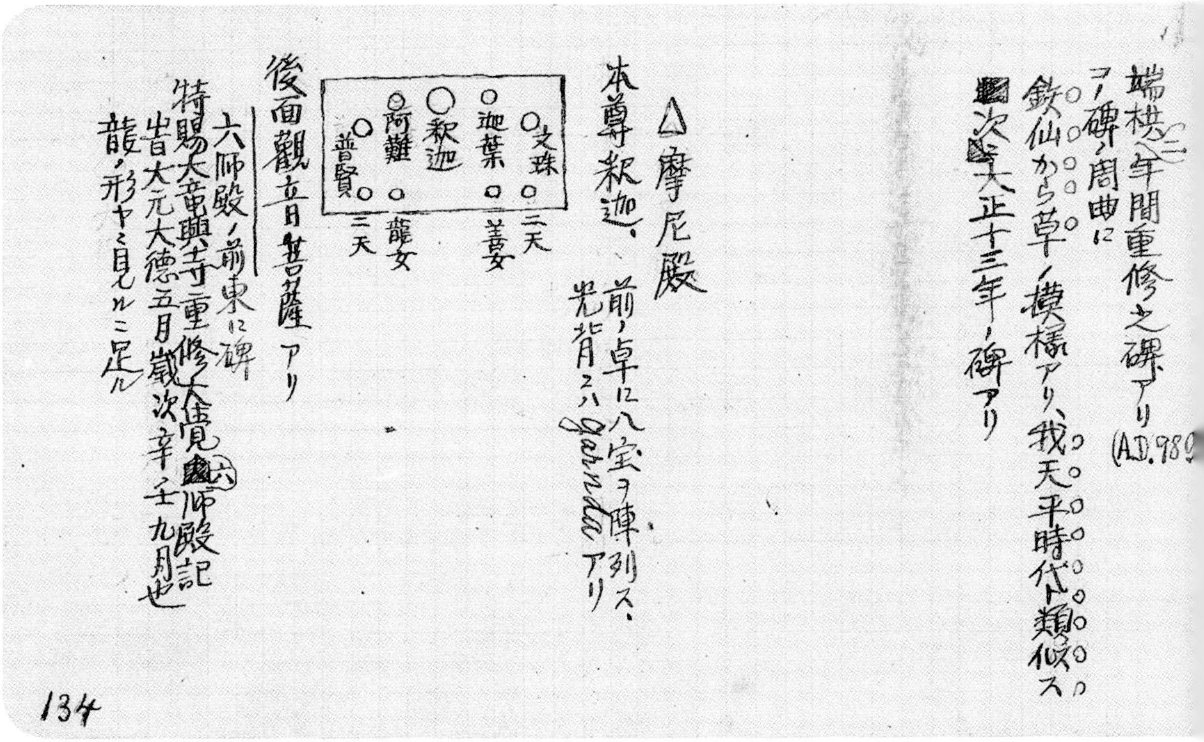

端栱二年間重修之碑アリ (A.D.989)
コノ碑ノ周曲ニ
から草ノ模様アリ、我天平時代ト類似ス
次ニ大正十三年ノ碑アリ
△摩尼殿
本尊釈迦、前ノ卓ニ八宝ヲ陣列ス、光背ニハ gannda アリ
文殊
迦葉
釈迦
阿難
普賢
三天
龍女
三天
後面観音菩薩アリ
六師殿ノ前東ニ碑
龍ノ形ヤミ見ルニ足ル
134

直隶省

135 正定府（4）大佛寺（4）（8月8日）

这是大佛寺的布局图，图中的『B』部分是佛香阁，又名大悲阁，平面图的中央部分是『摩尼殿』的略写。

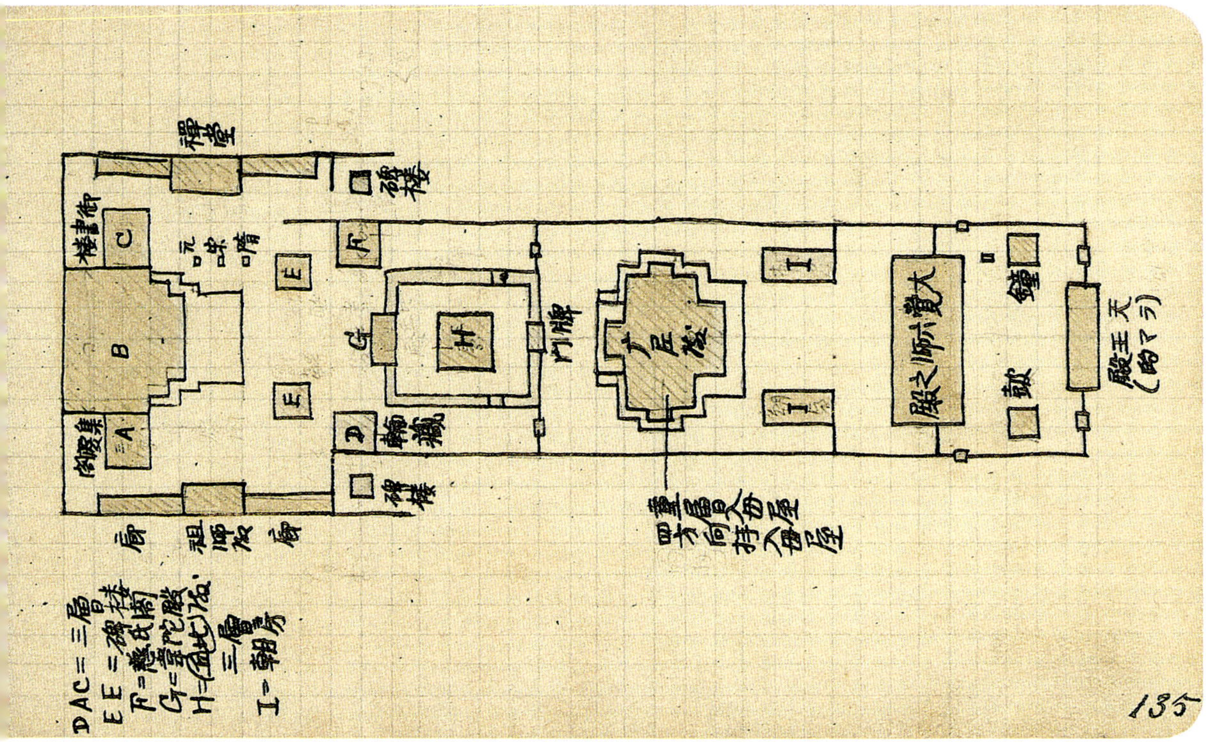

137 正定府（6）天宁寺塔（2）（8月9日）

最底下四层变化不大，但四层以上建筑风格相距甚远，也许是因为不合理修缮的缘故吧。笔者认为塔顶的第五轮过大，上下又逐渐变小，与本塔极不协调，让人感觉很不舒服。

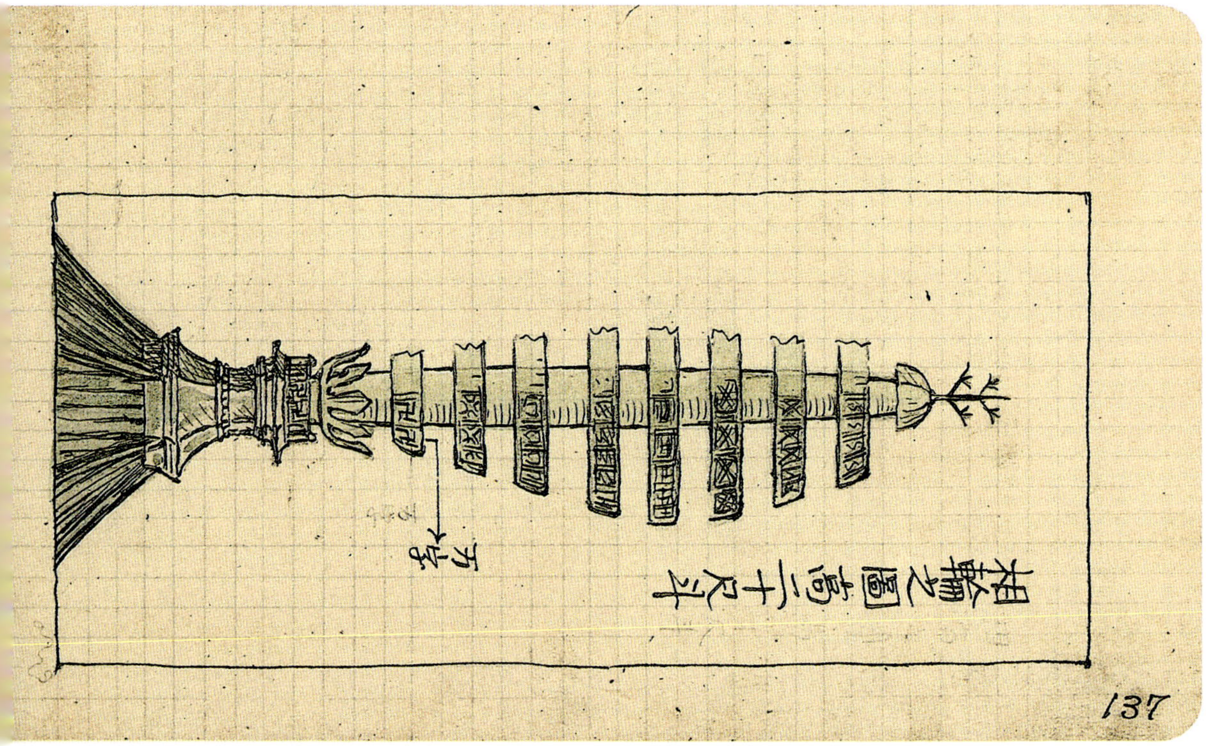

每层东西南北四个方向都有窗户，其余部分都是墙壁。
第一层特别高，每一面都有四间房。
二层到四层特别低，二层和三层有四间房，四层有三间房，三层和椽被围着，椽的形状为  ，没有特别的栏杆。
五层上部迅速变窄，四面各有三间房，没有椽。
屋顶上纵横交错，形状和日本塔相似。
高度约为一百三十尺。

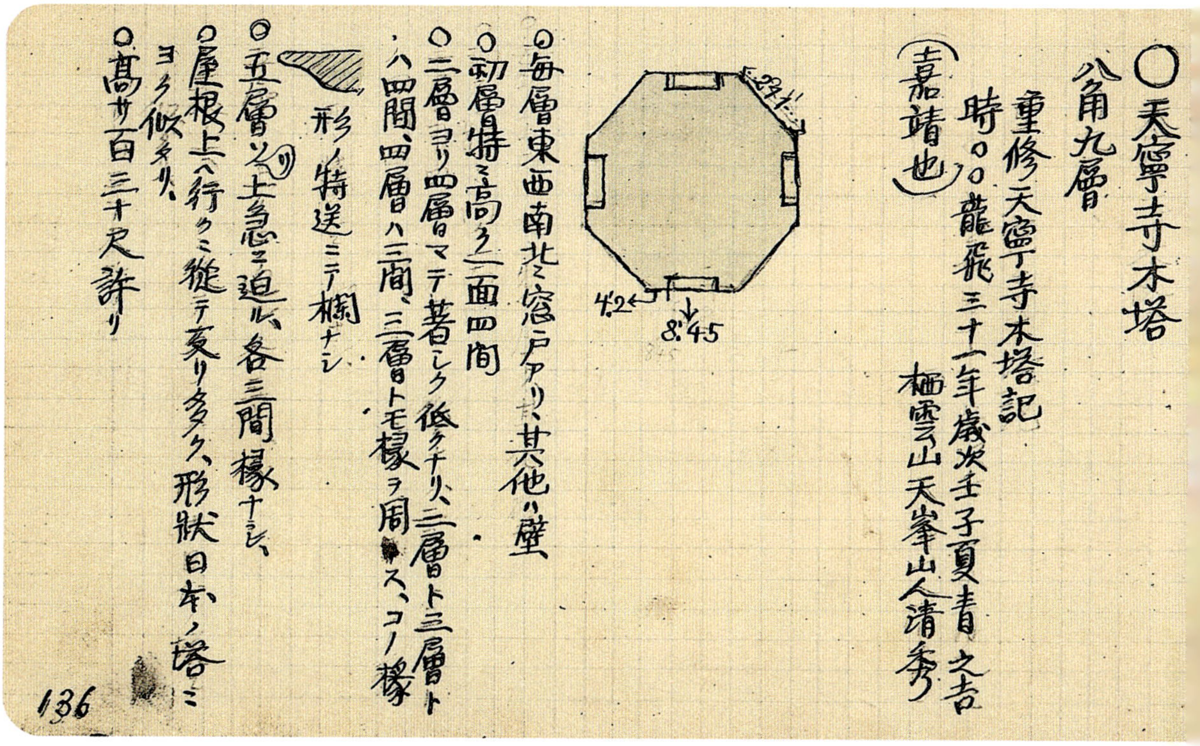

136 正定府（5）天宁寺塔（1）（8月9日）

天宁寺建于唐代，如今只留下小佛殿和一座塔。从样式来看，像是辽金塔的变形，但从年代上来看又像是元代的建筑。虽然这是一座砖塔，但各层的轩以及四层以上的斗拱都是木制结构，因此被称为木塔。

广惠寺 花塔

如图所示的是四层塔，ABCD 四部分的各个屋盖都建在塔上。

第二层为八角结构，三层蕴意莲花瓣。建在台座上，全部为八角形，结构变窄。第四层为藏式塔相轮形状。周围刻有各种动物浮雕。宽度与第三层相同。第四层的屋顶蕴意藏式塔上的伞以及伞上的支架，顶上有相轮，而且这个相轮特别有趣。整体来看这是多层塔与藏式塔的混合体。这之后便几乎看不到这种塔。

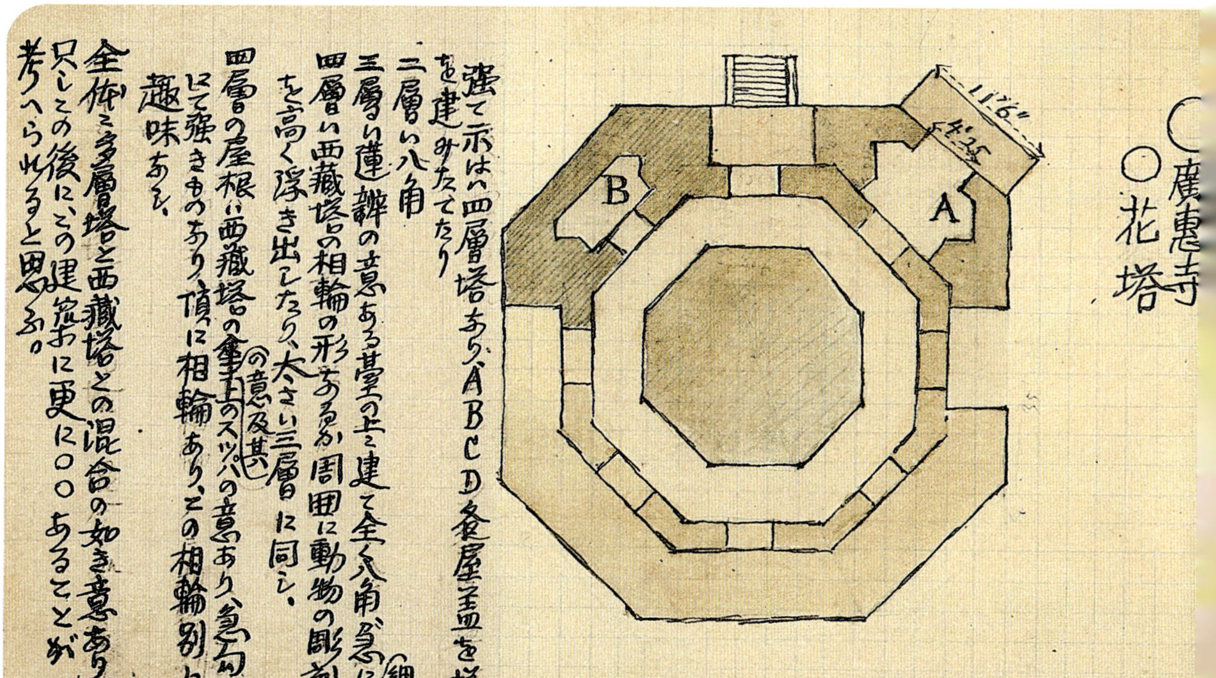

138 正定府（7）广惠寺（1）（8月9日）

广惠寺虽然只剩下一座塔，但该塔非常特别，独一无二。该塔是一般多层塔与藏式塔的集合体，层数也很难分清楚。八角形，塔身的四个角上建有扁六角形的套室，搭载着小塔，形成五塔结构。

直隶省

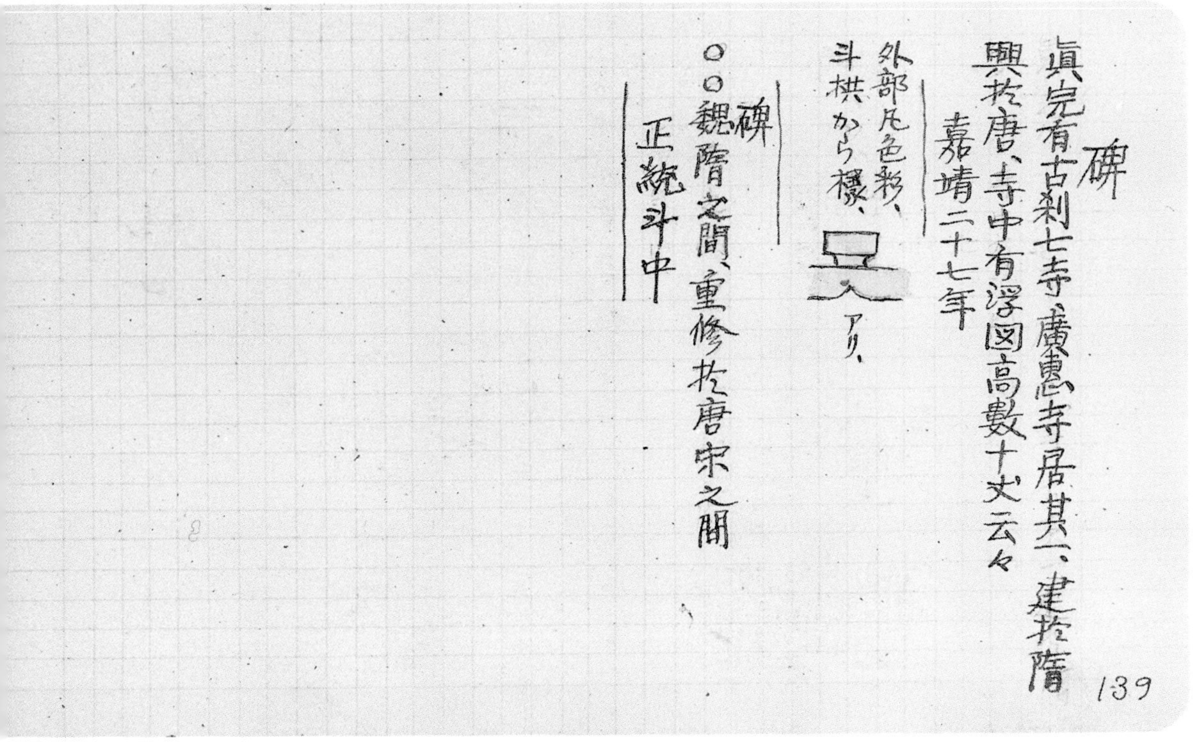
碑
眞定有古刹七寺、廣惠寺居其一、建於隋
興於唐、寺中有浮図高數十丈云々
嘉靖二十七年
外部凡色彩、
斗拱から橡、
アリ、
碑
○○魏隋之間、重修於唐宋之間
正統斗中
139

139 正定府（6）广惠寺（2）（8月9日）

第四层的表面刻满了佛龛和动物，不留一点空隙。从远处看，像是绽开的松树皮，当地人把它比作花，称其为花塔。

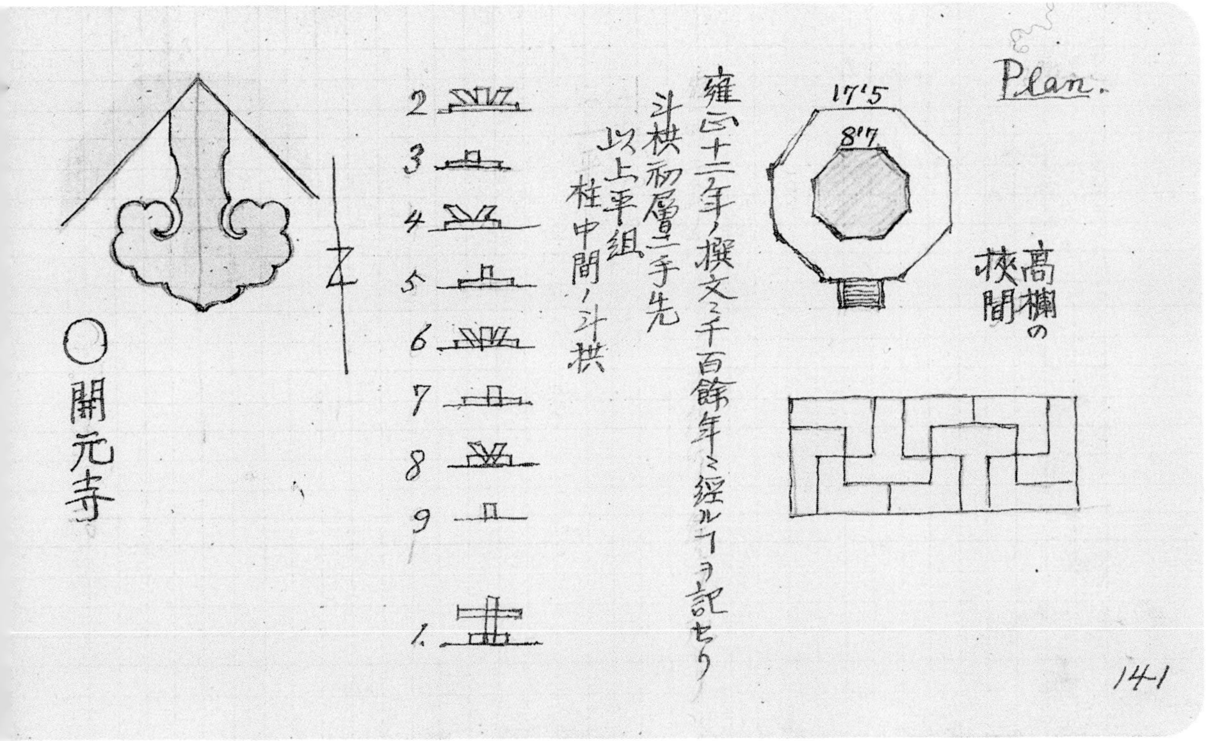
Plan.
17'5
8'7
高欄の狹間
雍正十二年ノ撰文ニ千百餘年ヲ經ルコトヲ記セリ
斗栱初層ニ手先
以上平組
柱中間ノ斗拱
2
3
4
5
6
7
8
9
1.
○開元寺
141

141 正定府（10）临济寺（2）（8月9日）（接图163）

（这座碑）建于雍正十二年（1734），已历经千余年之久。有人传言是在雍正年间建造，也有人传言是在雍正年间重修。每层都运用了将檐端与斗拱相连接的建筑手法，但每层又都有所不同。

临济寺　清塔

八角九层结构，高约八十尺，形态秀美。

下层建在一个四层的莲花瓣上，下面还有高栏，高栏下是腰组，腰组下面是带状装饰。最下面是基台，九轮制作十分精美。轮上有花纹的部分、顶盖、水烟等都与应县塔相似。

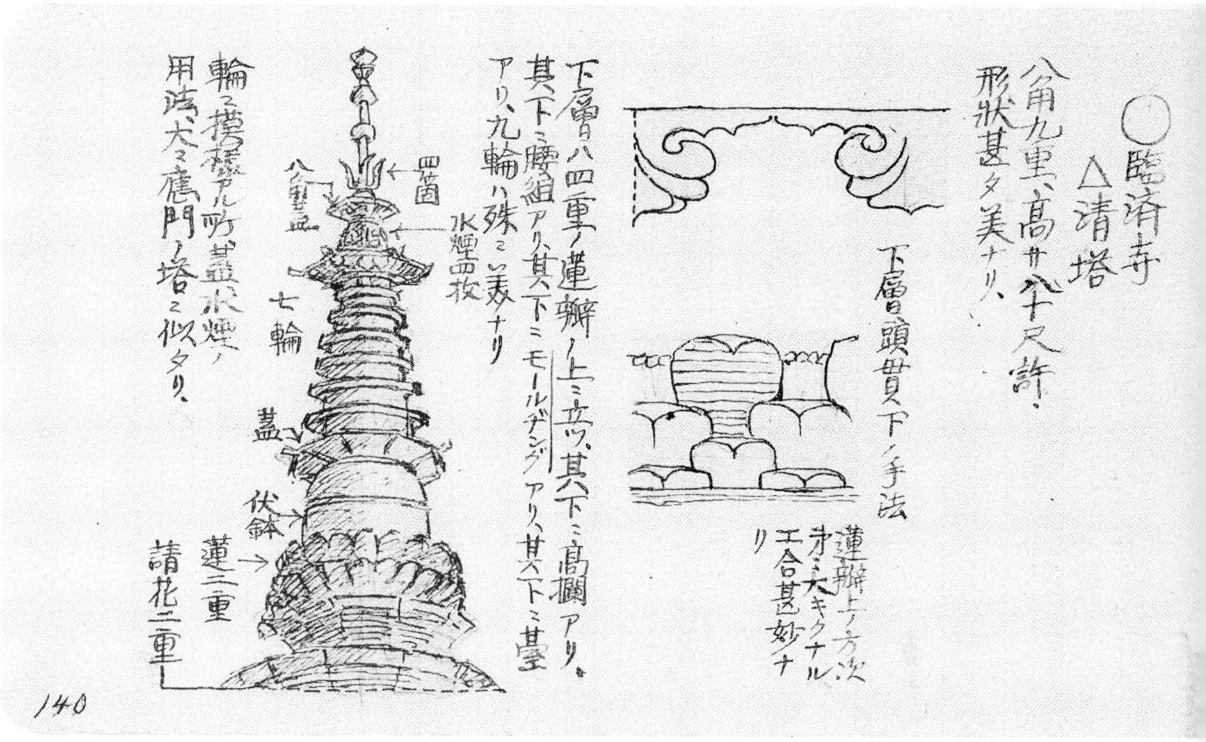
〇臨済寺
△清塔
八角九重、高サ八十尺許、
形状甚タ美ナリ、
下層頭貫ノ下ノ手法
140

140 正定府（9）临济寺（1）（8月9日）

正定是唐代临济禅师的故地。咸通七年（688）为将禅师的衣钵藏于此地，修建了该塔。该塔整体结构规整，细节处理细致，着实是一美塔。但由于欠缺辽金时代建筑的气魄，因此被认定是后世的建筑。

有塔一座，是八角七层结构。第一层入口处有“特赐大元赵州古佛真际光相国师之塔”字样。

该塔整体上与正定临济寺塔相似，但九轮与天宁寺木塔相似。这是元代遗物中的精品。

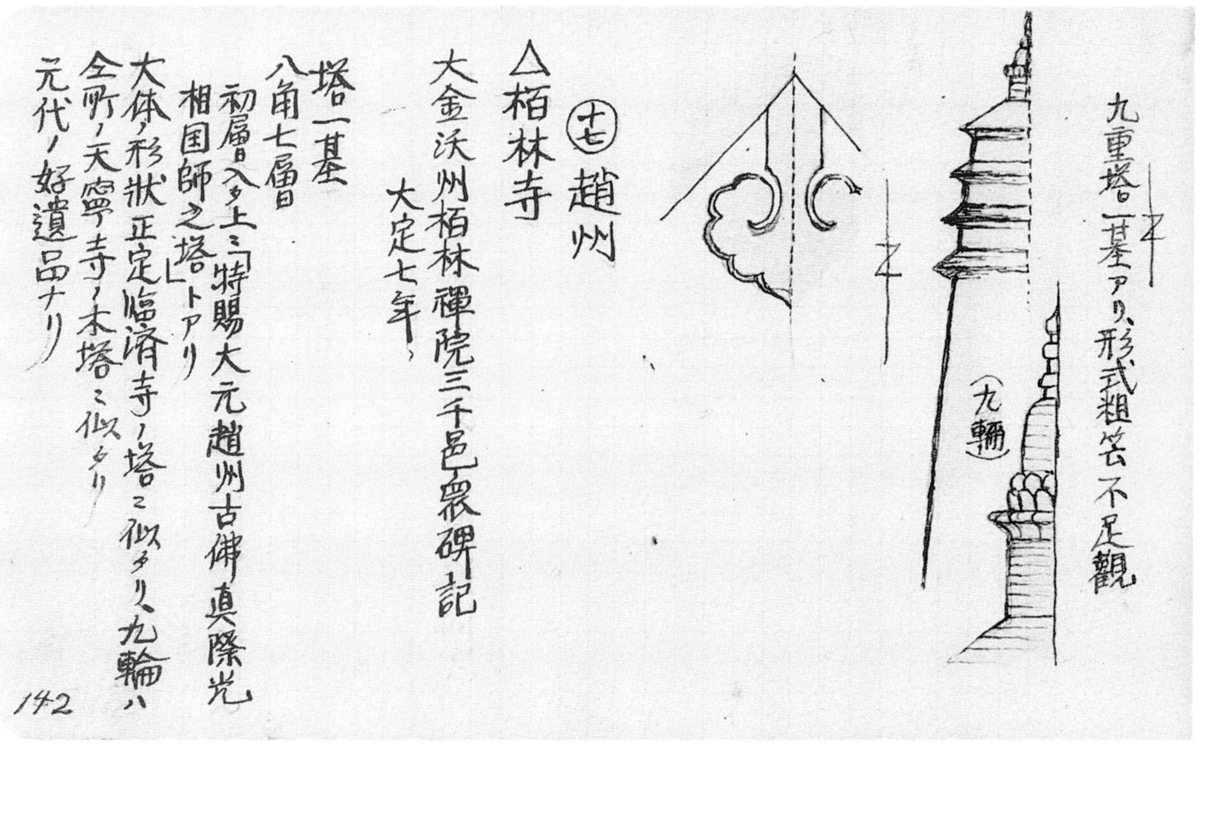
⑰趙州
△栢林寺
大金沃州栢林禪院三千邑衆碑記
大定七年、
塔一基
八角七層
元代ノ好遺品ナリ
九重塔一基アリ、形式粗笨不足觀
142

142 赵州（1）柏林寺（1）（8月12日）（接图145）

赵州（即现在的赵县）有一座名为柏林寺的古寺。（寺内）有一座大定七年（1167）的金代石碑，由此推断，该寺可能修建于金代。寺内有一座塔，从入口处的铭文来看恐是元代建筑。

直隶省

143 正定二十里铺（8月11日）

从题目来看，就是从正定出发二十里村落的意思。但在地图上看的话，到这儿需要三十里（用日本里测量的话约四里）。这是一幅从正定出发后吃午饭的草图。

相轮幢在城南
俗名石塔（据说建立于唐朝）

相轮上没有图案

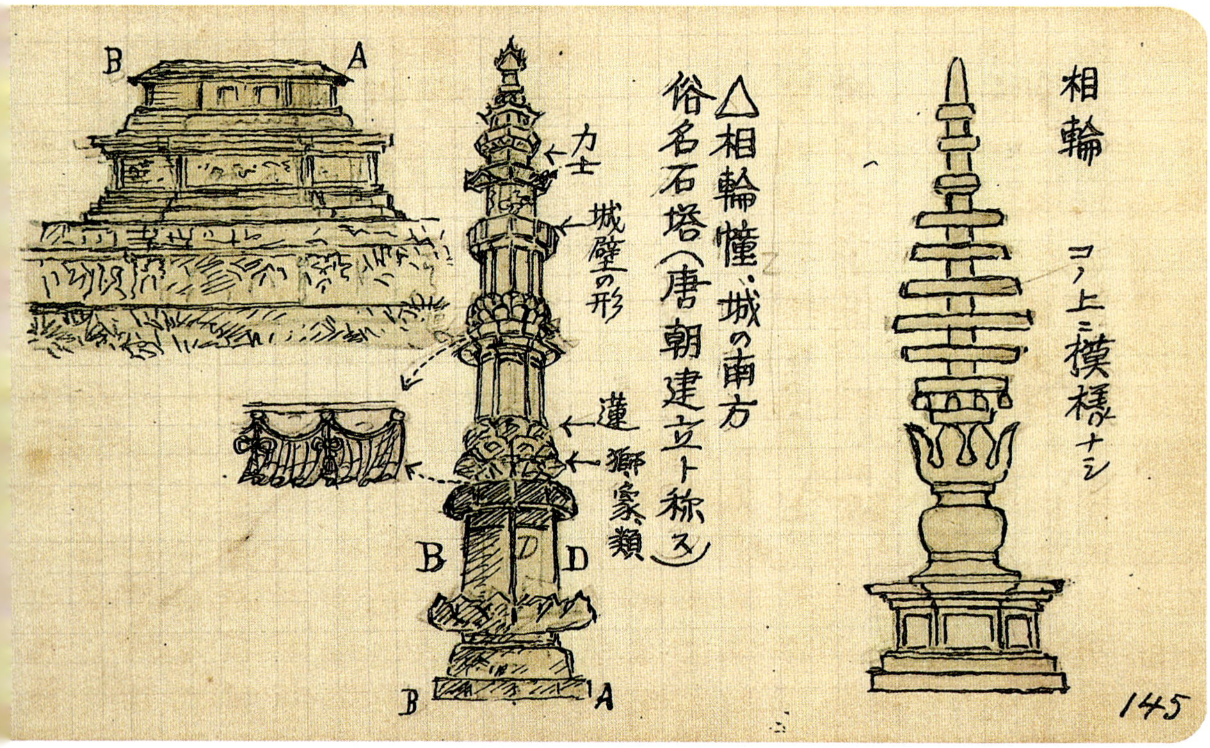

145 赵州（2）柏林寺（2）（8月12日）（接图142）

图右为柏林寺塔的塔顶相轮。露盘、扁平球体、请花、七轮，上面还附带三个小轮。虽然采用了正定天宁寺木塔的结构，但上部构造似乎有欠缺之处。

144 地图第八号（定州—内邱）

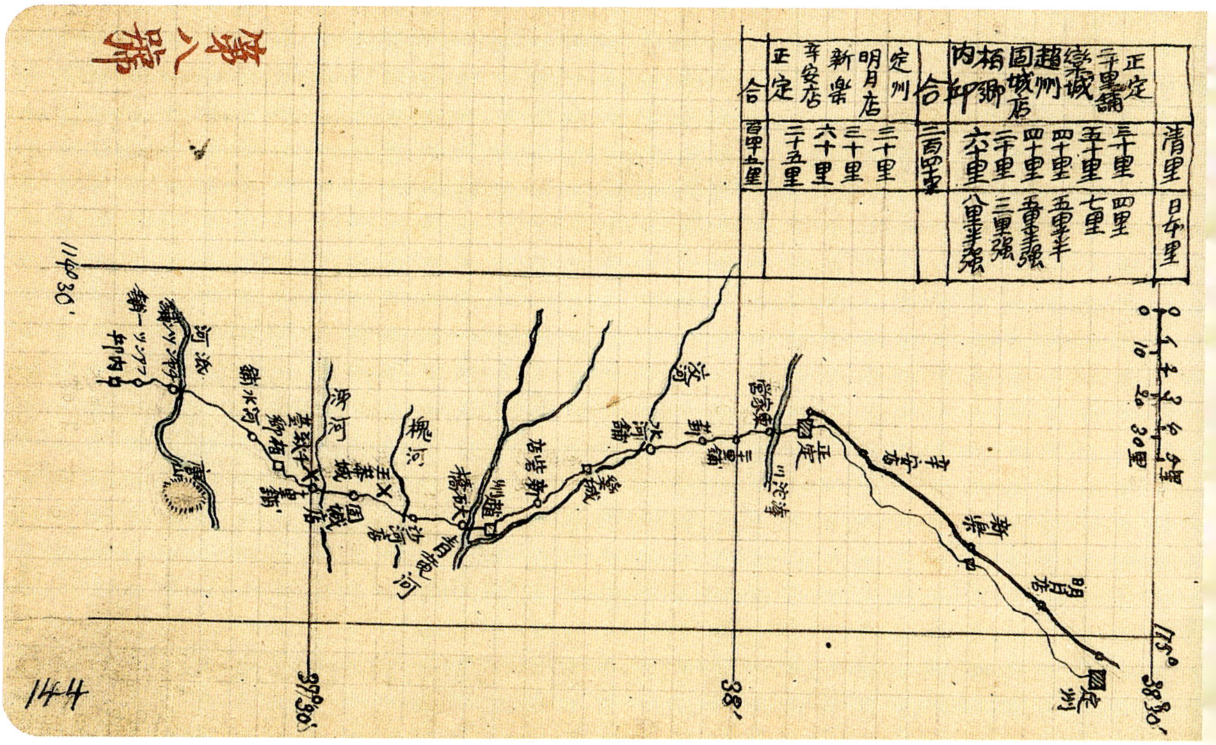
第八號
144
38°

赵州以南三十里看到的坟。

柏乡县以北，十里铺路旁的小祠堂内，有一座汉朝光武帝年间的石碑。

柏乡　柏乡市有一座石造的牌楼，其形状与北京市看到的完全不同，与印度的托兰有相似之处。

146 **赵州（3）（8月12日）**

三十里铺有一座古坟非常引人注目，其构造为八角形基座中载有德利形塔。柏乡县以北十里铺的小祠堂内有一座汉碑，传说是光武帝即位时的千秋台故地。

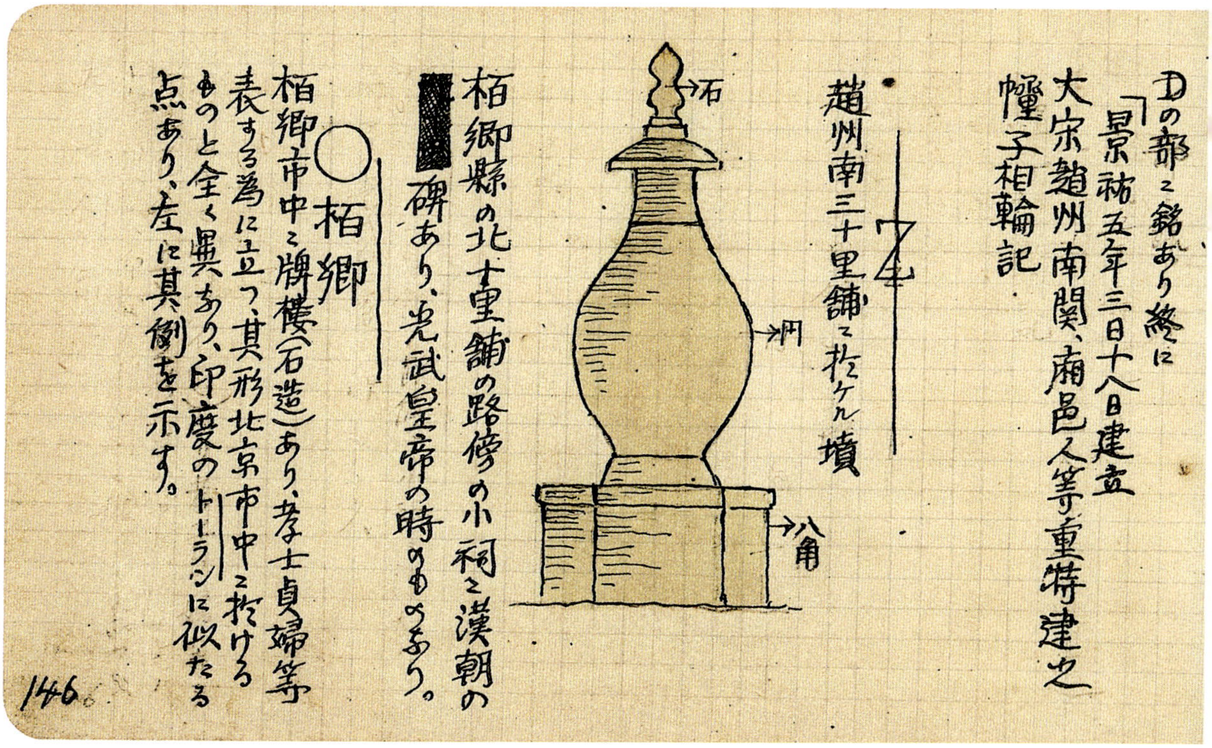
Dの部ニ銘アリ終ニ
「景祐五年三月十八日建立
大宋趙州南関、廂邑人等重特建之
幢子相輪記」
趙州南三十里鋪ニ於ケル墳
石
円
八角
柏郷縣ノ北十里鋪ノ路傍ノ小祠ニ漢朝ノ
碑アリ、光武皇帝ノ時ノモノナリ。
○柏郷
柏郷市中ニ牌樓(石造)アリ、孝子貞婦等
表スル為ニ立ツ、其形北京市中ニ於ケル
モノト全ク異ナリ、印度ノトーランニ似タル
点アリ、左ニ其例ヲ示ス。
146

有铭文，最后写着“景佑五年三月十八日建立大宋赵州南关、厢邑人等重特建之幢子相轮记”。

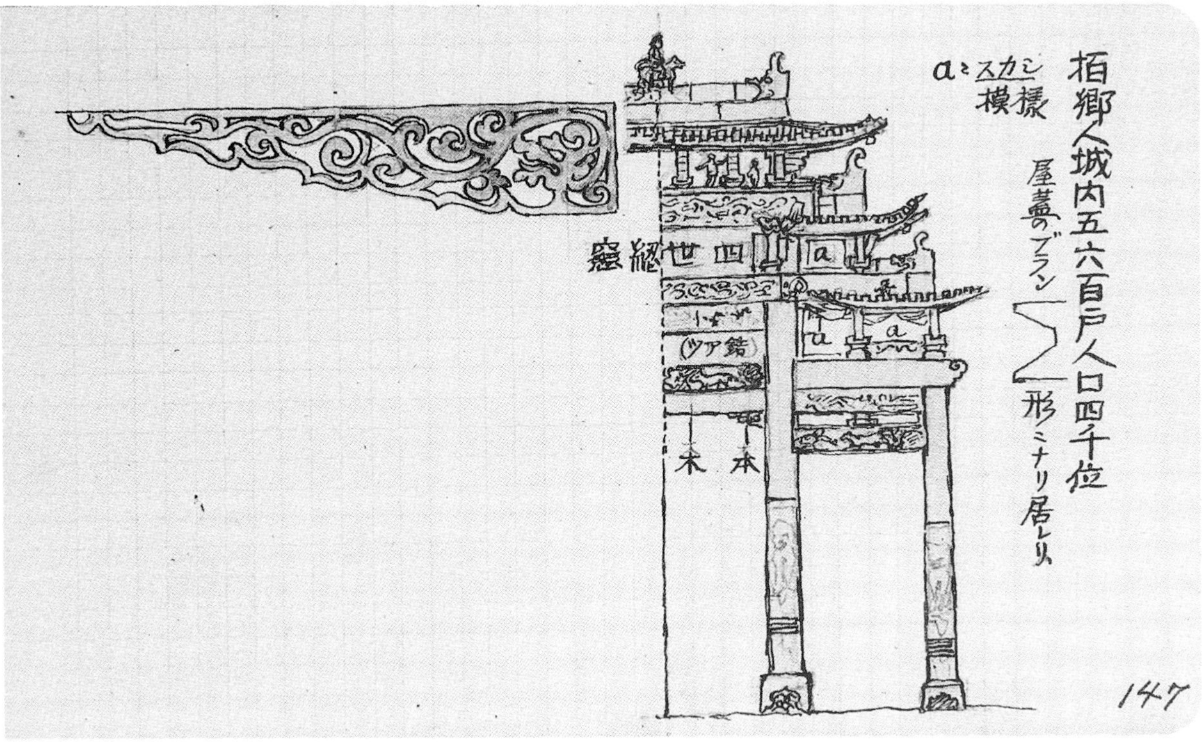
栢郷人城内五六百戸人口四千位
147

147 柏乡的牌楼（8月13日）

图左即为柏乡县牌楼的草图。

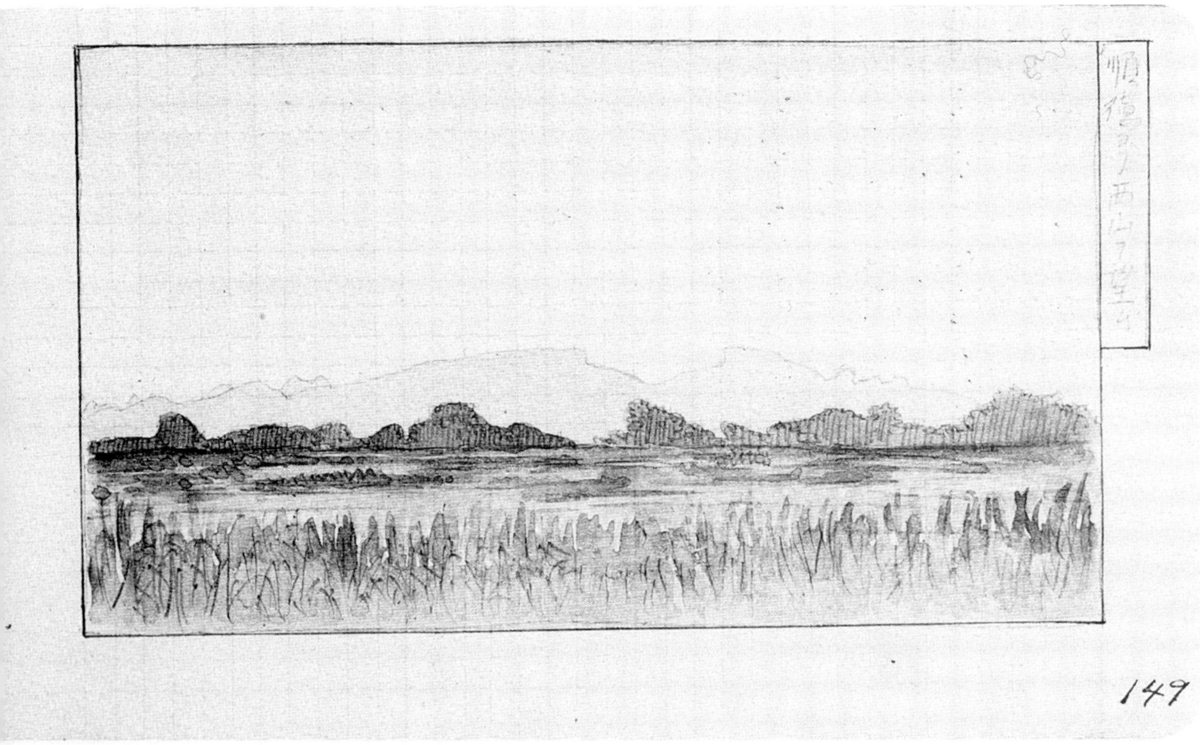
149

149 从顺德眺望西山（8月13日）

去顺德的路都是平川，西边能看见一座形状独特的山，日志记载是鹤度山，这是草图。

顺德府 顺德府即为古代的邢州，如今的邢台市。邢台市以北十里有一座豫让桥。传说是豫让报仇的地方。城内并没有值得一看的古建筑。只是在东大寺、西大寺、及口寺内有元朝的石碑。人口仅一万人有余。

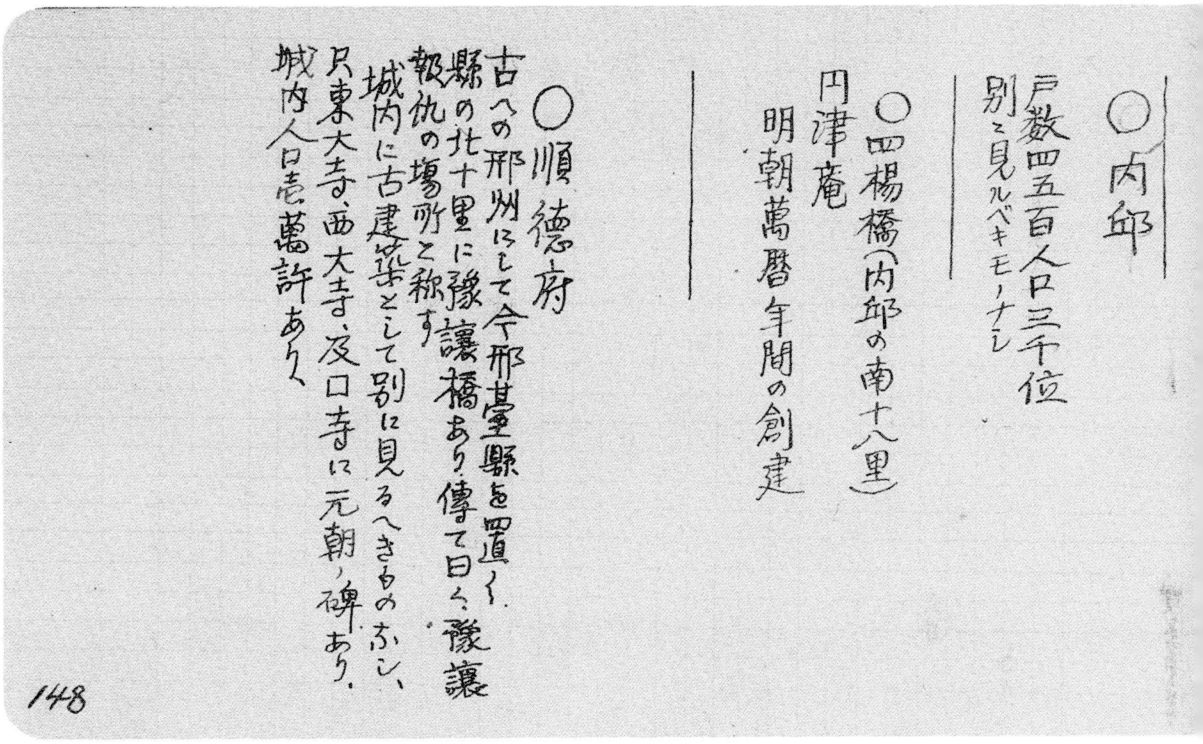
○内邱
戸数四五百人口三千位
別ニ見ルベキモノナシ
○四楊橋(内邱の南十八里)
円津庵
明朝萬暦年間の創建
○順徳府
古への邢州にして今邢臺縣を置く
縣の北十里に豫讓橋あり傳て曰く豫讓
報仇の場所と称す
城内に古建築として別に見るへきものなし、
只東大寺、西大寺、及口寺に元朝ノ碑あり、
城内人口壱萬許あり
148

148 内邱／顺德府（1）（8月13日）

顺德府就是古代的邢州，如今的邢台市。市内有两座大寺院，分别为开元寺（东大寺）、天宁寺（西大寺）。东大寺的塔叫大圣塔，是八角七层的砖造结构。西大寺的塔是八角三重结构，与东大寺塔属于同一时代。『豫让』是战国时期非常有名的刺客。

大雄宝殿外面的正北方向有一座小塔，塔前有两座石碑。
本尊为释迦、文殊、普贤向拜。柱子上刻着铭文。
柱子上刻着一条绕石盘龙。
从碑上部的龙口开始就刻满了草的纹样，周围也长满了草。

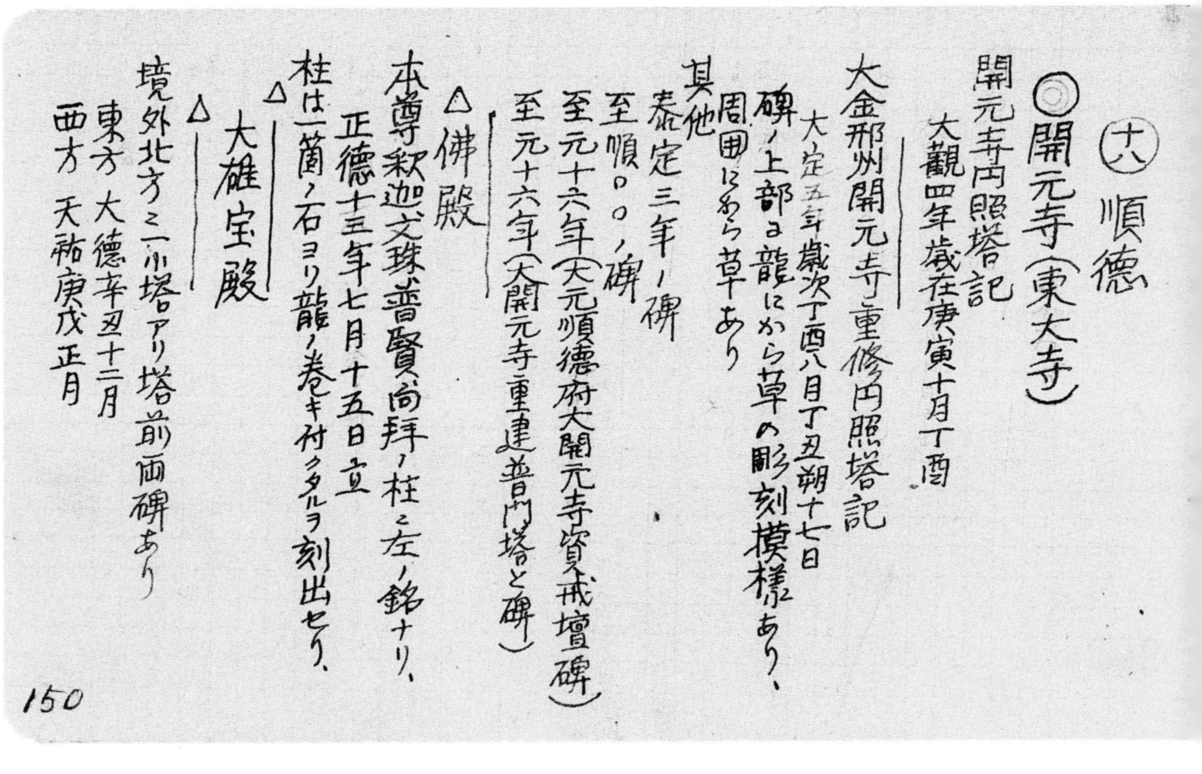
(十八)順徳
◎開元寺(東大寺)
開元寺円照塔記
大観四年歳在庚寅十月丁酉
大金邢州開元寺重修円照塔記
大定五年歳次丁酉八月丁丑朔十七日
碑ノ上部ヨ龍ニから草の彫刻模様あり、
周囲にあら草あり
其他
泰定三年ノ碑
至順〇〇ノ碑
至元十六年(大元順徳府大開元寺資戒壇碑)
至元十六年(大開元寺重建普門塔と碑)
△佛殿
本尊釈迦文殊普賢ノ向拝ノ柱ニ左ノ銘ナリ、
正徳十三年七月十五日立
柱ハ一箇ノ石ヨリ龍ノ巻キ付クタルヲ刻出セリ、
△大雄宝殿
境外北方ニ一小塔アリ塔前両碑あり
東方 大徳辛丑十二月
西方 天祐庚戌正月
150

150 顺德府（2）开元寺（1）（8月15日）

开元寺内不仅有很多塔堂，也有很多石碑，都十分有趣。佛殿柱子上的铭文刻于正德十三年，即1518年。小塔西面的石碑刻于天祐庚戌正月，但天祐年间并无庚戌干支，或许是乾祐的笔误吧。

大圣塔（应该是元代建筑）

八角七层砖造结构。下部被改建在石垣上。大体上与正定天宁寺以及临济寺的清塔类似。最下层是一个八角菱形结构，以此为基座建了一座塔。

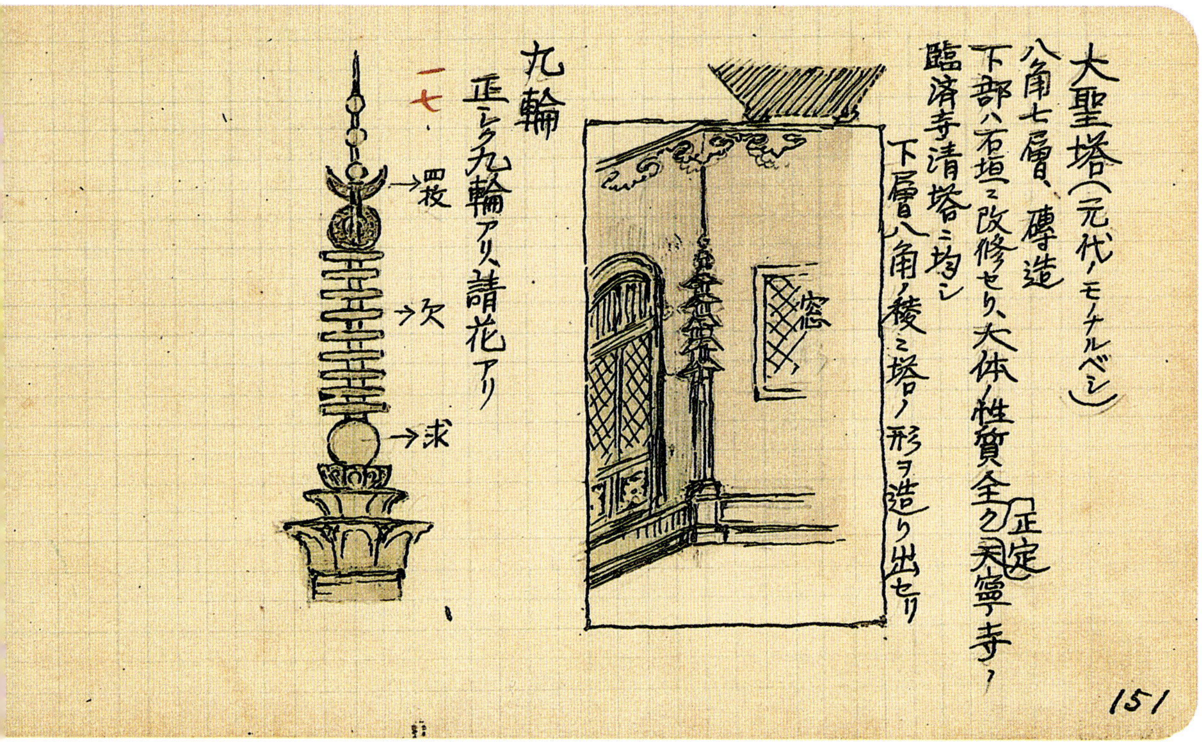
大聖塔（元代ノモノナルベシ）
八角七層、磚造
下部ハ石垣ニ改修セリ、大体ノ性質全ク正定天寧寺、
臨済寺清塔ニ均シ
下層ハ八角ノ稜ニ塔ノ形ヲ造リ出セリ
窓
九輪
正シク九輪アリ、請花アリ
一七
四段
欠
求
151

151 顺德府（3）开元寺（2）大圣塔（8月15日）

大圣塔采用八角七层结构，应该是元代建筑吧。九轮的样子如图所示，是十分规整的九轮，与日本的九轮相似。

塔

八角三重结构（下面为七尺八寸长）。

下层设计与东大寺大圣塔完全相同。楣下图案、莲花、高栏等都几乎相同。但房檐上没有斗拱，九轮的设计非常有趣。

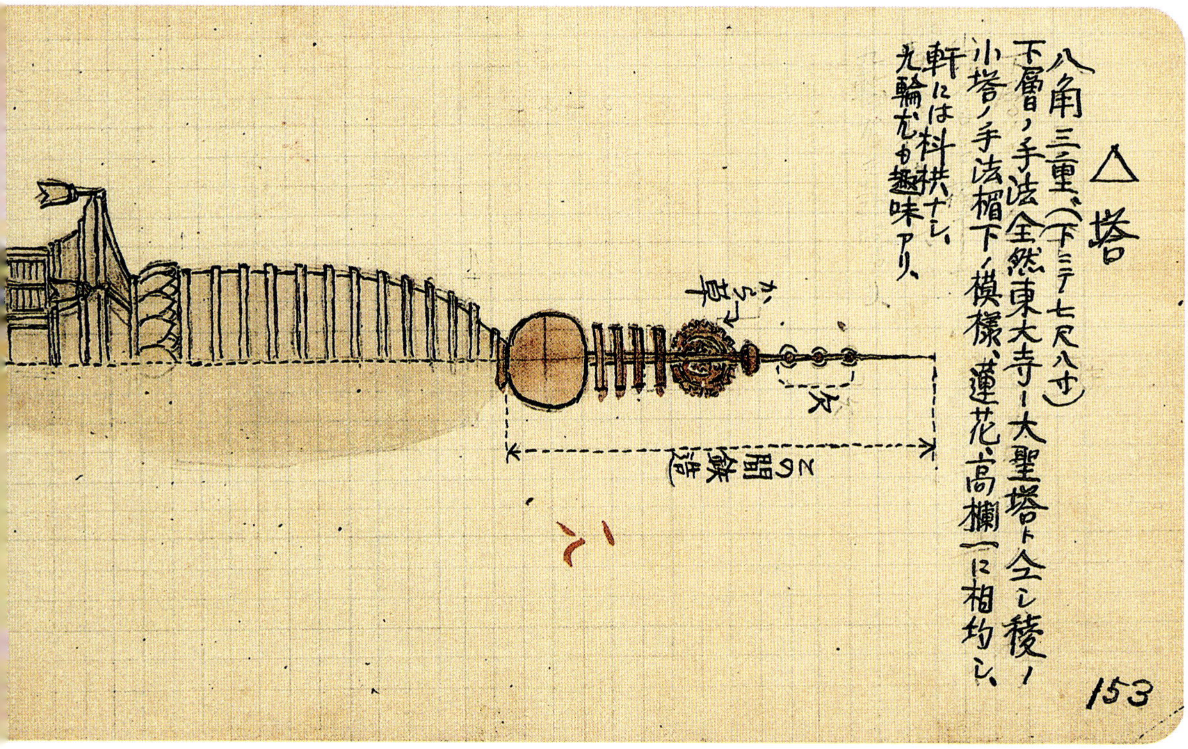
△塔
八角三重（下ニテ七尺八寸）
下層ノ手法全然東大寺ノ大聖塔ト全ク稜ノ
小塔ノ手法楣下ノ模様、蓮花、高欄ニ相均シ、
軒ニハ枓栱ナシ、
九輪尤モ趣味アリ、
欠
153

153 顺德府（5）天宁寺（2）（8月15日）

（该）塔重叠了三层房檐，并在上面放置了大型伏钵、请花，还建造了筒状塔顶，在塔顶上还有铁制的轮。笔者认为，该塔处处体现着藏式风格，应该是属于元代建筑。

天宁寺（西大寺）

寺院后面有一座碑，刻着“大元顺德路天宁禅寺虚照禅师明公塔之铭”。另外还有“延祐六年岁在己未八月”字样。碑的旁边有一座明公塔。

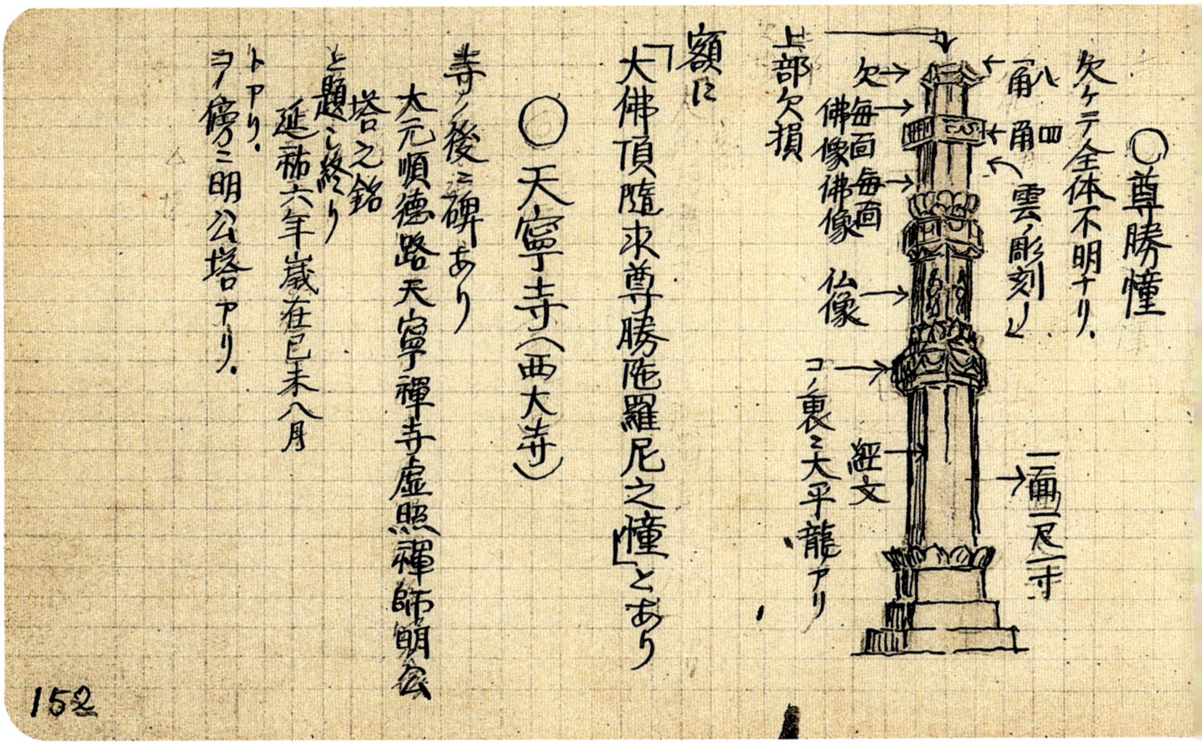

○尊勝幢
欠ケテ全体不明ナリ
八角
四角
雲ノ彫刻
欠ク
毎面佛像
毎面佛像
佛像
コノ裏ニ大平龍アリ
經文
一面一尺一寸
上部欠損
額に「大佛頂隨求尊勝陀羅尼之幢」とあり
○天寧寺（西大寺）
寺ノ後ニ碑あり
大元順德路天寧禪寺虛照禪師明公塔之銘
と題シ終リ
延祐六年歳在己未八月
トアリ。
ヨノ傍ニ明公塔アリ。
152

152 顺德府（4）开元寺（3）/天宁寺（1）（8月15日）

有关天宁寺的创建无从考证，如今也只剩下一座砖塔。塔的碑文中有延祐六年（1319）的字样。图右为开元寺的尊胜幢。

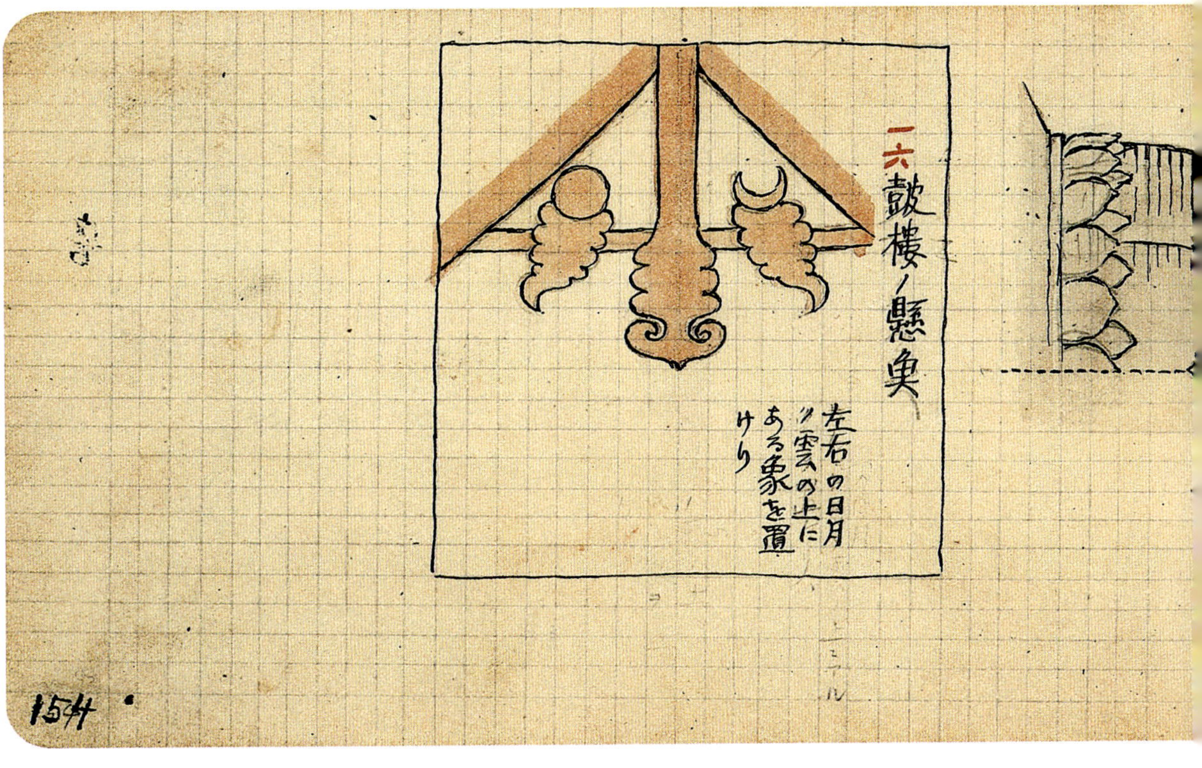

一六 鼓樓ノ懸魚
左右の日月ノ雲の上にある象を置けり
154

154 顺德府（6）天宁寺（3）（8月15日）

（这是）天宁寺鼓楼的悬鱼，刻着日月与云朵，是非常稀有的造型。

○黄粱梦

△吕祖庙

内有一座卢生卧像，成为殿内一景。

悬鱼如图所示

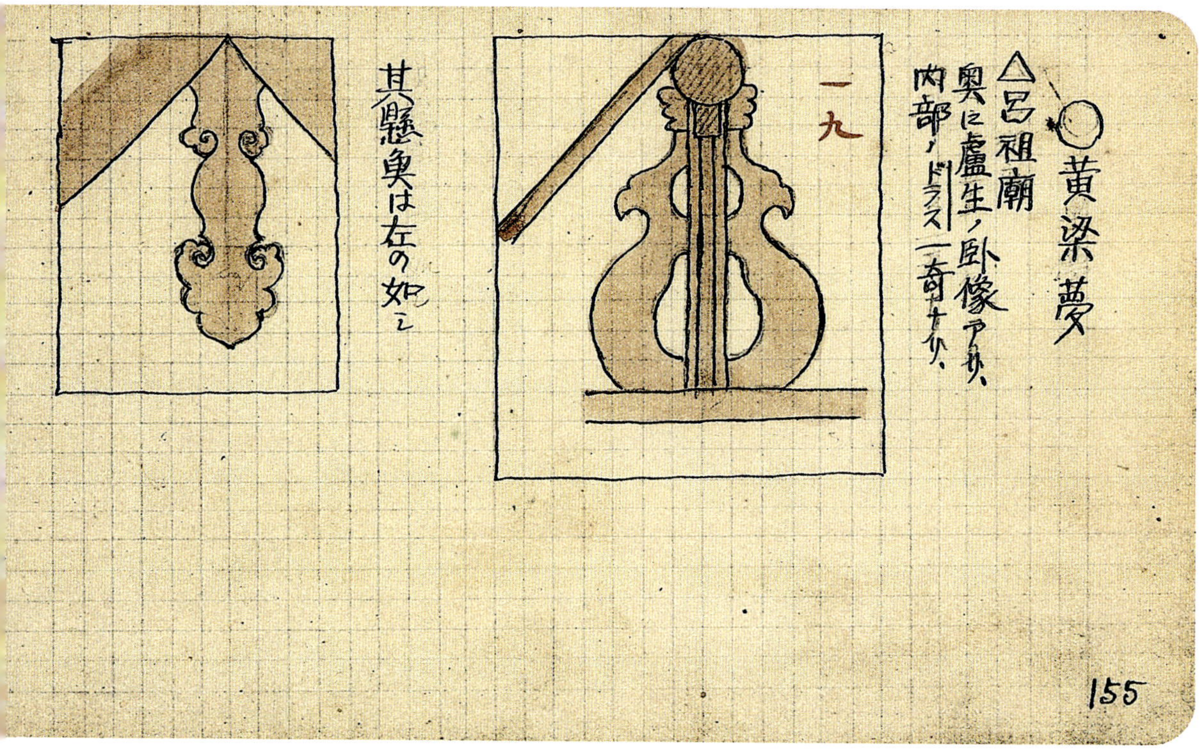
○黄粱夢
△呂祖廟
奥に盧生ノ臥像アリ、
内部ノドラス一奇ナリ、
一九
其ノ懸魚は左の如し
155

155 黄粱梦（1）吕祖庙（8月16日）

唐代小说《枕中记》中这样描写：黄粱梦是传说中卢生做了五十年荣华富贵梦的地方。黄粱梦有吕祖庙，内殿还有一座卢生卧像，如图所示为庙内构造。

黄粱夢宿舎
157

157 黄粱梦（2）宿舍的景致（8月16日）

日志记载：离开住处继续向前行进，由于连日阴雨，道路都变成了河，把马车的车轴都淹没了，像是坐在船上，有趣极了。（我们）在这里吃了午饭，这幅画好像是同行者岩原大三饭后喝茶的场景。

156 地图第九号（内邱—邯郸—彰德）

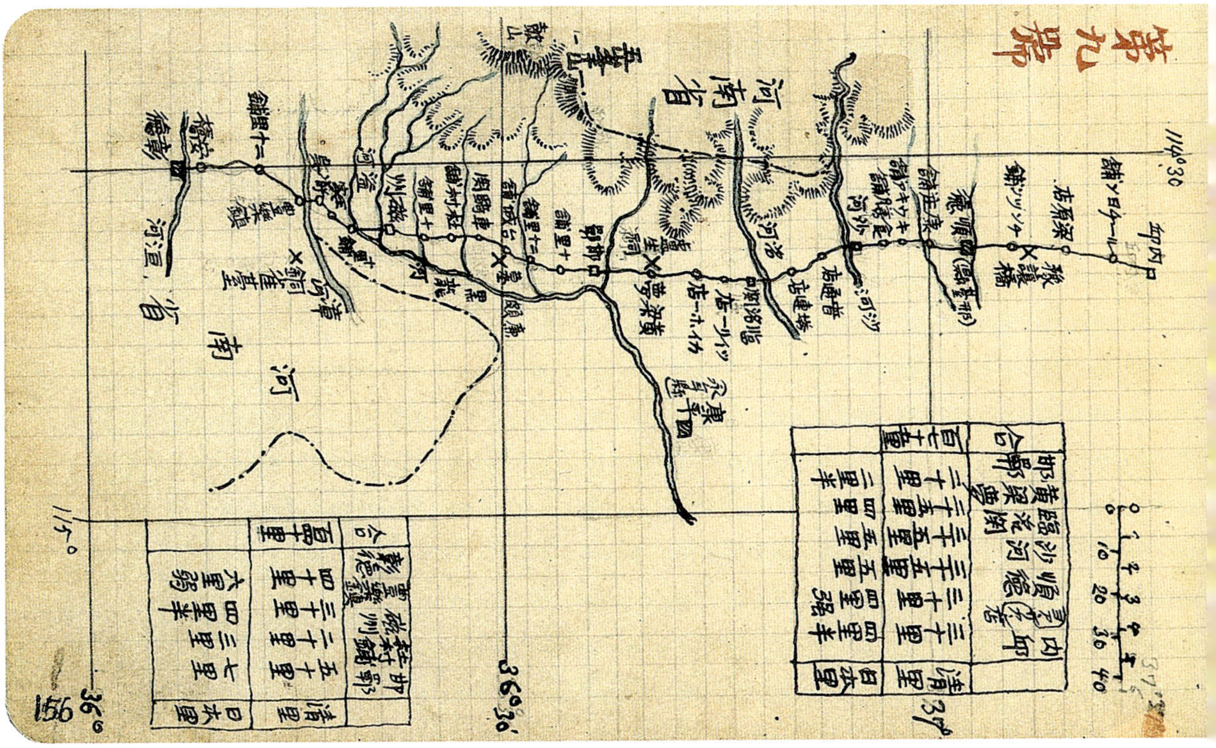

邯郸市

邯郸市是古代赵国都城。据说古都在如今城南五六里处。

城内大约有二百五十户人家。（约一千五百人）。该城东西长一里，南北约三里。

磁州 生产陶器，城内约三千人口。有一座魏朝时期石碑（州衙门内）。

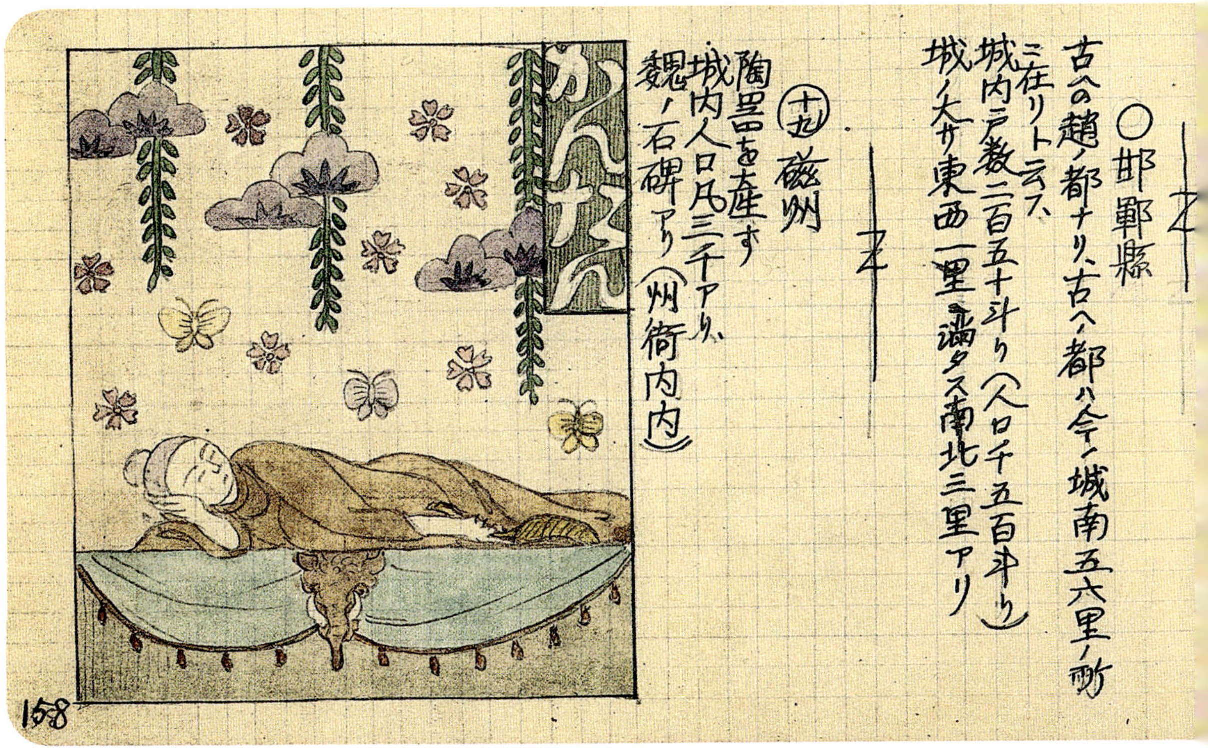
〇邯鄲縣
古ヘ趙ノ都ナリ。古ヘ都ハ今ノ城南五六里ノ所ニ在リトス。
城内戸数二百五十斗リ（人口千五百斗リ）
城ノ大サ東西一里ニ満タズ南北三里アリ
(十九) 磁州
陶器ヲ産ス
城内人口凡三千アリ。
魏ノ石碑アリ（州衙門内）
158

158 磁州（1）（8月17日）

从邯郸出发，一直南下就来到一个叫杜村铺的地方，道路变得平坦，清清河水流淌，莲、苹蓬草、菱娇嫩欲滴，鱼群游动。习惯了与沙尘、泥泞一路相伴，走在这样的路上恍如做梦一般。

传说这是魏朝时期曹丕的亲笔题词。石碑上部的龙雕十分秀美，侧面也有龙雕，这可以算是魏朝时期的一大艺术瑰宝。

磁州 州衙门内有一座魏朝时期的古碑。

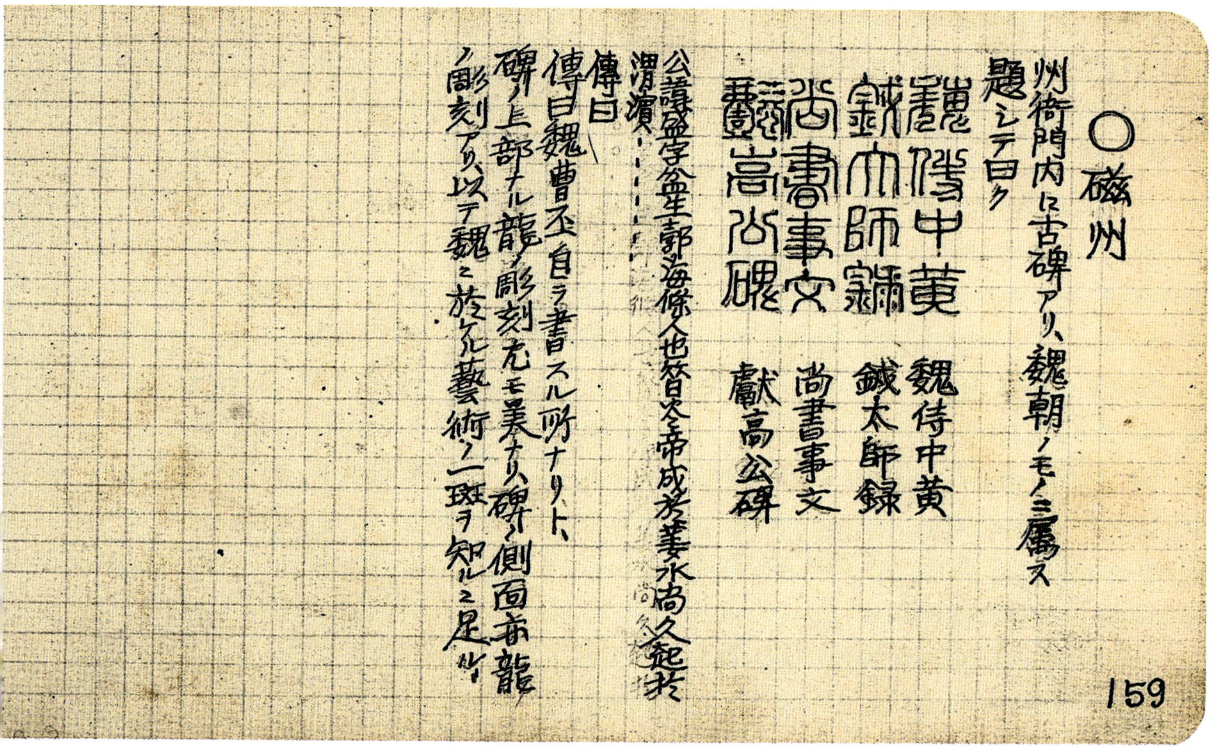
○磁州
州衙門内ニ古碑アリ、魏朝ノモノニ屬ス
題シテ曰ク
魏侍中黄
鉞太師録
尚書事文
獻高公碑
魏侍中黄
鉞太師録
尚書事文
獻高公碑
公諱盛字盛生勃海條人也昔炎帝成務姜水尚父起於
渭濱……
傳曰
傳曰魏曹丕自ラ書スル所ナリト、
碑ノ上部ナル龍ノ彫刻尤モ美ナリ、碑ノ側面亦龍
ノ彫刻アリ、以テ魏ニ於ケル藝術ノ一斑ヲ知ルニ足ル
159

159 **磁州（2）古碑（8月17日）**
磁州（现在的磁县）因磁石而得名，衙门内魏碑上的题文如图所示，但有趣的是这并非碑文，而是上部的龙和侧面细雕的纹样。

河南省　彰德府（安阳市）
城周边约十里，人口在一万人以上（二千户人家以上）。城内天宁寺是明代的建筑（康熙年间重修），另外还有关帝庙，观音阁。唐明皇庙建于唐朝，直到如今还有一座古碑。另外在城北五里处有一座大生堂。

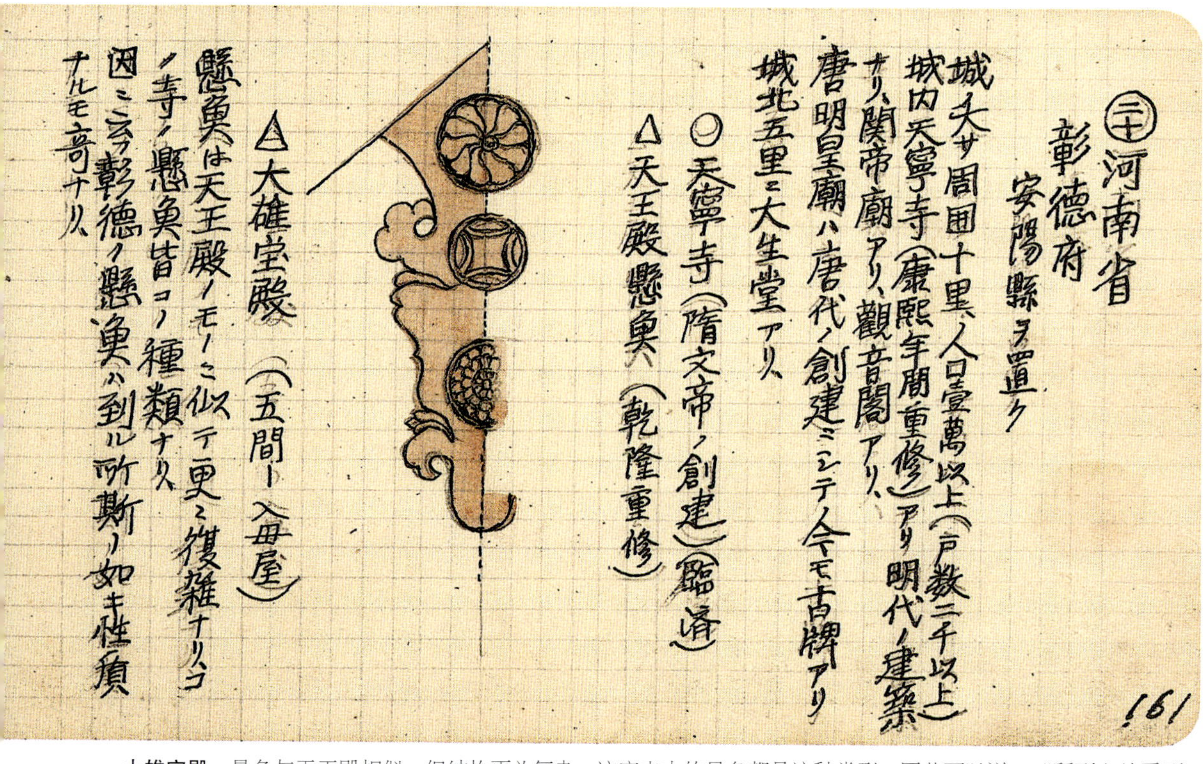
㊂河南省
彰德府
安陽縣ヲ置ク
城 周囲十里、人口壹萬以上（戸数二千以上）
城内天寧寺（康熙年間重修）アリ 明代ノ建築
ナリ、関帝廟アリ、觀音閣アリ、
唐明皇廟ハ唐代ノ創建ニシテ今モ古碑アリ
城北五里ニ大生堂アリ
○天寧寺（隋文帝ノ創建）（臨済）
△天王殿懸魚（乾隆重修）
△大雄宝殿 （五間）（入母屋）
懸魚ハ天王殿ノモノニ似テ更ニ複雑ナリ、コ
ノ寺ノ懸魚皆コノ種類ナリ、
因ニ云ウ彰德ノ懸魚ハ到ル所斯ノ如キ性質
ナルモ奇ナリ
161

161 **彰德府（1）（8月18日）**
彰德府（安阳市）是古代《三国志》中英雄人物、魏国时期的曹操定都的地方。北齐也将都城定于此地，也就是如今的河南省安阳市。（我们）参观了这里的天宁寺。

大雄宝殿 悬鱼与天王殿相似，但结构更为复杂。这座寺内的悬鱼都是这种类型。因此可以说：“所到之处看到彰德的悬鱼形状若有所变化，都会觉得特别奇怪。”

漳河渡津之景
160

160 磁州（3）漳河渡津之图（8月18日）

从磁州出发，向南走大约三十里就是漳河。这是直隶（如今的河北）和河南的省界，需要坐船渡河。渡口有光着膀子的八九名壮汉，他们将车马装卸在船上，那震天响的吆喝声显得十分滑稽。

塔　八角五层结构。上部比较宽，这在塔当中算是从未有过的造型。下层明显增大，第四层也明显增大，下层基台上有一莲花座，塔身就建在莲花座上面，四面都有拱门，其他面上有窗户，柱子上刻有盘龙，拱门的周围和上部刻满松柏，与北京天宁寺塔相似。该塔用塔婆代替九轮至于塔顶，为一大奇观。铜雀台遗址在丰乐镇以东十五里处。

雷音殿　（七间）

单层双坡屋顶形。中央为释迦牟尼像，西边为阿弥陀佛像，东边为药师像，每座像都是青面、圆眼、帽子上带有骷髅，

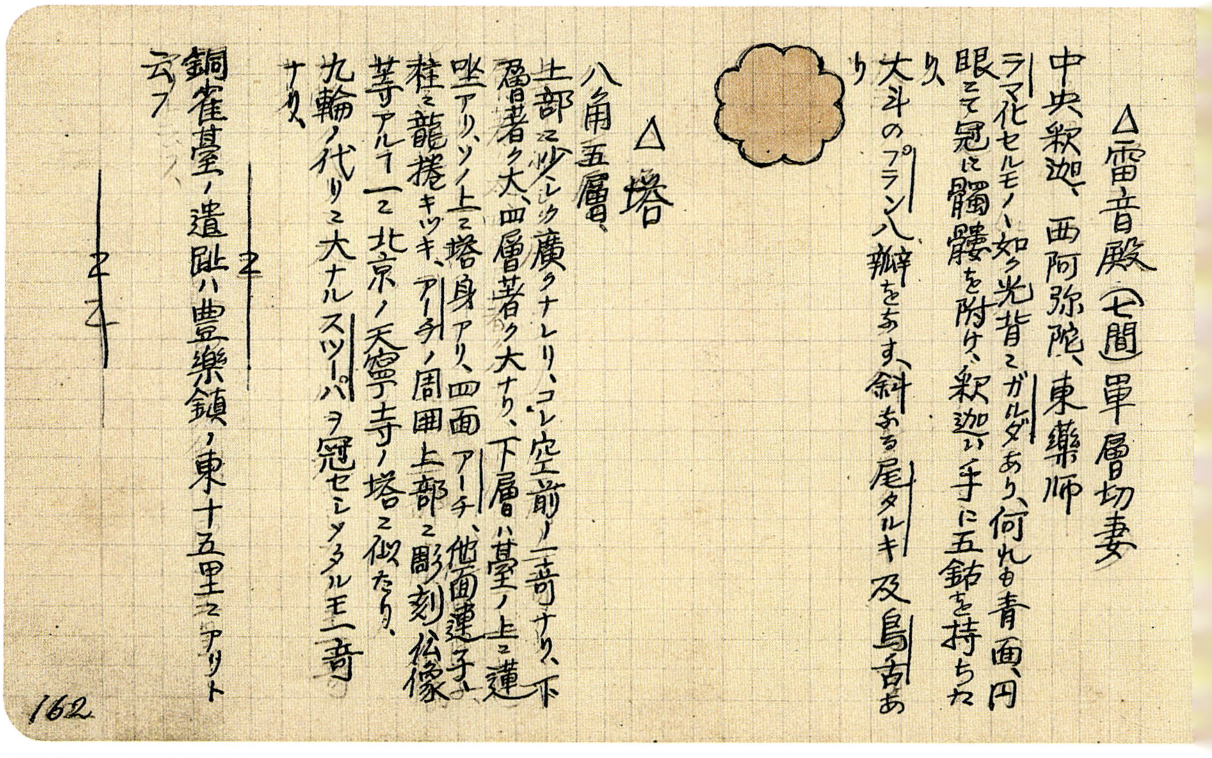
△雷音殿（七間）單層切妻
中央釈迦、西阿弥陀、東薬师
ラマ化セルモノハ如ク光背ニガルダあり、何れも青面、円
眼ニて冠に髑髏を附け、釈迦ハ手に五鈷を持ちた
り
大斗のプラン八瓣をなす、斜ある尾タルキ 及鳥舌あ
り
△塔
八角五層
上部ニ少シク廣クナレリ、コレ空前ノ一奇ナリ、下
層著ク大、四層著ク大ナリ、下層ハ基壇ノ上ニ蓮
座アリ、ソノ上ニ塔身アリ、四面アーチ、他面連子、
柱ニ龍捲キツキ、アーチノ周囲上部ニ彫刻松像
等アルコト北京ノ天寧寺ノ塔ニ似たり、
九輪ノ代リニ大ナルストゥーパヲ冠セシメタル王一奇
ナリ
銅雀臺ノ遺趾ハ豊楽鎮ノ東十五里ニアリト
云フ
162

162 彰德府（2）（8月18日）

塔的设计与北京的天宁寺极为相似。由于时间来不及，因此没有去参观曹操修建的铜雀台遗址。

释迦牟尼手中还拿着五钴。

大斗平面有八瓣，斜面上有尾椽以及鸟舌。

163 正定府（11）与知府笔谈（1）（续图141）

这是在正定府与知府笔谈的记录，随后还会附一些帖子。内容就是：如果有古寺的话，想去考察一下。

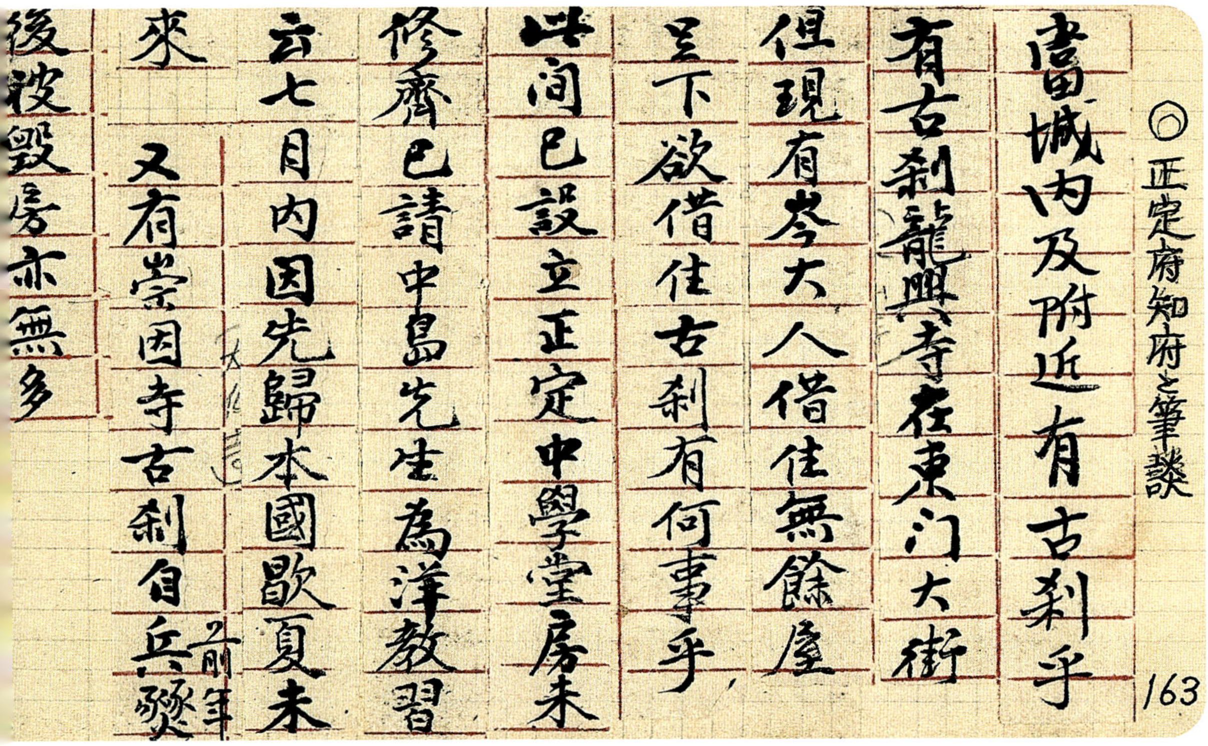

○正定府知府と筆談
當城内及附近有古刹乎
有古刹龍興寺在東门大街
但現有岑大人借住無餘屋
呈下欲借住古刹有何事乎
此间已設立正定中學堂房未
修齊已請中島先生為洋教習
云七月内因先歸本國歇夏未
來 又有崇因寺古刹自前年兵燹
後被毀房亦無多
163

165 汤阴（1）（8月19日）

汤阴县知县在行台招待了笔者一行，招待非常周到，如同接待官员般，受到了热情款待。

宋韩魏公故里。
出了彰德府直走，路西有三个荒废的厅堂，安放着韩魏公的石像。
魏家营。曹操屯兵之处。
姜里。周文公故里。

前殿前有许多石碑，
有许多是岳飞题词。

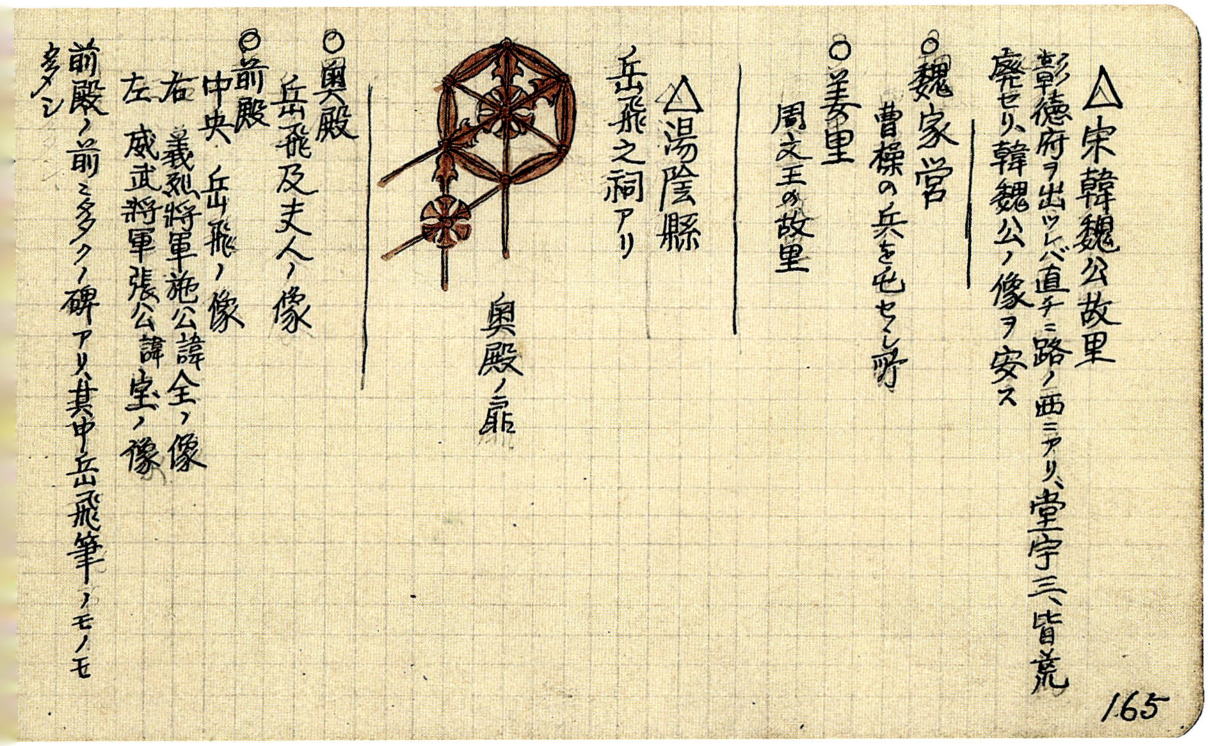

△宋韓魏公故里
彰徳府ヲ出ツレバ直チニ路ノ西ニアリ、堂宇三ヘ皆荒廃セリ、韓魏公ノ像ヲ安ス
○魏家営
曹操ノ兵ヲ屯セシ所
○姜里
周文王ノ故里
△湯陰縣
岳飛之祠アリ
奥殿ノ扉
○奥殿
岳飛及夫人ノ像
○前殿
中央 岳飛ノ像
右 義烈将軍施公諱全ノ像
左 威武将軍張公諱宪ノ像
前殿ノ前ニ多クノ碑アリ其中岳飛筆ノモノモ多シ
165

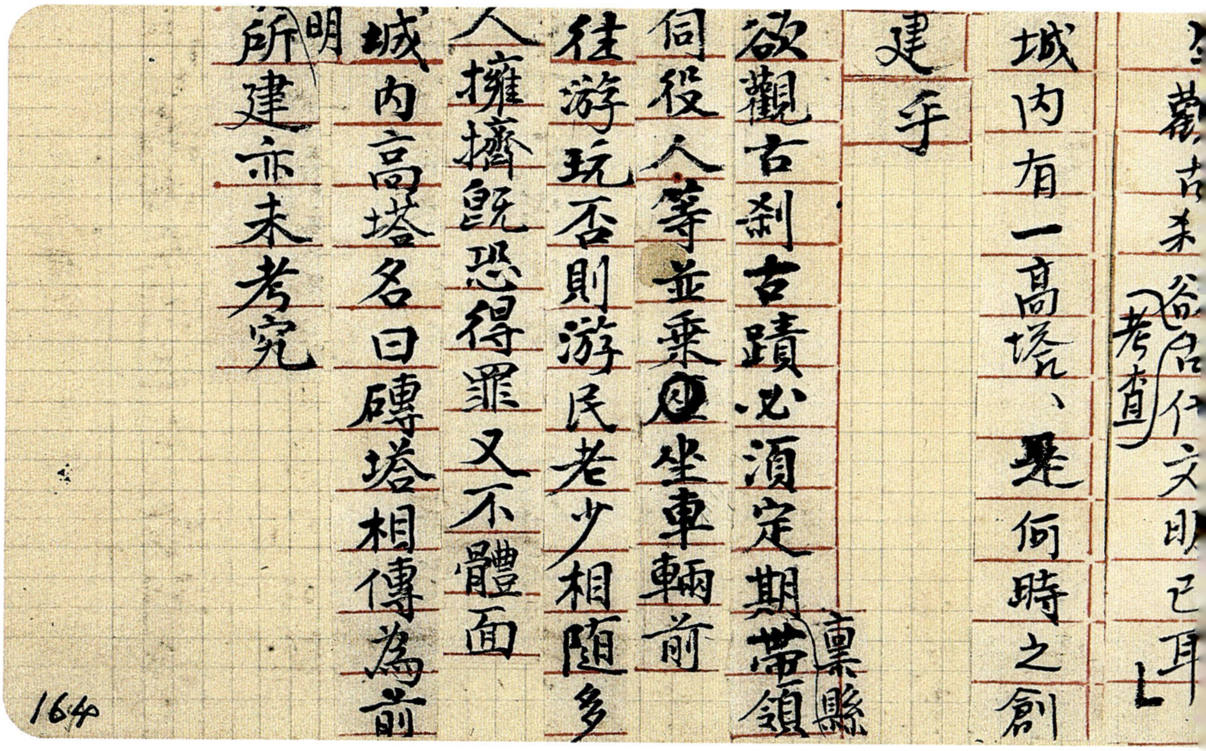

城内有一高塔、是何時之創
建乎
欲觀古剎古蹟必須定期帶領 稟縣
伺役人等並乘坐車輛前
往游玩否則游民老少相随多
人擁擠既恐得罪又不體面
城内高塔名曰磚塔相傳為前
明所建亦未考究

164正定府（12）与知府笔谈（2）

对于（我们的要求），知府最初误会我们想住在古寺里，后来说，如果想考察的话，应该找人陪同。

淇县 城的南关有座三仁祠。淇县的北边是子贡的故乡。

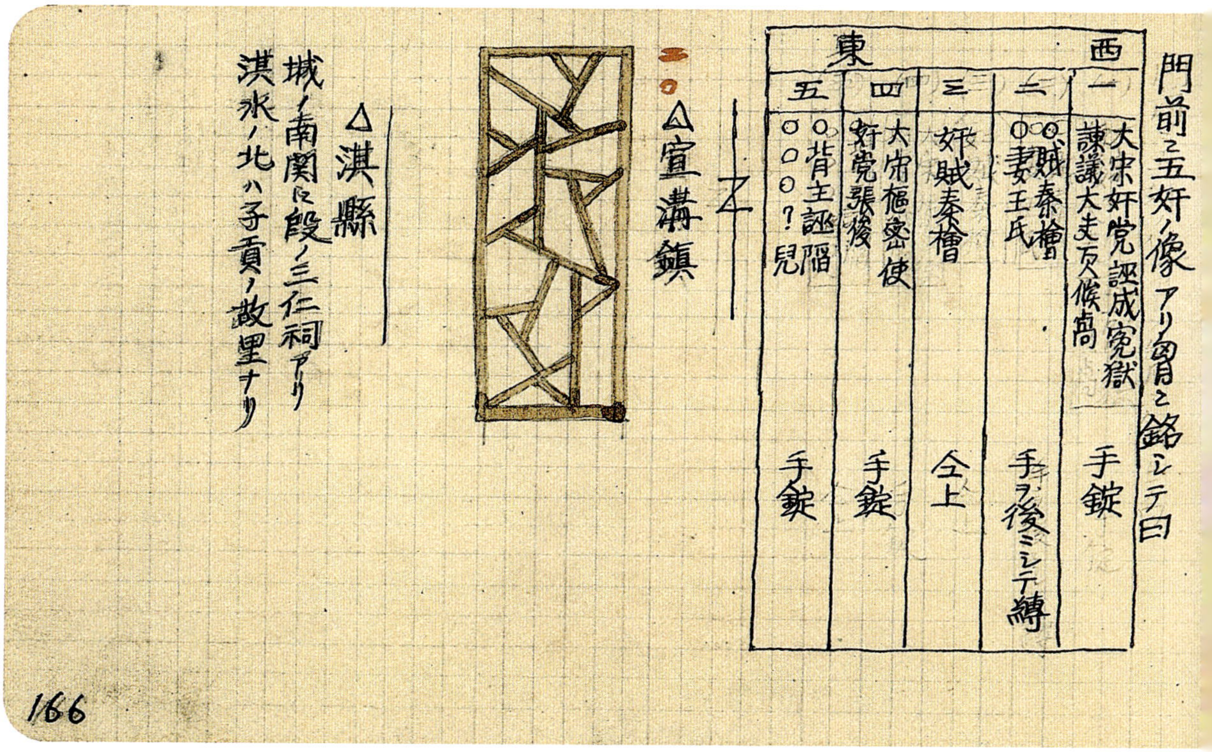

門前ニ五奸ノ像アリ胸ニ銘シテ曰

西 一	二	三	四	東 五
大宋奸党誣成寃獄 諫議大夫万俟卨	○賊秦檜 ○妻王氏	奸賊秦檜	大宋樞密使 奸党張俊	○背主誣陷 ○○○？児
手錠	手ヲ後ニシテ縛	仝上	手錠	手錠

△宜溝鎮

△淇縣
城ノ南関ニ殷ノ三仁祠アリ
淇水ノ北ハ子貢ノ故里ナリ

166汤阴（2）（8月19日）

如图所示，是宜满镇某户人家窗框，采用了『繁而不乱』的『水纹』样式。岳飞庙中有秦桧夫妇的石像，（他）作为奸臣死后也饱受羞辱。

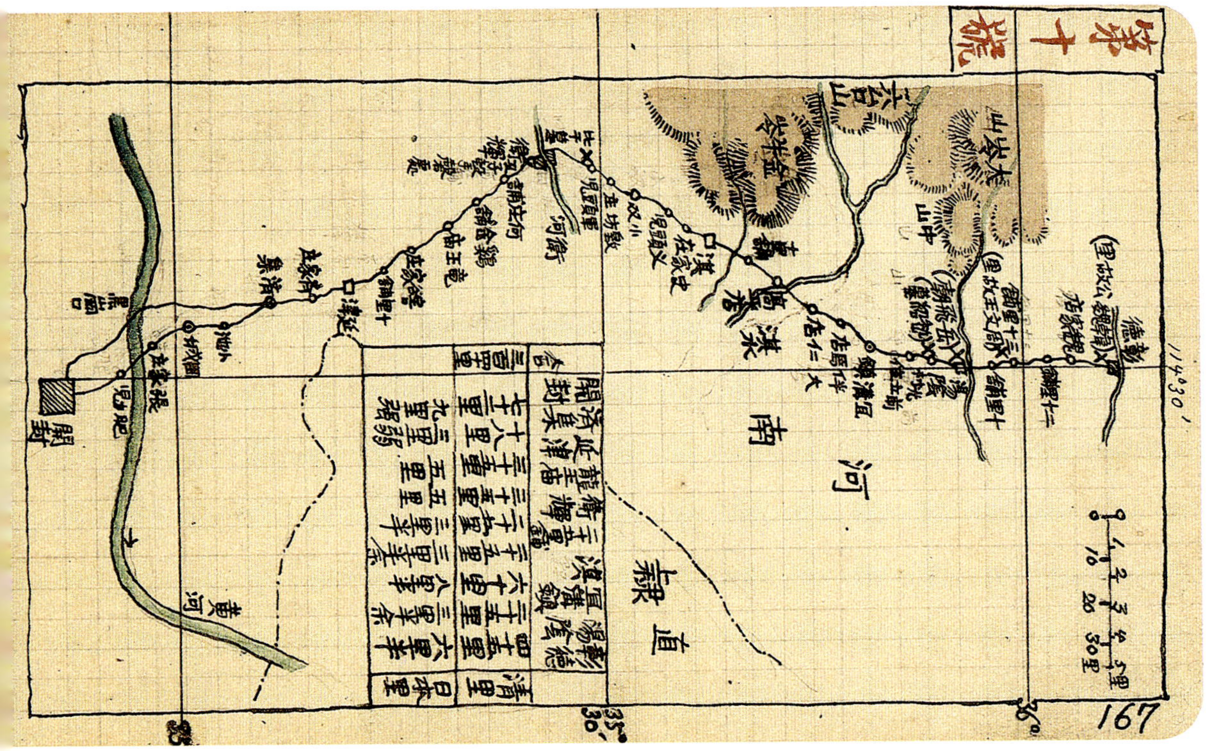

167地图第十号（彰德—开封）

169卫辉府（2）（8月21日）

虽然后人建起了比干墓，但这座墓的年代应该更晚，图 170 是其平面图。另外，比干还被作为文财神而被人们熟知。

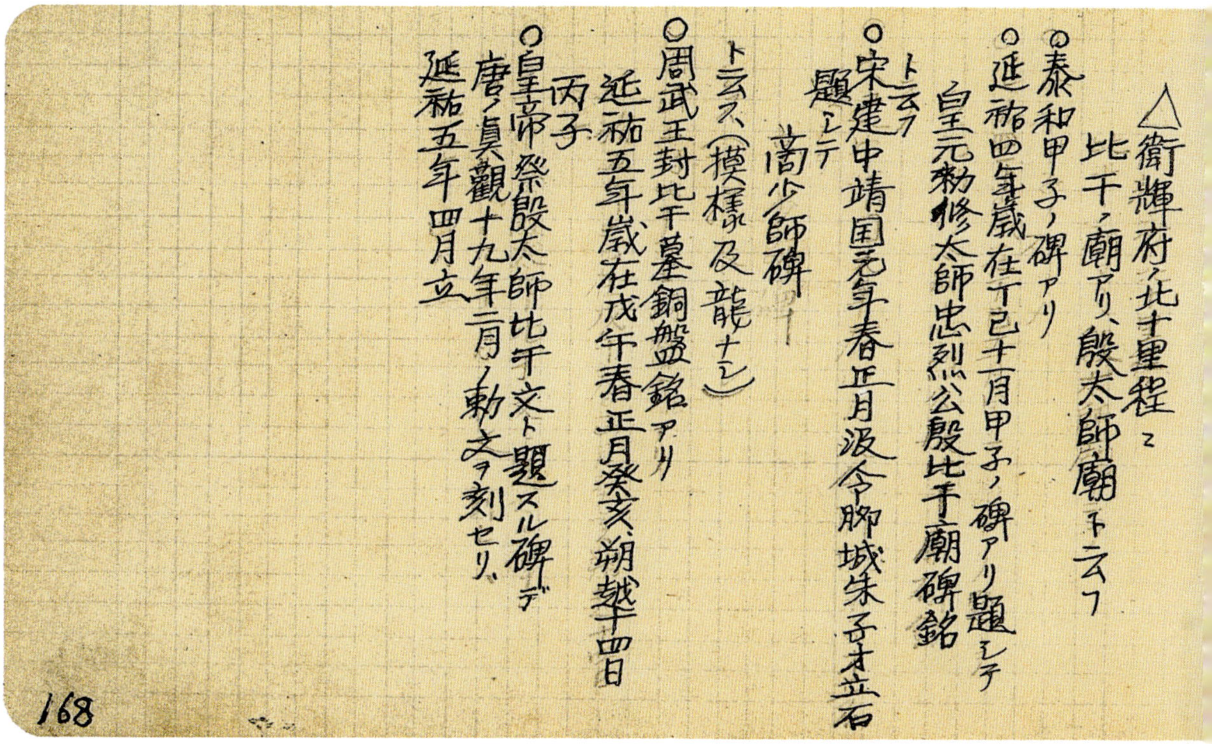
△衛輝府ノ北十里程ニ比干ノ廟アリ、殷太師廟ト云フ
○泰和甲子ノ碑アリ
○延祐四年歳在丁巳十一月甲子ノ碑アリ題シテ
皇元勅修太師忠烈公殷比干廟碑銘
ト云フ
○宋建中靖国元年春正月汲令朐城朱子才立石
題シテ
商少師碑
ト云ス(模様及龍ナシ)
○周武王封比干墓銅盤銘アリ
延祐五年歳在戊午春正月癸亥朔越十四日
丙子
○皇帝祭殷太師比干文ト題スル碑デ
唐ノ貞観十九年二月ノ勅文ヲ刻セリ
延祐五年四月立
168

168 **卫辉府（1）（8月21日）**

自古以来殷纣王都被视为暴君。司马迁的《史记》中，酒池肉林的故事可以说是无人不知，无人不晓。比干是纣王的伯父，他为了规谏纣王，阻止其暴行而切腹自杀。

卫辉府（汲县）　**朝阳禅寺**

天王殿内有喇嘛教中的四大天王。内殿还安放着一座四面菩萨。就建筑而言，没有什么特别值得一看的。

八角七层塔

最下面每一面，都是十六尺一寸长，瓦造建筑。每一层都有双层房檐，用四层的莲花座取代了高栏。八面都有窗户，最上层已经倒塌，并且没有九轮。内部结构与定州塔相似，斗柱上还建了柱子，总之是非常结实的建筑。除去九轮，高约有一百尺，甚至一百一十尺。

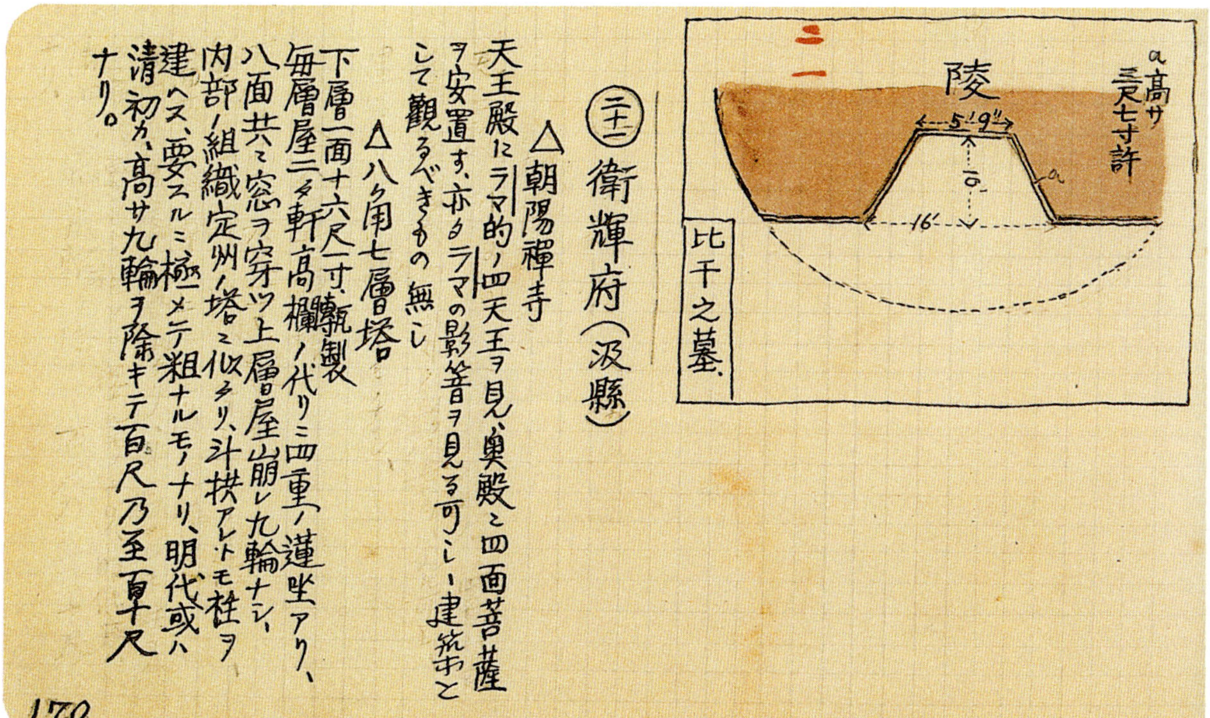
(三十二) 衛輝府（汲縣）
△朝陽禅寺
天王殿ニラマ的ノ四天王ヲ見ル、奥殿ニ四面菩薩ヲ安置ス、亦タラマの影響ヲ見ル可シ。建築トシテ觀ルベキもの無シ
△八角七層塔
下層一面十六尺一寸、甎製
毎層屋二タ軒、高欄ノ代リニ四重ノ蓮坐アリ、
八面共ニ窓ヲ穿ツ、上層屋崩レ九輪ナシ、
内部ノ組織定州ノ塔ニ似タリ、斗拱アレドモ柱ヲ
建ヘズ、要スルニ極メテ粗ナルモノナリ、明代或ハ
清初カ、高サ九輪ヲ除キテ百尺乃至百十尺
ナリ。

170

170 **卫辉府（3）（8月21日）**

日志记载：这附近石碑很多，碑铭上甚至还有孔子亲笔写的内容。

三圣庵　这里祭祀着尧、舜、禹，如今来做铁路调查的英国人住在这里，祠堂都非常破旧。

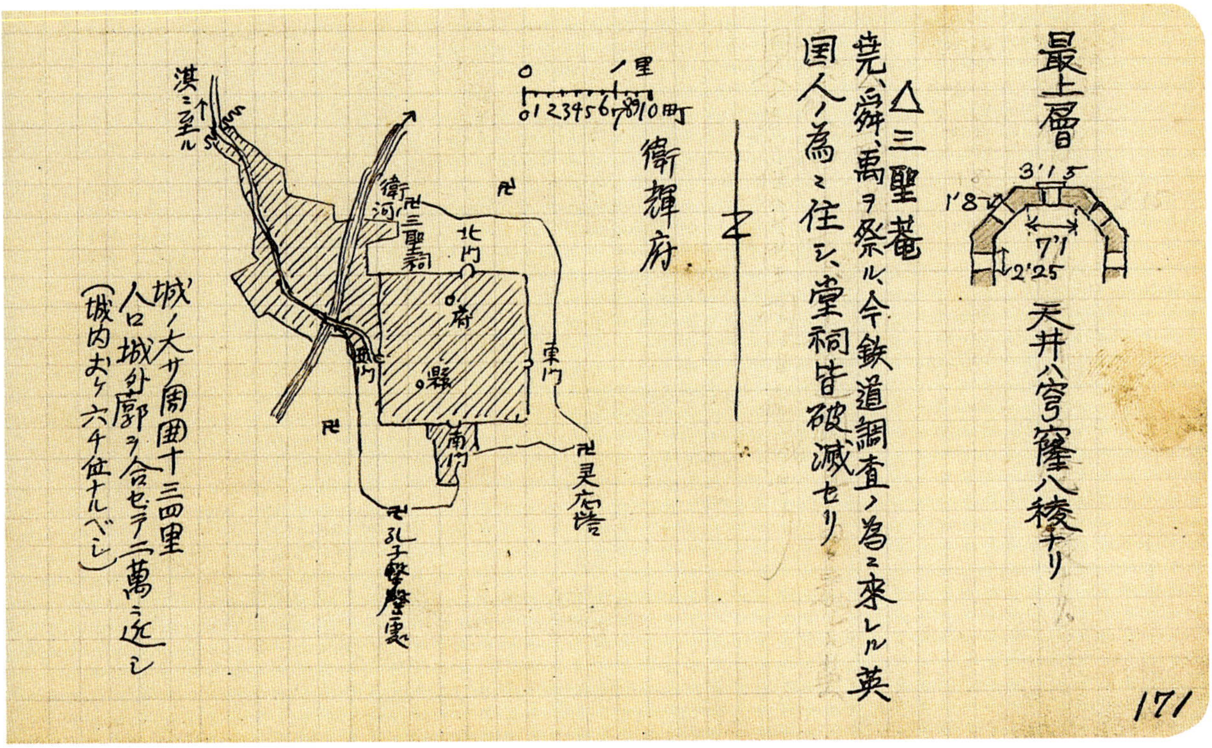
最上層
3'15
1'8
7'1
2'25
天井八穹窿八稜ナリ
△三聖菴
尭、舜、禹ヲ祭ル、今鉄道調査ノ為ニ来レル英国人ノ為ニ住シ、堂祠皆破滅セリ
衛輝府
北
0　1里
0 1 2 3 4 5 6 7 8 9 10町
淇ニ至ル
衛河
三聖祠
北門
府
縣
東门
南门
孔子擊磬処
城ノ大サ周囲十三四里
人口城外廓ヲ合セテ二萬ニ近シ
（城内ハ々六千位ナルベシ）
171

171 卫辉府（4）（8月22日）
汲县是卫辉府的中心。古代殷纣王定都于此，朝歌夜舞，市景繁华，还有不少英、法的传教士。另外还有一些为铺设铁路而来的英国工程师。

延津县　约有五六百户人家，共计三千人左右。城周围约三里有余。

大佛寺　有一座八角七层结构的塔，被称为万寿塔。结构形式与卫辉府相同。建于宋代，后经过屡次翻修。最下层每一面都是十六尺八寸的瓦制构造，也就是说，连尺寸都与卫辉府差不多，九轮是最近才补上去的。

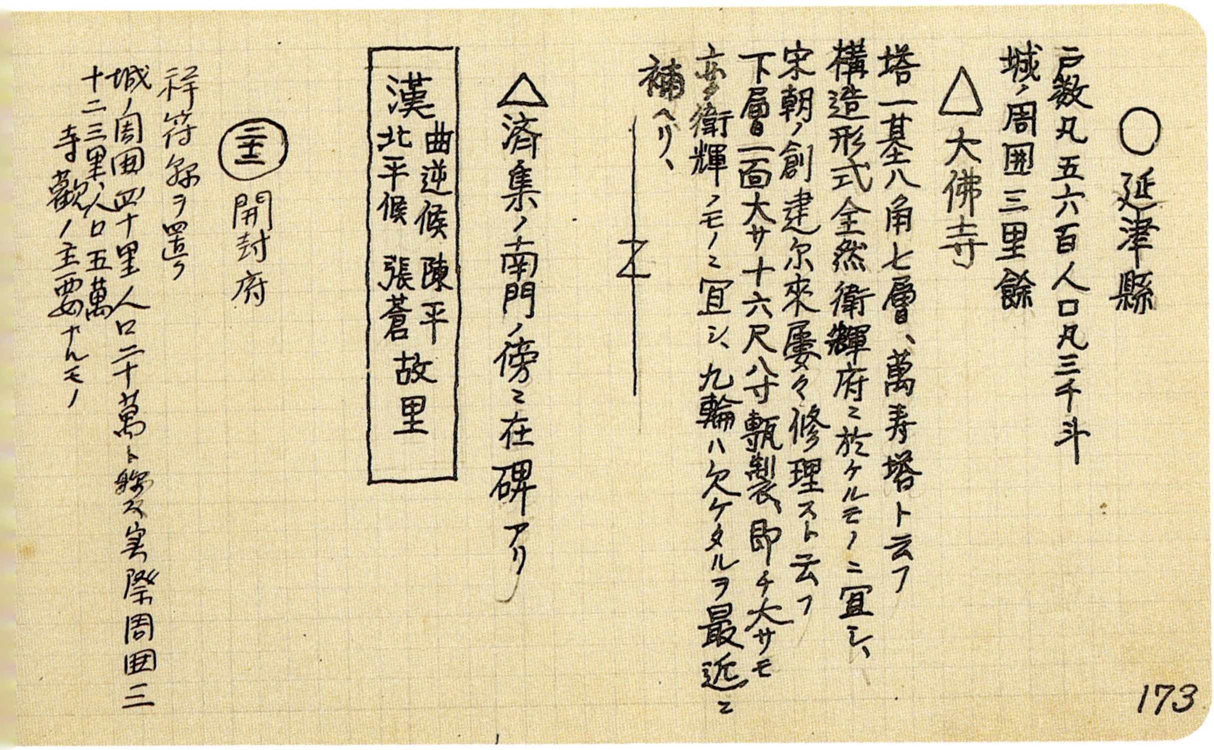
○延津縣
戸数凡五六百人口凡三千斗
城ノ周囲三里餘
△大佛寺
塔一基アリ八角七層、萬寿塔ト云フ
構造形式全然衛輝府ニ於ケルモノニ宜シ、
宋朝ノ創建ニテ爾来屢々修理スト云フ
下層ノ一面大サ十六尺八寸瓦製、即チ大サモ
衛輝ノモノニ宜シ、九輪ハ欠ケタルヲ最近ニ
補ヘリ、
北
△済集ノ南門ノ傍ニ在碑アリ
漢 曲逆侯 陳平 北平侯 張蒼 故里
㊀ 開封府
祥符縣ヲ置ク
城ノ周囲四十里人口二十萬ト称スル実際周囲三
十二三里人口五萬
寺観ノ主要ナルモノ
173

173 延津　大佛寺（8月23日）
日志中记载：沿途光睡觉了，什么也没看到。嘴里不停嘀咕着朝颜日记中旅馆的桥段。除了参观大佛寺塔，另外还参观了两个地方。『陈平』、『张苍』是汉代初期的政治家。

汲縣衙門前所見
石獅
枷
172

170 卫辉府（5）（8月22日）

犯人戴着一个二尺四方、约三寸厚的首枷，枷用一个很重的铁锁拴在石狮脚上。犯人冷静平和，一边和围观的人闲聊，一边吃着人们送来的食物。

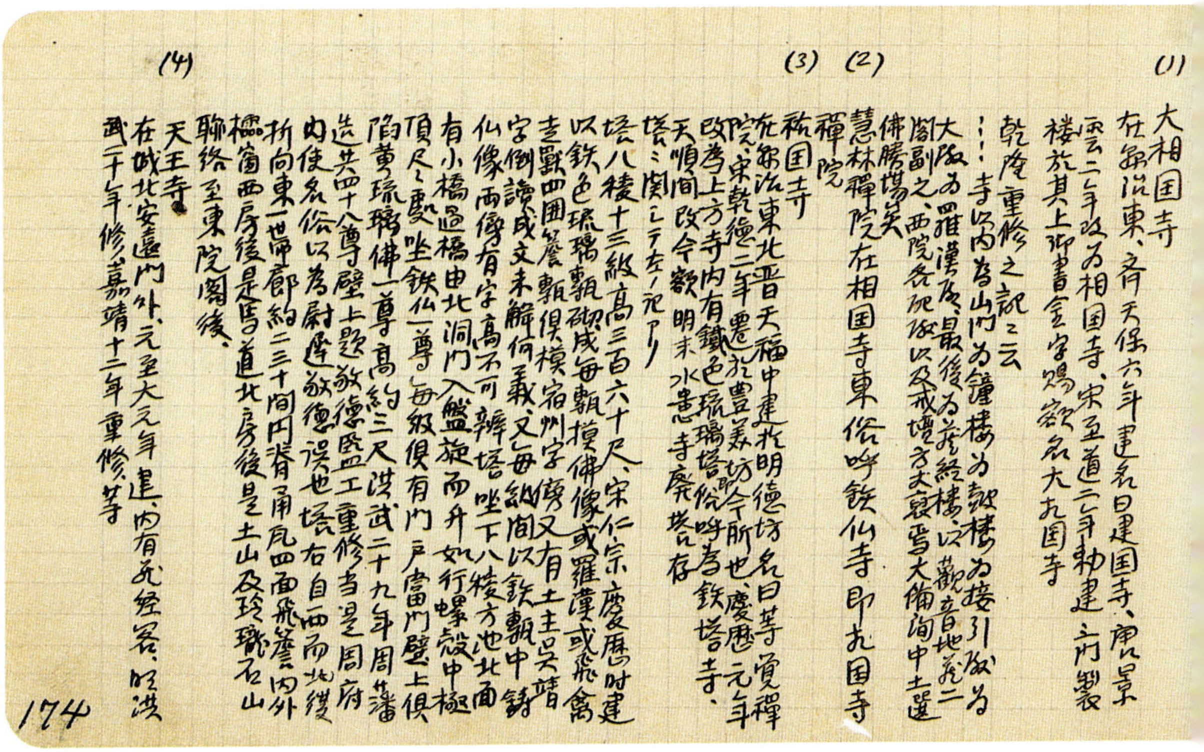
(1)
大相国寺
在鼓楼東、斉天保六年建名曰建国寺、唐之景
雲二年改為相国寺、宋至道二年勅建、六門裂
楼於其上御書金字賜額名大相国寺
乾隆重修之記ニ云
……寺以内為山門為鐘楼為鼓楼為接引殿為
大殿為羅漢殿、最後為蔵経楼、以観音地蔵二
閣副之、西院為各殿以及戒壇方丈禅堂大備洵中土選
佛勝場矣
(2)
慧林禅院在相国寺東 俗呼鉄仏寺即相国寺
禅院
(3)
祐国寺
在鼓楼東北晋天福中建於明徳坊名曰等覚禅
院、宋乾徳二年遷於豊美坊即今所也、慶暦元年
改為上方寺内有鉄色琉璃塔俗呼為鉄塔寺、
天順間改今額 明末水患寺廃塔存
塔ニ関シテ左ノ記アリ
塔八稜十三級高三百六十尺、宋仁宗慶暦时建
以鉄色琉璃甎砌成每甎摸佛像或羅漢或飛禽
走獣四囲簷甎俱模宿州字傍又有土主吴靖
字倒讀成文未解何義又每級間以鉄甎中鋳
仙像両傍有字高不可辨 塔坐下八稜方池北面
有小橋過橋由北洞門入盤旋而升如行螺殻中極
頂尺々處坐鉄仏一尊每級俱有門戸當門壁上俱
陷黄琉璃佛一尊高約三尺洪武二十九年周藩
造共四十八尊壁上題敬徳監工重修者是周府
内使名俗以為尉遅敬徳誤也塔右自西而北繞
折向東一带廊約二三十間内脊甬瓦四面飛簷内外
欞窗西房後是馬道北房後是土山及玲瓏石山
聯络至東院閣後、
(4)
天王寺
在城北安遠門外、元至大元年建、内有元经略、明洪
武二十年修、嘉靖十二年重修等
174

174 开封府（1）府志拔萃（8月24日）（续图179）

从战国时期的魏国开始，许多王朝都定都于开封。特别是作为北宋都城的繁华景象在许多古书中都有记载。

禹时代的黄河，注入如今的天津附近，后注入山东北部，之后注入江苏，现在注入直隶，总体上经过了这四次大的变动。但小的变动数不胜数。对中国境内流域变更的研究是一个大课题。

黄河渡津
175

175 开封府（2）黄河津渡（8月24日）

黄河其实就是一条浑水河，水色与其说是黄色，不如说是红色。河面上有三四艘往来的渡船，顺着河流就来到了下流。这条水路大约十里，需要四十分钟。

①宋门外的吹台，如今叫做禹王台，另外还有一座坍塌后的古塔。
②另外还有一座铁塔，即唐朝建造的上方寺。
③另外还有一处宋代宫殿的遗址，被称为龙亭。
繁塔寺塔婆　六角三层瓦制结构（古代为九层）
每层外壁上都铺满刻着小佛像的瓦片，制作十分精良。

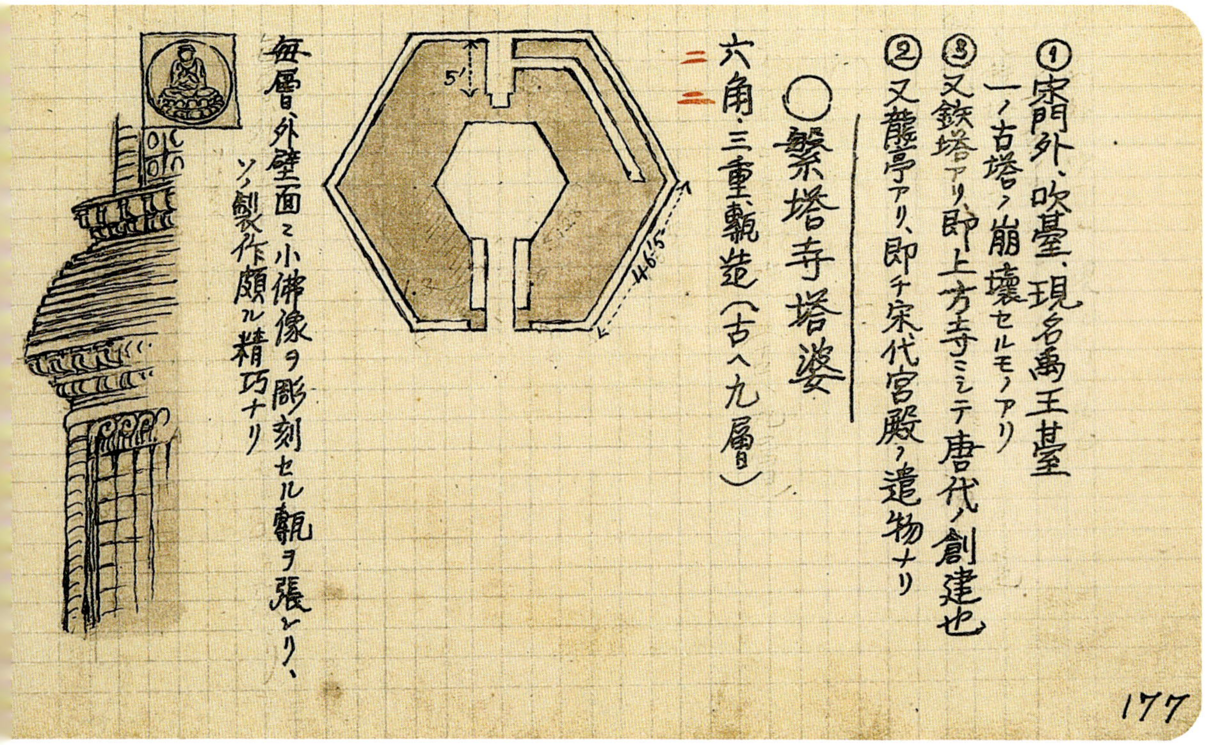
①宋門外、吹臺、現名禹王臺
一ノ古塔ノ崩壊セルモノアリ
②又鉄塔アリ、即上方寺ニシテ唐代ノ創建也
③又龍亭アリ、即チ宋代宮殿ノ遺物ナリ
○繁塔寺塔婆
六角、三重甎造（古ハ九層）
二二
5'
46'5
每層外壁面ニ小佛像ヲ彫刻セル甎ヲ張リ、ソノ製作頗ル精巧ナリ
177

177 开封府（3）繁塔寺（1）（8月26日）

城外东南面有一座繁塔寺，寺内的繁塔建造于宋太宗太平兴国二年（977），是一座六角九重的大塔，但在明太祖年间拆除了上面六层。笔者认为，根据现有三层的高度（九丈五尺），可推断出原来的高度。

176 地图第十一号（开封—汜水）

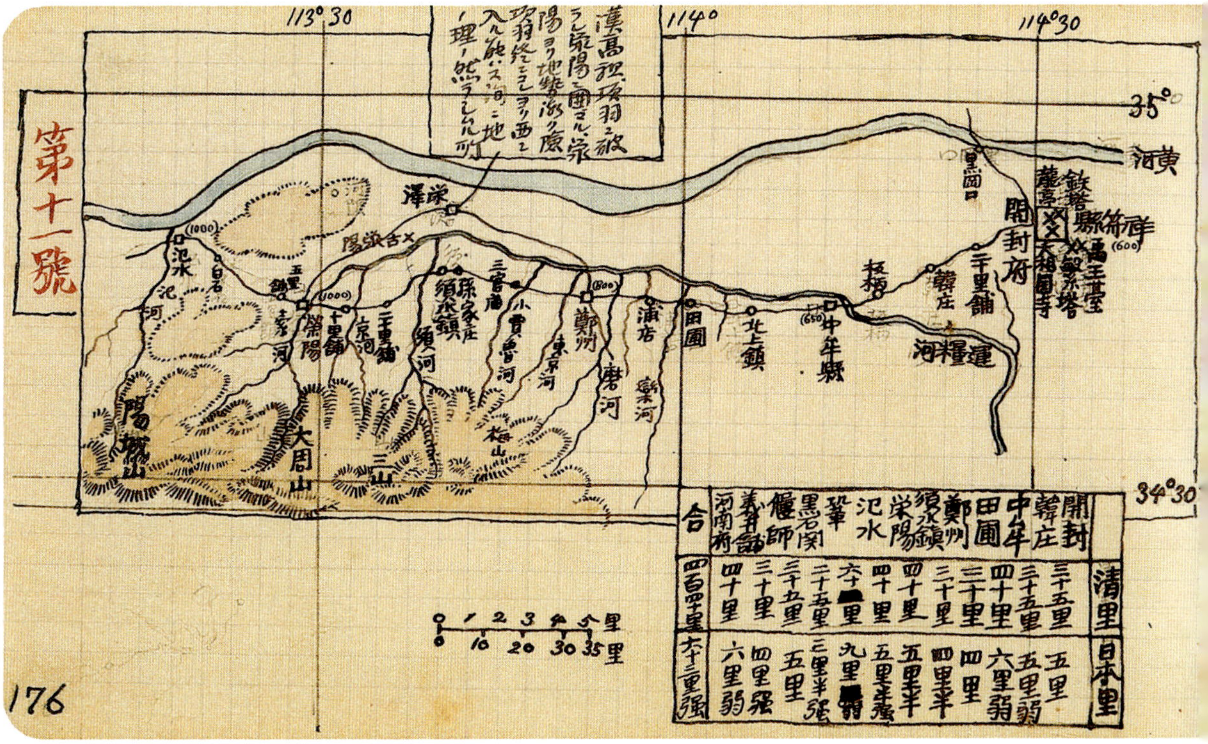
第十一號
176

这座寺在古代被称为相国寺，好像属于汴京时代建筑。不详。
如今看到的是经康熙年间重修过的。
从平面图上来看，古代的材料也都像新的一样。
桂山老和尚是这座寺的开山祖。

178 开封府（4）繁塔寺（2）（8月26日）

与其说繁塔是一座塔，不如说更像一座三层的阁楼。塔内外都布满了砖佛。那些像塔顶相轮一样载着的小塔将九层结构展现出来。

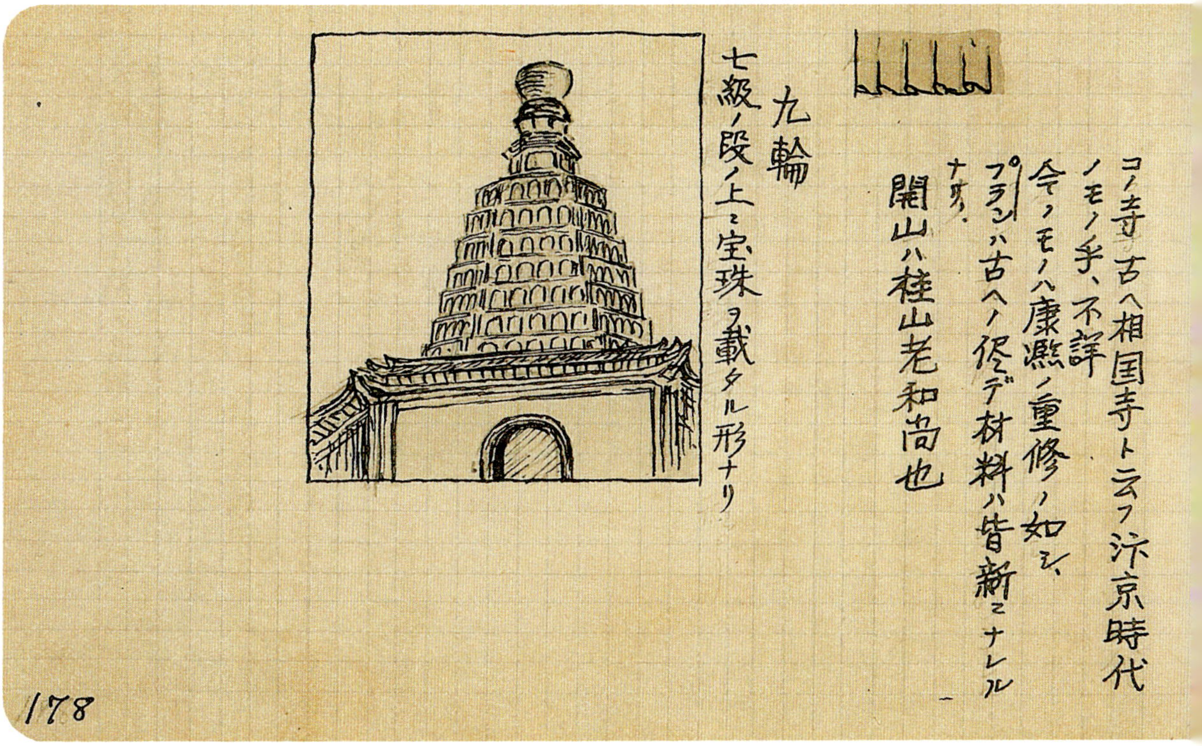
コノ寺ハ古ヘ相国寺トニフ汴京時代ノモノ手、不詳
今ノモノハ康煕ノ重修ノ如シ、
プランハ古ヘノ侭デ材料ハ皆新ニナレルナリ。
開山ハ桂山老和尚也
九輪
七級ノ段ノ上ニ宝珠ヲ載タル形ナリ
178

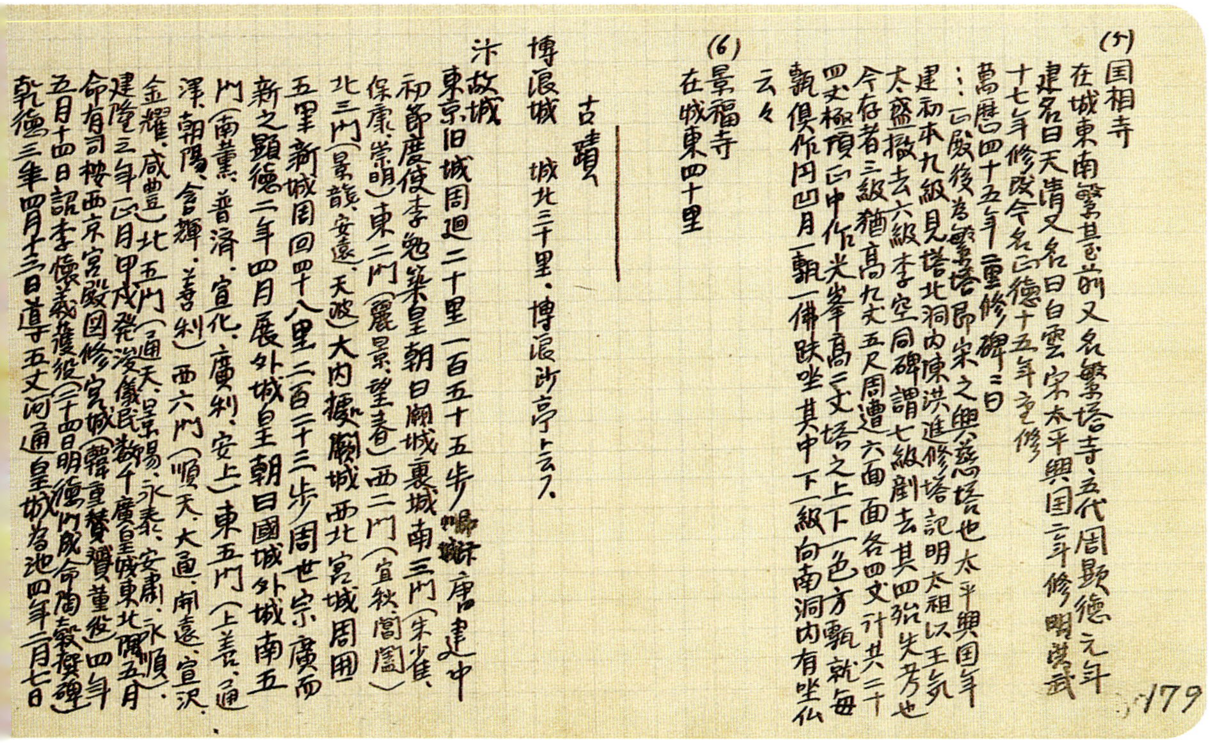

(5)国相寺
在城東南䕶甚古前又名繁塔寺五代周顯徳元年
建名日天清又名日白雲宋太平興国二年修明崇武
十七年修改今名正徳十五年重修
萬暦四十五年重修碑云日
：正殿後為繁塔即宋之興慈塔也太平興国年
建初本九級見塔北洞内陳洪進修塔記明太祖以王気
太盛撤去六級李空同碑謂七級創去其四殆失考也
今存者三級猶高九丈五尺周遭六面面各四丈計共二十
四丈極頂正中作光峯高二丈塔之上下一色方甎就每
甎俱作円凹月一甎一佛趺坐其中下一級向南洞内有坐仏
云々
(6)景福寺
在城東四十里
古蹟
博浪城　城北三十里、博浪沙亭ニ云ノ
汴故城
東京旧城周廻二十里一百五十五歩ノ唐建中
初節度使李勉築皇朝日闕城裏城南三門(宋雀、保康、崇明)東二門(麗景、望春)西二門(宜秋、閶闔)
北三門(景龍、安遠、天波)大内據闕城西北宮城周囲
五里新城周四十八里二百二十三歩周世宗廣而
新之顯徳二年四月展外城皇朝曰國城外城南五
門(南薫、普済、宣化、廣利、安上)東五門(上善、通津、朝陽、含輝、善利)西六門(順天、大通、開遠、宣沢、
金耀、咸豊)北五門(通天、景陽、永泰、安肅、永順)
建隆三年正月甲戌発浚儀民数千廣皇城東北隅五月
命有司按西京宮殿図修宮城([illegible])四年
五月十四日詔李懐義護役(十四日明徳門成命陶穀撰碑)
乾徳三年四月十三日導五丈河通皇城為池四年二月七日

179 开封府（5）府志拔萃（2）（续图174）

相国寺　藏经楼双檐歇山屋顶结构，斗拱是和式风格。

罗汉殿前有一座古碑，年代不详（大致属于唐宋年间建筑）。

罗汉殿　周围有一座八角廊亭，罗汉像置于其中，中央有一个八角厅堂，里面安放着千手观音像。

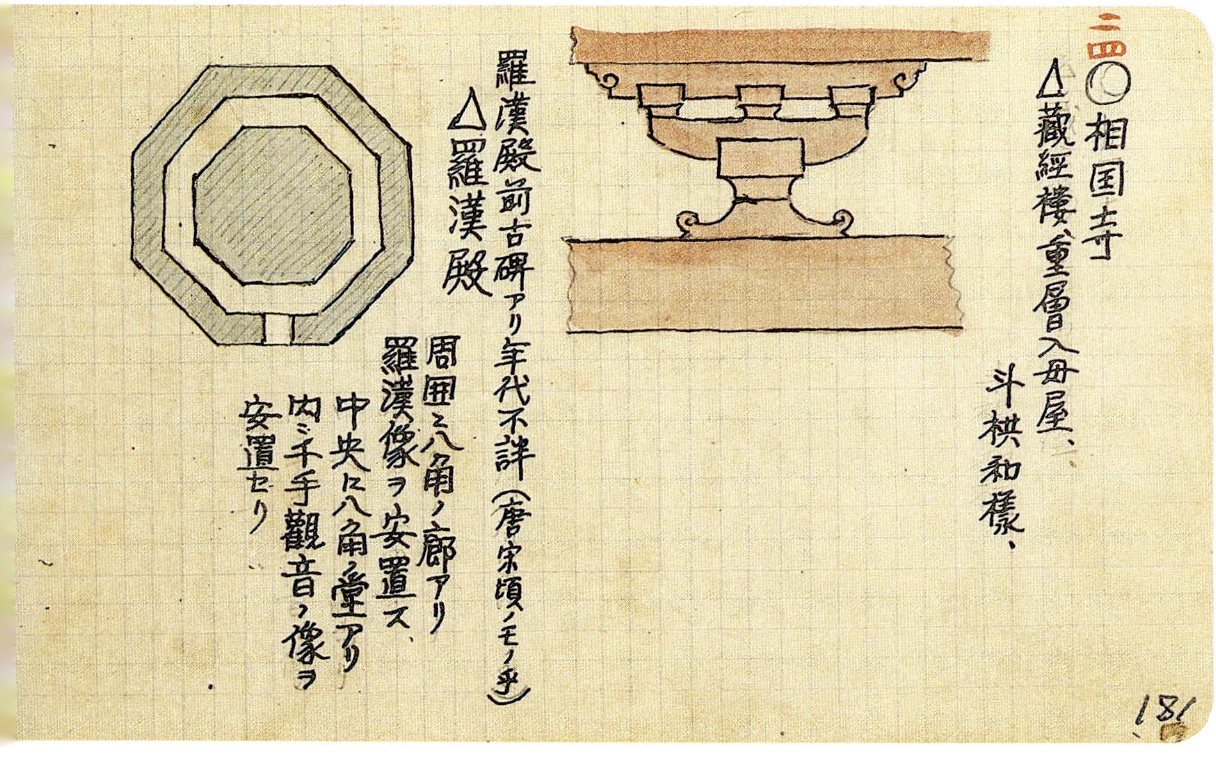

181 开封府（7）相国寺（1）（8月27日）

相国寺修建于齐天保六年（555），最初叫建国寺，唐景云二年（711）更名为相国寺。其宏伟的寺庙将建筑的美感完美体现，使其出类拔萃，卓而不凡。

180 开封府（6）府志拔萃（3）

开封是一座古都，从战国时期的魏国开始，五代的梁、晋、汉、周等都定都开封。到了宋代，开封作为汴京达到了繁华的鼎盛时期。

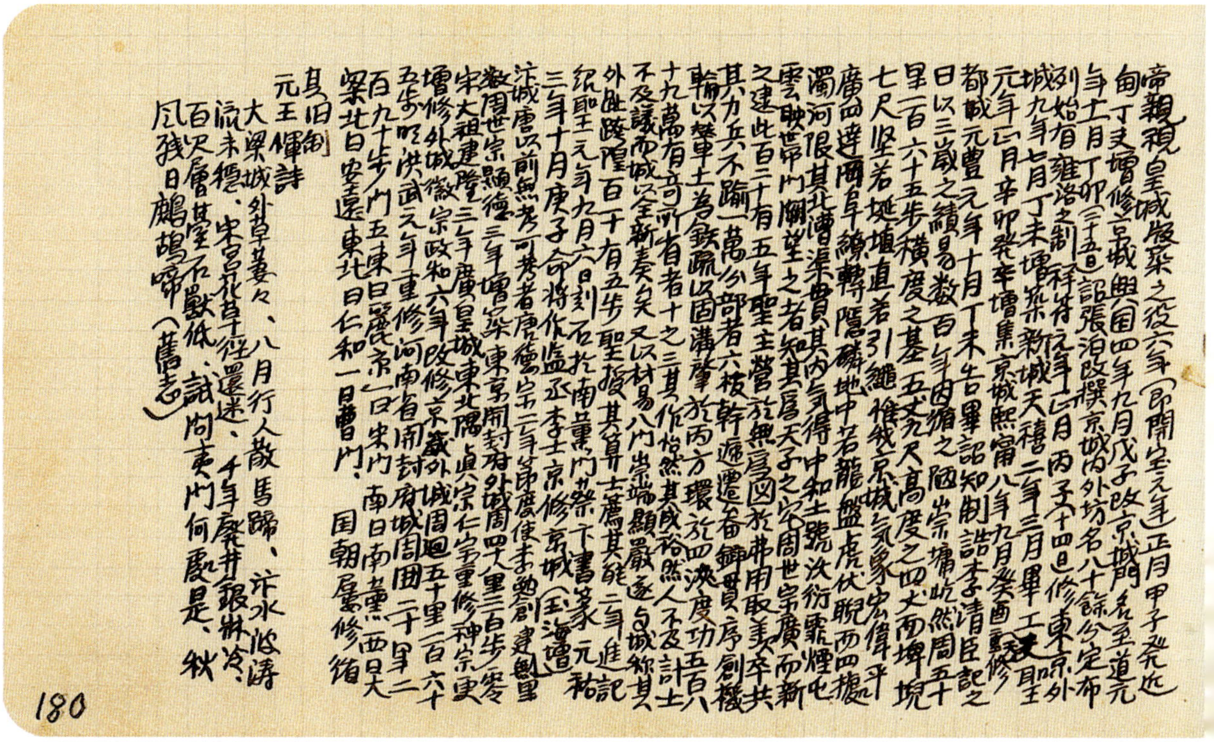
180

大雄宝殿 面阔七间、进深六间，双檐歇山屋顶结构。前面窗扉上的栏间斗拱、格狭门形内的空雕、花纹、肘木等制作都非常精美。

内部色彩甚为鲜艳，斗拱的制作尤为奇特。

天王殿 殿内有四大天王雕像，有显著不同，年代较为久远。

182 开封府（8）相国寺（2）（8月27日）

罗汉殿又被称为八角殿，中央的千手千脚观音像是乾隆年间的作品，是一尊银杏木雕像，也是一尊极为珍贵的四佛像。

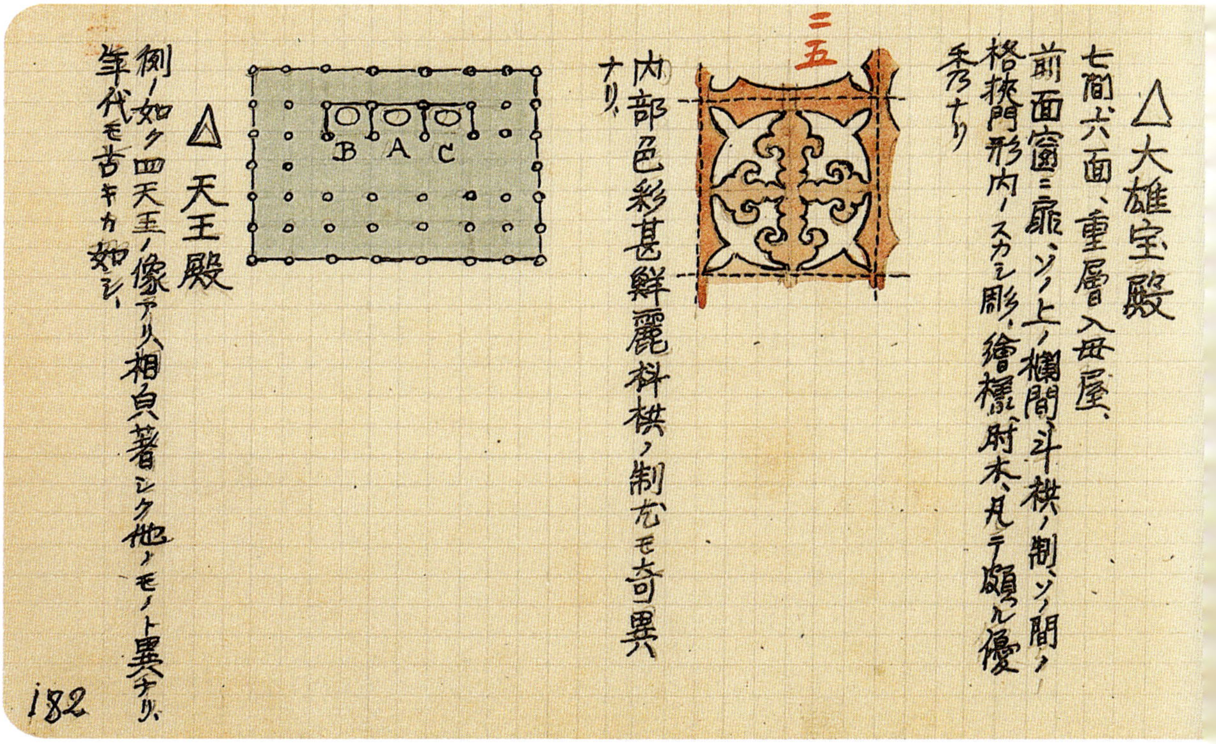
△大雄宝殿
七間六面、重層入母屋、
前面窗ニ扉、ソノ上ノ欄間斗栱ノ制、ソノ間ノ
格狭門形内ノ透彫、繪様肘木凡テ頗ル優
秀ナリ
二五
内部色彩甚鮮麗枓栱ノ制モ奇異ナリ
△天王殿
例ノ如ク四天王ノ像アリ、相貌著シク他ノモノト異ナリ、
年代モ古キカ如シ
B A C
182

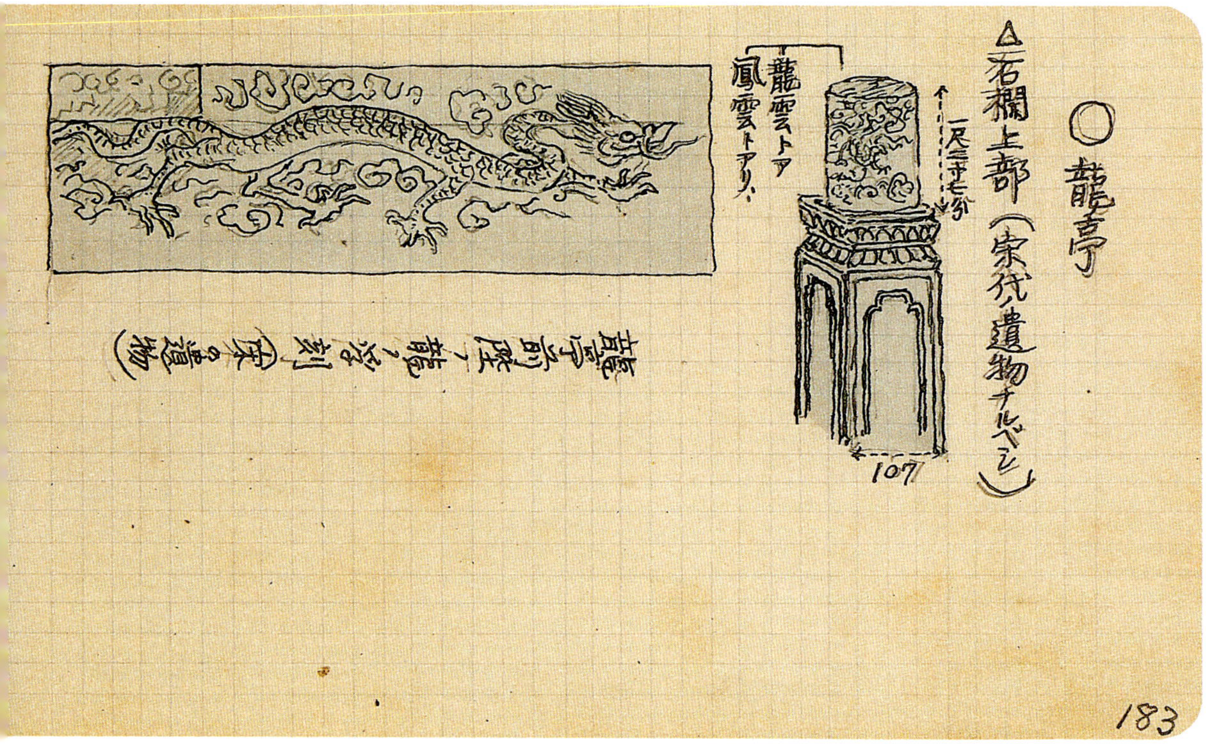

183开封府（9）龙亭（8月27日）

龙亭是宋朝宫殿的遗址。宋朝故宫由一整片原野和池塘改造而成，但如今只留下了龙亭遗址，如图所示是宋朝的遗物。

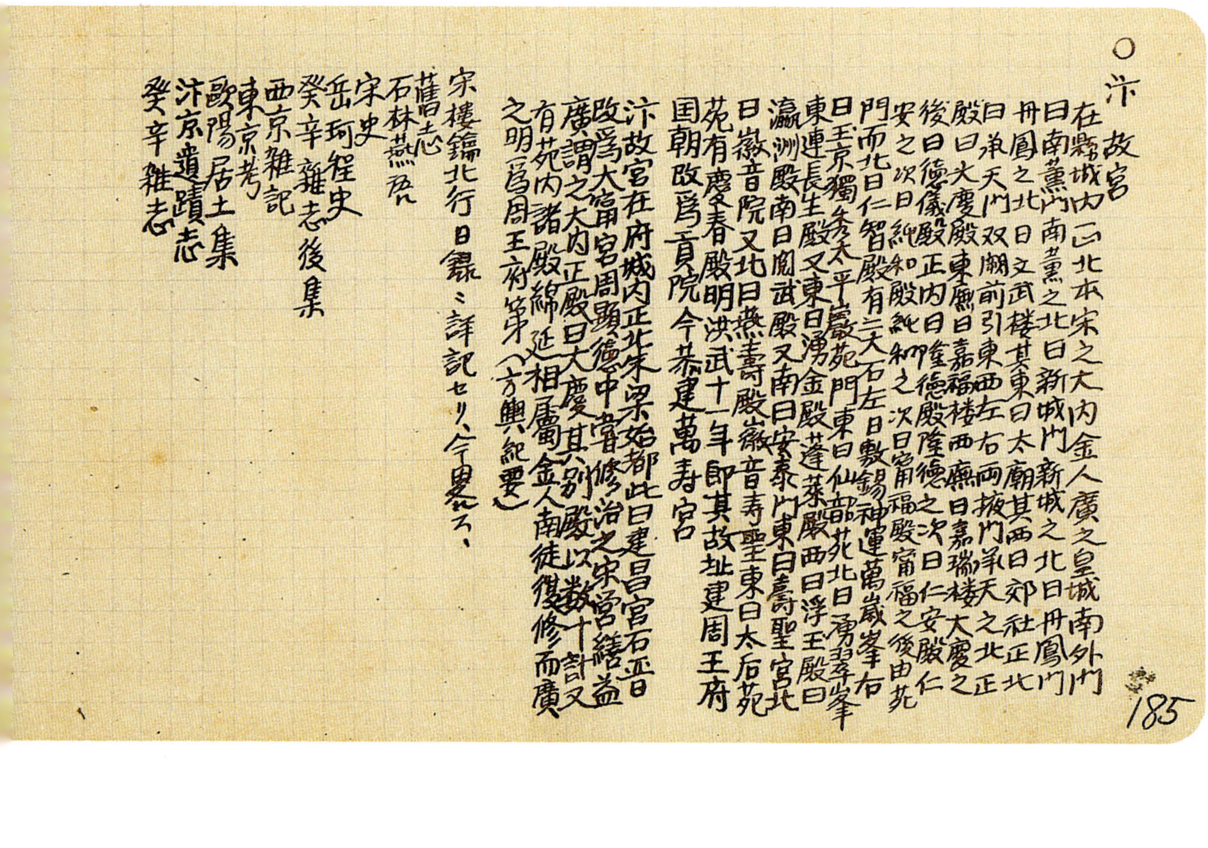

185开封府（11）府志拔萃（4）（接图180，续图187）

宋朝汴京繁华的景象可以通过《清明上河图》和《东京梦华录》上的绘画和记载来了解。

铁塔 十三层、瓦制、外部铺着各种琉璃瓦片，画着佛像、枯草等图案。内有一座洪武二十九年的铭碑，顶盖好像在这一时期被重修过。九轮造型极为简单，上面镶有宝珠。全高约为二百尺。

184
开封府（10）铁塔（8月27日）
祐国寺（开宝寺）的塔通常被称为铁塔，这是一座八角十三层的琉璃塔，因其色彩为铁色而得名。表面覆盖的琉璃砖中有佛龛砖、飞天砖等五十余种图案。

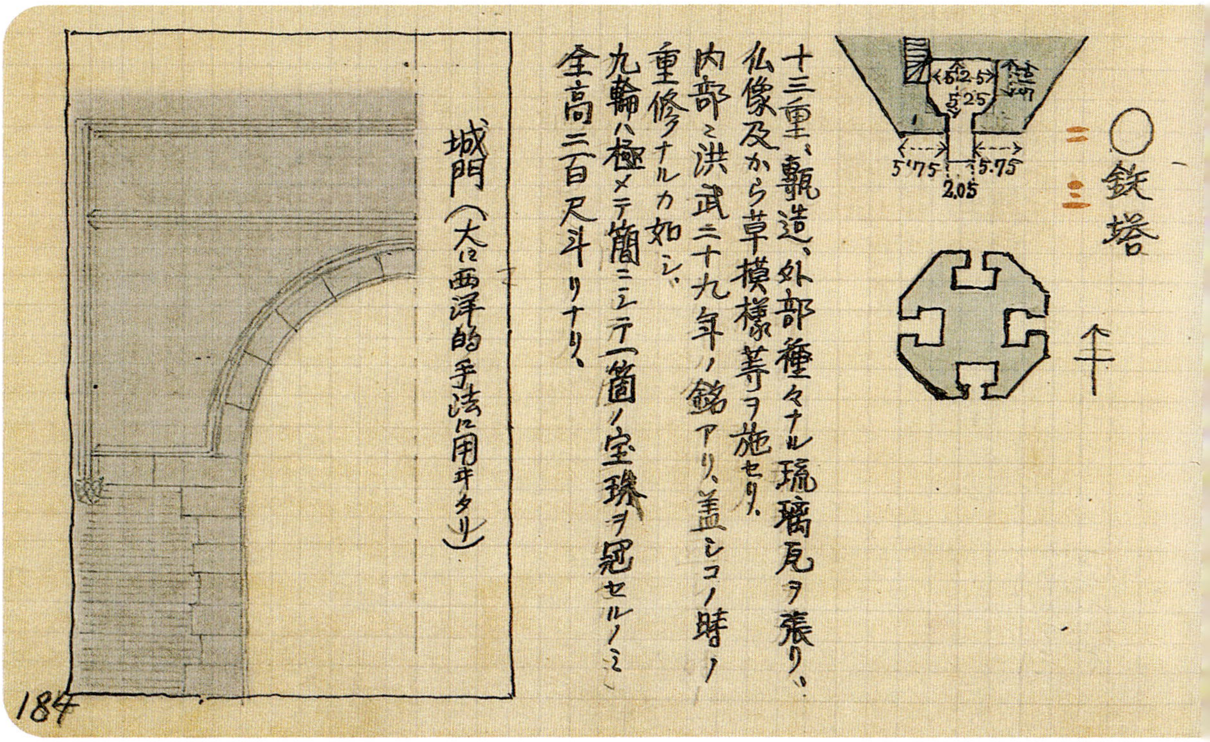
○鉄塔
十三重、甎造、外部ニ種々ナル琉璃瓦ヲ張リ、
仏像及から草模様等ヲ施セリ。
内部ニ洪武二十九年ノ銘アリ、蓋シコノ時ノ
重修ナルカ如シ、
九輪ハ極メテ簡ニシテ一箇ノ宝珠ヲ冠セルノミ
全高二百尺斗リナリ、
城門（大ニ西洋的手法ヲ用ヰタリ）
184

开封大学堂

教授温世珍、庄允中。这两人教中国人英语。课程除中国文学外还有初级英语、数学（连微积分都有）、博物学、数理化等。没有聘请外国人，使用翻译书籍，连微积分都有中国翻译的书籍。据说从汉代开始就有犹太人来到中国，宋朝时在开封的犹太教被发扬光大，现在还有当时的犹太教遗址。开封市内的房檐非常结实，博风上还有如左图所示图案。幅挟板并列而置。

186
开封府（12）开封大学堂（8月28日）
日志记载：开封有一座犹太教堂，虽然遗迹未能保留下来，但听说还有一座刻着犹太文字的石碑。（我们）试图寻找，但却未能找到。8月28日（我们）访问了大学堂。

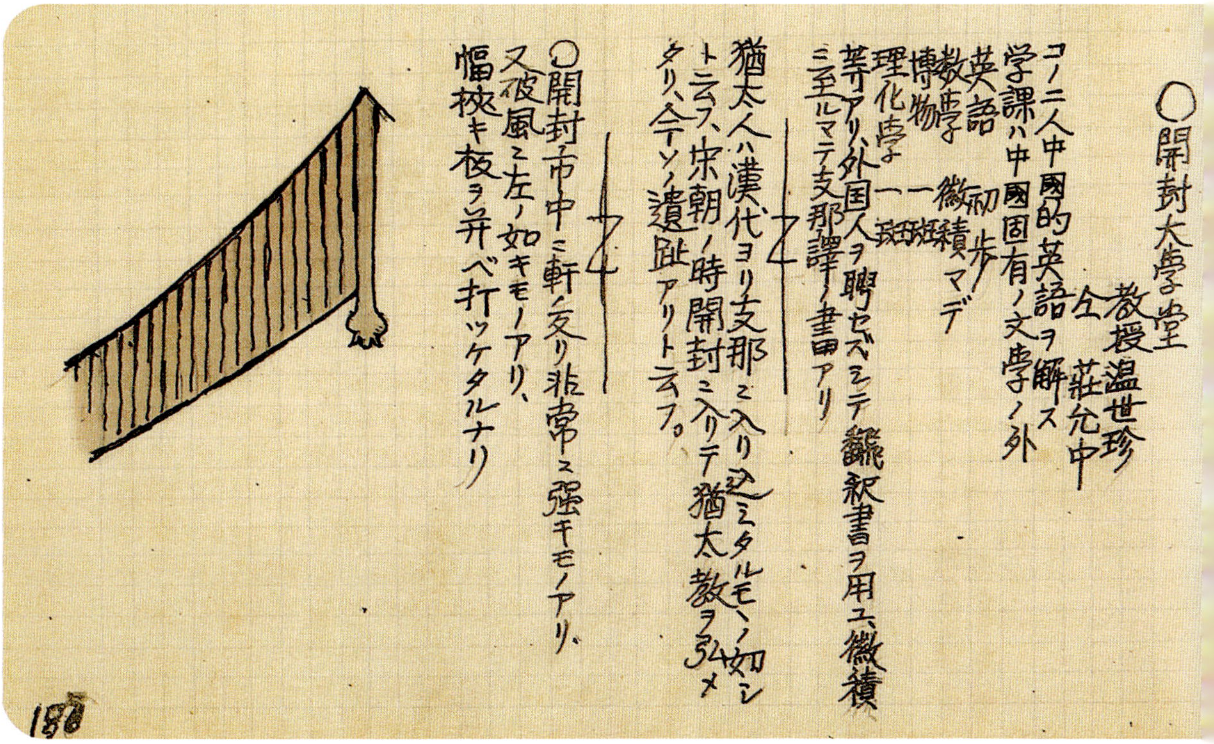
○開封大學堂
教授 温世珍
仝 莊允中
コノ二人中國的英語ヲ解ス
学課ハ中國固有ノ文學ノ外
英語
数学
博物
理化学
等アリ、外国人ヲ聘セズシテ飜訳書ヲ用ユ、微積
ニ至ルマデ支那譯ノ書アリ
猶太人ハ漢代ヨリ支那ニ入リ込ミタルモノノ如シ
トイフ、宋朝ノ時開封ニ入リテ猶太教ヲ弘メ
タリ、今ソノ遺趾アリトイフ。
○開封市中ニ軒ノ交リ非常ニ強キモノアリ、
又破風ニ左ノ如キモノアリ、
幅挾キ板ヲ弁ベ打ツケタルナリ
186

187 开封府（13）府志拔萃（5）（续图 185）

信陵君是战国时期四君子（孟尝君、平原君、春申君、信陵君）之一。是魏国魏昭王之子，传说他养着食客三千。

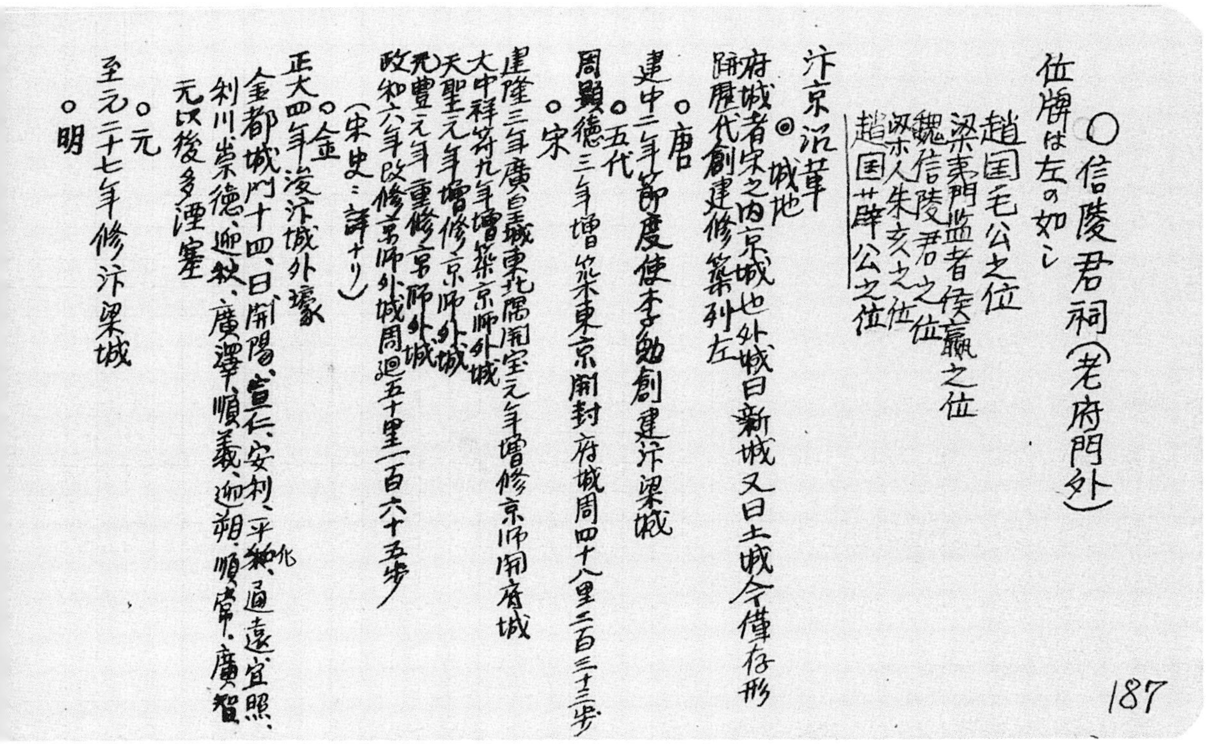

○信陵君祠（老府門外）
位牌は左の如し
趙国毛公之位
梁東門監者侯嬴之位
魏信陵君之位
梁人朱亥之位
趙国薛公之位
汴京沿革 ◎城池
府城者宋之内京城也 外城曰新城 又曰土城 今僅存形
跡 歴代創建修築列左
○唐
建中二年節度使李勉創建汴梁城
○五代
周顕徳三年増築東京開封府城周四十八里二百三十三歩
○宋
建隆三年廣皇城東北隅 開宝元年増修京師開府城
大中祥符九年増築京師外城
天聖元年増修京師外城
元豊元年重修京師外城
政和六年改修京師外城周廻五十里一百六十五歩
（宋史ニ詳ナリ）
○金
正大四年浚汴城外壕
金都城門十四、曰開陽、宣仁、安利、平化、通遠、宜照、利川、崇徳、迎秋、廣澤、順義、迎朔、順常、廣智
元以後多湮塞
○元
至元二十七年修汴梁城
○明

187

郑州　郑州城周围约十二里，人口约二万。

兴国寺　宋朝的石幢已经坍塌，不见踪迹。大雄宝殿内有三尊佛像，中间一尊佛像背光的形状十分有趣。

189 中牟　兴国寺（8月30日）

（我们）在中牟县城参观了兴国寺，但并没有县志中提到的石幢。县城南面的寿胜寺内有两座十丈左右的塔，因此也被称为双塔寺。另外还有一些比较有趣的地方，但都没时间去。

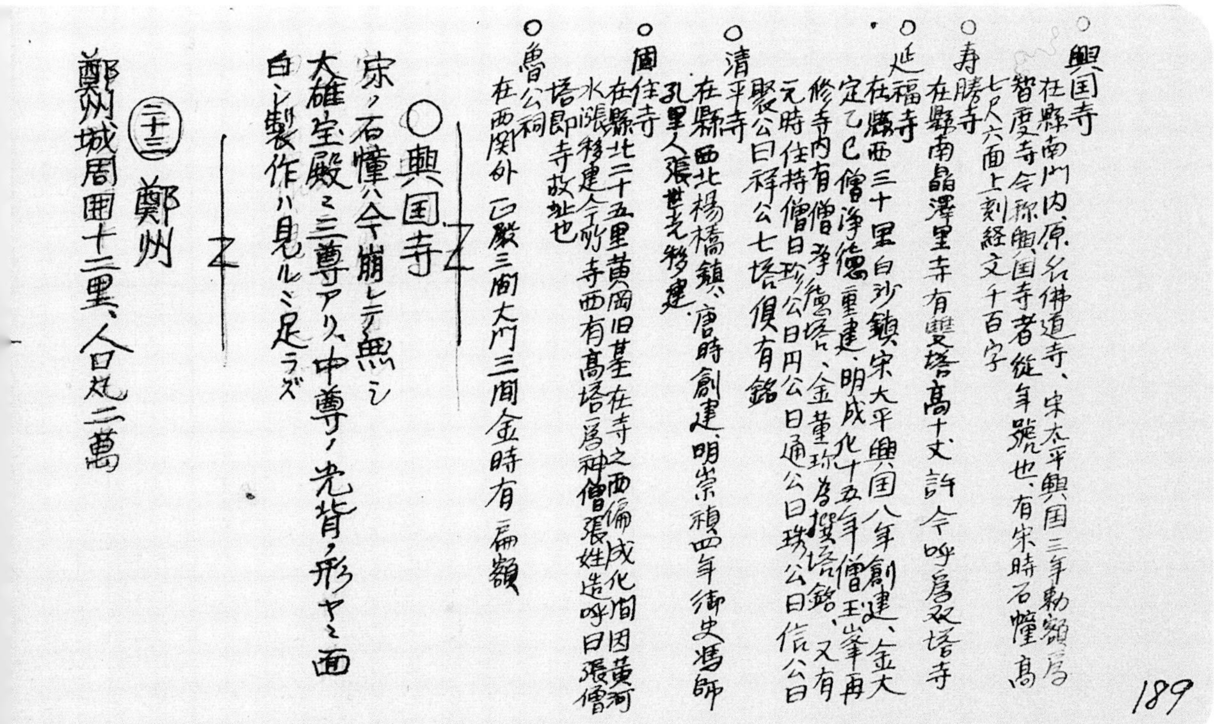

○興国寺
在縣南門内 原名佛道寺 宋太平興国三年勅額爲
智度寺 今稱興国寺者 從年號也 有宋時石幢高
七尺 六面上刻経文千百字
○寿勝寺
在縣南晶澤里 寺有雙塔 高十丈許 今呼爲双塔寺
○延福寺
在縣西三十里白沙鎮 宋大平興国八年創建 金大
定乙巳僧浄徳重建 明成化十五年僧玉峯再
修 寺内有僧澄徳塔 金董琢爲撰塔銘 又有
元時住持僧曰珍公 曰円公 曰通公 曰琰公 曰信公 曰
聚公 曰祥公 七塔 俱有銘
○清平寺
在縣西北楊橋鎮 唐時創建 明崇禎四年御史馮師
孔里人張世光移建
○圓住寺
在縣北二十五里黄岡 旧基在寺之西偏 成化間因黄河
水漲 移建今所 寺西有高塔 爲神僧張姓造 呼曰張僧
塔 即寺故址也
○魯公祠
在西関外 正殿三間 大門三間 金時有扁額
○興国寺
宋ノ石幢ハ今崩レテ無シ
大雄宝殿ニ三尊アリ、中尊ノ光背ノ形ヤヽ面
白シ 製作ハ見ルニ足ラズ
（二十三）鄭州
鄭州城周囲十二里、人口凡二萬

189

188 开封府（14）府志拔萃（6）

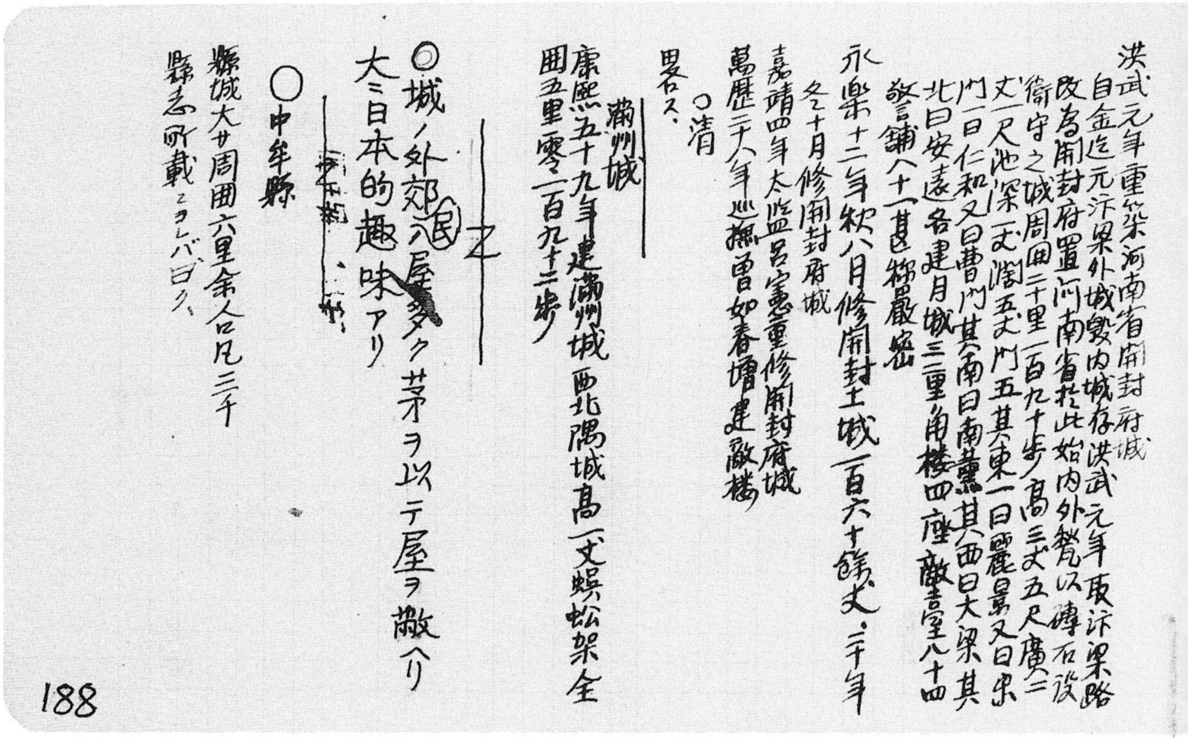
洪武元年重築河南省開封府城
自金迄元汴梁外城數内城存洪武元年取汴梁路
改為開封府置河南省於此始内外甃以磚石設
衛守之城周囲二十里一百九十歩高三丈五尺廣二
丈一尺池深一丈闊五丈門五其東一日麗景又日宋
門一日仁和又日曹門其南日南薫其西日大梁其
北日安遠各建月城三重角楼四座敵臺八十四
警舗八十一甚称嚴密
永楽十二年秋八月修開封土城一百六十餘丈二千年
冬十月修開封府城
嘉靖四年太監呂憲重修開封府城
萬歴二十八年巡撫曾如春増建敵楼
思召ス
○清
滿州城
康熙五十九年建滿州城西北隅城高一丈蜈蚣架全
囲五里零一百九十二歩
○城ノ外郊ノ民屋多ク茅ヲ以テ屋ヲ蔽ヘリ
大ニ日本的趣味アリ
○中牟縣
縣城大廿周囲六里余合凡三千
縣志所載ニヨレバ旦ク
188

还有一座八角十三层塔，最上面的两层已经坍塌，属于砖造结构，大小形状与延津、卫辉差不多。

开元寺，万胜幢
铭文中有“至天成三年”的字样。

190 郑州（1）开元寺（8月30日）

郑州有一座名为开元寺的古建筑，内有一座八角十三层的塔。著者在日志中记载，这座万胜幢很有可能是唐朝遗留下来的。

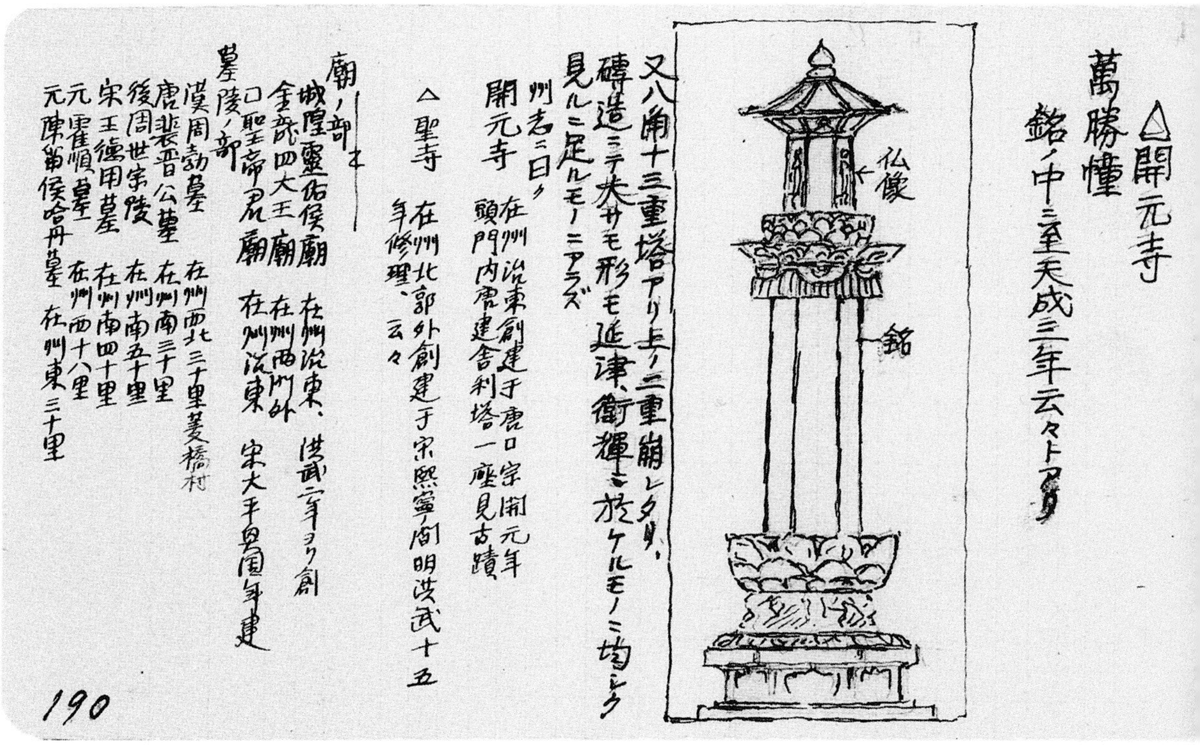

△開元寺
萬勝幢
銘ノ中ニ至天成三年云々ト有リ
又八角十三重塔アリ上ノ二重崩レタリ
磚造ニテ大サモ形モ延津、衛輝ニ於ケルモノニ均シク
見ルニ足ルモノニアラズ
州志ニ日ク
開元寺　在州治東創建于唐口宗開元年
頭門内唐建舎利塔一座見古蹟
△聖寺　在州北郭外創建于宋熙寧間明洪武十五
年修理、云々
廟ノ部
城隍靈佑侯廟　在州治東、洪武二年ヨリ創
金龍四大王廟　在州西門外
口聖帝君廟　在州治東　宋大平興国年建
墓陵ノ部
漢周勃墓　在州西北三十里菱橋村
唐裴晋公墓　在州南三十里
後周世宗陵　在州南五十里
宋王德用墓　在州南四十里
元霍順墓　在州西十八里
元康侯哈丹墓　在州東三十里
190

河南省

191郑州（2）附近的农家（8月30日）

从中牟出发去往郑州的途中，仅靠毛豆、高粱、地瓜充饥。由于连日的阴雨天气，路上仿佛变成了河流，水深足以淹没过马腹部。

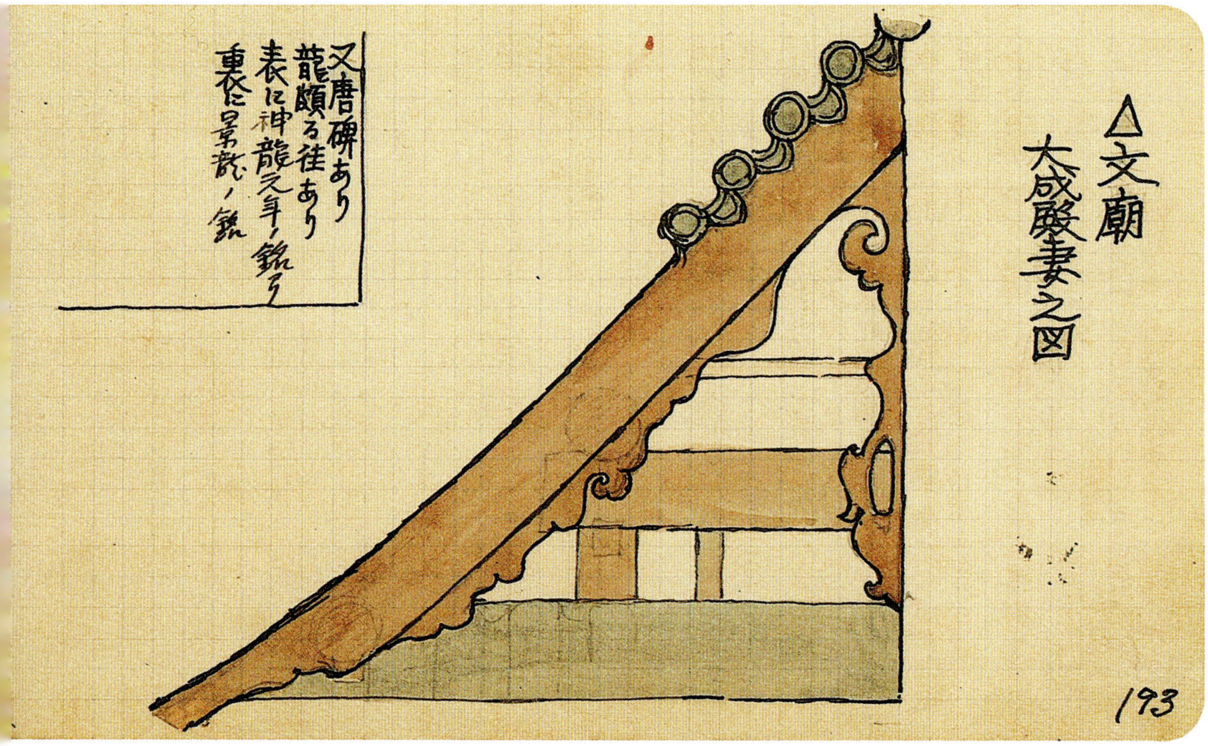

193荥阳（2）文庙（8月31日）

荥阳城文庙（孔子庙）内有一座古碑，石碑表面铭文中的神龙元年即705年，内部铭文中的景龙二年即708年，相当于日本的和铜元年。石碑上的龙新颖独特，让人感到雄壮有力。

荥阳县 城周围约五里三十步，人口有三千七百三十四人。县衙大门内有一座石碑。在一座名为汉碑亭的庭院中。

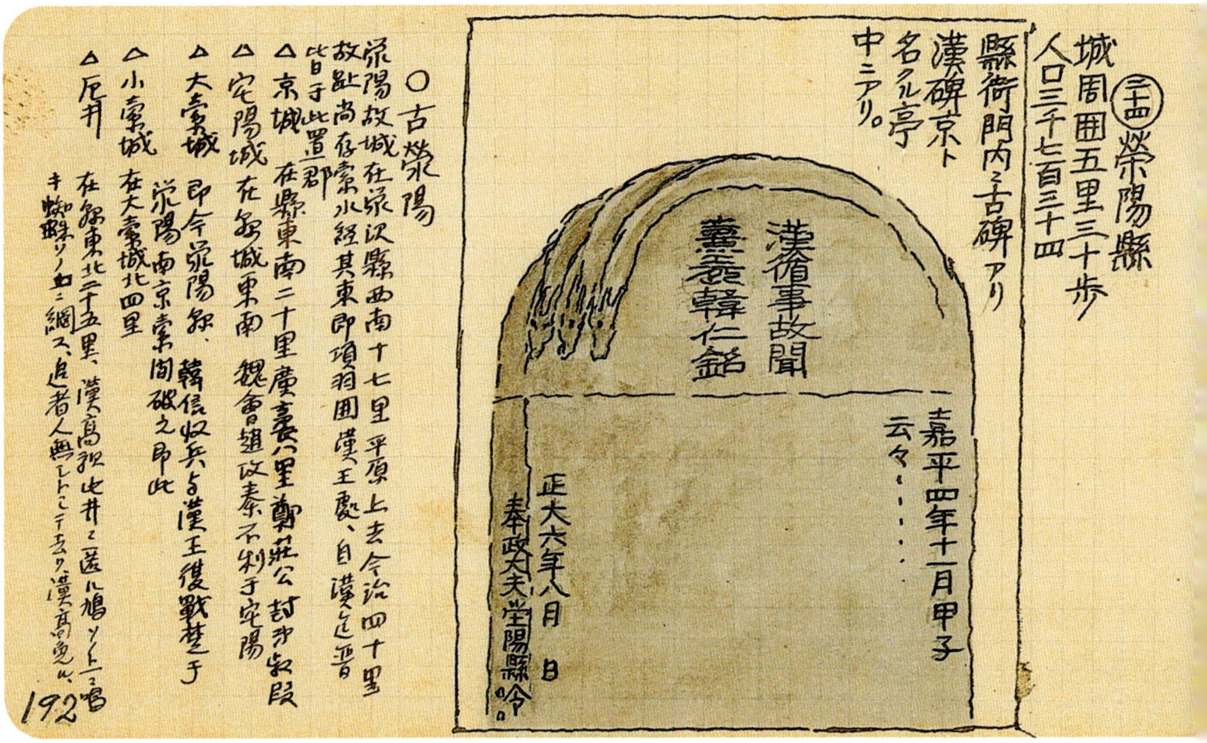
㉞榮陽縣
城周囲五里三十歩
人口三千七百三十四
縣衙門内ニ古碑アリ
漢碑亭ト名クル亭中ニアリ。
嘉平四年十一月甲子
云々
正大六年八月 日
○古榮陽
192

192 **荥阳（1）汉碑亭（8月31日）**

汉碑亭中古碑的上半部分刻着一条古拙的龙。铭文中的『正大六年』相当于公历1229年，左边的内容是从县志中摘录出来的。

等慈寺 有一块“显庆四年岁次已来八月乙口朔十五”字样的石碑。石碑上的龙精美绝伦，碑侧面也有一些图案。碑厚一尺八寸五分。宽五尺三寸，高二丈。

汜水县 汜水又被称为虎牢关。这里有一座等慈寺，建于唐朝，寺内有一座唐太宗题写的等慈寺碑。汜水县城周边约有二百余户人家，约一千余人。

城池 始建于后魏。明洪武二年、天顺三年修建了寺院。

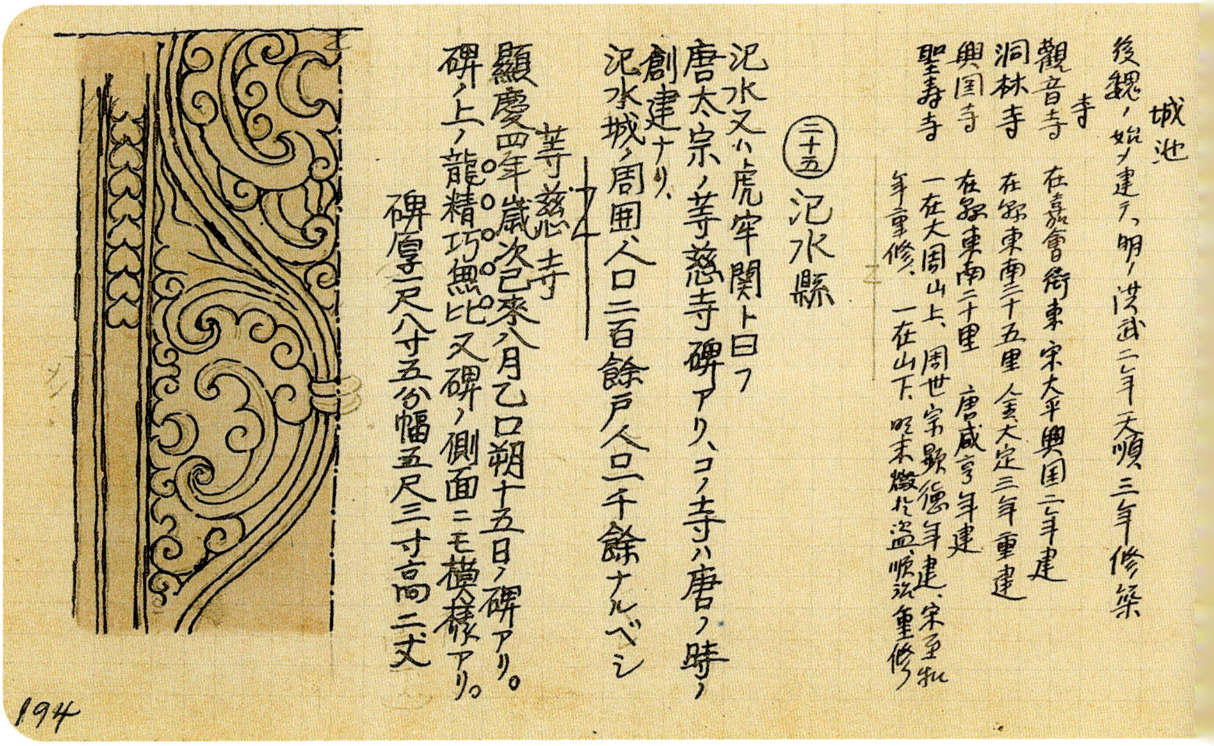
城池
後魏ノ始メ建テ、明ノ洪武二年、天順三年修築
觀音寺
洞林寺
興国寺
聖壽寺
㉟汜水縣
汜水又ハ虎牢關ト曰フ
唐太宗ノ等慈寺碑アリ。コノ寺ハ唐ノ時ノ創建ナリ。
汜水城ノ周囲人口二百餘戸人口一千餘ナルベシ
等慈寺
顯慶四年歳次己未八月乙口朔十五日ノ碑アリ。
碑ノ上ノ龍精巧無比又碑ノ側面ニモ模様アリ。
碑厚一尺八寸五分幅五尺三寸高二丈
194

194 **汜水（1）（9月1日）**

汜水县是汜水与黄河交汇的地方。从这出发首先是小路，虎牢关是进入洛阳盆地的关口。从城北的小丘上眺望，景致的确美不胜收，地形雄伟大概就是指的这种地方吧。

巩县 城周边有五里地。不超过数百户人家，约六七百人。这里是杜甫的故乡，如今在城东门外还有杜甫祠堂。城内有一座城隍庙，虽然建筑没什么特别，但其莲花池景色秀美。

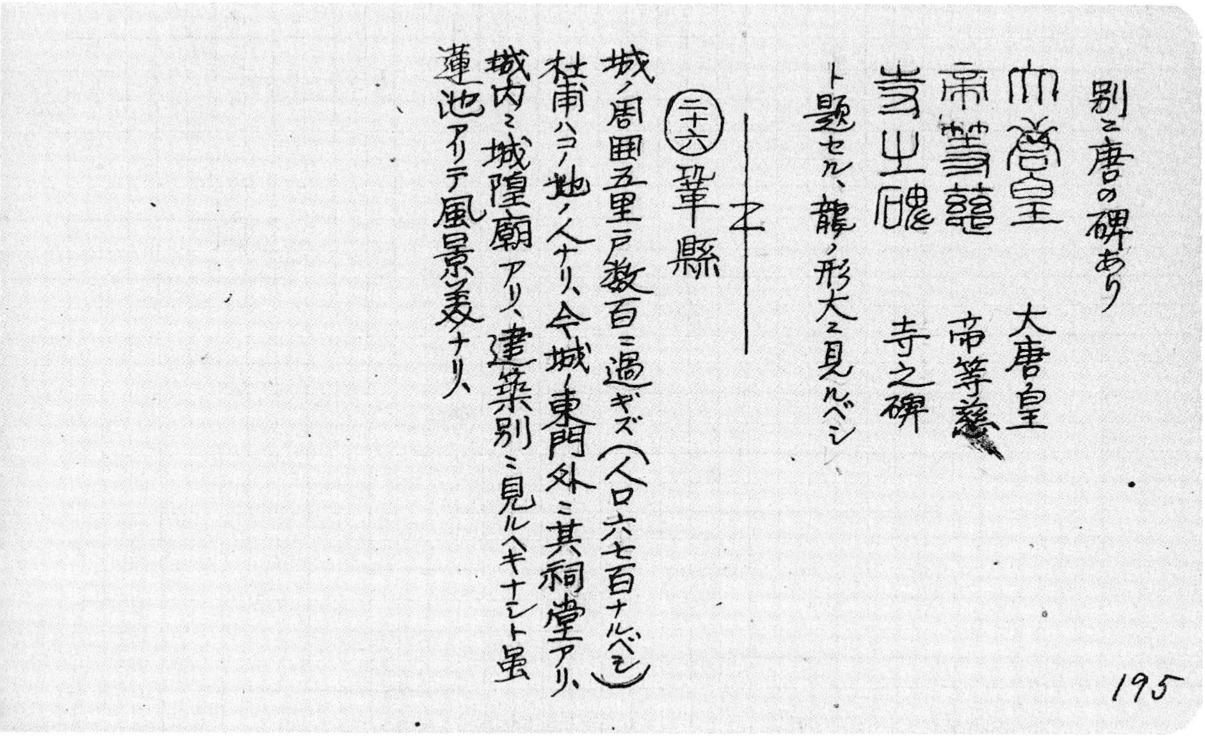
別ニ唐の碑あり
大唐皇
帝等慈
寺之碑
ト題セル、龍ノ形大ニ見ルベシ、
(二十六) 鞏縣
城ノ周囲五里戸数百ニ過ギズ(人口六七百ナルベシ)
杜甫ハコノ地ノ人ナリ、今城ノ東門外ニ其祠堂アリ、
城内ニ城隍廟アリ、建築別ニ見ルベキナシト雖
蓮池アリテ風景美ナリ、
195

195 汜水（2）/巩县（1）（9月1日）

城外的等慈寺中有两座石碑，其中一座是刻有显庆四年（659）字样的巨型石碑，上半部分的龙刻得精致无比。第二座石碑年代不详，碑文如图所示，石碑上的龙刻得也是精美绝伦。

197 巩县（2）城内莲池（9月1日）

巩县城隍庙内的建筑没什么特别，但它旁边的一座大莲池以古城堡作为背景，被赞誉为：水清芳华，牌楼立于荷叶中，着实增添几分雅趣。

196 地图第十二号（汜水—河南—铁门）

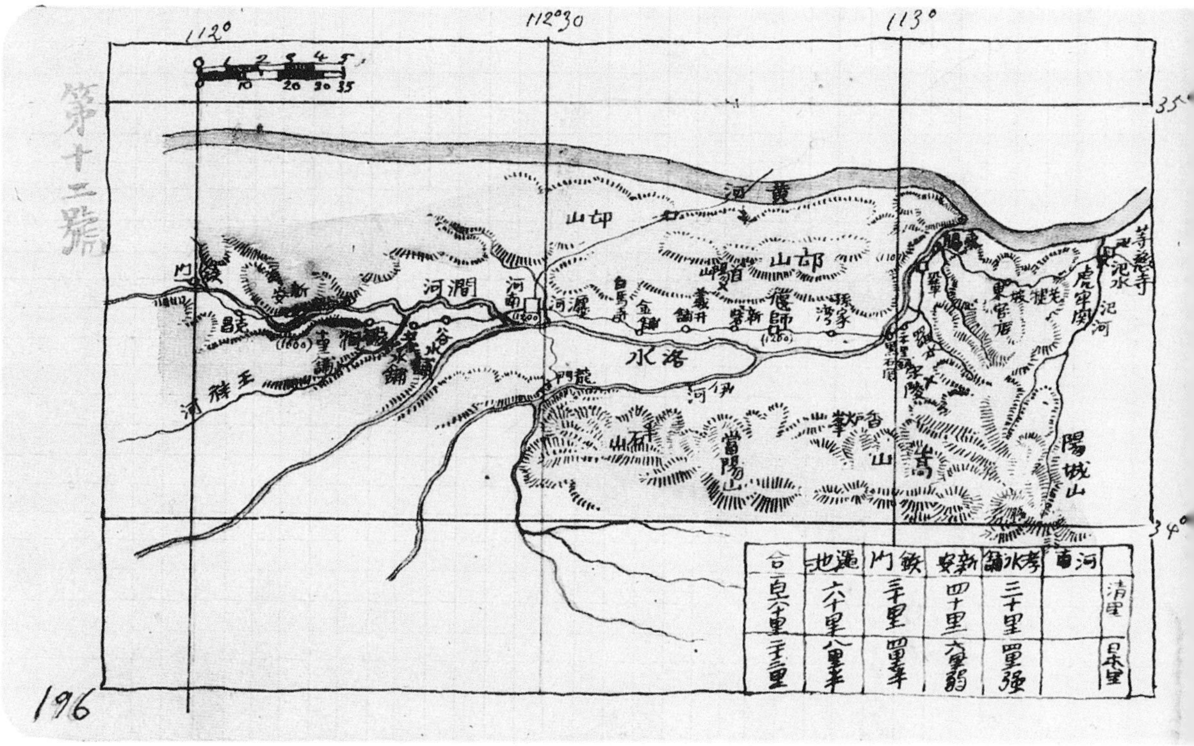

198 巩县（3）山川图（1）

（我们）虽然顺道去了巩县，但却没有时间访问如今被人们熟知的『巩县石窟』。

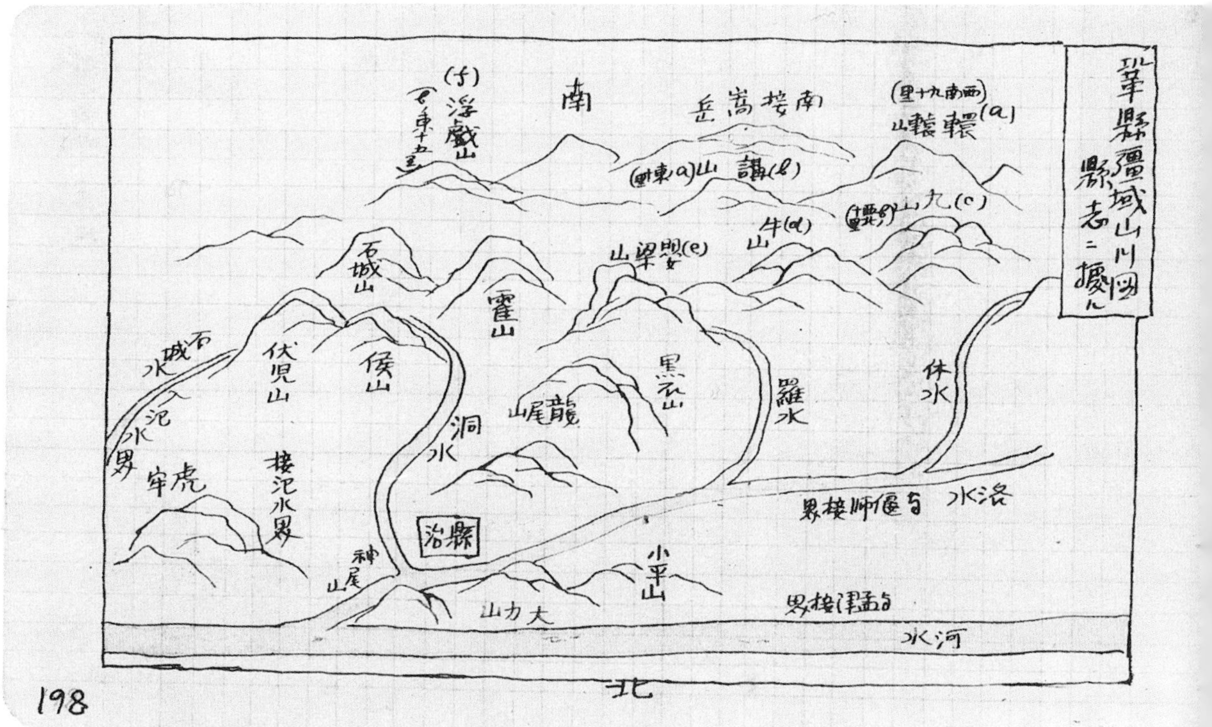

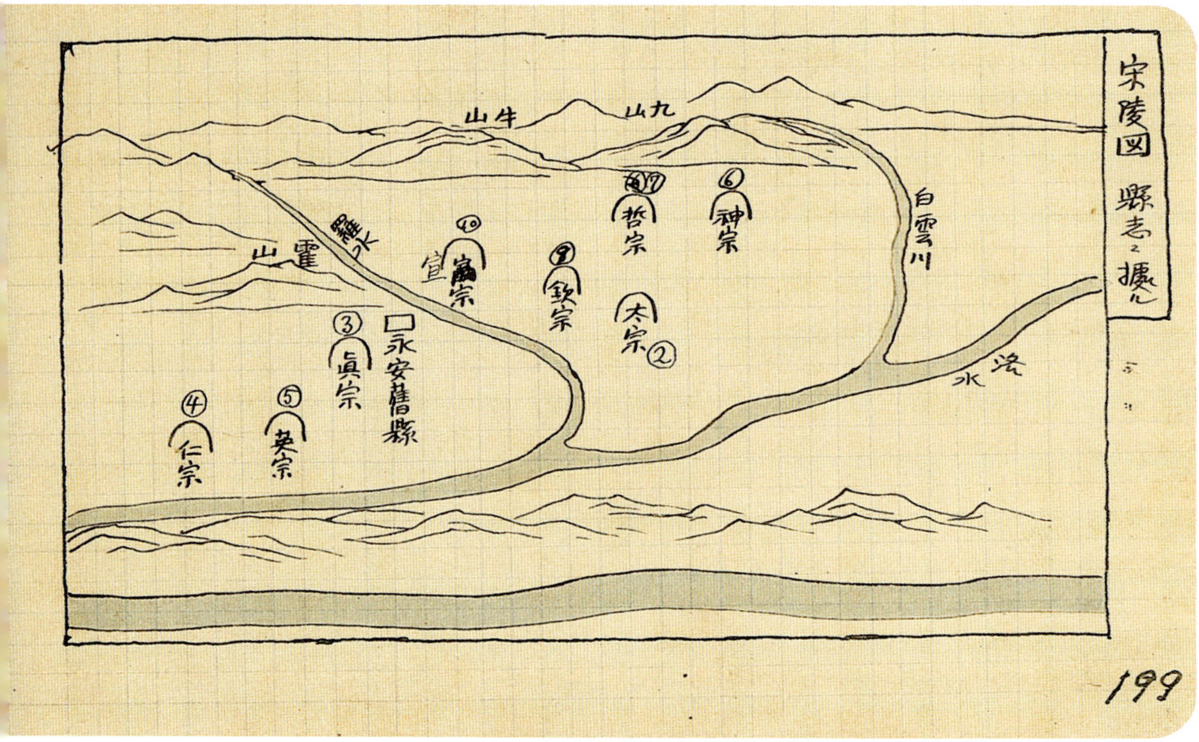

199 巩县（4）山川图（2）

巩县有宋代的陵墓群，埋葬着宋王朝的历代皇帝。序列号表示即位的顺序。

偃师

偃师城东西长三里、南北长二里，约有八百户人家。文庙内古碑众多。

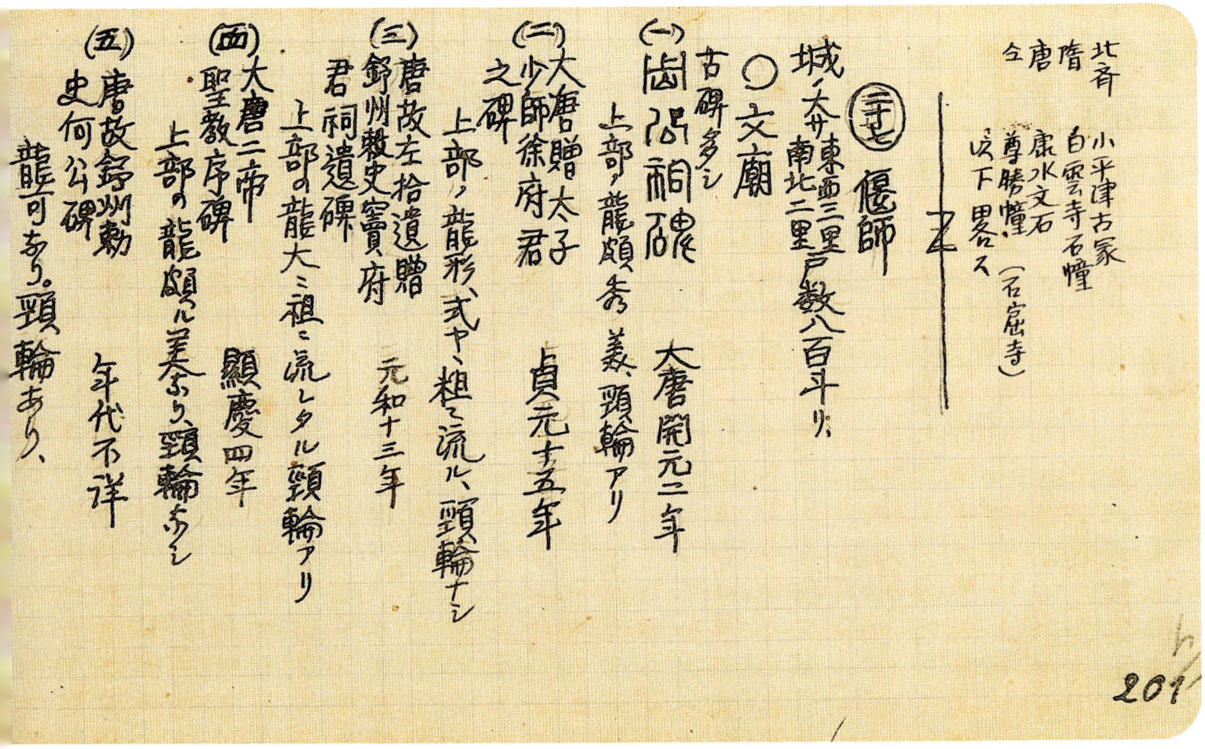

201 偃师（1）文庙古碑（9月3日）

偃师县不愧为殷的都城所在地，古碑众多。县志中记载的陵墓、寺院、金银财宝等也是各式各样。虽然有很多魏、唐、宋年间修建的寺院，但都因为急于离开而未能访问。

京城附近也有山陵，从乾德年间开始就将宣祖陵建于此地。此后，逐渐将（其他皇族）葬在这附近。

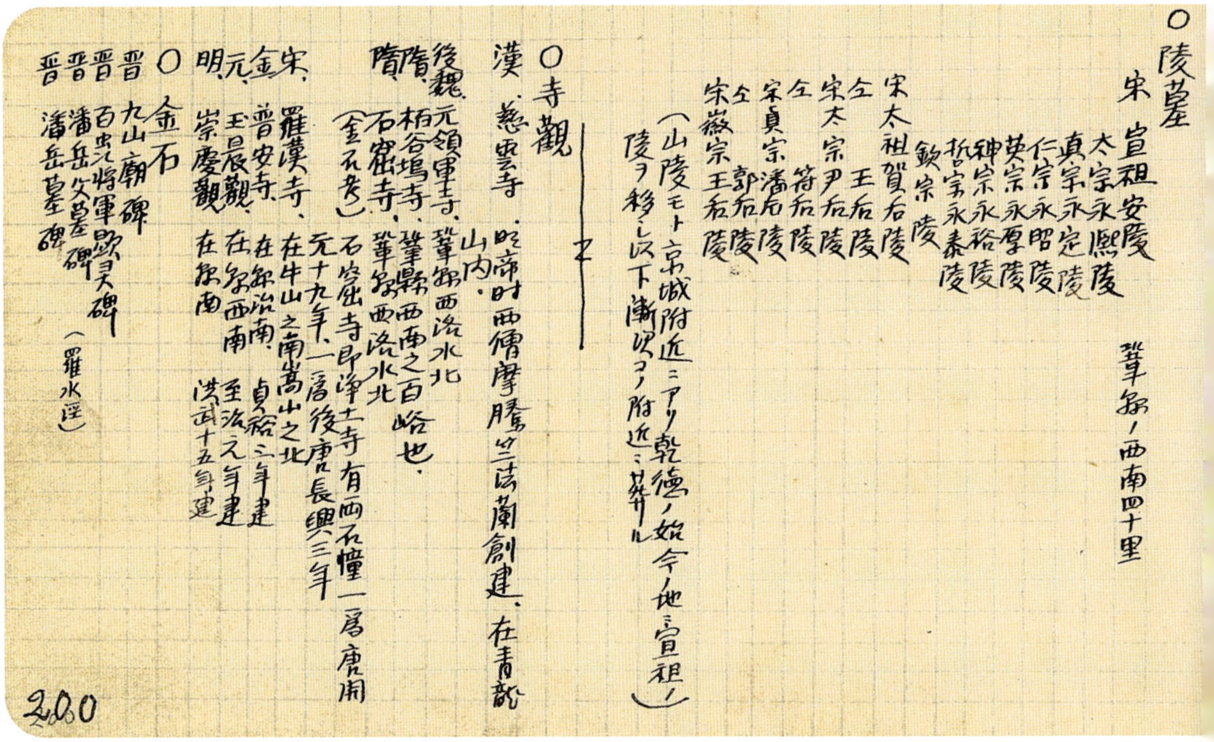

○陵墓
宋 宣祖安陵 鞏縣ノ西南四十里
太宗永熙陵
真宗永定陵
仁宗永昭陵
英宗永厚陵
神宗永裕陵
哲宗永泰陵
欽宗陵
宋太祖賀后陵
仝 王后陵
宋太宗尹后陵
仝 符后陵
宋真宗潘后陵
仝 郭后陵
宋徽宗王后陵
仝
（山陵モト京城附近ニアリ乾德ノ始今ノ地ニ宣祖ノ陵ヲ移シ以下漸次コノ附近ニ葬ル）

○寺觀
漢 慈雲寺 明帝時西僧摩騰竺法蘭創建、在青龍山内。
後魏、元領軍寺、鞏縣西洛水北
隋、栢谷塢寺、鞏縣西南之百峪也、
隋 石窟寺、鞏縣西洛水北
（金石考）石窟寺即淨土寺有西石幢一唐龍朔元十九年、一唐後唐長興三年
宋、羅漢寺、在牛山之南嵩山之北
金、普安寺、在縣治南、貞祐三年建
元、王晨觀、在縣西南 至治元年建
明、崇慶觀 在縣南 洪武十五年建

○金石
晉 九山廟碑
晉 百虫将軍顯靈碑
晉 潘岳父墓碑
晉 潘岳墓碑
（羅水涇）

200

200巩县（5）县志拔萃（9月2日）

听说巩县境内被洛水相隔，对岸有一座石窟寺，与洛阳的龙门结构相同。但未能去进行考察。

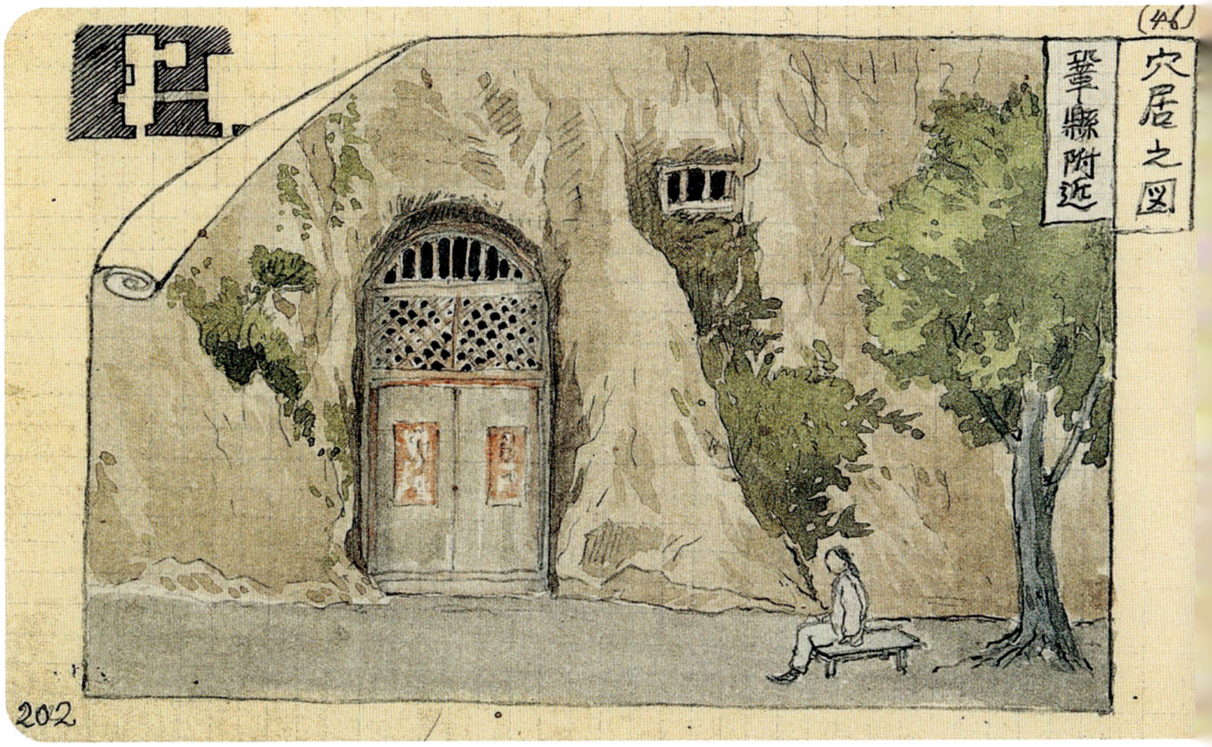

202偃师（2）窑洞图·巩县附近（9月3日）

黄河与洛水交汇处的洛口周围有许多窑洞。大多都是在垂直的粘土岩层上横向挖出一个洞穴，有一个房间的，也有两三个房间的。仅靠入口采光，但也有一些窑洞在高处挖出一个小窗。

河南省

203偃师（3）府志拔萃（1）（9月3日）

日志中记载：『读了从衙门借来的县志，（我）了解了首阳山、香炉峰等许多有名的地方以及古迹，于是（我）开始乐此不疲地写，誊抄也好，日记也罢，或者说是整理笔记也行，总之才开始记点别的事就睡着了。』

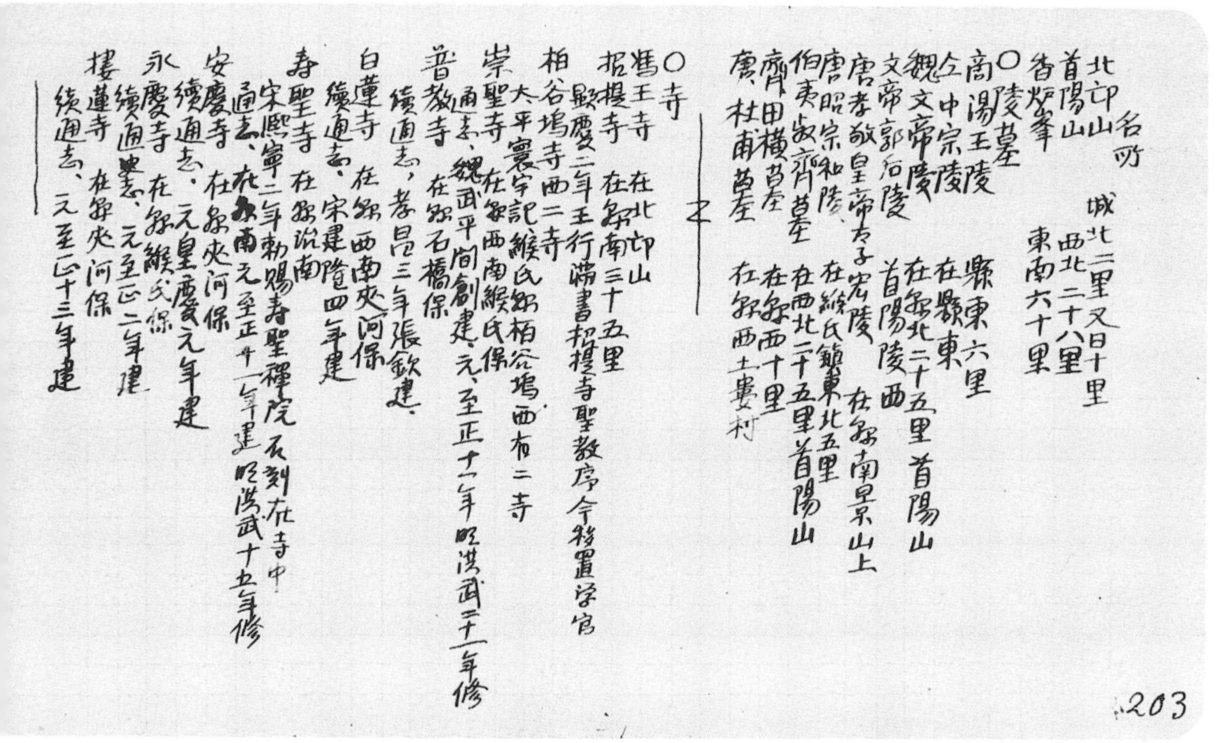

北邙山　名所　城北二里又曰十里
首陽山　西北二十八里
香炉峯　東南六十里
○陵墓
商湯王陵　縣東六里
太中宗陵　在縣東
魏文帝陵　在縣北二十五里首陽山
文帝郭后陵　首陽陵西
唐孝敬皇帝太子恭陵　在縣南景山上
唐昭宗和陵　在緱氏鎮東北五里
伯夷叔齊墓　在西北二十五里首陽山
齊田横墓　在縣西十里
唐杜甫墓　在縣西土婁村
木
○寺
焉王寺　在北邙山
招提寺　在縣南三十五里　顯慶二年王行滿書招提寺聖教序今移置學宮
柏谷塢寺　西二寺　太平寰宇記　緱氏縣柏谷塢西有二寺
崇聖寺　在縣西南緱氏保　通志、魏武平間創建，元至正十一年　明洪武二十一年修
普救寺　在縣石橋保　續通志、孝昌三年張欽建
白蓮寺　在縣西南夾河保　續通志、宋建隆四年建
壽聖寺　在縣治南　宋熙寧二年敕賜壽聖禪院　石刻在寺中　通志、在縣南元至正十一年建　明洪武十五年修
安慶寺　在縣夾河保　續通志、元皇慶元年建
永慶寺　在縣緱氏保　續通史志、元至正二年建
樓蓮寺　在縣夾河保　續通志、元至正十三年建
203

205河南府（1）白马寺（1）（9月4日）（右半部分县志接图224）

白马寺在河南省洛阳城郊外，相传建于东汉明帝永平十年（67），中国建造的最早的佛教寺院。明帝使者在大月氏国遇见了两位印度僧人，他们带着佛经、佛像和骑着白马的僧人一起回国。现在白马寺中还有后人建造的两个印度僧人的墓碑。

白马寺　塔

碑上题字“无垢净光口陀罗尼经”。

有一座天禧五年的石碑。上面记载着端拱二年五月四日的敕。

另有嘉靖重修记，以及大金国大定十五年重修记。

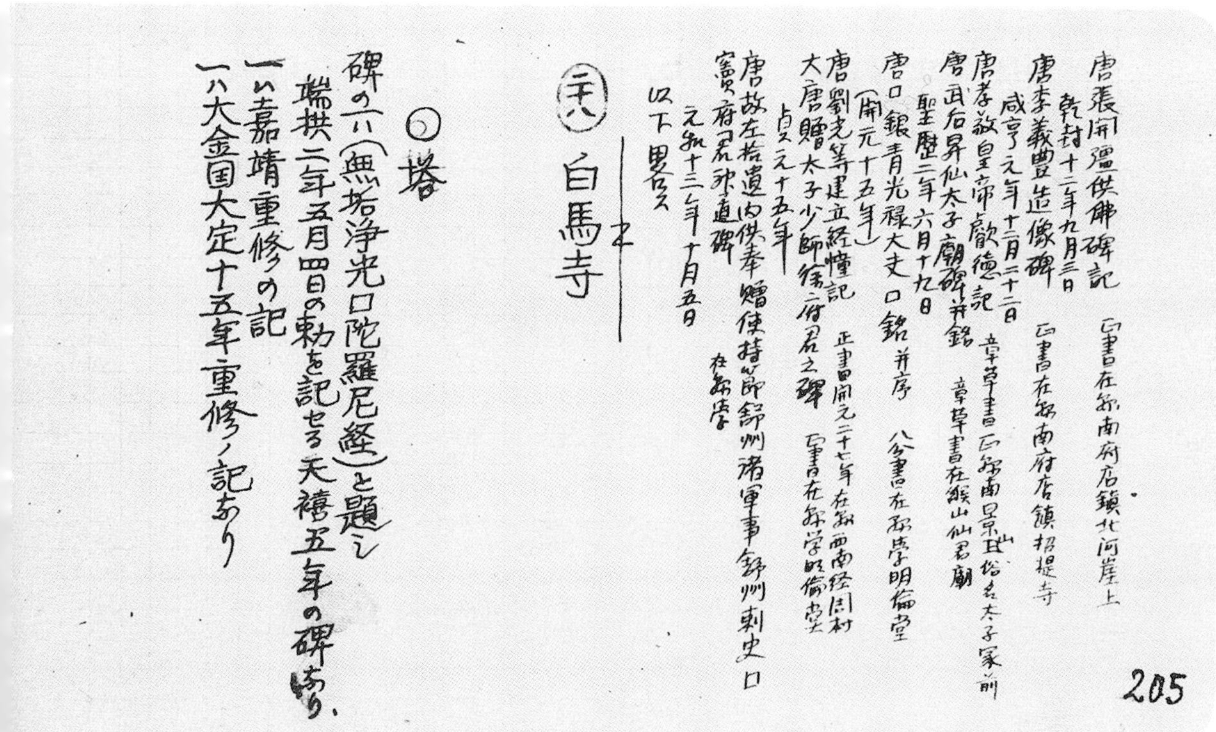

唐張開疆供佛碑記　正書在縣南府店鎮北河崖上　乾封二年九月三日
唐李義豊造像碑　正書在縣南府店鎮招提寺
唐孝敬皇帝叡德記　章草書在縣南景山孝敬太子冢前　咸亨元年十二月二十二日
唐武后昇仙太子廟碑并銘　章草書在緱山仙君廟　聖歷二年六月十九日
唐口銀青光祿大夫口銘并序　八分書在縣學明倫堂　（開元十五年）
唐劉元□等建立經幢記　正書開元二十七年在縣西南□□村
大唐贈太子少師徐府君之碑　正書在縣學明倫堂　貞元十五年
唐故左拾遺内供奉贈使持節鄭州諸軍事鄭州刺史口賓府君神道碑　在縣學　元和十三年十月五日
以下略
木
（二十八）白馬寺
○塔
碑の六（無垢浄光口陀羅尼経）と題し端拱二年五月四日の勅を記せる天禧五年の碑あり。
一六嘉靖重修の記
一八大金国大定十五年重修ノ記あり
205

204 **偃师（4）县志拔萃（2）（9月3日）**

充满风趣地记载到：『今日在市区寻觅到蒸甘薯，晚上执灯熬夜时可大啖一番。余与此君别离甚久，今夜有缘相会。』

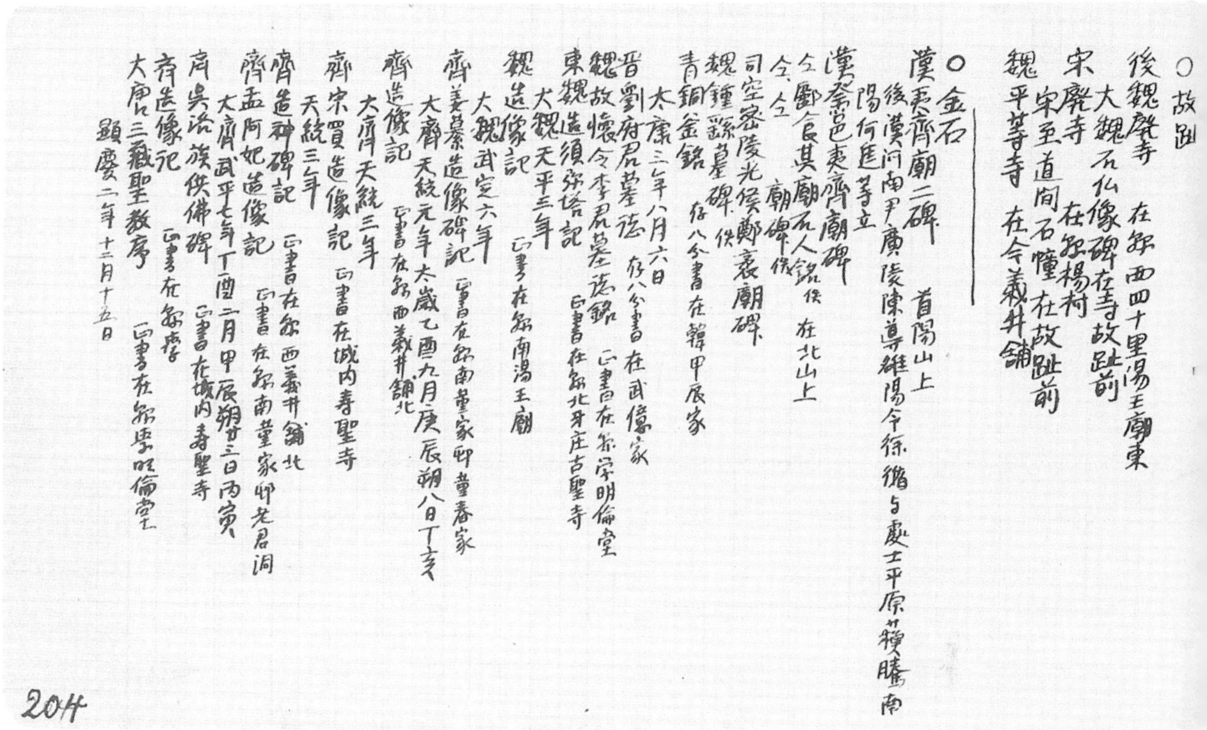
○故趾
後魏麓寺 在縣西四十里湯王廟東
大魏石仏像碑在寺故趾前
宋廃寺 在縣楊村
宋至道間石幢在故趾前
魏平等寺 在今義井舖

○金石
漢夷齊廟二碑 首陽山上
後漢河南尹廣陵陳尋雒陽令徐循与處士平原獲騰南
陽何匡等立
仝仝 廟碑 佚 在北山上
仝 鄭君其廟石人銘 佚
漢蔡邕夷齊廟碑
司空密陵光侯鄭袤廟碑 佚
魏鍾繇墓碑 佚
青銅釜銘 存 八分書 在韓甲辰家
太康三年八月六日
晋劉府君墓誌 存 八分書 在武儀家
魏故懷令李君墓誌銘 正書 在縣学明倫堂
東魏造須弥塔記 正書 在縣北牙庄古聖寺
大魏天平三年
魏造像記 正書 在縣南湯王廟
大魏武定六年
斉姜纂造像碑記 正書 在縣南董家邨董春家
大斉天統元年大歳乙酉九月庚辰朔八日丁亥
斉造像記 正書 在縣西義井舖北
大斉天統三年
斉宋買造像記 正書 在城内寿聖寺
天統三年
斉造神碑記 正書 在縣西義井舖北
斉孟阿妃造像記 正書 在縣南董家邨老君洞
大斉武平七年丁酉二月甲辰朔廿三日丙寅
斉呉洛族供佛碑 正書 在城内寿聖寺
斉造像記 正書 在縣寄
大唐三藏聖教序 正書 在縣学明倫堂
顕慶二年十二月十五日

204

寺庙 门内有一座刻着“落京白马寺祖庭记”的石碑，上面还有龙雕。至顺四年九月十五日，侧面刻着精美的枯草图案。接着就来到天王殿，安放着四天王；接着是佛殿，安放着三尊佛像；再接着是大雄宝殿，也安放着三尊佛像；紧接着是接因殿，接因殿后面是昆庐殿。

206 **河南府（2）白马寺（2）（9月4日）**

东白马寺的寺院早已找不到踪影，附近只有一座藏式佛教寺院。虽然依然能看到旧式塔的风范，但整体形状称不上令人赏心悦目，能看到被反复修缮过的痕迹。『浮图』就是所谓的塔。

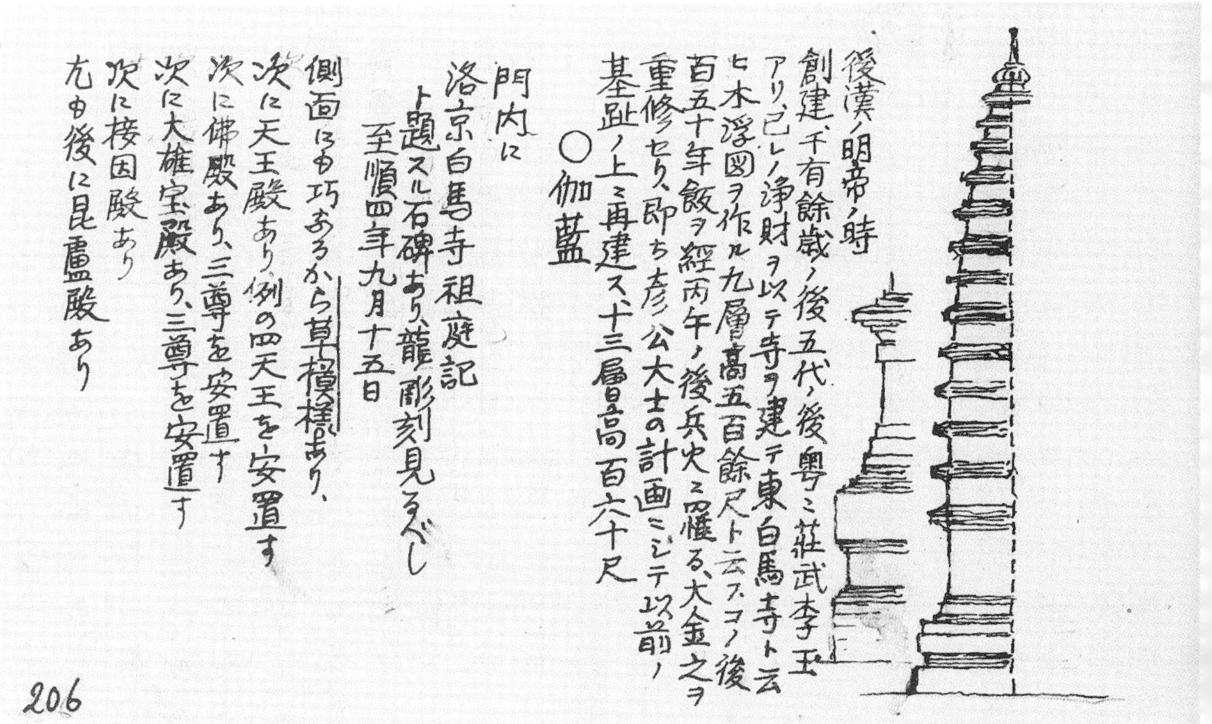
後漢ノ明帝ノ時
創建、千有餘歳ノ後五代ノ後粤ニ莊武李子玉
アリ、己レノ浄財ヲ以テ寺ヲ建テ東白馬寺ト云
ヒ木浮図ヲ作ル九層高五百餘尺ト云フ、コノ後
百五十年餘ヲ経丙午ノ後兵火ニ罹ル、大金之ヲ
重修セリ、即チ大彦公大士の計画ニシテ以前ノ
基趾ノ上ニ再建ス十三層高百六十尺
○伽藍
門内に
洛京白馬寺祖庭記
ト題スル石碑あり龍彫刻見るべし
至順四年九月十五日
側面にも巧みなる草模様あり、
次に天王殿あり例の四天王を安置す
次に佛殿あり、三尊を安置す
次に大雄宝殿あり、三尊を安置す
次に接因殿あり
尤も後に毘盧殿あり

206

河南省

207 河南府（3）白马寺（3）（9月5日）

在洛水出土的石碑上的题字为『魏报德王为七佛颂碑』，日期当中的武定三年，相当于公元545年。左图是右边碑文的放大体。

这座碑是在光绪二十六年在此地东南方向的洛水城内被发掘的。

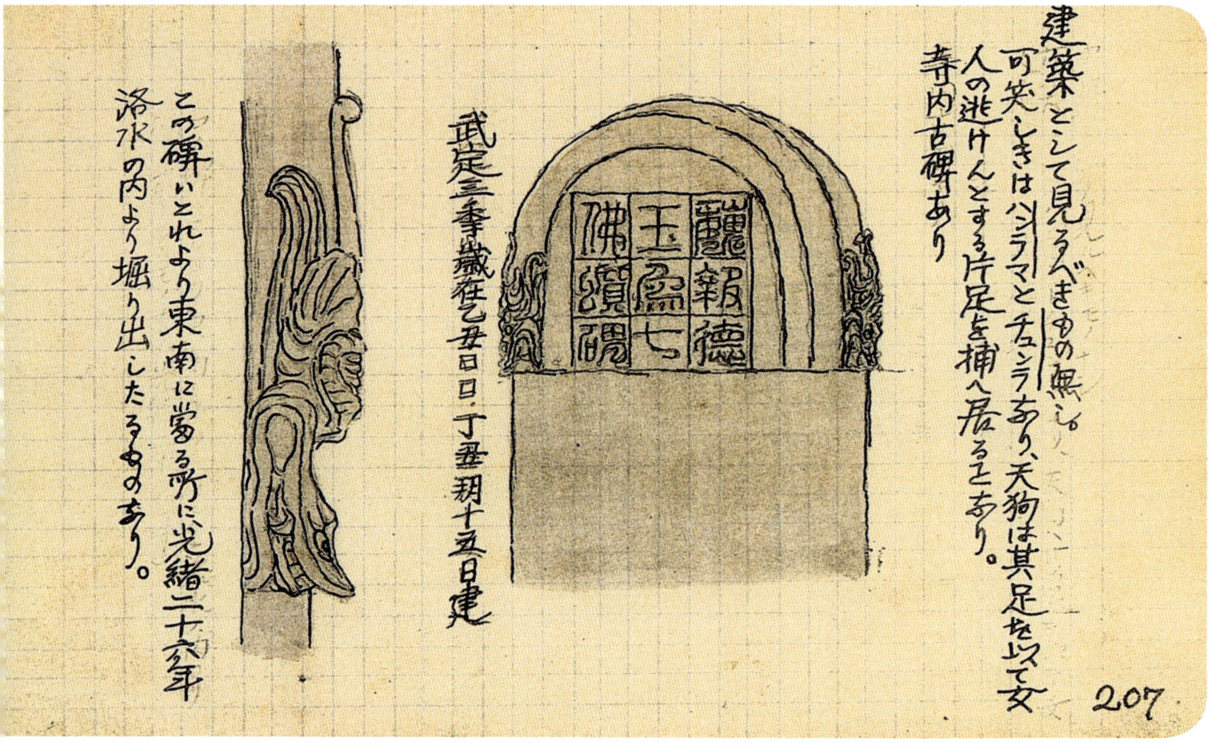
建築として見るべきもの無し。可笑しきはハンラマとチュンラあり、天狗は其足を以て女人の逃げんとする片足を捕へ居るあり。
寺内古碑あり
魏報德王為七佛頌碑
武定三年歳在乙丑ロロ丁丑朔十五日建
この碑いこれより東南に當る所に光緒二十六年洛水の内より堀り出したるものあり。
207

209 河南府（5）龙门（1）（9月6日）

洛阳附近的古迹中就数龙门最为珍贵。在伊河两岸几乎都是绝壁的地方挖了许多石窟，还刻了很多佛像，从北向南大约长六町。

龙门・潜溪寺・斋袚堂　（第一窟）

窟顶藻井为一朵浅刻大莲花，中尊鸟，仙师式。

在岛佛师式的台座上趺坐，傍有又鸟式。莲花台座非常值得一看。

天花板上刻着莲花瓣，佛的背光也属于鸟式风格。南边的墙壁上刻着“洛庆五年十二月二十五日 西洛奇观”的字样。

石台上（香炉台）还刻着“时大宋宝元二祼巳卯闰十二月十口日”

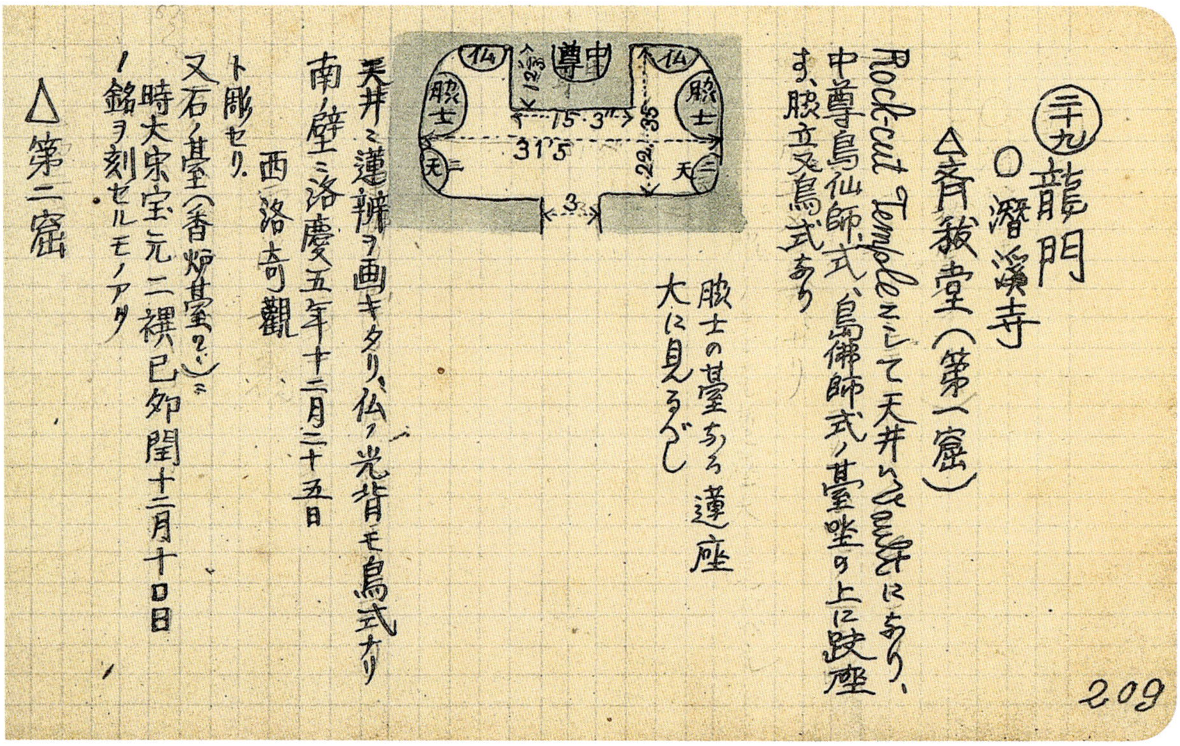
三十九
○龍門
○潜溪寺
△斉祓堂（第一窟）
Rock-cut Templeにして天井はVaultにあり、中尊鳥仙師式、鳥佛師式ノ臺坐ノ上ニ趺座す、脇立又鳥式あり
脇士の臺ある蓮座大に見るべし
中尊
仏
脇士
天
15.3
31.5
35
22
3
天井ニ蓮瓣ヲ画キタリ、仏ノ光背モ鳥式ナリ
南壁ニ洛慶五年十二月二十五日 西洛奇觀 ト彫セリ。
又石ノ臺（香炉臺）ニ時大宋宝元二祼巳卯閏十二月十日 ノ銘ヲ刻セルモノアリ
△第二窟
209

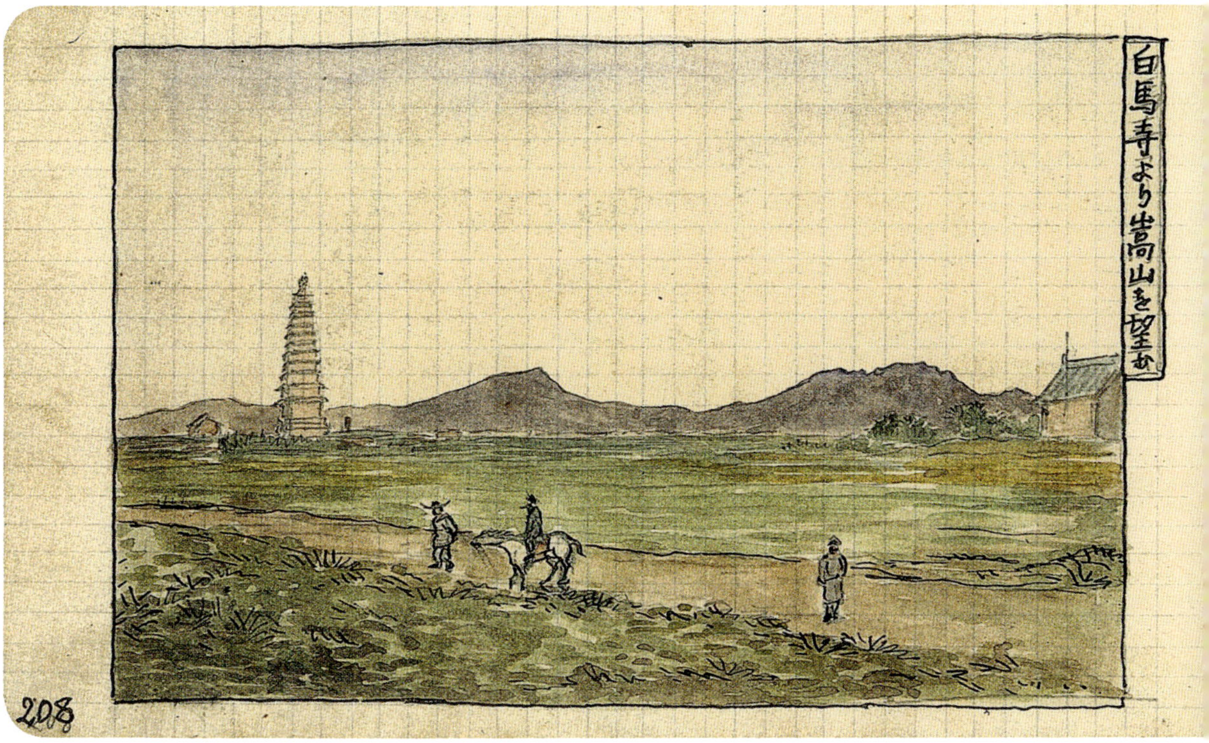
白馬寺より嵩山を望む
208

208 河南府（4）从白马寺眺望嵩山（9月3日）

嵩山被称为『五岳』之『中岳』。洛水渡津的正南面就是嵩山的最高峰，高耸入云，足有七千尺。

第三窟　（宾阳洞）

最主要的是入口处，左右各有一个二天门，并刻着图案。如图所示是鸟佛师式作品。天花板上天女的模样与天寿国曼陀罗像完全相同，天花板周围有如图所示的图案，佛像的服饰也属于鸟式风格。

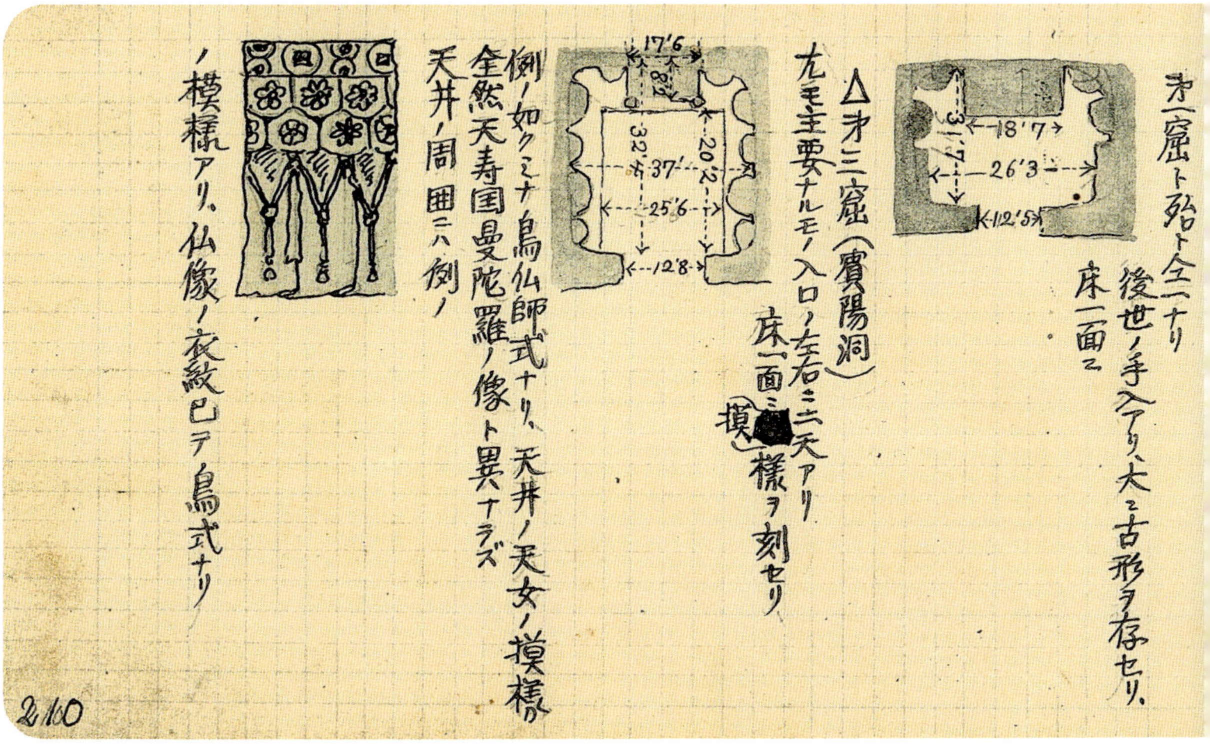
第一窟ト殆ト全一ナリ
後世ノ手入アリ、大ニ古形ヲ存セリ、
床一面ニ
18'7
26'3
12'5
△第三窟（賓陽洞）
最モ主要ナルモノ入口ノ左右ニ二天アリ
床一面ニ模様ヲ刻セリ
17'6
37'
25'6
12'8
例ノ如クミナ鳥仏師式ナリ、天井ノ天女ノ模様
全然天寿国曼陀羅ノ像ト異ナラズ
天井ノ周囲ニハ例ノ
模様アリ、仏像ノ衣紋已テ鳥式ナリ
210

210 河南府（6）龙门（2）（9月6日）

当天的日记中写到：『其形式、手法与日本法隆寺、大同拓跋寺的石佛寺属于同一系列。简单了解了北魏的美术形式。高兴之情无法言表，因埋头于调查、拍摄，不知不觉中已经日落西山。』

第二窟　与第一窟几乎相同。加入了后世的一些工艺。但基本保持了原貌。

第四窟（大致形式同上）

第三窟与第四窟之间有一座石碑。题词为：伊东佛龛之碑。龙雕巧妙绝伦，周围图案有残缺。年代不详，但应该是唐以后的建筑。最后说一句，山上也有大佛，其阵势与其他大佛无异，但是唐代的作品。本尊佛像高为四丈左右。

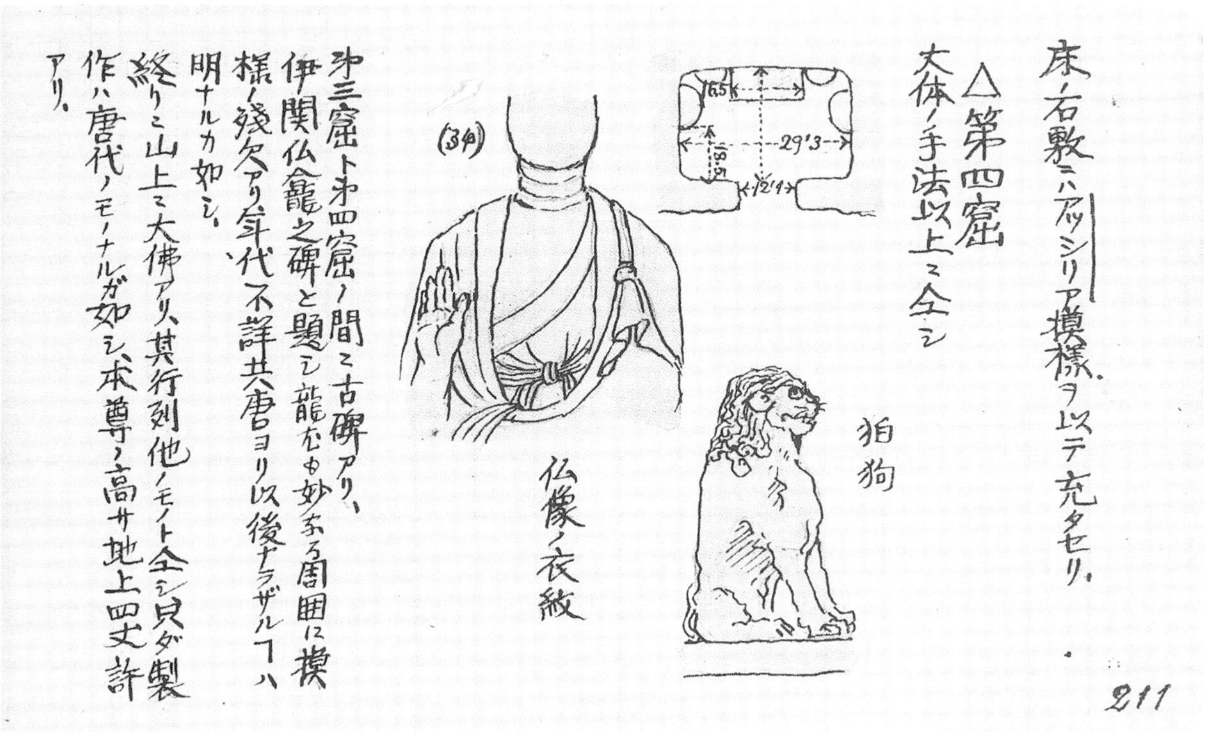
床石敷ニハアッシリア摸様ヲ以テ充タセリ。
△第四窟
大体ノ手法以上ニ仝ジ
(34)
狛狗
仏像ノ衣紋
第三窟ト第四窟ノ間ニ古碑アリ、伊闕仏龕之碑ト題シ龍ナド妙ナル周囲ニ摸様ノ残欠アリ年代不詳共唐ヨリ以後ナラザルコハ明ナルカ如シ、
終リニ山上ニ大佛アリ、其行列他ノモノト仝ジク只タ製作ハ唐代ノモノナルガ如シ、本尊ノ高サ地上四丈許アリ。
211

211 **河南府（7）龙门（3）（9月6日）**

在稍高点儿的地方，有一座中间部分坍塌的大佛，其相貌之美实属空前绝后。这是唐高宗咸亨四年，按照武则天的形象塑造、用于祈福的卢舍那佛，足有八丈高，本来好像规定高度是五丈三尺。胁持二天评价：这才是真正的杰作。

大佛以南石窟（第五窟）

这一窟很有趣，壁内刻着“正光、延昌、天平、神龟、永平、熙平、大统、武定、孝昌、永熙、大和、景明”等年号。窟顶更像是历经岁月的遗迹。上面刻满了佛像，全部都是鸟佛师式作品。

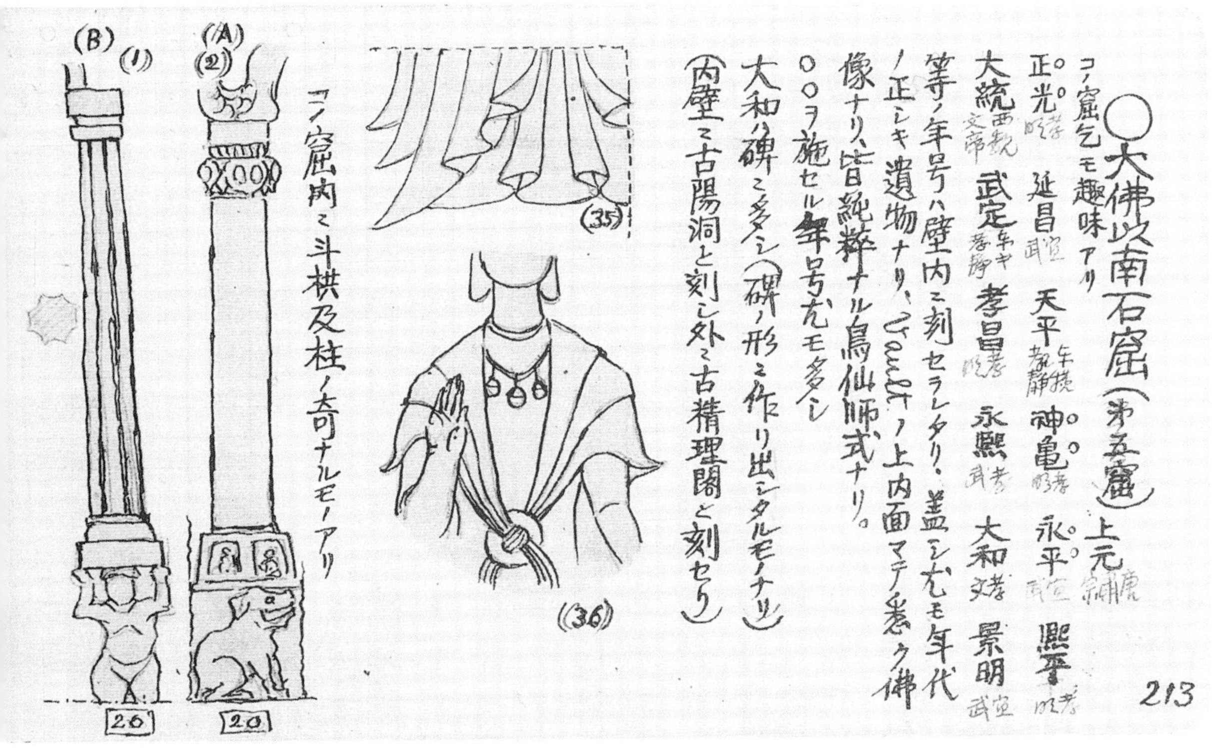
○大佛以南石窟（第五窟）
コノ窟モ趣味アリ
正光 延昌 天平 神亀 永平 上元
大統 武定 孝昌 永熙 大和 景明 熙平
等ノ年号ハ壁内ニ刻セラレタリ、蓋シ尤モ年代ノ正シキ遺物ナリ、vault ノ上内面マテ悉ク佛像ナリ、皆純粋ナル鳥仏師式ナリ。
○○ヲ施セル年号尤モ多シ
大和ノ碑ニ多シ（碑ノ形ニ作リ出シタルモノナリ）
（内壁ニ古陽洞ト刻シ外ニ古精理閣ト刻セリ）
コノ窟内ニ斗栱及柱ノ奇ナルモノアリ
(A) (B) (1) (2)
(35) (36)
20 20
213

213 **河南府（9）龙门（5）（9月6日）**

龙门二十一窟被称为古阳洞或老君洞。这一窟中有许多皇室贵族用于祈福的佛像，佛龛上的铭文有许多出自当时的名家之手。老君是对老子的称谓。

外面有许多小窟，数也数不清，多的像马蜂窝一样，里面的佛像如图所示。内壁上还有无数的小窟。魏唐时期的居多，宋代的几乎没有。魏朝以后的年号几乎都被雕刻在石窟上，从而被保留下来，甚为壮观。这些小窟当中大到八、十丈，小的不过二、三丈。全部属于以下三种风格当中的一种：①鸟佛师式 ②天智式 ③天平式。鸟佛师式以容貌不出众为特点；天智式应和法隆寺桔夫人念持佛归为一类，类似于药师寺的圣观音；天平式类似于东大寺所见诸神像。

212 河南府（8）龙门（4）（9月6日）

9月6日从龙门回来的路上，才走了一半路程天就黑了。第二天在龙门镇，也只是将席子铺在地上和衣而睡。8日上午终于完成了考察，返回驻地。

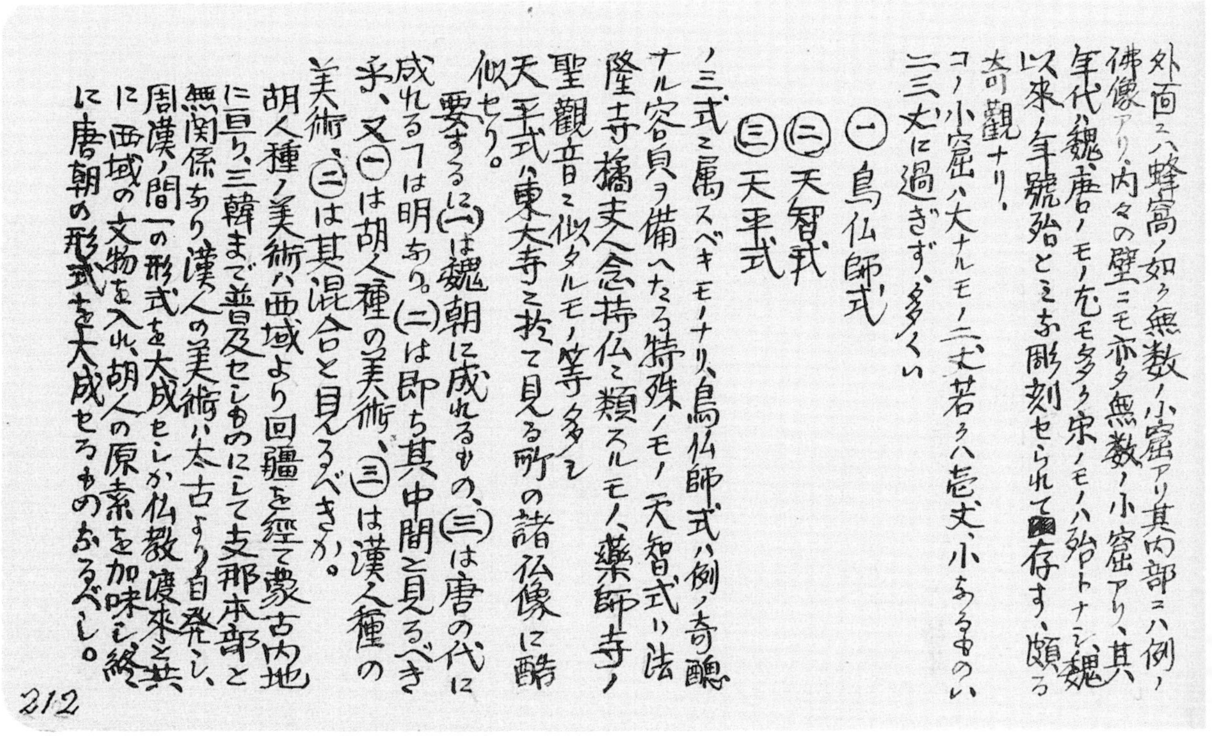
外面ニハ蜂窩ノ如ク無数ノ小窟アリ其内部ニハ例ノ佛像アリ。内々の壁ニモ亦タ無数ノ小窟アリ、其年代魏唐ノモノ尤モ多ク宋ノモノハ殆トナシ。魏以来ノ年號殆とミな彫刻せられて存す、頗る奇観ナリ。

コノ小窟ハ大ナルモノ八丈若クハ拾丈、小なるものハ二三丈に過ぎず、多くい

㈠ 鳥仏師式

㈡ 天智式

㈢ 天平式

ノ三式ニ属スベキモノナリ。鳥仏師式ハ例ノ奇醜ナル容貌ヲ備へたる特殊ノモノ。天智式ハ法隆寺橘夫人念持仏ニ類スルモノ、薬師寺ノ聖観音ニ似タルモノ等多シ。天平式ハ東大寺ニ於て見る所の諸仏像に酷似せり。

要するに㈠は魏朝に成れるもの、㈢は唐の代に成れるコは明なり。㈡は即ち其中間と見るべき乎、又㈠は胡人種の美術、㈢は漢人種の美術、㈡は其混合と見るべきか。

胡人種ノ美術ハ西域より回疆を經て蒙古内地に亘り、三韓まで普及せしものにして支那本部と無関係なり。漢人の美術ハ太古より自発し、周漢ノ間一の形式を大成せしか仏教渡来と共に西域の文物を入れ、胡人の原素を加味し終に唐朝の形式を大成せるものなるべし。

212

（A）充满印度风情。（B）大斗是日式风格，但沟雕类似于希腊作品。（C）与希腊、印度的相似。

（D）与日本法隆寺相似，在最后的石窟壁上有这么一部分结构，与日本法隆寺有相似之处。同时又与大同石佛寺有相似之处。

214 河南府（10）龙门（6）（9月6日）

图右为二十窟的斗拱，图左为二十一窟的斗拱，都采用了非常特殊的设计，大斗非常小，图右的线条被认为别出心裁。

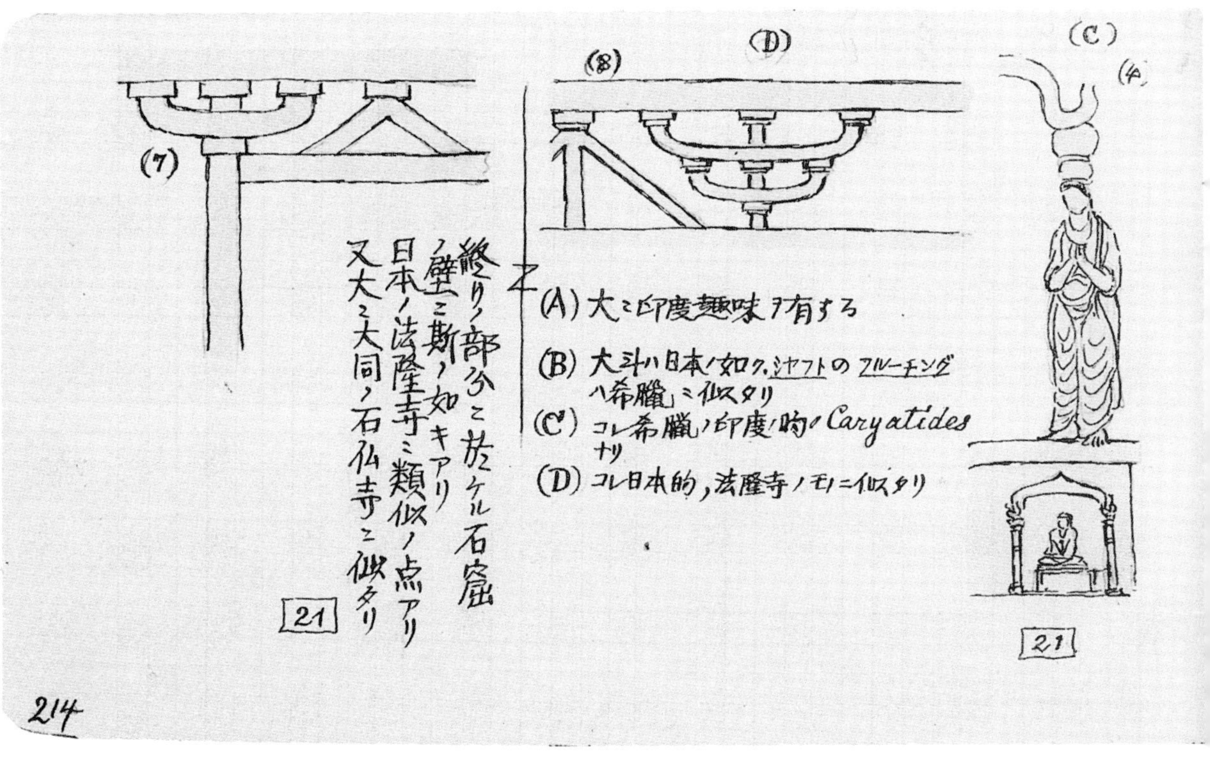
(D)
(C)
(8)
(7)
(4)
終リノ部分ニ於ケル石窟ノ壁ニ斯ノ如キアリ
日本ノ法隆寺ニ類似ノ点アリ
又大ニ大同ノ石仏寺ニ似タリ
(A) 大ニ印度趣味ヲ有スル
(B) 大斗ハ日本ノ如ク、シヤフトの フルーチング ハ希臘ニ似タリ
(C) コレ希臘ノ印度的ノ Caryatides ナリ
(D) コレ日本的，法隆寺ノモノニ似タリ
21
21
214

壁上还刻着一些小塔，这些塔都是层塔，三层、五层、七层的都有。但没有宝塔、多宝塔、西藏塔。这大概就是古代中国的多层塔。佛像特别多，大部分都像这三尊，本尊、侍者，中间还有一个僧侣立像。右边是个年轻僧侣，左边是个老年僧侣。另外，还有一些并排站立的佛像，最末端是二天佛像的陪侍。户外也有二天的立像。接下来看到最多的就是莲座上的三尊佛，最中间的佛像最大，趺坐在莲花上。侍者站在左右两边的莲花上，花又连着茎，三朵花虽然独立生长却又连在一根茎上。

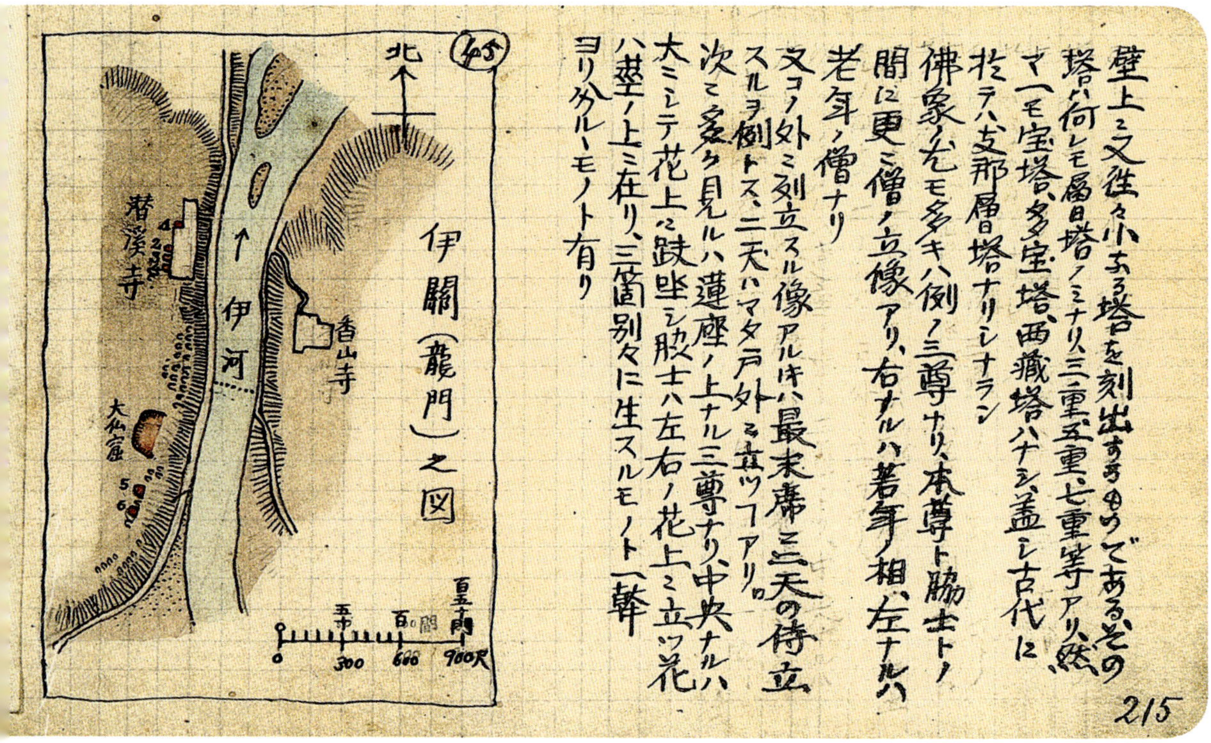
北
45
伊闕（龍門）之図
潜溪寺
伊河
香山寺
大仏窟
0
300
600
900尺
壁上ニ又往々小ナル塔を刻出するものである、その
塔ハ何レモ屬目塔ノミナリ、三重五重七重等アリ、然
マ(モ宝塔、多宝塔、西藏塔ハナシ、蓋シ古代ニ
於テハ支那層塔ナリシナラン
佛象ガモ多キハ例ノ三尊ナリ、本尊ト脇士トノ
間ニ更ニ僧ノ立像アリ、右ナルハ若年ノ相、左ナルハ
老年ノ僧ナリ
又コノ外ニ刻立スル像アルトキハ最末席ニ二天の侍立
スルヲ例トス、二天ハマタ戸外ニモ立ツアリ。
次ニ多ク見ルハ蓮座ノ上ナル三尊ナリ、中央ナルハ
太ニシテ花上ニ趺坐シ脇士ハ左右ノ花上ニ立ツ、花
ハ茎ノ上ニ在リ、三箇別々ニ生スルモノト一茎
ヨリ分ルルモノト有リ
215

215 河南府（11）龙门（7）（9月6日）

后魏时期的龙门有八座寺，其中奉先寺、香山寺尤为著名。香山寺在东岸略微高起的地方，建筑不值一看。虽然有少量佛龛，但若看过西岸的杰作便会觉得这些佛龛也就不用再看了。

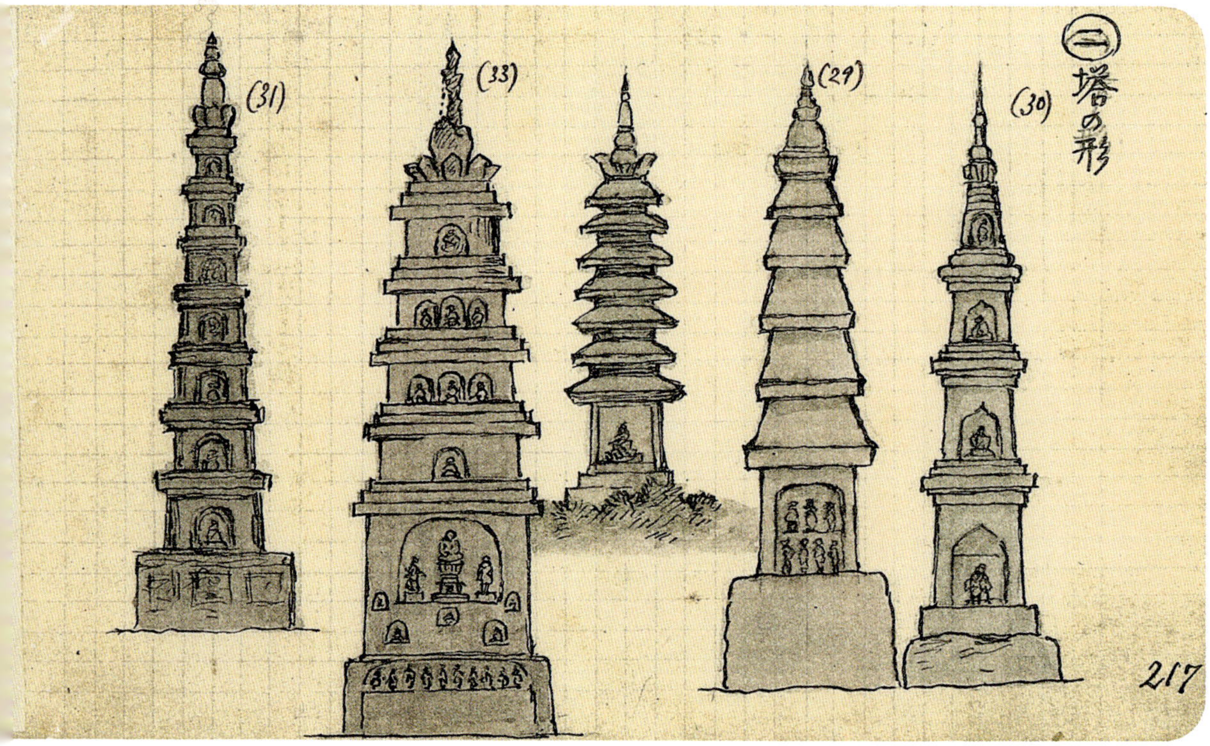
三
塔の形
(31)
(33)
(29)
(30)
217

217 河南府（13）龙门（9）（9月6日）

如图所示为各式各样的浮雕塔，每一座都是四角塔，层数为三到十三层不等。龙门没有印度塔婆和藏式塔。据笔者记载：中国的佛塔，起初都是层塔，塔婆是被后人误当成藏式塔传入中国的。

香山寺 地形良好，建筑没什么特别。虽然有石窟但没有佛像。

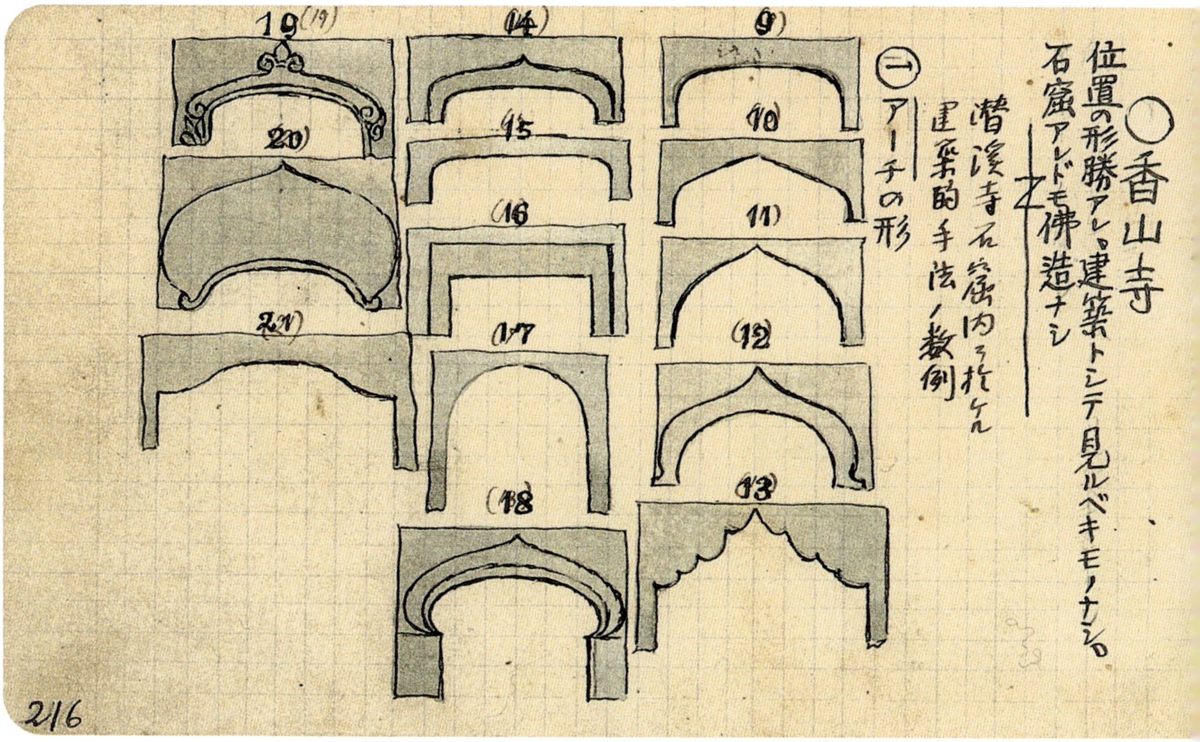

216 河南府（12）龙门（8）（9月6日）

图中有各式各样的弧形，据说大多都是从印度传来的。（13）是将帐子撩起来的样子。

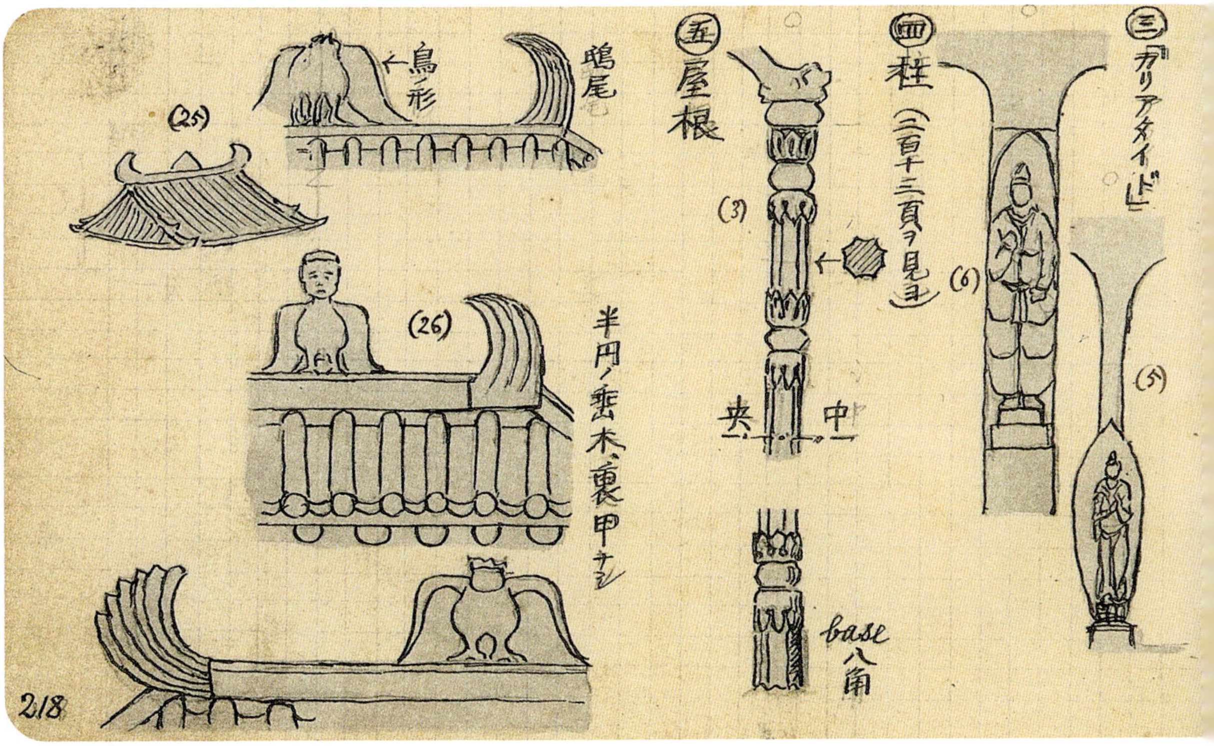

218 河南府（14）龙门（10）（9月6日）

图右的柱子采用了和卡利亚潮类似的设计，大概是出自印度吧。图中柱子上的图样也不是中国的风格，带有一点西域风情。

219 河南府（15）龙门（11）（9月6日）

从（37）到（41）都是一些莲花座及佛坛底坐的图样。42到44虽然都是相同的莲花座，但本尊与侍者的莲花座之间用茎相连。

外莲枝蔓上生出的莲花上坐着一尊佛。像这样的建筑很多。

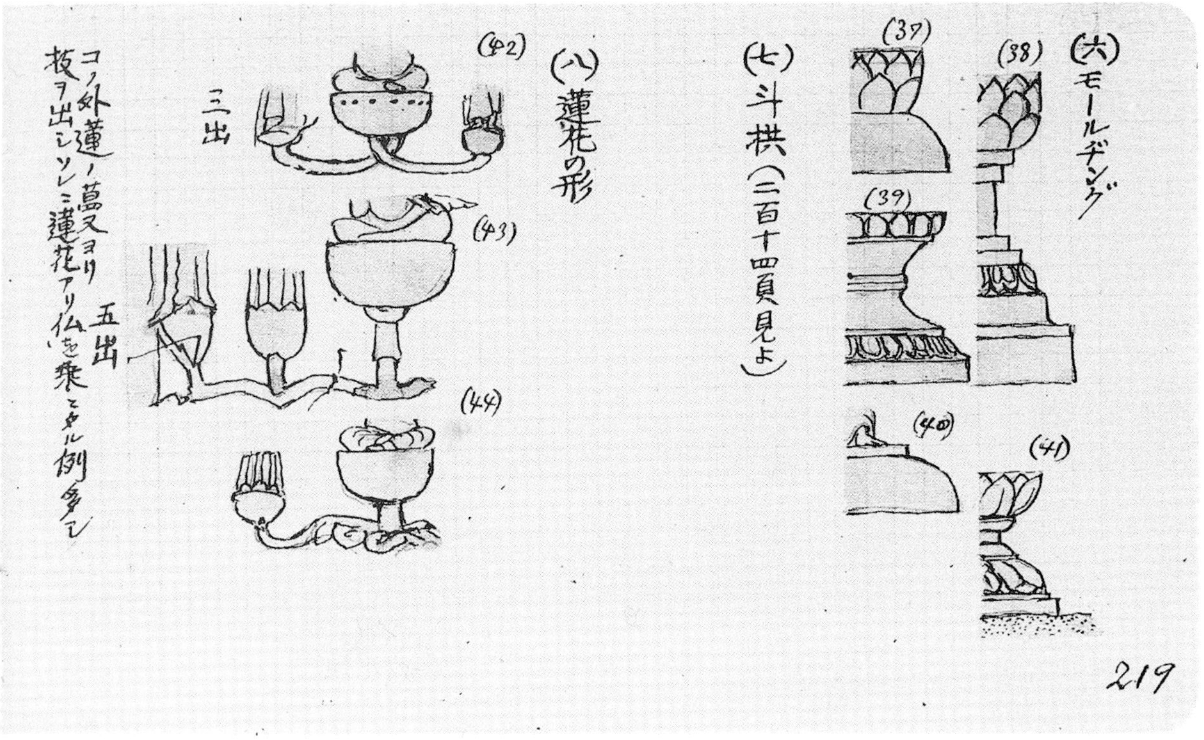

221 河南府（17）龙门（13）（9月6日）

（32）为二十一窟内壁上的三层塔。第一层、第二层中有带着印度栱的佛龛。第三层中有一个带着梯形楣的佛龛，顶上还带着塔顶相轮，整体来看与云冈塔风格迥异。

五层塔

笋形，上部缩小。双层瓦。

崩塌的宫殿

这以上部分情况不明。

这个地方有屋顶，还有鸱尾的痕迹。

这个地方有拱形屋顶的痕迹。

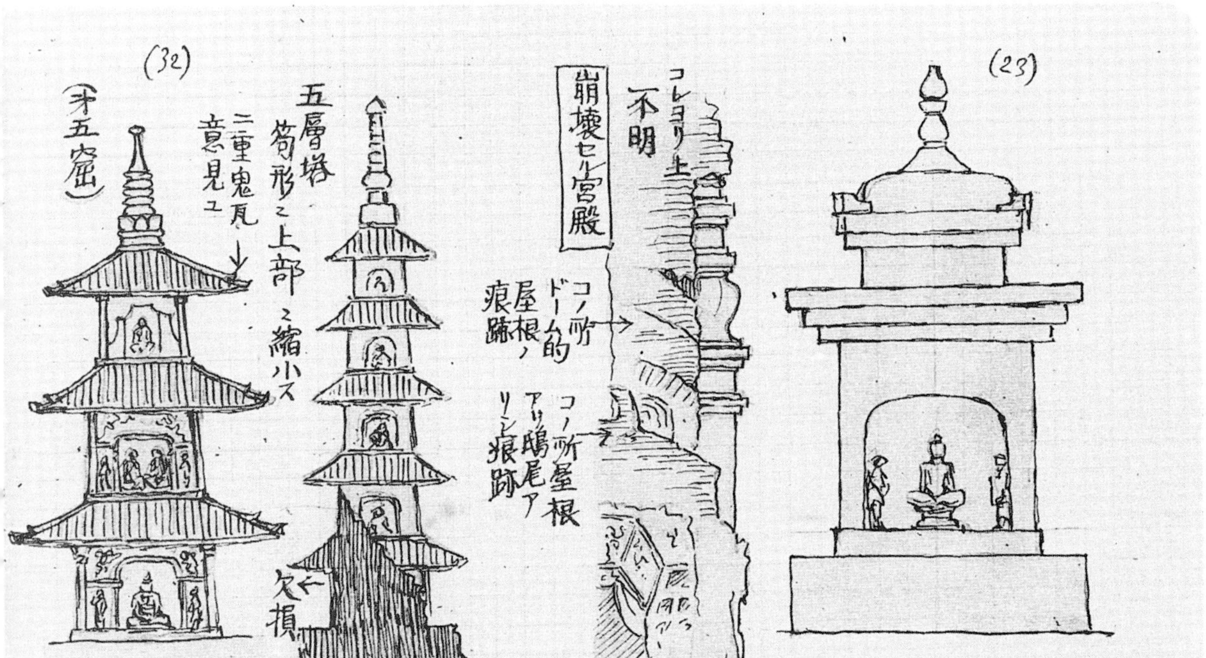

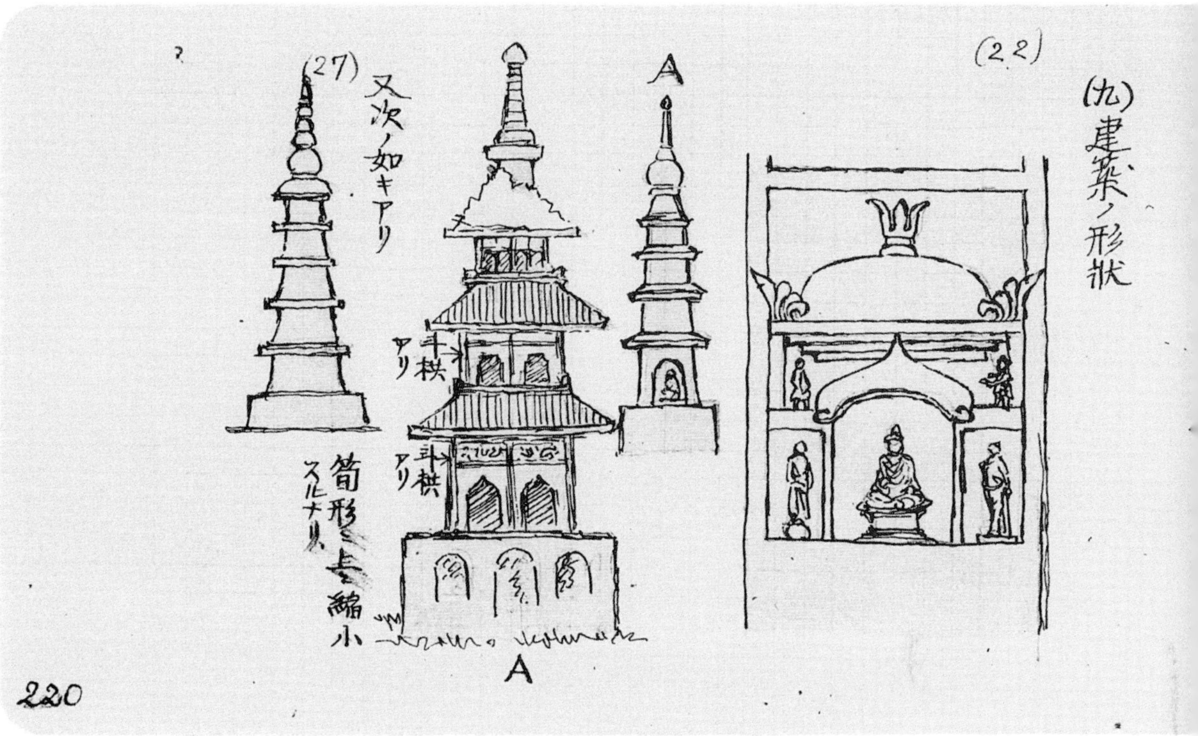

220 **河南府（16）龙门（12）（9月6日）**

（22）与图221中的（23）都是单檐塔，塔顶的角上还有馒头状的覆钵，上面还有三个塔尖，另外还立着经过变形的顶饰。

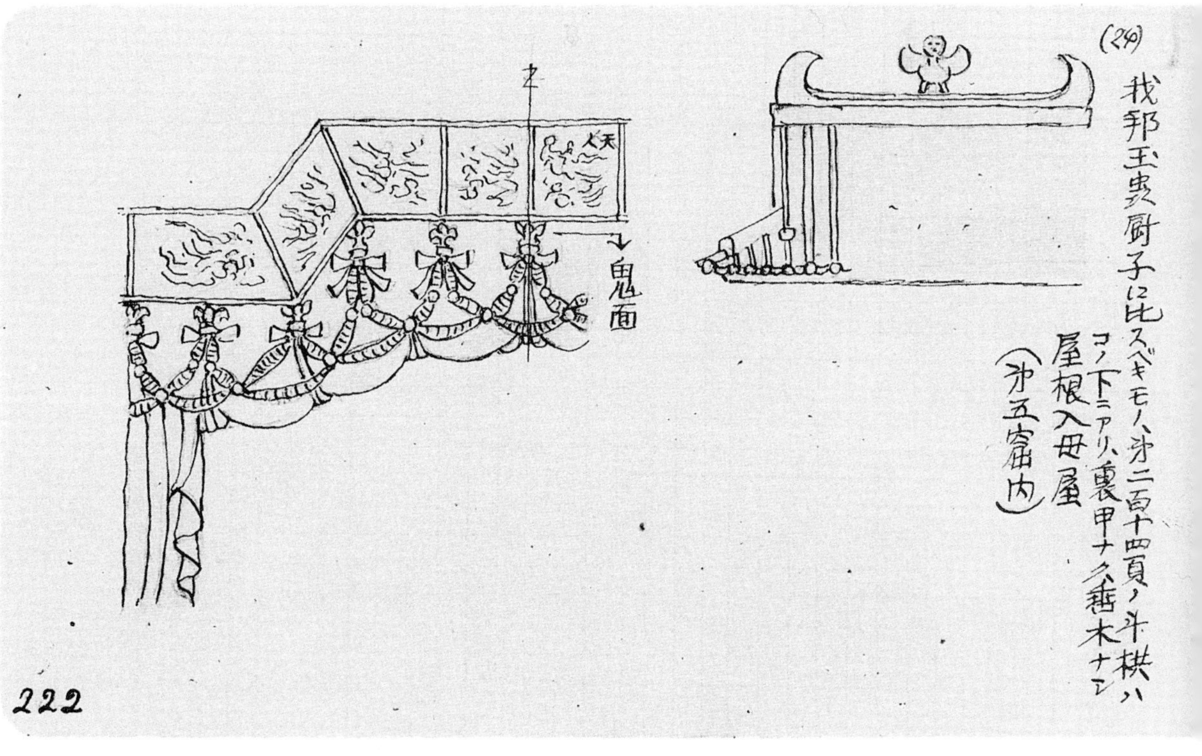

222 **河南府（18）龙门（14）（9月6日）**

顶上用四根柱子或者瓦片在屋顶角做鱼尾状造型，都是中国风格。但在梁中央加上人面鸟形装饰，这种设计非常少见。虽然也有迦楼罗，但笔者考察后得知：这是佛教传来之前就已经存在的一种造型设计。

清真寺 这是回教寺院，洛阳城外有十座这样的寺院，教民约有二千人。教民服饰见左图。

关帝庙 关林镇有一座关羽墓。经历代皇帝修缮成为如今的模样。墓前建了一座庙，气势宏大，无与伦比，但结构形式没什么特别之处。悬鱼形状如图所示。

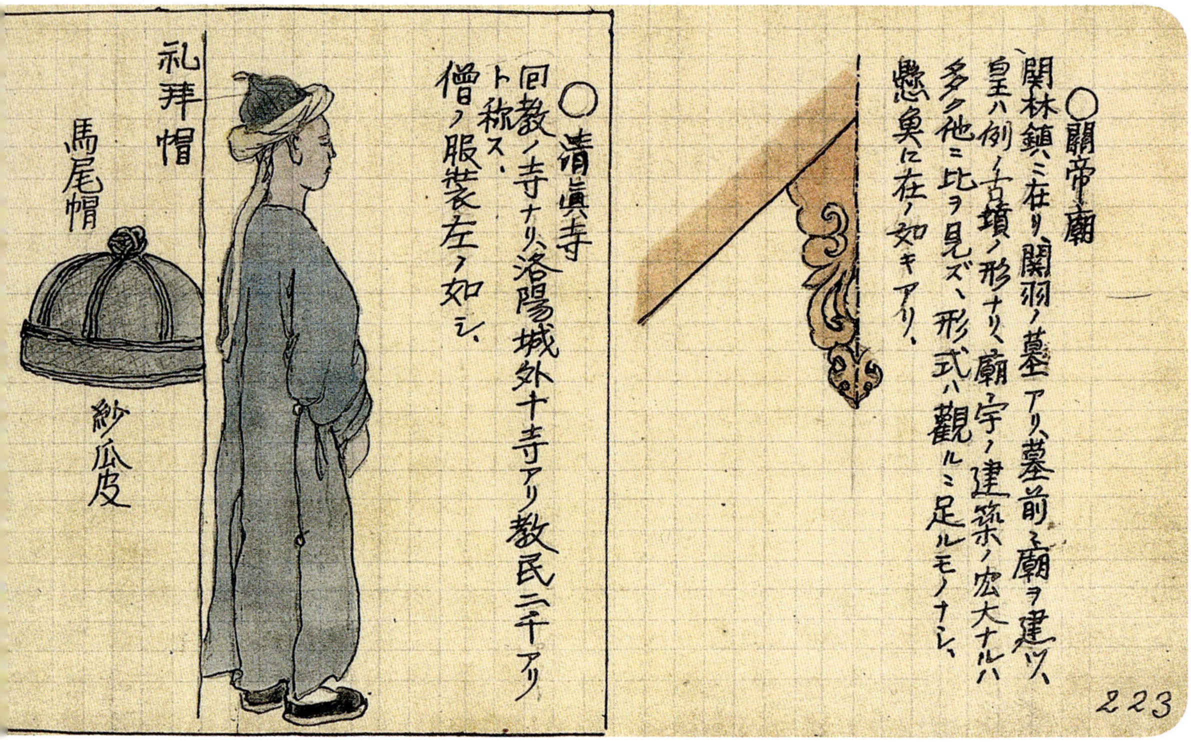

223 河南府（19）关帝庙/清真寺（9月8日）
清真寺是回教寺院的通称。建筑的外观是中国风，但内部设置全部与阿拉伯的清真寺相同，用阿拉伯文字作为装饰。

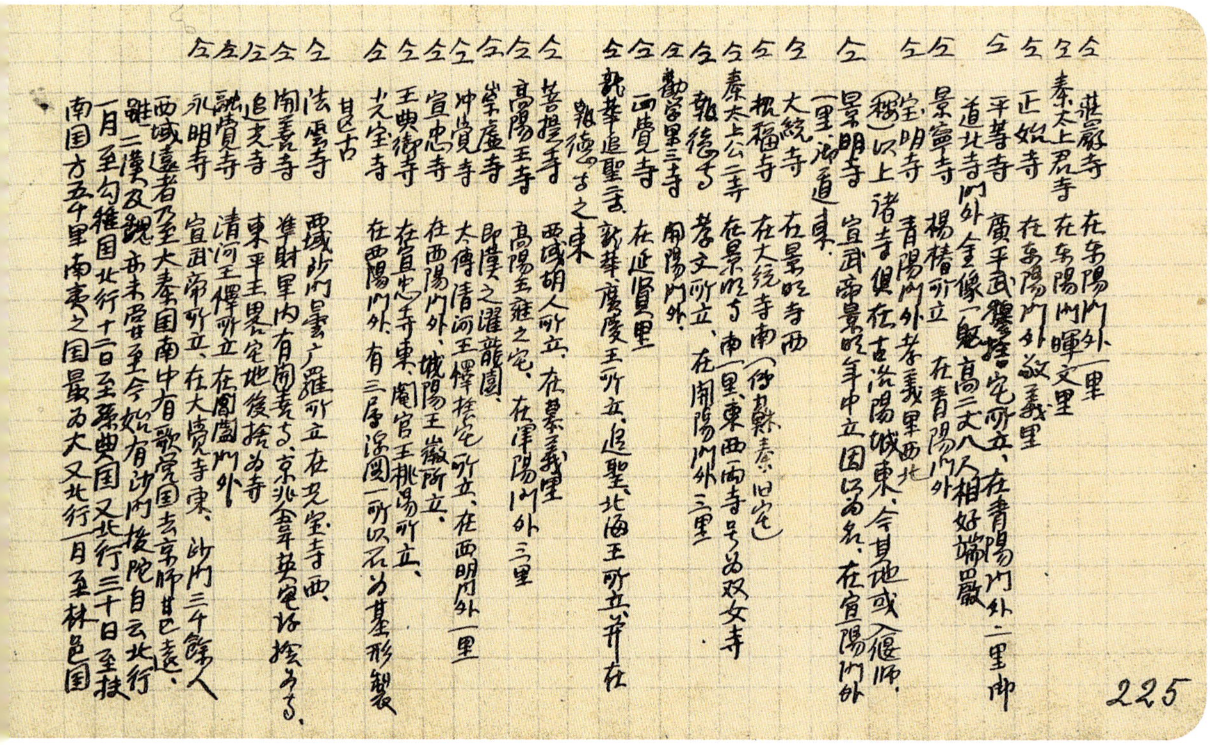

225 偃师（6）县志拔萃（4）

224 偃师（5）县志拔萃（3）

○古蹟

△寺觀

漢白馬寺　後漢明帝之时創建（按）高僧傳寺名白馬者天竺国有伽藍名
招提其處大富有悪国王利於財将毀之有一白馬
繞塔悲鳴則停毀自後改招提為白馬云々

晋太康寺　本有三層浮図用甎為之、石銘ヲ旧趾ヨリ掘出セリ、銘ニ「晋太康六年歳次乙巳九月戊朔
八日辛巳儀同三司襄陽侯王濬敬造子休複為吴
魔寺

晋石塔寺

後魏永寧寺　靈太后胡氏所立、在閶闔門南、御道西、中有
九層浮図高九十丈、有刹復高十丈、刹上置金宝瓶
容二十五石、瓶下有承露盤三十重、周匝皆垂金
鐸、永熙三年二月浮図為火所焼、経三月不滅、有入
地柱火尋柱周年猶有煙気云々

後魏建中寺　爾朱世隆所立、在西陽門内

仝　長秋寺　劉騰所立、在西陽門内、有三層浮図

仝　瑶光寺　宣武帝所立、在閶闔門内、講堂尼房五
百余間　云々

仝　景樂寺　清河王懌所立　在閶闔南云々

仝　昭儀尼寺　閹官等所立　在東陽門内一里

仝　願會寺　王翊捨宅立仏堂

仝　光明寺　在宜壽里段暉捨宅立　云々

仝　胡統寺　太后從姑所立、永寧南一里許、宝塔五重
金刹高聳　云々

仝　修梵寺　在清陽門内

仝　嵩明寺　在修梵寺西

仝　景林寺　在開陽門内

（按）以上後魏諸寺俱在古洛陽城内

仝　明懸尼寺　彭城王勰所立　在建春門外石橋南

仝　龍華寺　宿衛虎賁所立　在建春門外陽渠南

仝　建陽里十寺　建春門外、有像一躯高三丈八尺
端嚴特相好

仝　景興尼寺　在石橋南　閹官等所立

仝　靈應寺　上ニ見ユ（古廃寺ノ部）

224

226 偃师（7）县志拔萃（5）

出林邑入蕭衍国披陀又云古有奴調国乘四輪馬為
車斯調国出火浣布以樹皮為之凡南方諸国皆与西域
大秦安息身毒諸国交通往来

（按）以上諸寺在古洛陽城西

仝　禪虚寺　在大夏門御道西

仝　凝玄寺　閹官賈燦所立、在廣莫門外永平里

（按）以上二寺在古洛陽城北

仝　北邙二寺　北邙山上有馮王寺齊獻武王寺

仝　瀍口二寺　京南關口有石窟寺靈巌寺

仝　瀍澗二寺　京西瀍澗有白馬寺照樂寺

（按）後魏白馬寺有二、一在西陽門外三里御道南、一在
京西瀍澗間○又按伽藍記洛陽寺凡有一千三百六十七所
天平元年遷都鄴城洛陽餘寺四百二十一所　其北邙二
寺　瀍澗二寺瀍口二寺乃郭外不在限数

仝　龍門八寺　龍門有八寺甚夥著者曰奉先曰香山

（按）後魏所建龍門八寺見于伽藍記者惟有石窟靈巌
二寺餘六寺見于旧洛志者曰乾元曰廣化曰崇訓曰
宝應曰嘉善曰天竺■而奉先香山不与焉、

以下略ス、

宮城ノ古蹟ハ

周ノ古宮

漢ノ古宮

後魏ノ古宮

隋ノ古宮

唐ノ古宮

宋及金ノ古宮

以上皆大清一統志、河南府志ニ詳ナリ、今略ス、

226

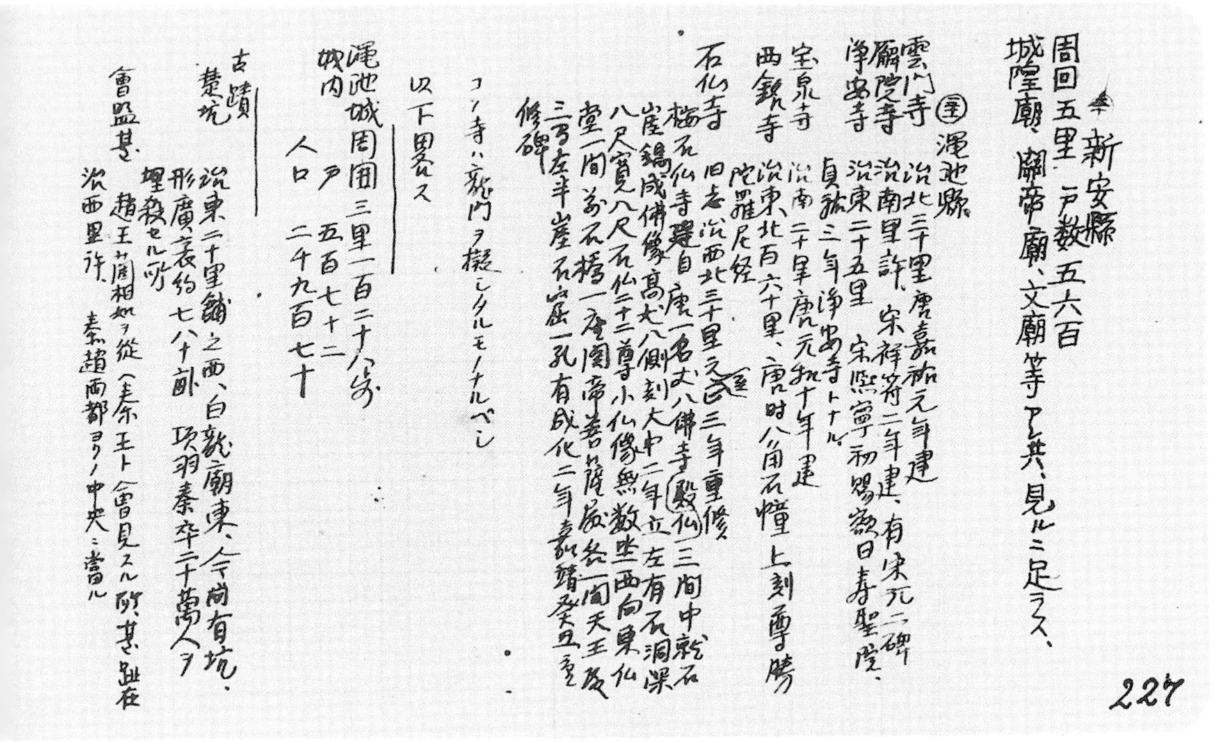

新安縣 周回五里、戸数五六百
城隍廟、關帝廟、文廟等アレ共、見ルニ足ラズ、

㊂ 澠池縣
雲門寺 治北三十里、唐嘉祐元年建
廣陵寺 治南里許、宋祥符二年建、有宋元二碑
浄安寺 治東二十五里 宋熙寧初賜額日壽聖院
貞観三年浄安寺トナル
宝泉寺 治南二十里、唐元和十年建
西觀寺 治東北百六十里、唐时八角石幢上刻尊勝陀羅尼経
石仏寺 旧志 治西北三十里 元至元三年重修
梵石仏寺 環自唐一名大仏寺 殿三間中龕石崖鐫成佛像高丈八側刻大中二年立 左有石洞深八尺寛八尺石仏十二尊小仏像無数 坐西向東 仏堂一間 前石樓一座 関帝菩薩殿各一間 天王殿三間 左半崖石窟一孔 有成化二年嘉靖癸丑重修碑
コノ寺ハ龍門ヲ擬シタルモノナルベシ
以下略ス
澠池城周囲三里一百二十八歩
城内 戸 五百七十二
人口 二千九百七十
古蹟
楚坑 治東二十里舗之西、白起廟東、今尚有坑、形廣袤約七八十畝 項羽秦卒二十萬人ヲ埋殺セル所
會盟臺 治西里許、趙王藺相如ヲ従ヘ秦王ト會見スル所 其址在秦趙両都ノ中央ニ當ル

227

227渑池（9月10日）

渑池城内什么都没有，但城附近有一座非常有名的石佛寺，其建筑、形式与龙门相同，都是唐代风格，但并没有亲自去考察。

塔 四角十三层结构，外观与白马寺相似。

宝转寺 如今被称为万寿寺，有天王殿、佛殿、塔。

陕州（甘棠站） 直隶州，城内约五千余人，周边十三里。

英豪 英豪就是古代的三崤。即：盘崤、石崤、土崤。石崤、土崤被后世演化成石壕、土壕。

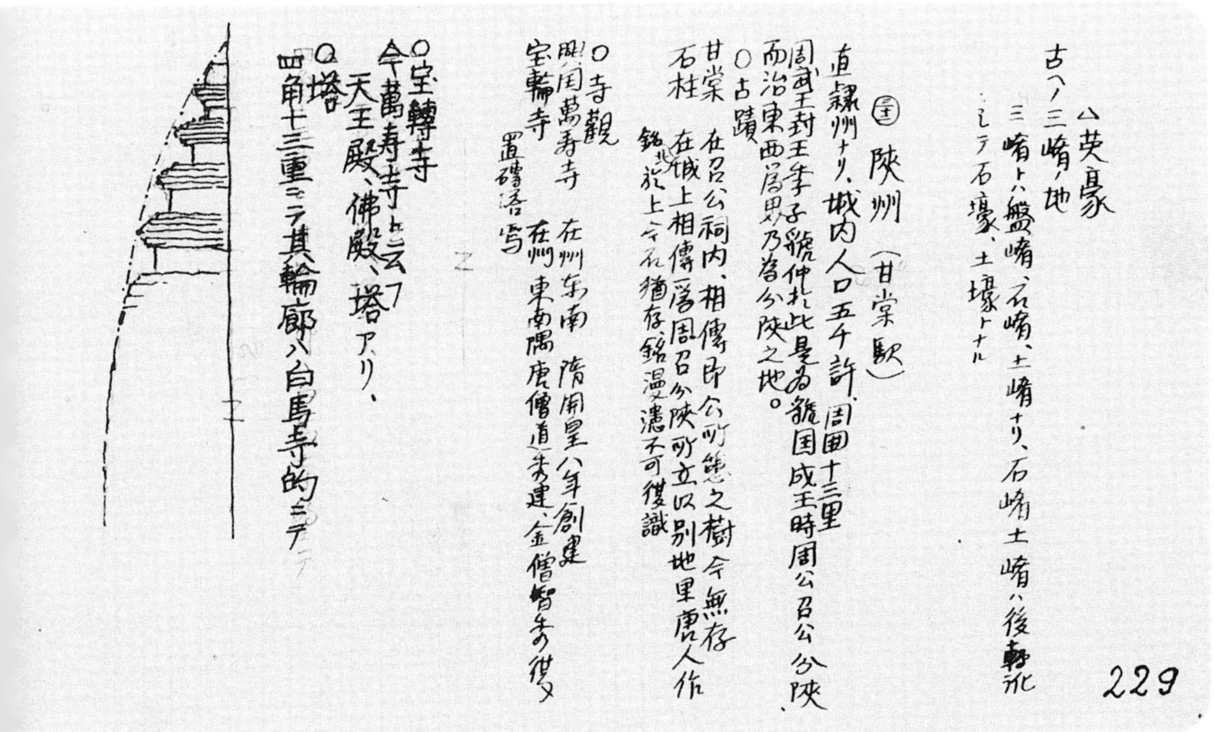

英豪
古ノ三崤ノ地
三崤トハ盤崤、石崤、土崤ナリ、石崤土崤ハ後転化シテ石壕、土壕トナル
㊂ 陝州（甘棠駅）
直隷州ナリ、城内人口五千許、周囲十三里
周武王封王季子號仲於此是為虢国 成王時周公召公分陝而治東西居思乃名分陝之地。
○古蹟
甘棠 在召公祠内、相傳昔公所憩之樹 今無存
石柱 在城上相傳為周召分陝所立以別地里 唐人作銘 北上今石猶存 銘漫漶不可復識
○寺觀
興國萬寿寺 在州東南 隋開皇八年創建
宝輪寺 在州東南隅 唐僧道[illegible]建 金僧智[illegible]修又置礎[illegible]塔
○宝轉寺
今萬寿寺ト云フ
天王殿、佛殿、塔アリ、
○塔
四角十三重ニテ其輪廓ハ白馬寺的ニテ

229

229陕州（1）（9月12日）

陕州这一地名的由来，是由于古周成王时期，周王与召公分陕而治，并将这里作为分界点，因此得名。

228 地图第十三号（铁门—阌乡）

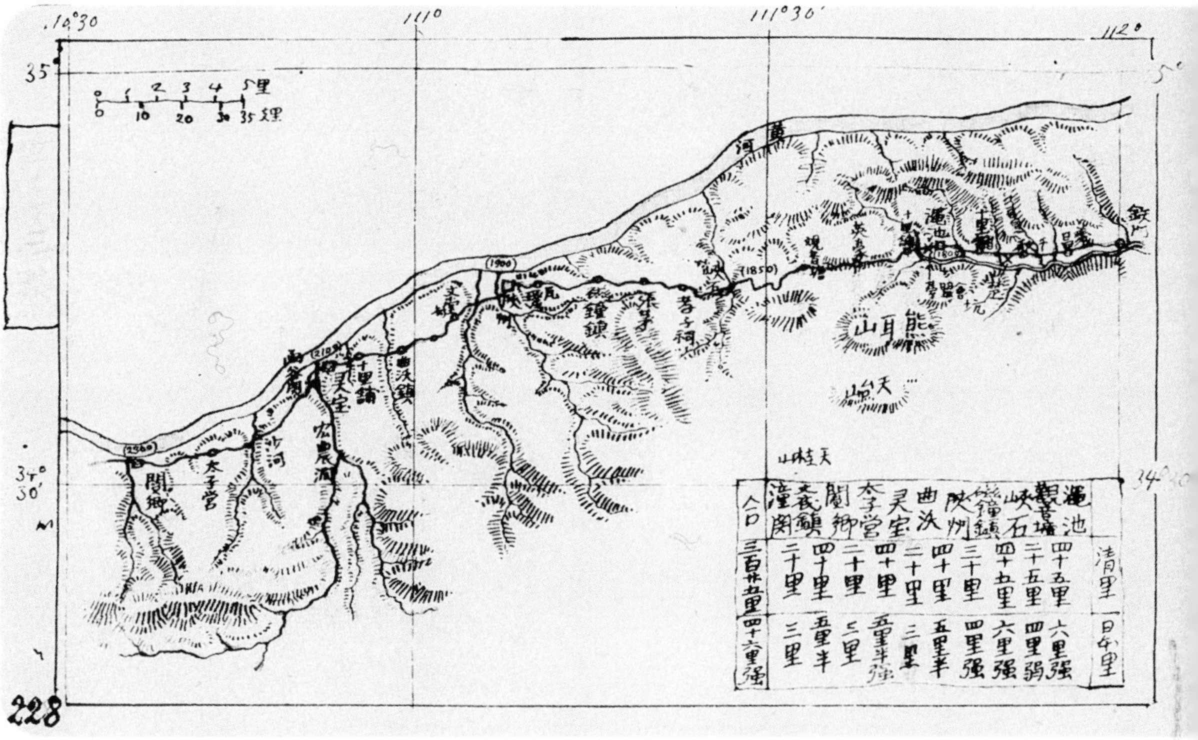

111°
111°30′
112°
35°
34°30′
熊耳山
天台山
228

瓦造建筑，建造工艺极其粗糙。从建筑角度来讲的话，没什么特别值得鉴赏的方面。九轮残缺。塔前面的壁障上有铭文，有唐代的也有金代的。金代的日期，为大定十七年，另外还刻有图案。

230 陕州（2）（9月12日）

从陕州出发，道路要横穿过几条河流。水流都在数十尺之下，道路坑坑洼洼，像被虫子啃过一样。水流上面是平坦的田地。

陝州附近道路
ノ如シ、甎造ニテ製作頗ル粗笨ナリ、建築トシテ見ルニ足ラズ、九輪ハ欠ケタリ、塔ノ前ノ壁障ニ銘アリ、一ハ唐ノモノ一ハ金ノモノナリ、金ノモノハ大定十七年ノ日附アリ、模様モアリ
230

河南省

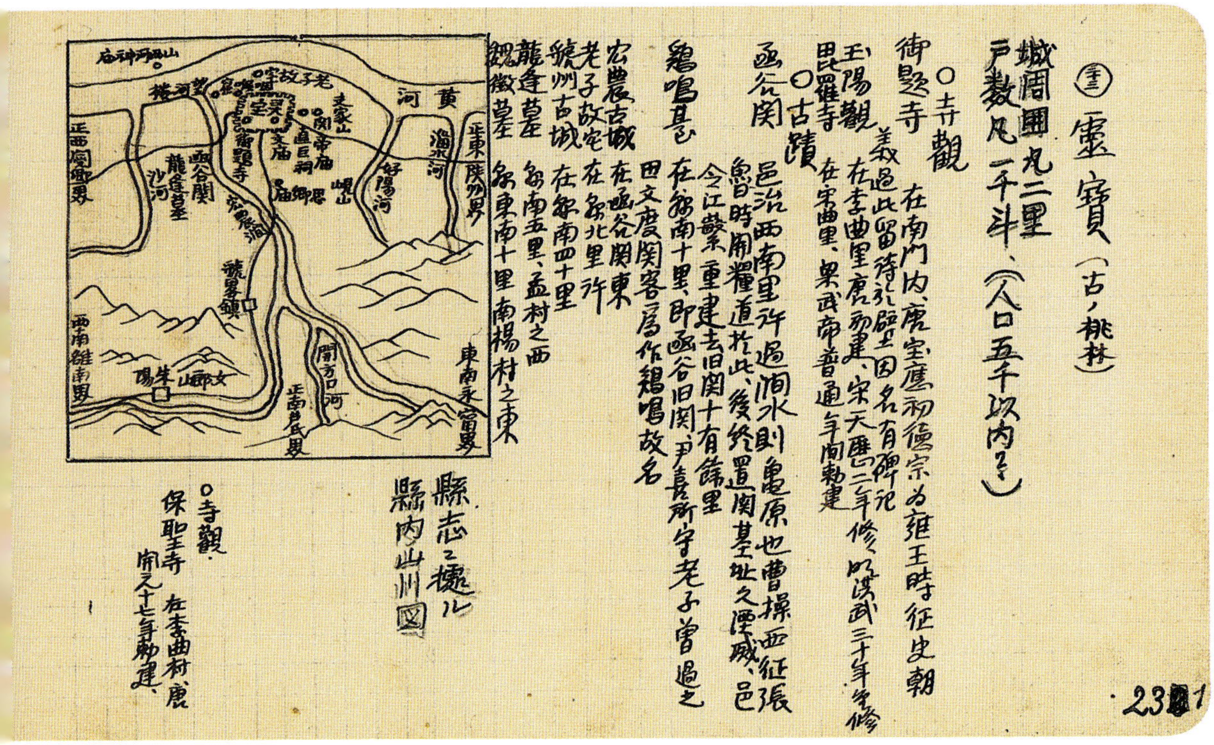

231 灵宝（9月13日）

灵宝是汉代弘农县的置地，在黄河以南二里地。古迹上刻有图中所示的这些地方，虽然御题寺也小有名气，但（世人）评价其现状不值一看。

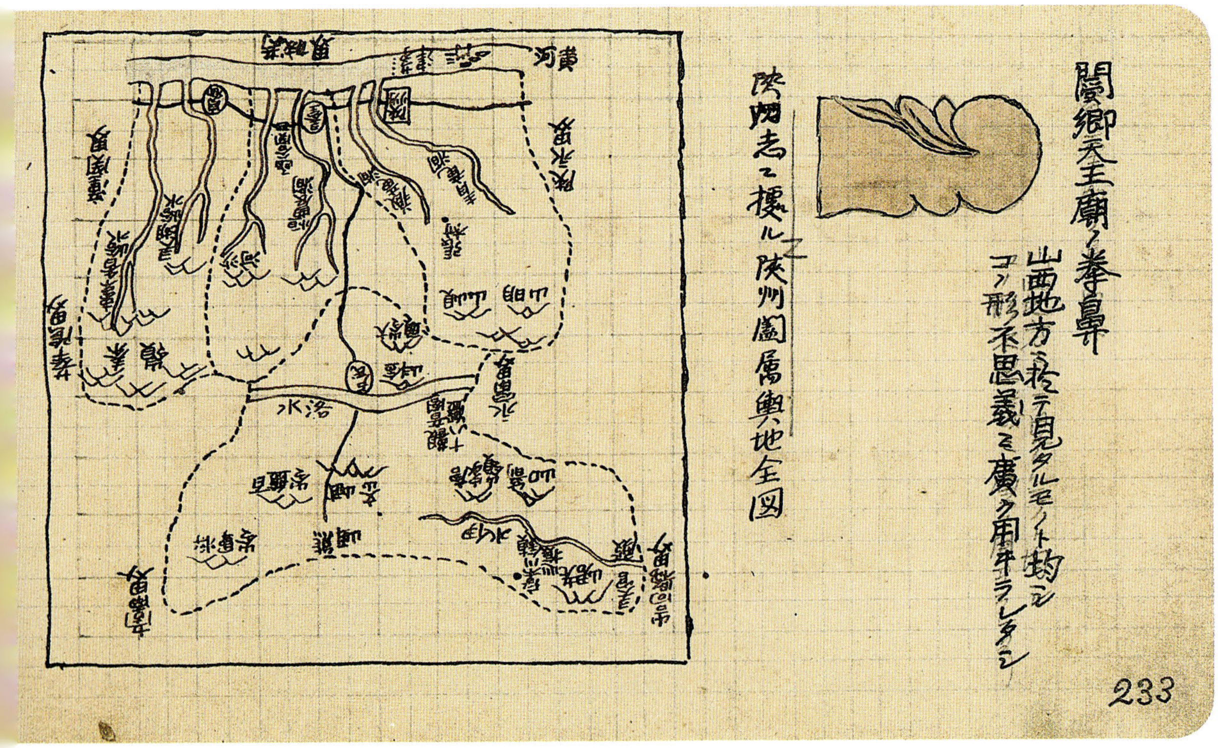

233 阌乡（2）/陕州（3）

北魏时期的陕州，包括如今的河南三门峡、陕县、山西的平陆、芮城、运城东北部等地区。清初其地域范围被削减，1913年被废止。

寺观 觉胜寺原本在城东南面，建于金太和元年，于明万历三十年移建至西关。

朝阳观 在县东街，建于元统二年，于明洪武十五年重修。

阌乡

城周边有八九里，约三百户人家。

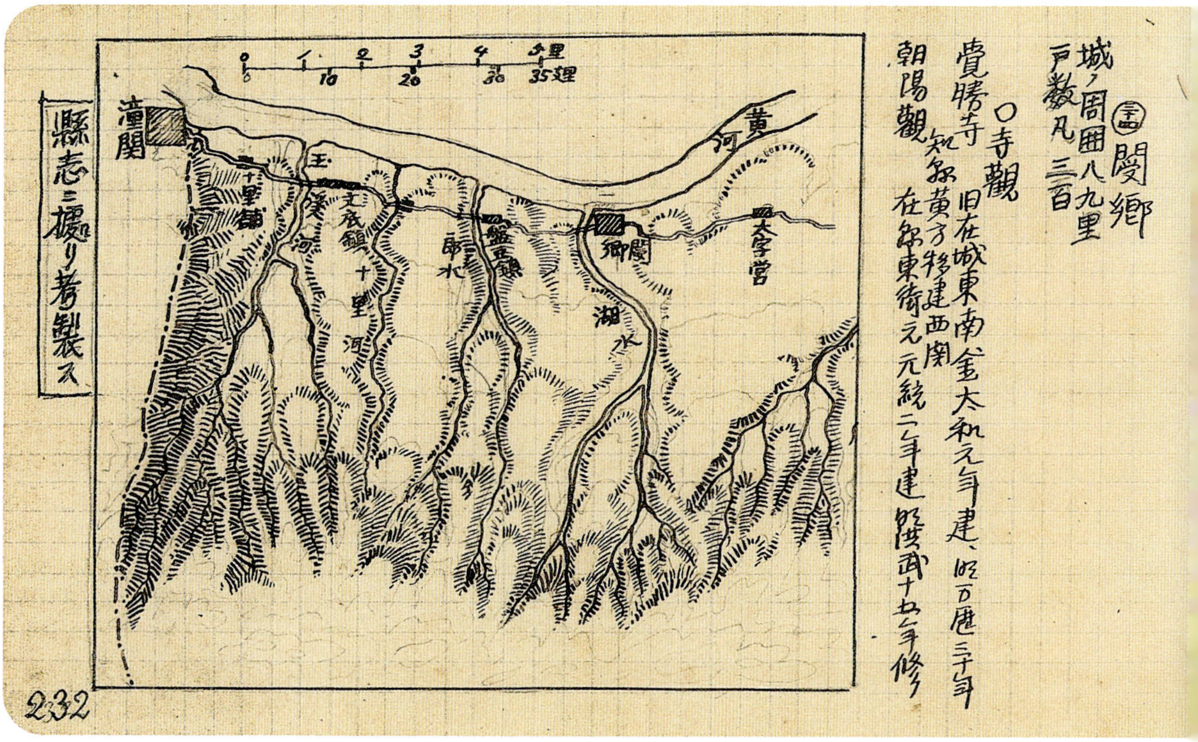

232 **阌乡（1）（9月14日）**

阌乡是一个只有一千五百人的小村落，紧临黄河南岸。（我们）一行人被安排在黄河边上的大王庙公馆内。

234 **陕州（4）附近窑洞图（1）（9月12日）**

路上看到比较稀奇的就数窑洞了。图中的窑洞采用了哥特式风格中的尖拱造型，并挖开一个类似于钵的通风口。笔者认为，这种类似的造型从某种意义上体现了世界各地人民构想的一致性。

哥特式艺术形式，当中窑洞很多，形式奇特。亻部分中有长方形的洞穴，首先应考虑美观，其次还应有风口；另外还有（口）部分和（八）部分。门有的在正中间，也有偏一些的。门旁边的窗户也各式各样。

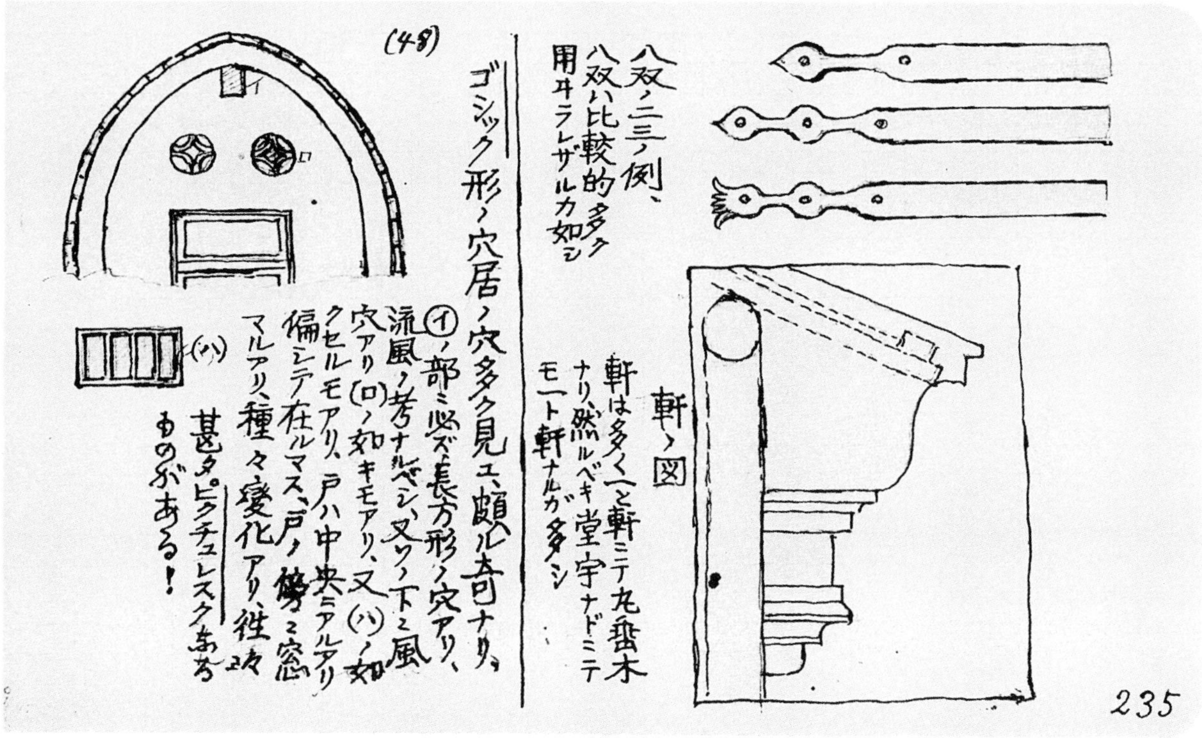
(48)
イ
ロ
(ハ)
八双ノ三ノ例、
八双ハ比較的多ク
用ヰラレザルカ如シ
ゴシック形ノ穴居ノ穴多ク見ユ、頗ル奇ナリ、
甚タピクチュレスクなるものがある！
軒ノ図
軒は多く〜と軒ニテ丸垂木
ナリ、然ルベキ堂宇ナドニテ
モ一ト軒ナルガ多シ
235

235 陕州（5）附近窑洞图（2）（9月12日）

函谷關
237

237 阌乡（3）函谷关（9月14日）

这个函谷关是新关，是在西汉武帝元鼎三年移建到这里的，并非一些『鸡鸣狗盗』的故事当中出现的函谷关。关门设在一条将小山丘铲平建成的街道上，并不是什么要害地形。笔者记载：走访旧关的计划未能实现。

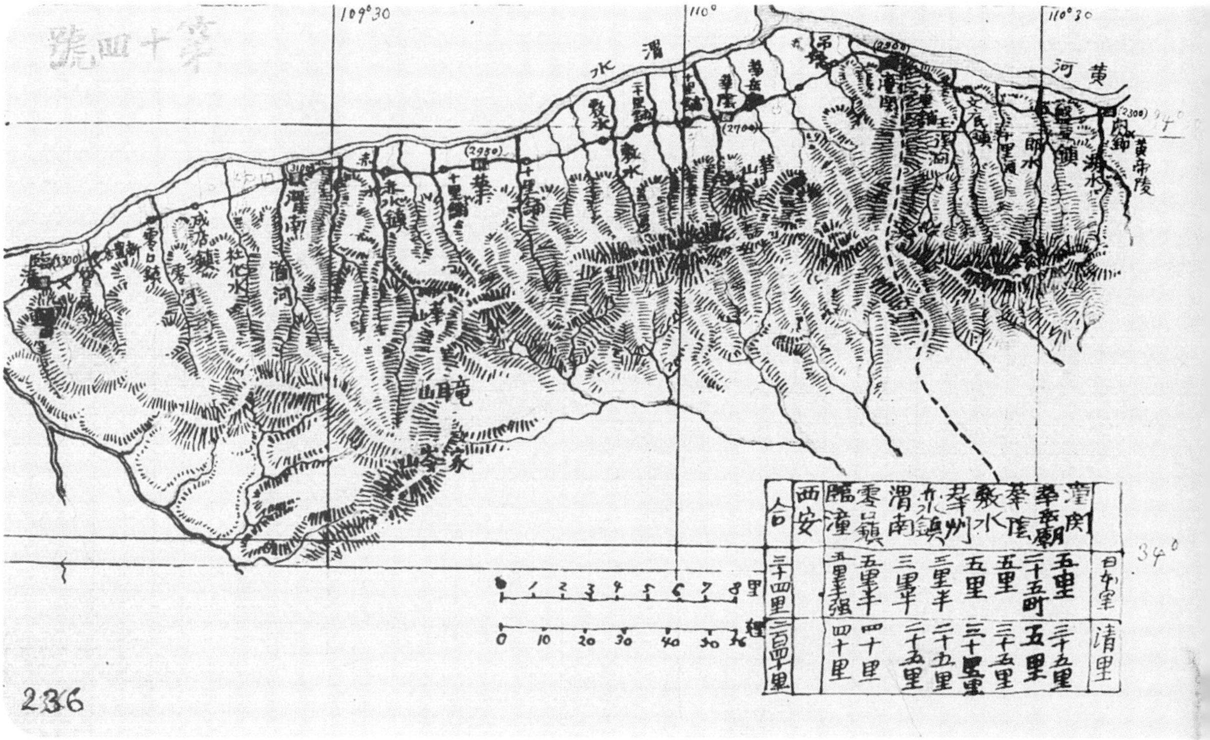

236地图第十四号（阌乡—临潼）

阌乡向西走，就一步步接近秦岭。沿着秦岭分支的山麓走不久，就到了关门。关门上挂着一块『第一关』的牌匾。这里是河南和陕西的省界。

238阌乡（4）阌乡境内的黄河（9月14日）

傍晚来到河岸边欣赏夜色。黄河水像是一面镜子。逐渐变暗的天色，倒映在黄河中犹如紫檀般，不一会，就变成一片漆黑的水流，消失不见了。这可以称得上是黄河的一大壮丽景观。

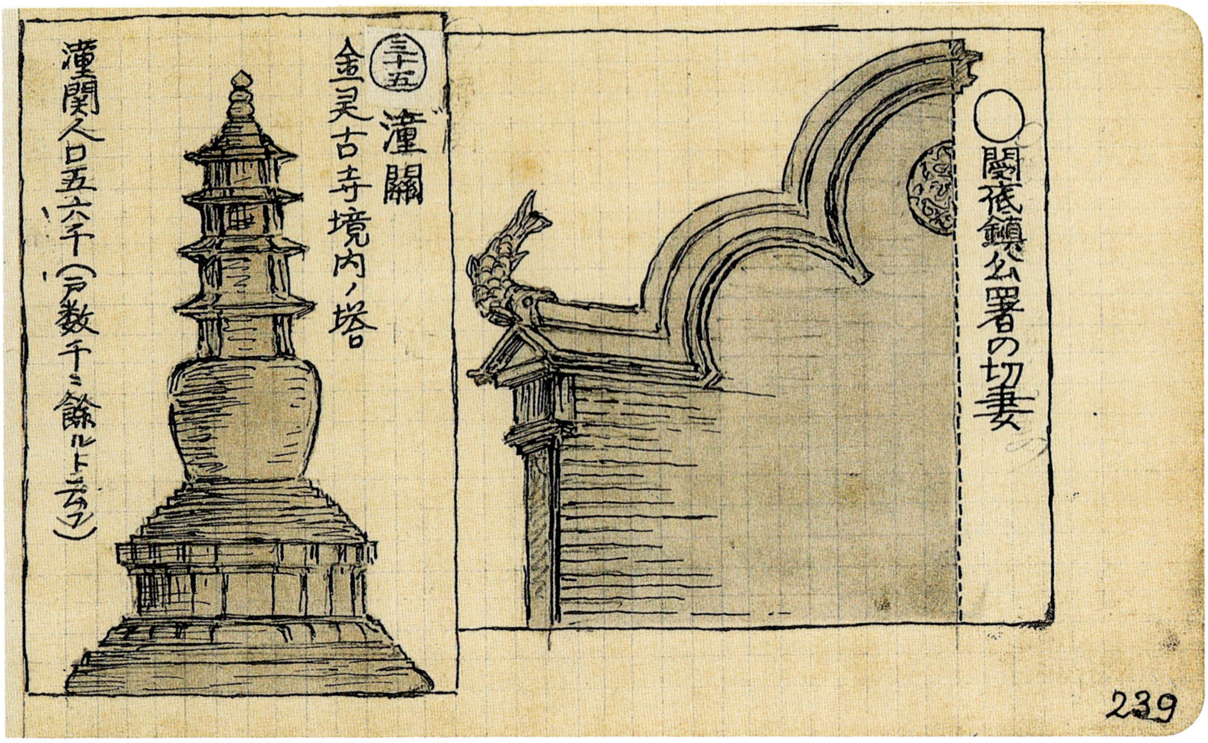

239 潼关（9月15日）

潼关是洛阳以西最繁华的城镇。由于到潼关之前路过的州县城都十分寂静，因此这里一片生机盎然的景象格外吸引人。虽说没什么古建筑，但城隍庙、文庙、关帝庙、金灵古寺等景观值得一看。

华阴县 约五百人（不超百余户）不值一看。

大华山，就是指从西岳县开始到山麓之间的数十里，从山麓到山顶的数十里（俗称四十里），据说直立高度为四里。（按理来说大华山的直立高度从平地开始计算的话应该为七千五百余尺，但因为这里海拔至少在二千五百尺以上，因此大华山的实际高度至少应该在一万尺以上。由此推断，这附近的秦岭应该达到了一万三千尺。

华州 华州周边约四里，人口约五百（约一百户）不值得一看。州衙门口还有唐朝的石碑。上有题词：李元昭懿切招德碑。另有铭文贞元五年十一月。石碑上龙的形状完美至极，十分秀美。

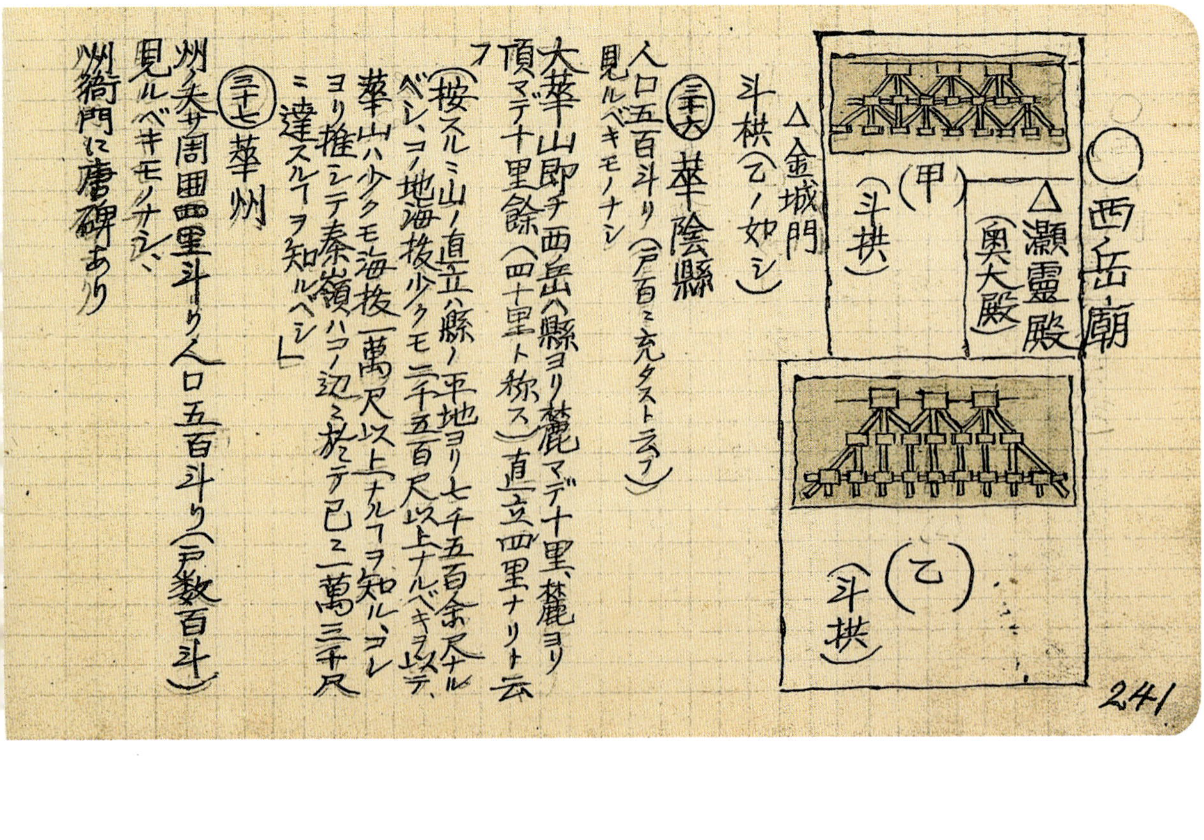

241 华阴／华州（9月16日）

华阴县，为我们提供的公馆的寝室以及华州的伙食都非常不错。但其实这两个地方都是贫困村，特别是华州的公馆十分荒凉，就像是鬼宅一样。日志记载：百姓同瘦，知县独肥。

240 **从吊桥西面眺望大华山（9月16日）**

出了潼关，我们一行人沿着河的南岸向西行进。前方有几座秦岭山脉，奇峰怪石之间耸立着一座如同被削掉两侧的大柱子，直冲云霄，巍然耸立，这便是五岳当中的西岳，即大华山。

渭南　城周边约九里，人口约四五百人。附近有许多石造旗杆，形状与印度高塔相似。另外还有一些铁制旗杆。上面刻有一些攀龙的图样，还有一些极美的纹饰。屋顶非常整齐，还有一些建筑的屋檐反转得很厉害。

临潼　城周边约十里，人口三千。城南与骊山相接（从山脚开始量高约千尺乃至一千二百尺）。山脚下有温泉，唐天宝年间在此建一宫殿，赐为华清宫。如今还有贵妃汤遗址。华清宫建在行台（里面还有长生殿），传说七月七唐玄宗与贵妃（为避暑而来）并肩齐坐，仰天望着牛郎织女星，发誓在天愿作比翼鸟，在地愿为连理枝。秦始皇陵在距城东五里的骊山脚下。陵墓高百余尺，四面各有百间，传说项羽入关，发动三十万人盗掘陵墓，运了一个月还没有将宝物运完。

242 **渭南／临潼（9月19日）**

临潼县的行台是唐代华清宫故地，虽然早已没有唐朝时的美观，但长廊高殿、亭院池水，甚是得体。杨贵妃的浴池还在，我们一行人也洗了个澡。据说庚子事变发生时，为从北京落荒而逃的西太后在此停留而进行了修缮。

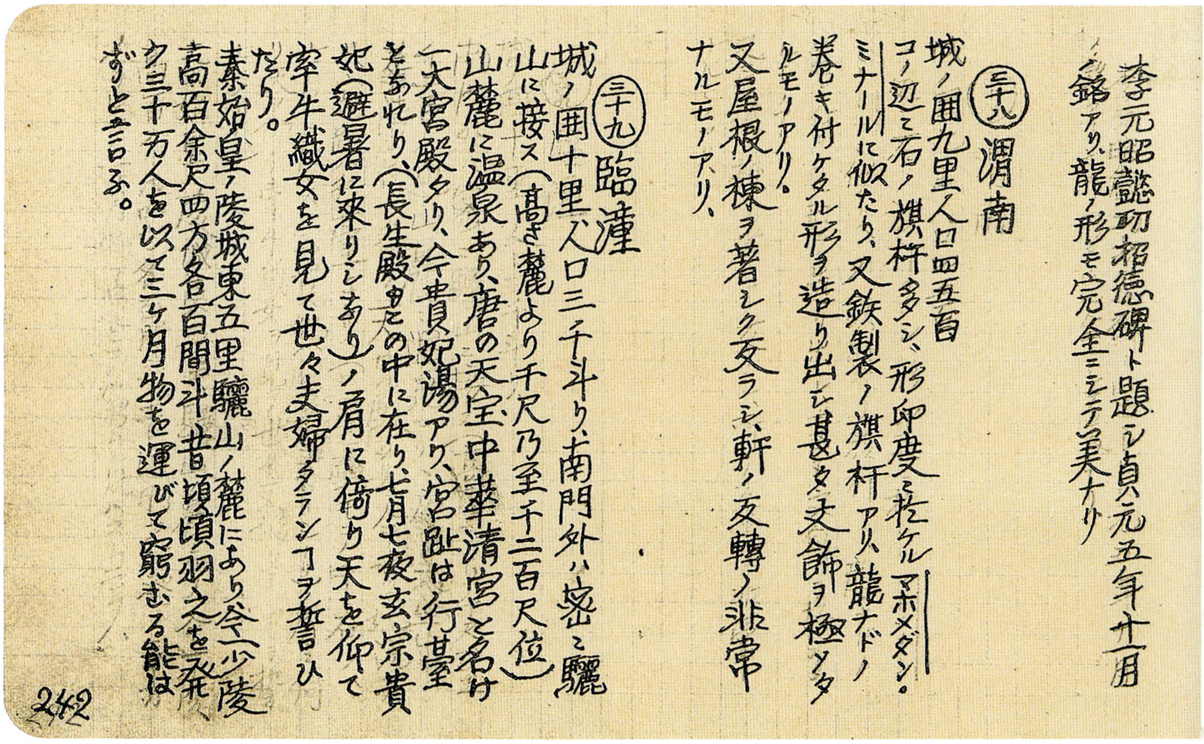
李元昭懿功招徳碑ト題シ貞元五年十月ノ銘アリ、龍ノ形モ完全ニシテ美ナリ

(三十八) 渭南

城ノ囲九里人口四五百

コノ辺ニ石ノ旗杆多シ、形印度ニ在ケル マホメダン ミナールに似たり、又鉄製ノ旗杆アリ、龍ナドノ巻キ付ケタル形ヲ造リ出シ甚タ文飾ヲ極メタルモノアリ。

又屋根ノ棟ヲ著シク反ラシ、軒ノ反転ノ非常ナルモノアリ、

(三十九) 臨潼

城ノ囲十里人口三千斗リ、南門外ハ密ニ驪山ニ接ス（高サ麓より千尺乃至千二百尺位）山麓に温泉あり、唐の天宝中華清宮と名付ケ一大宮殿タリ、今貴妃湯アリ、宮趾は行台（長生殿も此の中に在り）七月七夜玄宗貴妃（避暑に来りしなり）ノ肩ニ倚リ天を仰て牽牛織女を見て世々夫婦タランコヲ誓ひたり。

秦始皇ノ陵城東五里驪山ノ麓にあり今（少陵）高百余尺四方各百間斗昔項羽之を発カ三十万人を以て三ケ月物を運びて窮むる能はずと言ふ。

242

陕西省

243 秦始皇墓（9月20日）

秦始皇帝陵地下是一个进深两百间的墓葬，上面是一个高达百尺的方锥形陵墓。日志记载：临潼知县居然认识笔者的友人宫岛大八，这一巧遇实在让人吃惊。

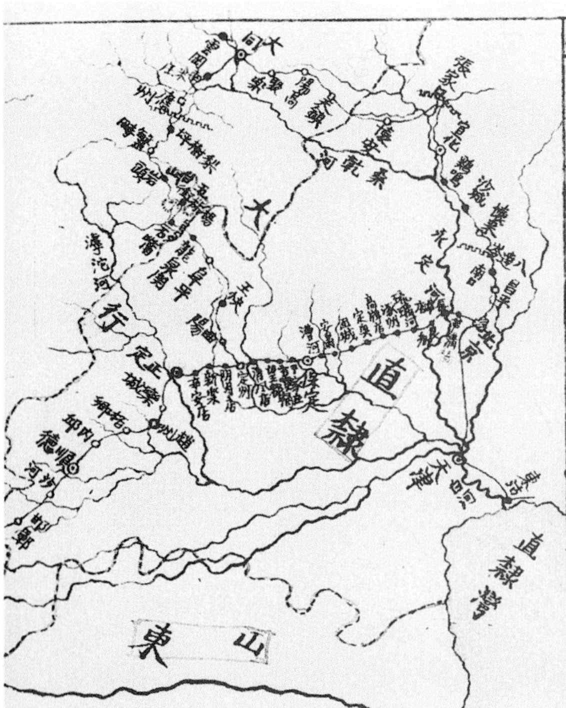

自北京至漢中里程表（一清里ヲ單位トス）

(一) 北京大同間

北京	昌平	南口	懷來	沙城	雞鳴	宣化	張家口	懷安	天鎮	陽高	聚樂	大同	雲岡	合
	六〇里	三〇	九五	五〇	四〇	六〇	六〇	一二〇	八〇	六〇	六〇	六〇	三〇	七九五

(二) 大同北京間

雲岡	大同	應州	梨樹坪	繁峙	岩頭	楊林街	石嘴	龍泉關	阜平	王快	曲陽	定州	保定	北京	合
三〇	六〇	七〇	六〇	四五	五〇	七〇	五〇	四〇	七〇	五〇	七〇	五五	一四五	三四五	一三一〇

(三) 北京開封間

北京	保定	正定	欒城	趙州	柏鄉	內邱	順德	沙河	邯鄲	磁州	彰德	湯陰	淇縣	衛輝	延津	開封	合
	三四五	二九〇	八〇	四〇	六〇	六〇	六〇	三五	八〇	七〇	七〇	四五	八五	五〇	七〇	九〇	一五三〇

(四) 開封西安間

開封	中牟	鄭州	滎陽	汜水	鞏縣	偃師	河南	新安	澠池	硤石	陝州	靈寶	閿鄉	潼關	華陰	華州	渭南	臨潼	西安	合
	七〇	七〇	七〇	四〇	六〇	六〇	七〇	七〇	九〇	七〇	七五	六〇	六〇	六〇	四〇	七〇	五〇	八〇	五〇	一二一五

(五) 西安漢中間

西安	咸陽	興平	武功	扶風	岐山	鳳翔	寶雞	黃牛鋪	鳳縣	紅星鋪	留壩	馬道	褒城	漢中	合	通計
	五〇	五〇	九〇	六〇	六〇	五〇	九〇	一〇〇	一二〇	三〇	一四〇	九〇	九五	四〇	一一五五	五九〇五

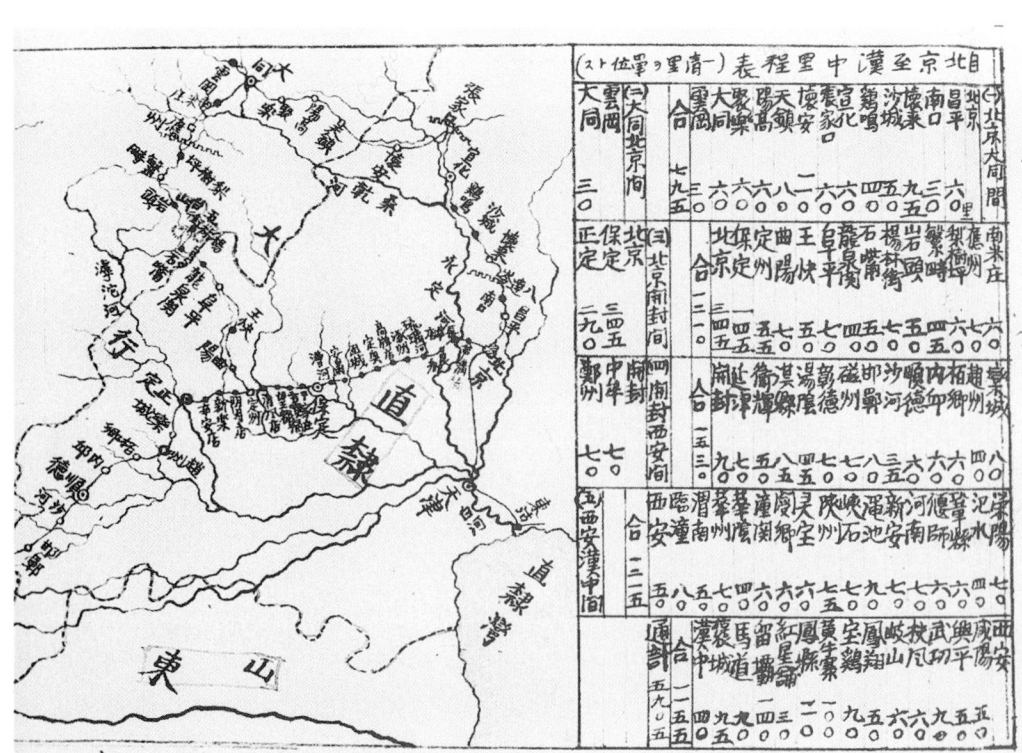

西安府

西安的沿革，在西安府志、咸宁市志中都有详细记载。

西安以东十里是浐水，二十里处是灞水，五十里处为骊山；以西十里有皂河，以北三十里是渭水，渭水以北数十里都是平原；以南四十里开始都是山脉，延绵不断与秦岭相连。秦岭以西过了渭水之后的数百里平原，就是周、汉、隋、唐的都城，与日本京都的地形大致相同，大部分是南北相对的结构，堪称一奇。

244 西安府（1）（9月23日）

西安是陕西的省会，是古代的长安。从前，汉开始一直到唐代都是中国的都城。现如今是中国西北地区的中心。

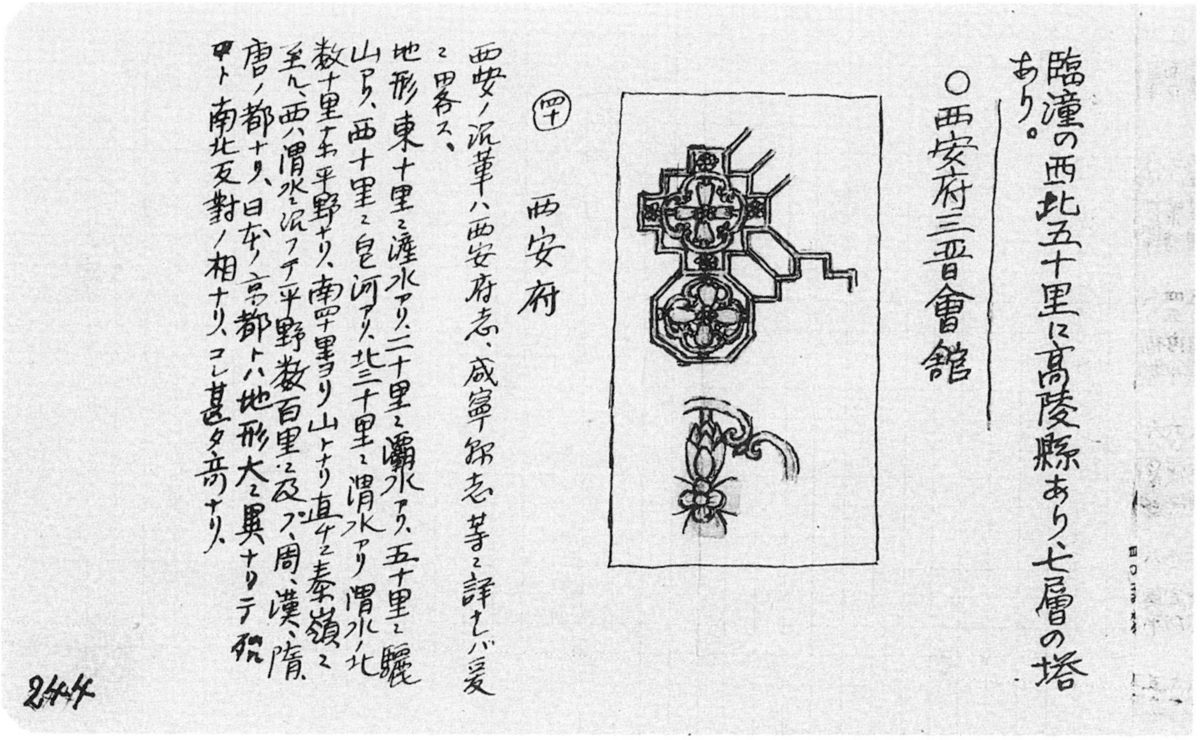
臨潼の西北五十里に高陵縣あり、七層の塔あり。

○西安府三晋會館

(甲) 西安府

西安ノ沿革ハ西安府志、咸寧縣志等ニ詳ナレバ爰ニ畧ス、

地形東十里ニ滻水アリ、二十里ニ灞水アリ、五十里ニ驪山アリ、西十里ニ皂河アリ、北三十里ニ渭水アリ渭水ノ北数十里ニ平野ナリ、南四十里ヨリ山トナリ直チニ秦嶺ニ至ル、西ハ渭水ニ沿フテ平野数百里ニ及ブ、周、漢、隋、唐ノ都ナリ、日本ノ京都トハ地形大ニ異ナリテ殆ド南北互對ノ相ナリ、コレ甚ダ奇ナリ、

244

距离临潼西北方向五十里处有个高陵县，高陵县有一座七层的塔。

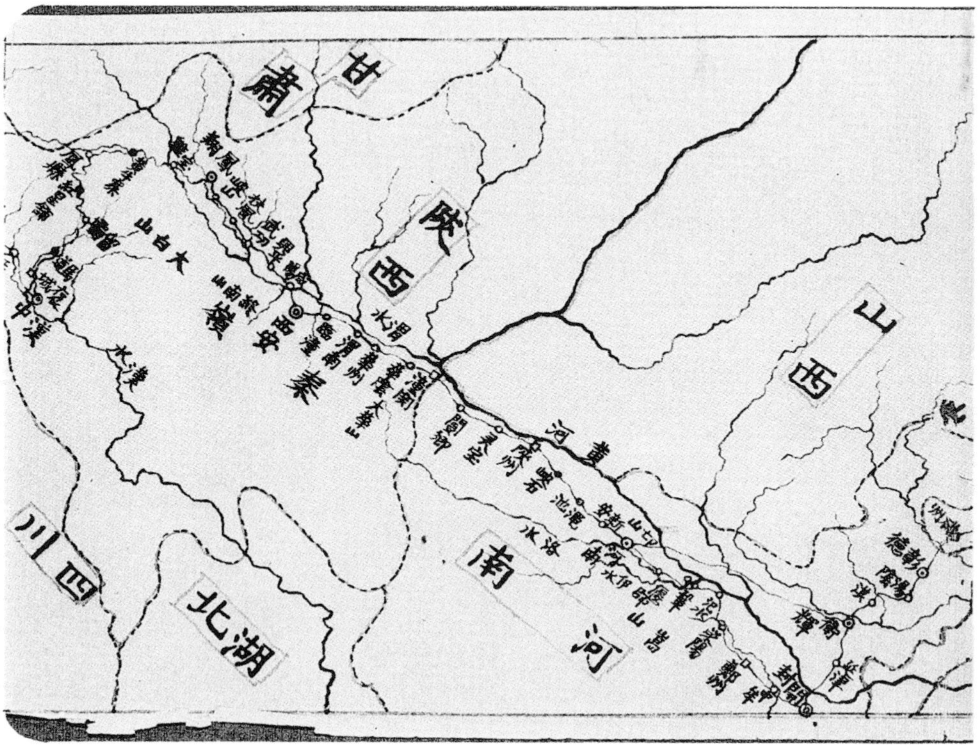

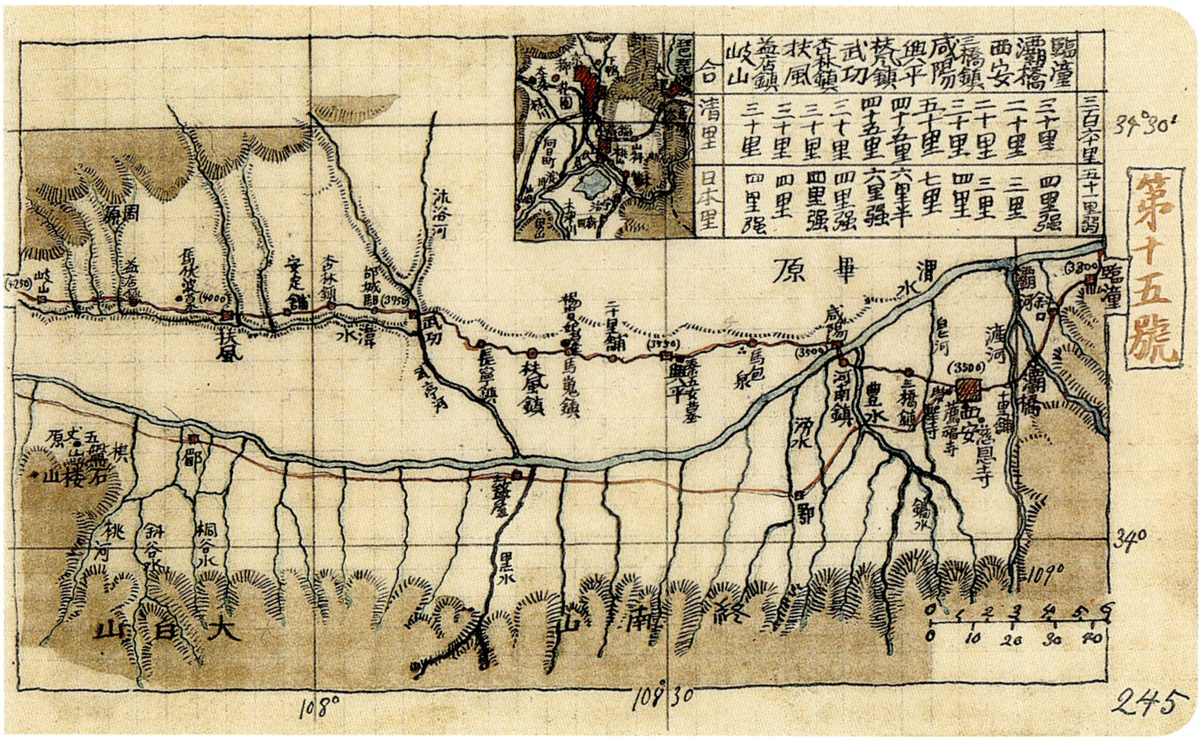
第十五號
渭水
武功
扶風
岐山
咸陽
西安
臨潼
畢原
大白山
終南山
245

245 地图第十五号（临潼—岐山）

荐福寺　十三层塔（小雁塔）

四角十三层，每一边（下层）长为三十七尺六寸。高出土坛十尺五寸处的前后都有入口，宽为五尺九寸。

慈恩寺　七层四角塔（大雁塔）

第一、二层两层都有八九间屋子，每一边都有八十三尺六寸。三、四层各有七间房。五、六、七、八层各有五间房，每层正中间为入口，高为二百尺。该塔外形奇特，上层内收的设计比较少见。

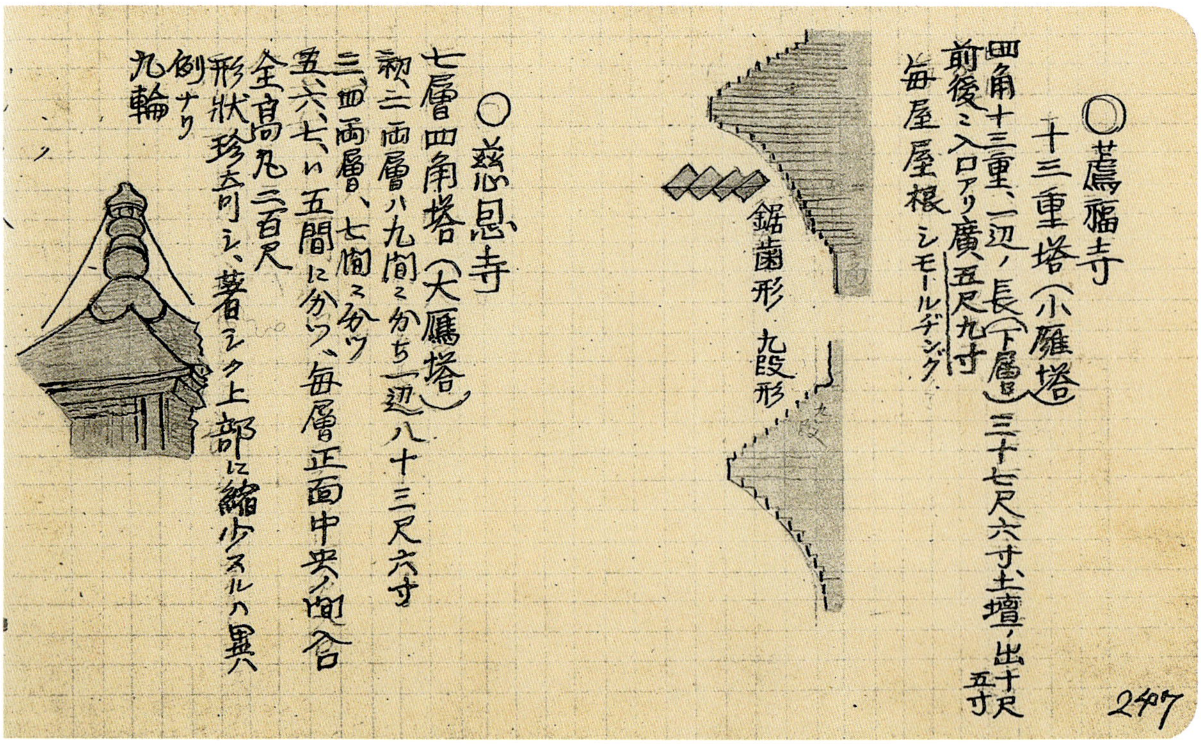
○薦福寺
十三重塔（小雁塔）
四角十三重、一辺ノ長（下層）三十七尺六寸土壇ノ出十尺五寸
前後ニ入口アリ廣五尺九寸
毎屋屋根シモールヂング
鋸歯形
九段形
○慈恩寺
七層四角塔（大雁塔）
初二両層ハ九間ニ分ち一辺八十三尺六寸
三、四両層ハ七間ニ分ツ
五、六、七、八ハ五間ニ分ツ、毎層正面中央ノ間入口
全高凡二百尺
九輪
247

247 西安府（3）小雁塔／大雁塔（1）（9月25日）

荐福寺，是在唐朝景龙年间由武则天下令修建的。小雁塔原为十五层，二层以上的壁体很低，塔身从下往上逐层内收，形成秀丽舒畅的外轮廓线。

西安市街略图

城东西长十里，南北长七里，周边三十五里，约三十万人口。

城区分为东关、西关、南关、北关四部分，东西关区域面积最大。实际上城东西长为日本的四十町，南北约为二十五町，钟楼以北约为十六町有余、以南约八町有余，约八千户人家，合计人口约三万五千人。但具体人数不详。

246 西安府（2）市街略图（9月23日）

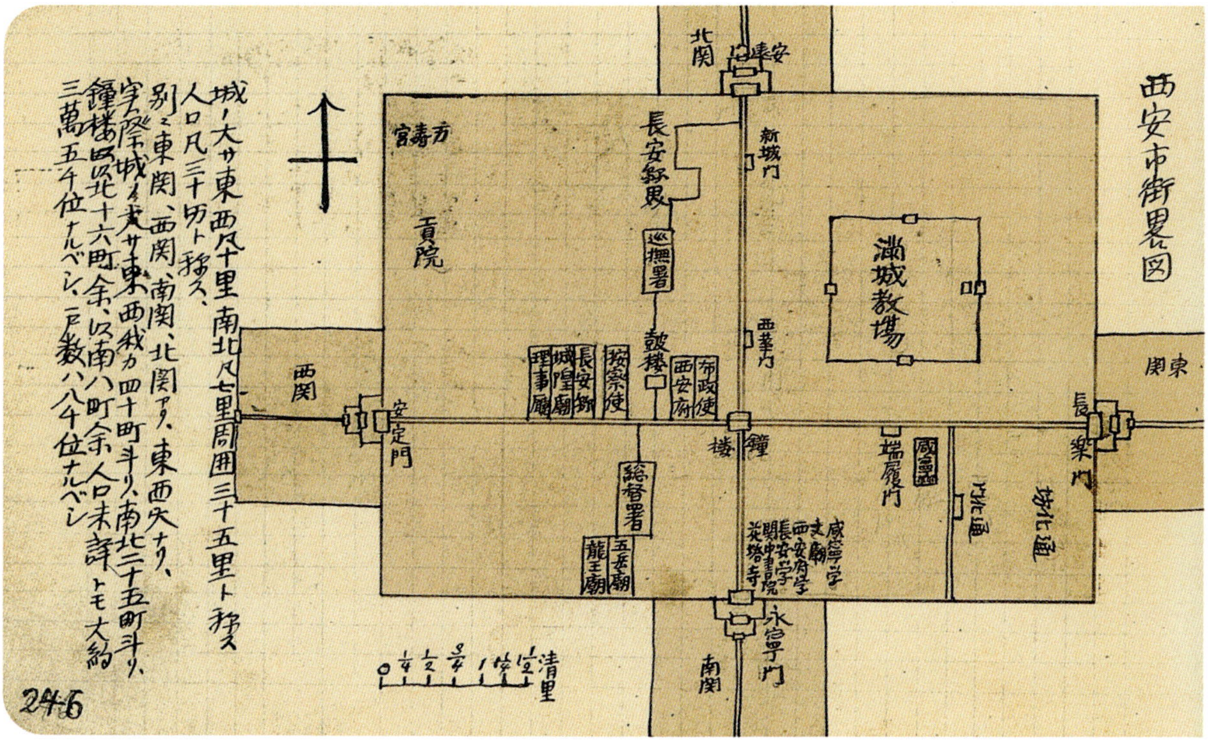

西安市街略図
北関
新城門
長安縣
巡撫署
満城教場
鼓楼
鐘楼
布政使
按察使
西関
安定門
東関
長楽門
南関
永寧門
貢院
総督署
城ノ大サ東西凡十里南北凡七里周囲三十五里ト称ス
人口凡三十万ト称ス
別ニ東関、西関、南関、北関アリ、東西大ナリ、
実際城ノ大サ東西我ガ四十町斗リ、南北二十五町斗リ、
鐘楼以北十六町余、以南八町余、人口未詳トモ大約
三萬五千位ナルベシ、戸数八千位ナルベシ
246

花塔寺（宝庆寺）

花塔　六角七层结构，明代得以重建，旧时的琉璃瓦反建在九轮上。另外还有初武年间的两层斗拱，三层以上造型类似于荐福寺、慈福寺内的塔。

寺内有一尊造型美观的佛像，不确定是否属于元代作品。另外还有一些唐代及唐代以前的作品。有关佛面的传言有人认为全部模仿了欧人的面相。除此之外还有一些推古式风格的佛面。

248 西安府（4）大雁塔（2）/花塔寺（9月25日）

慈恩寺是唐高宗为其母后修建的。寺内的玄奘三藏按照印度寺院的规格制度建成，后经武则天重建，成为如今的大雁塔。入口处的佛传图雕刻尚在，西入口处的图样充分展现了唐代建筑的风格，是非常珍贵的资料。『道风』是『遗风』的笔误。

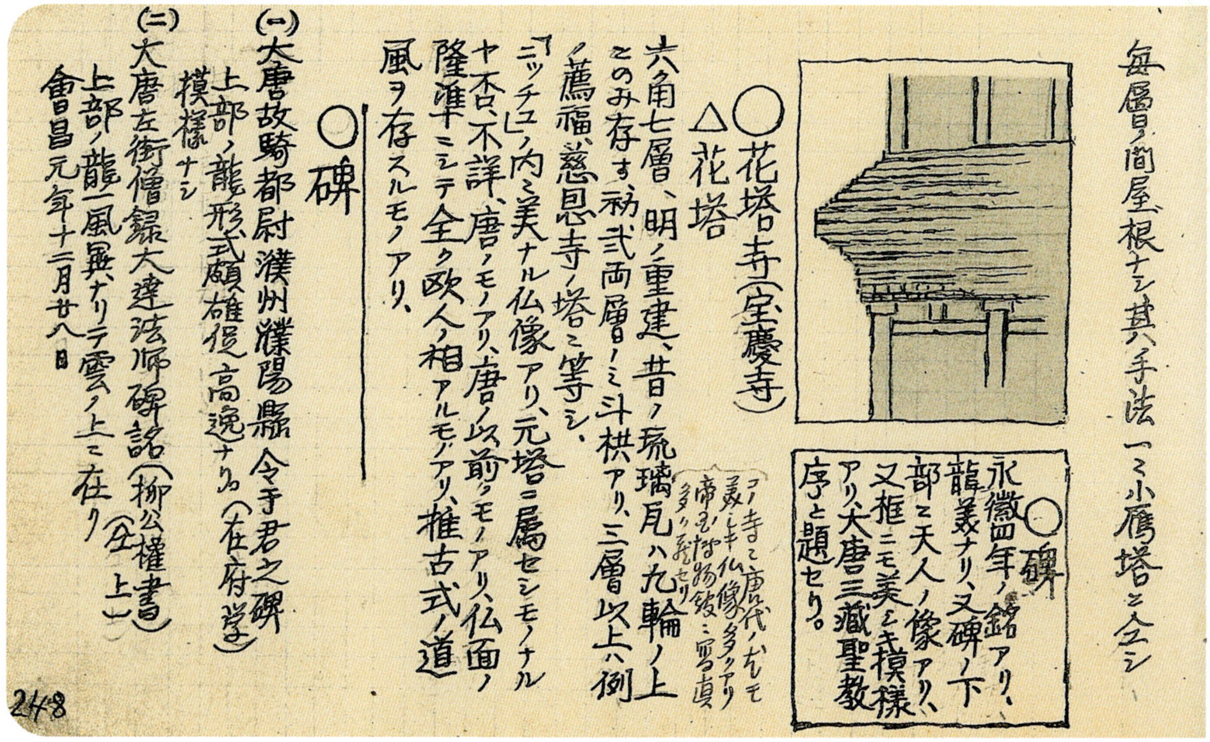

毎層ノ間屋根ナシ其ノ手法ハ小雁塔ニ全シ
○碑
永徽四年ノ銘アリ、
龍ノ美ナリ、又碑ノ下
部ニ天人ノ像アリ、ハ
又框ニモ美シキ模様
アリ、大唐三藏聖教
序ト題セリ。
○花塔寺（宝慶寺）
△花塔
六角七層、明ノ重建、昔ノ琉璃瓦ハ九輪ノ上
ニノミ存ス、初武両層ノミ斗拱アリ、三層以上ハ例
ノ薦福、慈恩寺ノ塔ニ等シ、
ニッチュノ内ニ美ナル仏像アリ、元塔ニ属セシモノナル
ヤ否、不詳、唐ノモノアリ、唐ノ以前ノモノアリ、仏面ノ
隆準ニシテ全ク欧人ノ相アルモノアリ、推古式ノ道
風ヲ存スルモノアリ、
○碑
(一)大唐故騎都尉濮州濮陽縣令于君之碑
上部ノ龍形式頗雄偉高逸ナリ（在府学）
模様ナシ
(二)大唐左街僧録大達法師碑銘（柳公權書）
上部ノ龍ノ風興ナリテ雲ノ上ニ在リ（全上）
會昌元年十二月廿八日
248

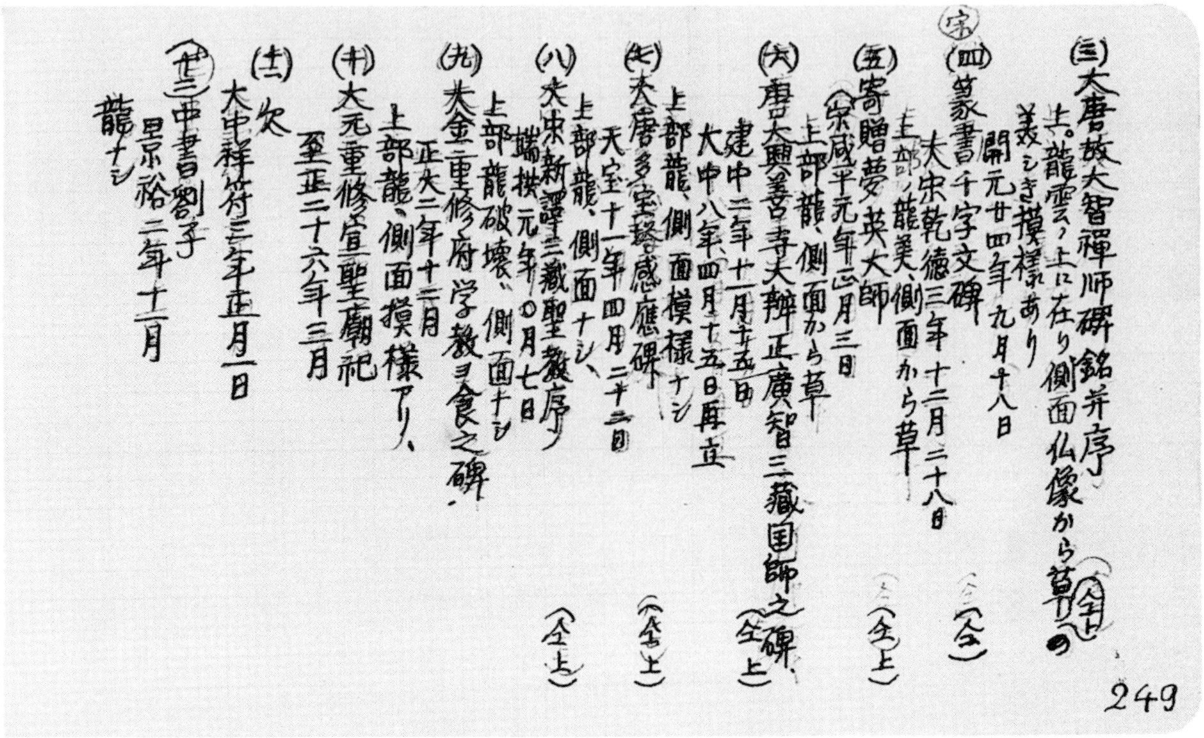
(三)大唐故大智禪師碑銘并序 (全上)の
上ニ龍雲ヽ上に在り側面仏像から草
美しき模様あり
開元廿四年九月十八日
(四)篆書千字文碑 (全)
大宋乾德三年十二月二十八日
上部、龍美、側面から草
(五)寄贈夢英大師 (全上)
(宋咸平元年正月三日)
(六)唐大興善寺大辯正廣智三藏国師之碑 (全上)
上部、龍、側面から草
建中二年十一月十五日
大中八年四月十五日再立
(七)大唐多宝塔感應碑 (全上)
上部、龍、側面ナシ、
天宝十一年四月二十二日
(八)大宋新譯三藏聖教序 (全上)
上部、龍破壊、側面ナシ
端拱元年十月七日
(九)大金重修府学教養之碑
上部、龍、側面模様アリ、
正大二年十二月
(十)大元重修宣聖廟記
至正二十六年三月
(十一)欠
(十二)大中祥符三年正月一日
(廿三)中書劉子
景祐二年十月
龍ナシ
249

249 西安府（5）碑林（1）（9月25日）

西安最有趣的要数碑林。这里将西安附近的古碑收集到了一起，是一座古碑博物馆。如今是陕西省博物馆的一部分。

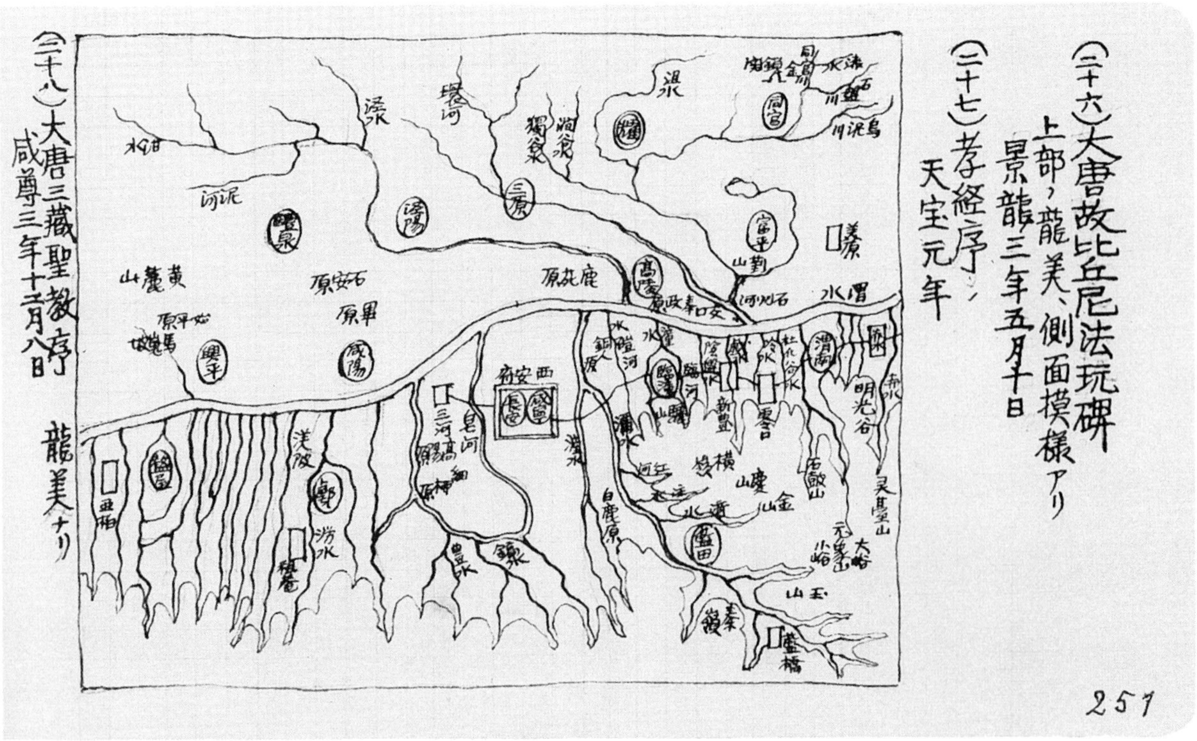
(二十六)大唐故比丘尼法琬碑
上部、龍美、側面模様アリ
景龍三年五月十日
(二十七)孝経序
天宝元年
(二十八)大唐三藏聖教序
咸亨三年十二月八日
龍美ナリ

251 西安府（7）碑林（3）

该图是从府志当中摘选出来的。《大唐三藏圣教序》是在书法方面无人不知、无人不晓的名著。

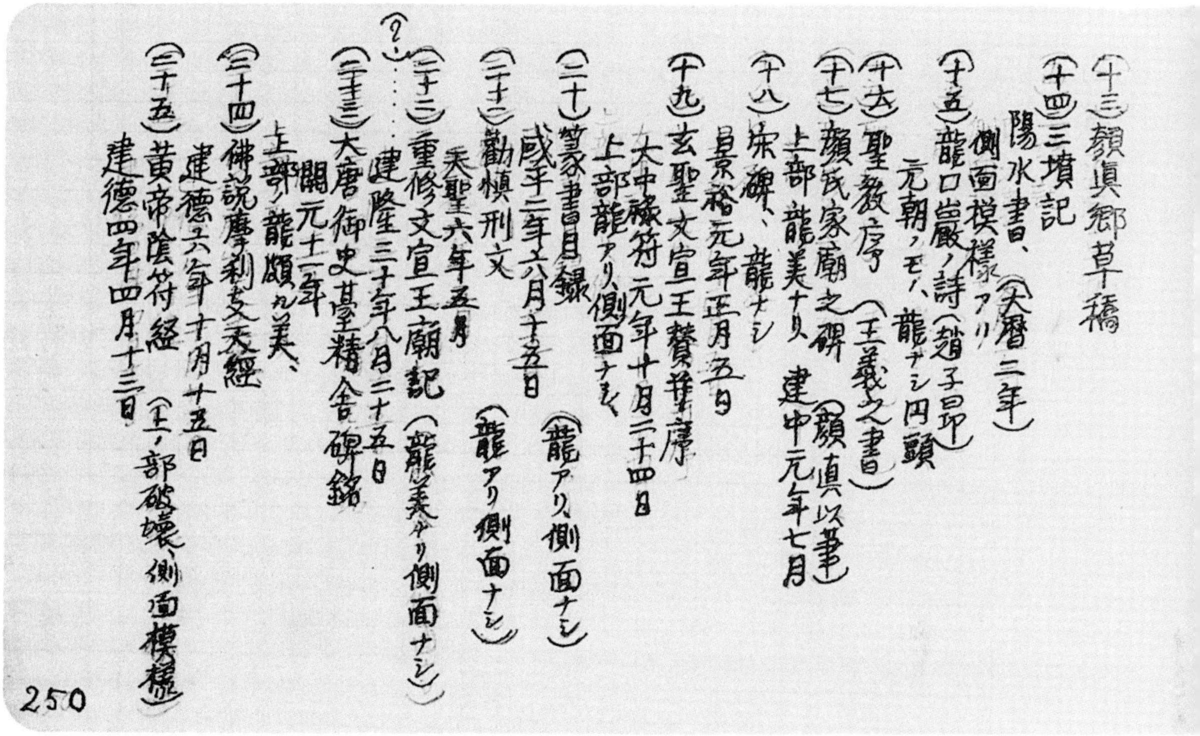
(十三)顔眞卿草稿
(十四)三墳記
陽氷書、(大暦二年)
側面模様アリ
(十五)龍口巖ノ詩(趙子昂)
元朝ノモノ、龍ナシ円頭
(十六)聖教序(王羲之書)
(十七)顔氏家廟之碑(顔眞卿筆)
上部龍美ナリ 建中元年七月
(十八)宋碑、龍ナシ
景祐元年正月五日
(十九)玄聖文宣王賛并序
大中祥符元年十月二十四日
上部龍アリ側面ナシ
(二十)篆書目録 (龍アリ側面ナシ)
咸平二年六月十五日
(二十一)勧慎刑文 (龍アリ側面ナシ)
天聖六年五月
(二十二)重修文宣王廟記(龍美ナリ側面ナシ)
建隆三年八月二十五日
(?)……
(二十三)大唐御史臺精舎碑銘
開元十一年
上部ノ龍頗ル美
(二十四)佛説摩利支天經
建徳六年十月十五日
(二十五)黄帝陰符経 (上ノ部破壊、側面模様)
建徳四年四月十三日
250

250西安府（6）碑林（2）（9月25日）

碑林的长廊上摆满了唐宋以后的古碑，但遗憾的是由于没有按照年代顺序陈列，因此不是很方便。

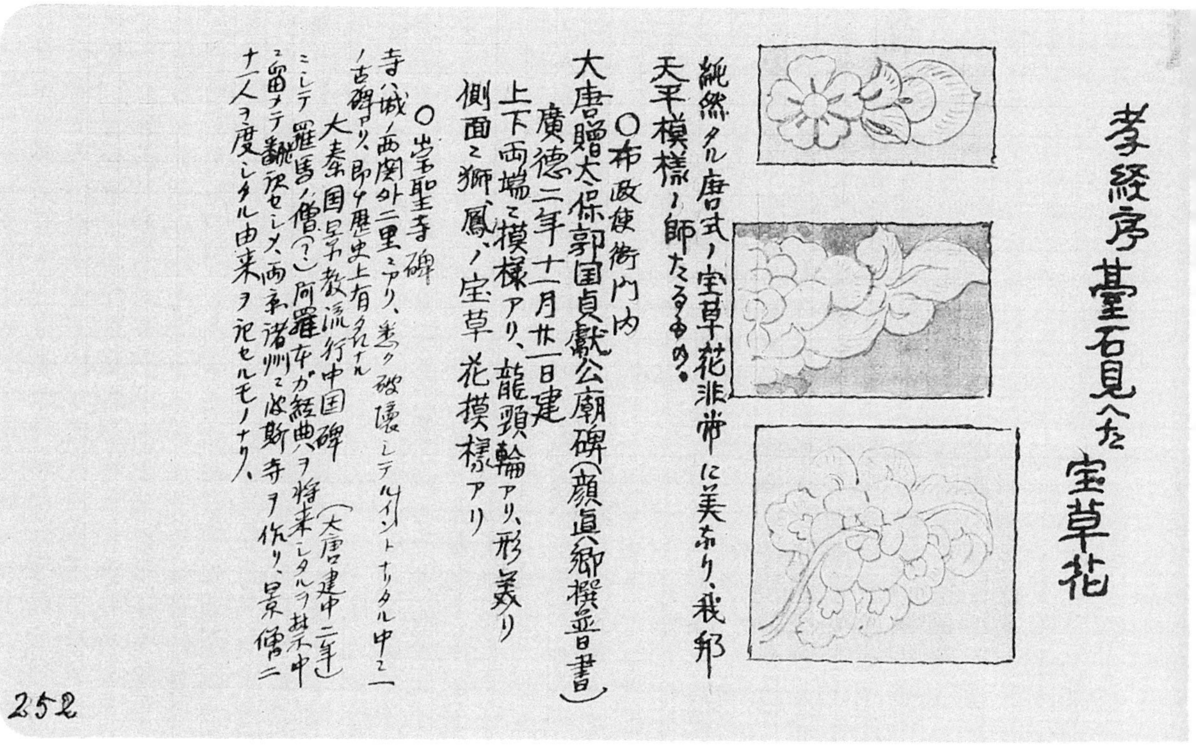
孝經序臺石見へた宝草花
純然タル唐式ノ宝草花非常に美しく、我邦天平模様ノ師たるもの。
○布政使衙門内
大唐贈太保郭国貞獻公廟碑(顔眞卿撰並書)
廣徳二年十一月廿一日建
上下両端ニ模様アリ、龍頸輪アリ、形美ナリ
側面ニ獅鳳ノ宝草花模様アリ
○崇聖寺碑
寺ハ城ノ西関外二里ニアリ、悉ク破壊シテ僅ニ一ノ古碑アリ、即チ歴史上有名ナル大秦国景教流行中国碑(大唐建中二年)ニシテ羅馬ノ僧( )阿羅本ガ経典ヲ将来シタルヲ此ノ中ニ留メテ翻訳セシメ、而シテ諸州ニ波斯寺ヲ作リ、景僧二十人ヲ度シタル由来ヲ記セルモノナリ。
252

252西安府（8）崇圣寺（9月27日）

颜真卿（709～785）是唐代著名的政治家，同时也是著名书法家。在安禄山之乱中组织义军起义。另外，由于他确立了楷书刚毅的文体而被人们熟知。

右边立着的是石壁崩塌后的残壁。下面散落着乱石。残壁左边是大雁塔。再往左是小雁塔。
远处高耸的是西安的西门即永定门。继续往左是大秦寺的奇异石碑。向后面远远望去是秦岭的一部分景致。

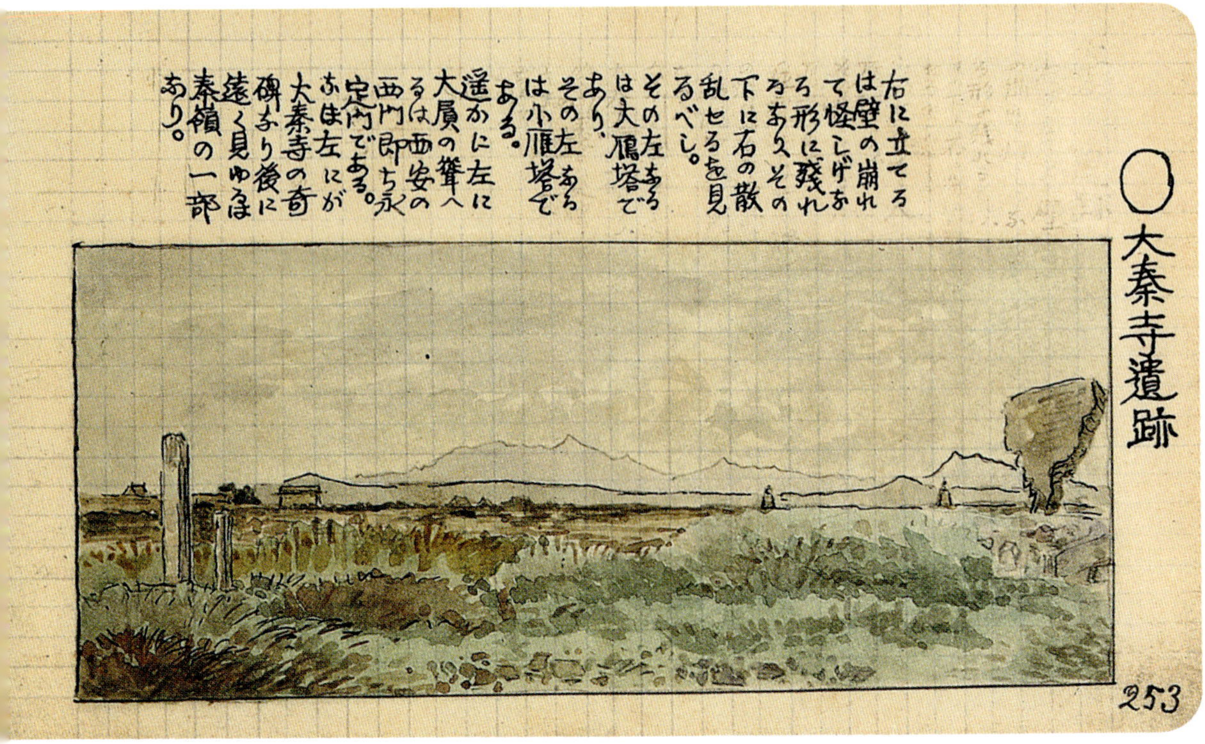
○大秦寺遺跡
右に立てるは壁の崩れて怪しげなる形に残れるもの、その下に石の散乱せるを見るべし。その左にあるは大雁塔であり、その左にあるは小雁塔である。遥かに左に大屋の聳へるは西安の西門即ち永定門である。なほ左に大秦寺の奇碑あり後に遠く見ゆるは秦嶺の一部なり。
253

253 西安府（9）大秦寺遗址（9月27日）

崇圣寺在城西三里处，寺内立着一座『大秦景教流行中国碑』的石碑，日期为建中三年（781）。碑的上部分刻着十字架，侧面刻着古叙利亚语的铭文。

窑洞 陕北的窑洞很多，窑洞有两种，一种是横穴，一种是纵穴，纵穴上还有一个房盖防止雨淋。此地的风俗是如果家中死人的话就将尸体埋在窑洞里，然后另外再挖一口窑洞住。据说横穴内住的都是中国本族人。与日本太古时期的风俗相似。

兴教寺内有三座塔，两座已经残缺不全，另外一座已完全坍塌。都是四角七层结构的塔。与白马寺塔不同。相传玄奘曾在此讲经。另外还有一些佛像和唐代的建筑，还有玄奘碑。五台山上有70座寺院。

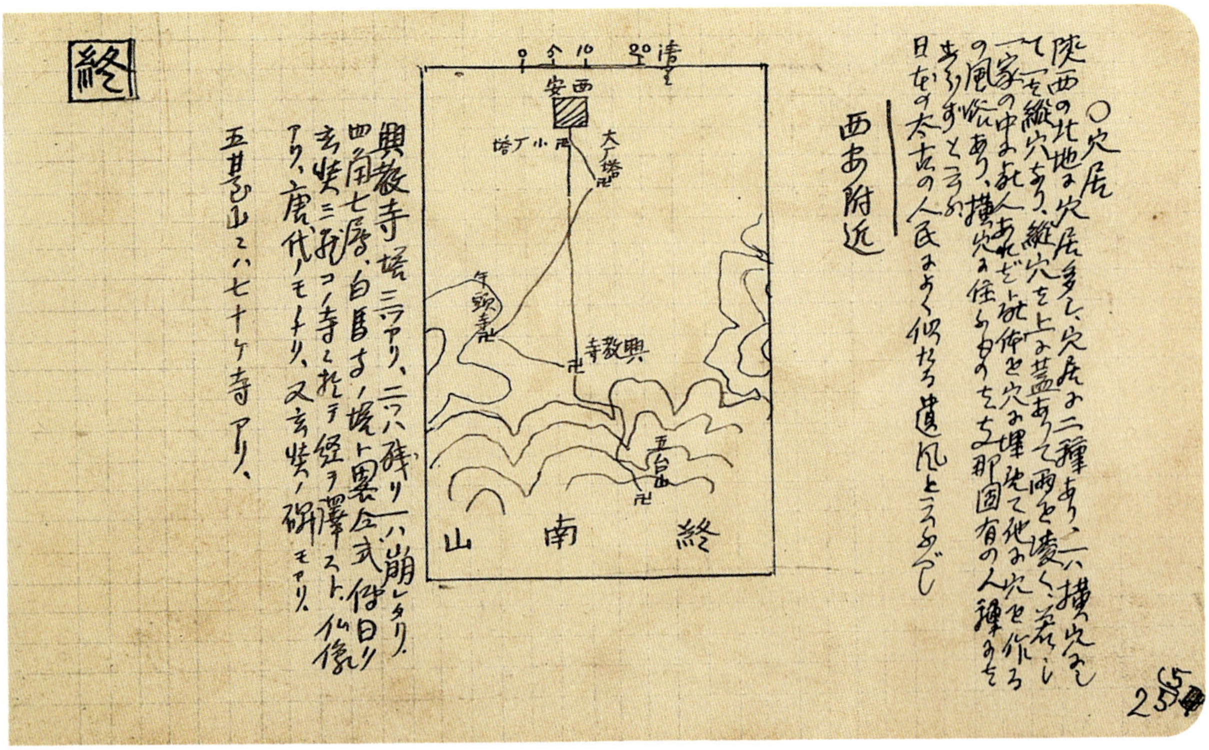
終
西安附近
西安
大雁塔
小雁塔
牛頭寺
興教寺
終南山
255

255 西安府（11）郊外（9月）

兴教寺在终南山的斜对面，寺内有一座玄奘三藏的墓塔和刻有其画像的石碑。另外还有午头寺、香积寺、青龙寺等非常有名的寺院。

洪福寺 石台上有漂亮的图案，是明代以前的东西。
城隍庙 规模非常宏大，作为一种斗拱建筑结构，经常能看到。

254 **西安府（10）市内诸寺（9月27日）**

西安以及周边地区是一个古迹、古寺、陵墓、宝石的宝库。在那些将渭水相隔的群山上，有许多唐朝历代皇帝的陵墓。但由于没有时间，（我们）一行人仅在西安停留数日后离去。

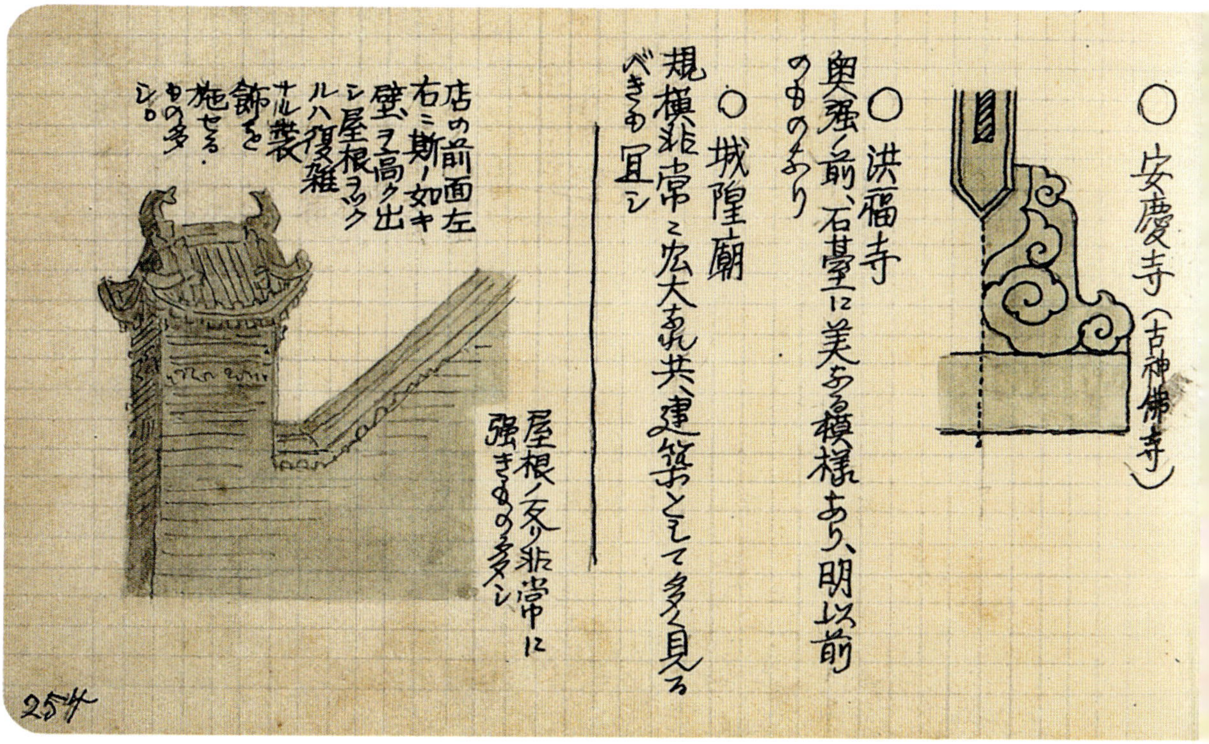

256 **西安拍到的图（9月）**

西安是唐朝一座国际大都市，很多遣唐使从日本远道而来。笔者也效仿故事中的情境，在月色中思念祖国和亲人。

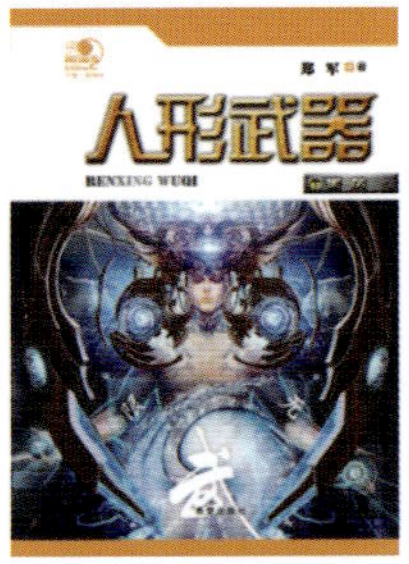

责任编辑：翟丽莎　赵晓旭
助理编辑：赵　帆
复　　审：刘志屏
终　　审：杨建云
美术编辑：陈东升
插　　画：北京无限时空网络技术有限公司

坚持原创，拒绝平庸！

读最好的小说，玩最好的游戏

扫描二维码，价值 88 元豪华礼包感恩回馈！

他用敌人的鲜血洗去童年的噩梦

他用坚守的信念呼唤废土上的文明与人性

东八区的螺丝，在“群狼”的环伺中寻求突围

希望出版社
官方信息发布平台

手机阅读

上架建议：科幻小说
ISBN 978-7-5379-7109-6
定价：38.00元

末日龙腾 2 大学

荆泽晓 著

希望出版社

手繪清朝

第2卷

著者　（日）伊东忠太
策划　金明学
翻译　王二贵　赵一萍　宋德强
李　娜　乔庭荣　王慧荣
赵志清

山西出版传媒集团
山西人民出版社

第2卷目录

目录中，只列出了全部行程中特别重要的地名。详细的请参照各卷目录以及行程略图、概述。页码下括号内的数字是指原书的卷数及页码数。

第三卷

行程略图

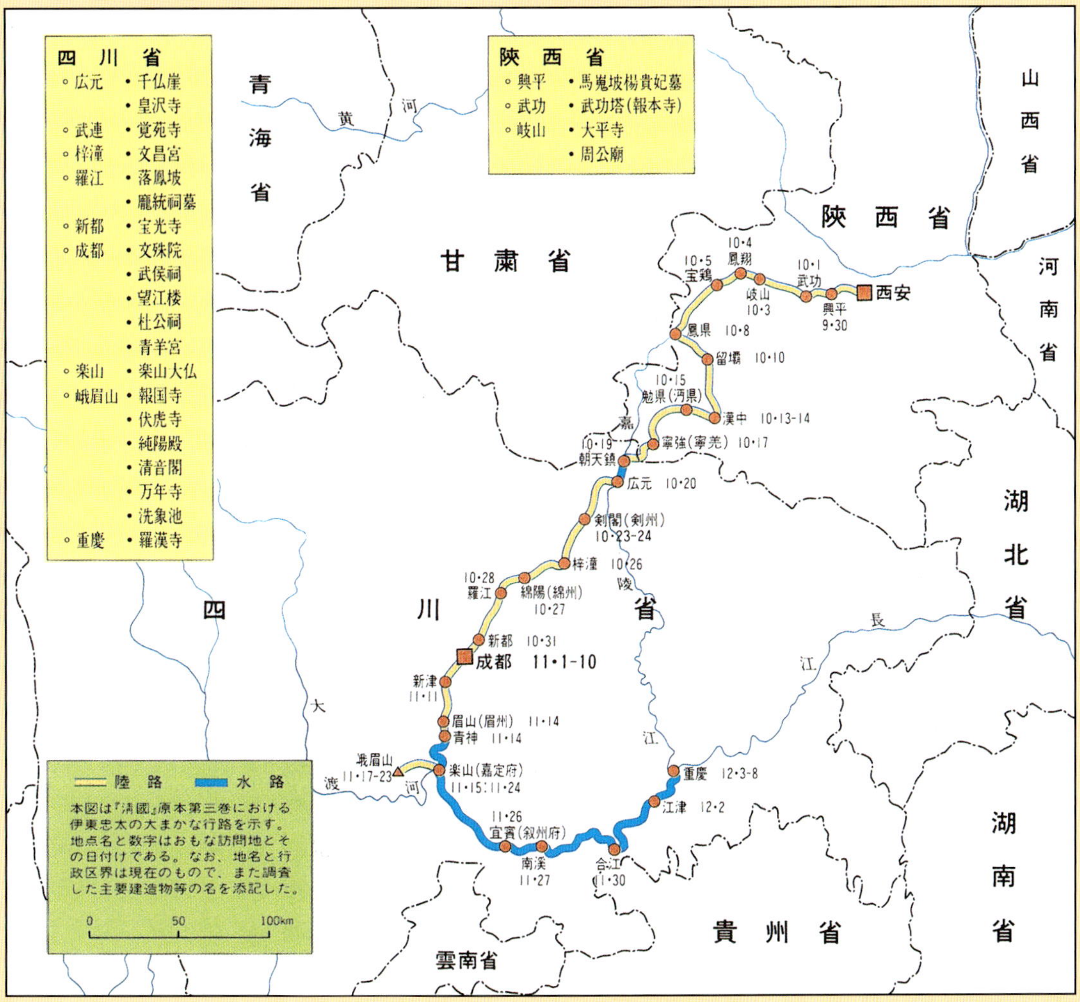

第三卷

从西安到成都，须经由李白诗中所说『难于上青天』的蜀道。这条道路，如今像是把山峡缝合了似的，从宝鸡到成都通了铁路。伊东忠太9月29日从西安出发，向西到达宝鸡。从西安经由宝鸡的汉中一带，『周公庙』、『秋风五丈原』等从战国到三国时代的古迹颇多。而西安是唐代的长安，看到了怀古的古迹比如杨贵妃墓等。汉中是很有名的地方，所以特意绕道来参观。

从陕西省到四川省有个叫七盘关的险峻之地。过了七盘关，从朝天镇乘两艘船渡过嘉陵江，就到达四川广元。在广元附近调查了千佛崖石窟。这是唐代开凿的石佛群，伊东忠太评价说『它比洛阳的龙门石窟小』。在广元，还考察了唐代建造的，传说是武则天开山兴建的皇泽寺。

从广元往前走就是四川盆地，这里的自然风光由北方特有的干燥天气变换成了湿润的绿色丰润的景色。海拔高度逐渐降低。到访成都郊外新都县的宝光寺的时候，已是秋意正酣的10月31日了。

成都是众所周知的《三国志》中蜀国的都城，在这里度过了大约一周的时间。考察了佛教寺院、杜甫草堂、祭奠了诸葛孔明的武侯祠，青羊宫道观等。继续南下，11月17日至23日登上了著名的佛教圣地峨眉山（海拔3099米），踩雪登上最高峰。从山脚到山顶分布有数十所寺院、道观。

访问继五台山之后的四大佛教圣地之一的峨眉山太高兴了。用水彩描绘了好几幅雄大的风景。沿长江行至重庆，途经南溪县等地，描绘了当地的厕所、囚犯行刑、轿子出迎等珍贵的风俗画。

重庆有日本领事馆，有同胞居住。外国人很多，作为长江上游的贸易中心，是个非常繁华的城市。在这里待了十多天，到12月初。详尽考察了市内的寺院、民间建筑等。记录了与清朝北方风格不同的清朝南方的建筑特色，还去看了戏剧。

○目次

一

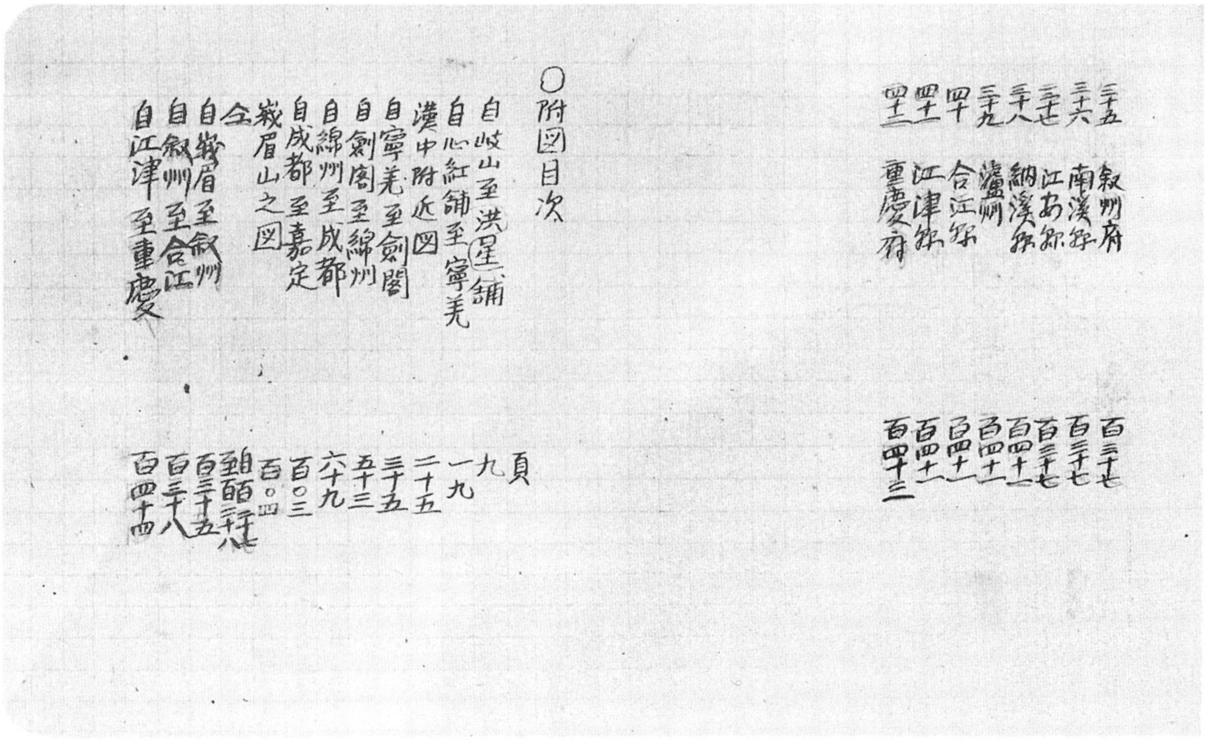

○附図目次

（一）咸阳县　汉之渭城也，作为始皇都城的咸阳在今县域东二三十里，即丰水三桥镇一带。城在渭水北岸，方圆九里许，户数五六百，人口三千。**（二）兴平县**（汉之槐里茂陵之地）　兴平县方圆九里多，户数整一千，人口四五千。东开门外有秦五人墓。道路北侧有许多古墓。

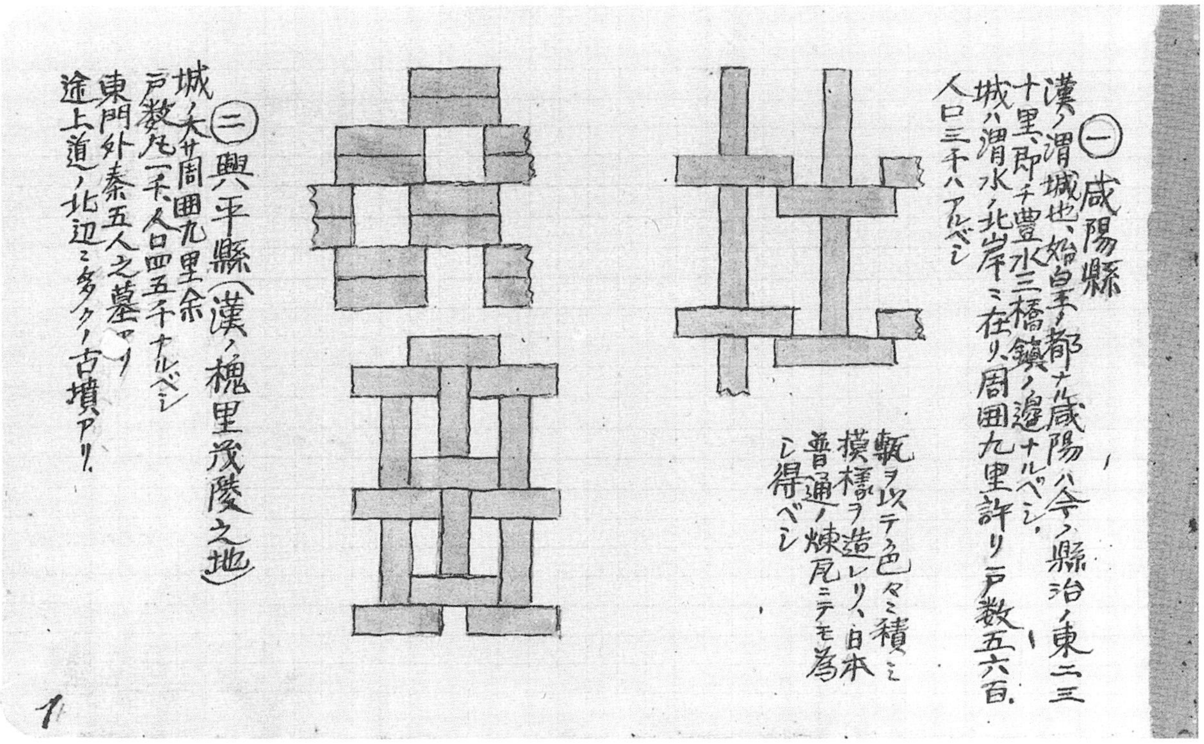

㈠咸陽縣
漢ノ渭城也、始皇ノ都ナル咸陽ハ今ノ縣治ノ東二三十里、即チ豊水三橋鎮ノ邊ナルベシ。城ハ渭水ノ北岸ニ在リ、周囲九里許リ戸数五六百。人口三千ハアルベシ
甎ヲ以テ色々ニ積ミ模様ヲ造レリ、日本普通ノ煉瓦ニテモ為シ得ベシ
㈡興平縣（漢ノ槐里茂陵之地）
城ハ大サ周囲九里余
戸数凡一千、人口四五千ナルベシ
東門外秦五人之墓アリ
途上道ノ北辺ニ多クノ古墳アリ
1

1 咸阳（9月29日）
把砖石砌成花纹样子叫『花砖』。用在墙壁顶部或墙体上。茂陵是汉武帝的陵墓，是汉墓中规模最大的。附近还排列着霍去病以及李夫人的陵墓。

陕西省

保宁寺 在今万寿宫旁。有天禧二年六月十八日的碑。题有“保宁寺浴室院新修钟楼记”。龙佳模样无。境内有八角七层塔，称北塔。亦有南塔，四层，屋顶呈一种曲线形，形式粗笨。这一带屋顶的脊头瓦是一种非常异样的形状，其轮廓远看像鸟，这种风俗始于河南县。

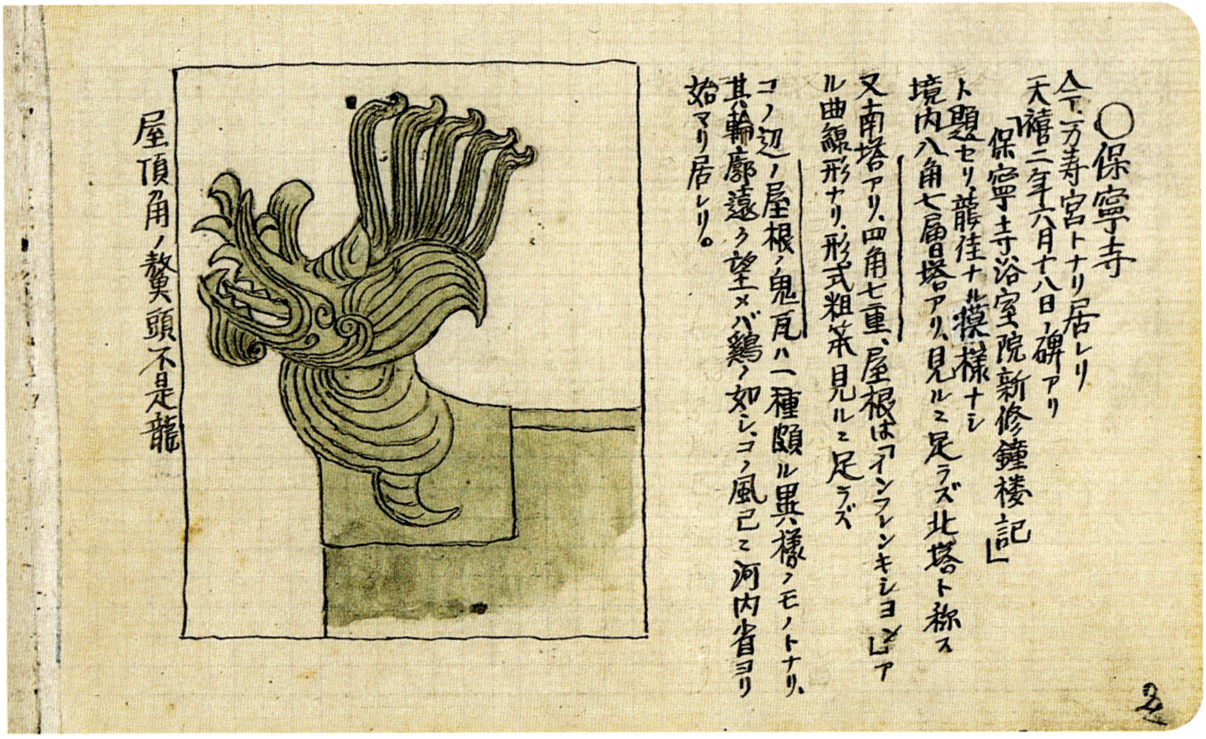
○保寧寺
今ノ万寿宮トナリ居レリ
天禧二年六月十八日ノ碑アリ
「保寧寺浴室院新修鐘楼記」
ト題セリ。龍佳ナル模様ナシ
境内八角七層塔アリ、見ルニ足ラズ北塔ト称ス
又南塔アリ、四角七重、屋根ハ「インフレンキシヨン」ア
ル曲線形ナリ、形式粗笨見ルニ足ラズ
コノ辺ノ屋根ノ鬼瓦ハ一種頗ル異様ノモノトナリ
其輪廓遠ク望メバ鶏ノ如シ、コノ風已ニ河内省ヨリ
始マリ居レリ。
屋頂角ノ鰲頭不是龍
2

2兴平（9月30日）

兴平这一带的脊头瓦上有类似于『鬃毛』的东西，像龙但不是龙，叫作『鳌头』，长着鬃毛的样子，与印度蛇相似。『河内省』是『河南省』的笔误。

武功县（古邰国，即后稷所封处） 城方圆六里许，人家五百余。城北门外有报本寺，称高祖别宅。首先是仁王门，安置有手持金刚杵的四个力士像；接着有一殿；接着有八角七层塔，塔的大小、形式与兴平县的相似，接着有天王殿；四大天王的形象与喇嘛的形象不太一样，已破坏，不清晰；接着有佛殿，安置有三尊佛，最后有卧佛，丈二丈七尺余，形状粗笨。这种伽蓝的特殊场所，其建筑的排列奇怪，特别是塔的位置，在别处没有见过。

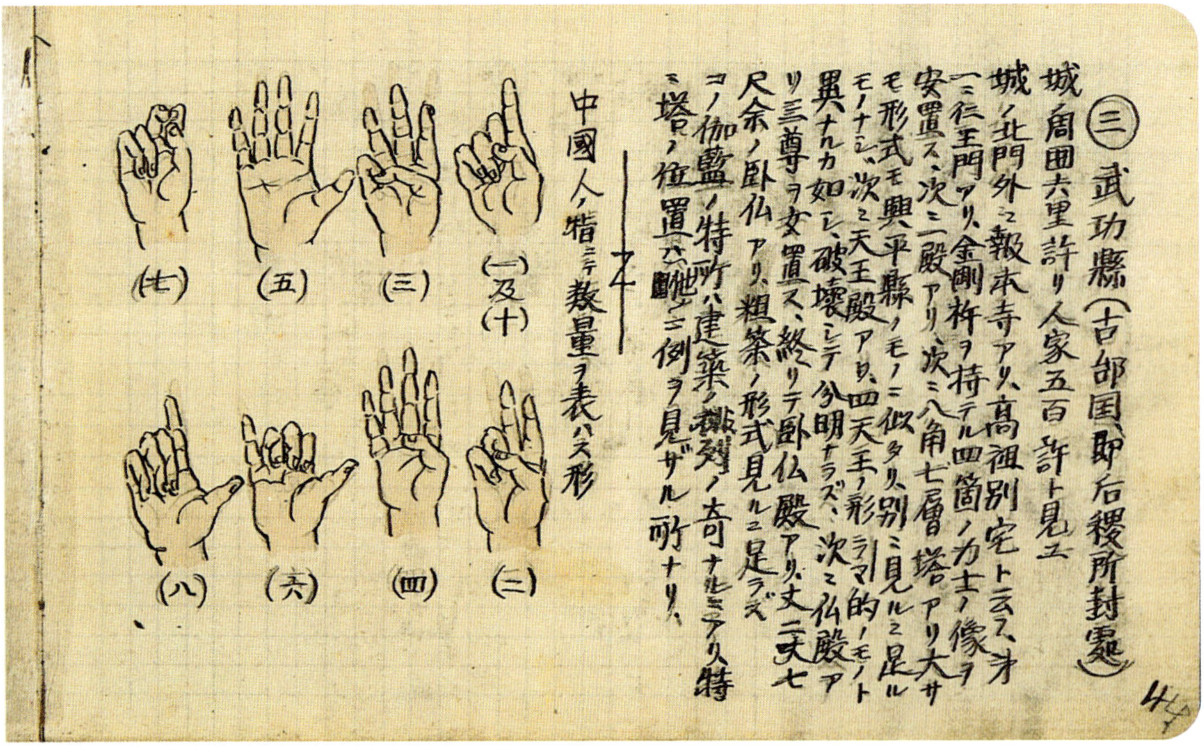
㊂武功縣（古邰国、即后稷所封處）
城ノ周囲六里許リ人家五百許ト見ユ
城ノ北門外ニ報本寺アリ、高祖別宅ト云フ。才
（三仁王門アリ、金剛杵ヲ持テル四箇ノ力士ノ像ヲ
安置ス、次ニ一殿アリ、次ニ八角七層塔アリ大サ
モ形式モ興平縣ノモノニ似タリ、別ニ見ルニ足ル
モノナシ、次ニ天王殿アリ、四天王ノ形ラマ的ノモノト
異ナルカ如シ、破壊シテ分明ナラズ、次ニ仏殿ア
リ三尊ヲ安置ス、終リテ臥仏殿アリ、丈二丈七
尺余ノ臥仏アリ、粗笨ノ形式見ルニ足ラズ
コノ伽藍ノ特所ハ建築ノ排列ノ奇ナルニアリ、特
ニ塔ノ位置ハ他ニ其ノ例ヲ見ザル所ナリ、
中國人ノ指ニテ数量ヲ表ハス形
(一及十)
(三)
(五)
(七)
(二)
(四)
(六)
(八)
4

4武功（1）报本寺（10月1日）

报本寺在武功县城外，八角七重塔，有身高三丈的涅槃像。但日志上记载『看不完整』。文中『女置』是『安置』的笔误。

3马嵬坡（杨贵妃之墓）（10月1日）

受到唐朝玄宗皇帝宠爱的杨贵妃，在安禄山之乱爆发后不久，就命丧此地。绝世美女，如今也就葬于这一块土馒头之下。墓高只有六尺，周围建筑都崩坏了。拜殿以及大门都遭严重破坏。回廊里有游客写的诗句，都是对美人的同情之词。

唐楊貴妃墓 在馬嵬坡西一里
後人有詩詠之云
自委馬嵬坡上泥六軍不發
追宮妃年々風雨聞鈴夜爲
閔三郎知未知
3

府县衙门的建筑 通常衙门前有影壁，内外面上画有像龙一样的怪物抓球的图案。这个影壁内有大门，门前有一对狮子，在门的左右有朝前和倾斜的墙壁，呈八字壁，在其表面画有灵兽草木以及云彩的图案，如天平花纹蜕化的样子。大门三间二面，人字形屋顶。

大门里面有仪门，也是三间二面；仪门里面有牌楼，楣间横挂着长方形匾额，上写如上图。

进了这个牌楼，有个奇怪的建筑，如下图由ABC三部分组成。A是房顶里的一栋，B是母屋，中央的D像御帐台。知县及大官从A正面的门进出，其他人从旁边进入，C在后拜的另一栋，B处有门。

5武功（2）衙门建筑（1）（10月1日）

武功县在其县志里称作古代邰国，即后稷之封地。后稷是传说中的农业之神，经十五代至周朝武王。

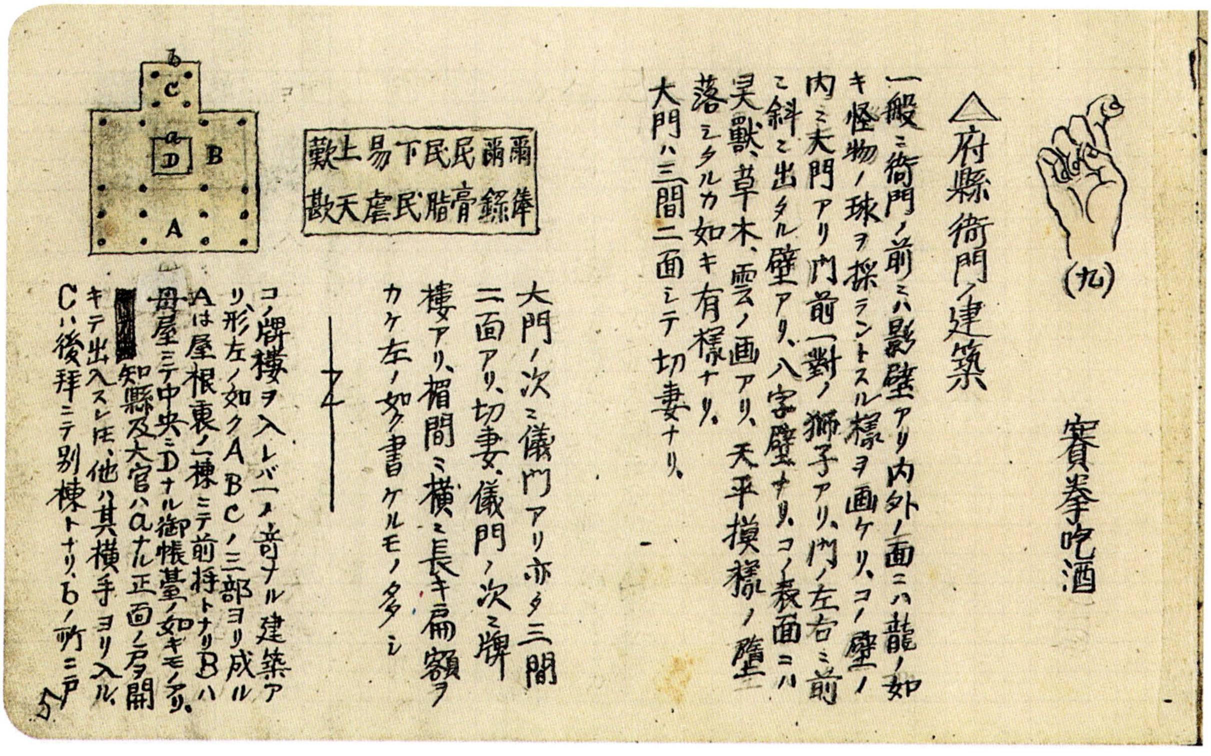
（九）
賽拳吃酒
△府縣衙門ノ建築
一般ニ衙門ノ前ニハ影壁アリ内外ノ面ニハ龍ノ如キ怪物ノ球ヲ採ラントスル様ヲ画ケリ、コノ壁ノ内ニ大門アリ門前ニ一對ノ獅子アリ、門ノ左右ニ前ニ斜ニ出タル壁アリ、八字壁ナリ、コノ表面ニハ灵獸、草木、雲ノ画アリ、天平模様ノ墮落シタルカ如キ有様ナリ。
大門ハ三間二面ニテ切妻ナリ。
大門ノ次ニ儀門アリ亦タ三間二面アリ、切妻、儀門ノ次ニ牌樓アリ、楣間ニ横ニ長キ扁額ヲカケ左ノ如ク書ケルモノ多シ
爾俸爾祿民膏民脂下民易虐上天難欺
コノ牌樓ヲ入レバ一ノ奇ナル建築アリ形左ノ如ク、ABCノ三部ヨリ成ル
Aは屋根裏ノ一棟ニテ前持トナリ、Bハ母屋ニテ中央ニDナル御帳臺ノ如キモノ有、知縣及大官ハAナル正面ノ戸間キテ出入スレ𪜈、他ハ其横手ヨリ入ル
Cハ後拜ニテ別棟トナリ、bノ所ニ戸
b C a D B A
5

陕西省

6武功（3）衙门建筑（2）（10月1日）

左图中，『炕』是与朝鲜的火炕相同的采暖装置。（参照第一卷14图）。『条基』是有雕刻装饰的横长桌子。座上有靠垫和枕头。『抗枕头』『杭褥垫儿』中的『抗』『杭』正确的写法是『炕』。『枕头』是枕。

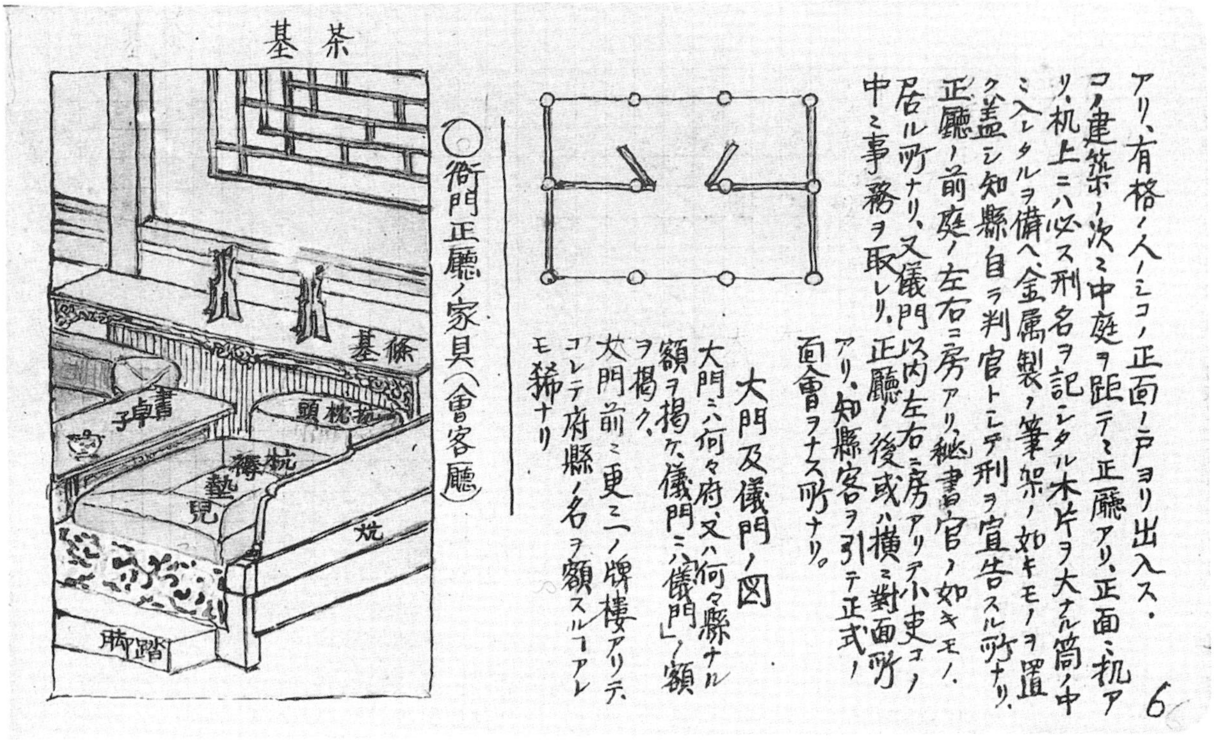
茶基
◎衙門正廳ノ家具（會客廳）
條基
抗枕頭
書卓子
杭褥墊兒
炕
脚踏
アリ、有格ノ人ノミコノ正面ノ戸ヨリ出入ス。コノ建築ノ次ニ中庭ヲ距テヽ正廳アリ、正面ニ机アリ、机上ニハ必ス刑名ヲ記シタル木片ヲ大ナル筒ノ中ニ入レタルヲ備ヘ金属製ノ筆架ノ如キモノヲ置ク。蓋シ知縣自ラ判官トシテ刑ヲ宣告スル所ナリ。正廳ノ前庭ノ左右ニ房アリ秘書官ノ如キモノヽ居ル所ナリ、又儀門以内左右ニ房アリテ小吏コノ中ニ事務ヲ取レリ、正廳ノ後或ハ横ニ對面所アリ、知縣客ヲ引テ正式ノ面會ヲナス所ナリ。
大門及儀門ノ図
大門ニハ何々府、又ハ何々縣ナル額ヲ掲ケ、儀門ニハ「儀門」ノ額ヲ掲ク。大門前ニ更ニ一ノ牌樓アリテコレニ府縣ノ名ヲ額スルコトアルモ稀ナリ
6

只有有资格的人才能从正面的门出入。在这个建筑的中庭内有正厅，正厅的正面有桌子，上面放置着大筒，大筒里面装着写有刑名的木片；桌子上还放置着像是金属制的笔架。这是知县作为判官判案的地方。正厅前面的前厅左右有房间，像是秘书官待的地方；仪门内的左右也有房间，是小吏们处理事务的地方；正厅的后面或侧面有会面所，是引见客人等待知县正式会面的地方。

大门及仪门图

大门上悬挂某某府，或某某县的匾额，仪门上悬挂“仪门”匾额。大门前更有一个牌楼，此处也悬挂写有县府名的匾额，真是少见。

8武功（3）（10月1日）

据说武功县城附近，有很有趣的古迹。有的碑像是唐代的，可惜没有记载年代。

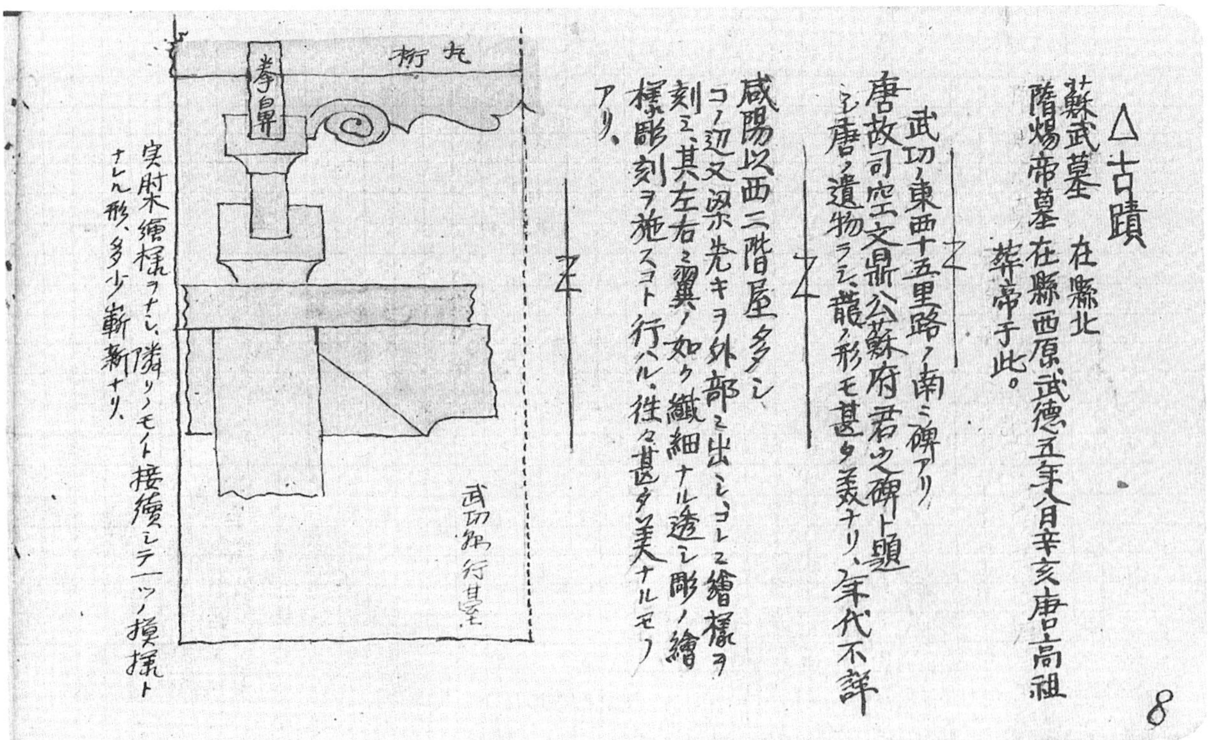
△古蹟
蘇武墓　在縣北
隋煬帝墓在縣西原、武德五年八月辛亥唐高祖葬帝于此。
武功ノ東西十五里路ノ南ニ碑アリ
唐故司空文鼎公蘇府君之碑ト題シ唐ノ遺物ラシ、龍ノ形モ甚タ美ナリ、年代不詳
咸陽以西ニ階屋多シ、コノ辺又梁先キヲ外部ニ出シ、コレニ繪様ヲ刻ミ、其左右ニ翼ノ如ク纖細ナル透シ彫ノ繪様彫刻ヲ施スコト行ハル、往々甚タ美ナルモノアリ。
桁
8

古迹　苏武墓在县北，隋炀帝墓在县西，原武德五年八月辛亥唐高祖葬帝于此。

武功的东西十五里路南有碑，碑上题“唐故司空文鼎公苏府君之碑”，是唐代遗物，龙形甚多极美，年代不详。

咸阳以西多二层房。这一带梁的前端伸出外部，上面刻有花样，其左右刻有纤细若翼的透明雕刻画样，甚美。

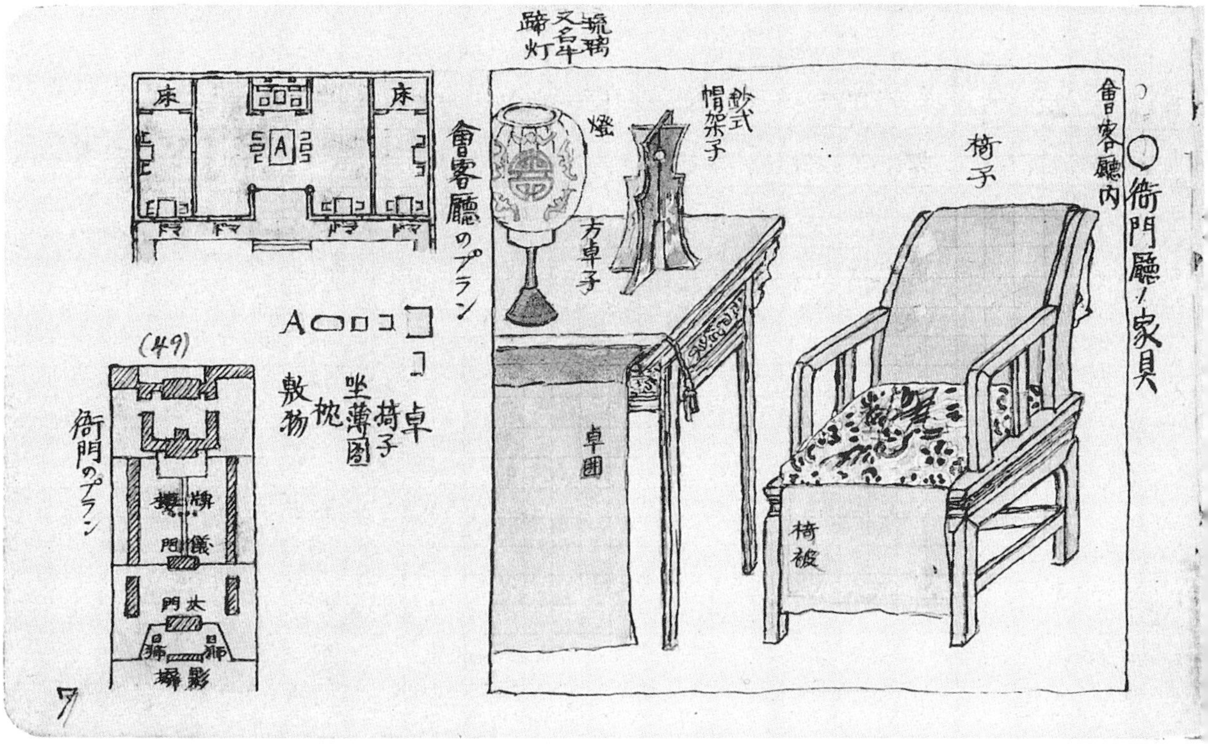

7 武功（4）衙门建筑（3）（10月1日）

『帽架子』是挂帽子的。『灯』的『琉璃』是玻璃。『牛蹄灯』是贴着动物胶材质的半透明皮膜的灯。『衙门』是官厅。

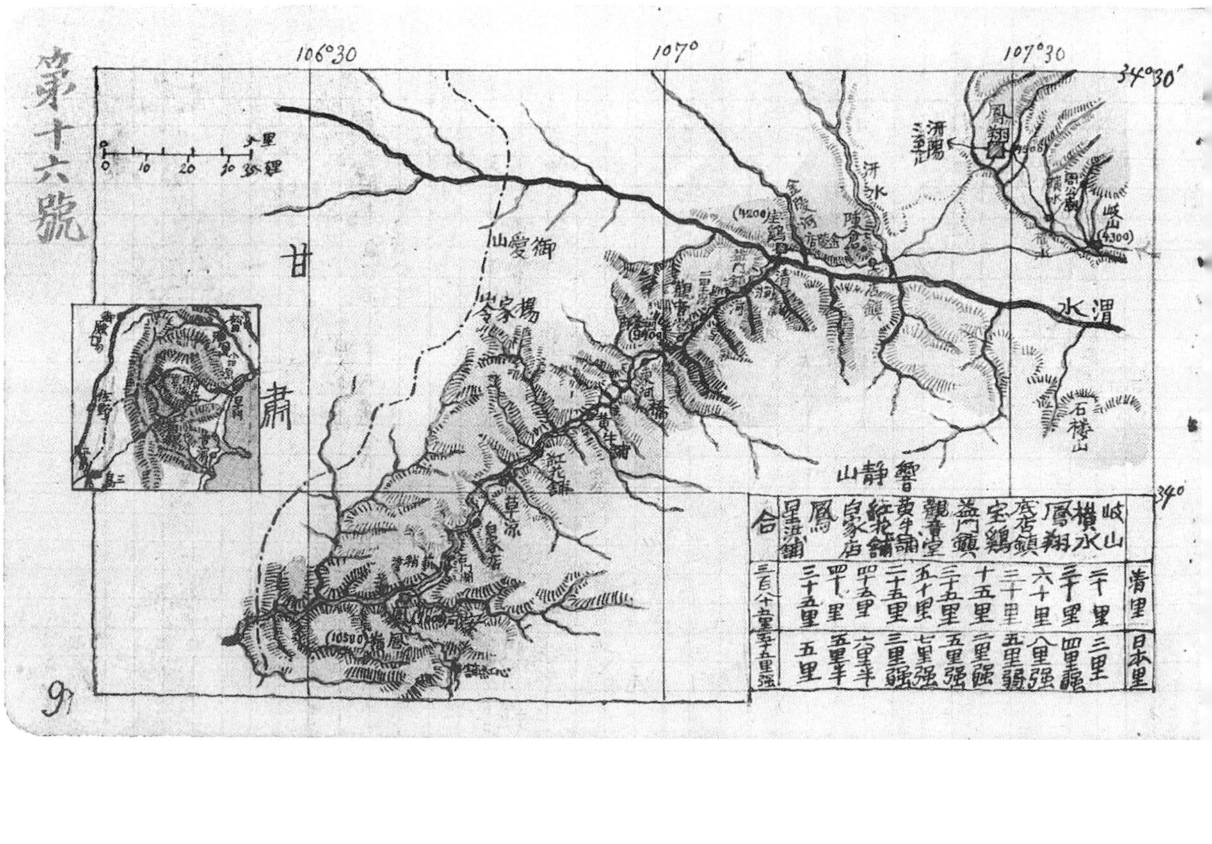

9 地图第十六号（岐山——心红铺）

（四）扶风县　城方圆四里许，人家三百许，无可观之处。**（五）岐山县**（周文王故里，西伯旧治）　城方圆五里，人家一千。

大平寺　建造年代不详，寺内有大平塔，八角九重，形式极粗笨，与武功兴平塔比略优。二重有腰经勾栏；三重有莲座勾栏；四重和五重有勾栏；六重以上无勾栏，一间三间中央入口，左右侧为连子屋檐，檐端圆角；九重屋顶破坏，无九轮，全高约一百二三十尺。

周公庙（城西北十五里凤凰山麓）

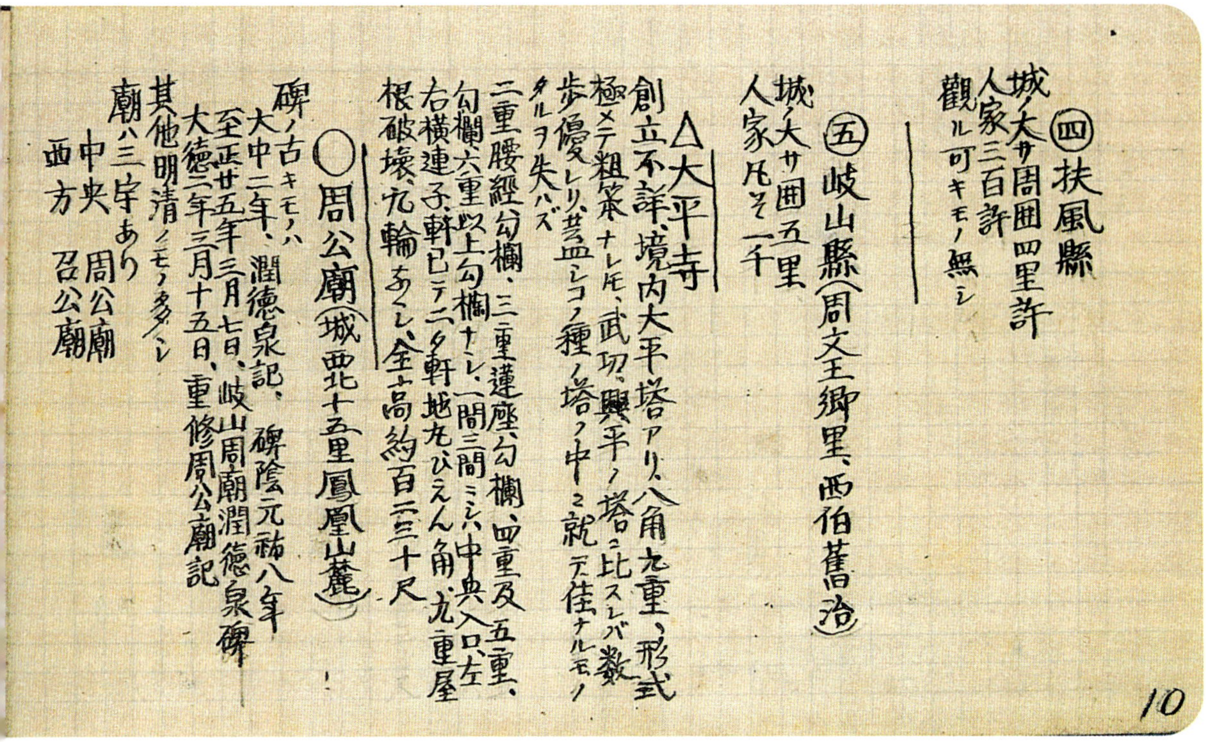
㊃扶風縣
城ノ大サ周囲四里許
人家三百許
観ル可キモノ無シ
㊄岐山縣（周文王郷里、西伯舊治）
城ノ大サ周囲五里
人家凡ソ一千
△大平寺
創立不詳、境内大平塔アリ、八角九重、形式
極メテ粗笨ナレモ、武功、興平ノ塔ニ比スレバ数
歩優レリ。其ニコノ種ノ塔ノ中ニ就テ佳ナルモノ
タルヲ失ハズ
二重腰經勾欄、三重蓮座勾欄、四重及五重
勾欄、六重以上勾欄ナシ。一間三間ニシテ中央入口左
右横連子軒、已テニタ軒、越軒えん角。九重屋
根破壊、九輪ナシ、全高約百二三十尺
○周公廟（城西北十五里鳳凰山麓）
碑ノ古キモノハ
大中二年、潤德泉記、碑陰元祐八年
至正廿五年三月七日、岐山周廟潤德泉碑
大德二年三月十五日、重修周公廟記
其他明清ノモノ多シ
廟ハ三宇あり
中央 周公廟
西方 召公廟
10

10岐山（10月3日）

岐山县是古代名君周文王的故乡。周公庙在凤凰山麓，庙内绿树茂密，无有尘埃。碑上的年代有大中二年（848），至正二十五年（1298），大德二年（1365）。

12盖门镇（1）（10月6日）

渡过渭水就进入山路了。沿着一条叫清涧河的溪流攀登，道路相当陡峭。笔者在途中见到了水平旋转的水车，饶有兴趣地作了速写。

东方　太公庙　建筑形式不特别。有泉水，叫润德泉，如今已干涸，无一滴水。

（六）凤翔县　城方圆十一余里，人口一万二三千？（号称人家三千）。

（七）宝鸡县（陈仓镇）。城方圆四里。人口凡千五百？（人家三百余）。城东三十里的底店镇即是古代的陈仓。城东五十里虢川是孔明斩马谡的地方。用两种砖砌出图案。

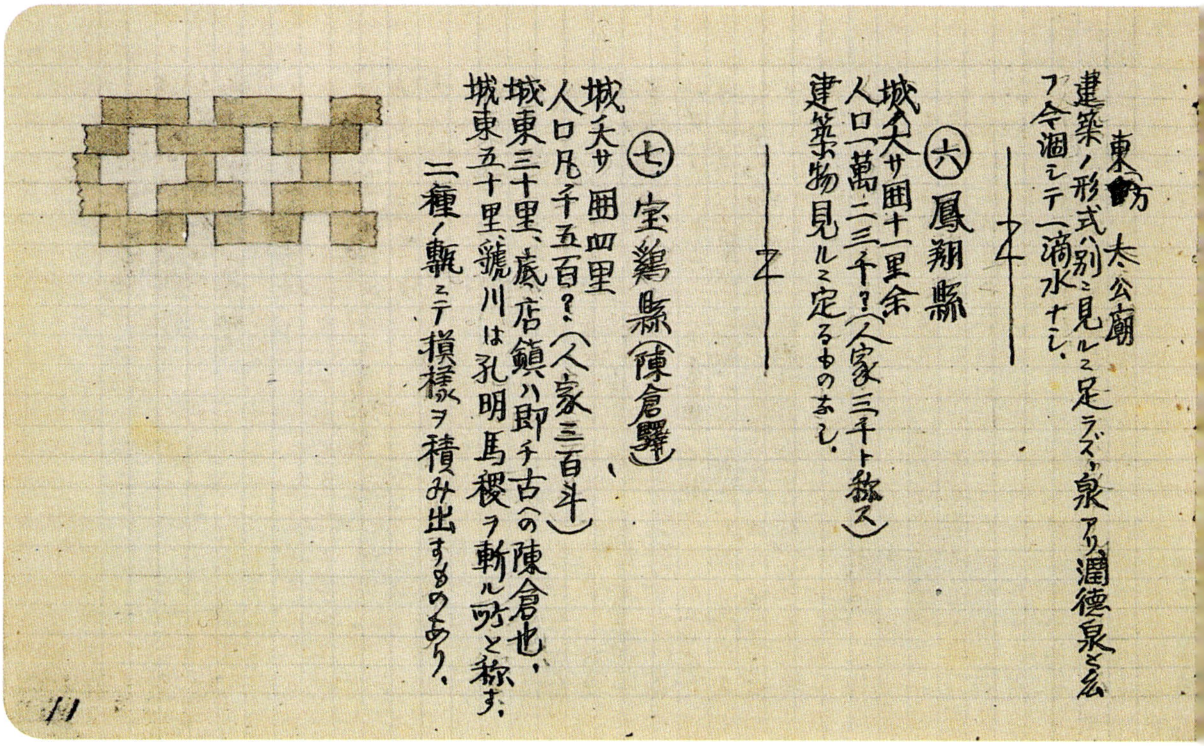

11凤翔／宝鸡（10月5日）

自西安开始的凤翔大道是去到甘肃、新疆的大道。从凤翔出发向西南方向去成都。底店镇是古代的陈仓，是汉中大平原的尽头，地形险要坚固。从前，蜀国名将诸葛孔明尽管包围了这里，但最终没能攻陷它。

13益门镇（2）（10月6日）

进入到渭水以南，发现这里妇女的发型变了。日志上记载，这一带妇女的发髻不一样了，变成了一种很有意思的形状。可称为一奇。

陕西省

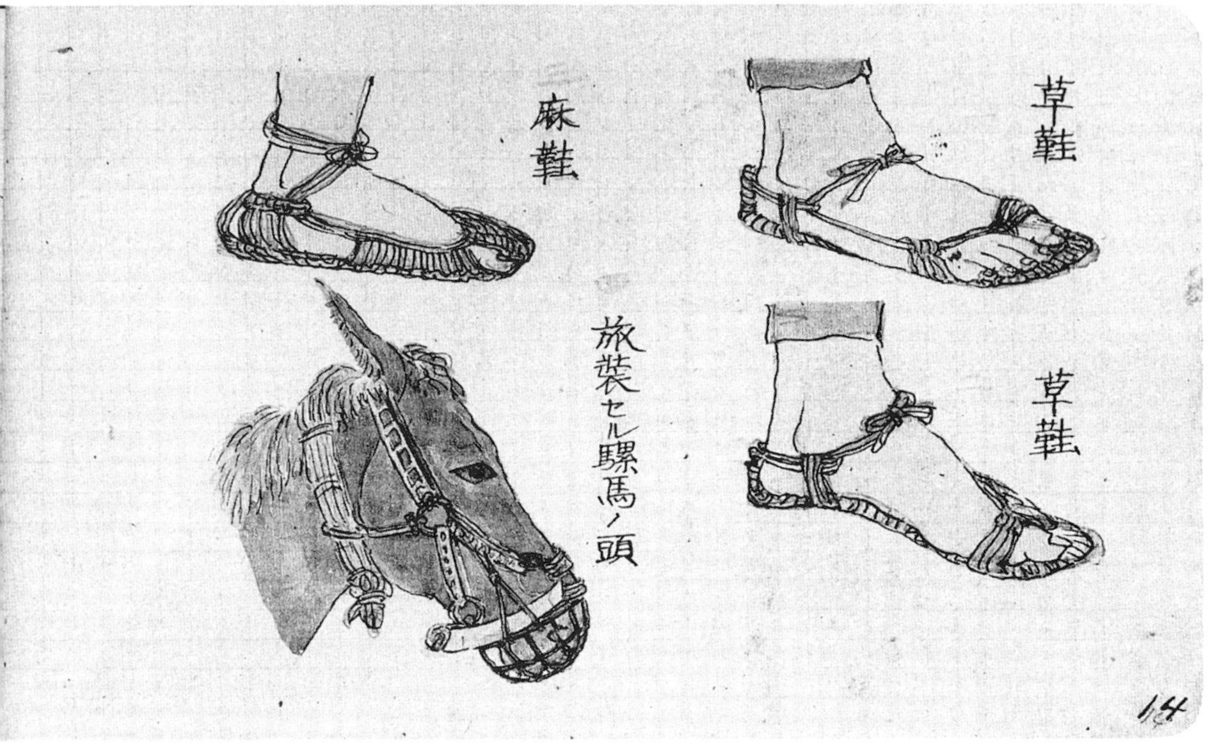

14益门镇（3）（10月6日）

翻越秦岭，必须用骡子驮货物。一头骡子能负重二百四十斤，而普通的马负重百斤以上就困难了。图中是装备好行装的骡头。赶骡子的人穿着如图的草鞋或麻鞋。宝鸡城南一里就是渭水。一过河就是山路了。

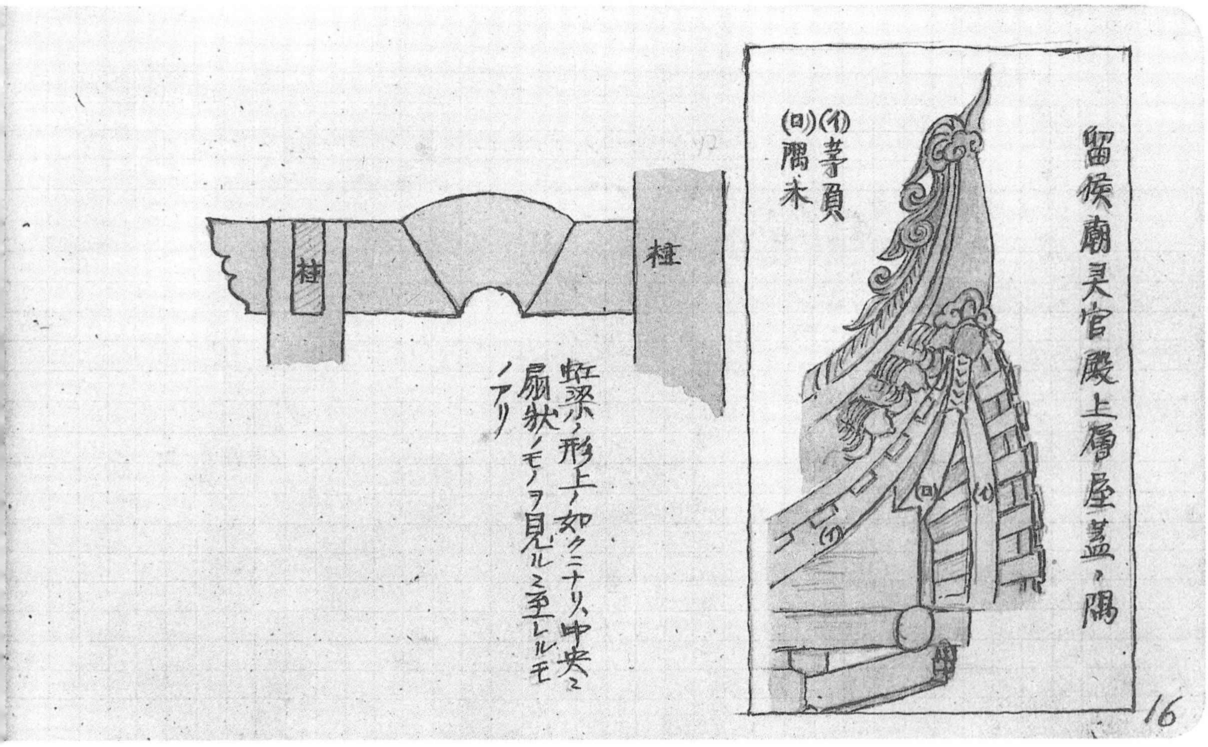

虹梁（月梁）形状成了上面的样子。在中央可以看见扇状的东西。

16凤县（2）（10月8日）

翻过秦岭一看，清朝北部的冷清景象消失了，进入了山明水秀的别样世界。这种庙的建筑情趣也与清朝北部的不同，屋檐翻转剧烈。

15凤县（1）（10月8日）

『留侯』是指辅佐汉代刘邦的张良。留侯庙是与农舍不相称的气派的庙，有修整完好的庭院、花坛等。据说这里道士就有五十多位。靠大面积私有土地的收入生活。

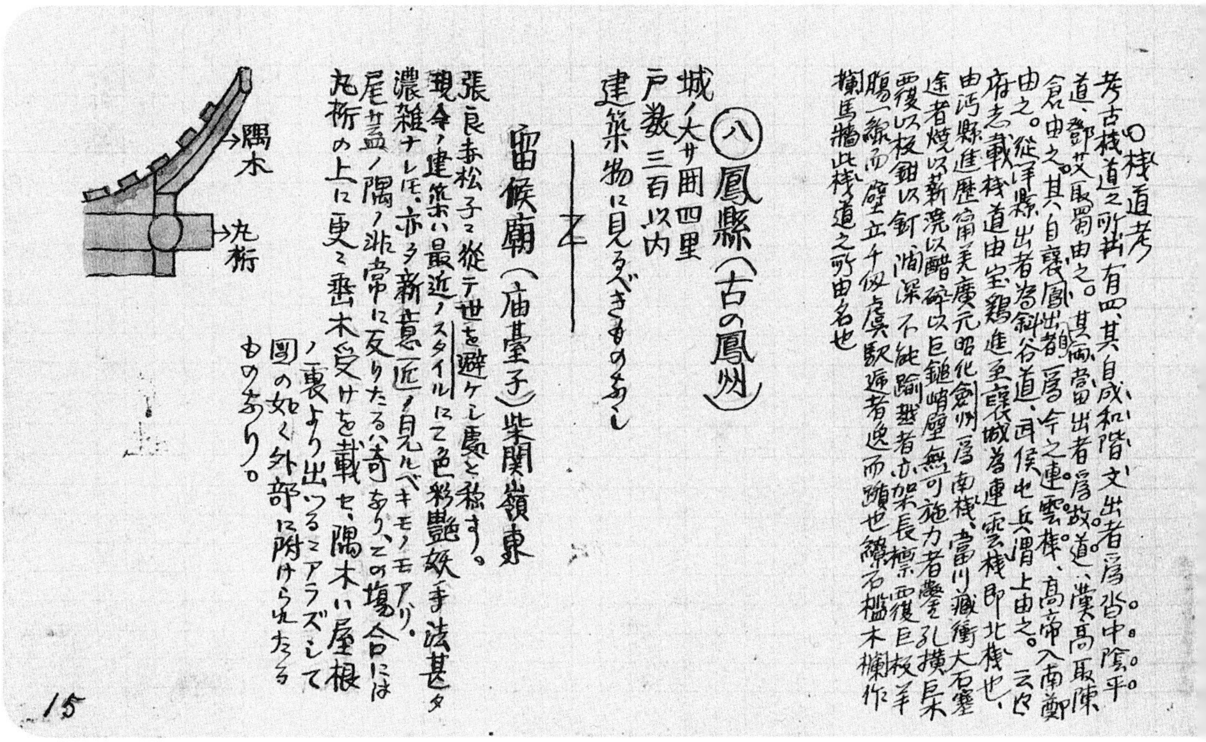

（八）凤县（古凤州） 城方圆四里，户数三百以内，无可看建筑物。

留侯庙（庙台子）柴关岭东 也叫作张良追随赤松子的避世之处。如今这里的建筑物多采用最新的建筑样式手法，色彩妖艳浓杂，亦能看到新的设计图样。尾盖的角非常陡直，圆梁上更要承载垂木，角椽从屋顶里面伸出，如图似挂在外边。

17褒城（1）（10月12日）

褒城县据说是迷惑周幽王的不爱笑的爱姬褒姒的出身地。褒城县里虽然没有什么可看的建筑，但如图悬鱼形状的横梁，是偏离北部清朝的、中部清朝的样式了。

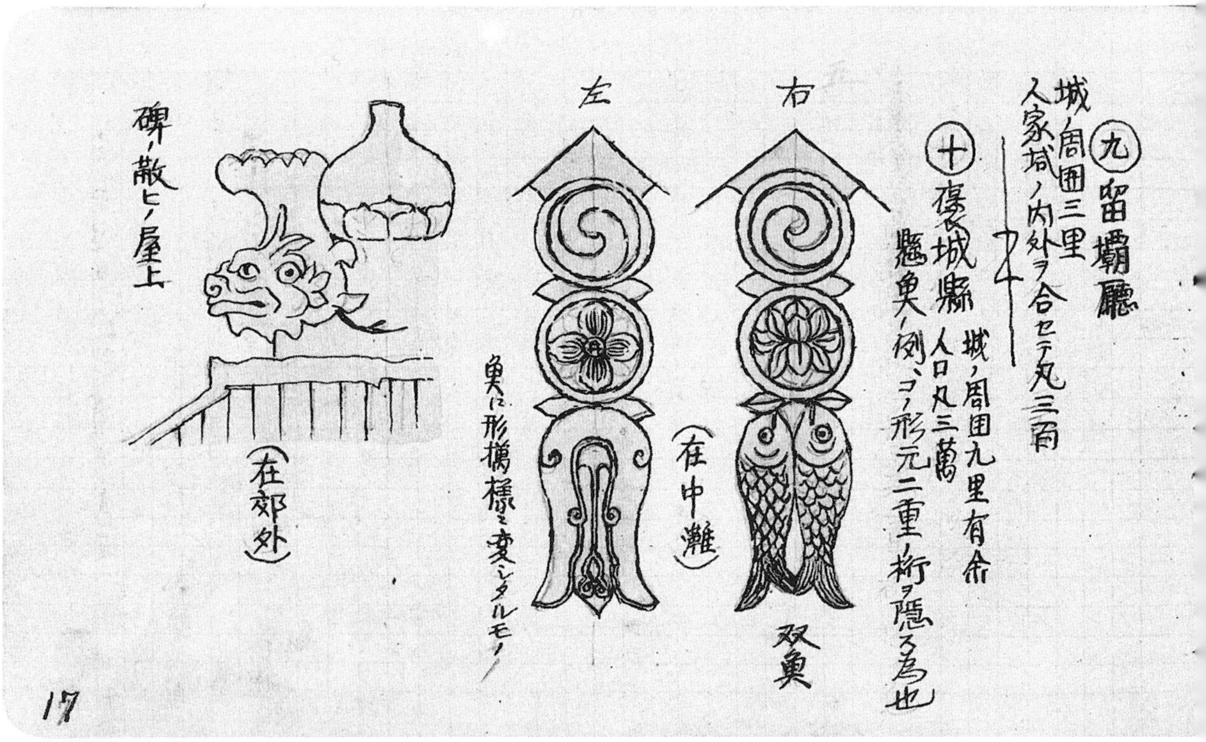

第三卷

陕西省

18雁子道（10月11日）

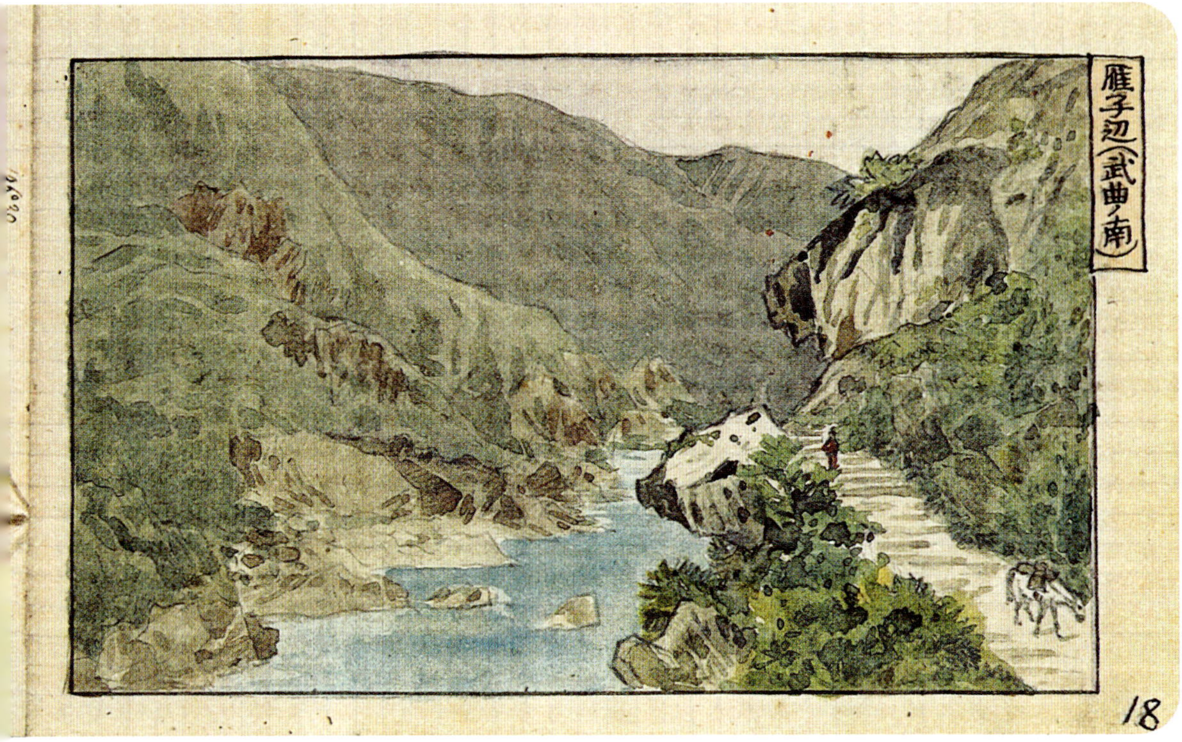

从武曲铺往南行数里，就看到了凿巨石建造的道路。明治汉学家竹添进一郎曾游此地。并在其著作《栈云峡雨日记》中有这样的评价：『奇岩怪石如蟠龙如奔马。从栈道中间一线穿过，旅行者皆行在画中。』

20汉中（1）（10月13日）

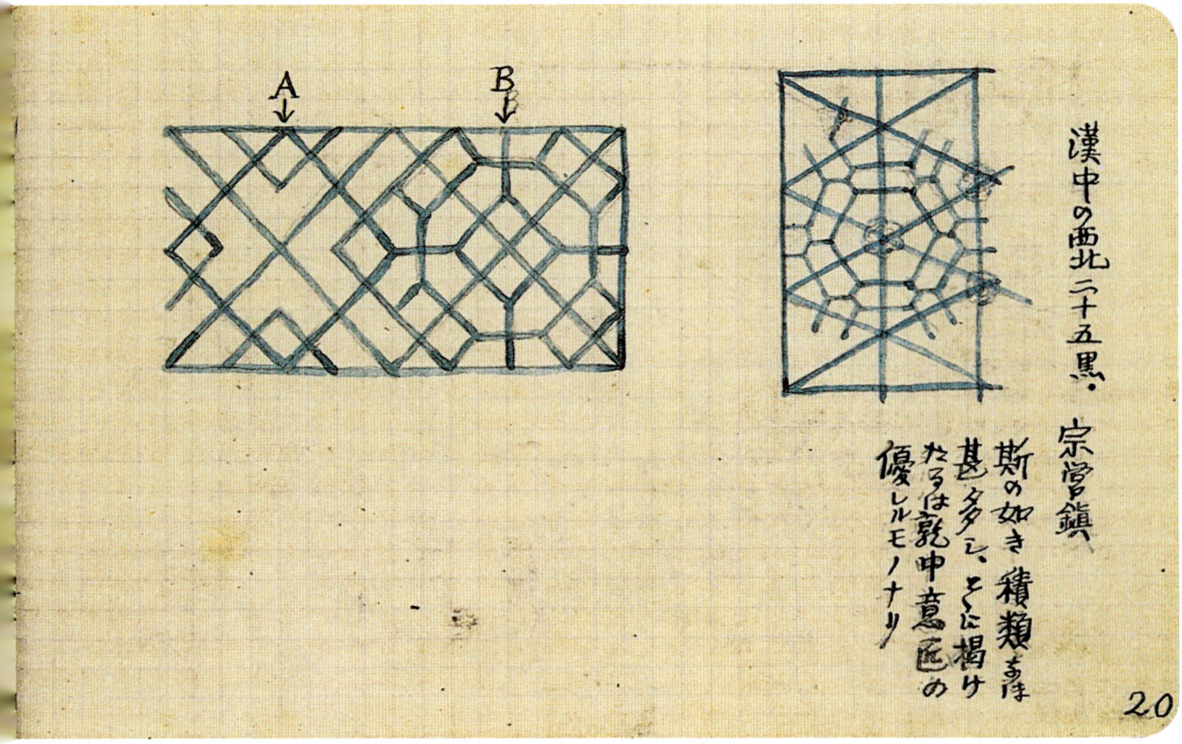

去成都的大道是从褒城往沔县走，不经过汉中（南郑县）的，但笔者不忍错过这个地方，所以来到了汉中。宗营镇就在此途中。『積类』是『种类』的笔误。

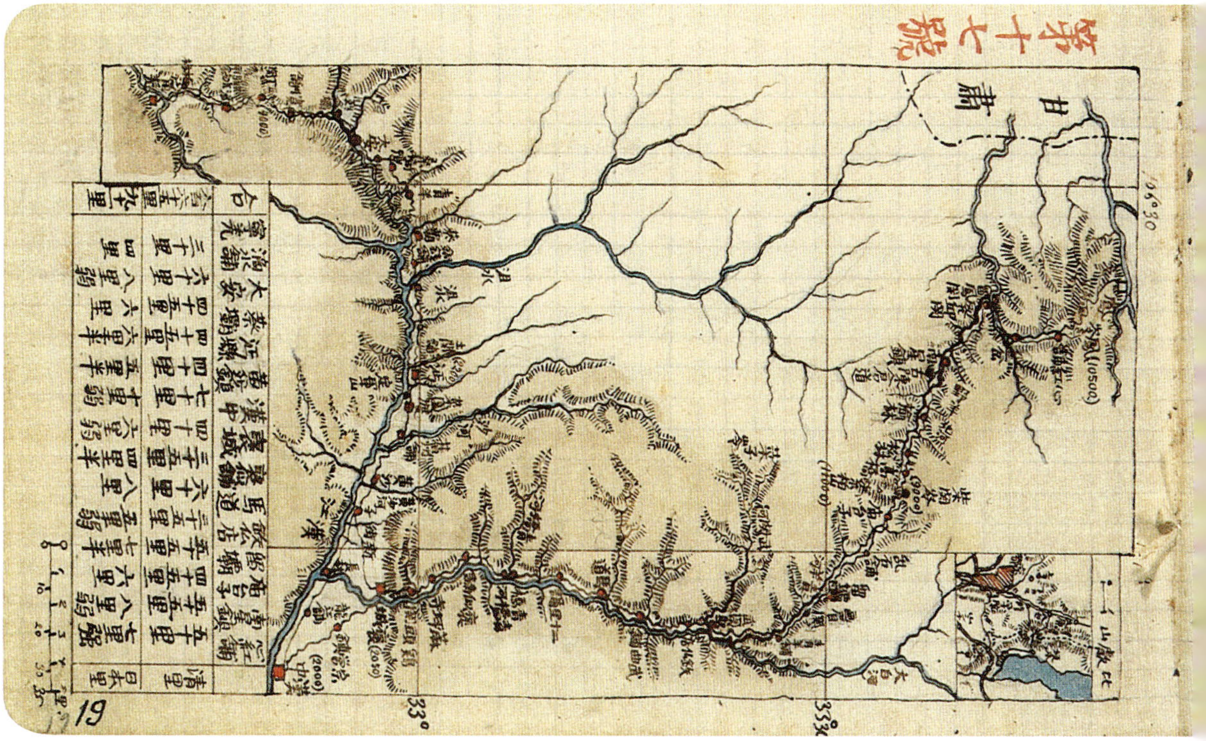

19地图第十七号（心红铺——宁羌）

21汉中（10月14日）（接24图）

从褒城到汉中府南郑县的道路，穿过东南方向的平原。这天的日志中这样写道：『天气晴好，人和马都很精神，状态良好。为了写生在途中见到的建筑，花费了大量的时间。』

陕西省

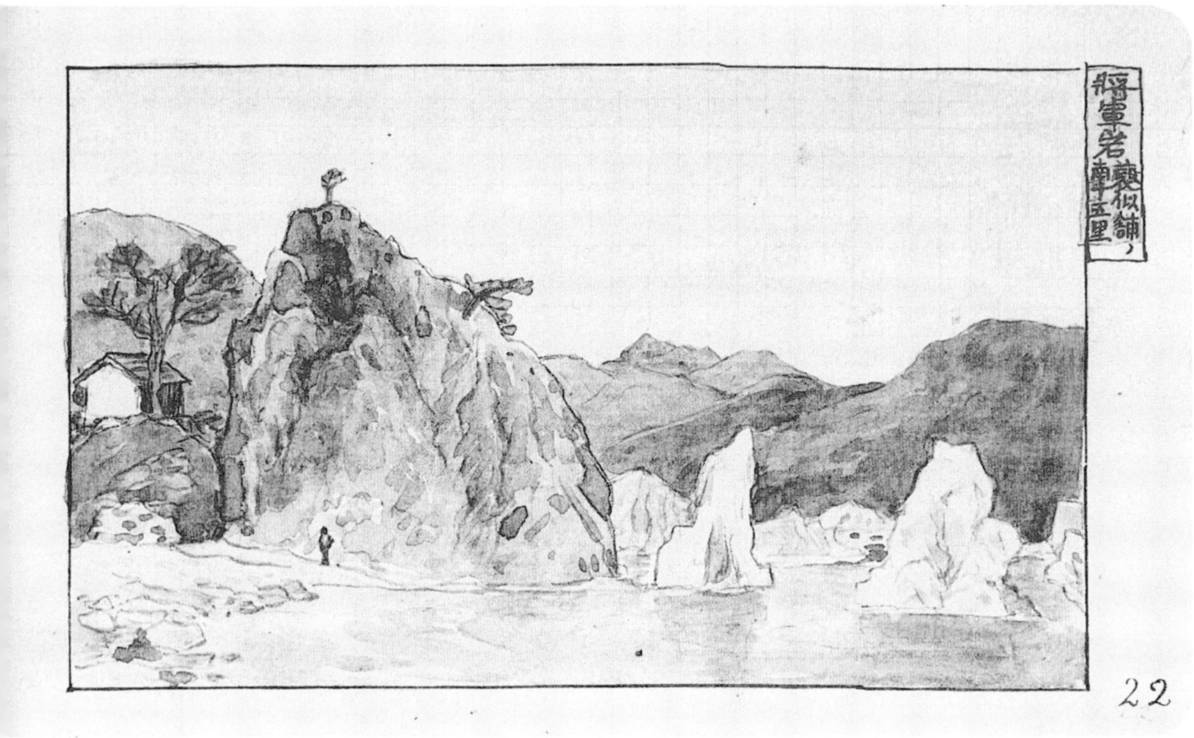

22 褒城（2）将军岩（10月12日）（接自图17）

从传说中褒姒的故里褒姒铺出发，到麻坪寺，一路风景极美。水中有巨大的岩石，叫将军岩，高六丈，形似头盔。河床的白沙似雪。由于是快速旅行，时间宝贵，所以无暇深入凝望这种美景。日志里如是记载。

（十一）汉中府（南郑县）　城方圆九里，人口凡三万。这一带的建筑特点如图中反曲线形的急陡斜坡的屋盖，而且上面还如塔般均衡排列着二层三层。屋檐的翘曲度非常大，其手法如留侯庙所见，支撑着檐端的重量。

悬鱼有真正的鱼形状的，也有变形的鱼形状的，多种多样。窗户多采用几何图案，各种各样，既复杂又美观。

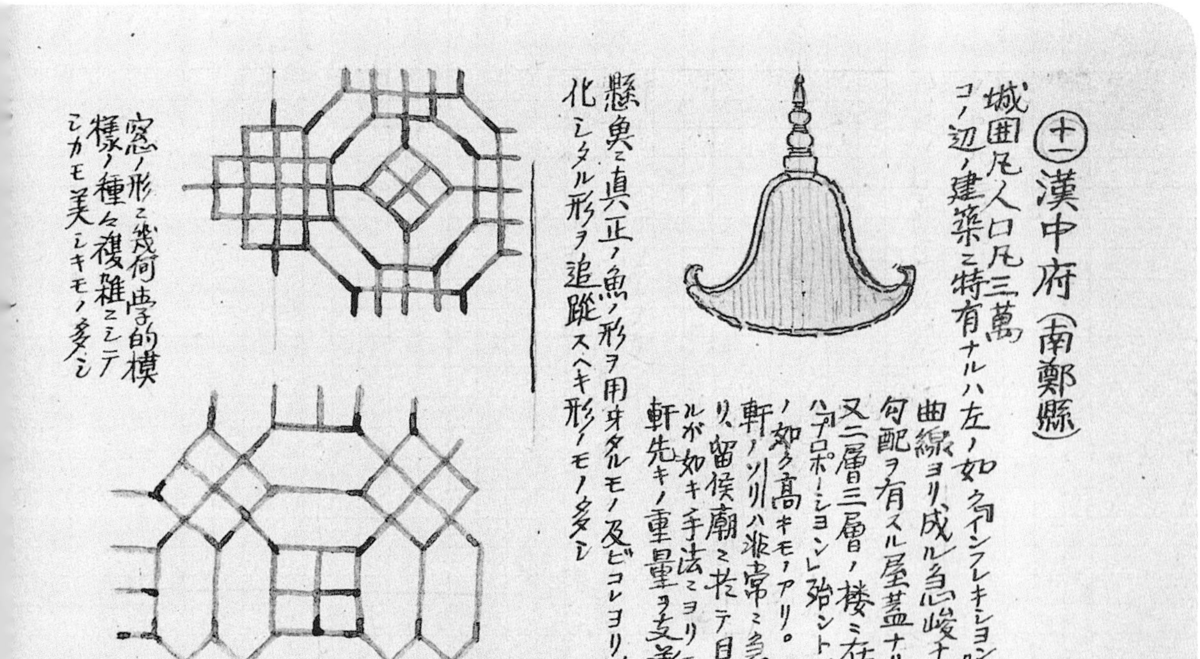

24 汉中（3）（10月13日）（接自图21）

汉中府在南郑县，城方圆九里，户数约三万。『城围凡』之后的『九里余』的字脱落了。

23鸡头关（10月12日）

从将军岩附近登数里陡坡到达山顶，就是鸡头关，这里有关帝庙，北边挂着『秦栈隘可要』匾额，南边挂着『蜀道平』匾额。

25地图 汉中附近（城固—黄沙）（10月13日）

10月13日、14日在汉中府停留了两天。探寻市内的建筑，以东门外的净明寺为首，除此之外无可看之处，有些失望。

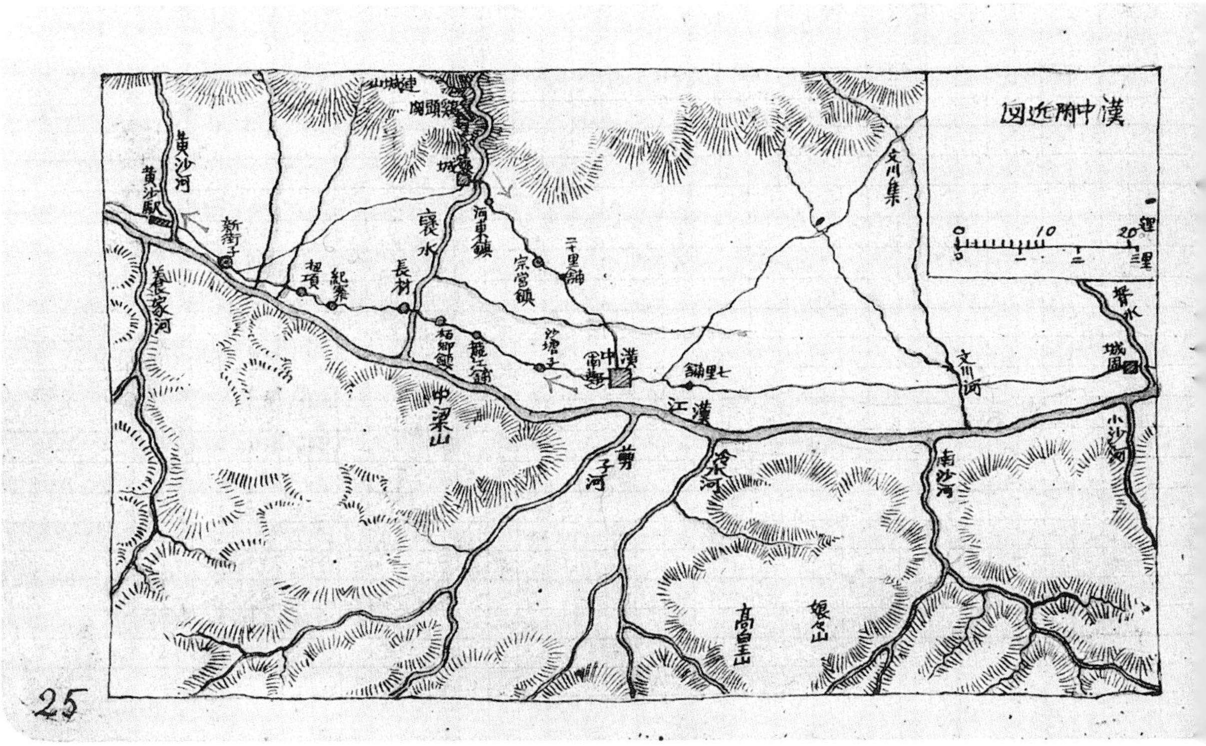

陕西省

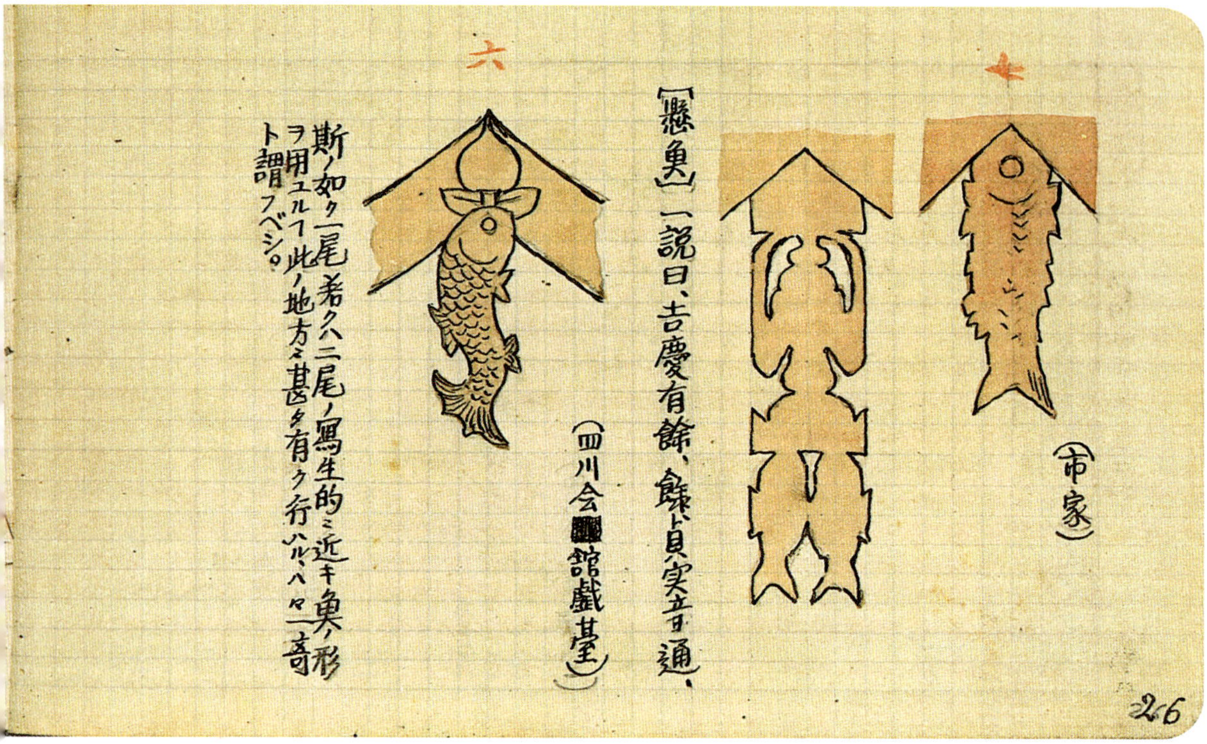
七
六
（市家）
〔懸魚〕一説日、吉慶有餘、餘ト魚ト実音通、
（四川会館戯臺）
斯ノ如ク一尾若クハ二尾ノ寫生的ニ近キ魚ノ形ヲ用ユルハ此ノ地方ニ甚タ有ク行ハルハ々一奇ト謂フベシ。
26

26汉中（4）（10月13日）

悬鱼多是鱼画，鱼画不是防火的符咒，而是吉祥话『吉庆有余』的意思。『余』和『鱼』在中文里是同音字，所以『有鱼』是指有富余的意思。

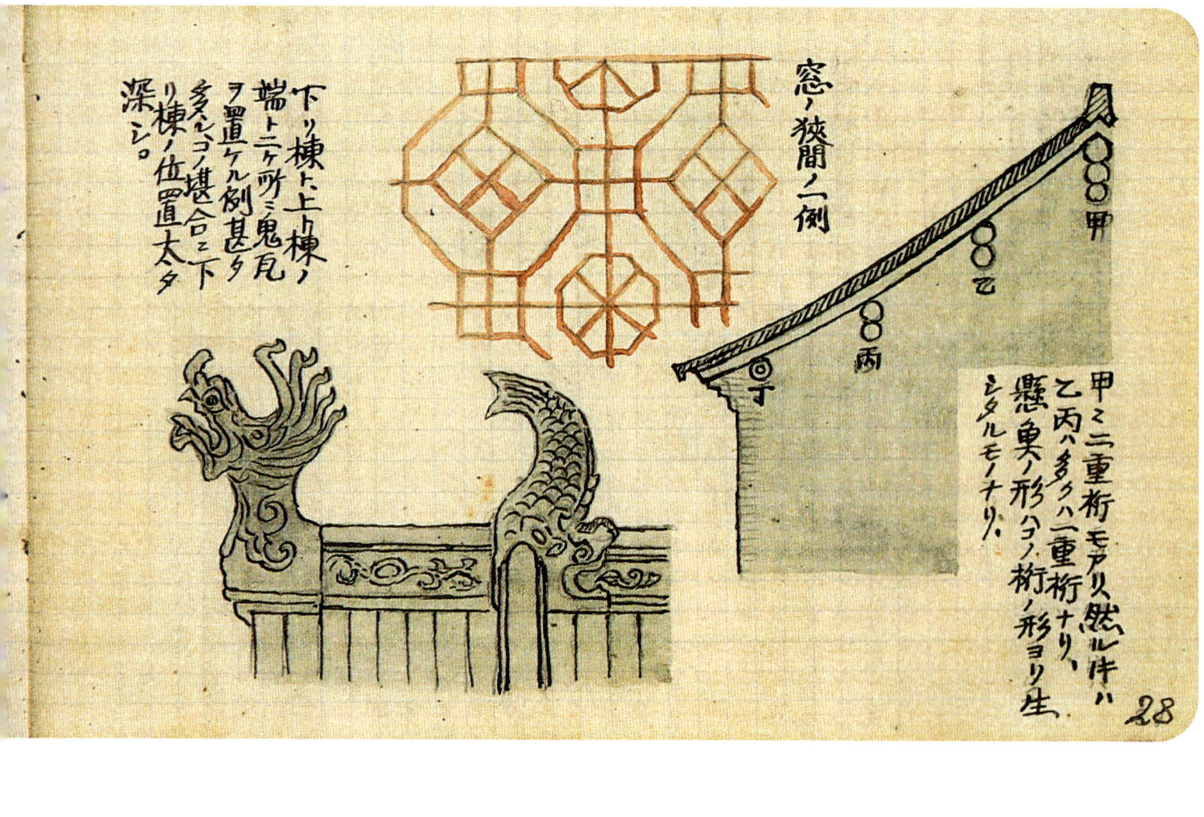
窓ノ狭間ノ一例
下リ棟ト上リ棟ノ端ト二ケ所ニ鬼瓦ヲ置ケル例甚タ多ク、コノ場合ニ下リ棟ノ位置太タ深シ。
甲
乙
丙
丁
甲ニ二重桁モアリ、然ル件ハ乙丙ハ多クハ一重桁ナリ、懸魚ノ形ハコノ桁ノ形ヨリ生ジタルモノナリ。
28

28汉中（5）（10月14日）

看见过一种奇怪的房梁形状，安装有两层正吻，外边的像鳌头，里边的是嘴形的。

27 地图（黄沙——七盘关）

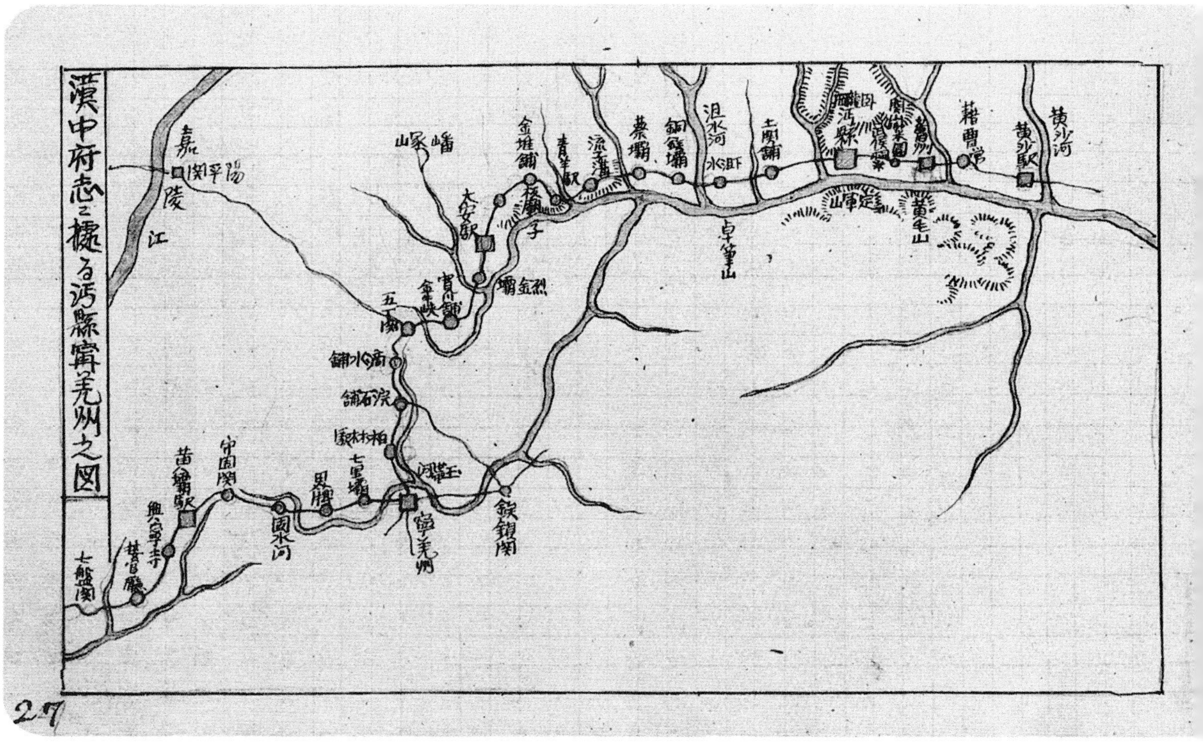

漢中府志ニ據ル沔縣寧羌州之図
27

29 汉中（6）（10月14日）

图中民居的檐出『其二』的技法，与北京多见的『垂花门』相似。

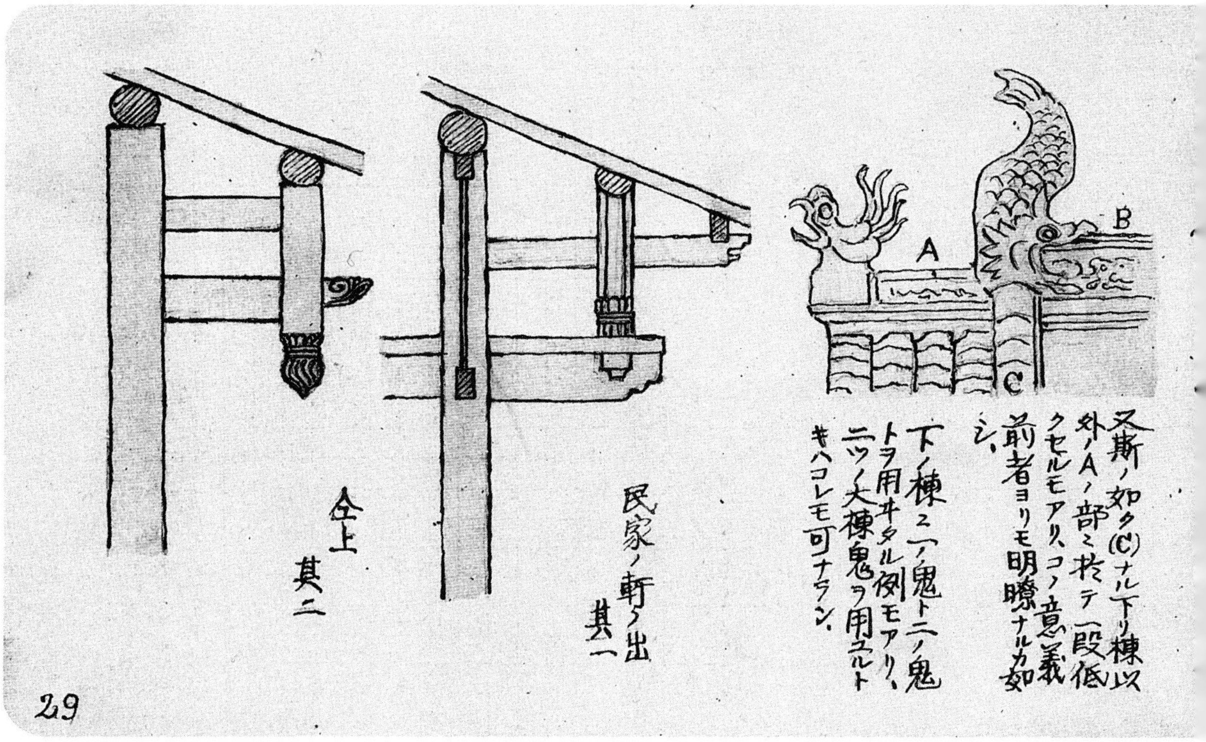

A
B
C
又斯ノ如ク(C)ナル下リ棟以外ノAノ部ニ於テ一段低クセルモアリ、コノ意義前者ヨリモ明瞭ナルカ如シ、
下ノ棟ニ一ノ鬼ト二ノ鬼トヲ用ヰタル例モアリ、二ツノ大棟鬼ヲ用ユルトキハコレモ可ナラン
民家ノ軒ノ出 其一
仝上 其二
29

另外，如C在垂脊以外让A部低了一段，这样做的意义比前者更明了。也有这样的例子，在下面的脊上有用一个脊头的，也有用两个脊头的。也可用两个大脊头。

在人字屋顶上屋脊的安装方式 如下图小角脊的安装，有细缝痕迹，不美观。

鬼龙子 在屋檐翘度极大的情况下，壁角的鬼龙子通常如甲图呈现危险的状态，不如把它变换成乙图的形状，让鬼龙子自在的状态。

大屋脊装饰 在大屋脊中央装饰佛塔不如装饰变化的、高的、曲线形的宝珠，在左右附加复杂的图案。如会馆、戏台、俱乐部等为娱乐的建筑物盛行大屋脊装饰。创作出各种从龙到草的图案，仿陶器制作。

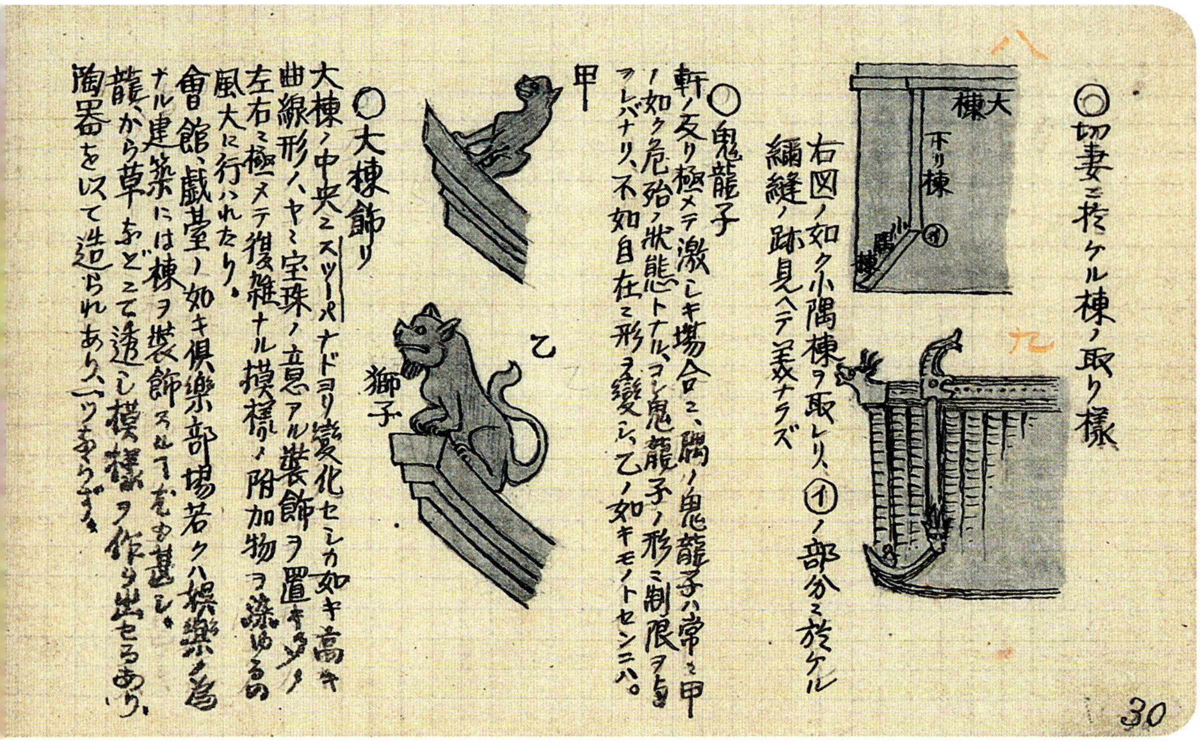
○切妻ニ於ケル棟ノ取リ様
右図ノ如ク小隅棟ヲ取レリ、①ノ部分ニ於ケル細縫ノ跡見ヘテ美麗ナラズ
○鬼龍子
軒ノ反リ極メテ激シキ場合ニ、隅ノ鬼龍子ハ常ニ甲ノ如ク危殆ノ状態トナル、コレ鬼龍子ノ形ニ制限ヲ与フレバナリ、不如自在ニ形ヲ變ジ、乙ノ如キモノトセンニハ。
○大棟飾リ
大棟ノ中央ニスツーパナドヨリ變化セシカ如キ高キ曲線形ノ、ヤヽ宝珠ノ意アル装飾ヲ置キ、ソノ左右ニ極メテ複雑ナル模様ノ附加物ヲ添ゆるの風大に行ハれたり。
會館、戯臺ノ如キ倶樂部若クハ娯樂ノ為ナル建築ニハ棟ヲ装飾スルコト甚シ、龍から草などニて透シ模様ヲ作リ出せるあり、陶器を以て造られあり。

30 汉中（7）（10月14日）
这个地方的建筑物的房檐的翘度极大。因此，笔者针对『甲』那样的鬼龙子提出了变更成『乙』形状的方案。

（十二）沔县 城方圆四里，人家凡一千，人口约三四千。

诸葛武侯祠 县城东二里余，戏台，左右辕门，牌楼、清音阁、二门、庑殿、本殿。有武侯像，不够好。有石琴有章武元年铭。作为建筑设计特别的价值。

十一重塔 在城东门外，八角十一重，最上层屋盖破坏，样式粗糙在荒野，烟囱以上无价值。

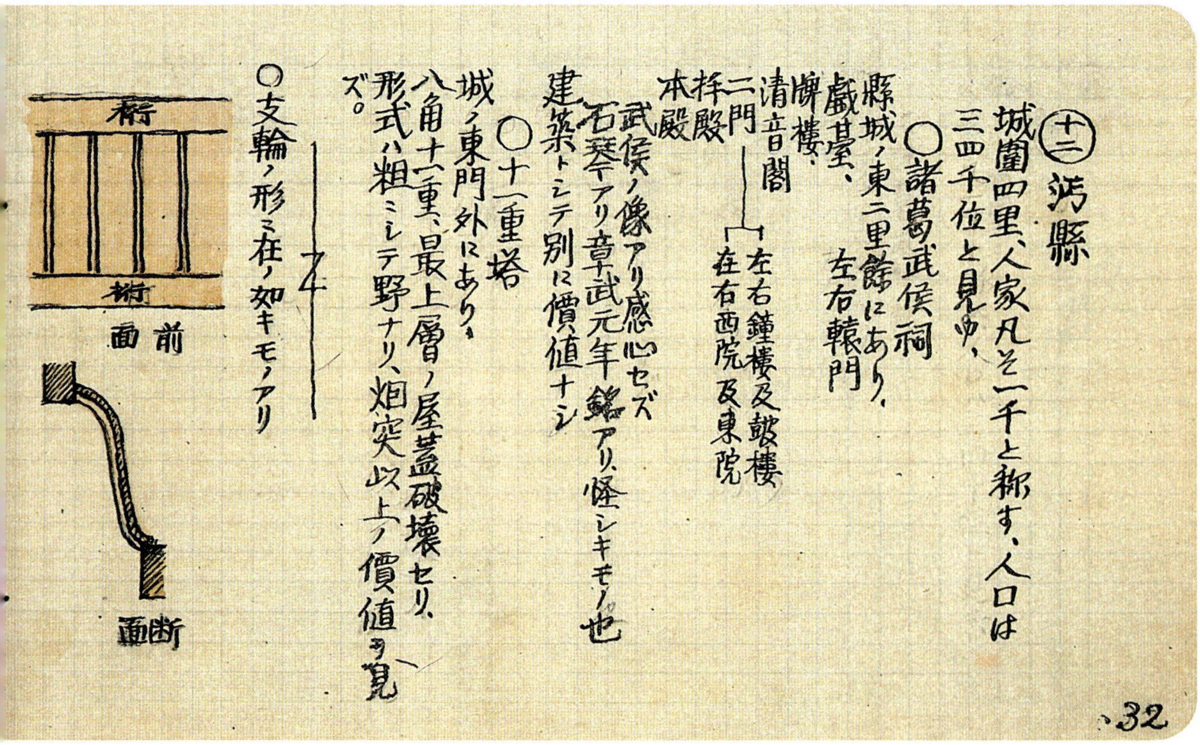
(十二) 沔縣
城圍四里、人家凡ソ一千と称す、人口は三四千位と見ゆ。
○諸葛武侯祠
縣城ノ東二里餘にあり、
戯臺、左右轅門
牌樓、
清音閣 ─ 左右鐘樓及鼓樓
二門 ─ 在右西院及東院
拝殿
本殿
武侯ノ像アリ感心セズ
石琴アリ章武元年銘アリ、怪シキモノ也
建築トシテ別ニ價値ナシ
○十一重塔
城ノ東門外にあり、
八角十一重、最上層ノ屋蓋破壊セリ、形式ハ粗ニシテ野ナリ、烟突以上ノ價値ヲ見ズ。
○支輪ノ形ニ在ノ如キモノアリ

32 沔县（1）（10月15日）
东门外的『十一重塔』是现存的万寿塔。

31汉中（8）

从汉中出发是明治三十五年（1902）十月十五日。知府特地为我们一行配备了15名护卫兵和一名指挥官，把我们从汉中护送到四川的广元县。

漢中着之図
蜀桟
秦桟
31

各种各样变形的盖缝瓦。　东站在东门外，设计非常特别。　窗户一例。

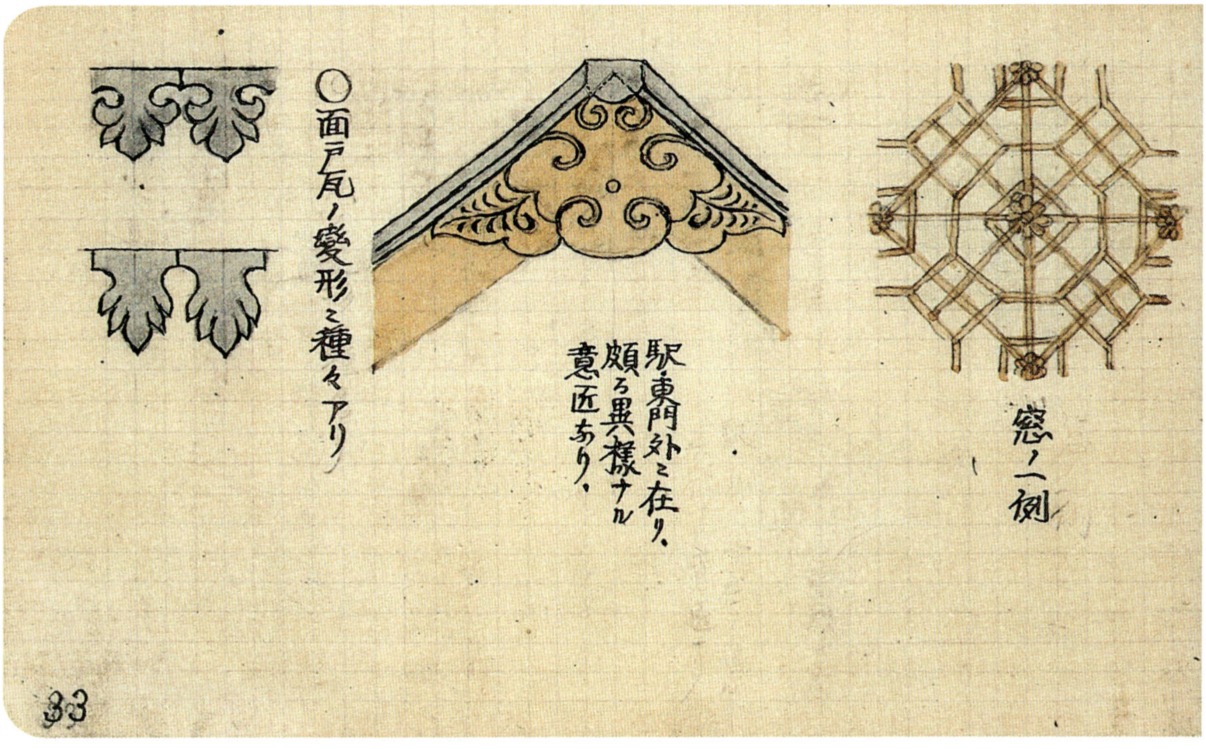
○面戸瓦ノ變形ノ種々アリ
駅東門外ニ在リ、頗ル異様ナル意匠あり、
窓ノ一例
33

33沔县（2）（10月15日）

沔县现在叫勉县。新城建在当时的市街以东。

（十三）宁羌　城方圆六里，人家城内外合六百许。城内有钟楼，样式可看。三层楼，上层为方形八角屋顶，如下图。A、B 为柱；C、D 为挑檐桁；E 为柱和挑檐枋架的梁；F 为出桁兼作角椽；G 为力桁即 F；H 为小连檐，I 为檐头。

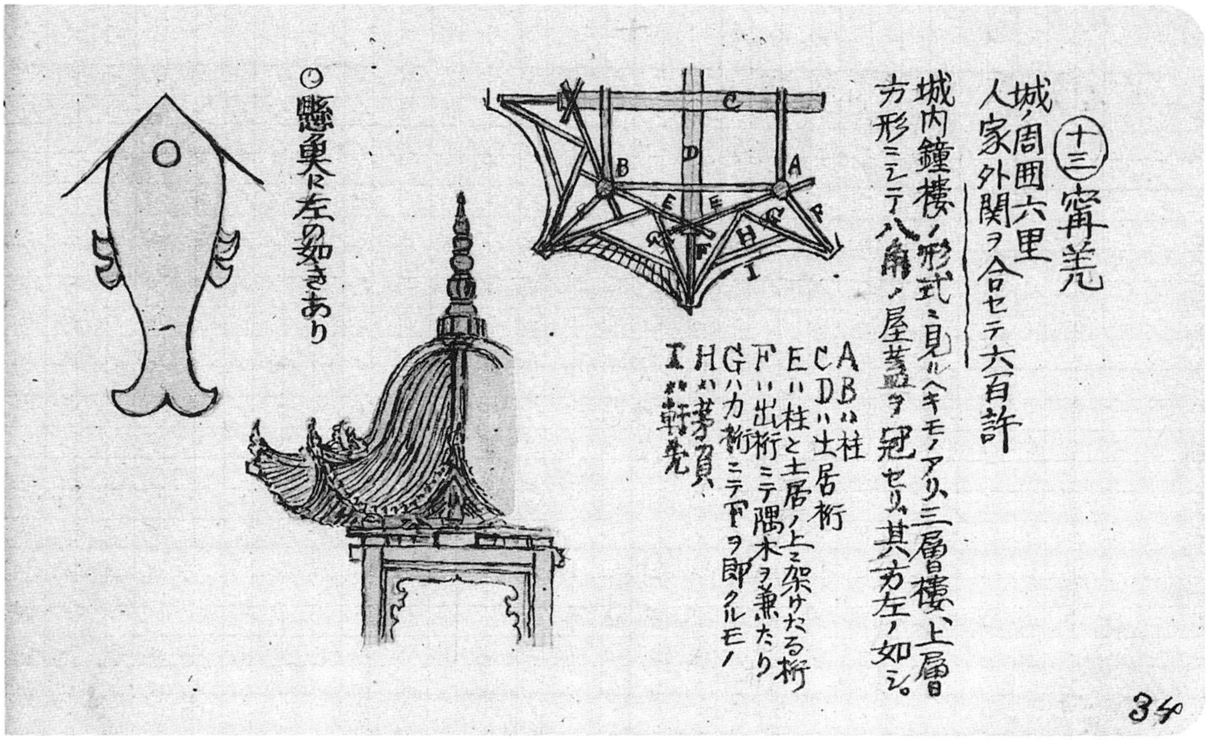
十三 寗羌
城周囲六里
人家外関ヲ合セテ六百許
城内鐘楼ノ形式ニ見ルヘキモノアリ三層楼上層
方形ニシテ八角ノ屋蓋ヲ冠セリ其方左ノ如シ
AB ハ柱
CD ハ土居桁
E ハ柱と土居ノ上ニ架ケたる桁
F ハ出桁ニテ隅木ヲ兼たり
G ハ力桁ニテFヲ即クルモノ
H ハ茅負
I ハ軒先
懸魚ハ左の如きあり
34

34宁羌（10月17日）

在四角的设计样式上架设八角的屋顶，这种方法在北部清朝见不到，钟楼三层，上层是叫作『弓背形』的宝形屋顶。

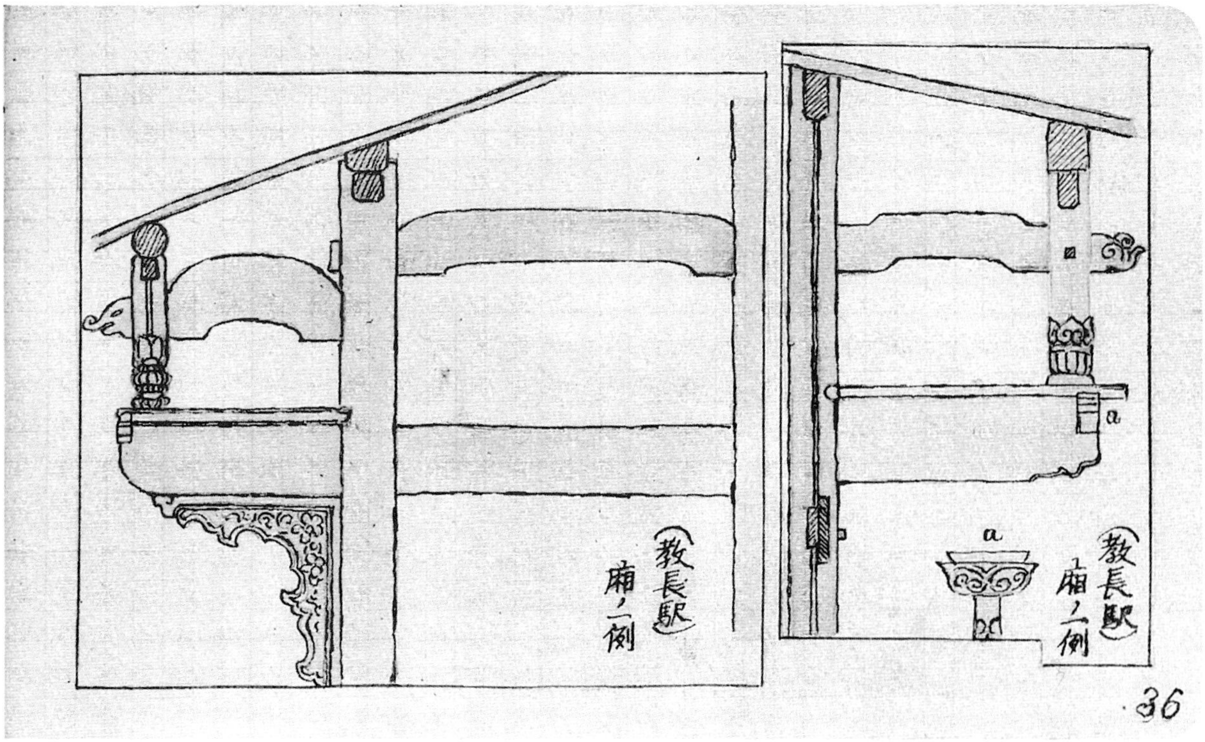
教長駅
廟ノ一例
a
教長駅
廟ノ一例
36

36教长站（1）（10月18日）（接38图）

翻越七盘关就到四川省了。在教长站住一晚。四川省土地丰饶，地下资源多，但离海岸远，交通不便，所以即使是足智多谋的孔明也没有能够争夺中原。

35地图第十八号（宁羌—剑门阁）

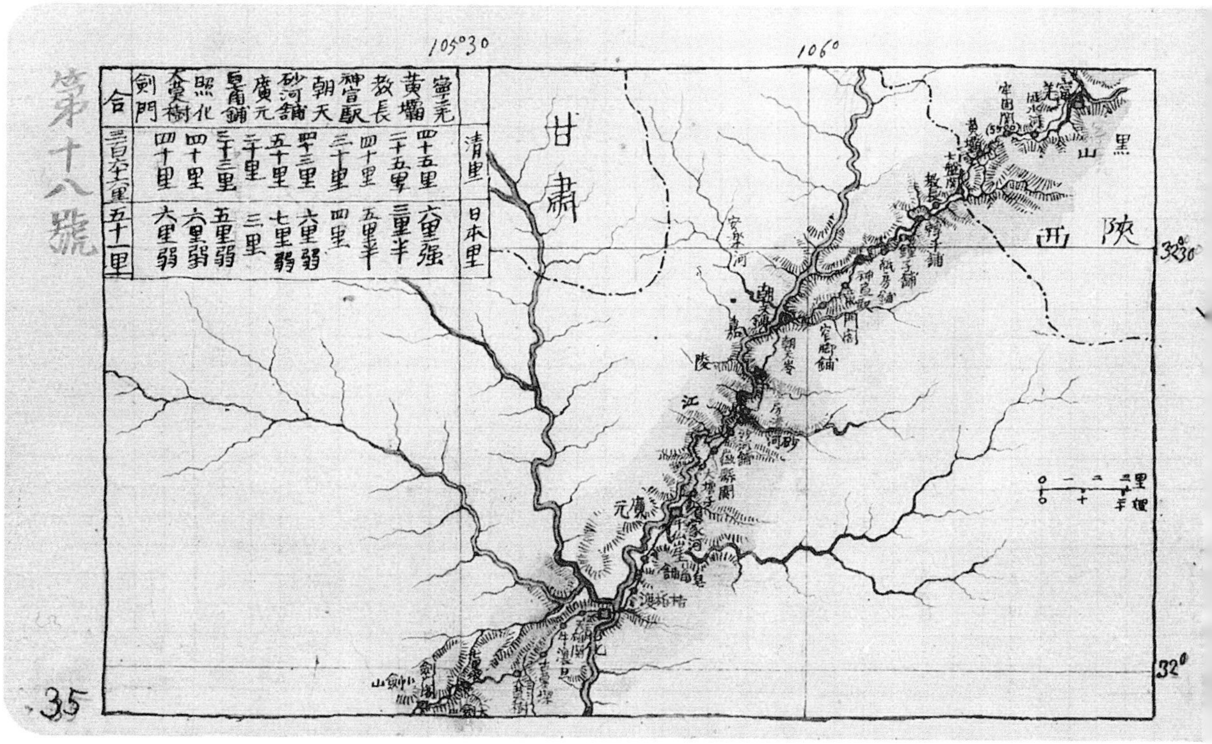

37七盘关（10月18日）

乘坐三丁拐越过山顶就到达黄霸站，这里有水田，人们以米为主食。继续向前到山路，攀登险峻的石道，到达顶峰就是关门。七盘关的景色像一幅画。这里是陕西省和四川省的省境分界。

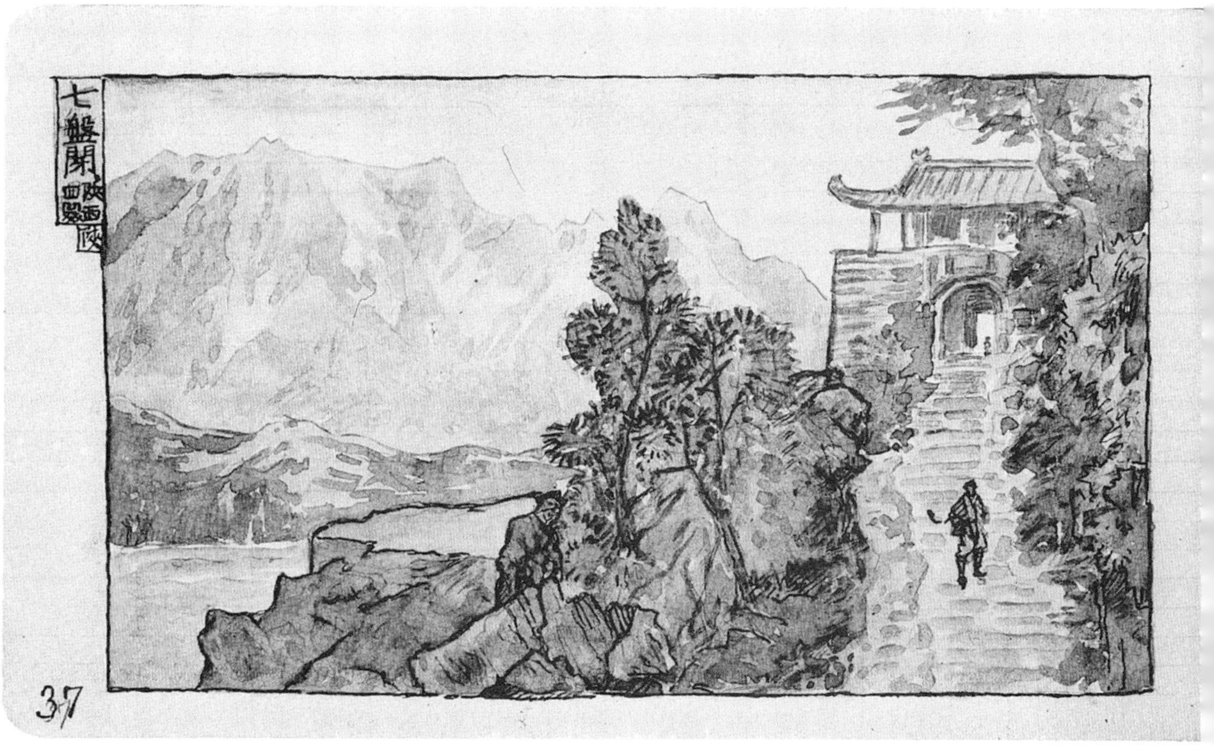

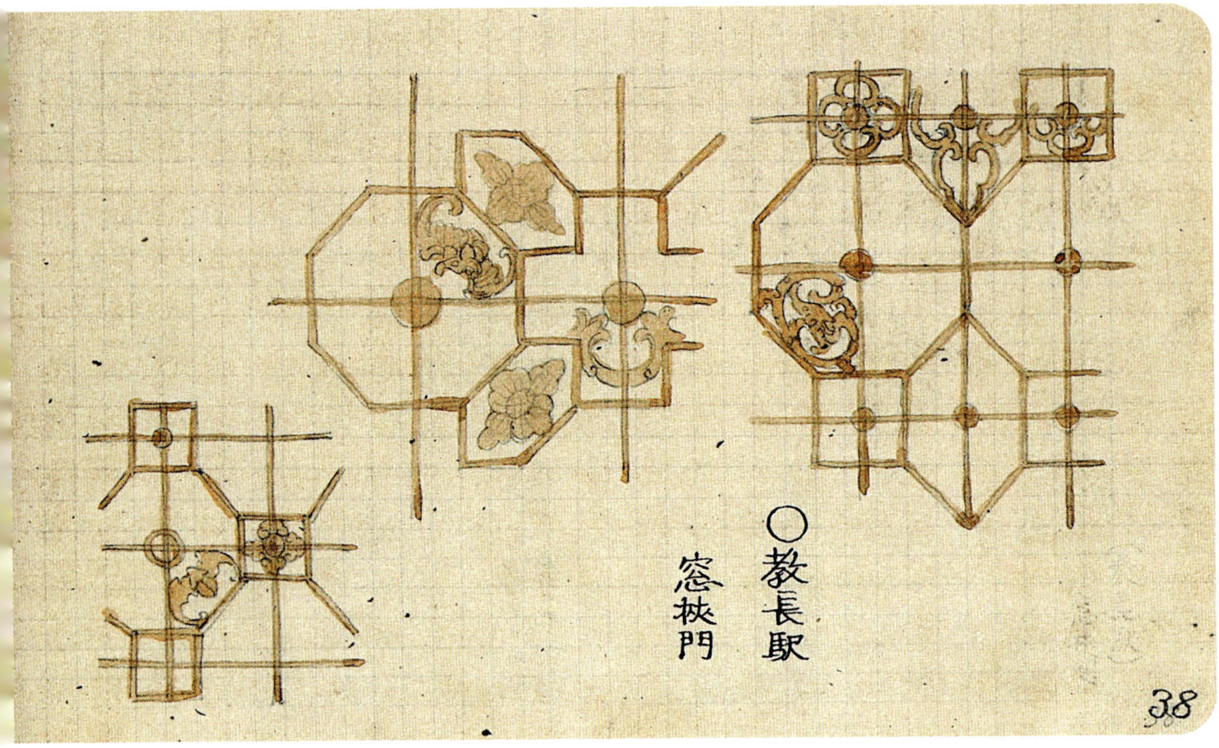

38教长驿（10月18日）

40轿子　三丁拐（10月）

由于马匹太累了，所以乘了轿子。把由三个人抬的轿子叫作三丁拐。前面二人、后面一人抬的叫鸭棚子。用竹子制作的，弹力极强，每走一步都上下抖动，第一次坐轿子好像不太舒服。

39神宣驿（站）/朝天镇（1）（10月19日）（下接图42）

从神宣驿进入龙洞背，就看到了石灰岩被雨水冲刷的奇怪的形状。有个叫做龙洞的很大的天然洞，洞中有一种贝类化石。当地人把贝类化石一个卖二文钱。

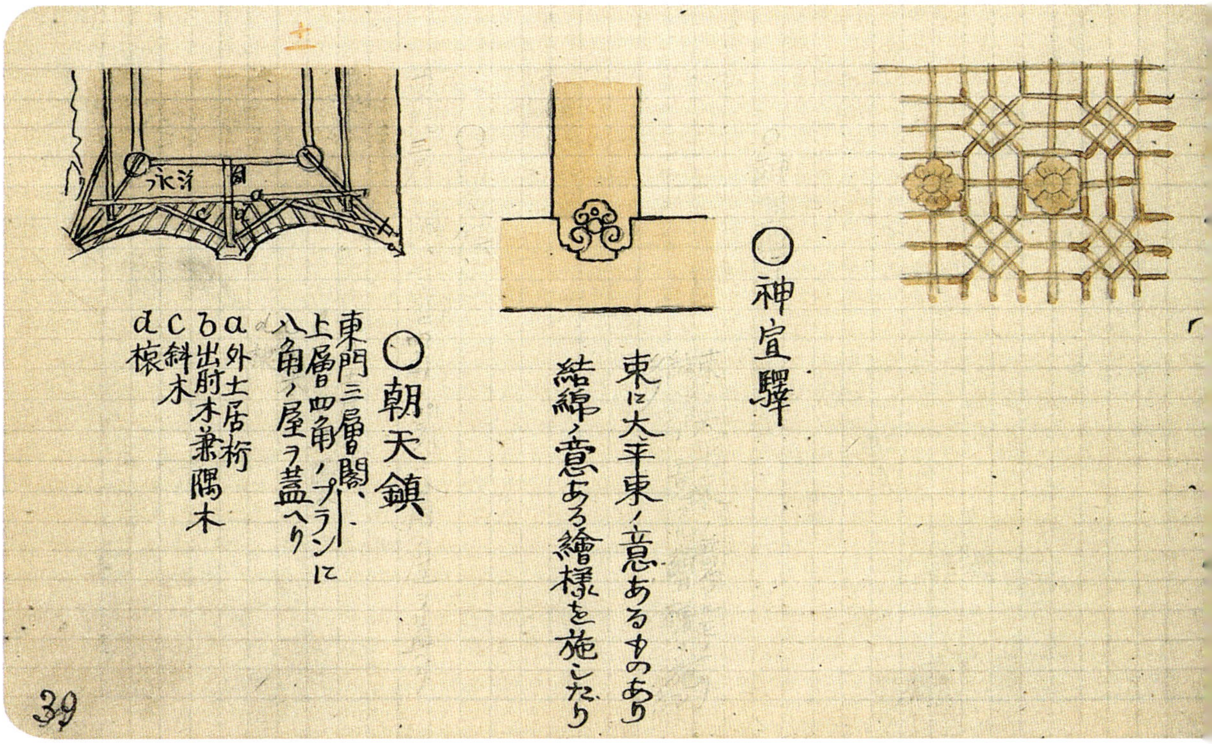

41马的比较

中国马与阿拉伯马之比较

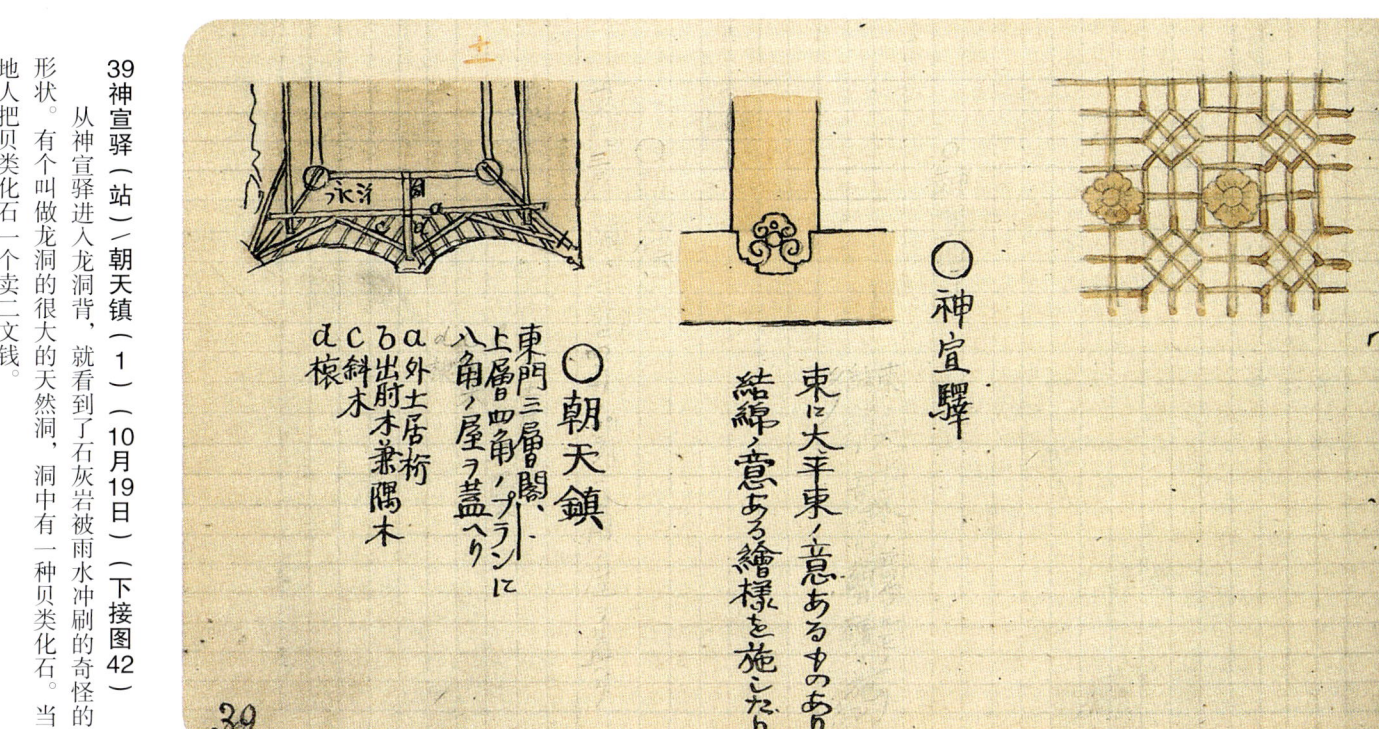

四川省

42朝天镇（2）（10月19日）（接图39）

朝天镇在嘉陵江东岸，有几分似都邑。从这里必须由陆路才能翻越朝天岭。经护送卫兵的再三请求，雇了两艘船。船如箭似的下行，感觉实在是爽快。

朝天鎮と嘉陵江
42

44-1千佛崖（2）（10月20日）

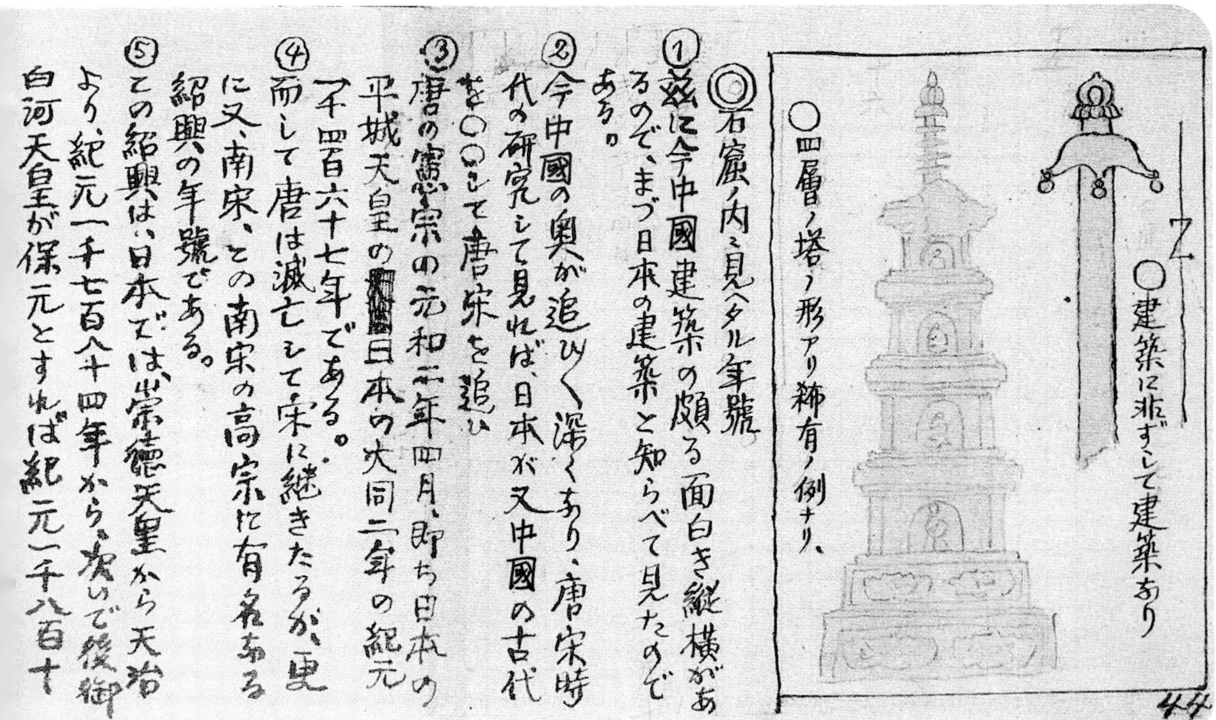
○建築に非ずして建築あり
○四層ノ塔ノ形アリ稀有ノ例ナリ、
◎石巖ノ内ニ見ヘタル年號
44

稀有的四层塔

是建筑非建筑

（十四）千佛崖　广元东北十里有千佛崖，样子几乎与龙门相同，与龙门不同之处有：

（一）规模显著小。

（二）能看到最古老的是唐之后的宋元的东西。

（三）形式手法显著劣于龙门。石窟最大的佛宽一丈许，其余不过数尺，岩石不够坚硬，多为砂岩而成，且多磨损。后世施以彩色，但失去本来面目，且形式也被改了。

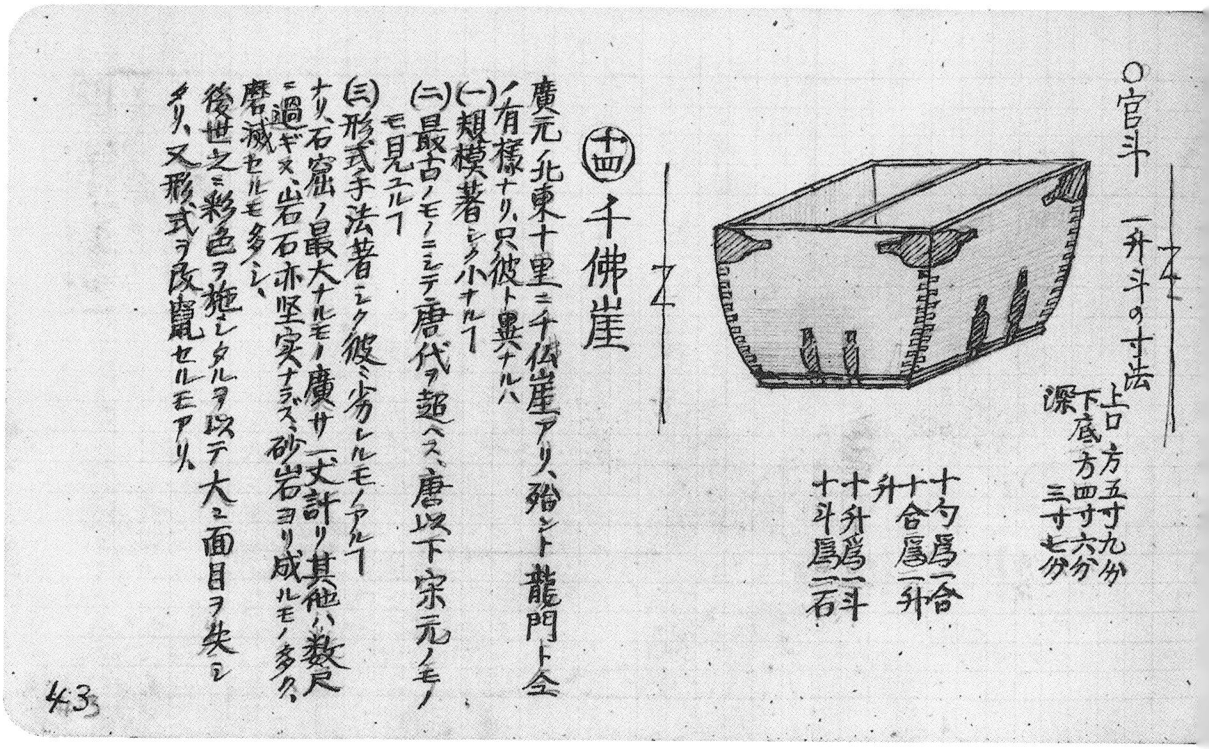

○官斗　一升斗の寸法
上口　方五寸九分
下底　方四寸六分
深　三寸七分
十勺爲一合
十合爲一升
升　十升爲一斗
十斗爲一石
⑭ 千佛崖
廣元ノ北東十里ニ千仏崖アリ、殆ント龍門ト全ノ有様ナリ、只彼ト異ナルハ
(一)規模著シク小ナルコト
(二)最古ノモノニシテ唐代ヲ超ヘズ、唐以下宋元ノモノモ見ユルコト
(三)形式手法著シク彼ニ劣レルモノアルコト、石窟ノ最大ナルモノ廣サ一丈許リ其他ハ数尺ニ過ギズ、岩石亦堅実ナラズ、砂岩ヨリ成ルモノ多ク、磨滅セルモノ多シ、後世之ニ彩色ヲ施シタルヲ以テ大ニ面目ヲ失ヒタリ、又形式ヲ改竄セルモノアリ。
43

43千佛崖（1）（10月20日）

嘉陵江两岸是如刀削般的绝壁，在水面以上一二丈的地方，有六七寸大小的方形洞穴，以一定间隔挖凿。这是栈道的遗迹。船行至广元北十里的千佛崖进行了调查。

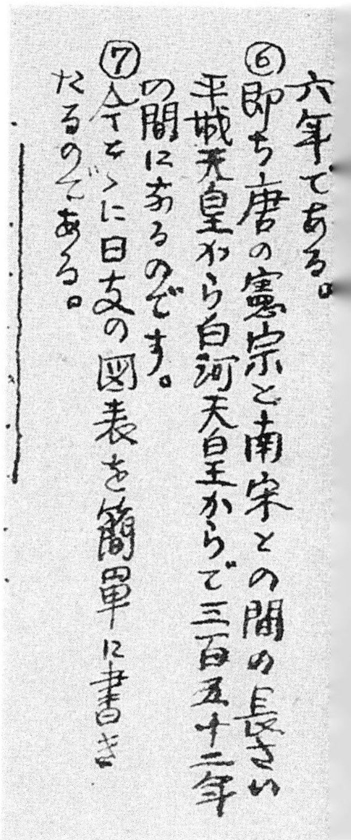

六年である。
⑥即ち唐の憲宗と南宋との間の長さい平城天皇から白河天王からで三百五十二年の間にあるのです。
⑦今なゝに日支の図表を簡単に書きたるのである。

44－2（在图44页中间位置贴着纸，所以记录了考证年号）

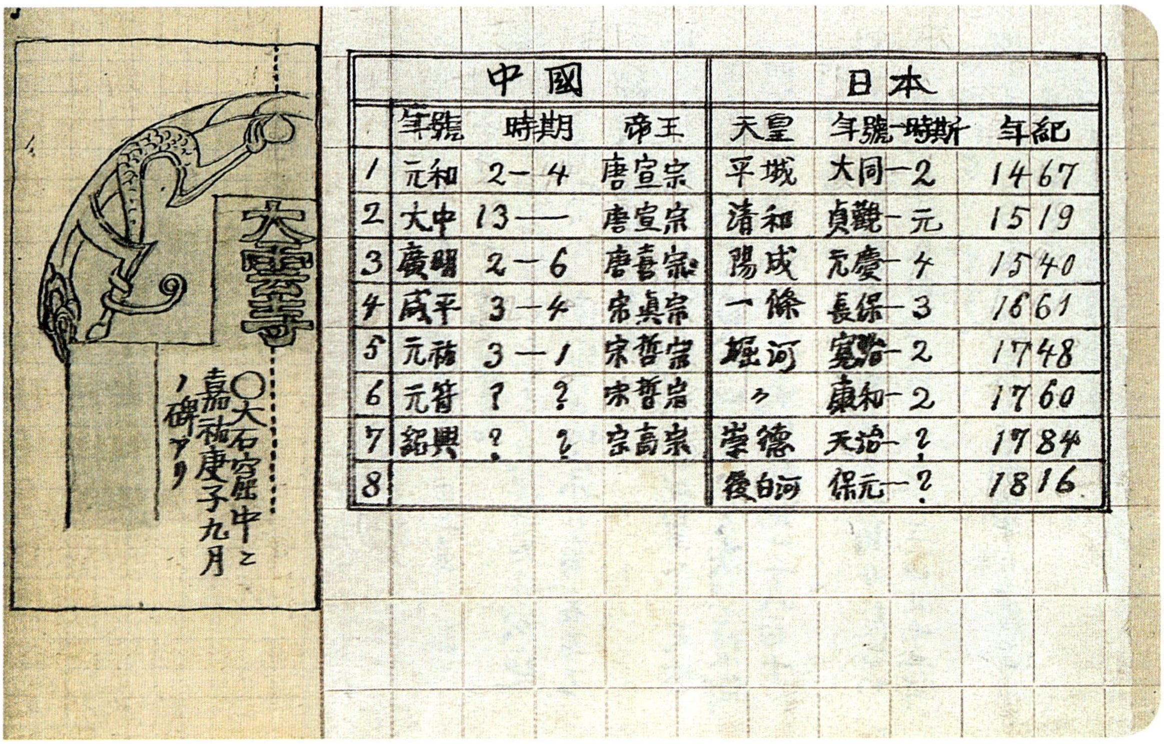
大聖石寺
○大石窟中ニ嘉祐庚子九月ノ碑アリ

中國				日本		
	年號	時期	帝王	天皇	年號-時斯	年紀
1	元和	2-4	唐宣宗	平城	大同-2	1467
2	大中	13—	唐宣宗	清和	貞觀-元	1519
3	廣明	2-6	唐僖宗	陽成	元慶-4	1540
4	咸平	3-4	宋真宗	一條	長保-3	1661
5	元祐	3-1	宋哲宗	堀河	寛治-2	1748
6	元符	? ?	宋哲宗	〃	康和-2	1760
7	紹興	? ?	宋高宗	崇德	天治-?	1784
8				後白河	保元-?	1816

44－3（44图的背面）

（乙）壁画式的。脸扁宽、眼长、颈长（丙）天平式的。容白端正、姿势优美。

查看（比较）。大同的石佛寺；洛阳的龙门；广元的千佛崖，是中国古代佛像沿革特征的三个纪念物。大同的代表纯粹的北魏艺术，龙门的是后魏美术和唐代的混合，广元的好像是唐代的加进了宋元的东西。而且千佛崖往往有后魏遗风，有一种印度的兴致。

据闻，能看到山西、陕西、河南一带穴居的人民，而今在石佛寺及这三个地方所见的佛龛的形状完全都是穴居的石窟、土窟，由此知晓后魏的人民喜好穴居。和木造建筑的人民把神佛安置在木造的宫殿一样，石造建筑的人民也把他们的神佛安置在石造的宫殿里，石窟内收纳了神仙，因此人民就被禁止住在窟内了。

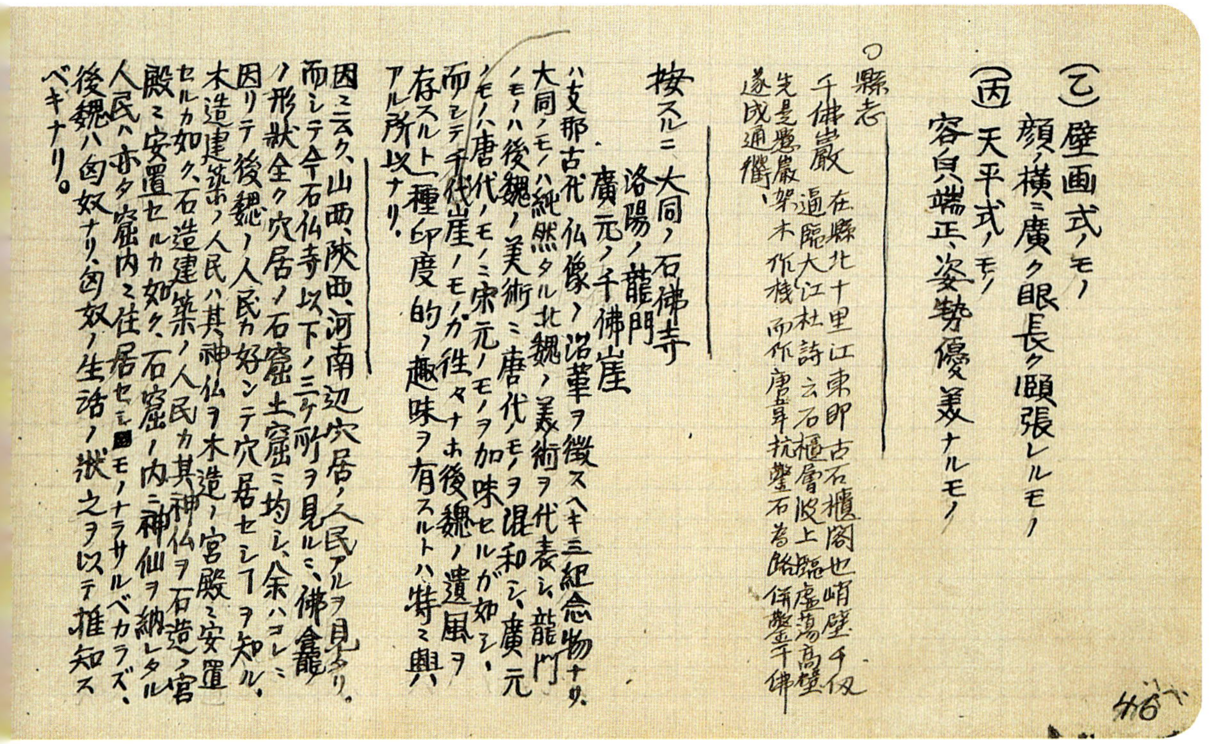
(乙) 壁画式ノモノ
顔ハ横ニ廣ク眼長ク頤張レルモノ
(丙) 天平式ノモノ
容白ク端正、姿勢優美ナルモノ

○縣志
千佛巖 在縣北十里江東即古石櫃閣也峭壁千仞逼臨大江杜詩云石櫃曾波上臨虛蕩高壁先是懸巖架木作棧而行唐韋抗鑿石為路併鑿千佛遂成通衢

按スルニ大同ノ石佛寺、洛陽ノ龍門、廣元ノ千佛崖ハ支那古代佛像ノ沿革ヲ徵スベキ三紀念物ナリ。大同ノモノハ純然タル北魏ノ美術ヲ代表シ、龍門ノモノハ後魏ノ美術ニ唐代ヲ混和シ、廣元ノモノハ唐代ノモノニ宋元ノモノヲ加味セルガ如シ、而シテ千佛崖ノモノガ往々ナホ後魏ノ遺風ヲ存スルト、一種印度的ノ趣味ヲ有スルトハ特ニ興アル所以ナリ。

因ニ云ク、山西、陝西、河南辺穴居ノ人民アルヲ見タリ。而シテ今石仏寺以下ノ三ケ所ヲ見ルニ、佛龕ノ形狀全ク穴居ノ石窟土窟ニ均シ、余ハコレニ因リテ後魏ノ人民ガ好ンデ穴居セシヲ知ル。木造建築ノ人民ハ其神仏ヲ木造ノ宮殿ニ安置セルガ如ク、石造建築ノ人民ガ其神仏ヲ石造ノ宮殿ニ安置セルガ如ク、石窟ノ内ニ神仙ヲ納レタル人民ハ亦タ窟内ニ住居セ[illegible]モノナラザルベカラズ、後魏ハ匈奴ナリ。匈奴ノ生活ノ狀之ヲ以テ推知スベキナリ。

46

46 千佛崖（4）（10月20日）

佛龛有自南北朝时代至隋唐元明等时代的，以唐代的最多。

45千佛崖（3）（10月20日）

众所周知现存的千佛崖的摩崖佛群，是四川省最大的石窟群，在1935年修建陕西、四川之间道路的时候，一半以上被破坏了。

（甲）鸟佛师式的　○佛像

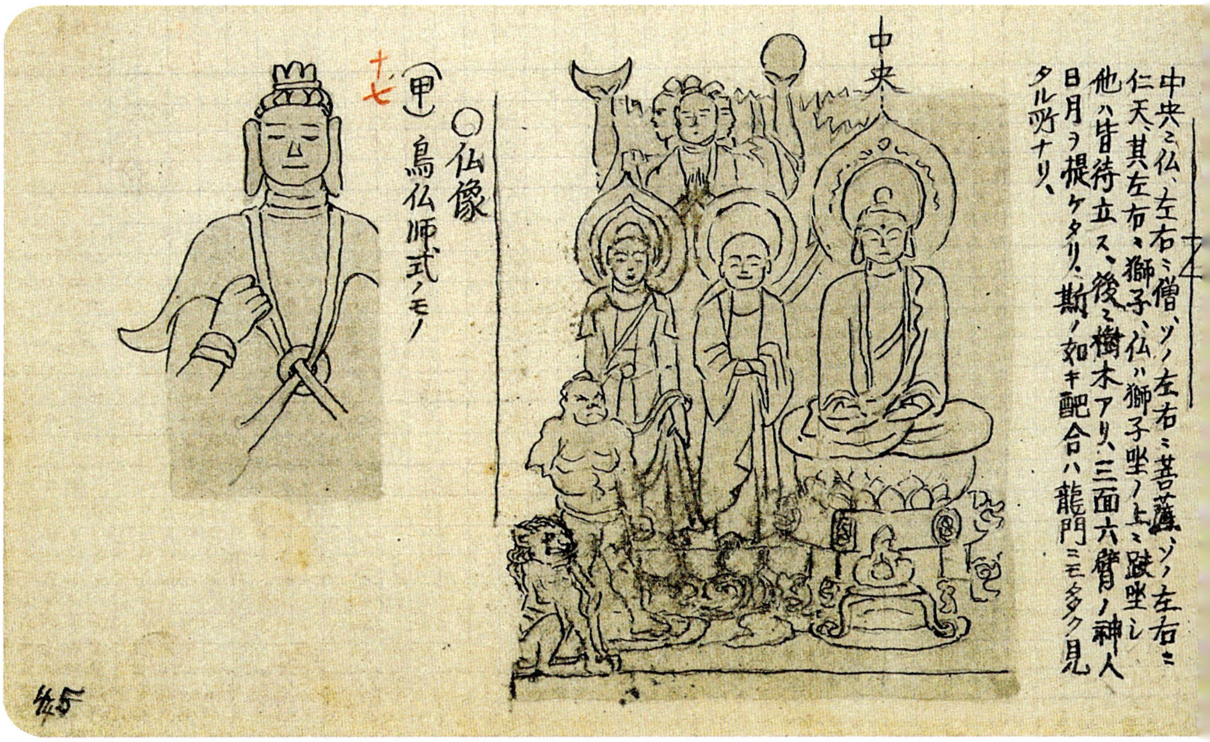

十七
（甲）
○仏像
鳥仏師式ノモノ
中央
中央ニ仏、左右ニ僧、ソノ左右ニ菩薩、ソノ左右ニ仁天、其左右ニ獅子、仏ハ獅子坐ノ上ニ趺坐シ他ハ皆待立ス、後ニ樹木アリ、三面六臂ノ神人日月ヲ提ゲタリ、斯ノ如キ配合ハ龍門ニモ多ク見タル所ナリ、
45

中央是佛，佛左右是僧，僧左右是菩萨，菩萨左右是仁天，仁天左右是狮子。佛趺坐在狮子座上，其他都侍立，后面有树木，有三头六臂的神人托着日月。像这样的配合样式在龙门也比较多见。

47广元（1）（10月20日）

船离开千佛崖，在广元县登陆。由此再次在陆地行走。

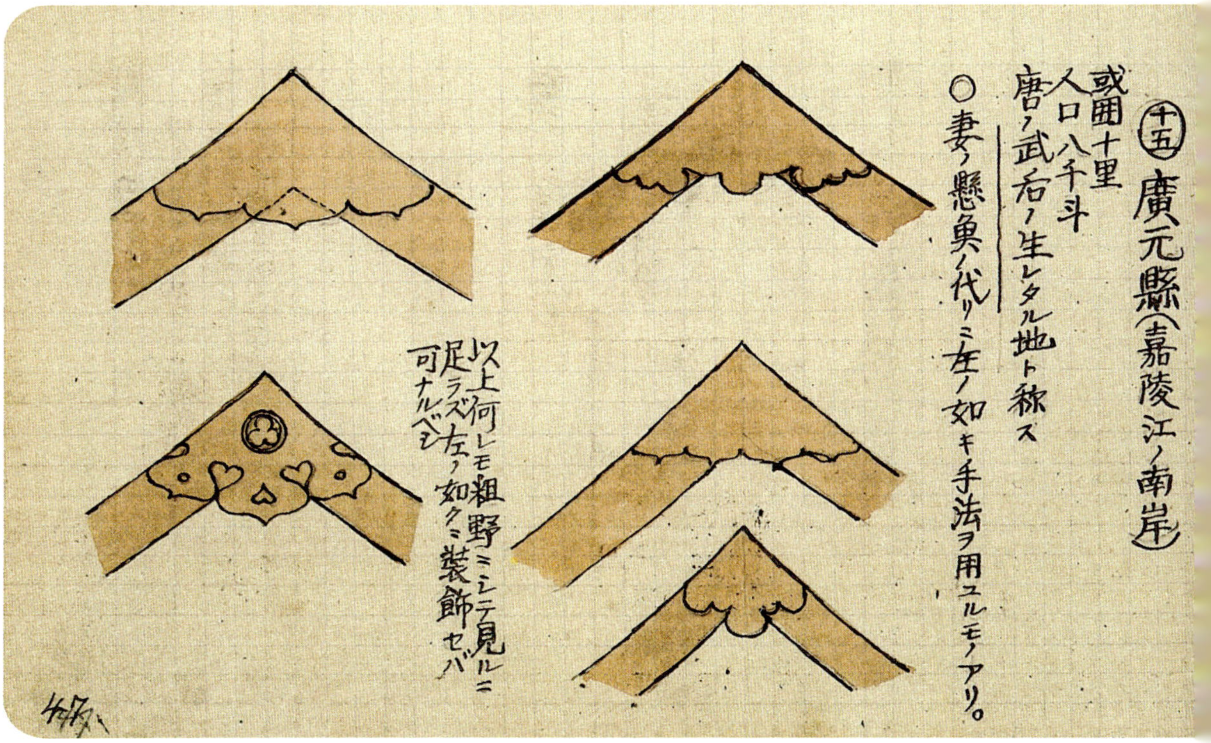

（十五）廣元縣（嘉陵江ノ南岸）
人口八千斗
唐ノ武后ノ生レタル地ト称ス
○妻ノ懸魚ノ代リニ左ノ如キ手法ヲ用ユルモノアリ。
以上何レモ粗野ニシテ見ルニ足ラズ左ノ如クニ装飾セバ可ナルベシ
47

以上几个有些粗野无可看之处，如图有装饰尚可看。　　用如图的手法代替山墙的悬鱼。

四川省

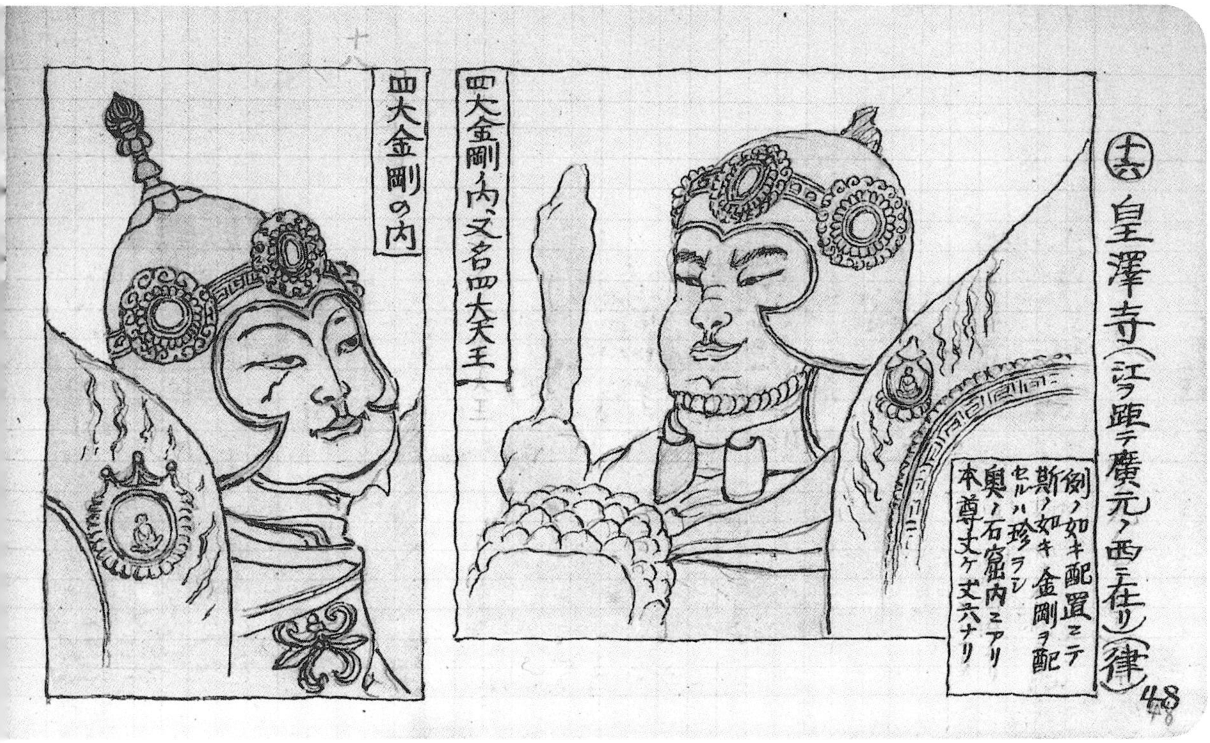
皇澤寺（江ヲ距テ廣元ノ西ニ在リ）律
四大金剛ノ内、又名四大天王
四大金剛の内
側ノ如キ配置ニテ斯ノ如キ金剛ヲ配セルハ珍ラシ
奥ノ石窟内ニアリ
本尊丈ケ丈六ナリ
48

48广元（2）皇泽寺（1）（10月20日）

唐代的东西，手法与龙门及千佛崖相同。传说广元是武则天皇后的故乡，皇泽寺由武后创建。皇泽寺内的建筑是清代的。

在皇泽寺外面有众多石窟，有趣的佛像，都大同小异。皇泽寺内还有绍熙五年的石碑（壁碑），此寺据说是则天武后开建。

洞二寺 洞二寺在南边与皇泽寺相邻，洞窟有二个，所以得名，无特别可看之处。

广元西南十里铺 有八角十三重塔，形状甚优，砖造。

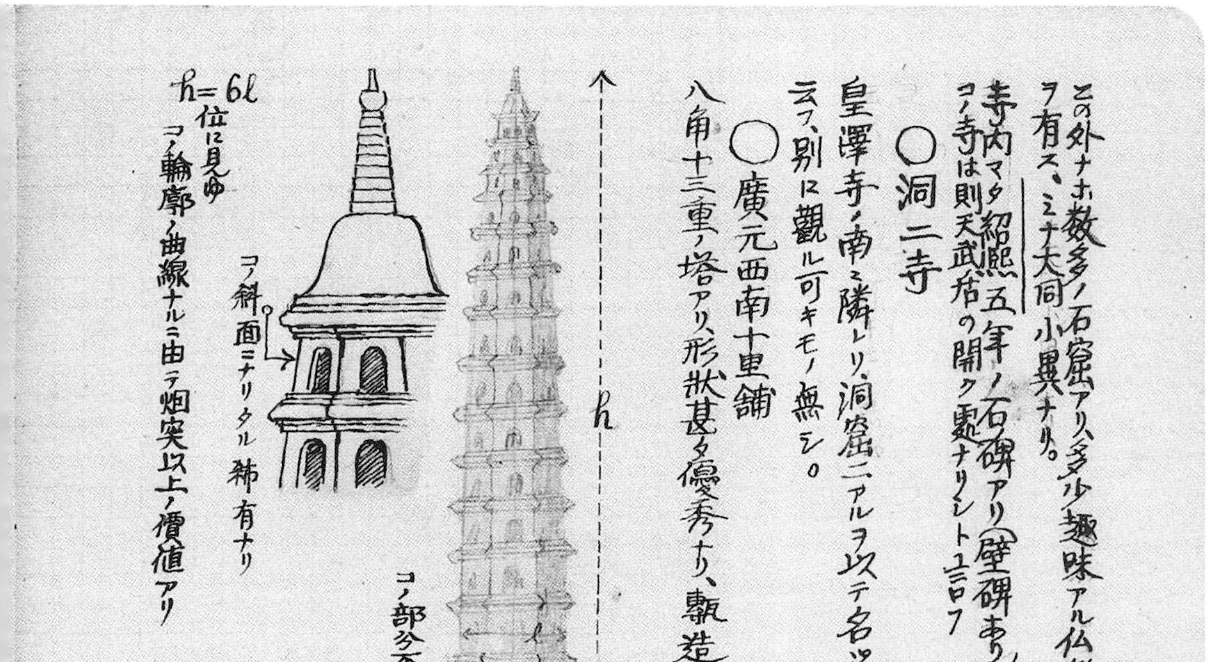
この外ナホ数多ノ石窟アリ、多少趣味アル仏像ヲ有ス、ミナ大同小異ナリ。
寺内マタ紹熙五年ノ石碑アリ（壁碑ナリ）コノ寺は則天武后の開ク處ナリシト云フ
○洞二寺
皇澤寺ノ南ニ隣レリ、洞窟二アルヲ以テ名ツクト云フ、別に觀ル可キモノ無シ。
○廣元西南十里鋪
八角十三重ノ塔アリ、形狀甚ダ優秀ナリ、甎造。
h=6l 位に見ゆ
コノ輪廓ノ曲線ナルニ由テ烟突以上ノ價値アリ
コノ部分不明
h
50

50广元（4）皇泽寺（3）（10月20日）

十里铺的塔可以称作是名符其实的四川式的。在北部清朝根本看不到。大体的轮廓如笋，塔高相当于6倍的基座幅度。这个是基于风水思想的一种地区标志。

49广元（3）皇泽寺（2）（10月20日）

佛祖龛上雕刻有后魏式的佛像、栏杆、天盖等。笔者说似日本的法隆寺式的，确实很精彩。

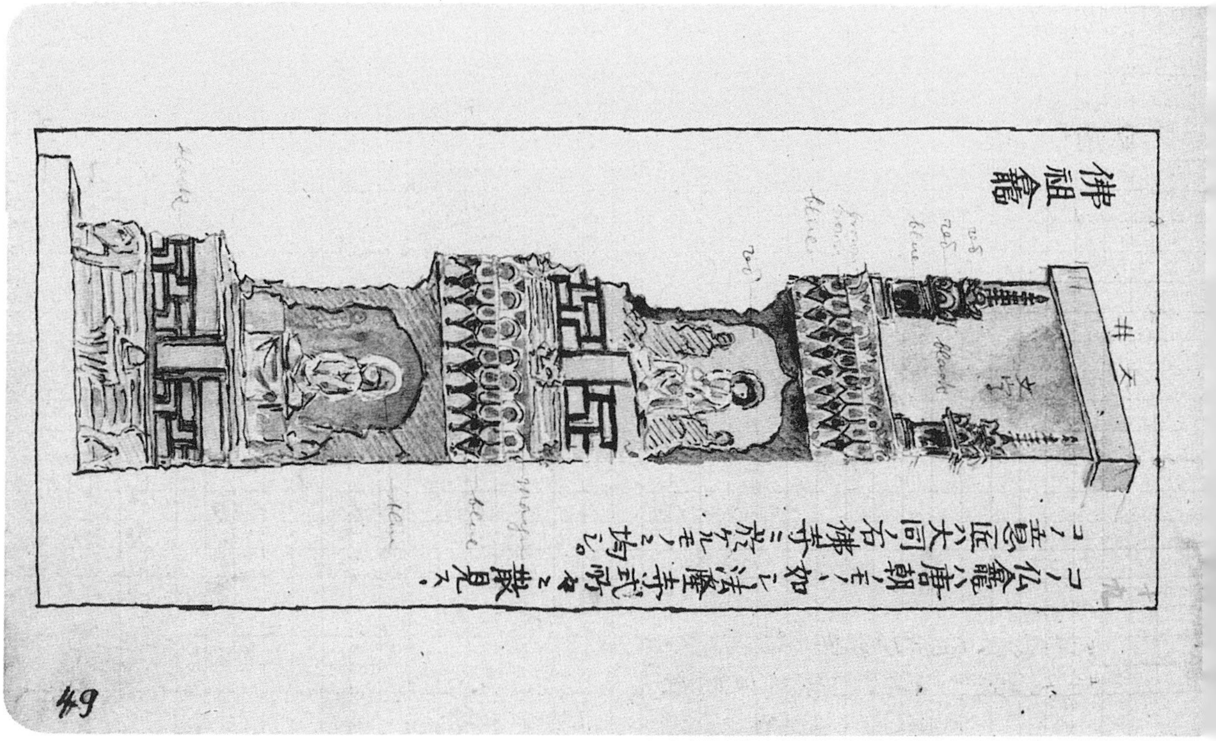

这个佛龛像是唐朝的，散见与法隆寺相似的地方。这种设计在大同石佛寺可见。

51地图（广元—昭化）

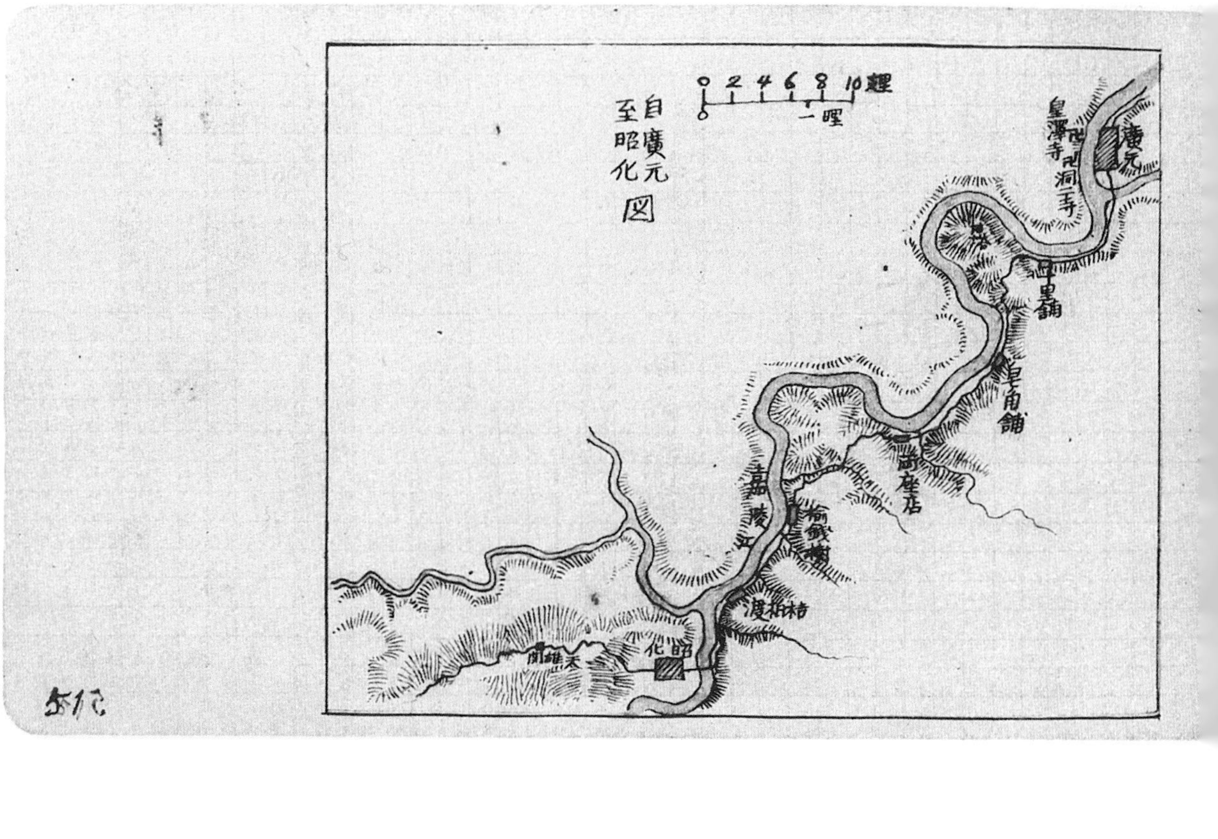

城内有蜀国费祎之墓，其它建筑无特别之处。　县城方圆三四里，户数三百斗。

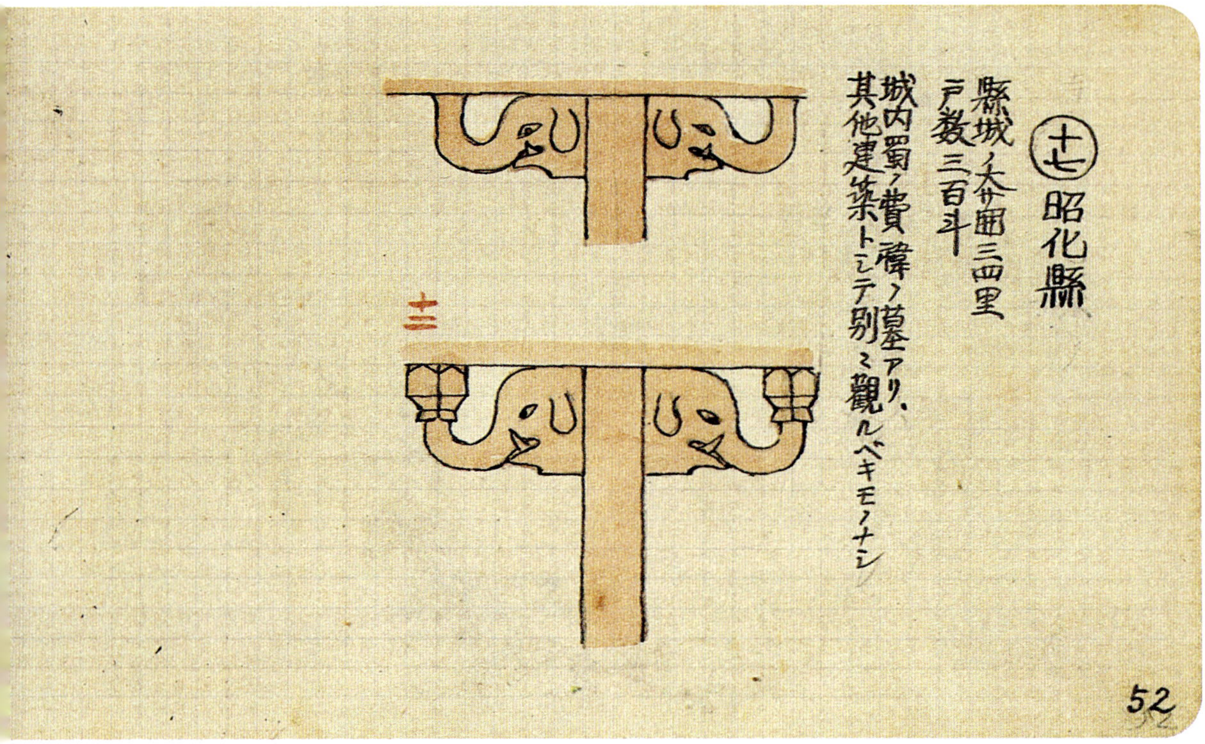
十七 昭化縣
縣城ノ大サ周三四里
戸数三百斗
城内蜀ノ費禕ノ墓アリ、
其他建築トシテ別ニ観ルベキモノナシ
52

52昭化（10月21日）

本图是某个庙的东西，托座变化成了斗拱形状，同时把拱做成象鼻。下图象鼻端装在斜斗上。『费祎』是三国时代蜀的重臣。为诸葛亮信赖。最后被魏的刺客暗杀。

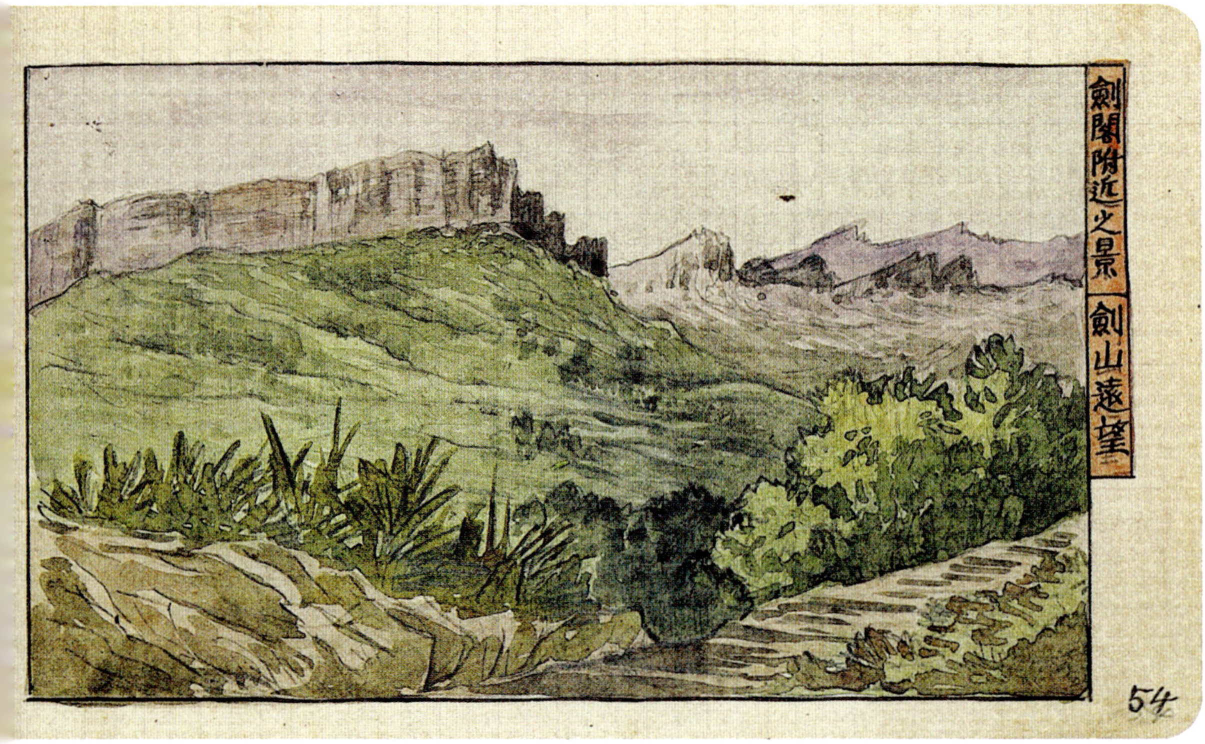
劍閣附近之景
劍山遠望
54

54剑阁附近的风景（10月22日）

从昭化踏着难行的山路向西走，就到了景致雄伟的天雄阁。更进一步沿着蜿蜒的山脊而行，就看到两座奇山。看似一连串的古城墙，这就是大名鼎鼎的剑山。

53地图第十九号（剑门阁—绵州）

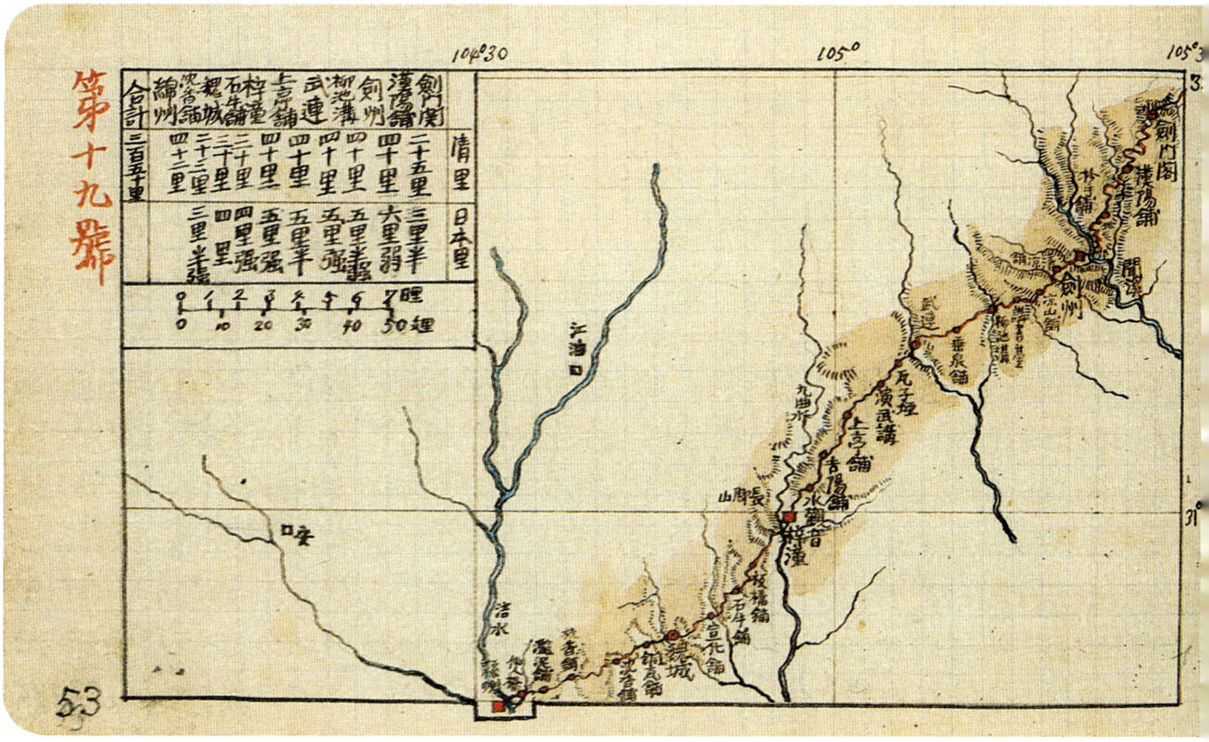

55剑安桥（10月22日）

在剑山间曲折攀登，逐渐逼近山时，道路越来越险恶。当攀登一条石道到尽头，就是一座两层楼阁的城门，楼上的匾额写着『剑阁』。

四川省

56剑阁（10月22日）

剑阁就是蜀古栈道拥有的关门。在陡坡顶上修筑城墙阻断通路，并在关门上建造二重战楼。笔者认为这是最古老的构造，非常得要领。

58梦（10月23日）

日志记载：这天早晨做了一个奇怪的梦。这幅画就是用彩绘画出的梦里的东西。

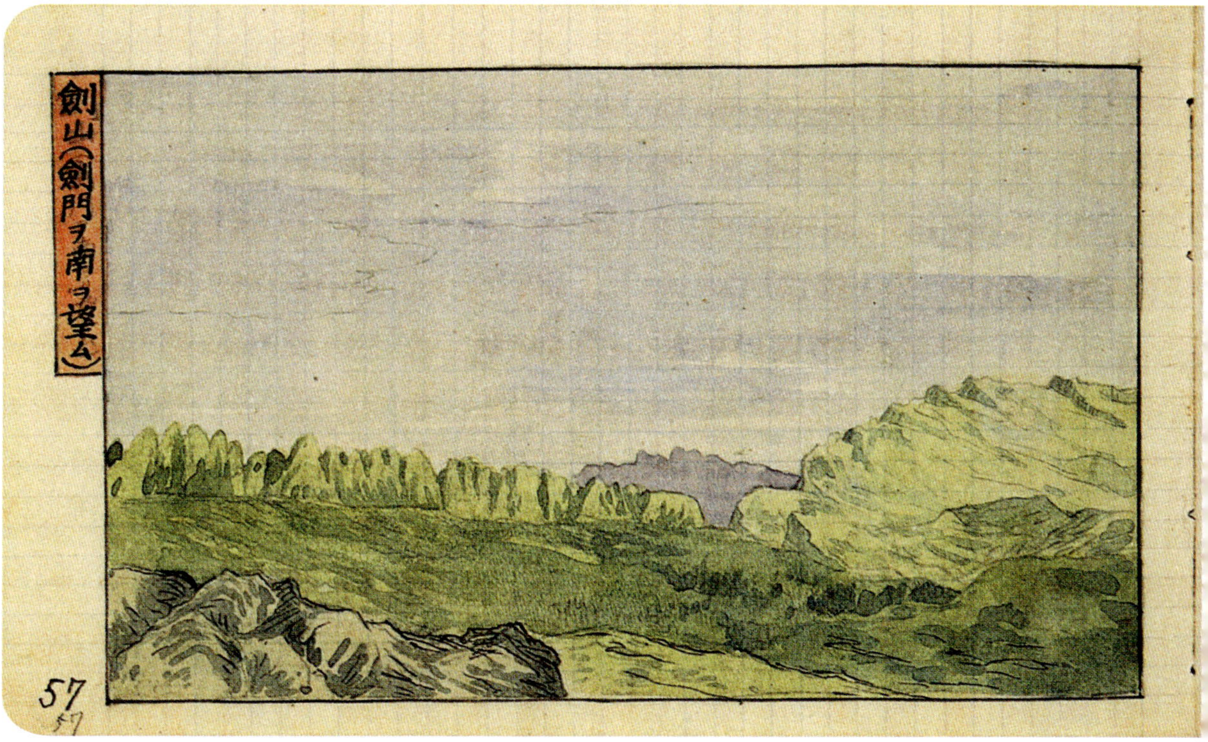

57剑山（10月22日）

昔日，蜀国的姜维和魏国的钟会在这里对阵，死守期间蜀国灭亡了，姜维不得已投降钟会。进入关内有姜维祠和数十个古碑，碑上都刻着过客吟剑阁的诗词。

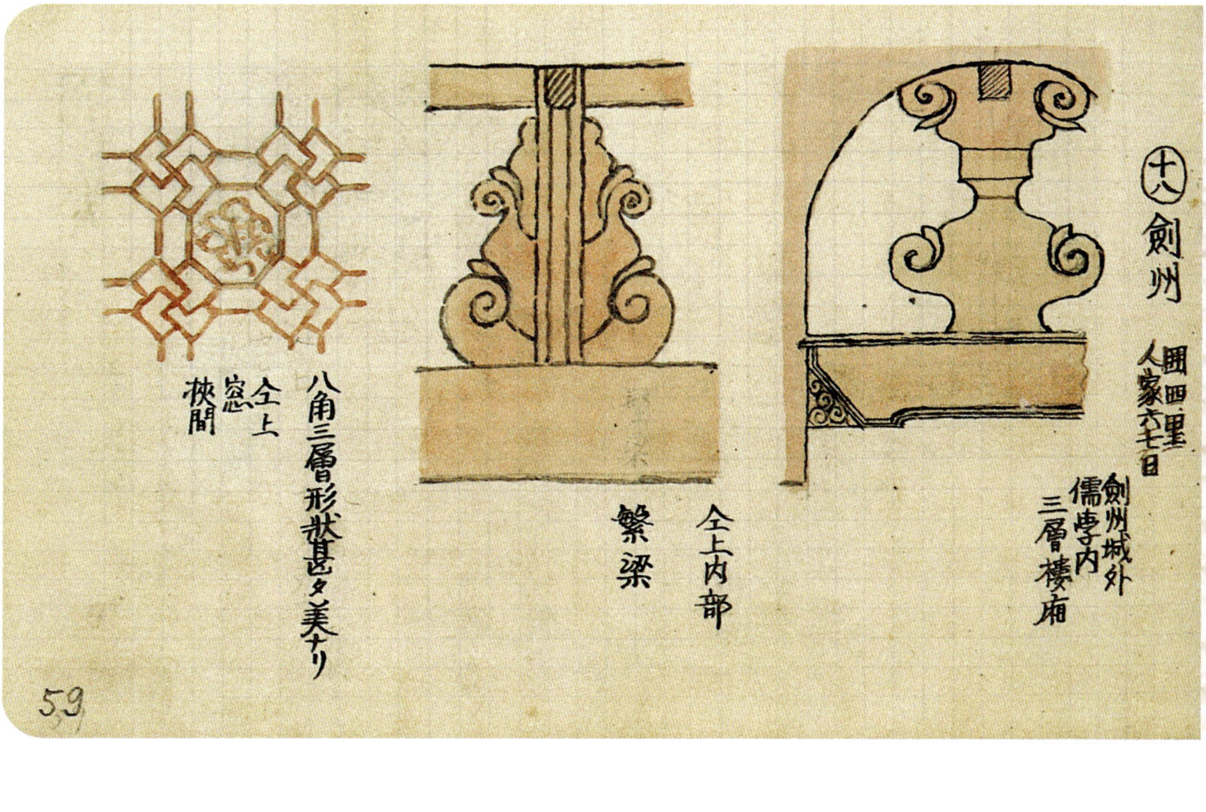

59剑州（1）（10月23日）

在剑州城外有所儒学（学校）值得一看，探访了剑州城东西一座塔，没有很有价值的东西，失望了。

剑州城东西山顶有塔，叫八角塔，用石块和砖头建造，下部残存一些明代石雕，塔为六层，是一奇。九轮粗野。与这座塔隔河有座新塔，高百二十尺许，看上去角十一层，之间无屋顶，以凸起的少许线条作层界，屋的形状成曲线。九轮粗野，总之值得看。

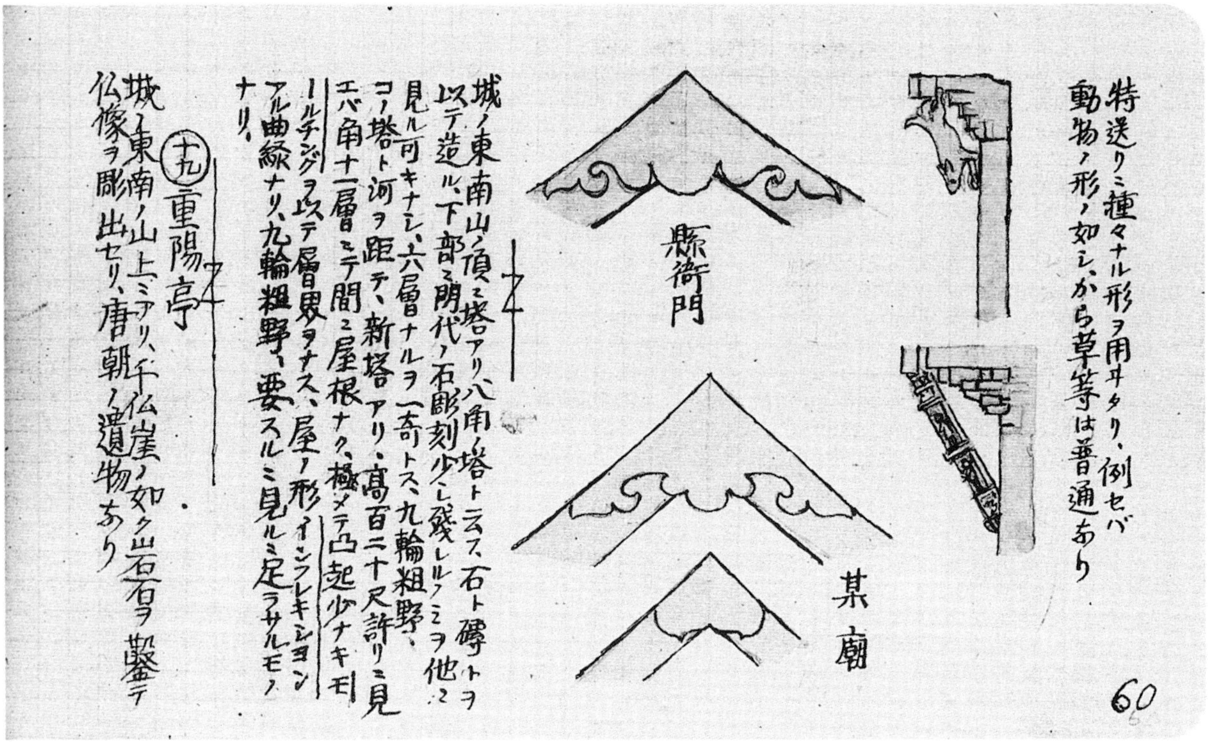
特送リニ種々ナル形ヲ用ヰタリ、例セバ動物ノ形ノ如シ、から草等は普通あり
縣衙門
某廟
城ノ東南山ノ頂ニ塔アリ八角ノ塔ト云フ、石ト磚トヲ以テ造ル、下部ニ明代ノ石彫刻少シ殘レルノミヲ他ニ見ル可キナシ、六層ナルヲ一奇トス、九輪粗野、
コノ塔ト河ヲ距テヽ新塔アリ、高百二十尺許リニ見エバ角十一層ニテ間ニ屋根ナク、極メテ凸起少ナキモノルチングヲ以テ層界ヲナス、屋ノ形インフレキシヨンアル曲線ナリ、九輪粗野、要スルニ見ルニ足ラサルモノナリ、
(十九) 重陽亭
城ノ東南ノ山上ニアリ、千仏崖ノ如ク岩石ヲ鑿テ仏像ヲ彫出セリ、唐朝ノ遺物あり
60

60剑州（2）（10月23日）

从调查塔返回的路上发现了石雕叫重阳亭，是唐朝遗迹。碑上刻有颜真卿书的安禄山之乱记事。

重要现象：（甲）邪鬼（恶神）的相貌，和日本药师寺（奈良）金堂本尊台座上安置的完全一样。（乙）四天王的兜、衣服花纹与法隆寺金堂的山口大口作的四天王有类似点。（丙）穿着兜的金刚与皇泽寺的相符。（丁）线条及花纹的手法完全符合我们所谓的天智式的。

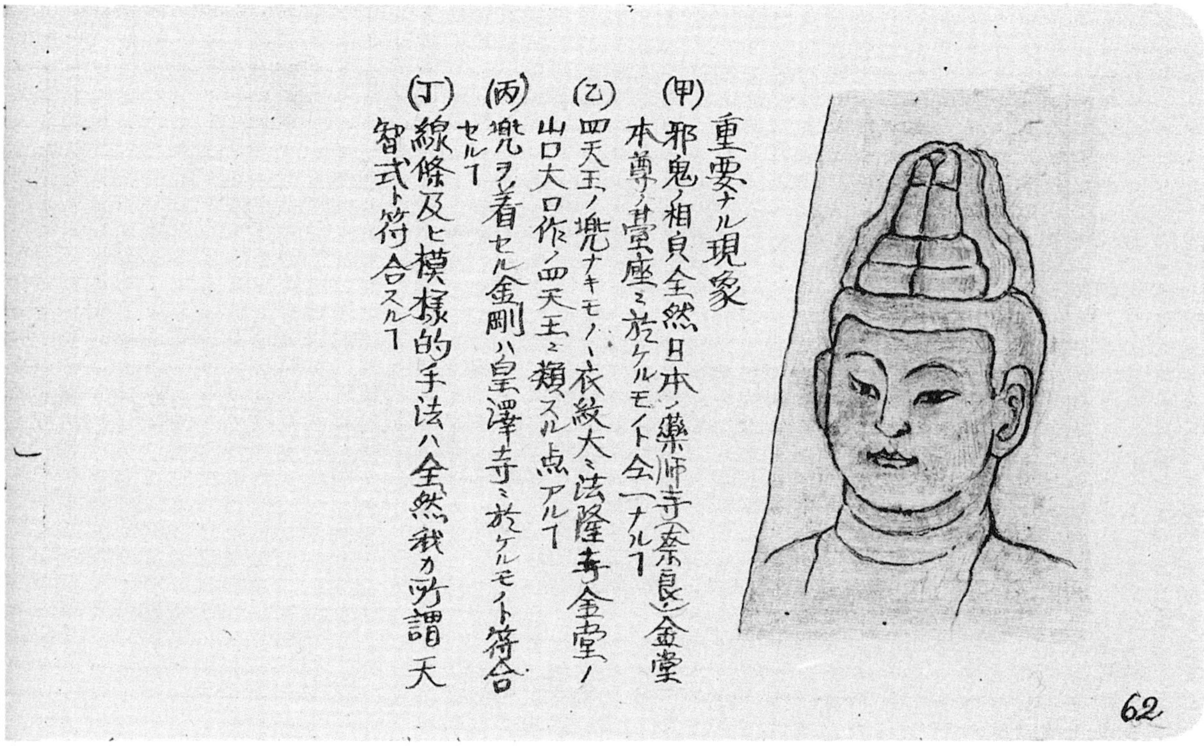
重要ナル現象
(甲) 邪鬼ノ相貌全然日本ノ薬師寺(奈良)金堂本尊ノ台座ニ於ケルモノト全一ナルコト
(乙) 四天王ノ兜ナキモノハ衣紋大ニ法隆寺金堂ノ山口大口作ノ四天王ニ類スル点アルコト
(丙) 兜ヲ着セル金剛ハ皇澤寺ニ於ケルモノト符合セルコト
(丁) 線條及ヒ模様的手法ハ全然我カ所謂天智式ト符合スルコト
62

62剑州（4）（10月23日）

重阳亭石碑刮去古碑刻着新字，改作古佛是新的。『山口大口』是『山口大口费』飞鸟时代的佛师，是法隆寺金堂里的四天王像之一广目天的光背上有这个名。

有唐代大中八年的碑以及治平丁未的碑。碑上有颜真卿书，上元二年撰，大历六年刻的“天宝十四年安禄山陷洛阳明年陷长安”。

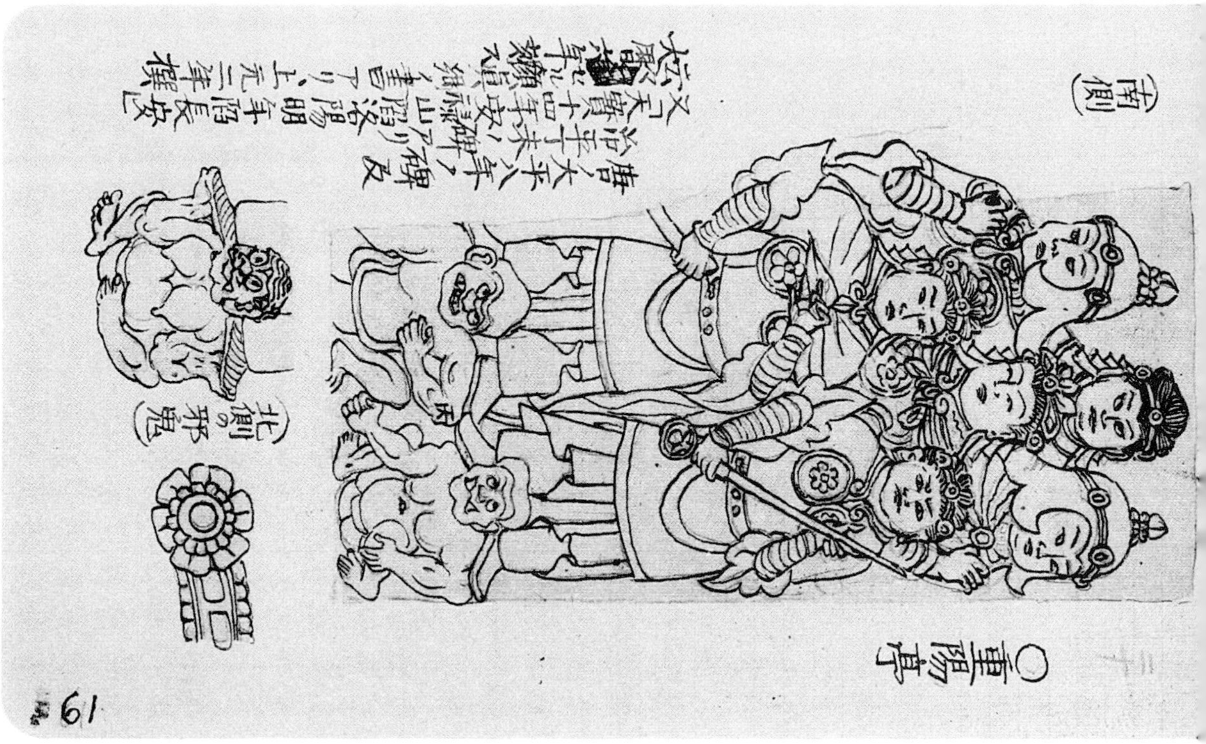

61剑州（10月23日）

重阳亭，最有趣的是石窟入口处左右墙壁上相对雕刻的浅浮雕。四天王脚下的邪鬼形状与日本的天平式、法隆式有相似点，可以说是『稀世珍宝』。

63剑州（5）（10月24日）

剑州如今叫剑阁。唐代设置剑州，1913年改称现在的名称。

武连驿

觉苑寺。刻有颜真卿书“逍遥楼”三字的碑，真美，每个字有二尺五寸大。还有大历五年五月庆元的古碑。

吉阳铺。有关帝庙和文昌祠，规模非常宏大，但建筑无特别价值。又有两个大小千佛岩，年代不详，似唐以后东西，制作粗野，价值小。

梓潼县。盖天宫、禹庙都是华丽的建筑。城方圆四里许，户数城内外合计约一千斗。

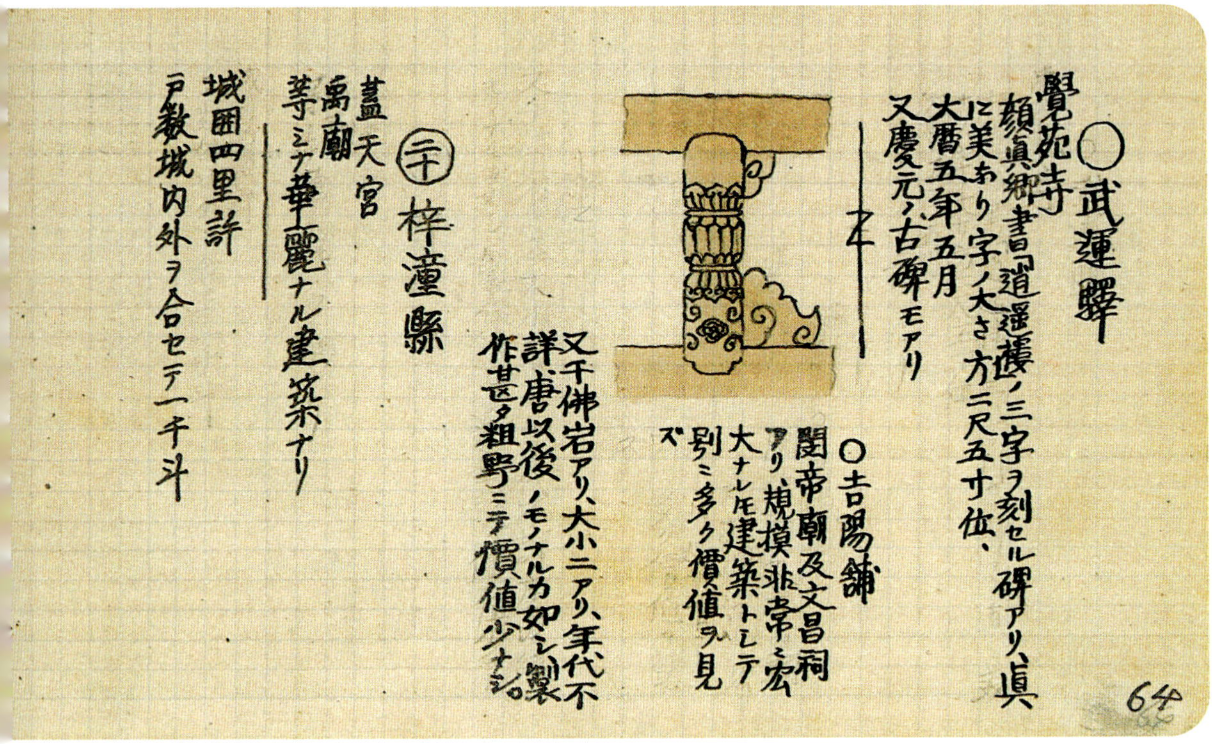
○武連驛
覺苑寺
顔真卿ノ書「逍遥樓」ノ三字ヲ刻セル碑アリ、眞
ニ美ナリ字ノ大サ方二尺五寸位、
大暦五年五月
又慶元ノ古碑モアリ
○吉陽舗
関帝廟及文昌祠
アリ規模非常ニ宏
大ナルモ建築トシテ
別ニ多ク價値ヲ見
ズ
又千佛岩アリ、大小二アリ、年代不
詳、唐以後ノモノナルカ如シ、製
作甚タ粗野ニテ價値少ナシ
梓潼縣
蓋天宮
禹廟
等ニテ華麗ナル建築ナリ
城圍四里許
戸數城内外ヲ合セテ一千斗
64

64武连驿（10月24日）

从千佛岩下山，不久走到山路尽头，前面就是平地了。由此宣告蜀栈道顺利结束了。

城外（东南）有三层阁，初层、二层为方形，三层为六角形。

这种塔是讲风水的，必定会建立在都会的东南四五里的山丘上。

六角十三重，下层宽十六尺二寸五分，叫作文风塔。

魏城驿。东南四里有三大高塔，其轮廓如左图，远远美于梓潼的文塔。

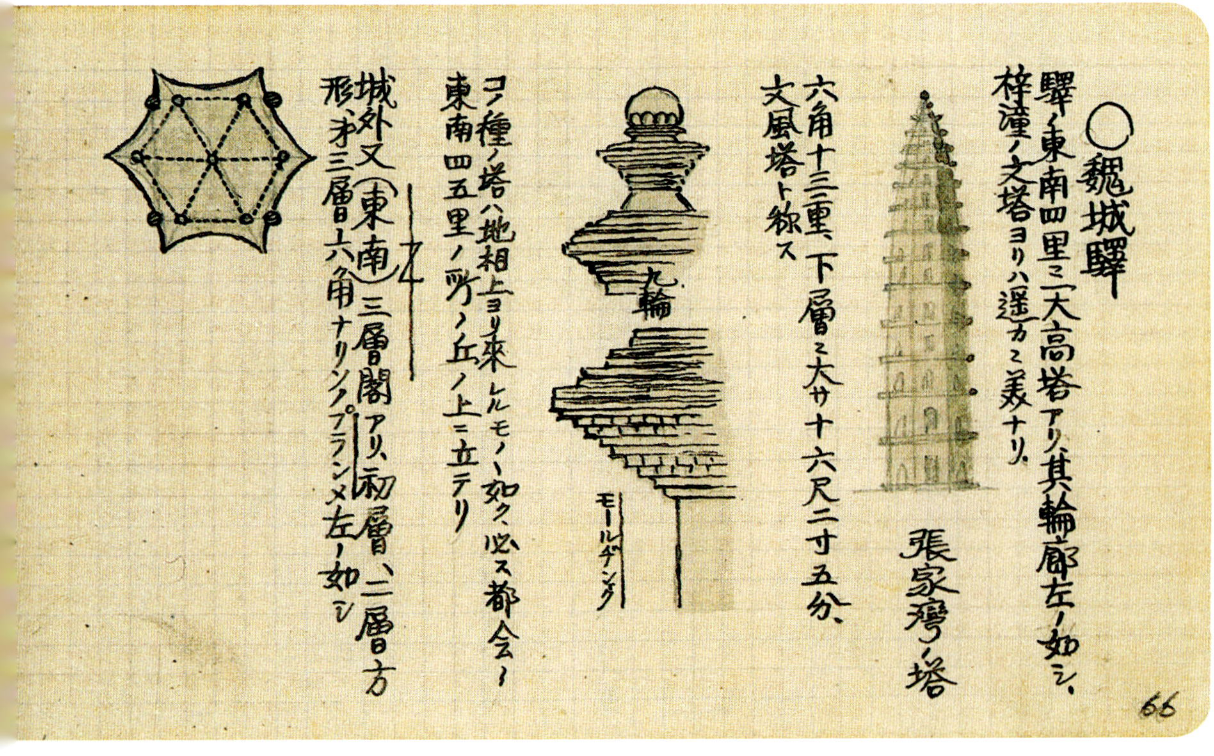
○魏城驛
驛ノ東南四里ニ三大高塔アリ、其輪廓左ノ如シ、
梓潼ノ文塔ヨリハ遥カニ美ナリ、
張家灣ノ塔
六角十三重、下層ニ大サ十六尺二寸五分、
文風塔ト称ス
九輪
モールディング
コノ種ノ塔ハ地相上ヨリ来レルモノヽ如ク、必ス都会ノ
東南四五里ノ所ノ丘ノ上ニ立テリ
城外又(東南)三層閣アリ、初層、二層方
形、第三層六角ナリ、ソノプランハ左ノ如シ
66

66魏城驿（10月26日）

张家湾塔的轮廓呈曲线形，向上逐渐变细，仿佛毛笔头似的。笔者评价这是四川式塔中最美的形状。

在城南五里，八角十层呈梯形，样式极简朴，烟囱以上无价值，但十层塔是一奇观，九轮极粗野，高约百五十尺。

某庙的悬鱼像是蝙蝠变化而成。

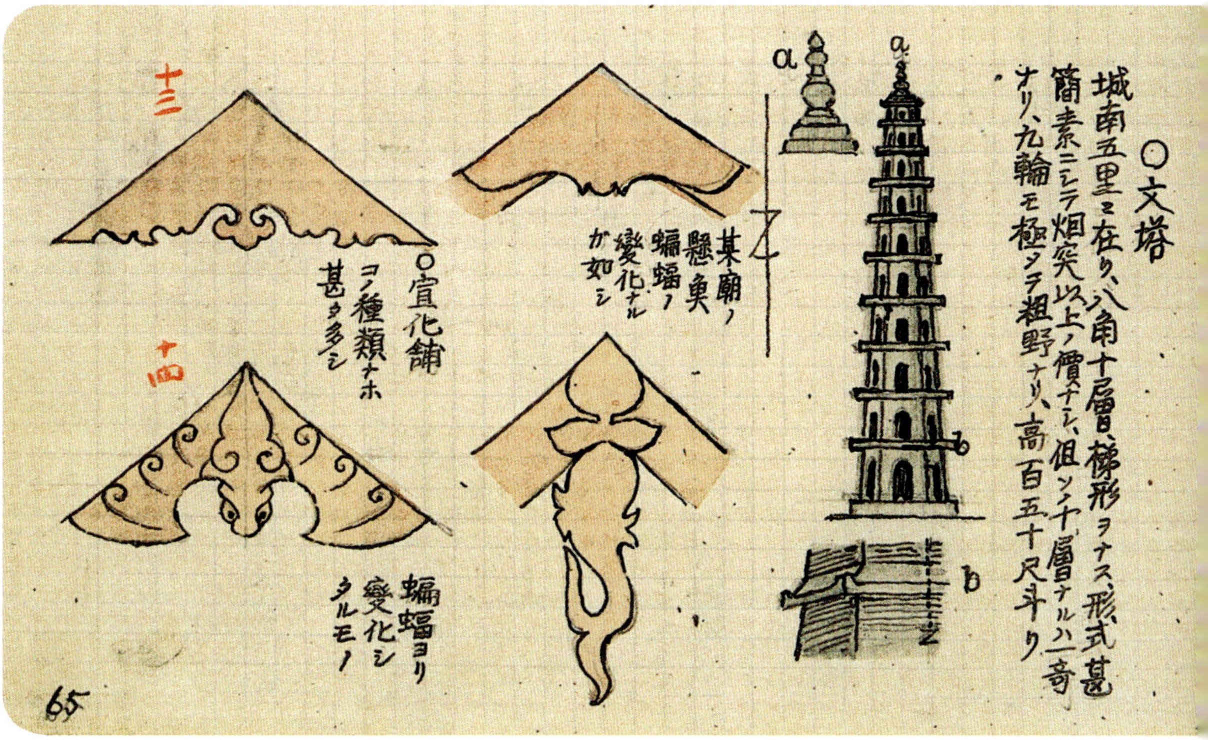
○文塔
城南五里ニ在リ、八角十層、梯形ヲナス、形式甚簡素ニシテ烟突以上ハ價ナシ、但シ十層ナルハ一奇ナリ、九輪モ極メテ粗野ナリ、高百五十尺斗リ
a
b
某廟ノ懸魚蝙蝠ノ變化ナルガ如シ
十三
○宣化舖 ヨノ種類ナホ甚ダ多シ
十四
蝙蝠ヨリ變化シタルモノ
65

65 梓潼（10月26日）

梓潼县自汉代开始置县。在城北的七曲山上有文昌庙，据说有利于升官。该庙在唐代以前创建，明清时期经过反复修缮。

八角六层向上急剧缩小。东南五里的山丘上有此例的塔，八角十层，样式并非特别珍奇，类似于魏城驿的塔。

州东北四十二里有塔，四角七重。每层四隅有游离支柱。这种塔塔身小，路边多见。

白塔在县（安县）城南五十里许，叠十三层，高二十余丈。

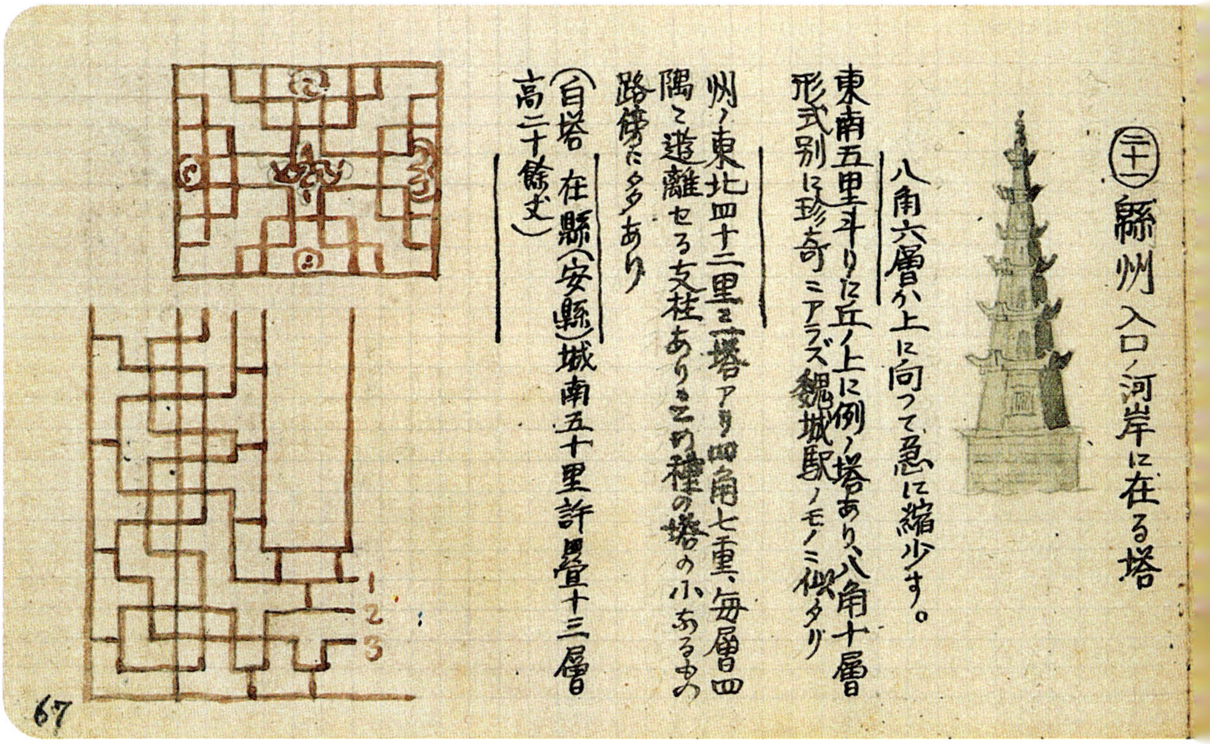
(三十一) 縣州入口ノ河岸ニ在ル塔
八角六層ガ上ニ向ッテ急ニ縮少ス。
東南五里斗リノ丘ノ上ニ例ノ塔アリ、八角十層形式別ニ珍奇ニアラズ魏城驛ノモノニ似タリ
州ノ東北四十二里ニ一塔アリ四角七重、毎層四隅ニ遊離セル支柱アリ。この種の塔の小なるもの路傍に多くあり
(白塔 在縣(安縣)城南五十里許 疊十三層 高二十餘丈)
1
2
3
67

67 绵州（1）（10月27日）

绵州开放街市，竟有英国人的药店。在这里参观了万寿宫、上天宫、关帝庙等。1913年将绵州改称现在的绵阳。

魁星阁

下层三楹四方，三层以下为方形，四、五两层为八角，一、二层屋檐破损，冠在屋顶中央尖锐的檐端，高耸的轮廓甚奇，且屋顶呈曲线形。

屋脊装饰

这种屋脊装饰粗大且多。

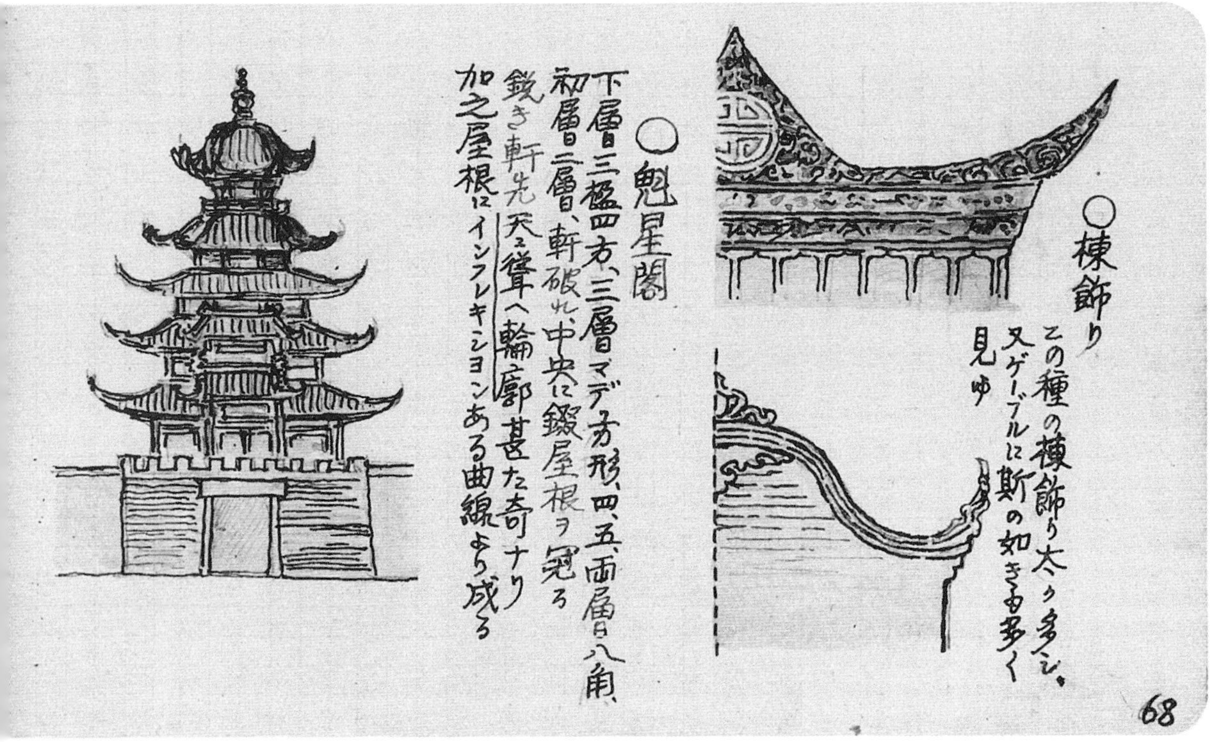
○魁星閣
下層三楹四方、三層マデ方形、四、五両層八角、
初層二層、軒破レ、中央ニ鋭キ屋根ヲ冠ろ
鋭き軒先天ニ聳ヘ輪廓甚だ奇ナリ
加之屋根ニインフレキシヨンある曲線より成る
○棟飾り
この種の棟飾り太くて多し、
又ゲーブルに斯の如きも多く
見ゆ
68

68绵州（2）（10月28日）

在这一带能见到一种唐代的山墙形的人字屋顶。在大屋脊的中央还高高地垒成云珠形，『鸟衾』（房脊两端向上翘起的圆棍形装饰）向上长长地伸出，也可见到这种手法。是人字屋脊也叫山墙。

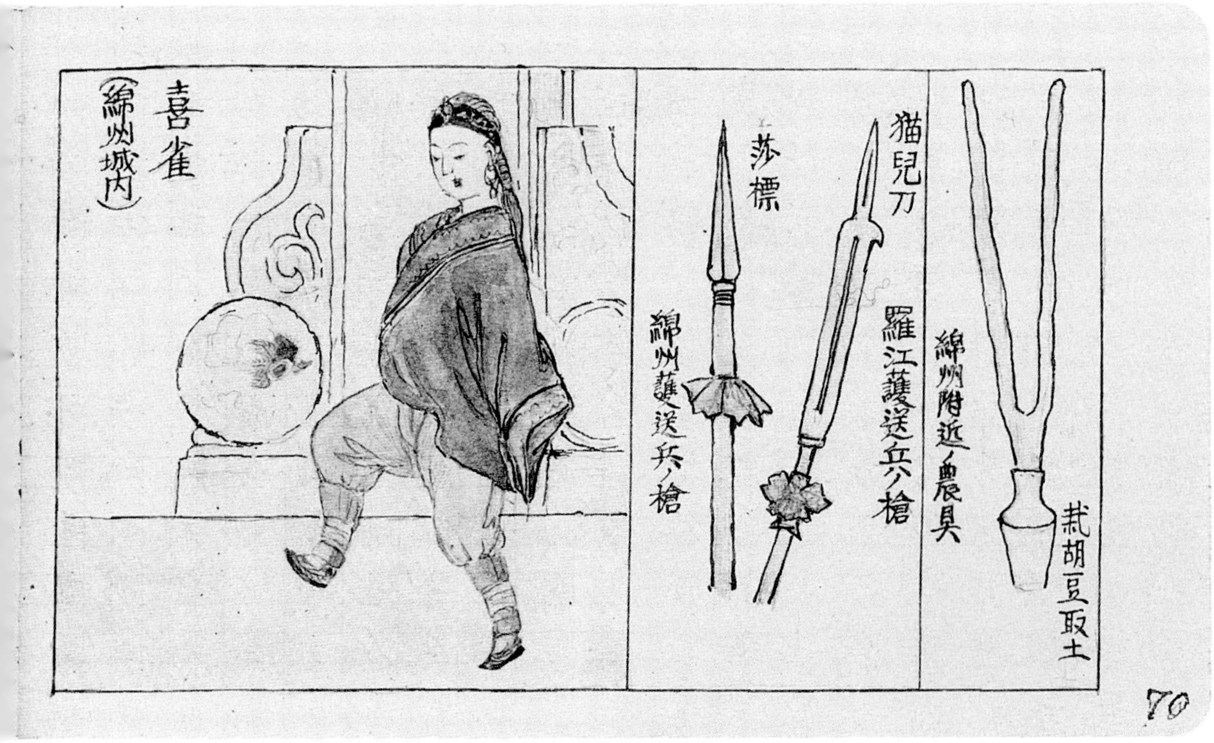
喜雀
（綿州城内）
莎標
綿州護送兵ノ槍
猫兒刀
羅江護送兵ノ槍
綿州附近ノ農具
栽胡豆取土
70

70绵州（3）（10月28日）

『喜雀』是表示吉庆的鸟。在这里是一种游戏的名称，就是北方的踢毽子。就是把铜钱缝在中间有洞的直径三厘米的皮子里，把羽毛插入洞里的毽子，用脚踢的游戏。

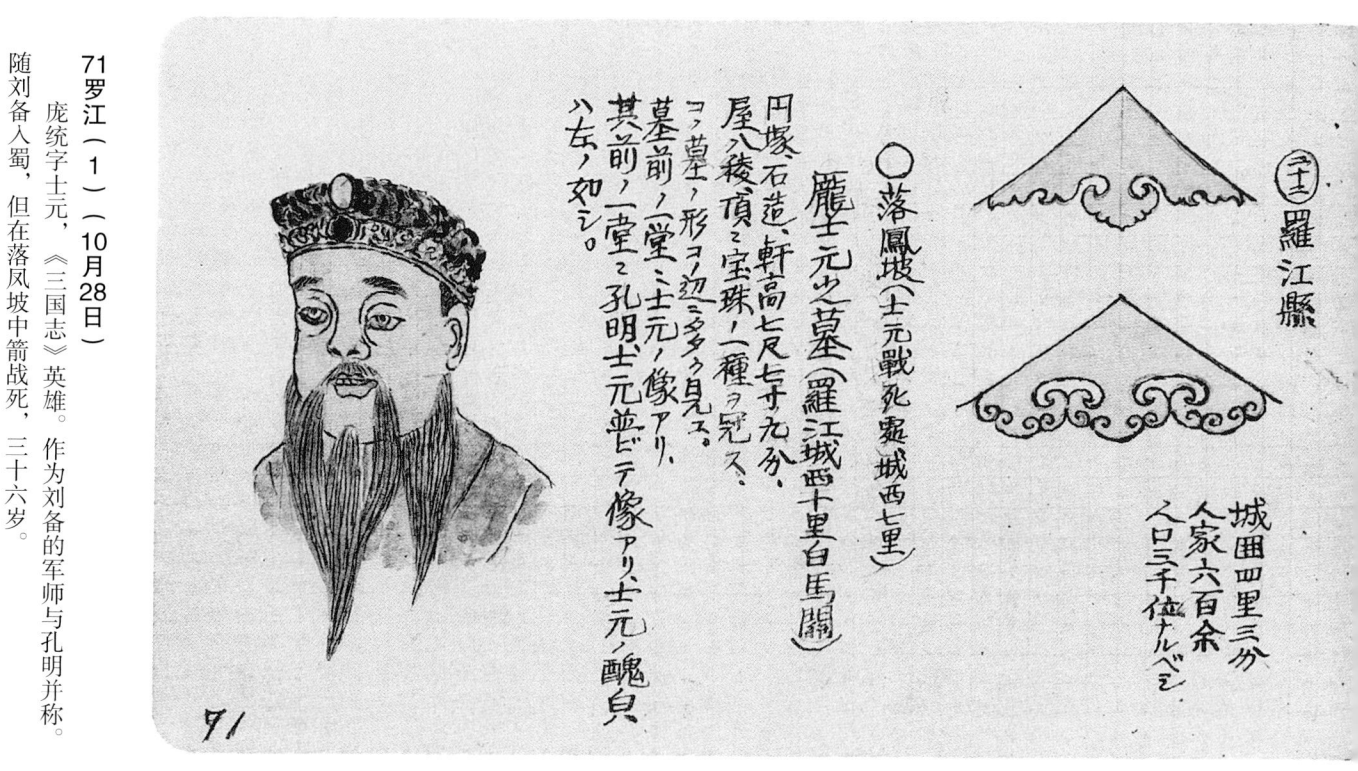

69地图第二十号（绵州—成都）

日志记载：临近绵州时，衙门官员出来迎接，鸣礼炮欢迎，这是第一次。

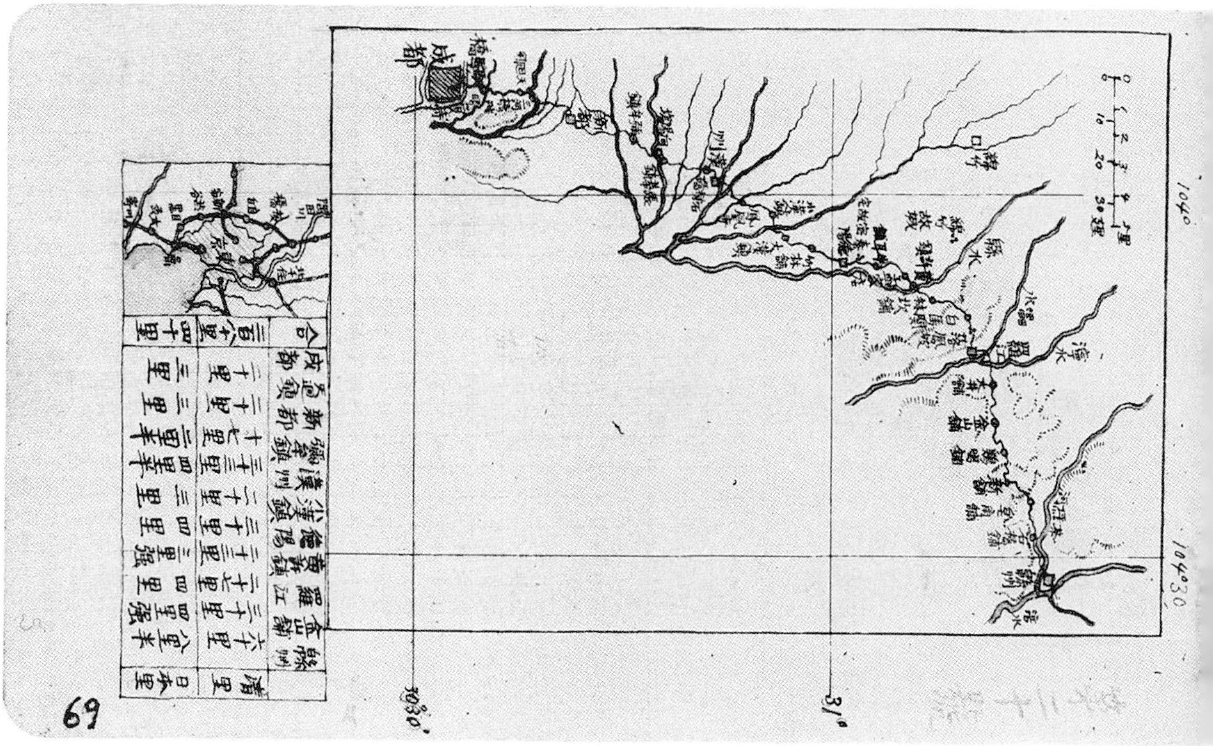
69

落凤坡（士元战死处城西七里）　庞士元之墓（罗江城西十里白马关）。圆塚、石造、轩高七尺七寸九分，屋顶菱形冠一种宝珠。这种墓在周边多见。墓前一堂有士元像，在此之前一堂有孔明、士元并列像。士元相貌如图。

罗江县，城方圆四里三分，人家六百余，人口约三千。

71罗江（1）（10月28日）

庞统字士元，《三国志》英雄。作为刘备的军师与孔明并称。随刘备入蜀，但在落凤坡中箭战死，三十六岁。

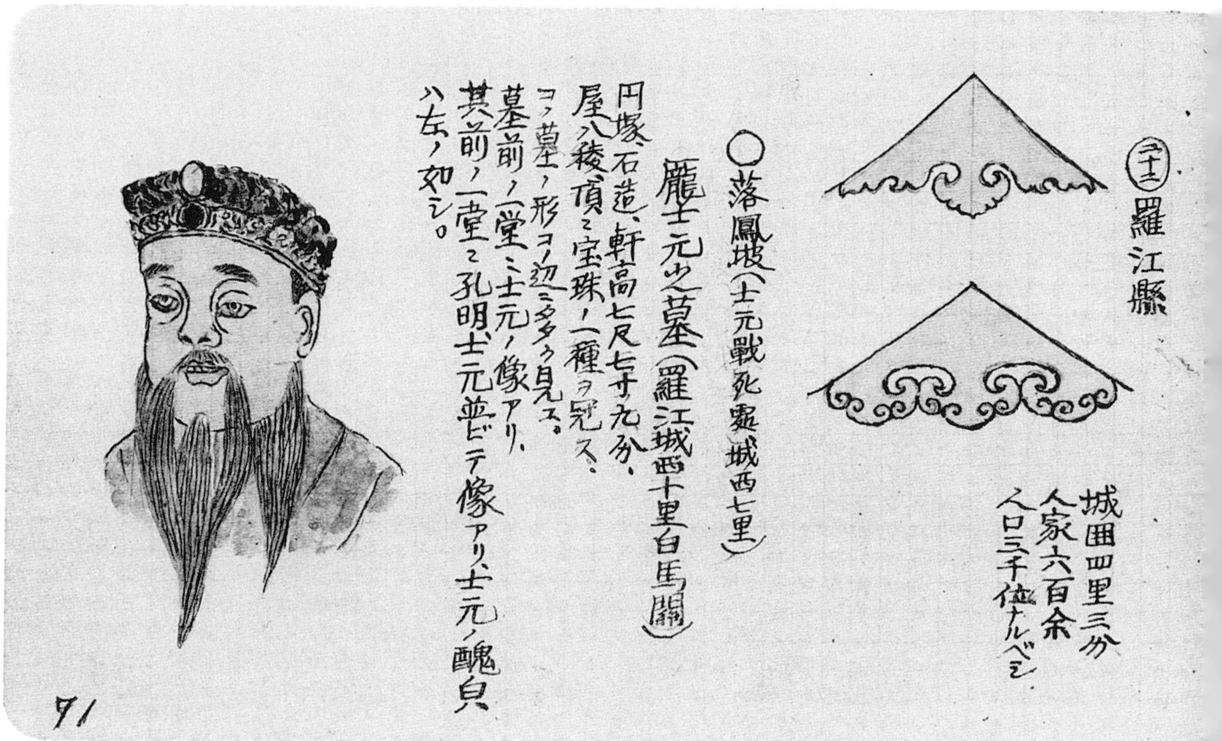
(十三) 羅江縣
城囲四里三分
人家六百余
人口三千位ナルベシ
○落鳳坡（士元戰死處城西七里）
龐士元之墓（羅江城西十里白馬關）
円塚、石造、軒高七尺七寸九分、屋ハ稜頂ニ宝珠ノ一種ヲ冠ス。コノ墓ノ形ヲ辺ニ多ク見ユ。墓前ノ一堂ニ士元ノ像アリ。其前ノ一堂ニ孔明士元並ビテ像アリ。士元ノ醜貌ハ左ノ如シ。
71

四川省

龐士元之墓
72

72罗江（2）（10月28日）

路旁标有『庞士元战死之处』题有『古落凤坡』字。由此大约行三里，到达白马关，这里有庞士元祠。前殿祭奠庞士元、孔明二人，后殿祭奠士元一人。

B端探出甚长，似草花纹。且斜面（斜度）甚缓，如日本普通的唐山墙。

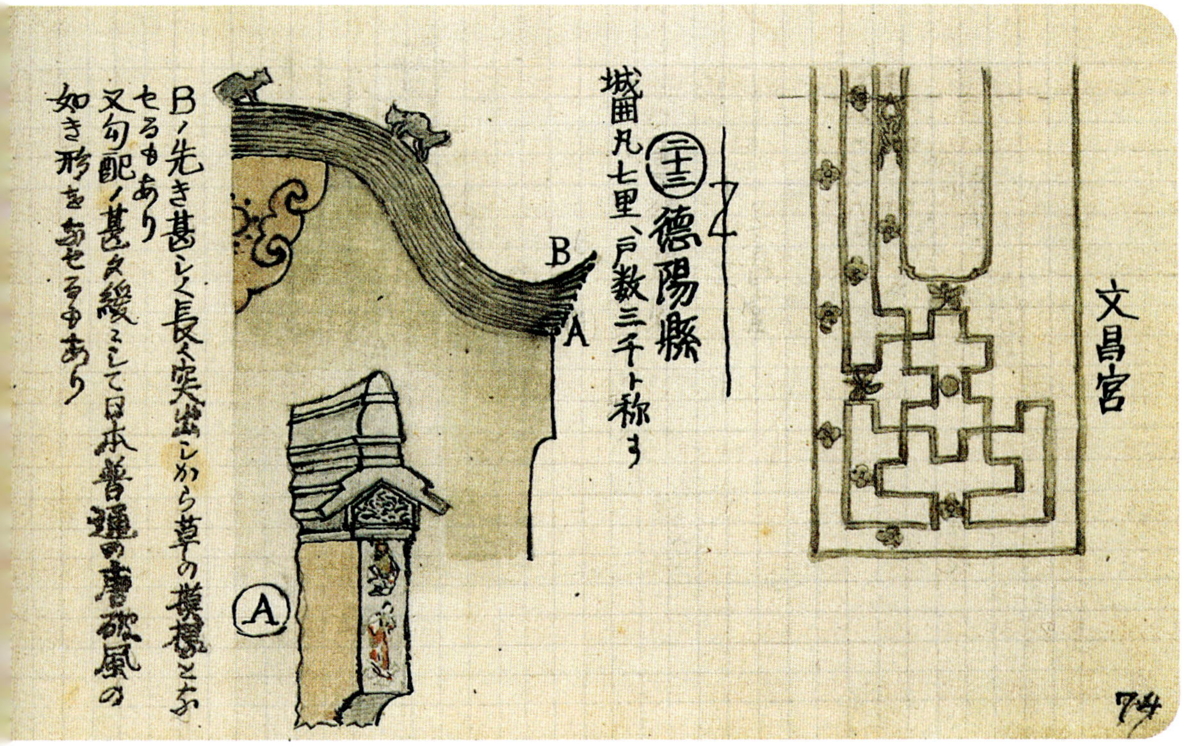
文昌宮
(二十三) 德陽縣
城凡七里、戸数三千ト称ス
Bノ先キ甚シく長く突出シから草ノ模様となせるもあり
又勾配ノ甚だ緩にして日本普通の唐破風の如き形をなせるもあり
B
A
(A)
74

74德阳（2）（10月29日）

德阳县城方圆七里，户数三千。行台漂亮别具一格。

73德阳（1）（10月29日）

日志记载，文昌宫在德阳县城北一里处。在进入德阳县的正前方即可一见。

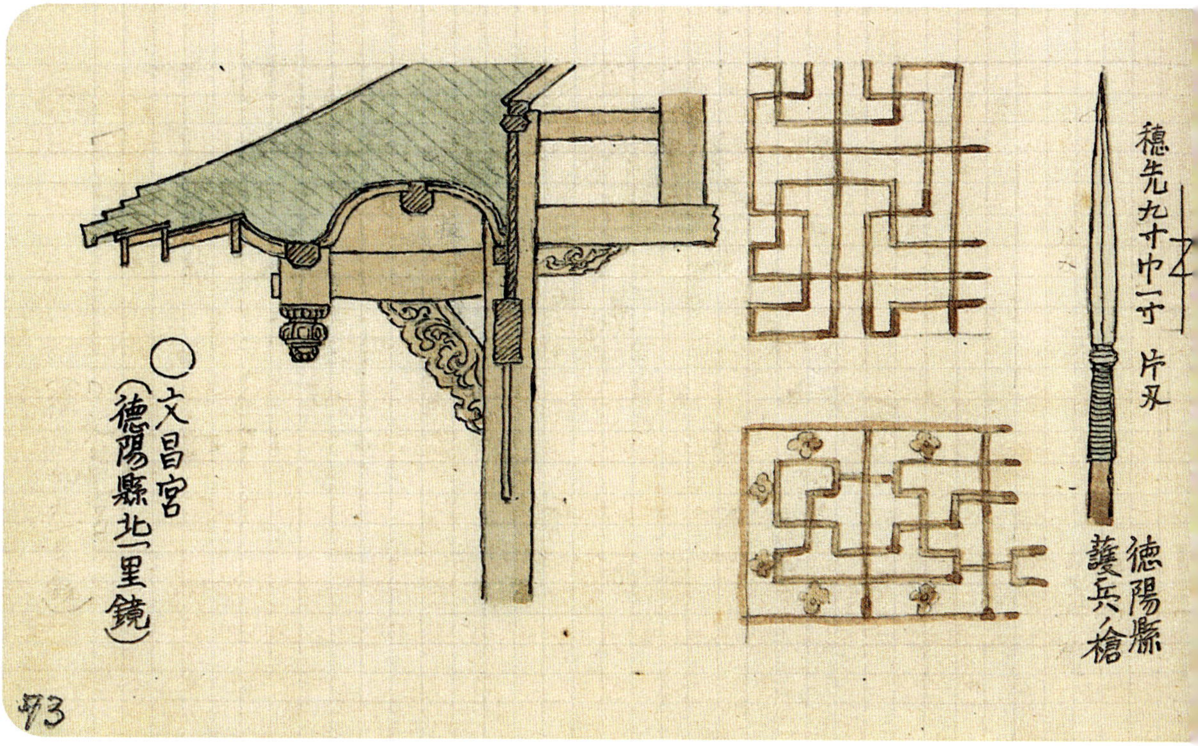

德陽縣護兵ノ槍
穗先九寸巾一寸 片刃
○文昌宮（德陽縣北一里鏡）
73

鼓楼

五层，与绵州的魁星楼相似。第一层、二层四角，三、四、五层八角，第三层有厢屋。

奎星阁

三层，第一层三间四角，二层及三层八角，二层的四隅弯曲，挑檐屋顶的附加设计很奇特。

75德阳（3）（10月30日）

笔者曾询问伊藤博文或日本的大学，由于这个县的知县在成都能周到地和英国人交往吧。

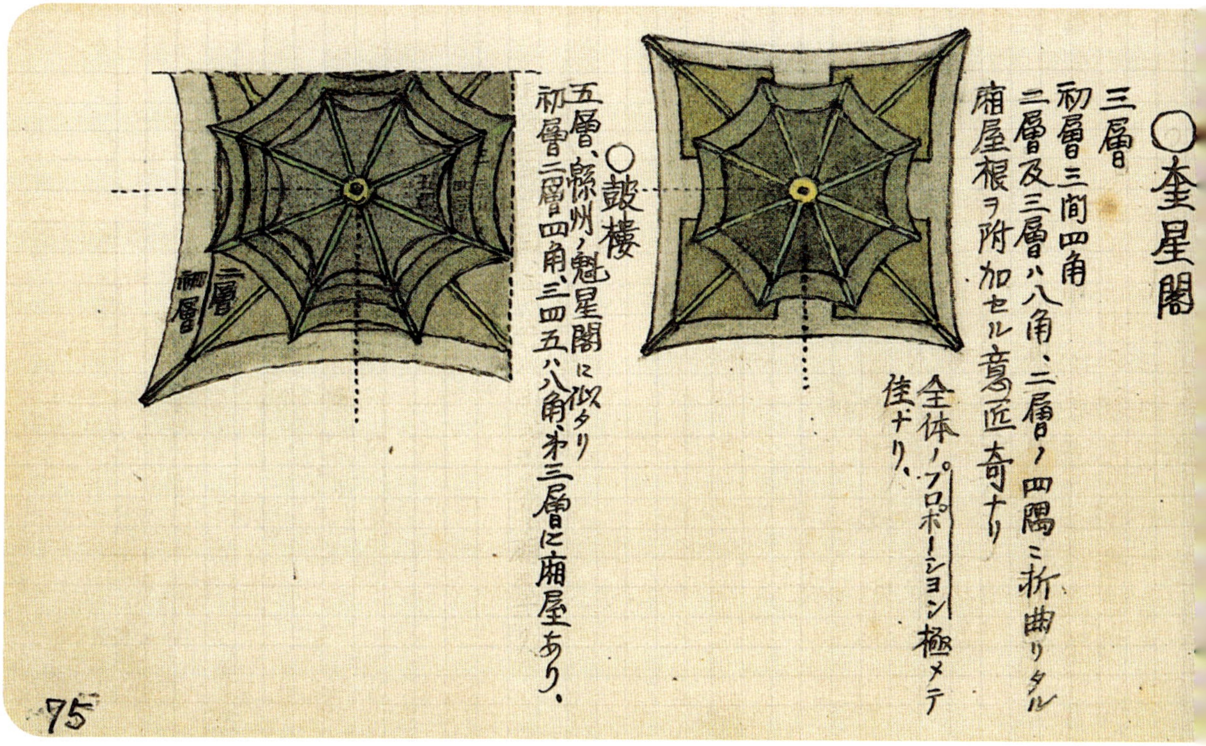

○奎星閣
三層
初層三間四角
二層及三層ハ八角、二層ノ四隅ニ折曲リタル
庇屋根ヲ附加セル意匠奇ナリ
全体ノプロポーション極メテ
佳ナリ。
○鼓樓
五層、綿州ノ魁星閣ニ似タリ
初層二層四角、三四五ハ八角、第三層ニ廂屋あり。
初層
二層
75

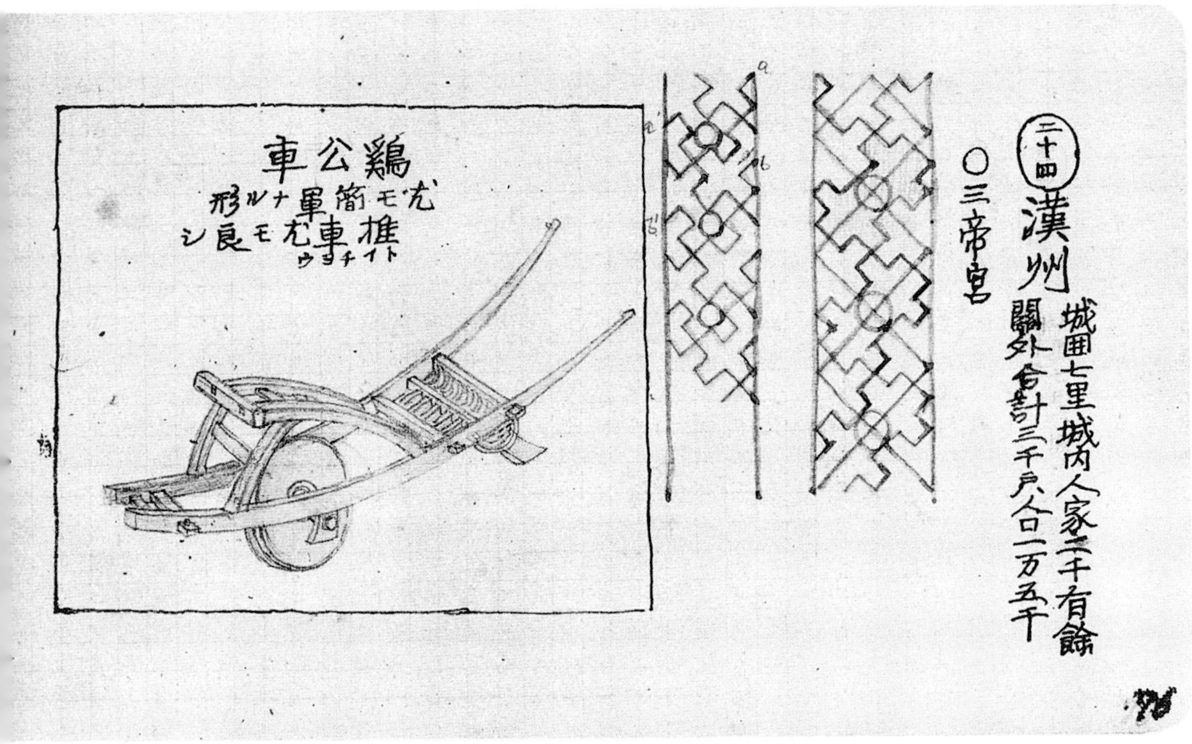

76汉州（10月30日）

在四川的平原地区有一种独轮车，叫推车，也叫鸡公车，一个人从后面推着走。可载物亦可坐人。能通过路幅狭窄的路，极其便利。汉州就是现在的广汉。

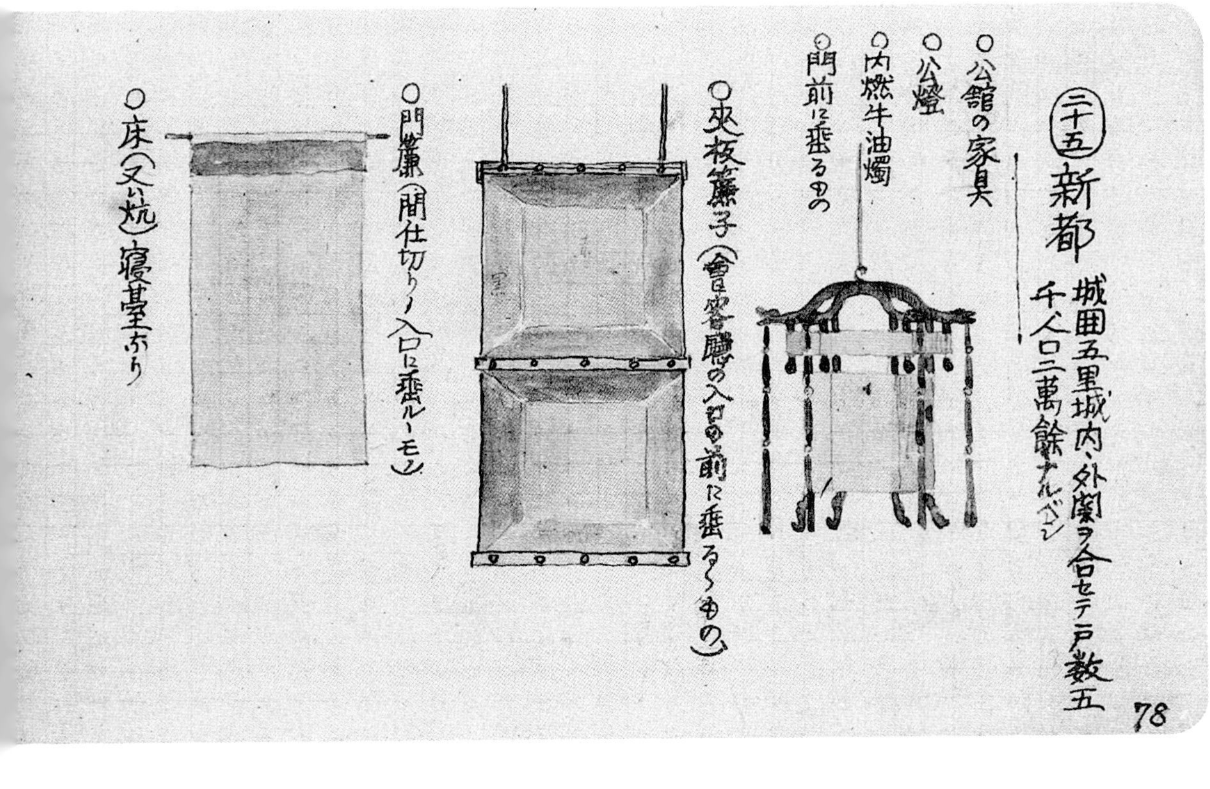

78新都（1）（10月31日）

夹板帘子，是用木片把放入薄棉花的两片布分上、中、下夹住的棉帘子。因为间壁有两扇门，所以白天开着门，挂着帘子。

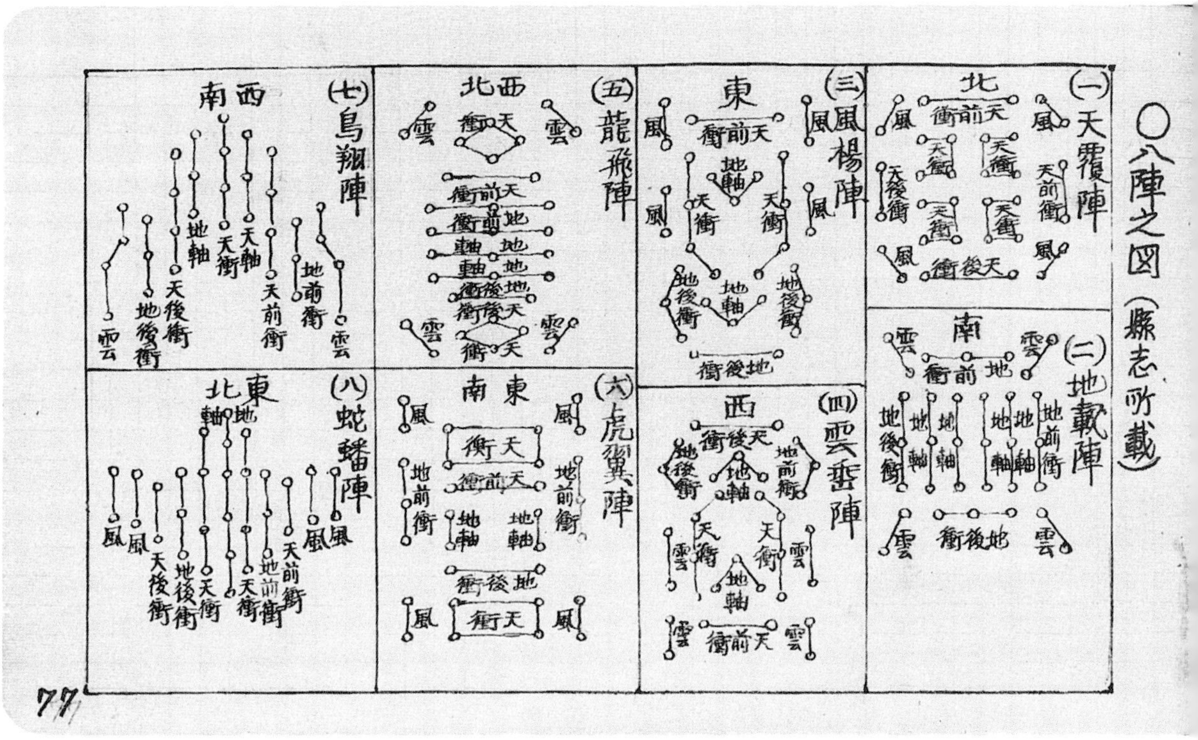

77弥牟镇（10月31日）

在弥牟镇，有孔明祠和叫做八阵图的墓。八阵图布在直径二、三间高五尺左右的土馒头上，是坟吧。县志上有同名的八阵之图。日志记载说，虽然不得要领，但觉得有趣所以采录了。

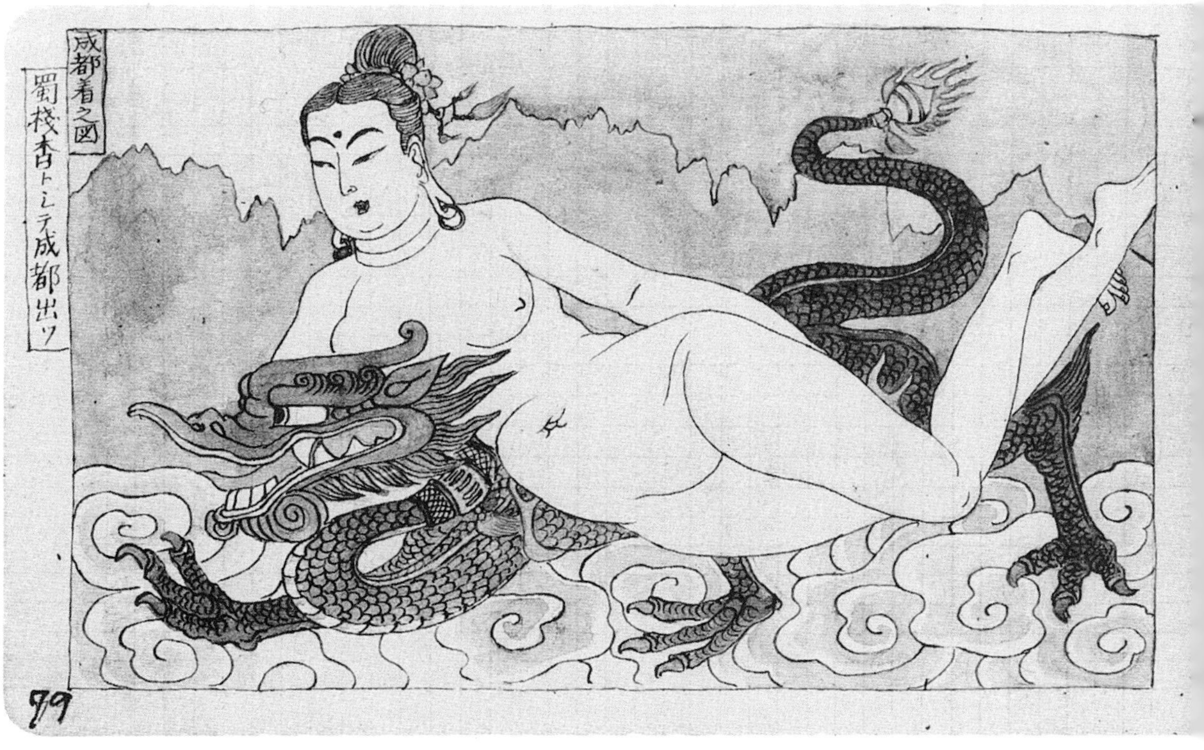

79到达成都的图

我们一行到达成都郊外的新都县的时候，恰好那天是日食。知县因为要执行『救护仪式』所以晚上才会见我们。『由于惧怕天变，把太阳形象成天子，祈求救护』。日食是10月31日发生的。

80 新都（2）宝光寺（11月1日）

宝光寺相传建于东汉，但无信史可考。寺内建筑为木石结构，四面经墙环护，绿树萦绕。

传说本寺在阿育王国的时期开设。现存的十三塔是唐代创建的。

四大金刚 左手都持降魔杵，右手都持金刚圈。其中有两位的杵着地，两位的杵扛肩上。四大金刚，分别叫青除灾金刚，辟毒金刚、黄随求金刚、白净水金刚。

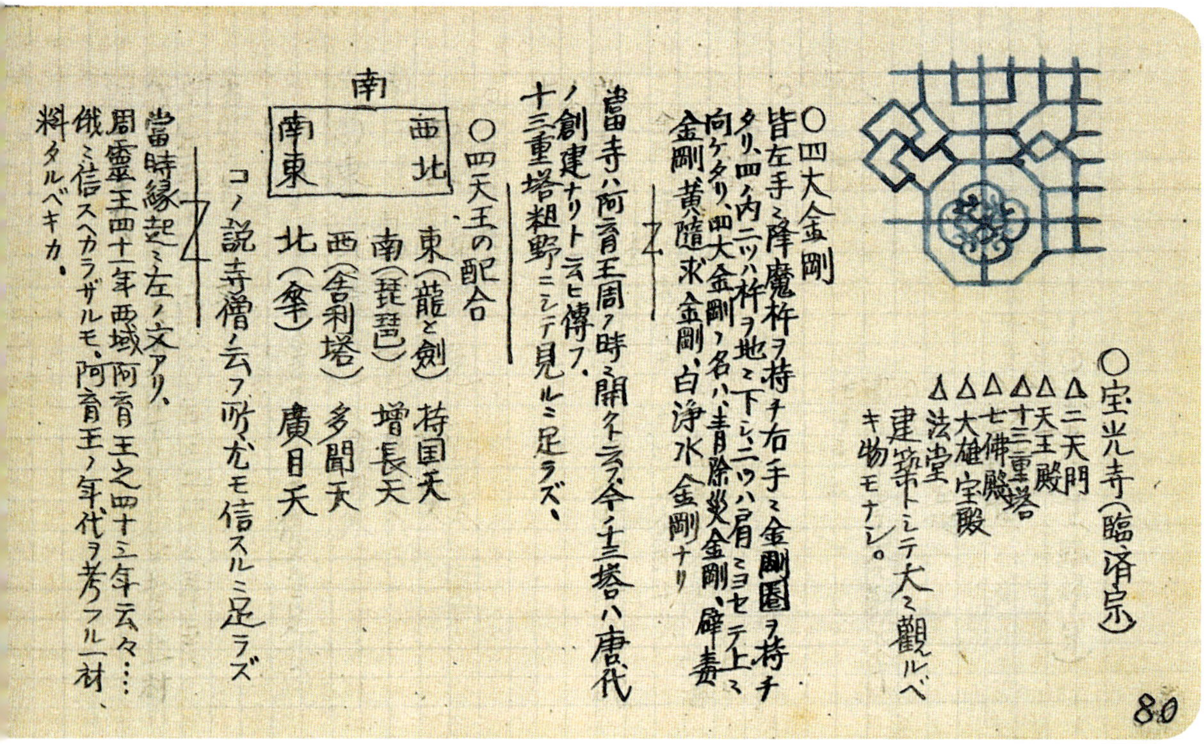
○宝光寺（臨済宗）
△二天門
△天王殿
△十三重塔
△七佛殿
△大雄宝殿
△法堂
建築トシテ大ニ觀ルベキ物モナシ。
○四大金剛
皆左手ニ降魔杵ヲ持チ右手ニ金剛圏ヲ持チタリ、四ノ内二ツハ杵ヲ地ニ下シ二ツハ肩ニヨセテ上ニ向ケタリ、四大金剛ノ名ハ青除災金剛、辟毒金剛、黄随求金剛、白浄水金剛ナリ
當寺ハ阿育王周ノ時ニ開クトテ今ノ十三塔ハ唐代ノ創建ナリト云ヒ傳フ、十三重塔粗野ニシテ見ルニ足ラズ、
○四天王の配合
東（龍と劍） 持国天
南（琵琶） 増長天
西（舍利塔） 多聞天
北（傘） 廣目天
南
西 北
南 東
コノ説寺僧云フ所ナルモ信スルニ足ラズ
當時縁起ニ左ノ文アリ、周靈王四十一年西域阿育王之四十三年云々……俄ニ信スヘカラザルモ、阿育王ノ年代ヲ考フル一材料タルベキカ。
80

82 成都（2）文殊院（1）（11月4日）

城北门内有座叫文殊院的大寺院。窗户狭窄的设计意味深长，可以分为四角形、三角形、六角形以及八角形等数个系统，多能见到阿拉伯风格的东西。

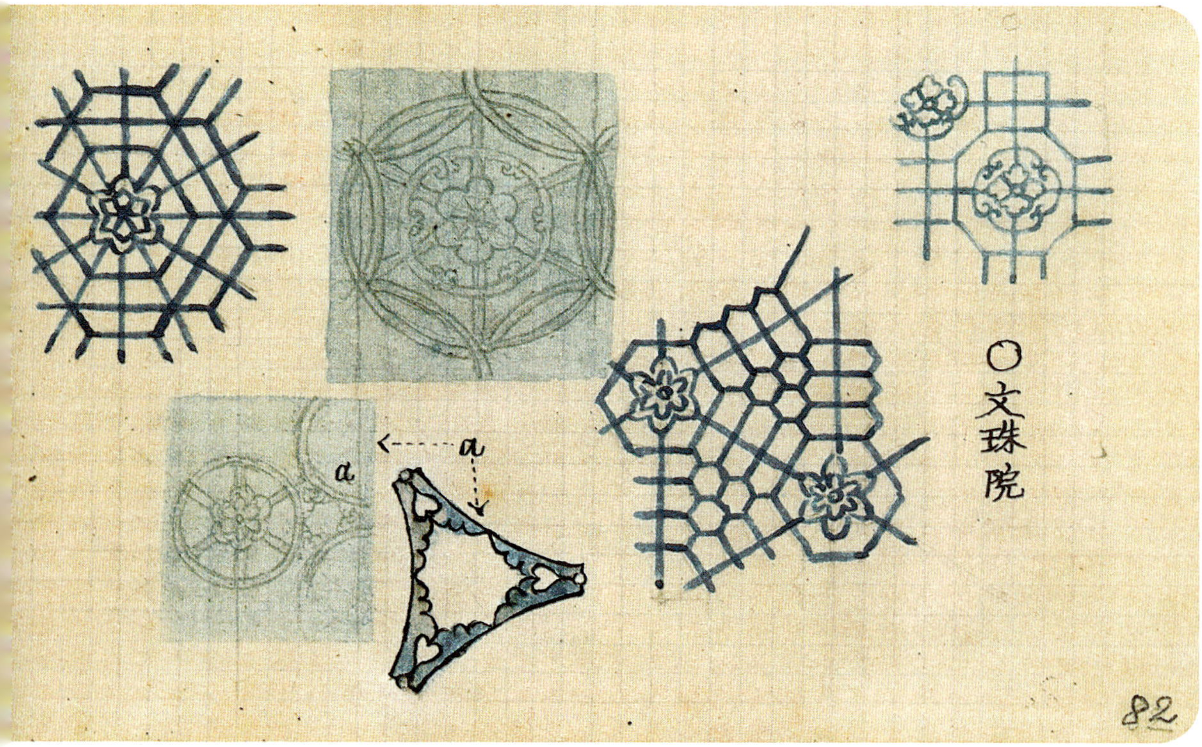
○文殊院
a
a
82

81 新都（3）成都（1）（11月1日）

成都是古代蜀地。战国时代秦设置成都县，在汉代改称益州。是四川省的中心，自古就是个交通、文化发达的城市。

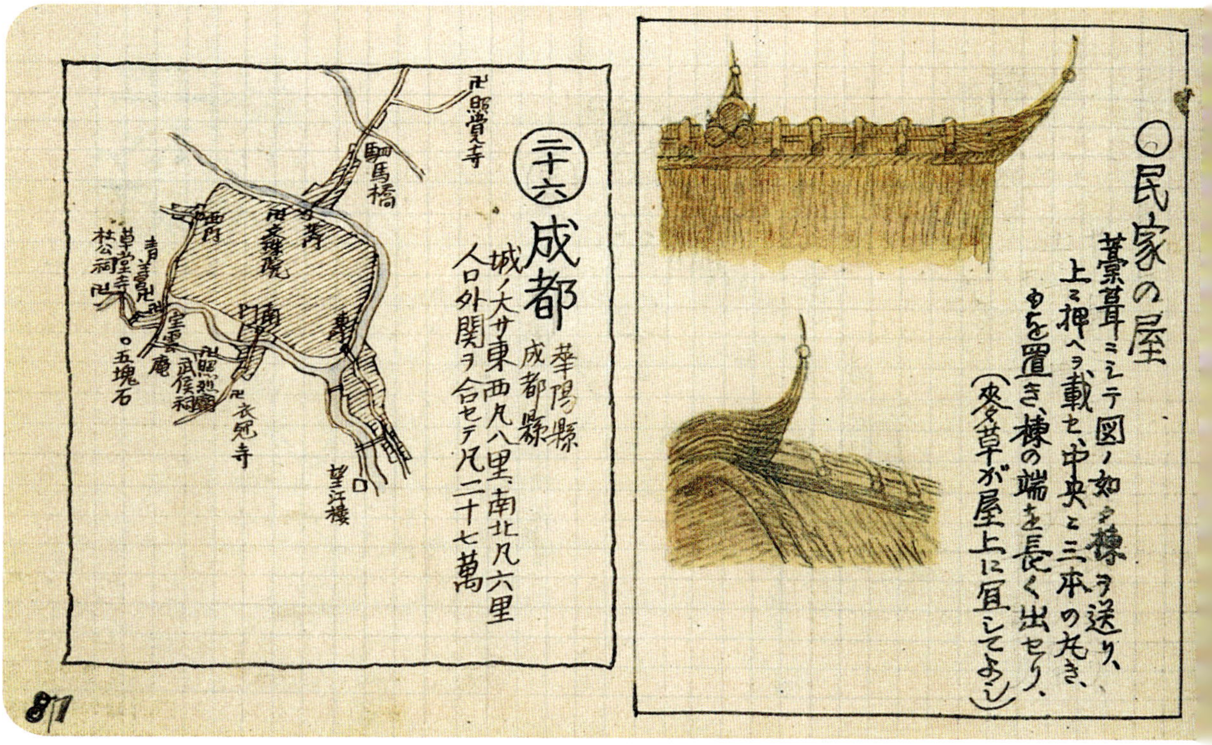

○**成都**（华阳县，成都县）

城东西凡八里，南北凡六里，人口含城关外约二十七万。

○**民居**

茅草屋顶如图间隔着固定屋脊，其中央放置有三枚圆形的东西，脊端长长伸出。（屋顶上盖麦草即可）

83 成都（3）文殊院（11月4日）

日志记载：这个寺规模非常盛大，很值得一看。寺僧有学问，有文字，而且佛教的语言很好懂，还得到茶果款待。

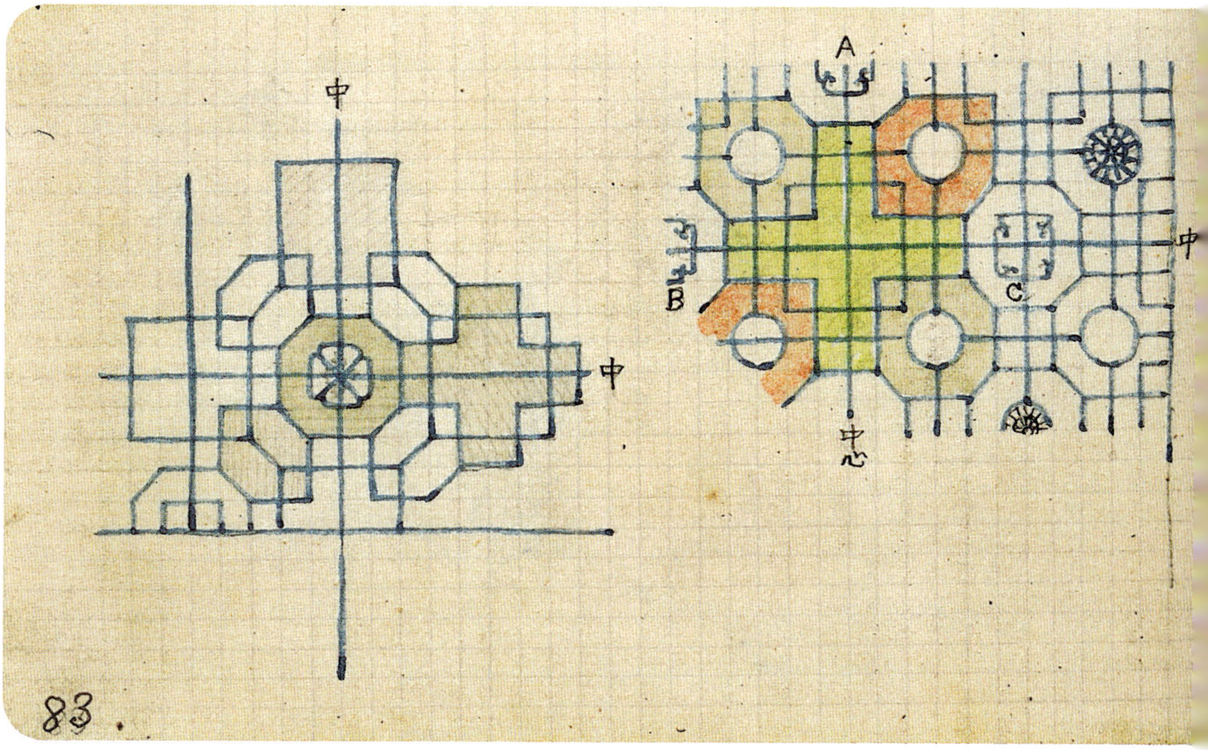

四川省

武侯祠　昭烈庙

在先帝像的旁边有非常古老的铜鼓，传说是蜀汉时代的东西。

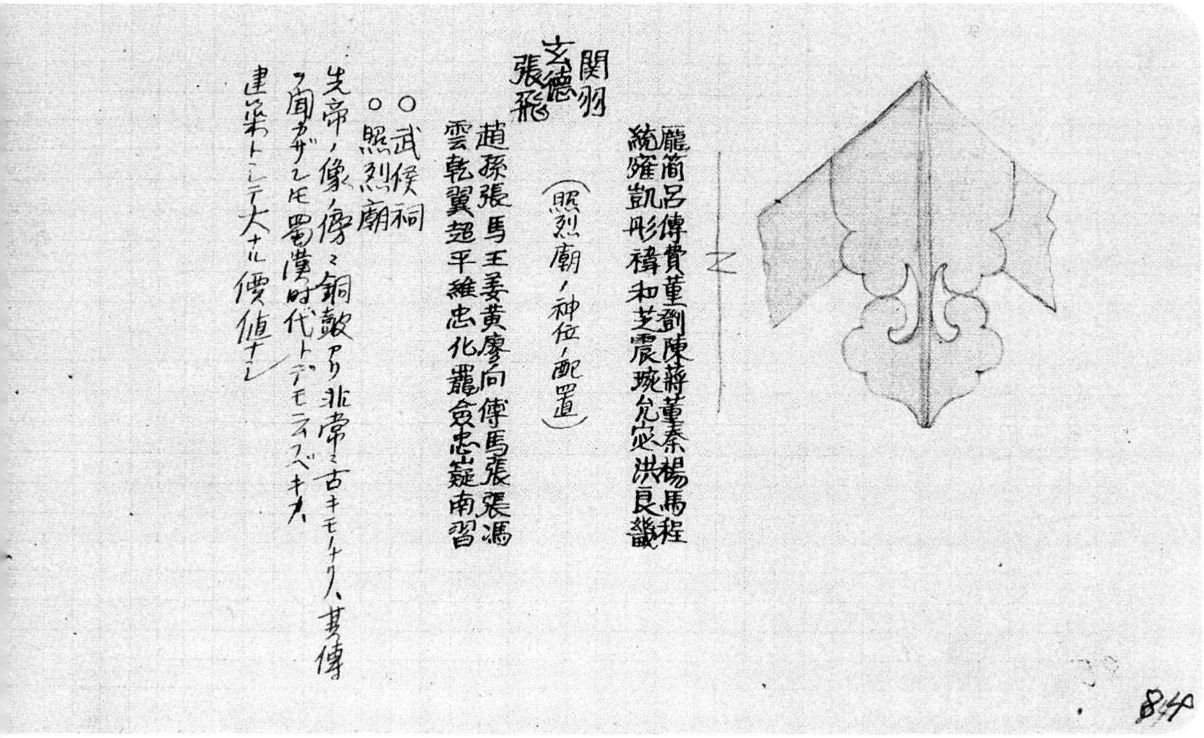

84成都（4）（11月5日）

武侯祠与昭烈庙在同一个地方，武侯是孔明的，昭烈是刘备的。庙殿中的神位如左侧文字记载，这个顺序有何依据不得而知。武侯祠殿中有孔明及其子孙的像。在别处有刘备玄德陵，这是个非常大的坟墓。

庭园甚是风雅，有薛涛井，有多处亭子、榭台。建筑皆富风致，是城东一胜景区。

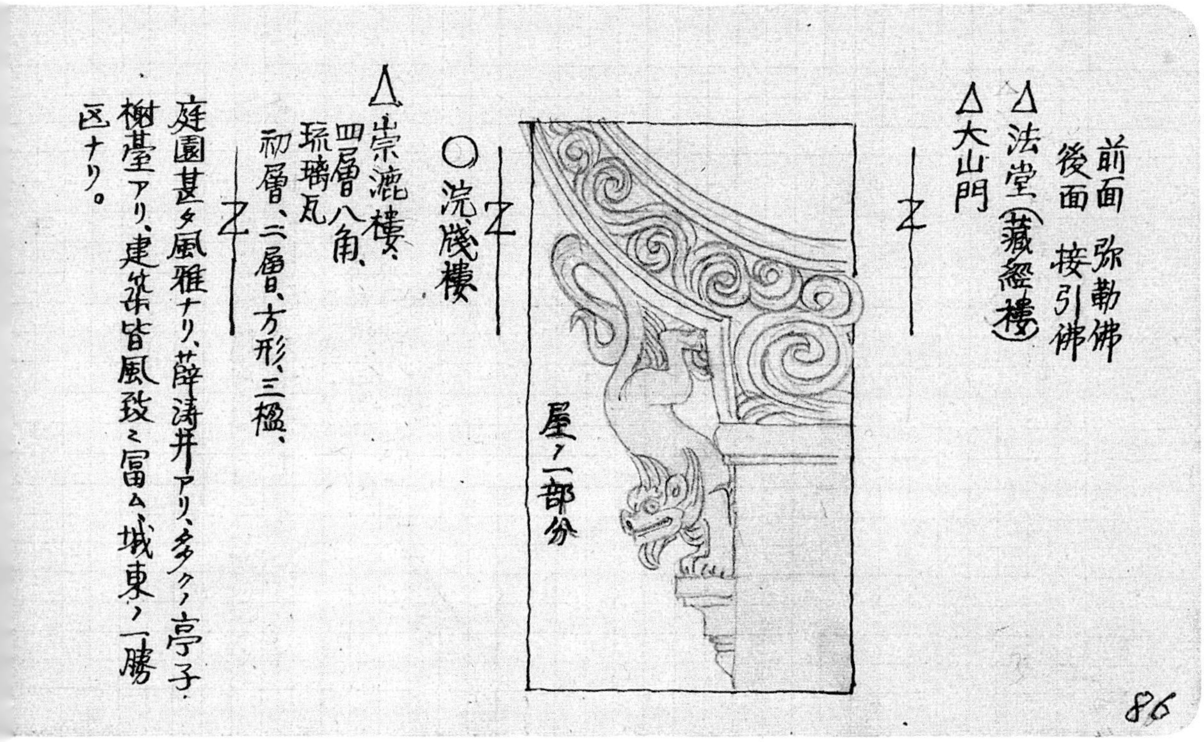

86成都（6）望江楼（11月7日）

出东门在九眼桥渡过锦江，有一座风雅极致的庭院叫望江楼，园内有多个精雕细琢的小亭，而以与唐代女诗人薛涛有关的薛涛井最有名。

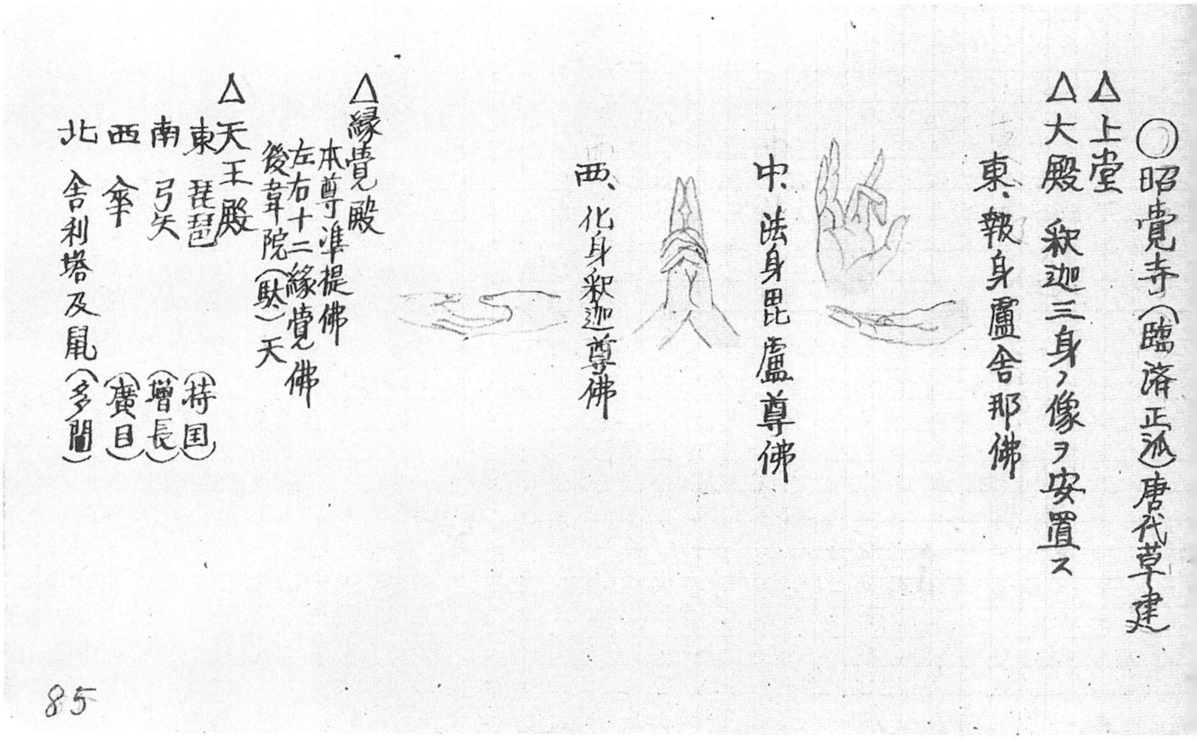

85成都（5）昭觉寺（11月5日）

昭觉寺在出北门、东北大约十里的地方。方圆十五里。是这一带最大的大寺院。据说住僧就有二百。

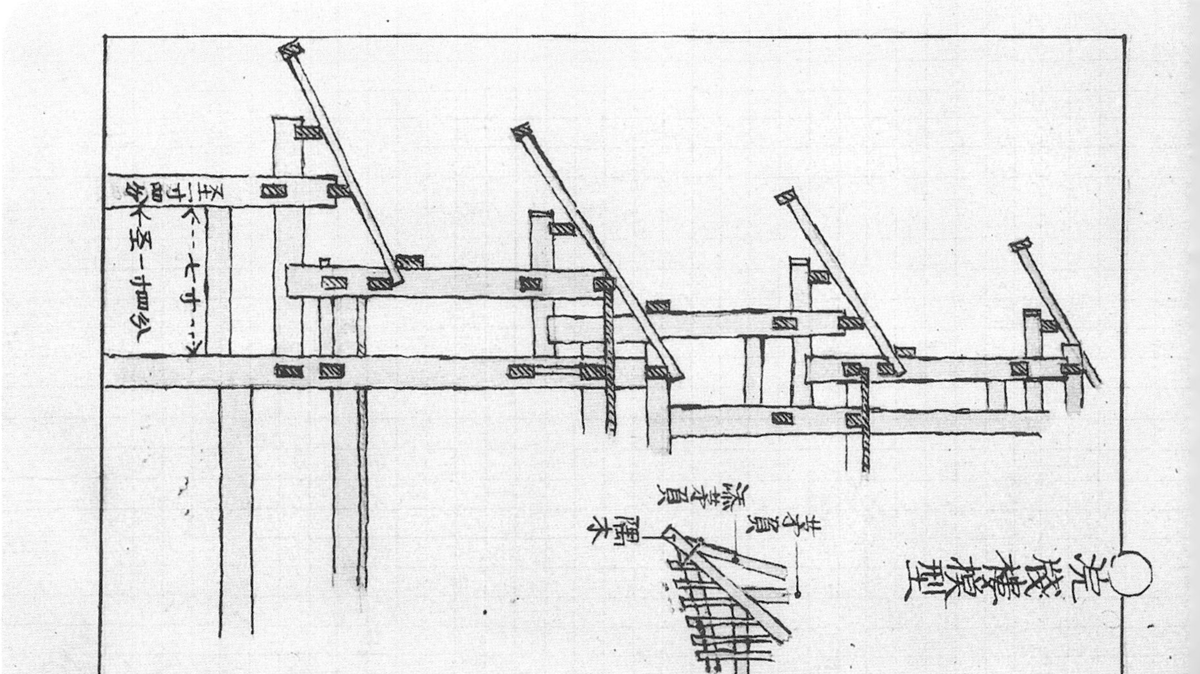

87成都（7）望江楼（11月7日）

望江楼中的崇漉楼是四层望楼，是座覆盖着琉璃瓦的浓艳建筑。有浣笺楼的模型，但其构造一般。

利用当地的陶瓷碎片装饰建筑，是常用手法。虽有儿戏之嫌，但配合方法得当，所以效果很好。例如，填充有文字、花纹。

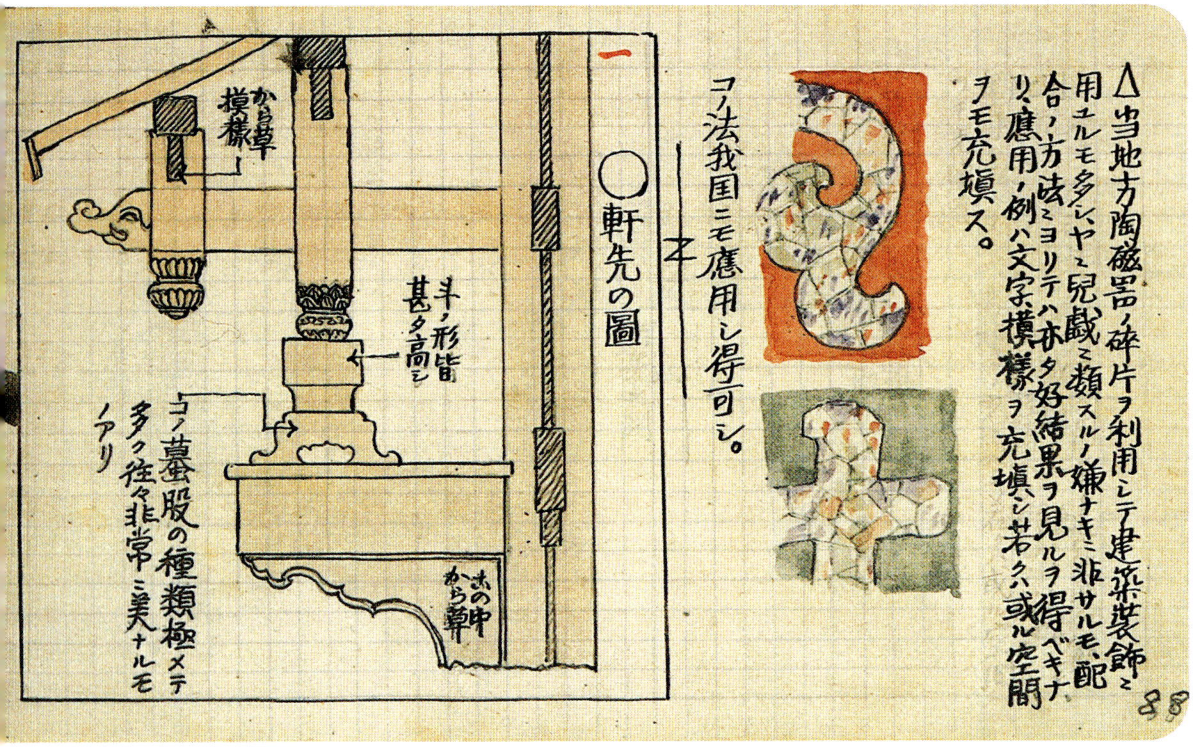
一
△当地方陶磁器ノ砕片ヲ利用シテ建築装飾ニ用ユルモ多シ、ヤヤ兒戯ニ類スルノ嫌ナキニ非サルモ、配合ノ方法ニヨリテハ亦タ好結果ヲ見ルヲ得ベキナリ。應用ノ例ハ文字模様ヲ充填シ若クハ或ル空間ヲモ充填ス。
コノ法我国ニモ應用シ得可シ。
○軒先の圖
から草模様
斗ノ形皆甚タ高シ
コノ墓股の種類極メテ多ク往々非常ニ美ナルモノアリ
木の中から草
88

88 成都（8）（11月8日）

宝云庵是城东南角外的一个小寺。从前叫百花潭。这个在日本叫茶室建筑，建筑物轻妙潇洒。有趣地使用了日本式的拳状木鼻、斗、墓股。

青羊宫本尊老君，坐在佛的须弥座上，佛的光背朝后，道士叩击木鱼讽诵，祭具一切皆为佛事。

八卦台

下层圆形、上层八角，一根柱子上下贯通，与屋檐、屋顶、母屋相接，游离。

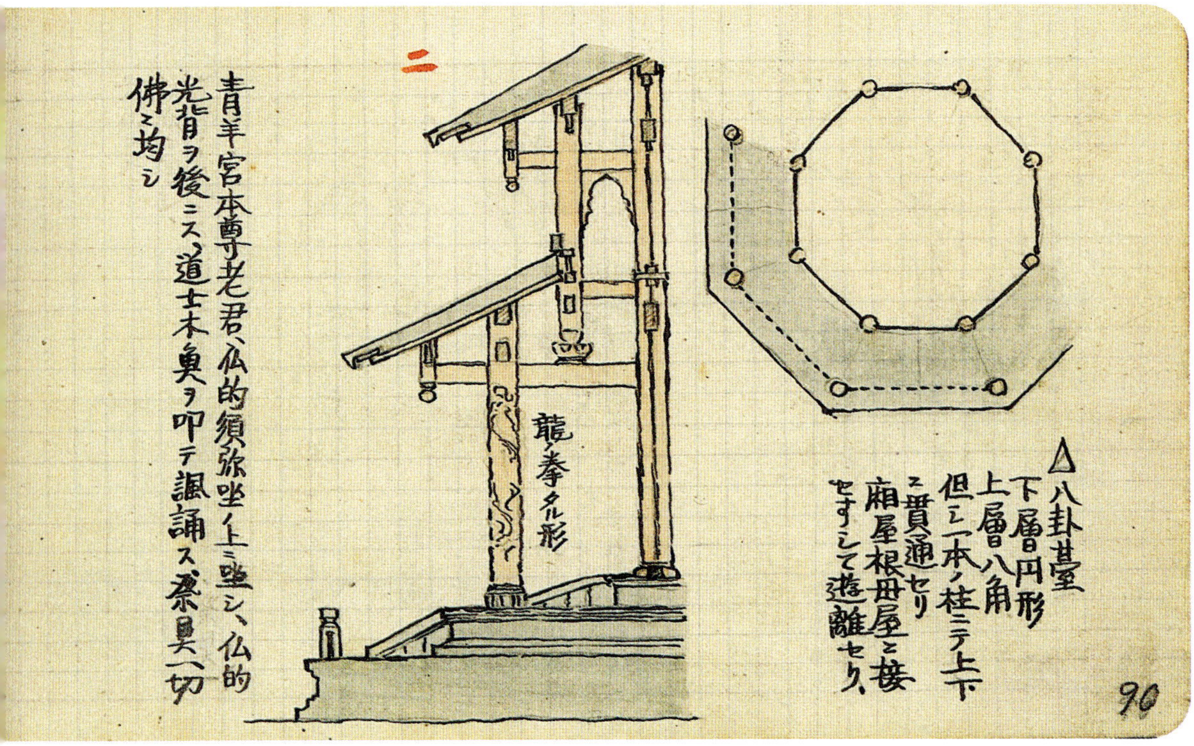
二
青羊宮本尊老君、仏的須弥坐ノ上ニ坐シ、仏的光背ヲ後ニス、道士木魚ヲ叩テ諷誦ス、祭具一切佛ニ均シ
龍拳ノ形
△八卦臺
下層円形
上層八角
但ニ一本ノ柱ニテ上下ニ貫通セリ
廂屋根母屋ニ接セずして遊離セり
90

90 成都（10）（11月8日）

日志记载，上午八点起床，早饭后乘轿子先出南门去杜公祠，同宿舍的王氏作为向导乘轿与我同行。出南门沿城墙向西行，城墙的尽头是宝云庵……

廊下的栏杆造成椅子的样子，很方便雅致。

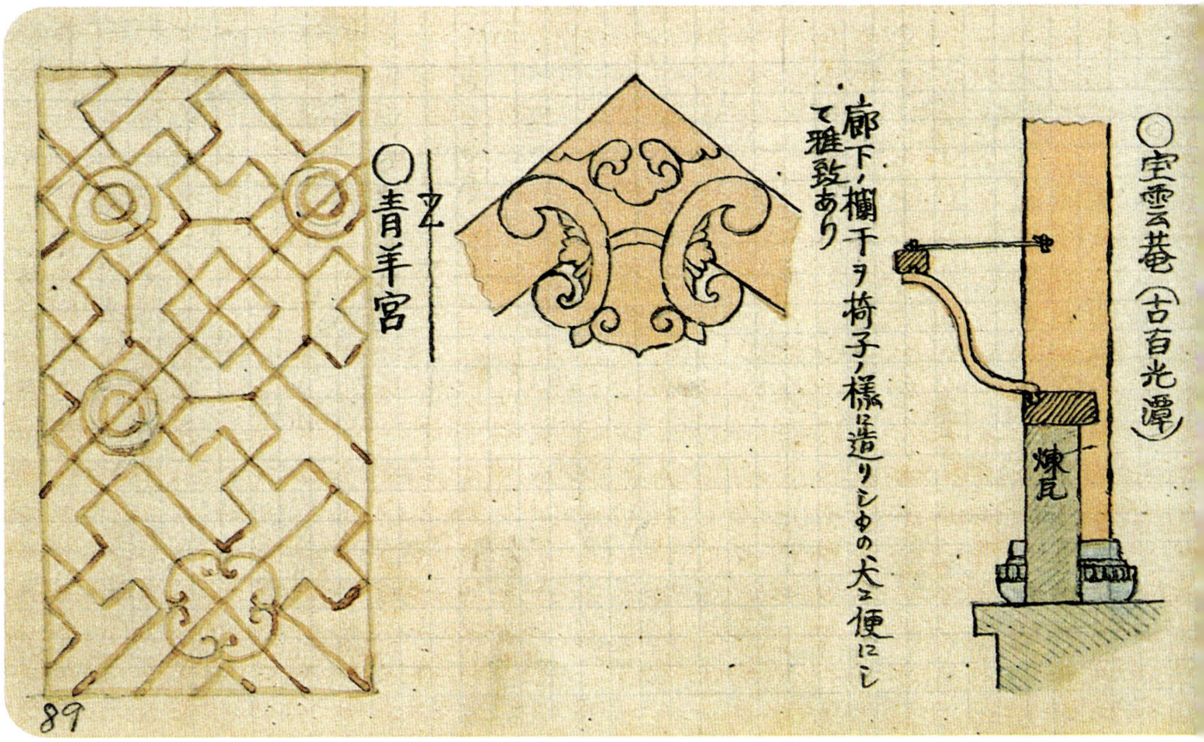

89成都（9）（11月8日）

青羊宫是祭奠老子的成都最古老的道观，古名叫青羊观。排列有灵祖楼、混元殿、八卦台（亭）、三青殿、斗姆殿、唐王殿，是规模非常宏大的建筑。

91成都（11）（11月8日）

祭祀杜甫的杜公祠门前有百余尺的绿竹丛生，白天也是暗的。庭院里有池塘、细流、亭子等，非常幽邃。古代的文人墨客在此游玩，热衷清谈。

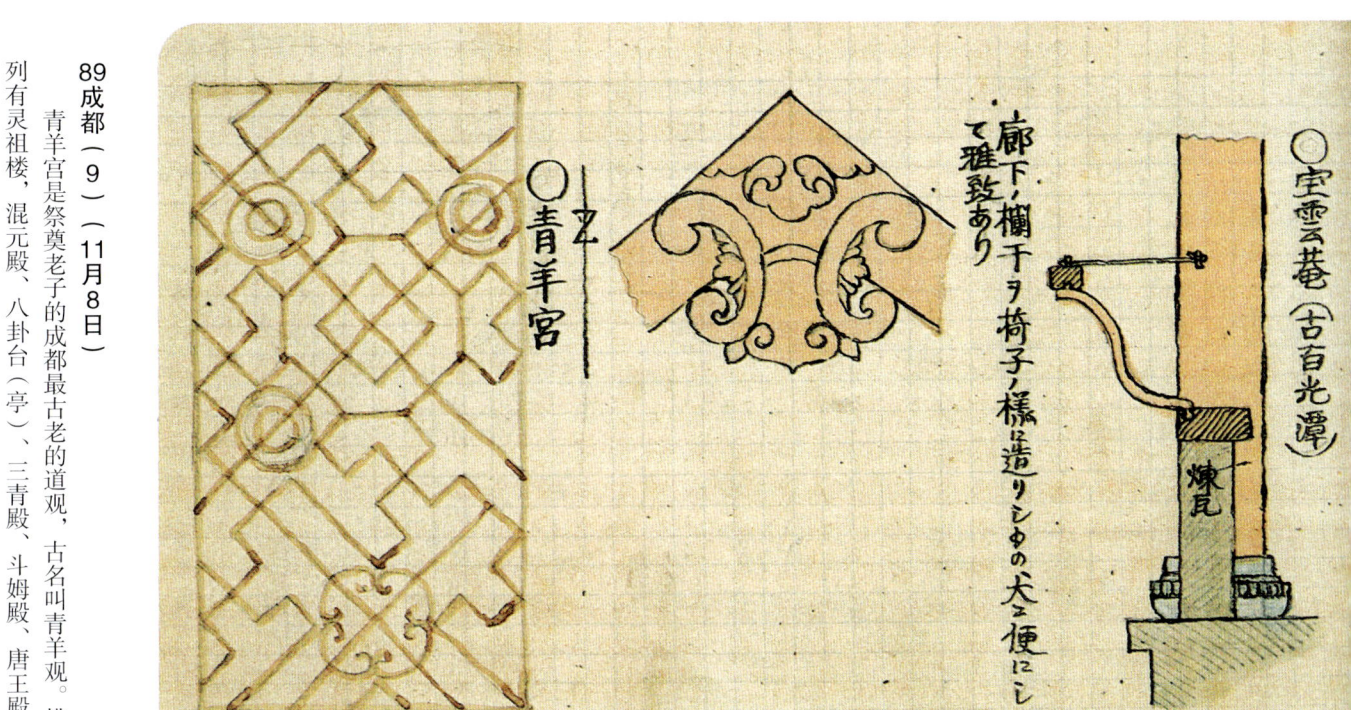

○成都建筑的通性

成都建筑中最值得注目的是迴檐和山墙的装饰。（一）地垂木。看不到圆垂木，多数是扁平形的像板，劣等的房屋在垂木上直接摆放瓦。（二）飞檐椽（垂木）。多数情况是在第一个檐口装饰一个飞檐垂木。但极小，不是建筑的主要部分。形状扁平如板。大连檐、小连檐也几乎都是形如板，殿堂里有方形的。

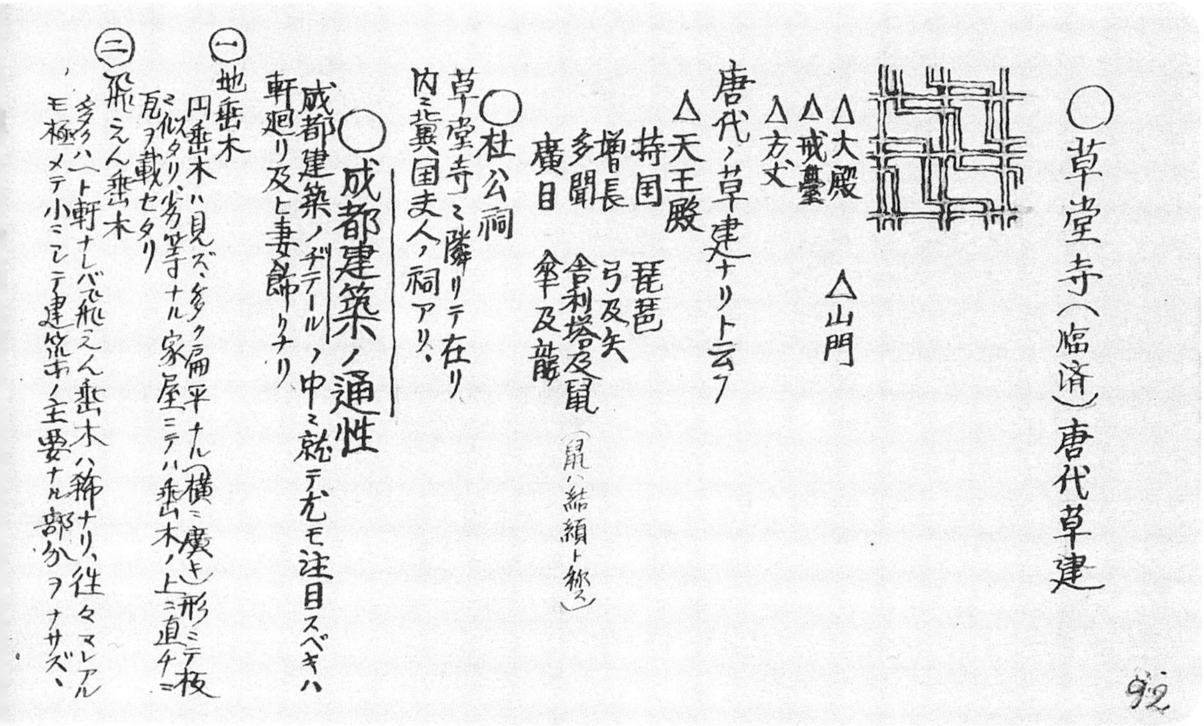
○草堂寺（臨済）唐代草建
△大殿
△戒臺
△方丈
△山門
唐代ノ草建ナリト云フ
△天王殿
持国 琵琶
增長 弓及矢
多聞 舍利塔及鼠（鼠ハ紐ノ紙ト称ス）
廣目 傘及龍
○杜公祠
草堂寺ニ隣リテ在リ
内ニ冀国夫人ノ祠アリ。
○成都建築ノ通性
成都建築ノヂテールノ中ニ就テ尤モ注目スベキハ軒廻リ及ヒ妻飾リナリ
（一）地垂木
円垂木ハ見ズ、多ク扁平ナル（横ニ広キ）形ニシテ板ニ似タリ、劣等ナル家屋ニテハ垂木ノ上ニ直チニ瓦ヲ載セタリ
（二）飛えん垂木
多クハ一ト軒ナレバ飛えん垂木ハ稀ナリ、往々アルモ極メテ小ニシテ建築ノ主要ナル部分ヲナサズ、
92

92 成都（12）（11月8日）

草堂寺也是座大规模的寺院。草堂寺旁边接杜公祠。祠中央供奉着杜甫像，左边是宋代著名书法家黄山谷，右边是诗人陆游的像。

○杂录

（一）观察当地新建房屋的样式，地形没有整成水平，柱子从头上就是弯曲的，圆柱也没有削成正圆，板壁等木板宽度完全不相同，一块木板头尾的宽度都不一样，板壁用的木板很随意。本以为这是由于原木缺乏不能把柱子用的木材切削成正圆。（二）厕所也与北方的不同。有公共厕所，但没有粪便的流动功能。奇怪的是公共厕所也是私密的，必须有门，可这里没有门。方便时露出难看身体的使用的人也不在意，而看到别人身体也不觉难为情。（三）市街道路惊人的狭窄，大街只有二间房或二间半房宽，大约九尺。人们摩肩接踵。道路都是石块铺成的，人们来往骑马或乘轿，没有一辆马车。有钱的人乘轿，没钱的人就只有步行，轿子由二人或三人抬，一里一人约得七文钱，若三人抬轿行十里。

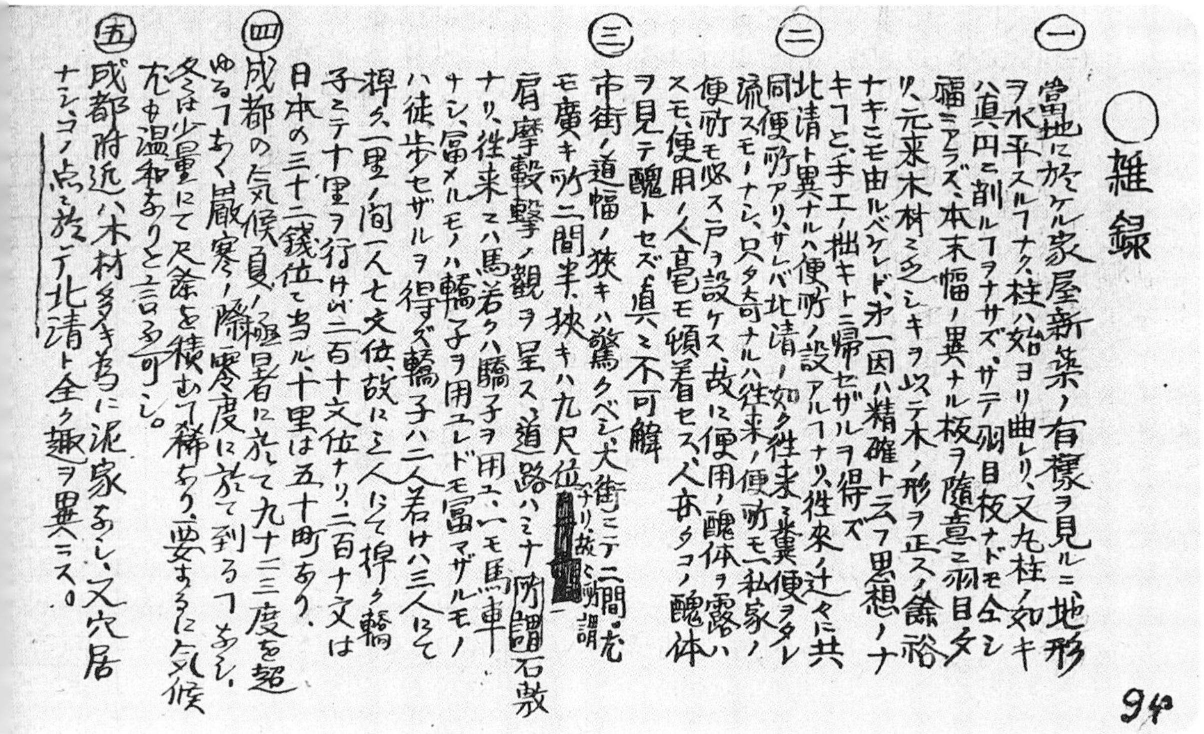
○雜録
（一）當地ニ於ケル家屋新築ノ有様ヲ見ルニ地形ヲ水平スルコトナク、柱ハ始ヨリ曲レリ、又丸柱ノ如キハ真円ニ削ルコトヲナサズ、サテ羽目板ナドモ全ク幅ニアラズ、本末幅ノ異ナル板ヲ随意ニ羽目ニ用ヒ余裕ナシ。元来木材ニ乏シキヲ以テ木ノ形ヲ正スノ思想ノナキニモ由ルベケレド、亦一因ハ精確トスルヲ得ザルコトヽ手工ノ拙キトニ帰セザルヲ得ズ
（二）北清ト異ナル便所ノ設アルコトナリ、往来ノ辺々ニ共同便所アリ、サレバ北清ノ如ク往来ノ糞便ヲタレ流スモノナシ、只タ奇ナルハ往来ノ便所モ私家ノ便所モ必ス戸ヲ設ケス、故ニ便用ノ醜体ヲ露ハスモ使用ノ人毫モ頓着セズ、又人ヲ他ノ醜体ヲ見テ醜トセズ、真ニ不可解
（三）市街ノ道幅ノ狭キハ驚クベシ、大街ニテ二間乃至二間半、狭キハ九尺位ナリ。故ニ所謂肩摩轂撃ノ観ヲ呈ス、道路ハミナ石敷ナリ、往来ニハ馬若クハ轎子ヲ用ユ、一モ馬車ナシ、富メルモノハ轎子ヲ用ユレドモ富マザルモノハ徒歩セザルヲ得ず、轎子ハ二人若クハ三人ニテ担ス、一里ノ間一人七文位、故ニ三人ニテ担クノ轎子ニテ十里ヲ行けば二百十文位ナリ、二百ナ文は日本の三十二銭位ニ当ル、十里は五十町なり。
（四）成都の気候真ニ極暑ニ於テ九十二三度を超ゆることあり、厳寒ノ際零度ニ於テ到ることあるも、冬は少量にて足余を積めて稀なり、要するに気候は温和なりと言ふ可し。
（五）成都附近ハ木材多キ為に泥家ナし、又穴居ナシ、コノ点ニ於テ北清ト全ク趣ヲ異ヘニス。
94

94 成都（14）杂录（11月4日）

成都在四川盆地中心，夏季闷热，冬季寒冷。能见到太阳的天不多，因此有『蜀犬吠日』这样的谚语。

大约可得二百文钱，大约相当于日本的三十三钱，十里相当于日本的五十町（一町≈109米）。（四）成都的气候夏季酷热，超过九十二、三度。严寒的时候可降至零度。但可以说主要还是温和的气候。（五）成都附近木材多，所以没有泥屋，也没有穴居，这点与清朝北方完全不同。

○**成都建筑的通性**

（三）扇垂木：方形屋顶几乎看不到扇垂木，都像是日本的式样，只有殿堂一隅的一小部分装饰扇垂木。

（四）暗垂木：多数情况下在飞檐前连接暗垂木，如奈良的大佛殿。在第二个檐口的小连檐也有暗垂木。

（五）悬鱼：多数蝙蝠形状有云的意境，或单用蝙蝠形状，或单用花纹，千变万化，但曲线形状非常优雅。

（六）檐口反翘（屋檐反翘）：檐口反翘非常大，角椽倾斜向上反翘，往往失去协调而突兀。角椽构造应该特别牢固，因檐出浅而反翘大，所以从角隅看很深。

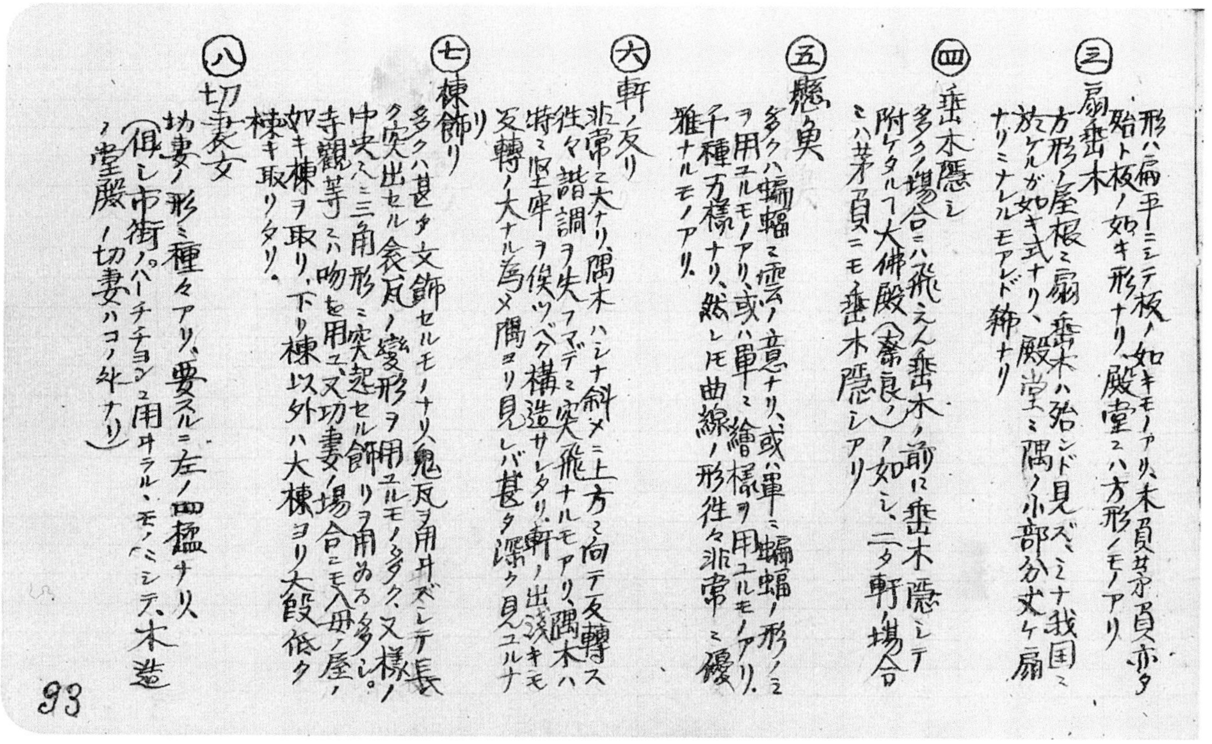

93成都（13）（11月）

（房屋的）山形墙，是房屋的『山墙』的误记。

（七）屋脊装饰：哥特式建筑的盛饰非常多，不用脊头瓦而是多用长长的突出变形的瓦。而且屋脊中央装饰三角形的突起的东西较多。寺观等建筑用吻，还有双坡屋顶上采用歇山屋脊，垂脊之外。从正脊采用大段矮屋脊。

（八）双坡屋顶：双坡屋顶有各种各样，主要有四种。

甲：直线形。　乙：曲线形。　丙：甲、乙两种混用。　丁：斜线形，这种甚少。

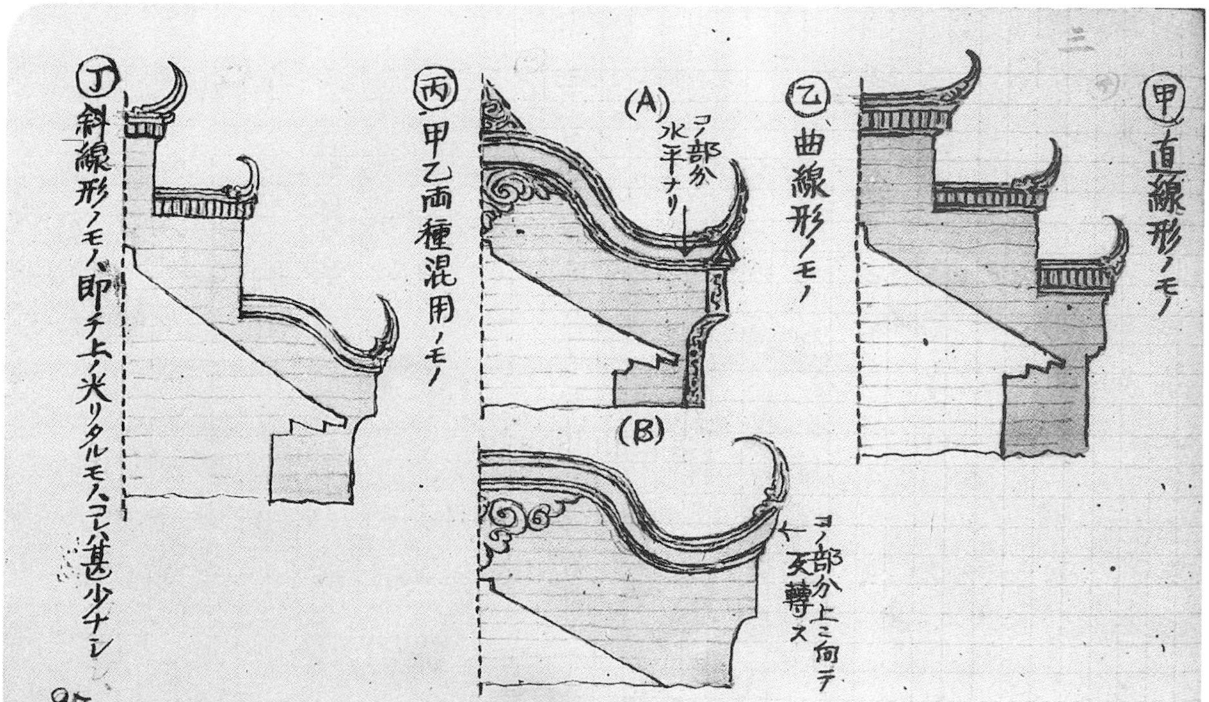

95成都（15）（11月）

右图是城市民居的『界壁』形状。界壁是建筑物的侧壁比屋顶高，沿屋顶的倾斜呈阶梯状，或是曲线形。形状多种多样，主要有右图的三大类型。

四川省

96成都（16）古关帝庙（11月10日）

左图是金花桥的古关帝庙门的横断面图。唐破风形的屋顶，它支撑着虹梁。

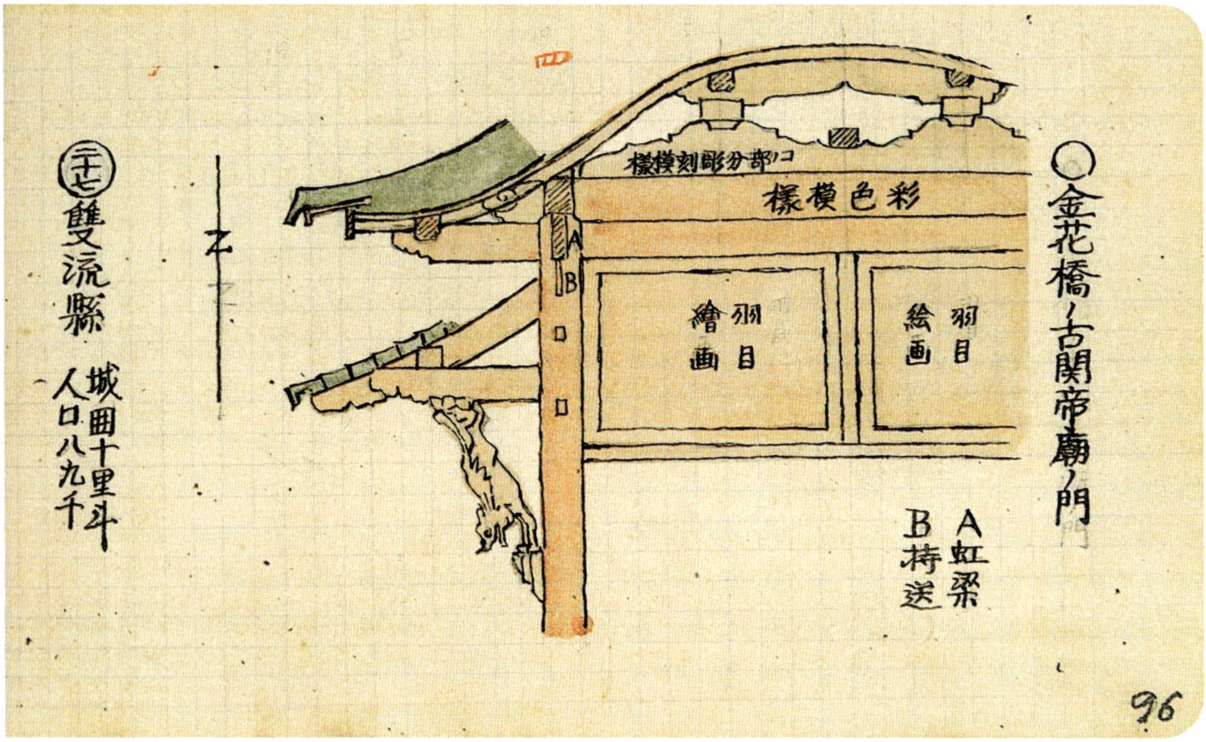

98串头铺（11月）

笔者被这匹马两次踢到，两次落马，其实有很好的作用，与它成了亲密的朋友。但到达成都第二天我就病倒了，当地人笑说把马的墓一起建吧，好有个伴。日志如是记载。

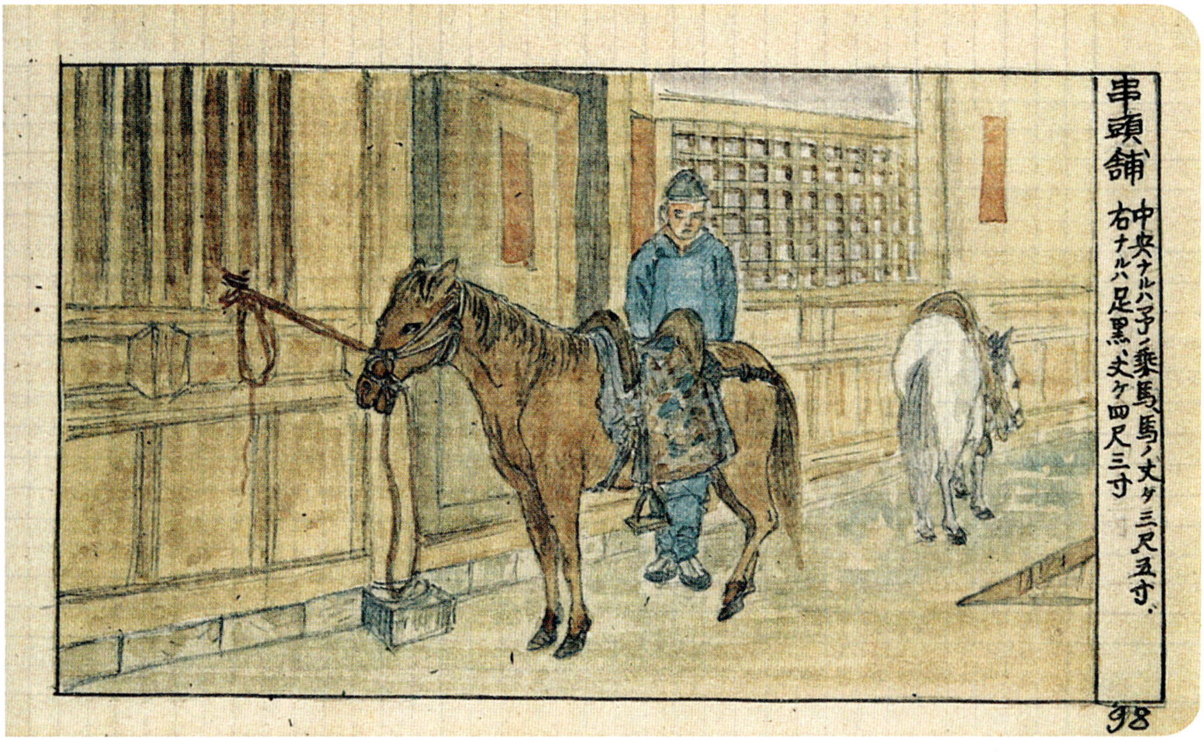

97 双流（11月10日）

在双流县没有特别值得看的建筑，但发现了民居建筑的有趣手法。如右图就是一例，其他漂亮的复杂的画样也引人注意。

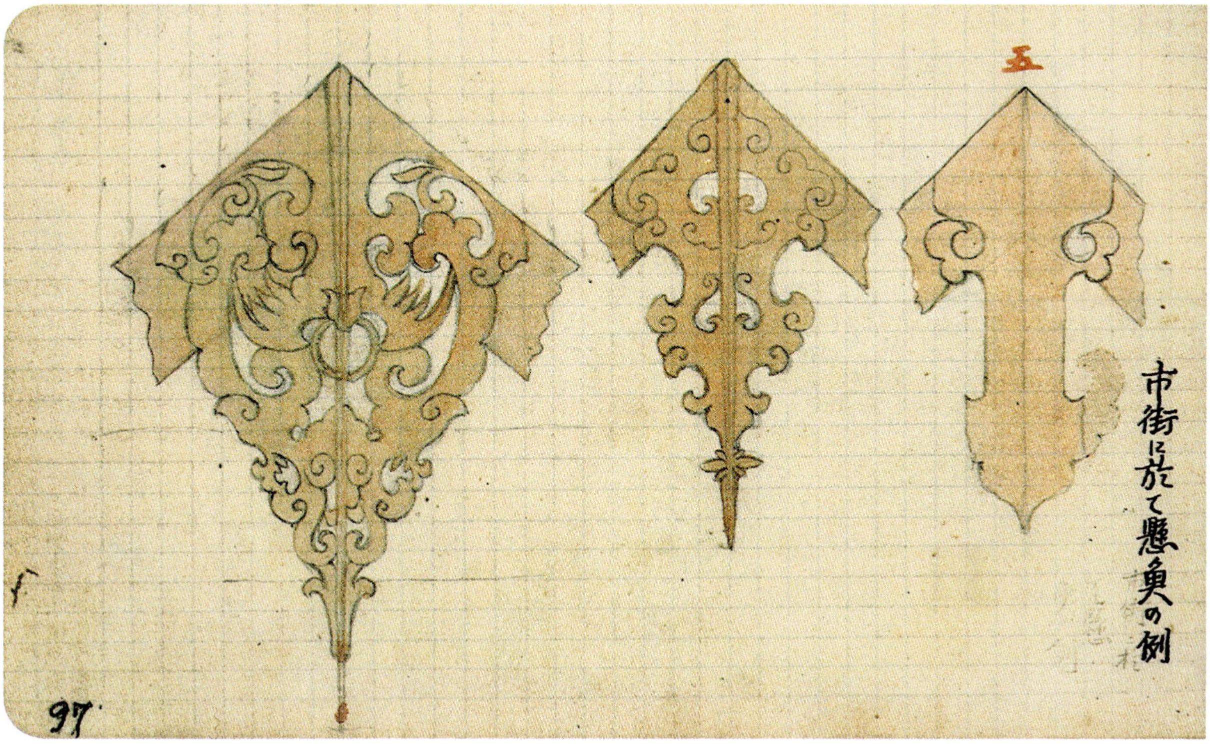

99 新津（1）（11月11日）

新津县城是个小城，但也有可看的建筑。例如圣庙。右图是圣庙的窗户，有崭新的趣味。

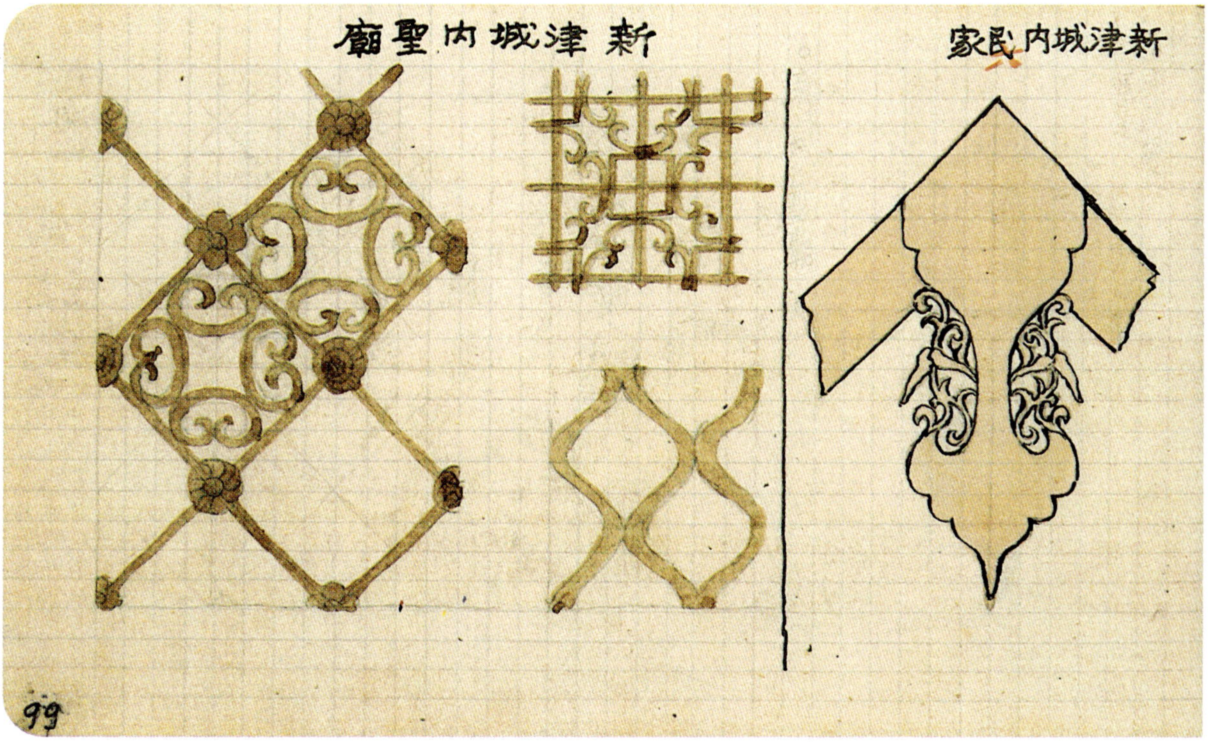

100 新津（2）（11月11日）

左图中右上方的画是圣庙的东西，可以说是杰出的设计图案。其他三幅画是在城内采集的，这样的实例是很多的。一幅一幅匠心各异，但各自都相当出色。

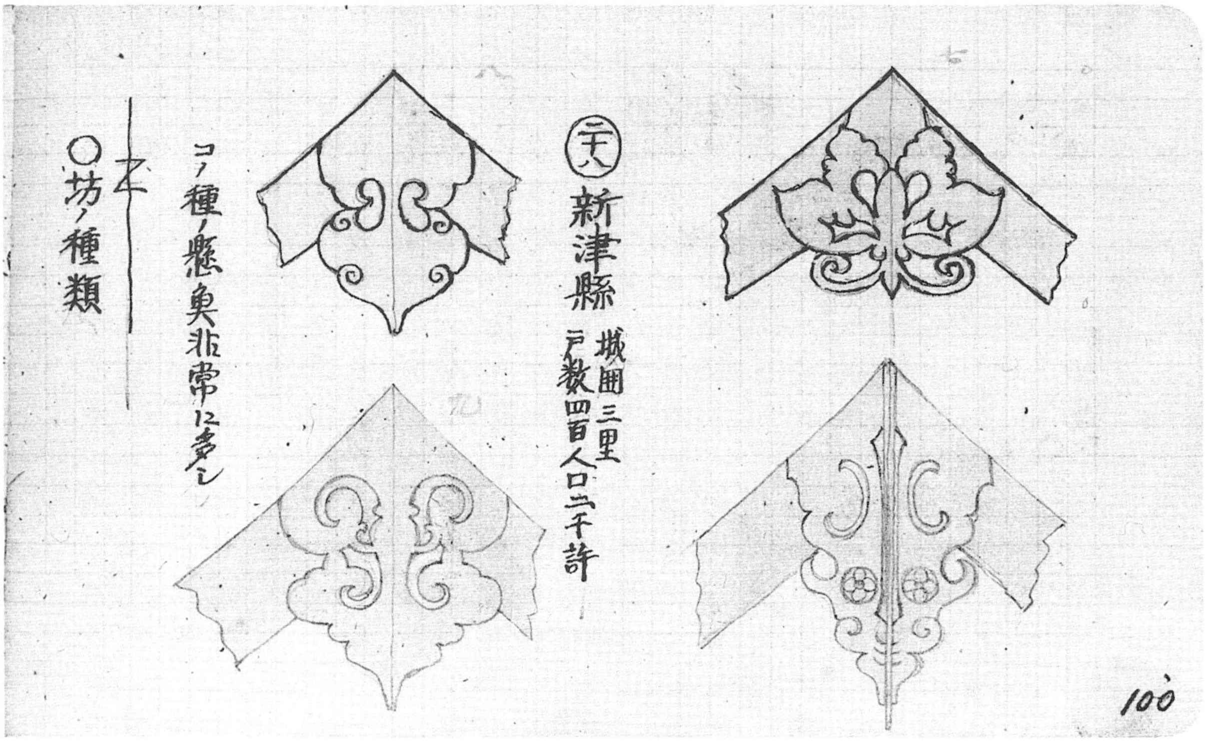

102 彭山（1）（11月12日）（接105图）

彭山县建筑手法也很丰富。悬鱼的图柄与双流、新津两县的采用一脉相通手法，还有手工更精巧的。

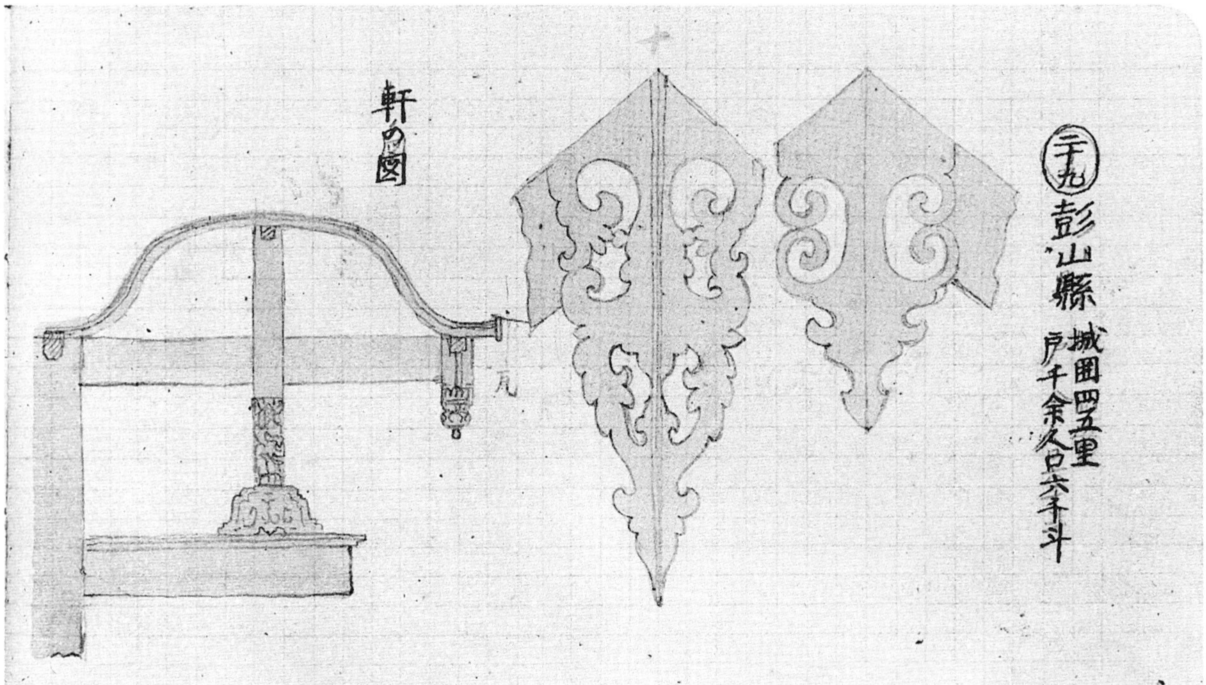

○坊的种类

（1）旌表节妇孝子。

（2）德政坊：旌表知府知县之美政。

（3）百岁坊：旌表上百岁的人（地方）。

（4）状元坊：旌表取得状元学位的人。

（5）贞寿坊：旌表恪守贞操达到高龄的人。还有其他各种各样的坊，其构选形式大同小异。

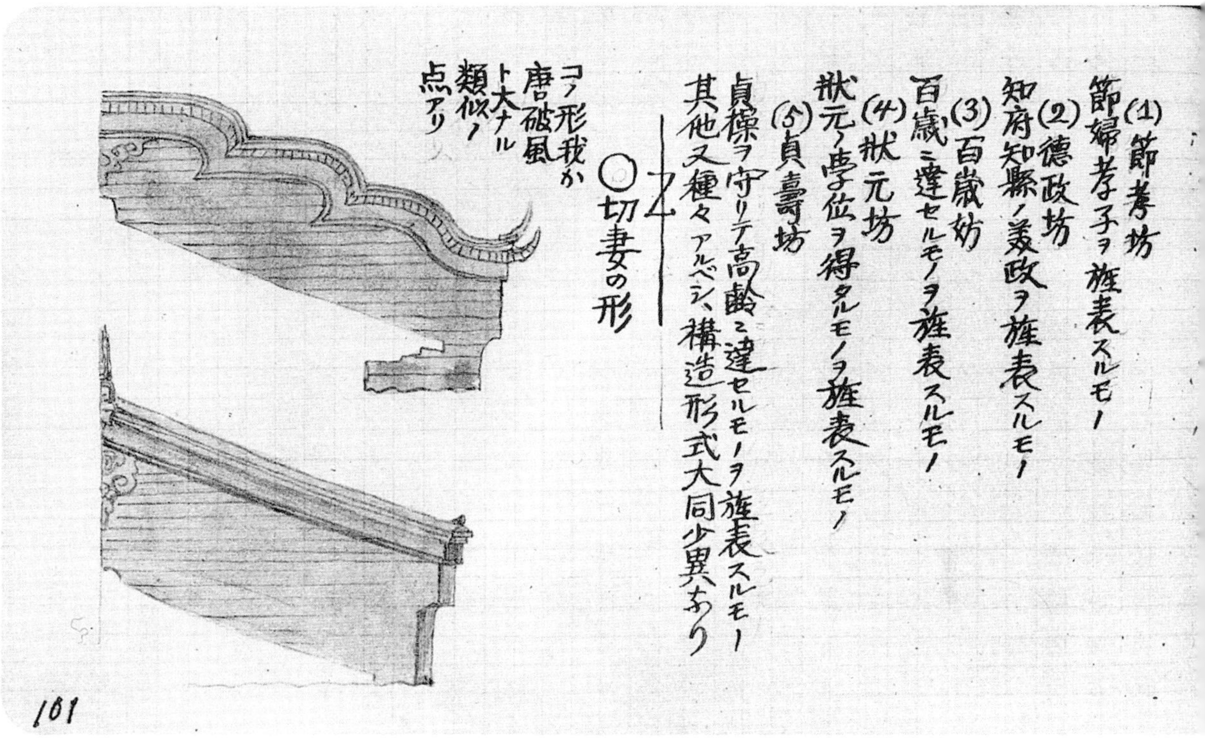
(1)節孝坊
節婦孝子ヲ旌表スルモノ
(2)徳政坊
知府知縣ノ美政ヲ旌表スルモノ
(3)百歳坊
百歳ニ達セルモノヲ旌表スルモノ
(4)狀元坊
狀元ノ學位ヲ得タルモノヲ旌表スルモノ
(5)貞壽坊
貞操ヲ守リテ高齢ニ達セルモノヲ旌表スルモノ
其他又種々アルベシ、構造形式大同少異あり
○切妻の形
コノ形我が唐破風ト大ナル類似ノ点アリ
101

101 新津（3）（11月11日）

所谓坊就是在大街的十字路口，那里建有悬挂着表彰的匾额，所以把有匾额的建筑物就叫做坊。

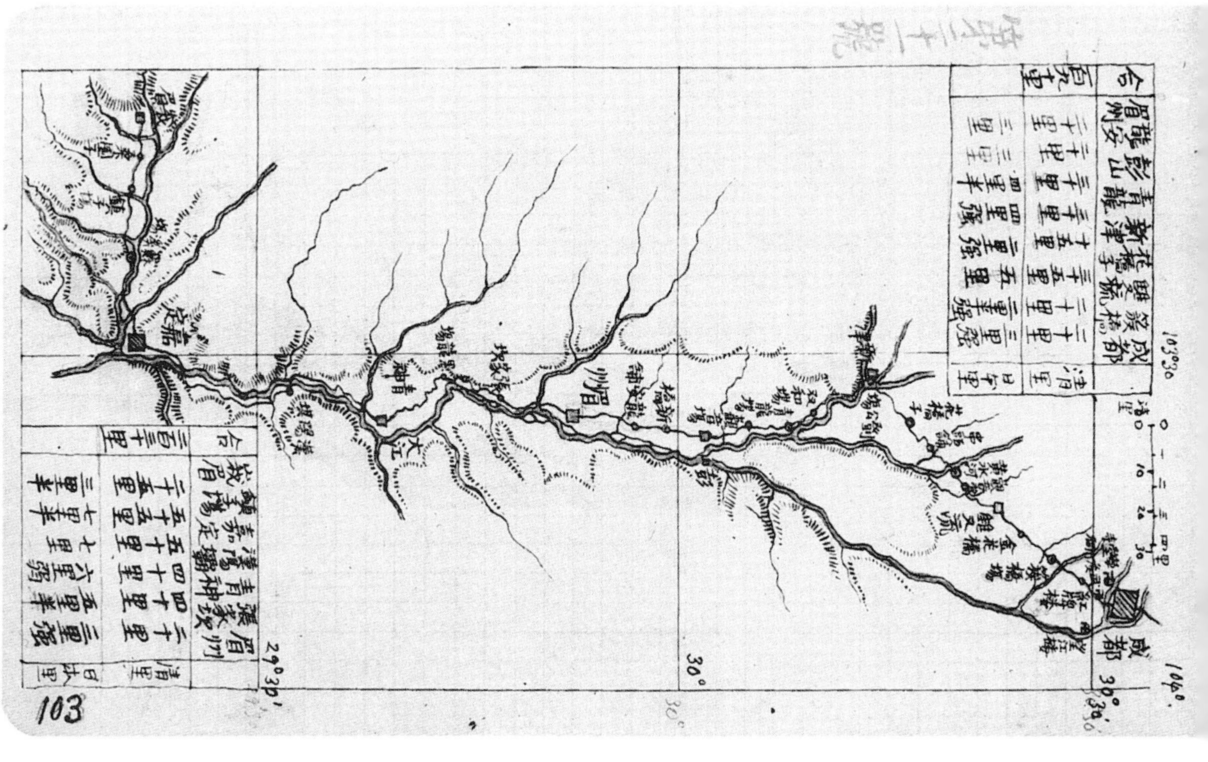

103 地图第二十一号（成都—峨眉）

由成都南下的路线，途中在青神起坐船南行。

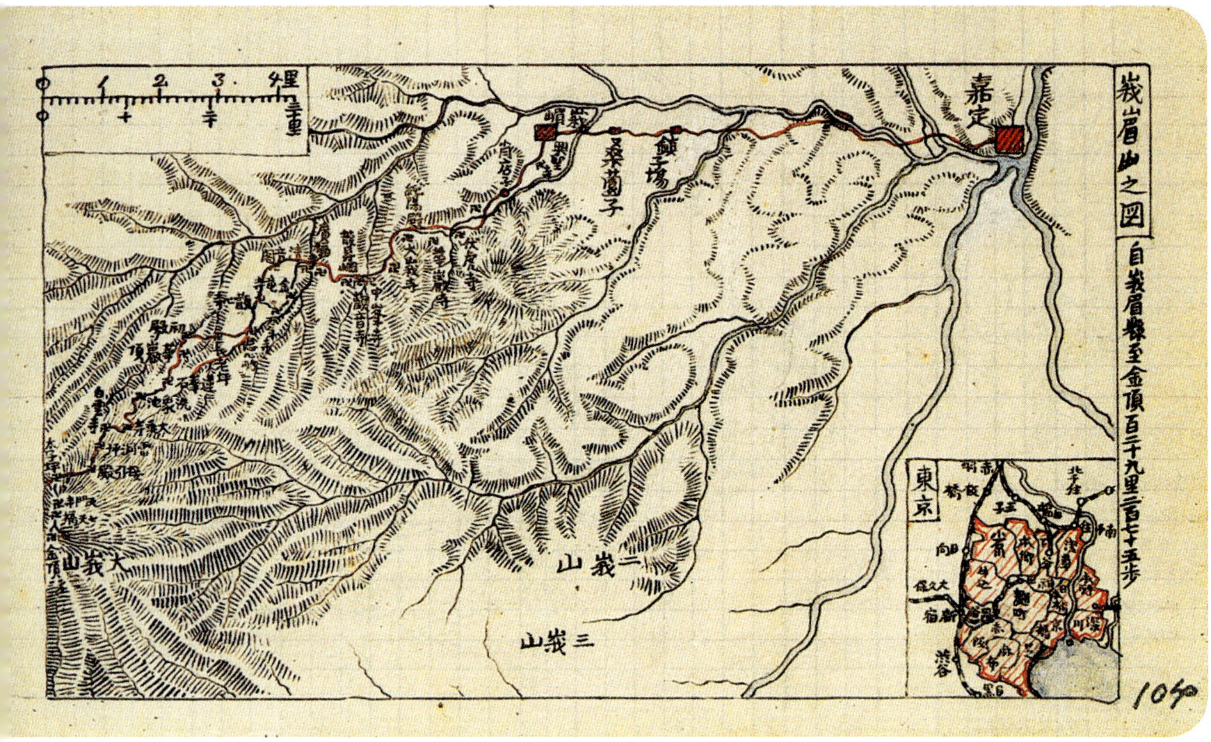

104
峨眉山图

用上折曲木的方法，包住檐的底部，捶木完全露出之例。

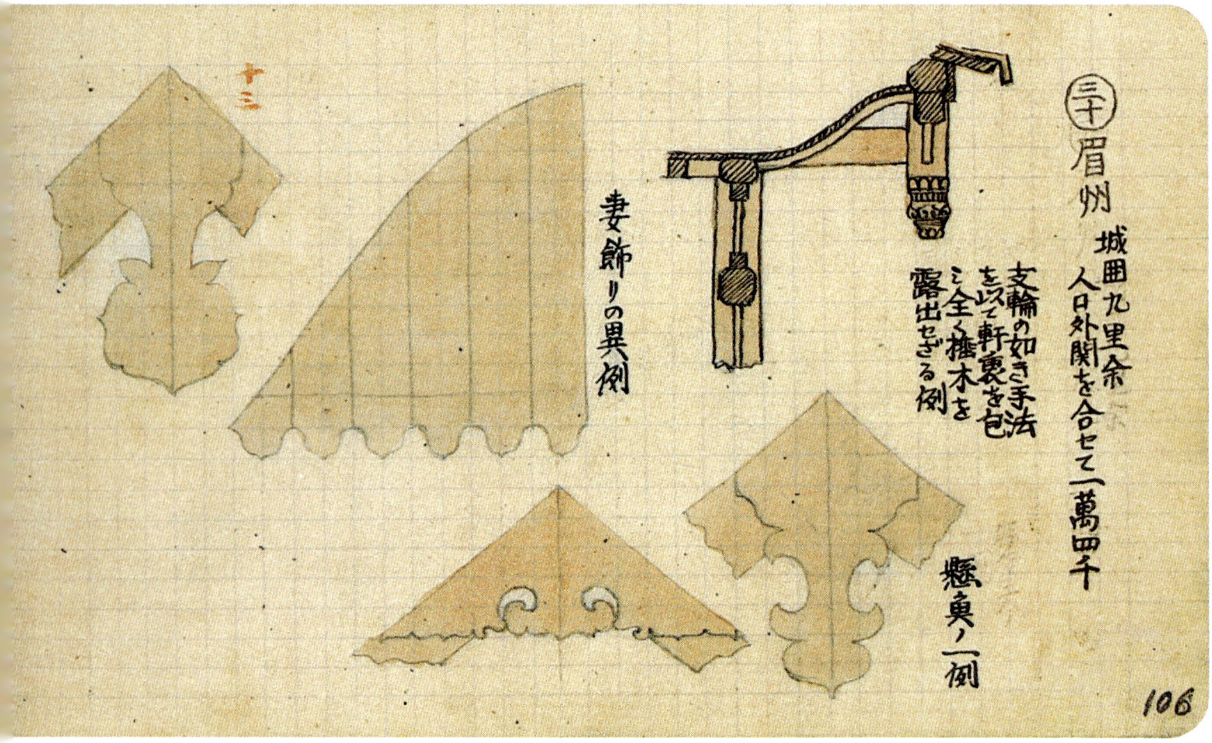

106
眉州（11月14日）

眉州，现在叫眉山县。是宋代文人苏轼的出生地。在城西南有三苏祠，但日志没有访问的记载。

（三十）眉州

城方圆九里余，人口含城外共一万四千。

十一
十二
105

105 彭山（2）（11月12日）（接102图）

图右下的图柄，属于古典忍冬流派之趣，很有意思。左图在中心放置了钱（喻指眼前），又配置蝙蝠（喻指福气）的表示吉祥的图案。

自嘉定在峨眉周围有佛寺，佛前面的桌子上安置着木制的如图的半切的筒，不知其含义是什么。

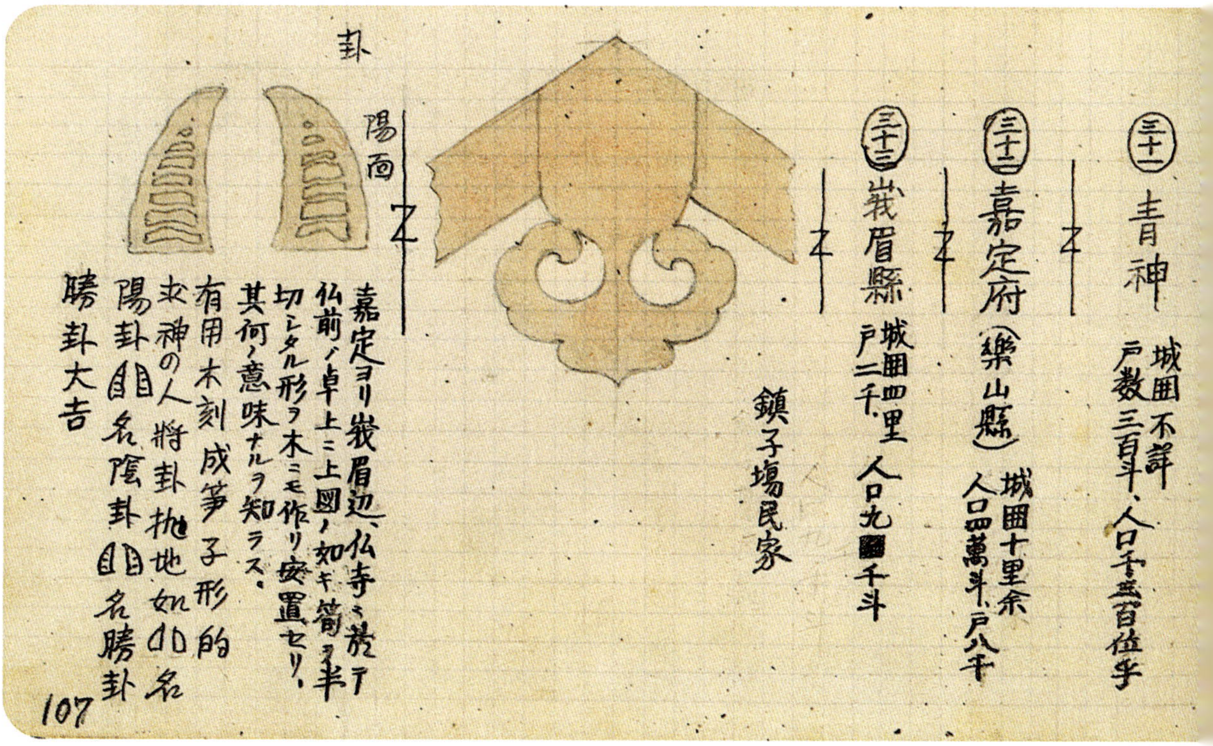
三十一 青神
城囲不詳
戸数三百斗、人口千五百位乎
三十二 嘉定府（楽山縣）
城囲十里余
人口四萬斗、戸八千
三十三 峩眉縣
城囲四里
戸二千、人口九千斗
鎮子場民家
卦
陽面
嘉定ヨリ峩眉辺、仏寺ニ於テ仏前ノ卓上ニ上図ノ如キ筒ヲ半切ニシタル形ヲ木ニモ作リ安置セリ、其何ノ意味ナルヲ知ラス。
有用木刻成笋子形的
求神の人将卦抛地
名陽卦
名陰卦
名勝卦
勝卦大吉
107

107 嘉定府（11月15日）（接136图）

自青神乘三条船沿岷江下行到达嘉定府。（伊东与岩原坐第一条船，随从与马乘第二条船，护送卫兵乘第三条船）嘉定府是岷江、大渡河、青衣江三条河的合流地，现在的乐山市。这里有著名的露岩雕刻大佛（乐山大佛）。

四川省

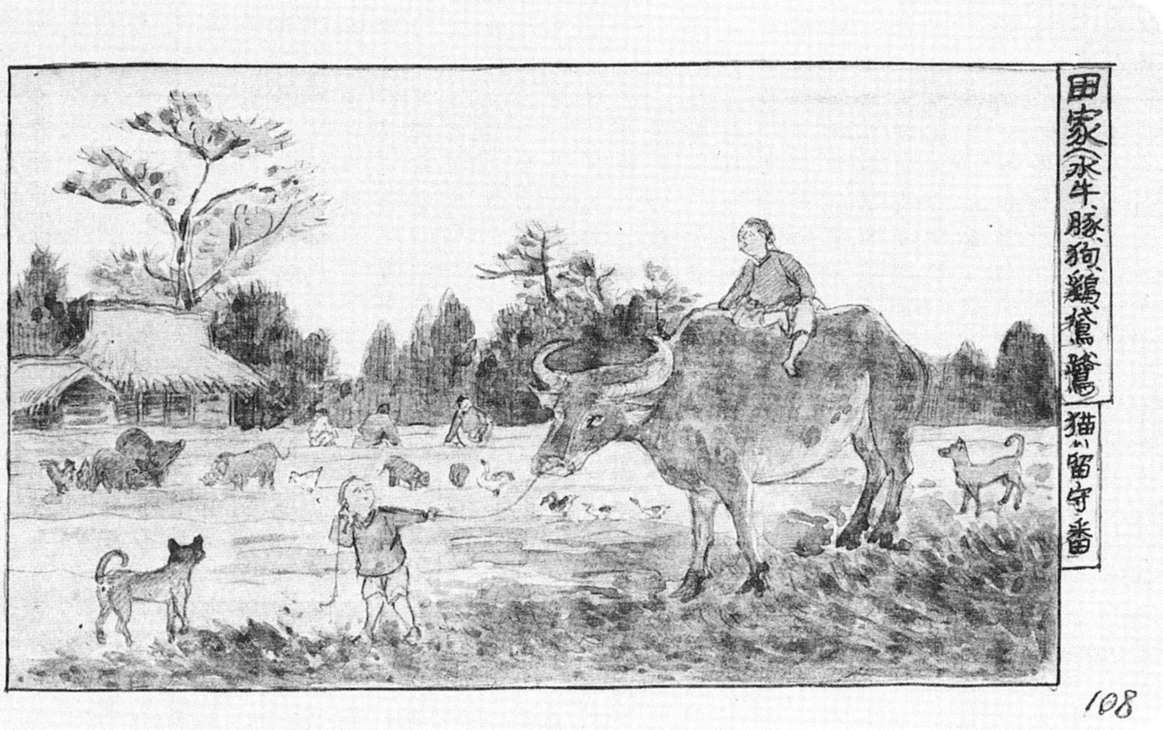
田家（水牛、豚、狗、鶏、鵞鷺）
猫ハ留守番
108

108 田园风景（11月13日）

农田里花生刚刚收获完。猪用鼻子掘地寻找，鹅和鸡捉虫，狗到处跑，水牛是孩子们的玩伴。这是一幅洋溢着全家出动、朝气旺盛的和平光景的速写。猫没有出现，大概在家的哪个地方睡着了吧。

〇伏虎寺（十八里）

△山门。五间三门的楼门，上有山门匾额，中间有梯子可以上去，全部木造，房屋进深四间。△虎溪桥。在山门内。△牌楼△普贤殿。本尊普贤，左右是二十四诸天，其中夹杂四天王，持国天王持琵琶，多闻天王持塔和鼠，〇〇〇天王持伞，〇〇〇天王持降魔杵。△弥勒殿△大雄宝殿。安置释迦三体，佛像背后的光圈有喇嘛式的，极平凡之作。以上诸建筑皆非常粗野，房屋属下等，波形瓦上无脊饰，木造的但无色彩。

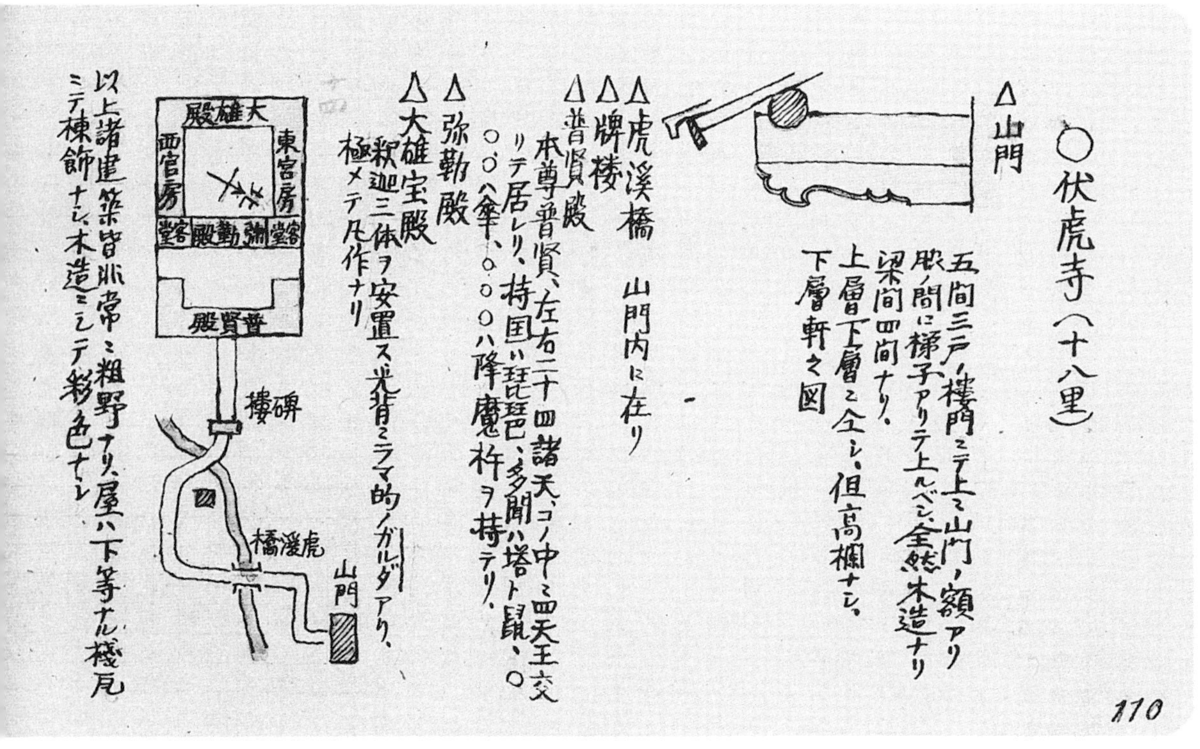
〇伏虎寺（十八里）
△山門
五間三戸ノ楼門ニテ上ニ山門ノ額アリ
殿間ニ梯子アリテ上ルベシ全然木造ナリ
梁間四間ナリ。
上層下層ニ全シ、但高欄ナシ、
下層軒之図
△虎渓橋　山門内ニ在リ
△牌楼
△普賢殿
本尊普賢、左右二十四諸天、コノ中ニ四天王交リテ居レリ、持国ハ琵琶、多聞ハ塔ト鼠、〇〇〇ハ傘、〇〇〇ハ降魔杵ヲ持テリ。
△弥勒殿
△大雄宝殿
釈迦三体ヲ安置ス光背ニラマ的ノガルダアリ、極メテ凡作ナリ
以上諸建築皆非常ニ粗野ナリ、屋ハ下等ナル桟瓦ニテ棟飾ナシ、木造ニシテ彩色ナシ
大雄殿
東客房
西客房
客堂
弥勒殿
客堂
普賢殿
牌楼
虎渓橋
山門
110

110 峨眉山（2）（11月17日）

从县城出来走大约十五里，就进山路了。这里有报国寺，在十八里的地方有伏虎寺。伏虎寺有第一流的规模，形式非常好，但建筑显粗糙。

（三十四）峨眉山

《峨山志》详细记述了峨眉山的缘起，这里略述之。峨山以大峨山为首，还有二、三、四峨山。大峨山在峨眉县西南一百二十里处，二峨山在大峨山东一百里处。三峨山在二峨山南十里处，四峨山在峨眉县西二十余里处。出峨眉县南门到大峨山顶峰，隔若干距离有无数寺院，左边记录了主要的几处。

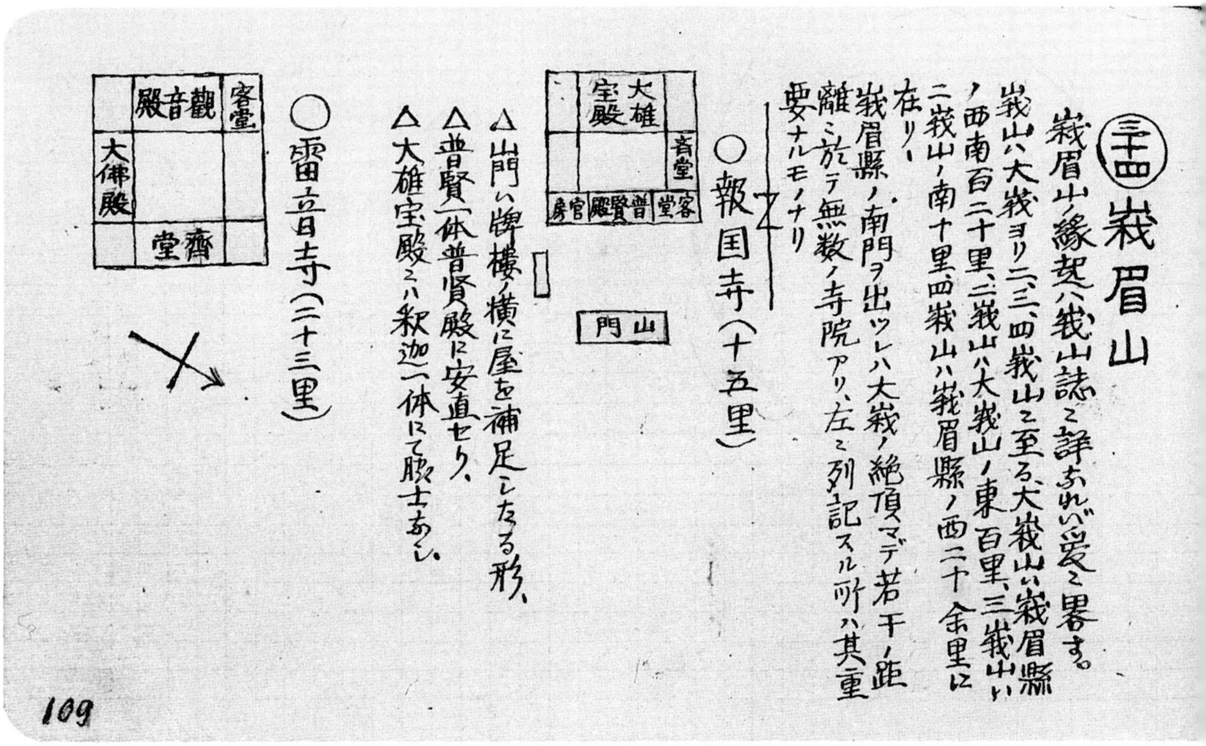

(三十四) 峩眉山

峩眉山ノ縁起ハ峩山誌ニ詳カナレバ爰ニ畧ス。峩山ハ大峩ヨリ二(三)四峩山ニ至ル。大峩山ハ峩眉縣ノ西南百二十里、二峩山ハ大峩山ノ東百里、三峩山ハ二峩山ノ南十里、四峩山ハ峩眉縣ノ西二十余里ニ在リ。

峩眉縣ノ南門ヲ出ヅレバ大峩ノ絶頂マデ若干ノ距離ニ於テ無数ノ寺院アリ、左ニ列記スル所ハ其重要ナルモノナリ

○報国寺（十五里）

△山門ハ牌樓ノ横に屋を補足したる形、

△普賢一体普賢殿に安直せり、

△大雄宝殿ニハ釈迦一体にて脇士なし

○雷音寺（三十三里）

109 峨眉山（1）（11月17日）

日志记载，登峨眉山的时候，由于衙门的劝告，预备了轿子，浩浩荡荡二十一人的队伍出发了。可是感觉这样做法不对，于是第一夜就解雇了轿子，第二天起徒步登山了。原来徒步登这样的山路别有一番情趣。

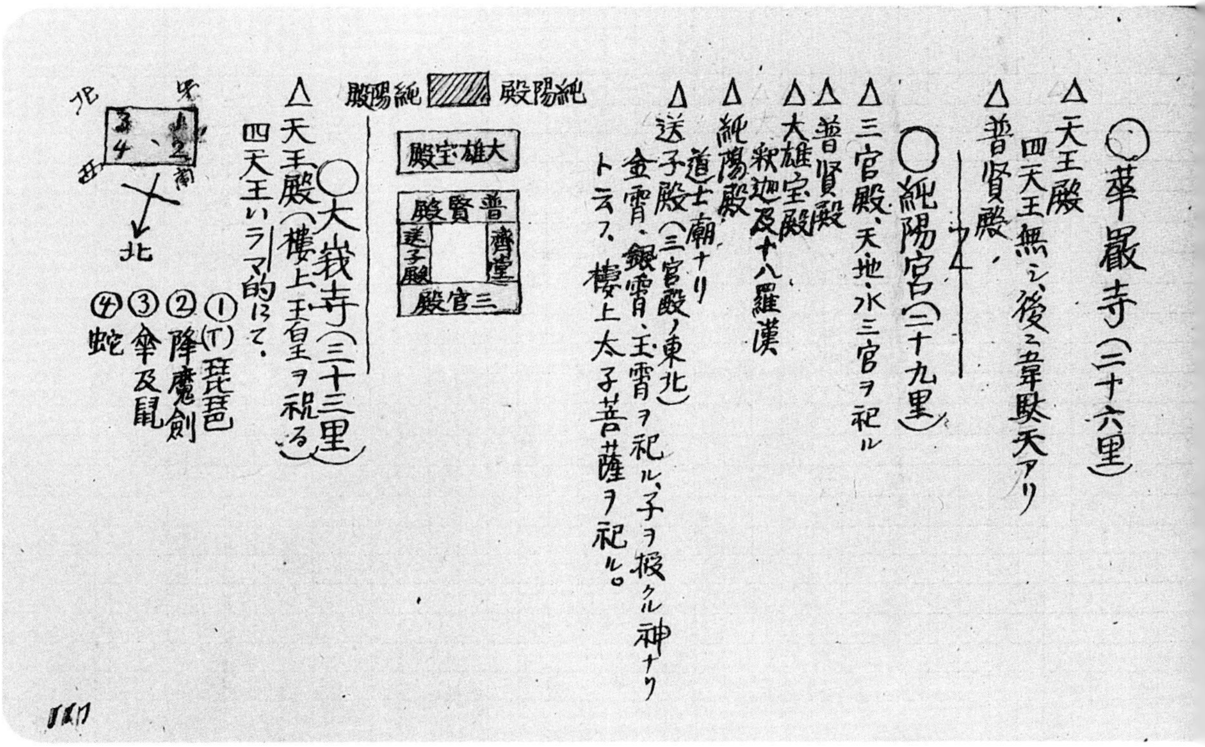

○華嚴寺（三十六里）

△天王殿 四天王無シ、後ニ韋駄天アリ

△普賢殿、

○純陽宮（二十九里）

△三官殿、天地水三官ヲ祀ル

△普賢殿

△大雄宝殿 釈迦及十八羅漢

△純陽殿

△送子殿（三官殿ノ東北） 道士廟ナリ

金霄・銀霄・玉霄ヲ祀ル、子ヲ授クル神ナリトス、樓上太子菩薩ヲ祀ル。

△純陽殿 純陽殿

○大峩寺（三十三里）

△天王殿（樓上玉皇ヲ祀ル） 四天王ハラマ的にて、

①(T)琵琶 ②降魔剣 ③傘及貂 ④蛇

111 峨眉山（3）（11月17日）

纯阳宫属于道观（道教寺庙），有供奉天、地、水的三官殿，道庙的纯阳殿。另外还有供奉普贤菩萨的普贤殿，以及大雄宝殿等，殿里安置着释迦和十八罗汉。

天王殿前有燃灯佛，坐在莲座上双手合持一灯，在额、腹、小臂、臂、大臂、膝、足、甲点灯。

〇神水阁（在大峨寺的东侧）阁前有石幢，已破坏。

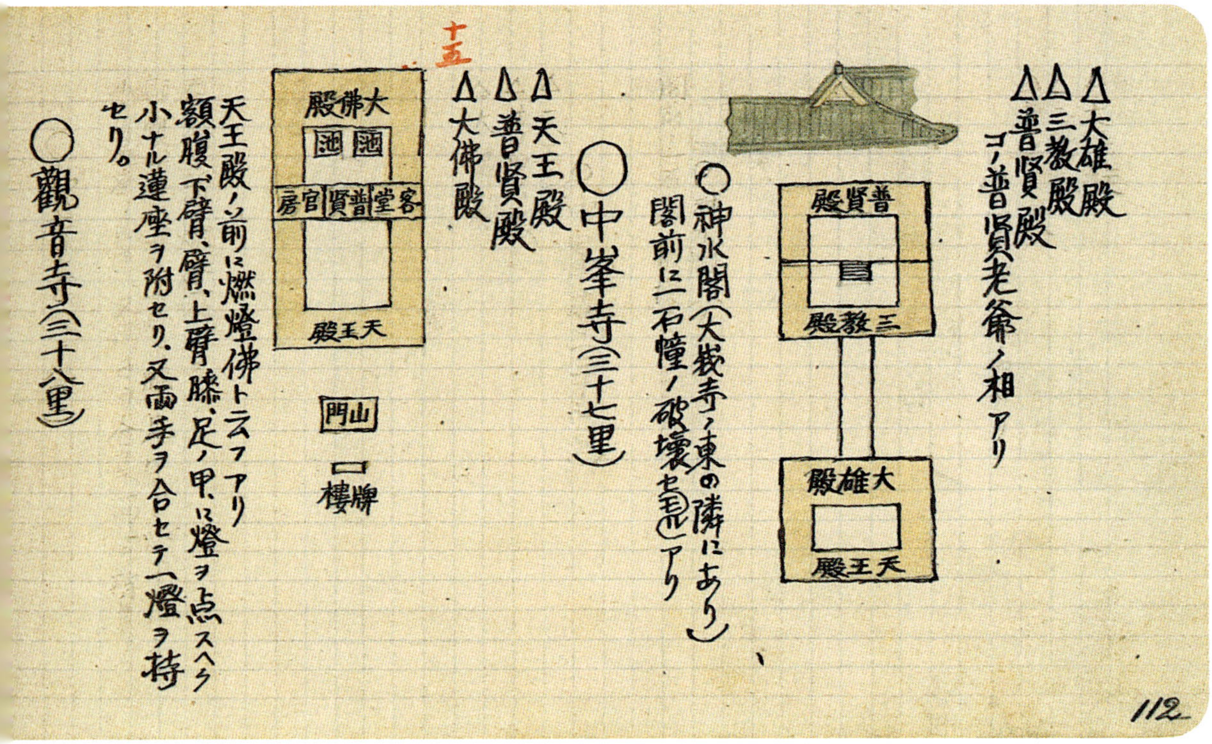
△大雄殿
△三教殿
△普賢殿
コノ普賢殿ニ普賢老爺ノ相アリ
普賢殿
三教殿
大雄殿
天王殿
○神水閣（大峩寺ノ東ノ隣ニあり）閣前ニ一石幢ノ破壊セシモノアリ
○中峯寺（三十七里）
△天王殿
△普賢殿
△大佛殿
十五
大佛殿
客堂
普賢
官房
天王殿
山門
牌樓
天王殿ノ前ニ燃燈佛トスアリ額、腹、下臂、臂、上臂、膝、足ノ甲ニ燈ヲ点スヘク小ナル蓮座ヲ附セリ、又両手ヲ合セテ一燈ヲ持セリ。
○観音寺（三十八里）
112

112 **峨眉山（4）（11月17日）**

大峨寺是规模宏大的寺院，由前后两个建筑群构成。中峰寺设置有牌楼、山门和两个中庭。多数是由一个中庭围起来的形式。

万年寺（五十里）　　金龙寺（四十八里）　　白龙洞（四十七里）

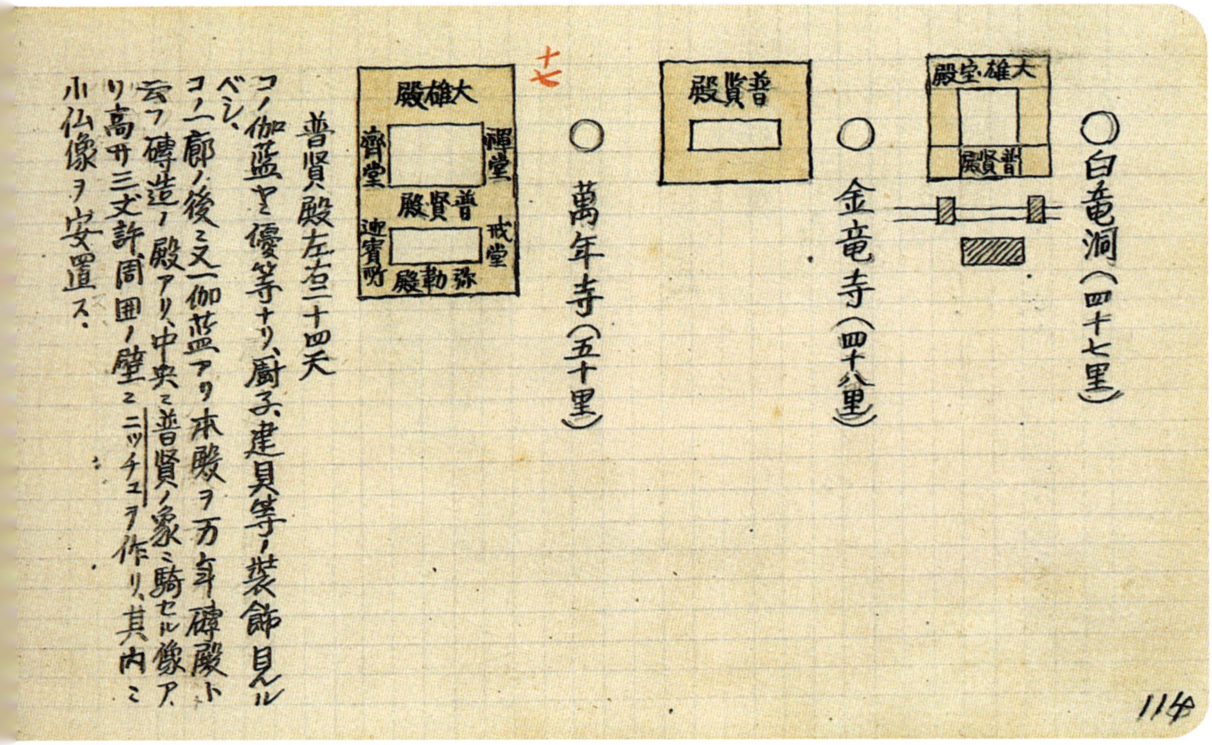
大雄宝殿
普賢殿
○白竜洞（四十七里）
普賢殿
○金竜寺（四十八里）
○萬年寺（五十里）
十七
大雄殿
禪堂
齋堂
普賢殿
戒堂
迎賓所
弥勒殿
普賢殿左右二十四天
コノ伽藍ハ優等ナリ、厨子建具等ノ装飾見ルベシ、コノ一廓ノ後ニ又一伽藍アリ本殿ヲ万年磚殿ト云フ磚造ノ殿アリ、中央ニ普賢ノ象ニ騎セル像アリ高サ三丈許、周囲ノ壁ニニッチュヲ作リ、其内ニ小仏像ヲ安置ス。
114

普贤殿左右二十四天

这个寺院属优等，可见厨子、建具等的装饰。这个寺院的后面还有一个寺院，本殿叫作万年砖殿，是砖造的殿，中央是普贤骑象的像，高三丈许。周围墙壁上造壁龛，其内安置着小佛像。

114 **峨眉山（6）（11月18日）**

万年寺创建于晋代。前身为普贤寺、白水寺。万年砖殿呈方形，天花板成穹顶，屋顶四隅有塔。主佛乘坐六牙白象的普贤菩萨像是铜制的宋代建造。

113 峨眉山（5）（11月17日）

清音阁在两条溪流的汇合之处，传说是由于流水的声音清亮而得名。我们一行在中庭左侧的客房住了一宿，但对精心的料理没有感觉到好吃。这座山没有像野山那样的客房，所以住在了寺院的客房。

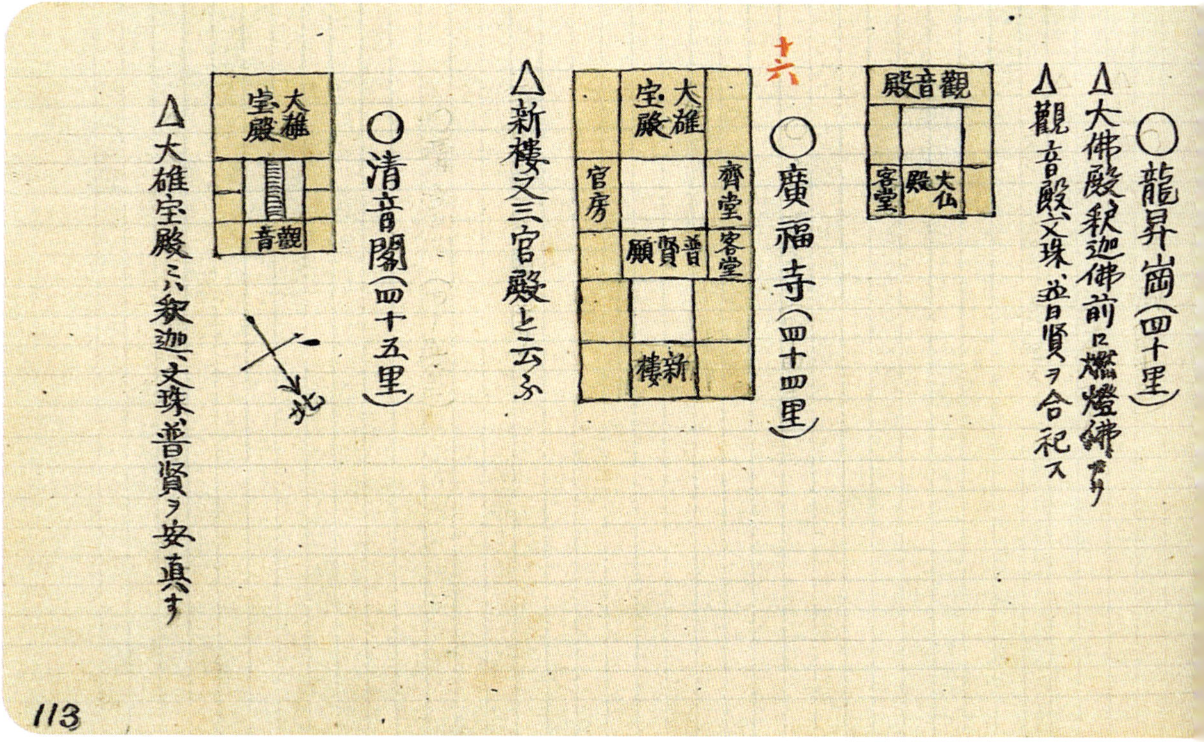

115 峨眉山（7）（11月18日）

拥有三千零九十九米的最高峰金顶的峨眉山，受气候变化的惠泽，是名扬天下的植物宝库，垂直分布的物种达三千种之多。现在，观心寺已成废寺。息心所是现存的。

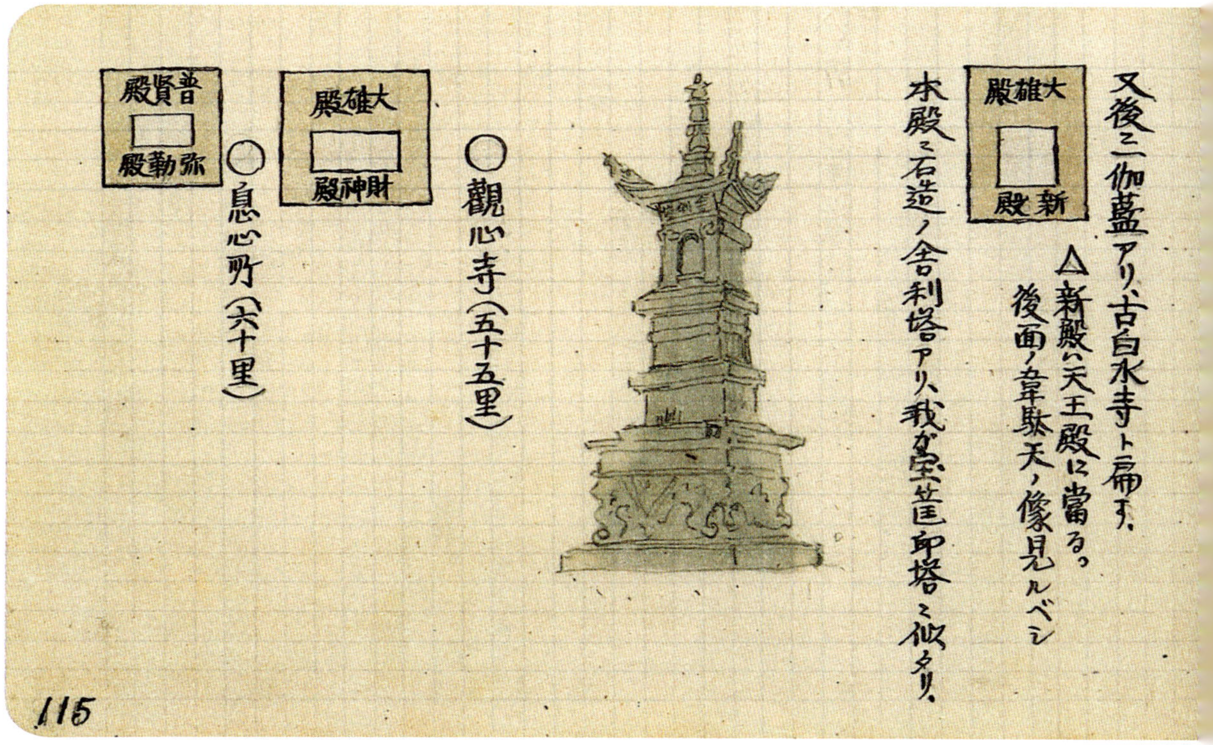

四川省

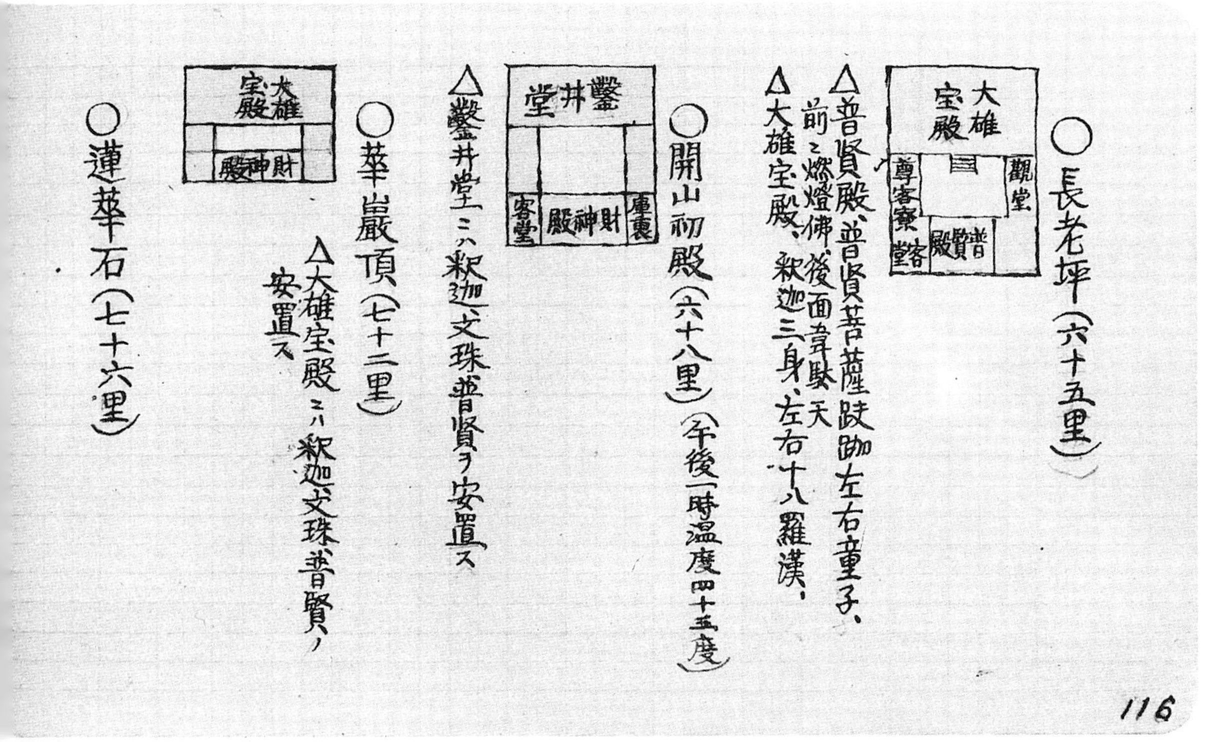
○長老坪（六十五里）
△普賢殿、普賢菩薩跌跏左右童子、前ニ燃燈佛、後面韋馱天
△大雄宝殿、釈迦三身、左右十八羅漢、
○開山初殿（六十八里）（午後一時温度四十五度）
△鑒井堂ニハ釈迦文殊普賢ヲ安置ス
○華巖頂（七十二里）
△大雄宝殿ニハ釈迦文殊普賢ノ安置ス
○蓮華石（七十六里）
116

116峨眉山（8）（11月18日）

开山初殿传说是开山最初的殿堂之所。准备在这里用午饭，可气温达华氏四十三度。从这里再往前行就更加陡峻了。拄着手杖一步一步用力登山，每前进一步都会大汗淋漓，若停下休息一步又会寒气彻骨。

峩眉登山
118

118峨眉山（10）（11月17日）

东汉时代，在峨眉山创建寺庙，之后道教进入。唐宋以后佛教盛行，但到明清时衰微，曾经的近百个佛庙荒芜半数。

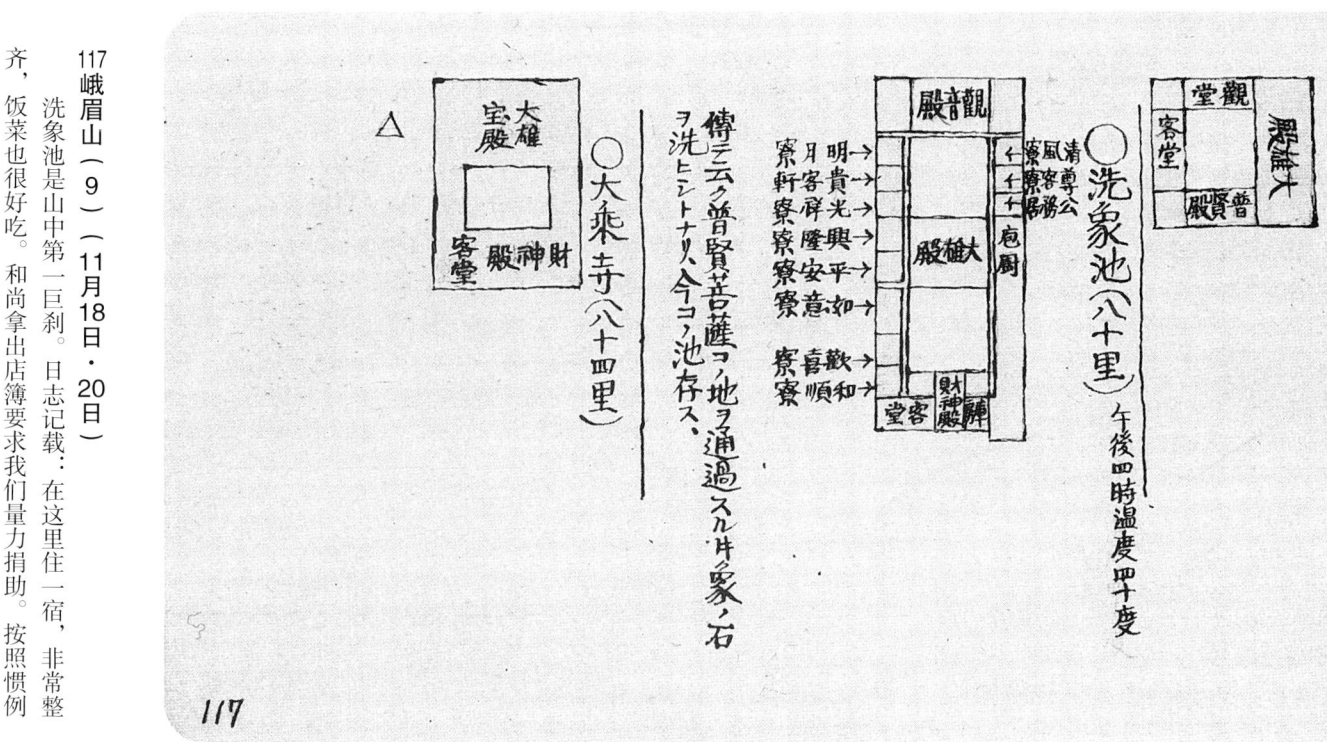

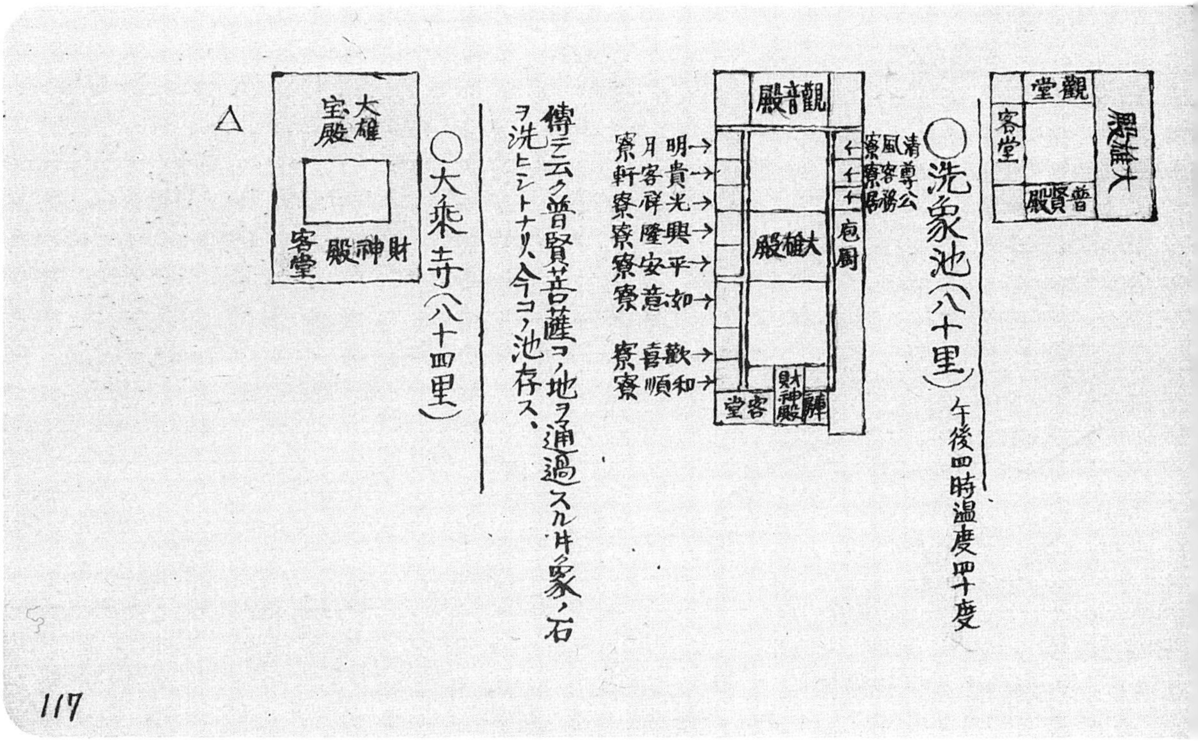
○洗象池（八十里）午後四時温度四十度
傳ニ云ク普賢菩薩ノ地ヲ通過スル時象ノ石ヲ洗ヒシトナリ、今コノ池存ス、
○大乘寺（八十四里）
觀音殿
大雄殿
財神殿
客堂
大雄宝殿
117

117峨眉山（9）（11月18日・20日）

洗象池是山中第一巨刹。日志记载：在这里住一宿，非常整齐，饭菜也很好吃。和尚拿出店簿要求我们量力捐助。按照惯例拿出一百元。

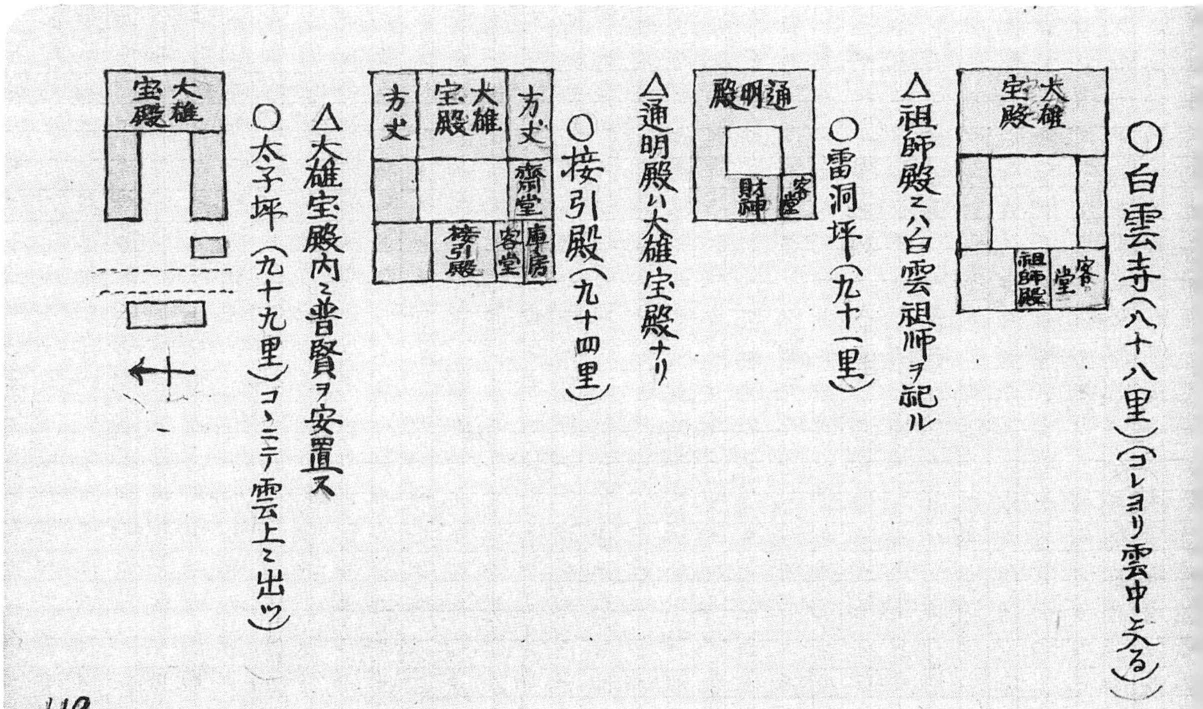
○白雲寺（八十八里）（コレヨリ雲中ニ入ル）
△祖師殿ニハ白雲祖師ヲ祀ル
○雷洞坪（九十一里）
△通明殿ハ大雄宝殿ナリ
○接引殿（九十四里）
△大雄宝殿内ニ普賢ヲ安置ス
○太子坪（九十九里）コヽニテ雲上ニ出ヅ
大雄宝殿
通明殿
接引殿
119

119峨眉山（11）（11月19日）

白云寺这一带，由于在山的背后，所以道路平缓。穿过接引寺，再次进入险峻的山路。湿滑的脚踩在冰上，白云突然散去，现出蓝天。不是天晴了，而是穿过了云彩。

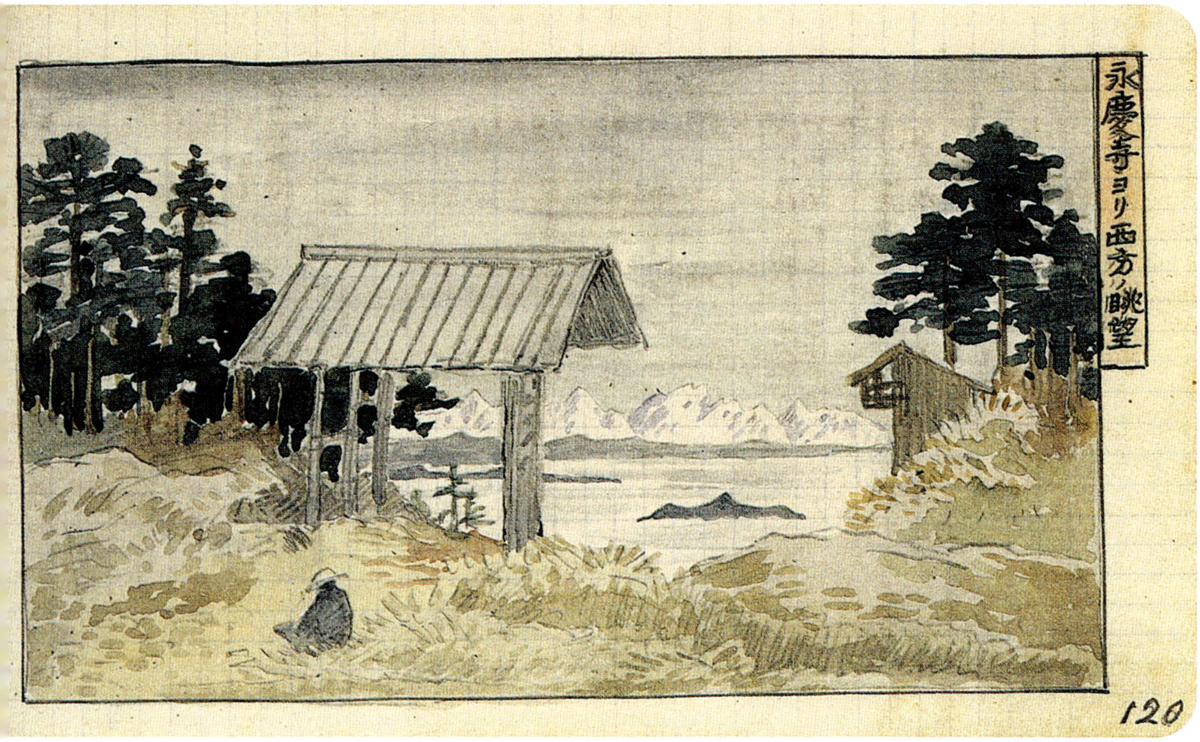

120峨眉山（12）（11月19日）

站在永庆寺向远处眺望，云海绕山旋转翻滚，化成海角形状的海湾展开而去。远远望去像白云雕刻般散去，闪烁耀眼的是二万五千尺高峰，以及西方的大雪山。

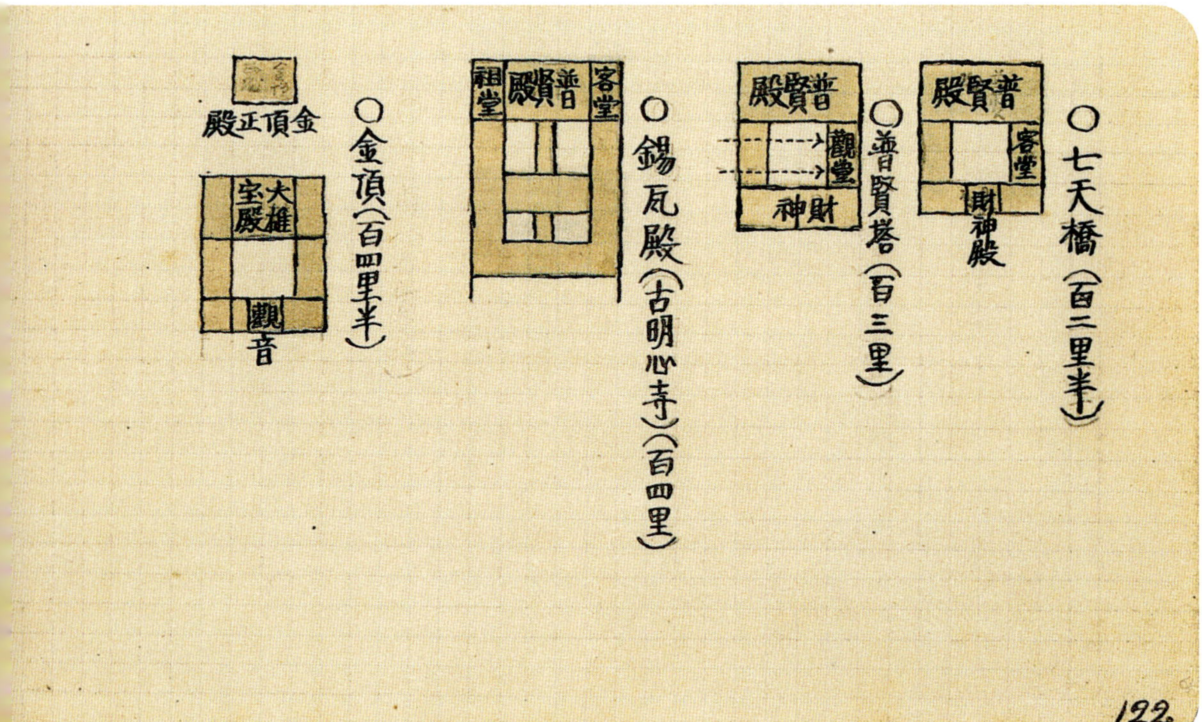

122峨眉山（14）（11月17日）

金顶是大峨山的最高峰，其东南是绝壁，正殿后边有数尺宽的通路，路的一边是石搁板，搁板外边就是四千余尺的绝壁。在这里住一宿，第二天的归途中访问了千佛顶、万佛顶。

121
峨眉山（13）
好像永庆寺、沈香塔已经不存在了。天门石现在还有，高五米的石头屹立在道路两侧。在明代这里也建有寺院。

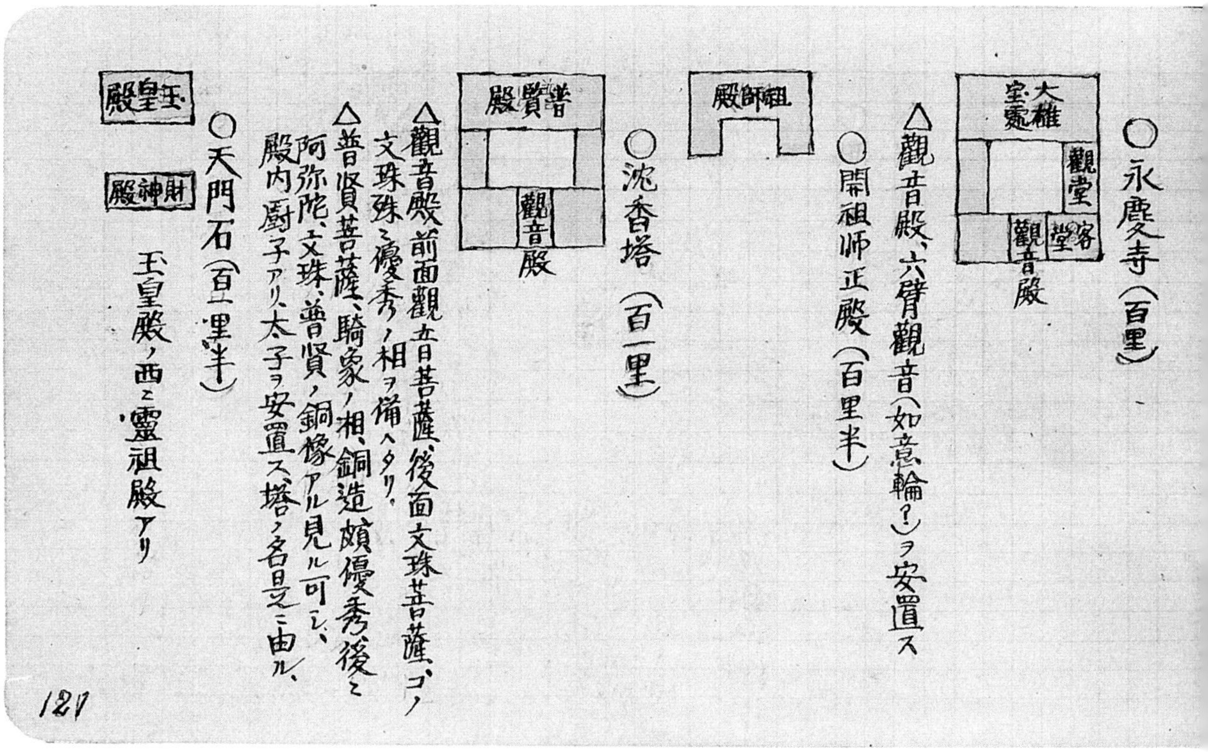
○永慶寺（百里）
大雄宝殿
觀堂
客堂
觀音殿
○開祖師正殿（百里半）
△觀音殿、六臂觀音（如意輪？）ヲ安置ス
祖師殿
○沈香塔（百一里）
普賢殿
觀音殿
△觀音殿前面觀音菩薩、後面文殊菩薩、コノ文殊殊ニ優秀ノ相ヲ備ヘタリ。
△普賢菩薩、騎象ノ相、銅造頗優秀、後ニ阿弥陀、文殊、普賢ノ銅像アル見ル可シ、殿内厨子アリ、太子ヲ安置ス塔ノ名是ニ由ル、
○天門石（百一里半）
玉皇殿ノ西ニ靈祖殿アリ
玉皇殿
財神殿
121

123
峨眉山（15）（11月17日）
从金顶四下远眺周围的景色，真的是太宏大太雄伟了，但是不凑巧的是俗世之眼看不到云的底下的景象。风把云吹淡了，所以只能隐约看到二峨山、三峨山的山顶。

金頂ヨリ千仏亭を望む
123

四川省

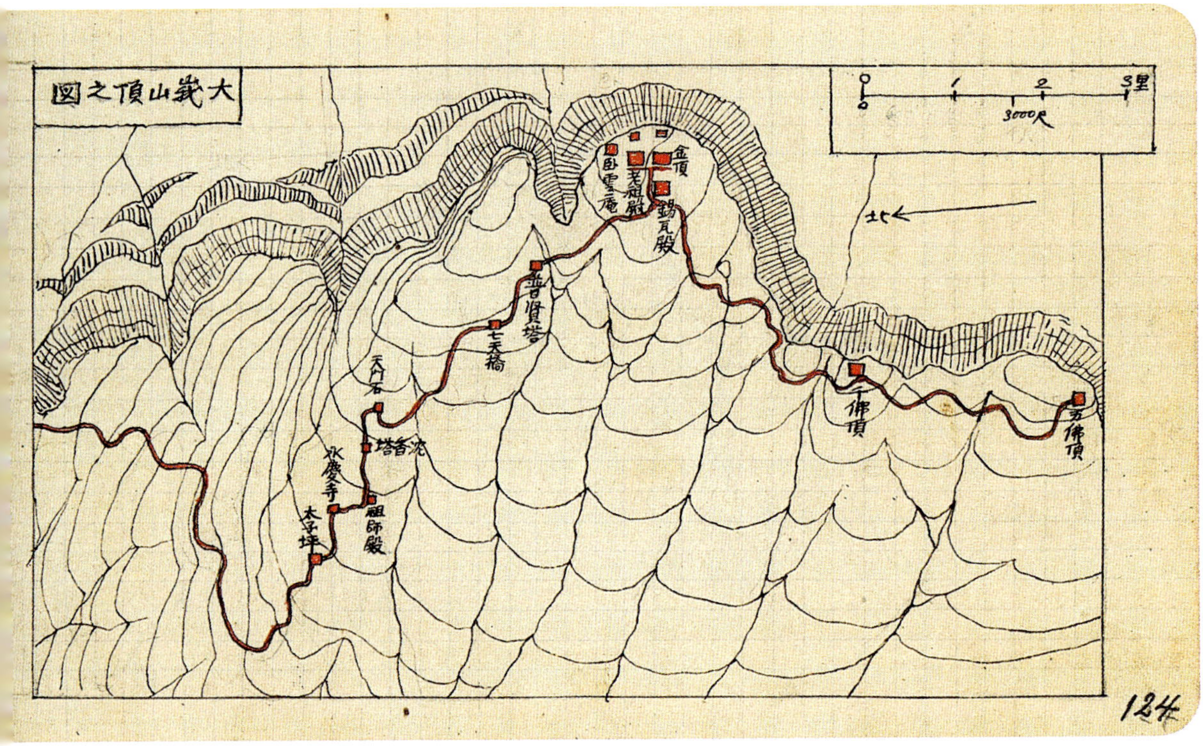

124 峨眉山（16）大峨山顶图

大峨山是峨眉山主峰。峨眉山由大峨、二峨、三峨、四峨四峰组成。

126 峨眉山（18）雷洞坪（11月17日）

从金顶返回的路是一路下坡，加之光滑的石板上冻雪如镜。途中看到了雷洞坪的大悬崖，一路提心吊胆，夜宿洗象池。

125峨眉山（17）从千佛顶眺望金顶（11月17日）

在金顶住宿的第二天早晨，大风吹掉雪花，寒气袭人，但还是登上了千佛顶。归途中，昨天来时的白云逐渐消失了，风也停了，阳光照耀，身心非常爽快。

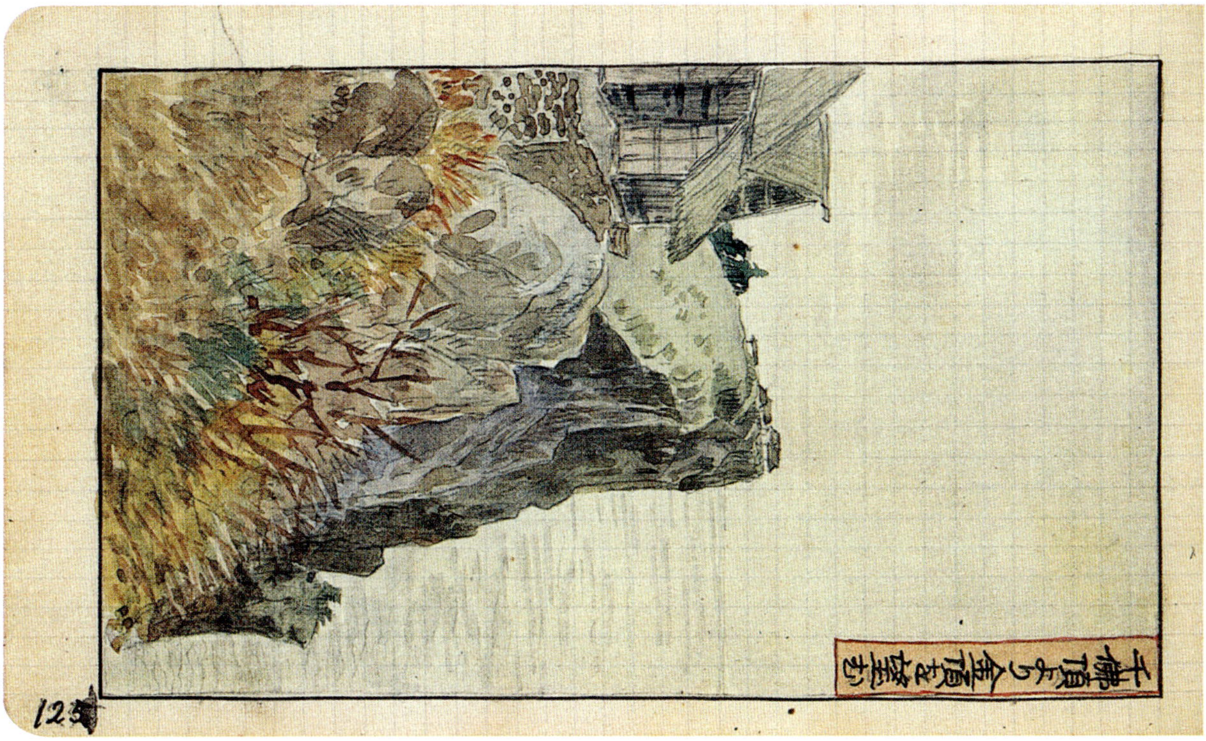

127地图　峨眉山图（1）

峨眉山位于四川省成都市西南一百六十公里之处。

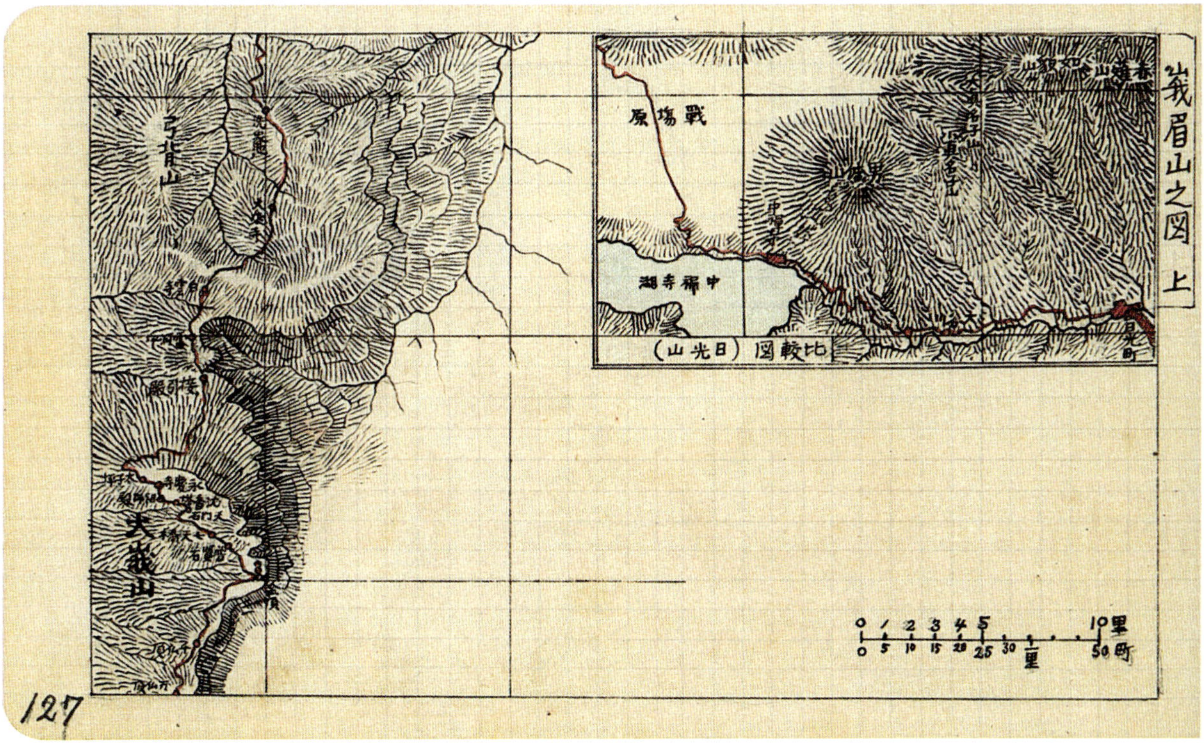

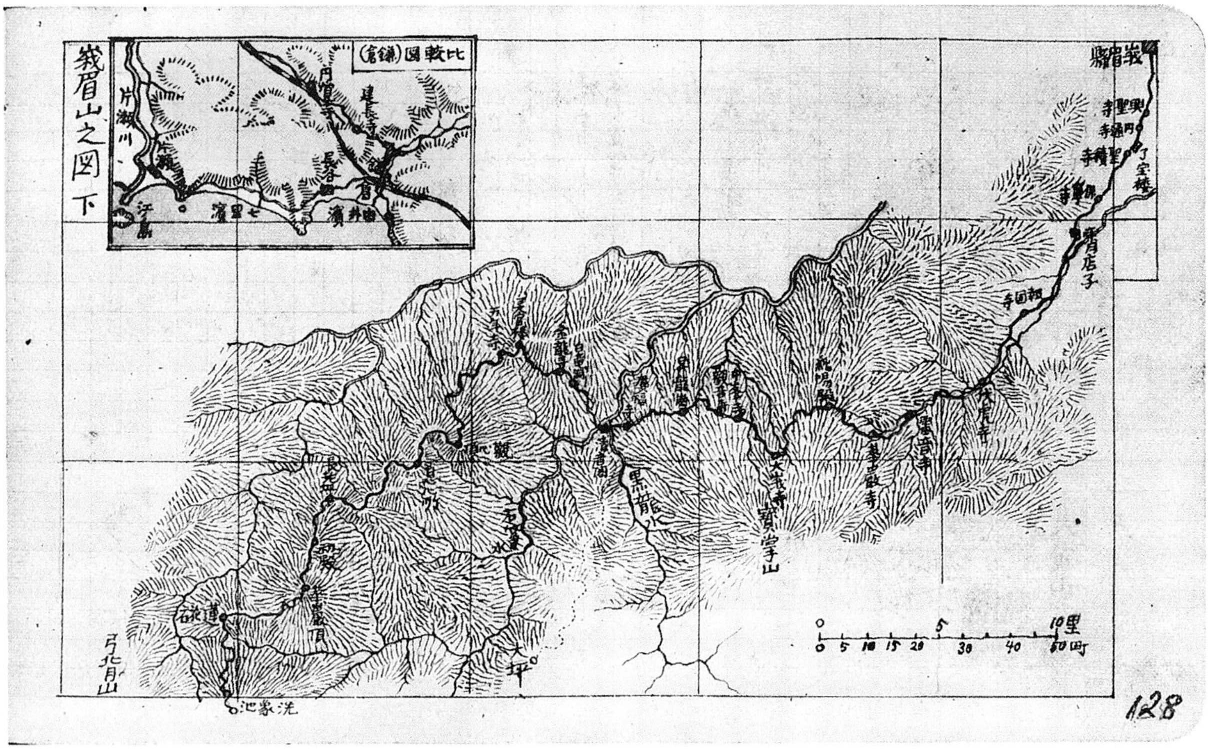

128 地图 峨眉山图（2）

现在的峨眉山，是交通发达的旅游观光地，汽车公路开通至接引殿。

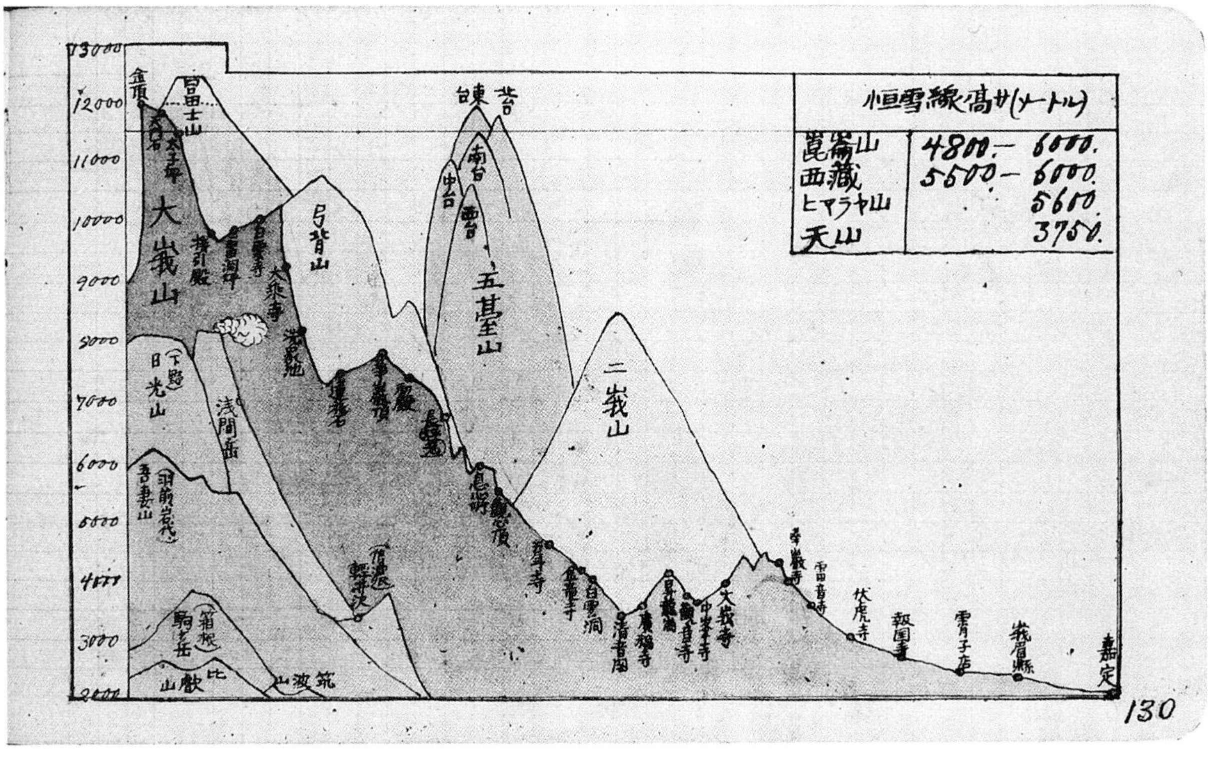

130 高低图（嘉定—金顶）

峨眉山的山麓到山顶温度差有十五摄氏度。即使是盛夏，山顶的平均气温也只有十一度左右。

（甲）布局。后面是安置着释迦的大雄宝殿。其右边有斋堂或库房，左边有客舍。客堂是前殿的一部分，方丈房是后殿的一部分。多数缺少山门，除此之外往往也缺少鼓楼、钟楼、天王殿等。（只有一个寺院有天王殿）

（乙）材料。皆是木造的，全都不用石砖和土，房屋是木板屋面、铁板屋面或用粗糙的栈瓦屋面。木材采伐自山里，选用枞木或楠木。

（丙）形式。以地形的高低为准，后殿往往高于前殿，二层或三层的回形设计，通过四个屋脊，有高有低，可见稍高房屋的山墙，其它与普通的殿堂相同。

129 峨眉山建筑的特性（13）

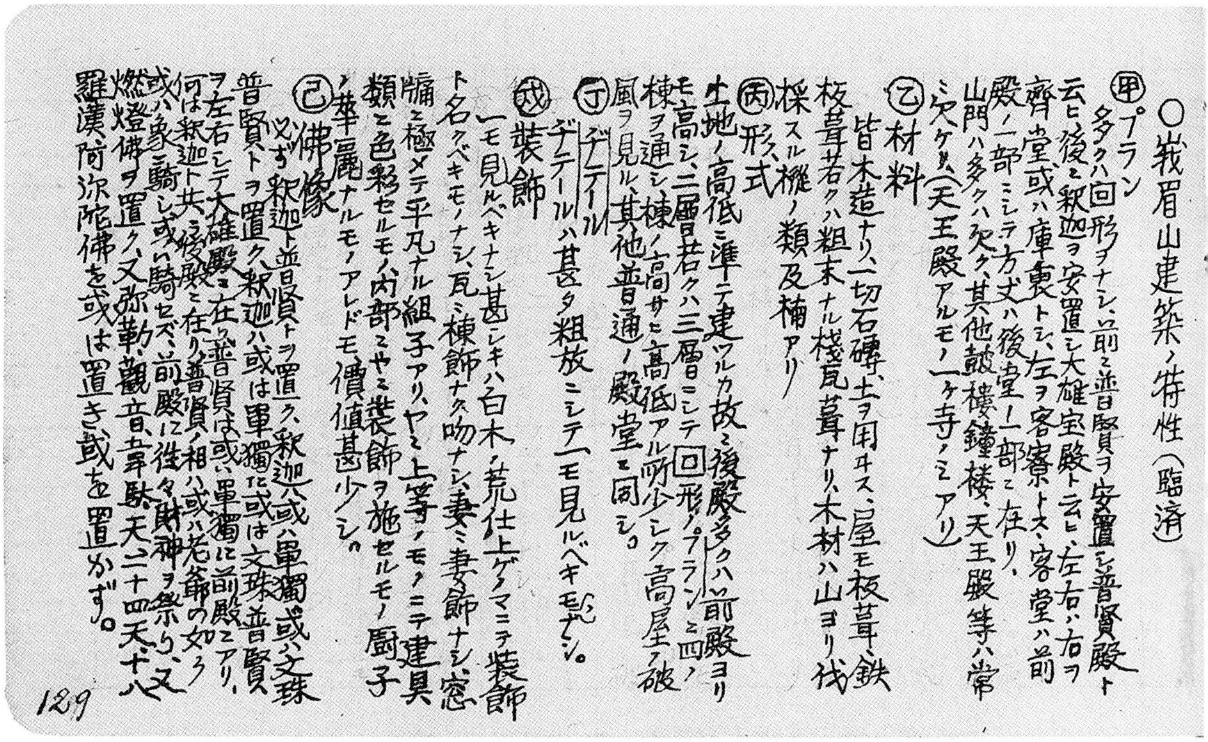
○峨眉山建築ノ特性（臨済）
甲 プラン
多クハ回形ヲナシ、前ニ普賢ヲ安置シ普賢殿ト云ヒ後ニ釈迦ヲ安置シ大雄宝殿ト云ヒ、左右ハ右ヲ齋堂或ハ庫裏トシ、左ヲ客寮トス。客堂ハ前殿ノ一部ニシテ方丈ハ後堂ノ一部ニ在リ。
山門ハ多クハ欠ク、其他鼓楼、鐘楼、天王殿等ハ常ニ欠ケリ（天王殿アルモノ一ケ寺ノミアリ）
乙 材料
皆木造ナリ、一切石磚土ヲ用ヰズ、屋モ板葺、鉄板葺若クハ粗末ナル桟瓦葺ナリ、木材ハ山ヨリ伐採スル樅ノ類及楠アリ
丙 形式
土地ノ高低ニ準テ建ツルカ故ニ後殿多クハ前殿ヨリモ高シ、二層若クハ三層ニシテ回形ノプランニ四ノ棟ヲ通シ棟ノ高サニ高低アル故少シク高屋ノ破風ヲ見ル、其他普通ノ殿堂ニ同シ。
丁 ヂテール
ヂテールハ甚タ粗放ニシテ一モ見ルベキモノナシ。
戊 装飾
一モ見ルベキナシ甚シキハ白木ノ荒仕上ゲノマヽニテ装飾ト名クベキモノナシ、瓦ニ棟飾ナク吻ナシ妻ニ妻飾ナシ窓牖ニ極メテ平凡ナル組子アリ、ヤヽ上等ノモノニテ建具類ニ色彩セルモノ内部ニヤヽ装飾ヲ施セルモノ厨子ノ華麗ナルモノアレドモ價値甚少シ。
己 佛像
必ず釈迦ヲ置ク、釈迦ハ或ハ単獨、或ハ文珠普賢ト共ニ置ク、釈迦ハ或は単獨に或は文珠普賢ヲ左右ニシテ大雄殿ニ在リ、普賢は或ハ単獨ニ前殿ニアリ、或は釈迦ト共ニ後殿ニ在り、普賢ノ相ハ或ハ老爺の如ク或ハ象ニ騎レ或ハ騎セズ、前殿には往々財神ヲ祭リ又燃燈佛ヲ置ク、又弥勒、観音、韋駄天、二十四天、十八羅漢、阿弥陀佛を或は置き或は置かず。
129

（丁）建筑。相当粗糙，一处有价值的也没能看到。

（戊）装饰。没有一个该看的，大多是用素木粗装饰，没有出名的。屋瓦有脊饰但无吻，山墙无山墙饰，窗户上有极平常的门窗棂条，稍稍上等的装修构件是彩色的，用来装饰内部，即使有华丽的，也价值不大。

（己）佛像。大雄殿必定有释迦，释迦单独放置，或与文殊、普贤一起安置，释迦单独或与文殊、普贤左右安置。普贤或单独安置在前殿、或与释迦一起安置在后殿。普贤的像或似老人，或骑象、或不骑。前殿往往供奉财神，或放置燃灯佛。或安置、或不安置弥勒、观音、韦驮、二十四天王、十八罗汉、阿弥陀佛。

131 峨眉山（19）（11月17日）

在大峨寺买了朴木制的金刚杖。金刚杖上部雕刻着龙以及人形，是很稀罕的东西。神水阁有签，签的形状如右图，类似于日本的塔。

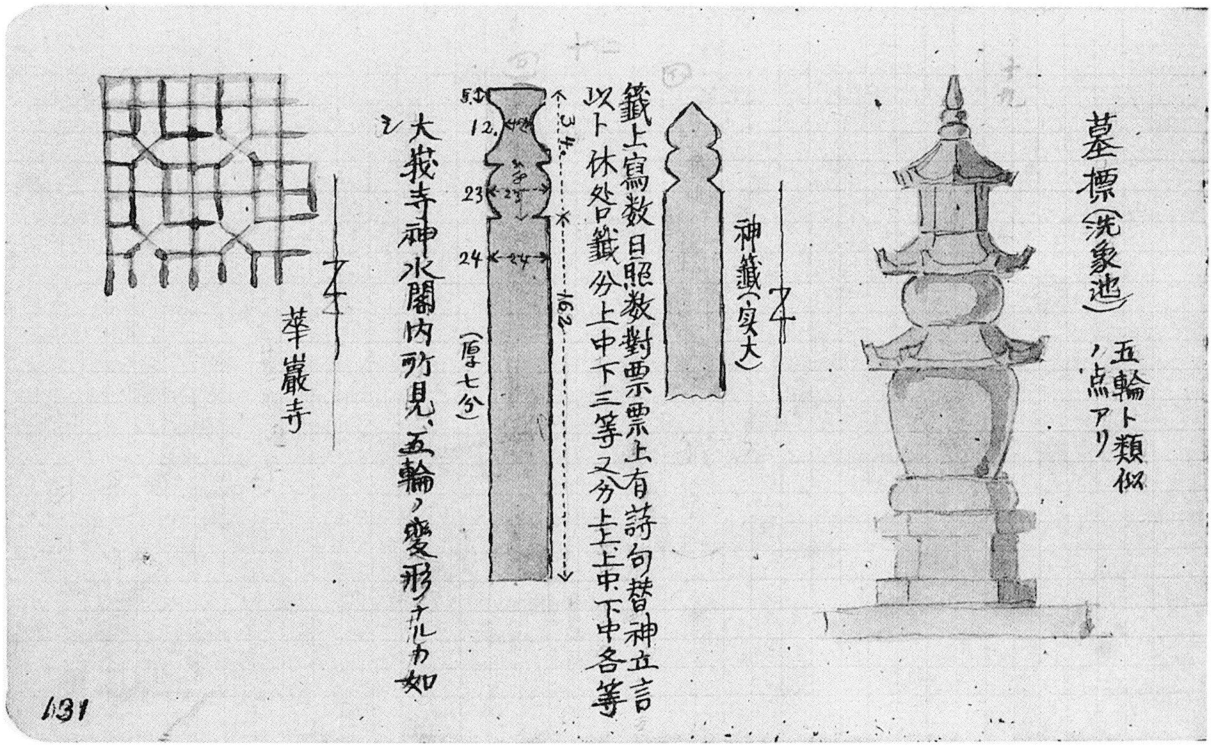
墓標（洗象池）
五輪ト類似ノ点アリ
神籤（大峨）
籤上寫数日照数對票票上有詩句替神立言
以下休咎籤分上中下三等又分上上上中上下中下各等
大峨寺神水閣内所見、五輪ノ變形ナルカ如シ
（厚七分）
華嚴寺
131

金龍寺ヨリ金頂ヲ眺望ノ景
132

132
峨眉山（20）自金龙寺眺望（11月17日）

佛教三大圣地包括五台山·文殊圣境，峨眉山·普贤圣境，普陀山·观音圣境，我们一行完成了其中两个圣地的实地调查。

○峩眉登山之圖
雲の上子抽て見れど久方の光を峩眉の峯ようぞさす

134
峨眉山登山图

峨眉山供奉着普贤菩萨。普贤菩萨通常乘坐大象，这幅纸画上的菩萨跨着龙。

金龙寺

寺内有座名叫万佛塔的铜塔，普通宝塔形，九轮奇怪，没有层七级。在佛塔尖上的火焰形装饰上有盖，盖上又有五重层，最上有三重宝珠。

○峨眉山的建筑概评：

（甲）设计图。设计图不完整，常常是螺旋形的，一个设计图之外，还有二三个附属房舍。

（乙）装配。是寺院的外表样子。

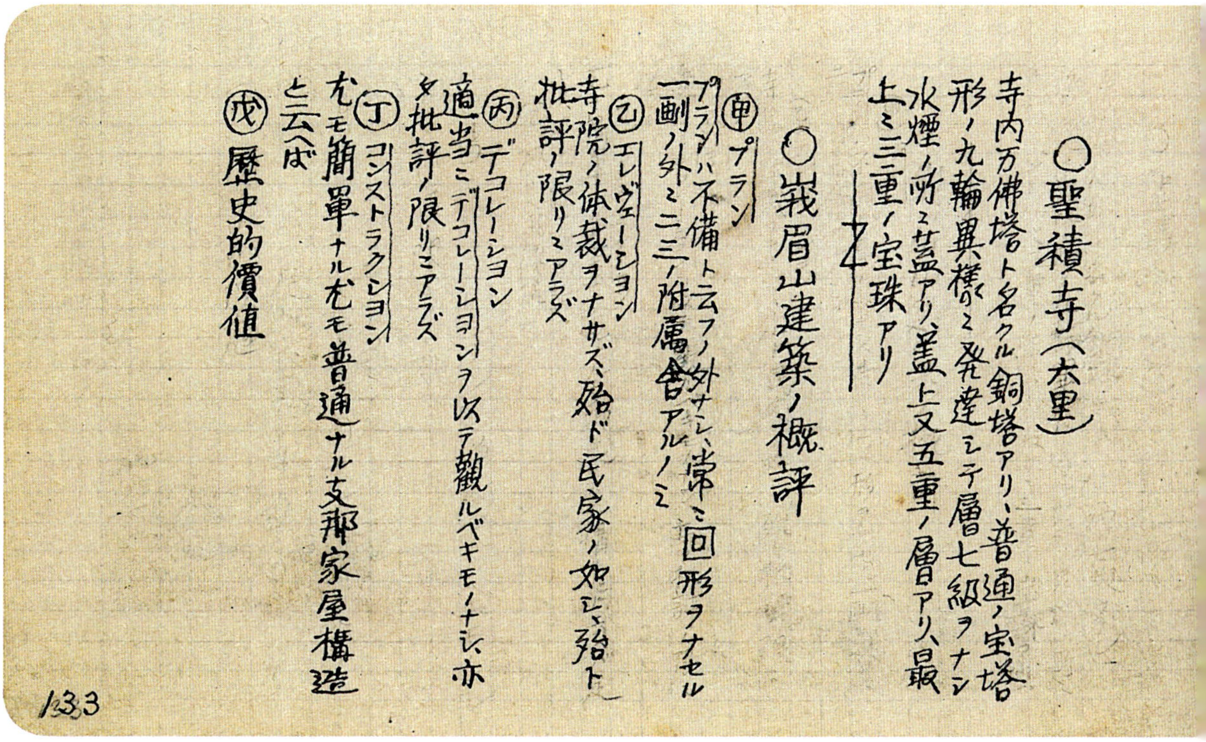

○聖積寺（大里）

寺内万佛塔ト名クル銅塔アリ、普通ノ宝塔形ノ九輪異様ニ発達シテ層七級ヲナシ水煙ノ所ニ蓋アリ蓋上又五重ノ層アリ、最上ニ三重ノ宝珠アリ

○峩眉山建築ノ概評

(甲)プラン プランハ不備ト云フノ外ナシ、常ニ回形ヲナセル一劃ノ外ニ二三ノ附属舎アルノミ

(乙)エレヴェーション 寺院ノ体裁ヲナサズ、殆ド民家ノ如シ、殆ト批評ノ限リニアラズ

(丙)デコレーション 適当ニデコレーションヲ以テ観ルベキモノナシ、亦タ批評ノ限リニアラズ

(丁)コンストラクション 尤モ簡単ナル尤モ普通ナル支那家屋構造ト云ヘバ

(戊)歴史的價值

133

133 峨眉山（21）

关于建筑物，比较一般

（丙）装饰品。只有适当的装饰。

（丁）构造。可以说都是极简单的极普通的中国房屋构造。

（戊）有历史性价值。

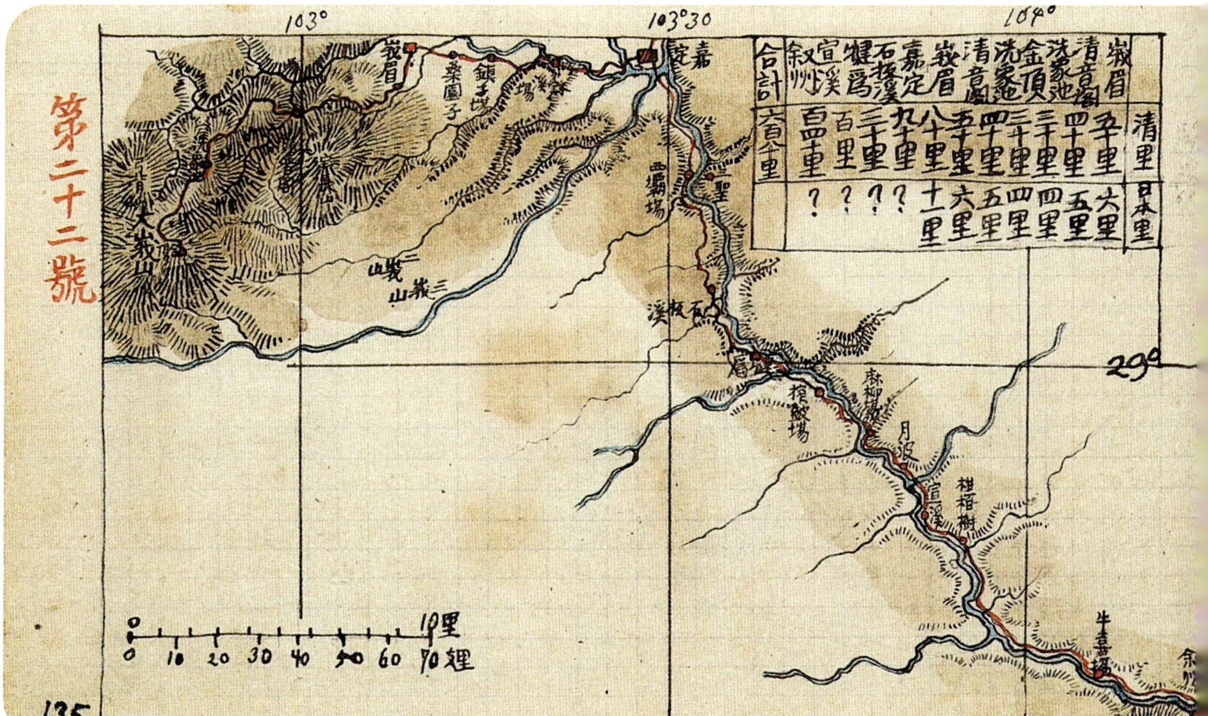

135 地图第二十二号（峨眉—叙州）

从峨眉到嘉定府走陆路。从嘉定府开始走水路到叙州。

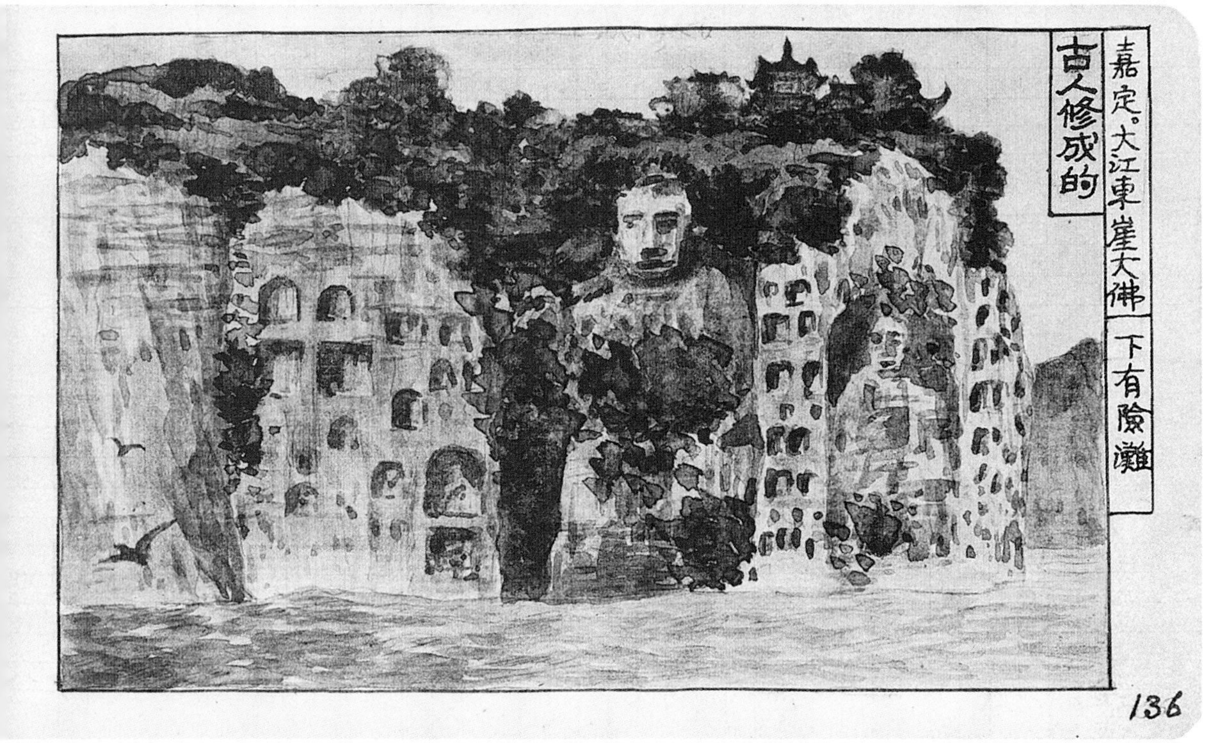

136
嘉定府（2）大佛（11月24日）

在面向嘉定府的东岸有一群石佛龛。高有十余丈的大佛的座像，是把岩山圆雕成的。其余大小佛像用佛龛的形状挖成。由于水流湍急，船不能靠近。这就是现在的乐山大佛。

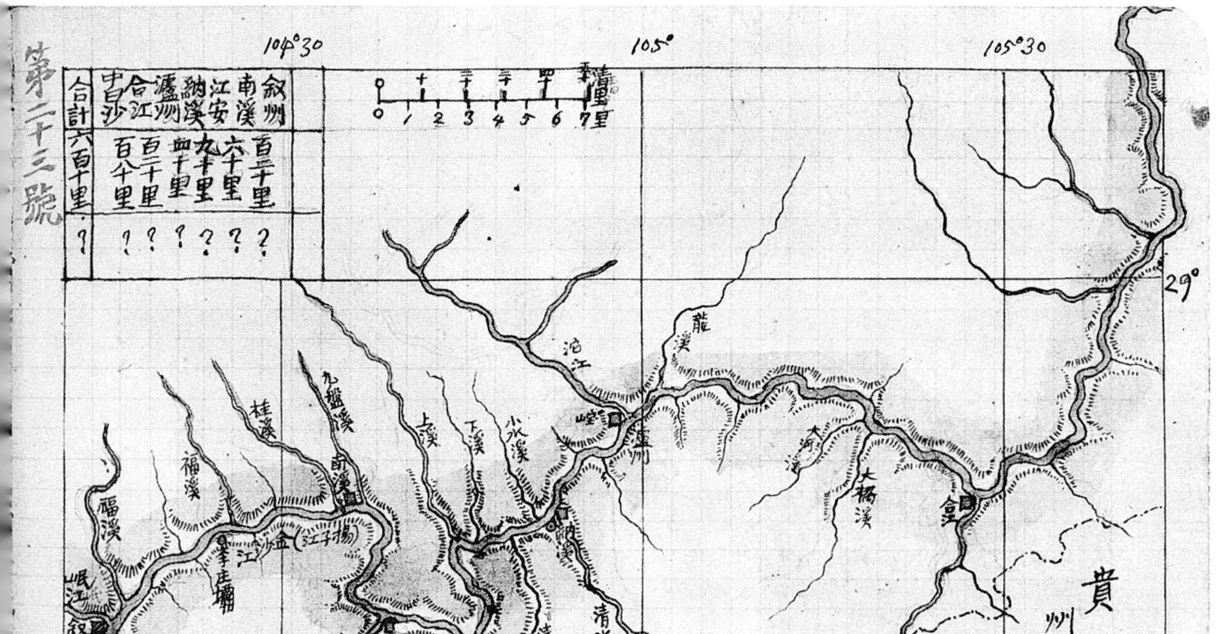

138
地图第二十三号（叙州—合江）

（三十四）犍为县。城方圆三里余，户一千，人口四千五百许。
（三十五）叙州府（宜宾县）。城方圆七里余，人口四万以上？
（三十六）内溪县。城方圆九里，户数二千（人口一万以内）？
这一带到处有塔，叙州附近有八重，构造形状没有特别珍奇。
（三十七）江安县。城方圆九里，人口一万余（户数三千）。

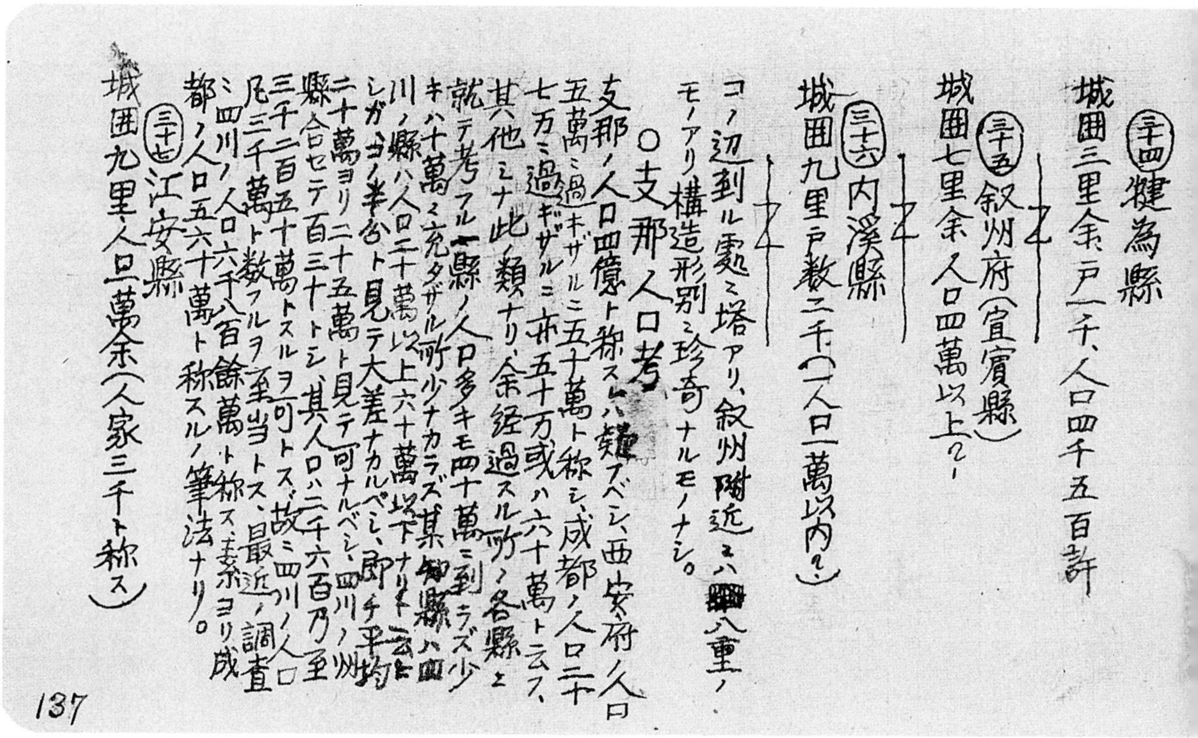
（三十四）犍為縣
城囲三里余、戸一千、人口四千五百許
（三十五）叙州府（宜賓縣）
城囲七里余 人口四萬以上？
（三十六）内溪縣
城囲九里 戸数二千（人口一萬以内？）
コノ辺到ル處ニ塔アリ、叙州附近ニハ八重ノモノアリ構造形別ニ珍奇ナルモノナシ。
○支那人口考
支那ノ人口四億ト称スルハ疑ブベシ、西安府ノ人口五萬ニ過ギザルニ五十萬ト称シ、成都ノ人口三十七万ニ過ギザルニ亦五十万或ハ六十萬ト云フ、其他ミナ此類ナリ。余経過スル所ノ各縣ニ就テ考フル一縣ノ人口多キモ四十萬ニ到ラズ少キハ十萬ニ充タザル所少ナカラズ某知縣ハ四川ノ縣ハ人口三十萬以上六十萬以下ナリト云ヒシガ其ノ半分ト見テ大差ナカルベシ、即チ平均二十萬ヨリ二十五萬ト見テ可ナルベシ。四川州縣合セテ百三十ト見テ其人口ハ二千六百乃至三千二百五十萬トスルヲ可トス。故ニ四川ノ人口凡三千萬ト数フルヲ至当トス、最近ノ調査ニ四川ノ人口六千八百餘萬ト称ス、素ヨリ成都ノ人口五六十萬ト称スルノ筆法ナリ。
（三十七）江安縣
城囲九里人口一萬余（人家三千ト称ス）
137

137 叙州府（11月26日）
从嘉定府乘船顺长江下行。叙州府是四川南部的重要市场，也是长江上游的重要港口。市镇里有英国、美国、法国的传教士十几人。现在是叫宜宾市。

139 南溪（1）（11月27日）
茅房就是厕所。

四川省

140 南溪（2）（11月27日）

南溪县衙门前的十字路口，有方三尺，离地约七尺的木槛。罪人被关在里面。

142 泸州（2）（11月30日）

一到泸州的合江县，出迎的若干士兵带着大轿子和红伞来了。因为是直接访问衙门，在衙门正门口鸣响了三发爆竹。放爆竹迎接，这还是第一次。

（三十八）泸州。这一带扬子江水常常以每秒一尺或一尺二寸流过。△白塔△武侯祠（宝山）。城方圆七里，人口凡四万，其实应该有约三万。（三十九）合江。城方圆三里，城内千户，加城外合计三千户，人口应在一万以上。安江县南有照山，据称有唐宋古碑古建筑。（四十）江津。城方圆八里，东西三里、南北一里余，人口一万五千余（三、四千户）。这一带利用天井采光，叫亮瓦，就是一种透明的瓦，是普通瓦的二倍大小。六坪大的房间，用两块亮瓦，采的光就可以读书写字了。这个房间如果用六块亮瓦，就更方便了（亮瓦：宽六寸，长九寸）。

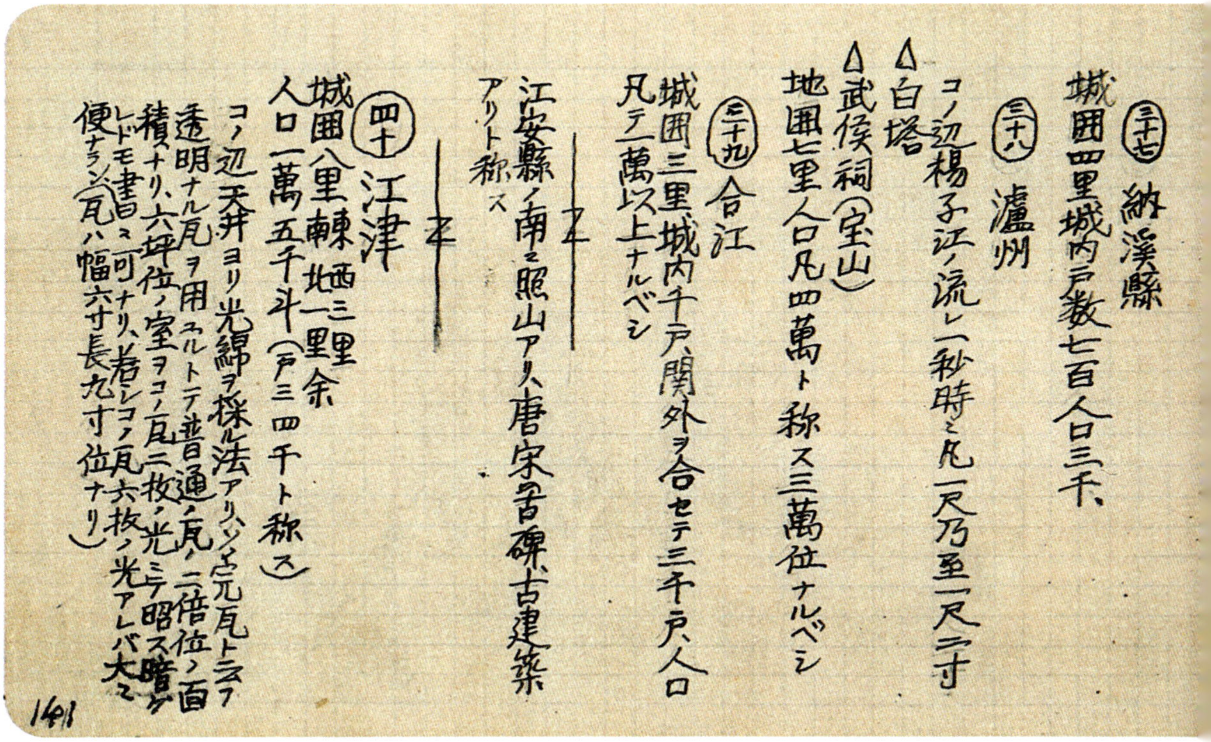
(三十七)納溪縣
城囲四里城内戸数七百人口三千、
(三十八)瀘州
コノ辺楊子江ノ流レ一秒時ニ凡一尺乃至一尺二寸
△白塔
△武侯祠(宝山)
城囲七里人口凡四萬ト称ス三萬位ナルベシ
(三十九)合江
城囲三里城内千戸関外ヲ合セテ三千戸人口
凡テ一萬以上ナルベシ
江安縣ノ南ニ照山アリ唐宋ノ古碑古建築
アリト称ス
(四十)江津
城囲八里 東西三里 南北一里余
人口一萬五千斗(戸三四千ト称ス)
コノ辺天井ヨリ光線ヲ採ル法アリ、ソレヲ亮瓦ト云フ
透明ナル瓦ヲ用ユルトテ普通瓦ノ二倍位ノ面
積ナリ、六坪位ノ室ヲコノ瓦二枚ノ光ニテ昭スコト暗ケ
レドモ書ヲ可ナリ、若シコノ瓦六枚ノ光アレバ大ニ
便ナラン(亮瓦ハ幅六寸長九寸位ナリ)
141

141 泸州（1）（11月29日）

泸州师范学堂里，有岩原的熟人，日本人教师伊藤松雄。同胞相见格外高兴，陪着他游览了城外的宝山。山上有武侯祠，建筑一般，但庭院很漂亮。从山上眺望非常美。

聻是一种符。人死变成鬼，鬼死变成聻。人怕鬼，鬼怕聻，故画此符以避鬼也。另外在供养塔里有“[illegible]”字，这也是一种符。在墓地等地方有刻着“禁裁脉”文字的碑，其意思是不能裁断水脉。钻洞找方位，如裁断水脉即龙脉，就得不到水了。另外，风水塔也是根据地形来的。没有详细询问此说法。（四十一）重庆府。这里扬子江的流速常常是每秒三尺，河宽一百五十尺左右。城东西凡七里、南北凡四里，人口十万许。

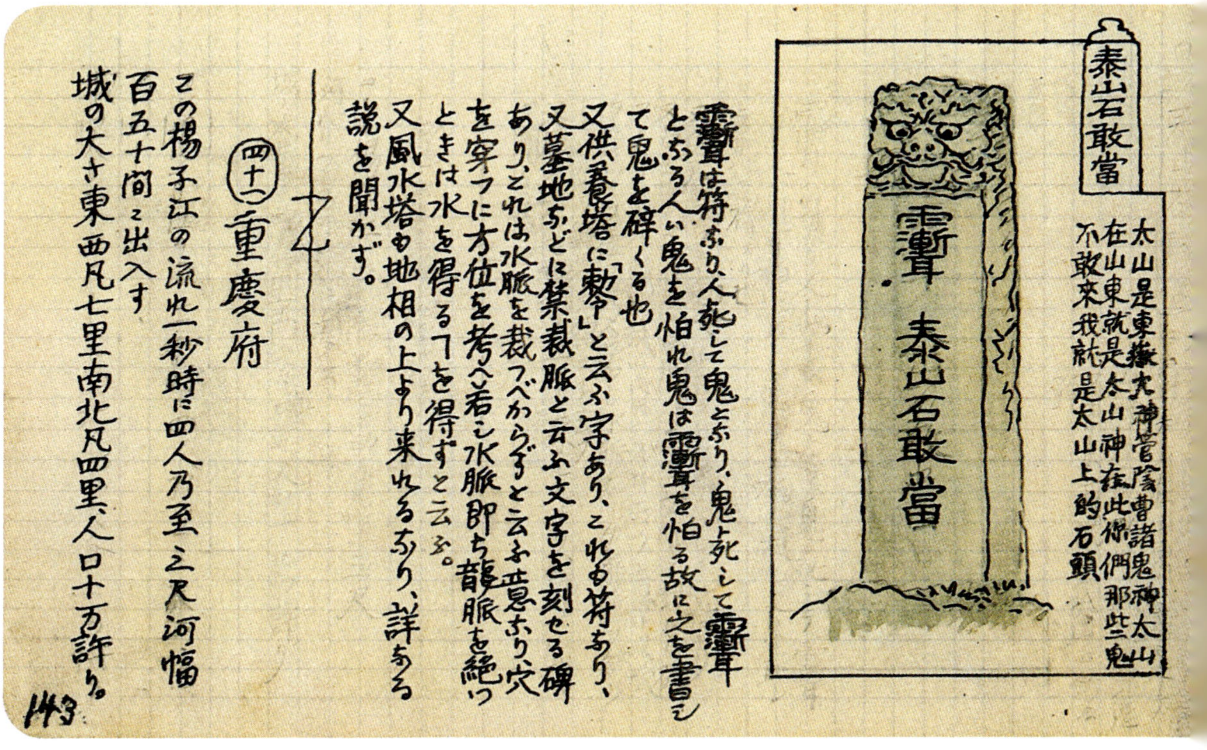

泰山石敢當
太山是東嶽大神管陰曹諸鬼神太山
在山東就是太山神在此你們那些鬼
不敢来我就是太山上的石頭
聻 泰山石敢當

聻ハ符ナリ人死シテ鬼トナリ、鬼死シテ聻
トナル人ハ鬼ヲ怕レ鬼ハ聻ヲ怕ル故ニ之ヲ書シ
テ鬼ヲ辟クル也
又供養塔ニ「[illegible]」ト云フ字アリ、コレモ符ナリ、
又墓地ナドニ禁裁脈ト云フ文字ヲ刻セル碑
アリ、コレハ水脈ヲ裁ツベカラズト云フ意ナリ穴
ヲ穿ツニ方位ヲ考ヘ若シ水脈即チ龍脈ヲ絶ツ
トキハ水ヲ得ルヿヲ得ズト云フ。
又風水塔モ地相ノ上ヨリ来レルナリ、詳ナル
説ヲ聞カズ。
(四十一)重慶府
コノ楊子江ノ流レ一秒時ニ四尺乃至三尺河幅
百五十間ニ出入ス
城ノ大サ東西凡七里南北凡四里、人口十万許リ。
143

143 重庆府（1）（12月3日）

重庆位于嘉陵江与金沙江的汇合之处，是四川省的第一大都市。有日本领事馆，和十数名日本人。多数人在进行与商业相关的调查，从事成立会社等活动。英国、法国也设有领事馆。

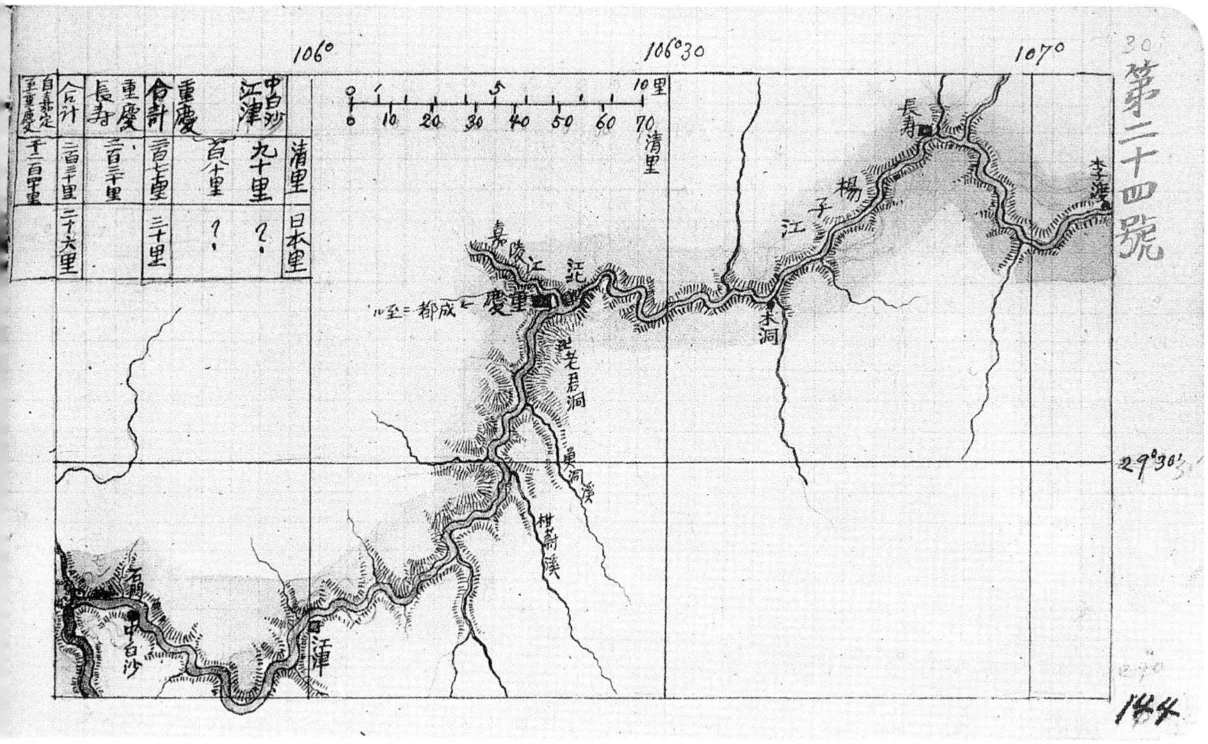

144 地图第二十四号（中白沙—重庆—长寿）

在重庆前后待了十天。

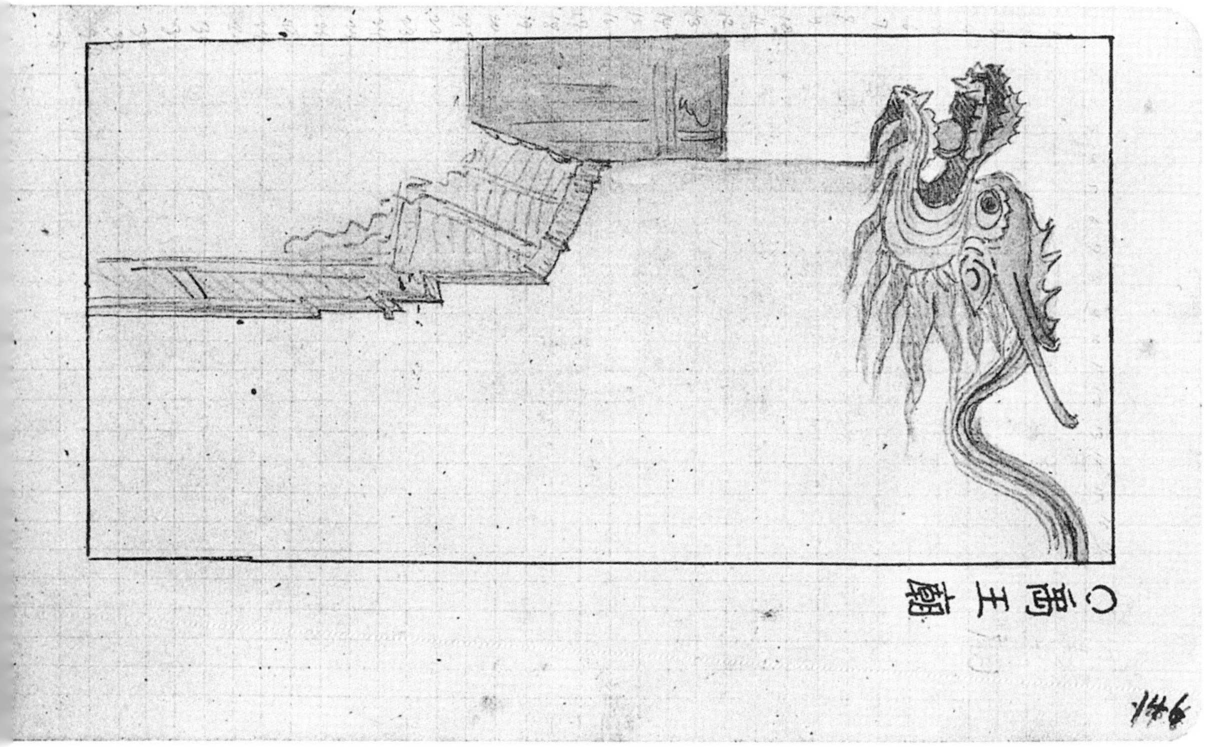

146 重庆府（3）禹王庙（12月3日）

禹王庙也是一例最昭著的建筑。界壁的端口设置着口含珠的龙头，这是非常奇特的，但在清朝南部不稀奇。

江南会馆。是叫作文星阁的五层阁。八角完全是塔的比例，但不是九轮形塔。宝顶有八条锁，有风铃，其余阁与塔几乎无区别。只能由其起源推考。（甲）阁呈楼形渐高，多用木造，每层有栏杆，檐多反翘，最上层有大屋顶。（乙）塔呈佛塔形渐变，多用砖造，每层有小屋顶，多数没有栏杆，上层有宝瓶。报恩寺，建筑无特别之处。

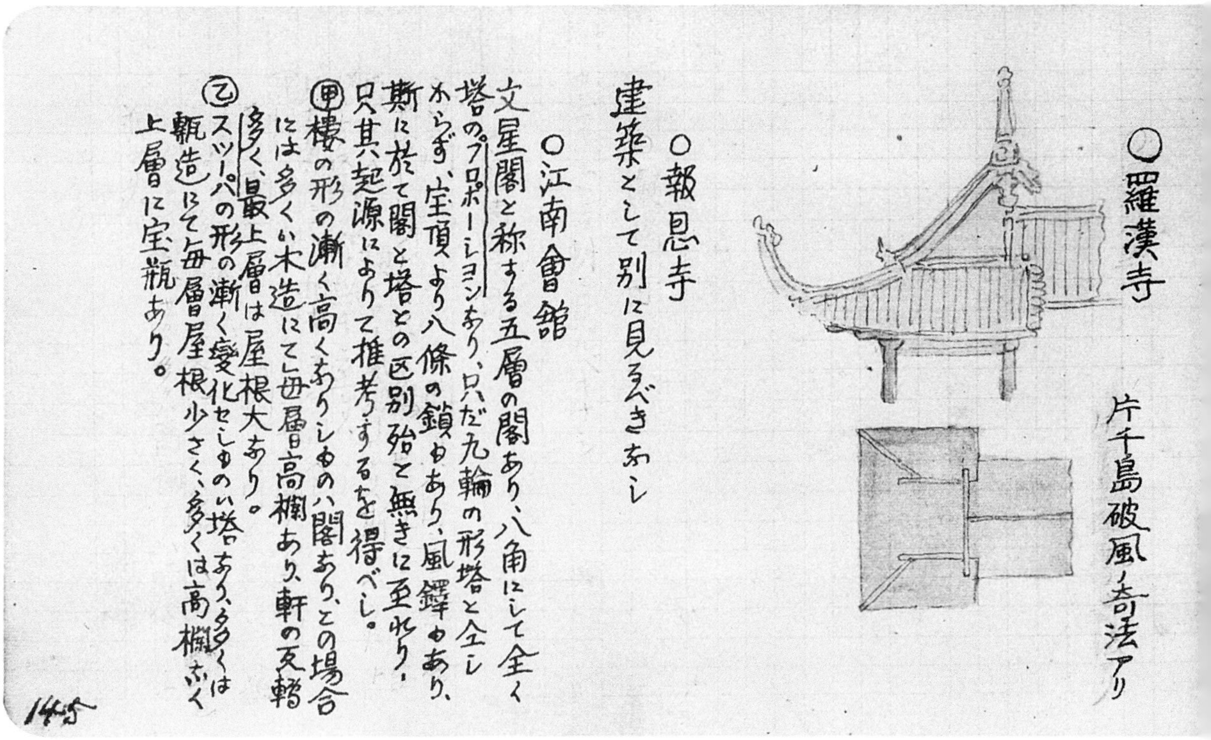
○羅漢寺
片千鳥破風ノ奇法アリ
○報恩寺
建築として別に見るべきなし
○江南會館
文星閣と称する五層の閣あり、八角にして全く塔のプロポーションあり、只だ九輪の形塔と全しからず、宝頂より八條の鎖もあり、風鐸もあり、
斯に於て閣と塔との区別殆と無きに至れり。
只其起源によりて推考するを得べし。
㊙楼の形の漸く高くありしもの八閣あり、この場合には多くハ木造にて毎層高欄あり、軒の反轄多く、最上層は屋根大あり。
㊁スツーパの形の漸く変化せしものハ塔あり、多くは甎造にて毎層屋根少さく、多くは高欄なく上層に宝瓶あり。
145

145 重庆府（2）（12月3日）

江南会馆的文星阁，其形状几乎是塔的样子，不同的是顶部没有相轮，而且哪也看不到佛像。可能是为了轻便，所以没有坚实的性质。

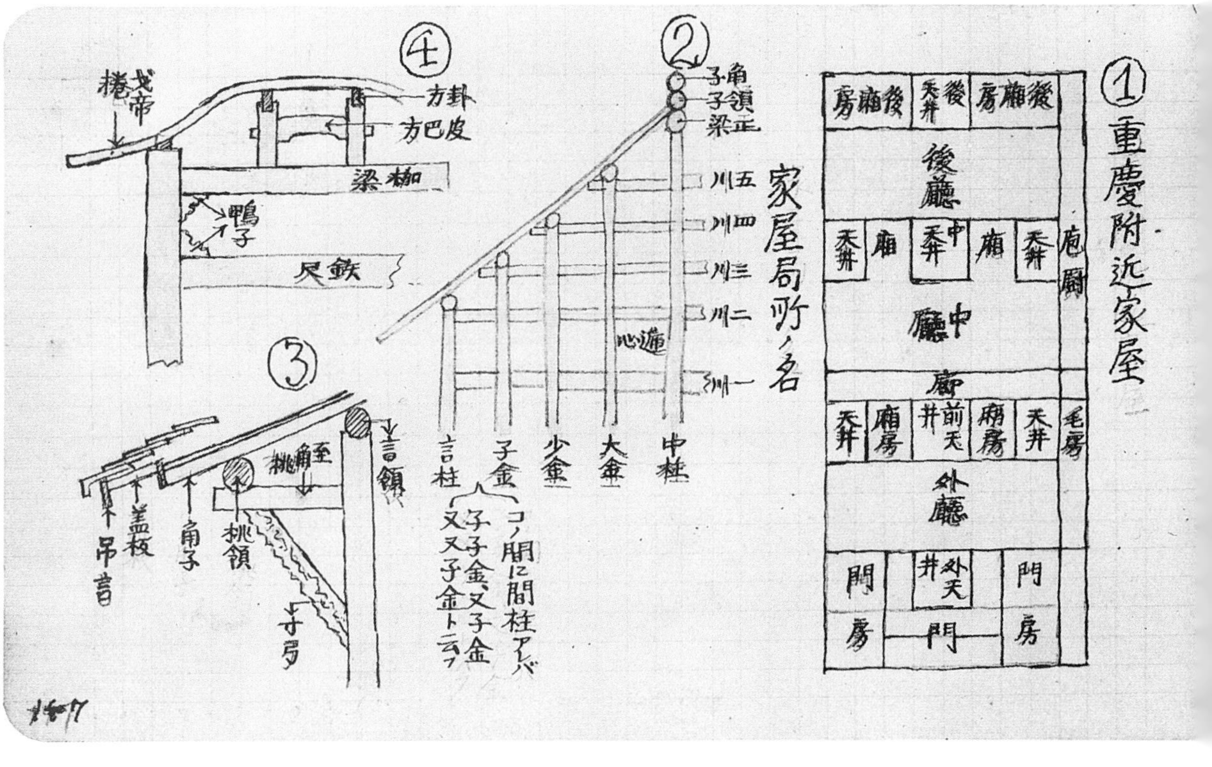
①重慶附近家屋
後廳
中廳
外廳
天井
廂房
門房
門
家屋局所ノ名
子角
子領
梁正
中柱
大金
少金
子金
言柱
コノ間ニ間柱アレバ子子金、又子金、又又子金トニフ
梁枷
鴨子
尺鉄
吊言
盖板
角子
挑領
言領
147

147 重庆府（4）（12月8日）

重庆的住宅，从中庭（中国的南方叫『天井』）采取的光线不充足。为了补充光亮而采用『亮瓦』。就是半透明的，有普通瓦的两倍大（6寸×9寸），从两枚亮瓦大小面积射入的光亮，能够满足在六坪（1坪≈3.30582平方米）房间的读书写字（参照第四卷78图）。

148 重庆府（5）（12月8日）

这一天请来当地的木匠，向其询问有关中国建筑的问题。详细询问了各部位的名称及其他问题。

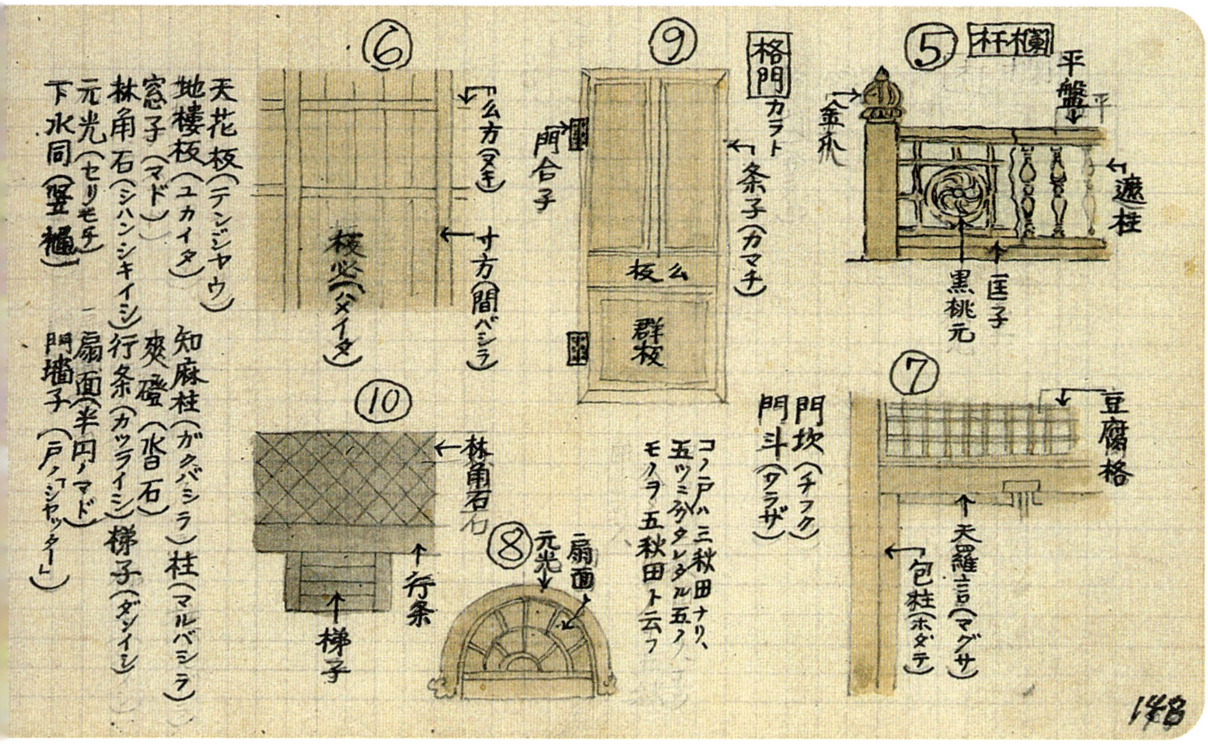

这个门叫三秋田，分成五分的叫五秋田。

150 重庆府（7）笔谈（12月8日）

左边是保存下来的，在重庆相识的成为知己的中国人写的惜别之辞。

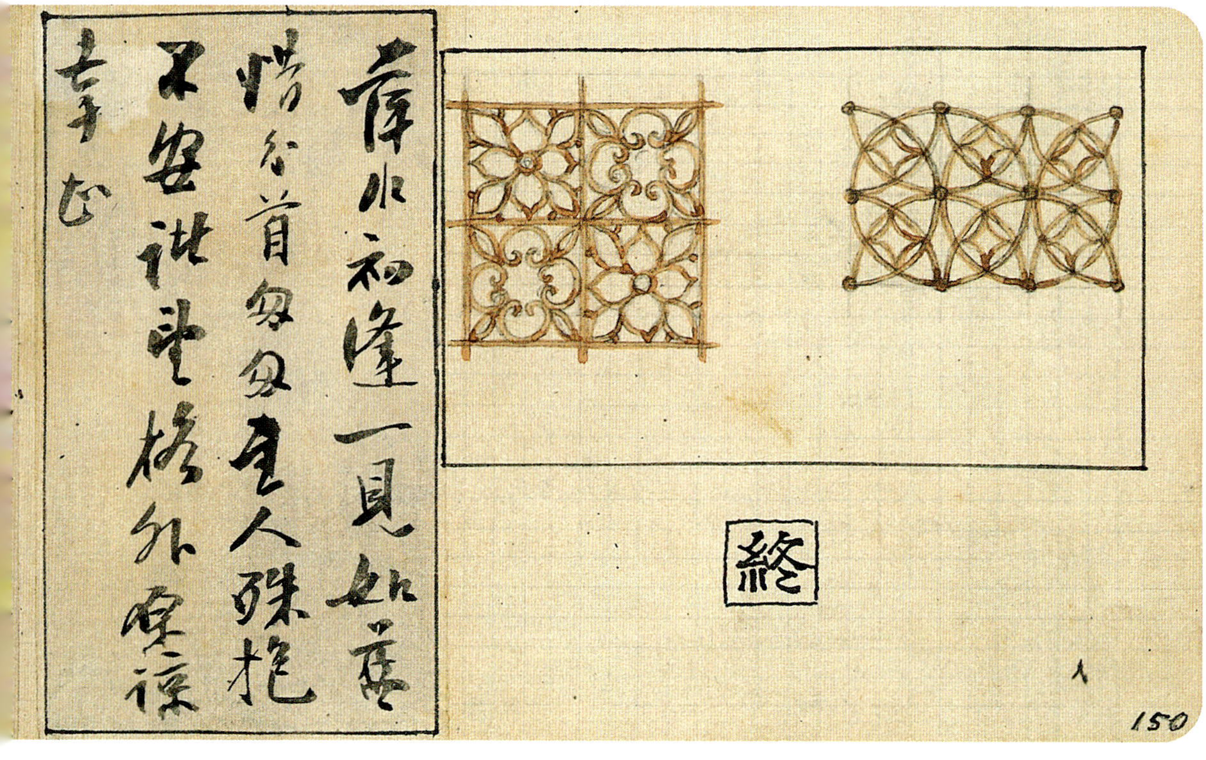

149 重庆府（6）（12月8日）

右边的用语全部都是当时重庆以及清朝南部地方的建筑用语。

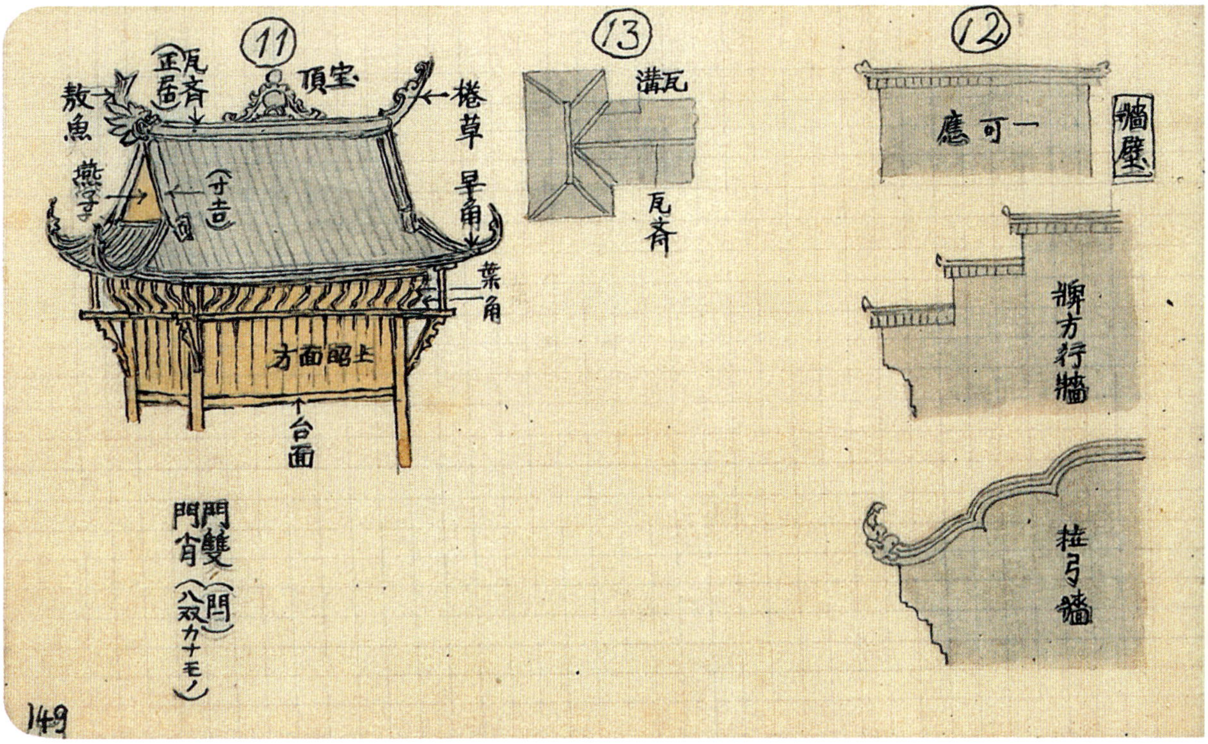

151 到达重庆之图

原打算从重庆出来，经由武汉，从上海回国。但情况不允许，只好变更计划从贵州云南方向，去到缅甸。

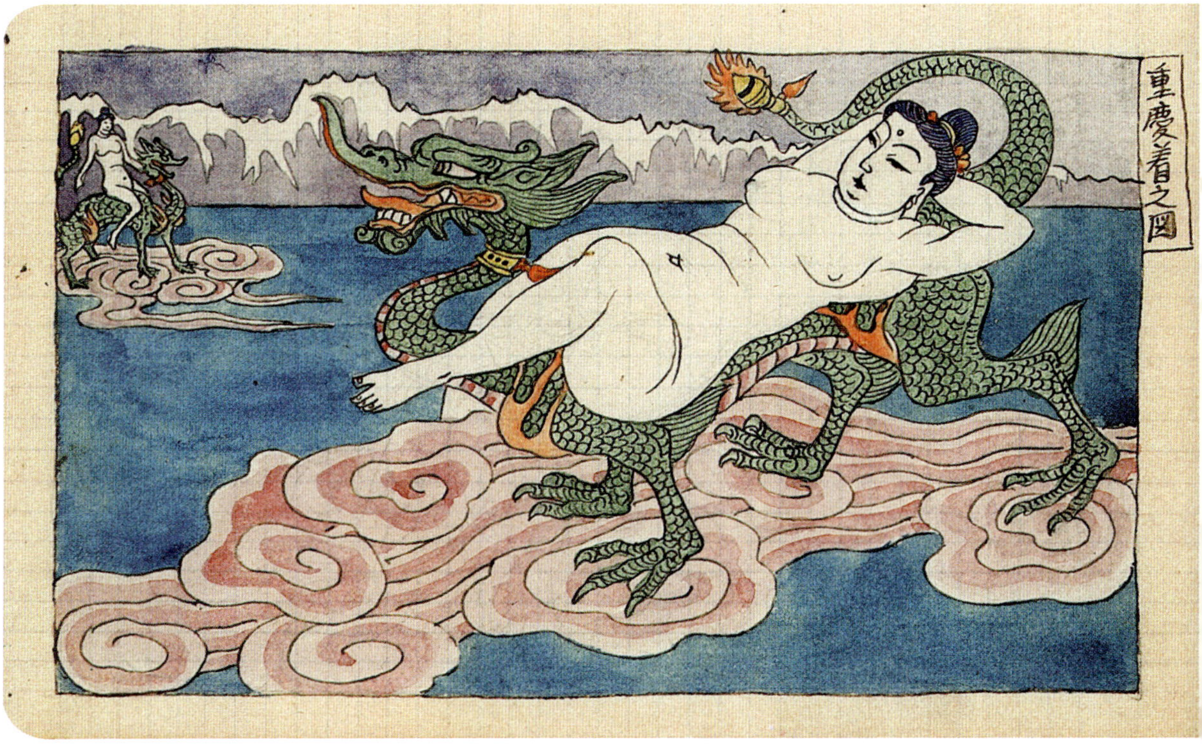

第四卷 行程略图

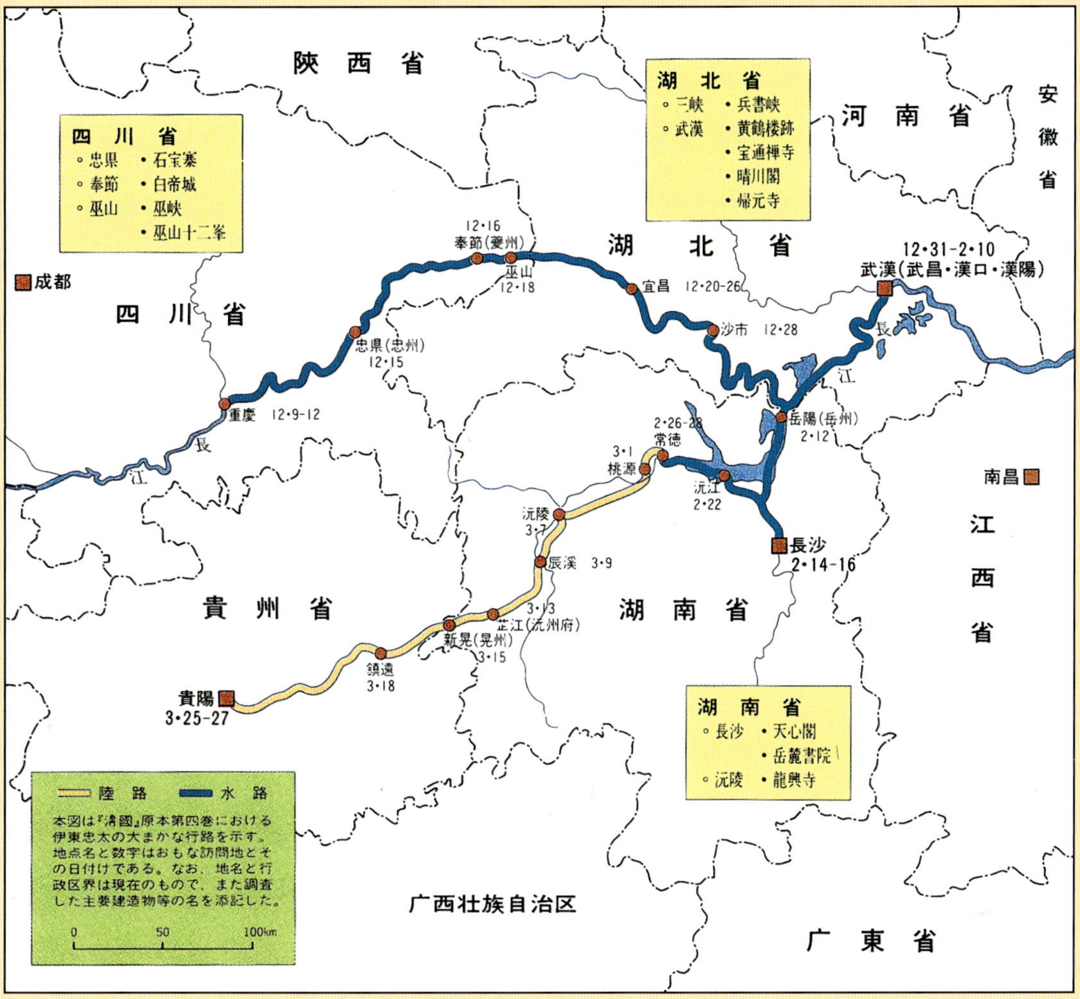

本图是《清国》原稿第四卷中伊东忠太的大致调查路线，地名及数字表示当时主要的游览地及日期。图上均为现行地名及行政区界。另外，还附有当时游览调查的主要建筑物。

第四卷

自重庆出发，过武汉三镇前往贵州省会贵阳这一路，多半是沿河前进。自重庆至武汉，乘船沿长江而下，武汉起皆为水路，绕洞庭湖过长沙到达桃源、沅陵，步入山岳地带。湖南至贵州的山岳地带，多为少数民族聚居地，当时正值鸟居龙藏做民族调查，故乘船沿该路线航行。

顺江而下的途中，必会经过巫峡、白帝城这些名胜。一夜，邀请美丽的歌女同游，并弹琵琶为我们演奏，印象犹为深刻。那些亲身经历，让我们体会到了白居易《琵琶行》中的那种心境。

在武汉，因要联络派遣地的文部省，有长达40天的时间留在此地。我们与当地日本人一同庆祝了1903年的新年。另外，除了研究建筑，我们还有幸参观了各位收藏家的藏品。

乘船南下，几经周折终于抵达长沙这座汉时的古都。并参观了曾国藩故址，各个寺院，以及因朱熹闻名的岳麓书院等景点。

从桃源开始，海拔逐渐升高，前方便是山谷环绕的山岳地带。虽然历史遗迹有所减少，但自然风光却美不胜收，满眼皆是绿色。另外，彝族、侗族、苗族等少数民族的风俗也极大地提起了伊东忠太的兴趣。

3月25日，我们抵达贵州。这里有一所聘用日本教官的『武备学院』，用于训练清朝的学生。以高山少佐为代表的学堂的各位人士，对我们表示热烈欢迎。

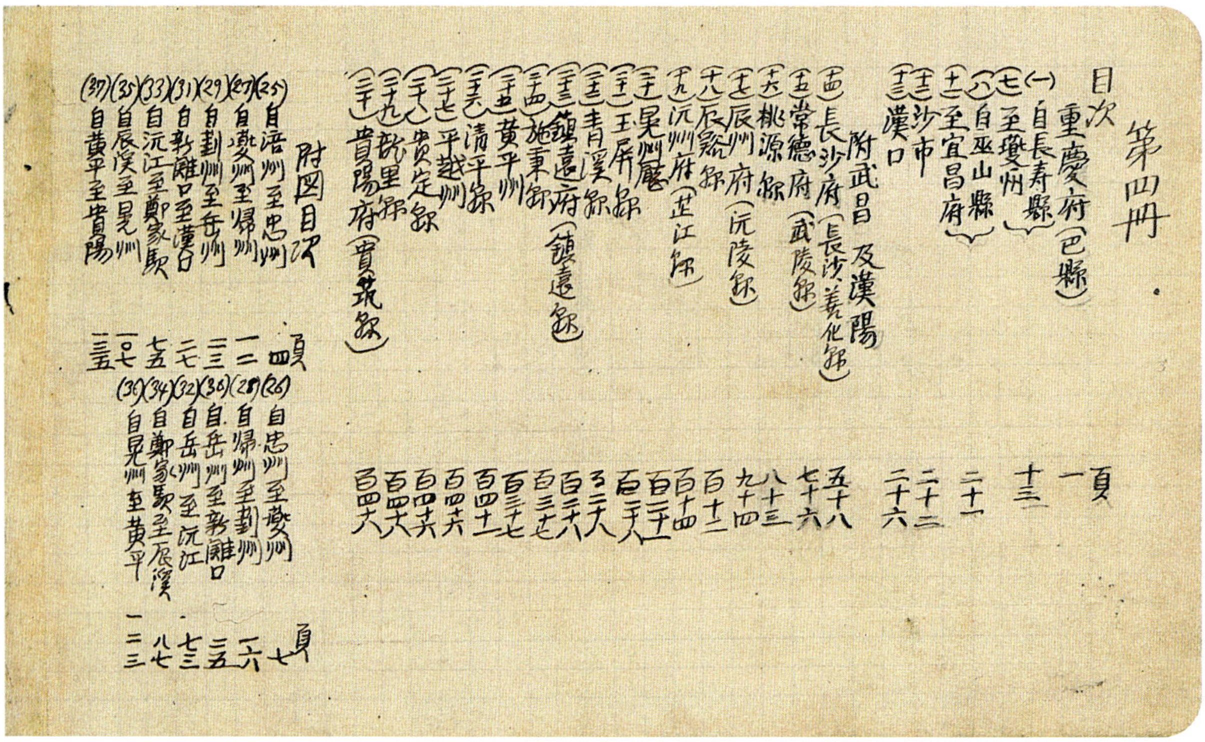

第四冊

目次

附図目次

○**老君洞**：在重庆城距江以南十五里，在一带浓密山冈之中，有一座是圆锥状的。在这里，树木葱郁、峻峰耸立。渡江之后是一条直直的山路。美丽的圆锥形山冈，到处柏树环绕。而且，在这里多坟墓，很多呈石制马蹄形，里面埋藏着尸体。在坟墓前，石头铺设平坦，吊唁者可以在这里哭，而且在这块平地上还备有像桌子、椅子这样的东西（石造）。老君洞在松树林中，作为一座建筑很有研究价值。该建筑依地势高低巧妙布局，可以说既美观大方，又顾及到了未来的发展。

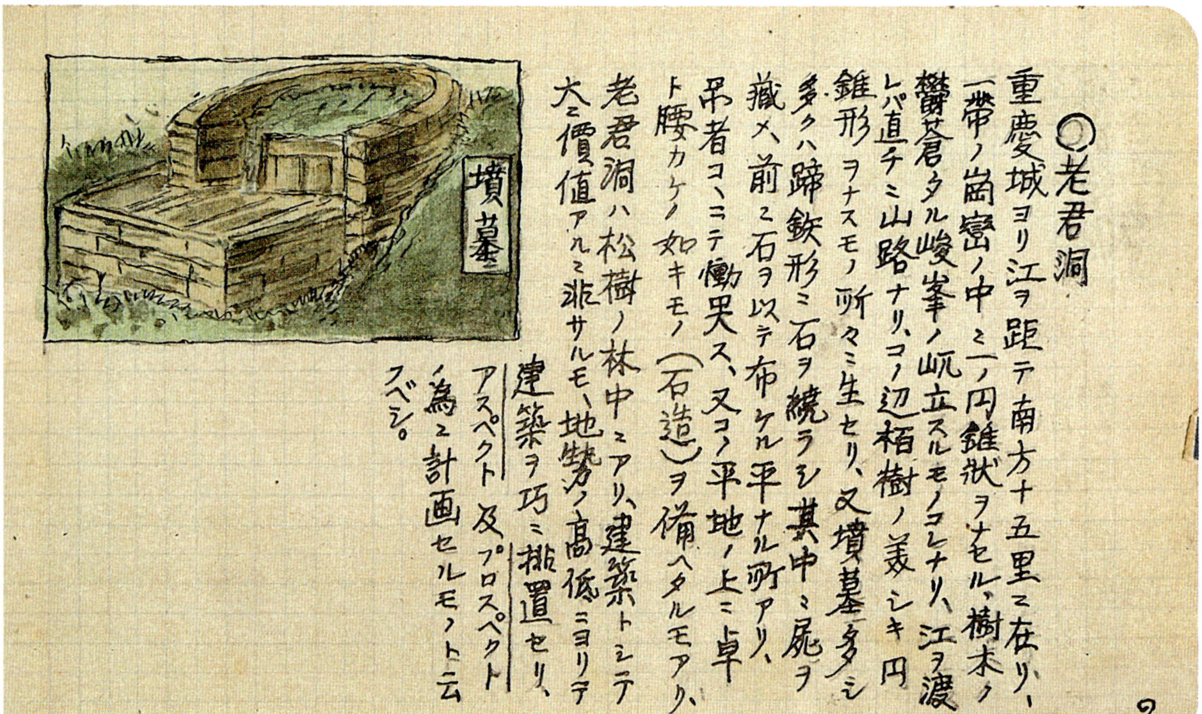

○老君洞

重慶城ヨリ江ヲ距テ南方十五里ニ在リ、一帯ノ崗巒ノ中ニ一ノ円錐状ヲナセル、樹木ノ鬱蒼タル峻峯ノ屹立スルモノコレナリ、江ヲ渡レバ直チニ山路ナリ、コノ辺栢樹ノ美シキ円錐形ヲナスモノ所々ニ生セリ、又墳墓多シ、多クハ蹄鉄形ニ石ヲ繞ラシ其中ニ屍ヲ藏メ、前ニ石ヲ以テ布ケル平ナル所アリ、弔者コヽニテ慟哭ス、又コノ平地ノ上ニ卓ト腰カケノ如キモノ(石造)ヲ備ヘタルモアリ、老君洞ハ松樹ノ林中ニアリ、建築トシテ大ニ價値アルニ非サルモ、地勢ノ高低ニヨリテ建築ヲ巧ニ排置セリ、アスペクト及プロスペクトノ為ニ計画セルモノト云フベシ。

2

2重庆府（9）老君洞（1）（12月9日）

夕阳微微西斜，笔者们收拾了东西往山下走。途中发现有蘑菇生长，赶忙采了几十朵。渡过江时已是夕阳西下，雇了轿子回了家。

1重庆府（8）（12月9日）

据这一天日记记载，笔者一行人与日本朋友去徒步旅行。到达山顶，极目远眺，景色绝佳，有一种脱离尘俗之感。之后，食用所带便当食物，谈笑风生，忘了时间。

3重庆府（10）老君洞（2）（12月9日）

老君洞在重庆南岸，背倚涂山。其庙宇为清代建筑，山脚风光秀丽，现在以避暑、观光胜地而闻名。老君为道教始祖，是老子的尊称。

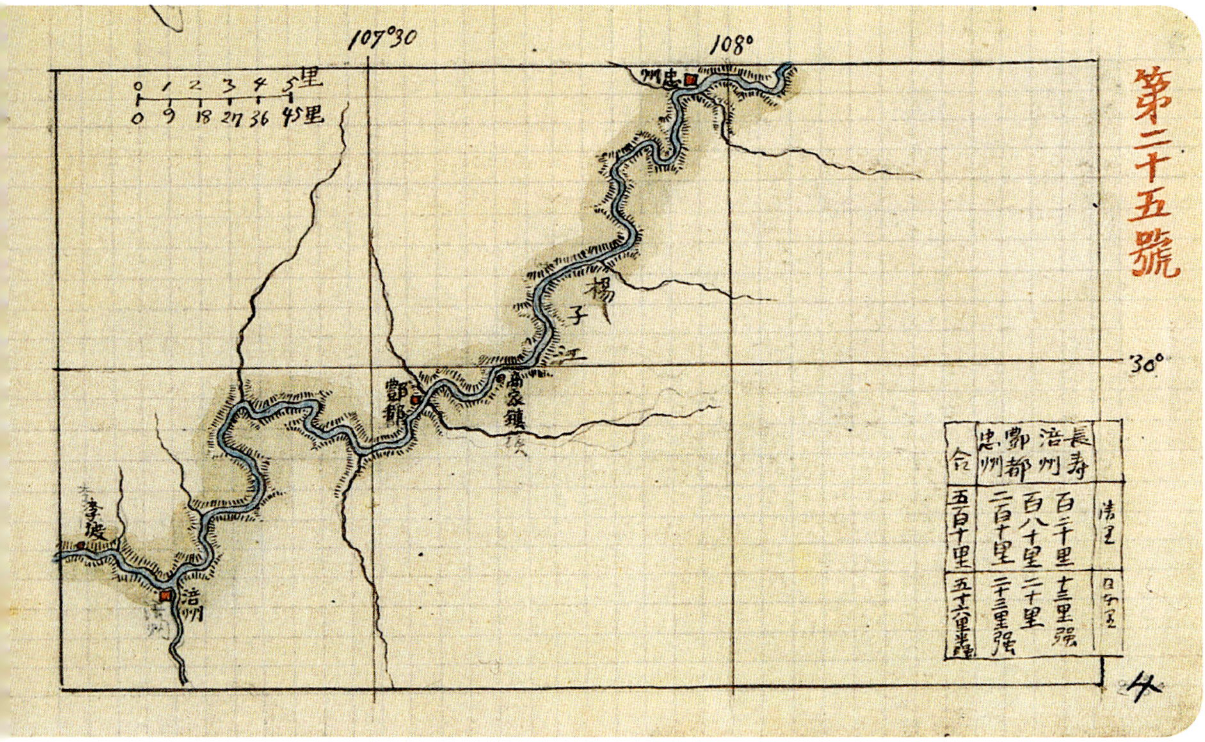

4地图第二十五号（涪州—忠州）

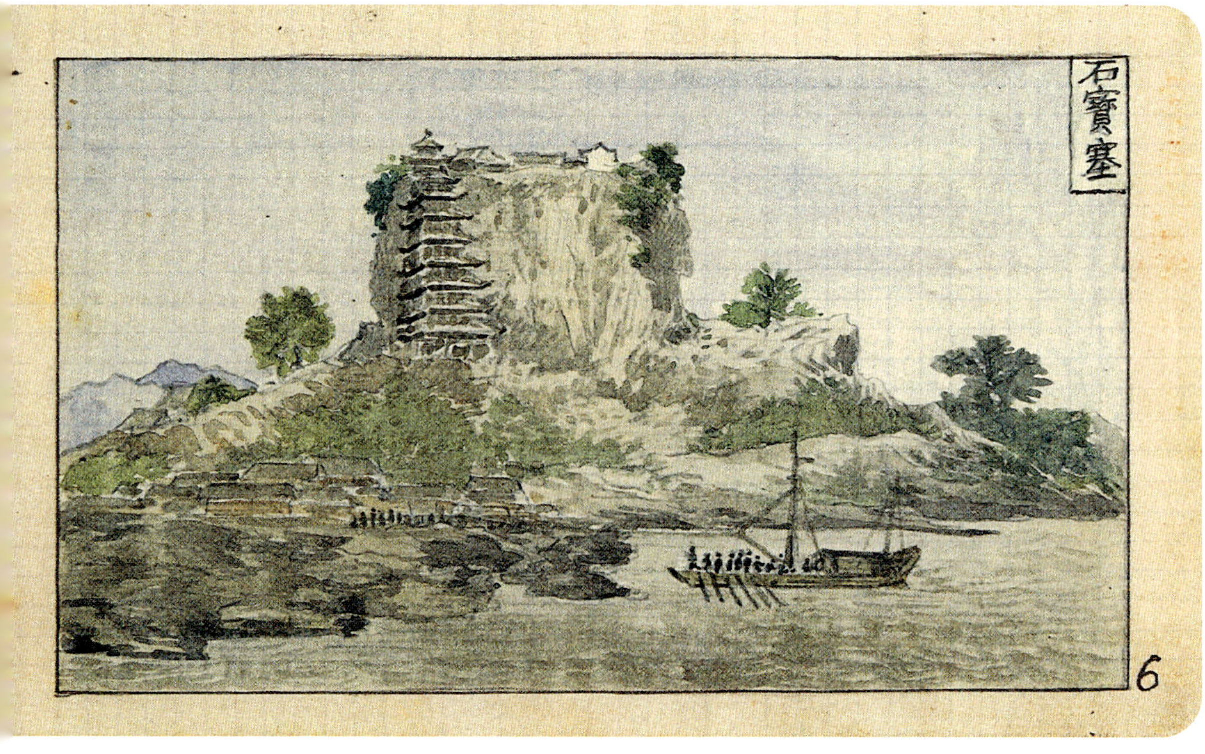

6石宝寨（2）（12月15日）

石宝寨的巨岩山顶上，排列着许多建筑物。此番情景实在是难以想像。其阁楼在清朝嘉庆年间建造，整寨海拔高度为230米。

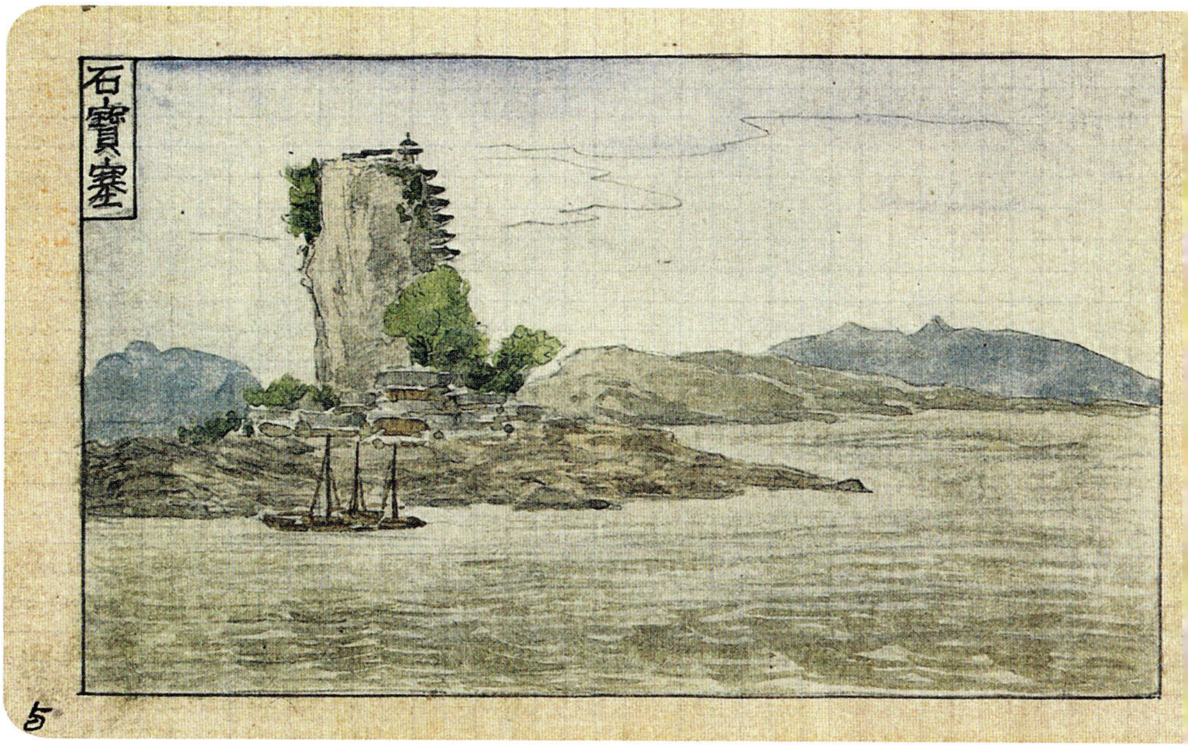

5石宝寨（1）（12月15日）

过忠州往前行一段路程，在左岸便是著名的石宝寨，这是在河岸边直立的一块巨岩，其表面设有九层楼阁，以便能够登上山顶。

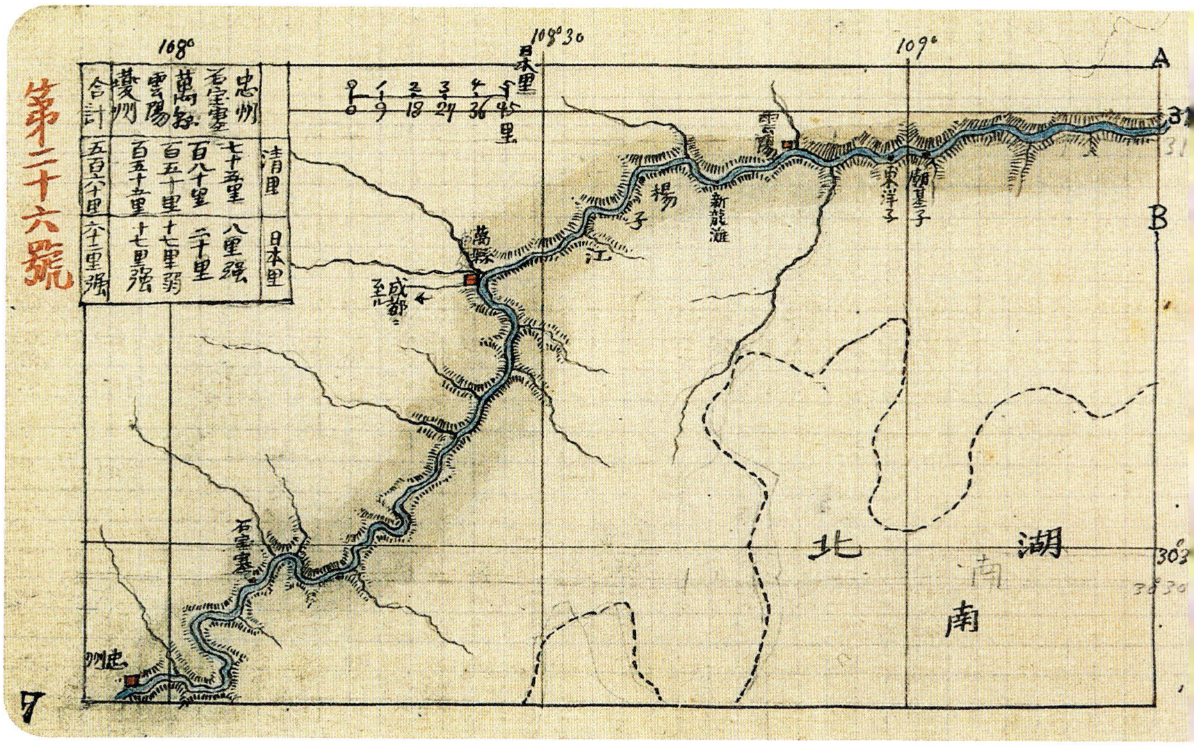

7地图第二十六号（忠州—夔州）

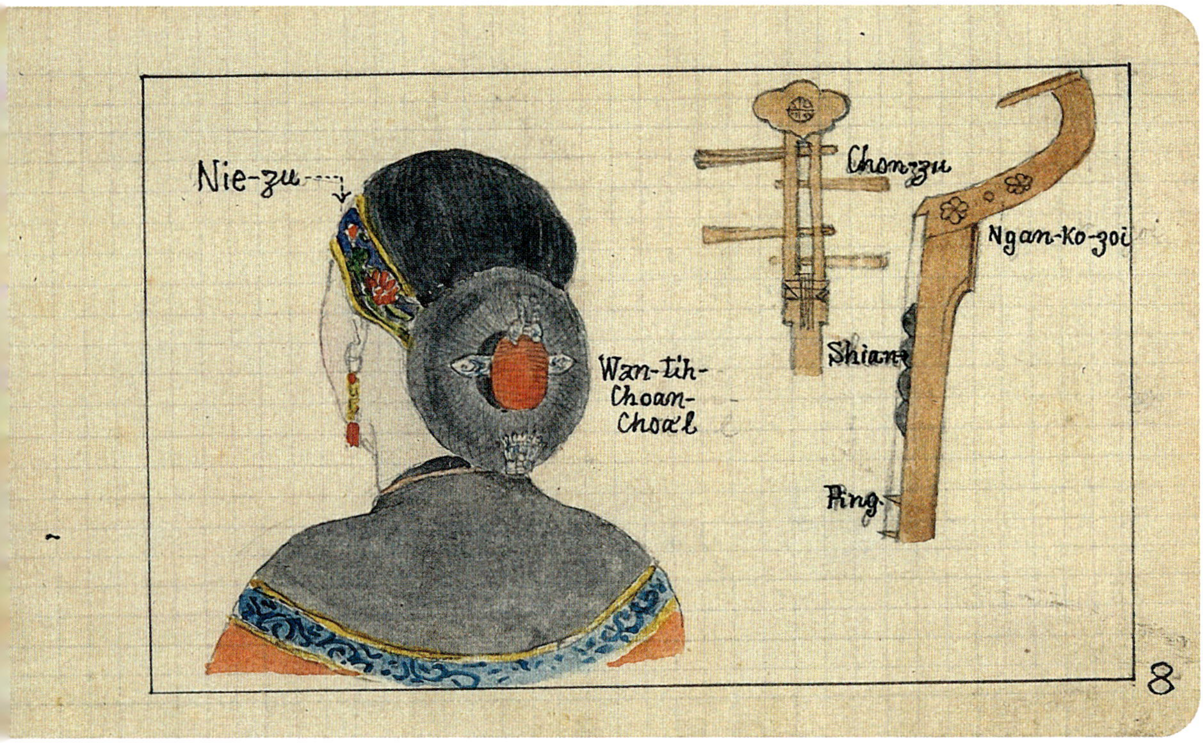

8夔州府（1）唱妇（12月16日）

在重庆、宜昌间航行的船只，不由地要在夔州府（奉节）停泊。江岸边停留的船舶密密麻麻，市集上很是热闹。到了晚上，唱妇们乘小船驶来，她们正是妙龄少女，化了浓妆。穿着华丽的服饰。左图为唱妇发型和琵琶详细部位。

10夔州府（3）（12月17日）

踏上夔州府，本想去一趟白帝城这一在李白诗中和《三国演义》中闻名的古迹，但其在距此二十多里的遥远山丘上，便只是在这里写了生。『铁船』便是在这附近写生所得。

17三峡（3）兵书峡（12月19日）

兵书峡两岸绝壁绵延数百丈，可谓奇观。传说三国时期名将诸葛孔明将兵书藏于此，以此得名。

19宜昌（1）（12月20日）

宜昌江面很宽，有五百多间。平静的江面上停泊的船舶密密麻麻，桅杆直立，宛如一片树林。英国客船和军舰，从遥远的蜀中驶来的非常多，就像是一种文明的象征。宜昌、汉口之间航行的英船公司就有四家。

20宜昌（2）（12月20日）（上接图21）

日记中记载，问英船费用多少，答只卖一等船，一人三十两，因价格过于昂贵，便问日本船如何。答曰12月20日从汉口出发，24日到达宜昌，26日从宜昌出发。不得已只能在船上等待。

（十一）宜昌（人口三万以内）

〇图为民宅墙壁，这种线条最多。

将杖尖弯曲，弯向杖内。

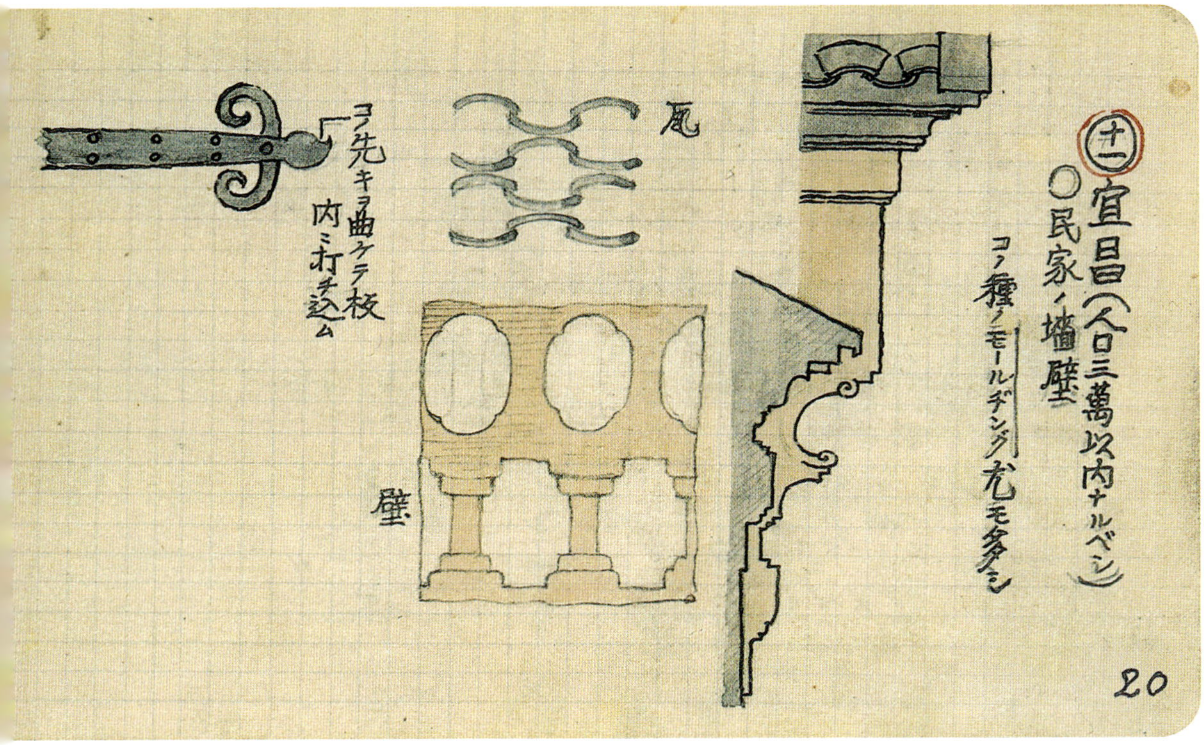
（十一）宜昌（人口三萬以内ナルベシ）
〇民家ノ墻壁
コノ種ノモールヂング尤モ多シ
瓦
壁
コノ先キヲ曲ケテ杖内ニ打チ込ム
20

22沙市（12月28日）

乘坐江和号（英船）、12月28日天未亮就从宜昌出发，傍晚抵达沙市，此处没有日本领事馆，便进行了拜访，与日本人畅谈，受到了优待。在这里有著名的万寿塔，不过没有前往。

（十二）沙市

离荆州大约两里距离，人口约六七万，这里有一座七层古塔。传说是千年以前修建，因考察需要时间，故不作详细说明。

此外，还有日本商船公司，英国 Buttergield of Srvize 公司，中国招商局的船，船舶租金大同小异。

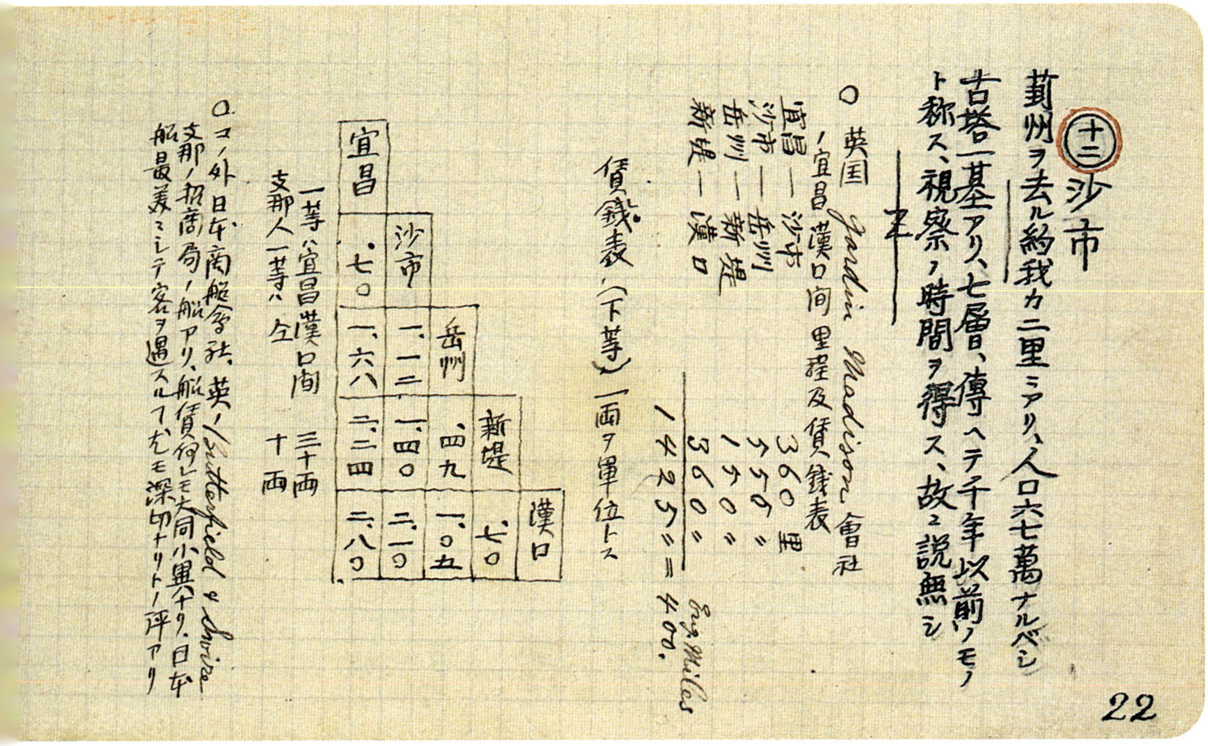
（十二）沙市
荊州ヲ去ル約我カ二里ニアリ、人口六七萬ナルベシ
古塔一基アリ、七層、傳ヘテ千年以前ノモノト称ス、視察ノ時間ヲ得ス、故ニ説無シ
〇英国 Jardin Madison 會社
ノ宜昌漢口間里程及賃錢表
宜昌—沙市 360 里
沙市—岳州 270 〃
岳州—新堤 170 〃
新堤—漢口 360 〃
1425〃＝470. Eng. Miles
賃錢表（下等）一両ヲ單位トス
宜昌 沙市 岳州 新堤 漢口
.七〇 一.六八 一.一二 二.二四 一.四〇 .四九 二.八〇 二.一〇 一.〇五 .七〇
一等ハ宜昌漢口間 三十両
支那人一等ハ仝 十両
〇コノ外日本商船會社、英ノ Butterfield & Swire、支那ノ招商局ノ船アリ、船賃何レモ大同小異ナリ。日本船最美ニシテ客ヲ遇スルニ尤モ深切ナリトノ評アリ
22

重庆、宜昌间航路

该航段间有三峡、三滩，是所谓的航路最为险恶、峡谷最为狭窄的地方。两山之间只有三十多间距离，而船通行的地方只有中间五、六间的距离，非常狭窄。河底巨岩纵横，水流湍急，其水流或逆流，或是一下潜入河底又再次喷出，或是在河底回旋侵入，似漏斗一般。夏天七八月间水为最多，冬天一二月水为最少，水差六七十尺乃至九十尺，甚至达到百尺。春秋航路比较安全，冬夏则比较危险。大中型船，或是触礁，或被破坏，或被淹没。宜昌、重庆间航路大约有一千七百里，下航用小船（五板子）的话，三五日便可到达。冬天水少，需花费八、九日，上航引入引子船，小船的话冬天水少需要十八乃至二十日，夏天水多的话要花费三四十日。大型客船，乘坐四五十人的船，航行时间更长。航路中最危险的是滩，水多的时候宛如瀑布，船在此需花费约一天时间。

（八）巫山（人口三千斗）东面为巫山峡

（九）巴东（人口二千斗）

（十）归州（人口四千斗）东面为兵书峡

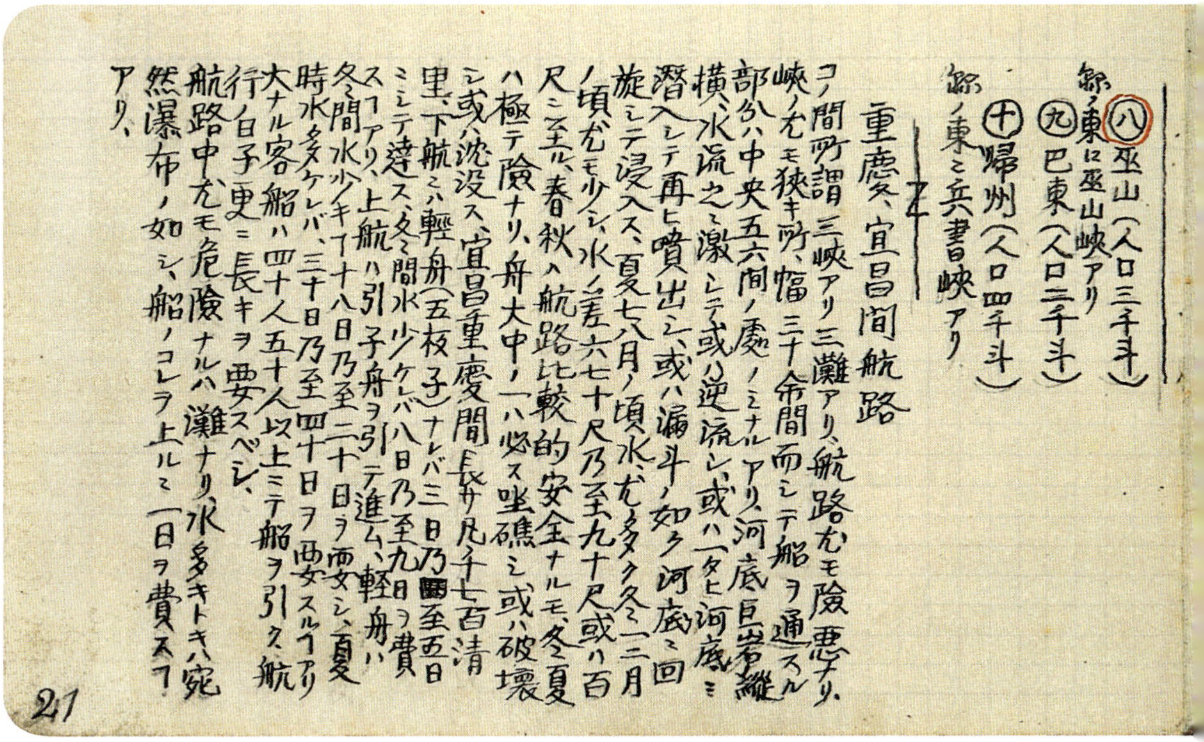
八 巫山（人口三千斗）
〃東ニ巫山峡アリ
九 巴東（人口二千斗）
十 帰州（人口四千斗）
〃東ニ兵書峡アリ
重慶、宜昌間航路
コノ間所謂三峡アリ三灘アリ、航路尤モ険悪ナリ、
峡ノ尤モ狭キ所、幅三十余間而シテ船ヲ通過スル
部分ハ中央五六間ノ處ノミナルアリ、河底巨岩縦
横、水流之ニ激シテ或ハ逆流シ、或ハ一タビ河底ニ
潜入シテ再ビ噴出シ、或ハ漏斗ノ如ク河底ニ回
旋シテ浸入ス、夏七八月ノ頃水尤モ多ク冬一二月
ノ頃尤モ少シ、水ノ差六七十尺乃至九十尺或ハ百
尺ニ至ル、春秋ハ航路比較的安全ナルモ、冬夏
ハ極テ険ナリ、舟大中ノ一ハ必ス坐礁シ或ハ破壊
シ或ハ沈没ス、宜昌重慶間長サ凡千七百清
里、下航ニハ軽舟(五板子)ナレバ三日乃至五日
ニシテ達ス、冬ノ間水少ケレバ八日乃至九日ヲ費
スアリ、上航ハ引子舟ヲ引テ進ム、軽舟ハ
冬ノ間水少キ了十八日乃至二十日ヲ要シ、夏
時水多ケレバ、三十日乃至四十日ヲ要スルアリ
大ナル客船ハ四十人五十人以上ニテ船ヲ引ク航
行ノ日子更ニ長キヲ要スベシ、
航路中尤モ危険ナルハ灘ナリ、水多キトキハ宛
然瀑布ノ如シ、船ノコレヲ上ルニ一日ヲ費スア
リ、
21

21 宜昌（3）重庆—宜昌间航路（12月20日）（上接图13 下接图20）

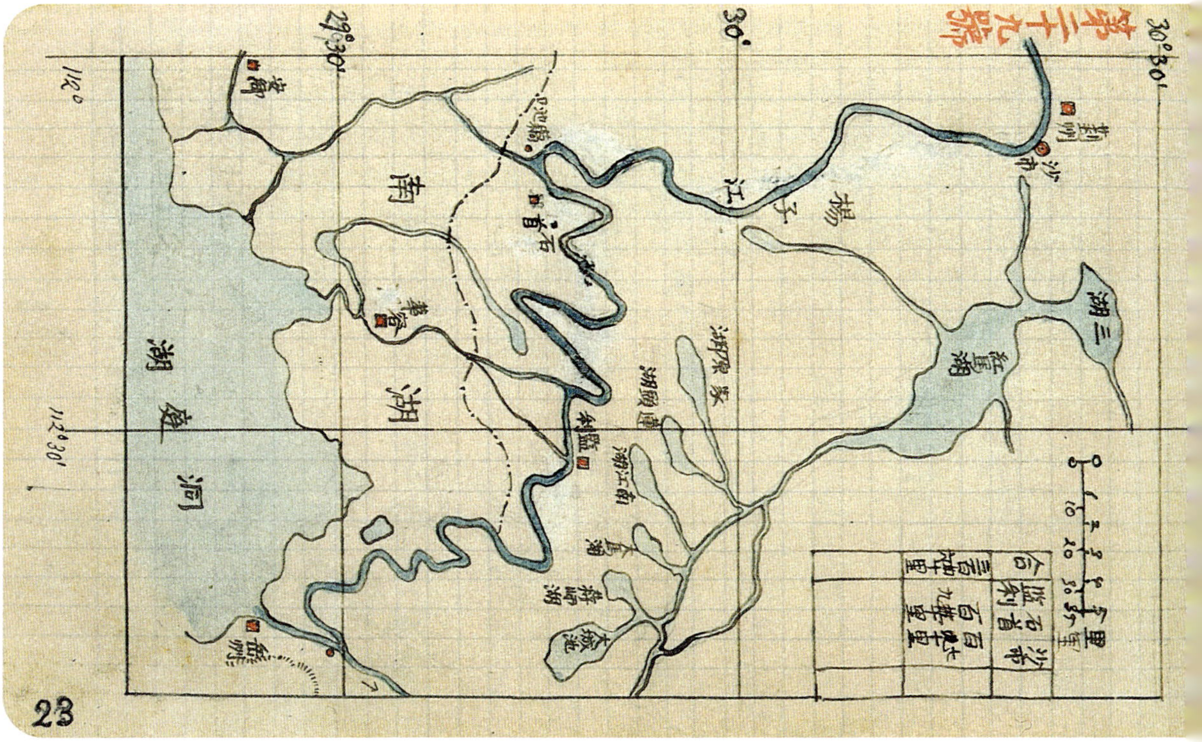

23 地图第二十九号（沙市—监利）

从沙市沿东南走，经过石首县附近，江水迂回曲折。第二天到达岳州。岳州城在远处的西南方向，因此看不见。从这里一转，朝向东北方向航行。传说《三国演义》中著名的赤壁古战场，就在岳州东北方向的不远处。

〇中国南北建筑比较：

一、材料：南方虽多木制结构，但一般用砖修筑界壁和外壁，没有像北方那样泥土制的。二、界壁：界壁多见于南方，形状种类变化多样。三、屋檐：南方房屋的屋檐修建与北方完全不同。尤其是其反转特别不同。四、店：北方在店前会设屋顶，店前围栏杆，南方没有这样的构造。五、石敢当：北方店前多立有石敢当，而南方很少见。六、雨棚：南方特有而北方没有。七、风水塔：南方在街市附近有风水塔，而北方没有。八、塔：南方佛塔甚少，偶尔有也建造粗糙，缺少美丽的九轮。九、窗户：南方创意甚丰，而北方干燥，创意少。十、炕：南方没有炕，而是以火盆取暖。十一、装饰线条，南方往往比较精致，装饰线条在墙壁侧面。

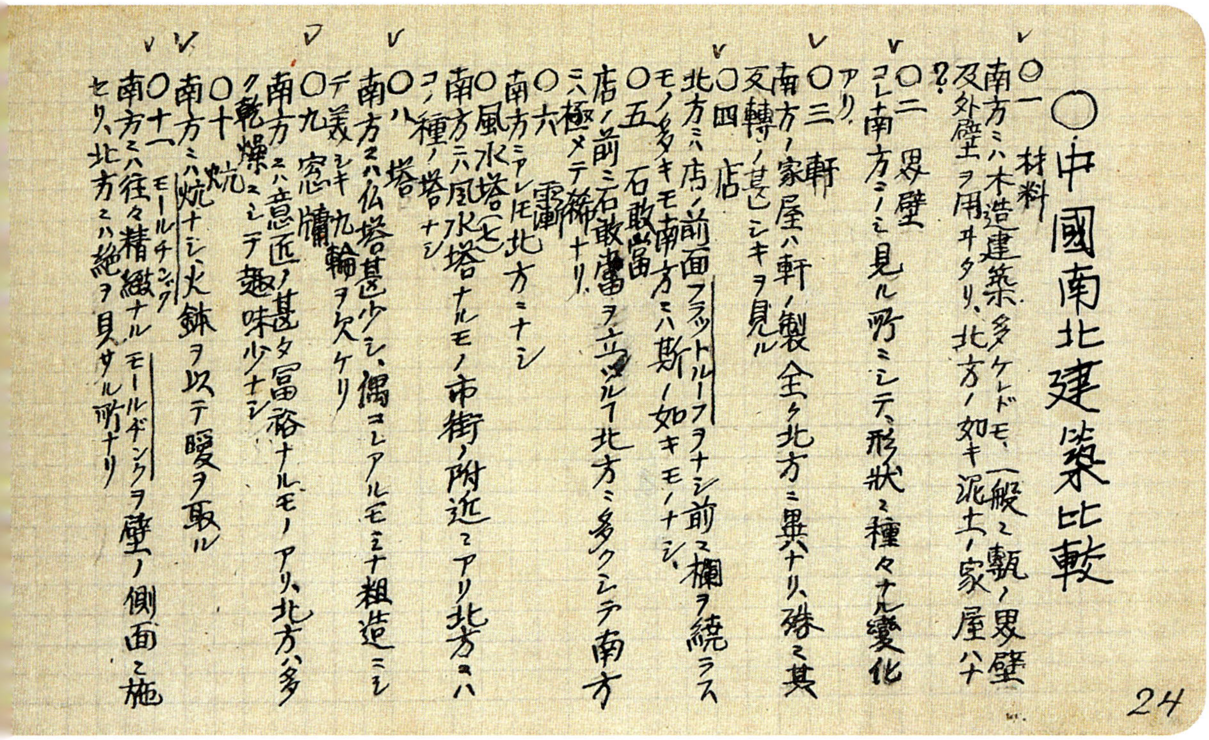
〇中國南北建築比較
〇一 材料
南方ニハ木造建築多ケレドモ、一般ニ甎ノ界壁及外壁ヲ用ヰタリ、北方ノ如キ泥土ノ家屋ナシ
〇二 界壁
コレ南方ニノミ見ル所ニシテ、形状ニ種々ナル變化アリ。
〇三 軒
南方ノ家屋ハ軒ノ製全ク北方ニ異ナリ、殊ニ其反轉ノ甚シキヲ見ル
〇四 店
北方ハ店ノ前面フラットルーフヲナシ前ニ欄ヲ繞ラスモノ多キモ南方ニハ斯ノ如キモノナシ、
〇五 石敢當
店ノ前ニ石敢當ヲ立ツルハ北方ニ多クシテ南方ニハ極メテ稀ナリ。
〇六 雨棚
南方ニアレドモ北方ニナシ
〇七 風水塔
南方ニハ風水塔ナルモノ市街ノ附近ニアリ北方ニハコノ種ノ塔ナシ
〇八 塔
南方ニハ仏塔甚少シ、偶コレアルモ之ナ粗造ニシテ美シキ九輪ヲ欠ケリ
〇九 窓牖
南方ニハ意匠ノ甚タ富裕ナルモノアリ、北方ハ多ク乾燥ニシテ趣味少ナシ
〇十 炕
南方ニハ炕ナシ、火鉢ヲ以テ暖ヲ取ル
〇十一 モールヂング
南方ニハ往々精緻ナルモールヂングヲ壁ノ側面ニ施セリ、北方ニハ絶ヲ見ザル所ナリ
24

24 建筑的南北比较（1）（下接图26）

中国地域广大，笔者从自身的经验总结列举了中国建筑系统，其中的一部分地图如24、26所列，现在看来虽不一定精确，却可以了解到笔者视线所及的地方。

十二、屋脊：南方屋脊有蔓藤式花样的装饰，而且房屋中央有一些装饰。代替鬼瓦，会用一些鱼、龟等，而一般不用吻，正吻，旁吻，鬼龙子都不用。十三、垂木：南方很少有双层屋檐，即使有也很小。地垂木像北方那样圆的很少，多是扁平四角状的。飞檐垂木也是同样。十四、横木：南方的大型建筑没有超出外边的横木，会把垂木隐藏起来。十五、竖木：南方有竖木而北方没有。十六、斗拱：南方斗拱细致委婉，北方粗犷豪放。十七、布置：南方带景庭院较多，北方考虑干燥方面的布置较多，南方山水盆景布置较多。

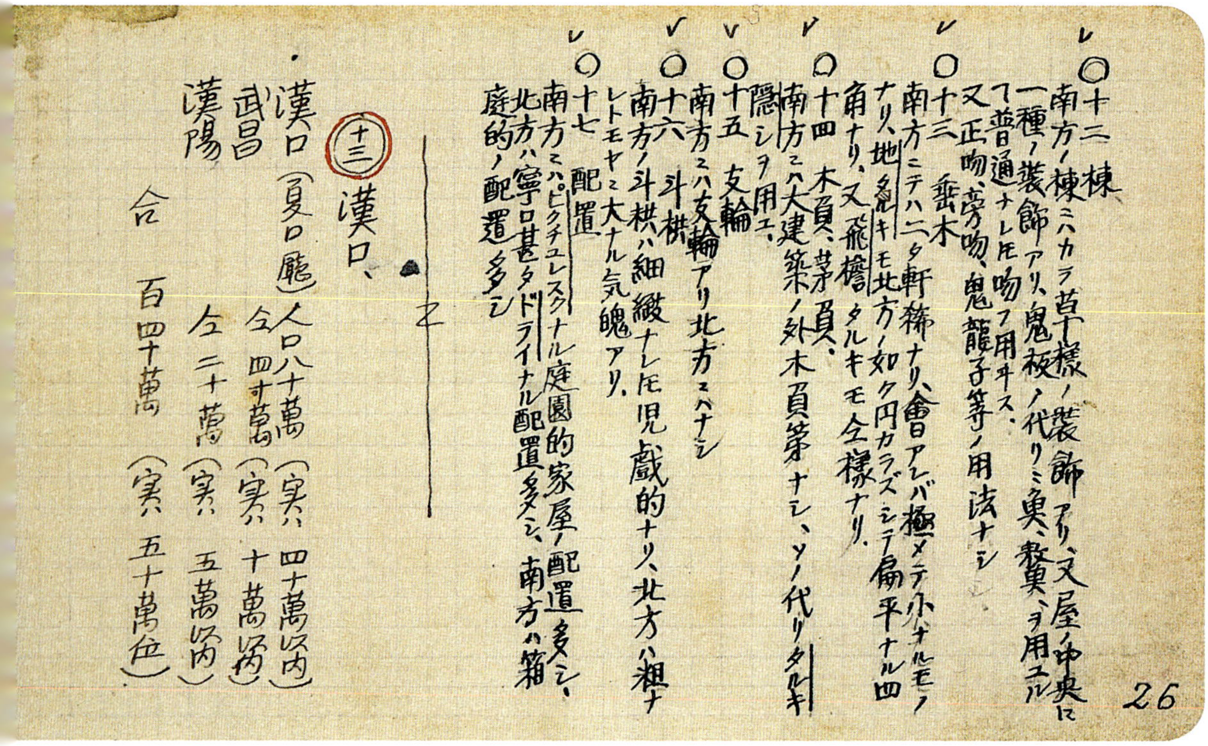
〇十二 棟
南方ノ棟ニハカラ草様ノ装飾アリ、又屋ノ中央ニ一種ノ装飾アリ、鬼瓦ノ代リニ魚、龜、等ヲ用ユルヲ普通トナレドモ吻ヲ用ヰズ、
又正吻、旁吻、鬼龍子等ノ用法ナシ
〇十三 垂木
南方ニテハ二タ軒稀ナリ、會〃アレバ極メテ小ナルモノナリ、地垂キモ北方ノ如ク円カラズシテ扁平ナル四角ナリ、又飛檐タルキモ仝様ナリ。
〇十四 木負、茅負、
南方ニハ大建築ノ外ニ木負茅ナシ、ソノ代リタルキ隱シヲ用ユ。
〇十五 支輪
南方ニハ支輪アリ北方ニハナシ
〇十六 斗栱
南方ノ斗栱ハ細緻ナレドモ児戯的ナリ、北方ハ粗ナレドモヤヽ大ナル気魄アリ。
〇十七 配置
南方ニハピクチユレスクナル庭園的ノ家屋ノ配置多シ、北方ハ寧口甚タドライナル配置多クシ、南方ハ箱庭的ノ配置多シ

(十三) 漢口、
漢口（夏口廳） 人口八十萬（實ハ四十萬位）
武昌 仝 四十萬（實ハ 十萬位）
漢陽 仝 二十萬（實ハ 五萬位）
合 百四十萬（實ハ 五十萬位）
26

26 建筑的南北比较（2）

从岳州前行，长江的江面越来越宽，不禁感觉像是海。减缓船速，进入一个大都市。右岸是武昌，左岸是汉阳。随汽笛而正好停泊的地方，是汉口的港口。

25 地图第三十号（岳州府—新滩）

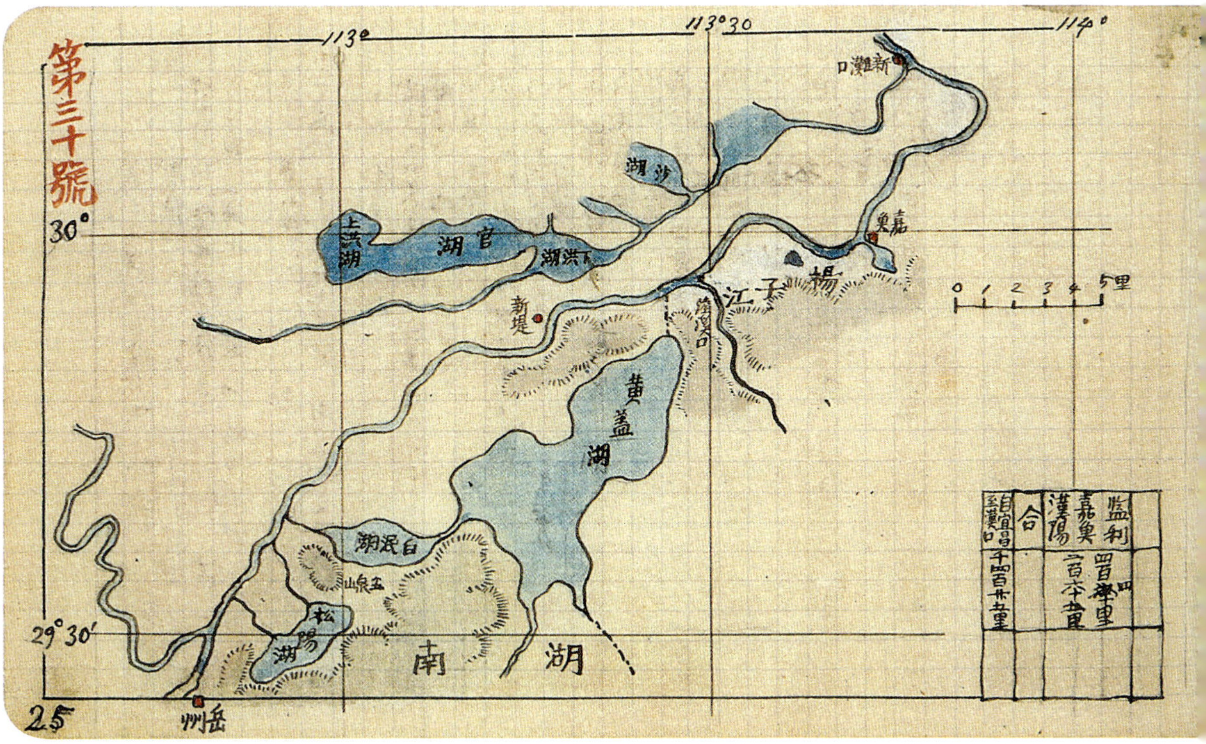

27 地图第三十一号（新滩口—汉口）

汉口古名也叫夏口，在长江和汉水的汇合处，是内陆第一大都会，设有日本及各国领事馆。笔者一行人在这里度过了1903年的元旦，约停留了四十日。武昌、汉口、汉阳三都市被称为『武汉三镇』，现在合并为武汉市。

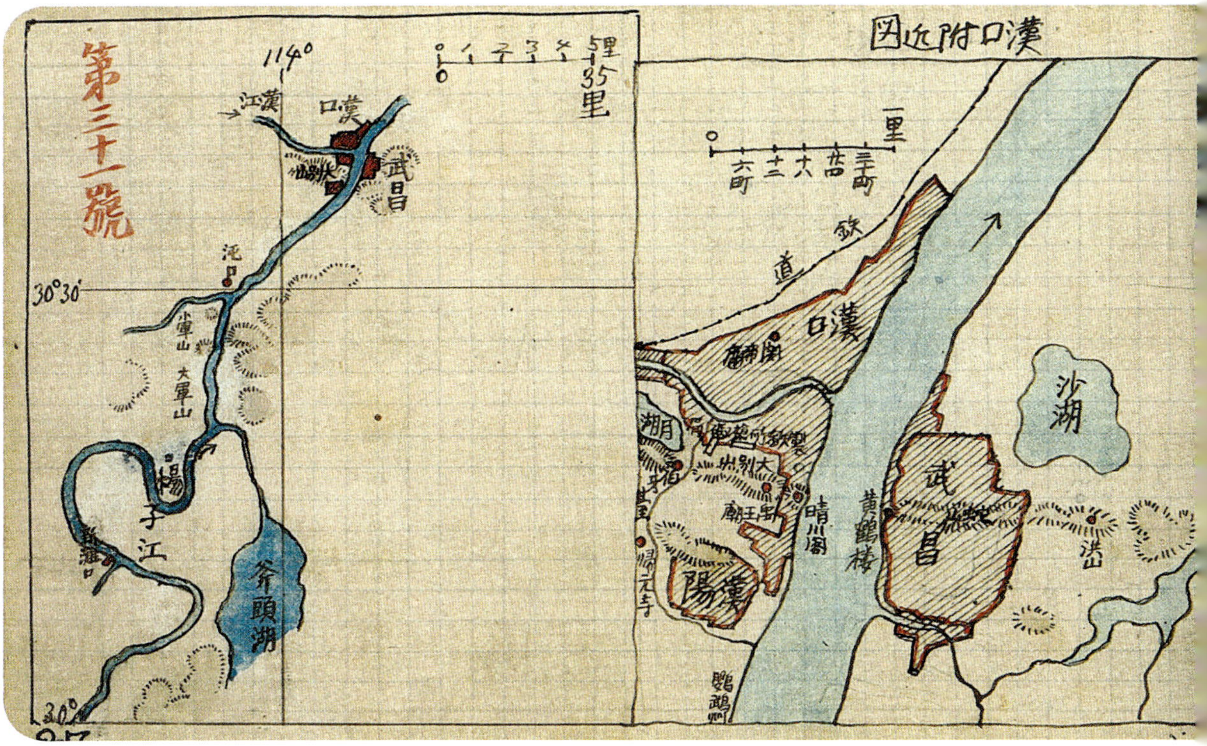

湖北省

28武昌府（1）黄鹤楼遗址（1月11日）

武昌在湖北省城中，隔长江与汉口相对。城中央叫蛇山的小丘连接东西，西面山脚的江岸上有光绪年间被烧的黄鹤楼遗址。东面洪山山脚是宝通寺。

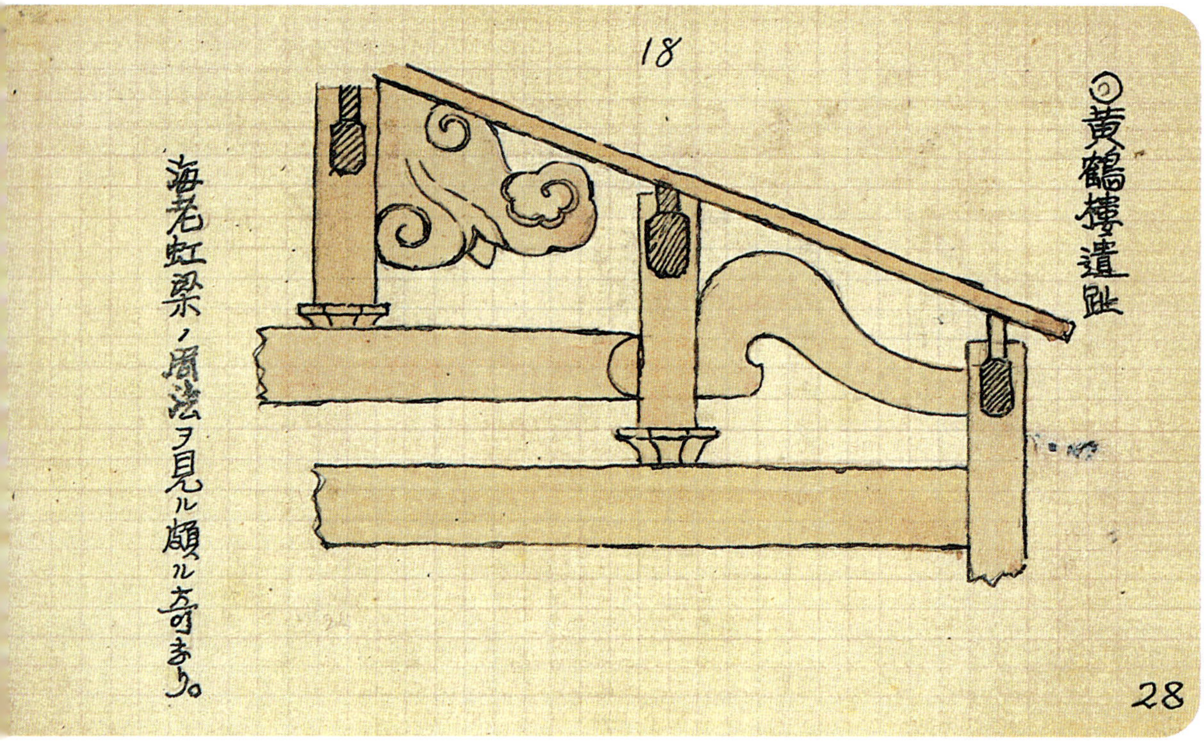
18
○黄鶴樓遺趾
海老虹梁ノ肩法ヲ見ル頗ル奇ナリ。
28

○城内有曾国藩之庙，其他没什么可看的。

○武昌城东到洪山之间有孔子庙、道观等，其他也没什么值得一看的。

○塔

八角七层，以砖及石制造，每层四周架以椽木。

禅堂平面图

1. 屏除妄缘
2. 少说句话
3. 收得习气
4. 多念声佛

30武昌府（3）宝通寺（2）（1月12日）

塔是砖和石造，形式是木造阁楼式。元代时西藏式塔虽大范围发展，但这样密檐式（多层式）的石塔并不多见。

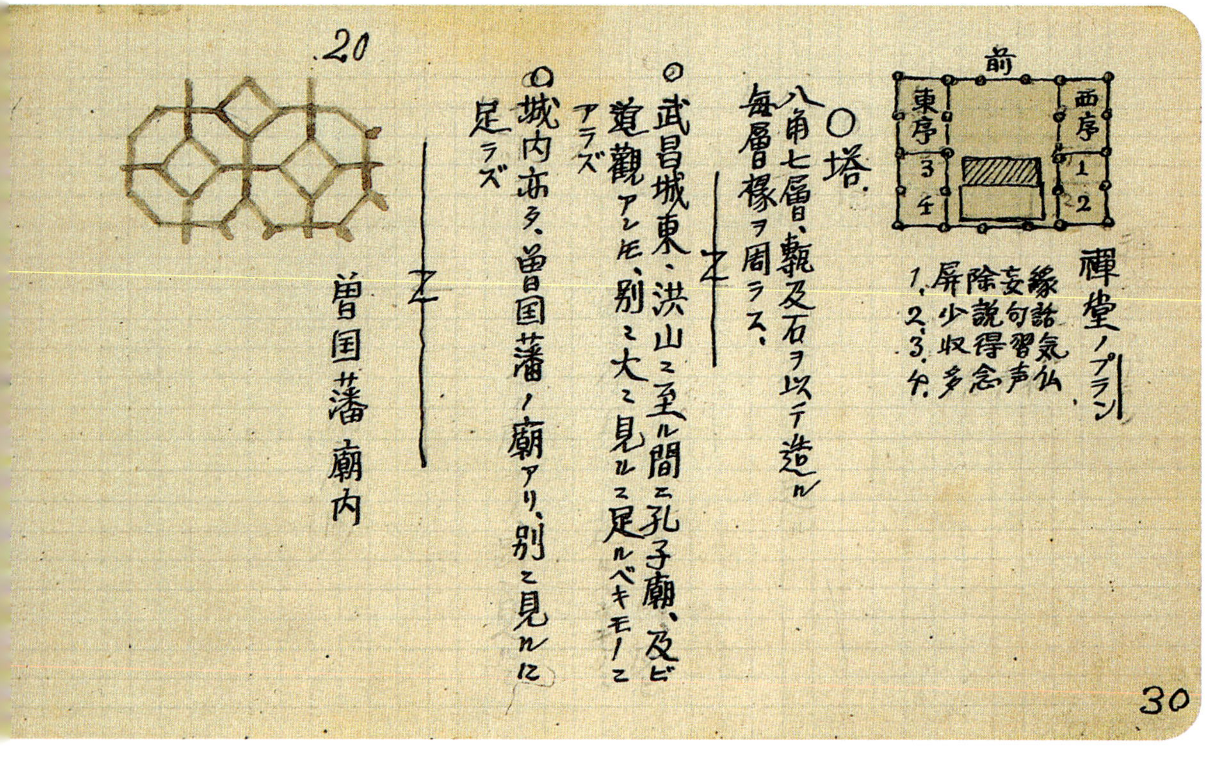
20
前
東序
西序
禪堂ノプラン
1. 屏除妄縁
2. 少説句話
3. 收得習氣
4. 多念声仏
○塔
八角七層、甎及石ヲ以テ造ル
毎層椽ヲ周ラス、
○武昌城東、洪山ニ至ル間ニ孔子廟、及ビ道觀アレモ、別ニ大ニ見ルニ足ルベキモノニアラズ
○城内ニ有タ、曾国藩ノ廟アリ、別ニ見ルニ足ラズ
曾国藩廟内
30

○万年灯

白石结构，在黄鹤楼遗址，元朝为一处坟墓。在周围见到喇嘛式建筑是颇为神奇的。

○黄鹤楼

现已消亡。

宝通寺（南面）（在洪山）

○山门

供奉有两金刚（东、西）

○天王殿

四天王

多闻　右手陀，左手珠

增长　左手塔，右手伞

持国　琵琶

广目　剑

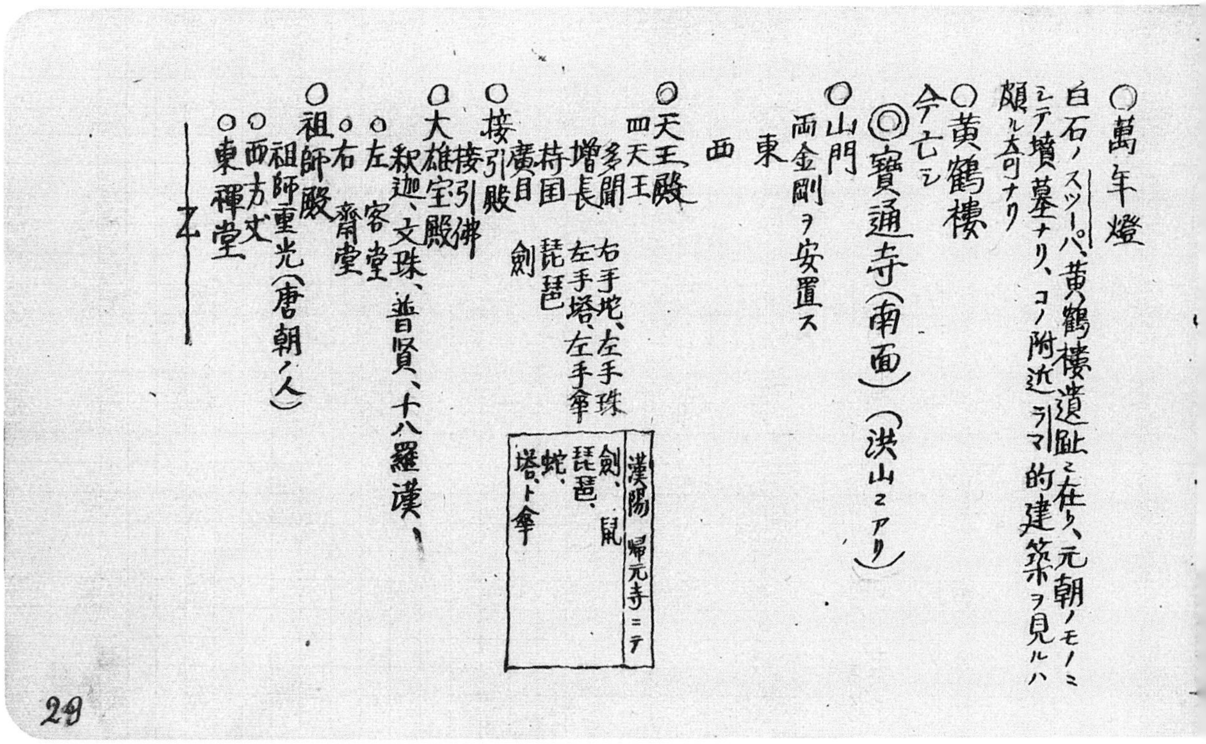

29 武昌府（3）宝通寺（1月12日）

宝通寺是元大德十一年（1307）到延祐二年（1315）年间修建。清同治十年（1871）重修，是一座大规模的寺院。『左手塔』是『右手塔』的误写。

○接引殿

接引佛

○大雄宝殿

释迦，文殊，普贤，十八罗汉

左　客堂

右　斋堂

○祖师殿

祖师重光（唐朝人）

西方丈

东禅堂

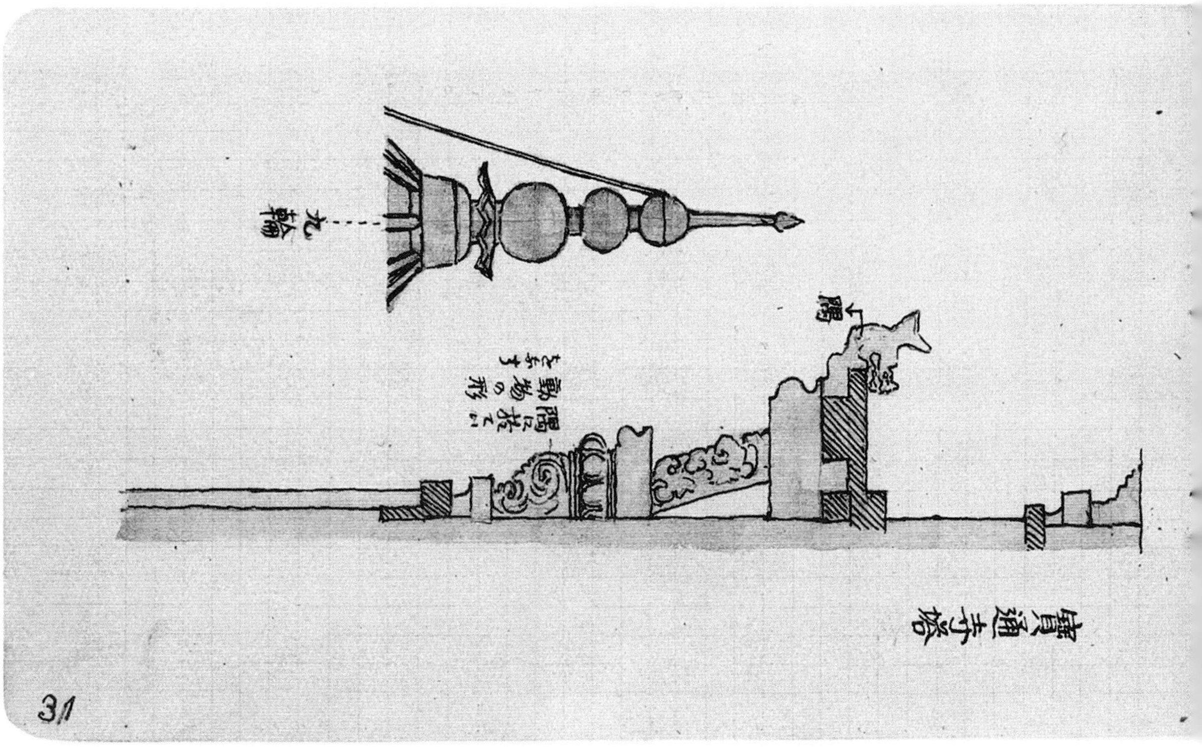

31 武昌府（4）宝通寺（3）（1月12日）

宝通寺的灵济塔为元大德十一年（1307）到延祐二年（1315）年间修建，清同治十年（1871）重修。现存塔为砖造建筑，平面六边形状，七层，高度约有四十米。

32武昌府（5）（1月）

脱谷图。大概是郊外悠闲的农村风景写生图吧。

34武昌府（7）端方氏的古器（2）（2月1日）

爵为杯中盛酒的器具，斝也同样。盉、尊也是盛放酒、水、香料的器具。

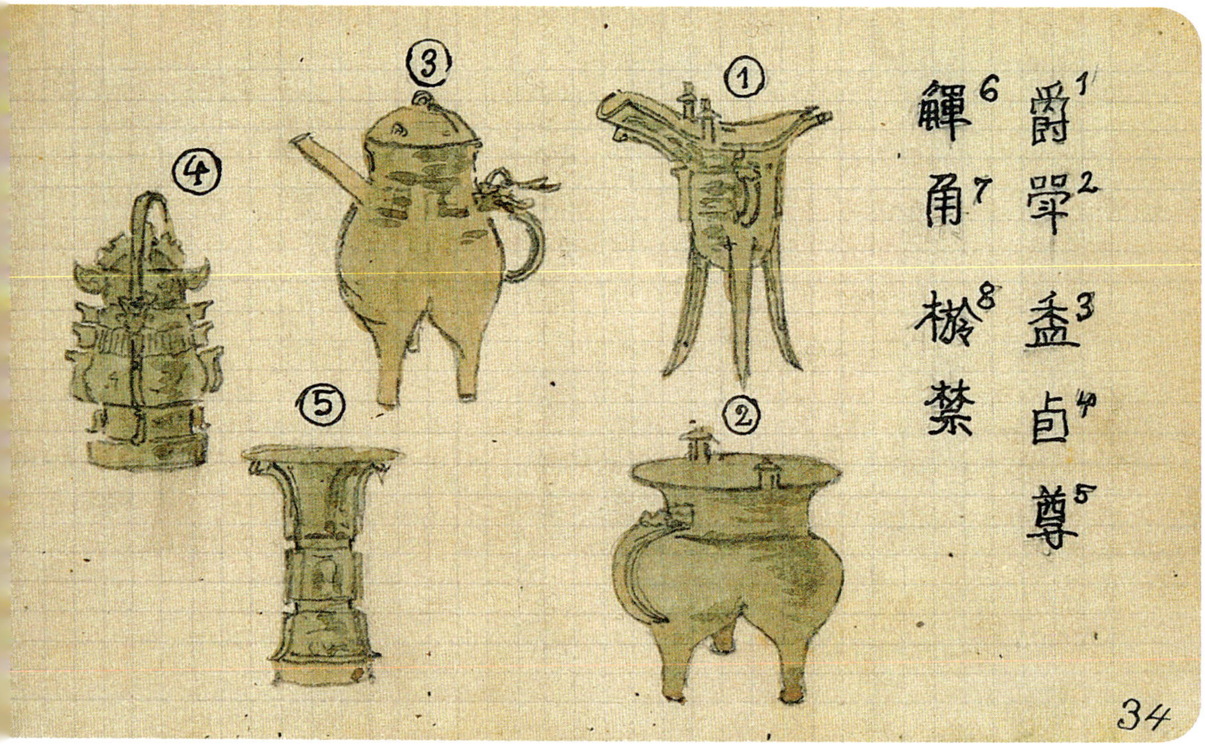

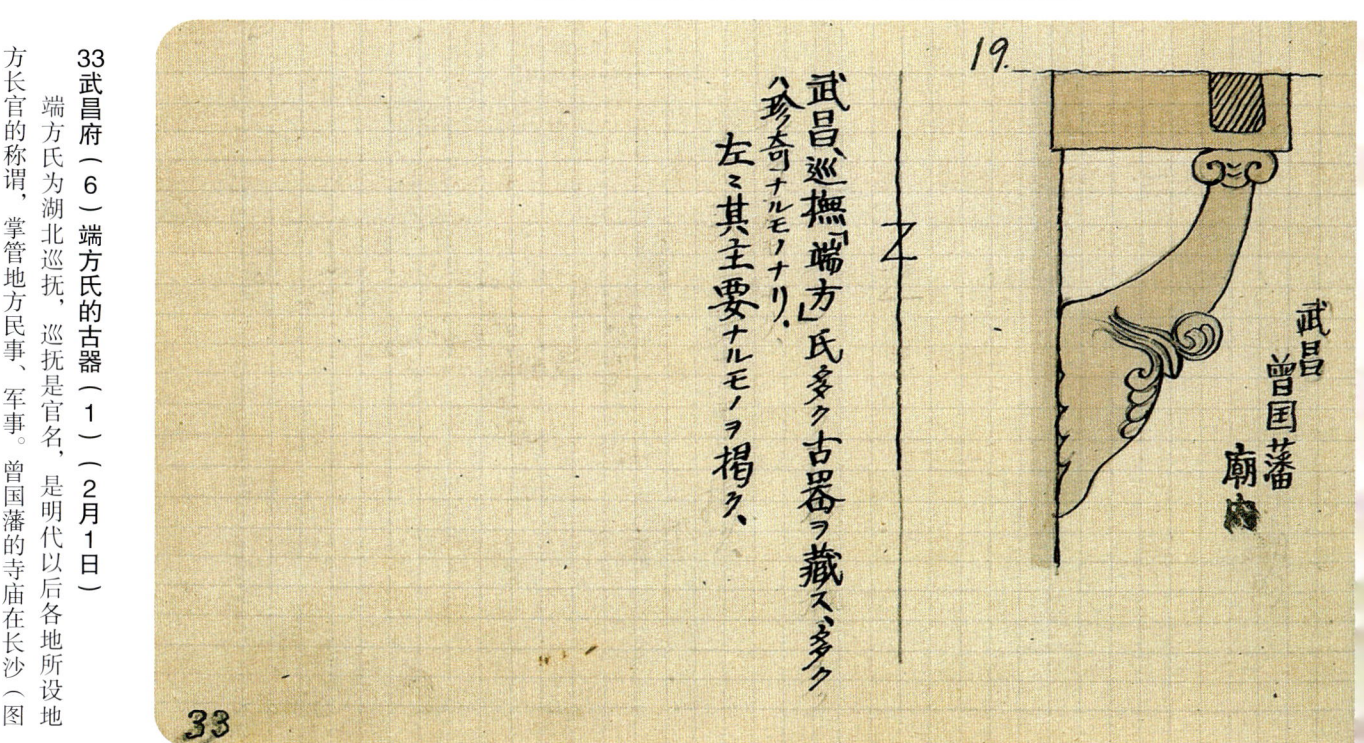

武昌巡抚“端方氏”藏有许多古器，许多是珍奇物品，图中展示有其主要物品。

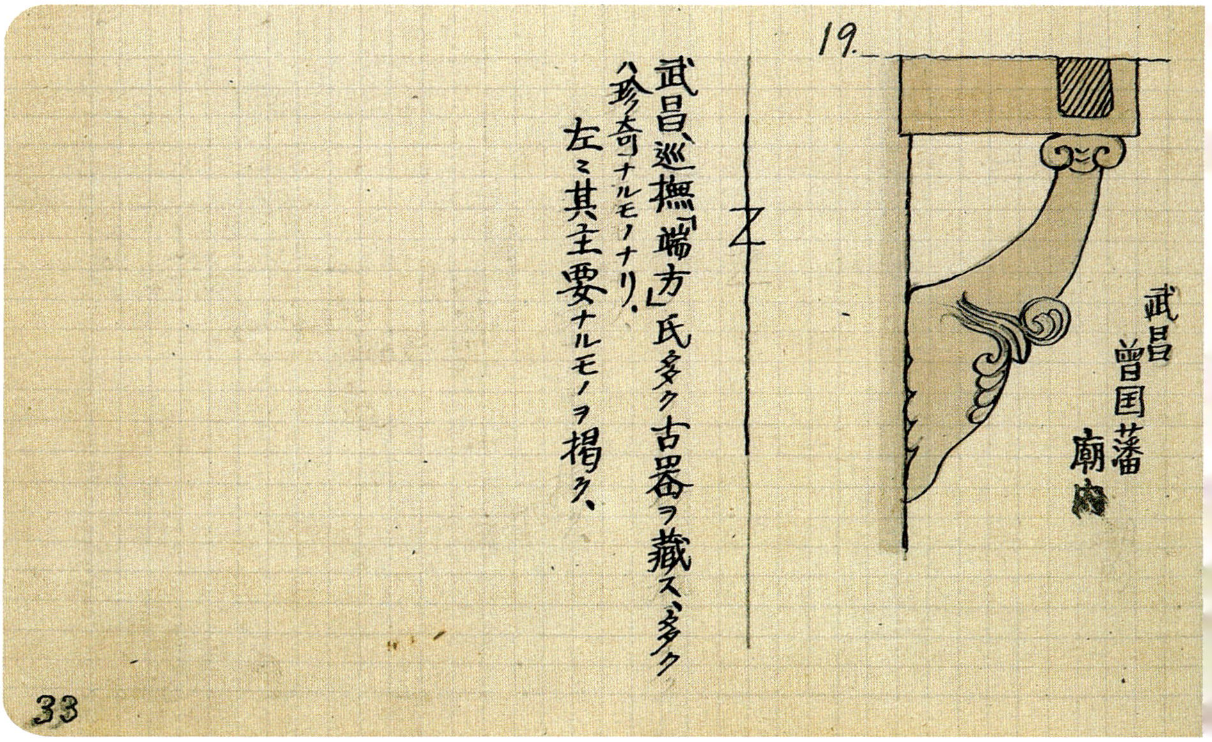
19.
武昌、巡撫「端方」氏多ク古器ヲ蔵ス、多クハ珍奇ナルモノナリ。左ニ其主要ナルモノヲ掲ク、
武昌 曾国藩 廟内
33

33武昌府（6）端方氏的古器（1）（2月1日）

端方氏为湖北巡抚，巡抚是官名，是明代以后各地所设地方长官的称谓，掌管地方民事、军事。曾国藩的寺庙在长沙（图62）也有。

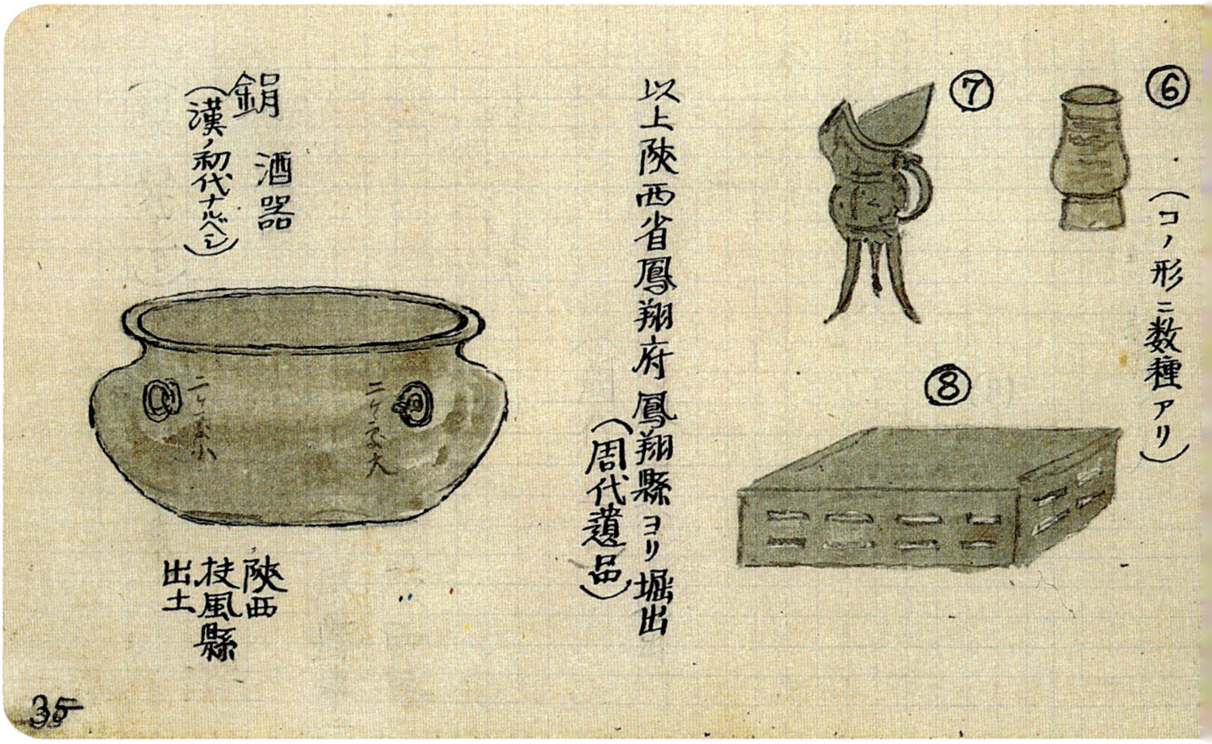
⑥
（コノ形ニ数種アリ）
⑦
⑧
以上陝西省鳳翔府鳳翔縣ヨリ堀出（周代遺品）
鋗 酒器 （漢ノ初代ナルベシ）
陝西 扶風縣 出土
35

35武昌府（8）端方氏的古器（3）（2月1日）

铜是圆形小钵。凤翔县，秦朝时设为雍县，唐代改名为凤翔县。是一座历史古镇。

36武昌府（9）端方氏的古器（4）（2月1日）

钟是酒壶。元封二年是公元前190年。权是天秤中用来称重的。

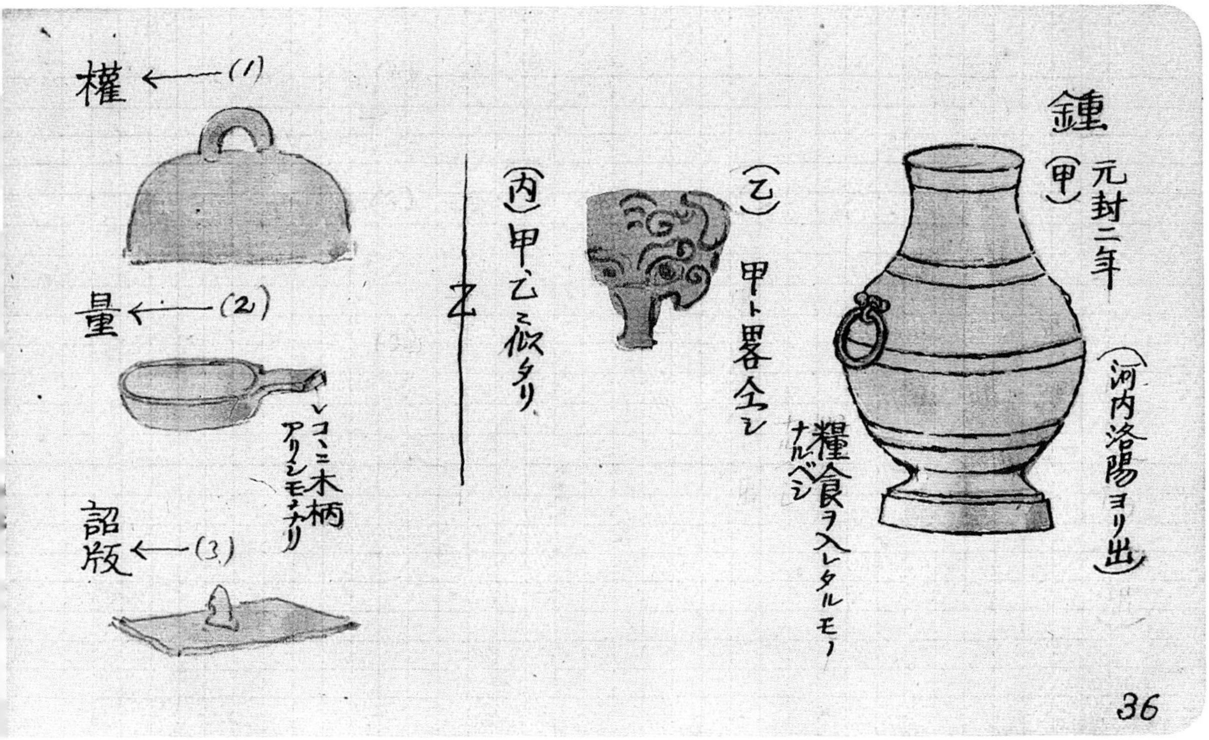

此处可安木柄

用作存放粮食的器具

38武昌府（11）端方氏的古器（6）（2月1日）

图中陶器，认为是汉代物品，但实际上并没有确认其年代。

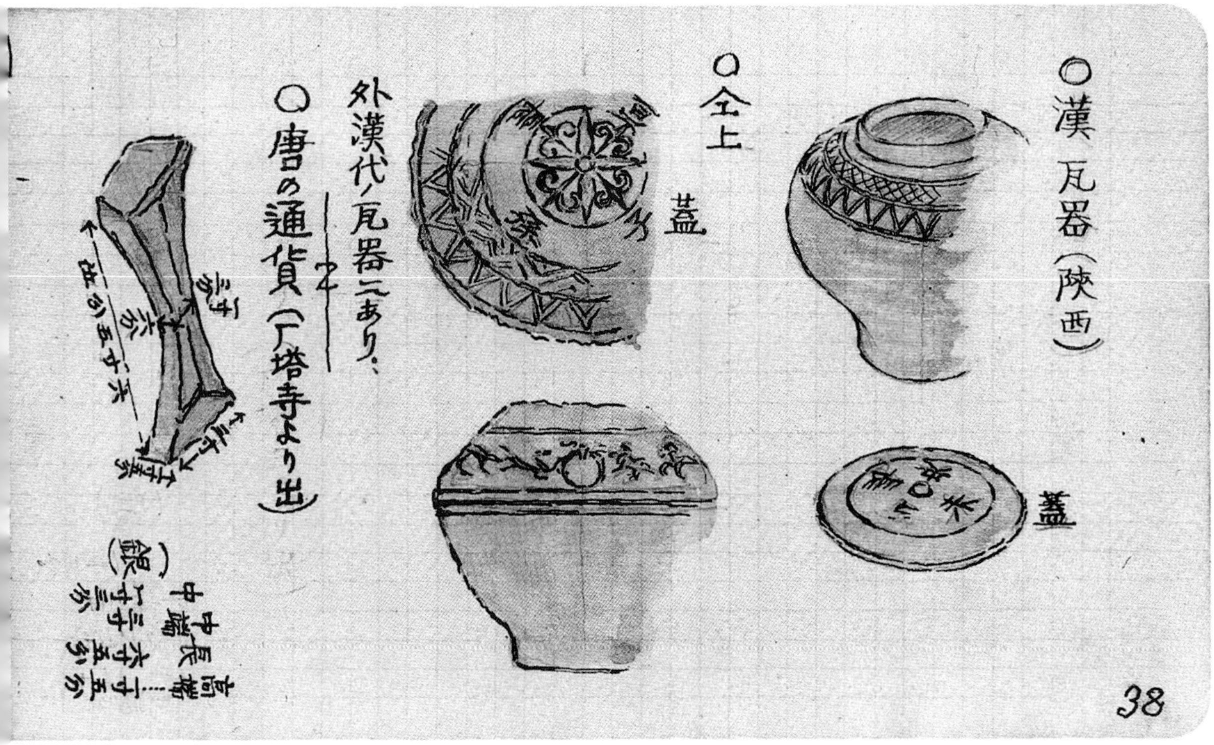

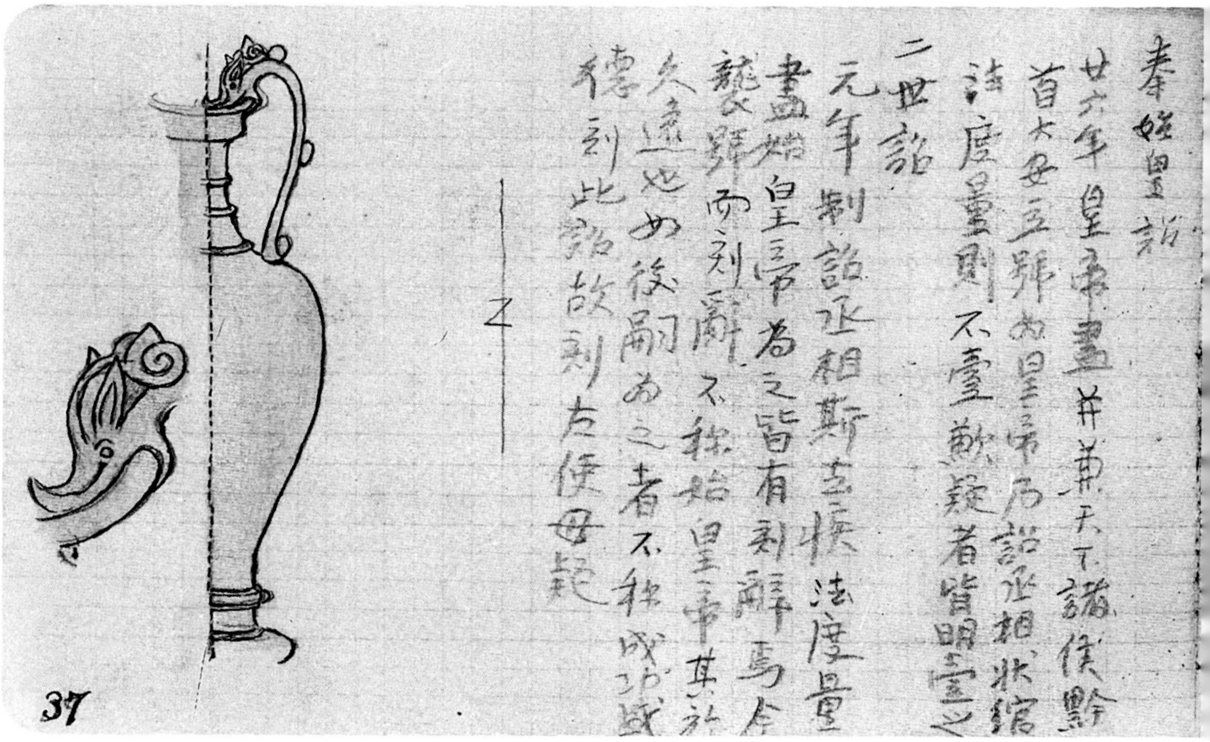
秦始皇詔
廿六年皇帝盡并兼天下諸侯黔
首大安立號為皇帝乃詔丞相狀綰
法度量則不壹歉疑者皆明壹之
二世詔
元年制詔丞相斯去疾法度量
盡始皇帝為之皆有刻辭焉今
襲號而刻辭不稱始皇帝其於
久遠也如後嗣為之者不稱成功盛
德刻此詔故刻左使毋疑
乙
37

37武昌府（10）端方氏的古器（5）（2月1日）

右文为左边瓶子上所刻铭文。

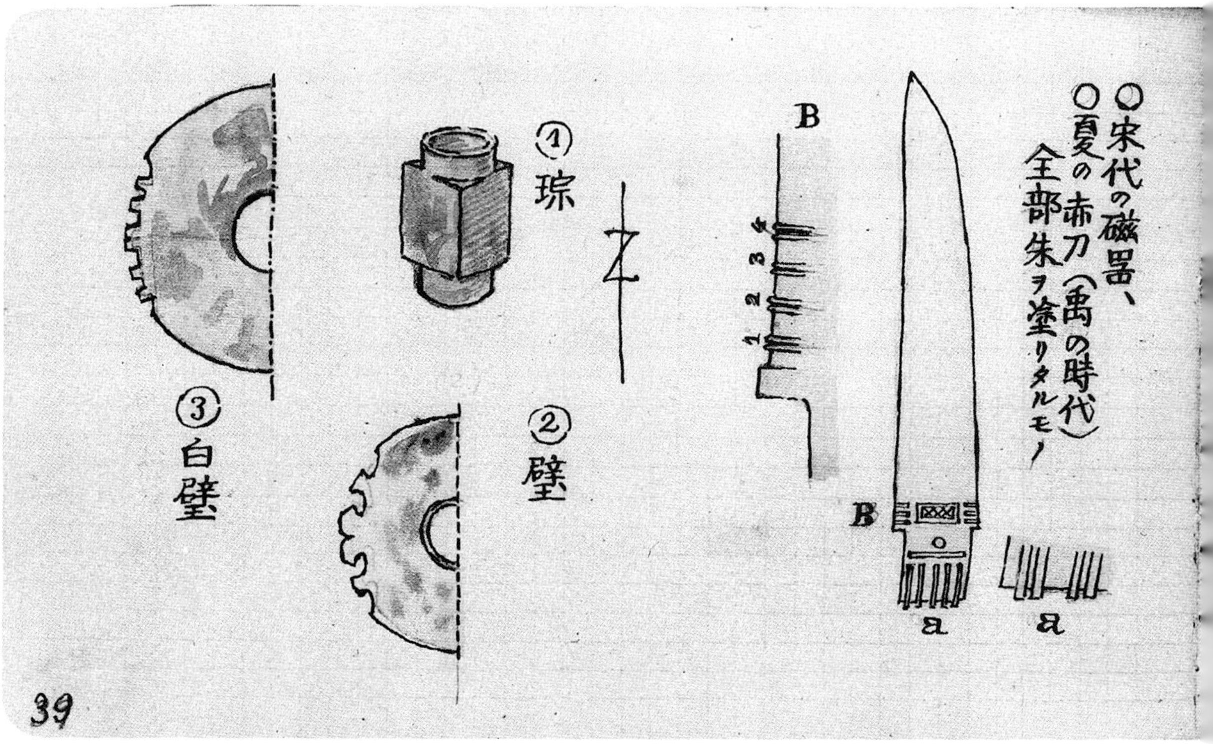
〇宋代の磁器、
〇夏の赤刀（禹の時代）
全部朱ヲ塗リタルモノ
B
B
a
a
①琮
②璧
③白璧
乙
39

39武昌府（12）端方氏的古器（7）（2月1日）

琮为中间通着一个孔的玉器，璧为中间孔的直径比环小的玉器，都是祭器。

〇宋代的瓷器

〇夏的赤刀（禹时期）全部涂成了红色

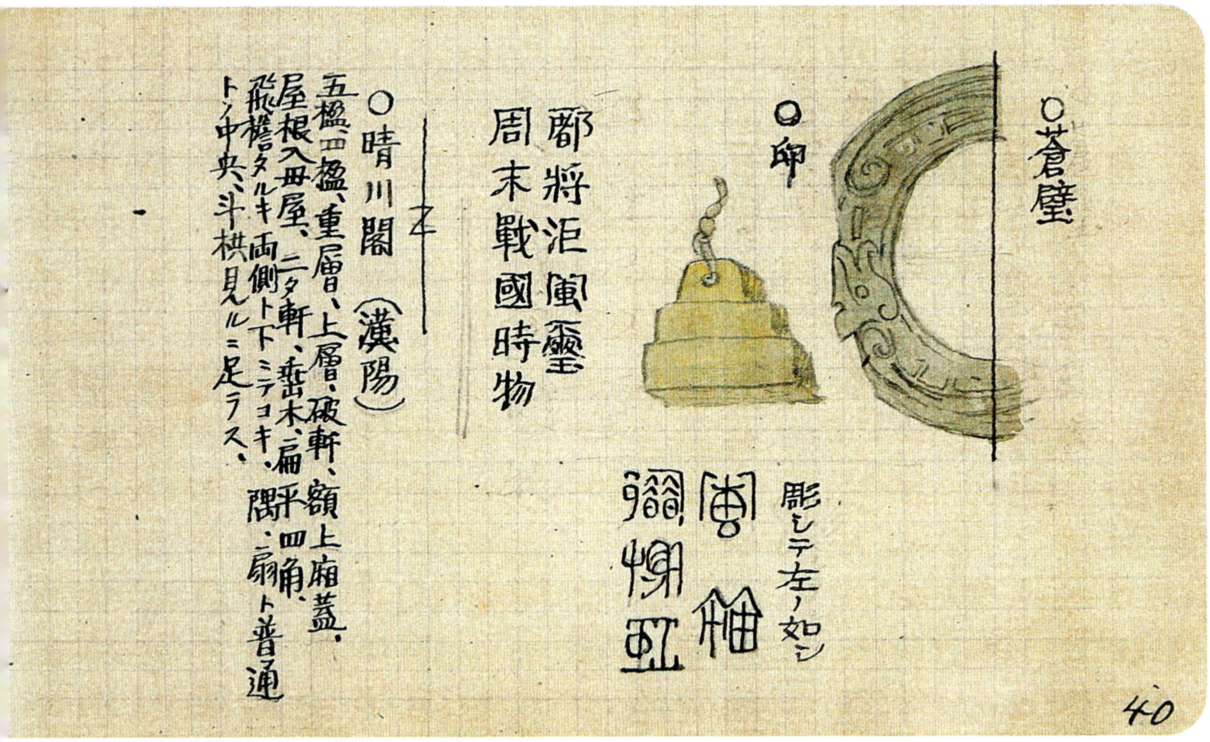
○蒼璧
○印
影シテ左ノ如シ
鄗將洰闈璽
周末戰國時物
○晴川閣（漢陽）
五楹（四楹）、重層、上層、破軒、額上扁蓋、
屋根入母屋、二タ軒、埀木、扁平四角、
飛檐タルキ両側ト下ミテコキ、隅ニ扇ト普通
トノ中央ノ斗拱見ルニ足ラス、
40

40武昌府（13）端方氏的古器（8）/汉阳府（1）（2月1日、1月18日）（下接图48）

据日记记载，在男侍生的陪同下，日本人一行七人出门远游。汉阳的晴川阁，隔长江与黄鹤楼相望。于明代创建，清代多次重修。

○晴川阁（汉阳）

五楹、四楹，多层，上层、破檐。额上厢盖，歇山屋顶（和式建筑），双层屋檐，垂木、扁平四角，飞檐椽子两侧及下方，角上、扇及普遍的中央斗拱值得一看。

○禹王廟
42

42汉阳府（3）禹王庙（1月18日）（下接图53）

大别山上有一座禹王庙，该建筑轮廓奇特，很快被引用到其他建筑图案中。这地方这种例子很少。

41汉阳府（2）（1月18日）

汉阳府以北，汉水以南有一座叫大别山的小丘，武昌蛇山绵延的山脉被长江切断。日记中记载，登上东面山麓长江岸边的晴川阁，远眺四周景色甚佳。而建筑不是特别有意思。

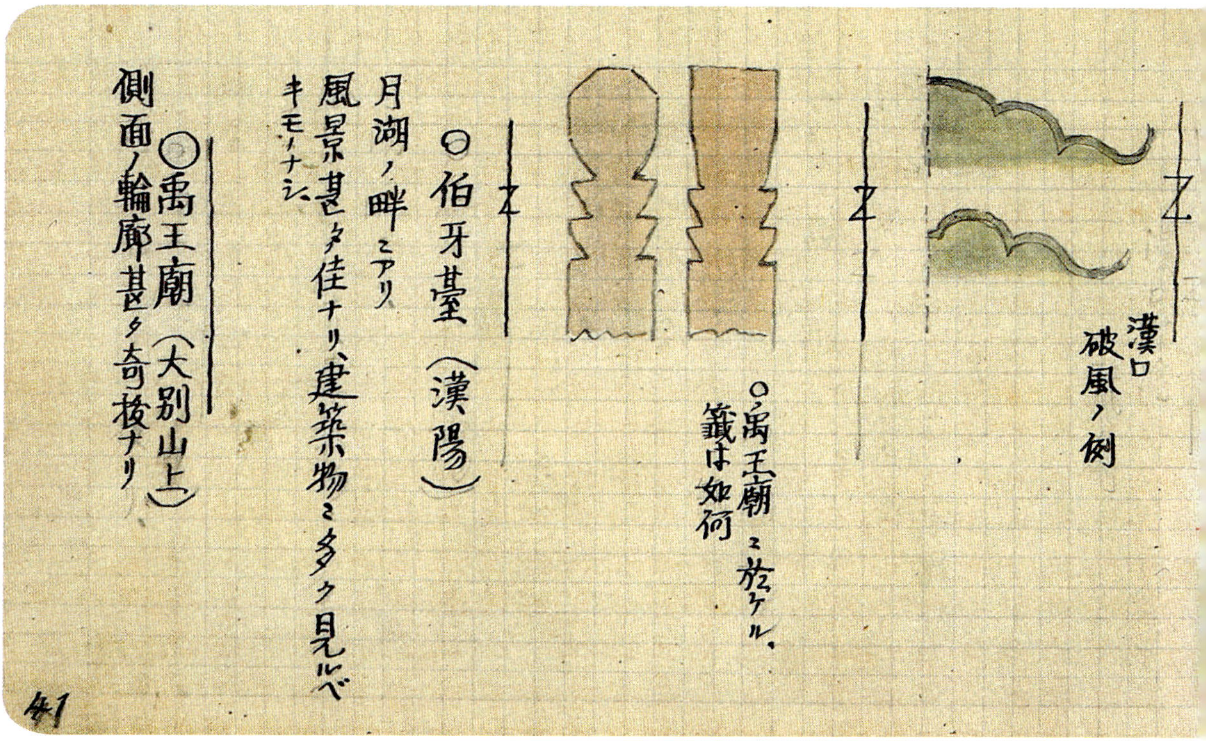
漢口
破風ノ例
○禹王廟ニ於ケル籤ハ如何
○伯牙臺（漢陽）
月湖ノ畔ニアリ
風景甚ダ佳ナリ、建築物ニ多ク見ルベキモノナシ
○禹王廟（大別山上）
側面ノ輪廓甚ダ奇抜ナリ
41

○禹王庙（大别山上）侧面轮廓很是奇特

○伯牙台（汉阳）在月湖湖畔，风景甚佳，但建筑物不是很有意思

○禹王庙中的签如何

汉口
破风的例子

43汉口（1）看戏（1）（1月22日）（下接图54）

这一天，值得一看的是女性剧场。戏剧也叫唱戏，小屋称茶园。入场费一日元。舞台像日本的『能』一样，后面是挂有『出将』、『入相』匾额的出入口，伴奏的各位坐在舞台后面备有的座椅上。

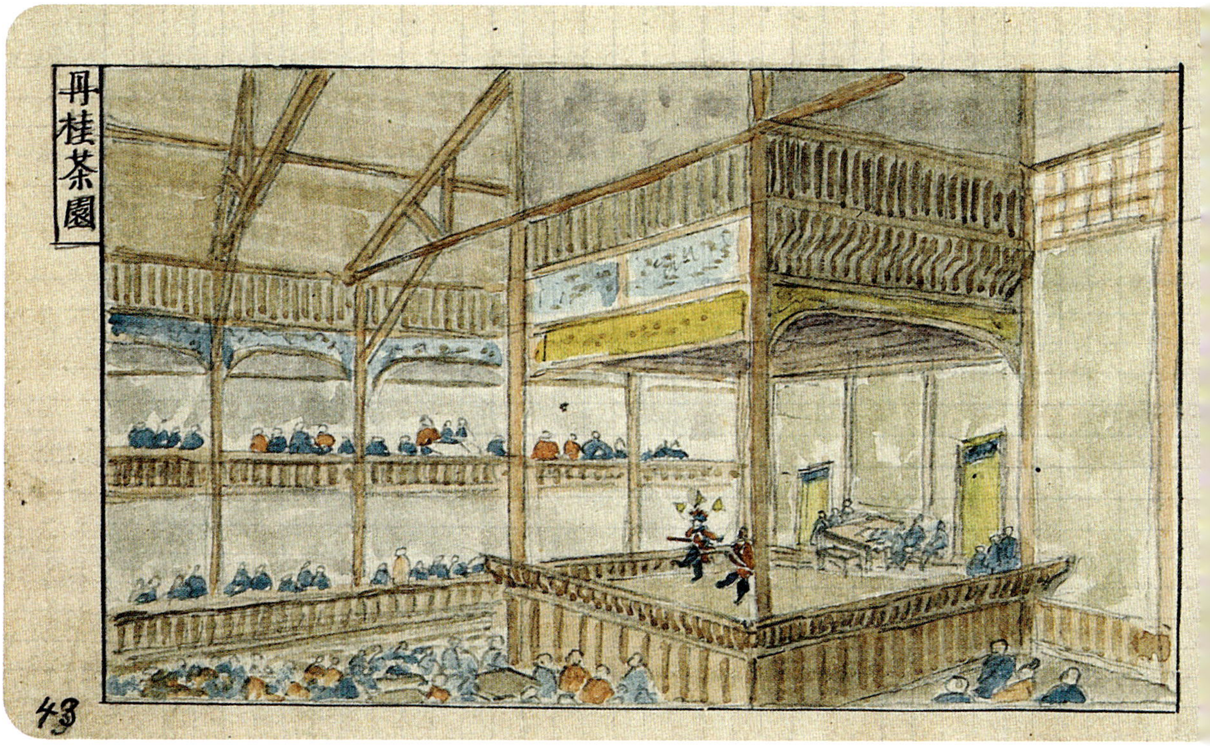
丹桂茶園
43

44汉口（2）关帝庙（1）（1月23日）

在汉口没有什么特别的古建筑，也没有什么值得关注的新建筑。关帝庙建筑虽很华丽，但却缺乏内容。

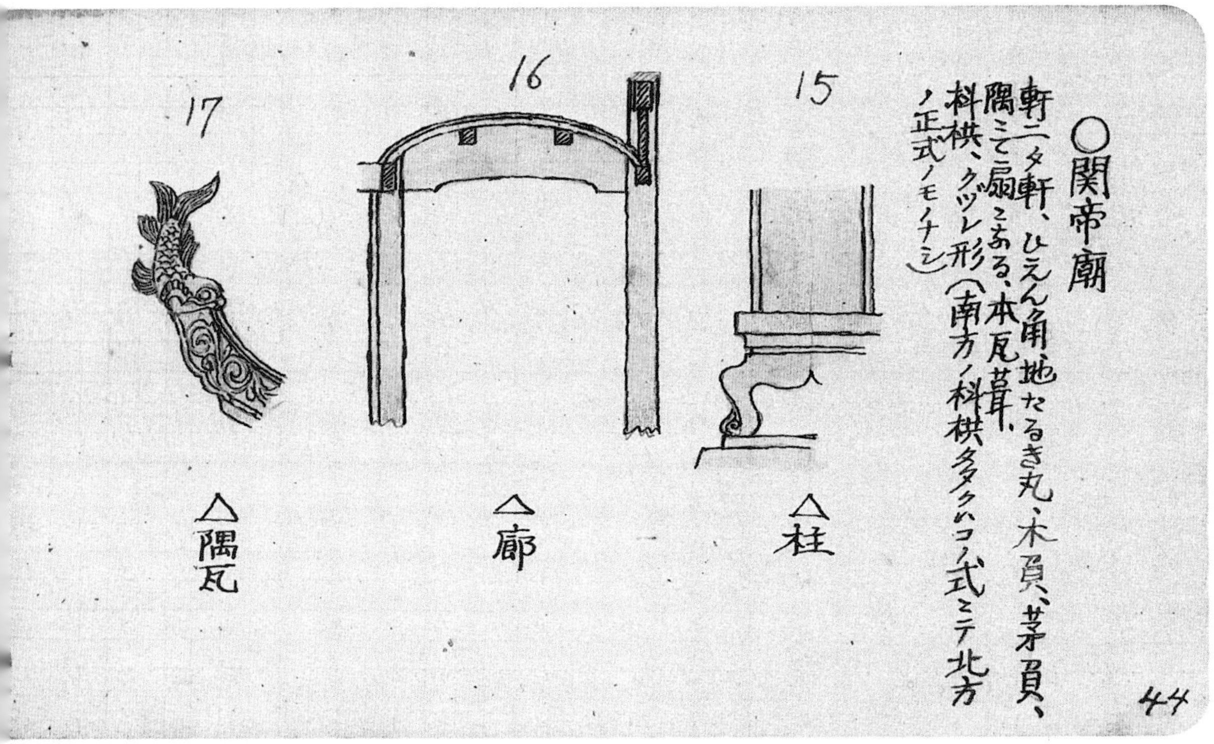
○関帝廟
軒二タ軒、ひえん角地たるき丸、木負、茅負、隅ニて扇ニある、本瓦葺。
枓栱、クヅレ形（南方ノ枓栱多クハコノ式ニテ北方ノ正式ノモノナシ）
15
△柱
16
△廊
17
△隅瓦
44

○关帝庙

屋檐是双层屋檐，飞檐角，全部用瓦盖住。斗拱较为随意，（南方斗拱多这样，北方斗拱较为正式）。

46汉口（3）关帝庙（2）（1月23日）

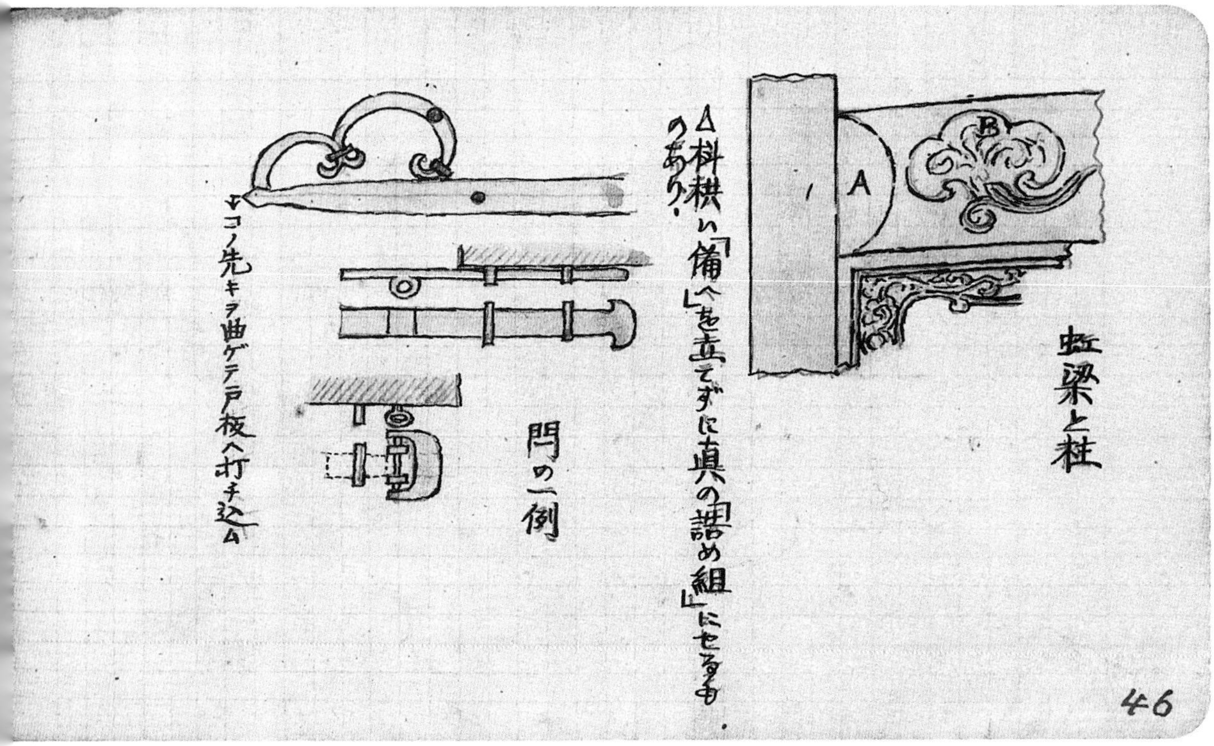
虹梁と柱
A
B
△枓栱ハ「備へ」を立てずに真の「詰め組」にせるものあり。
門の一例
※コノ先キヲ曲ゲテ戸板へ打チ込ム
46

将前段弯曲，弯向门板方向

45地图（岳州—桃源）

常德位于洞庭湖西侧，是水路要害。

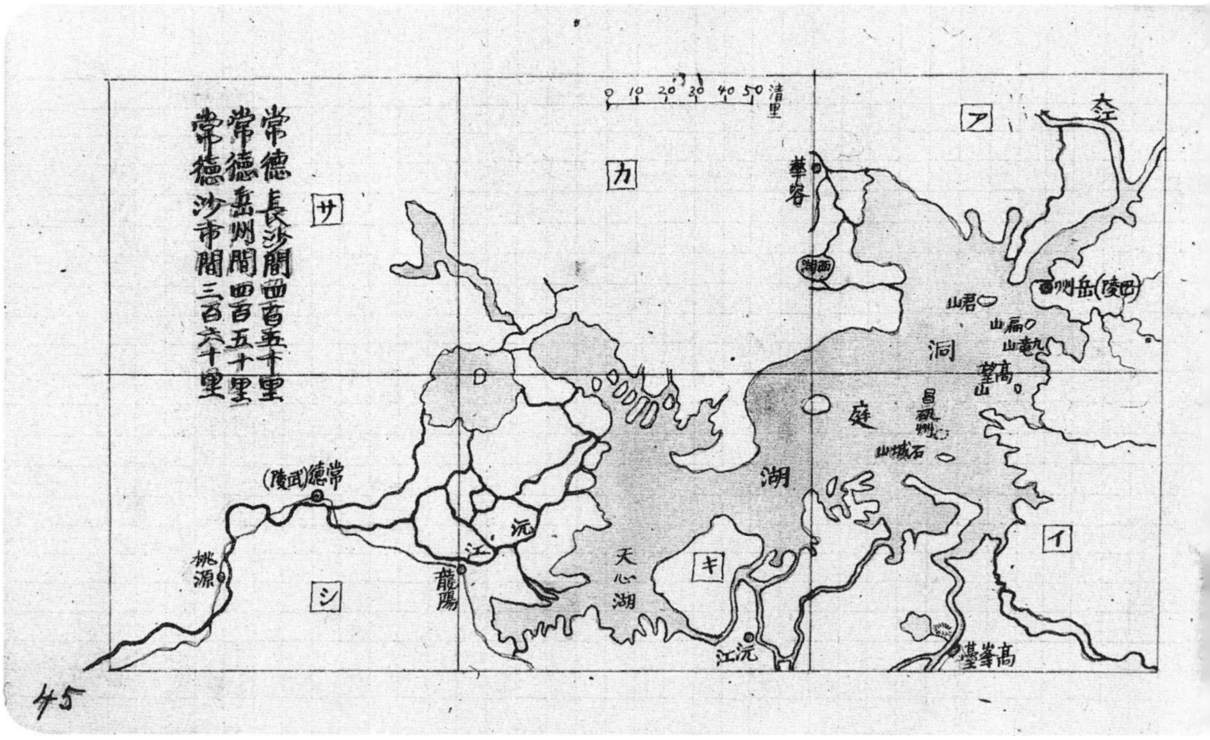

○周汉古器

这也是湖北巡抚端方氏的所藏之物。端方氏拥有土器、瓦器、瓷器六百件，金、铜器、石器、石佛二百余件。左图所示只是其中一两件。

关帝庙建筑规模宏大，其装饰之美在其周边区域大概是没有的。不过像这样的浓杂、艳丽，是低俗的。其建于清朝。

47汉口（4）关帝庙（3）（1月23日）（下接图51）

右图是汉口关帝庙的平面图，规模宏大，非常华丽。在吕祖阁中供奉着道教仙人吕洞宾。

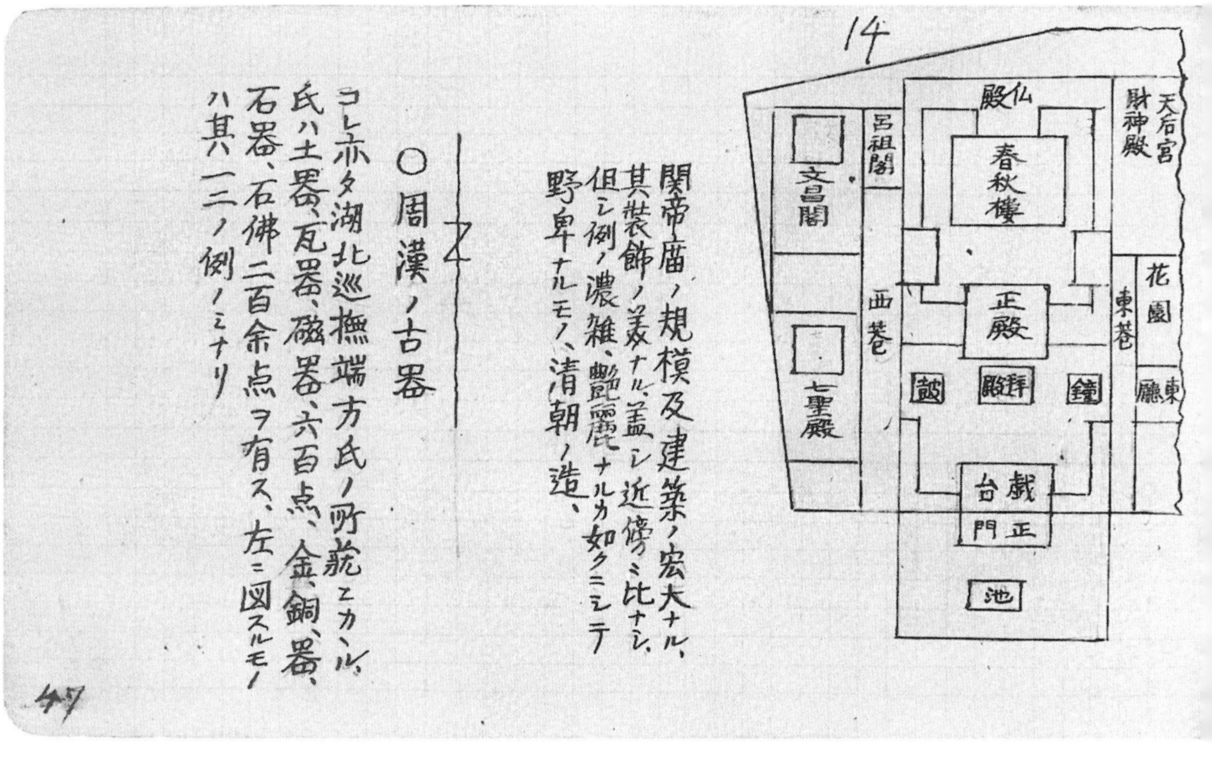

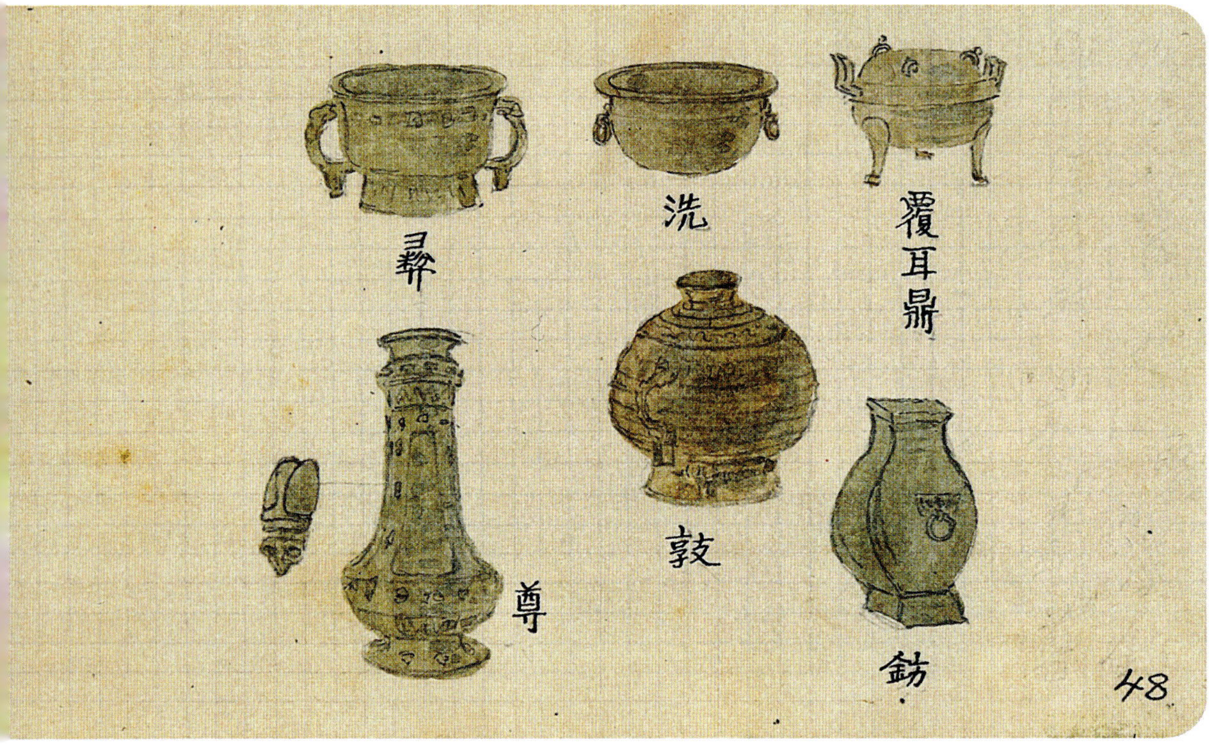

48武昌府（14）端方氏的古器（9）（2月1日）（上接图40）
尊、彝是酒器的种类。

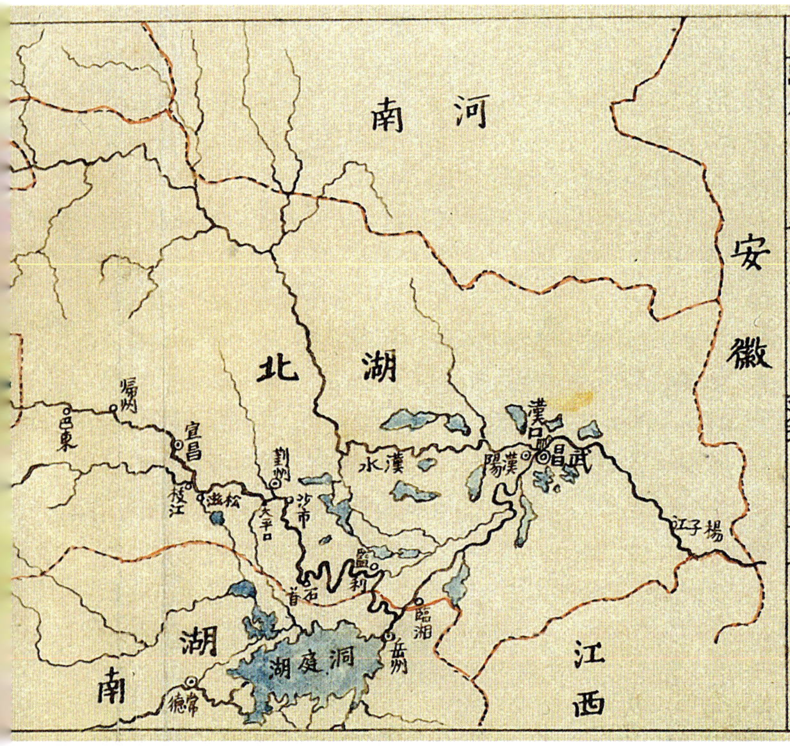

自漢中至漢口里程表（清里ヲ單位トス）

区間	地名	里程
(一)漢中成都間	漢中	
	沔縣	一一〇
	大安	九〇
	寧羌	九〇
	教長	七〇
	朝天	七〇
	廣元	九三
	昭化	五三
	劍閣	八〇
	劍州	六五
	武連	八〇
	梓潼	八〇
	魏城	六〇
	綿州	六五
	羅江	九〇
	德陽	五〇
	漢州	五〇
	新都	五〇
	成都	四〇
	合計	一三八六
(二)成都峩山間	成都	四
	双流	四〇
	新津	五〇
	彭山	六〇
	眉州	四〇
	青神	六〇
	嘉定	九〇
	峩眉	八〇
	大峩山	一二〇
	合計	五四〇
(三)峩山重慶間	大峩山	
	峩眉	一二〇
	嘉定	八〇
	犍爲	一二〇
	敘州	一四〇
	南溪	一二〇
	江安	六〇
	納溪	九〇
	瀘州（合江）	一四〇
	江津	二七〇
	重慶	一八〇
	合計	一四四〇
(四)重慶漢口間	重慶	
	涪州	三五〇
	萬縣	六四五
	夔州	三五五
	宜昌	五四五
	沙市	三六〇
	漢口	一〇六五
	合計	三三二〇
	通計	六五八六

49－2地图（汉中—汉口）

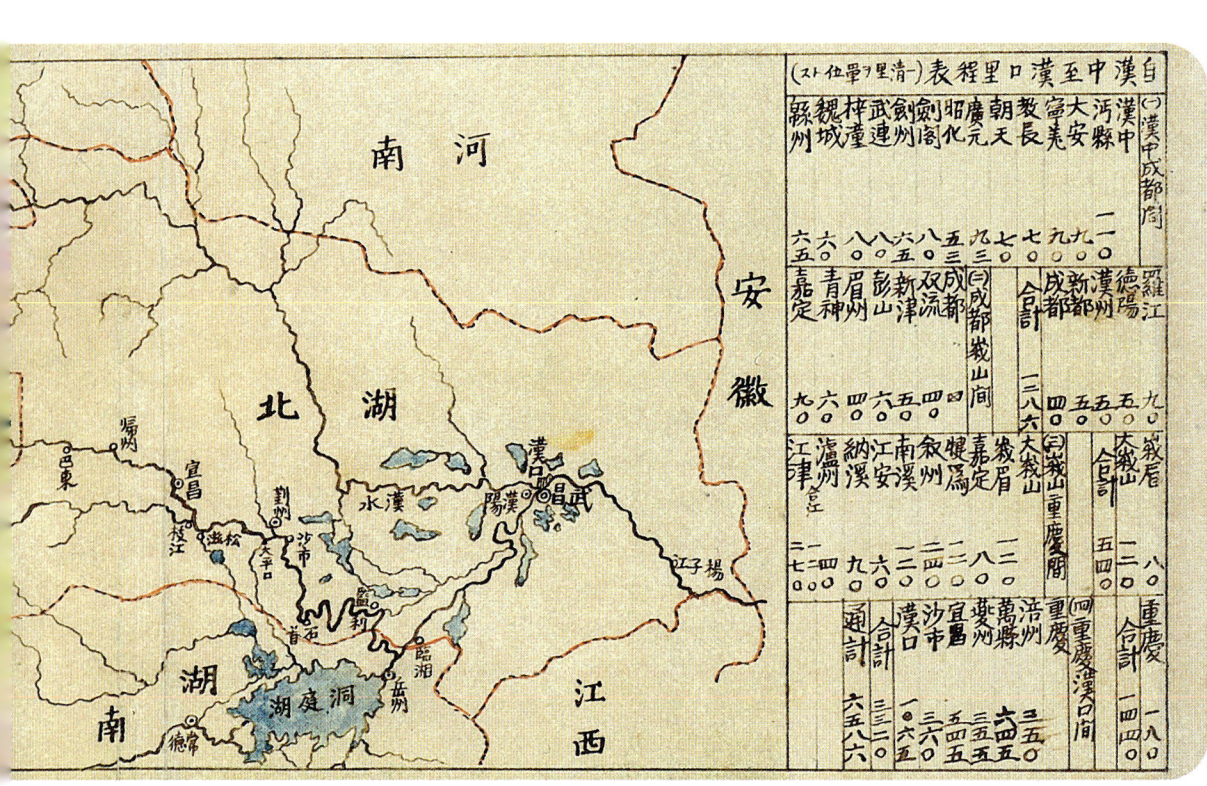

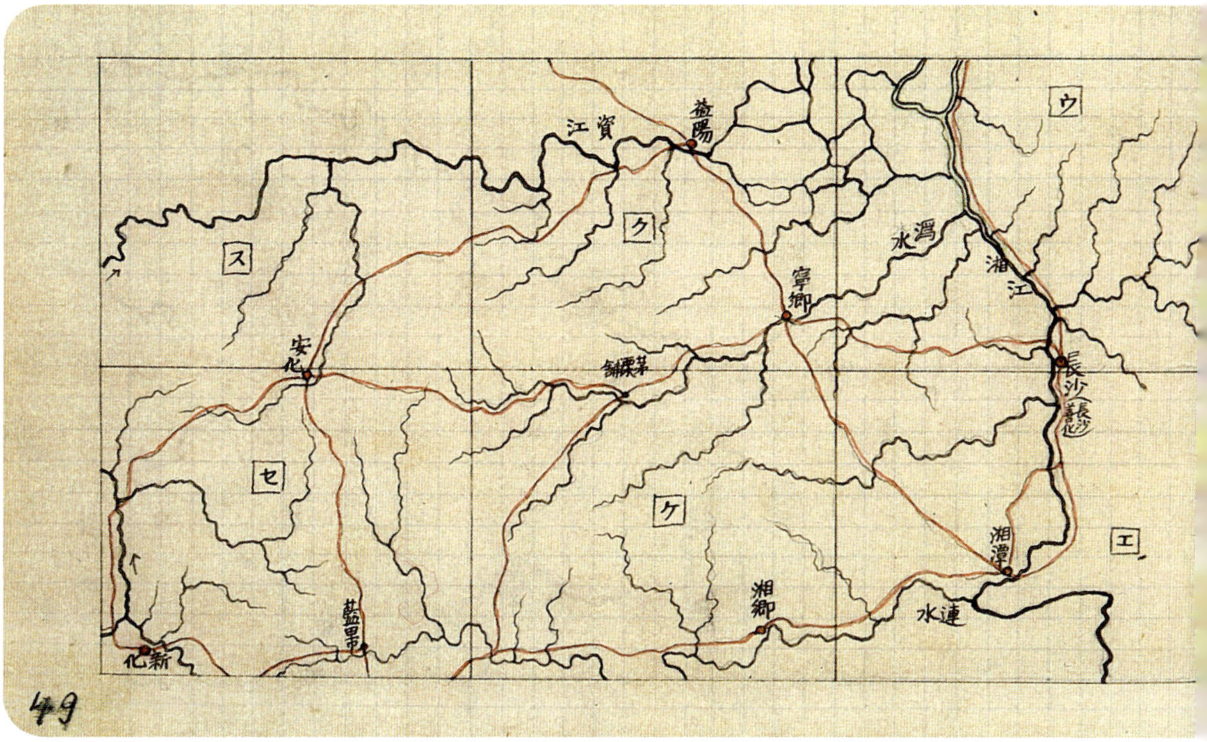
益陽
資江
ス
ク
ウ
寧郷
潙水
湘江
安化
長沙
セ
ケ
エ
湘潭
湘郷
連水
藍田
新化
49

49－1地图（长沙—新化）

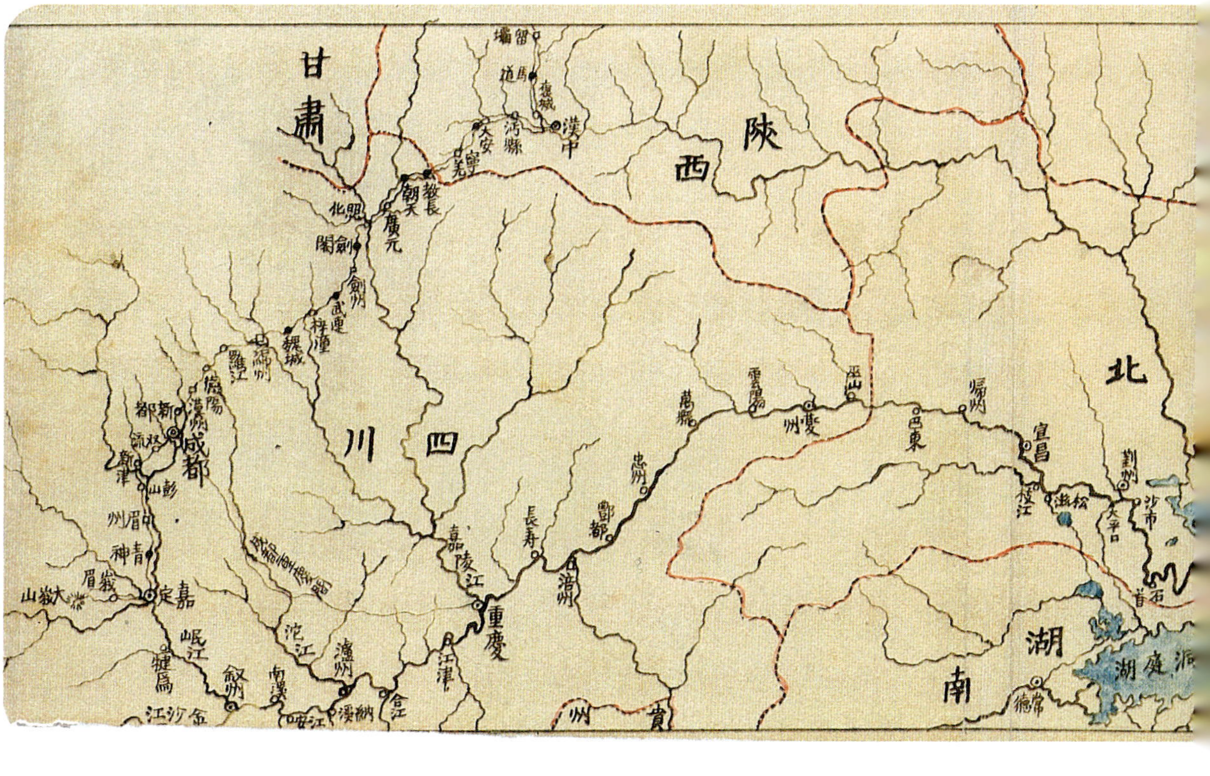
甘肅
陝西
漢中
廣元
四川
成都
嘉陵江
重慶
長寿
忠州
萬縣
夔州
巴東
宜昌
沙市
北
湖南
常德
洞庭湖
岷江
沱江
瀘州
叙州
嘉定
江津
合江

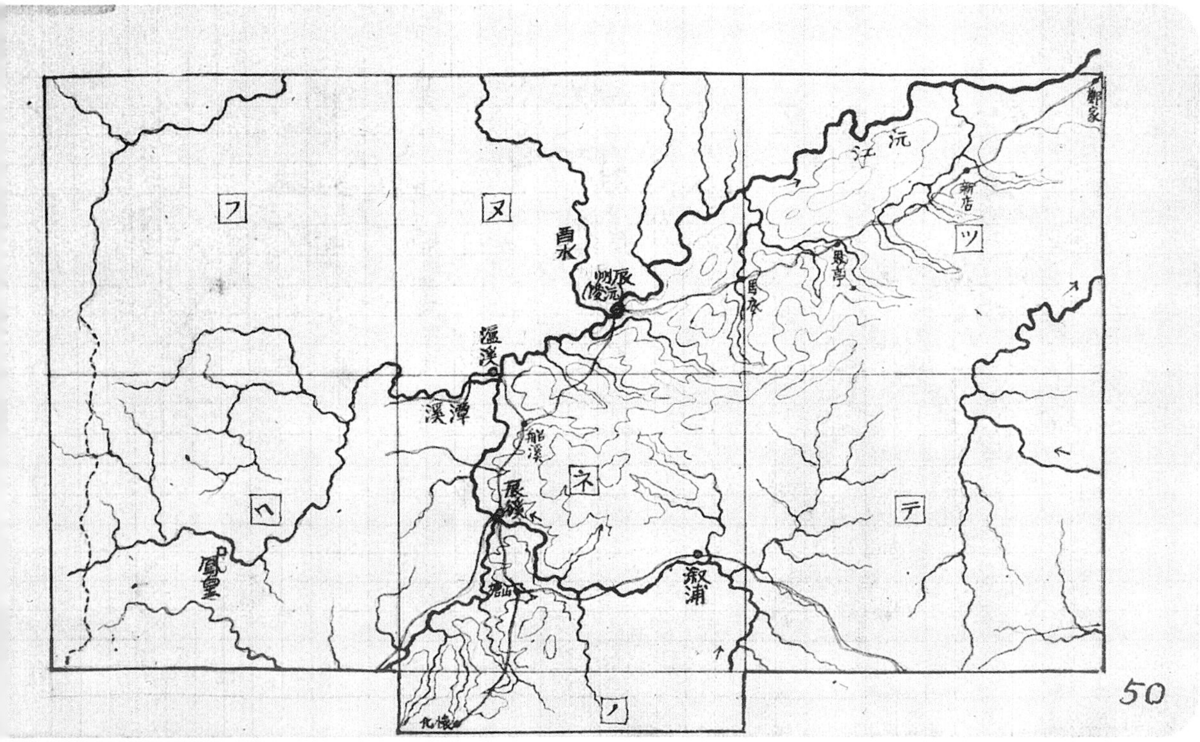

50地图（郑化—怀化）

湖南西部是许多少数民族的居住地，现在是土家族、苗族等的自治区。

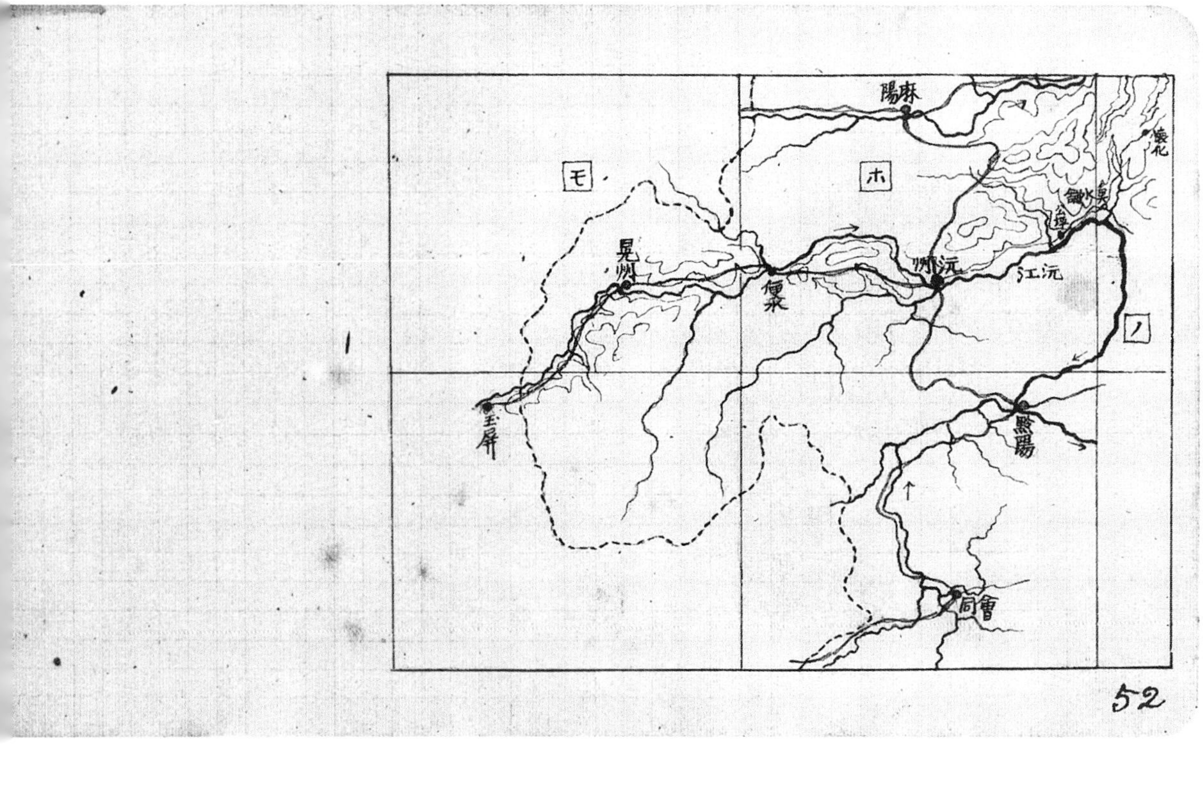

52地图（怀化—玉屏）

○谈戏曲

昆曲

昆曲非常高尚优美，用于像神仙等的戏剧，伴奏如霓裳羽衣这样的舞蹈，也用于贵妃醉酒等。

戏子，老生花旦净丑末。

老生：花脸有胡须

小生：花脸年轻人

花旦：女性角色

武旦：女性武人

老旦：老年妇女

净：花脸

丑：滑稽

末：马梯子，随从等

51汉口（5）剧本谈（2月5日）（上接图47、下接图54）

据日记记载，隔了许久，笔者拜访了领事馆，顺便拜访了片山氏。片山氏是个戏剧通，为笔者进行了说明讲解。笔者也听到了《三国演义》中『秋风五丈原』的故事，情节和道白非常有趣。

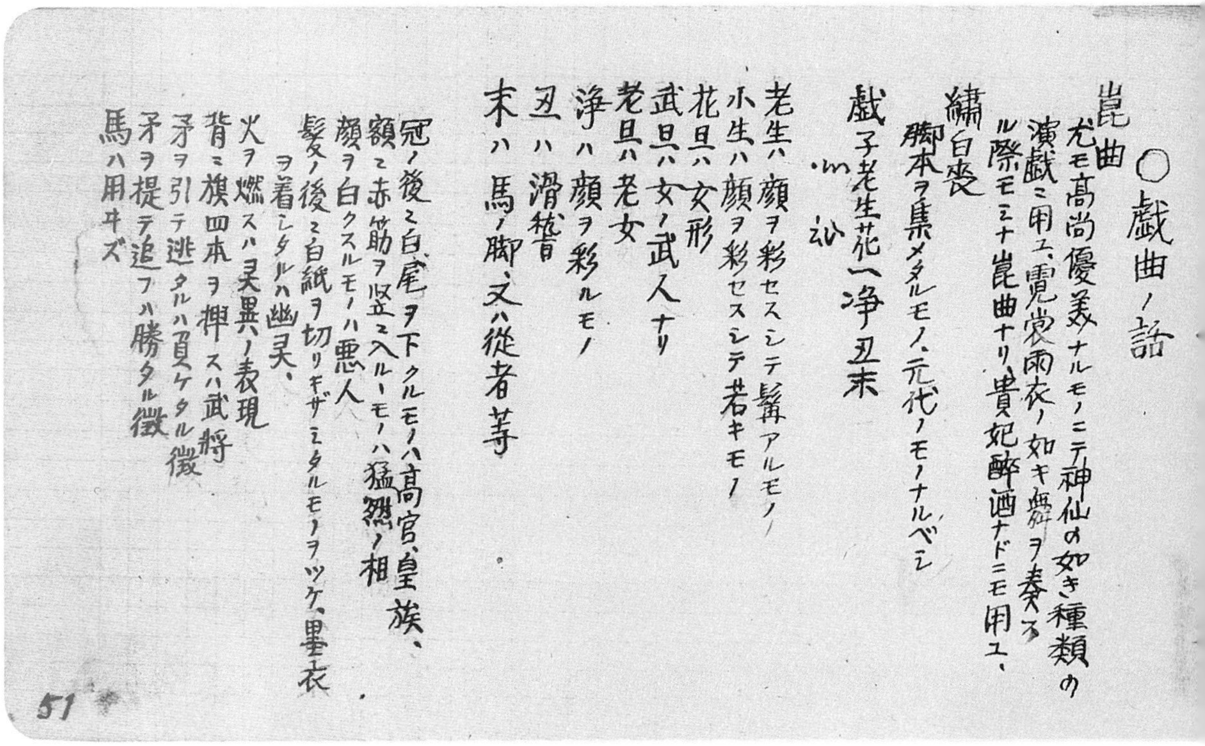
○戯曲ノ話
崑曲
尤モ高尚優美ナルモノニテ神仙の如き種類の演戯ニ用ユ、霓裳羽衣ノ如キ舞ヲ奏スル際モミナ崑曲ナリ、貴妃酔酒ナドニモ用ユ、
綴白裘
脚本ヲ集メタルモノ、元代ノモノナルベシ
戯子老生花旦浄丑末
小生
老生ハ顔ヲ彩セズシテ髯アルモノ
小生ハ顔ヲ彩セズシテ若キモノ
花旦ハ女形
武旦ハ女ノ武人ナリ
老旦ハ老女
浄ハ顔ヲ彩ルモノ
丑ハ滑稽
末ハ馬ノ脚、又ハ従者等
冠ノ後ニ白尾ヲ下クルモノハ高官、皇族、
額ニ赤筋ヲ竪ニ入ルモノハ猛烈ノ相
顔ヲ白クスルモノハ悪人
髪ノ後ニ白紙ヲ切リギザミタルモノヲツケ、墨衣ヲ着ケタルハ幽灵、
火ヲ燃スハ灵異ノ表現
背ニ旗四本ヲ押スハ武将
矛ヲ引テ逃タルハ負ケタル徴
矛ヲ提テ追フハ勝タル徴
馬ハ用キズ
51

冠后垂下一条白尾是高官、皇族，额头竖着红筋是勇猛的将相，画成白脸的是恶人。头后挂着白纸条，穿黑色衣服的是鬼魂。

着火是灵异的表现，背后插四杆旗的是武将。拉着矛跑表示失败，提着矛追的表示胜利，马是不用的。

53汉阳府（4）归元禅寺（2月8日）（下接图42）

汉阳的城西，有一座叫归元禅寺的大寺院。其为明代创建，完整程度一流。访问时间为2月8日，正好是个春节，几万的男女老少梳妆打扮前来。

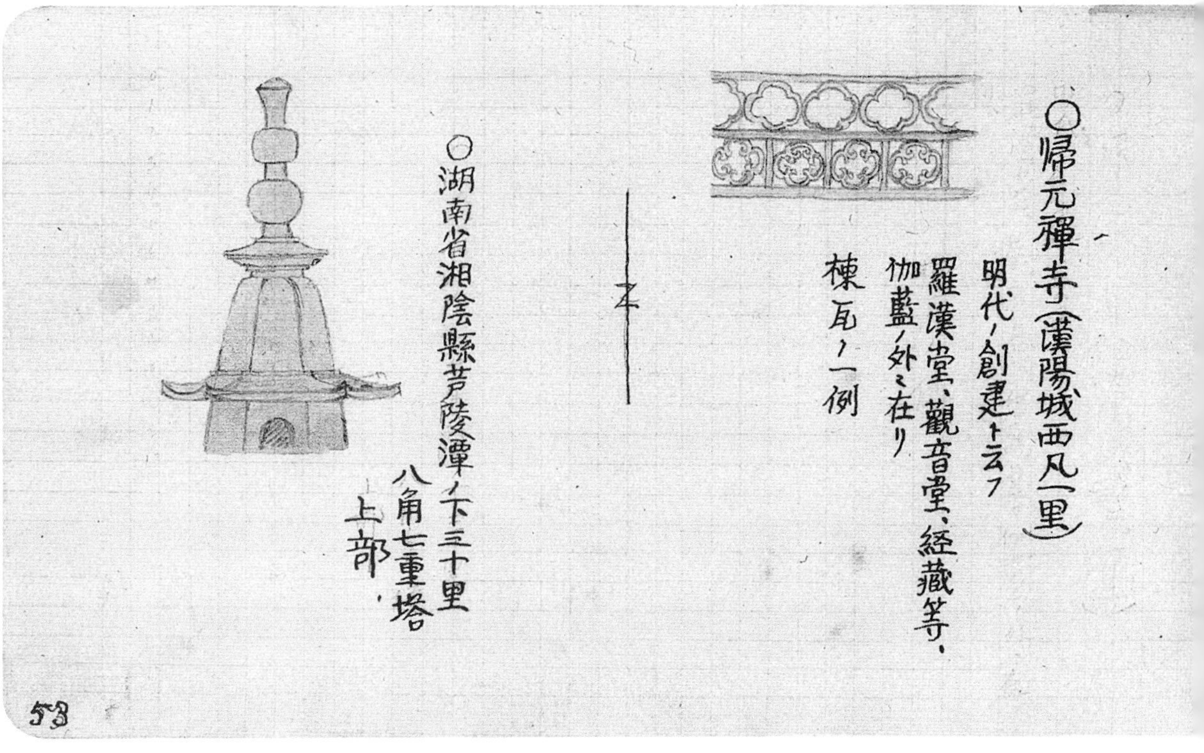
○帰元禅寺（漢陽城西凡一里）
明代ノ創建ナラン
羅漢堂、觀音堂、経蔵等、
伽藍ノ外ニ在リ
棟瓦ノ一例
本
○湖南省湘陰縣芦陵潭ノ下三十里
八角七重塔
上部、
53

湖北省

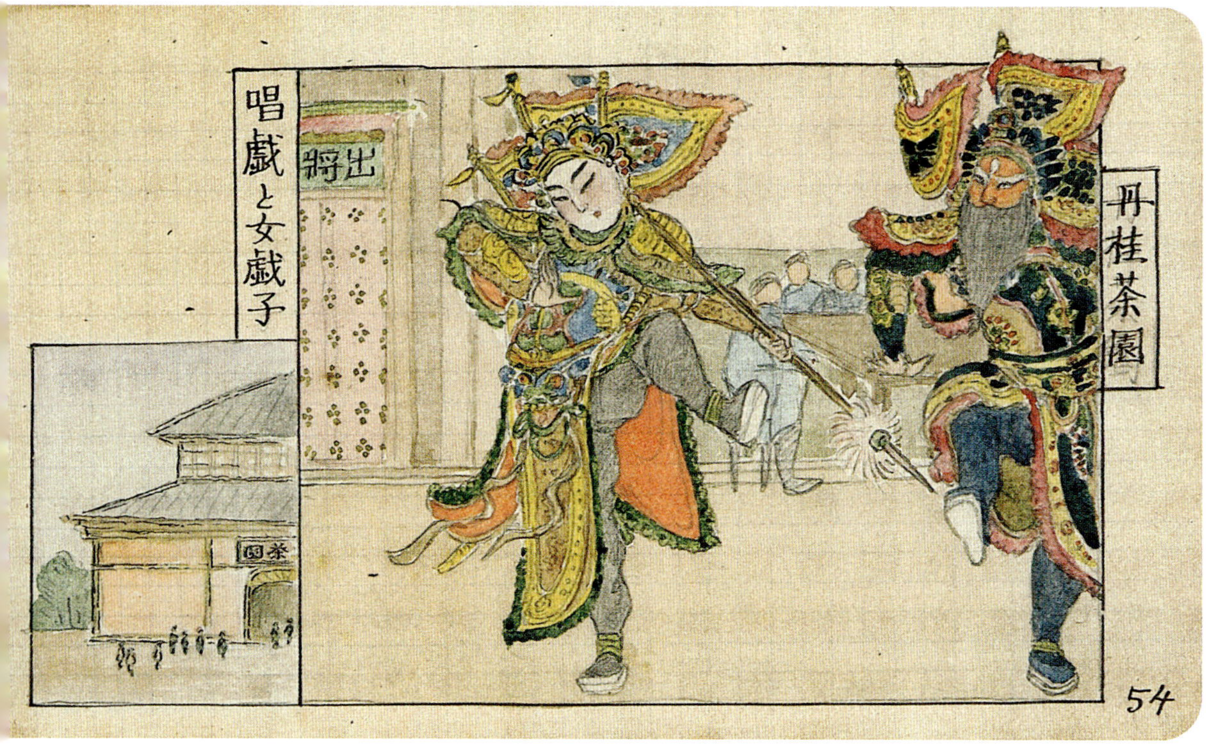

54汉口（6）看戏（2）（1月22日）（上接图43、51）

戏剧类似于日本的能，不用各种道具准备。演员勾上脸谱表现善人恶人。游客们喝彩的并不是台词、动作这些，而是其唱戏的妙处，声音很高。

56滞留汉口之图

在汉口停留了大约40天之久，关于建筑的调查几乎没有什么收获。

55汉口（7）狗头帽

图中为上流社会家小孩子戴帽的样子。日记中关于该写生图的详细记载并未提及。

57汉口出发图（2月10日）

在汉口，与日本领事馆的各位，很畅快地进行了交流。终于到了分别的时候，再次泛舟长江之上。

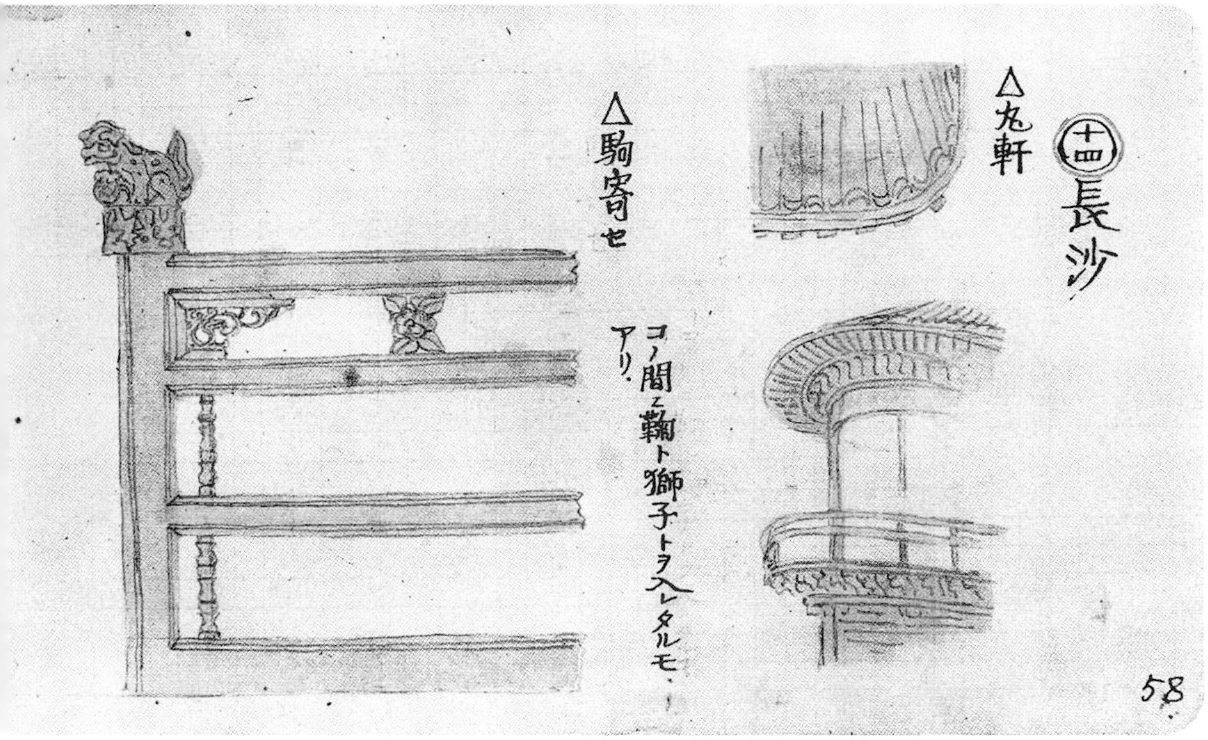
長沙
△丸軒
△駒寄セ
コノ間ニ鞠ト獅子トヲ入レタルモノアリ。
58

58长沙（1）（2月14日）

长沙市的街市建筑，其特殊手法是将屋檐角建成圆的。椽子以此为基准，设计成扇形。而且商店前设有一种栅栏。

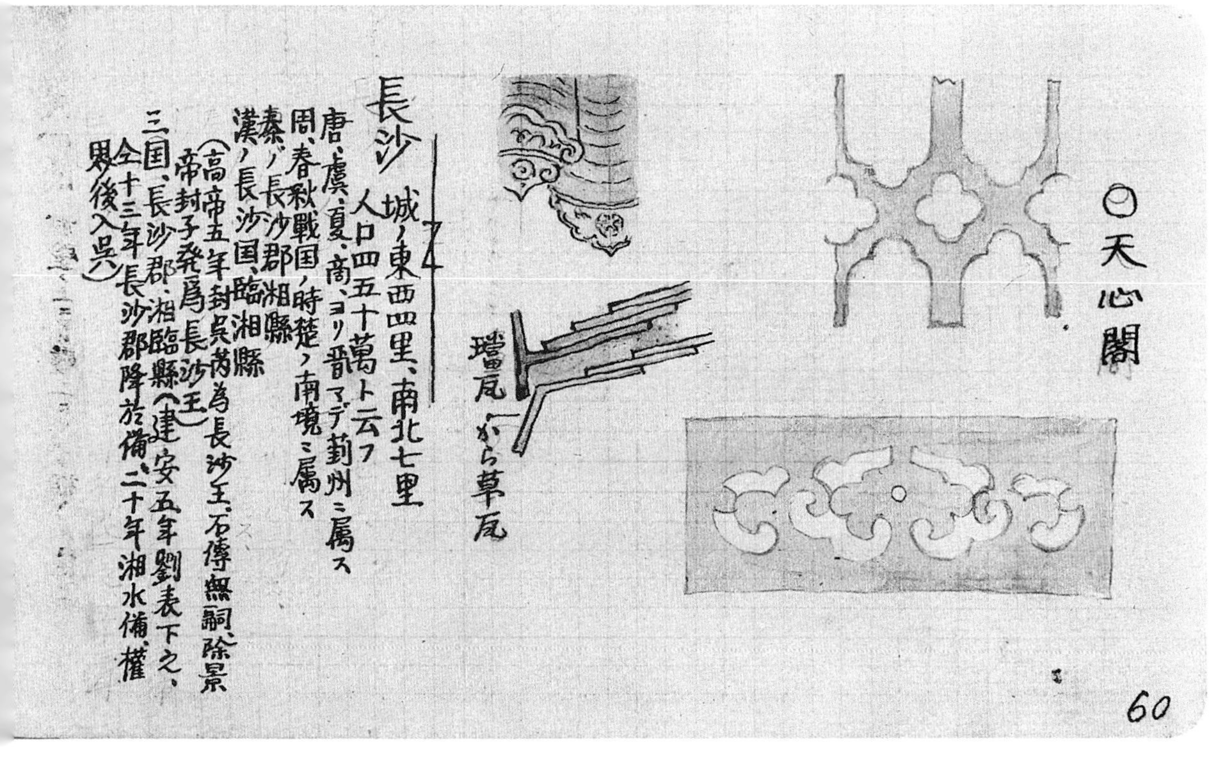
天心閣
長沙
城ノ東西四里、南北七里
人口四五十萬ト云フ
60

60长沙（3）（2月14日）

长沙是湖南省的省会，自古以来就因为是重要地点登上历史舞台。在这里，日本在湖南的汽船公司为了开辟汉口、长沙间的航路，设了码头（港口）。笔者们在该公司的出发地停宿。

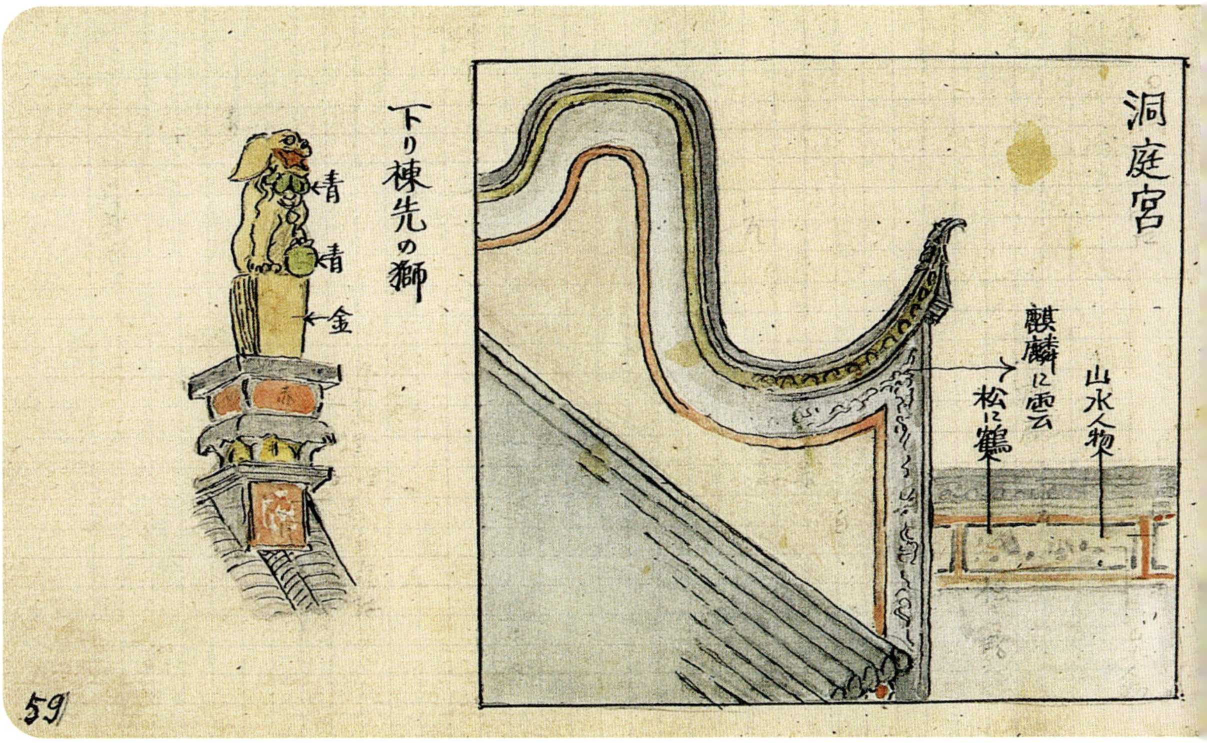

59长沙（2）（2月14日）

洞庭宫的山墙如图所示的那样，非常奇特，在这附近也能看到与此相同的例子，应该都是同一种类型吧。屋脊上的装饰也很有意思。

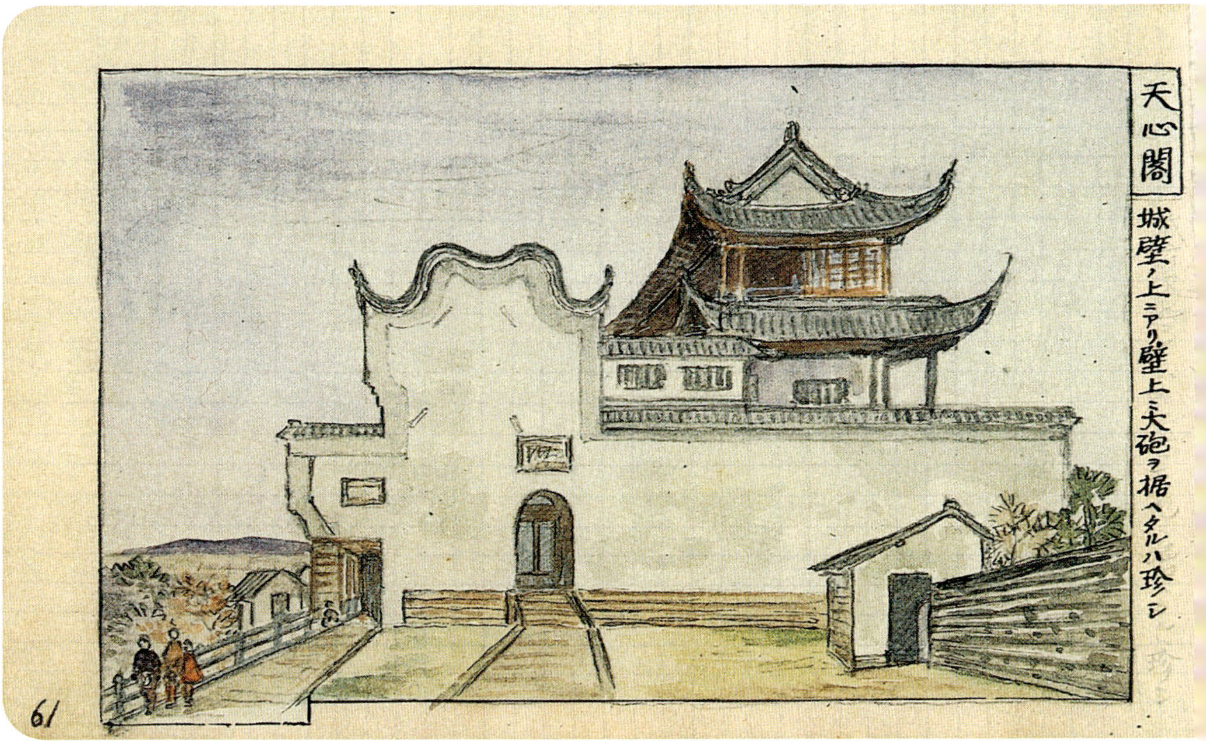

61长沙（4）（2月15日）

在城墙的东南角屹立着一座叫做天心阁的宏伟建筑。它的墙壁上有山形屋顶，非常的珍奇。登上天心阁，可以俯瞰湘江一带的平原。天心阁是乾隆二十四年（1759年）建造的。

湖南省

庭园非常广阔，有水池、小桥、回廊、楼阁、亭子等等。

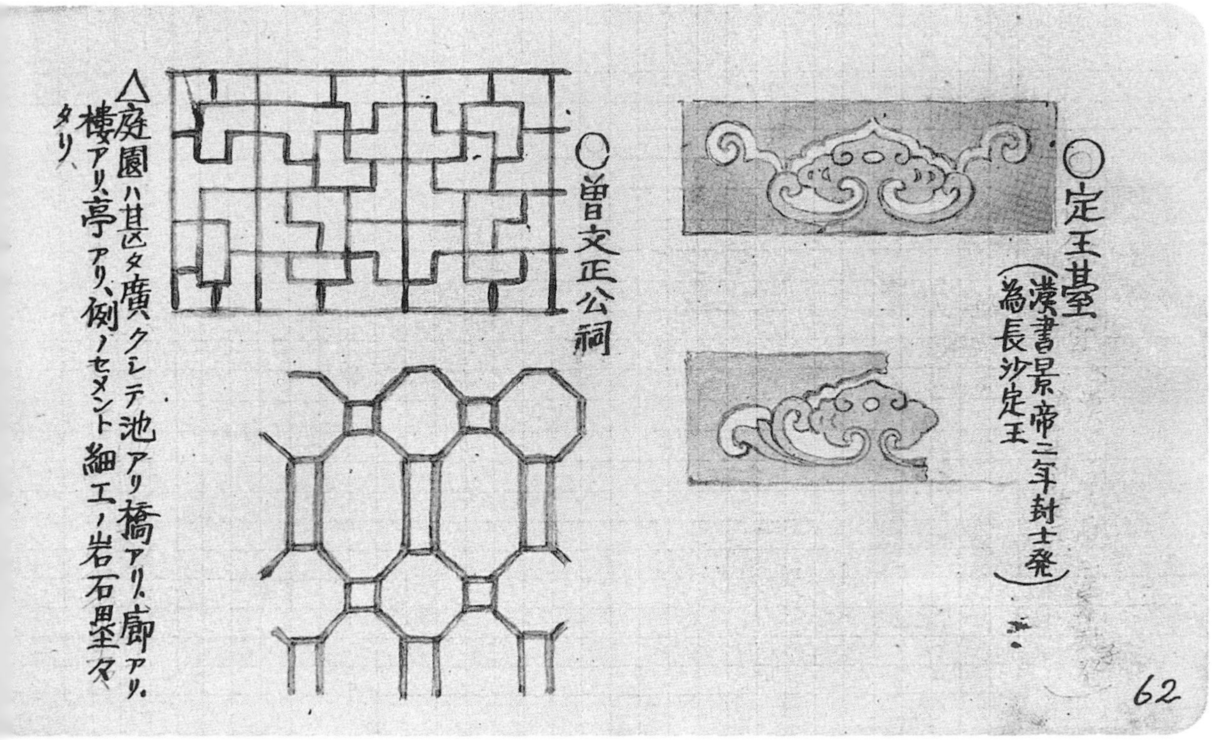
○定王墓（漢書景帝二年封士発為長沙定王）
○曾文正公祠
△庭園ハ甚ダ廣クシテ池アリ橋アリ廊アリ楼アリ亭アリ例ノセメント細工ノ岩石累々タリ。
62

62长沙（5）（2月15日）

曾文正即曾国藩，是清末著名的政治家，因为率领湘军平定太平天国之乱而闻名于世。

△云麓寺　位于岳麓山山顶，是眺望极好的地方。比起望湘亭，能更好地俯瞰湘江一带。
△万寿寺　位于云麓寺下方大约半里的地方，是规模较大的寺院。

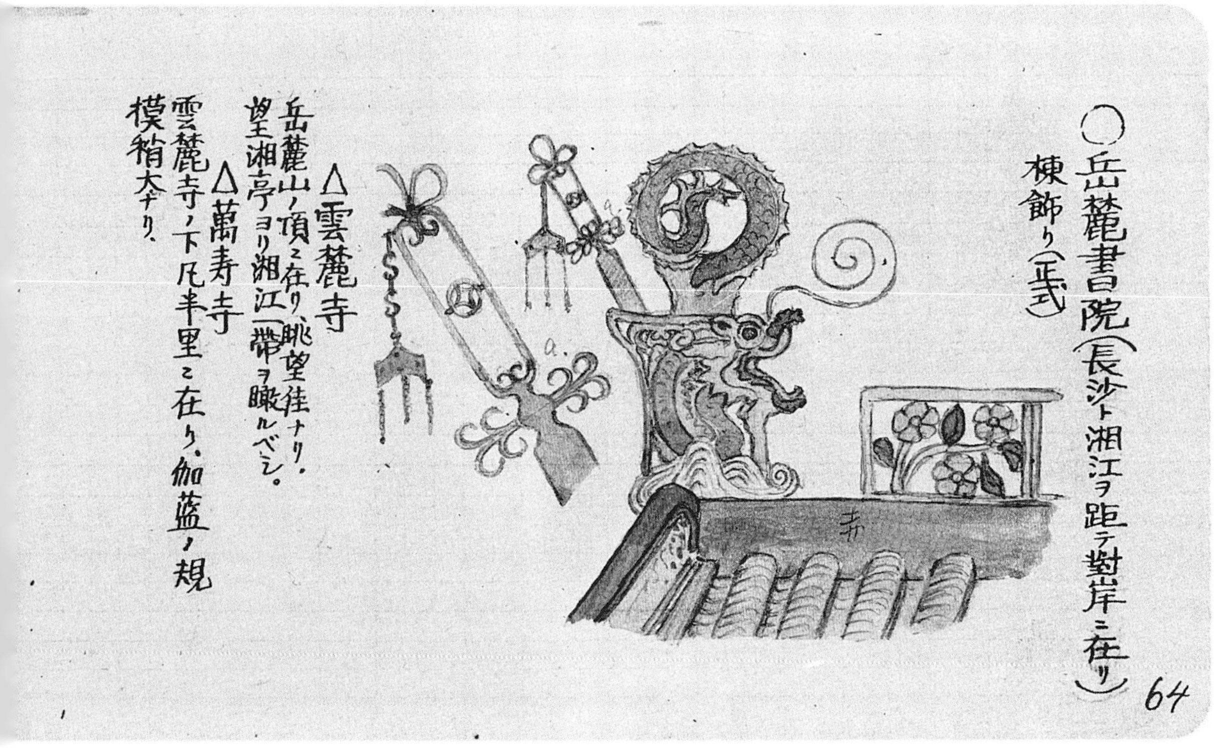
○岳麓書院（長沙ト湘江ヲ距テ對岸ニ在リ）
棟飾リ（正式）
△雲麓寺
岳麓山ノ頂ニ在リ眺望佳ナリ。望湘亭ヨリ湘江一帶ヲ瞰ルベシ。
△萬寿寺
雲麓寺ノ下凡半里ニ在リ。伽藍ノ規模稍大ナリ。
赤
64

64长沙（7）（2月16日）

渡过湘江，西岸是岳麓山，山脚下有著名的岳麓书院，南宋时代朱子理学的开山祖师朱熹在这里讲学。在幽静深邃的书院内也有值得一看的建筑。图为屋脊上的设计，非常有意思。

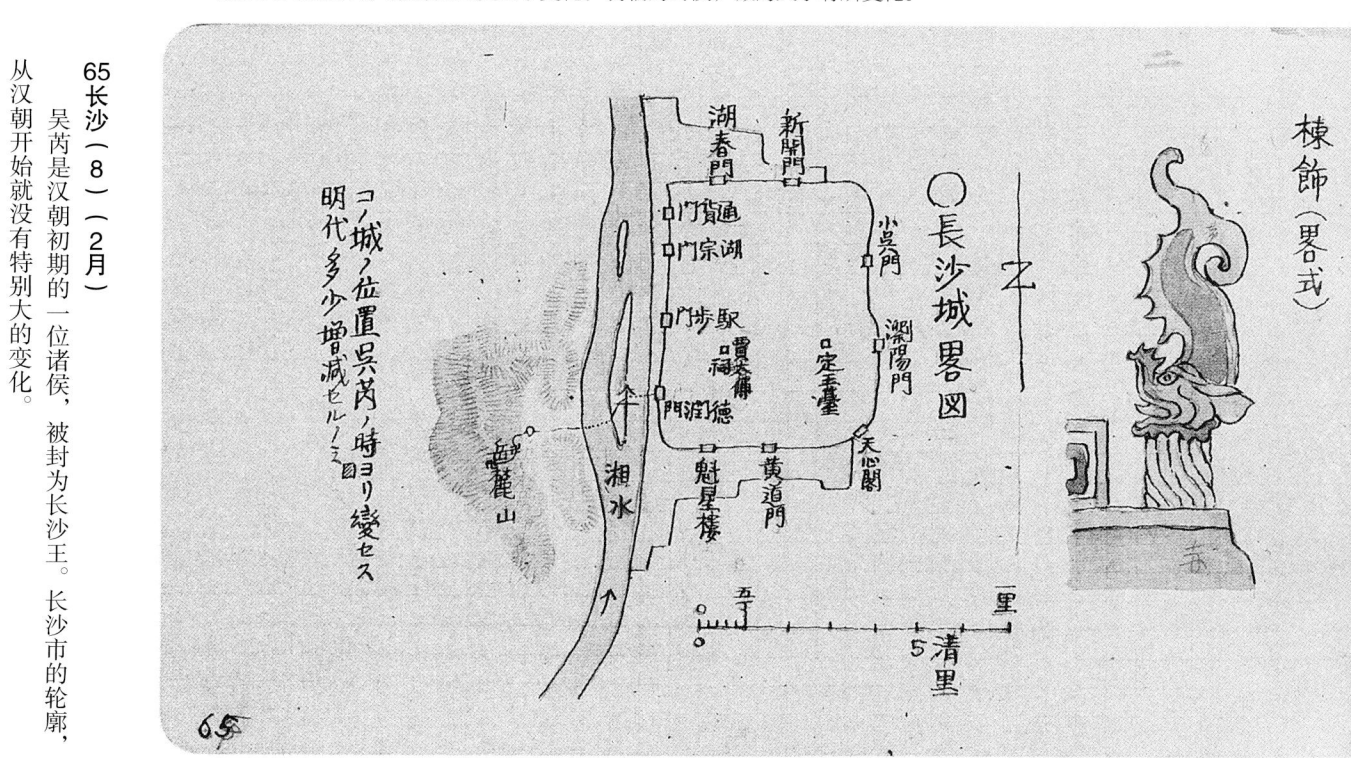

贾太傅祠：汉代贾谊的故居，作为建筑很值得一看。定王台中有几幅刻有汉代碑文的拓本，都是珍品。拓本的上方可以看到龙和凤，我认为龙是六朝时代开始出现的，但是这个说明汉代已经有了，请参照第六十六图。

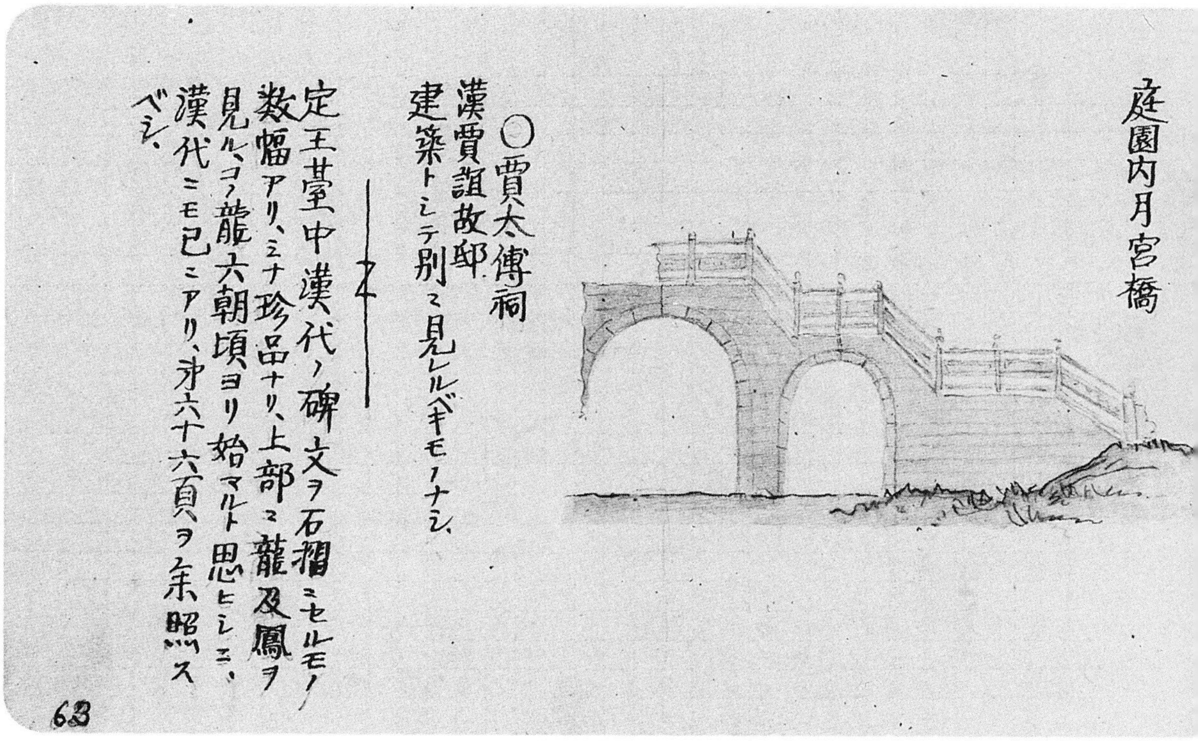

庭園内月宮橋
○賈太傅祠
漢賈誼故邸
建築トシテ別ニ見ルベキモノナシ
北
定王臺中漢代ノ碑文ヲ石摺ニセルモノ数幅アリ、ミナ珍品ナリ、上部ニ龍及鳳ヲ見ル。コノ龍ハ六朝頃ヨリ始マルト思ヒシニ、漢代ニモ已ニアリ、第六十六頁ヲ参照スベシ
63

63长沙（6）（2月15日）

曾文正的祠堂非常气派。贾太傅即贾谊是汉朝的功臣，曾一度被贬为长沙王的随从学者，年仅三十三岁就逝世了。

比起吴芮的时代，城的位置发生了变化，明朝的时候，城的大小有所变化。

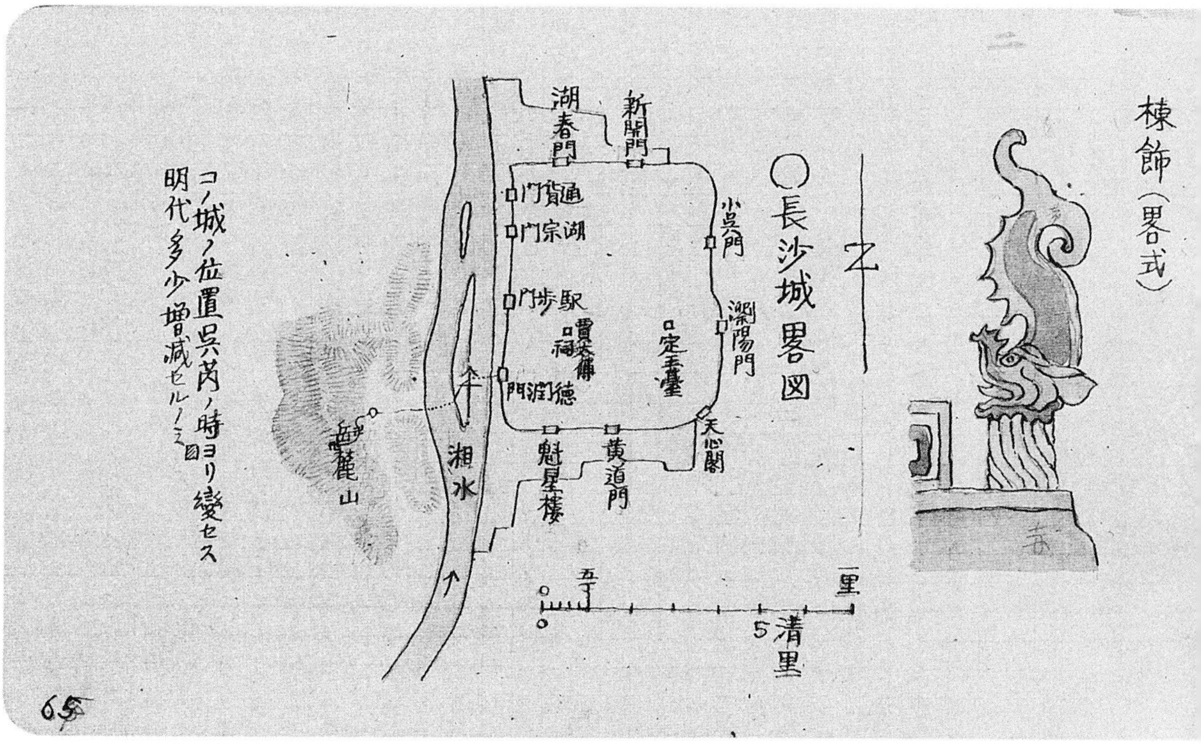

棟飾（略式）
○長沙城略図
北
新開門
湖春門
小呉門
瀏陽門
天心閣
黄道門
魁星樓
通貨門
湖宗門
驛歩門
德潤門
賈太傅祠
定王臺
湘水
コノ城ノ位置呉芮ノ時ヨリ變セス
明代多少増減セルノミ
一里
五丁
5
清里
65

65长沙（8）（2月）

吴芮是汉朝初期的一位诸侯，被封为长沙王。长沙市的轮廓，从汉朝开始就没有特别大的变化。

长沙城内东西宽五里，南北长十里，周边二千六百三十九丈有余。长沙有九个城门，东门两个，即小吴门也称小鸟门和浏阳门。南门一个，即黄道门，也称碧湘门，今称南门。西门四个，即分别为德润门即小西门、站步门即大西门，潮草门即草场门，通货门现在封闭。北门两个，即湘春门现称北门、新开门。

临湘故城在府城南，今善化县界也，楚青阳也。

古迹

黄忠故居、长沙衙署、北内城楼上有盔甲。贾谊故居，隶属于善化县。定王台在浏阳门内。古铁塔，在湘春门外

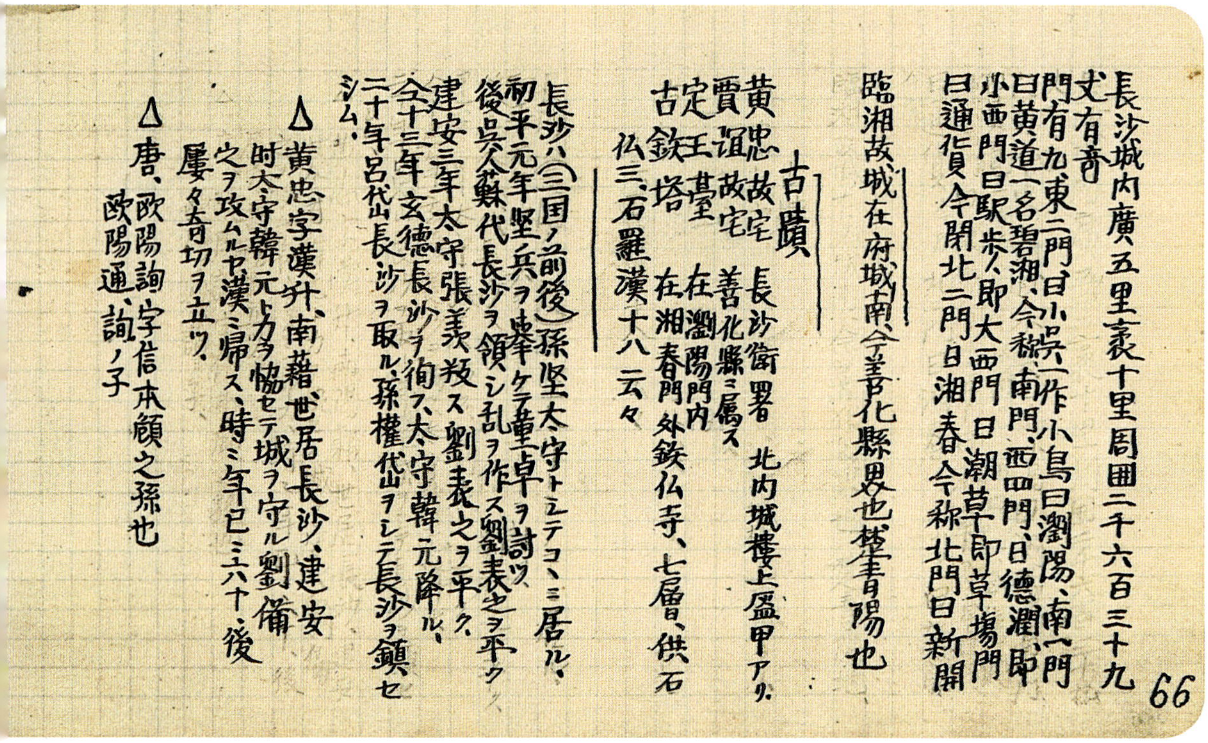
長沙城内廣五里袤十里周圍二千六百三十九丈有奇
門有九東二門曰小呉(作小烏)曰瀏陽、南一門曰黄道(一名碧湘、今称南門)西四門曰徳潤即小西門曰駅歩即大西門曰潮草即草場門曰通貨今閉北二門曰湘春今称北門曰新開
臨湘故城在府城南今善化縣界也楚青陽也
古蹟
黄忠故宅　長沙衙署　北内城楼上盔甲アリ
賈誼故宅　善化縣ニ属ス
定王臺　在瀏陽門内
古鉄塔　在湘春門外鉄仏寺、七層、供石仏三、石羅漢十八云々
長沙ハ(三国ノ前後)孫堅太守トシテコヽニ居ル、初平元年堅兵ヲ挙ケテ董卓ヲ討ツ、後呉人蘇代長沙ヲ領シ乱ヲ作ス劉表之ヲ平ク、建安三年太守張羨叛ス劉表之ヲ平ク、今十三年玄徳長沙ヲ徇ヘ太守韓元降ル、二十年呂岱山長沙ヲ取ル孫權岱山ヲシテ長沙ヲ鎮セシム。
△黄忠字漢升、南陽、世居長沙、建安時太守韓元ト力ヲ協セテ城ヲ守ル劉備之ヲ攻ムルヤ漢ニ帰ス、時ニ年已ニ六十、後屢々奇功ヲ立ツ、
△唐、欧陽詢字信本頠之孫也
欧陽通、詢ノ子
66

66长沙（9）（2月）

东汉末期，孙坚被封为长沙太守，长沙作为他的居城，开始繁荣起来。图为府志的摘要。

有铁佛寺，七层，供奉佛三座，石罗汉像十八座。

在三国前后，孙坚作为太守居住在长沙。初平元年孙坚起兵讨伐董卓。之后吴人苏代占领长沙作乱，被刘表平灭。建安三年太守张羡叛乱，刘表平定。建安十三年，刘备占领长沙，韩元投降。建安二十年。吕岱占领长沙，孙权授权吕岱镇守长沙。

黄忠字汉升，南阳人，世代居住在长沙，建安年间协助太守韩元守城，城被刘备攻破后，降汉，时年六十岁，后来屡立奇功。

唐代欧阳询，字信本，欧阳頠之孙。欧阳通，欧阳询的儿子。

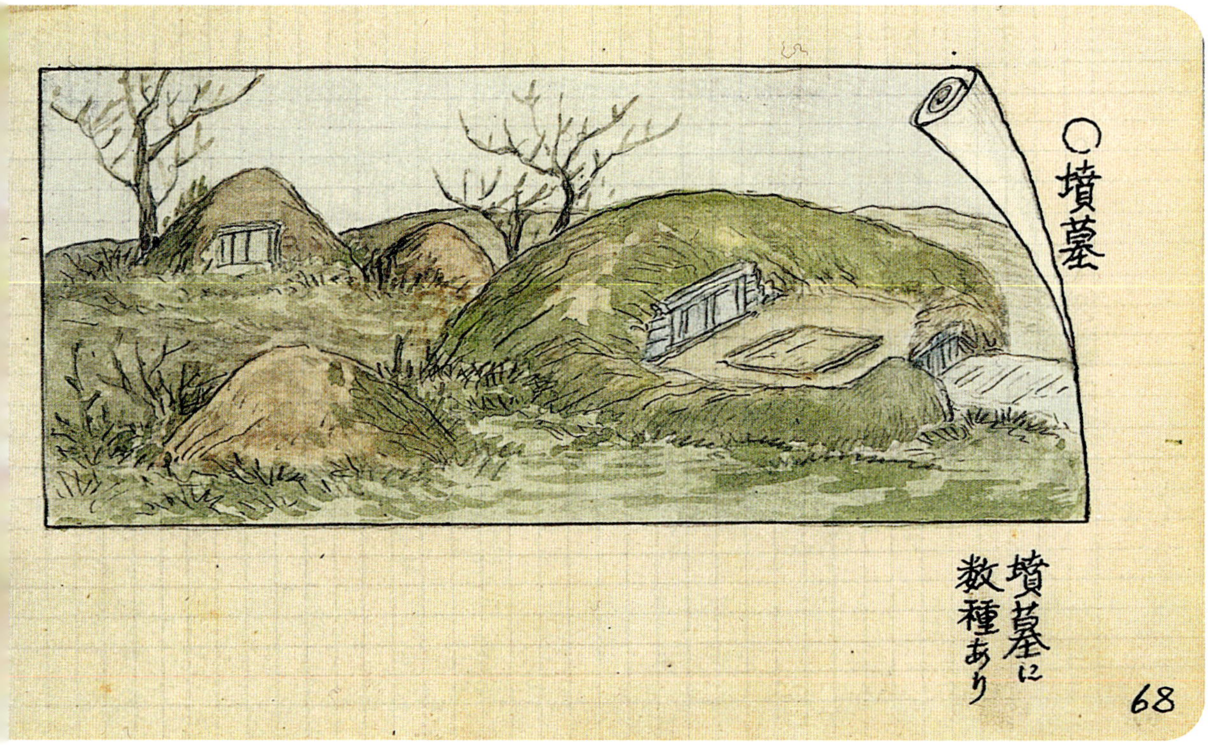

68长沙（11）（2月16日）

2月16日，我们调查了岳麓书院、万寿寺、云麓寺等。左图为当时所作的素描图。

定王台里的汉碑：这个石碑在四川省的某地（不详）出土，大小为 1 尺到 1.5 尺，不知是哪位名人的墓碑。墓碑的上、下部分有几个有图案的东西。

（一）上半部分是鸟，下半部分是玄武。（建宁二年）从这里可以看出，在这时玄武的图案已经开始流行。

（二）上半部分有龙。（建安十年）这里的龙和六朝以后的龙有很大的差异。

（三）上半部分有像□□形状的东西。（建宁三年）这和□□县的汉碑有某种联系。

（四）上半部分有龙和人。（光和六年）这个非常奇特。

67长沙（10）（2月17日）

定王台并不具备汉朝的风貌，但是有7幅汉代石碑的石拓。大部分都是西汉时代的，碑头的动物并不像隋唐时的飞动。这是在四川省某地出土的，非常稀有的珍品。

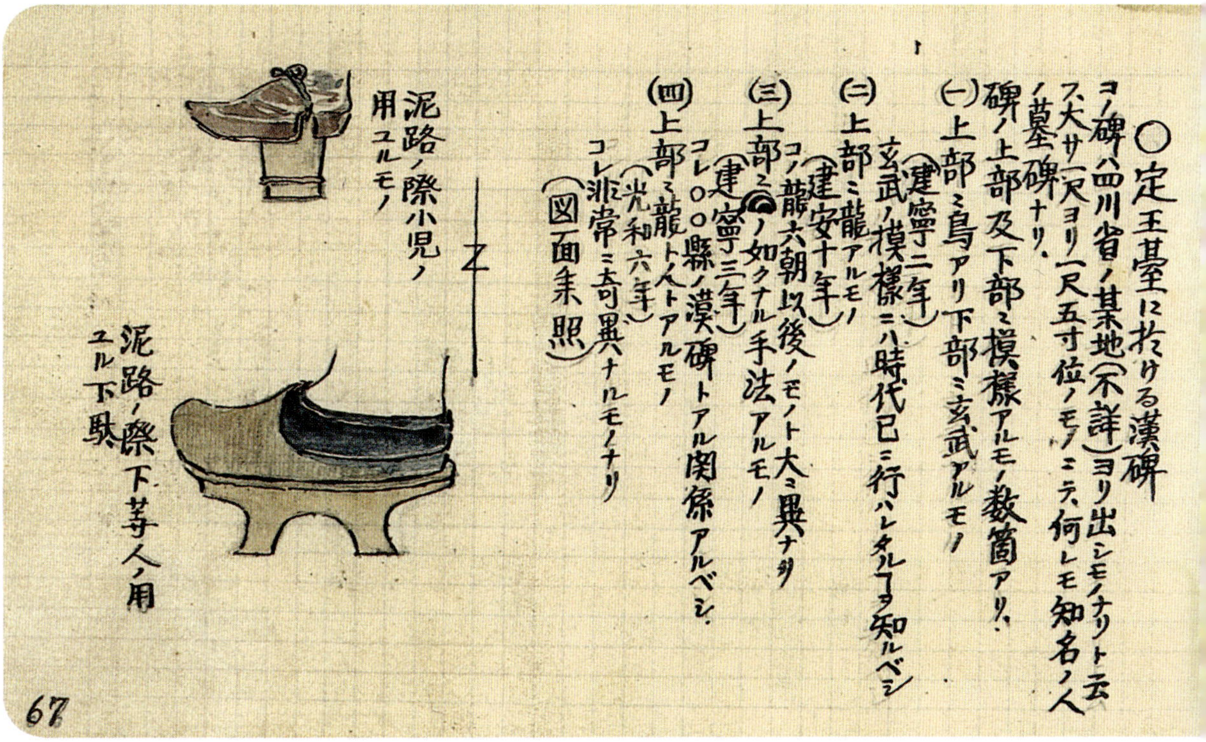
○定王臺に於ける漢碑
コノ碑ハ四川省ノ某地(不詳)ヨリ出シモノナリト云ス大サ(尺ヨリ)(尺五寸位ノモノニテ、何レモ知名ノ人ノ墓碑ナリ。
碑ノ上部及下部ニ模樣アルモノ數箇アリ。
(一)上部ニ鳥アリ下部ニ玄武アルモノ
(建寧二年)玄武ノ模樣ニハ時代已ニ行ハレタル事ヲ知ルベシ
(二)上部ニ龍アルモノ(建安十年)コノ龍六朝以後ノモノト大ニ異ナリ
(三)上部ニ◎ノ如クナル手法アルモノ(建寧三年)コレ○○縣ノ漢碑トアル關係アルベシ
(四)上部ニ龍ト人トアルモノ(光和六年)コレ非常ニ奇異ナルモノナリ
(図面參照)
泥路ノ際小兒ノ用ユルモノ
泥路ノ際下等人ノ用ユル下駄
67

69汉口—长沙间的里程表

汉口和长沙之间是洞庭湖的周边。这里自古以来就是潮湿地带。途中经过汨罗江，这里因为楚国诗人屈原的故事而闻名于世。

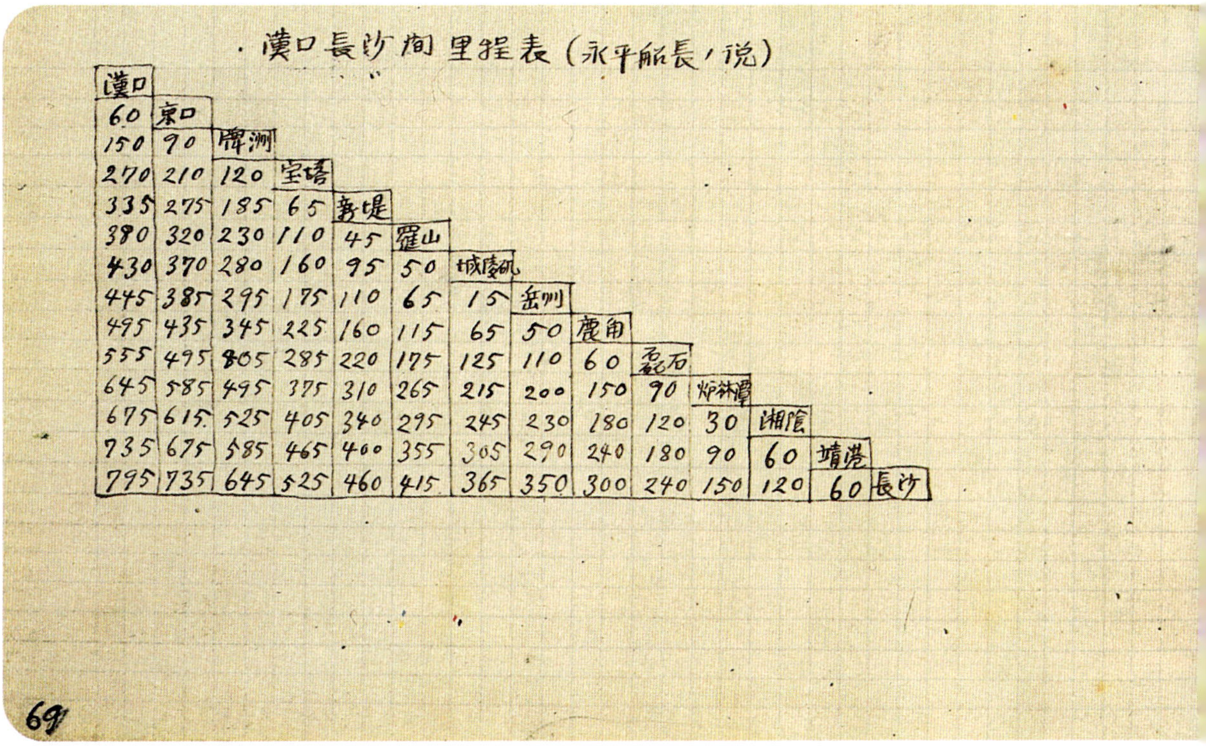

漢口長沙間里程表（永平船長ノ說）

漢口													
60	京口												
150	90	牌洲											
270	210	120	宝塔										
335	275	185	65	新堤									
390	320	230	110	45	羅山								
430	370	280	160	95	50	城陵磯							
445	385	295	175	110	65	15	岳州						
495	435	345	225	160	115	65	50	鹿角					
555	495	805	285	220	175	125	110	60	磊石				
645	585	495	375	310	265	215	200	150	90	炉林潭			
675	615	525	405	340	295	245	230	180	120	30	湘陰		
735	675	585	465	400	355	305	290	240	180	90	60	靖港	
795	735	645	525	460	415	365	350	300	240	150	120	60	長沙

69

屋顶上有成束的稻草，和日本的坚鱼木（鱼形压脊木）很相似。

这儿附近有很多竹筏，把从沅江上游采筏的杉树运到常德。这些大部分分布在汉口、长沙，竹筏上面盖着房屋，养着鸡、猪、狗，形成一个家，是一种奇观。

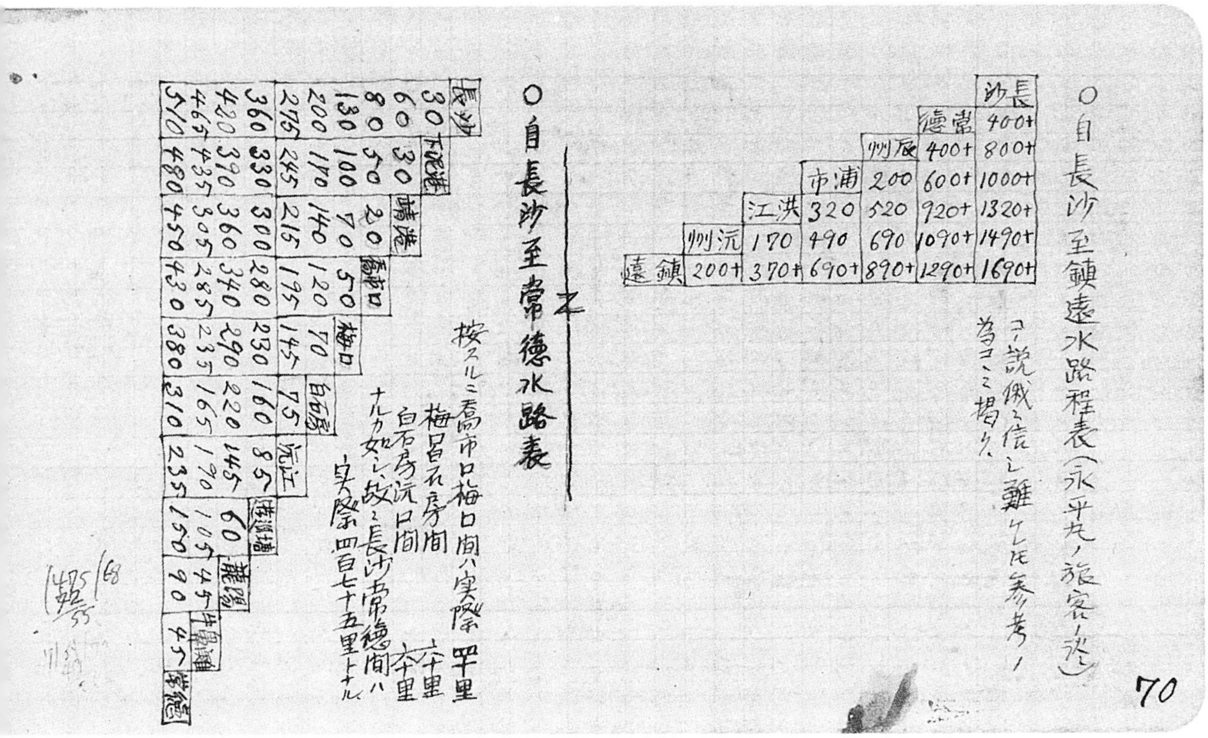

○自長沙至鎮遠水路程表（永平丸ノ旅客ノ談）

						長沙
					常德	400+
				辰州	400+	800+
			浦市	200	600+	1000+
		洪江	320	520	920+	1320+
	沅州	170	490	690	1090+	1490+
鎮遠	200+	370+	690+	890+	1290+	1690+

コノ説俄ニ信ジ難キモ参考ノ為ココニ掲ク。

○自長沙至常德水路表

	長沙	下花港	靖港	喬市口	梅口	白石房	沅江	蓮湖塘	龍陽	牛鼻灘
下花港	30									
靖港	60	30								
喬市口	80	50	20							
梅口	130	100	70	50						
白石房	200	170	140	120	70					
沅江	275	245	215	195	145	75				
蓮湖塘	360	330	300	280	230	160	85			
龍陽	420	390	360	340	290	220	145	60		
牛鼻灘	465	435	305	285	235	165	190	105	45	
常德	510	480	450	430	380	310	235	150	90	45

按スルニ喬市口梅口間ハ実際 四十里
梅口白石房間 六十里
白石房沅口間 六十里
ナルカ如シ、故ニ長沙常德間ハ実際四百七十五里トナル

70

70长沙—镇远水路里程表/长沙—常德水路里程表

从武汉到长沙可以乘船。直到乔子口采取往返的形式。

沅江县附近的民家

房屋用木材或者粗瓦建造，屋顶上铺着稻草。它的平面图以及房屋前面的样式和日本出云大社的建造很相似。即入口在正面的右手边，山墙面向正面等等。从这些可以看出，太古时期，人民建造的原始建筑，在各国都是一样的。另外“甲”是哥特式建筑，“乙”是回族的建筑样式，是一种偶然。但是，就是这种偶然，是一种更有趣的现象。

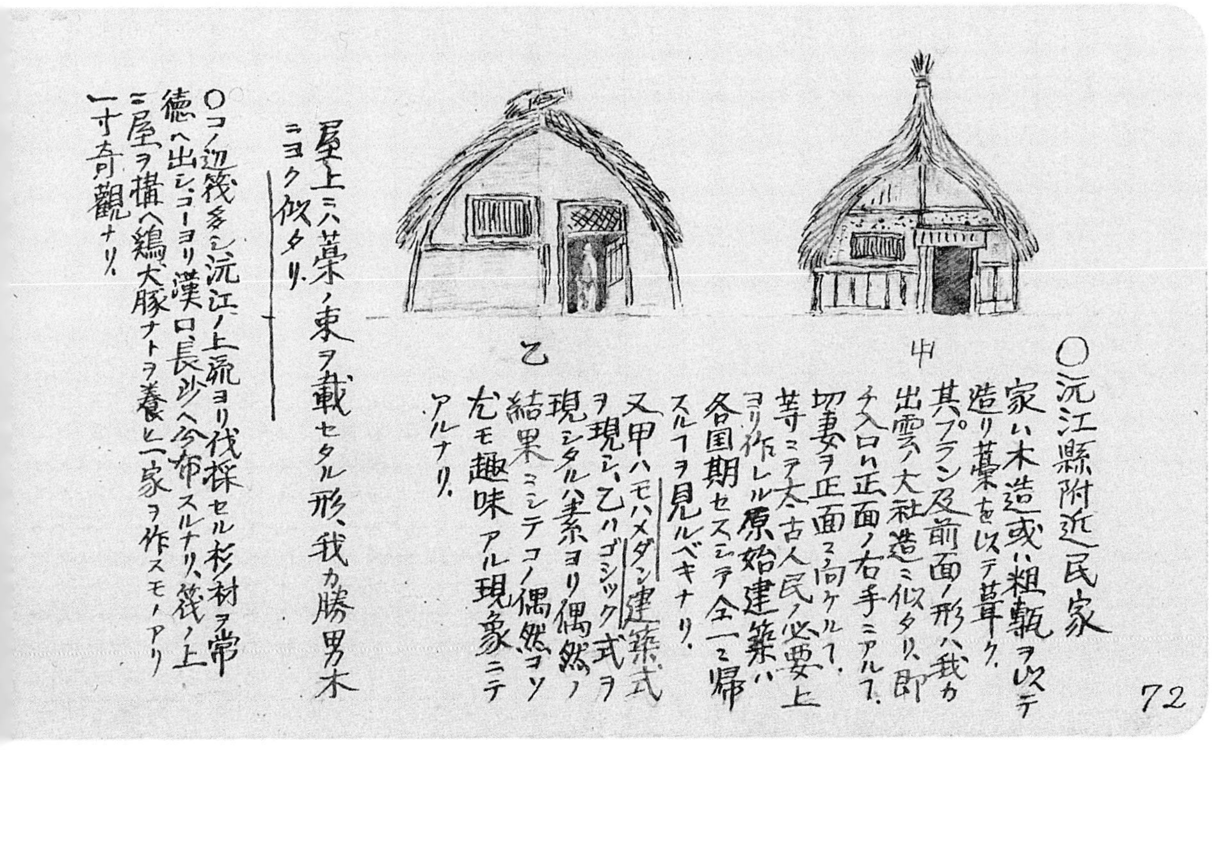

○沅江縣附近ノ民家

家ハ木造或ハ粗甎ヲ以テ造リ藁ヲ以テ葺ク。其プラン及前面ノ形ハ我カ出雲ノ大社造ニ似タリ。即チ入口ハ正面ノ右手ニアル事。切妻ヲ正面ニ向ケル事等ニテ太古人民ノ必要上ヨリ作レル原始建築ハ各国期セズシテ全ク一ニ帰スル事ヲ見ルベキナリ。

又甲ハモハメダン建築式ヲ現シ、乙ハゴシック式ヲ現シタルハ素ヨリ偶然ノ結果ニシテコノ偶然ヨソ尤モ趣味アル現象ニテアルナリ。

屋上ニハ藁ノ束ヲ載セタル形、我カ勝男木ニヨク似タリ。

○コノ辺筏多シ。沅江ノ上流ヨリ伐採セル杉材ヲ常德ヘ出シ、コーヨリ漢口、長沙ヘ分布スルナリ。筏ノ上ニ屋ヲ構ヘ鶏犬豚ナトヲ養ヒ一家ヲ作スモノアリ。一寸奇観ナリ。

72

72沅江（1）民家的形式（2月22日）

沅江位于以旅游圣地著称的洞庭湖的旁边。『胜男木』是『坚鱼木』的误写。

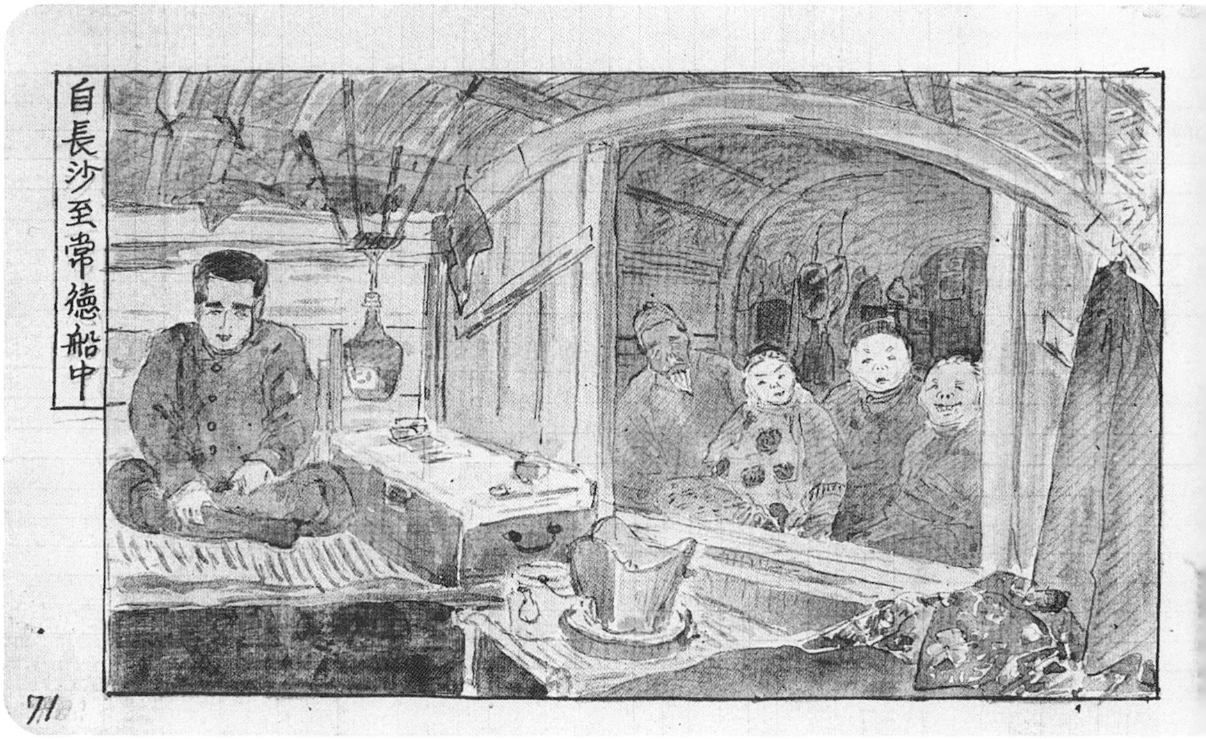

71从长沙到常德的船里（2月19日）

根据日记记载，船老大的母亲和女儿都是极好的人，非常亲切，把他们照顾得很好，并没有觉得不方便，只是护卫通宵值夜班，半夜时不时的会听到敲鼓的声音，很是吃不消。所以从第二天开始就强烈禁止了。图中左边的人是岩原大山。

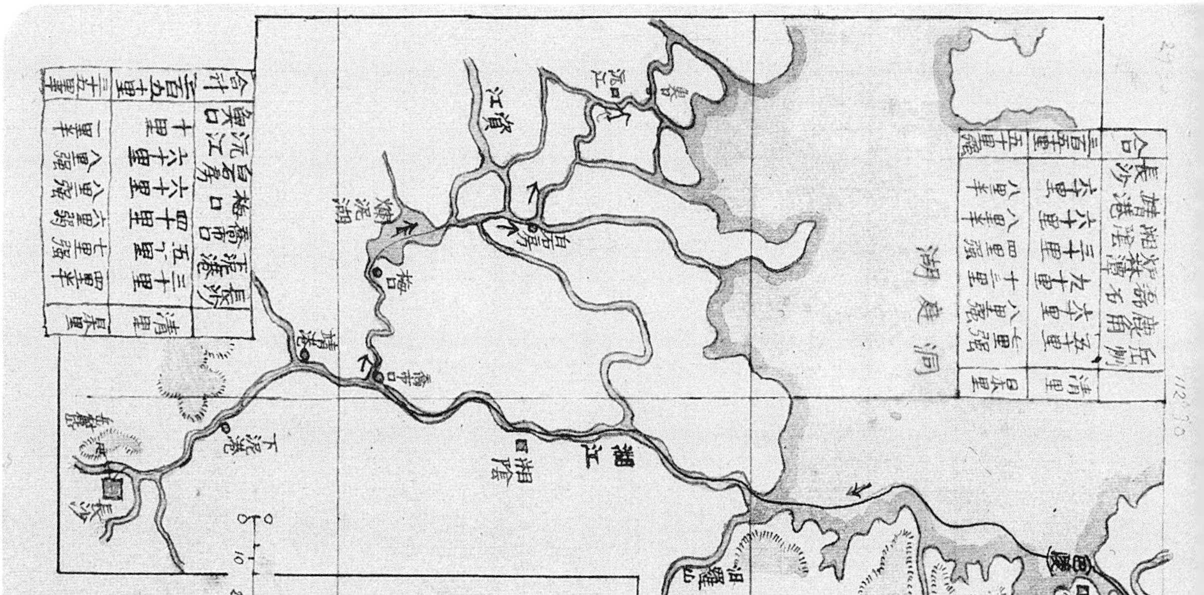

73地图第三十二号（岳州—长沙—鱼口）

74 沅江（2）（2月24日）

沅江和湘江一起被誉为当地的父母河，是养育湖南的大动脉。沅江发源于贵州内陆，汇合了无数的支流后注入洞庭湖。贵州东部和湖南西部的各种货物都汇集在常德，因此常德很繁荣。

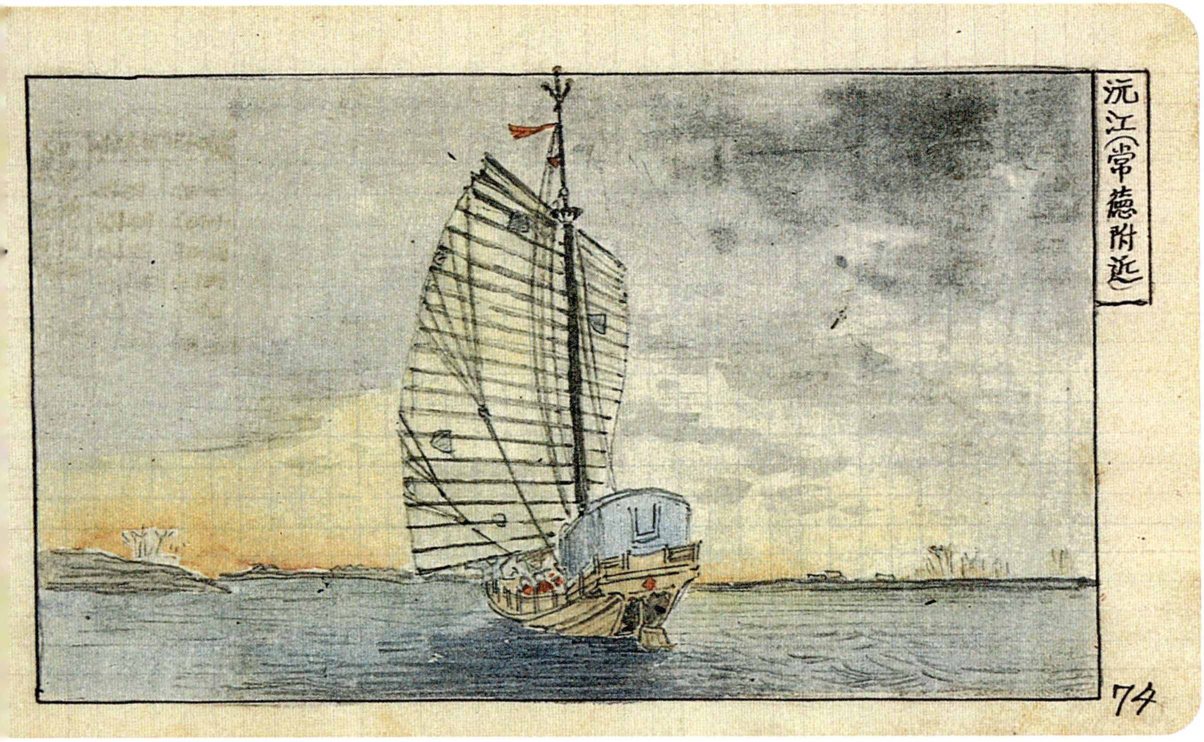

76 常德府（1）（2月26日）

常德府位于沅江的北岸，是湖南省仅次于长沙的一流大都市。从汉代开始就因武陵郡而闻名于世，到清朝末期一直设有武陵县。与江水浑浊的长江相比，沅江的水很清澈，呈绿色。

城东西宽五里，南北长三里，约有四万户人家，十万人口。

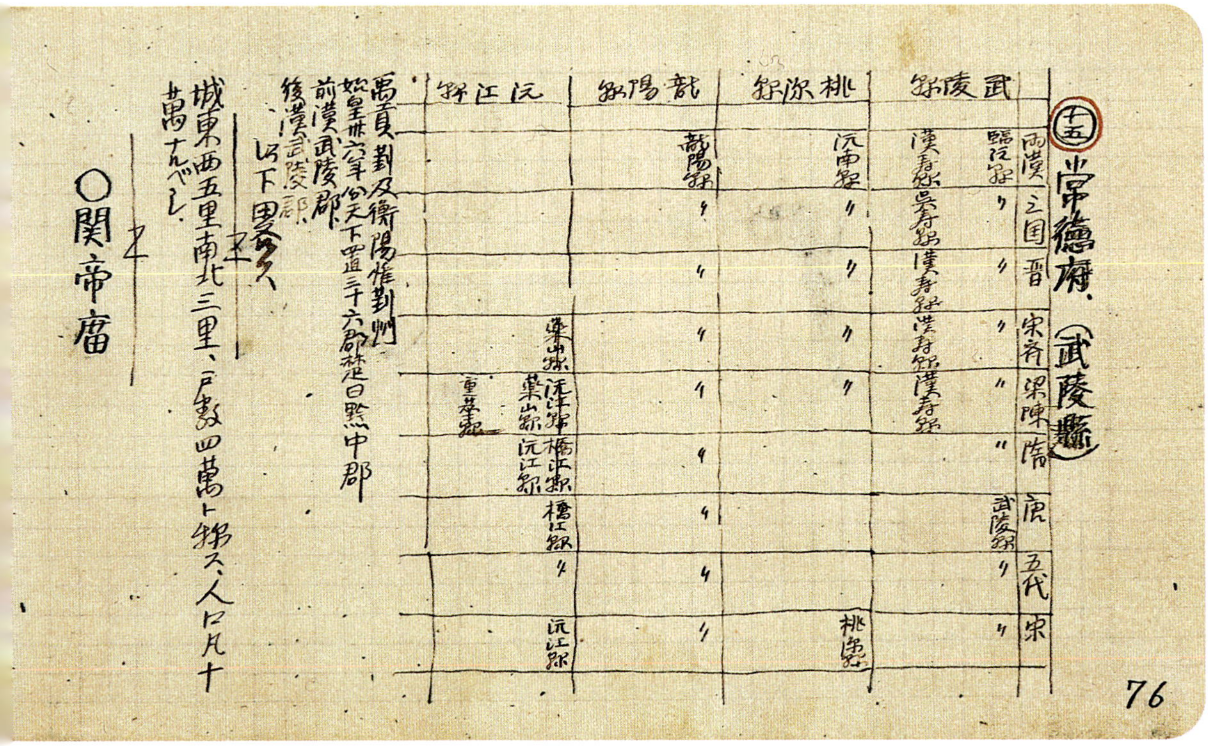

75地图第三十三号（鱼口—新店）

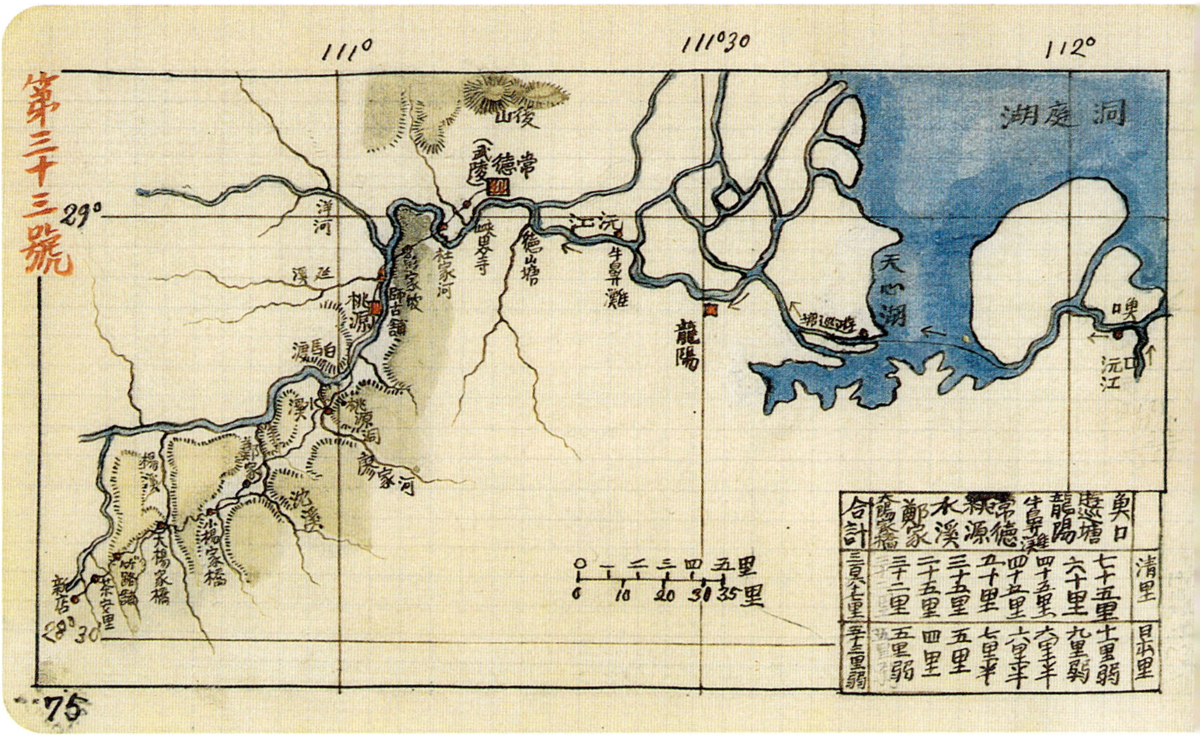

77常德府（2）（2月28日）

常德府内有关帝庙、城隍庙、水心楼、雷祖殿等建筑。城隍庙的海老虹梁如右图所示：运用了很多像象鼻一样的图形，非常奇妙。

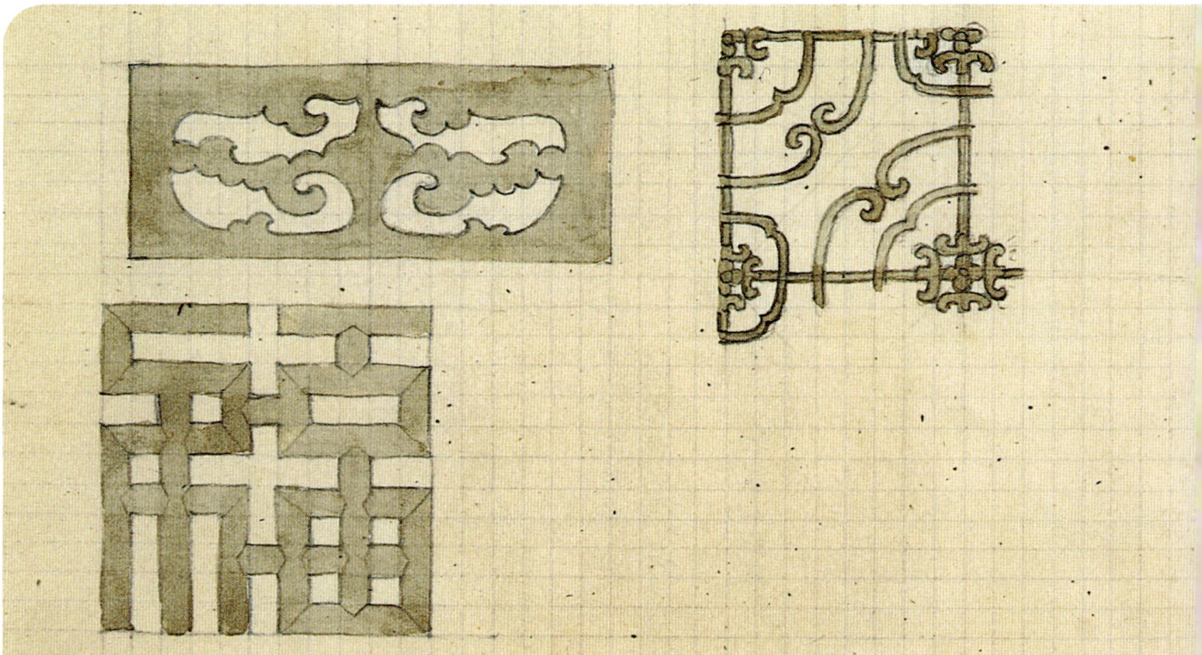

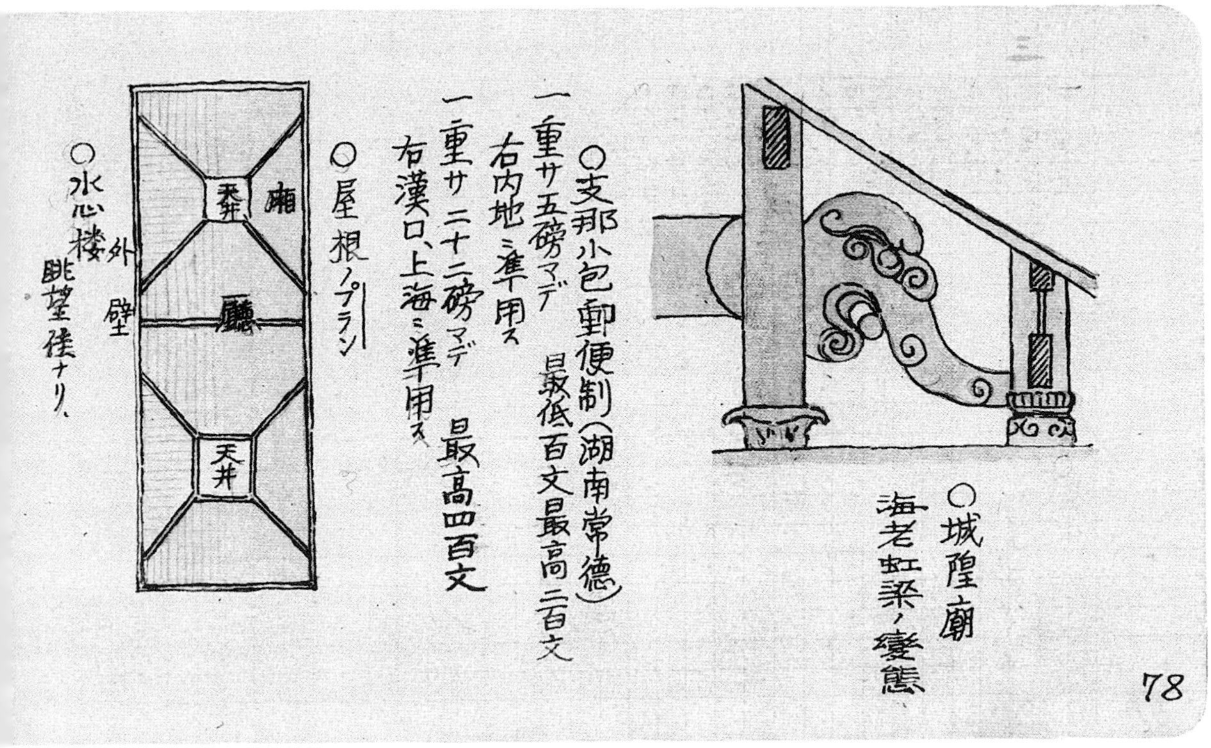

78常德府（3）（2月28日）

左图的屋顶四面延伸，把庭院包围在中间。因为雨水都集中在这里，所以取『天水井户』的意思，称其为『天井』。这种现象在南方很常见，北方却很少见。

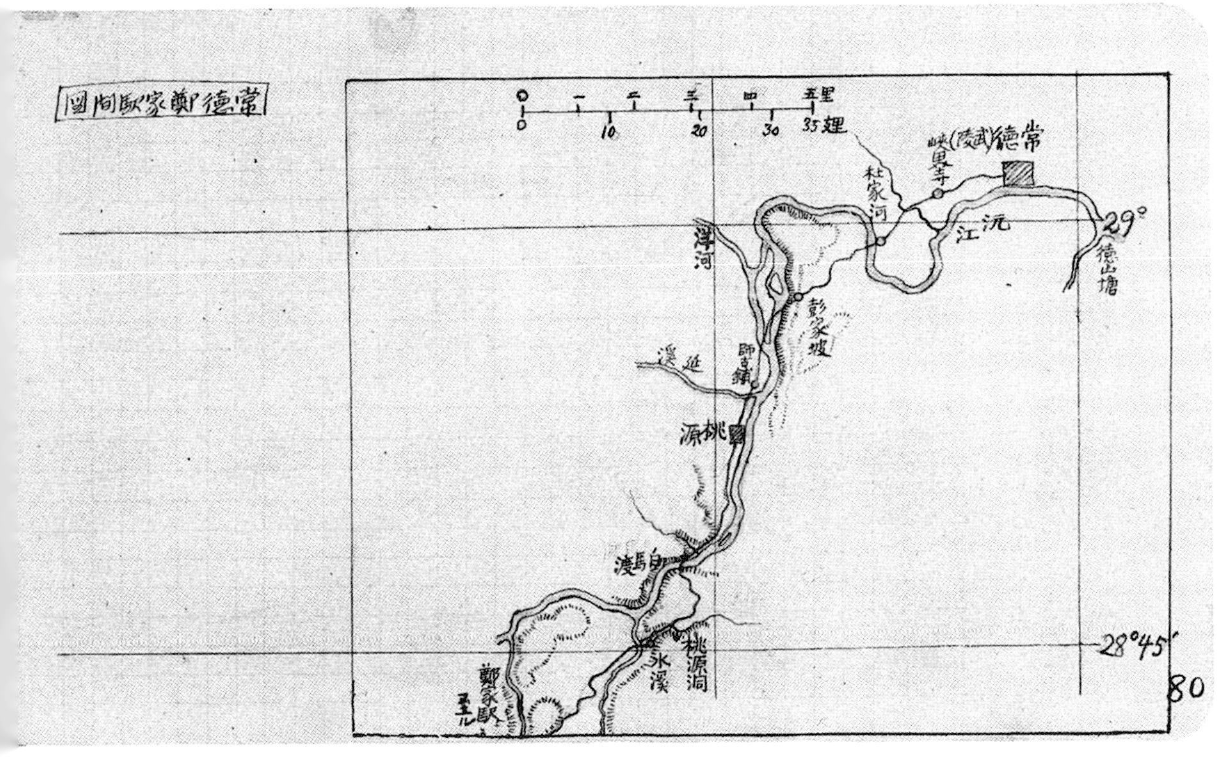

80地图（常德—郑家站）

79常德府（4）（2月28日）

从常德出发先坐轿子走。让搬运工背上行李，3月1日出发。随从的有县吏1名，勤务兵11名，搬运工5名，轿夫6名，再加上伊东和岩原一共25人。文中『赞豆』是『蚕豆』的误写。

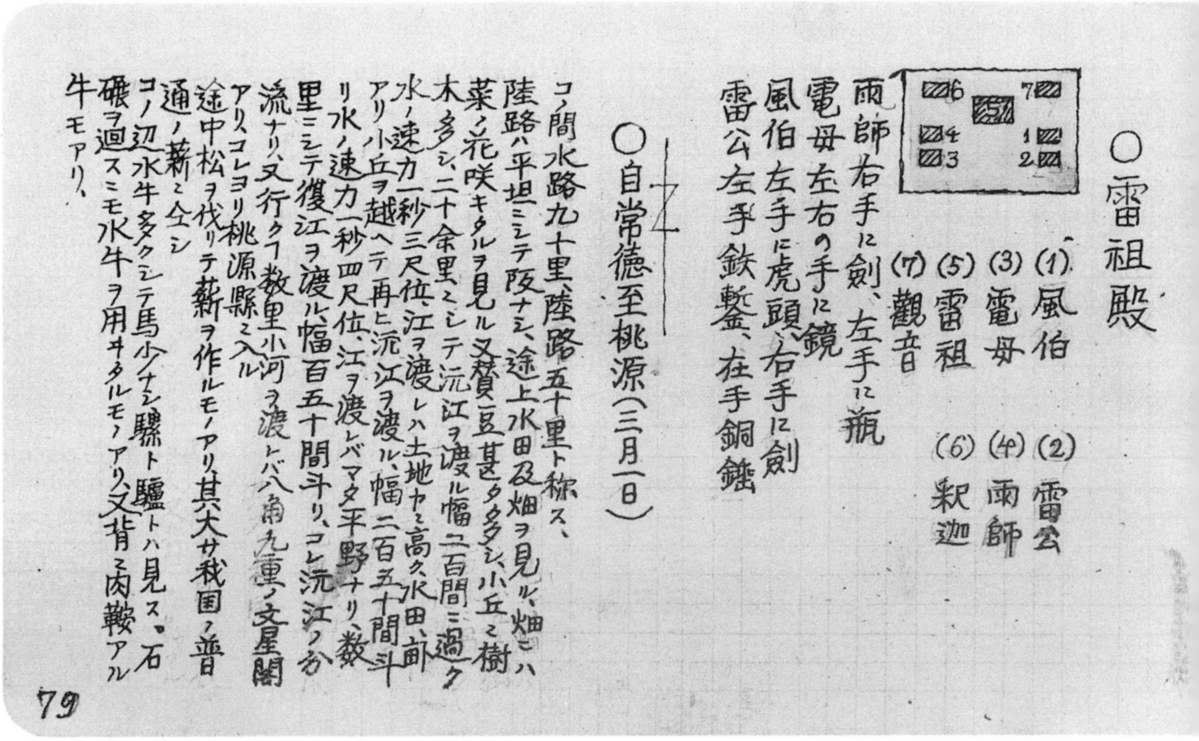

○雷祖殿

(1)風伯 (2)雷公
(3)電母 (4)雨師
(5)雷祖 (6)釈迦
(7)観音

雨師右手ニ剣、左手ニ瓶
電母左右ノ手ニ鏡
風伯左手ニ虎頭、右手ニ剣
雷公左手鉄鑿、在手銅鎚

○自常徳至桃源(三月一日)

コノ間水路九十里、陸路五十里ト称ス、
陸路ハ平坦ニシテ阪ナシ、途上水田及畑ヲ見ル、畑ニハ
菜ノ花咲キタルヲ見ル又賛豆甚タ多シ、小丘ニ樹
木多シ、二十余里ニシテ沅江ヲ渡ル幅二百間ニ過ク
水ノ速力一秒三尺位、江ヲ渡レハ土地ヤヽ高ク水田、畑
アリ小丘ヲ越ヘテ再ヒ沅江ヲ渡ル、幅二百五十間斗
リ水ノ速力一秒四尺位、江ヲ渡レバマタ平野ナリ、数
里ニシテ復江ヲ渡ル幅百五十間斗リ、コレ沅江ノ分
流ナリ、又行クコト数里小河ヲ渡レバ八角九重ノ文星閣
アリ、コレヨリ桃源縣ニ入ル
途中松ヲ伐リテ薪ヲ作ルモノアリ、其大サ我国ノ普
通ノ薪ニ全シ
コノ辺水牛多クシテ馬少ナシ騾ト驢トハ見ス。石
碾ヲ迴スニモ水牛ヲ用サタルモノアリ、又背ニ肉鞍アル
牛モアリ、

79

从常德到桃源（三月一日）

这段路程有水路九十里，陆路五十里。陆路都很平坦，没有山坡，在途中可以看到水田和旱田。在旱田里可以看到盛开的油菜花，另外也有很多蚕豆，小丘上有很多树木。再走二十里，渡过沅江，这里的水有二百间宽，水的速度是每秒三尺。渡过江以后，土地和山都很高，有水田和旱田。越过小丘，再一次渡过沅江，水宽为二百五十间，水的速度是每秒四尺。渡过江后，又是平原。走了几里后，渡过復江，水宽一百五十间，这是沅江的支流。接着再走几里，渡过小河有八角九层的文星阁，从这里进入桃源县。途中有人砍伐松树，用来做柴，柴的大小和日本普通的柴一样。这里周边有很多水牛，马却很少，也能看见骡子和驴。

81常德府（5）土地神祠（2月28日）

土地神和日本的守护神很相似，是守护一方平安的神灵。图为常德郊外的素描图。

桃源洞

桃源县西南三十里的地方，渡过沅江，有一座小山丘。山脚下有一块区域，有建筑物，门上写着"古桃花源"。半山腰也有一片区，门上写着"白云山馆"。山顶上还有一片地方，被称为金顶，山顶上有一个洞，有水涌出。古时候所谓的桃花洞就是指从这开始到山脚下的区域。从山脚下到半山腰，有竹林和冷杉、松树等共同生长着，另外也有桃树。

82从沅江眺望桃源（3月2日）

从桃源县到郑家店（3月2日）

从桃源县的南门出来，沿着沅江走数十里，来到小丘江。沿着小丘的半山腰向西南走二十里，在这里渡过江以后就是白马渡。这附近，江宽二百余间，水势缓慢。从这里沿着起伏的小丘走数里，下了小丘后，有一条小溪，叫做桃溪。对岸（小溪变成一条宽几尺的小河）有一排小山丘，是桃花洞的小丘。向西南方向走几里，有一条小溪（距这里三十五里），渡过廖家河向西南走二十里，渡过沈溪。在这中间有很多平地，大部分都是水田。小溪的两边都有小山丘，有树木，冷杉类、松树、竹子混杂生长在一起，小溪西南方七里的地方是郑家站，行程六十里。这里附近的家畜以猪和水牛为主，水牛有白色的，没有马、骡、驴。

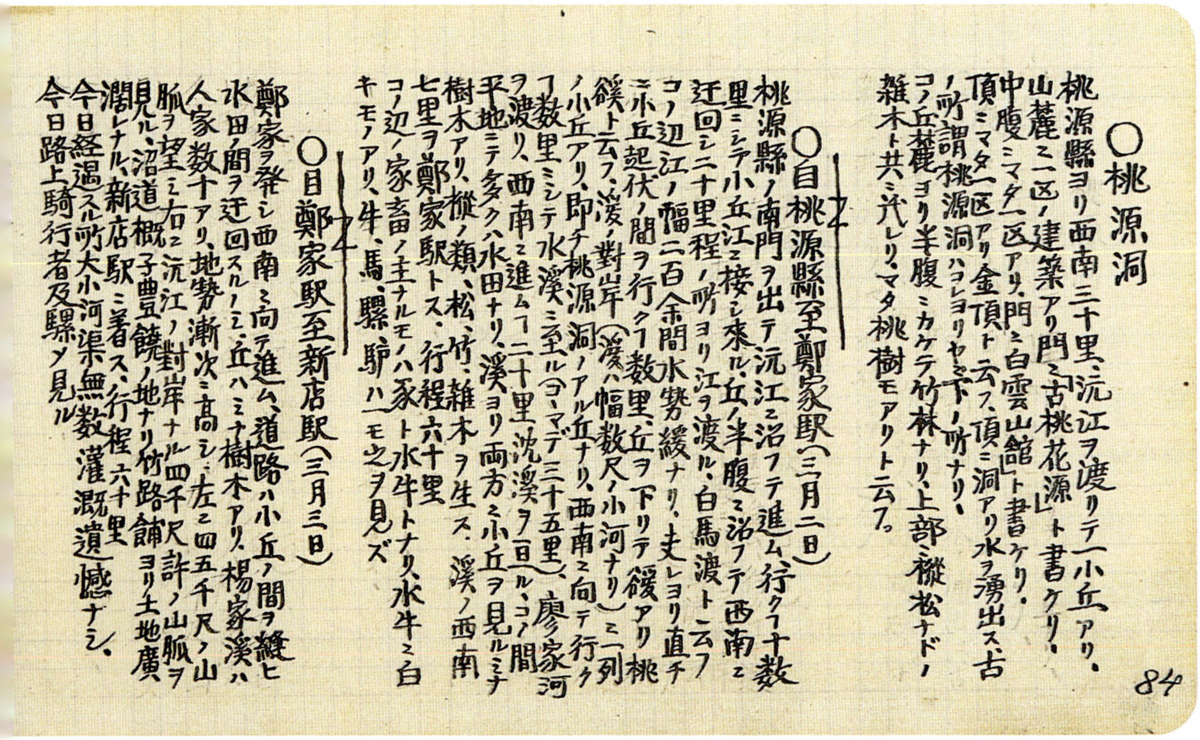
○桃源洞
桃源縣ヨリ西南三十里、沅江ヲ渡リテ一小丘アリ、山麓ニ一区ノ建築アリ門ニ「古桃花源」ト書ケリ、中腹ニマタ一区アリ、門ニ「白雲山館」ト書ケリ、頂ニマタ一区アリ金頂ト云フ、頂ニ洞アリ水ヲ湧出ス、古ノ所謂桃源洞ハコレヨリヤヽ下ノ所ナリ、コノ丘麓ヨリ半腹ニカケテ竹林ナリ、上部ニ樅松ナドノ雑木ト共ニ茂レリ、マタ桃樹モアリト云フ。

○自桃源縣至鄭家駅（三月二日）
桃源縣ノ南門ヲ出テ沅江ニ沿フテ進ム行クコト十数里ニシテ小丘江ニ接シ来ル、丘ノ半腹ニ沿フテ西南ニ迂回シ二十里程ノ所ヨリ江ヲ渡ル、白馬渡ト云フ、コノ辺江ノ幅二百余間水勢緩ナリ、夫レヨリ直チニ小丘起伏ノ間ヲ行クコト数里、丘ヲ下リテ綫アリ桃渓ト云フ、渓ノ対岸（渓ハ幅数尺ノ小河ナリ）ニ一列ノ小丘アリ、即チ桃源洞ノアル丘ナリ、西南ニ向テ行クコト数里ニシテ水渓ニ至ル（コヽマデ三十五里）、廖家河ヲ渡リ、西南ニ進ムコト二十里、沈渓ヲ亘ル、コノ間平地ニテ多クハ水田ナリ、渓ヨリ両方ニ小丘ヲ見ルニミナ樹木アリ、樅ノ類、松、竹、雑木ヲ生ス、渓ノ西南七里ヲ鄭家駅トス、行程六十里。コノ辺ノ家畜ノ主ナルモノハ豕ト水牛トナリ、水牛ニ白キモノアリ、牛、馬、騾、驢ハ一モ之ヲ見ズ

○自鄭家駅至新店駅（三月三日）
鄭家ヲ発シ西南ニ向テ進ム、道路ハ小丘ノ間ヲ縫ヒ水田ノ間ヲ迂回スルノミ、丘ハミナ樹木アリ、楊家渓ハ人家数十アリ、地勢漸次ニ高シ、左ニ四五千尺ノ山脈ヲ望ミ右ニ沅江ノ対岸ナル四千尺許ノ山脈ヲ見ル、沿道概ネ豊饒ノ地ナリ竹路舗ヨリ土地廣潤トナル、新店駅ニ着ス、行程六十里
今日経過スル所大小河渠無数灌漑遺憾ナシ、
今日路上騎行者及騾ヲ見ル
84

84桃源（2）（3月2日）
今天，我们一行人看见了白色的水牛。游人们都没有骑马，也看不见骡、驴等。家畜有水牛、猪和九只山羊，家禽有鹅、鸭、鸡。

从郑家站到新店站

从郑家店出发，向西南方向走，一直穿梭在小丘的中间，迂回在水田之间，小丘上有树木。杨家溪有数十户人家，地势渐渐变高，左边是四五千尺的山脉，右边是沅江的对岸，有约四千尺的高山。沿途的地方都很富庶，从竹路铺开始，土地广阔起来了，到达新店站，行程六十里。今天经过的地方，用来灌溉的大小河渠无数。在路上看见骑行者和骡子。

（十六）桃源县

城的东西宽为三里有余，南北长二里，城里有三千户人家，人口一万五千。县城的入口处有一座文星塔，八角九层，也没有什么特别珍奇之处。只是每一层的拱形门的形状都是相同的，装饰却各不相同。因此，从远处看，每一层的拱形门的形状好像都不相同，把正确的手法反着用，也是一种创意。

如图所示，或是古典的、或是哥特式的。但是，在拱形门上用墨作画时手法不正确。

漳江阁：位于城北，八角三层，第三层的房屋尤其宽广，但是也没有特别值得观看的地方。

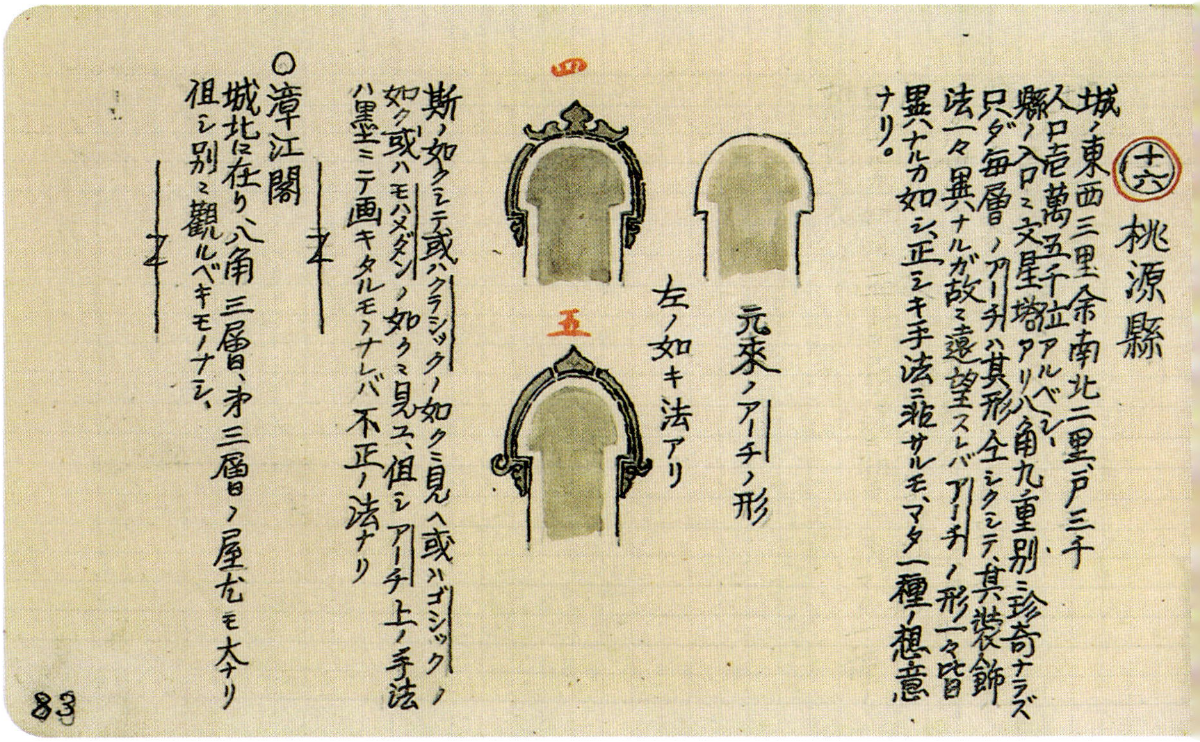
（十六）桃源縣
城ノ東西三里余南北二里、戸三千
人口壱萬五千位アルベシ、
縣ノ入口ニ文星塔アリ八角九重別ニ珍奇ナラズ
只ダ毎層ノアーチハ其形全シクシテ其装飾
法一々異ナルガ故ニ遠望スレバアーチノ形一々皆
異ナルカ如シ正シキ手法ニ非サルモ又一種ノ想意
ナリ。
元来ノアーチノ形
左ノ如キ法アリ
四
五
斯ノ如クニテ或ハクラシックノ如クニ見ヘ或ハゴシックノ
如ク或ハモハメダンノ如クニ見ユ、但シアーチ上ノ手法
ハ墨ニテ画キタルモノナレバ不正ノ法ナリ
○漳江閣
城北ニ在リ、八角三層、第三層ノ屋尤モ大ナリ
但シ別ニ観ルベキモノナシ、
83

83 桃源（1）

桃源，起源于六朝时代东晋诗人陶渊明的《桃花源记》，后来成为名胜古迹。

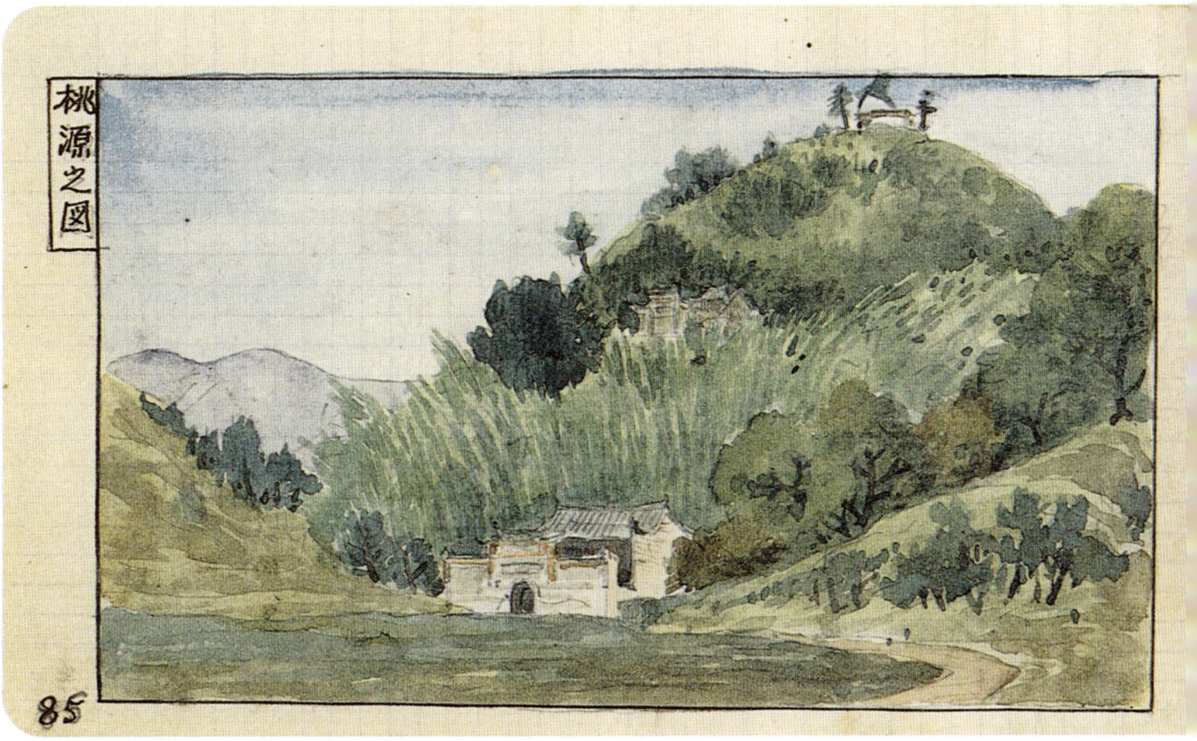
桃源之図
85

85 桃源（3）桃源图（3月1日）

桃源位于湖南西北部，在东汉时期被设置为县，宋代称为桃源县。

从新店站到界亭站（3月4日）

从新店站出发，向西南方向走，和昨天一样，小山丘高低不平。只不过南方的高山越来越近，北方的山脉越来越远。目测北方的高山有三千尺，南方的高山有三千尺到四千尺。沿途都是水田，山丘上都长满了树木，可以看见松树、柏树等。村落方圆五到十里，有十几户人家，可以看出来这周边的人口比较稠密。周边有大小河流无数，都向北流去。在凉水井碰到一个骑行的人。（他从马背上掉下来，停在马店前，他挥鞭向前走，马向前走了一会儿，突然后退，他就摔下来了。）树木除了上述提到的以外，水边还有很多柳树、竹和茶，听说，野生的茶可以提取茶油。从官庄铺开始向西北方向走，能看见一座突起的山峰，叫做辰龙阁，海拔大约有两千尺，最高峰有两千五六百尺。

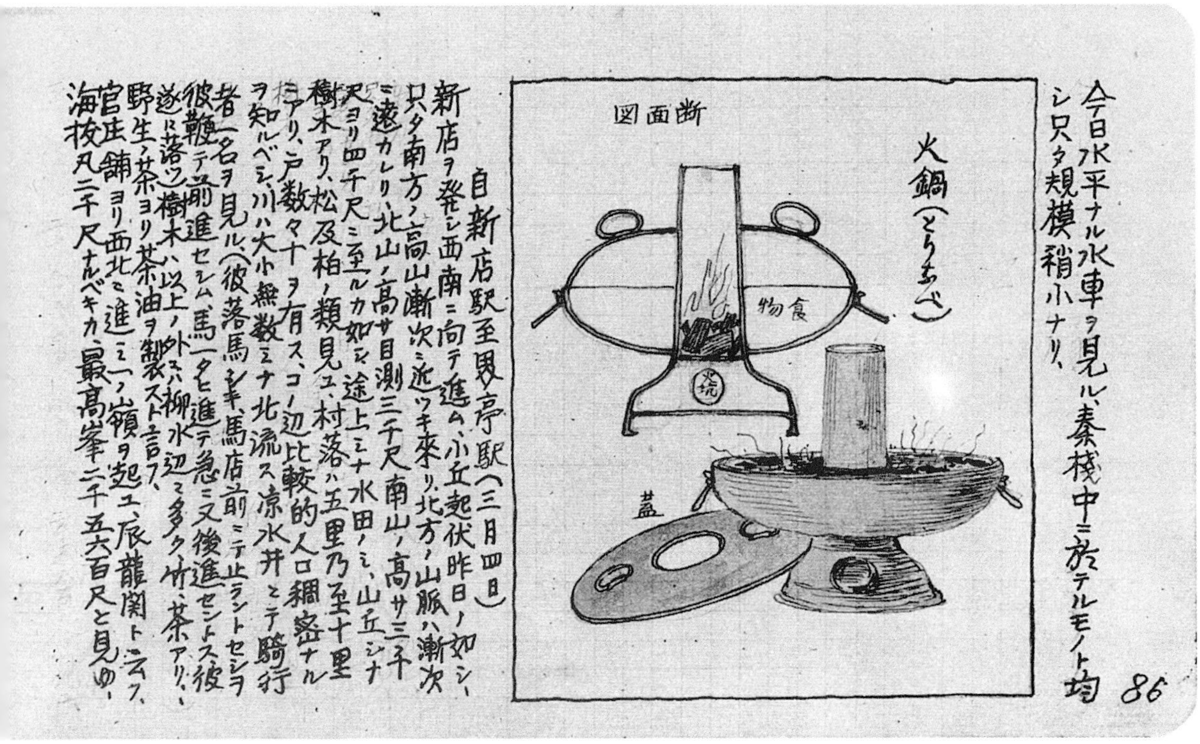

86 新店站（火锅）（3月3日）

在新店站的时候，住在官署。建筑物虽然很宽广，但都很简陋。晚饭还和平常一样，但是有意思的是『火锅』，这样的锅，让我想起了日本的清汤火锅、海鲜火锅。

○两三个有意思的统计

①中国人的衣服，袖子特别长，把一件衣服剪开，一件衣服有一平方尺的布。假定中国有4亿人口，每个人每年需要五件衣服，那么就需要二十亿件。由此得知，每年需要宽一尺、长二十亿尺即一万五千四百三十二里多的布，这个长度能绕地球一圈半。

②如果中国有四亿人口，那么相对应的就饲养有两亿头猪。

③中国人使用的烟斗非常的长，往往能达到4尺。中国有四亿人口，相对应的有一亿根这样的烟斗，那么它的总长度就有四亿尺，基本上相当于地球的直径长。

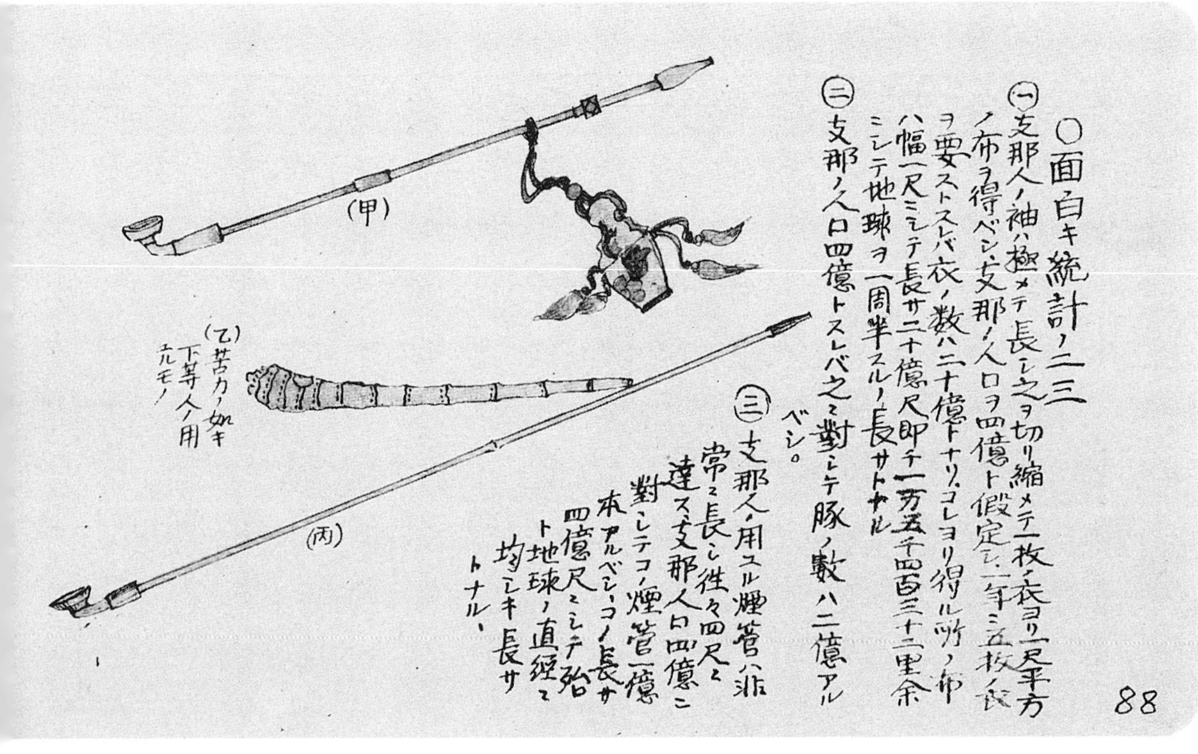

88 关于烟斗（3月）

明朝万历年间，烟草经由菲律宾传入中国。刚开始在南方的海岸地带盛行，后来渐渐传到北方，因为对治疗寒疾有效，所以很昂贵。

87地图第三十四号（郑家站—界亭—辰溪）（3月4日）

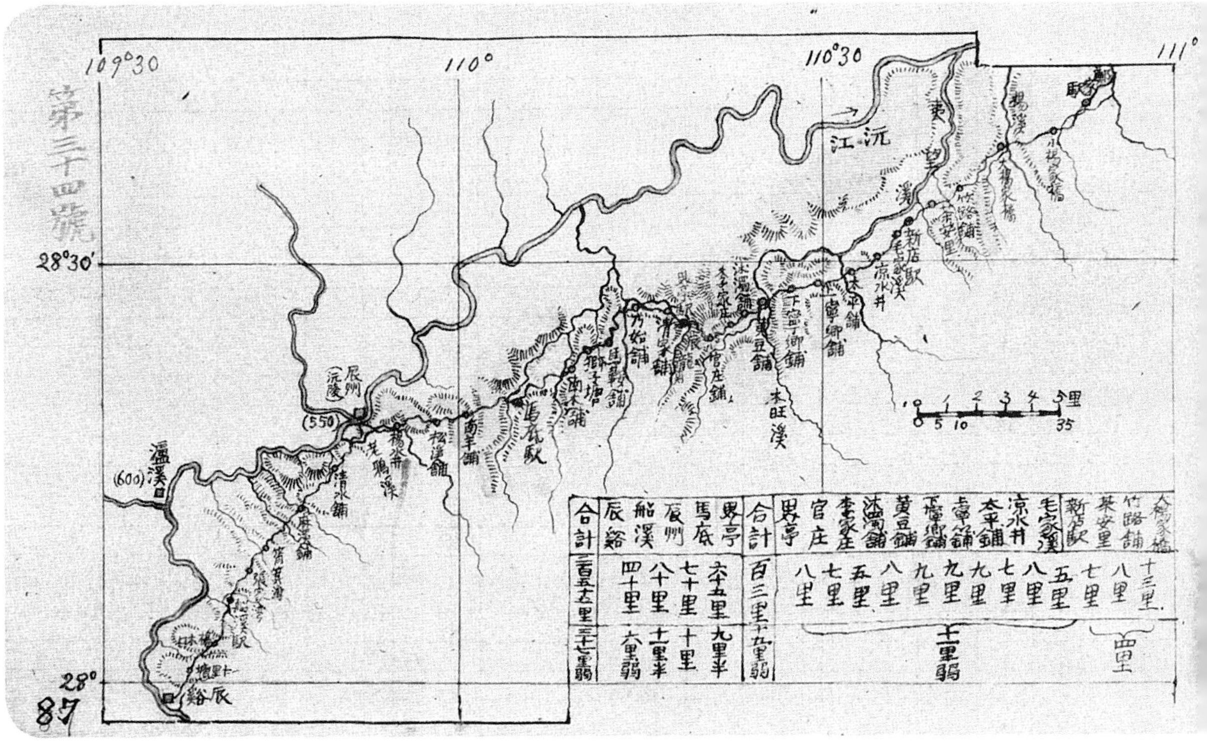

89地图（界亭—马底）

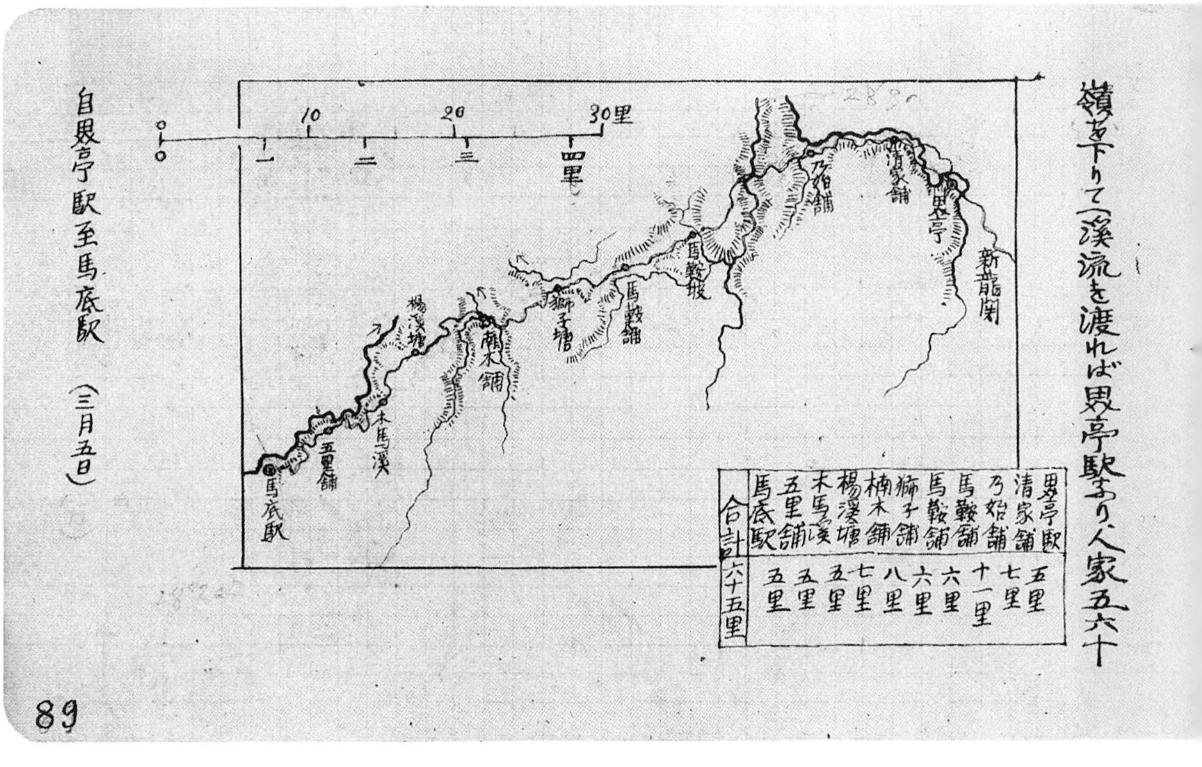

从界亭站到马底站（3月5日）

从车站出发，沿着小溪往前走，到底是乃始铺。越过小丘，有一条大溪，渡过大溪，又越过一座大的丘陵，下来是马鞍铺，从这里开始，丘陵时断时续都很高，树林也很多。沿途村落的人家一般都不超过八十户，只有南木馆有五十多户人家，乃始铺有将近八百户，马底站有八百多户。马底站的西边有一条溪流，上面有一架可以称之为奇观的木桥。今天沿途经过的地方，有很多木排，东西、南北错综复杂地排列着，很难知道它们的目的地。另外还看见有人在砍一种松树。在途中看见了盛开的桃花。在各个村庄见到的女子，脚都很大，跟满洲妇女很相似。

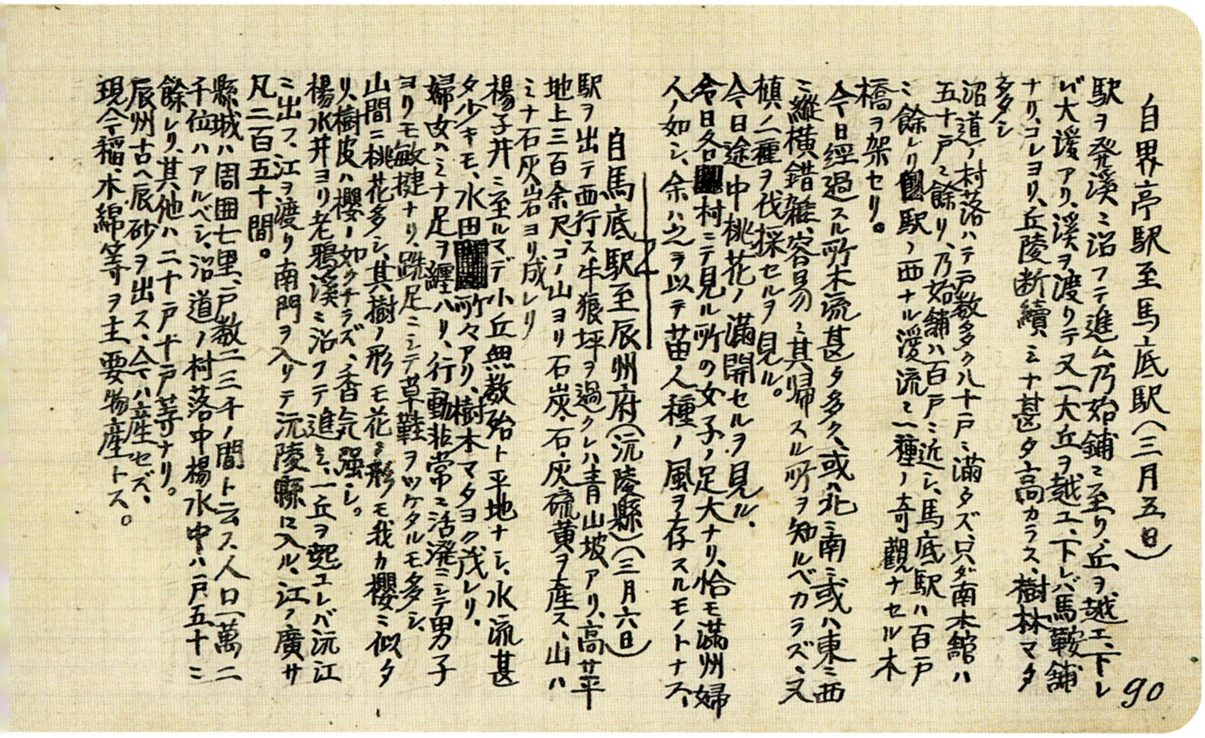
自界亭駅至馬底駅（三月五日）
駅ヲ発シ渓ニ沿フテ進ム乃始鋪ニ至リ丘ヲ越エ下レバ大渓アリ、渓ヲ渡リテ又大丘ヲ越エ下レバ馬鞍鋪ナリ、コレヨリ丘陵断續ニシテ甚ダ高カラズ、樹林マタ多シ。
沿道ノ村落ハ戸数多ク八十戸ニ満タズ、只南木館ハ五十戸ニ餘リ、乃始鋪ハ百戸ニ近シ、馬底駅ハ百戸ニ餘レリ。駅ノ西ナル渓流ニ一種ノ奇観ナセル木橋ヲ架セリ。
今日経過スル所木流甚ダ多ク、或ハ北ニ南ニ或ハ東ニ西ニ縦横錯雑、容易ニ其帰スル所ヲ知ルベカラズ、又植ノ一種ヲ伐採セルヲ見ル。
今日途中桃花ノ満開セルヲ見ル。
今日各村ニテ見ル所の女子ノ足大ナリ、恰モ満州婦人ノ如シ、余ハ之ヲ以テ苗人種ノ風ヲ存スルモノトナス。
自馬底駅至辰州府（沅陵縣）（三月六日）
駅ヲ出テ西行ス牛狼坪ヲ過グレバ青山坡アリ、高サ平地上三百余尺、コノ山ヨリ石炭・石・灰・硫黄ヲ産ス、山ハミナ石灰岩ヨリ成レリ
楊子井ニ至ルマデ小丘無数殆ト平地ナシ、水流甚ダ少キモ、水田所々アリ、樹木マタヨク茂レリ。
婦女ハミナ足ヲ纏ハリ、行動非常ニ活溌ニシテ男子ヨリモ敏捷ナリ、跣足ニシテ草鞋ヲツケタルモ多シ、山間ニ桃花多シ、其樹ノ形モ花ノ形モ我カ櫻ニ似タリ、樹皮ハ櫻ノ如クナラズ、香気強シ。
楊水井ヨリ老鴉渓ニ沿フテ進ミ、一丘ヲ越ユレバ沅江ニ出ヅ、江ヲ渡リ南門ヲ入リテ沅陵縣ニ入ル、江ノ廣サ凡二百五十間。
縣城ハ周囲七里、戸数二三千ノ間トシ、人口一萬二千位ハアルベシ、沿道ノ村落中楊水井ハ戸五十ニ餘レリ、其他ハ二十戸十戸等ナリ。
辰州古ヘ辰砂ヲ出ス、今ハ産セズ、現今稲、木綿等ヲ主要物産トス。
90

自马底站到辰州府（沅陵县）（3月6日）

出了车站向西走，过了牛狼坪是青山坡。坡高出平地三百多尺，此山盛产煤炭、石灰、硫磺，山是由石灰岩构成的。在到达杨子井之前，小丘无数，基本上没有平地，水流很少，到处都是水田，树木很茂盛。妇女都缠脚，非常活泼，行动比男子都敏捷，大部分人都是光脚穿着草鞋。山间有很多桃花，树的形状、花的形状都和日本的樱花很相似，树皮和樱花不同，有很浓的香气。从杨水井出来，沿着老鸦溪走，越过一个小山丘，到达沅江，渡过沅江，从南门就进入了沅陵县。江宽大约二百五十间。县城方圆七里，有二三千户人家，人口一万二千多。沿途经过的村落，杨水井有五十多户人家，其他的都是二十户、十户等等。辰州古代盛产辰砂，现在已经不生产了，现在主要生产水稻、木棉等作物。

湖南省

90界亭（3月5日）

界亭站的老翁非常亲切，把我们照顾得很周到。第二天早晨，老翁为我们准备了早餐，能吃到老伯亲手制作的纳豆，感到非常高兴。

92马底　西桥（3月5日）

在桥上盖房子，是这个地方的特点。其中店铺林立，很像一个市场，也有三层的楼。

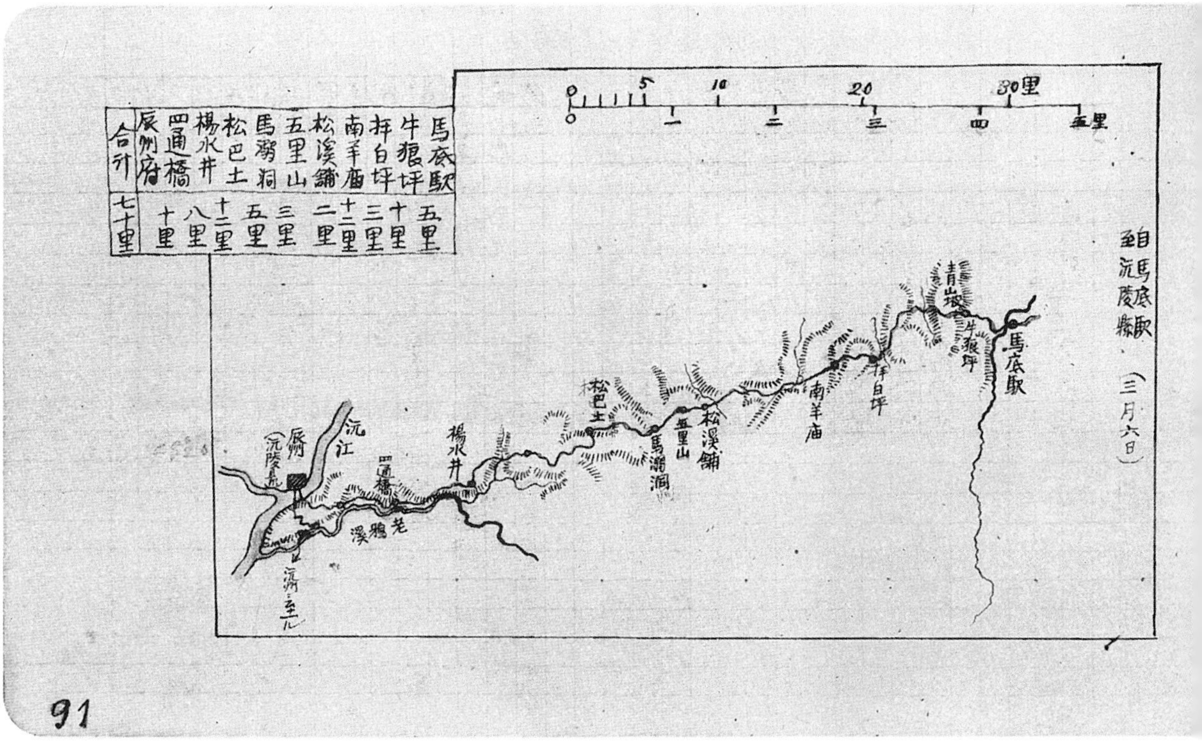

91地图（马底—辰州）

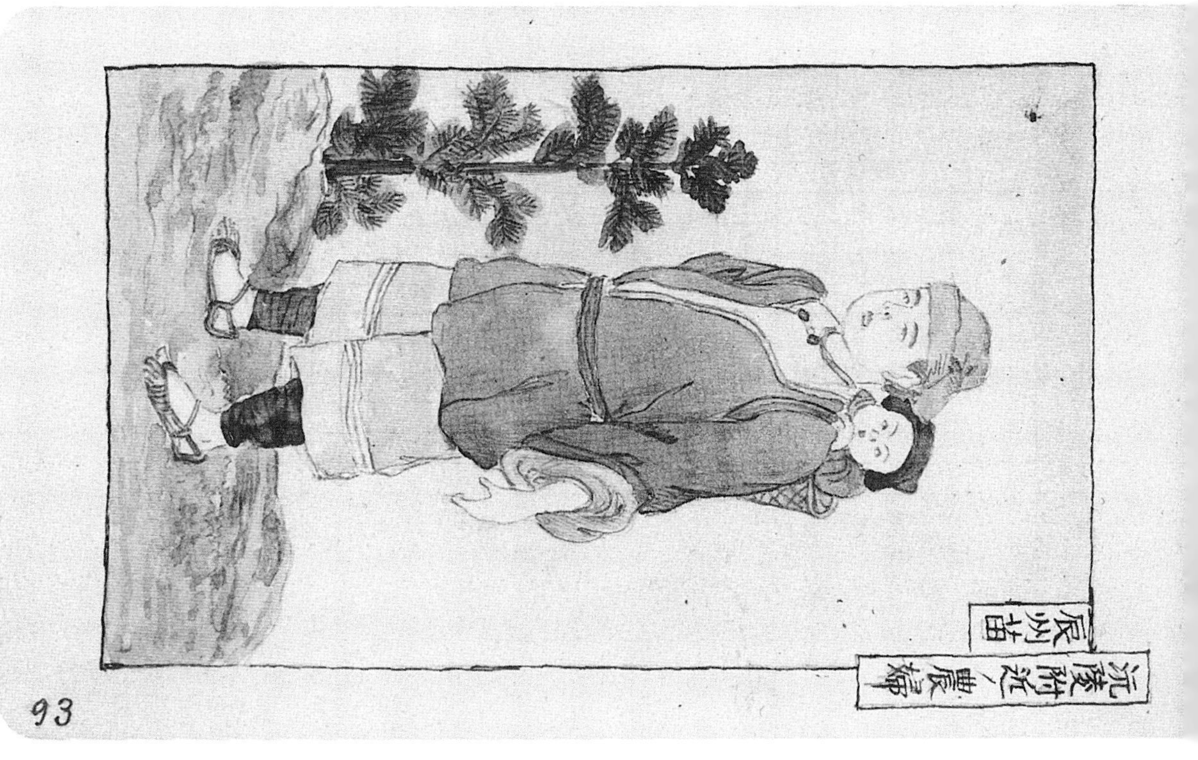

93辰州府（1）辰州庙（3月）

辰州府下隶有沅陵县，位于湖南省的西部，右图是居住在此地附近的一位苗族妇人的素描图。她把孩子放在筐子里背着。

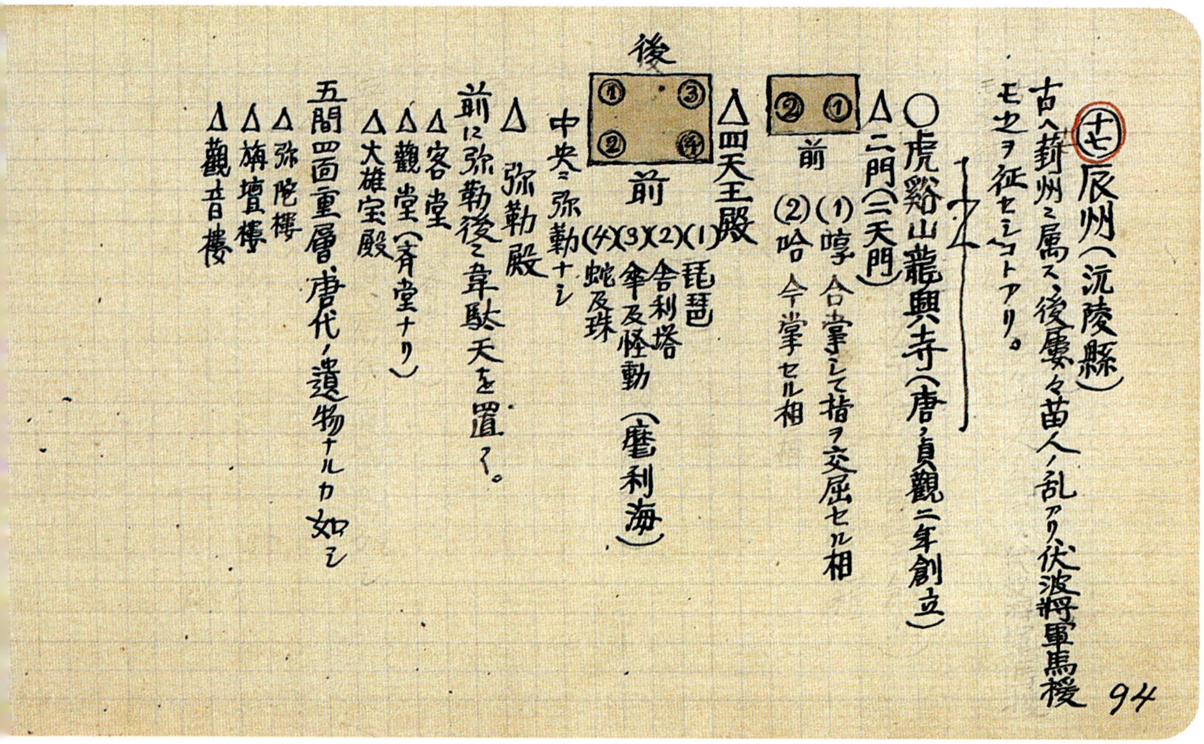
(十七) 辰州(沅陵縣)
古ヘ蔣州ト屬ス、後屢々苗人ノ乱アリ伏波將軍馬援モ之ヲ征セシコトアリ。
○虎谿山龍興寺(唐ノ貞觀二年創立)
△二門(二天門)
前
(1)哼 合掌シテ指ヲ交屈セル相
(2)哈 合掌セル相
△四天王殿
後
前
(1)琵琶 (2)舍利塔 (3)傘及怪動 (4)蛇及珠 (魔利海)
中央ニ弥勒ナシ
△弥勒殿
前ニ弥勒後ニ韋駄天ヲ置ク。
△客堂
△觀堂(齋堂ナリ)
△大雄宝殿
五間四面重層、唐代ノ遺物ナルカ如シ
△弥陀樓
△旃壇樓
△觀音樓
94

94辰州府（2）龙兴寺（1）（3月7日）

沅陵隶属于辰州府，是辰州府的中心。因为盛产辰砂而闻名，辰砂这个名字是从地名而来。城内值得一看的建筑有龙兴寺和孔子庙。

大雄宝殿内部　内外两殿地脚梁的手法

虹梁的形状是袖切形、非常好。与日本藤原时代的很相似，地脚梁式的形状很值得一看。外部稍微向下但并不水平，老虎已经具备了镰仓时代的样式。

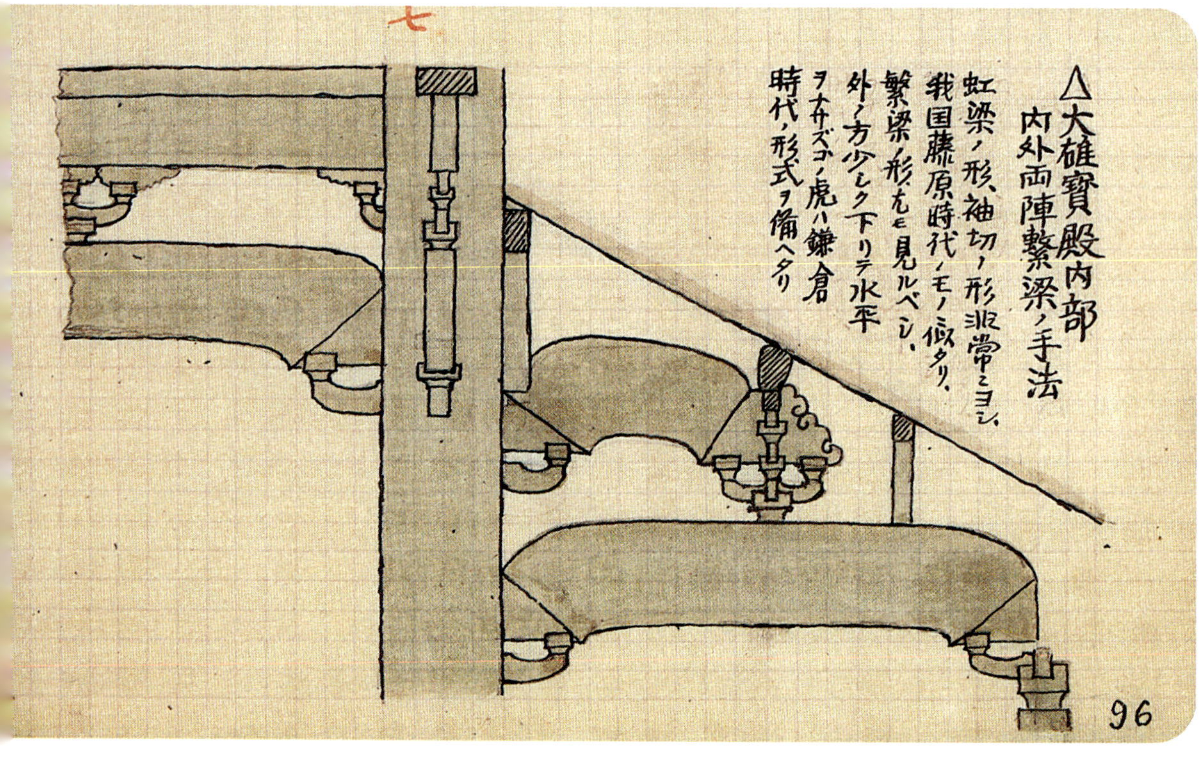
七
△大雄寶殿内部
内外兩陣繋梁ノ手法
虹梁ノ形、袖切ノ形非常ニヨシ、我国藤原時代ノモノニ似タリ、繋梁ノ形モ見ルベシ。外ノ方少シク下リテ水平ヲナサズ、コハ虎ハ鎌倉時代ノ形式ヲ備ヘタリ
96

96辰州府（4）龙兴寺（3）（3月7日）

过了武汉以后，就很少能看见古建筑了，因此被大雄宝殿所吸引。『袖切』是把虹梁的两端倾斜着薄薄地削去的那部分。『繫梁』是『繫梁』的误写。

土坛很简单，用白土制成，光背呈舟形，佛像并不是唐代文物。

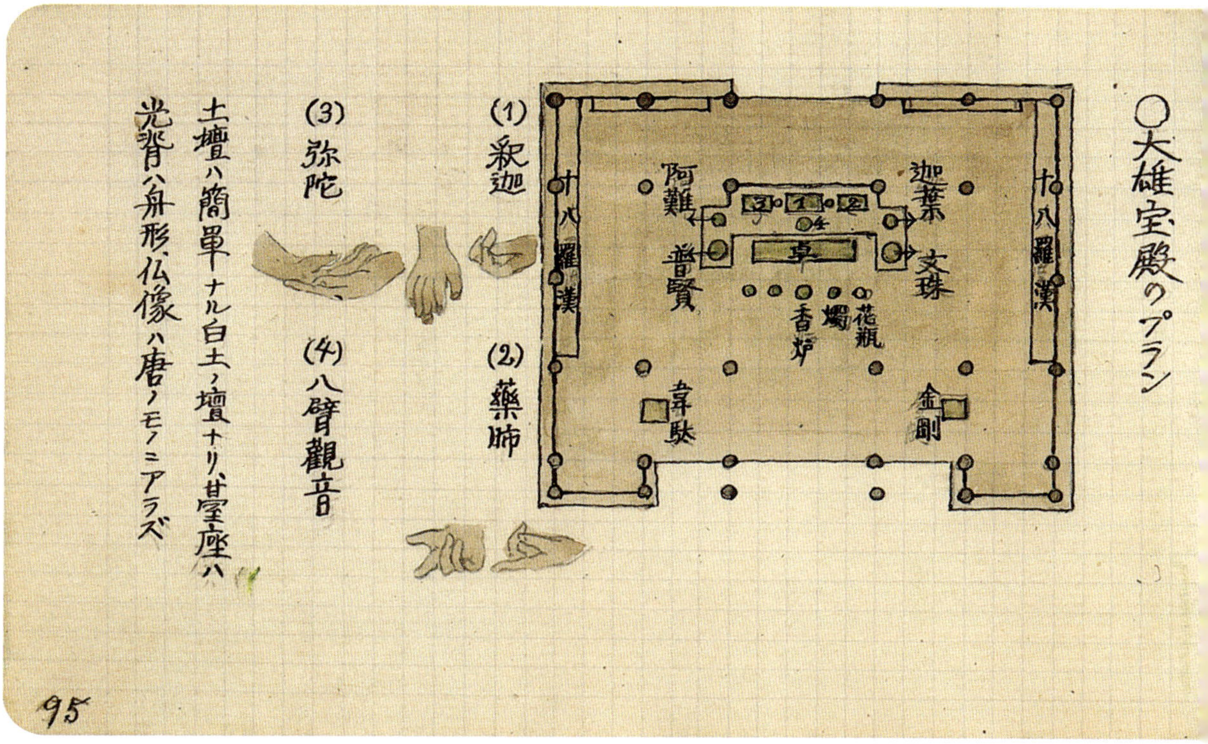

95辰州府（3）龙兴寺（2）（3月7日）

龙兴寺位于虎溪山，是一座规模非常大的古寺庙，创建于贞观二年（628）。明清时代修建过。此寺的大雄宝殿保留着宋代的形式，非常有意思。

外殿屋檐环绕，比内殿更值得看。斗拱的手法与日本镰仓末期足利时代钟爱的手法相同。拱的大部分是唐朝风格，有小部分与日本风格很相似。

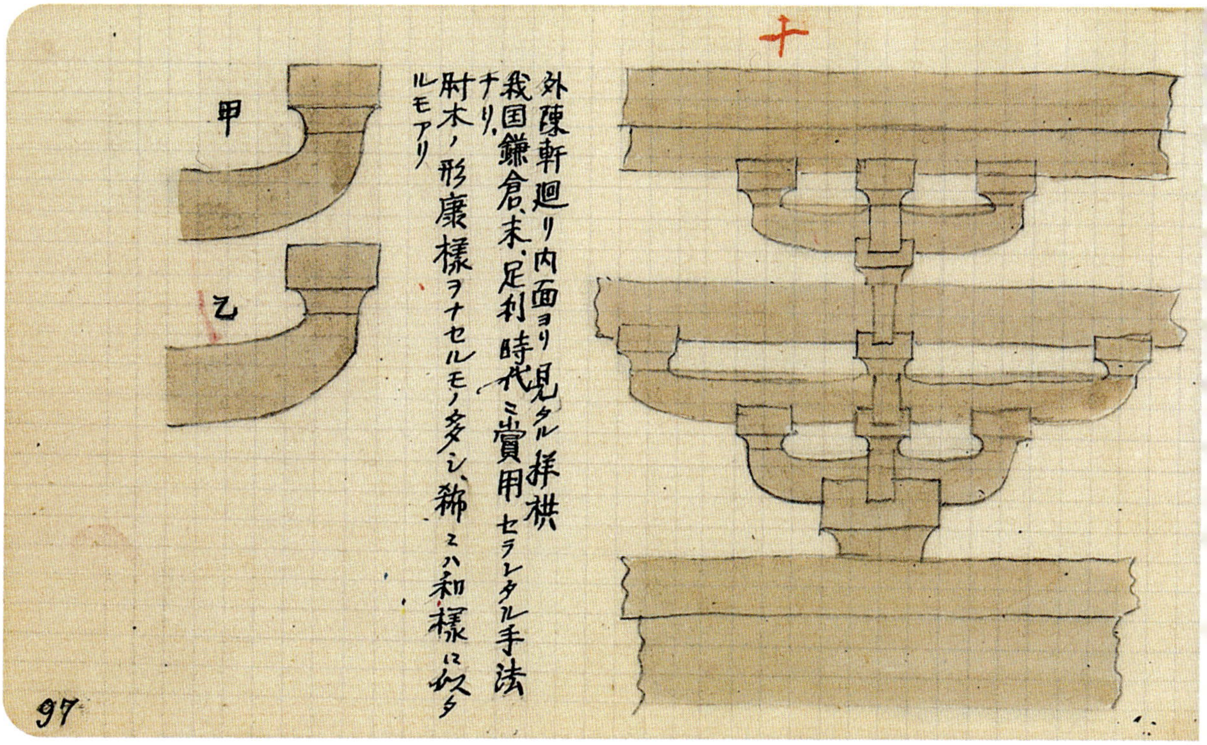

97辰州府（5）龙兴寺（4）（3月7日）

现在的龙兴寺里除了大雄宝殿以外，还有山门、天王殿、弥勒殿、观音阁、檀阁、弥陀殿等。『样拱』是『斗拱』，『康様』是『唐様』的误写。

有明朝隆庆年间李太后绣的千佛袈裟。龙兴寺的平面图。

后面的屋檐A在柱子中间的斗拱里，和镰仓足利时代的很相似。

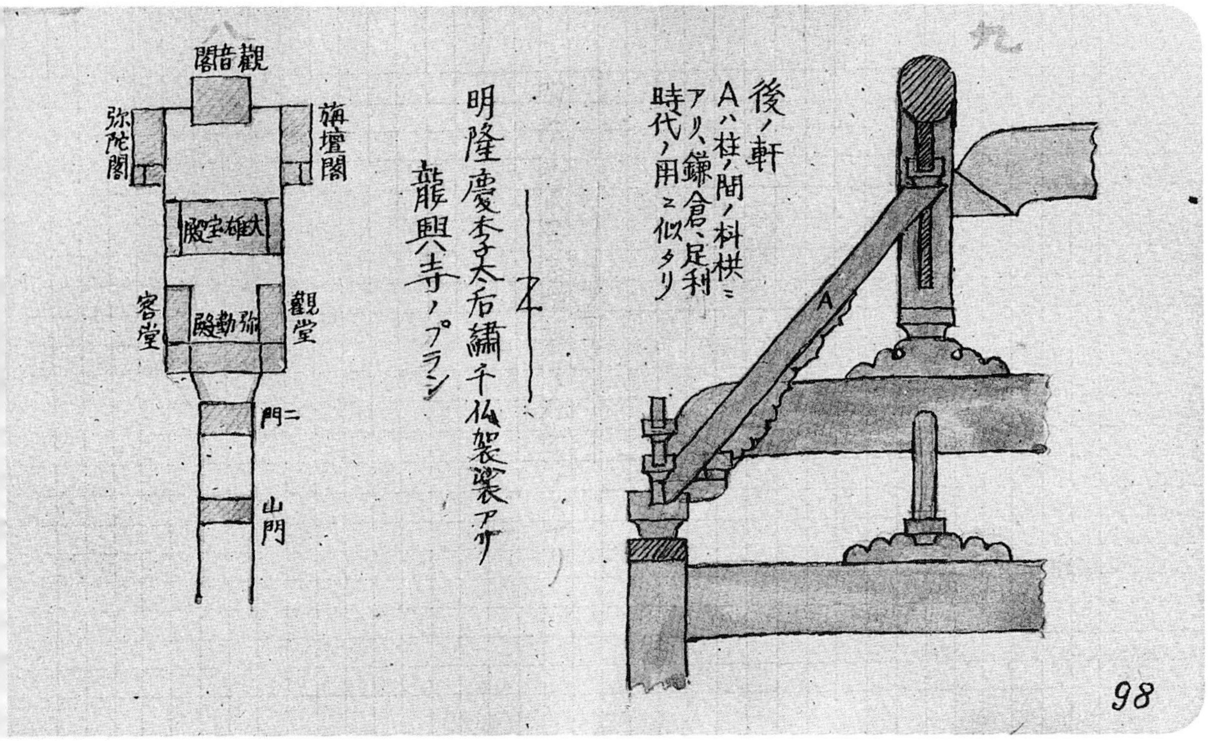

98辰州府（6）龙兴寺（5）（3月7日）

明朝的隆庆年间是公历1567年到1573年，正值日本的桃山时代。

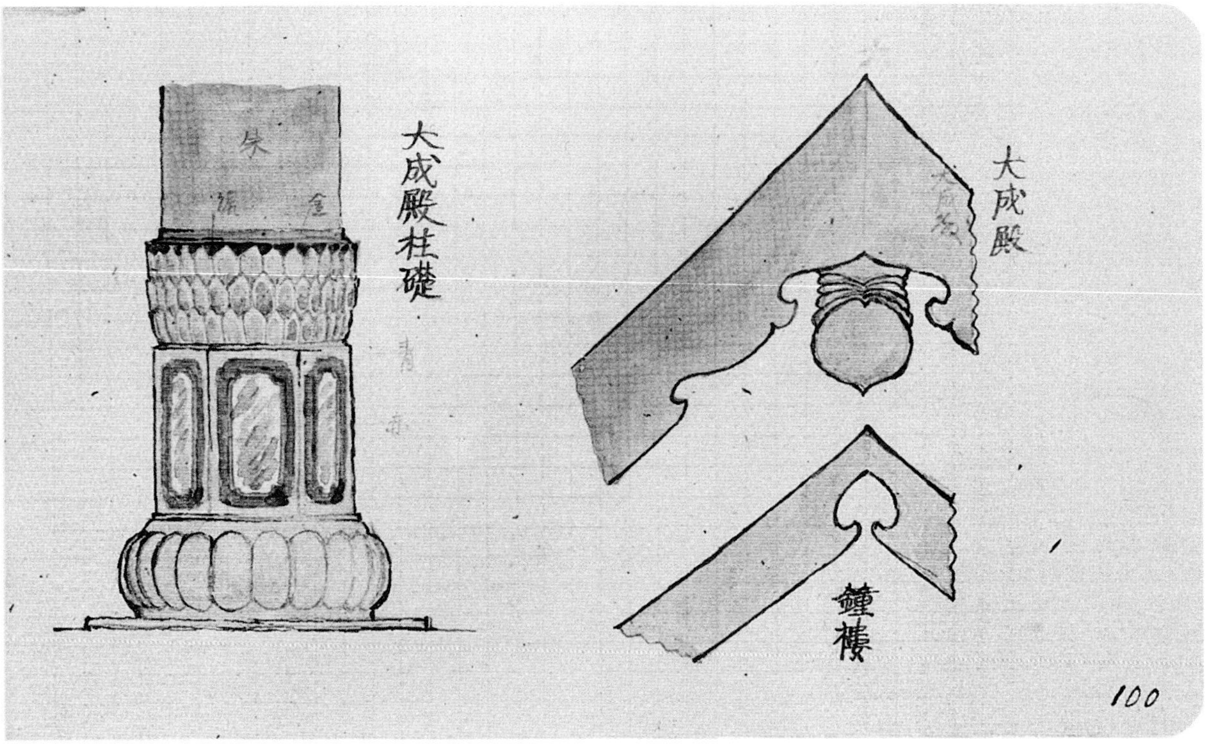

100辰州府（8）文庙（1）（3月7日）

这个孔子庙在湖南省规模最大，巧妙地利用了倾斜的土地。建筑的手法，也有各种突破。

99辰州府（7）虎溪书院（3月7日）

在虎溪书院能看到很多有趣的彩绘图案。

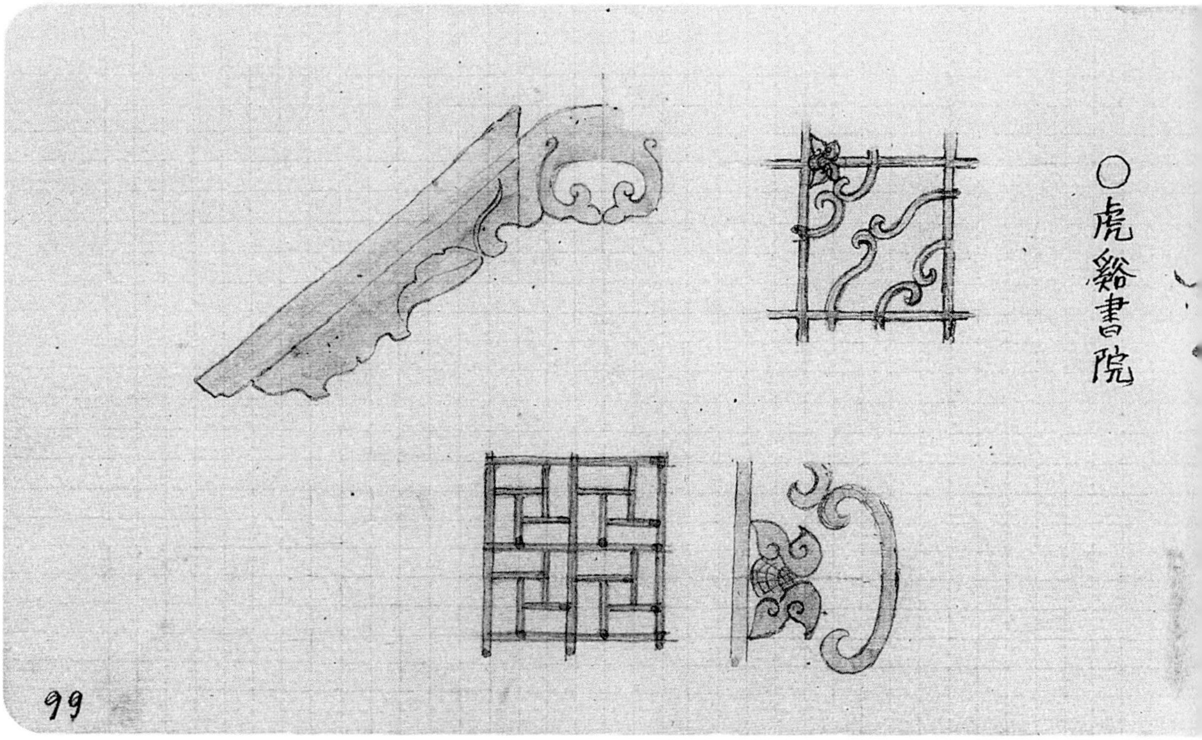

101辰州府（9）文庙（3月7日）

3月7日在辰州府内观光游览。日记里记载着『随从的人有官员、士兵、领路人、起哄的人，一共数十名，对这夸张的阵势感到很吃惊』。

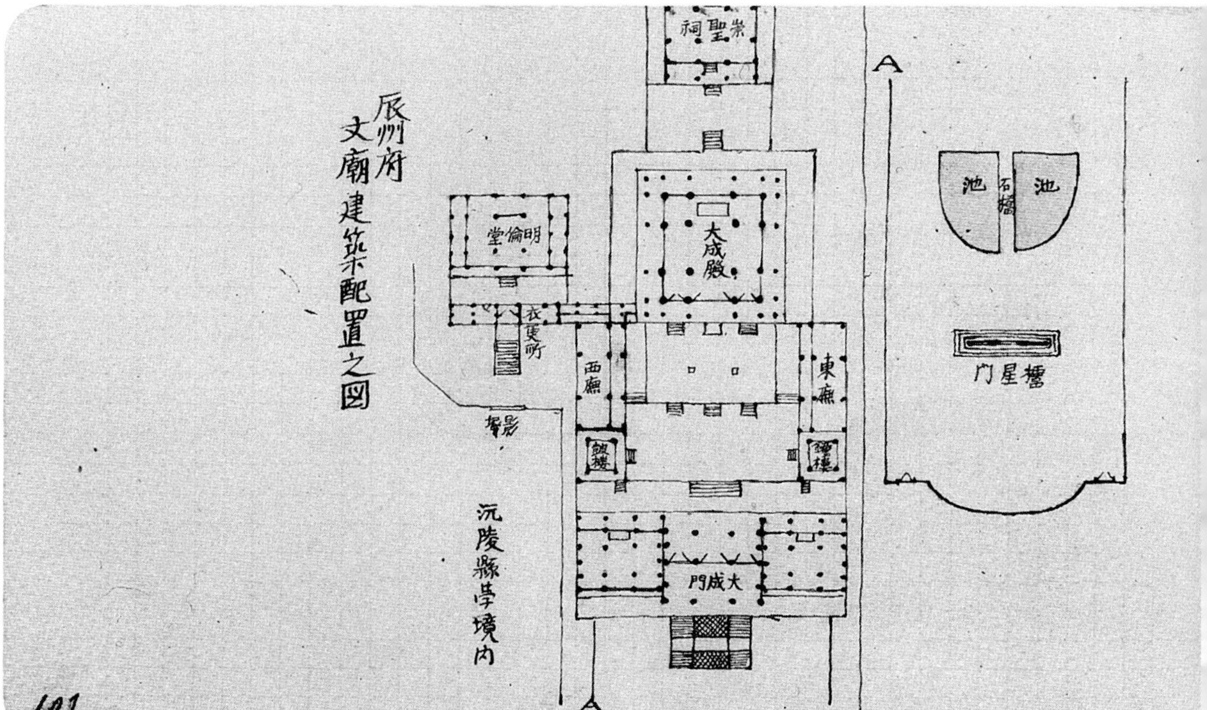

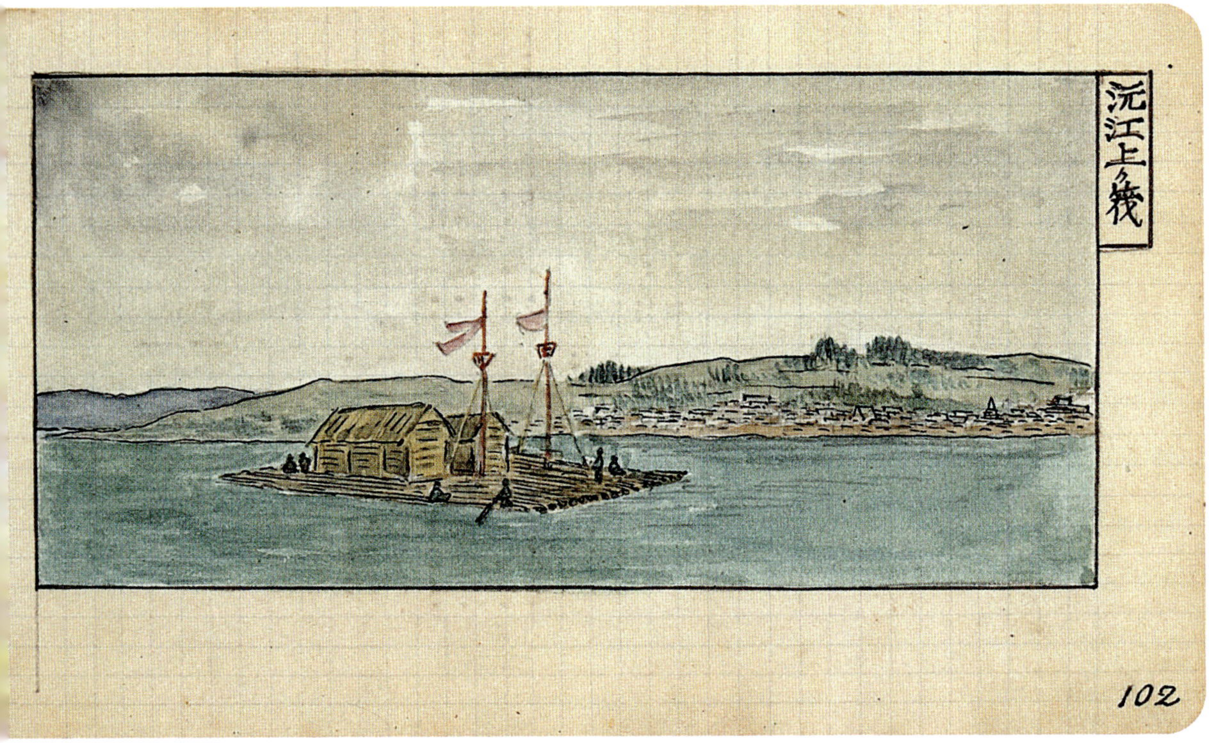

102沅江的竹筏（3月）

竹筏长七到八间，宽四到五间，用木材排列而成，竹筏上面可以作为临时的小屋，一家人可以一边在上面生活一边游河。官方的竹筏很气派威严，旗杆上旗帜在飘扬。

辰州附近的方言，大概是由苗族人的语言和汉人的语言混合而成的吧。

沅陵县市区内住房的屋檐里面的椽子都是经过装饰的。

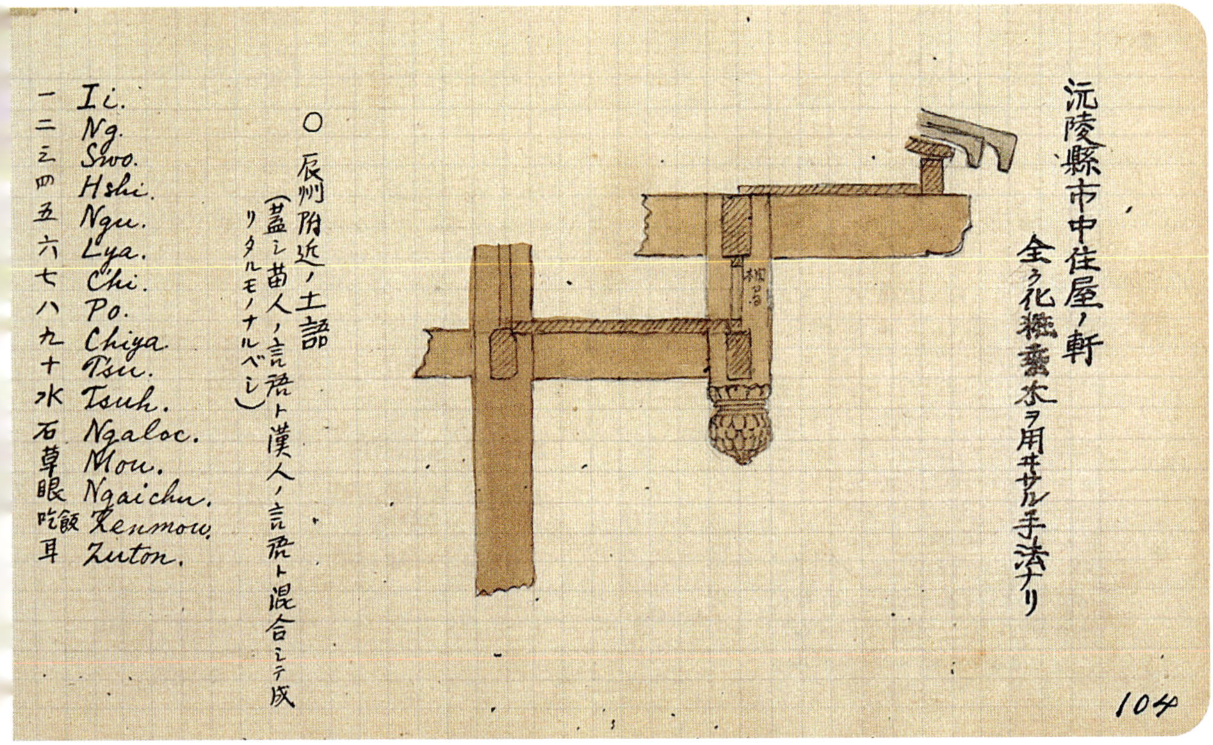

104辰州府（10）（3月7日）

三月八日半晴半阴（辰州到箐箕湾）

从辰州府的南门出来，渡过沅江，越过小山丘，在渡过老鸦溪（宽只有四十间）向西南方向走。行走在小丘起伏的道路之间，小丘上长满了树木，山间的田地被黄色的菜花覆盖，随处可见麦田和少量的水田。周边的村庄都很小，每个村庄有五六户人家，一共也就八十多户人家。麻溪铺位于麻溪的南岸，有将近一百户人家。（麻溪宽只有三十间，水特别清澈）。接下来越过小丘，渡过杨溪（宽约二十间），能看见桥，桥上面有几户人家，即杨溪铺。另外，若继续沿着小丘之间走，就能到达箐箕湾，大约有一百五十户人家。

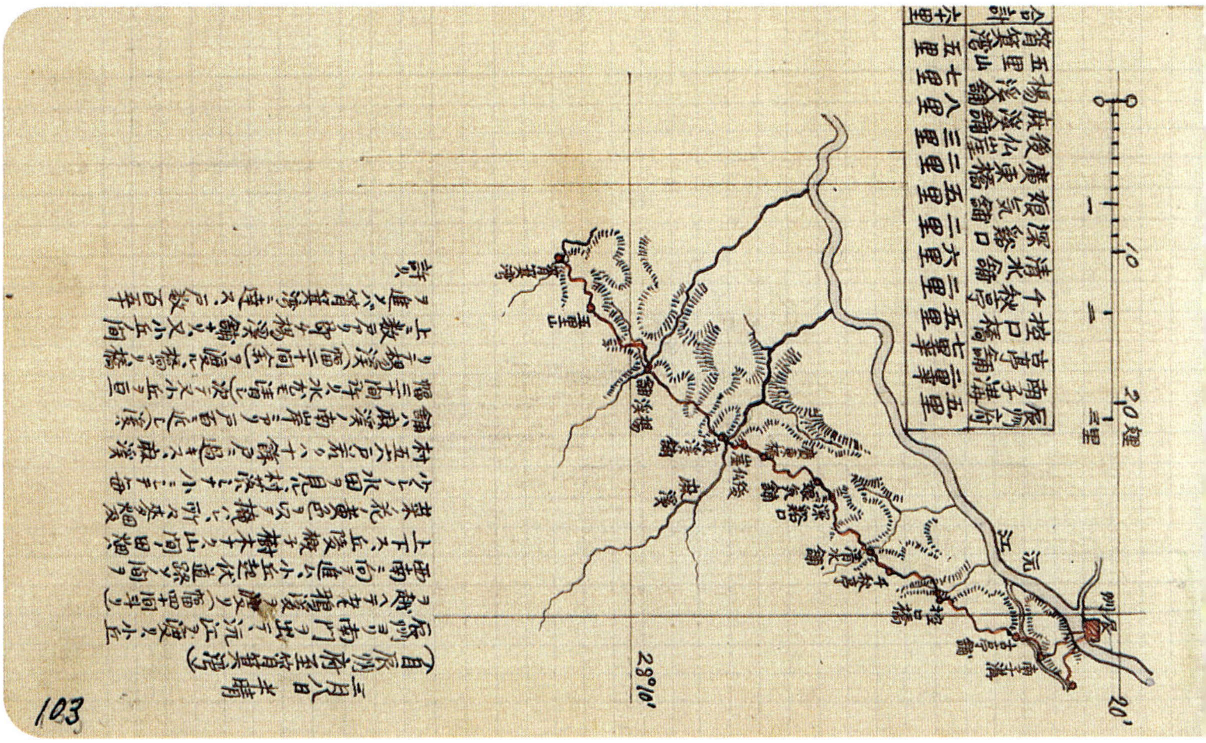

103地图（辰州—箐箕湾）

三月九日半晴半阴（从箐箕湾到辰溪县）

和之前一样，道路起伏不平，小丘上长满树木，有灌木和杂草。途中，可以听到野鸡的叫声，看到生产少量的煤炭。这里附近都是石灰岩，有很多美丽的岩石，到处都可以看到生产石灰的场景。船溪站有七八十户人家，稍显繁华，过了泸溪以后，所到之地都很富庶。辰溪是古代的辰阳，因位于沅江之北而闻名。城内方圆只有三里，加上城外，大约有一千户人家，人口五千，没有值得游览的古迹、寺庙。

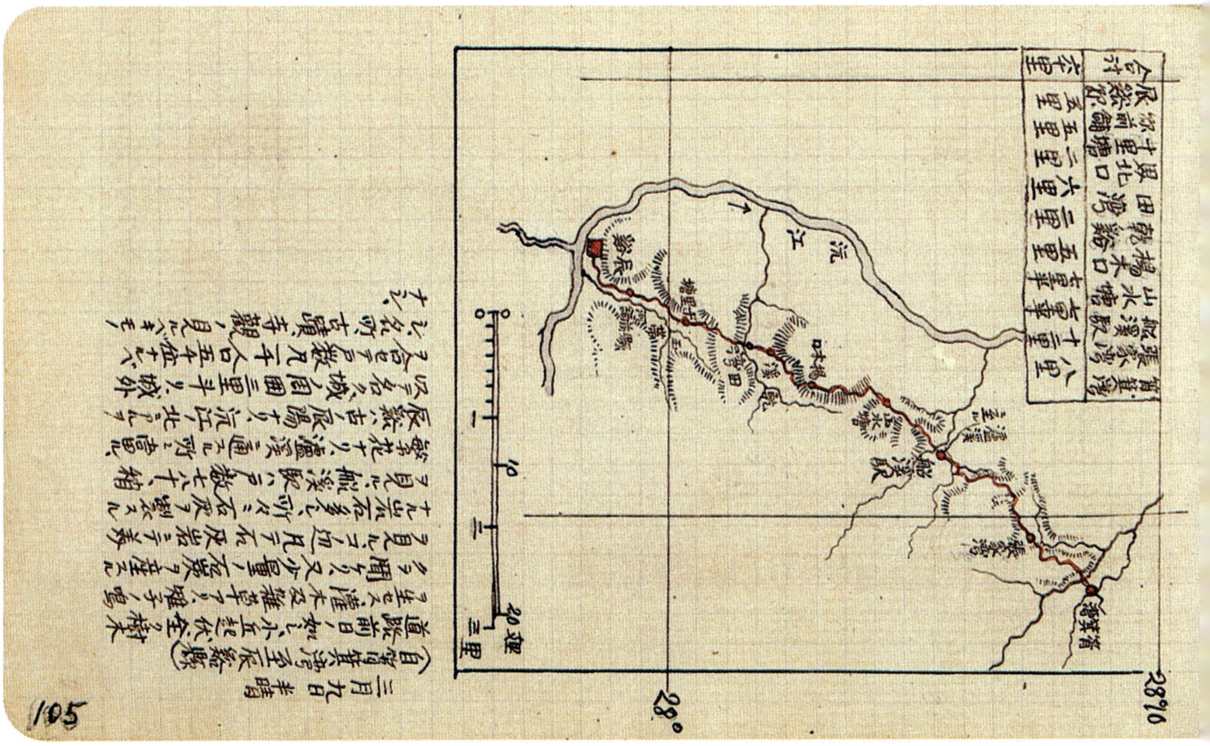

105地图（箐箕湾—辰溪）

辰溪的历史很悠久，可以追溯到汉朝。西汉时期在这里设置辰阳县，隋朝时改为辰溪县。

106辰溪（1）（3月9日）（112图继续）

左图的路标，上下左右标明四个方位，特别有趣。『上走』的意思是向前走，『下走』的意思是返回的路。

放在十字路口　　放在道路分叉的地方

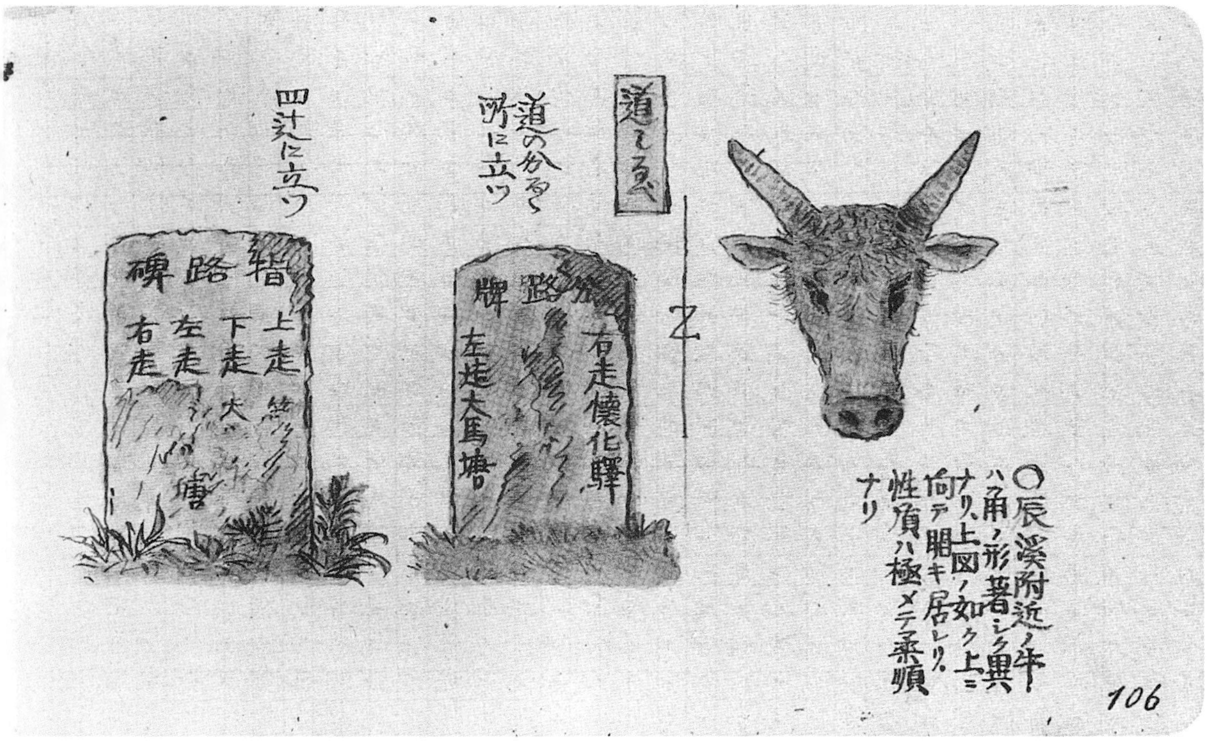

辰溪附近，牛的角的形状和其它的大有不同。如上图所示，牛角向上打开，牛的性子特别温顺。

108家畜和喜鹊（3月）

行走在小丘起伏之间，可以看到很多水牛和猪等家畜。喜鹊停在水牛的背上，在它的毛发里觅食，所以有很多喜鹊聚集在这里。

107
地图第三十五号（辰溪—晃州厅）

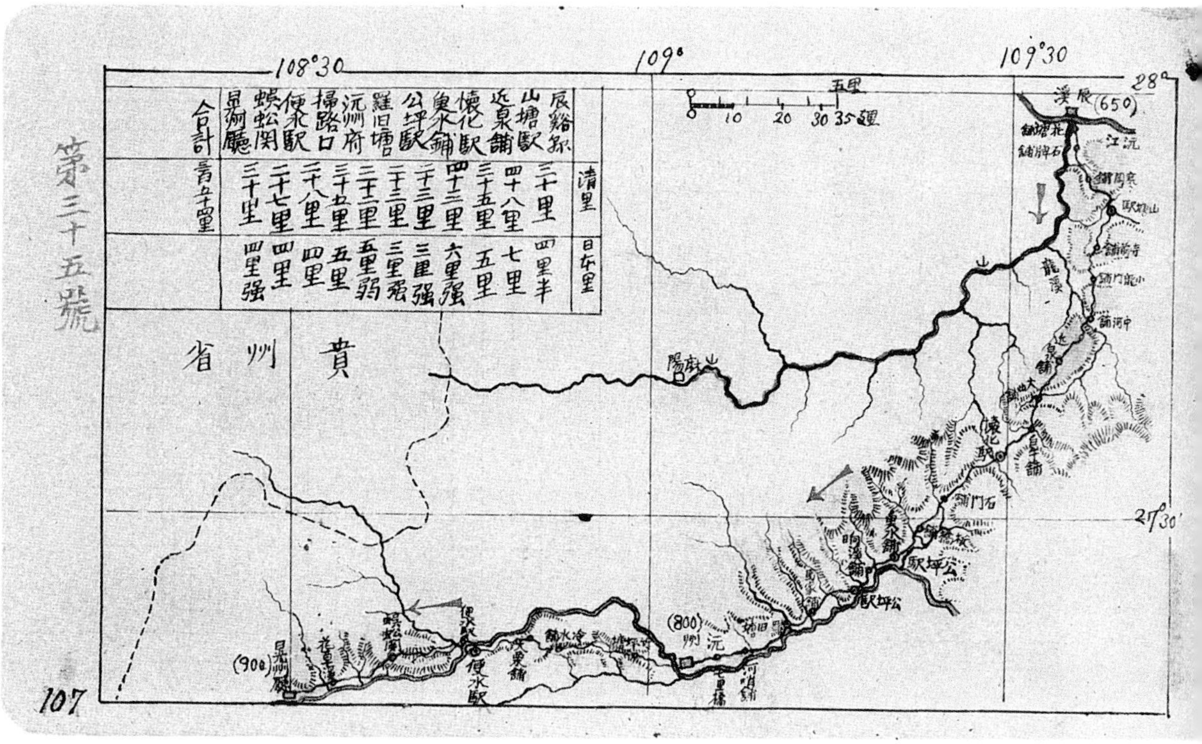

三月十日晴（从辰溪县到龙门站）

从辰溪县出来，渡过南江，江宽二百多间，南岸有几里平原，从花塘坪开始，小丘连绵。在寒风铺的东方可以看到观音崖，是一大奇观。山塘站有大约一百户人家，很繁华。从山前铺开始，山脉绵延，有少量的树木，山渐渐变高。看见有很多石灰岩堆，同时发现有化石，随处都看见挖掘煤炭的人。这里的溪流都很细，水特别清澈，就像珍珠一样。

109
地图（辰溪—小龙门铺）（3月10日）

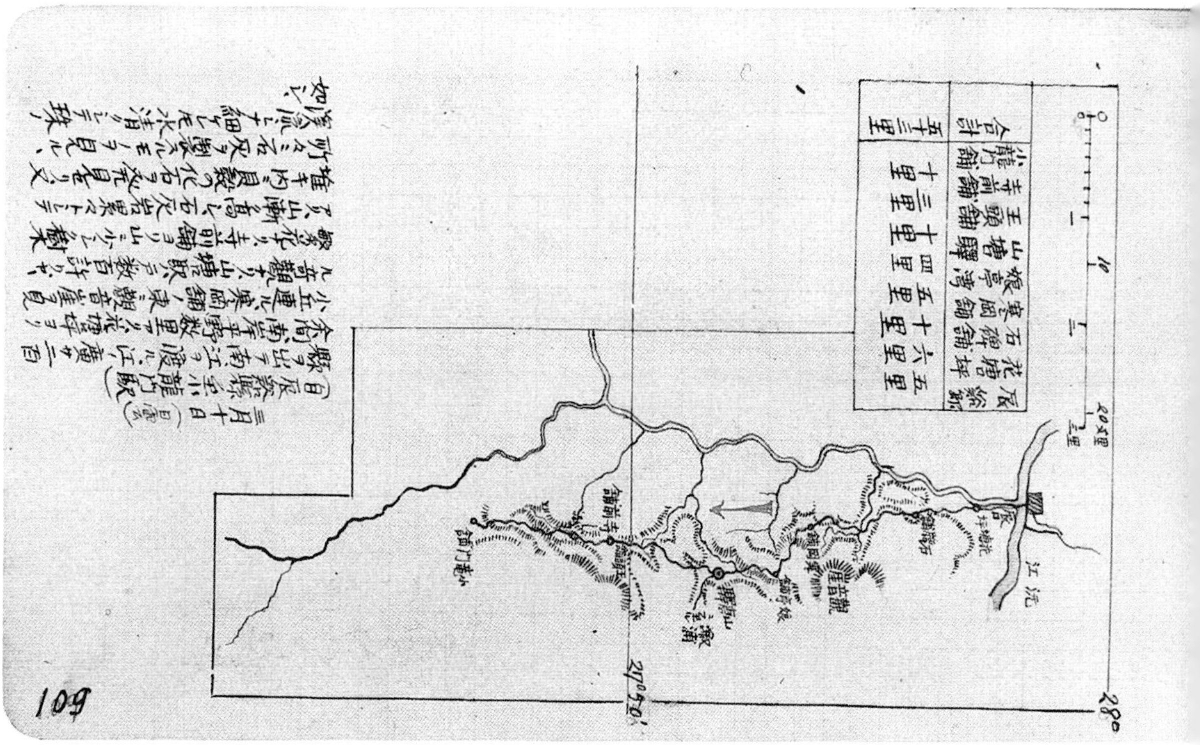

三月十一日（阴）（从小龙门铺到怀化站）

从小龙门铺里出来向南走，一路上丘陵起伏，山上树木很少，可以看到种着蔬菜和小麦的田地，之后大部分都是水田。过了中河铺是龙溪，宽十间多，不便于船舶行驶。渡过龙溪后，向南行走在丘陵起伏之间。大山铺周围的西南方向有高山连绵不断，走了二三十清里后，到达怀化站。山西的周边有怀仁等，而苗族这里有怀化站，好像并不是偶然。怀化站有二百户人家，人口一千。

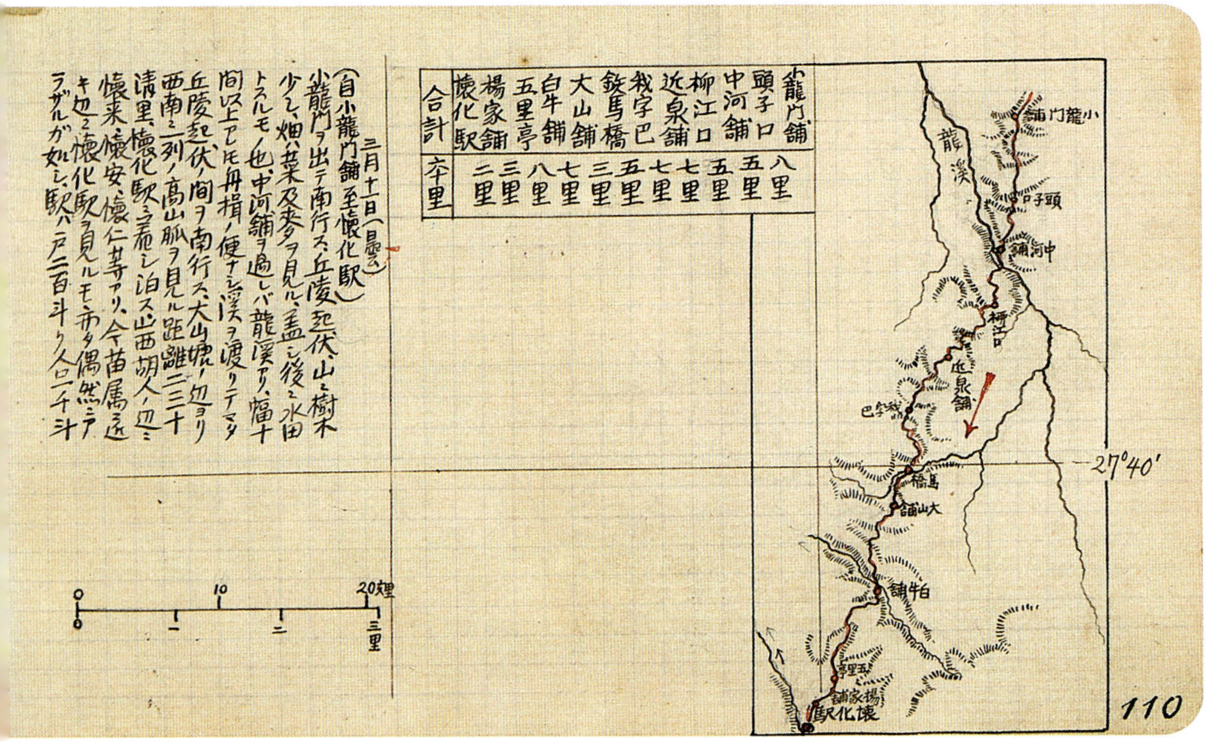

110 地图（小龙门铺—怀化站）（3月11日）

苗族：有的居住在贵西和广州的交界处，有的居住在湖南西南角、贵州和云南的一部分地区，有三百万人口。和孔明作战的孟获是彝族的酋长，居住在云南永昌府云龙州和普府与缅甸的边界。

辰溪县：城东西一里多，南北约一里，方圆三里。有大约一千户人家，人口六千。没有值得看的建筑。

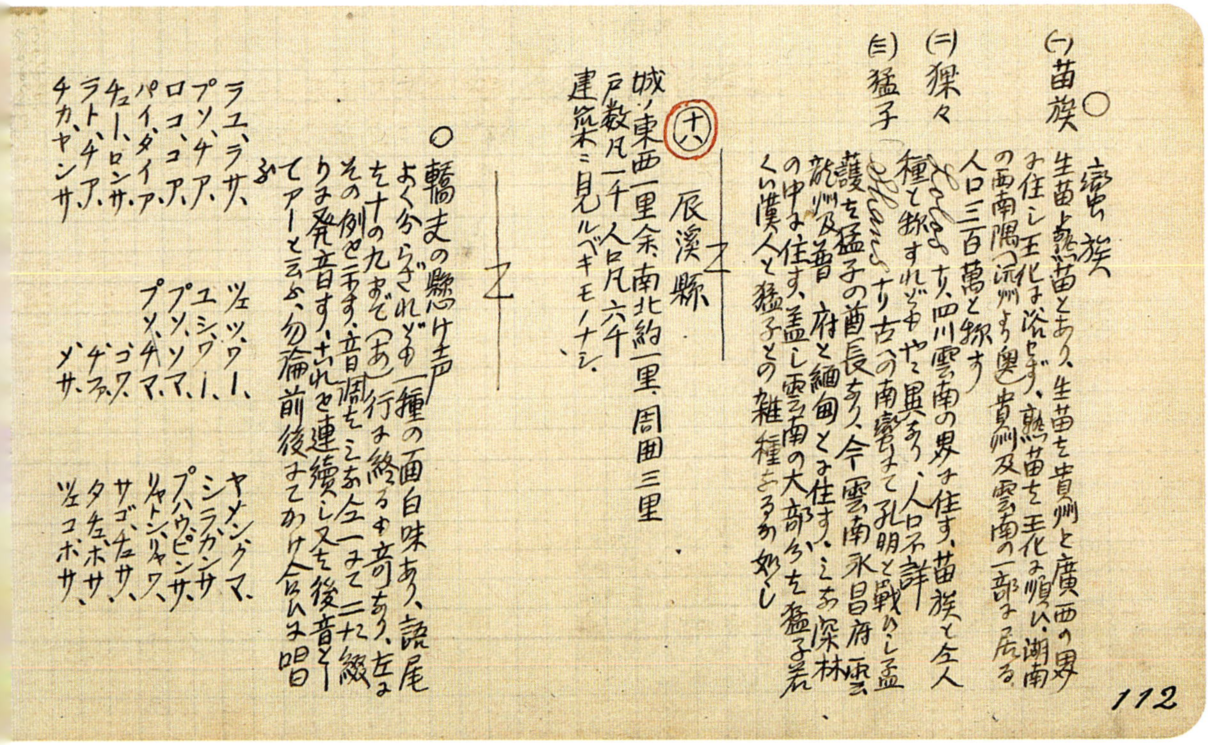

112 辰溪（2）（3月9日）（116图继续）

从湖南省到贵州南部，因为是少数民族的居住地面闻名。（一）里的『生』是不认识的意思，『熟』是认识并且很熟悉的意思。（二）里的『猓口』的意思是彝族里的一。（三）里的『猛子』也是指彝族，『孟获』是云曲靖人。

轿夫的号子声

虽然不是很理解，但很有意思。十有八九是以“阿”行结尾，很奇特。左边就是其中的一个例子，音调相同，大都由两个音节相连接构成。第二个字母的发音都是“啊”，要前后连接起来唱。

三月十二日（雨）（从怀化站到公坪站）

从怀化站向西南方向走，道路、坡道平缓，穿梭在丘陵之间，经过石门铺以后，水向南流，就是沅江的入口处。“鱼水铺”有五百户人家，人口三千，临近沅江，稍显繁华。天心桥周围都是平原，有很多田地，种着小麦、蔬菜、胡萝卜等。沅江的水流很缓慢，河宽约一百间。公坪站有三四十户人家，是沅江岸上的一个小站。今天经过的地方大部分都是山，有很多树木，松柏类的树很多，能看见挖掘石灰和煤炭的场景。

111 地图（怀化站—公坪站）

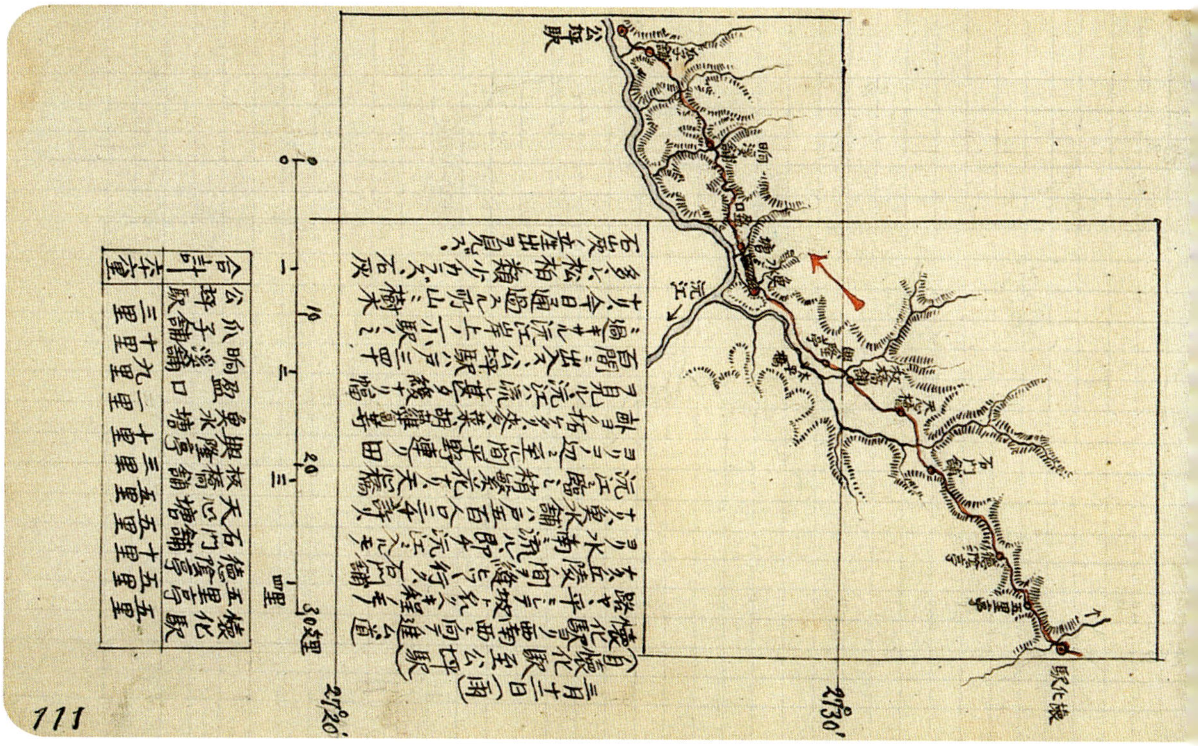

三月十三日（雨）（从公坪站到芷江县）

从车站出发，向西南方向走，沿着沅江走或者行走在丘陵之间，没有特别险峻的路。马家铺和巴州、河哨铺之间有坡路，靠近沅江的话，土地越来越宽阔。沅江很宽，过了辰溪以后陆路上很少有旅客和货物运输。途中仅仅遇到几名旅客，江上的船很寂寞，自榆树湾以来仅仅看见三四艘。途中，罗书塘最繁华，有个二百多户人家，人口一千五百。

113 地图（公坪站—沅州）（3月13日）

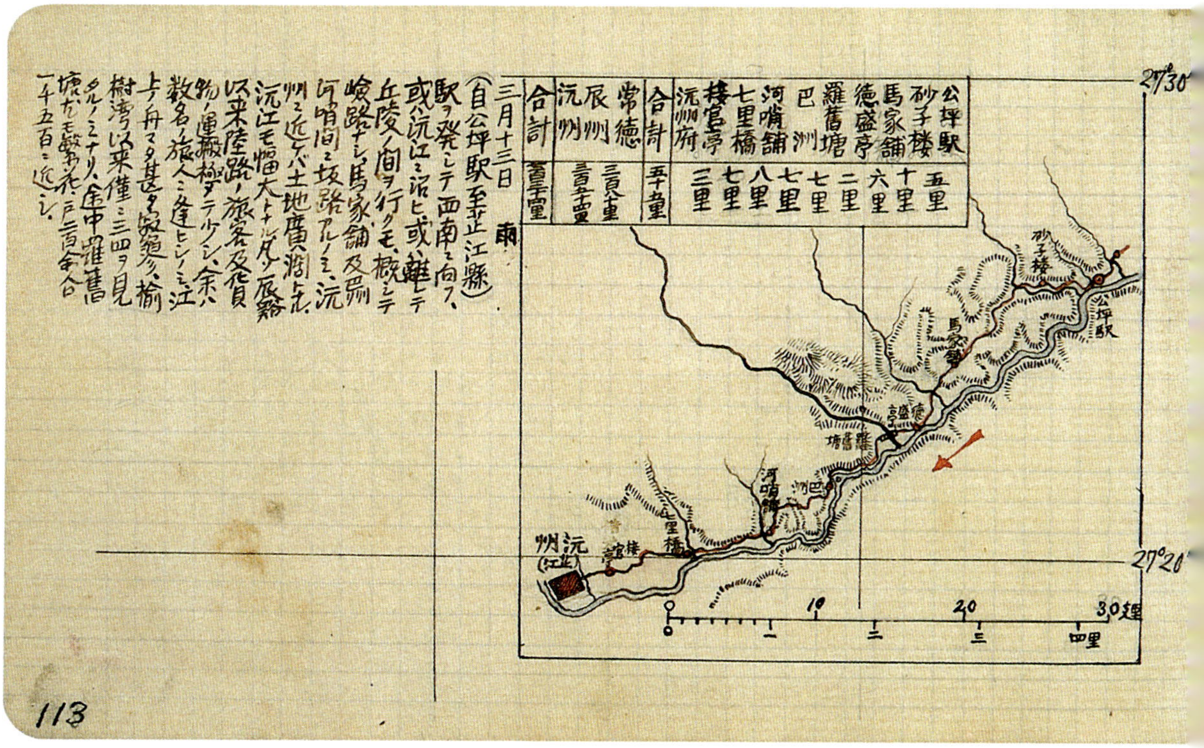

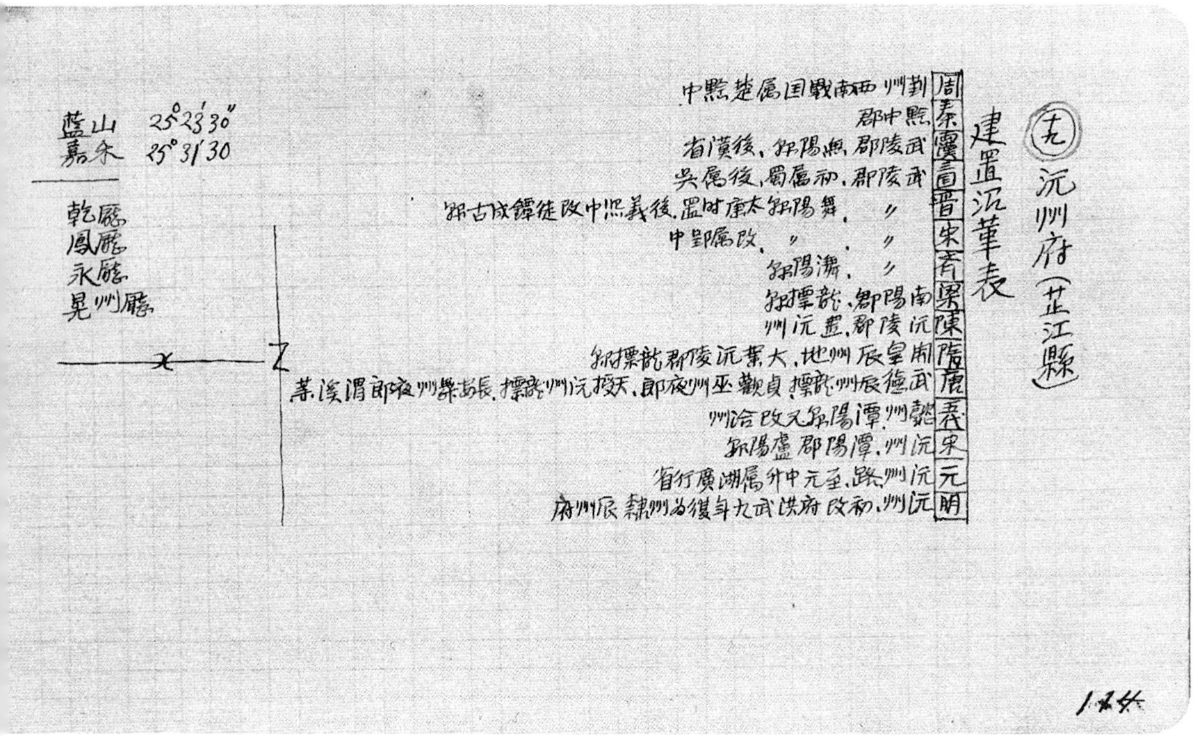

114 沅州府（1）建置沿革表

左图是沅州府的历史变迁一览表。现在沅州隶属于芷江县。以盛产白蜡而闻名。

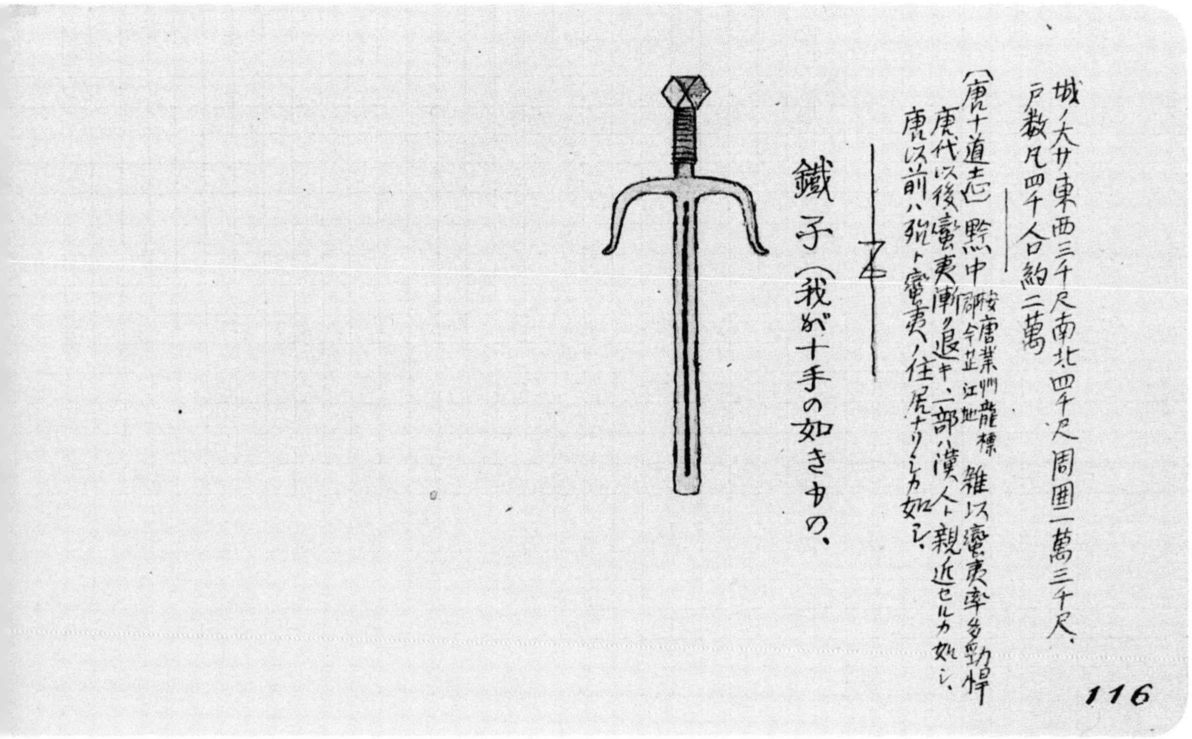

116 沅州府（2）（3月13日）

从辰溪县到沅州之间，路途中很少遇到旅客和货物运送。四天之内，只碰到几名旅客。这可能是因为沅江是以航运为主吧。

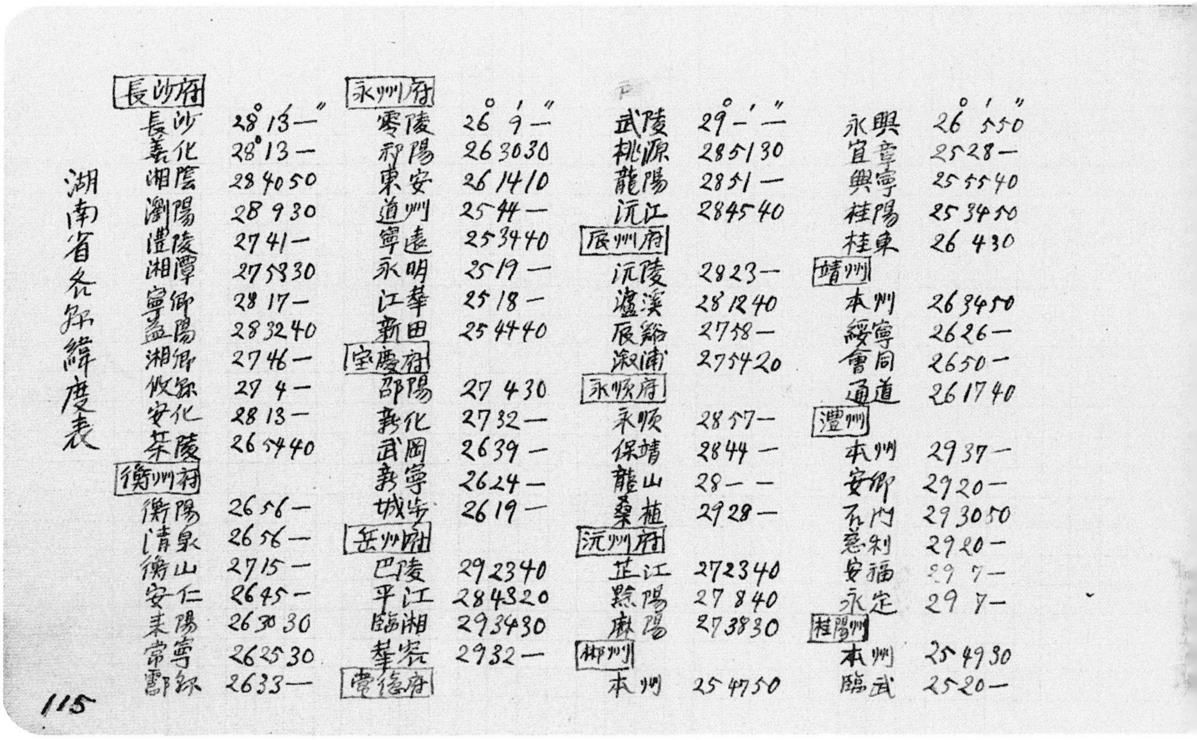

湖南省各縣緯度表

長沙府
長沙 28°13′—″
善化 28°13—
湘陰 284050
瀏陽 28930
醴陵 2741—
湘潭 275830
寧鄉 2817—
益陽 283240
湘鄉 2746—
攸縣 274—
安化 2813—
茶陵 265440
衡州府
衡陽 2656—
清泉 2656—
衡山 2715—
安仁 2645—
耒陽 263030
常寧 262530
酃縣 2633—

永州府
零陵 26°9′—″
祁陽 263030
東安 261410
道州 2544—
寧遠 253440
永明 2519—
江華 2518—
新田 254440
宝慶府
邵陽 27430
新化 2732—
武岡 2639—
新寧 2624—
城步 2619—
岳州府
巴陵 292340
平江 284320
臨湘 293430
華容 2932—
常德府
武陵 29°—′—″
桃源 285130
龍陽 2851—
沅江 284540
辰州府
沅陵 2823—
瀘溪 281240
辰谿 2758—
溆浦 275420
永順府
永順 2857—
保靖 2844—
龍山 28——
桑植 2928—
沅州府
芷江 272340
黔陽 27840
麻陽 273830
郴州
本州 254750

永興 26°5′50″
宜章 2528—
興寧 255540
桂陽 253450
桂東 26430
靖州
本州 263450
綏寧 2626—
會同 2650—
通道 261740
澧州
本州 2937—
安鄉 2920—
石門 293050
慈利 2920—
安福 297—
永定 297—
桂陽州
本州 254930
臨武 2520—

115

115 湖南各省的纬度

湖南省位于长江中游洞庭湖的西侧。这次的记行主要以湖南省的西部为中心而进一步调查。西部地区主要是少数民族的居住地。

三月十四日（雨）（从沅州府到便水站）

从沅州的南门出来，走过西沅水上的龙津桥。可以看见长约百余间的房屋，左右杂货店林立，非常热闹。中国的桥大部分都是这么使用的，这也是一个奇异的习俗。刚开始道路很平坦，在接近竹坪塘的时候，出现了丘陵。沿着溪流向前走，尽头是大栗铺和小栗铺。爬过山顶，到了沅江河畔，沿着沅江向前走，是便水站，有约一百户人家。途中经过的冷水铺有约一百户人家，扫路口有约五十户人家。

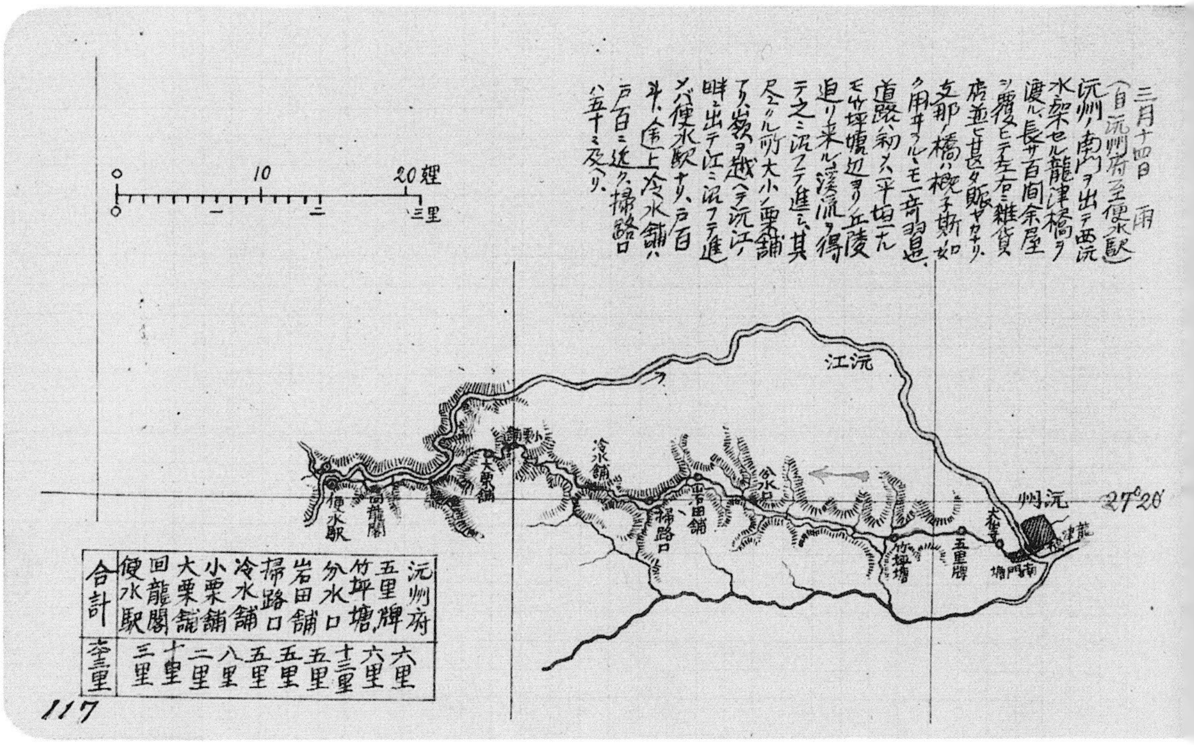

三月十四日 雨
（自沅州府至便水駅）
沅州ノ南門ヲ出テ西沅水ニ架セル龍津橋ヲ渡ル長サ百間余屋ヲ覆ヒテ左右ニ雜貨店並ヒ甚タ賑ヤカナリ支那ノ橋ハ概ネ斯ノ如ク用ヰラル一奇習ナリ
道路初メ平坦ナルモ竹坪塘辺ヨリ丘陵迫リ来ル渓流ニ沿テ進ミ其尽クル所大小栗舗アリ嶺ヲ越ヘテ沅江畔ニ出テ沅江ニ沿テ進メハ便水駅ナリ戸百斗途上冷水舗ハ戸百ニ近ク掃路口ハ五十ニ及ブ
0 10 20 粁
三里
江沅
州沅
27°20′
大栗舗
冷水舗
便水駅
回龍閣
掃路口
岩田舗
分水口
竹坪塘
五里牌
沅州府
五里牌
沅州府 六里
五里牌 六里
竹坪塘 十二里
分水口 五里
岩田舗 五里
掃路口 五里
冷水舗 八里
小栗舗 二里
大栗舗 十里
回龍閣 十二里
便水駅 三里
合計 六十三里
117

117 地图（沅州府—便水站）（3月14日）

这一天的日记，记载了屋盖桥。屋盖桥是在桥的上面盖着屋顶等，今天在这里看到很多这种桥。

兜子，要在上面铺上布。

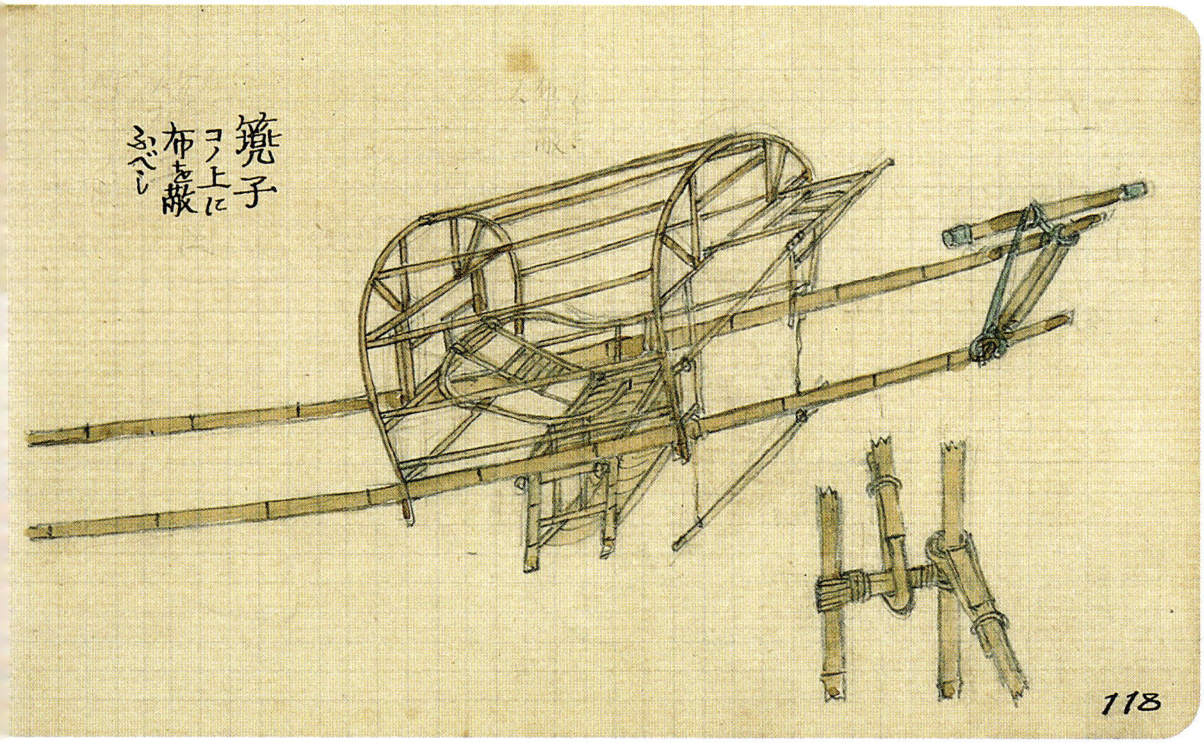

118 兜子的图（1）（3月14日）

从沅州出发坐的轿子叫做『兜子』。如图所示，它是一种用竹子做成的椅子，上面有长长的竹竿。

三月十五日（阴）（从便水站到晃州厅）

从便水站出发，渡过江到达北岸，向西拐，看见一条溪流，上面有一座桥，宽约六十间。上面盖满了房屋，其中也有楼。沿着一条小溪向西走，溪水的尽头处有一座山峰，即蜈蚣关，海拔约二千五百尺（沅江水面约一千四百尺）。从蜈蚣关下来，沿着江边向西走，江宽六十间到一百间。在大桥溪上有一座石桥，石桥上有一栋三层的建筑，真是一大奇观。晃州厅有二百户人家，人口一千，稍是寂寥。途经波州塘和花草溪都有五十多户人家。途中遇到二三艘船、两个坐着轿子旅行的人，三四个徒步旅行的人。

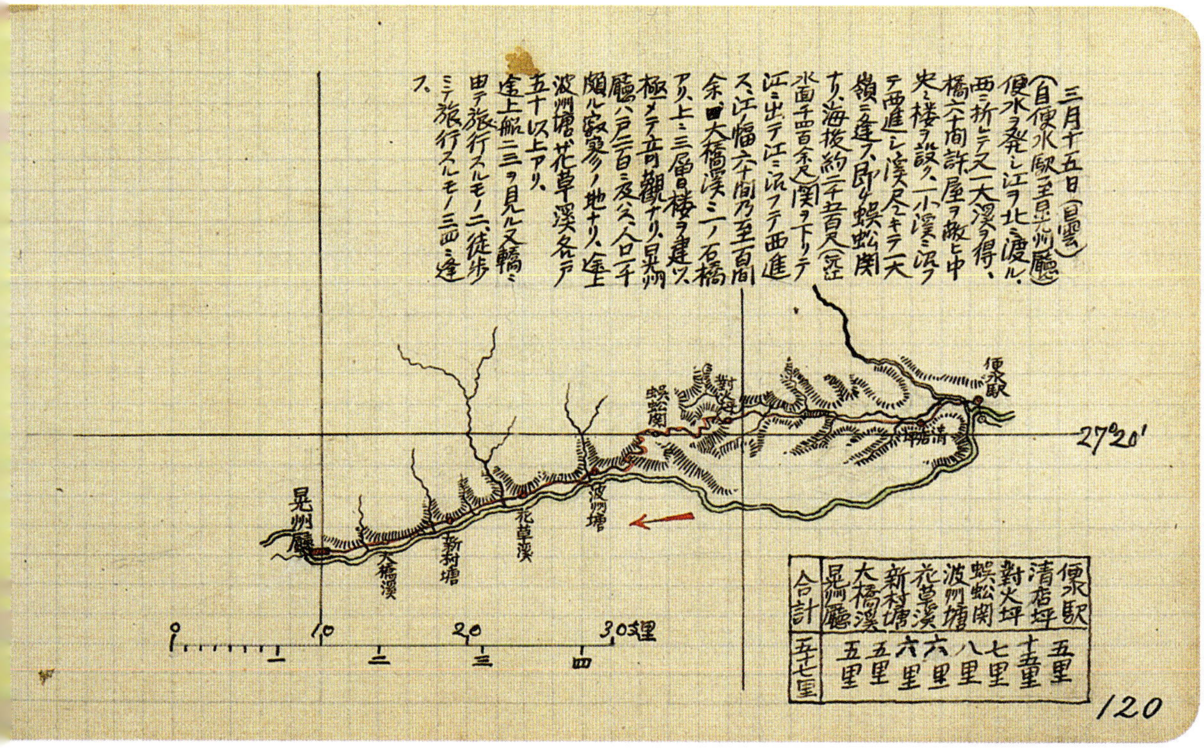

120 地图（便水—晃州厅）

119 兜子图（2）（3月14日）

坐席上面有边框，上面盖着布。抬轿子的人有三个，前面两个，后面一个。

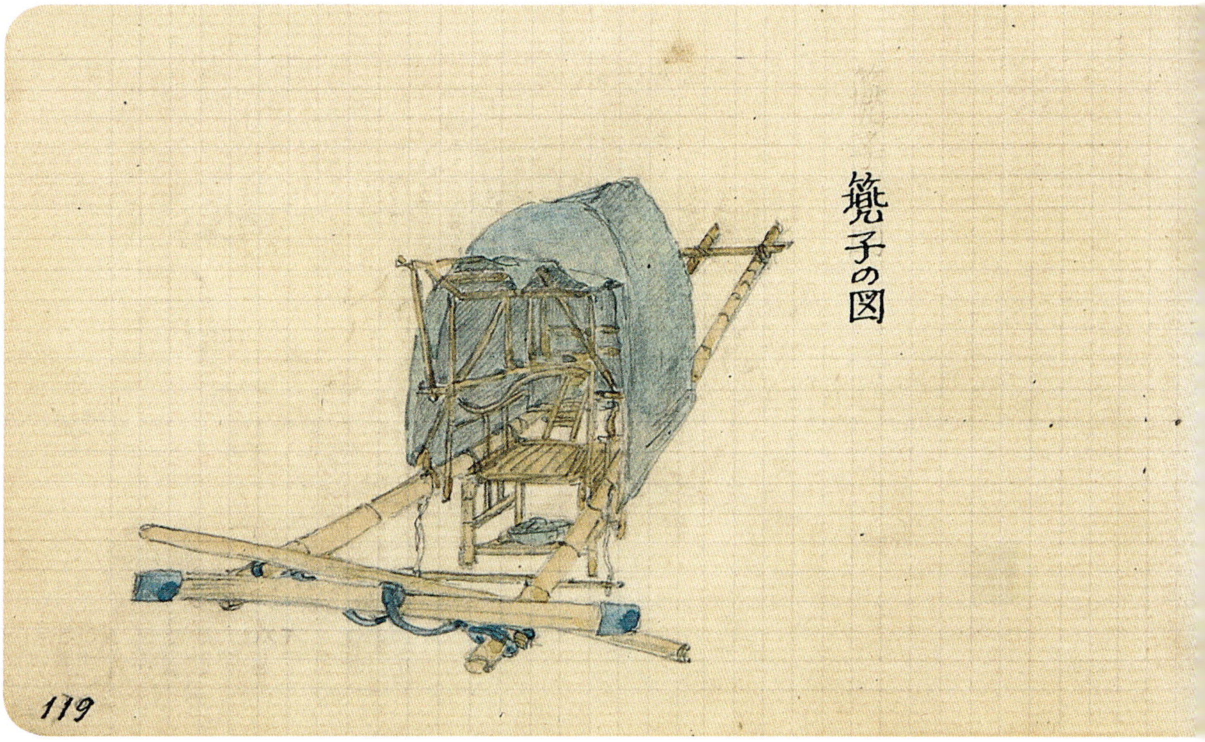

121 晃州厅（3月15日）

晃州的衙门曾经应该很气派，但是现在却很荒败。盛装打扮的知州出现在这里，形成了强烈的对比，很有意思。日记中这样写着：『从荒废的宫殿里走出一个美女，这种只会出现在小说里的情形，在这里我实实在在地体验到了。』

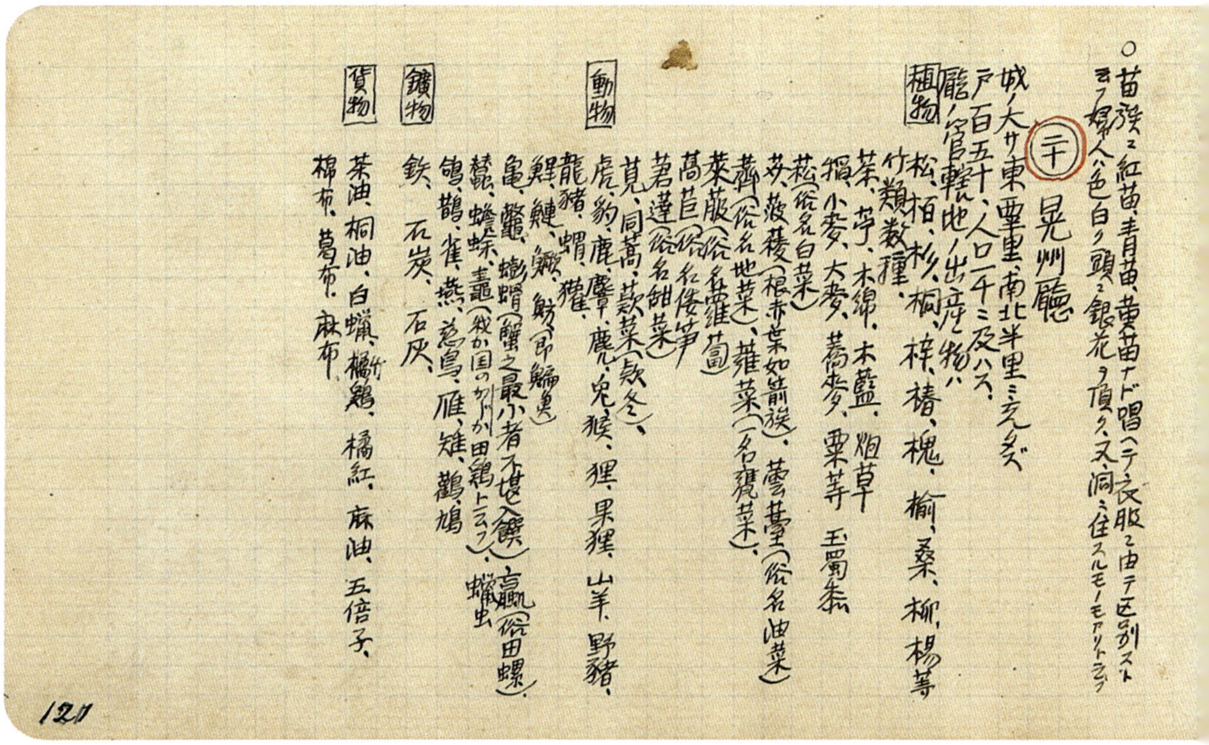

三月十六日（阴）（从晃州厅到玉屏县）

从厅城出来，渡过舞水，向西方走。或者沿着江，或者远离江边，迂回在小丘、田野之间。该地附近女子的脚很大，应该是便于劳动吧！大鱼铺有一百五十户人家，市场非常热闹。接着，沿着隔江很远的丘陵向西南方向走，能看见无数条溪流奔腾着注入江里。玉屏县城内方圆九里，有六百户人家，人口三千五百。玉屏县位于江的南岸，湖南、贵州两省的边界处，大鱼塘的西边几里的地方。

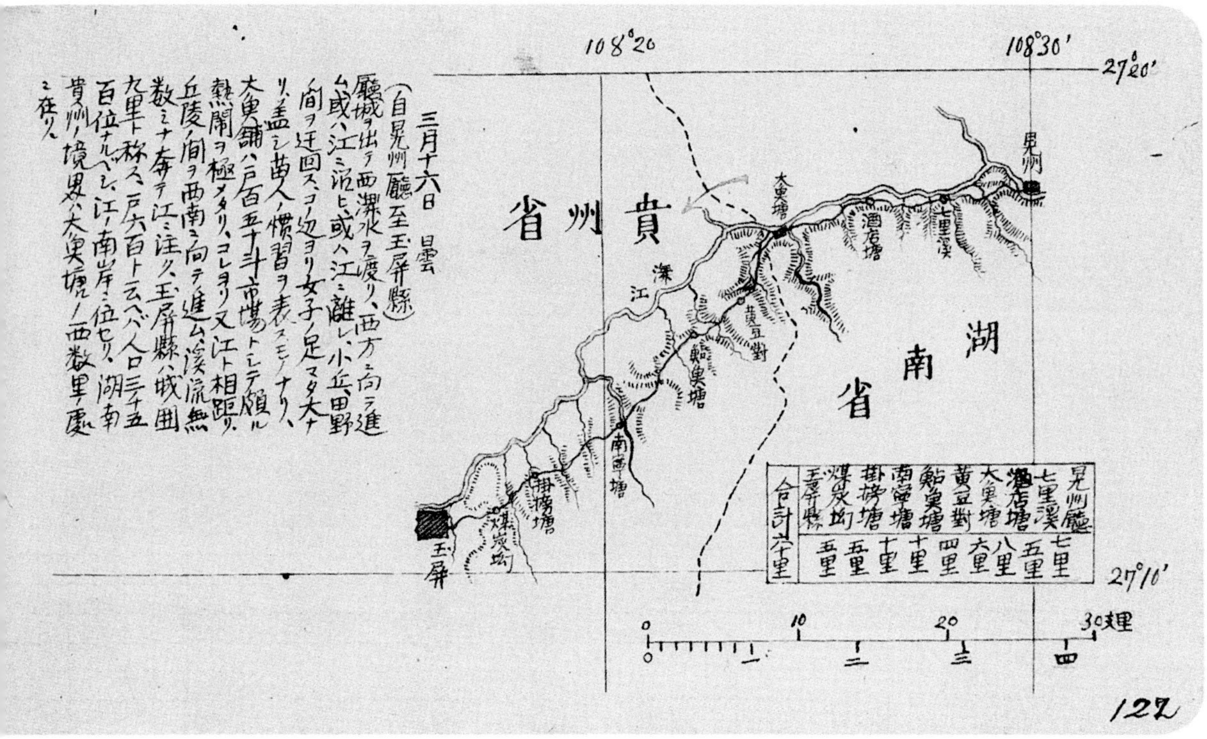
三月十六日 曇
（自晃州廳至玉屛縣）
廳城ヲ出テ西潕水ヲ渡リ、西方ニ向テ進
ム或ハ江ニ沿ヒ或ハ江ニ離レ、小丘田野
ノ間ヲ迂回ス、コノ辺ヨリ女子ノ足マタ大ナ
リ、蓋シ苗人ノ慣習ヲ表スモノナリ、
大魚舖ハ戸百五十斗市場トシテ頗ル
熱鬧ヲ極メタリ、コレヨリ又江ト相距リ
丘陵ノ間ヲ西南ニ向テ進ム、溪流無
数ニ奔テ江ニ注ク、玉屛縣ハ城囲
九里ト称ス、戸六百ト云ヘバ人口三千五
百位ナルベシ、江ノ南岸ニ位セリ、湖南
貴州ノ境界ハ大魚塘ノ西数里ノ處
ニ在リ、
108°20
108°30'
27°20'
27°10'
貴州省
湖南省
晃州
潕江
玉屛
晃州廳 七里
七里溪 五里
酒店塘 八里
大魚塘 六里
黄豆對 四里
鮎魚塘 十里
南寧塘 十里
掛榜塘 五里
煤炭坳 五里
玉屛縣
合計六十里
0 10 20 30
127

122 **地图（晃州厅—玉屏县）**

此地，现在改为新晃侗族自治县，晃州厅是其中心地。

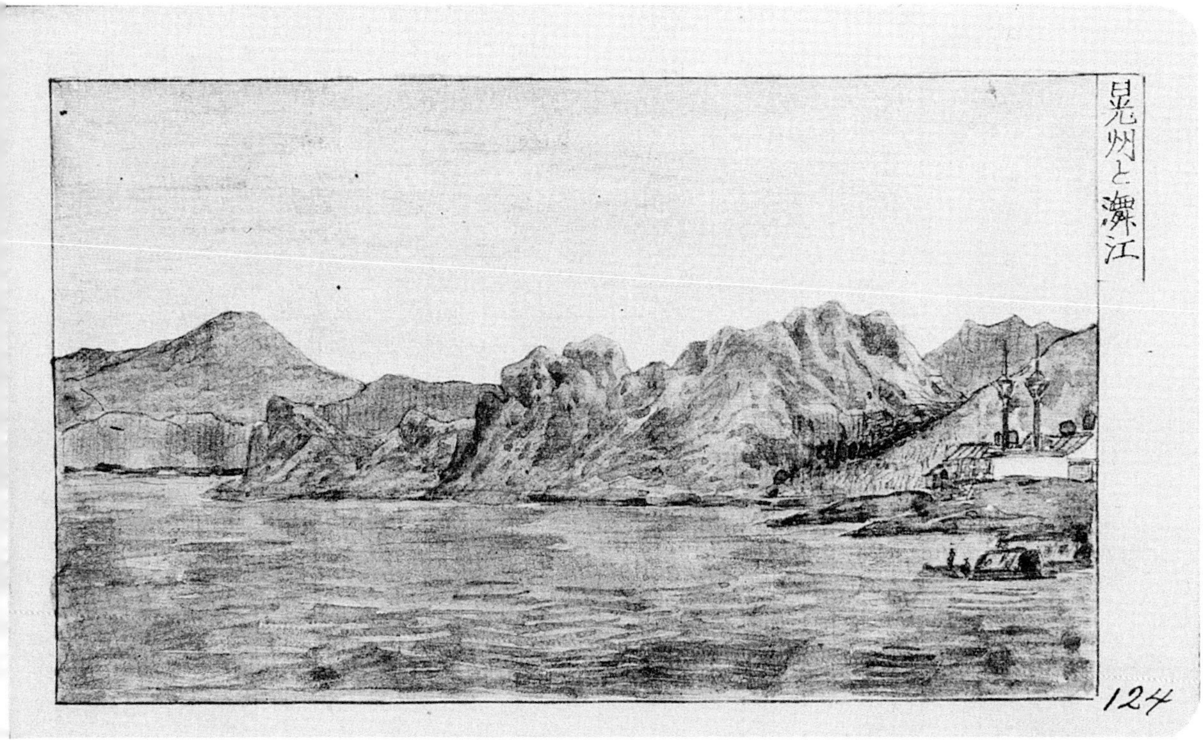
晃州と潕江
124

124 **晃州厅和潕江（3月16日）**

离开晃州，渡过潕江，到达右岸的大鱼塘，在那里稍作休息。这时，有很多村民围着我们的轿子喊『东洋鬼子』。湖南人都很有骨气，同时也很排外。大鱼塘村的尽头就是湖南省和贵州省的边界。

123 地图第三十六号（晃州厅—黄平州）

侗族人种植糯米和茶，此地多降水，桥上都铺着瓦，现代这种桥被称为风雨桥。

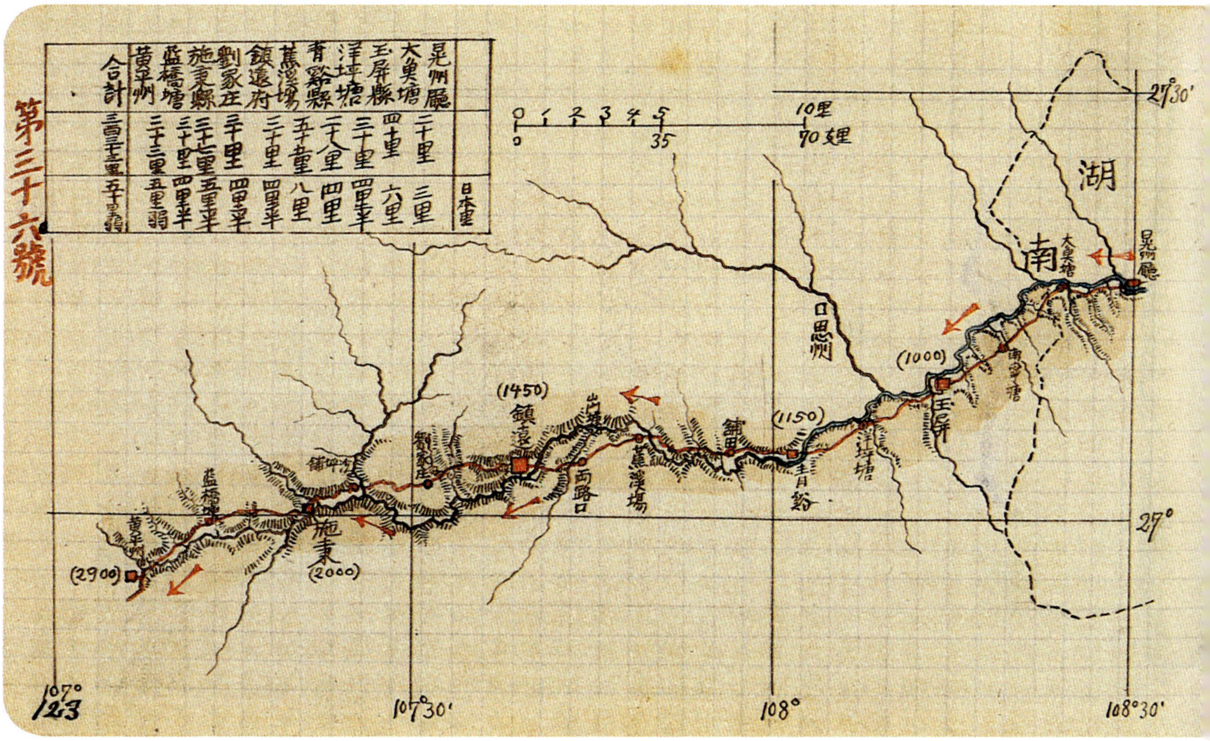

三月十七日（阴）（从玉屏县到青溪县）

出了玉屏县的南关，向西走，道路上都是小丘，崎岖不平，渡过小溪后，和㵲水相隔。洋坪塘有约一百户人家，人口一千。有繁华的市场。在这附近可以看到苗族人。妇女的脚都很大。青溪城内方圆六里半，人口只有三千。这里附近的城都很大，但人却很少。途中，很少看见山岳、丘陵和树林，岩石渐渐地增多。

125 地图（玉屏县—青溪县）

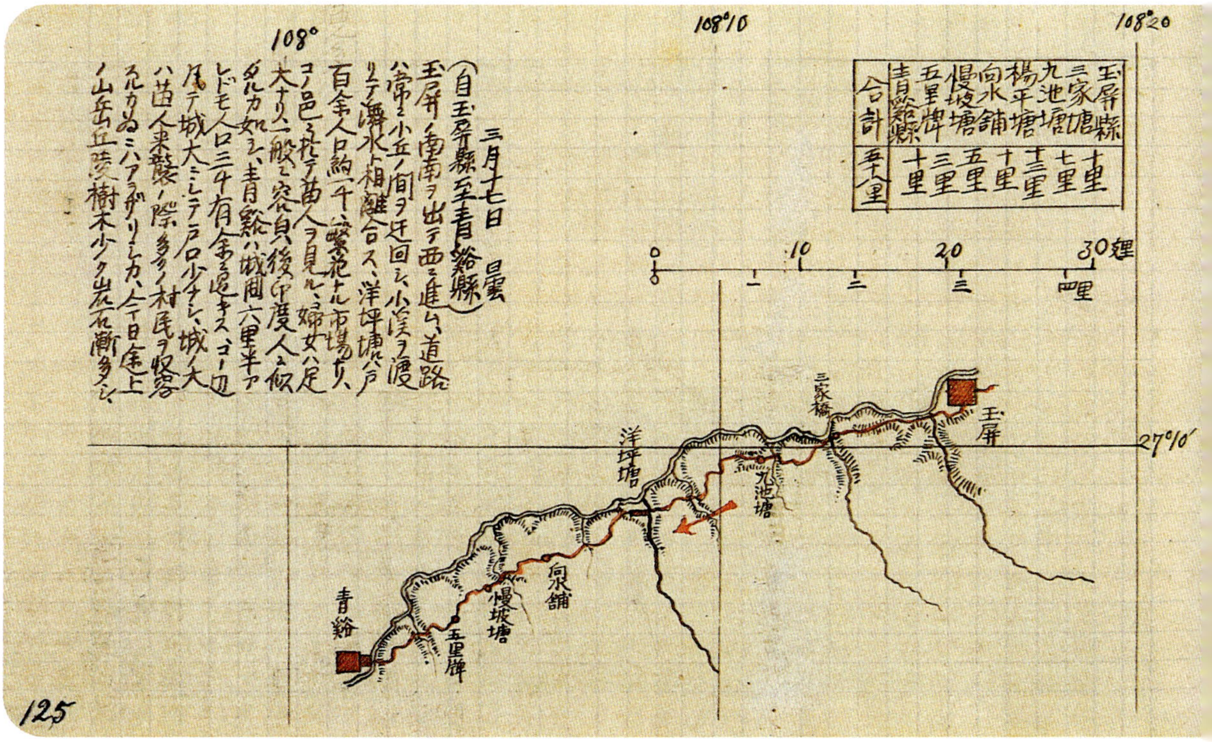

青谿縣城西門の曙
126

126 青溪县城（3月18日）

青溪县方圆六里半，人口达三千多。城中围着城墙，足可容纳约三万人。

（二十一）玉屏县：无值得看的建筑，方圆九里，人口三千五百，城堡建筑较为宏壮，值得观赏。
（二十二）青溪县：没有什么可值得看的建筑，城方圆六里半，城内外人口合计三千，城墙宏伟壮丽，值得观看。
（二十三）镇远府（镇远县）：方圆大约七、八里、三千户人家，人口一万五千。
城东隔条江　青龙洞、中元洞
据说青龙洞上有座小庙，中元洞由明朝人居住，相传从这里开始，苗族地城多洞窟，大概不是苗族人居住的遗址。

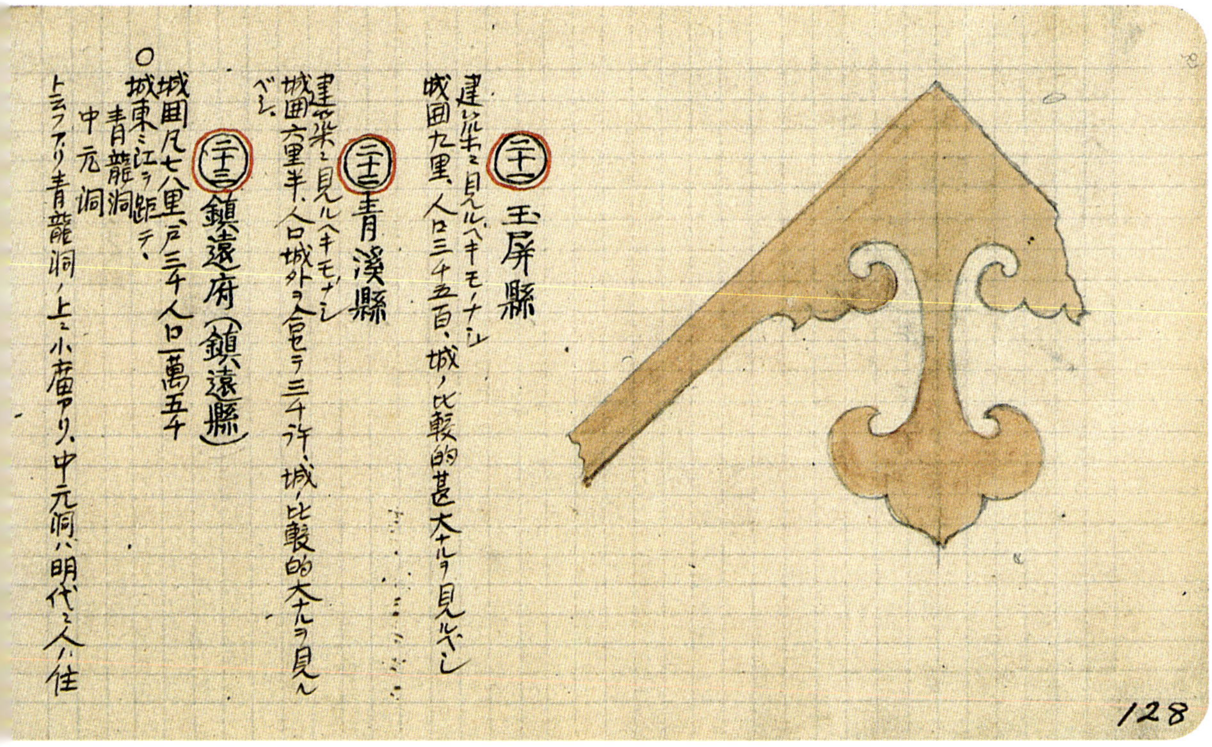
(二十一) 玉屏縣
建築ニ見ルベキモノナシ
城囲九里、人口三千五百、城ハ比較的甚大ナルヲ見ルベシ
(二十二) 青溪縣
建築ニ見ルベキモノナシ
城囲六里半、人口城外ヲ合セテ三千許、城ハ比較的大ナルヲ見ルベシ
(二十三) 鎮遠府(鎮遠縣)
城囲凡七八里、戸三千、人口一萬五千
○城東ニ江ヲ距テ、青龍洞
中元洞
トイフアリ青龍洞ノ上ニ小廟アリ、中元洞ハ明代ニ人ハ住
128

128 镇远府（1）（3月16日~18日）

图中悬鱼素描像似乎在哪里见过，无法确定是哪个地方了。

三月十八（阴）（青溪到镇远）

出青溪向西行，一路丘陵连绵起伏，道路于丘陵间迂回曲折，高低不平，很少有平坦的路。到达湖畔前，河道曲折蜿蜒，河流湍急。蕉溪场只有 50 户人家。从这里开始，地势渐陡，山峦峥嵘，十分险峻，且多百丈断崖，山骨裸露，树木少，只见少许松柏。镇远附近山川险峻奇特，风景美丽，其它风景无法企及。镇远府城墙背倚绝壁，面临江水，人口一万八千有余，方圆七八里。

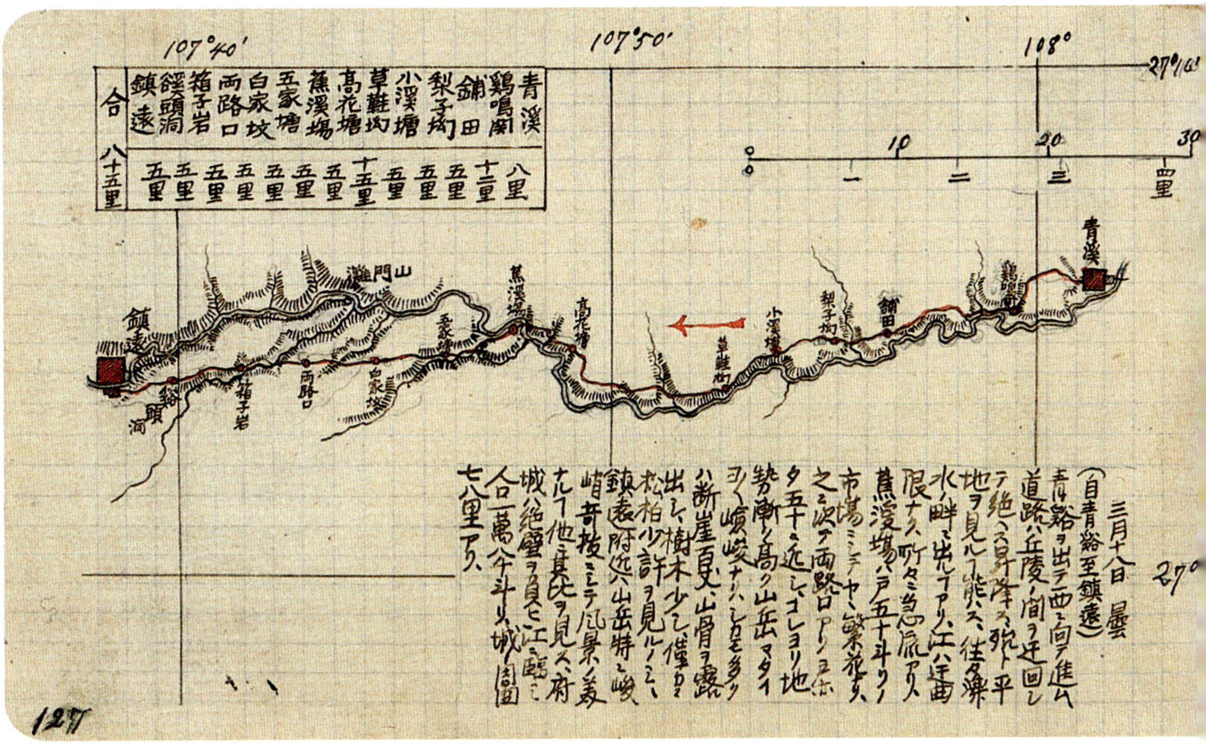

127 地图（青溪—镇远）

城东 20 里处的山门塘产煤，法国人在此从事采煤工作。山门塘位于㵲水南岸。

青溪县南部产铁矿，并隔着一条南江。南方多深山，越发盛产铁矿。可看到法国人在这里采矿，设立小工厂。

铜仁县产辰砂，位于镇远府东北方向二百多里处，那里河流流经麻阳，在辰谷汇入沅江。

这附近似乎盛产矿石。

乘船逆沅江而上，虽说可乘船至此，冬天时，水量减少，晃州以上河流湍急，而且河流短小。

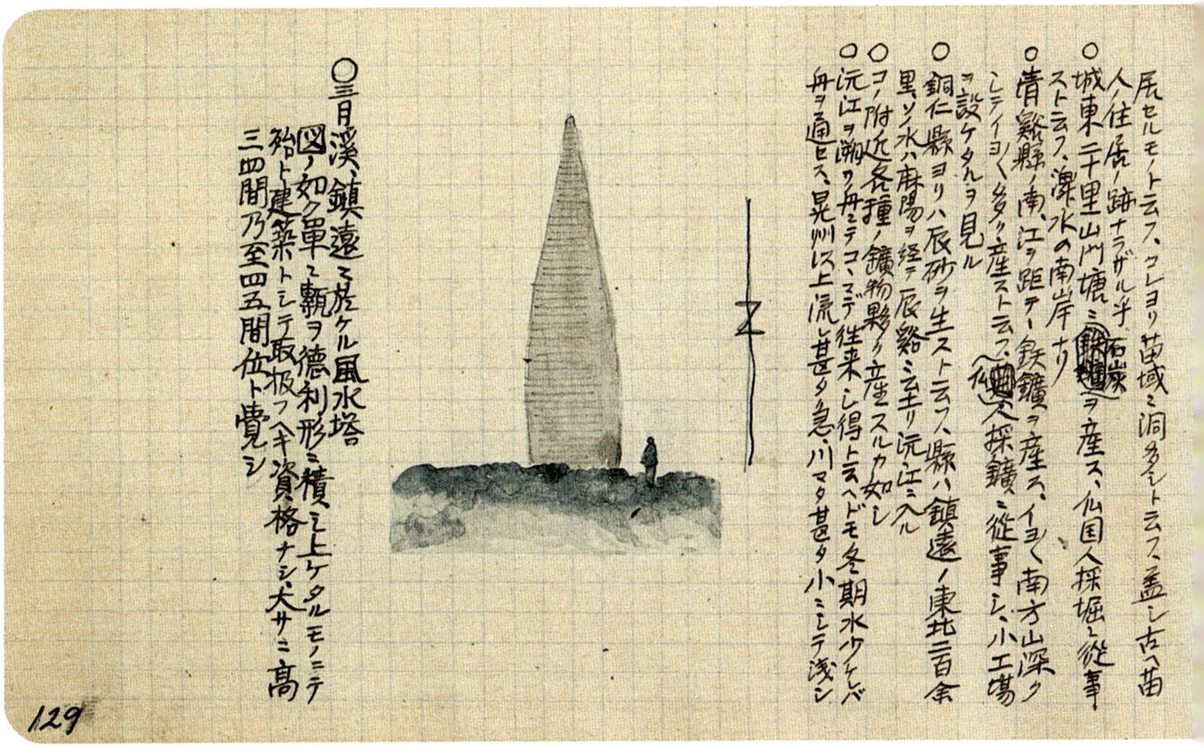

129 镇远府（2）风水塔（3月18日）

镇远府有一位法国矿山师，他拜访笔者时，极力推荐山门塘，笔者难以推辞，便与他同行而去。江面风景美不胜收。船靠岸后，去矿山师家里作客，法国矿山师生活十分富足，但煤炭的数量与质量不值得一提。『三月溪』是『青溪』的笔误。

青溪县、镇远县交接处有一风水塔如图所示，风水塔由砖堆砌而成，外形呈德利形。算不上宏伟气派，感觉其高约达三、四间至四、五间。

贵州省

鎮遠府
130

130 镇远府（3）风景（3月18日）

镇远府位于沅江北岸，朝着沅江江水，周边寻常百姓安家、集聚于此地。府中红墙绿树，府后奇峰怪石林立。此外，贵州特有的德利型风水塔与之遥相呼应，被外界称为天下无双，犹如一幅山水画。

镇远第一客栈客房布局如图所示，这个旅舍布局是当地最标准的旅舍格局。
华严洞：山脚的古洞入口约一丈多高，洞中高约一丈半多，洞中多钟乳石，形状奇特无比，洞深三十里。
飞云洞：黄平州东坡的东面有一座寺，叫做月潭寺。其与华严洞一样，洞虽不深，但规模宏大，钟乳石形状十分奇巧。

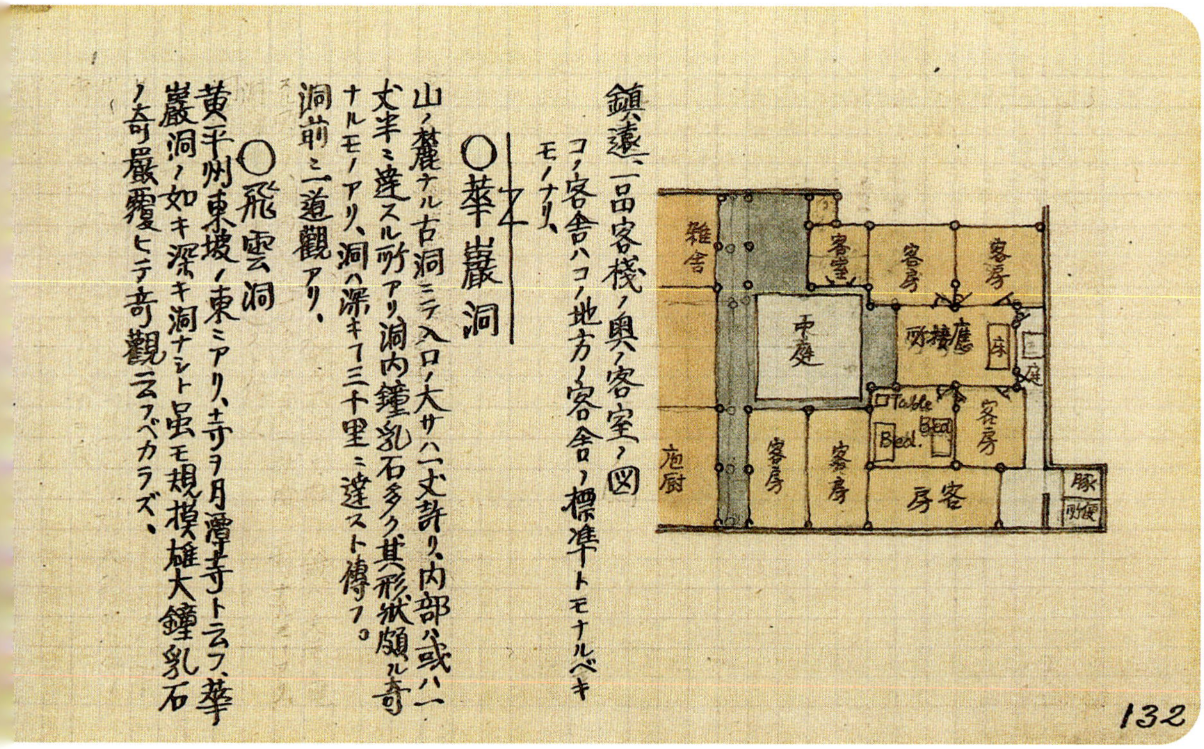

鎮遠ノ一品客棧ノ奥ノ客室ノ図
コノ客舎ハコノ地方ノ客舎ノ標準トモナルベキモノナリ、
○華巖洞
山ノ麓ナル古洞ニテ入口ノ大サハ一丈許リ、内部ハ或ハ一丈半ニ達スル所アリ洞内鐘乳石多ク其ノ形状頗ル奇ナルモノアリ、洞ノ深サハ三十里ニ達スト傳フ。
洞前ニ一道觀アリ、
○飛雲洞
黄平州東坡ノ東ニアリ、寺ヲ月潭寺ト云フ、華巖洞ノ如キ深キ洞ナシト虽モ規模雄大鐘乳石ノ奇巖覆ヒテ奇觀云フベカラズ、
雜舎
客室
客房
客房
中庭
應接所
床
Table
Bed
客房
客房
客房
客房
庖厨
132

132 镇远府（4）（3月18日）

从镇远向西行，道路在丘陵之间，随河流向远方延伸。山川连绵，奇形怪状，让人震惊。同行的人都赞不绝口，连呼快哉，突然发现一个大洞穴，洞穴门口立一石碑，记『华严洞』。

131 地图（镇远—施秉）

镇远地处贵州与湖南交接处，位于这一带的中心。山川多石灰岩，所以因钟乳洞风景区而享誉天下。

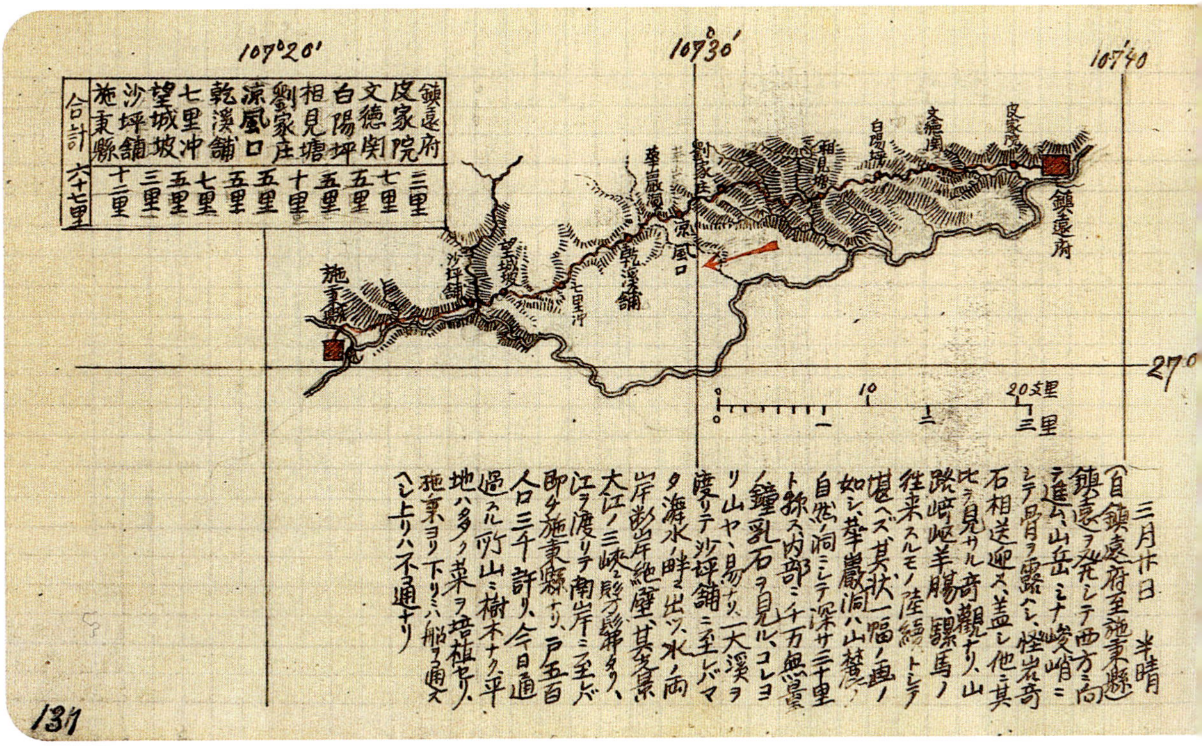

三月二十日（半晴）（镇远府到施秉县）

从镇远出发，向西行，山峰峻峭，奇岩怪石，实乃其他风景无法媲美的奇观。山路崎岖，羊群、驴、马往来不断，犹如一幅美丽的图画。华严洞是山脚一洞窟，深三十里，洞中钟乳石无以计数。华严洞前方山路平缓，渡过一条大河，行至沙坪铺。站瀰水湖畔前，两岸断崖绝壁，大江三峡模糊依稀，过瀰水至南岸，即是施秉县。五百户人家，人口三千多，山上多树，平地上种植油菜。从施秉乘船可南下，北路不通。

133 镇远府（5）华严洞（3月20日）

根据笔者日记：在众多钟乳石中，笔者尤其中意形状似花蕾的钟乳石，于是叫来道士，凿下一些，并给他一两钱作为报酬。并让搬运工把它们运到贵阳府，途经重庆，最终送往日本。

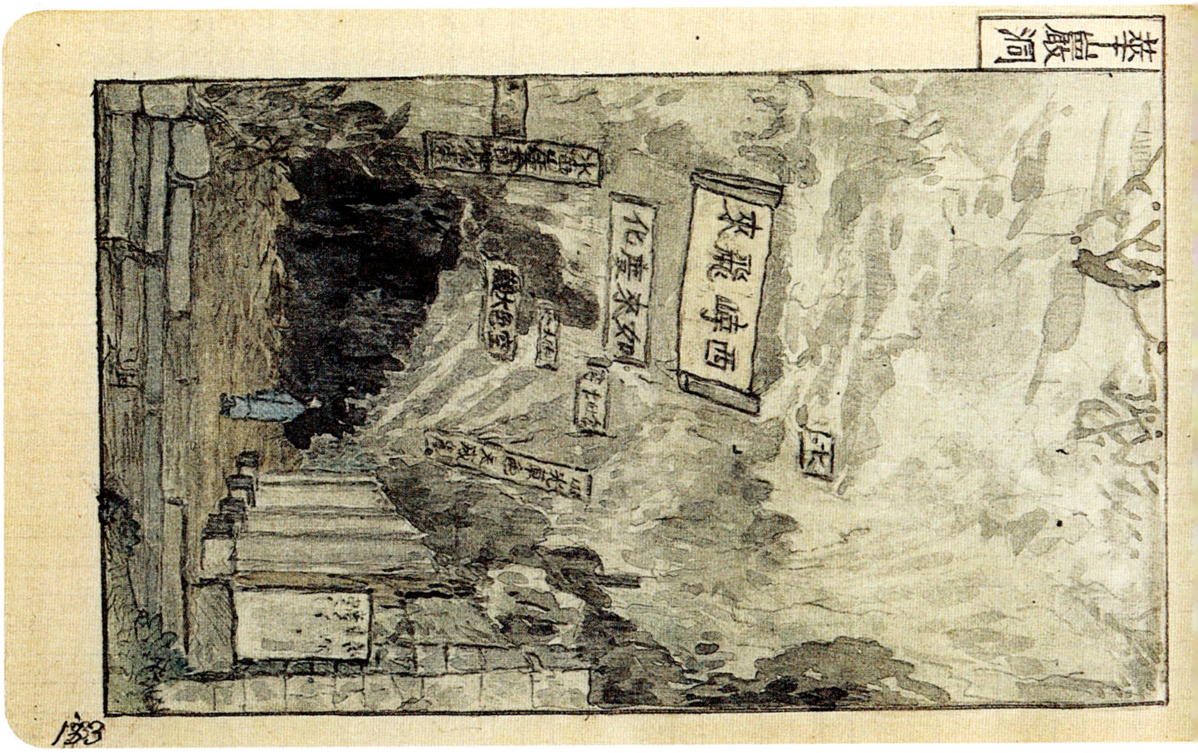

134地图（施秉—黄平州）

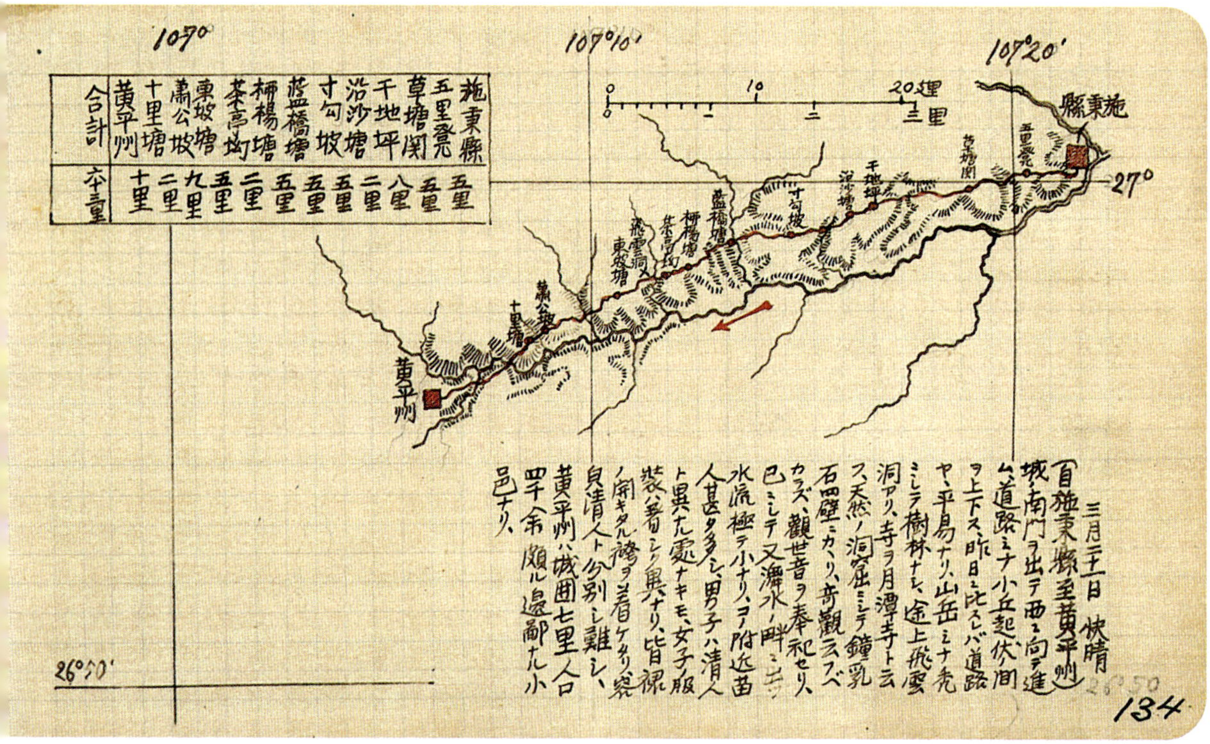

三月二十一日（晴）（从施秉县到黄平州）

出施秉县城门，向西而行，一路低矮山丘连绵起伏，道路于山丘间高低起伏，与昨日的道路相比，这条路平坦易行，山上秃兀没有树林。途中有飞云洞，寺庙叫做月潭寺，是天然洞窟，四壁为钟乳石，但称不上奇观，供奉着观世音菩萨。又来到㵲水河畔，水流缓缓，附近苗族人非常多，男人与汉族人无异，女子服装明显不同，女人都穿着和服裤裙，容貌长相难以与汉人区分。黄平州方圆七里，人口四千多，是个小村落，偏于一隅。

136飞云洞（1）（3月21日）（下接图138）

离施秉县不远处，发现路旁有一洞穴，叫『飞云洞』。洞穴里有一座佛寺，称『月潭寺』。巨大的钟乳石覆盖在山表，其形态宛如溶化后浓稠的砂糖流下来，垂落于地，真是一大奇观。

135 地图三十七号（黄平州—贵阳府）

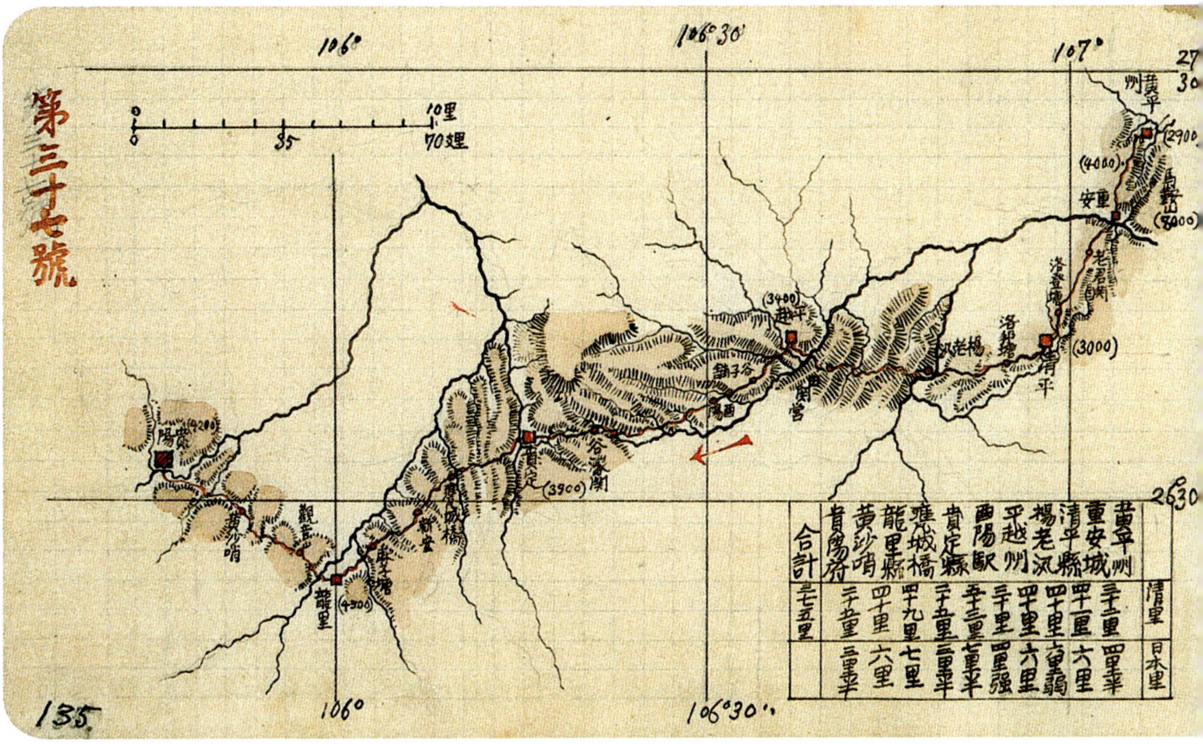
第三十七號
106°
106°30'
107°
135

（二十四）施秉县：方圆七八里，人口三千，建筑普通。附近住着一些苗族人，沿途中看到有烽火台。

（二十五）黄平州：黄平州包括新州与旧州两州。新州紧挨国道，方圆七里，人口四千多，建筑普通。城东有座风水塔，其五层。该州人口十分之三有余是苗族人，与汉人杂居，南方地区苗族人尤其多，目前，设立有重安、岩门两处土司。

旧州位于新州以北四十里处。施秉县位于新州以西九十里，现在设立了土司。附近烽火台特别多，也可看到一些好像堡寨的建筑。

137 黄平州　路标（3月21日）

黄平州附近的路标与指路的标志多以迷信禁忌语来表示，十分古怪。

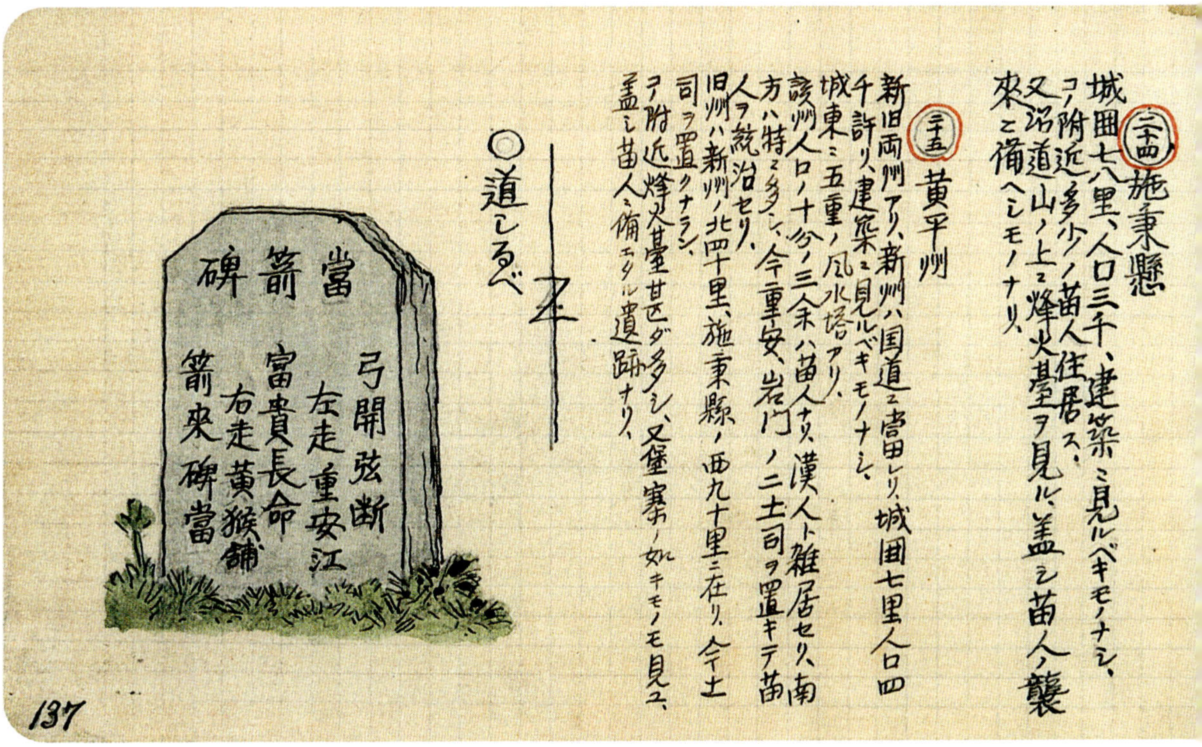
(二十四)施秉懸
城囲七八里、人口三千、建築ハ見ルベキモノナシ、
コノ附近多少ノ苗人住居ス、
又沿道山ノ上ニ烽火臺ヲ見ル、蓋シ苗人ノ襲來ニ備ヘシモノナリ、
(二十五)黄平州
新旧両州アリ、新州ハ国道ニ當レリ、城囲七里人口四千許リ、建築ニ見ルベキモノナシ、
城東ニ五重ノ風水塔アリ、
○道しるべ
當箭碑
弓開弦断
左走重安江
富貴長命
右走黄猴舗
箭來碑當
137

138 飞云洞（2）月潭寺苗族女子（3月21日）（上接136图）

从飞云洞中月潭寺绕一圈出来，看到一户人家门前有三四个苗族姑娘。因极为罕见，便拍下来，画了素描。

140 马鞍山（3月22日）

出黄平州，便来到一个大隘口。隘口东面，马鞍山山峰连绵起伏，垂直海拔高达八千尺余的高山连绵不断，是继峨嵋山之后又一大景观。

三月二十二日（晴）（黄平州到清平县）

出城向南行，立即攀登高山，从山上眺望，东南方高山层叠，这座高山隔重安江与㵲水于两侧。从山腰南下，便到重江，此处两百户人家，人口仅一千二百，设立土司。重江宽仅四十间，乘船过江，发现了封江塘，此处为黄平与清平交接处。封江塘坐落于大风洞到小风洞附近的山上，山是石灰岩，其形状奇特，真如鬼斧神工。

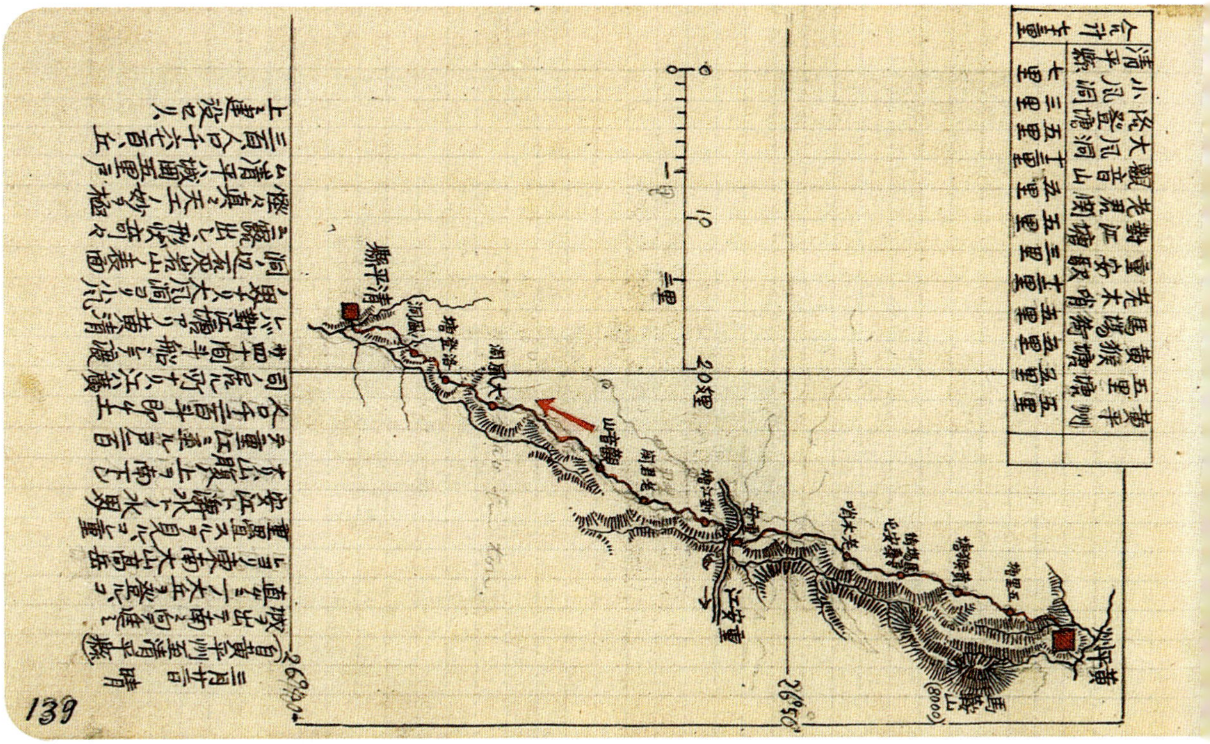

139 地图（黄平州—清平县）

（二十六）清平县：清平县方圆五里，三百多户人家，人口近两千。据说县内人口一半为苗族人，设立两个土司，管辖此地。

男子多左耳带耳环，女人两耳下挟一圆形铜板状木板。

女人把头发盘成一团，束于头顶，用黑布包着头，包至额头。上衣右袖为筒袖，衣襟及手腕处有绸丝织物装饰，装饰图案从肩而下，上衣有褶，犹如外国妇人穿的和服上衣，下身穿细筒裤，从膝盖向下用布料裹着，赤脚，深蓝色衣服，材质是棉。

男子大多穿着清朝的衣服，但一般不剃头，身穿一种深蓝色衣服。

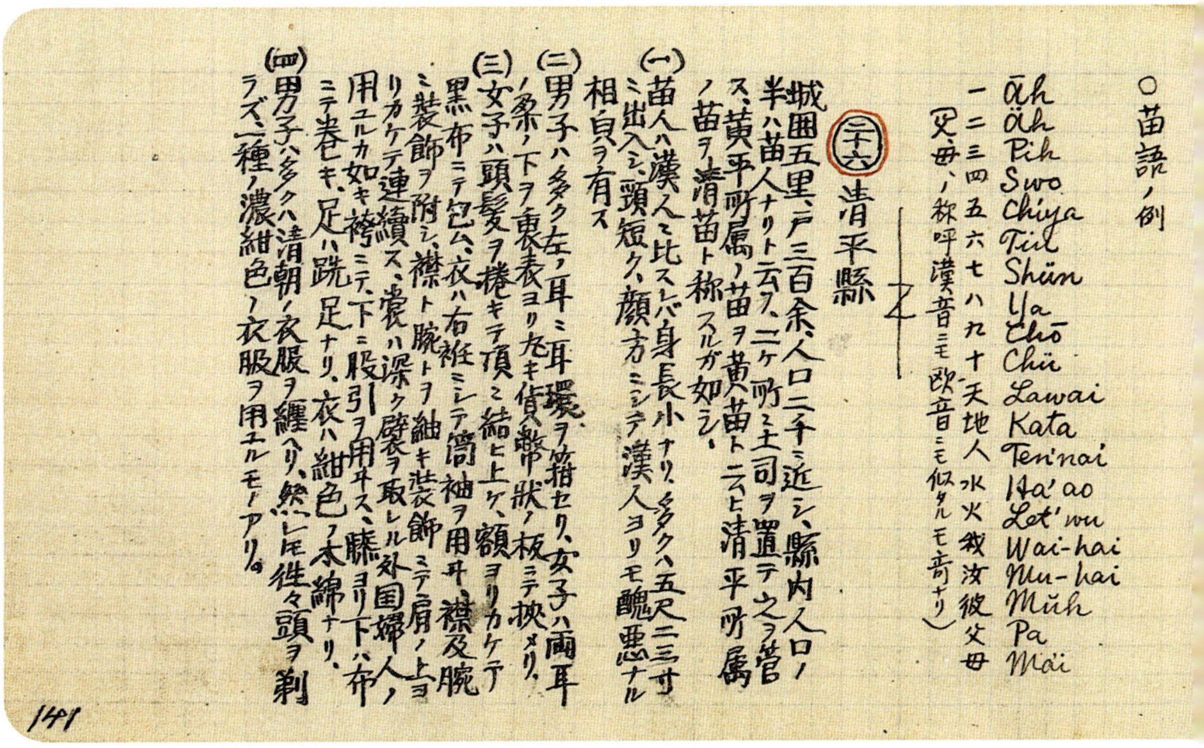
○苗語ノ例
Ah 一
Äh 二
Pih 三
Swo 四
Chiya 五
Tiu 六
Shün 七
Ya 八
Chō 九
Chü 十
Lawai 天
Kata 地
Ten'nai 人
Ha'ao 水
Let'wu 火
Wai-hai 我
Nu-hai 汝
Müh 彼
Pa 父
Mäi 母
（父母ノ称呼漢音ニモ欧音ニモ似タルモ奇ナリ）
（二十六）清平縣
城囲五里、戸三百余、人口二千ニ近シ、縣内人口ノ半ハ苗人ナリト云フ。二ケ所ニ土司ヲ置テ之ヲ管ス。黄平所属ノ苗ヲ黄苗ト云ヒ清平所属ノ苗ヲ清苗ト称スルガ如シ。
（一）苗人ハ漢人ニ比スレバ身長小ナリ。多クハ五尺二三寸ニ出入シ、頭短ク、顔方ニシテ漢人ヨリモ醜悪ナル相貌ヲ有ス
（二）男子ハ多ク左ノ耳ニ耳環ヲ箝セリ。女子ハ両耳ノ傍下ニ裏表ヨリ危キ貨幣状ノ板ヲ挟メリ。
（三）女子ハ頭髪ヲ捲キテ頂ニ結ヒ上ケ、額ヨリカケテ黒布ニテ包ム。衣ハ右衽ニシテ筒袖ヲ用ヰ襟及腕ニ装飾ヲ附シ、襟ト腕トヲ紬キ装飾ニテ肩ノ上ヨリカケテ連續ス。裳ハ深ク襞ヲ取レル外国婦人ノ用ユルカ如キ袴ニテ、下ニ股引ヲ用ヰス、膝ヨリ下ハ布ニテ巻キ、足ハ跣足ナリ。衣ハ紺色ニテ木綿ナリ。
（四）男子ハ多クハ清朝ノ衣服ヲ纏ヘリ。然レドモ往々頭ヲ剃ラズ。一種ノ濃紺色ノ衣服ヲ用ヰルモノアリ。
141

141 清平县（3月22日）

根据日记记载，到达清平，县知事因不在府中，知事的弟弟与儿子接待了我们，品尝了大鲨鱼的鳍，美味极了。

贵州省

142 地图（清平县—平越州）

清平县就像现在凯里县的城山，1914 年设立芦山县，1958 年改名为凯里县。现在，清平县位于贵州省东南部苗族侗族自治州西部，汉族、苗族、侗族人在这里居住。

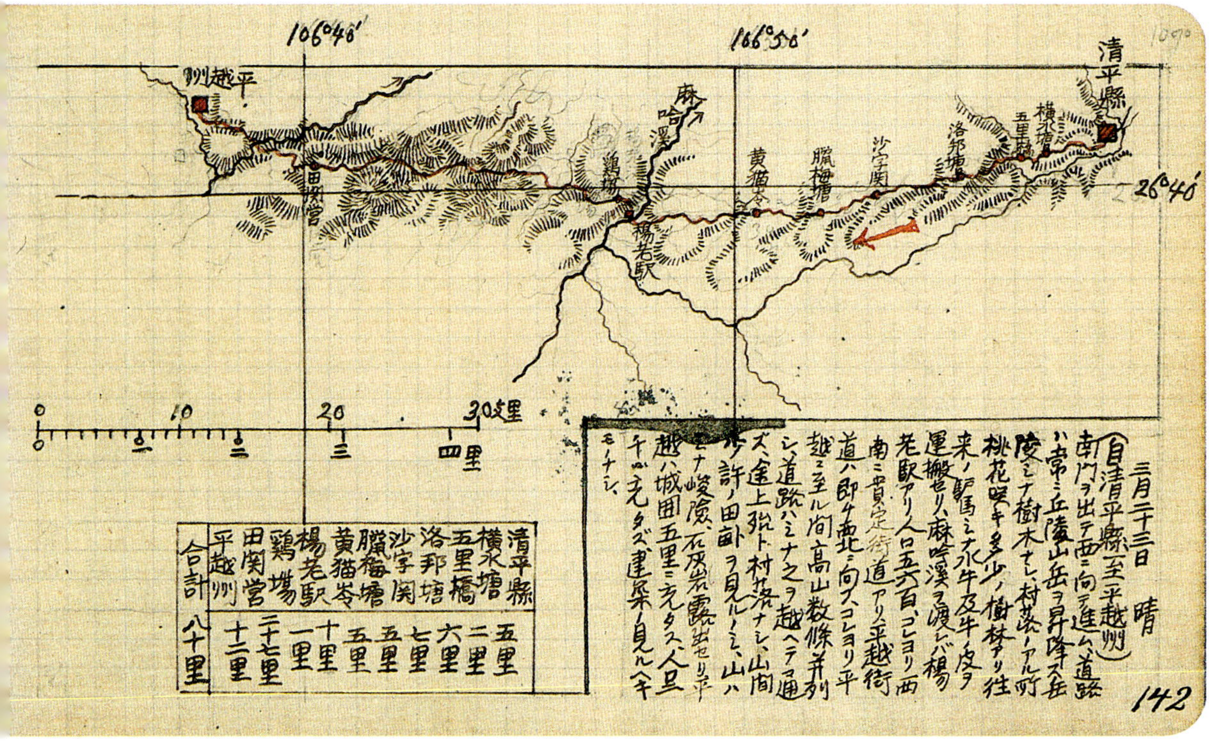

三月二十三日（晴）（清平县到平越州）

出南门后，向西行，道路多丘陵山川，连绵起伏，丘陵上无树木，村落中桃花开放，树木林立。驴马来往，驮运水牛皮及牛皮。渡过麻哈溪，是杨老站。杨老站人口五六百，其西南方有条街叫“贵定街道”。街道向西北方向延伸，从这里到平越州途中，几座高山耸立，翻越过重岭，但路不通，一路上有村落寥寥，山间有少许田地。高山险峻，石灰岩外露，平越州方圆十里，人口不足两千，建筑一般。

144 杨老站 / 平越州 山中庙宇（3 月 23 日）

沿断崖而下，一条溪流缓缓流淌。据日记记录，两岸犹如利刃削刮而成，半山腰有一座庙，庙前有座石桥，高约十丈。碧绿的湖水，桃花绿树，遥相呼应，美得让人瞠目结舌，实在妙不可言。

143田关营（3月23日）

从杨老站出发转弯向西南方前进，可以到达贵定，西北方向是平越。这条路是运路也是小径。从田关营出发，行二十里，便可到达平越州。

三月十四日（晴）（从平越州到贵定县）

出平越州南门，向西南而行，去往西阳站的道路是一条小路，路狭窄险峻。西阳有户人家。从西阳开始，路旁村落增多，过沙坪后，谷水岭处有一关口，据说叫谷濛关。关卡左右两边题词曰：下开黄塭三千回，上抵崤函百二雄。穿过关卡便有一条溪水，沿河而下，来到贵定县，方圆四里，人口五六千，于沙坪谷濛关的北面仰望高山，山高八、九千尺。

145地图（平越州－贵定县）

平越现称为『福泉』，位于贵州省东南布衣族苗族自治州北部地区，汉族、苗族、布衣族在这里居住。

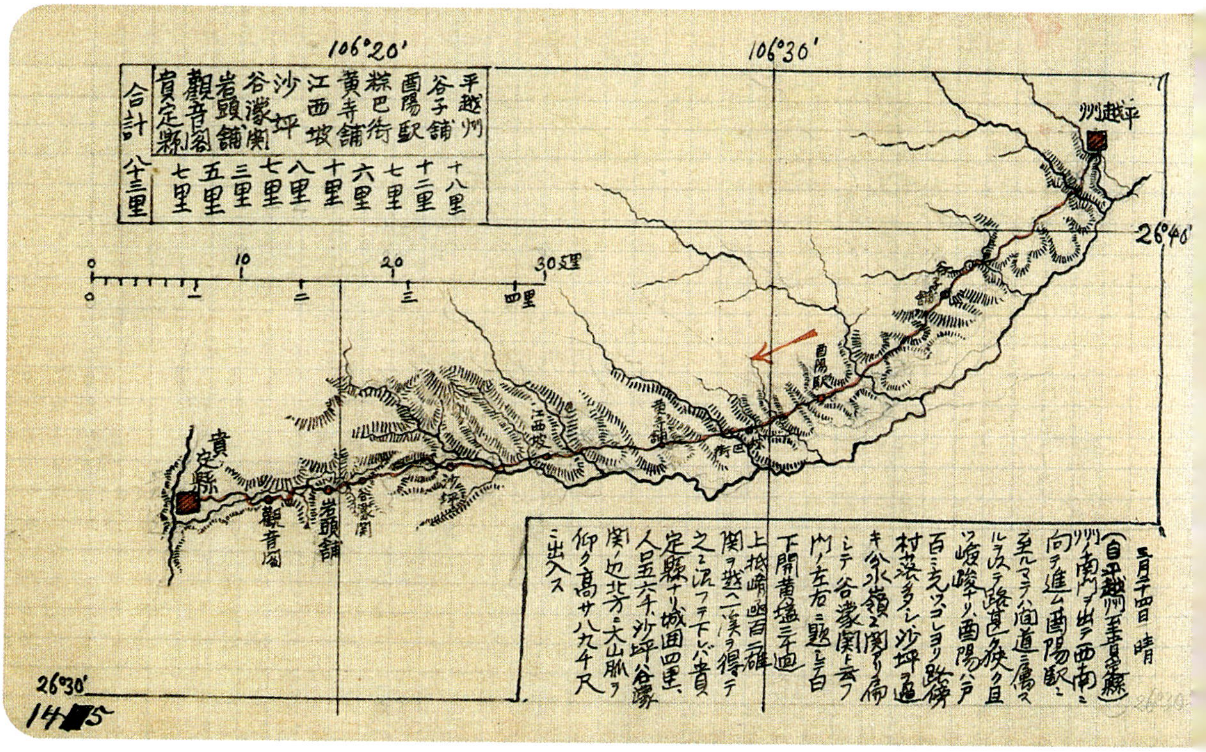

（二十七）平越州：直隶州，管辖瓮安、余庆、湄潭三县。设土司一处，据说苗族人口占八十分之一乃至四十分之一。州城方圆四里多，三百多户人家，人口达两千，并无值得观赏的建筑。

（二十八）贵定县：城方圆四里多，一千户人家，人口五六千，苗族人占八十分之七。主要产物为鸦片、烟草、蓼蓝、棉花、杂粮，设立四所土司。

146 **平越州／贵定县　谷子铺的儿童（3月24日）**

从平越州到贵定县途中，暮色渐渐降临，于是用松明火照路前行。把茅草捆成一束，直径三寸，长约二间。周边山中茅草遍野，没有绿树，屋顶也用茅草编织而成。

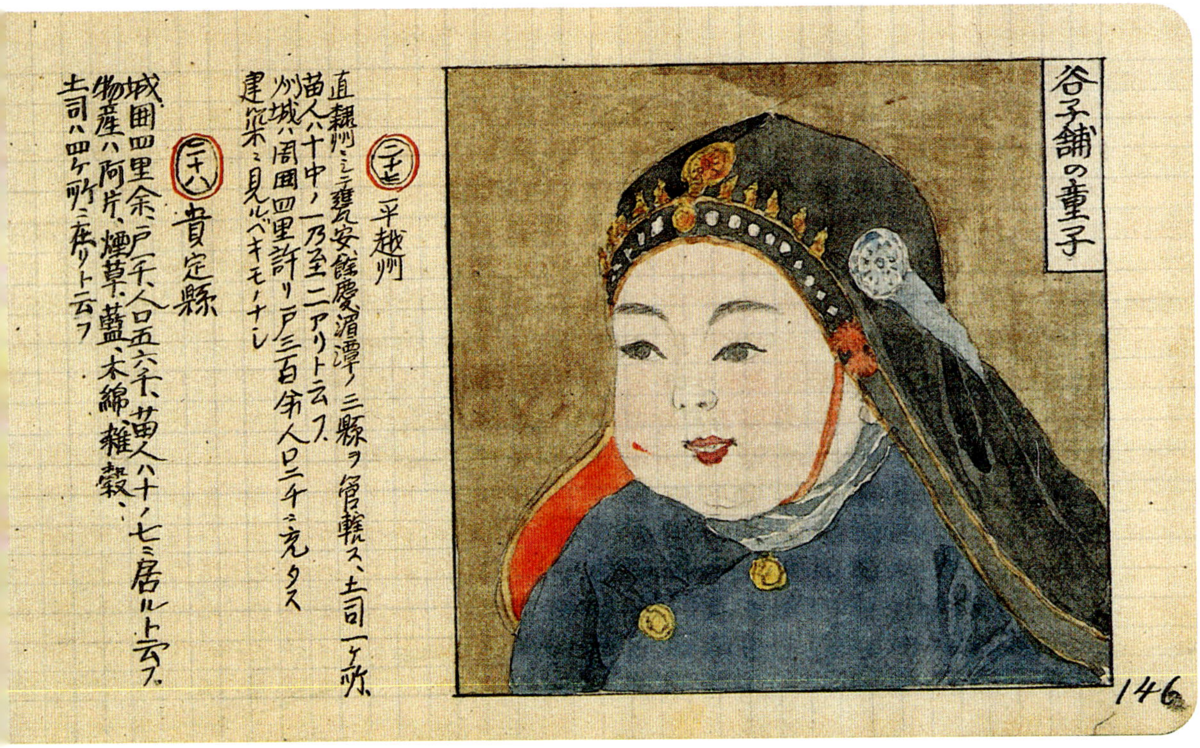
谷子舗の童子
（二十七）平越州
直隷州ニテ甕安餘慶湄潭ノ三縣ヲ管轄ス、土司一ケ所
苗人八十中ノ一乃至二アリト云フ
州城ハ周囲四里許リ戸三百余人口二千ニ充タス
建築ニ見ルベキモノナシ
（二十八）貴定縣
城囲四里余戸千人口五六千苗人八十ノ七ニ居ルト云フ
物産ハ阿片、煙草、藍、木綿、雑穀、
土司ハ四ケ所ニ在リト云フ
146

（二十九）龙里县

方圆三里多，六百多户人家，人口四千，苗族人占总人口十分之四，设四所土司。这附近的百姓多用石灰石板盖房顶，石板是一种薄板，厚三分到五分，石板堆砌至厚度一寸到两寸左右。

石板大的有三尺到四五尺。

这种石材产自龙里县以西，满山岩层，厚约一分至二分，也有大块岩石。石头的大小，厚薄裁切适当，取代砖，用来修房屋外侧，或把石头裁成直角，用作铺石。

148 **龙里县／贵阳府（1）（3月25日）**

正在黄沙哨休息时，两位日本人骑马而来，说他们是贵阳府（贵筑县）武术学堂的学生，特来此地迎接我们。而且，刚到达贵阳城城外，高山少佐亲自迎接。同行的人十分高兴，大家一同进入学堂。

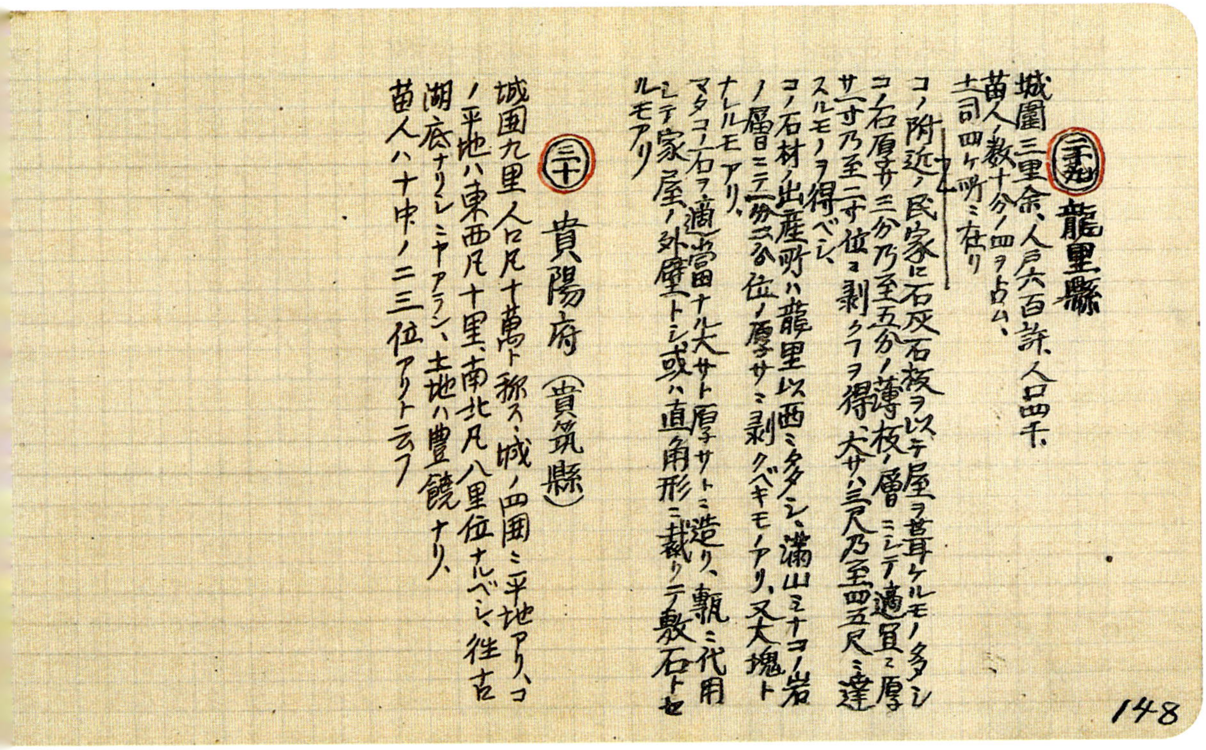
（二十九）龍里縣
城囲三里余、人戸六百許、人口四千
苗人ノ数十分ノ四ヲ占ム、
土司四ケ所ニ在リ
コノ附近ノ民家ニ石灰石板ヲ以テ屋ヲ葺ケルモノ多シ
コノ石ハ厚サ三分乃至五分ノ薄板ノ層ニシテ適宜ニ厚
サ一寸乃至二寸位ヲ剥クヲ得大サハ三尺乃至四五尺ニ達
スルモノヲ得ベシ
コノ石材ノ出産所ハ龍里以西ニ多ク、満山ミナコノ岩
ノ層ニテ一分乃至二分位ノ厚サニ剥クベキモノアリ、又大塊ト
ナルモノアリ、
マタコノ石ヲ適当ナル大サト厚サトニ造リ、甎ニ代用
シテ家屋ノ外壁トシ或ハ直角形ニ裁リテ敷石トセ
ルモノアリ
（三十）貴陽府（貴筑縣）
城囲九里人口凡十萬ト称ス、城ノ四囲ニ平地アリ、コ
ノ平地ハ東西凡十里、南北凡八里位ナルベシ、往古
湖底ナリシト云フ土地ハ豊饒ナリ、
苗人ハ八十中ノ二三位アリト云フ
148

（三十）贵阳府（贵筑县）

方圆九里，人口大约十万，城墙四周地面平坦，此平地东西大约十里，南北大约八里。听说古时候这里是湖底，土地富饶，据说八十人中便有二三个苗族人。

三月二十五日　（晴，暴雨）（贵定县到龙里县）

出城西门，向西南方向前进，有一大隘口，名叫马桑冲牟珠堂。瓶威桥以西山峦低矮，田地零星分布于山间（碰到四位外国人去镇远，且他们无要务在身），龙里县方圆四里，人口一千多。今天烈日炎炎（华氏74度），下午六点，雷电交加，狂风暴雨。沿途村落，大户人家有百余户。

147 **地图（贵定县—龙里县）**

笔者于24日，遭遇雷阵雨，在日记中写到：麻子塘边，乌云密布，闷热难耐，忽然霹雳一声震天响，大粒雨点滴滴答答下来，一道闪电特别亮、刺眼。

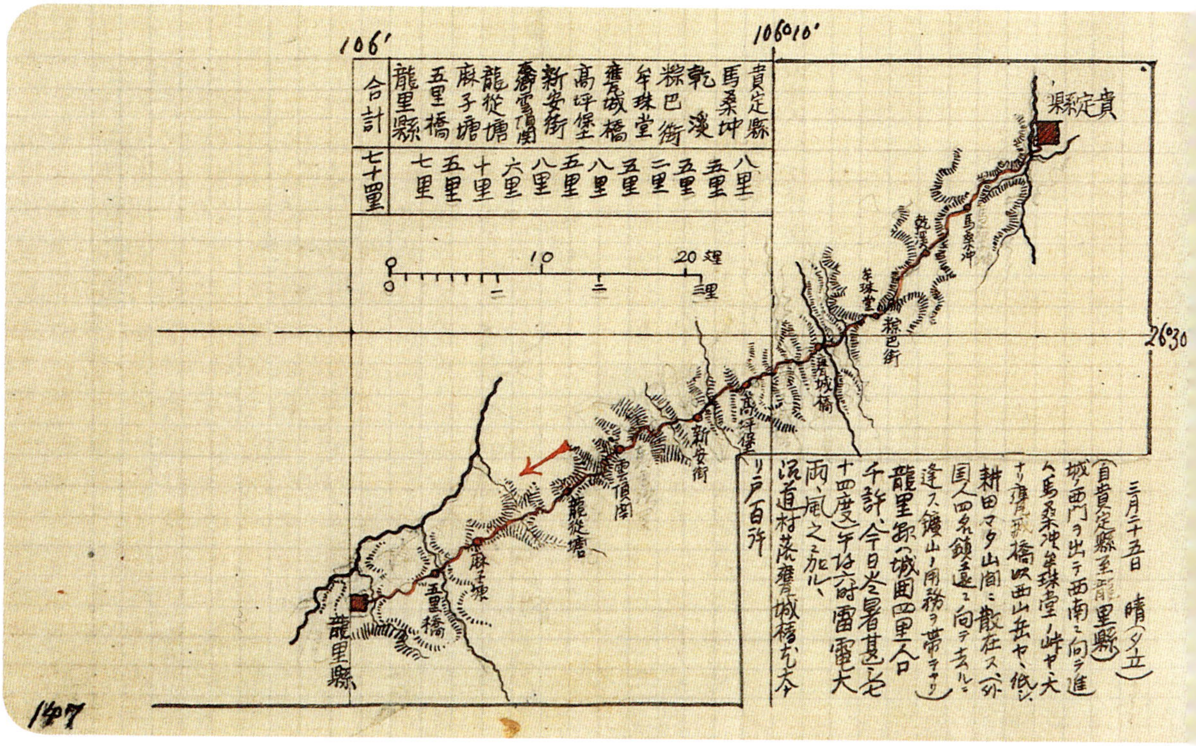

三月二十六日（晴）（龙里县到贵阳府）

出龙里县，向西北前进，一路多丘陵，且地势低缓，旱田干枯，水田已干涸，麦子已结麦穗，桃花有八重桃花与一重桃花。黄油油的油菜花、白梨，互相交错，十分美丽，长柳低垂。在黄沙铺遇到两位贵阳武术学堂的人前来相迎，在龙洞铺又遇到学堂的人，沿图中云岗而下，路过无数贞洁牌坊，渡过河来到武术学堂。今天在路上看到许多白蜡树。

149 **地图（龙里县—贵阳府）**

元朝设立龙里州，清朝时改名为龙里县，现在贵桂铁路已开通。白蜡树，日本称其为梣，木犀科落叶小乔木，采集白蜡。

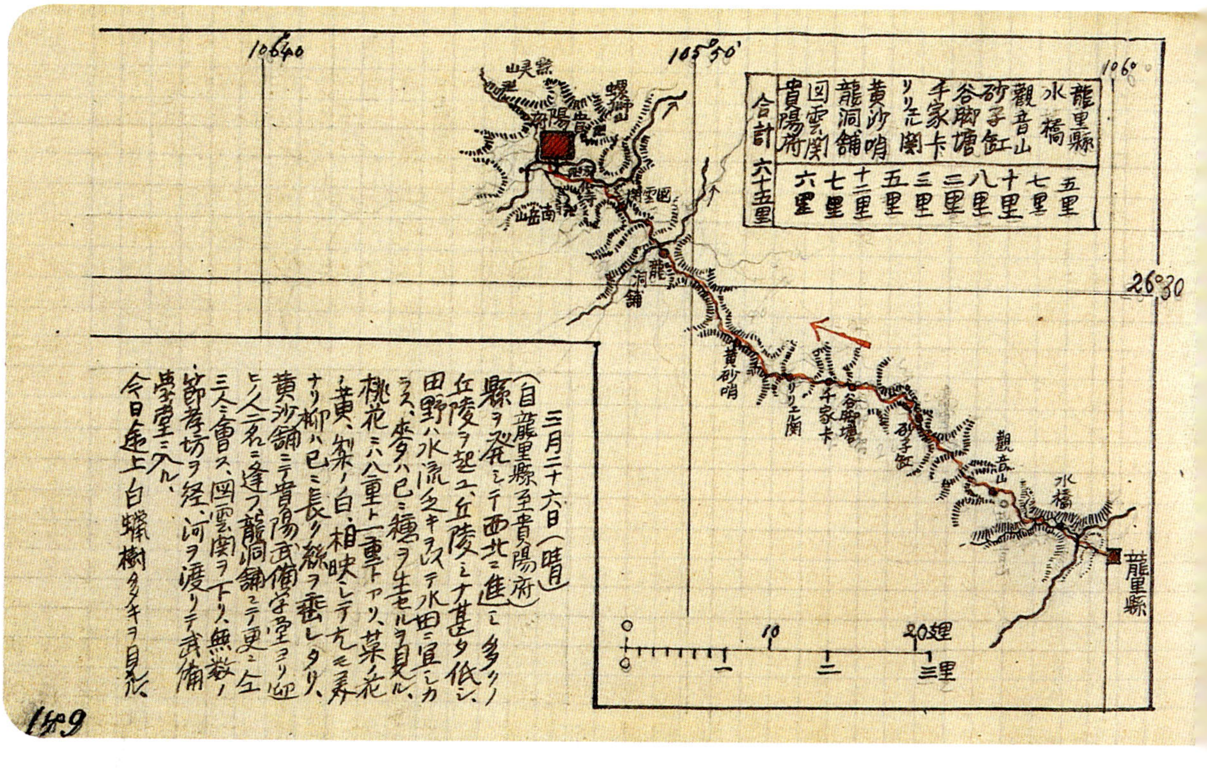

贵州省

150
贵阳府（2）（3月27日）

忠烈宫是城内最值得看的建筑物，有许多有趣的建筑手法。如图所示，扶手的匠心，正吻古怪的设计，屋檐下轩形状奇特，其他建筑物无类似的手法。

○**两广会馆**：无值得观赏之处。
○**忠烈宫**：门柱的基石与印度式装饰手法完全一样。

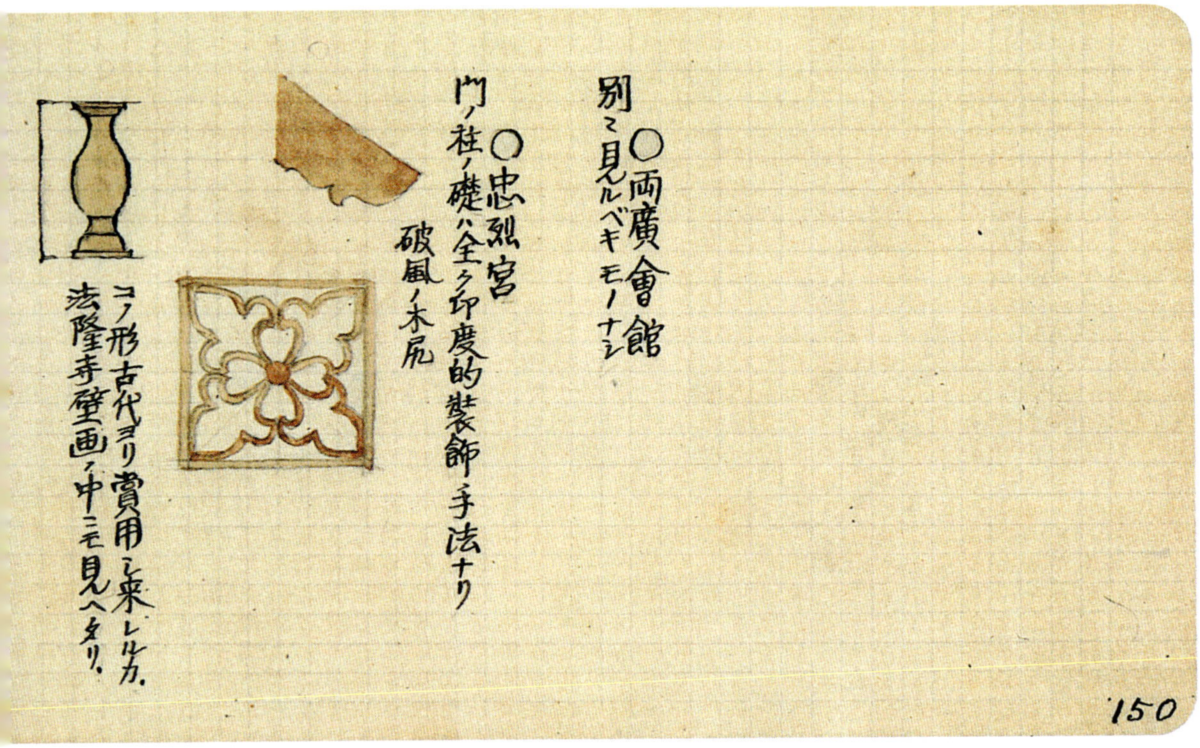
○両廣會館
別ニ見ルベキモノナシ
○忠烈宮
門ノ柱ノ礎ハ全ク印度的装飾手法ナリ
破風ノ木尻
コノ形古代ヨリ賞用シ来レルカ
法隆寺壁画ノ中ニモ見ヘタリ。
150

如图所示，其形状自古备受喜欢，曾在法隆寺壁画中见过。

152
贵阳府（4）高山少佐与刘（3月28日）

高山先生是武术学堂的校长——少佐高山公通。『刘』好像是下人一样，日记中没有记载说明。

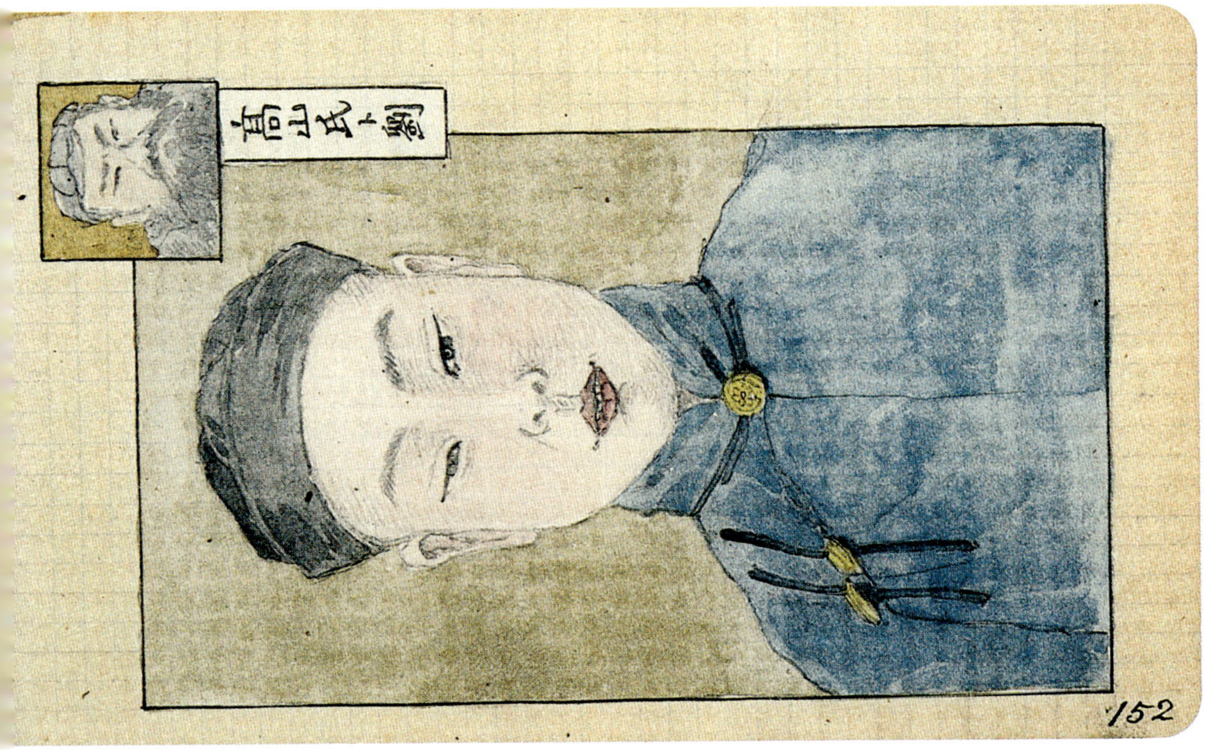
高山氏ト劉
152

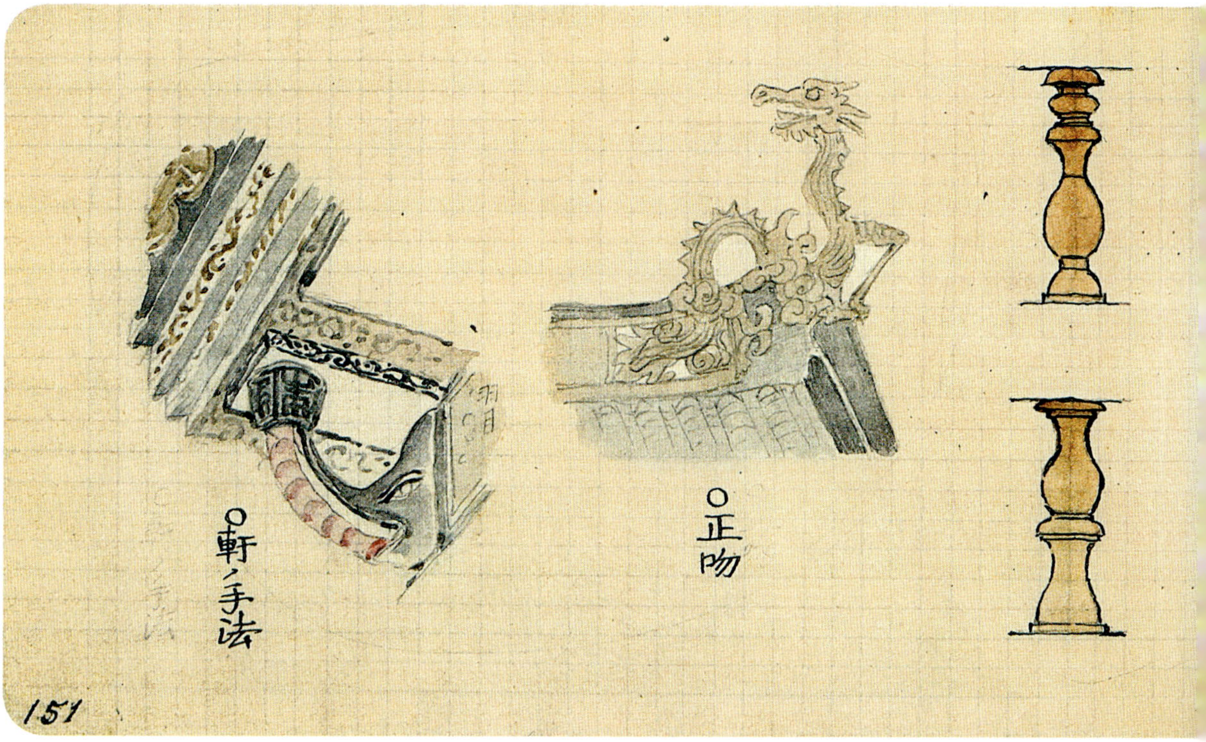

151 **贵阳府（3）（3月27日）**

武术学堂聘日本教官教学，相当于警察学校。笔者听闻鸟居龙藏曾于前年在此停留数十天。

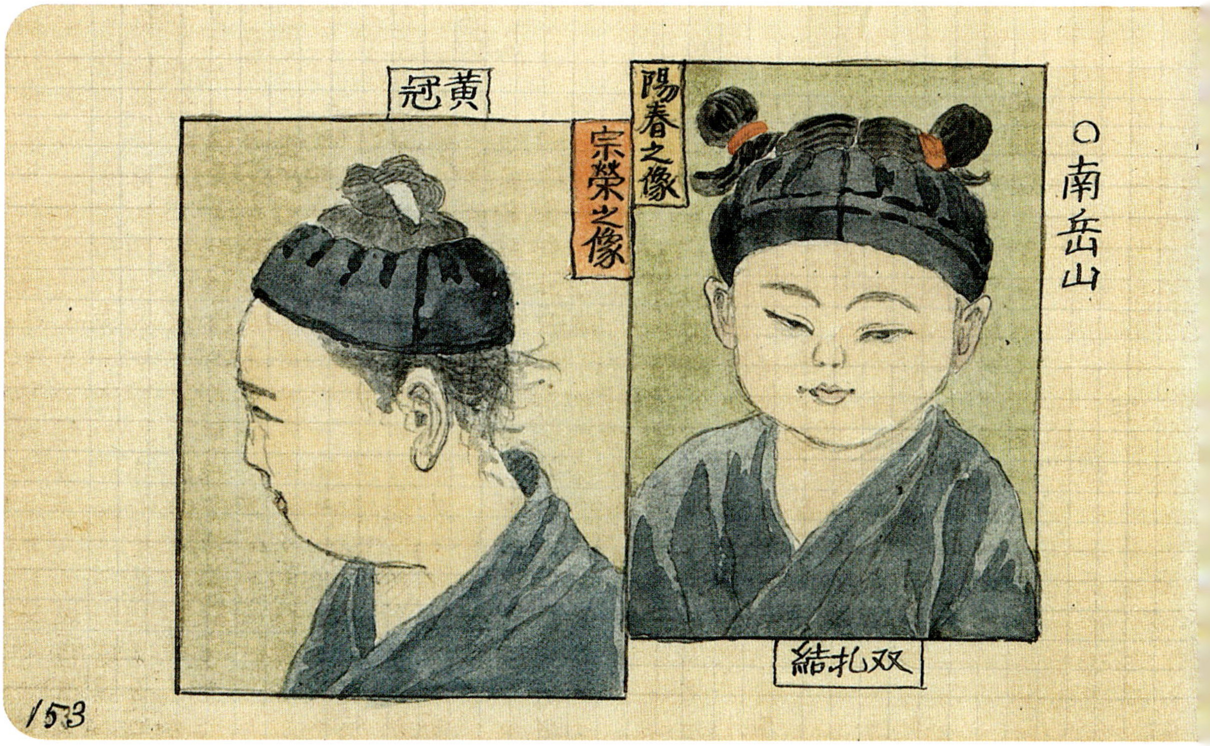

153 **贵阳府（5）（3月27日）**

高山先生带着我们去南岳山游玩。这里是郊外的一个小山丘，让人心情愉快的绝佳之地。山丘顶有道观、寺中道士与高山先生熟知，并款待我们，图为道士修行的写生。

○**万佛寺**：城南有一翠微阁，无值得看的建筑，观音堂内有座金铜佛龛，高大约一丈有余。
○**螺狮山扶风寺**：相传王阳明住城东，有王阳明像。

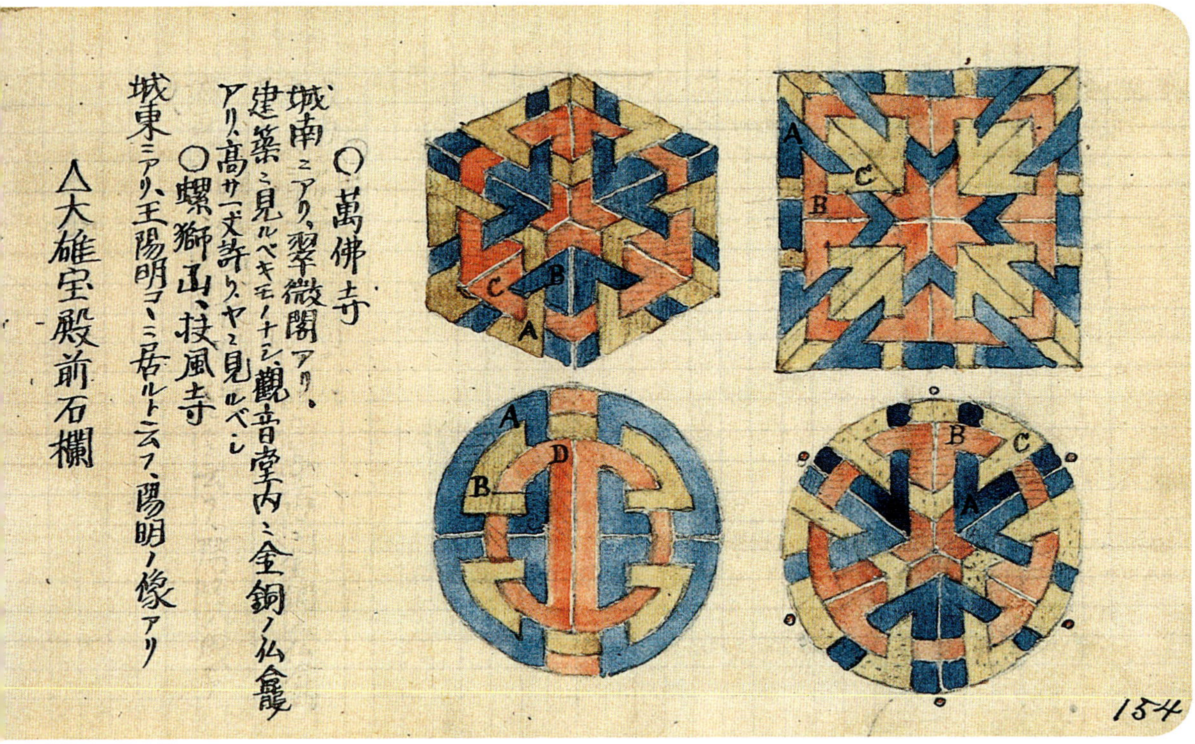
○萬佛寺
城南ニアリ、翠微閣アリ、
建築ニ見ルベキモノナシ、觀音堂内ニ金銅ノ仏龕
アリ、高サ一丈許リヤヽ見ルベシ
○螺獅山、扶風寺
城東ニアリ、王陽明コヽニ居ルトテ云フ、陽明ノ像アリ
△大雄宝殿前石欄
154

154 **贵阳府（6）（3月31日）**

在贵阳府，可看到自中古时代流传下来的建筑花纹图案。左图是其中四个例子。图案上木头或剪纸形状各异，相互搭配，在清真寺中见过这种图案，即阿拉伯纹理。

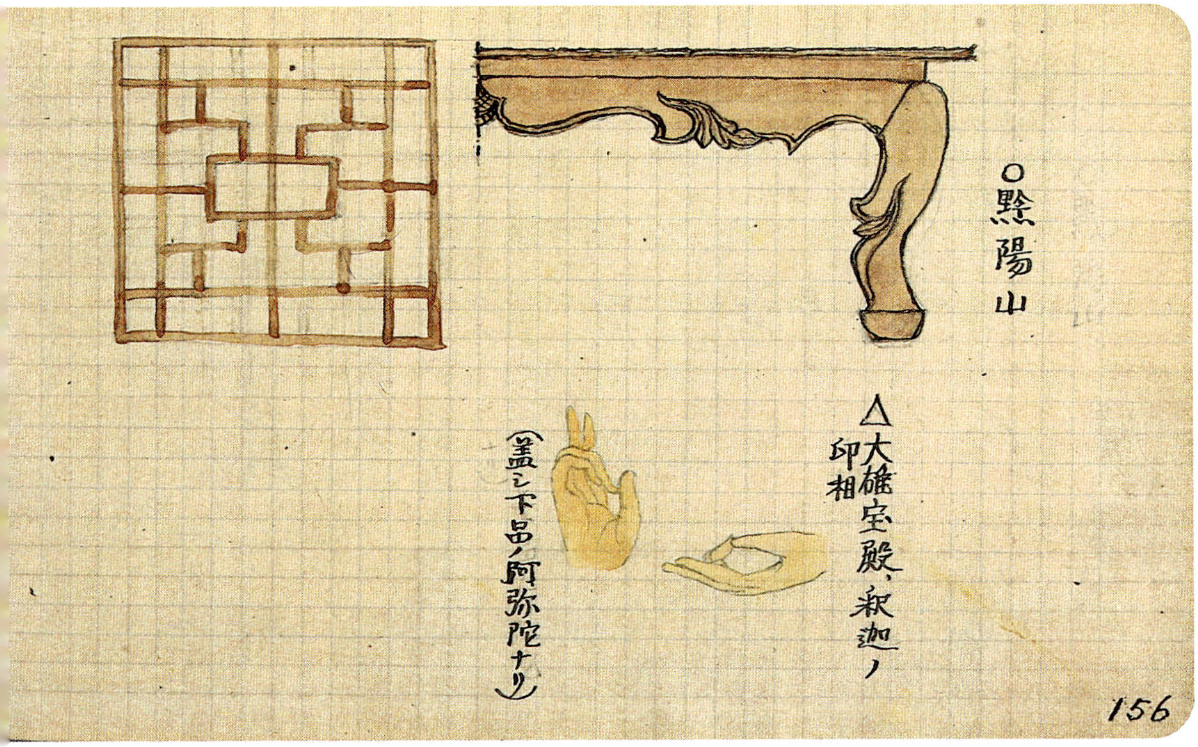
○黔陽山
△大雄宝殿、釈迦ノ印相
（蓋シ下品ノ阿弥陀ナリ）
156

156 **贵阳府（8）（3月27日）**

贵阳府城外的黔阳山广为人知。寺院内规模宏大，建筑也十分漂亮，配以绿树装点修饰。黔阳山的黔字是贵州旧称，现在仍然使用。唐代隶属于黔州都督府。

贵阳附近常用的一类石栏杆　　右图完全仿印度风格而建

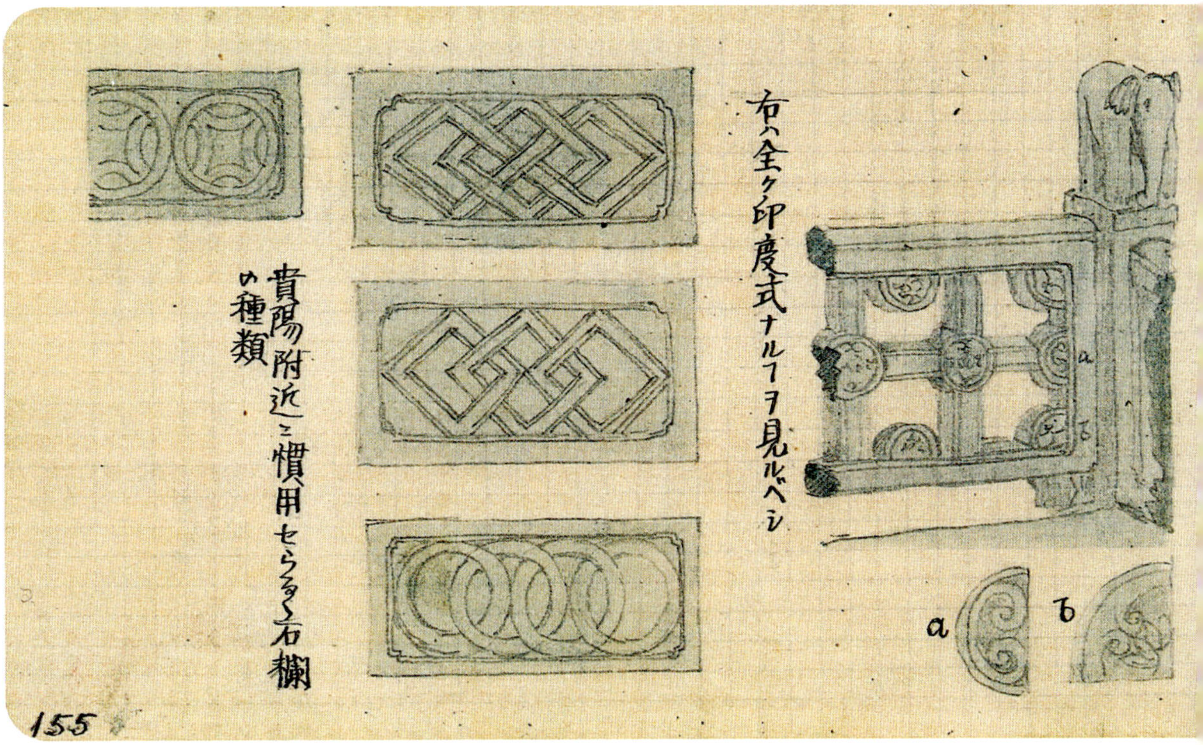
右ハ全ク印度式ナルコトヲ見ルベシ
貴陽附近ニ慣用セラルル石欄ノ種類
a
b
155

155 **贵阳府（7）（3月31日）**

螺狮山扶风寺是省城东最具代表性的地方。相传明朝儒学家王阳明被贬贵州龙场县时曾来此游玩，寺内供奉王阳明像。大雄宝殿前的石栏杆，完全仿照印度的建筑样式建造而成，十分珍贵、罕见。

157 **贵阳府（9）（3月31日）**

图为黔阳山铜钟，钟摆形状与日本的相同，呈八叶状，十分罕见。外界认为中国西南地区的工艺品与日本相似，这是十分有趣的。

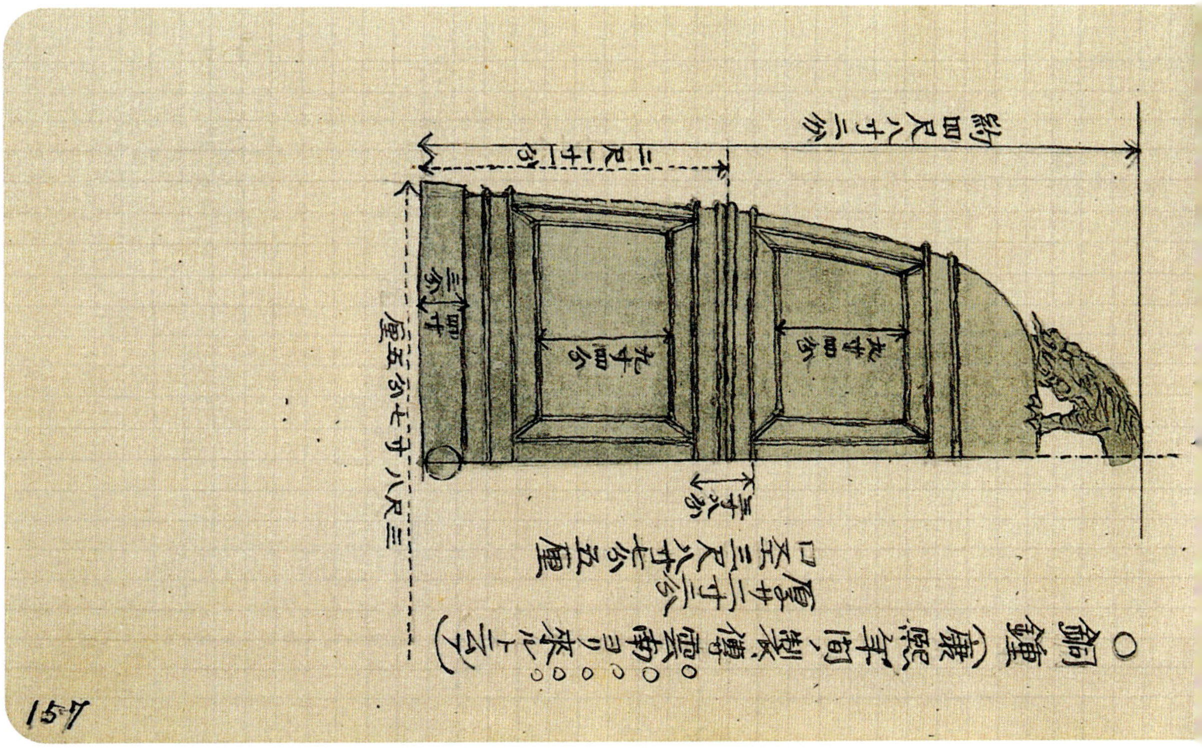
157

铜钟（康熙年间制造，传说来自云南）
厚二寸二分；口径三尺八寸七分五厘。

贵州省

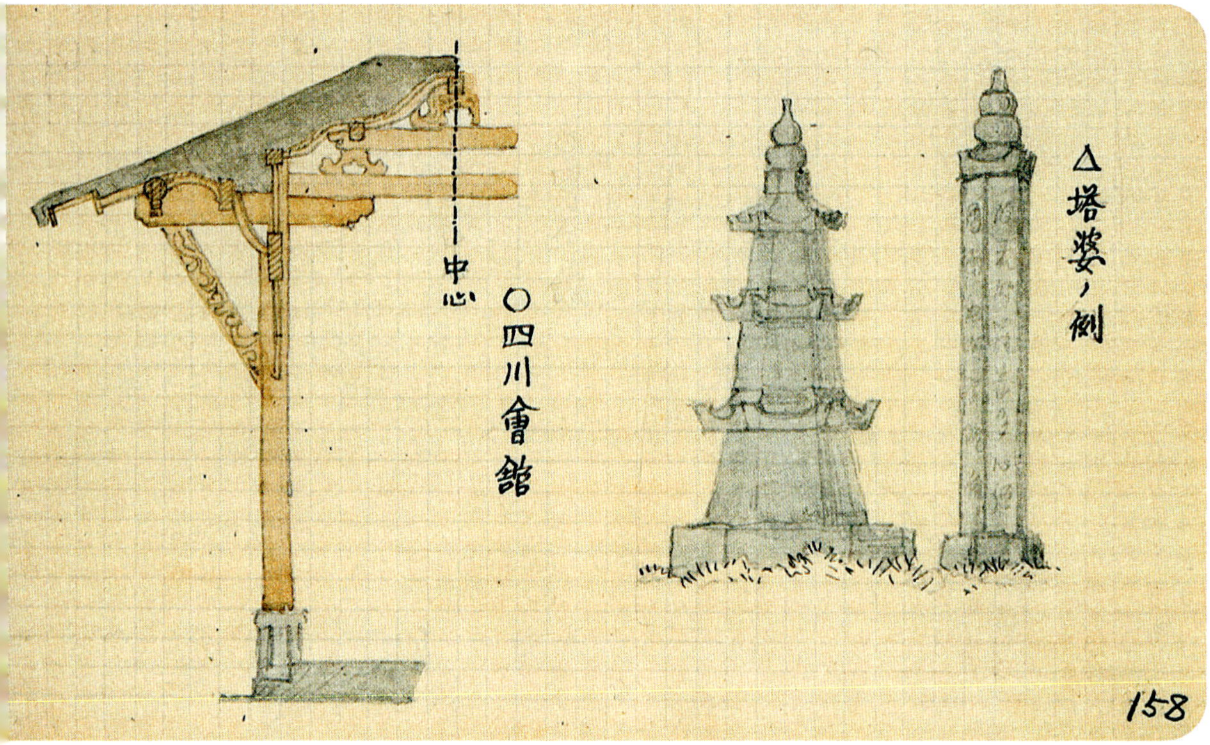

158 贵阳府（10）（3月31日）

在贵阳府，见了两广会馆和四川会馆。四川会馆宏伟气派，如图所示，建筑奇巧特别。笔者认为四川会馆之所以金碧辉煌是因为当地富翁多，并且人口多，出省人口多的缘故吧。

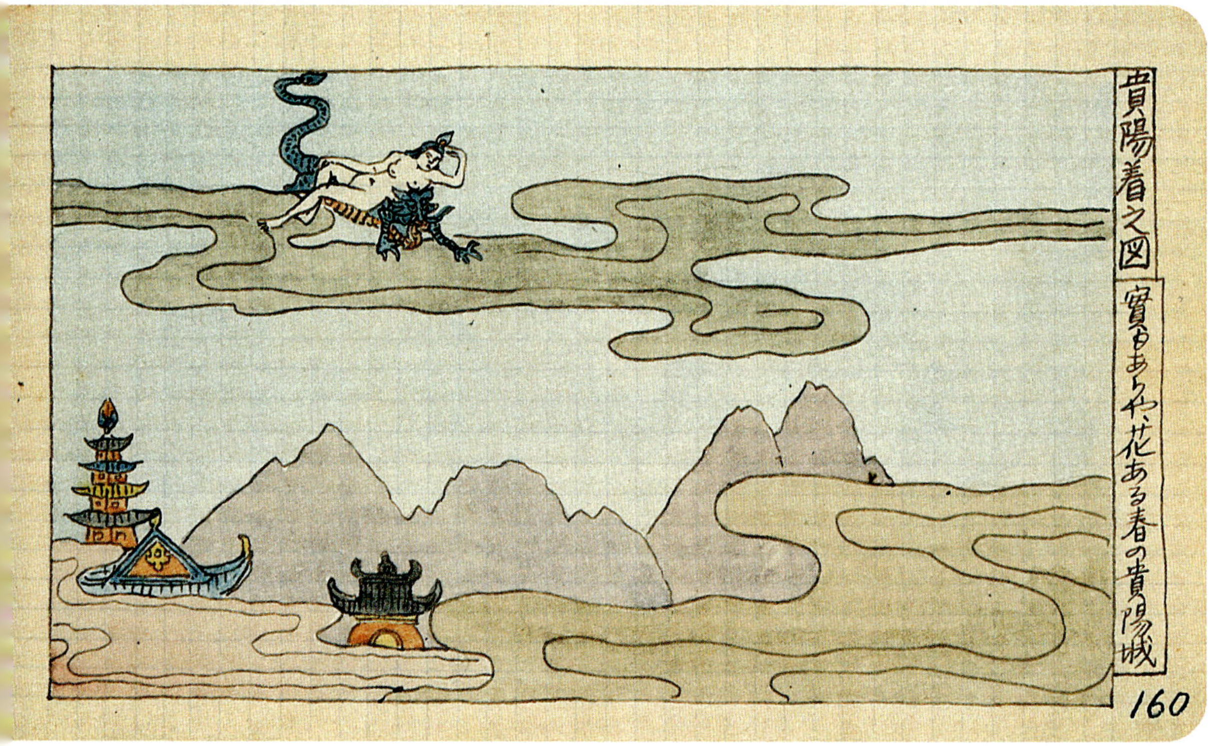

160 到达贵阳图

到达贵阳，正值春意盎然之际。贵阳属于亚热带地区，温暖湿润，也有海拔超过1000米的高原，五颜六色的花朵争奇斗艳。

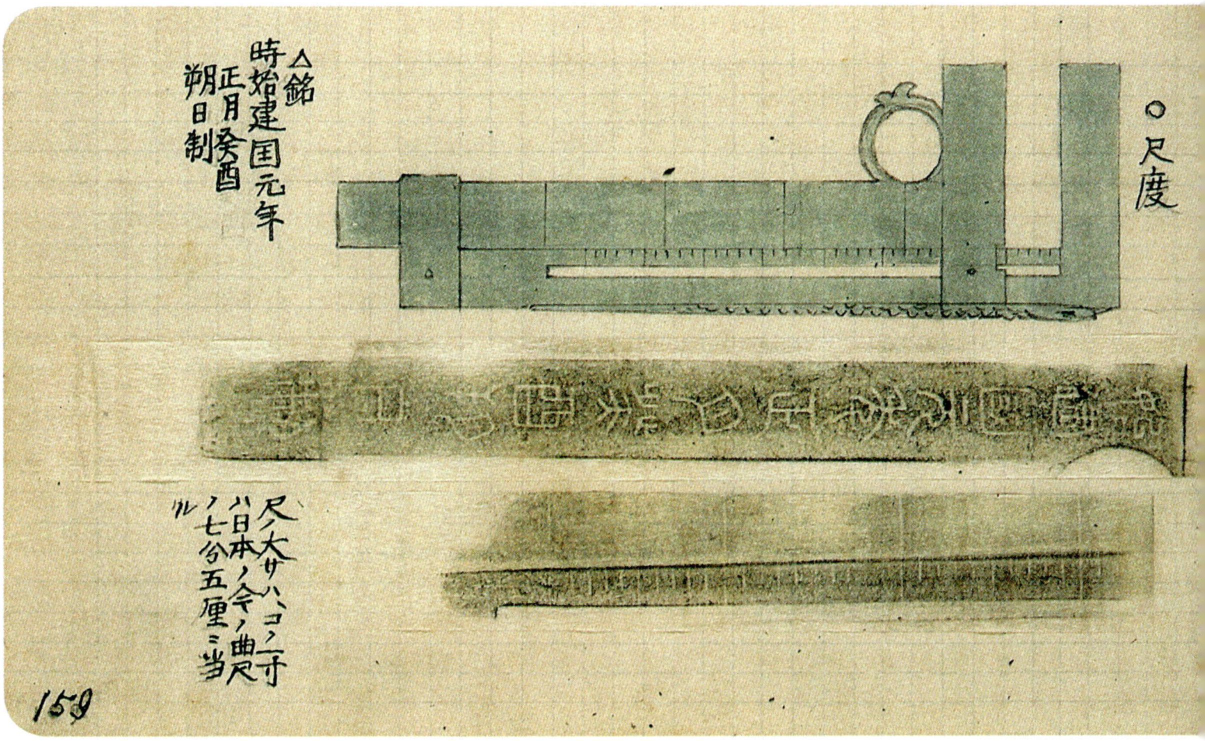

159 贵阳府（11）（3月31日）

3月30日、31日，笔者拜访了几位美术品收藏家，看到各种收藏品。其中，包括北宋宋徽宗的白鹰、董其昌的书等等。

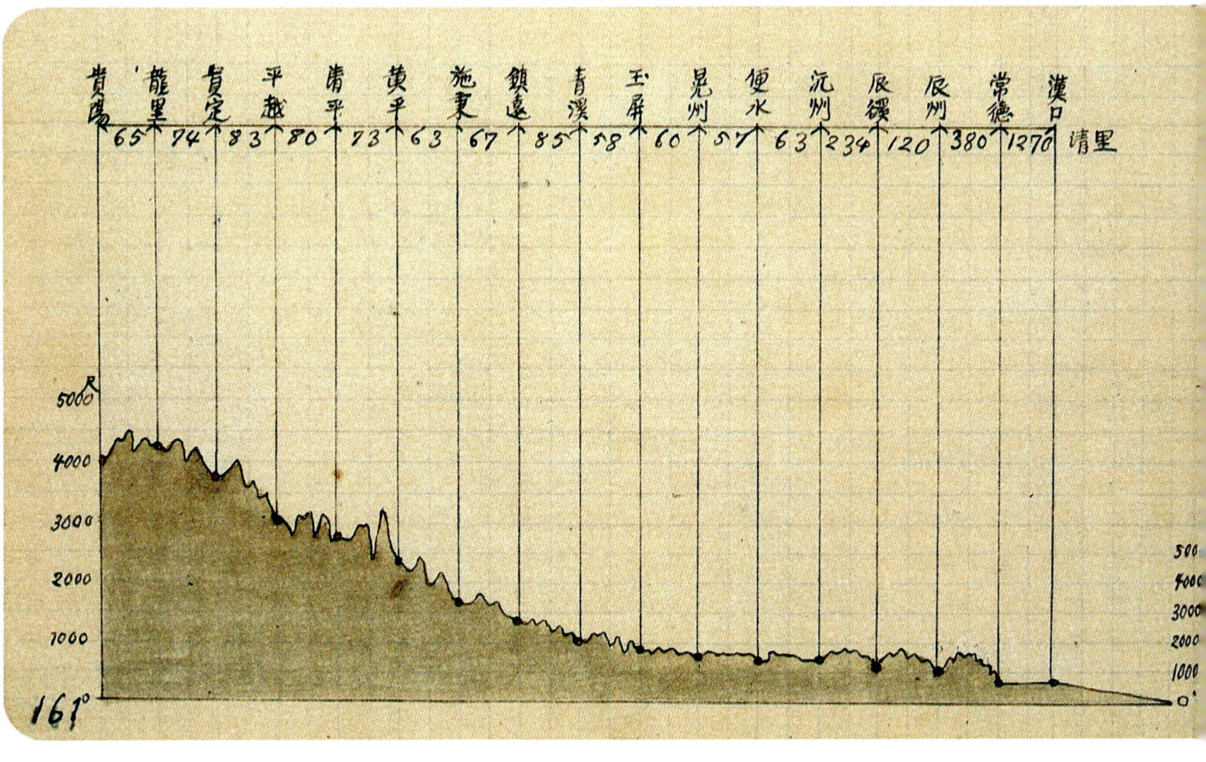

161 海拔高低图（贵阳—汉口）

2月10日从汉口出发，大概50天后，到达贵阳，翻山越岭四千尺。

贵州省

162贵阳府（12）武术学堂的人们（3月27日）

武术学堂设在省城南面的郊区，除高山少佐外，还有六名日本人任教。在学堂留宿的一周，得到了莫大的帮助，得以完成了调查。

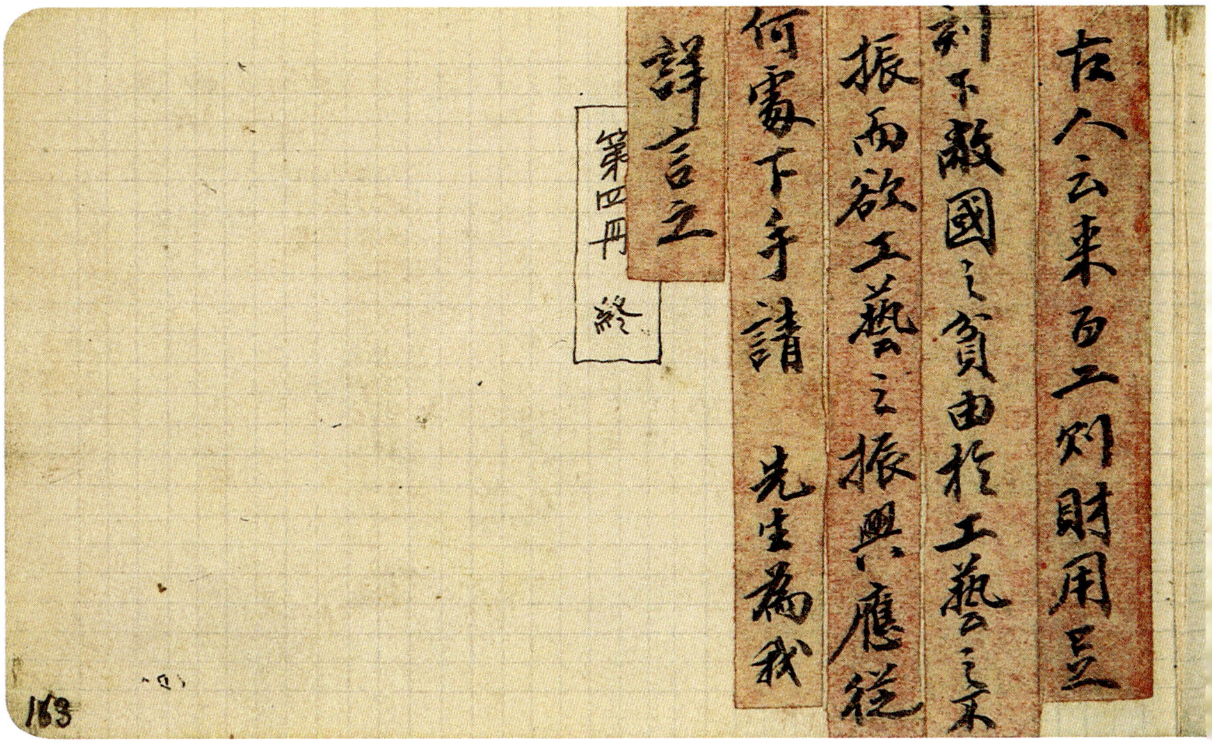

163 贵阳府（13）笔谈

右图为笔者与贵阳名家们会面时的笔记。当时日本已经进入近代化，即完成了工业振兴。他请教一位日本博士，问：清朝哪个地方最先完成近代化。

第五卷

行程略图

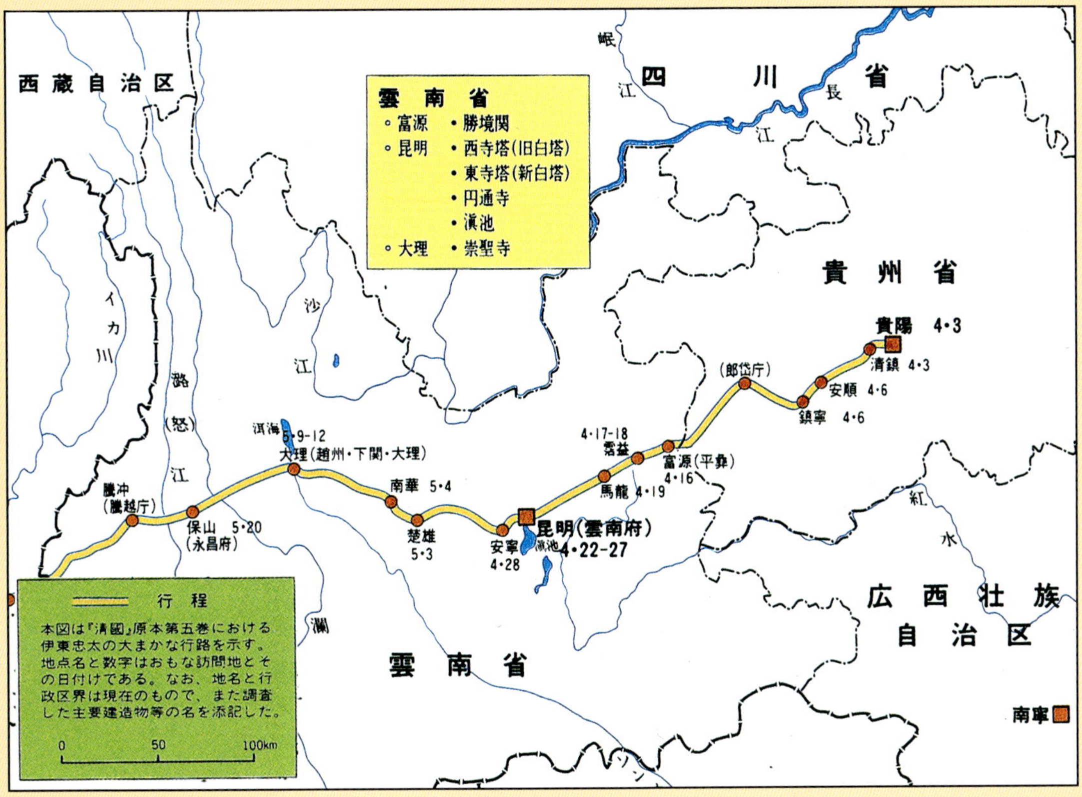

第五卷

从贵州出发，途经云南，去往缅甸新街。从贵州到云南属于山川地带。云南府即现在的昆明市南部高地，所以一年四季气候温暖，以『春城』著称，云南府到大理为平缓高原。

4月3日从贵州出发，一路南下，4月22日到达云南府。据日记记载，到处能听到关于鸟居的传说。贵州省内大部分地区是少数民族，建筑的调查对象也相对较少。写生中出现许多石灰岩山脉。

明末清初时期，云南府是叛臣吴三桂的根据地，此处物产丰富。调查了城内东西两侧双塔及元通寺。而且，西方列强势力渗透严重，日记中写着笔者与法国人、英国人同游。

从云南府向西行，来到大理。地名大理取名于大理石。用了两周时间到达大理。大理的寺庙、塔的样式蕴含着南方建筑的特色。

去缅甸的途中，体验了少数民族傣族的生活状态与风俗习惯，并且仔细地记录下来。泡露天温泉，观察妇人的缠足，等等，好奇心十分强烈。当地少数民族的服装、坟墓形态的彩绘作品，对于相机还未问世的当时来说，是十分珍贵的资料，它真实地描述了少数民族的生活现状。

6月4日，到达新街。1902年3月29日从东京新桥出发，至今已过去一年两个多月了。

贵州省

1 地图第三十八号（贵阳府—郎岱厅）

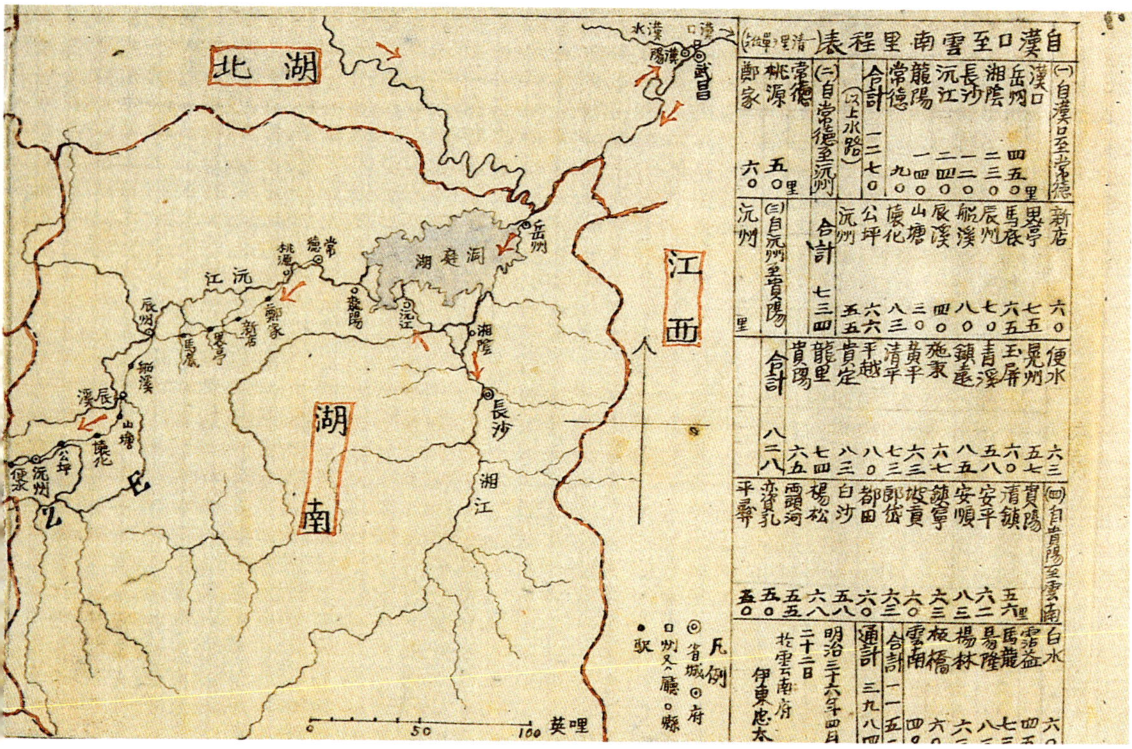

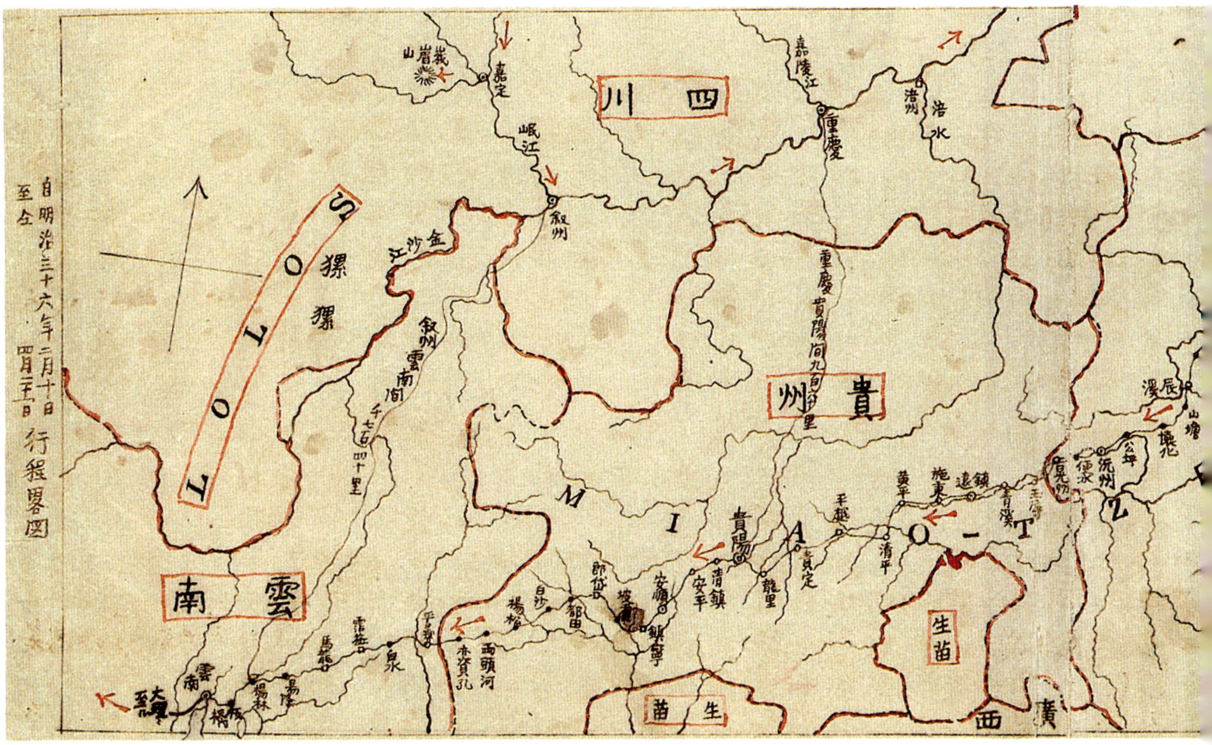

第五冊

目次

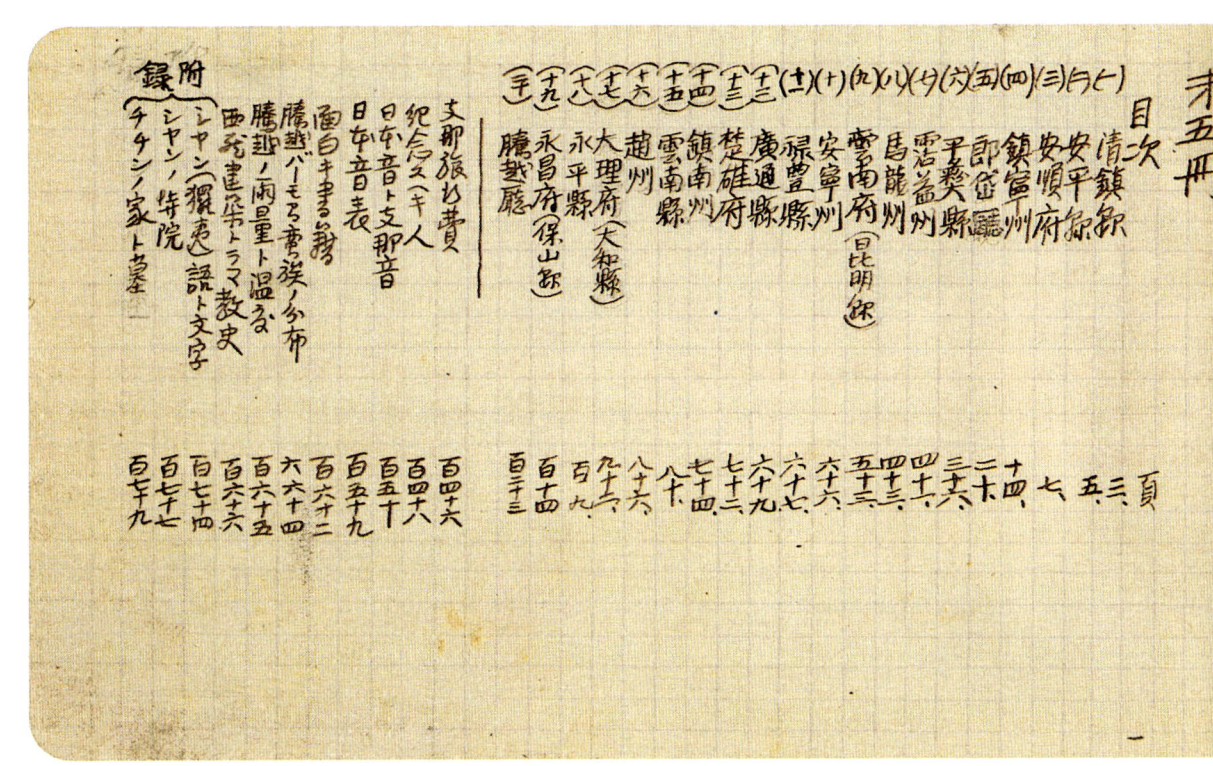

底本第五卷目录

（附图目录）

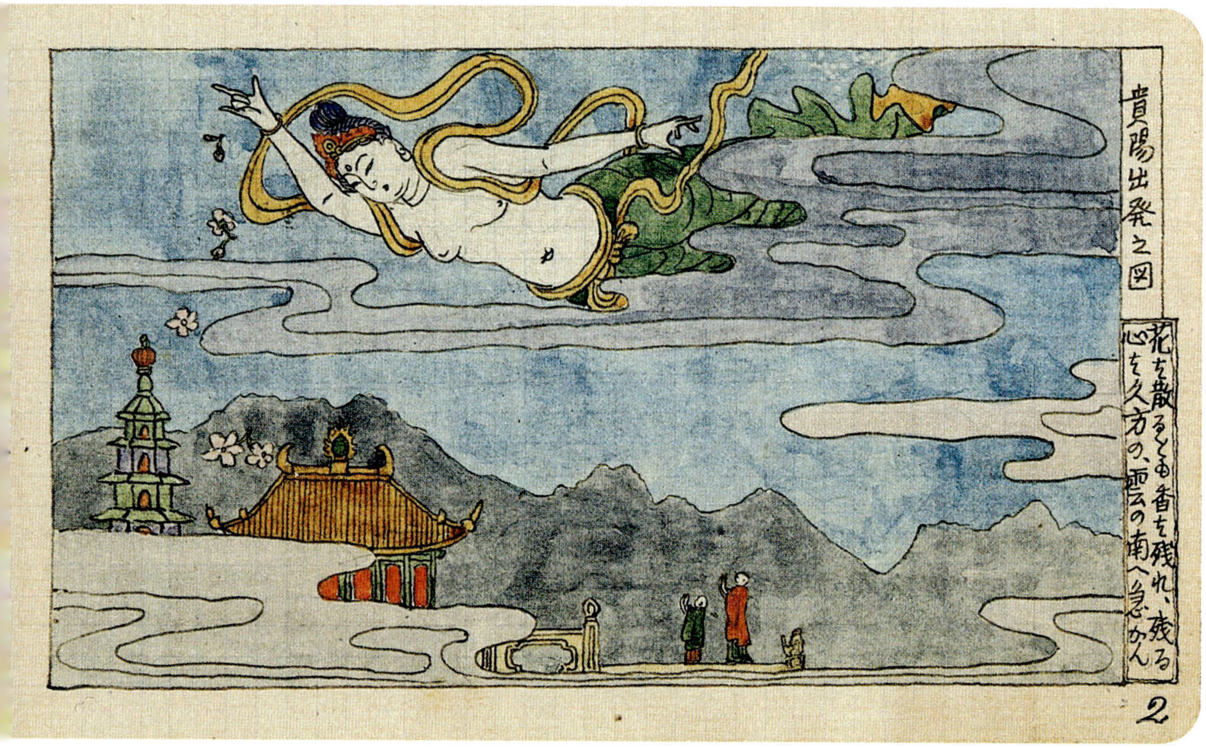

2从贵阳府出发（4月3日）

今天，与武术学堂的人同行从贵阳出发，在距城门大约三里处石桥上干杯欢送。日记中写到：大家挥着帽子，互相告别，依依不舍，直到背影消失不见。

地图　贵阳府—郎岱厅

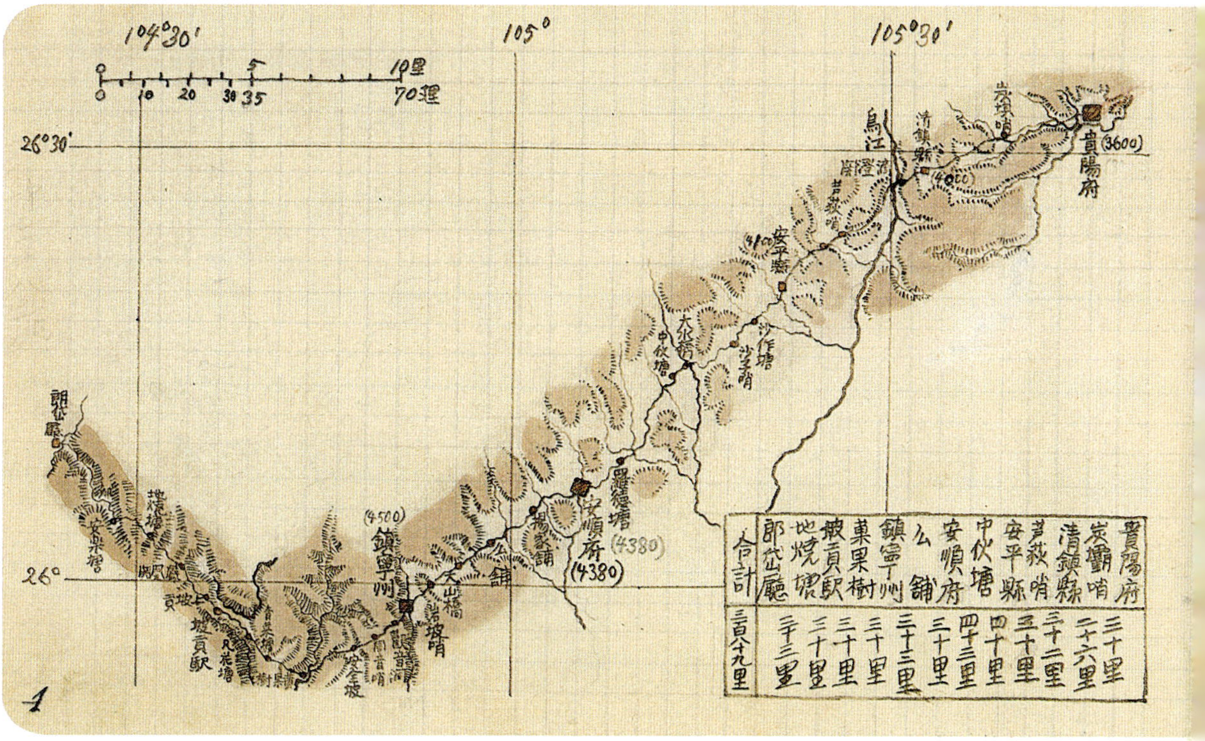

风水塔位于清镇县城东三里之处，为八角九层楼阁式塔，其外形与西藏塔相类似。
道路低凹不平，过了丘陵之后，地势较为平坦，田里大多种植着罂粟，水流很少、不属于水田。
清镇县，有三四百户人家，人口二千以内。

3贵阳—清镇（4月3日）

从贵阳乘轿子前往清镇，该轿子是人类学家鸟居龙藏前年在该地旅行时使用过的，之后，以一两半银卖给了学校，我们用同样的价格买了回来，进行加工使用。

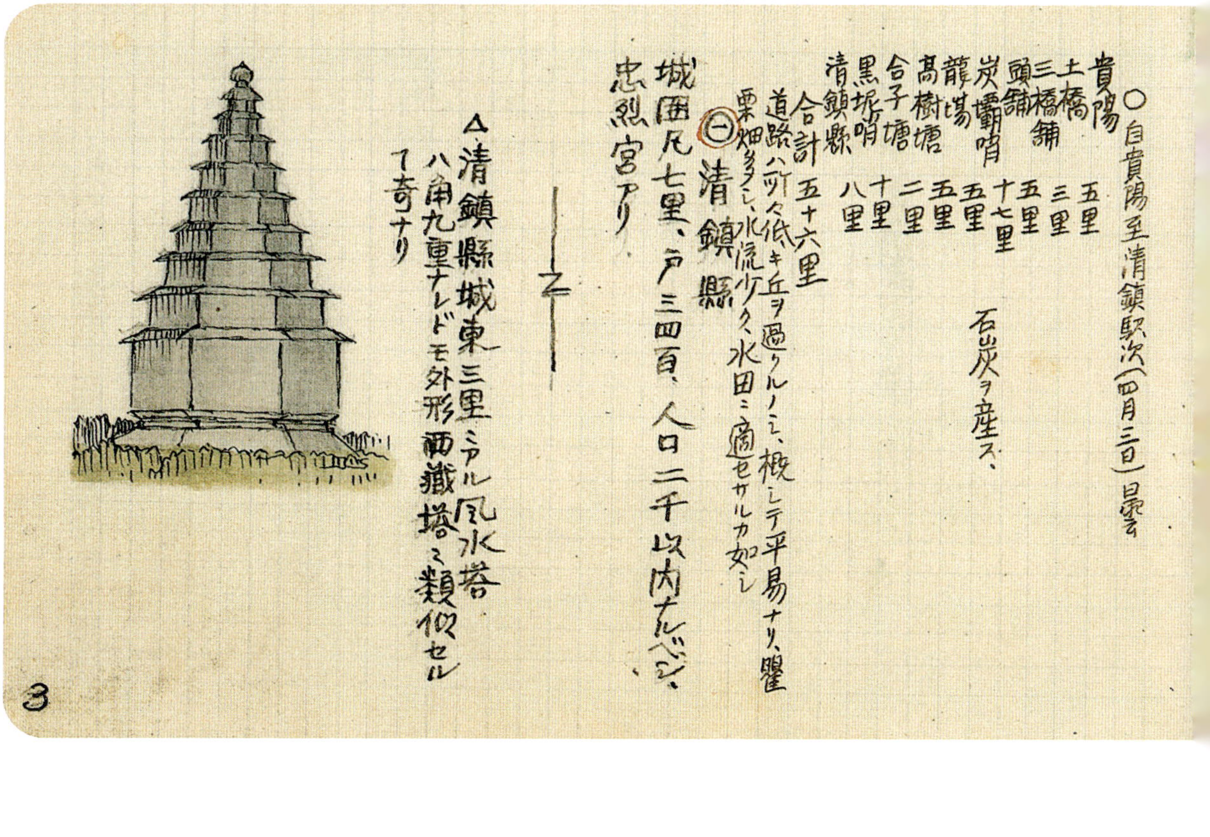

道路基本平坦，有的地方也会有些小的、低矮的丘陵。田野里大多种植着罂粟，河流很少，不能称之为水田。并且，圆锥形丘陵外形奇特，大多为孤丘，坡度十分倾斜。

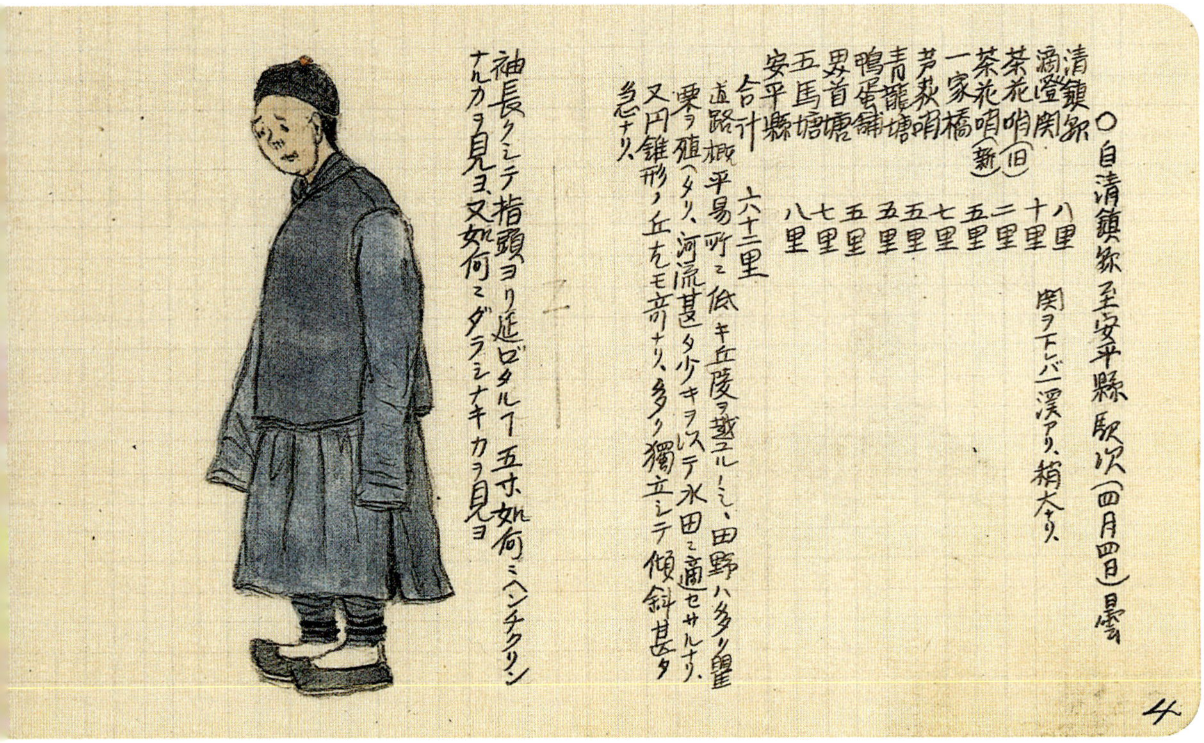
○自清鎮郊至安平縣 駅次（四月四日）曇
関ヲ下レバ一渓アリ、稍大ナリ
清鎮郊 八里
滴澄関 十里
茶花哨（旧） 二里
茶花哨（新） 五里
一家橋 七里
芦荻哨 五里
青龍鋪 五里
鴨蛋塘 五里
界首塘 七里
五馬塘 八里
安平縣
合計 六十二里
道路概平易ナルニ低キ丘陵ヲ越ユルニミ、田野ハ多ク罌粟ヲ殖ヘタリ、河流甚タ少キヲ以テ水田ニ適セサルナリ、又円錐形ノ丘尤モ奇ナリ、多ク獨立シテ傾斜甚タ急ナリ
袖長クシテ指頭ヨリ延ビタルコト五寸如何ニヘンチクリンナルカヲ見ヨ又如何ニダラシナキカヲ見ヨ
4

4清镇—安平（4月4日）

左图为清朝常见的服装，不只是南方人穿，对此，画了素描。袖子很长，超出手指约五寸，怎么看都觉得怪异，邋遢，不精干。

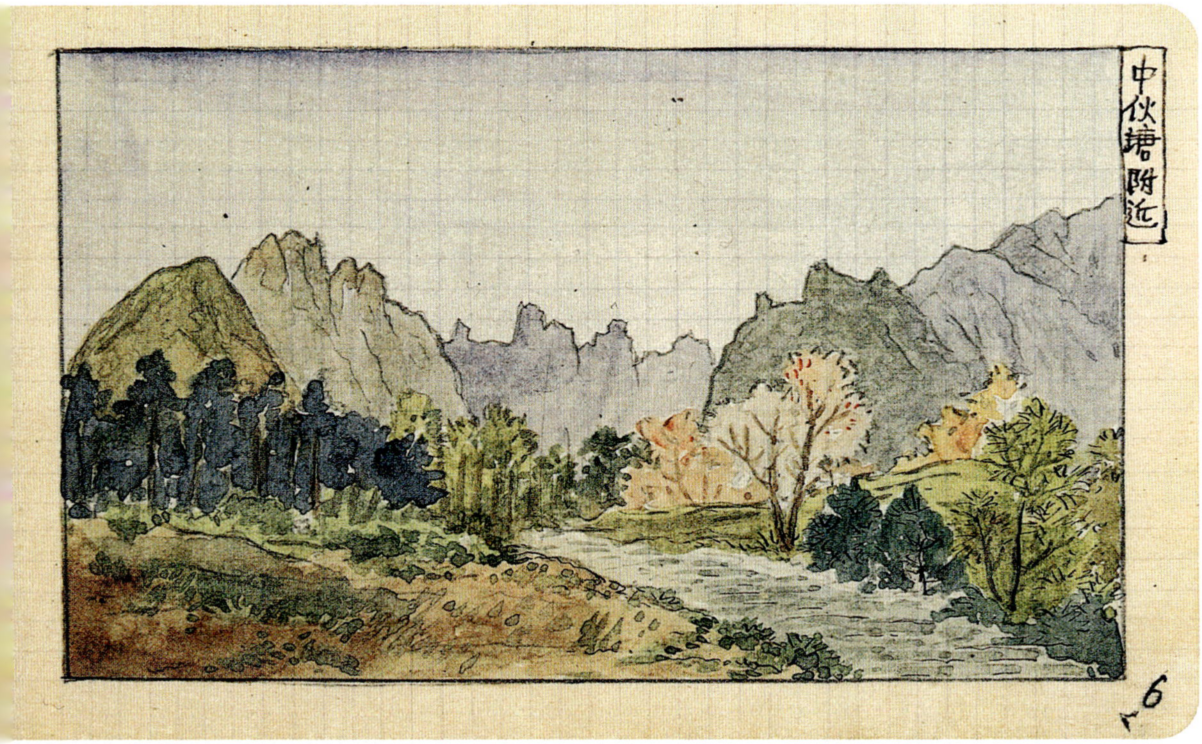
中伙塘附近
6

6中伙塘附近（4月5日）

过了安平县之后，可以看到样子奇特的石灰岩丘陵。

5安平（4月4日）

在安平附近看到的凤头苗，妇女将头发绾成前发高束，头上包着帕子，戴着大大的耳环。

(二)安平縣
城内七八里、戸八百ト称ス、人口四五千ナルベキカ、
苗子ハ縣下ニ十中ノ三四居ルト云フ、
建築ニ見ルベキモノナシ、
安平附近ノ女子(鳳頭苗)
(前髪ノ形奇ナリ)
(髷ノ形大ニ奇ナリ)
足ハ多クハ纏足セズ
五

安顺府（又称普定）

人口约四万，有大约六千户人家，市区颇为繁华，街上有英国人和法国人修建的教会、教堂，从事传教活动。

苗族，多居住在清平附近，安顺一带并不多见。

安顺府，苗族人口约占一半。

7安平县—安顺府（4月5日）

安顺府即普定（今安顺市），是贵州第三大城市。市区非常繁华，街道很宽，房屋修建也很美观。有两位英国牧师来我们住的地方拜访，他们在中国也生活十多年，与他们的交流很有收获。

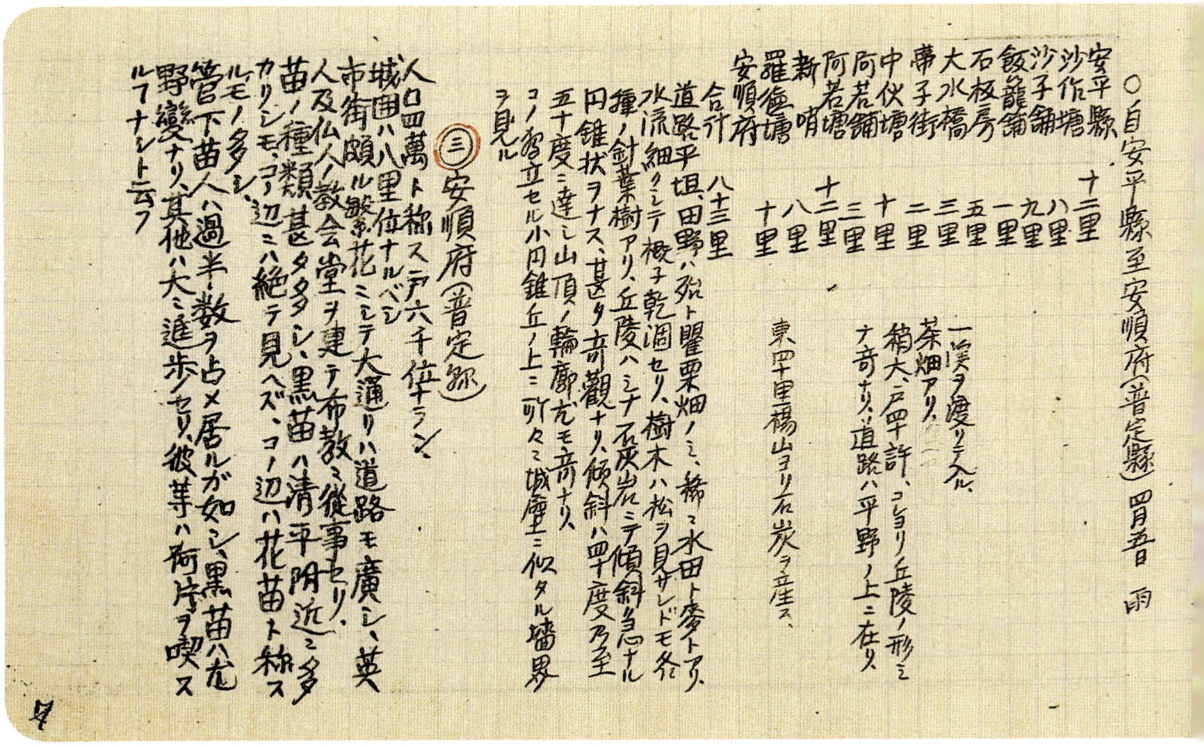
○自安平縣至安順府(普定縣) 四月五日 雨
安平縣
沙作塘 十二里
沙子舗 八里
飯籠舗 九里
石板房 一里
大水橋 五里
帯子街 三里
中伙舗 二里
向若塘 十里
阿若塘 三里
新舗塘 十二里
羅徳塘 八里
安順府 十里
合計 八十三里
一渓ヲ渡リテ入ル
茶畑アリ
稲大ニ戸四十許、コレヨリ丘陵ノ形ニ奇ナリ、道路ハ平野ノ上ニ在リ
東四十里楊山ヨリ石炭ヲ産ス、
道路平坦、田野ハ多ク罌粟畑ノミ、稀ニ水田ト麦トアリ、水流細クシテ概ネ乾涸セリ、樹木ハ松ヲ見ザレドモ桑樹アリ、丘陵ハミナ石灰岩ニテ傾斜急ニシテ円錐状ヲナス、甚ダ奇観ナリ、傾斜ハ四十度乃至五十度ニ達シ山頂ノ輪廓亦奇ナリ、コノ如キ円錐丘ノ上ニ所々ニ城壁ニ似タル堵界ヲ見ル
(三)安順府(普定縣)
人口四萬ト称ス、戸六千位ナランカ、城内ハ八里位ナルベシ
市街頗ル繁華ニシテ大道リハ道路モ廣シ、英人及仏人ノ教会堂ヲ建テ布教ニ従事セリ、
苗ノ種類甚ダ多シ、黒苗ハ清平附近ニ多カリシモ、コノ辺ニハ絶テ見ヘズ、コノ辺ハ花苗ト称スルモノ多シ
管下苗人ハ過半数ヲ占メ居ルガ如シ、黒苗ハ尤モ野蛮ナリ、其他ハ大ニ進歩セリ、彼等ハ阿片ヲ喫スルモノナシト云フ
七

贵州省

8新哨附近（1）（4月5日）

沿途的风景越来越奇特、有趣，山多为坡度很急的圆锥形，漫步其中，欣赏这独特的风景。

10新哨附近（3）（4月5日）

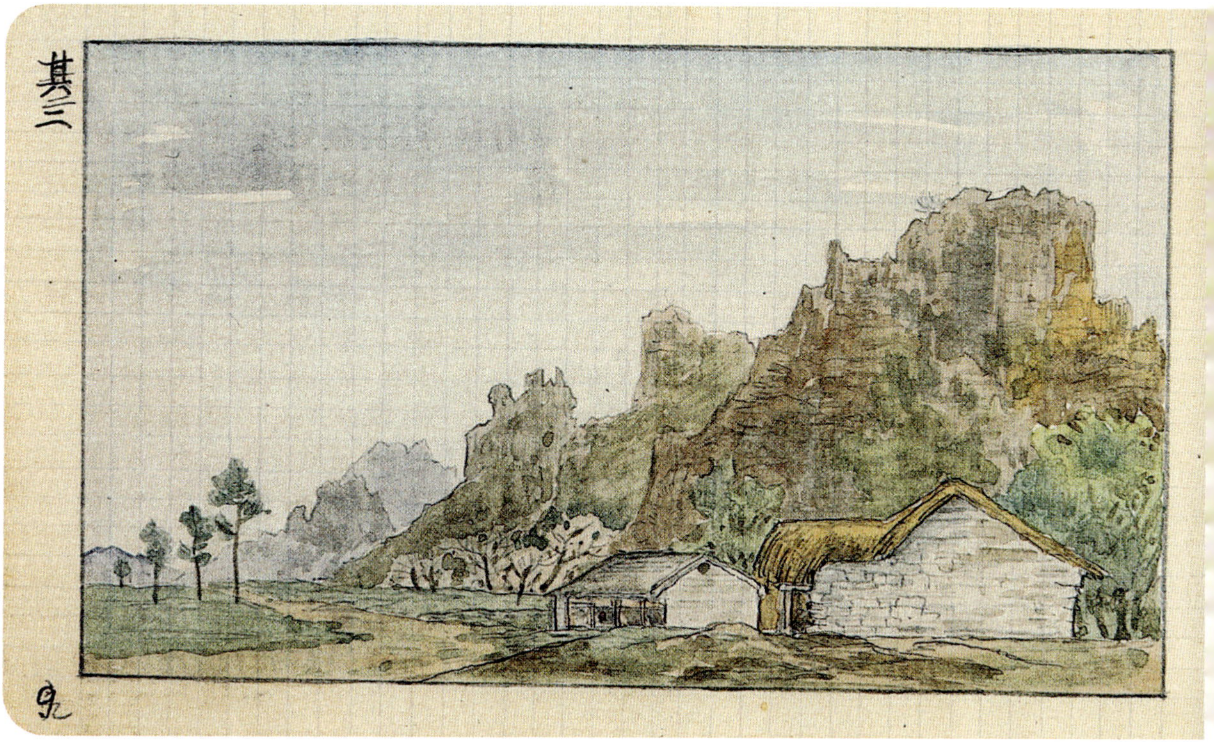

9新哨附近（2）（4月5日）

岩石的形状很是奇怪，山顶的轮廓也很奇特。

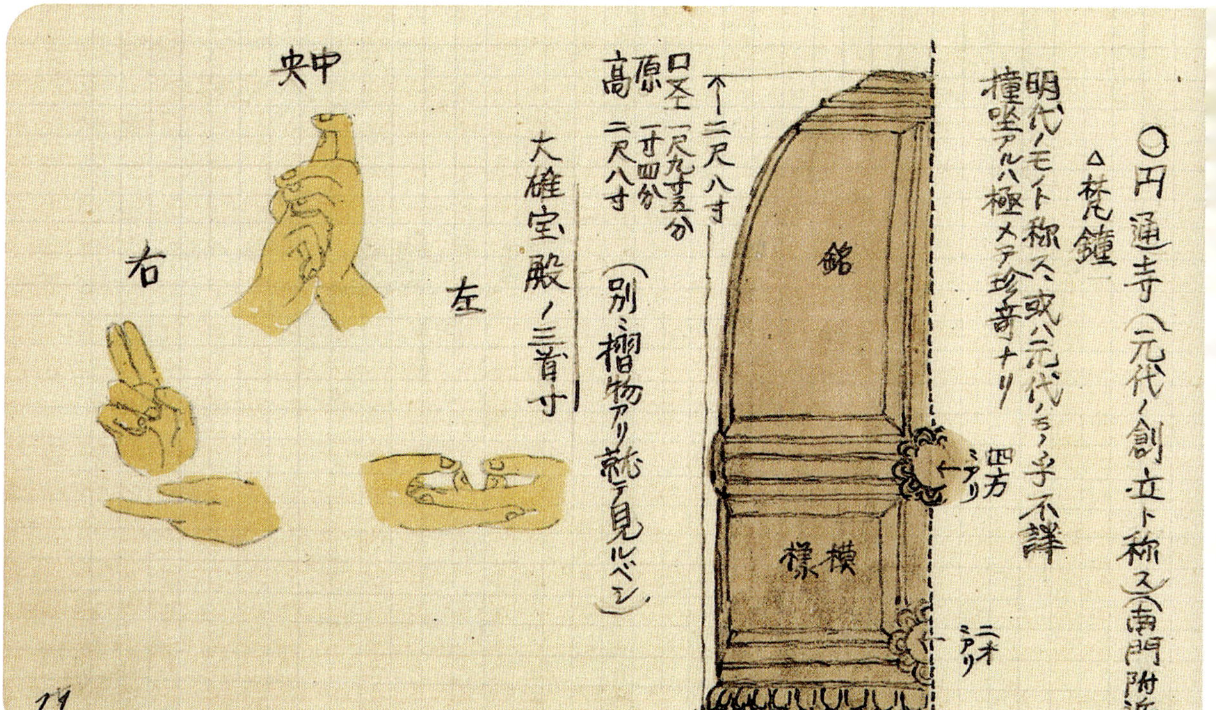

11安顺府（1）圆通寺（1）（4月6日）

在安顺城内，值得一看的当属圆通寺，为元代所建。梵钟为日本样式，口径一尺九寸五分。撞钟的位置、形状，都为日本样式，很罕见。文中的『三首寸』是『三尊』的误写。

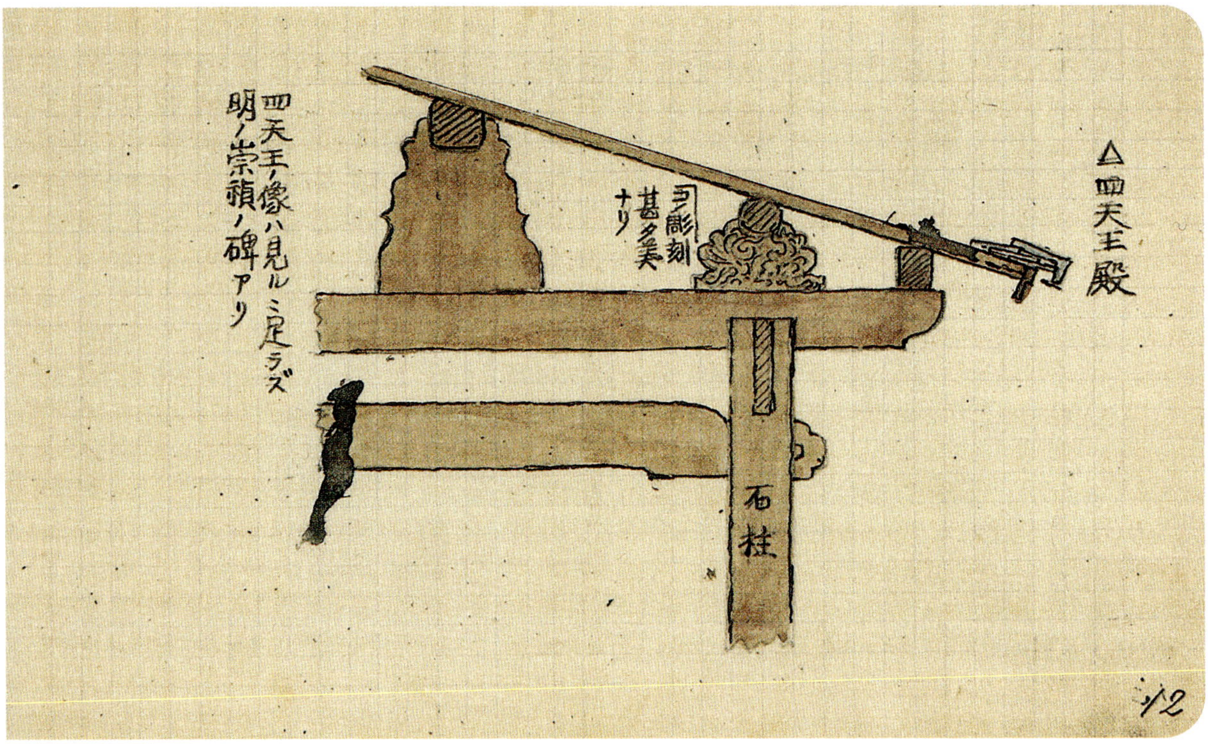
△四天王殿
ヨリ彫刻甚多美ナリ
四天王ノ像ハ見ルニ足ラズ
明ノ崇禎ノ碑アリ
石柱
12

12安顺府（2）圆通寺（2）（4月6日）

四大天王殿采用了风格不同的驼峰和虹梁。据笔者考证，为元代作品。

镇宁州有一千户人家，人口六千，城周围五里。苗族人口约占百分之七八十。在附近看到的女人们，穿着长裙，衣服的袖子种类繁多。

街道很繁华，中间的主干道也很宽，每隔七天有一次集市，苗族人从四面八方聚集到这儿，极为热闹，集市结束后，人们各自回家。

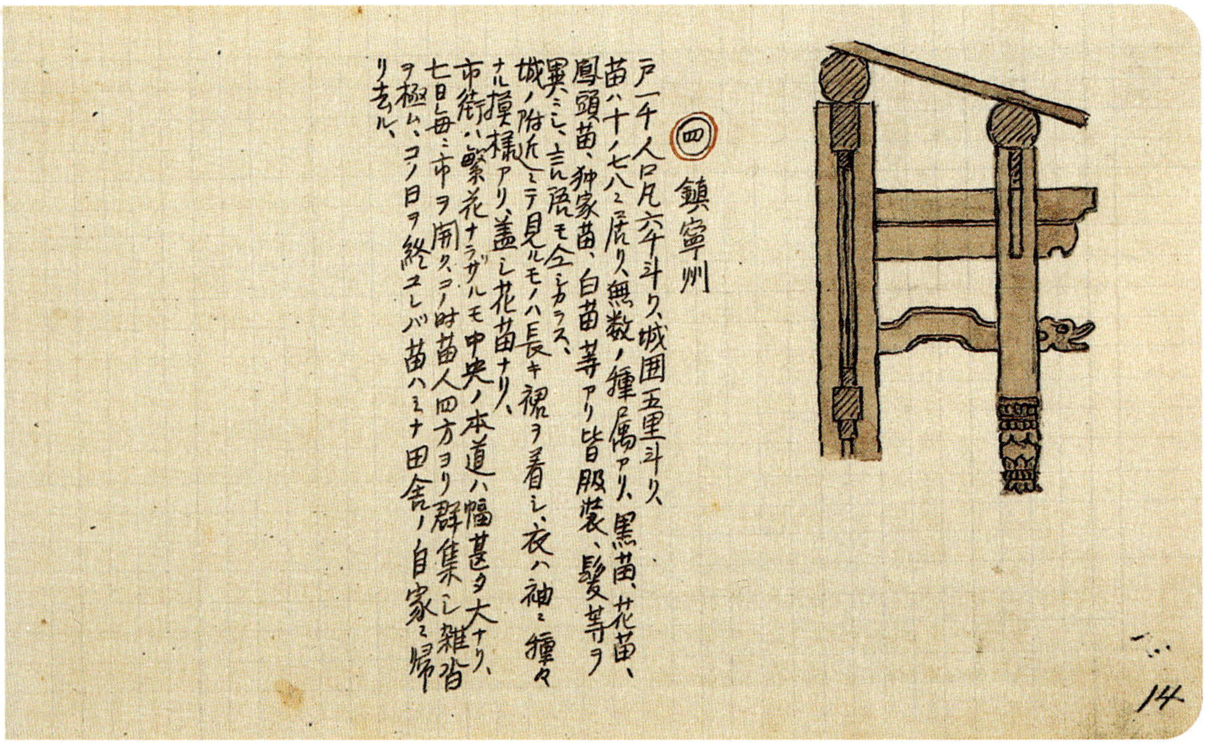
四
鎮寧州
戸一千人口凡六千斗リ、城囲五里斗リ、
苗ハ十ノ七八ニ居リ、人無数ノ種属アリ、黒苗、花苗、
鳳頭苗、狆家苗、白苗等アリ皆服装、髪等ヲ
異ニシ、言語モ全シカラス、
城ノ附近ニテ見ルモノハ長キ裙ヲ着シ、衣ハ袖ニ種々
ナル模様アリ、蓋シ花苗ナリ、
市街ハ繁花ナラザルモ中央ノ本道ハ幅甚タ大ナリ、
七日毎ニ市ヲ開ク、コノ時苗人四方ヨリ群集シ雑沓
ヲ極ム、コノ日ヲ終ユレバ苗ハミナ田舎ノ自家ニ帰
リ去ル、
14

14镇宁州（1）（4月6日）

据镇宁知州讲，今天是当地的集市日，邀请我们去集市，但我们还是委婉地拒绝了，从他那里学到很多关于苗族的知识。

依次排列的建筑有二天门，天王殿、大雄宝殿、观音阁，大雄宝殿的前方及左侧有围廊。在最后面的小山丘有一座八角七层佛塔，外观没什么特别的看点。

屋檐下的斗拱手法极其罕见，从建造手法来看，并非明代作品，应为元代作品。

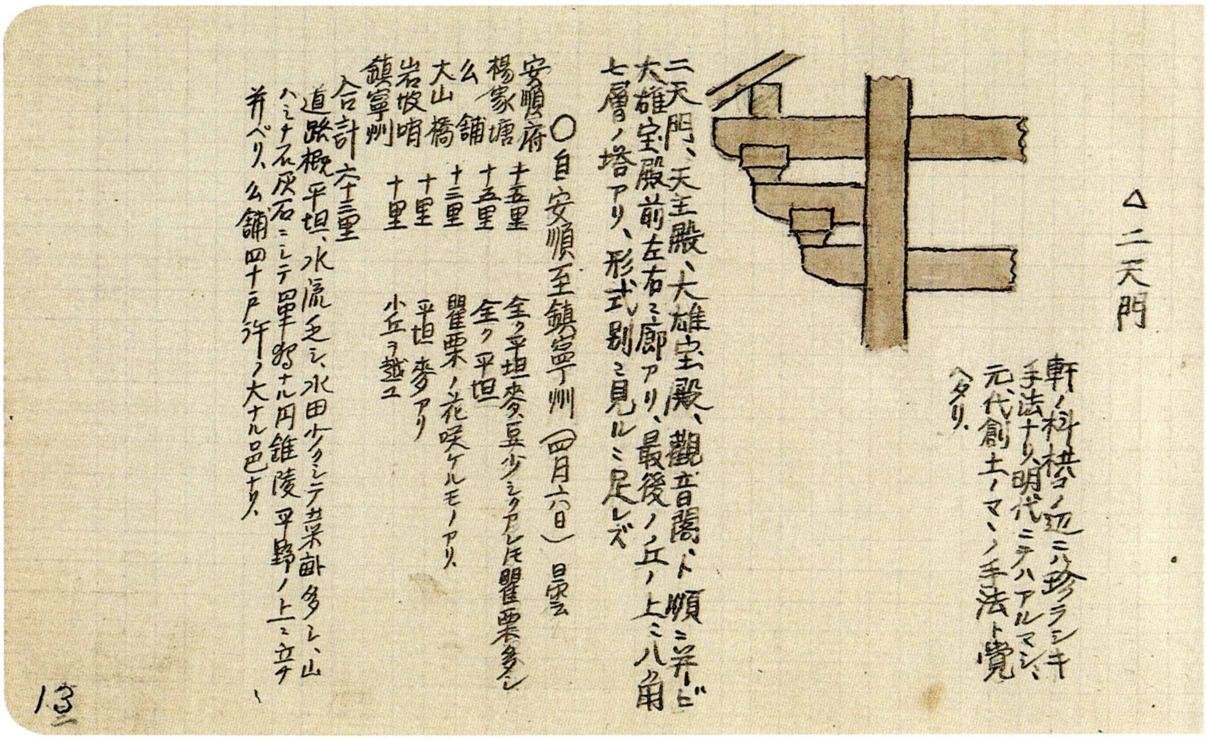
△二天門
軒ノ枓栱ノ辺ニハ珍ラシキ手法ナリ、明代ニテハアルマジ、元代創士ノマヽノ手法ト覚ヘタリ。
二天門、天王殿、大雄宝殿、觀音閣ト順ニ並ビ大雄宝殿前左右ニ廊アリ、最後ノ丘ノ上ニ八角七層ノ塔アリ、形式別ニ見ルニ足ラレズ
○自安順至鎮寧州（四月六日）曇
安順府
楊家塘 十五里 全ク平坦麦、豆少シクアレド罌粟多シ
么舗 十五里 全ク平坦
大山橋 十二里 罌粟ノ花咲ケルモノアリ
岩坡哨 十里 平坦麦アリ
鎮寧州 十里 小丘ヲ越ユ
合計六十二里
道路概平坦、水流乏シ、水田少クシテ菜畑多シ、山ハ主ニ灰石ニシテ単独ナル円錐陵平野ノ上ニ立テ並ベリ、么舗四十戸許ノ大ナル邑ナリ、
13

13安顺村（3）园通寺（3）（4月6日）

二天门的斗拱，手法极为罕见。为元代作品，于镰仓初期传入日本。可以看出建筑手法与天竺（古印度）的手法有密切的关系。

文中『创士』是『创立』。

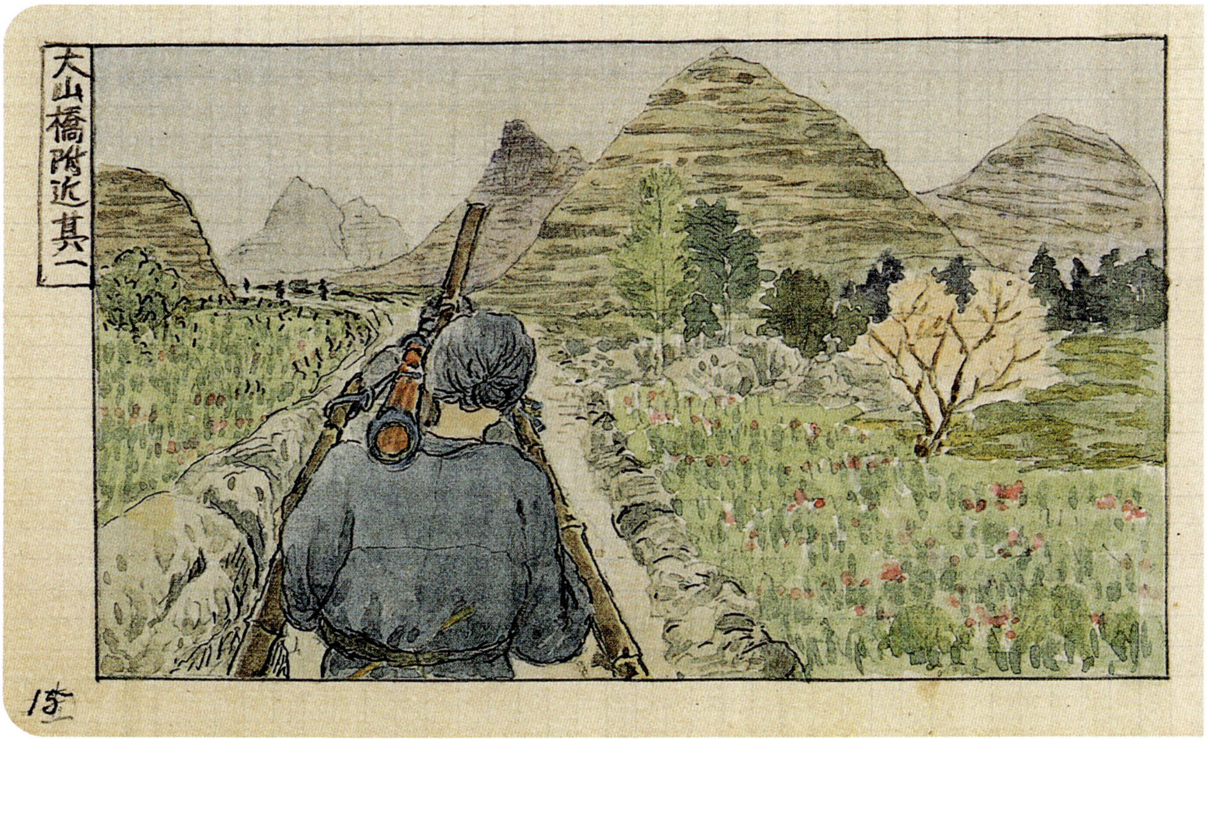
大山橋附近 其一
15

15大山桥附近（1）（4月6日）

本图是从安顺到镇宁途中在轿子里画的景观，很奇特，富有情趣。锥状的小山岗，一座接着一座。

其二
16

16大山桥附近（2）（4月6日）

据日志讲：附近由于降水稀少，所以河流也很少。在安顺府，因知县去城隍庙祈雨，未能谋面。在当地，祈雨是一种政府行为，令人惊讶。

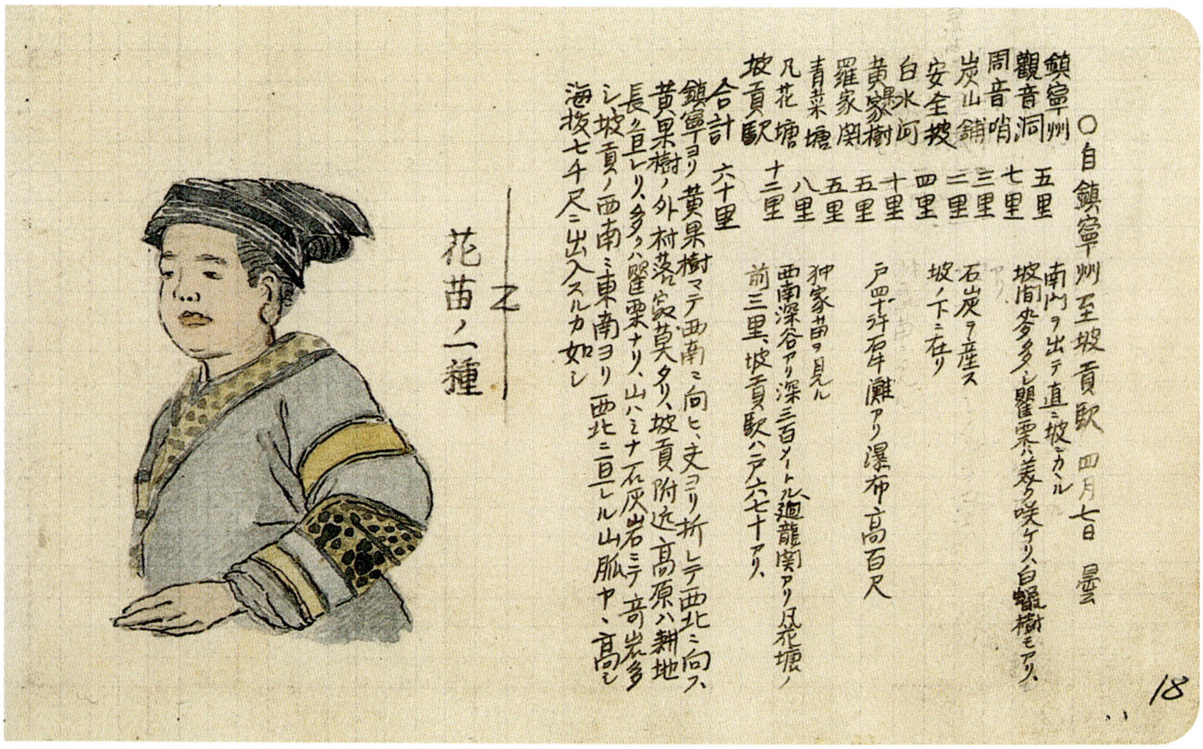
○自鎮寧州至坡貢駅 四月七日 曇
鎮寧州 五里 南門ヲ出テ直ニ坡ニカヽル
觀音洞 七里 坡間麥多シ罌粟ハ麥ヲ咲ケリ、白蠟樹モアリ、
周音哨 三里
炭山鋪 二里 石炭ヲ産ス
安全披 四里 坡ノ下ニ在リ
白水河 十里 戸四十許石牛灘アリ瀑布高百尺
黄果樹 五里 仲家苗ヲ見ル
羅家関 五里 西南深谷アリ深三百メートル、迴龍関アリ凡花壇ノ
青菜塘 八里
凡花塘 十二里 前三里、坡貢駅ハ戸六七十アリ、
坡貢駅
合計 六十里
鎮寧ヨリ黄果樹マテ西南ニ向ヒ、夫ヨリ折レテ西北ニ向ハ、黄果樹ノ外村落寂莫タリ、坡貢附近高原ハ耕地長ク亘レリ、多クハ罌粟ナリ、山ハミナ石灰岩ニテ奇岩多シ、坡貢ノ西南ニ東南ヨリ西北ニ亘レル山脈ヤ、高ヒ海抜七千尺ニ出入スルカ如シ
之
花苗ノ一種
18

18镇宁州—坡贡站（4月7日）

本图为苗族女子半身素描图。

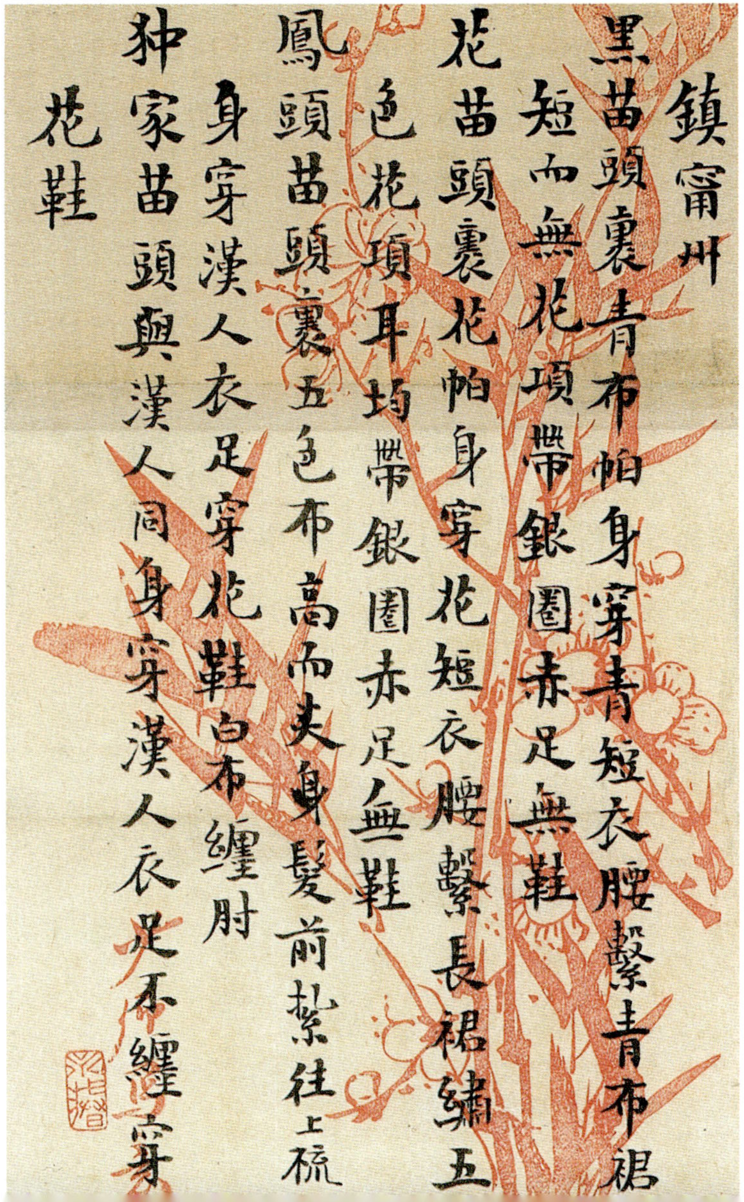
镇甯州
黑苗頭裹青布帕身穿青短衣腰繫青布裙
短而無花項帶銀圈赤足無鞋
花苗頭裹花帕身穿花短衣腰繫長裙繡五
色花項耳均帶銀圈赤足無鞋
鳳頭苗頭裹五色布高而大身髮前紥往上梳
身穿漢人衣足穿花鞋白布纏肘
狆家苗頭與漢人同身穿漢人衣足不纏穿
花鞋

17镇宁州（2）和知州的笔谈（4月6日）

这是与镇宁知州就苗族进行笔谈的一部分内容，知州向我们介绍了苗族的着装特点。

黃果樹比翼瀧
石牛潭
19

19黄果树的比翼泷（4月7日）

去黄果树村要经过一条很大的溪流，河上架有石桥。沿河流一直走，到达村口终于看到了两条泷。又名比翼泷，高百尺、宽约十尺。在龙口处有一个很大的深潭，名叫石牛潭。

郎岱厅

城方圆约三里，不足一千户人家，约有人口五千，苗人约占十分之一。

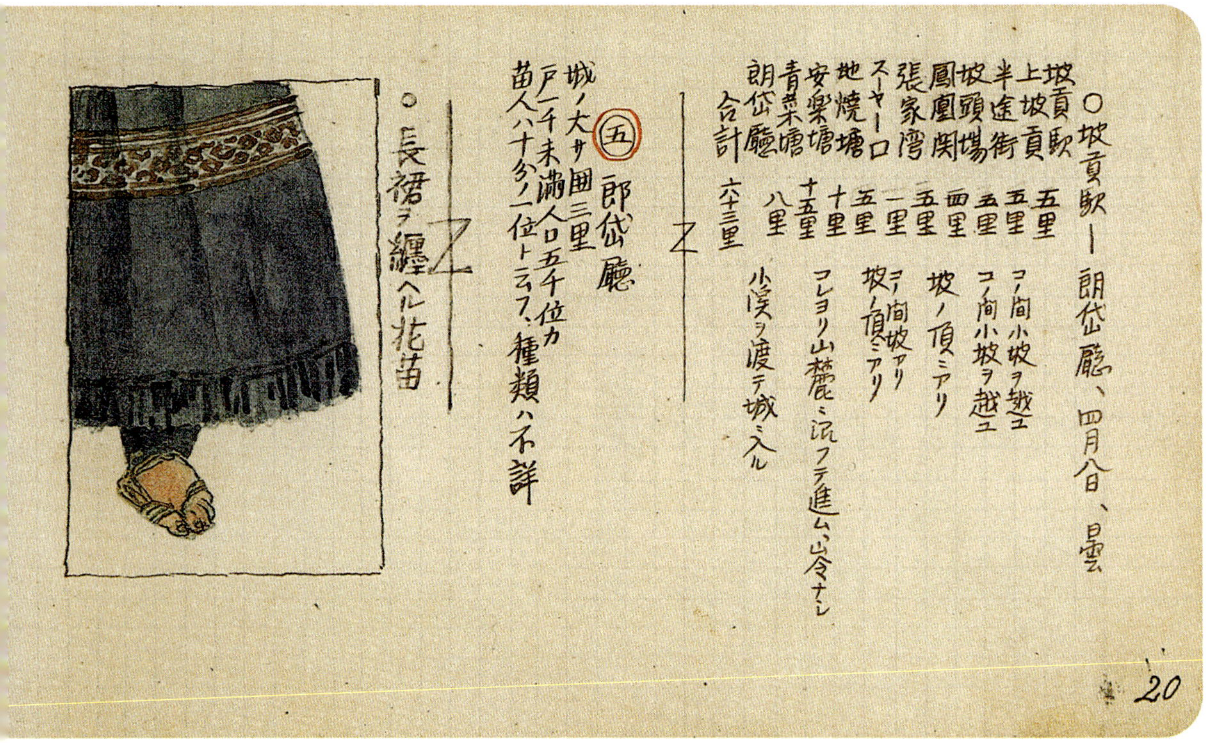

20坡贡站—郎岱厅（4月8日）

左图是花苗族女子下半身的素描画。下身穿着长裙，裸足，穿着草鞋。

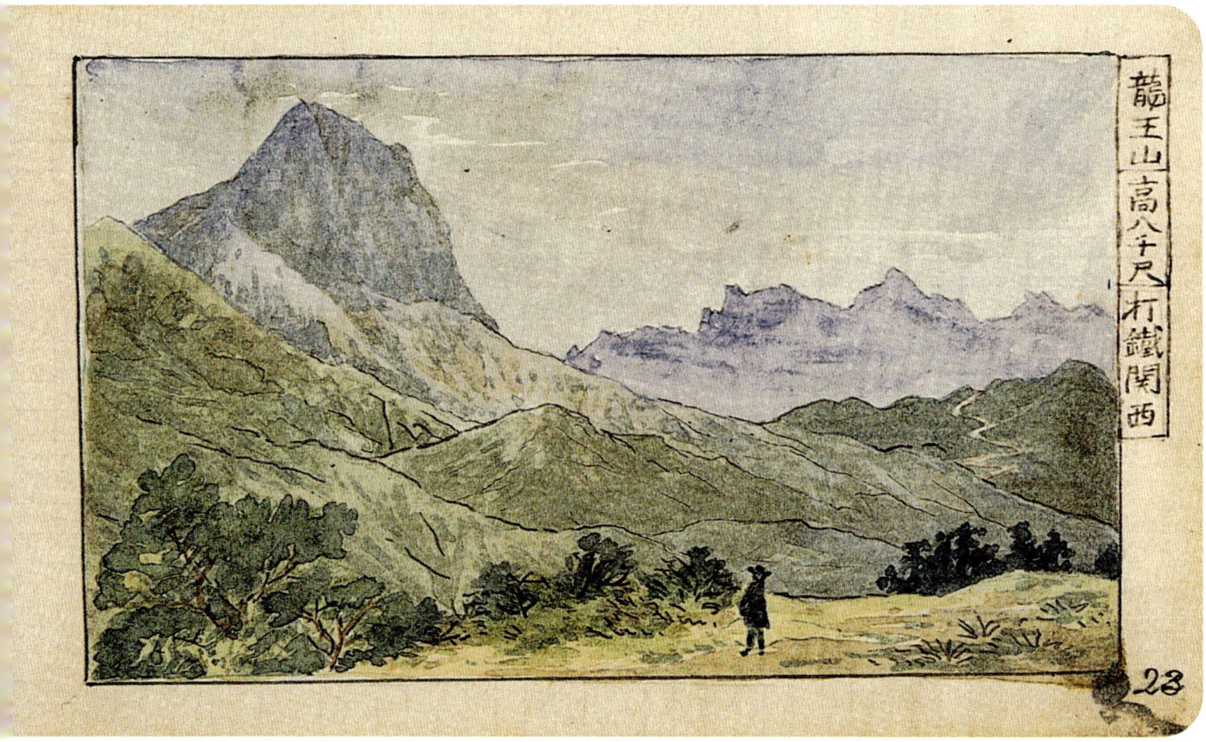

22打铁关　龙王山（4月9日）

从郎岱厅出发，向西行，是一条很险峻的坡道，向上攀登十五里，到达一个关门，即打铁关。下了坡道，是毛口河。龙王山是毛口河附近的第一高山，河的西侧耸立着一座名叫图天崖的绝壁。

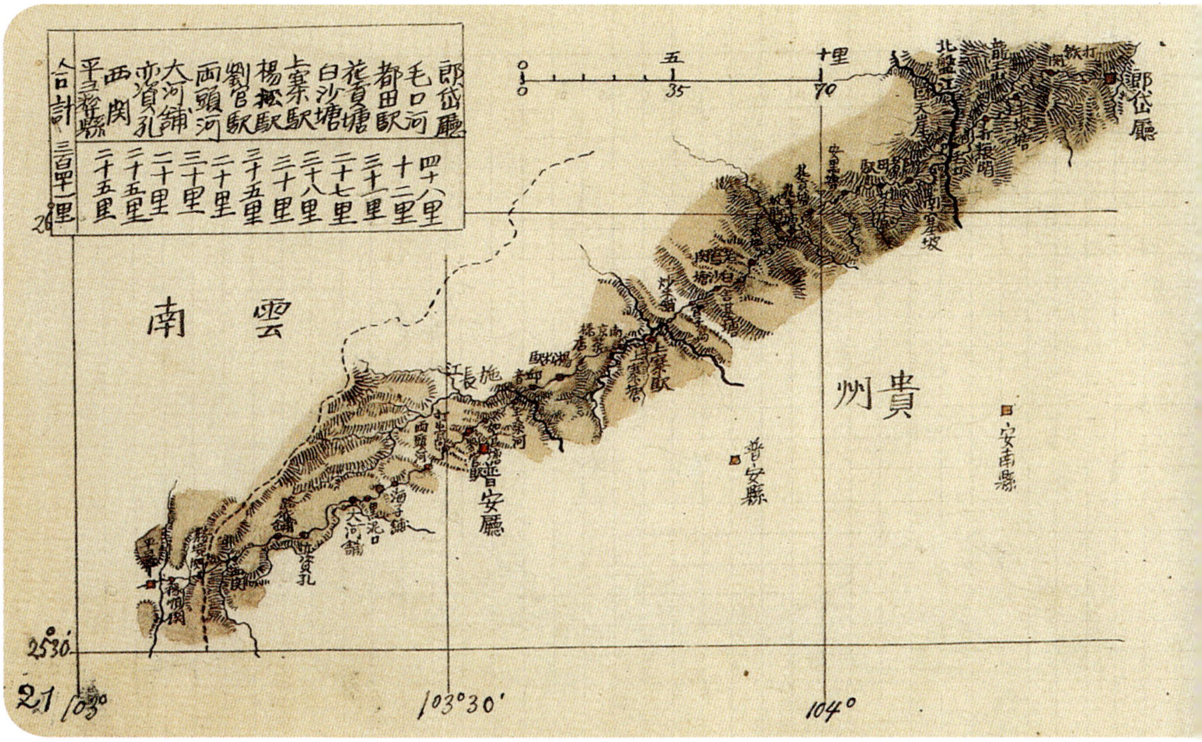

21 地图（郎岱厅—平彝）

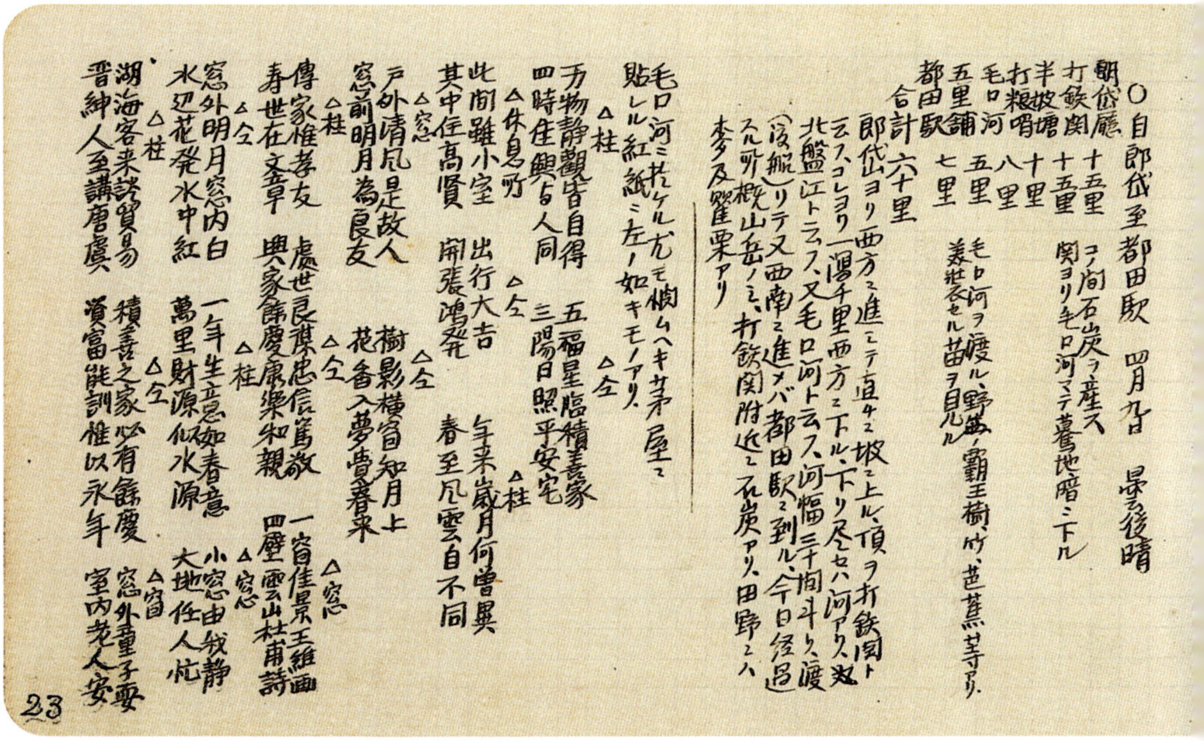
○自郎岱至都田駅　四月九日　曇後晴
朗岱廳　十五里　コノ間石炭ヲ産ス
打鉄関　十五里　関ヨリ毛口河マテ舊地層ニ下ル
羊坡塘　十里
打粮哨　八里
毛口河　五里　毛口河ヲ渡ル、野菊、覇王樹、竹、芭蕉等アリ
五里舗　五里　美装ヲ呈セル苗ヲ見ル
都田駅　七里
合計　六十里
郎岱ヨリ西方ニ進ミテ直チニ坂ニ上ル、頂ヲ打鉄関ト云フ、コレヨリ一瀉千里西方ニ下ル、下リ尽セハ河アリ、之ヲ北盤江ト云フ、又毛口河ト云フ、河幅三十間斗ク、渡ス（渡船）リテ又西南ニ進メハ都田駅ニ到ル、今日経過スル所概ネ山岳ノミ、打鉄関附近ニ石炭アリ、田野ニハ麦及罌粟アリ

毛口河ニ於ケル尤モ憫ムヘキ茅屋ニ貼レル紅紙ニ左ノ如キモノアリ。
△柱　万物静観皆自得　四時佳興与人同
△仝　五福星臨積善家　三陽日照平安宅
△仝　休息所　出行大吉
△柱　此間雖小室　其中住高賢
△仝　年来歳月何曽異　春至風雲自不同
△窓　戸外清風是故人　窓前明月為良友
△仝　樹影横窗知月上　花香入夢覚春来
△柱　傳家惟孝友　寿世在文章
△仝　処世良謨忠信篤敬　興家餘慶康楽和親
△窓　一窗佳景王維画　四壁雲山杜甫詩
△仝　窓外明月窓内白　水辺花発水中紅
△柱　一年生意如春意　萬里財源似水源
△窓　小窓由我静　大地任人忙
△柱　湖海客来談貿易　晋紳人至講唐虞
△仝　積善之家必有餘慶　資富能訓惟以永年
△窗　窓外童子要　室内老人安
23

23 郎岱厅—都田站（1）对联（1）（4月9日）
对联是写在红纸上的对偶语句，有很好的寓意且词句优美，贴在门的两侧。

贵州省

24 郎岱厅—都田站（2）对联（2）（4月9日）

过年贴的对联叫春联，因大多数人是文盲，家里人也不认识对联上的字，家里婚丧嫁娶，需贴对联时，请村里的知识人来写。

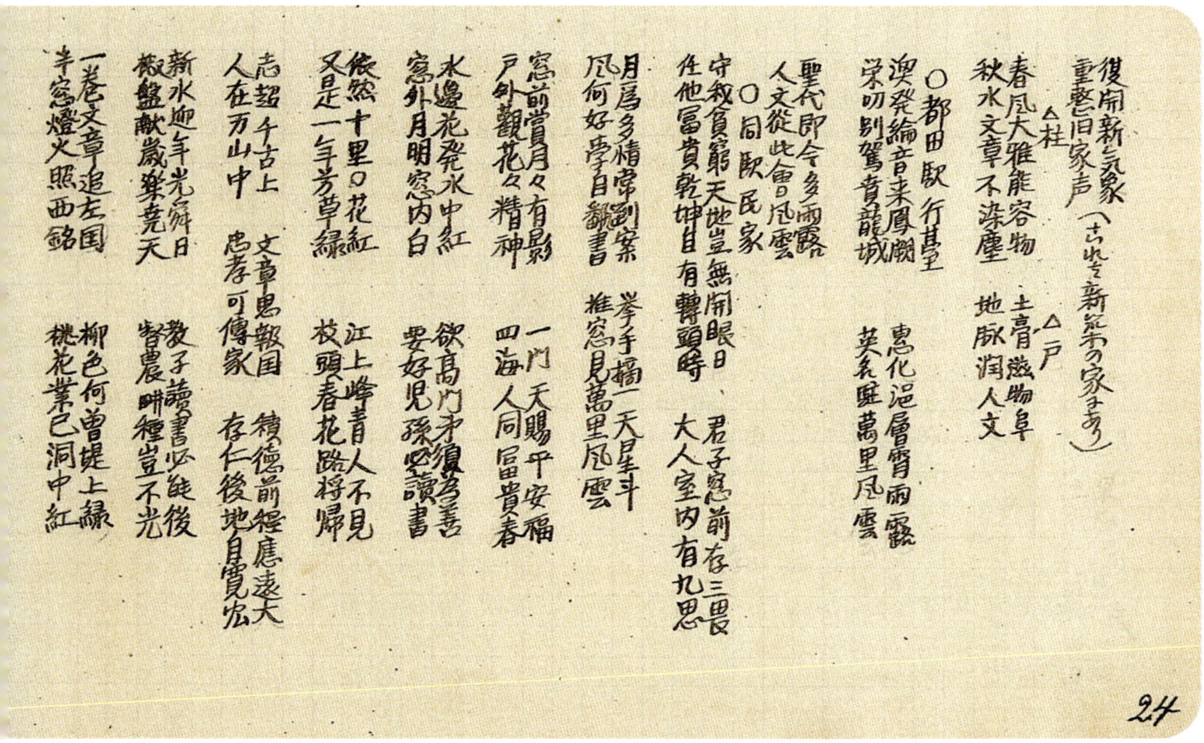
復開新氣象 重整旧家声（古い家を新築の家まで）
△柱
春風大雅能容物 秋水文章不染塵
△戸
土膏滋物阜 地脉潤人文
○都田駅 行甚堂
渙發綸音來鳳闕 榮叨別駕責龍城
恵化泥層霄雨露 英名聞萬里風雲
聖代即今多雨露 人文從此會風雲
○同駅 民家
守我貧窮天地豈無開眼日 任他富貴乾坤自有轉頭時
君子窓前存三畏 大人室内有九思
月属多情常到案 風何好學自翻書
拳手播一天星斗 推窓見萬里風雲
窓前賞月々有影 戸外觀花々精神
一門天賜平安福 四海人同富貴春
水邊花發水中紅 窓外月明窓内白
欲高門第須為善 要好兒孫必讀書
悠然十里々花紅 又是一年芳草緑
江上峰青人不見 枝頭春花路將帰
志韶千古上 人在万山中
文章忠報国 忠孝可傳家
積德前程應遠大 存仁後地自寛宏
新水迎年光舜日 椒盤獻歲樂堯天
教子讀書必能後 習農耕種豈不光
一巻文章追左国 半窓燈火照西銘
柳色何曾堤上緑 桃花葉已洞中紅
24

26 都田站—白沙站（2）（4月10日）

贴有一张禁止野火的布告。还贴着一张训诫平民百姓的告示，字迹工整、规范。左图为对联。

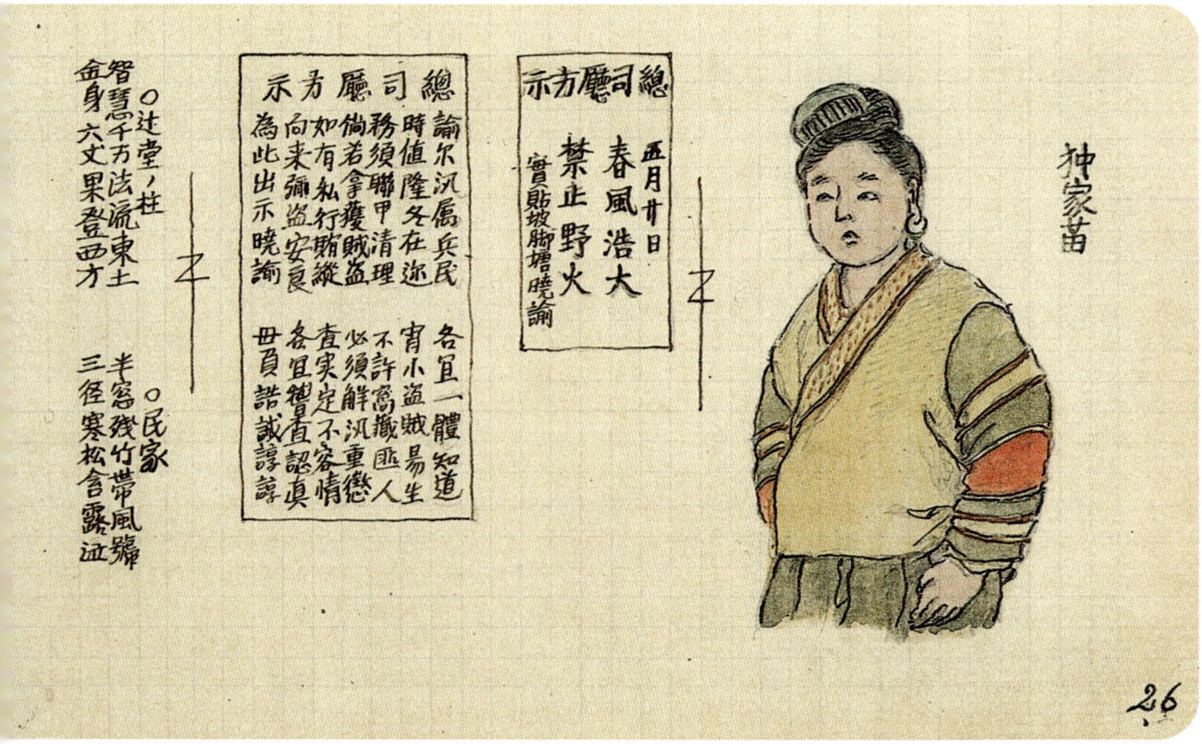
仲家苗
總司廳方示
五月廿日
春風浩大
禁止野火
實貼坡脚塘曉諭
總司廳方示
諭尔汎屬兵民 時值隆冬在迩 務須聯甲清理 倘若拿獲賊盗 如有私行賄縱 向来彌盗安良 為此出示曉諭
各宜一體知道 宵小盗賊易生 不許窩藏匪人 必須解汎重懲 查実定不容情 各宜體查認真 毋負諄誠諄諄
○过堂ノ柱
智慧千方法流東土 金身六丈果登西方
○民家
半窓殘竹帶風鳴 三径寒松含露泣
26

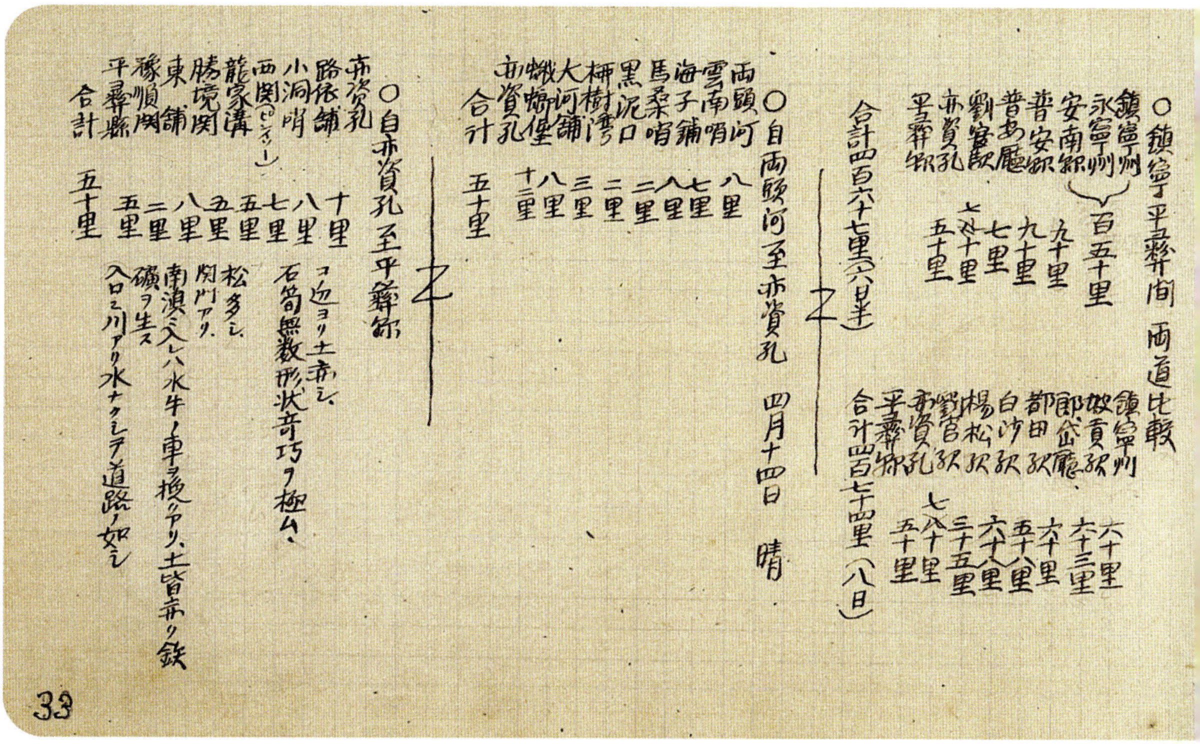

33两头河—亦资孔（4月14日）

刚过关，一望无际的平原尽收眼底，一片红土，路面有车辙的印记。贵州虽为无车省，却在此看到车。水牛拉车是十分原始的，车轮用厚板制作而成，车轴上有木板。

这部分有石狮，其外形似高台，值得观赏的建筑，其雕刻、绘制样式颇为优美，封檐板装饰于屋檐，建筑整齐。半拱制作也甚为奇特。

横梁附近妻梁前面刻着狮头，下部挑梁状的肘木是圆木，肘木前面雕刻着大象的头，肘木下边的画像雄伟，用三角形固定材料支撑。

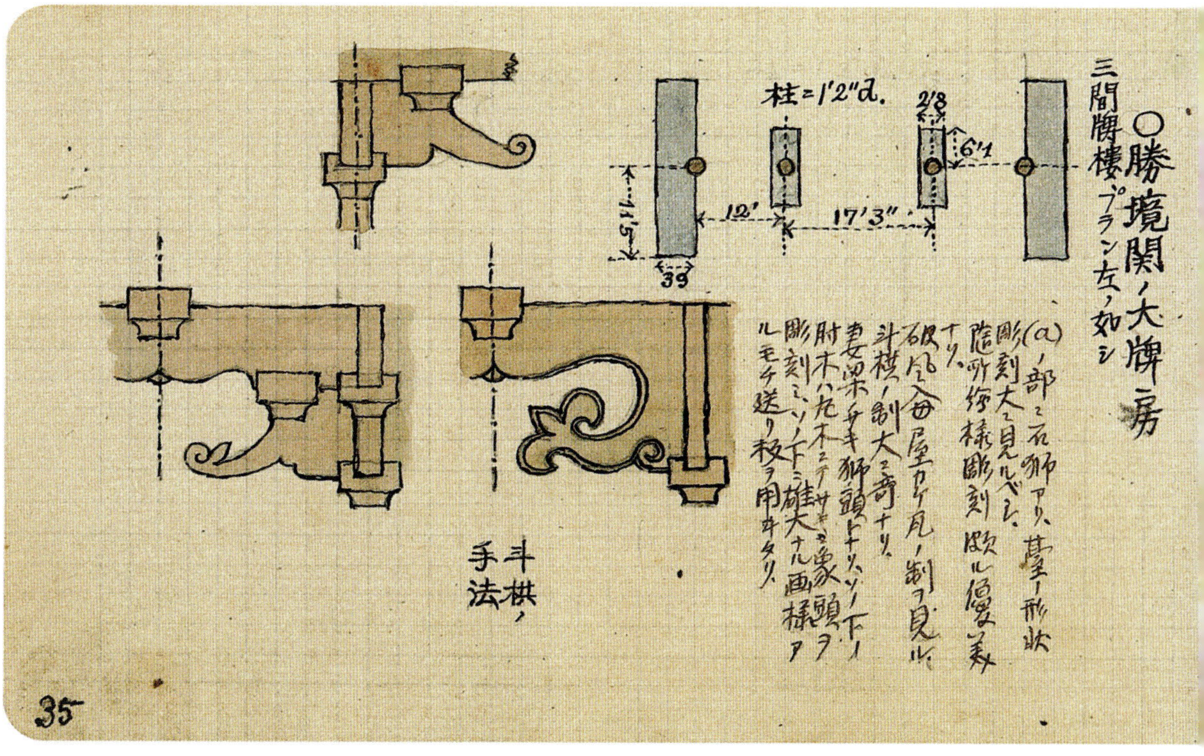

35胜境关　大牌楼（4月15日）

胜境关，是贵州与云南的分界线。大牌楼中柱的下面与两面有石狮，云南的石狮保存完好，贵州石狮严重破损。据说，当地人认为这是由于云南多刮风，而贵州多雨造成的。

36 平彝县—白水站（4月16日）

平彝县好像既没有官员外出办事的，驻扎地也没有驻扎馆，于是，我们在一家小旅馆留宿。天气酷暑难耐，同行的人感觉有点累。

平彝县

方圆三里，三百户人家，人口一千六百。城外十分热闹，贵州诸城外关小，云南面积大。
城内建筑值得观赏，大部分建筑与北方相似，仿佛看到有鬼龙子的屋顶脊兽。
途中一片红色沃土，发现到处有铁矿，随处可见煤炭铺于地表。石灰岩奇巧无比。
丘陵起伏缓和，树木较少，田中以种植罂粟为主，可看到蚕豆、豆、麦类农作物。
河水流淌，其中有些河流干枯，且有地下水。

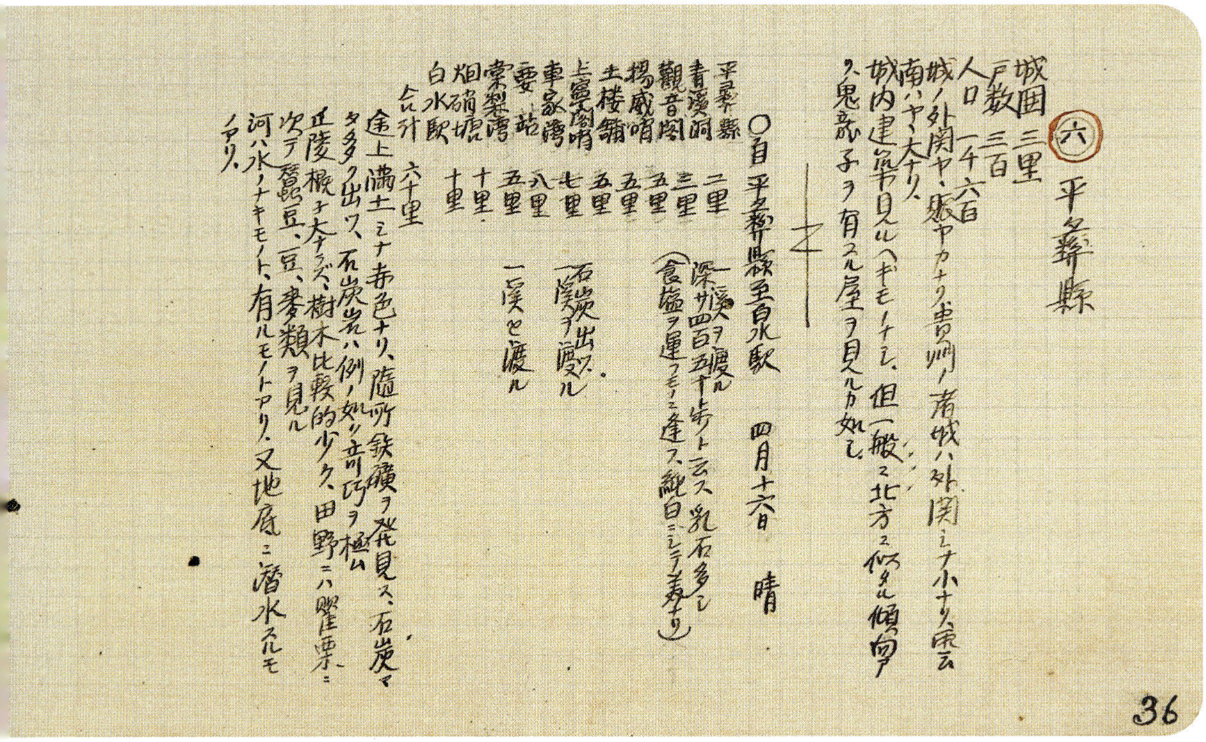
六
平彝縣
城囲 三里
戸数 三百
人口 一千六百
城ノ外関ヤヽ賑ヤカナリ。貴州ノ諸城ハ外関ニナ小ナリ、雲南ハヤヽ大ナリ。
城内建築見ルベキモノナシ。但一般ニ北方ニ似タル傾向アリ。鬼竜子ヲ有スル屋ヲ見ルカ如シ。
○自平彝縣至白水駅　四月十六日　晴
平彝縣
青溪洞 二里 一溪ヲ渡ル 深サ四百五十歩ト云ス。乳石多シ（食塩ヲ運ブモノニ逢ス。純白ニシテ美ナリ）
観音閣 三里
揚威哨 五里
土楼舗 五里
上寨関哨 七里 石炭出ス。
車家湾 八里 一溪ヲ渡ル
要站 五里 一溪ヲ渡ル
棠梨湾 十里
烟硝塘 十里
白水駅
合計 六十里
途上満土ニナ赤色ナリ。随所鉄礦ヲ発見ス。石炭ヲ多ク出ス。石炭岩ハ例ノ如ク奇巧ヲ極ム。
丘陵概子大ナラズ。樹木比較的少ク、田野ニハ罌粟ニ次デ蚕豆、豆、麦類ヲ見ル。
河ハ水ノナキモノト、有ルモノトアリ。又地底ニ潜水スルモノアリ。
36

38 青溪洞（4月16日）

青溪洞是享有盛名的钟乳洞，深450步，宽十多尺，洞窟里硕大的钟乳石从头顶低垂。根据日记记载，这里有道士，如果访客来访，便拿出献纳簿，恳求施主布施。

此钟形状奇怪，钟摆张开，其形状十分日式。
此钟有趣之处：（一）龙头。日本的龙头有手，也就是说，这个龙头融合了近代时期日本与中国的龙头样式。
（二）钟乳。日本的袈裟形手法没有钟乳，据说钟乳是周、汉时期特有，梵钟不用钟乳来装饰。
（三）撞坐。这个钟的撞坐位于最下方，与日本的大相径庭，具有中国钟的风格。
总之，中国的梵钟包括两种。一种是中国式传统大钟，即下面呈八叶形，上有鑑，呈兽形，另一种与图中佛钟相似。

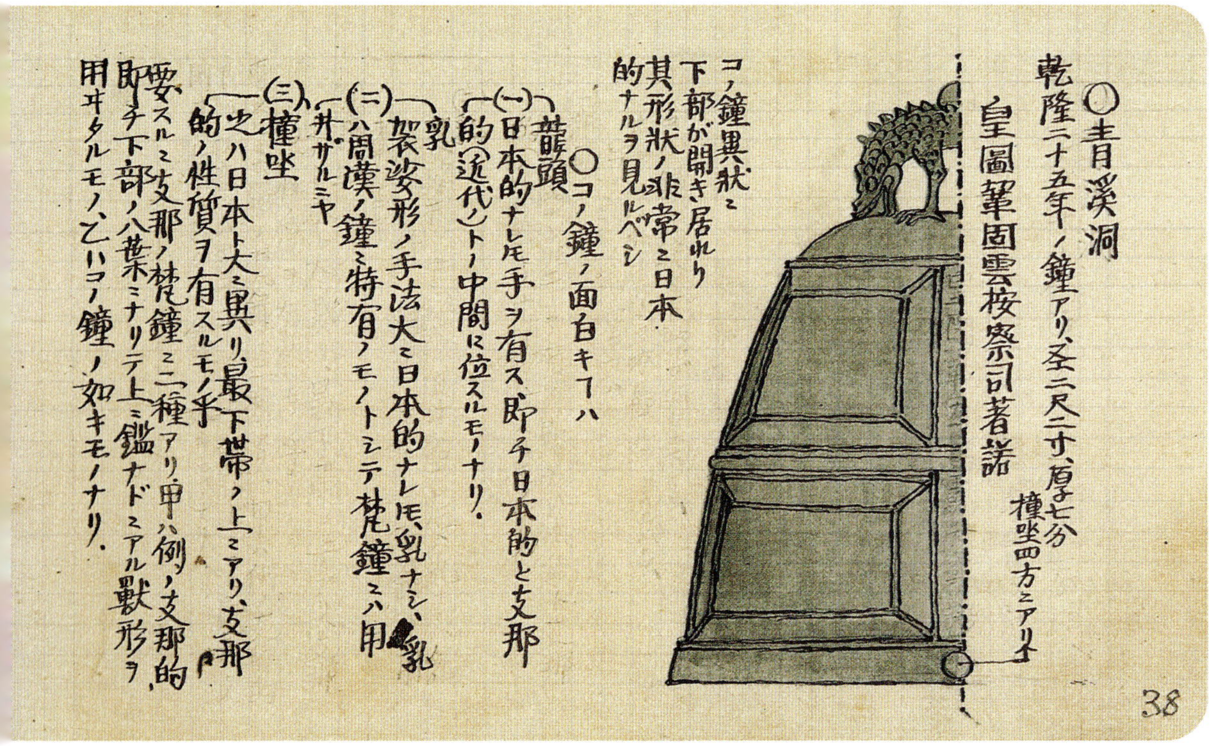
○青溪洞
乾隆二十五年ノ鐘アリ、径二尺二寸、厚さ七分
皇圖鞏固雲桜察司著諾
撞坐四方ニアリ
コノ鐘異状ニ下部が開き居れり。其形状ノ非常ニ日本的ナルヲ見ルベシ
○コノ鐘ノ面白キ点ハ
(一)龍頭 日本的ナレモ手ヲ有ス。即チ日本的と支那的(近代ノ)トノ中間に位スルモノナリ。
(二)乳 袈裟形ノ手法大ニ日本的ナレモ、乳ナシ。乳ハ周漢ノ鐘ニ特有ノモノトシテ梵鐘ニハ用井ザルニヤ
(三)撞坐 之ハ日本ト大ニ異リ、最下帯ノ上ニアリ、支那的ノ性質ヲ有スルモノ乎
要スルニ支那ノ梵鐘ニ二種アリ。甲ハ例ノ支那的ノ即チ下部ノ八葉ニナリテ上ニ鑑ナドニアル獣形ヲ用ヰタルモノ、乙ハコノ鐘ノ如キモノナリ。
38

37地图（平彝县—杨林站）

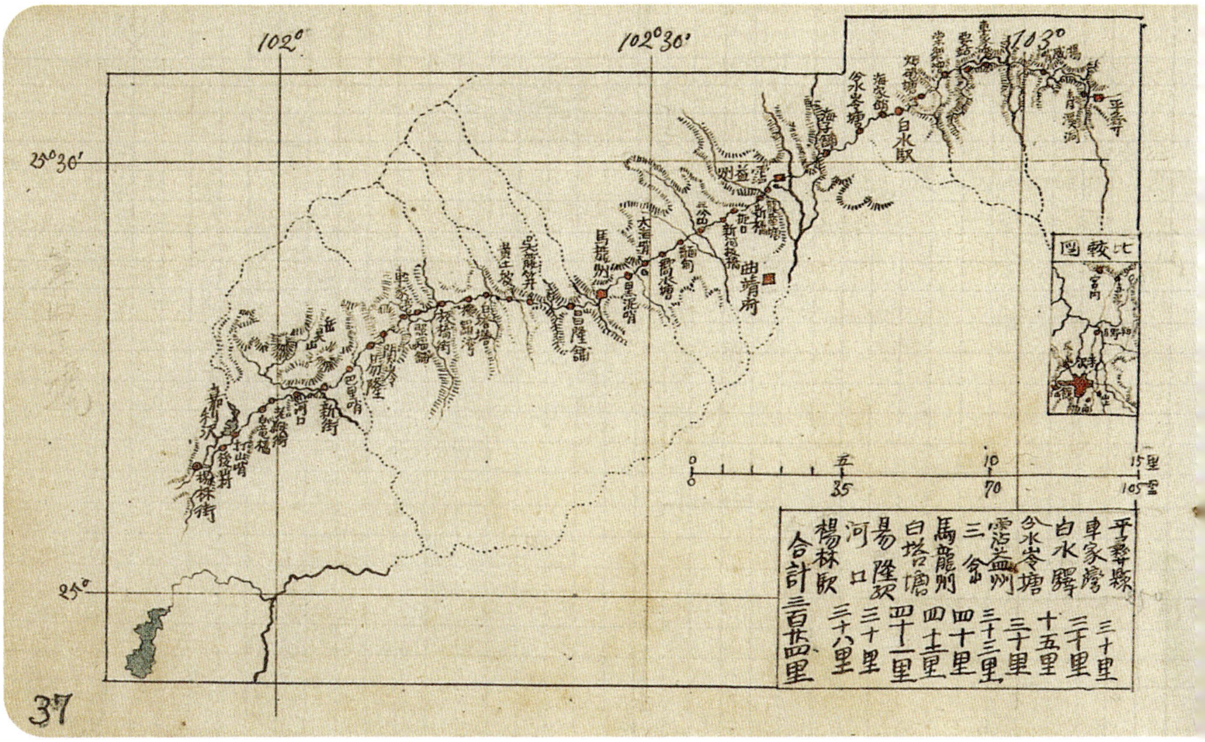

39腰站（4月16日）

腰站在距离平彝35里处的一带。沿途的村子看起来非常的穷困，村民中没有一个人是穿着体面的衣服，破衣烂衫遮不住身体。但这里的狗虽说瘦，却总有力气冲着往来的行人狂吠。

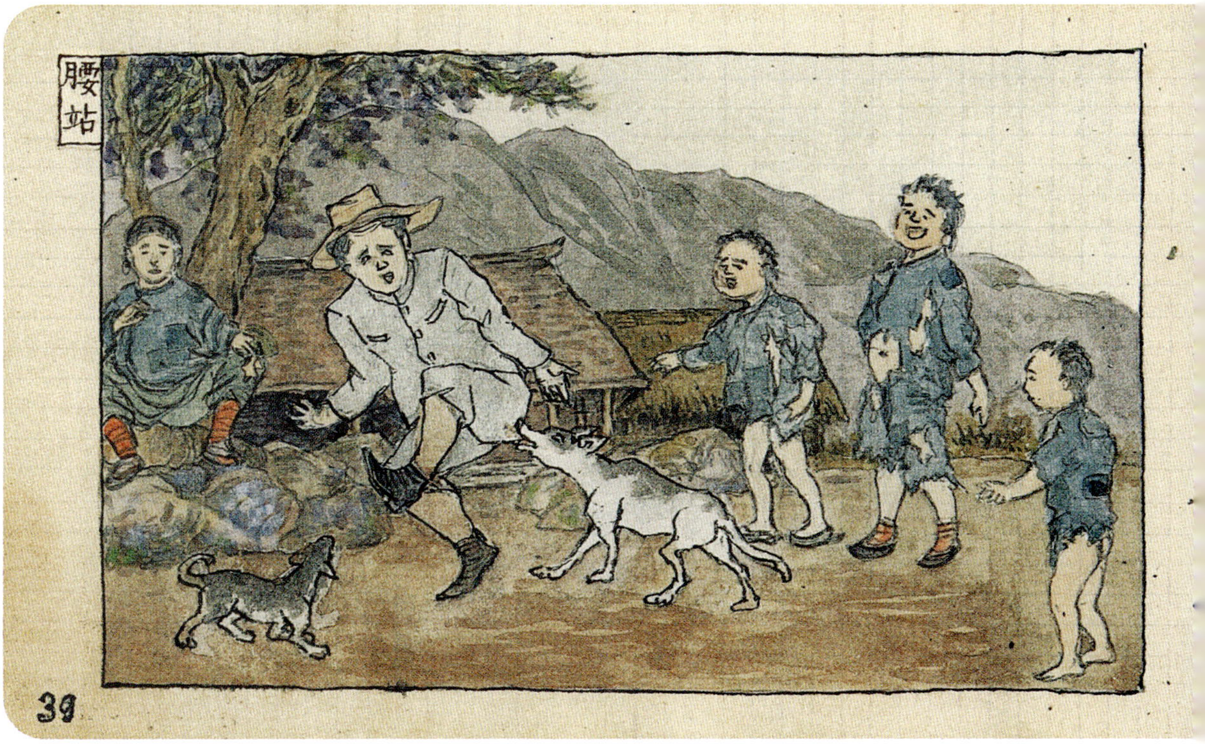

这里生产煤炭，到处是红土，松树颇多，松子有五六寸大小，有一条小溪流过，因此形成广阔的平原和稻田，渡过小溪就进入到城里。

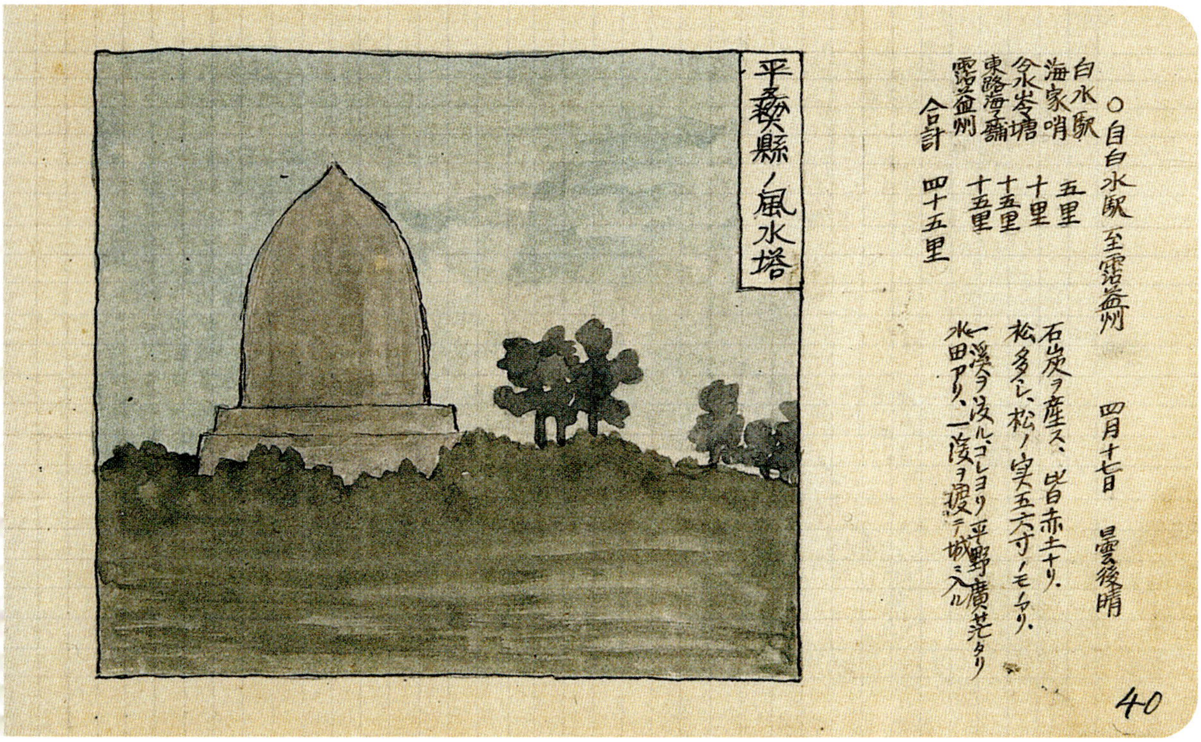
○自白水駅至霑益州　四月十七日　曇後晴
白水駅　五里
海家哨　十里
余岔塘　十五里
東路海舗　十五里
霑益州
合計　四十五里
石炭ヲ産ス、皆赤土ナリ。
松多シ、松ノ実五六寸ノモノアリ。
一溪ヲ渡ルコレヨリ平野廣茫タリ
水田アリ、一溪ヲ渡テ城ニ入ル
平彝縣ノ風水塔
40

40白水站—霑益州　风水塔（4月17日）

平彝县的风水塔形态如图中所示，可以看出顶端稍有小尖的样子与贵州细长德利形在意图上有很大不同。

三岔

在这个地方房屋多是把用来加固泥土的金属制品，当砖瓦的土块堆积起来，形成外墙，并不是用石灰石作成的。

门以及重要的建筑所采用的手法与清朝北方相似，斗拱与明代建筑相似，屋脊上有鬼龙子，另外，屋檐的下方有如图所示的鱼形。

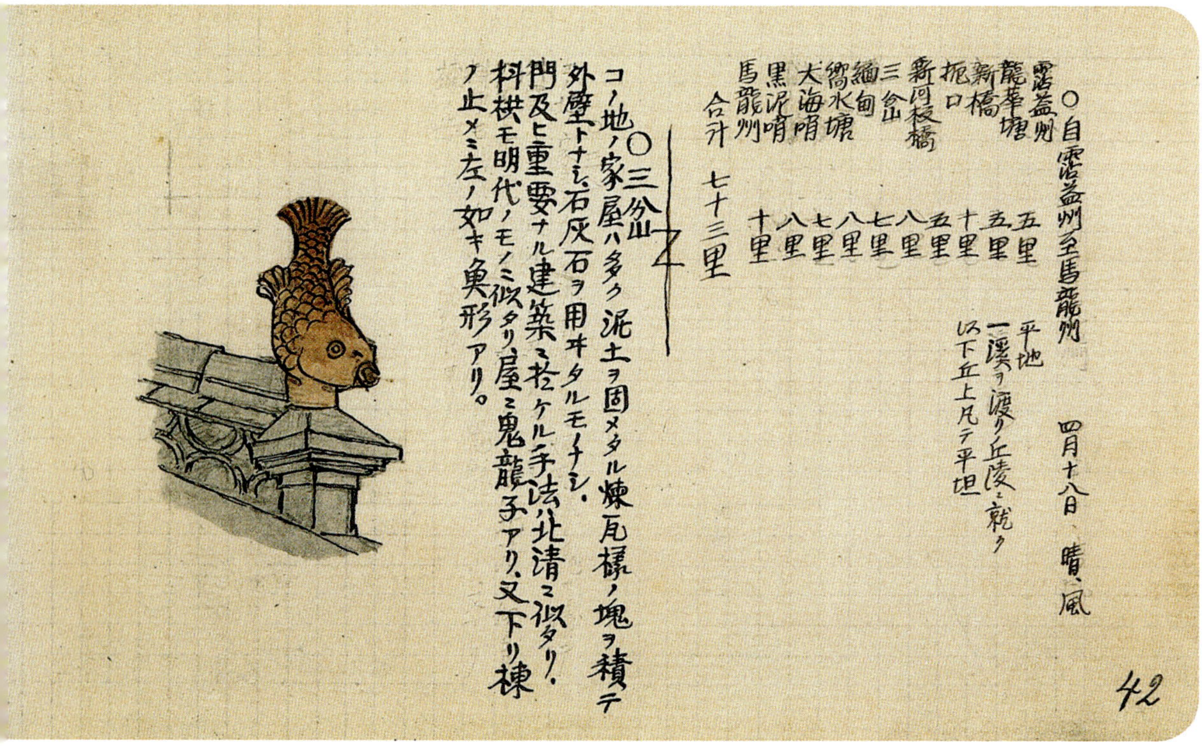
○自霑益州至馬龍州　四月十八日　晴、風
霑益州　龍華塘　新橋　掘口　三岔　大海哨　黒泥哨　馬龍州
五里　五里　十里　五里　八里　七里　八里　七里　八里　十里
合計　七十三里
平地
一溪ヲ渡リ丘陵ニ就ク
以下丘上凡テ平坦
○三岔山
コノ地ノ家屋ハ多ク泥土ヲ固メタル煉瓦様ノ塊ヲ積テ
外壁トナシ、石灰石ヲ用ヰタルモノナシ。
門及ヒ重要ナル建築ニ於ケル手法ハ北清ニ似タリ。
枓栱モ明代ノモノニ似タリ。屋ニ鬼龍子アリ、又下リ棟
ノ止メニ左ノ如キ魚形アリ。
42

42霑益州（2）/三岔堡（1）（4月18日）

霑益州

城内方圆一里半，人口六百户，人数三千五百人。城内没有可看的东西，但龙萃书院，城的西门等地方多少还有一些明时的古迹，有值得看的斗拱，还有屋顶中央的装饰，与其他不同，如图所示。

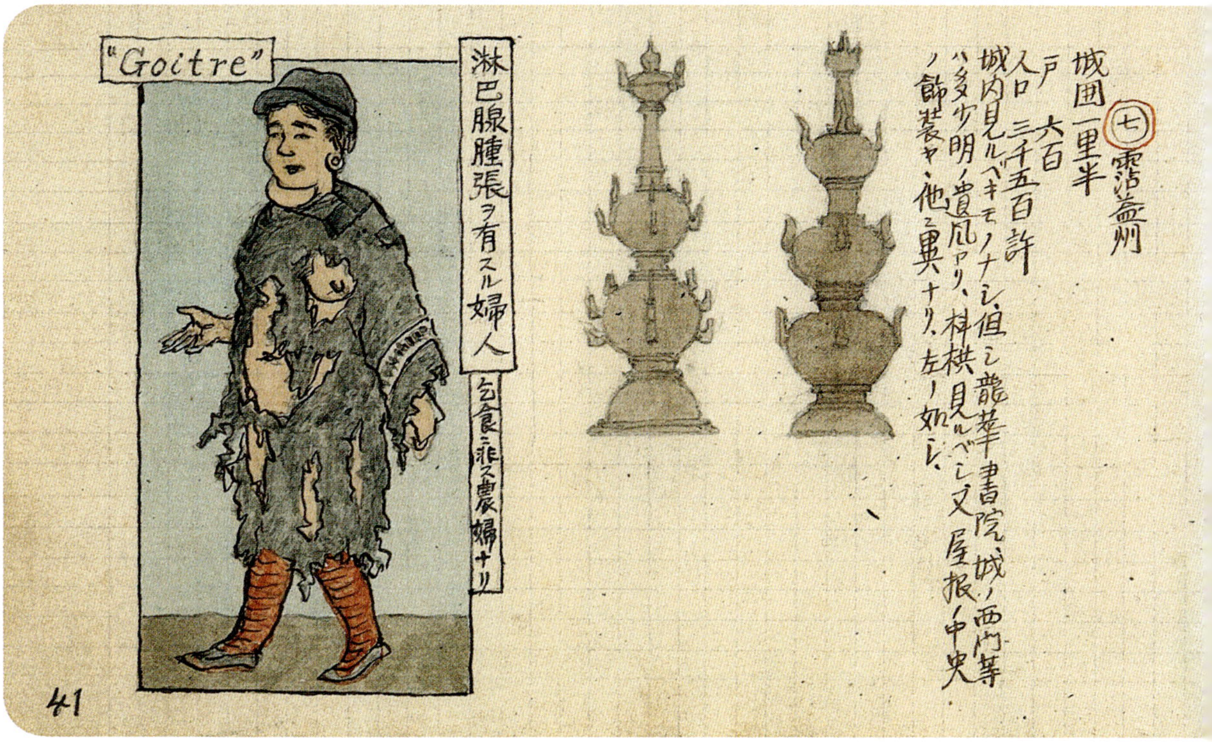
"Goitre"
淋巴腺腫張ヲ有スル婦人
乞食ニ非ズ農婦ナリ
⑦霑益州
城囲一里半
戸 六百
人口 三千五百許
城内見ルベキモノナシ但シ龍華書院城ノ西門等ハ多少明ノ遺風アリ、斗栱見ルベシ又屋根中央ノ飾装ヤ他ニ異ナリ、左ノ如シ
41

41霑益州（1）（4月17日）

在这一带能看到淋巴腺肥大的人。似乎妇女得这种病的人居多，这只是一种地方病，不会给健康带来太大的损害。在四川省很常见。『goitre』是法语甲状腺肿大的意思。

另外，用圆形的椽子做成的装饰，所有的手法很值得一看。

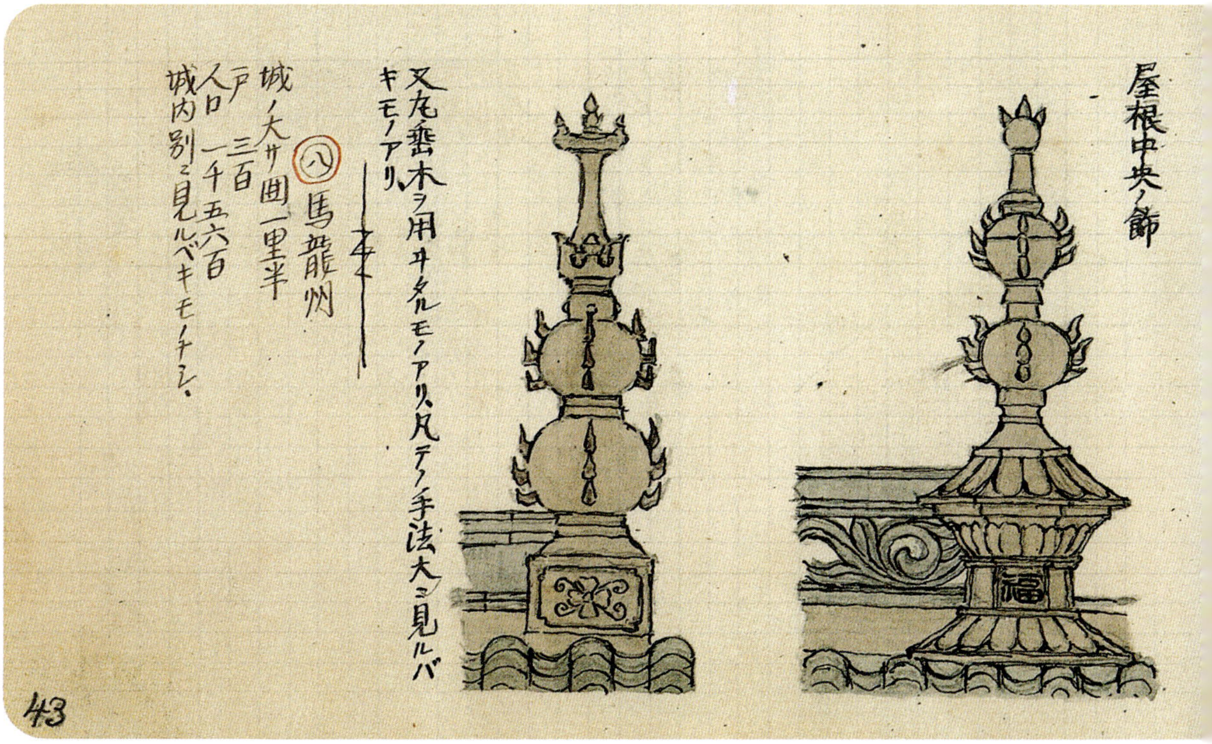
⑧馬龍州
城ノ大サ囲一里半
戸 三百
人口 一千五六百
城内別ニ見ルベキモノナシ
又丸垂木ヲ用ヰタルモノアリ、凡テノ手法大ニ見ルベキモノアリ
屋根中央ノ飾
福
43

43在岔堡（2）马龙州（1）

马龙州

城内方圆一里半，住户三百家，人口一千五六百，城内没有值得一看的东西。

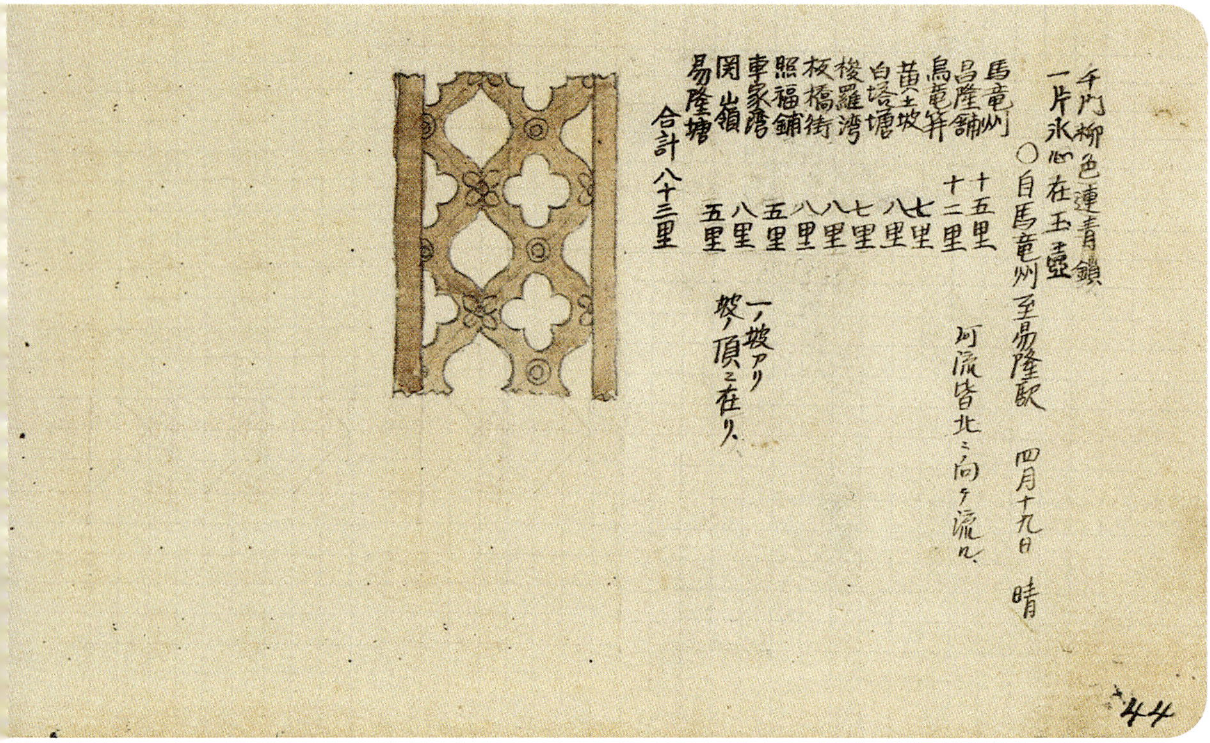

44马龙州（2）—易隆堡（4月19日）

『一片冰心在玉壶』是唐代诗人王昌龄的绝句的最后一句。大概是从对联中得来的吧。

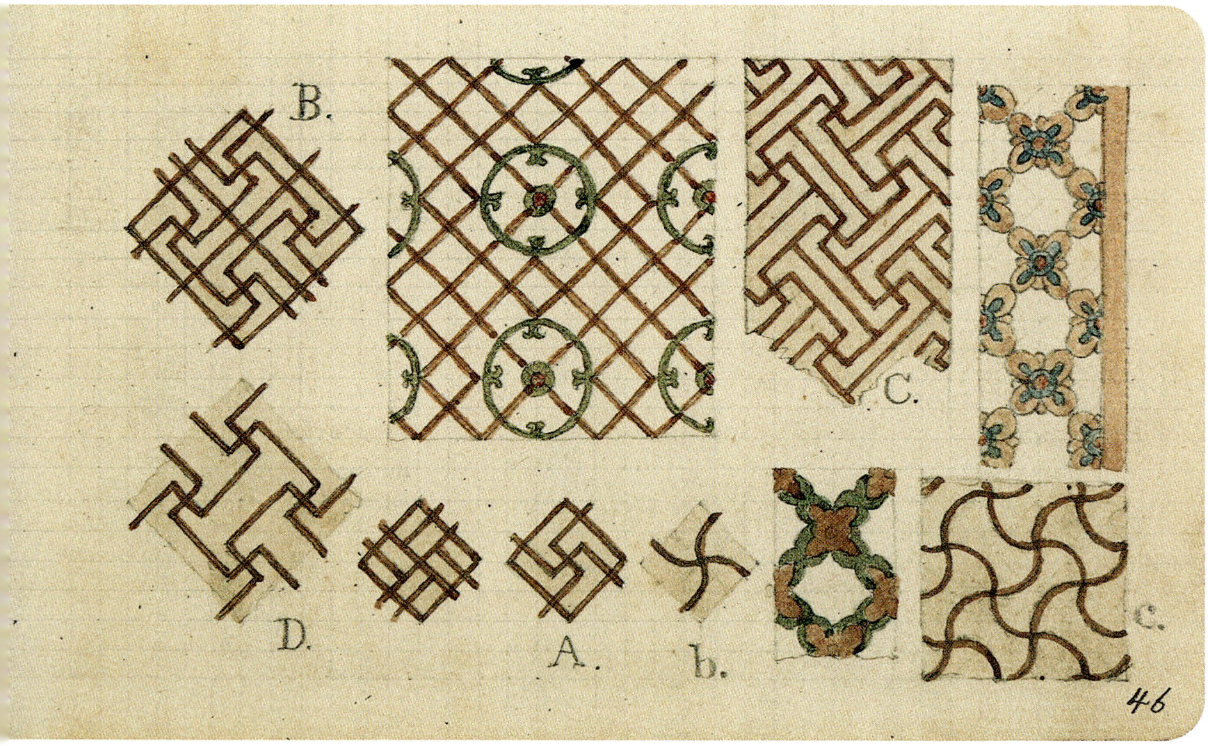

46关岭（2）（4月19日）

在关岭有一个回廊，已经荒废，十分破损。窗户的格子图案却十分的有趣。

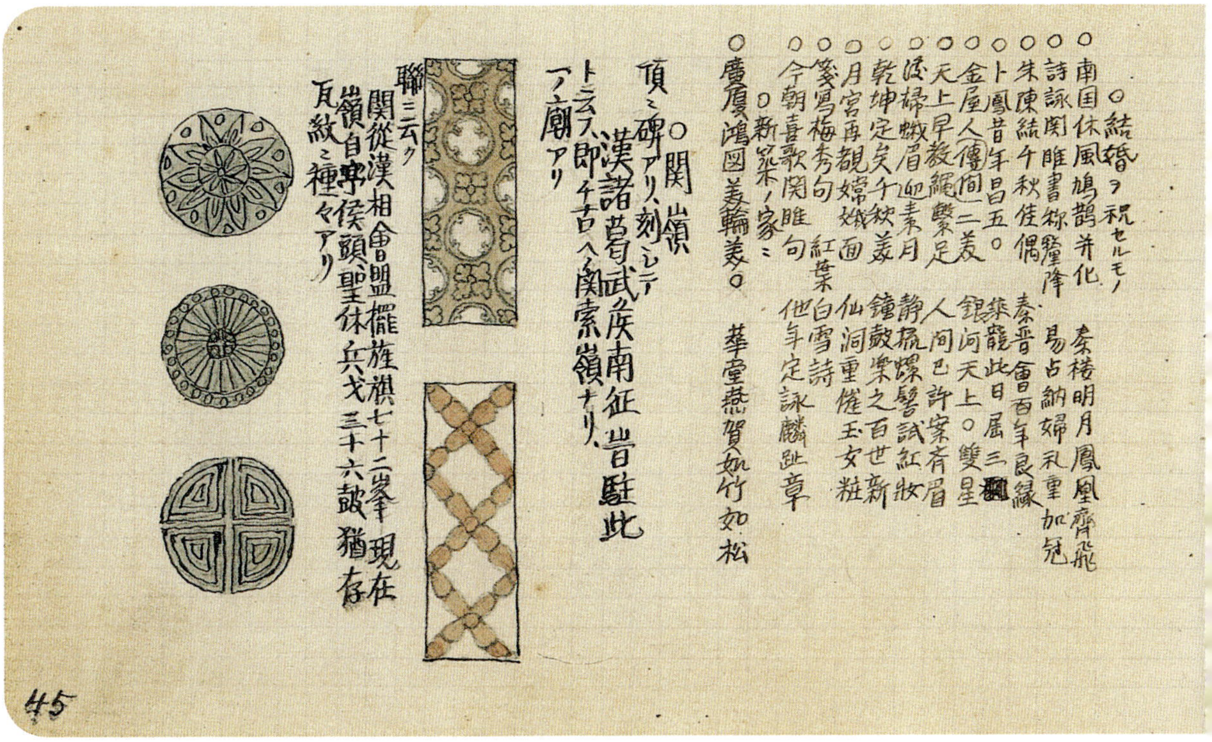
○結婚ヲ祝セルモノ
○關嶺
45

45关岭（1）（4月19日）

关岭在小丘的顶端，过去叫关索岭。有一座碑，上面刻着诸葛孔明南征的时候，曾将军队驻扎在这里。真假无从得知，叫关索岭这个名字的地方有很多。右半边是副对联。

嶽靈山
噯呼、何ゾ我カ比叡山ニ似ルノ酷キヤ
47

47岳灵山（4月20日）

岳灵山的形态不但与日本比睿山十分相似，而且连从大文字山到东山的连绵山脉也十分相像，宛如误认为现在正置身于京都的暇想，使人豁然开朗。

云南省

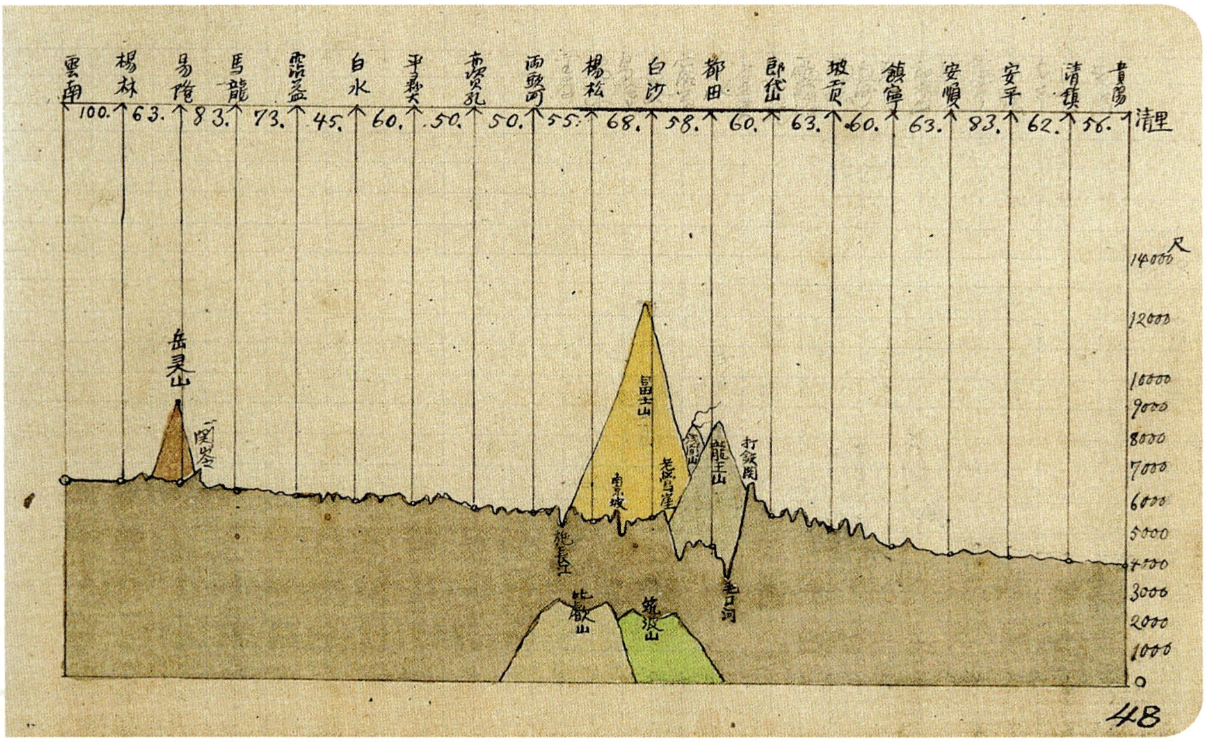

48海拔图（贵阳—云南）

从贵州到云南是一片高原地带。也就是说我们每日都行走在全部在海拔五千尺以上的高原地带。

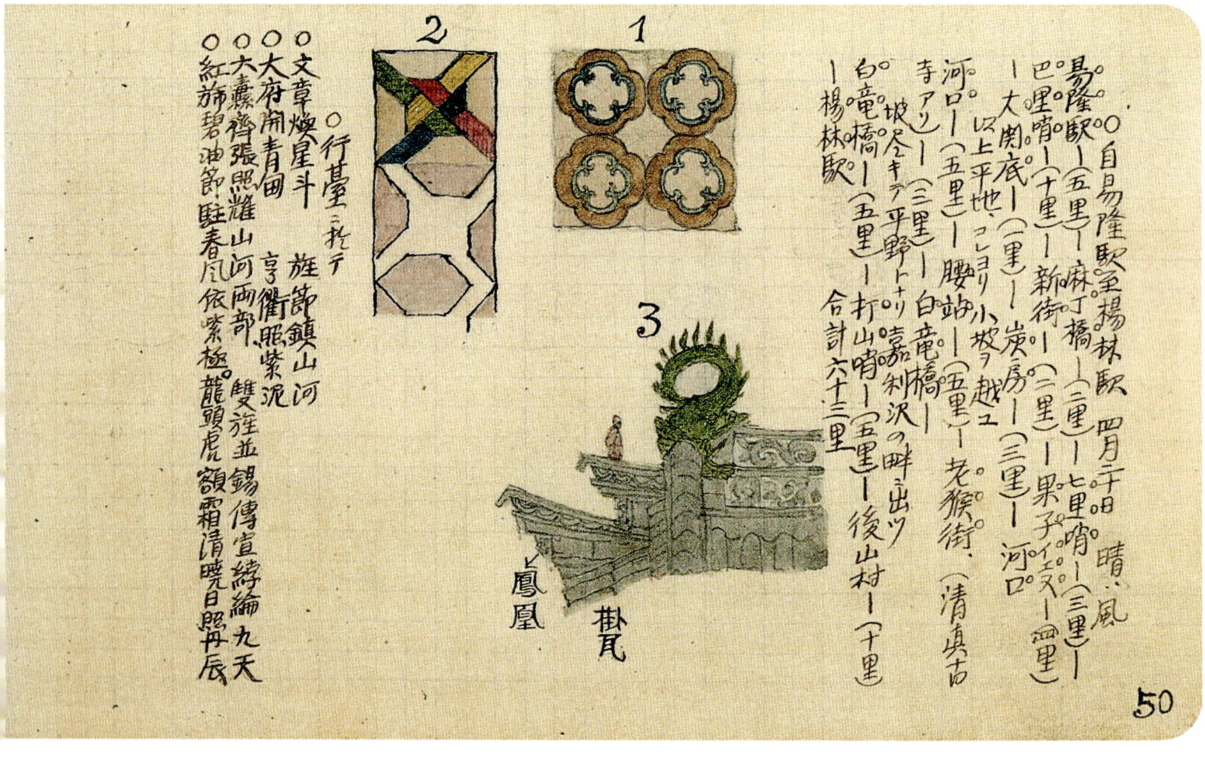

50易隆堡—杨林站（4月20日）

嘉利沼泽地的范围大概有日本的一里左右，在地图上显示没那么大。曾经比这个还要大许多吧。很久没有看到广阔的湖面，心情特别好，走着走着就来到杨林站了。图为在杨林站所拍到的。

49地图（杨林站—广通）

这样比较来看的话，琵琶湖相当于云南滇池大小。另外，云南府就包括现在的昆明市。

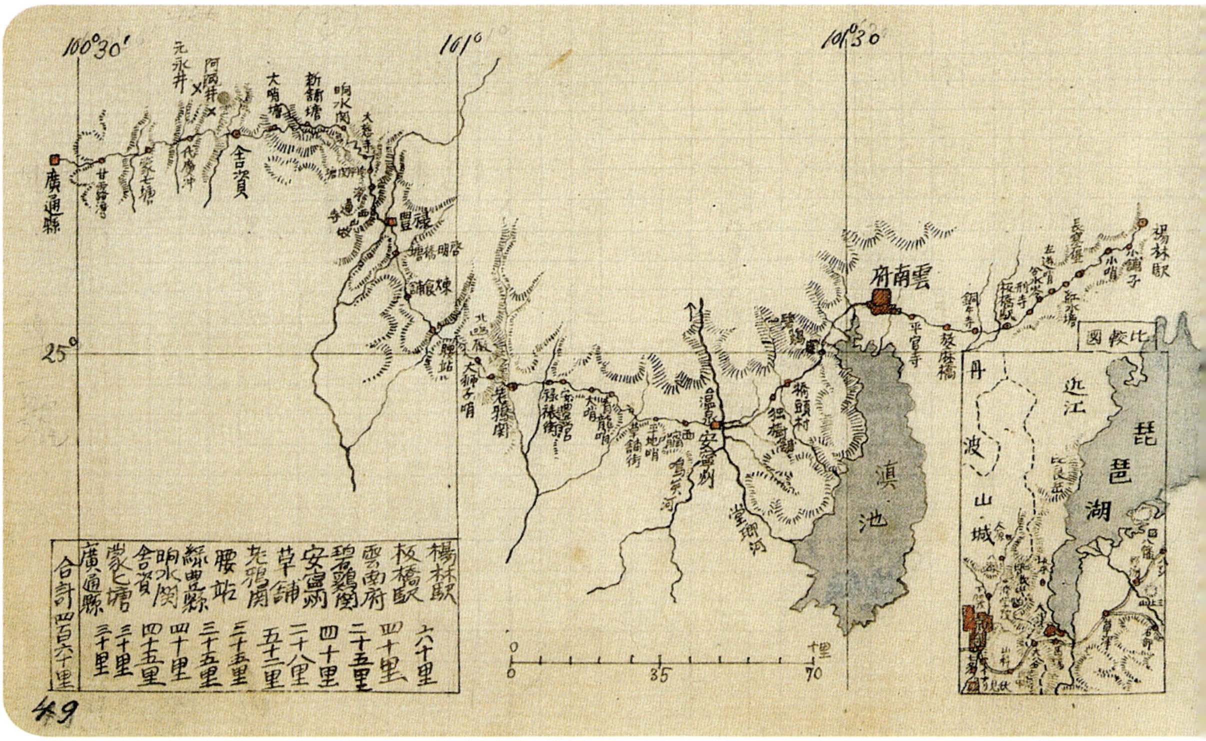

51地图（板桥站—云南府）

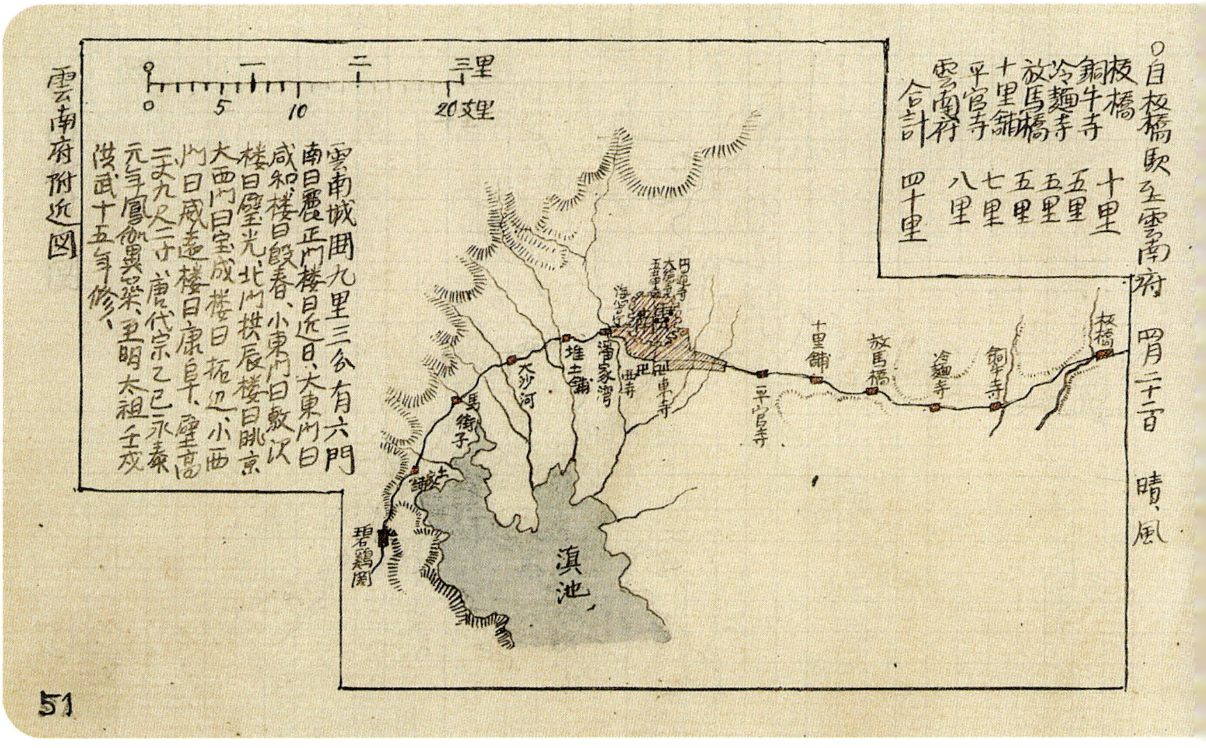

丰乐寺（铜牛寺）本堂衰落，对一座和二座采用圆形椽子，在其末尾如图上所示将瓦纹覆盖。

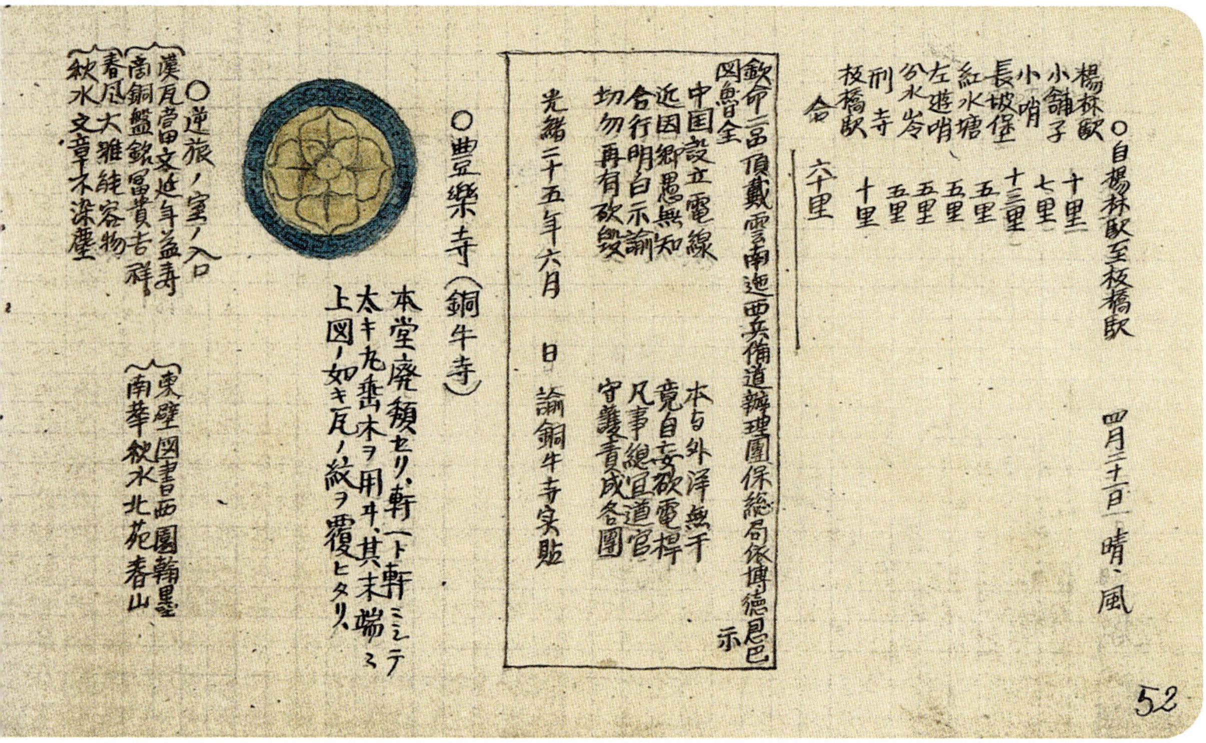
○自楊林駅至板橋駅
四月二十一日 晴、風
楊林駅 十里
小舗子 十里
小哨 七里
長坡堡 十三里
紅水塘 五里
左遊哨 五里
分水岺 五里
刑寺 五里
板橋駅 十里
合 六十里
欽命二品頂戴雲南迤西兵備道辦理團保総局依博德恩巴図魯全 示
中国設立電線 本与外洋無干
近因郷愚無知 竟自妄砍電桿
合行明白示諭 凡事總宜遵官
切勿再有砍毀 守護責成各團
光緒二十五年六月 日 諭銅牛寺実貼
○豊楽寺（銅牛寺）
本堂廃頽セリ。軒（下軒ニミテ）太キ丸垂木ヲ用井、其末端ニ上図ノ如キ瓦ノ紋ヲ覆ヒタリ。
○逆旅ノ室ノ入口
漢瓦当田文延年益寿
商銅盤銘富貴吉祥
春風大雅能容物
秋水文章不染塵
（東壁図書西園翰墨
南華秋水北苑春山）
52

52杨林站—板桥站（4月21日）

如图是云南府前的铜牛寺村所张贴的布告。禁止推倒清政府架电线的柱子，颇有讨论电线还会不会被切断的含义。

新白塔（东寺）

与旧白塔相同，只是近几年进行修缮，有了一些大的改变，最上层的屋顶四角安放了凤凰，有七轮炭炉、天盖、二重宝瓶。天盖四角的风铃品质粗糙，没有露盘。

东寺本名常乐寺，西寺本名慧元寺，都是唐代贞元初年所建，康熙六年重修，据说塔高十三丈。（在日本江州石部的西面有东西两寺，东寺为常乐寺，西寺为长寿寺，与这个地方的名称相等。）

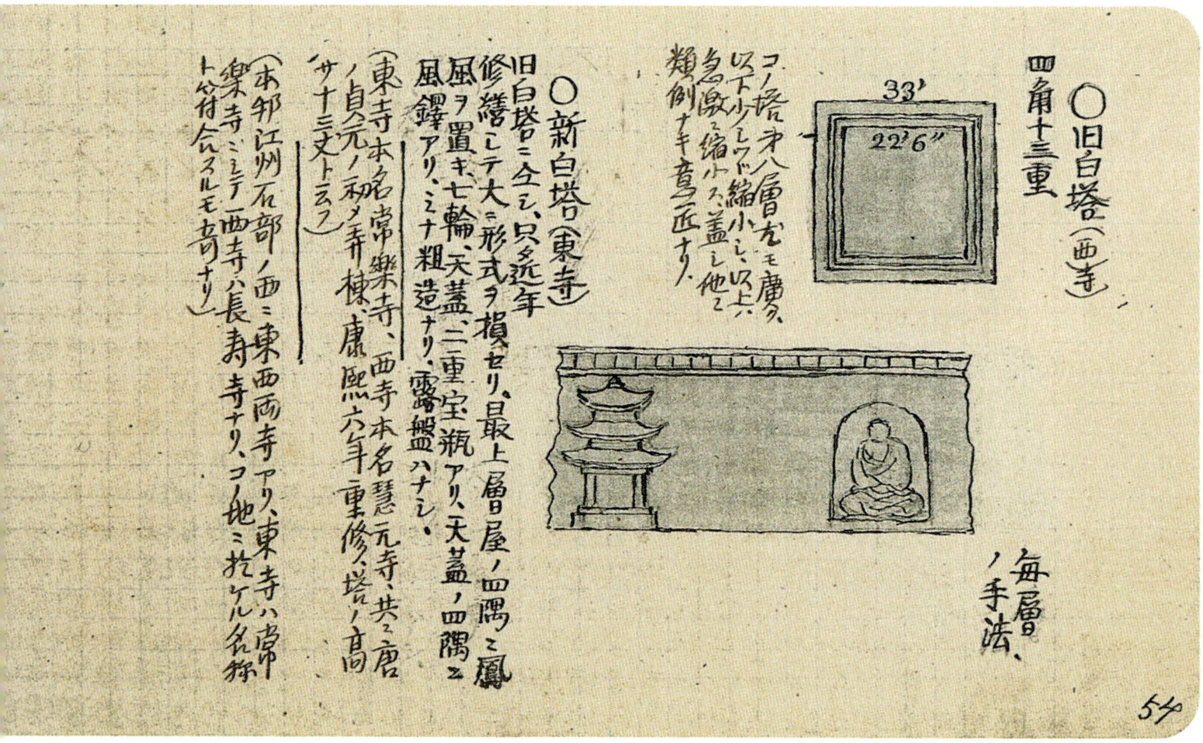
○旧白塔（西寺）
四角十三重
33'
22'6"
コノ塔ハ第八層尤モ広ク、以下少シヅヽ縮小シ、以上ハ急激ニ縮小ス。蓋シ他ニ類例ナキ意匠ナリ。
毎層ノ手法
○新白塔（東寺）
旧白塔ニ全シ、只ダ近年修繕ニテ大ニ形式ヲ損セリ。最上層屋ノ四隅ニ鳳凰ヲ置キ、七輪、天蓋、二重宝瓶アリ。天蓋ノ四隅ニ風鐸アリ。ミナ粗造ナリ。露盤ハナシ。
（東寺本名常楽寺、西寺本名慧元寺、共ニ唐ノ貞元ノ初メ創棟。康熙六年重修。塔ノ高サ十三丈ト云フ）
（本邦江州石部ノ西ニ東西両寺アリ。東寺ハ常楽寺ニシテ西寺ハ長寿寺ナリ。コノ地ニ於ケル名称ト符合スルモ奇ナリ）
54

54云南府（2）（4月22日）

东西两塔相同，每层的各面中央放置佛像。左右凿出像小塔一样的东西。笔者认为第八层最宽阔，向上突然缩小，这是这里匠心独运的地方，可以称之为南诏式或云南式。

53云南府（1）（4月22日）

云南省城规模是继北京之后最大的。城壁高有三丈九尺二寸。给人一种严肃的感觉，与北京相似。会觉得是不是与明末清初的叛臣吴三桂曾在这里治理有关呢。

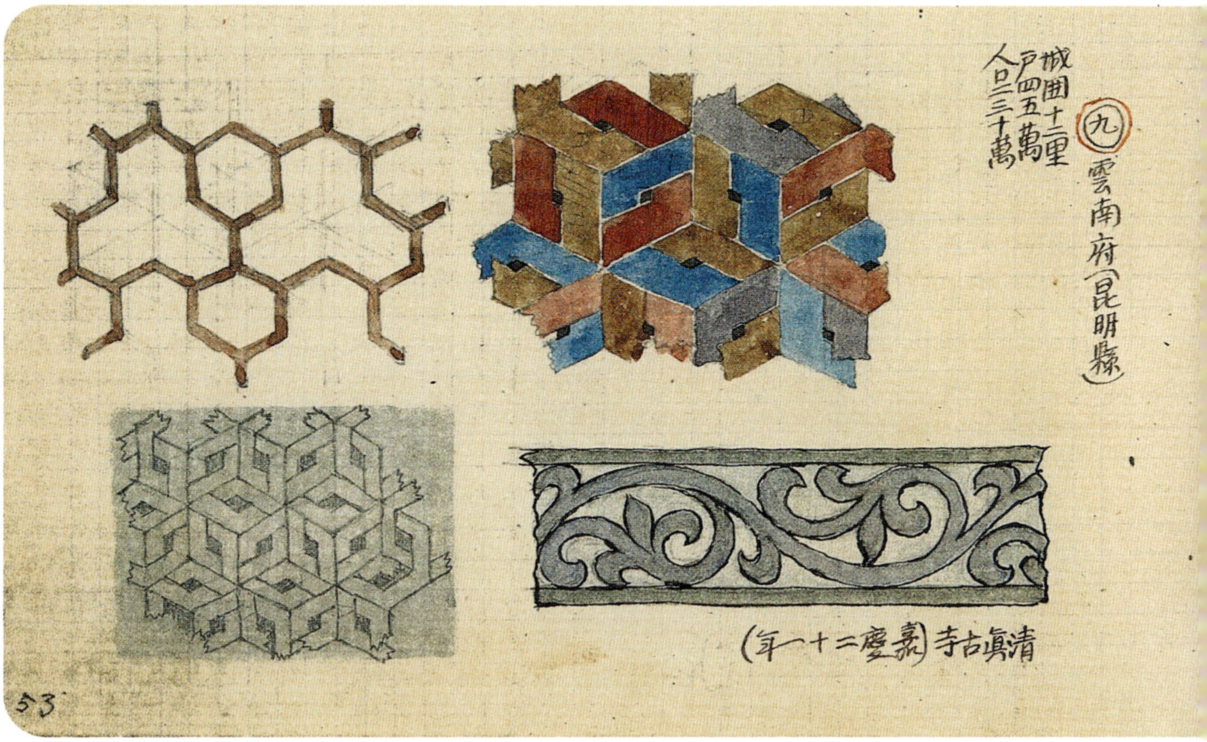

55云南府（3）（4月22日）

在云南的建筑上能够发现许多有趣的装饰图案。笔者认为有可能是受到伊斯兰教艺术的影响。前后几页所收录的图案类型都是从云南城里城外收集而来的。

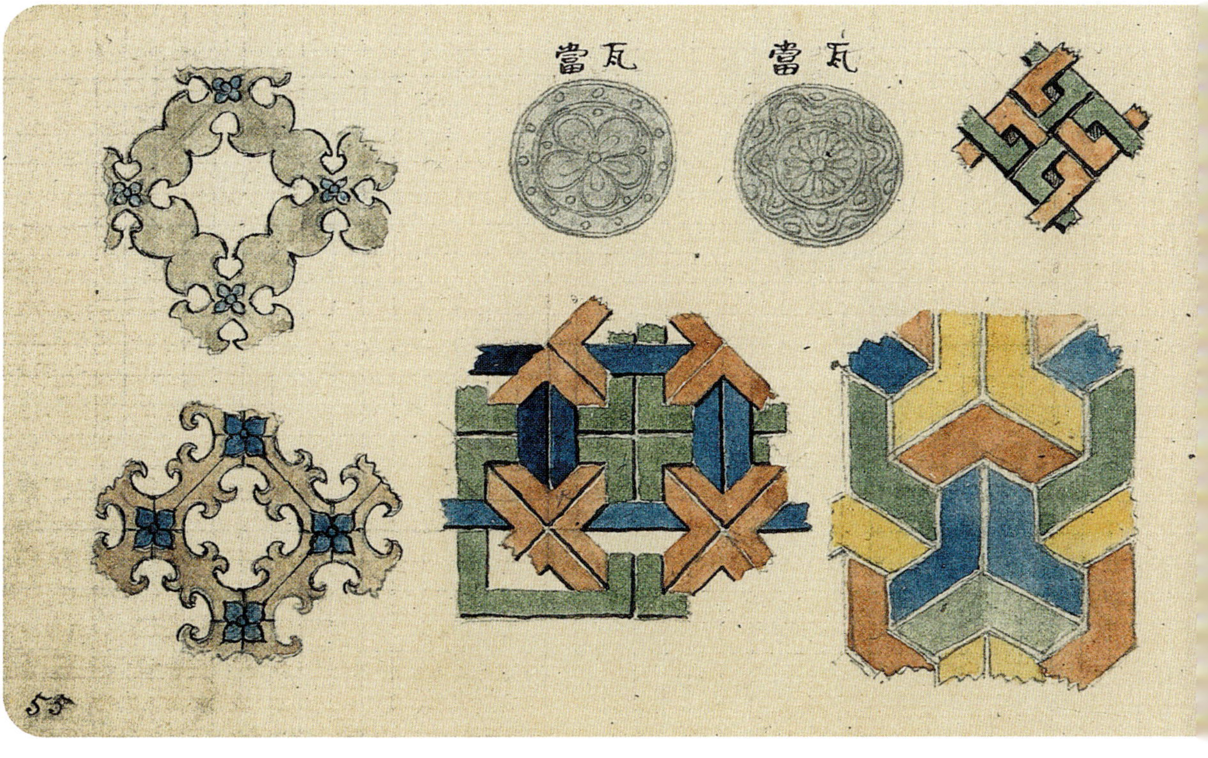

大雄宝殿

歇山建筑，檐下圆形斗拱挑檐，侧柱绘有花屉，栏杆间都有精美的雕刻，斗拱是雄伟的日式风格，复杂组合而成。色彩艳丽，是明代的建筑。佛像释迦牟尼左右分别是阿难尊者和迦叶尊者。

56云南府（4）万寿宫/五华寺（4月24日）

图中是万寿宫的斗拱。用华拱互相穿插来支持横梁，以横梁来支撑整个大梁，笔者曾调查，五华寺是否像传说中那样为日本的和尚所建，但却没有任何线索。

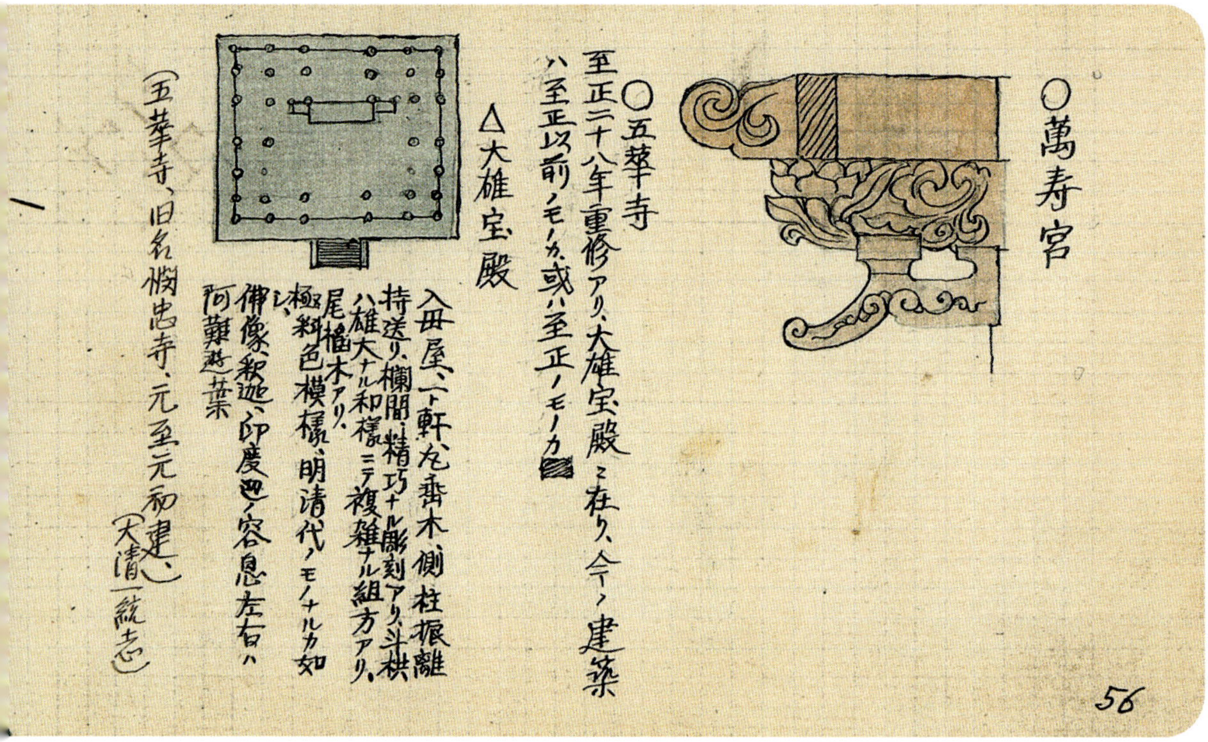
○萬寿宮
○五華寺
至正二十八年重修アリ、大雄宝殿ニ在リ、今ノ建築ハ至正以前ノモノカ或ハ至正ノモノカ
△大雄宝殿
入母屋、下ノ軒ハ角垂木、側柱振離持送リ、欄間ハ精巧ナル彫刻アリ、斗拱ハ雄大ナル和様ニテ複雑ナル組方アリ、尾垂木アリ、極彩色模様、明清代ノモノナルカ如シ、御像釈迦、印度也、容息左右ハ阿難迦葉
（五華寺、旧名憫忠寺、元至元初建、（大清一統志）
56

据调查，常乐寺、慧光寺在城南门的两侧，被称为东寺和西寺。与我们京都的东西二寺如出一辙。这个寺院是唐贞元年间建立，那个时候，在现在云南城的位置上已经有了一座大塔。这个塔的相轮的制作手法与大德寺塔的手法相同，值得调查。

58云南府（6）大德寺（2）（4月22日）

大德寺的塔与白塔的东西塔形式完全相同。两楼的斗拱也是和式的，着实令人吃惊。

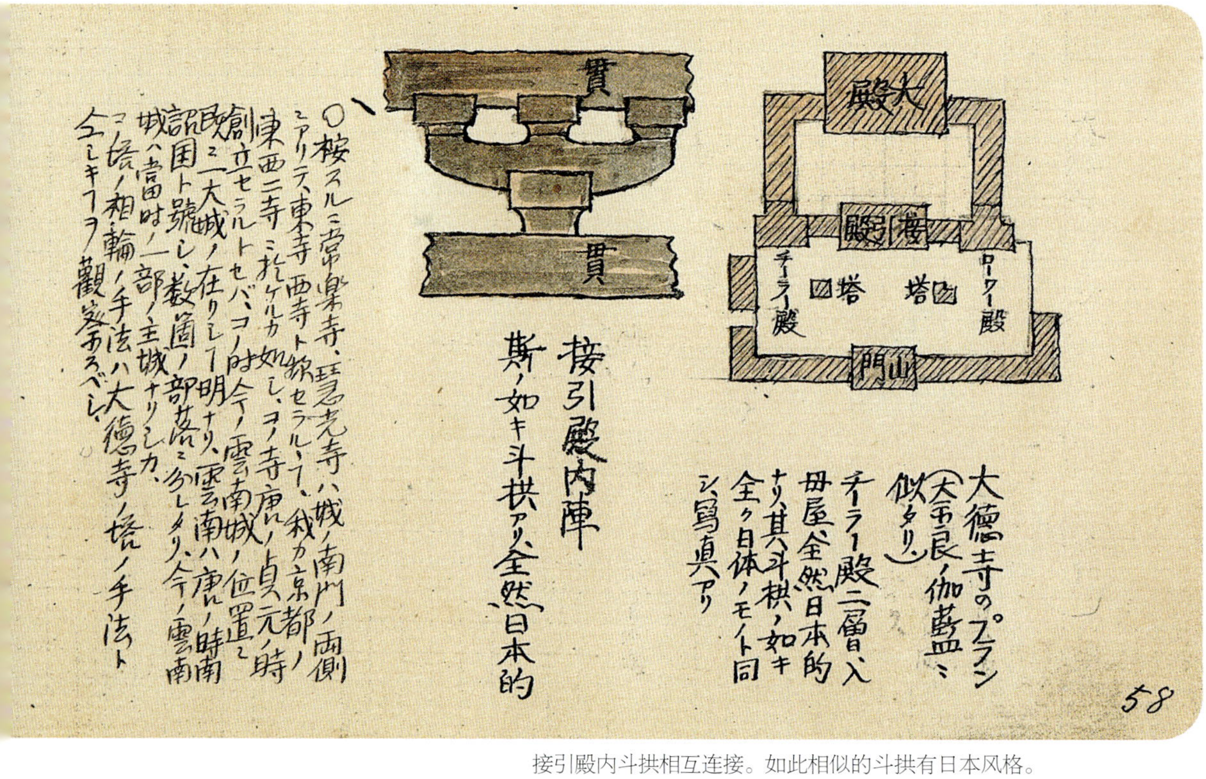
貫
貫
接引殿内陣
斯ノ如キ斗拱アリ、全然日本的
大殿
接引殿
塔
塔
チーラー殿
ローワー殿
山門
大德寺のプラン
（奈良ノ伽藍ニ似タリ）
チーラー殿ニ留冒入母屋、全然日本的ナリ、其ノ斗拱ノ如キ全ク日本ノモノト同シ、寫眞ハアリ
58

接引殿内斗拱相互连接。如此相似的斗拱有日本风格。
大德寺的图纸（与奈良的伽盘寺相似）

57云南府（5）大德寺（1）（4月24日）

从五华寺出来的下一个目标是去大德寺。大德寺是在元朝建立，现在依旧能够看到曾经的影子。钟是明朝正统年间所铸造。与日本的相似。

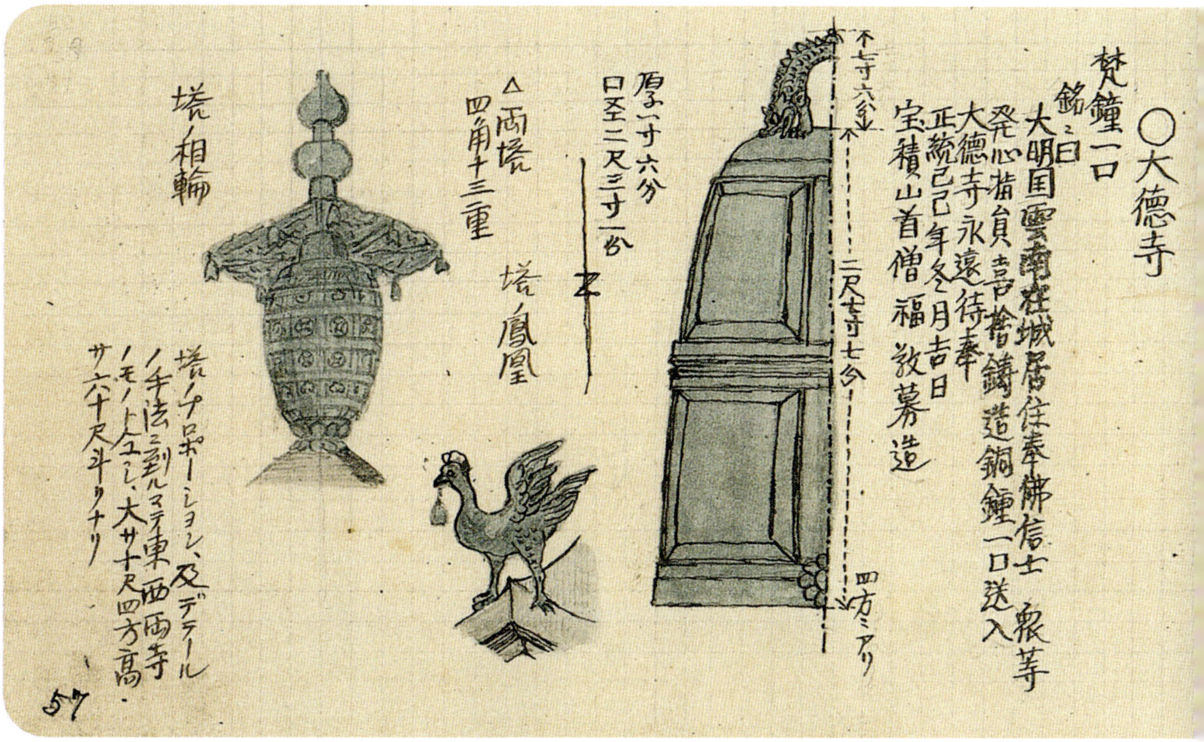

塔的整体构造匀称，细节的制作手法与东西两寺相似，范围有十尺四方，高有六十尺。

59云南府（7）大德寺（3）（4月24日）

元代时期建立的古寺，在大德寺所收集的花案纹样。采用几何学原理制成，同时还伴有鲜艳的色彩。

圆通宝殿

面阔七间，进深六间，重檐歇山式建筑。其梁柱粗壮，斗拱华丽，纵横交错，与北京皇城的建筑相似。二层屋檐撑起凌霄飞檐，设四角，内有藻井，壁画、佛画灿烂夺目，镂空透雕，格子门窗，汉式半拱交错，屋顶上璃瓦泛金，有中央宝顶、正吻、鬼龙子等装饰，且鬼龙子种类繁多，海马寺外还有鸱吻。

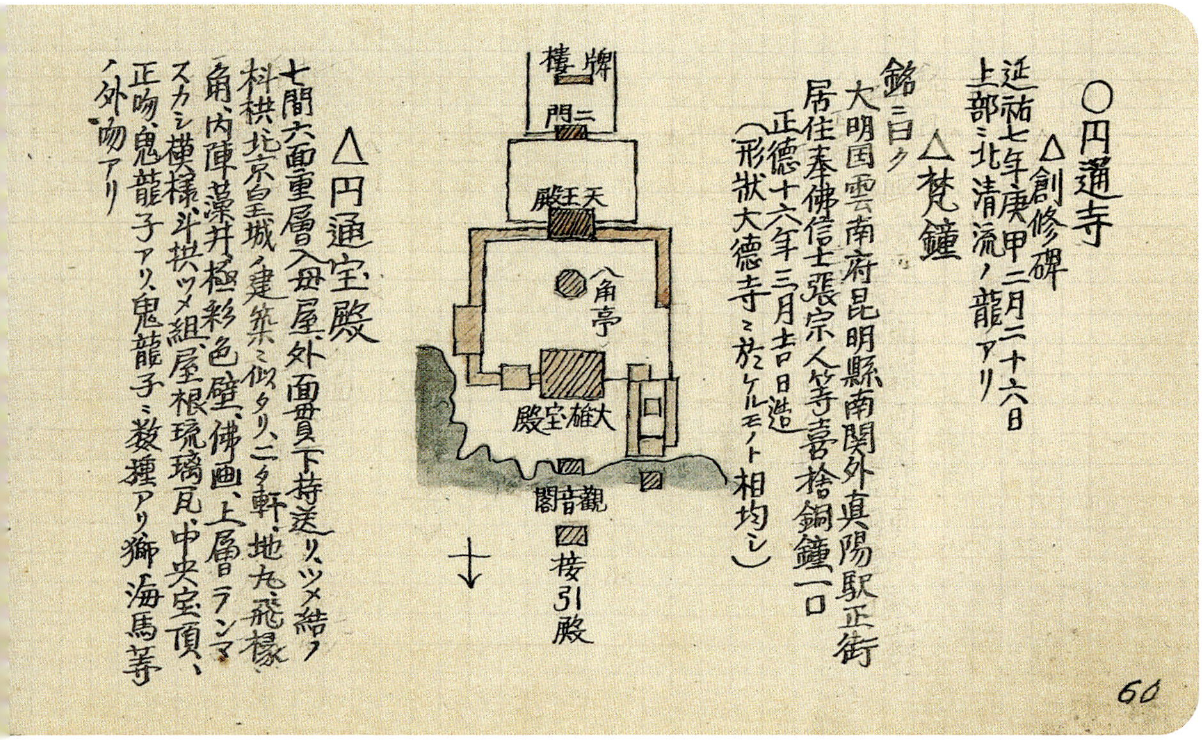
○円通寺
△創修碑
延祐七年庚甲二月二十六日
上部ニ北清流ノ龍アリ
△梵鐘
銘ニ曰ク
大明国雲南府昆明縣南関外真陽駅正街
居住奉佛信士張宗人等喜捨銅鐘一口
正徳十六年三月吉日造
（形状大德寺ニ於ケルモノト相均シ）
牌樓
二門
天王殿
八角亭
大雄宝殿
觀音閣
接引殿
△円通宝殿
七間六面重層入母屋外面貫下持送リノツメ組ノ
枓栱北京皇城ノ建築ニ似タリ。二タ軒、地丸飛椽、
角、内陣藻井極彩色壁、佛画、上層ランマ
スカシ横様斗拱ツメ組屋根琉璃瓦。中央宝頂、
正吻、鬼龍子アリ。鬼龍子ニ数種アリ獅、海馬等
ノ外吻アリ
60

60云南府（8）圆通寺（1）（4月25日）

圆通寺初建是在唐代南诏时期，圆通宝殿在元代延祐七年重修。据说，牌楼和八角殿是康熙年间所建立。『庚甲』是『庚申』的误记。

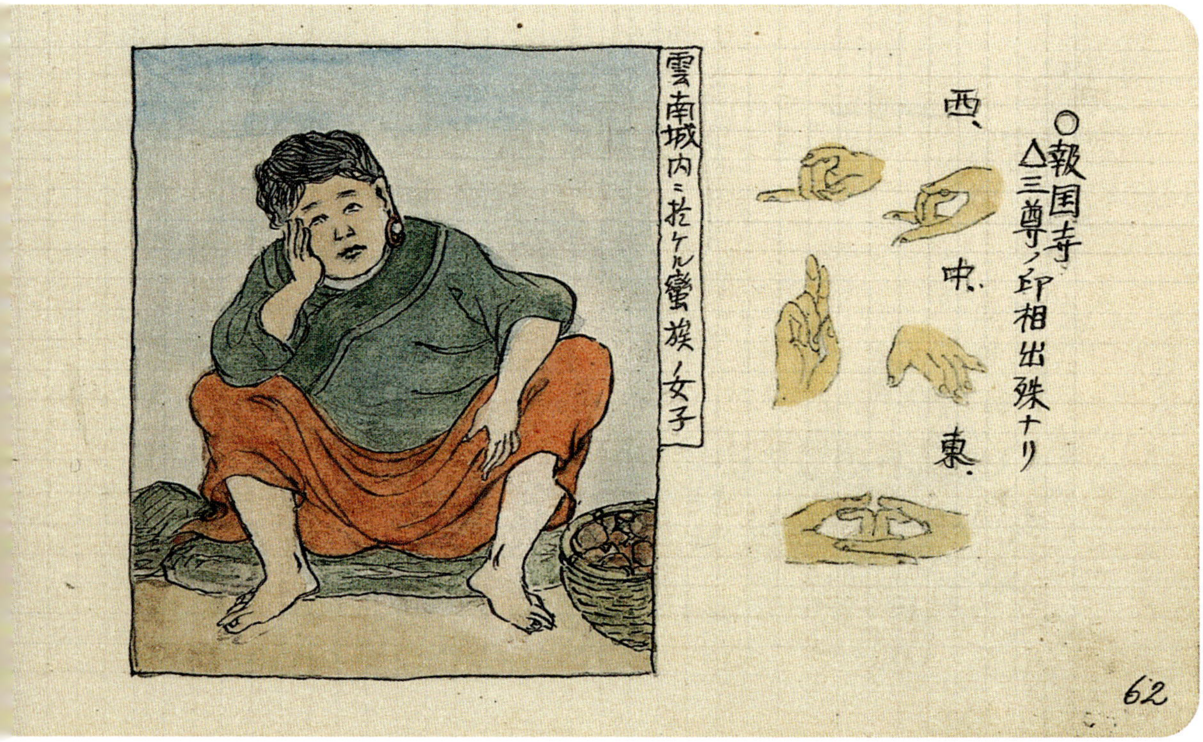
雲南城内ニ於ケル蠻族ノ女子
○報国寺
△三尊ノ印相出殊ナリ
西、
中、
東、
62

62云南府（10）报国寺（4月25日）

这幅图大概是在城内市场上所画的吧。像是一个将水果放入篮中来到集市贩卖的苗族妇女。

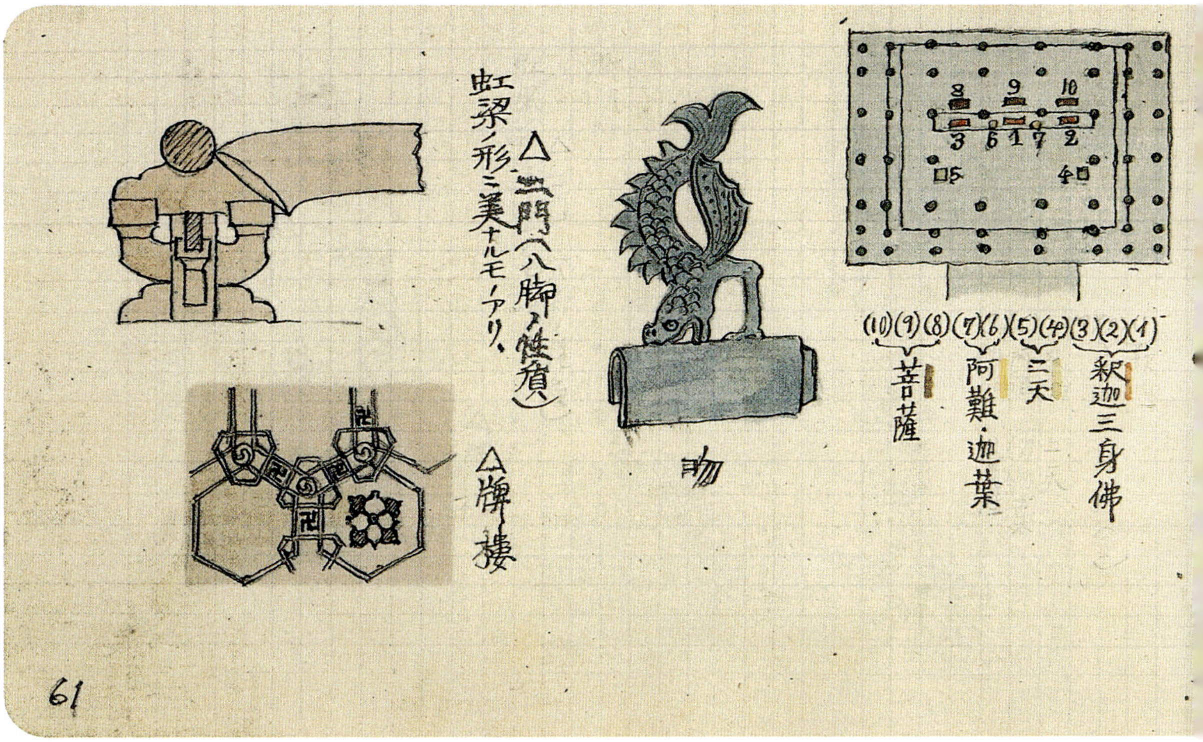

61云南府（9）圆通寺（2）（4月25日）

在报国寺的门前，与当地人一样买一些站着吃的食物，不想饿肚子从事调查工作。在走廊上，摆着一些奇奇怪怪的罗汉和佛像。

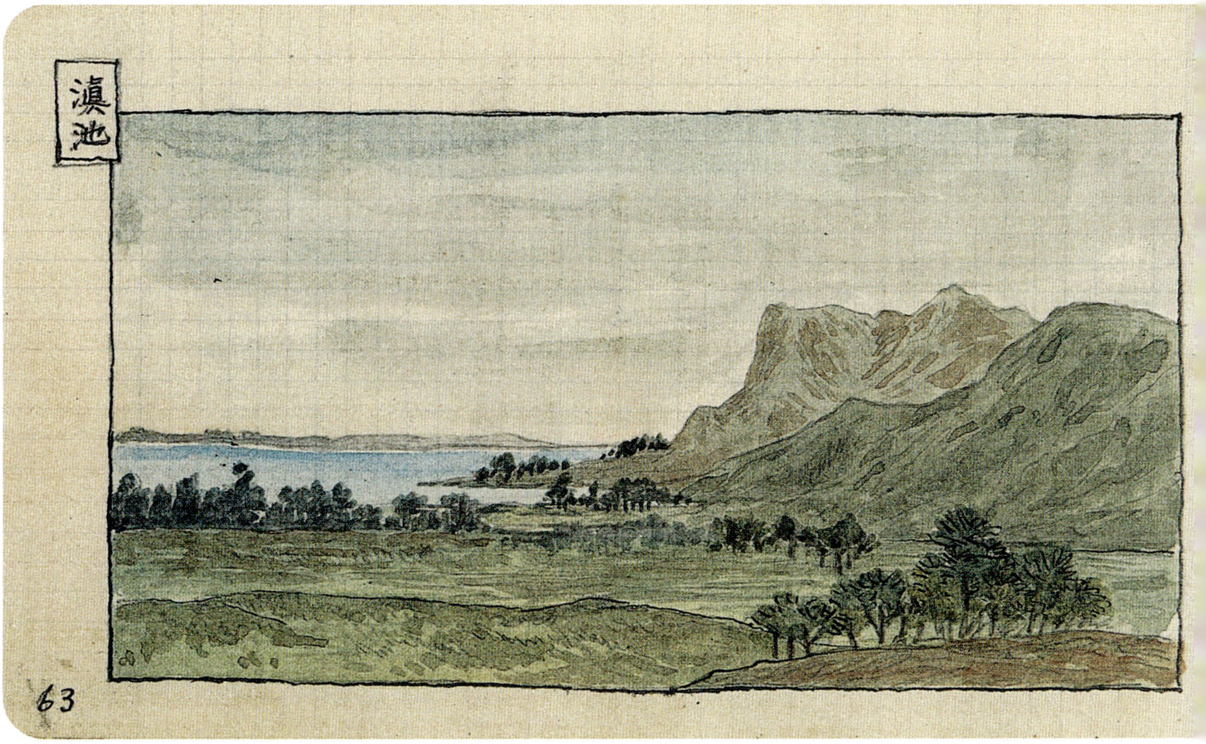

63云南府（11）滇池（4月24日）

在一望无际的沃土上，由于远处连绵山脉的阻隔，就这样滇池以一片汪洋的形态出现。从地图上看，大概琵琶湖大小，湖水周围树林、村落、田野此起彼伏，令人赏心悦目。

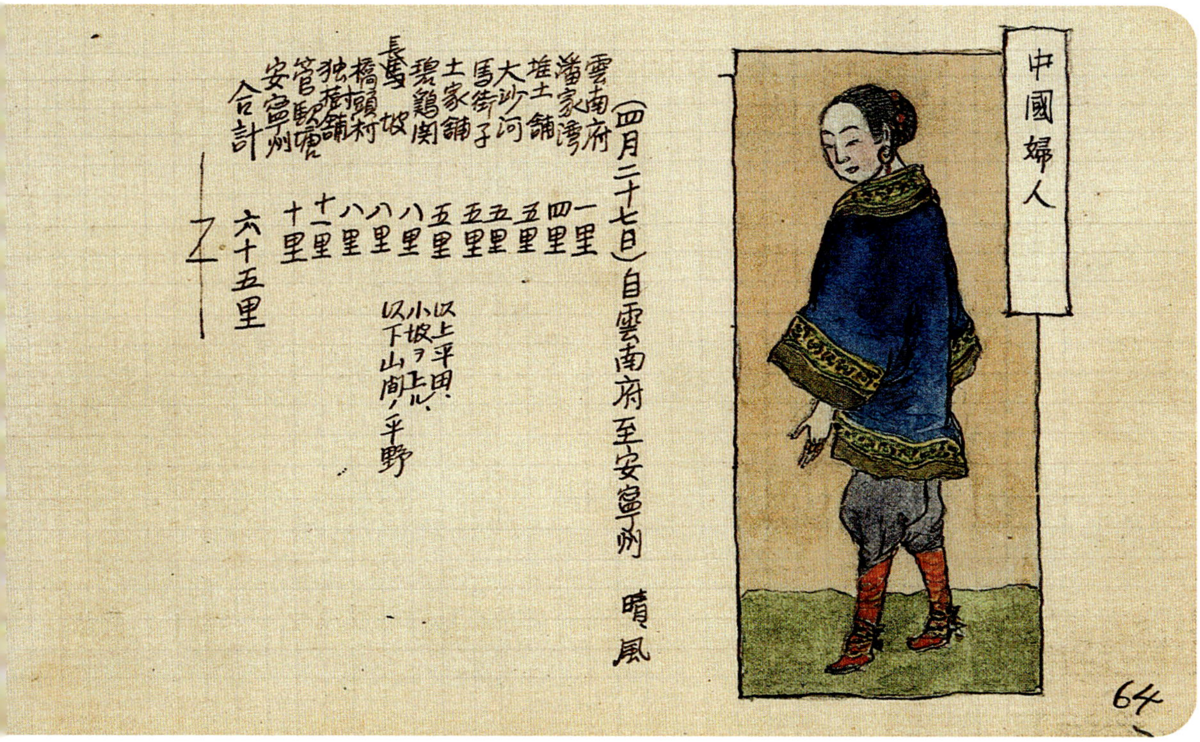
中國婦人
（四月二十七日）自雲南府至安寧州　晴風
以上平田、小坡ヲ上ル、以下山間ノ平野
合計　六十五里
64

64云南府—安宁州（4月27日）

图中所示是典型的缠足女人的形象。蹒跚是走路摇晃不稳的样子。

安宁州城内有三里，住民八百户，人口二千五百人。州城附近没有苗族人，特产为硝盐（由州衙门掌控）。

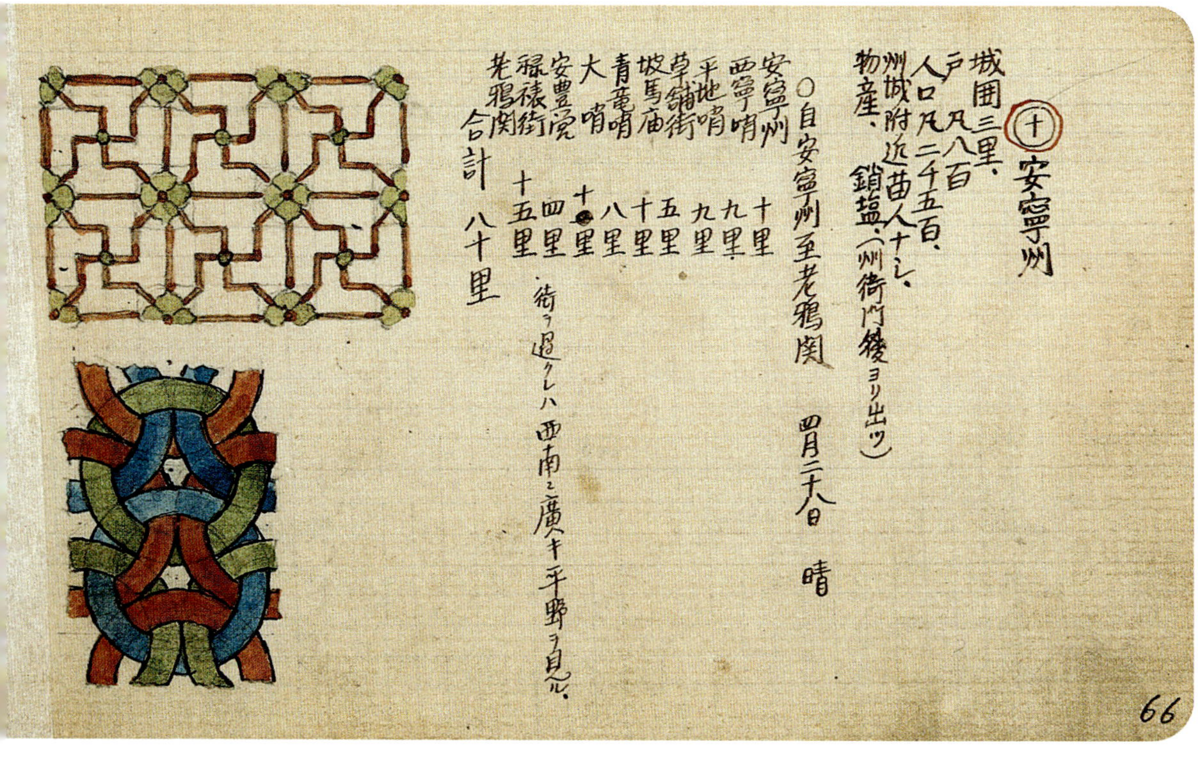
⑩安寧州
城囲三里、
戸凡八百、
人口凡二千五百、
州城附近苗人ナシ、
物産、鎖塩（州衙門ヨリ出ツ）
○自安寧州至老鴉関　四月二十八日　晴
合計　八十里
66

66安宁州—老鸦关（4月28日）

安宁州的特产是硝盐。现在的安宁在连接成都与昆明的成昆铁路沿线上一闪而过。以盛产盐而闻名。

65云南府之图

云南府是法国人的扩张之地，所以外国人居多，生活用品等方面也很丰富。笔者一行，大致逗留了五天左右，就出发去了大理。

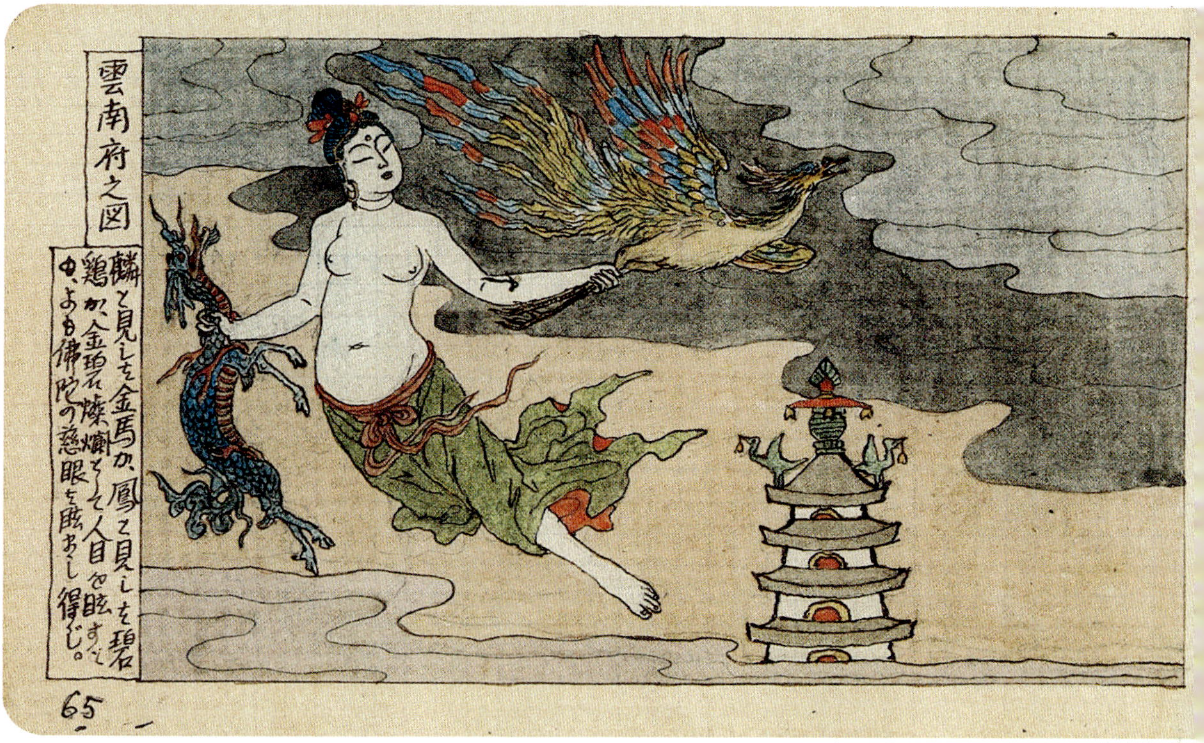

67老鸦关—禄丰县（4月29日）

『霸王树』是仙人掌。在这附近的田野上，水稻与罂粟一起种植。大概是为了生产鸦片吧。

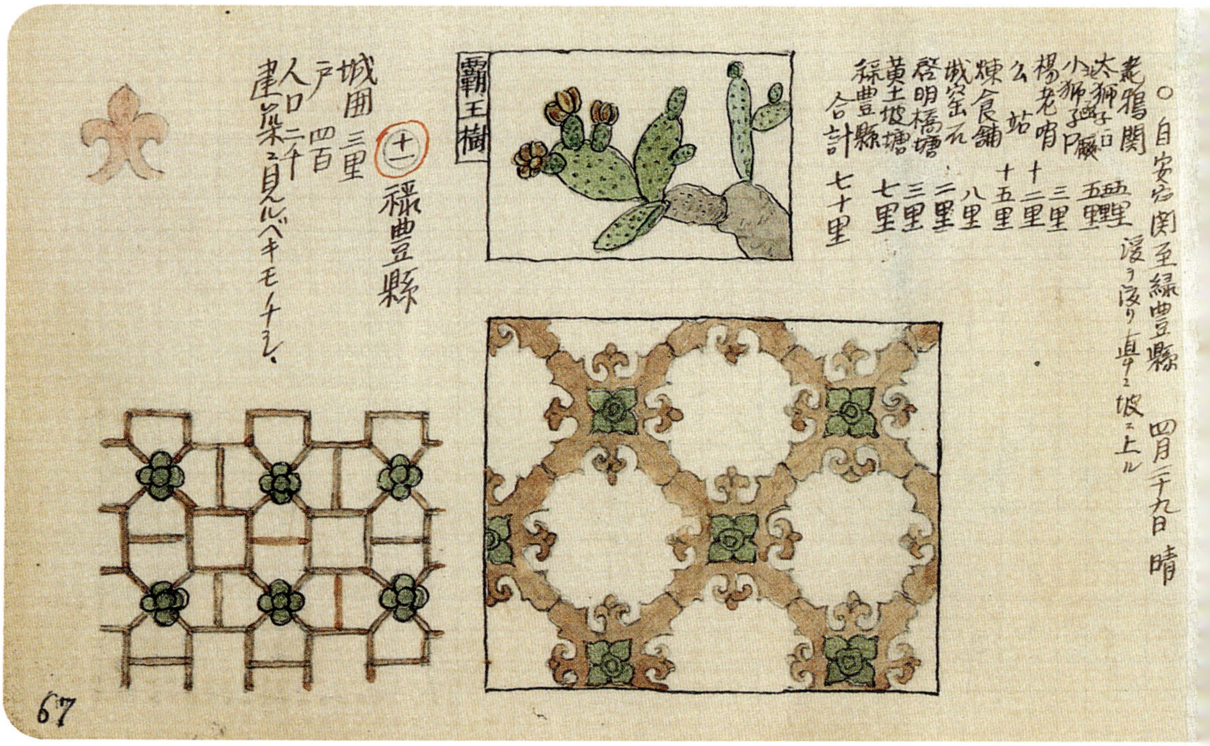

云南省

68清朝人打扮的岩原大三（4月23日）

为了节约有限的差旅费，岩原在云南买入了中国服装。连帽子和靴子都一并俱全。总共花费六两半。据说穿了这身行头，即使是在街上散步，也不再有人对他指指点点了。因此，希望不要向外国人盲目要高价。

70广通—楚雄府（5月2日）

塔为云南式，代替屋顶上九轮的是将佛像放置于佛龛中，最上层的屋顶四角有鸟站立着。从佛龛延伸出来的锁链缠绕着鸟脖子，将它们牢牢地固定在那里。

楚雄府的东北方向三里处，有一个四角七层的风水塔（与云南府的东西塔相似）。

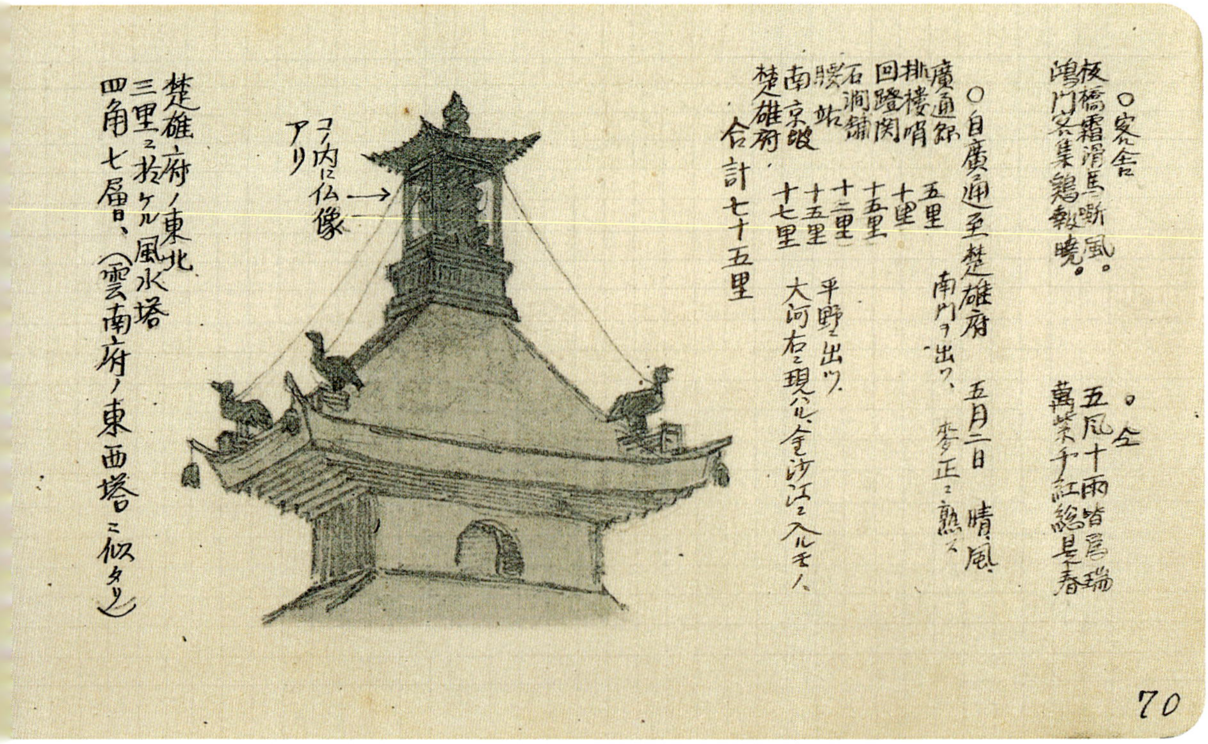
コノ内ニ仏像アリ
楚雄府ノ東北三里ニ於ケル風水塔
四角七層ナリ（雲南府ノ東西塔ニ似タリ）
70

（十二）广通县：城内不到三里，住户五百到七百户。人口三千到四千人，没有可看的建筑。

从舍资出来走十里多，再向北走十里就是阿陋井，再走十里是元永井，都称盐井。

（俗称作九十里，也有称作八十五里，实际上有七十里多。也就是日本的十里，周围一里与四川大小相同，相当于日本的四町，被称作九十里也是正确的。）

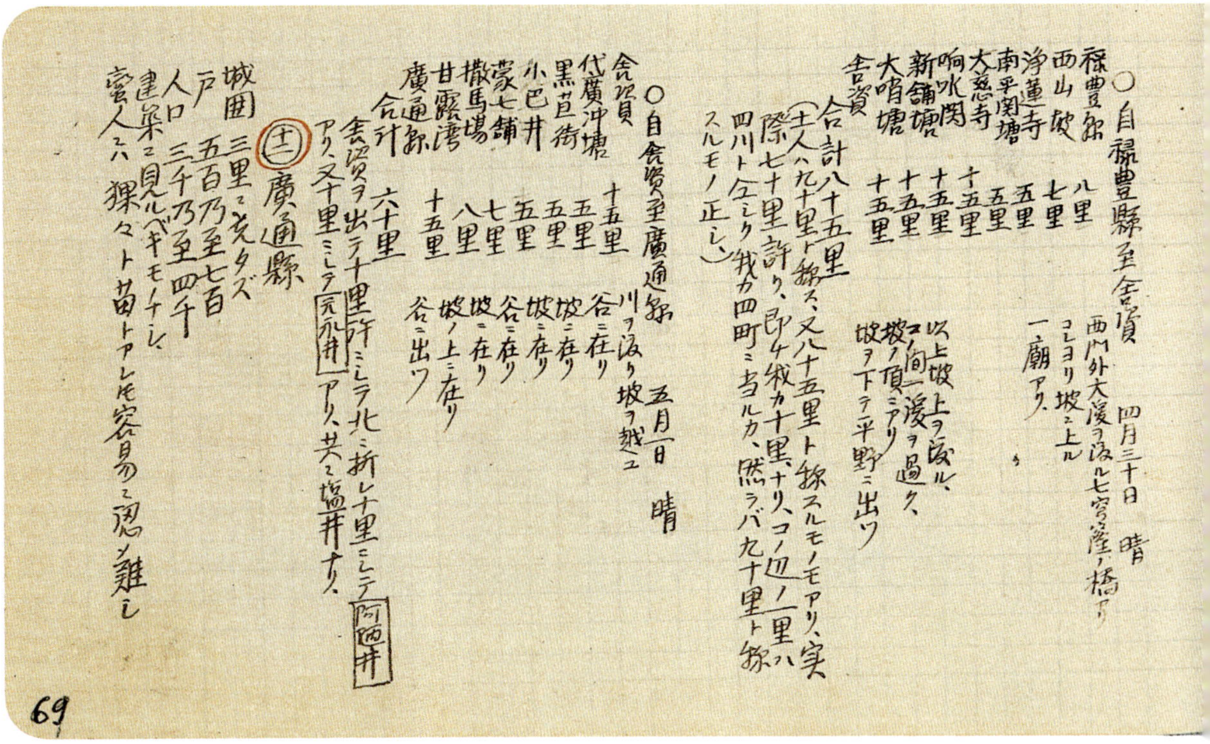

69禄丰县—舍资（4月30日）舍资—广通（5月1日）

笔者日记中写到：在大慈寺偶遇三个法国人。据说是从大理到云南府的。当中的一个人说着奇怪的英语，因为笔者不会讲法语，想说的话难以表达，有点遗憾。

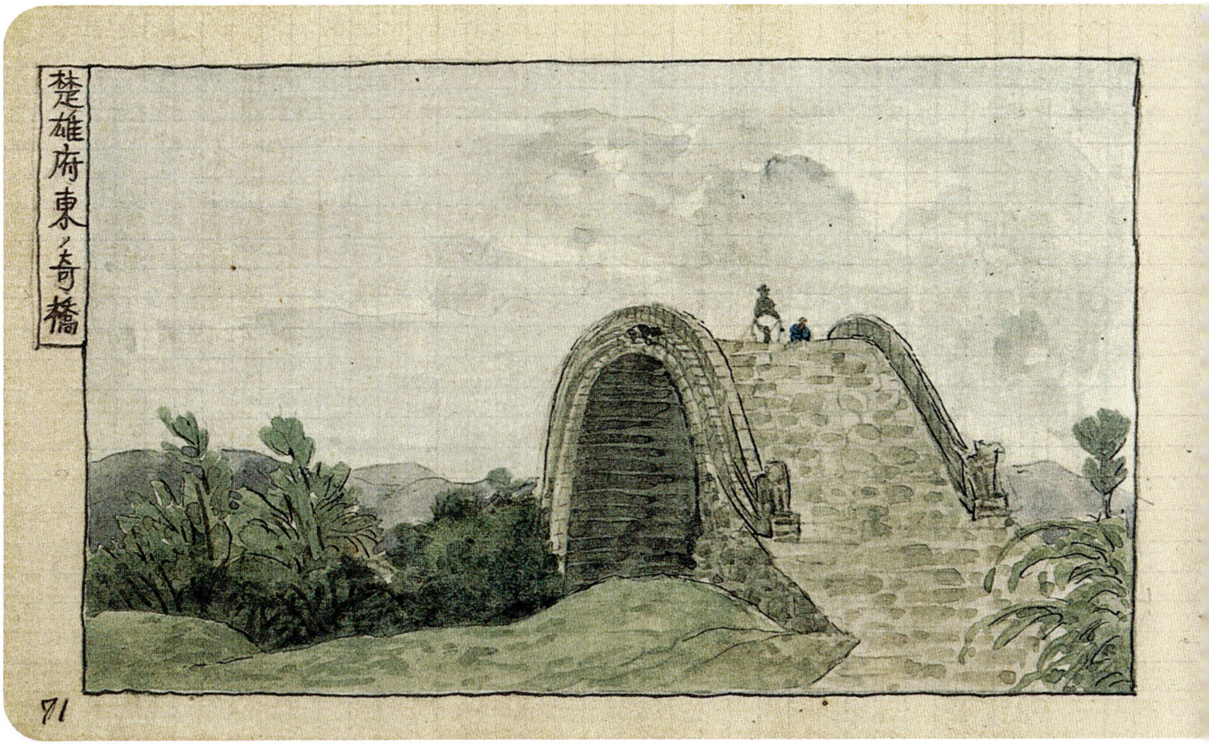

71楚雄府　东边的奇桥（5月3日）

大概在楚雄县二里左右的面前，有一座非常高的太鼓桥。笔者评价到，不知为何要建这样的一座桥，总有一点胡乱建造的感觉。

云南省

72楚雄府—吕河街（5月3日）

图中的一部分，是从很久不见的同行李氏那里听来的关于地方官员俸禄的记录。但这仅仅是标准，根据地方大小的不同有很大的差异。公物私用在很大程度上被默许。图中的行军五禁，是禁止云贵地方的军队买春、赌博、吸毒的布告。

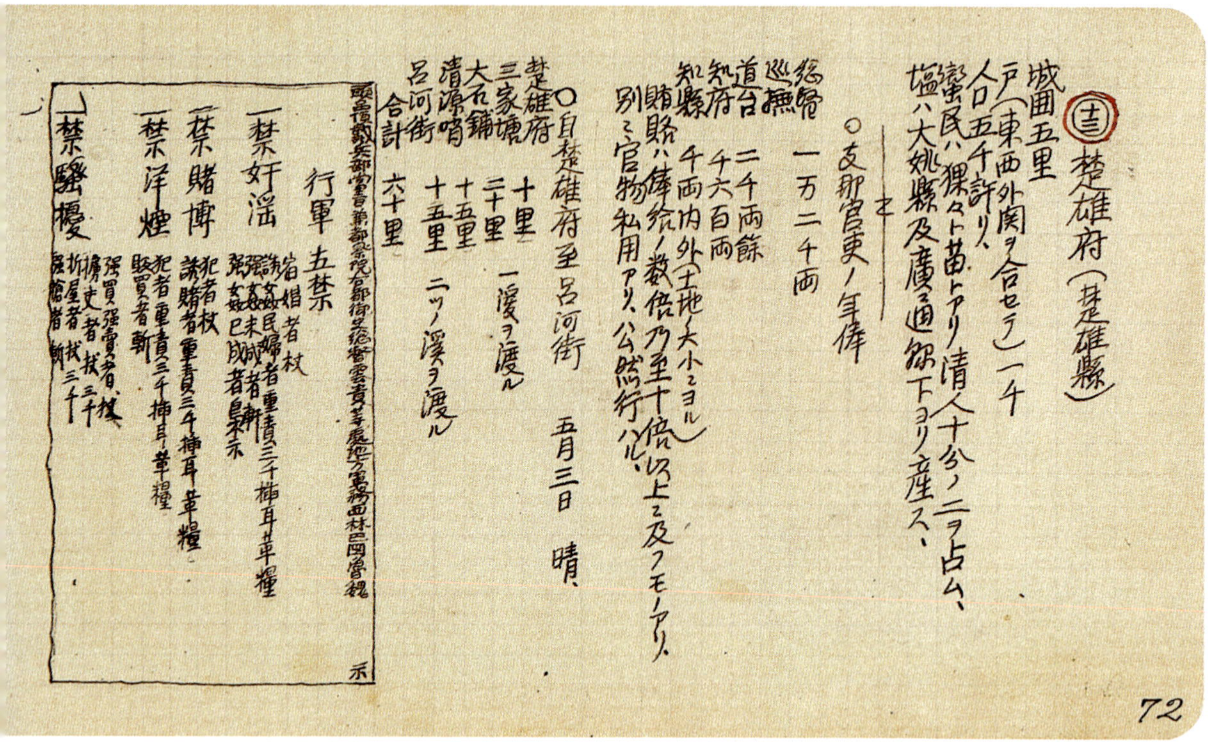
(十三) 楚雄府（楚雄縣）
城固五里
戸（東西外関ヲ合セテ）一千
人口五千許リ、
蠻民ハ猓々ト苗トアリ清人ト十分ノ二ヲ占ム、
塩ハ大姚縣及廣通縣ヨリ産ス、
○支那官吏ノ年俸
総督 巡撫 一万二千両
道台 二千両餘
知府 千六百両
知縣 千両内外（土地ノ大小ニヨル）
賄賂ハ俸給ノ数倍乃至十倍以上ニ及ブモノアリ、
別ニ官物私用アリ、公然行ハル、
○自楚雄府至呂河街 五月三日 晴、
楚雄府
三家壙 十里
大石鋪 二十里 一渓ヲ渡ル
清源哨 十五里
呂河街 十五里 二ツノ渓ヲ渡ル
合計 六十里
行軍五禁
一禁奸淫
一禁賭博
一禁洋煙
一禁騒擾

74吕河街—沙桥（5月4日）

在吕河街投宿的时候，遇到了先来的英国客人。据说是来清三十五年的牧师，其长子和次子都在从事传教。由笔者一行在大理和新街的熟人写了介绍信。第二早晨，他穿着粗糙的衣服、戴着竹子斗笠就动身出发了。

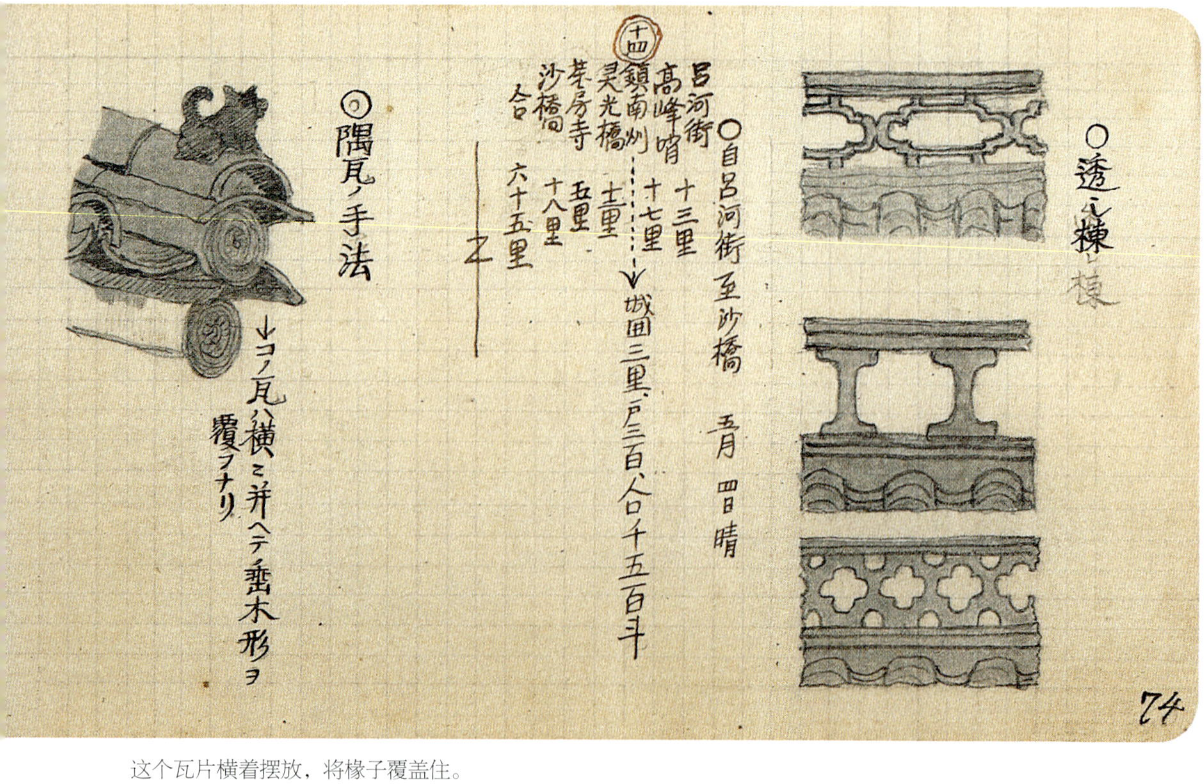

这个瓦片横着摆放，将椽子覆盖住。

73大石铺（5月3日）

从楚雄府出发向西北行，道路平坦得连稍微高一点的小坡都没有。在大石铺吃了午餐。

75高峰哨（5月4日）

距离吕河街十几里的地方有一座高峰哨，很高的那个建筑物大概是粮仓吧。

这个牌坊的制作花样与雕刻是值得一看的，有鹤的样子，柱子的形态也很别致。

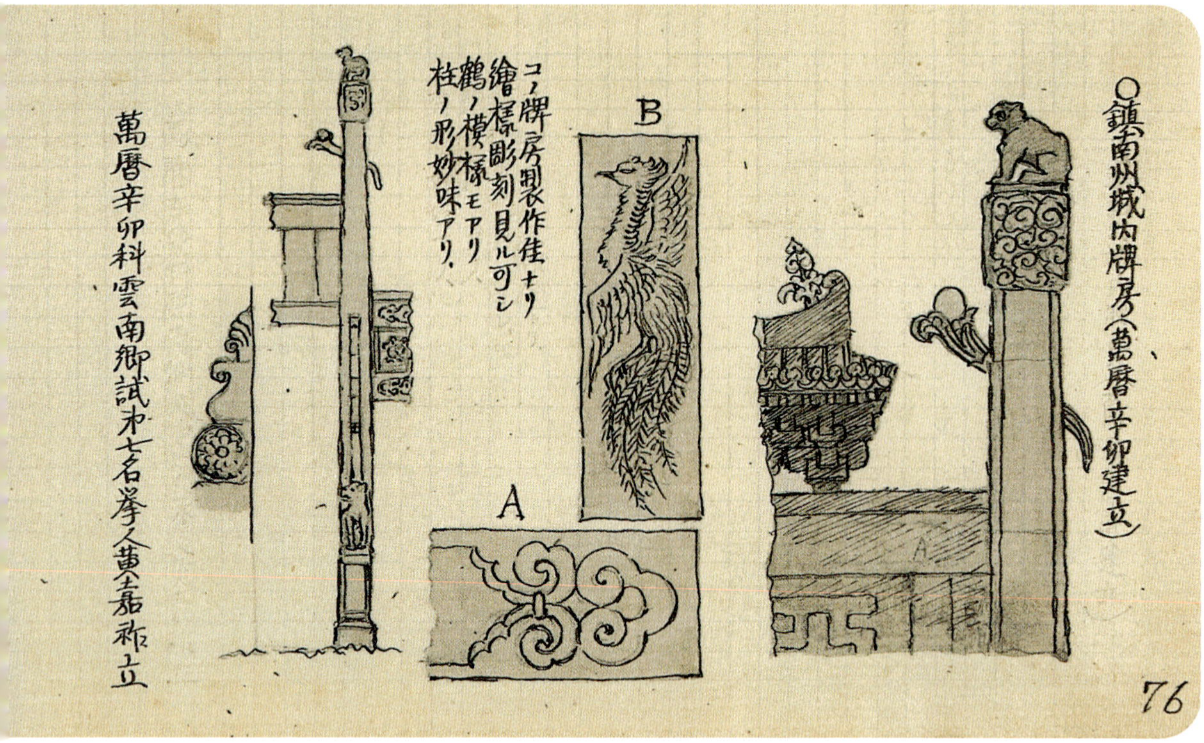

76镇南州 城内的牌坊（5月4日）

这个牌坊似乎是明朝万历年间，参加云南地方的乡试合格的举人黄嘉祚所立的。

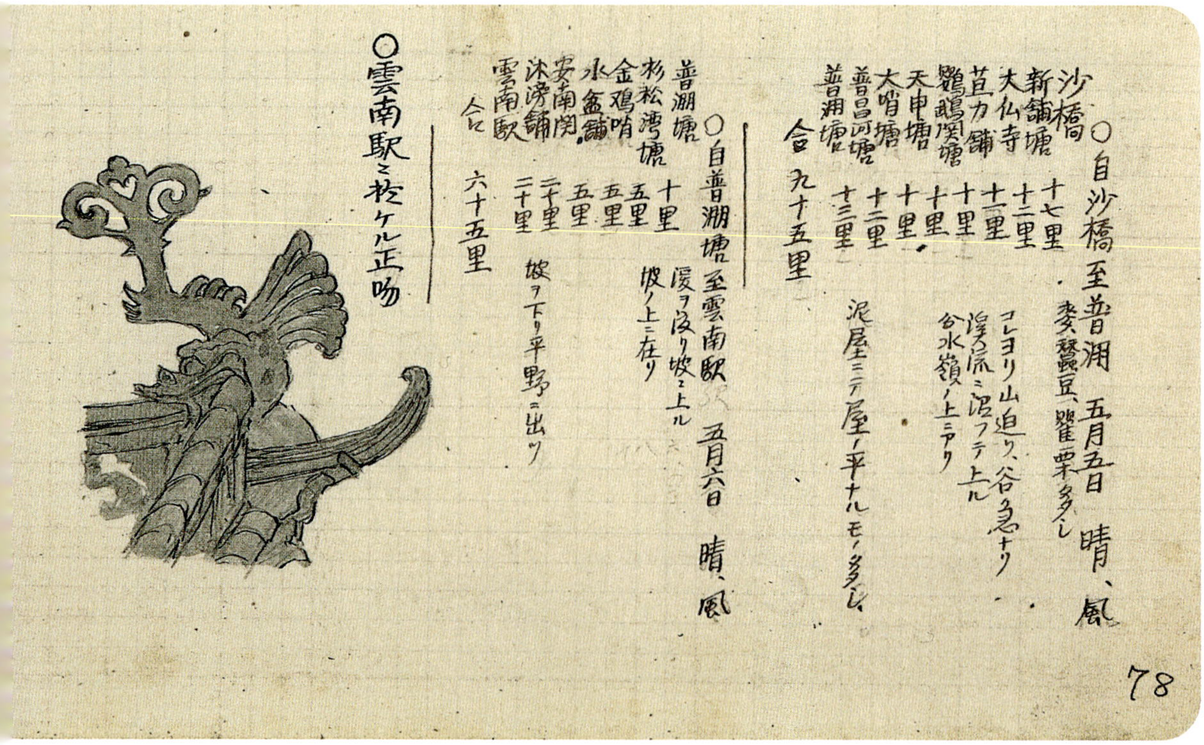

78沙桥—普淜塘（5月5日）普淜塘—云南站（5月6日）

在沙桥，店主人央求着看我的写生簿和画。日记中有记载，因为拿着扇子，所以每次都不得不满足他的要求。

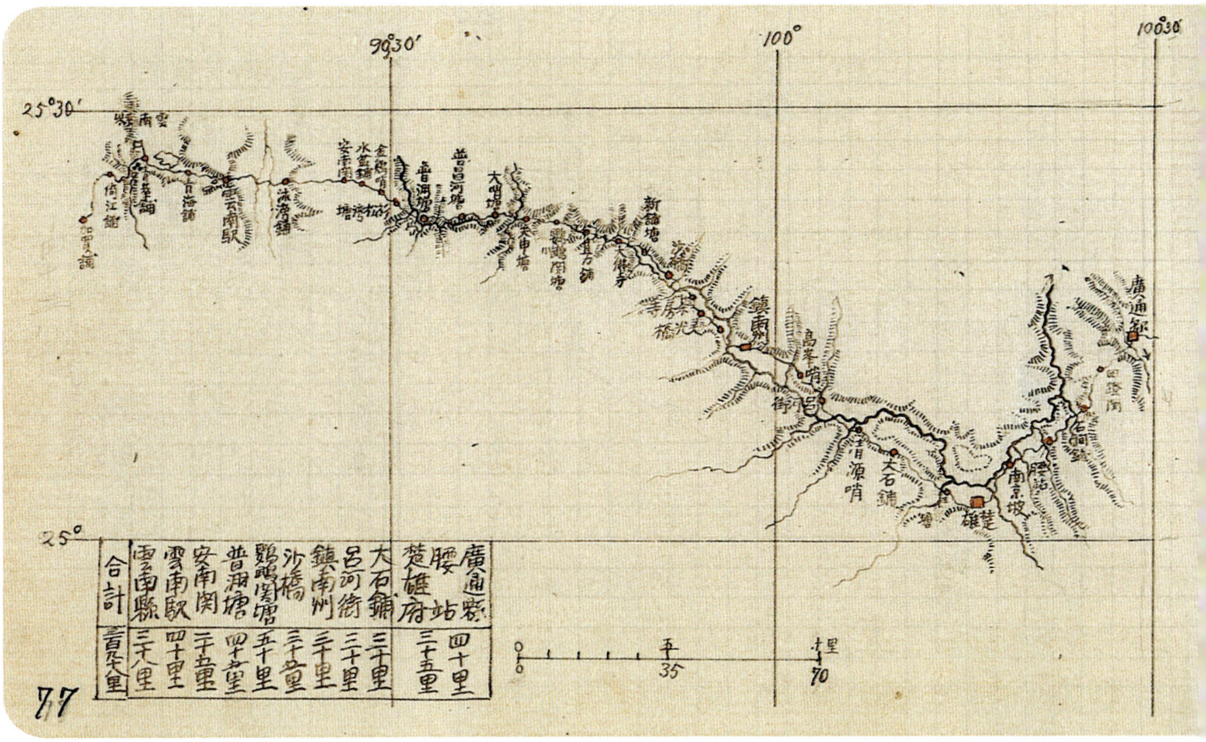

77地图（广通—云南）

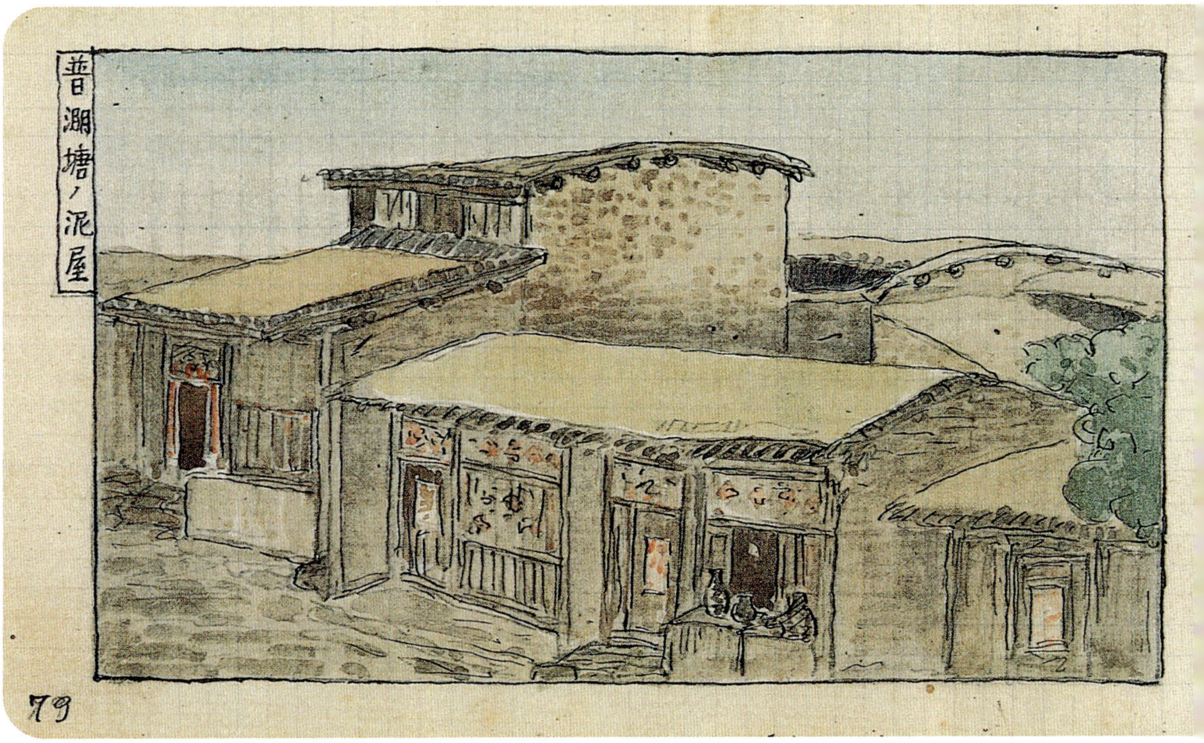

79普溯塘的泥屋（5月5日）

在一个天气不好的日子，一行人饿着肚子来到了普溯塘。在贫穷的寒村，没有猪肉和鸡肉，甚至在蜡烛用完后，连卖的商店都没有。豆子大灯光下，除了睡觉没有别的事可做。

清华洞 与贵州、云南的洞一般大小，只是内部非常复杂奇巧，令人吃惊。与普通的洞道有很大的不同，有非常多的很大的钟乳石。

距离清华洞往北八里的地方就是云南县城，县城距离清华洞有五里。

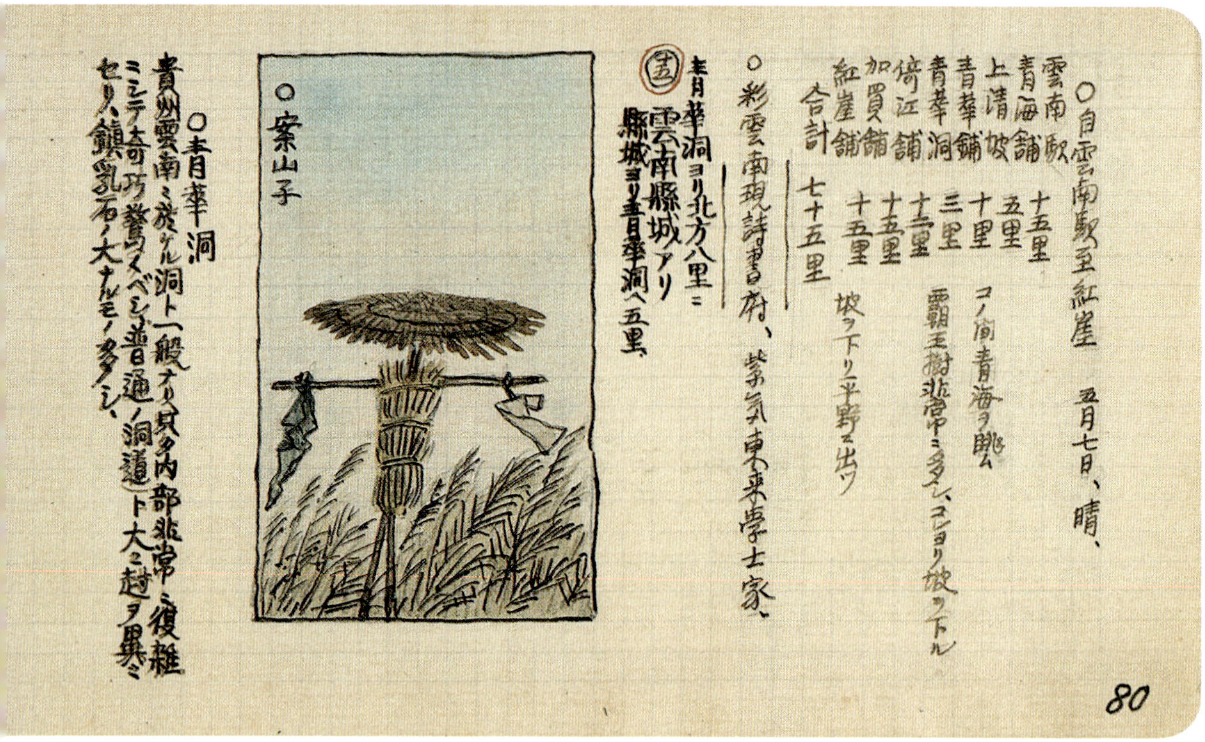
○自雲南駅至紅崖　五月七日、晴、
雲南駅
青海舗
上清坡
青華舗
青華洞
倚江舗
加買舗
紅崖舗
合計
十五里
五里
十里
三里
十二里
十五里
十五里
七十五里
コノ間青海ヲ眺ム
覇王樹非常ニ多シ、コヽヨリ坂ヲ下ル
坂ヲ下リ平野ニ出ヅ
○彩雲南現詩書府、紫気東来学士家、
青華洞ヨリ北方八里ニ雲南県城アリ、県城ヨリ青華洞ヘ五里、
○案山子
○青華洞
貴州雲南ニ於ケル洞ト一般ナリ、只タ内部非常ニ複雑ニシテ奇巧驚クベシ、普通ノ洞道ト大ニ趣ヲ異ニセリ、鍾乳石ノ大ナルモノ多シ、
80

80云南驿—红崖铺（5月7日）

一过了青海铺的右手边，就能看到青海。从这里一直向青华铺赶路的话，大概三里左右的地方就能到清华洞，这里有在其他地方所没有见过的钟乳洞。

其二
82

82青海（2）（5月7日）

青海周围的山和树林，放眼望去，我们一行人已经很久没有看到这样的风景了。经过云南县城向右边远眺，是无法看到的，就这样过去了。

81青海（1）（5月7日）

青海的东西距离大概有日本的一里左右，南北只有二十里，数日间在这林中穿行，满眼都是碧绿的林海。

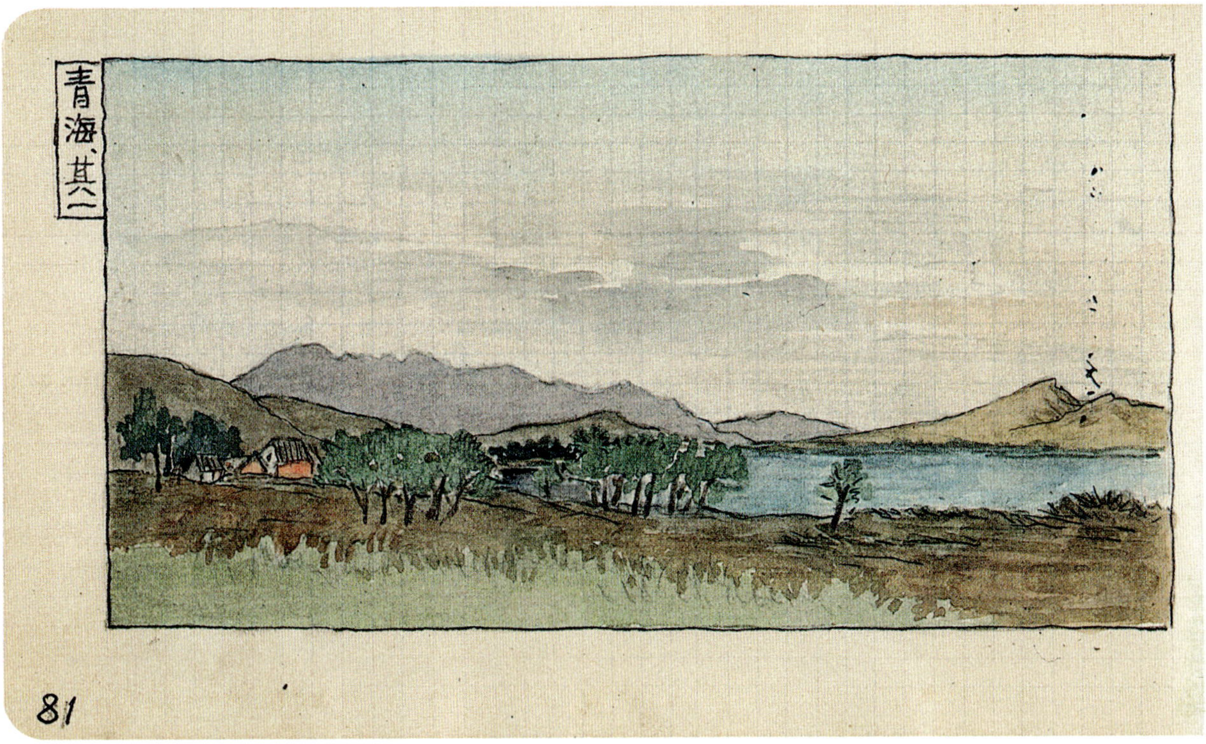

仙人掌的花，果实大概在七、八月的时候就会成熟，据说可以食用。

从贵州省毛口河边开始到处都能够看到野生的、很大的仙人掌，宽有一尺四五寸，高有十几尺，叶的大小有二尺多，花的部分是圆形，有横断面，叶的部分呈扁平状，也有断面。

83仙人掌（5月7日）

红崖铺周围有很多仙人掌，每一户都用它来当篱笆。现在正当花盛开，深红色的花在深绿色的叶中显得格外艳丽。笔者写到：如果将这些叶子切断插到地下，不多久就会变成枝干，然后长叶开花，这是多么值得敬佩的顽强生命力。

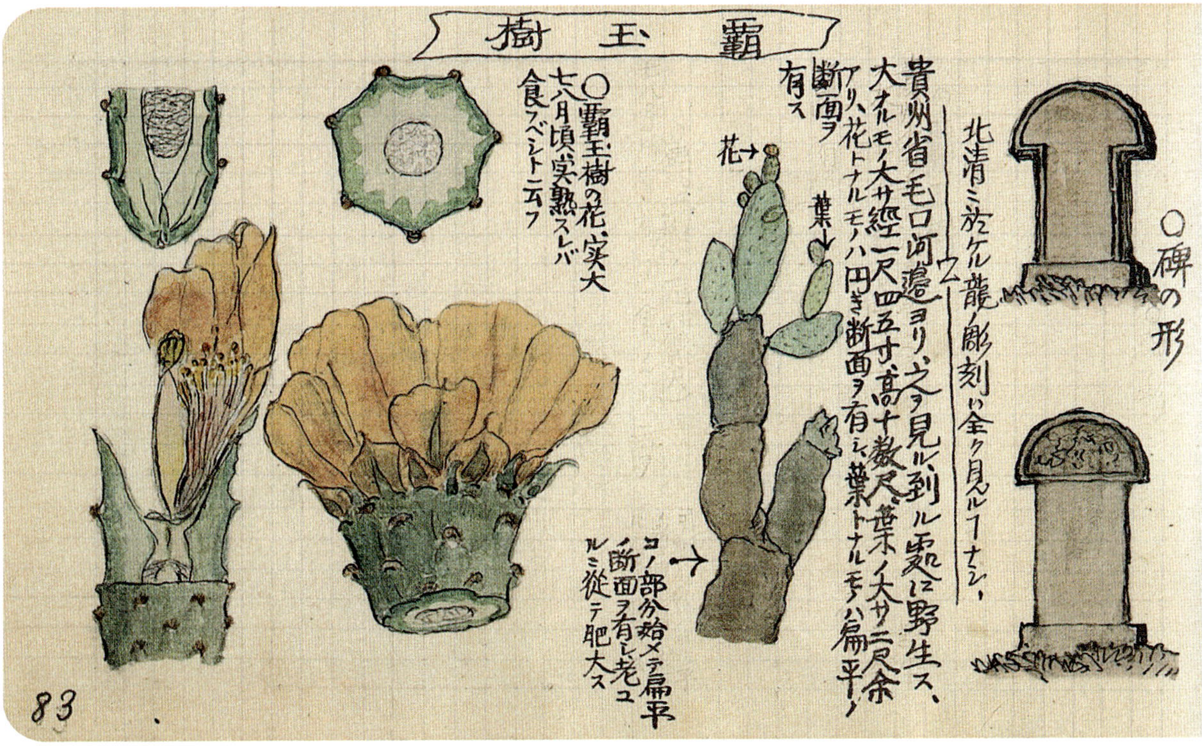

从这个部分开始，有扁平的横断面，成熟之后就变肥大。

84红崖附近（5月7日）

从仙人掌间的缝隙穿过向前走就遇到了崇山峻岭。大概十五里左右就到达山顶，路上看到了各种奇异的景观，从山顶向下看，大理的苍山美景尽收眼底。

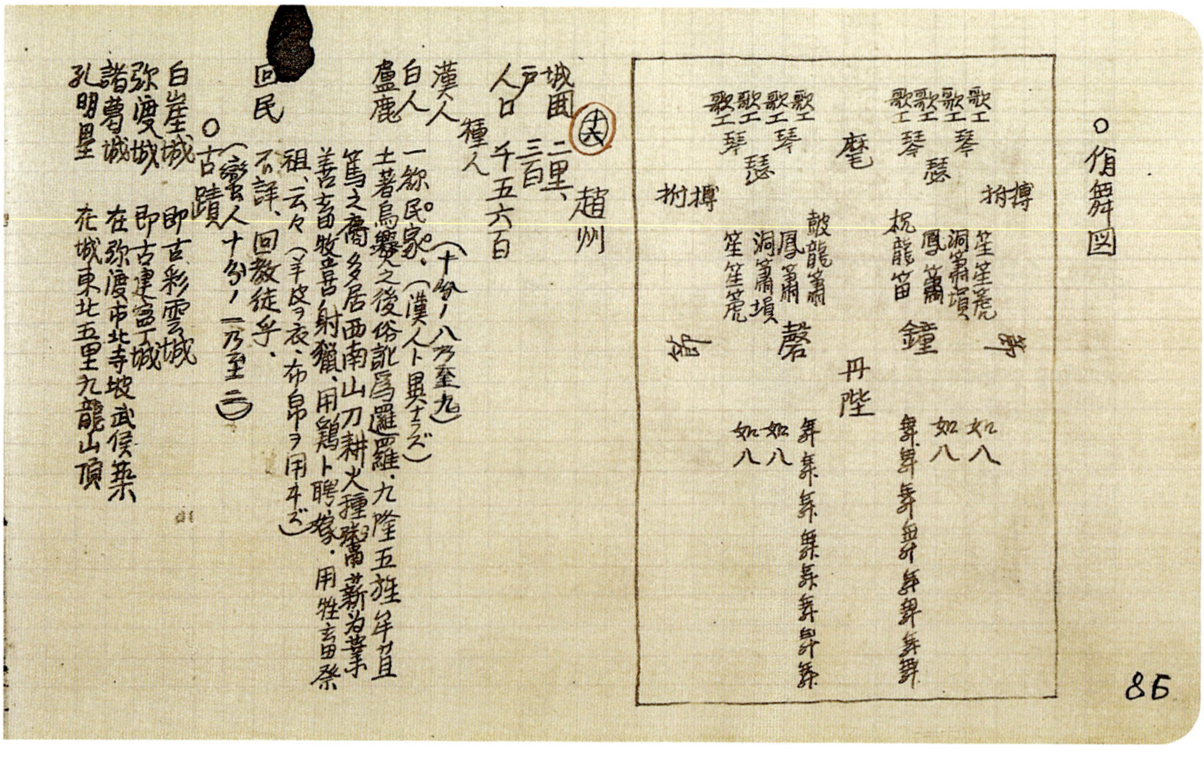

86赵州（5月8日）

左图也是从州志中摘录出来的。是关于儒教祭礼的舞蹈排列图。白崖城就是曾经的彩云城。据说诸葛孔明率军南征之际曾在这里驻兵，还有孔明留下的铁柱。

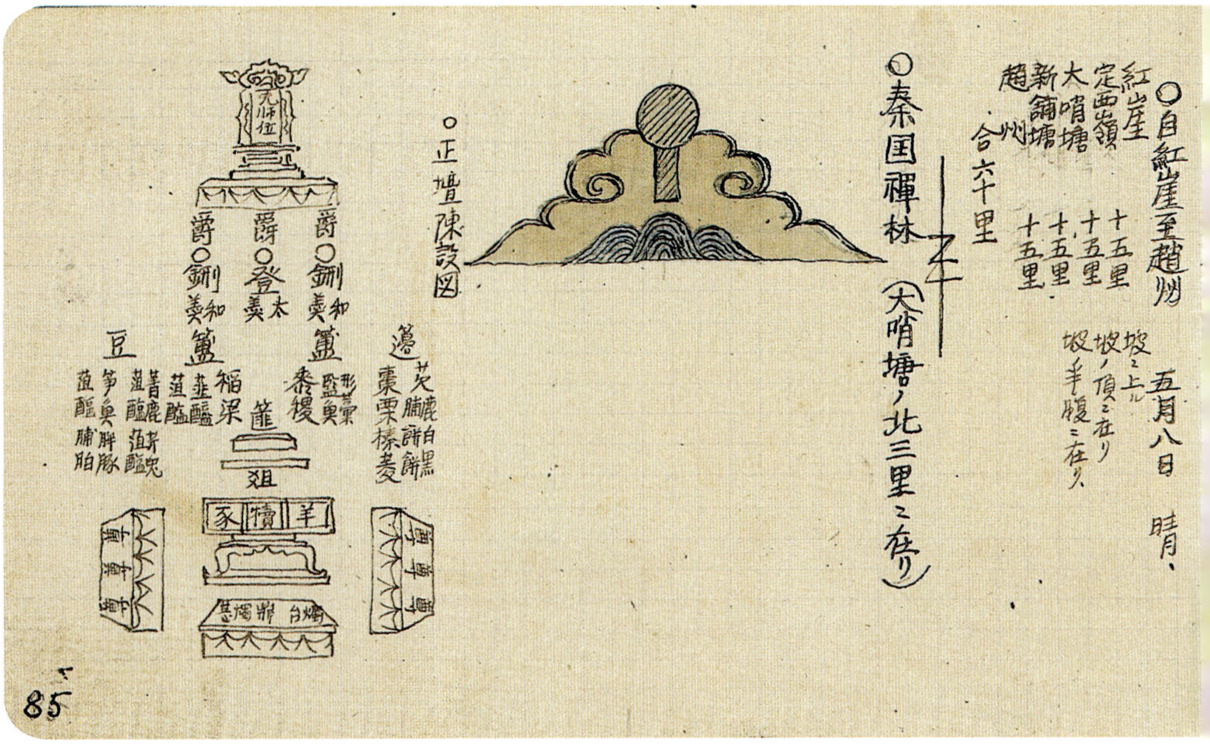
○自紅崖至趙州 五月八日 晴、
紅崖 十五里 坂之上ル
定西嶺 十五里 坂ノ頂ニ在リ
大哨塘 十五里 坂ノ中腹ニ在リ
新鋪塘 十五里
趙州
合六十里
○秦国禪林（大哨塘ノ北三里ニ在リ）
○正壇陳設図

85红崖—赵州（5月8日）

右图是从知州借来的州志中摘录出来的吧。是关于儒教祭坛的图形。

下关，曲线建筑，（水平线建筑是到地上六尺左右的地方，再往上都是曲线建筑，无比奇妙）

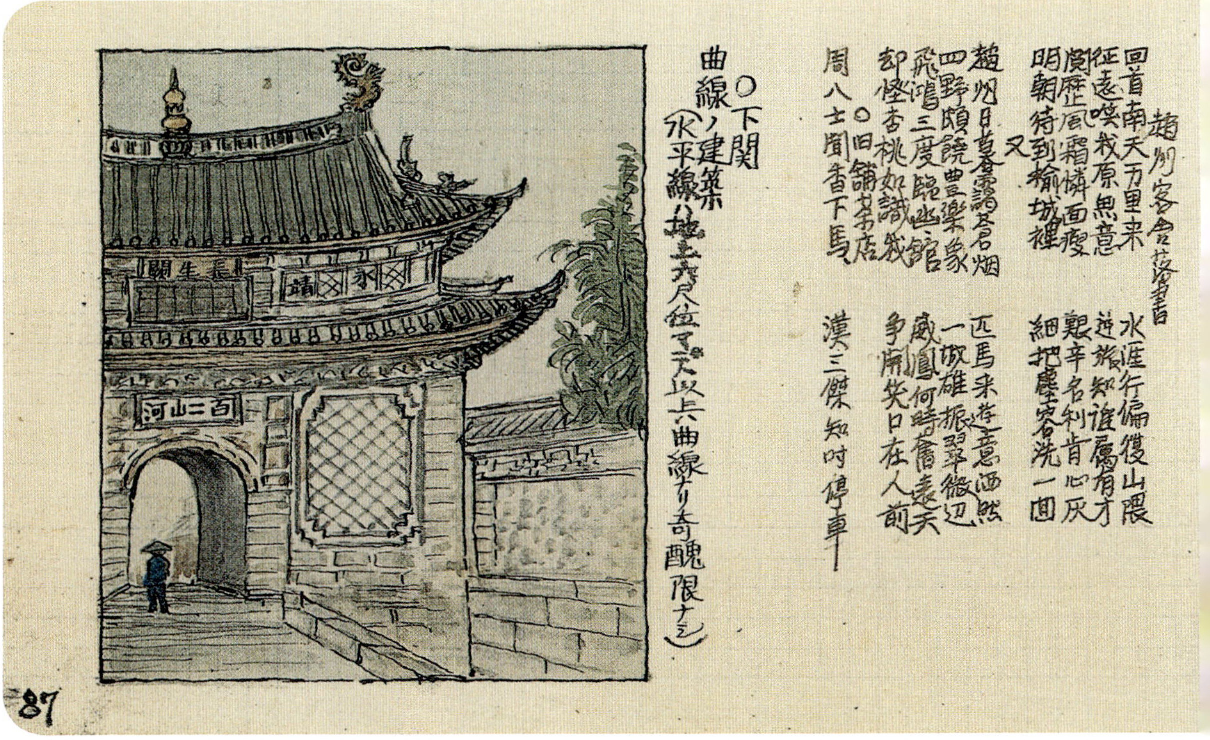
○趙州客舍落書
回首南天万里来 水涯行徧復山隈
征逺嘆我原無意 逆旅知誰屬有才
閱歴風霜憐面痩 艱辛名利肯心灰
明朝待到楡城裡 細把塵容洗一回
又
趙州日暮露吾烟 匹馬来遊意悠然
四野頗饒豊樂象 一城雄振翠微辺
飛鴻三度跪幽館 威鳳何時奮遠天
却怪杏桃如識我 争開笑口在人前
○旧鋪茶店
周八士聞香下馬 漢三傑知味停車
○下関
曲線ノ建築（水平線ハ地上六尺位マデ以上ハ曲線ナリ奇醜限ナシ）
百二山河

87下关（1）（5月9日）

下关是横跨在洱海的西南角向外流出的大河上，类似琵琶湖一带濑田的位置。住户很多，各民族杂居在一起，共同生活，贸易繁荣。

四角十三层塔（云南风格，在下关北五里处）

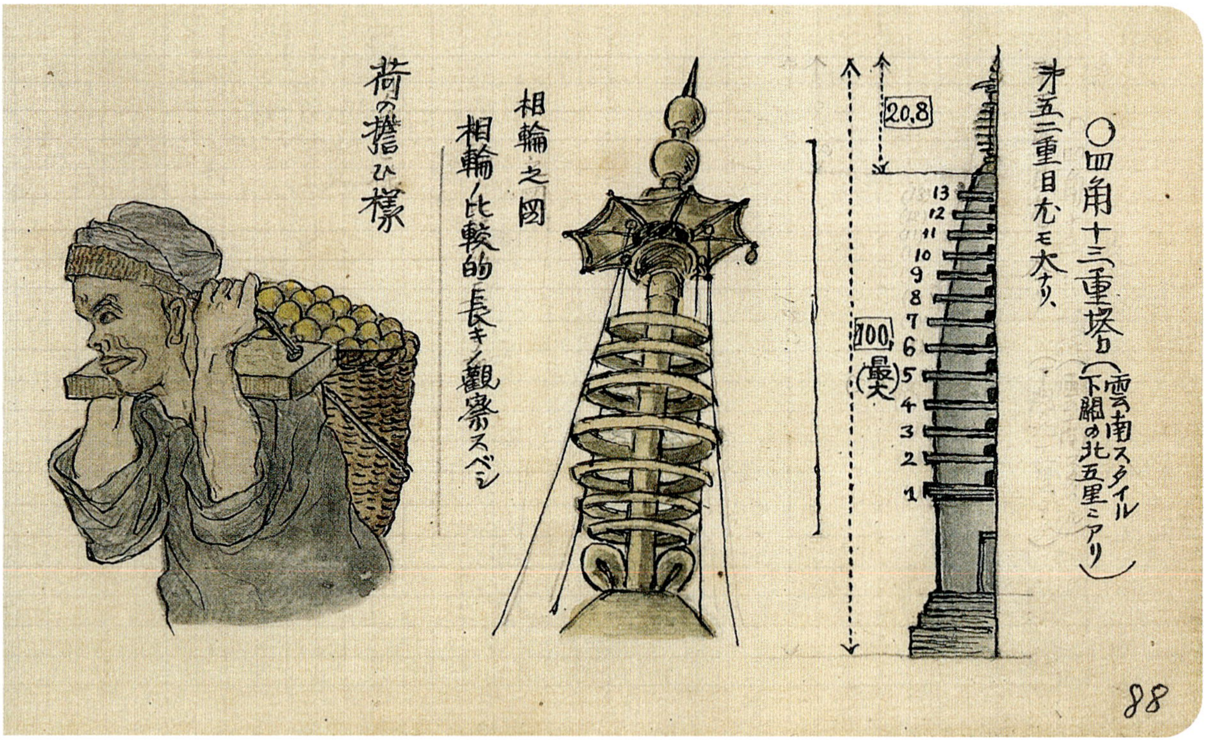

相轮图　应该认真观察相轮中较长的地方。

88下关（2）（5月9日）（接100图）

据说这个塔的周围是曾经南诏国的都城，大和城遗址。

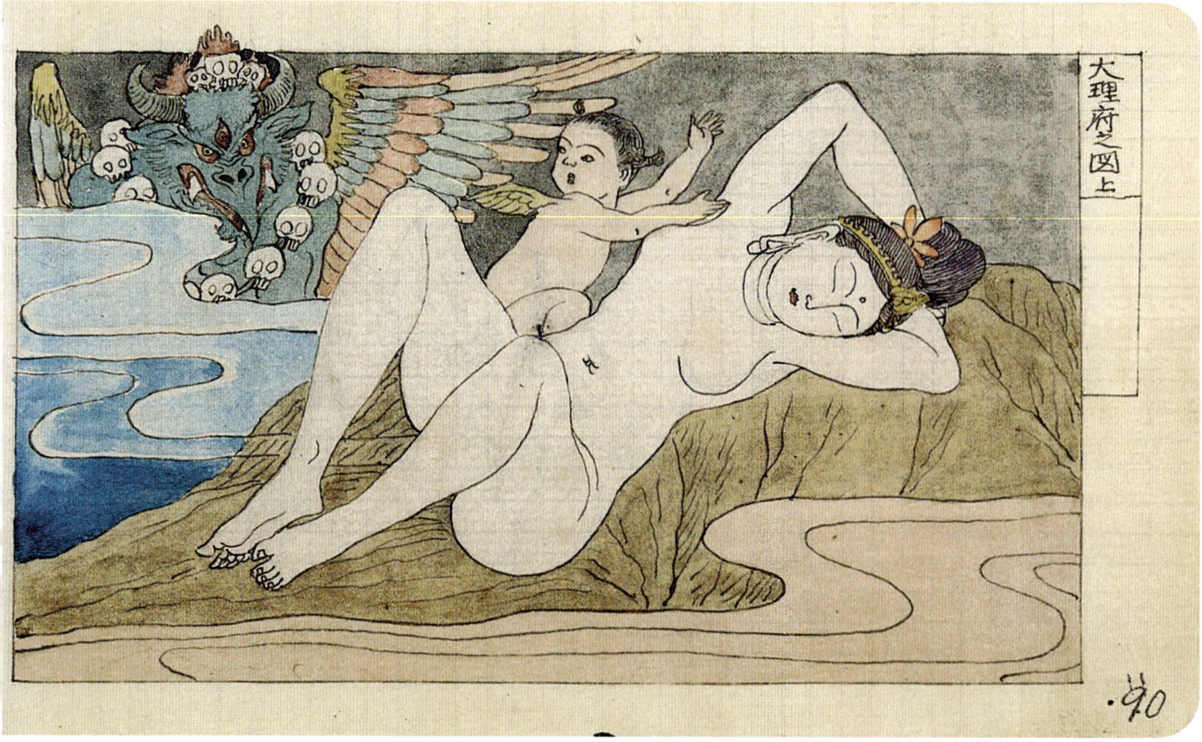

90大理府之图（1）

大理，现在在云南省白族自治州的中部。自治州人民政府被设置在下关。

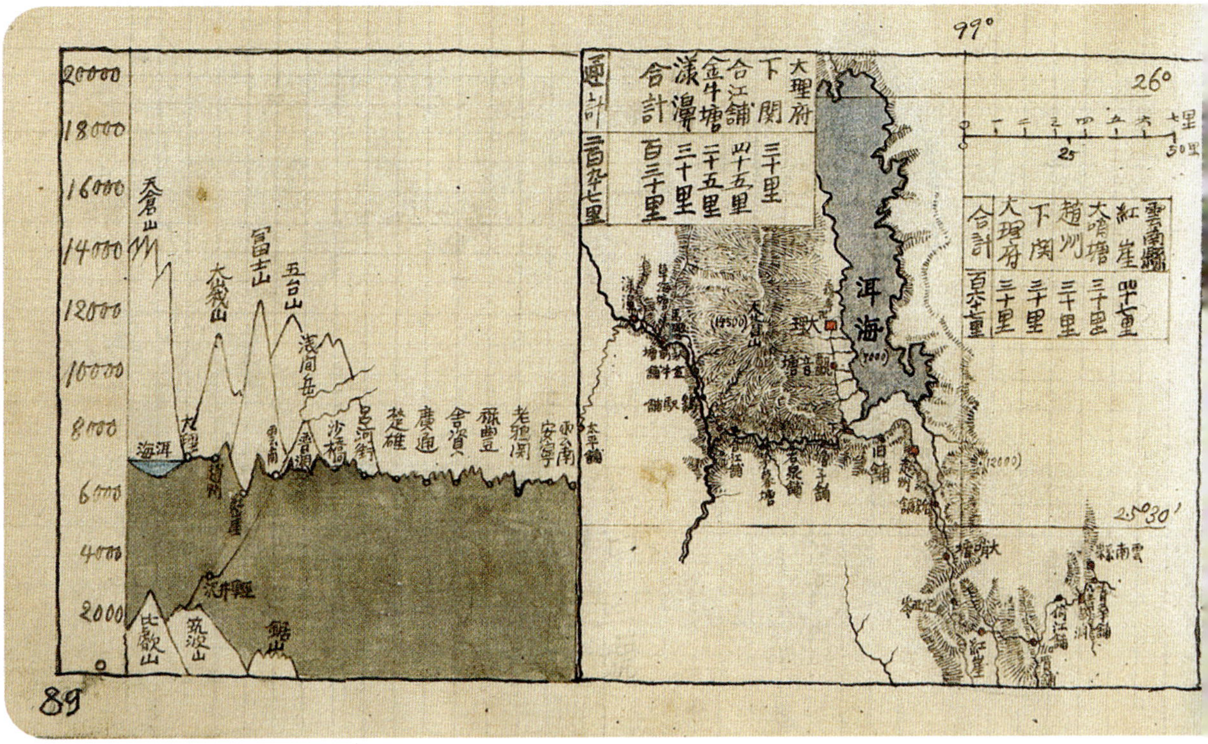

89地图（云南—大理）海拔图（云南—洱海）

大理府位于海拔七千尺的高原上，在苍山以东，洱海以西。苍山盛产优质石头，以产地命名被叫做大理石，后成为一种普通的石头名称。

91大理府之图（2）

笔者从日本出发到现在已经历时一年零两个月有余。前些天想要纵贯幅原辽阔的清朝大地，最终到达佛教圣地缅甸。

观音塘里的观音店 门是由所示的曲线建筑构造而成，几乎没有水平线构造。外部的装饰最为浓厚，有种压抑的感觉，这也是云南风格。门内有水池，中央有巨岩，岩石上有大理石制成的佛龛。建了二楼，前后有两个地方有台阶，可见匠心独运。

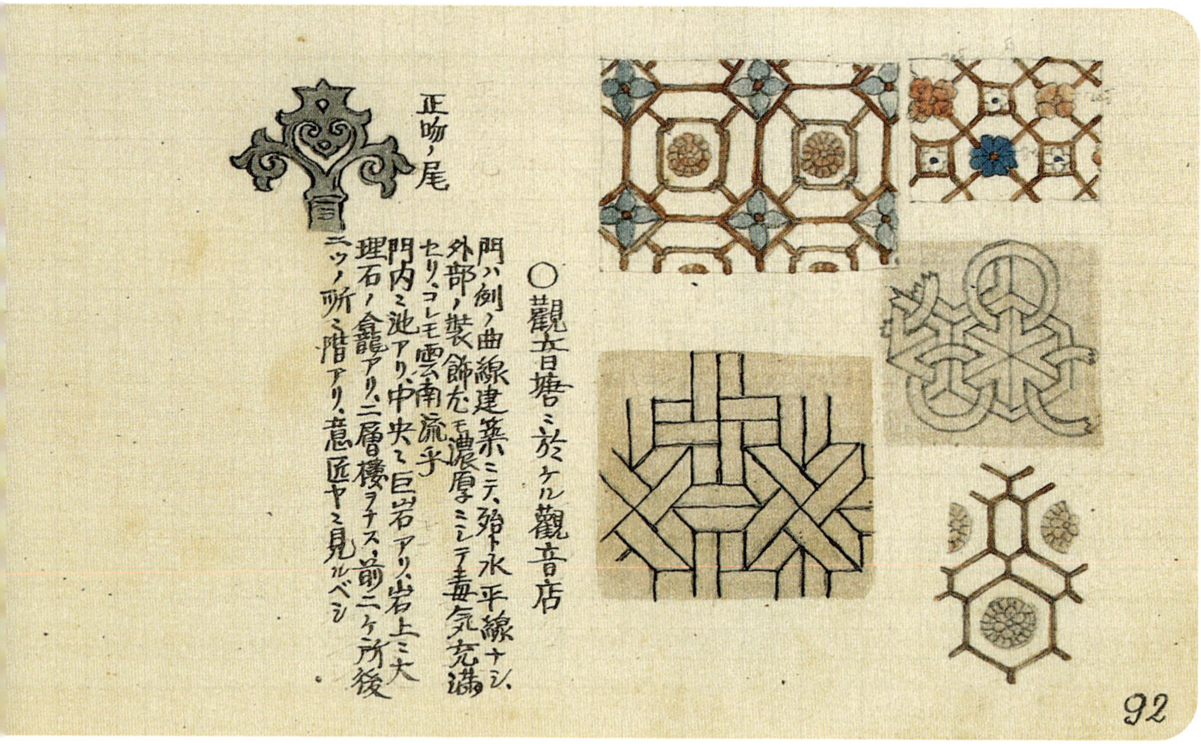
正吻ノ尾
○觀音塘ニ於ケル觀音店
門ハ例ノ曲線建築ニテ、殆ト水平線ナシ、
外部ノ裝飾尤モ濃厚ニシテ毒気充満
セリ、コレモ雲南流デ
門内ニ池アリ、中央ニ巨岩アリ、岩上ニ大
理石ノ龕アリ、二層樓ヲナス、前ニ二ケ所後
ニツノ所ニ階アリ、意匠ヤヽ見ルベシ
92

92观音塘（1）（5月9日）
观音塘的殿堂有个一寸大小的有趣的东西，全部都是藏传佛教传入的，特别奇妙。图片是收集而来的图案等等。

小塔有两座十层八角，高七尺三寸，外观装饰成阁楼式，每级设平座或斗棋，每角有柱，形成八棱。

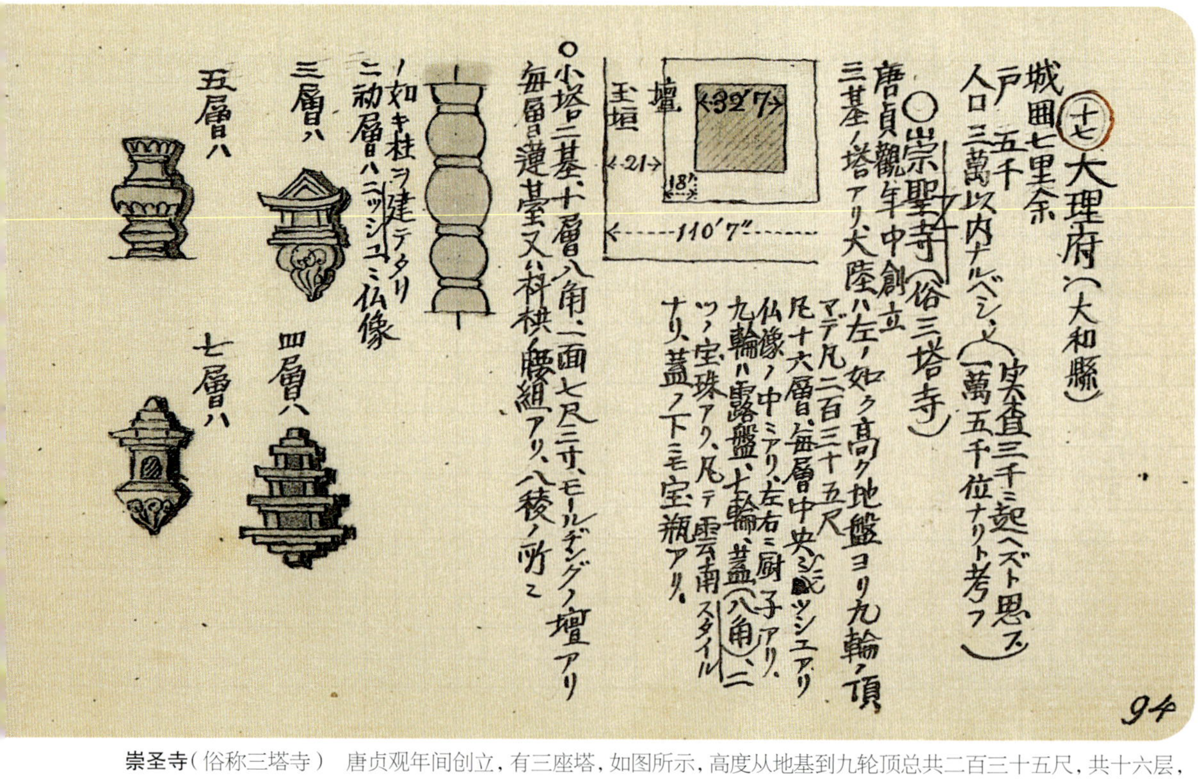
（十七）大理府（大和縣）
城囲七里余
戸五千
人口三萬以内ナルベシ、
一萬五千位ナリト考フ
○崇聖寺（俗三塔寺）
唐貞觀年中創立
三基ノ塔アリ大陸ハ左ノ如ク高ク地盤ヨリ九輪ノ頂
マデ凡ニ百三十五尺
尺十六層、毎層中央ニ
仏像ノ中ニアリ、左右ニ厨子アリ、
九輪ハ露盤、七輪、蓋（八角）、二
ツノ宝珠アリ、凡テ雲南スタイル
ナリ、蓋ノ下ニモ宝瓶アリ、
壇
玉垣
32'7"
21
18'
110'7"
○小塔二基、十層八角、一面七尺三寸、モールヂングノ壇アリ
毎層遭臺又ハ枓栱ノ腰組アリ、八稜ノ所ニ
ノ如キ柱ヲ建テタリ
二初層ハニツシニ仏像
三層ハ
五層ハ
四層ハ
七層ハ
94

崇圣寺（俗称三塔寺） 唐贞观年间创立，有三座塔，如图所示，高度从地基到九轮顶总共二百三十五尺，共十六层，在每层中央有两件紫衣，佛像的中央左右各有一个佛龛，九轮中有露盘、炭炉、宝盖（八角），还有两个宝珠，所有的都是云南风格，连宝盖下面也有宝瓶。

94大理府（1）崇圣寺（1）（5月9日）
崇圣寺俗称三塔寺。唐代贞观年间建立，可以看出是南诏或者大理的建筑。只留下一座大塔和两座小塔，对它进行实地勘查，发现其规模宏大，令人惊讶。

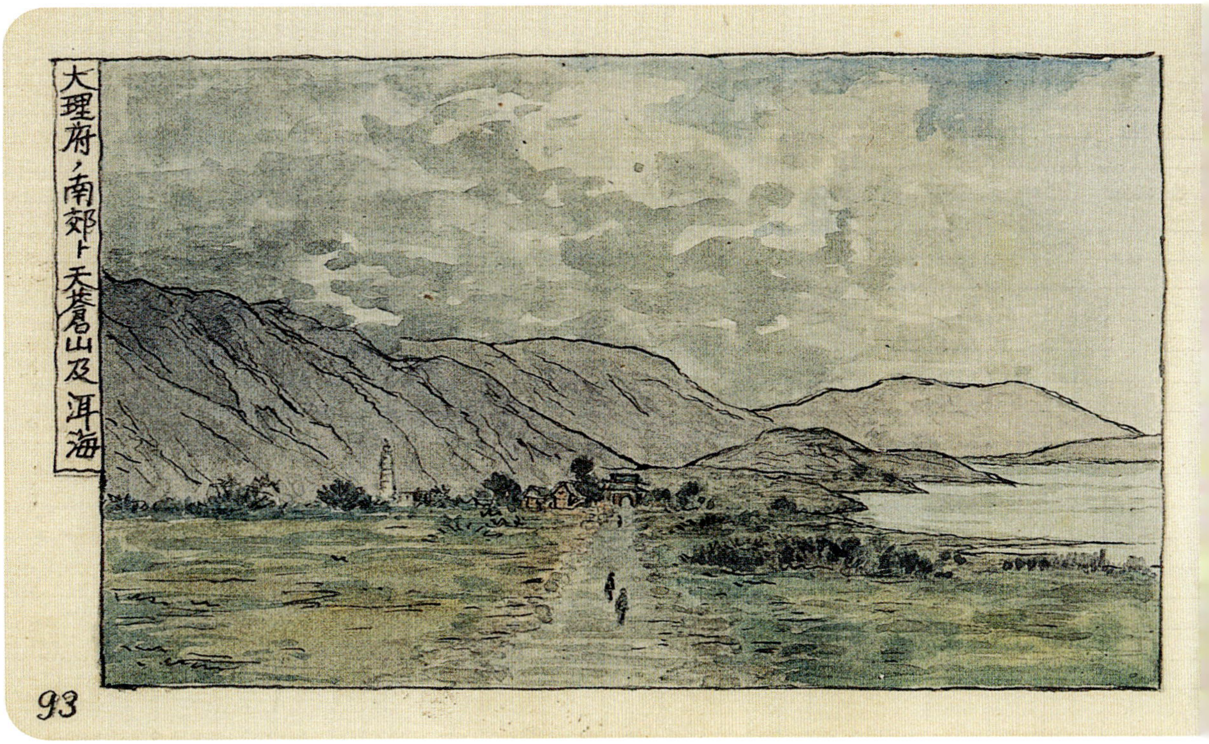

93大理府南郊风景（5月9日）

从下关出发走过观音塘，在远处的树林中，高塔耸立，连城门也能看到。那就是大理府。

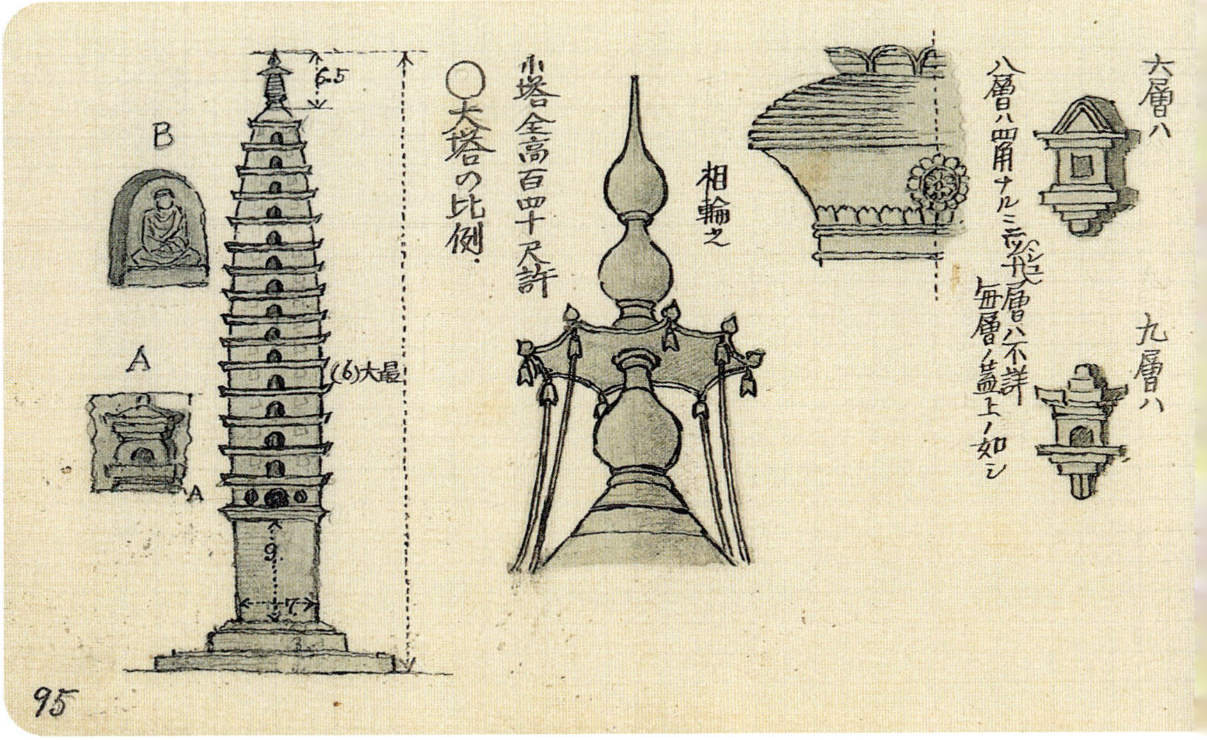

95大理府（2）崇圣寺（2）（5月9日）

中央的大塔是云南风格的代表，第六层、七层最为宽阔。叫做千寻塔。两座小塔分别在大塔的西南方向相对。

大观堂（现已没有） 在大堂前面有座古塔，十六级，现在的建筑是明朝嘉靖年间的，全部用砖瓦建造，造型匀称，九轮的形态与三塔寺的大塔完全相同。上刻着大明嘉靖乙巳丙午岁等。以前是孔明的祠堂，后改建为苍山书院。

这个塔的最顶层的四个角有鸟，现在只残留鸟的脚部，另外在六层、七层一带最为宽阔。

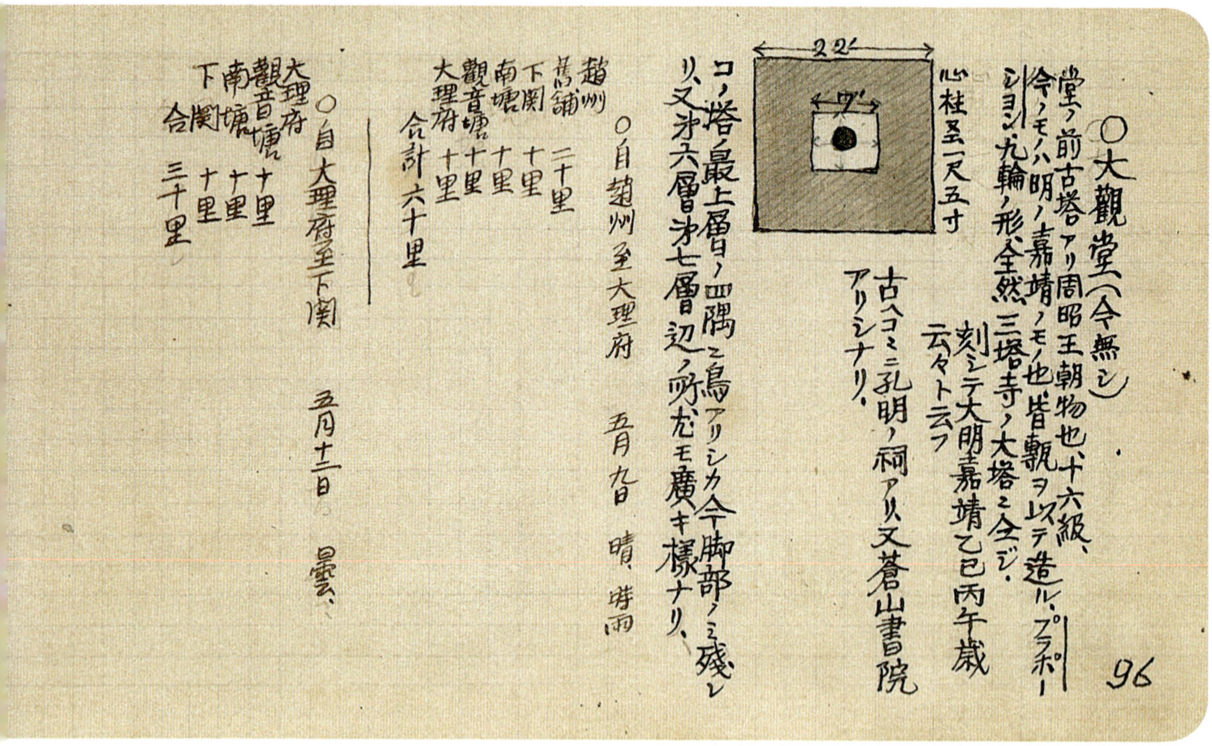
○大觀堂(今無シ)
堂ノ前古塔アリ周昭王朝物也、十六級、今ノモノハ明ノ嘉靖ノモノ也、皆甎ヲ以テ造ル、プロポーシヨン九輪ノ形全然三塔寺ノ大塔ニ全ジ。刻シテ大明嘉靖乙巳丙午歳云々ト云フ
古ヘコヽニ孔明ノ祠アリ又蒼山書院アリシナリ。
22'
7'
心柱至一尺五寸
コノ塔ノ最上層ノ四隅ニ鳥アリシカ今脚部ノミ残レリ、又第六層第七層辺ノ所尤モ廣キ様ナリ、
○自趙州至大理府 五月九日 晴 時雨
趙州
萬鋪 二十里
下関 十里
南塘 十里
観音塘 十里
大理府 十里
合計 六十里
○自大理府至下関 五月十二日 曇
大理府
観音塘 十里
南塘 十里
下関 十里
合計 三十里
96

96大理府（3）大观堂 赵州—大理—下关（5月9日、12日）

南门白塔，是曾经叫做大观堂的大堂附属部分。笔者评价到，塔的内部有个直径为一尺五寸的心柱，是难得一见的手法。

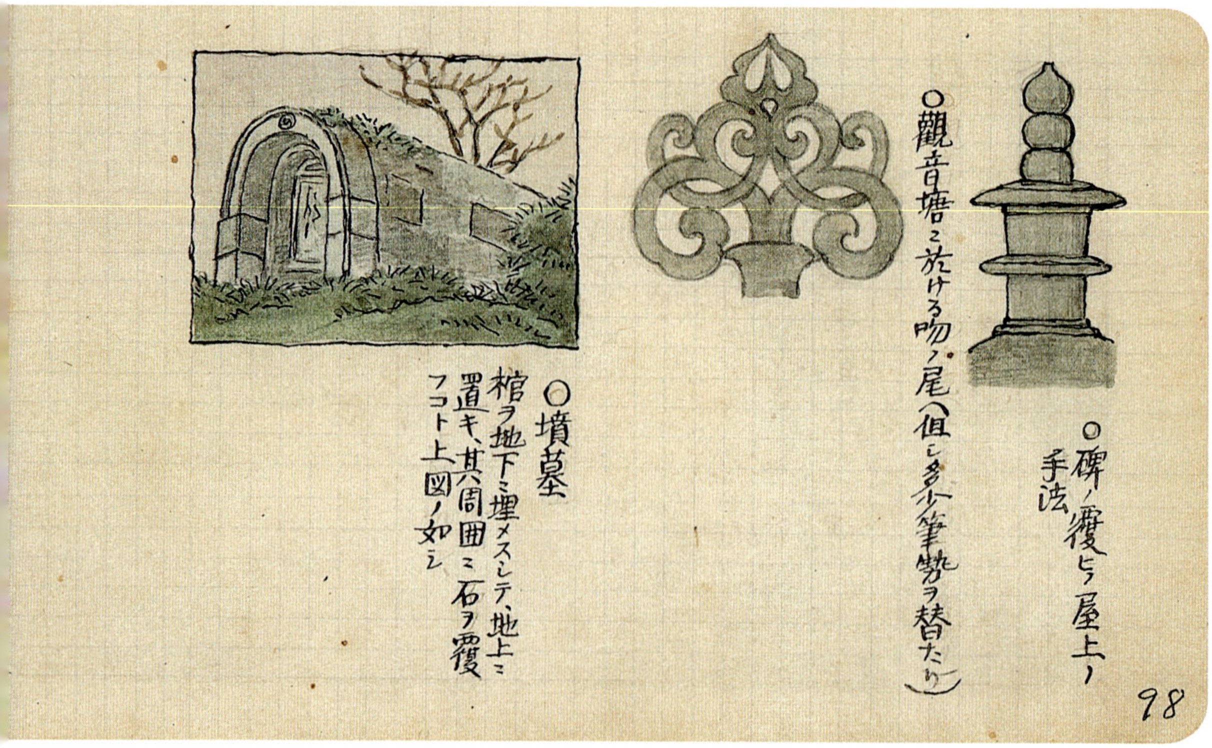
○碑ノ覆ヒ屋上ノ手法
○觀音塘ニ於ける吻ノ尾(但シ多少筆勢ヲ替たり)
○墳墓
棺ヲ地下ニ埋メスシテ、地上ニ置キ、其周囲ニ石ヲ覆フコト上図ノ如シ
98

98观音塘（2）（5月9日）

在大理府曾经有段时间回教盛行，有很多值得看的回教建筑。

97苍山和三塔寺（5月11日）

出了大理府的北门，就是一望无际的苍山，山脚下的原野与洱海相接，山脚下的三座塔屹立在景观中，美好的景色着实令人心旷神怡。

99中国妇人骑马旅行（5月）

因为马、骡子、驴被当作主要的交通手段，所以能够看到连妇人和孩子都在练习骑马的场景。

100下关（3）（5月12日）

据日志记载，在下关的入口处有座玉龙书院。在对其进行调查、拍照的时候，被附近的游人和孩子等团团围住，并大声吵闹，每当这个时候唯有闭口不言。

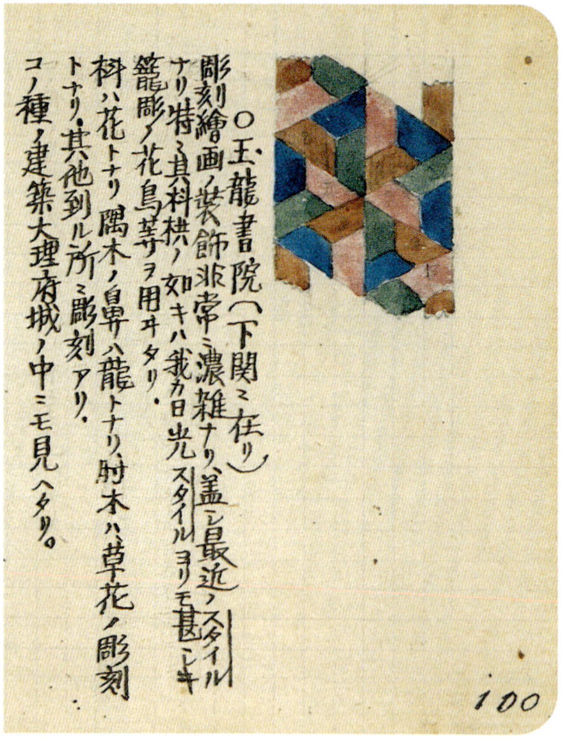
○玉龍書院（下関ニ在リ）
彫刻繪画ノ装飾非常ニ濃雑ナリ、蓋シ最近ノスタイルナリ特ニ其斗栱ノ如キハ我カ日光スタイルヨリモ甚シキ籠彫ノ花鳥等ヲ用ヰタリ。
斗ハ花トナリ隅木ノ鼻ハ龍トナリ肘木ハ草花ノ彫刻トナリ・其他到ル所ニ彫刻アリ。
コノ種ノ建築大理府城ノ中ニモ見ヘタリ。
100

玉龙书院（在下关）

雕刻绘画的装饰颜色浓郁，也许是最近流行的风格，特别是它的斗拱，比日本日光市的风格还要漂亮，有龙雕的花鸟等。斗为花，四角的木鼻则为龙，华拱是花草，其他地方也有雕刻。这种建筑在大理府城中随处可见。

102

塘子铺温泉（5月13日）

听说在塘子铺有温泉，上山的路有多条，经过数町（单位，町为60步，6尺为1步）便可到达山顶。突然发现一股溪水冒着热气流下来。温度适当，水流湍急如箭一般，数日的污垢瞬间被洗净，令人神清气爽。

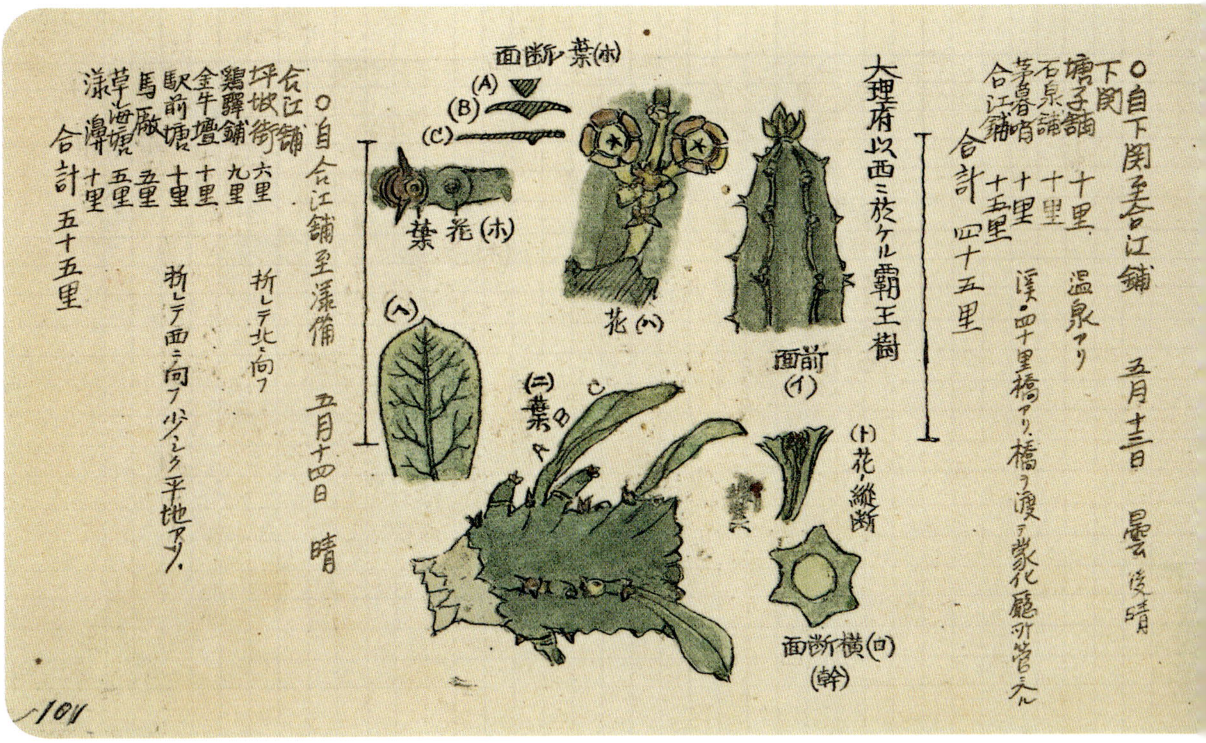

101 下关—合江铺（5月4日）/合江铺—漾濞

西蕃又称吐蕃，在唐代将西藏与西域一带称为西蕃。

103 从坪坡街出发至苍山（5月13日）

从塘子铺温泉出发，西行到坪坡街，留宿一夜。在这里，可以仰望苍山阴面那雄伟壮观的景色，至今记忆犹新。

这是一则关于日食的告示。

西蕃人有很多小贩，他们用驴驮着棉花，腰缠粗布。

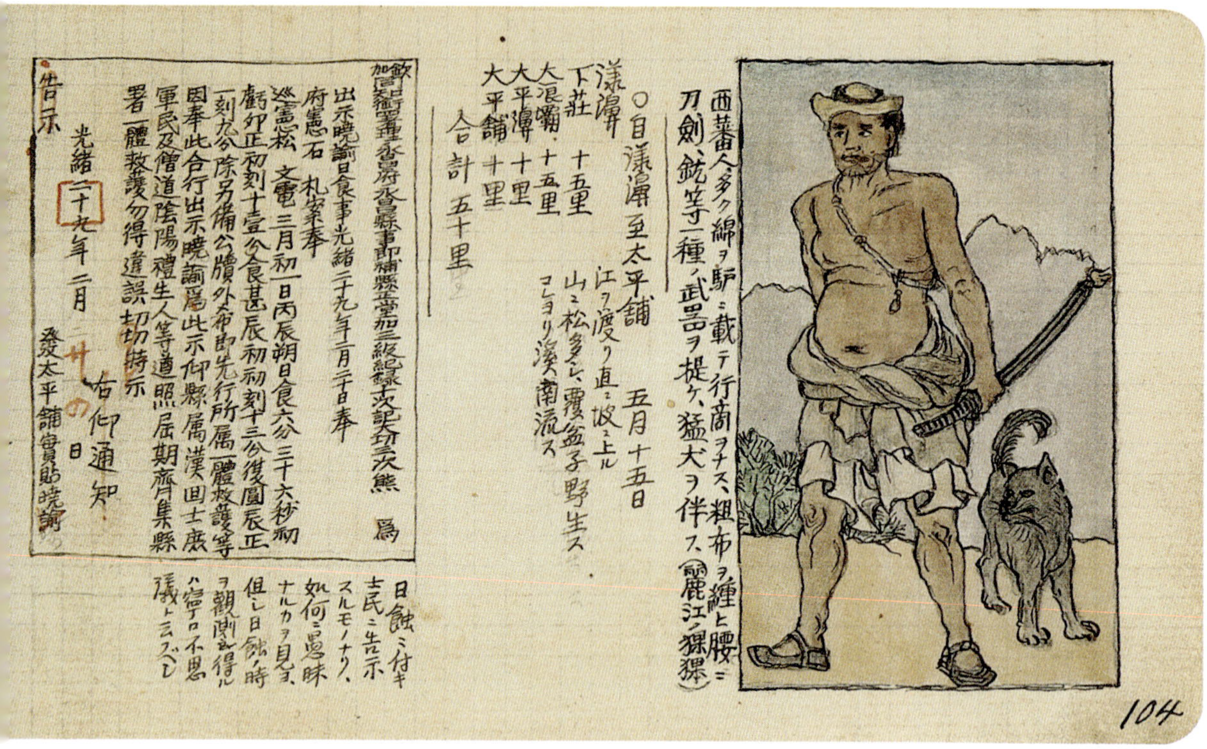
西蕃人多ク綿ヲ驢ニ載テ行商ヲナス、粗布ヲ纏ヒ腰ニ刀剣、銃等ノ一種ノ武器ヲ提ケ、猛犬ヲ伴ス（麗江ノ猓玀）
○自漾濞至太平舗 五月十五日
漾濞
下莊 十五里 江ヲ渡リ直ニ坂ニ上ル
大浪壩 十五里 山ニ松多ク、覆盆子野生ス
大平濞 十里 コレヨリ溪ハ南流ス
太平舗 十里
合計 五十里
告示
104

104 漾濞—太平铺（5月15日）

左侧是一则关于日食的告示。

漾濞ヨリ天蒼山脈ヲ望ム
116

106 于漾濞观苍山（5月）

漾濞不是一般山间或僻远之地的村庄，俨然一幅大村落的样子。笔者在此仰望苍山时，不时会联想到在富山县遥望立山美景的情境。该图应此『106』号，『116』为误写。

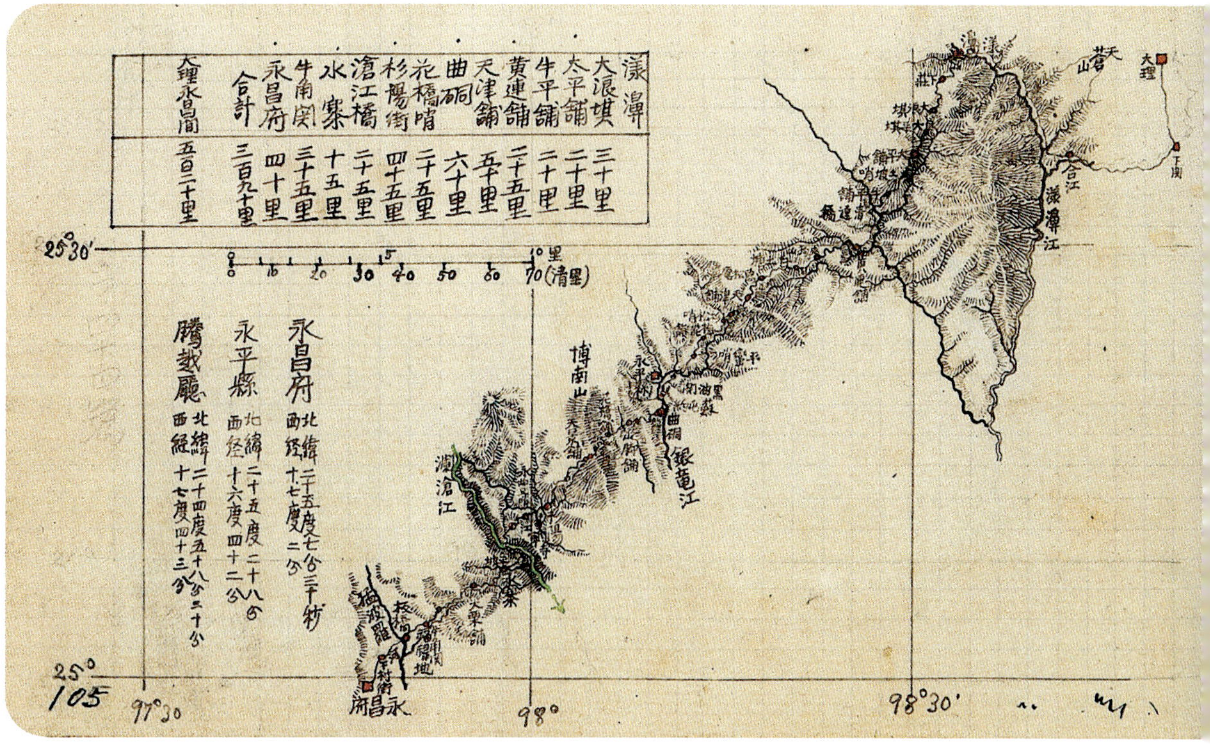

105 地图（漾濞—永昌）

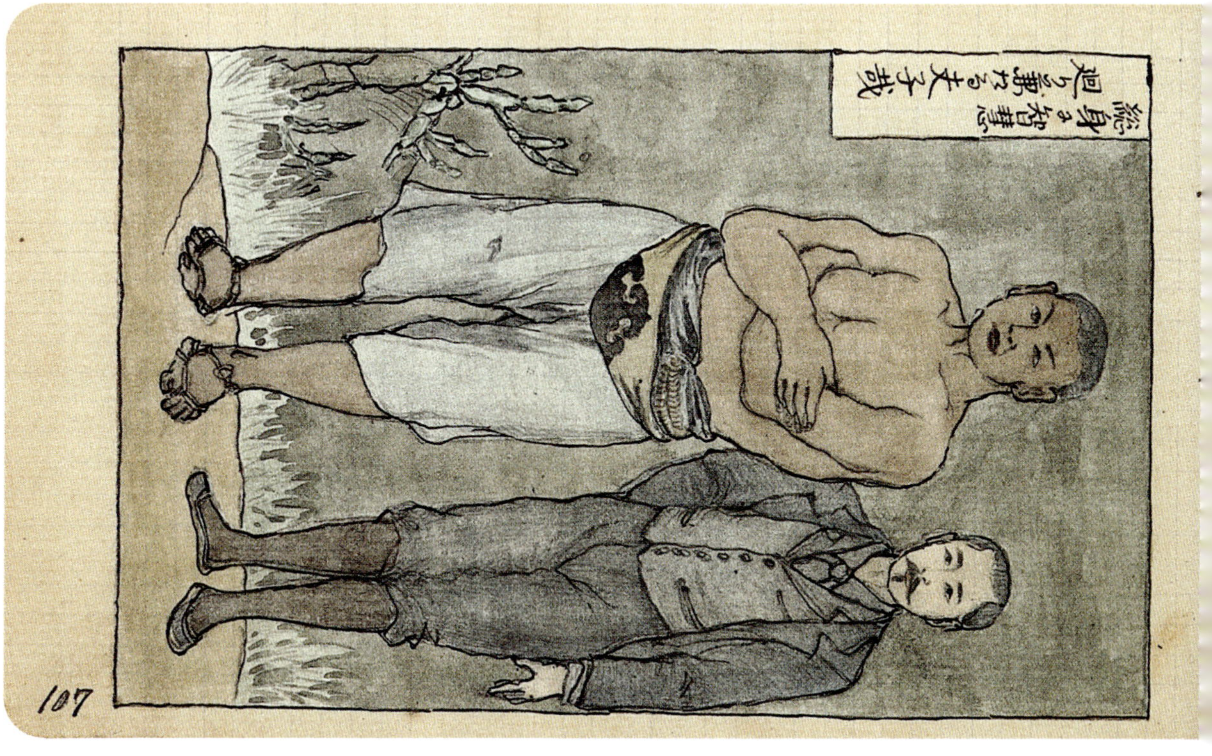

107 伊东忠太与当地人（5月）

图中右为伊东忠太本人，左似为当地人，身份不明。

这一带，木材多用来建筑图中的房子，宛如日本用三棱木料等横盖起的建筑结构，内部有顶棚、地板等，房屋多用草或木板铺顶。当然，这样到处都是缝隙。

108 **太平铺附近的民宅（5月15日）**

在太平铺附近的山路上，随处可见圆木垒起来的民屋，圆木在四角交叉。类似于日本用三棱木料等横盖起来的建筑结构。

110 **太平铺—漾濞途中的搬运工（5月17日）**

左图再现了当年官方搬运货物的形态。驴头戴京剧中的头饰，有人在旁演奏乐器，一同在街道上行走。左边人物信息不详。

清连桥

用铁锁架桥，桥长百尺，宽九尺，用竖铁链将踏板横铺在人条铁链上，有桥似彩虹飞天的记载。事实上，桥长百尺，确实堪称一绝。

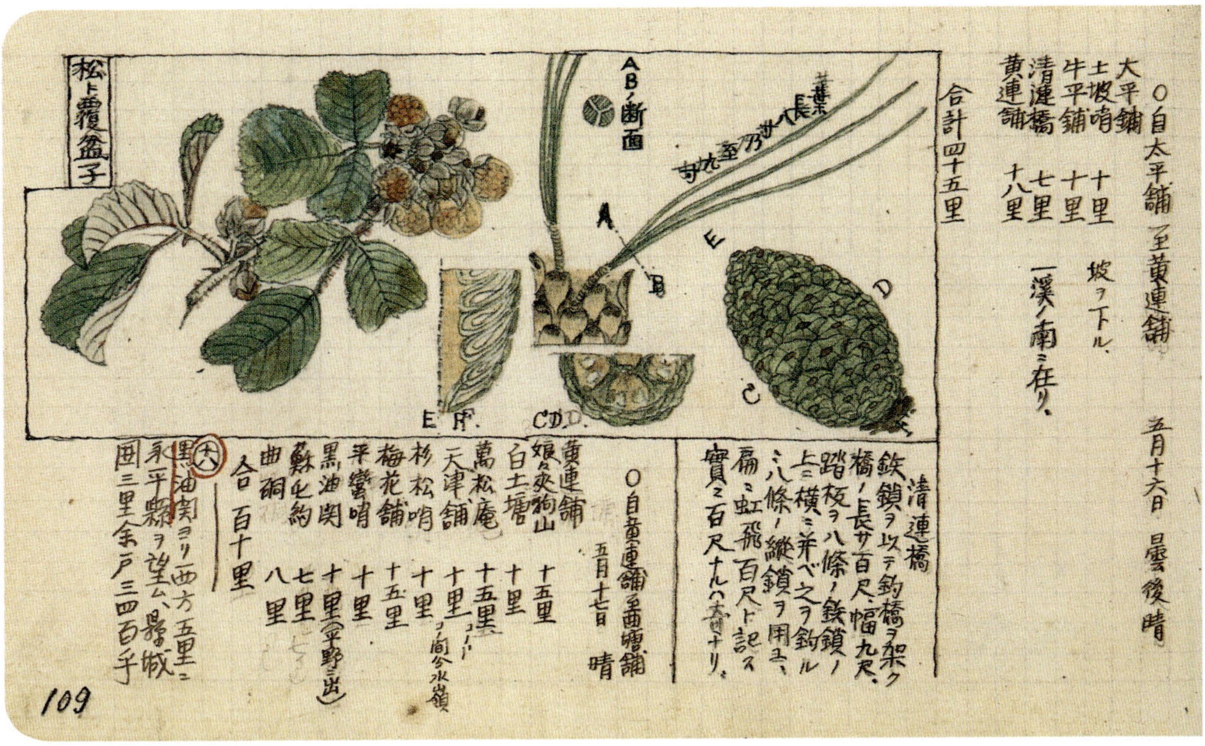

109太平铺—黄连铺—曲硐（5月16日—17日）

一出漾濞便是一架吊桥，过吊桥后又是一个陡坡。爬坡十五里，到达坡顶。山上为红土土质，松树很多，覆盆子为野生，果实颇为美味。

沧江桥，桥长一百六十五尺，把十二条铁链做成八列，在上面铺上木板，左右两端各三条，中间六条，栏高五尺，桥距水面三十尺。

江水浑浊，且褐色，宽四十至五十间。北岸的山距水面两千尺，南岸距水面二千五百多尺。

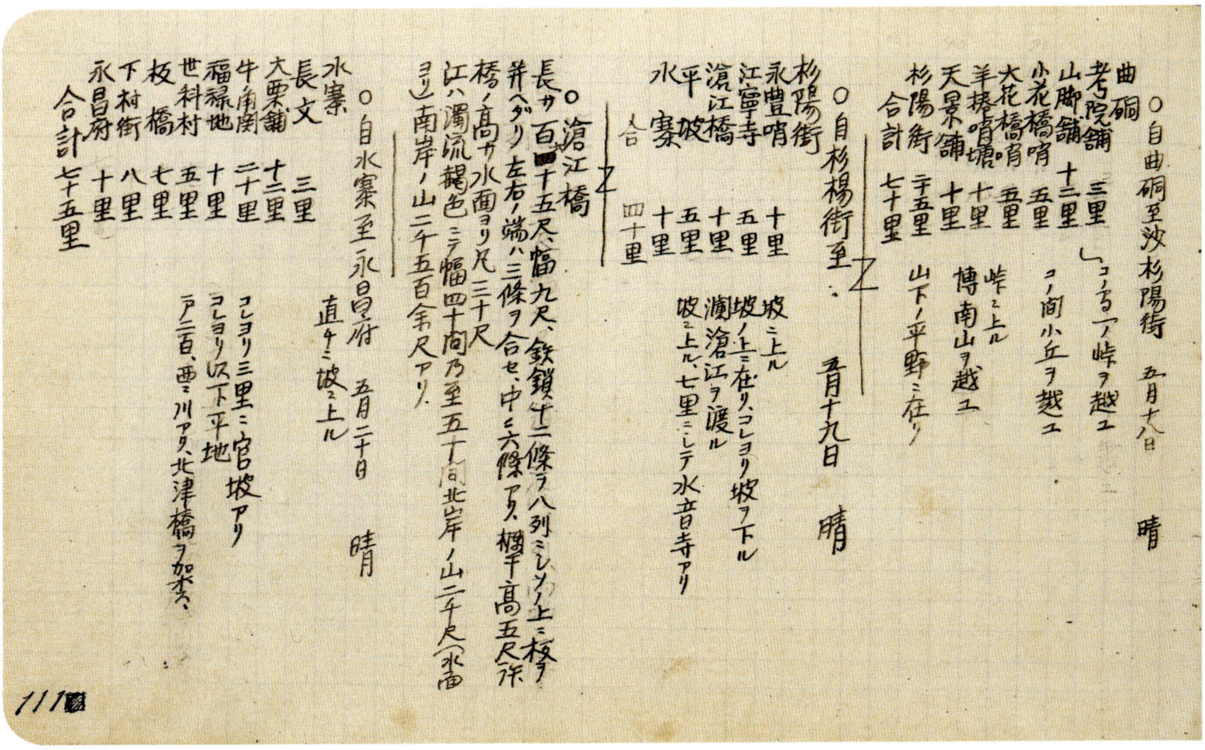

从这出发三里处是官坡，之后为平地，有两百户人家，西面有河，架有北津桥。

111曲硐—杉阳镇—水寨—永昌（5月18日—20日）

从太平铺出发，前行五十里，途中大概有20户人家。极少看见游客，但搬运货物的驴马却很多，因脚夫多选择露宿，住在国道附近的驿站，很是冷清。

云南省

112 澜沧江（5月19日）

横跨澜沧江的吊桥，是用十二条锁链连结在巨石上，左右两边都将三条锁链合为一条，所以吊桥是八列的配合结构。然后在锁链上铺设木板，全长一百六十五尺，距水面三十尺。对岸也是峭壁，过桥后立即登山。

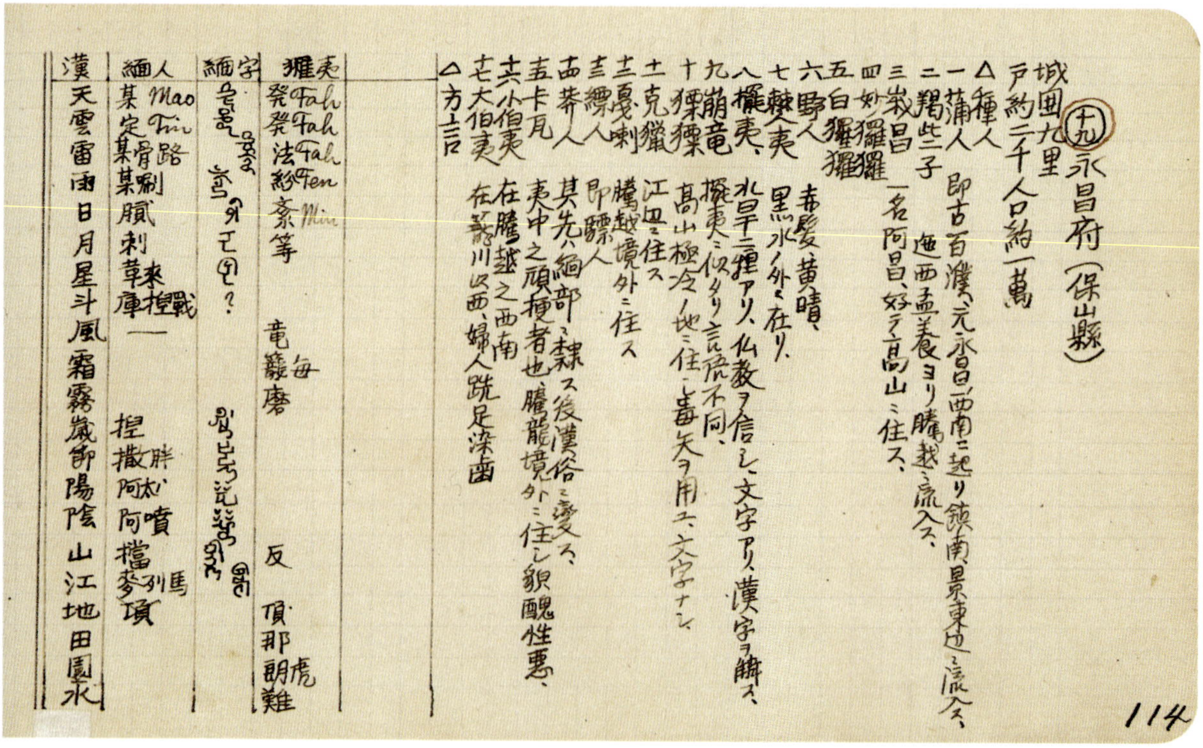

（十九）永昌府（保山縣）

城周九里

戸約三千人口約一萬

△種人

一 蒲人　即古百濮ノ元永昌ノ西南ニ起リ瀕南景東辺ニ流入ス

二 羯些子　迤西ニ孟養ヨリ騰越ニ流入ス

三 峩昌　一名阿昌、好テ高山ニ住ス

四 妙猓玀

五 白猓玀

六 野人　赤髮黄睛

七 僰夷　黒水ノ外ニ在リ

八 擺夷　水旱二種アリ、仏教ヲ信シ、文字アリ、漢字ヲ解ス

九 崩竜　擺夷ト似タリ言語不同

十 猓猔　高山極冷ノ地ニ住ミ毒矢ヲ用ユ、文字ナシ

十一 克猻　江辺ニ住ス

十二 憂喇　騰越境外ニ住ス

十三 縹人　即驃人

十四 蒂人　其先ハ緬部ニ隷ス後漢俗ニ變ス

十五 卡瓦　夷中之頑梗者也騰龍境外ニ住シ貌醜性悪

十六 小伯夷　在騰越之西南

十七 大伯夷　在龍川江西、婦人跣足涂面

△方言

夷玀　発 Fah　発 Fah　法 Fah　紛 Fen　系 Min　等　竜　每　磨　反　項　那　朗　虎　雞

字緬　[illegible]

緬人　某 Mao　定 Tin　某路　某骨　某刷　賦　利　草　来　庫　捏　戰　一　捏　撒　胖　阿　杁　阿　噴　擋　列　馬　爹　項

漢　天雲雷雨日月星斗風霜霧歳節陽陰　山江地田園水

114

114 永昌府　府志摘选（1）（5月20日）

永昌府（今保山县）的中央十字路一带有民宅，但平时在田野中的寻常之物这里却不多见。永昌府管辖区域内大多为少数民族，据府志记载，共有十七个少数民族。

113 潞江（1）（5月）（接121、122图）

怒江又称潞江，发源于西藏与青海境内一个山麓，经云南省，流入缅甸后改称萨尔温江。

115 永昌府　府志摘选（2）（5月20日）

在永昌府，马夫、搬运工、轿夫强烈要求休息一天，所以决定在此稍作休整，我也可以研究借来的府志。

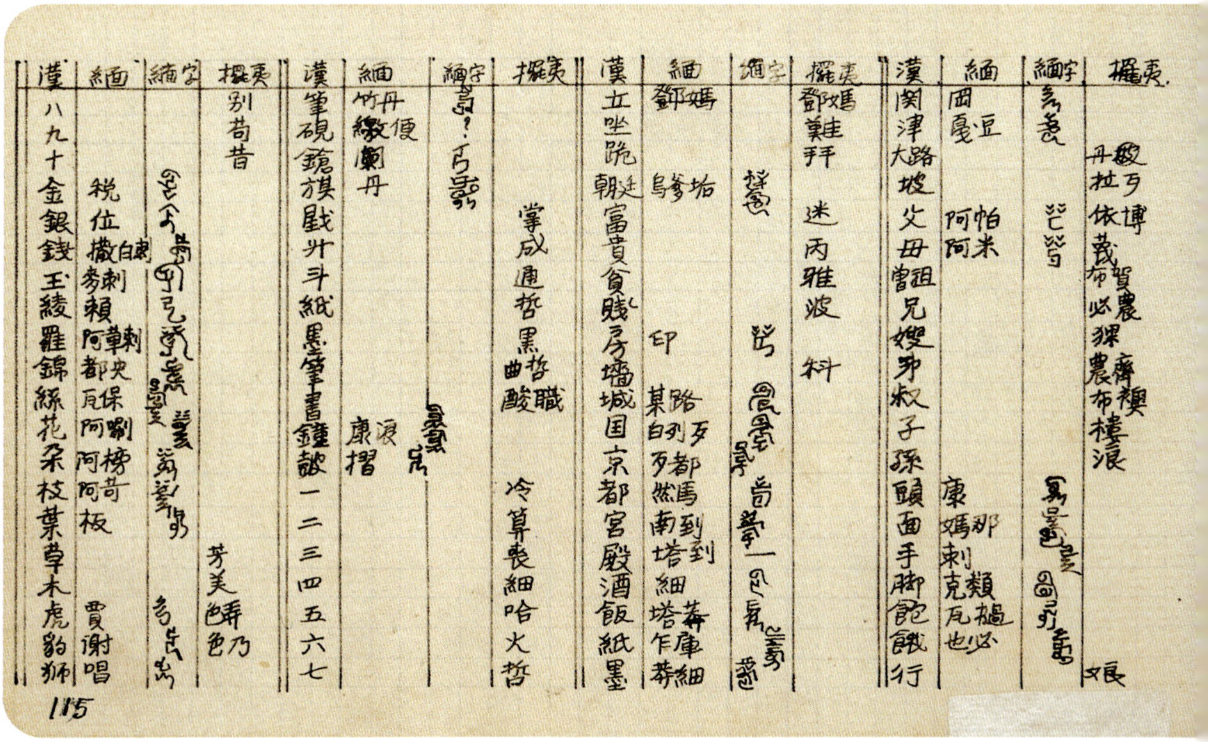

云南省

116 永昌府　府志摘选（3）（5月20日）

永昌府古迹遗址较多，孔明南征途中有很多趣事，府志里有这样一段记载，『据说饮用黑水就会死』，《三国志》中有对『黑泉』的记录，应该是同一种东西，不知是不是此物，温泉好像也很多。

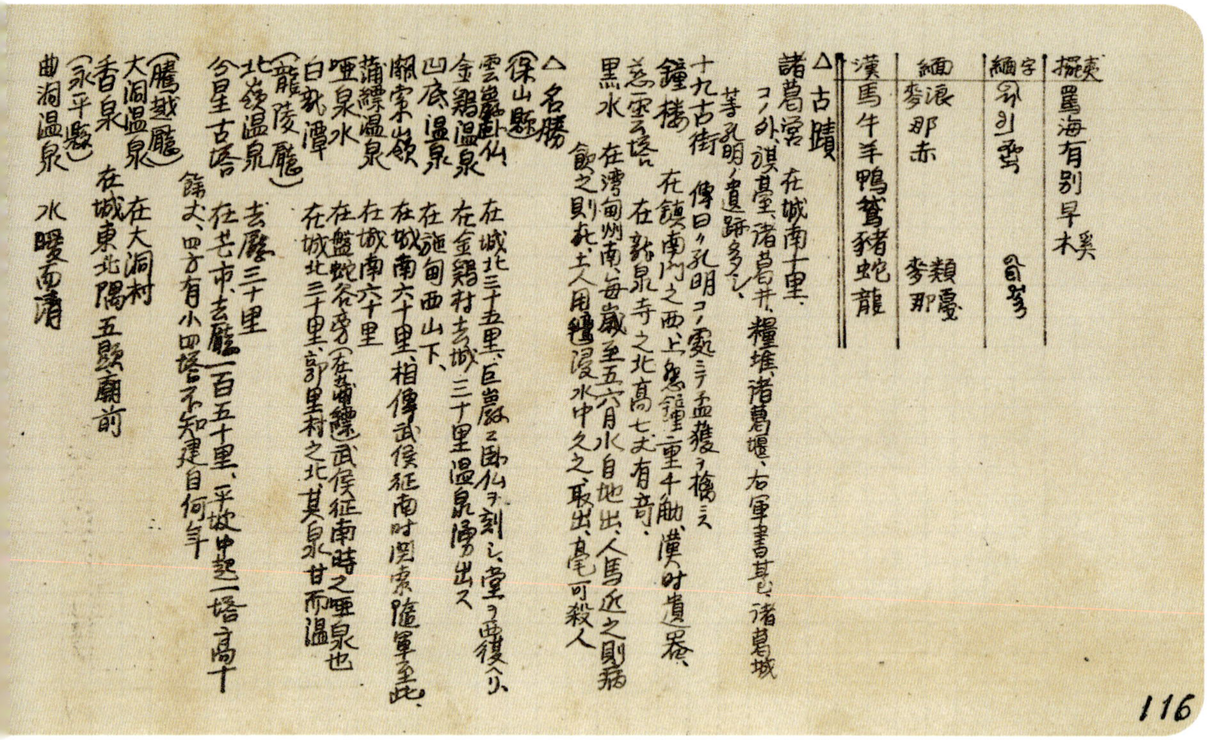
掘夷　羈海有別早木　奕
緬字　列引雲　會字
緬　浪　那　赤　類　夢　参那
漢　馬　牛　羊　鴨　鵞　豬　蛇　龍
△古蹟
諸葛営　在城南十里、コノ外、誤基、堂、諸葛井、糧堆、諸葛堰、右軍書石、諸葛城等孔明ノ遺跡多シ、
十九古街　傳日ク孔明コノ處ニテ孟獲ヲ擒ニス
鐘樓　在鎮南門之西上懸鐘一重千觔、漢时遺器、
慈雲寺塔　在新泉寺之北高七丈有奇、
黒水　在漕甸州南毎歳至五六月水自地出、人馬近之則病飲之則死土人用鐘浸水中久之取出、毫可殺人
△名勝
(保山縣)
雲巖卧仏　在城北三十五里、巨巖ニ卧仏ヲ刻ミ、堂ヲ其ノ上ニ覆ヘリ
金鶏温泉　在金鶏村去城三十里温泉湧出ス
四底温泉　在施甸西山下、
瀾滄渡(?)　在城南六十里、相傳武侯征南时閲家隨軍至此、
蒲縹温泉　在城南六十里
啞泉水　在盤蛇谷旁(在蒲縹)武侯征南時之啞泉也
白龍潭　在城北三十里部里村之北其泉甘而温
(龍陵廳)
北爐温泉　去廳三十里
今星古塔　在芒市去廳一百五十里、平坡中起一塔高十餘丈、四方有小四塔不知建自何年
(騰越廳)
大洞温泉　在大洞村
香泉　在城東北陽五顯廟前
(永平縣)
曲洞温泉　水暖而清
116

118 永昌府—蒲缥—红木树（5月22日、23日）

这座风水塔的建筑风格是云南式的。建筑、修缮的年代不详。

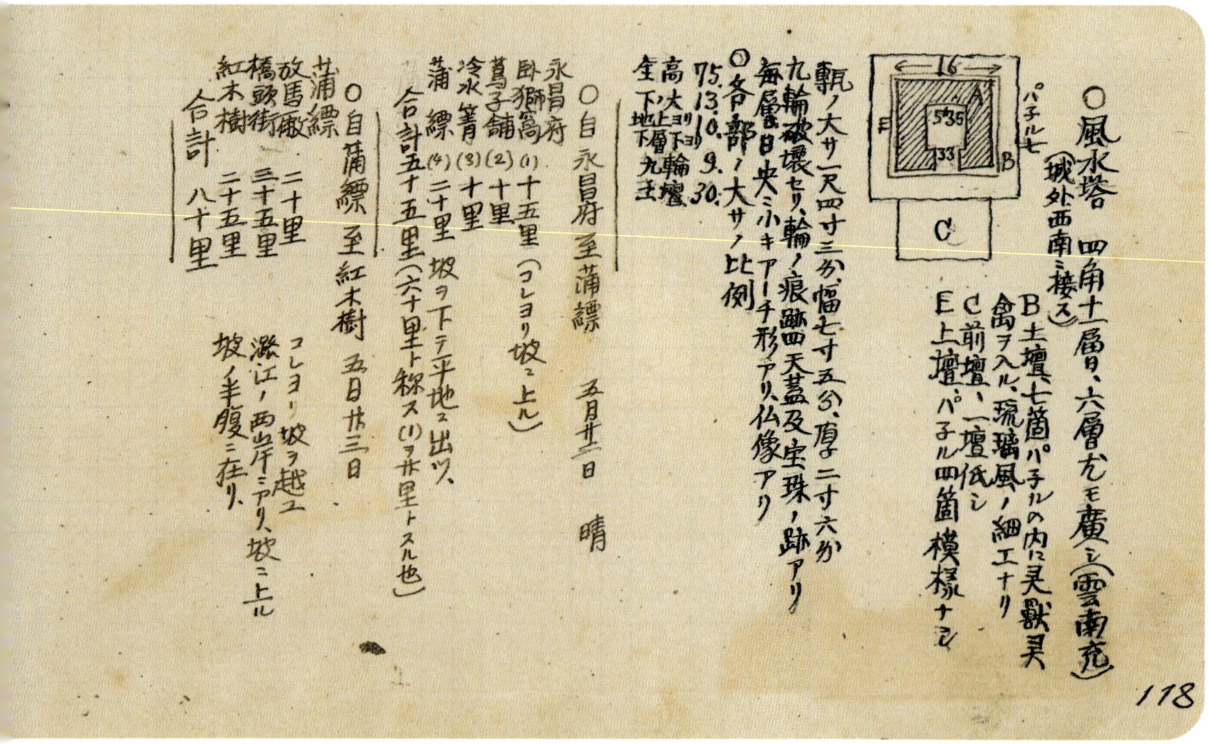
○風水塔（城外西南ニ接ス）　四角十一層、六層尤モ廣シ（雲南式）

B 土壇七箇パチルの内ニ异獣ヲ畫ケル、琉璃風ノ細工ナリ
C 前壇、一壇低シ
E 上壇、パチル四箇模様ナシ
輪ノ大サ一丈四寸三分、幅七寸五分、厚サ二寸六分
九輪破壊セリ、輪ノ痕跡四天蓋及宝珠ノ跡アリ
毎層ノ中央ニ小キアーチ形アリ仏像アリ
○各部ノ大サノ比例
全高 75.　[illegible] 13.　[illegible] 10.　[illegible] 9.　九輪 30.
○自永昌府至蒲縹　五月廿二日　晴
永昌府
卧獅窩 (1) 十五里（コレヨリ坡ニ上ル）
蒿子舗 (2) 十里
冷水箐 (3) 十里
蒲縹 (4) 二十里　坡ヲ下テ平地ニ出ツ、
合計五十五里（六十里ト称ス(1)ヲ廿里トスル也）
○自蒲縹至紅木樹　五日廿三日
蒲縹
放馬廠　二十里　コレヨリ坡ヲ越エ
橋頭街　三十五里　潞江ノ西岸ニアリ、坡ニ上ル
紅木樹　二十五里　坡ノ中腹ニ在リ
合計　八十里
118

117 **腾越之图（5月）**

腾越镇是云南境内的重要区域，大象极多。右图为普贤菩萨骑大象的漫画。

119 **地图（永昌府—小新街）**

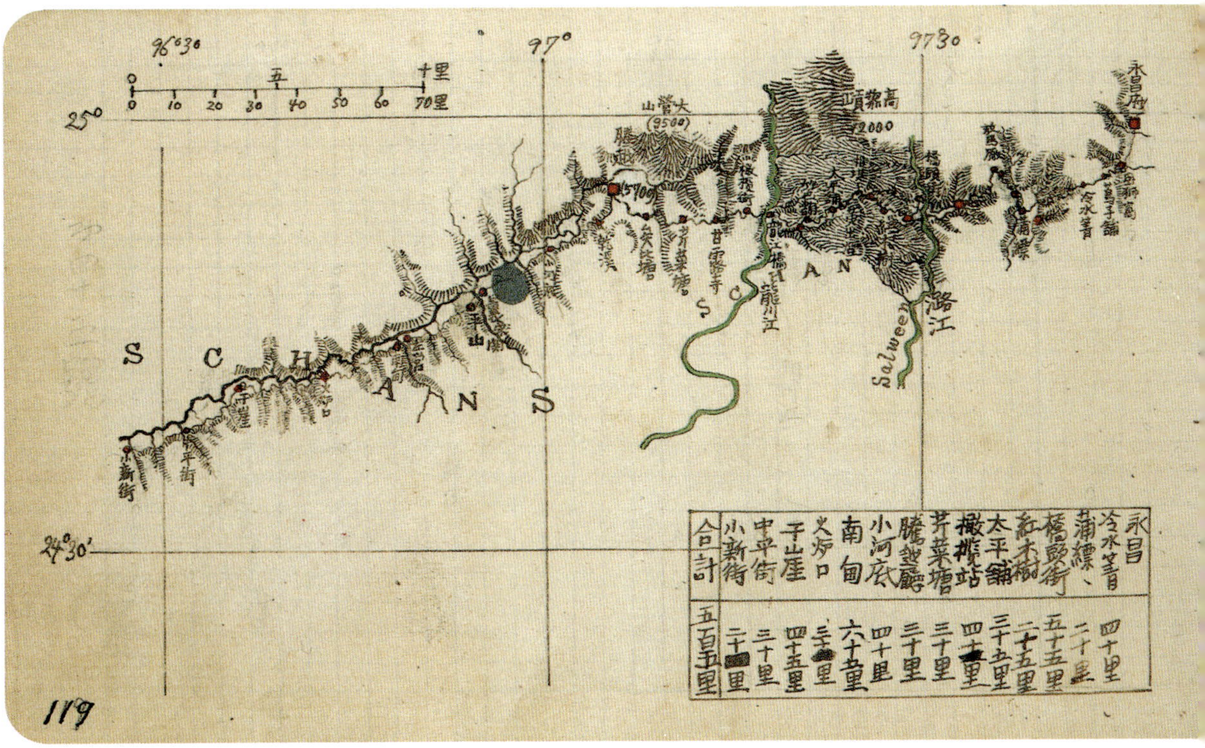

120 蒲缥（5月23日）

蒲缥的温泉位于一个小山脚下，男女浴池分离，但都是露天浴池。温泉出水量小，但浴客很多，因为太脏，就没有去泡温泉。

122 潞江（3）（5月23日）

潞江，又称怒江，比东边与之并流的澜沧江更加宽广，水流湍急，但两岸并不是峭壁。吊桥构造与澜沧江相同，分为两部分，东边有三十八间，一间长九尺。

手环，耳饰都很独特，因食槟榔，牙齿发黑，头戴高高卷起的黑布，尤似是蒙古族装扮。

121 潞江（2）（5月23日）

日志中这样记载：『没条件洗澡，但能在蒲缥看到缠足的小脚已经变形了』。

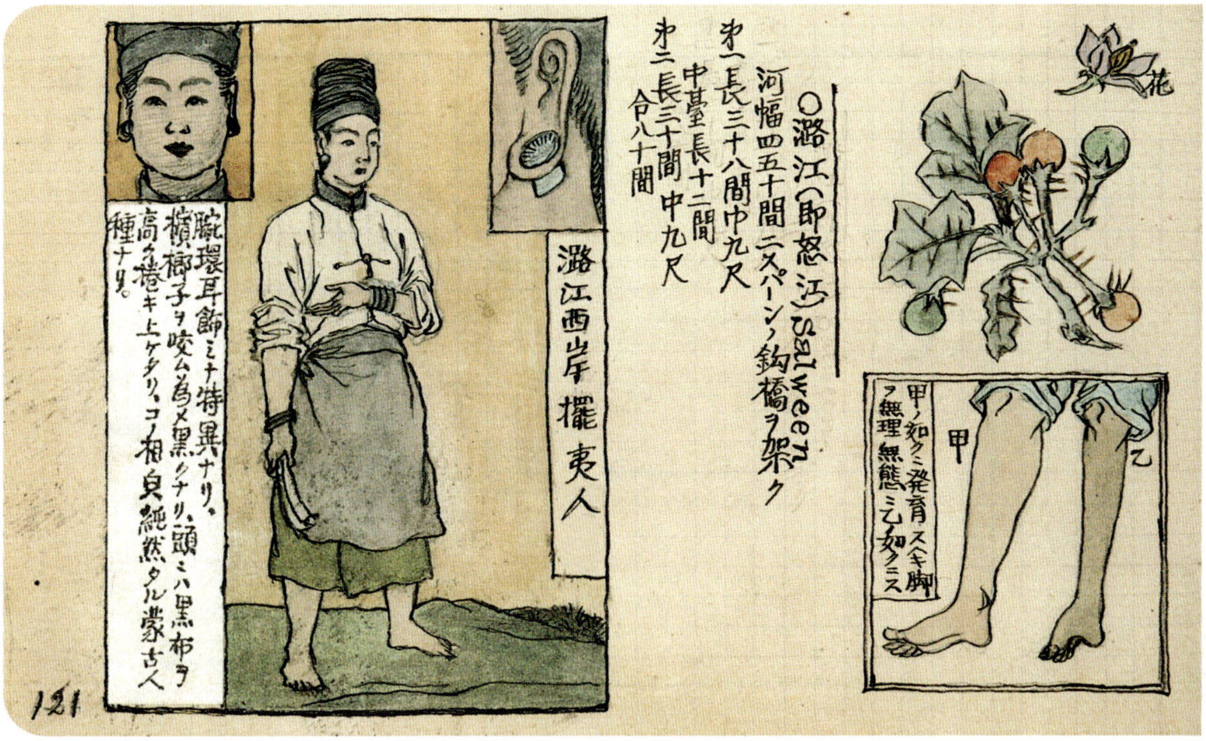
○潞江(即怒江)Salweenノ河幅四五十間ニスパーンノ鈎橋ヲ架ク
第一長三十八間中九尺
中墓長十二間
第二長三十間中九尺
合八十間
潞江西岸擺夷人
腕環耳飾ミナ特異ナリ。檳榔子ヲ咬ム為メ黒クナリ。頭ニハ黒布ヲ高ク捲キ上ケタリ。コノ相貌純然タル蒙古人種ナリ。
花
甲
乙
甲ノ如クニ発育スベキ脚ヲ無理無態ニ乙ノ如クニス
121

123 红木树—橄榄街—腾越县（5月24日、25日）

进入少数民族聚居地。傣族多生活在此。腾越即现在的腾冲。

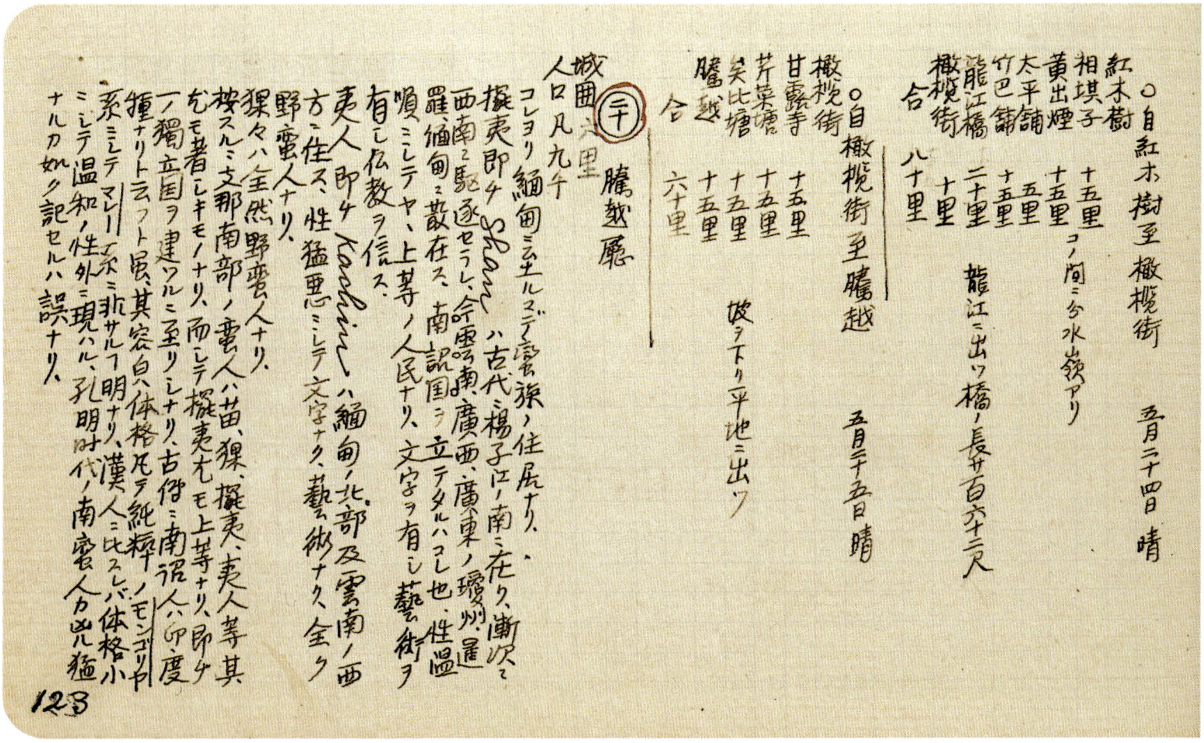
○自紅木樹至橄欖街　五月二十四日　晴

紅木樹
相棋子　十五里
黄出煙　十五里　コノ間ニ分水嶺アリ
太平舗　五里
竹巴舗　十五里
龍江橋　二十里　龍江ニ出ツ橋ノ長サ百六十二尺
橄欖街　十里
合　八十里

○自橄欖街至騰越　五月二十五日　晴

橄欖街
甘露寺　十五里
芹菜塘　十五里　坂ヲ下リ平地ニ出ツ
吳比塘　十五里
騰越　十五里
合　六十里

(二十) 騰越廳

城囲六里
人口凡九千

コレヨリ緬甸ニ亙ルマデハ擺夷族ノ住居ナリ、擺夷即チShanハ古代ニハ楊子江ノ南ニ在リ、漸次ニ西南ニ駆逐セラレ、今雲南、廣西、廣東ノ瓊州、暹羅、緬甸ニ散在ス、南詔国ヲ立テタルハコレ也、性温順ニシテヤヽ上等ノ人民ナリ、文字ヲ有シ藝術ヲ有シ仏教ヲ信ス、

野人即チKachinハ緬甸ノ北部及雲南ノ西方ニ住ス、性猛悪ニシテ文字ナク、藝術ナク、全ク野蛮人ナリ、

猓々ハ全然野蛮人ナリ、

支那南部ノ蛮人ハ苗、猓、擺夷、野人等其棲スルモ著シキモノナリ、而シテ擺夷尤モ上等ナリ、即チ一ノ独立国ヲ建ツルニ至リシナリ、古代ニ南詔人ハ印度種ナリト云フト属、其容貌ハ体格共ヲ純粋ナノモンゴリヤ系ニシテマレーノ系ニ非サルコト明ナリ、漢人ニ比スレバ体格小ニシテ温和ノ性外ニ現ハル、孔明時代ノ南蛮人カ凶猛ナルカ如ク記セルハ誤ナリ、

123

南甸有一座叫擺夷的寺院，寺内有一塔，塔高三丈，是纯粹的缅甸塔。从式样上讲，顶端极细，而且又长又尖，上面覆盖有金属，整座塔由石料筑成，主要由四部分组成。

（一）基石，构造复杂。

（二）塔身，状似球形。

（三）塔刹，形状细长，看似轮子。

（四）宝顶，金属制塔顶。

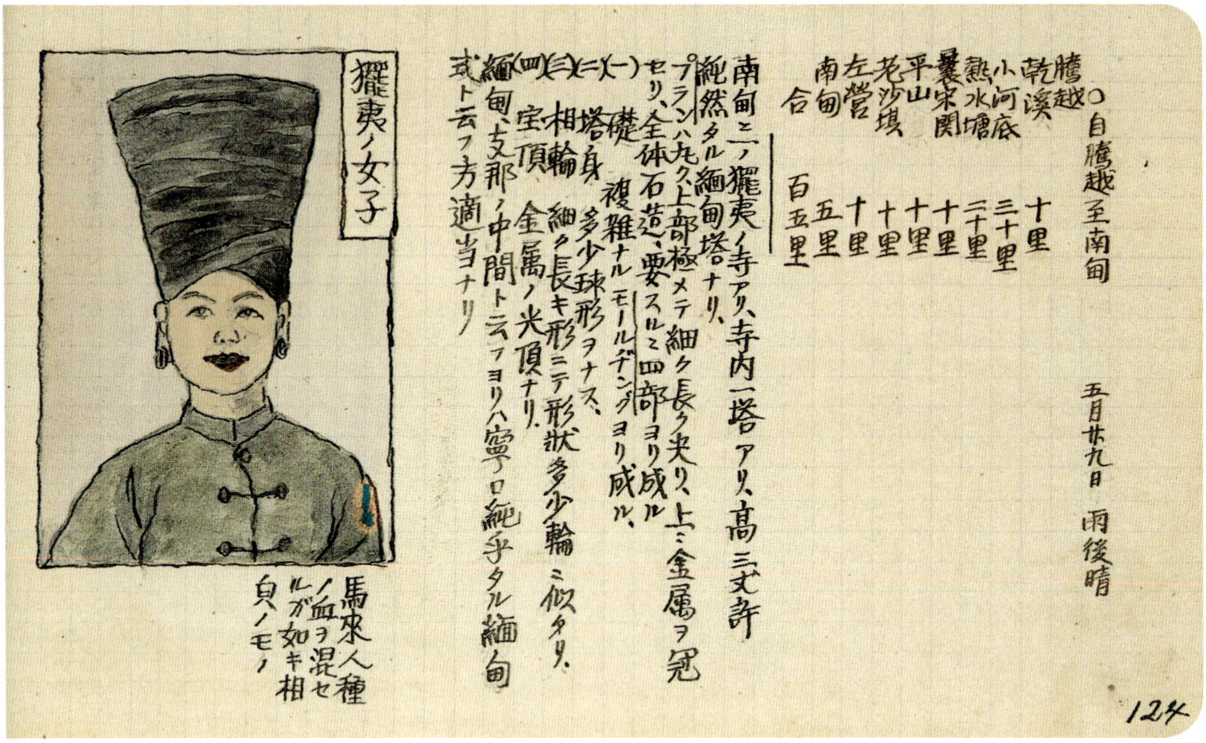
擺夷ノ女子
馬来人種ノ血ヲ混セルガ如キ相貌ノモノ
○自騰越至南甸
五月廿九日 雨後晴
騰越
乾溪 十里
小河底 三十里
熱水塘 二十里
曩宋関 十里
平山 十里
老沙填 十里
左營 十里
南甸 五里
合 百五里
南甸ニ一ノ擺夷ノ寺アリ、寺内一塔アリ、高三丈許
純然タル緬甸塔ナリ、
プランハ先ク上部極メテ細ク長ク尖リ、上ニ金属ヲ冠セリ、全体石造、要スルニ四部ヨリ成ル
(一)礎 複雑ナルモールヂングヨリ成ル、
(二)塔身 多少球形ヲナス、
(三)相輪 細ク長キ形ニテ形状多少輪ニ似タリ、
(四)宝頂 金属ノ尖頂ナリ、
緬甸、支那ノ中間ト云フヨリハ寧ロ純乎タル緬甸式ト云フ方適当ナリ
124

124 **腾越县—南甸（5月29日）**

渡过潞江之后，遇到一位打扮怪异的女子。肤色白皙，身材矮小，头上用黑布围成圆柱形，戴大耳环与手镯。她从一家小茶馆里走出。

擺夷の郷
126

126 **擺夷之乡（5月25日）**

擺夷，即掸族。是过去南诏大理的建国之族。

125腾越与大营山（5月25日）

这一带在清朝时是西南边陲的军事要地，海拔五千八百尺，气候温和，适宜居住。土地壤肥沃，贸易繁荣。但是，如此优越的自然条件下，却没有看到古迹、古建筑的存在。

音称“塔山”的植物，体形较大，长五六尺，宽七八寸，叶的两面有薄膜，剥落后可作纸用。

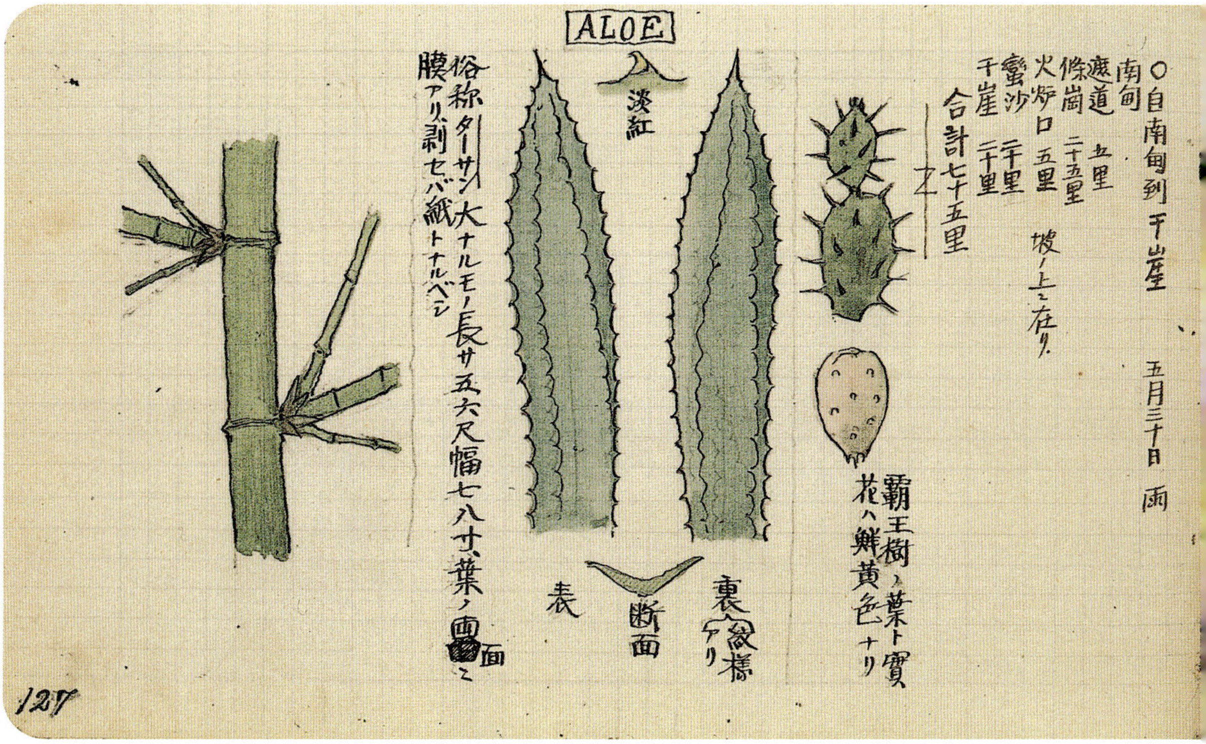

127南甸—干崖（5月30日）

从南甸出发，一路看到很多植物，如果实成熟的霸王树，果实正趋成熟的芭蕉，粗壮的黄果树，还有一种音为『塔山』的植物，才知这里已是热带。另外，这里有很多掸族人居住，给人一种进入异乡的感觉。

128 **克钦族的男人（5月30日）**

男子头上裹布，身穿袖筒短小的上衣和裤子，膝盖以下裸露，光脚走路。膝下缠着几圈铜丝。肩挎刺绣布袋，刀悬挂在身侧。

夷人

相对于缅甸北部，更多的则聚居于此，就像是马来人加入蒙古人一样，其风格如图所示，喜好红布，善用南京玉、玻璃玉，贝壳，颈上围有各种花纹的织物，头发带有红色。另外，男子的手及背上均有纹身。

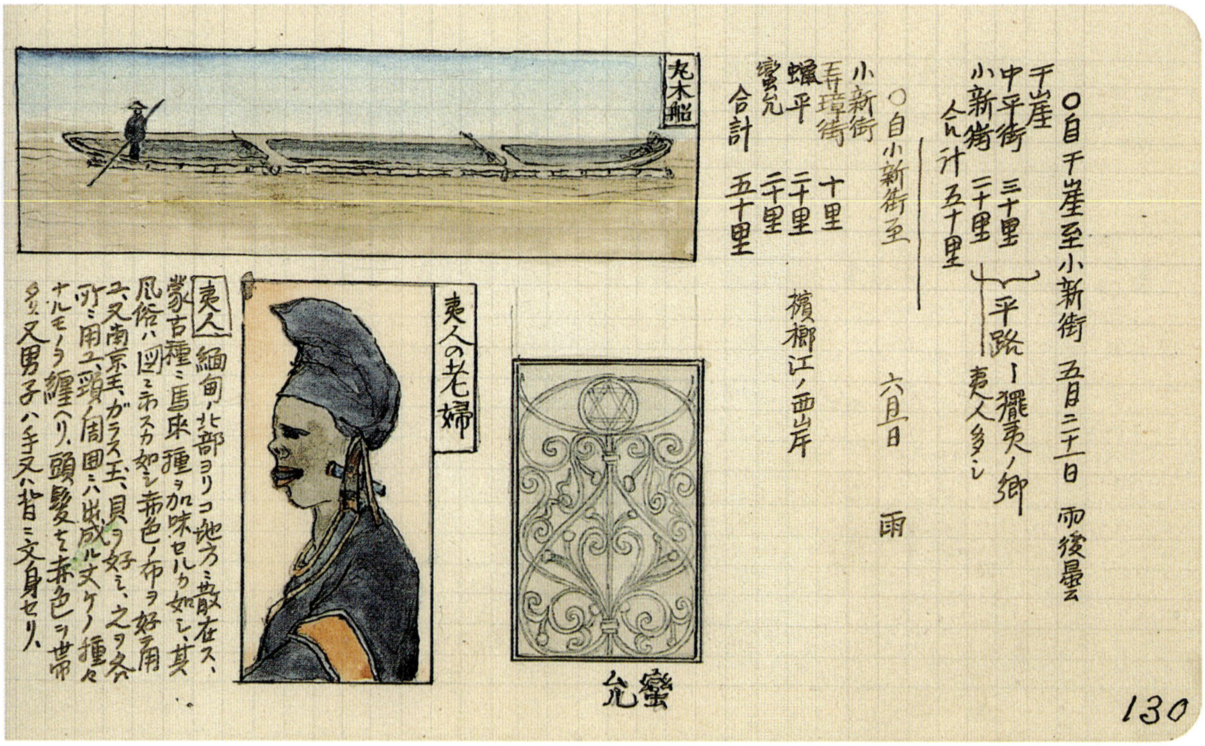

130 **干崖—小新街—蛮允（5月31日、6月1日）**

从小新街出发，北渡太平河。船是将一根粗大的松树干剜空制成的独木舟，为了保证它的浮力和稳定性，在船左右都固定了一根粗竹竿。笔者到达小新街时，克钦族的一些人正在开设集市。他们着装奇特，尤其是女子的装束打扮更令人惊讶。

129 **克钦族的女人（5月30日）**

女子头上披发，耳朵上戴着大约直径五分、长五寸的银棒，银棒的两端还垂挂着装饰品。脖子上套着银环，还有几圈念珠。手腕，衣襟、衣服下摆上还有红色的饰布，腰上缠着加上刺绣的布带。

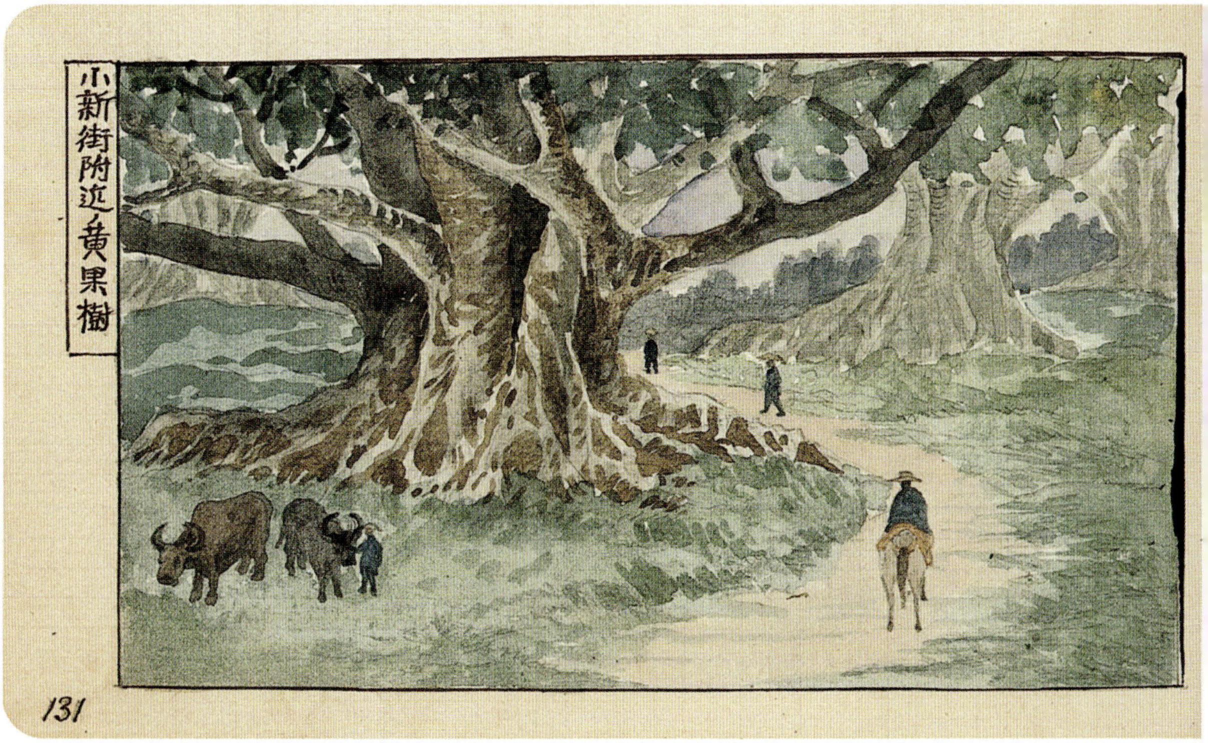

131 **小新街附近的黄果树（6月1日）**

日志中这样写到：从干崖去小新街的途中，因为雨断断续续地下个不停，行人只能在泥泞中摸索着前进。途中看到一棵巨大的黄果树，树下有一汪清泉，还有一块写着缅甸文字的石碑。

132奔西—蛬蛑河（6月3日）

蛬蛑河东岸，有一个与之同名的蛬蛑河部落。

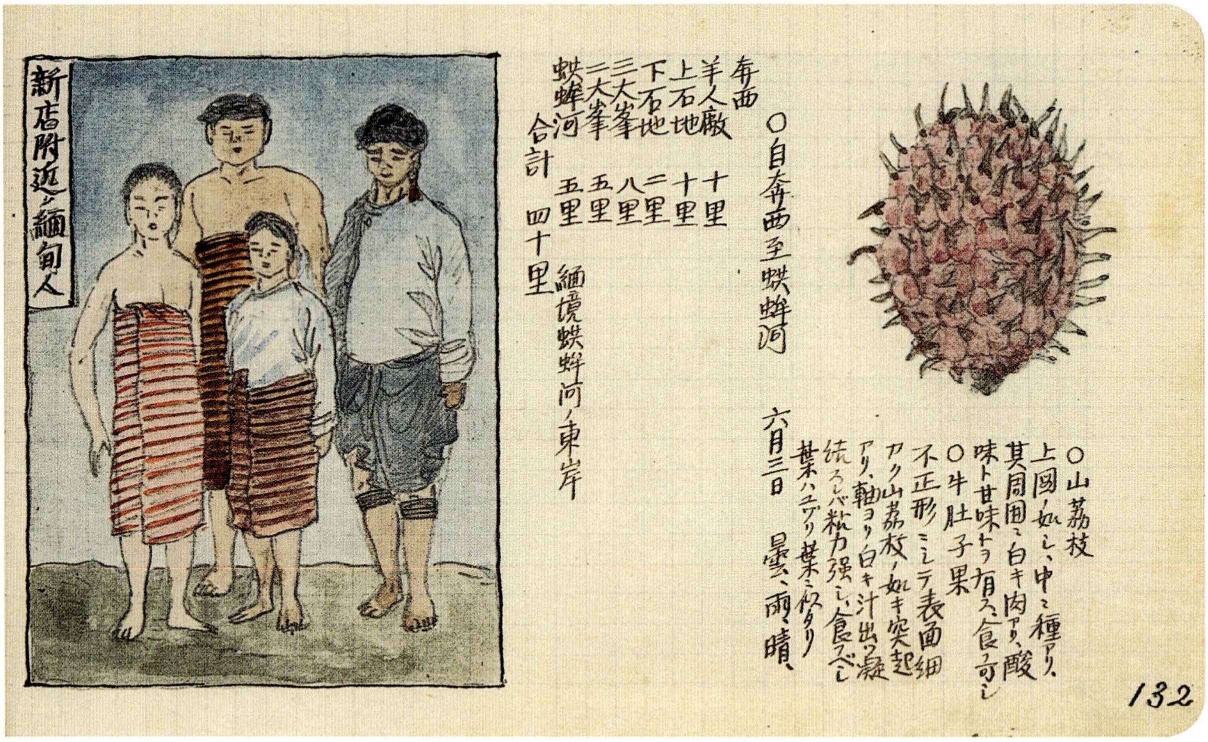

○山荔枝　如上图所示，山荔枝中间，种子周围是白色果肉，味酸甜，可食用。

○牛肚子果　形状不规则，果皮似牛肚，像荔枝果壳一样，表面有突起的颗粒，中间部分会分泌白色液体，凝固后粘度很高，可食用。凝固后状似树叶。

134蛬哞河—新店—新街（6月4日、5日）

新街是缅甸北部的重要都市，临伊洛瓦店江而立。欧式建筑鳞次栉比，有一座公园，来往的行人也不相同。笔者结束了周游大清国的旅行，步入另一番新天地。

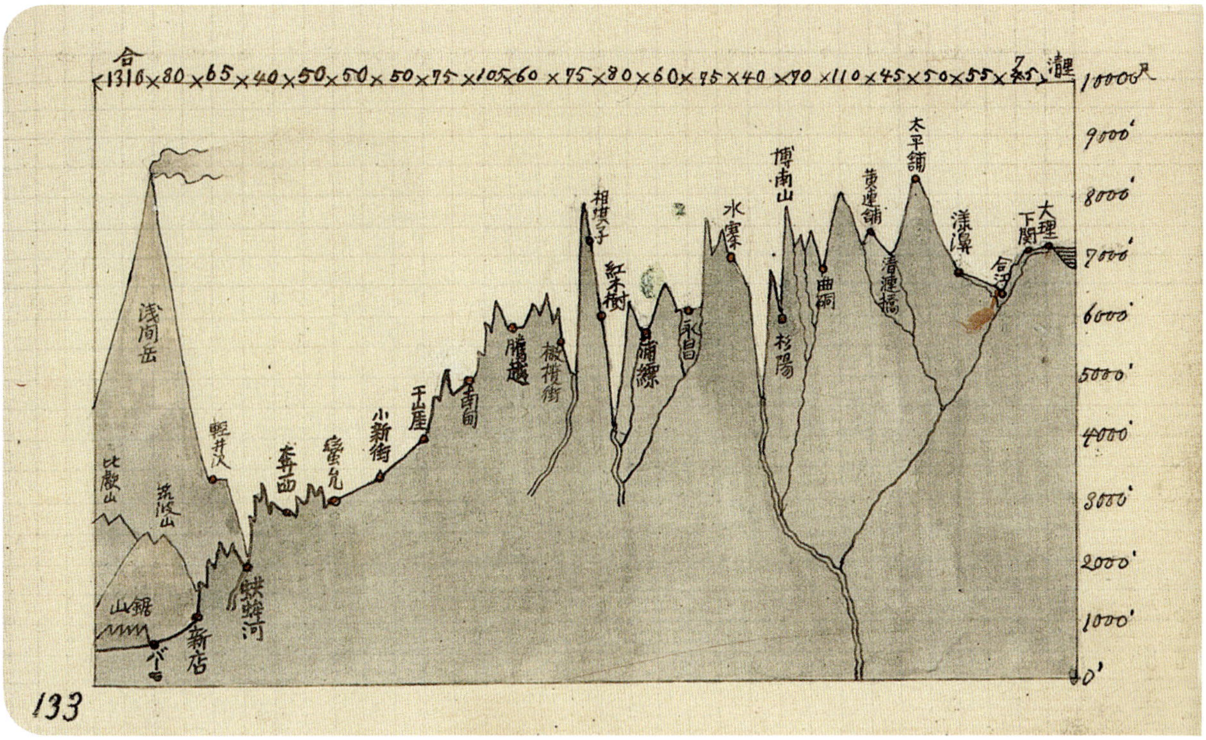

133 海拔高低图（大理—新街）

这段行程，与贵州至云南那一带相比，海拔差距很大。

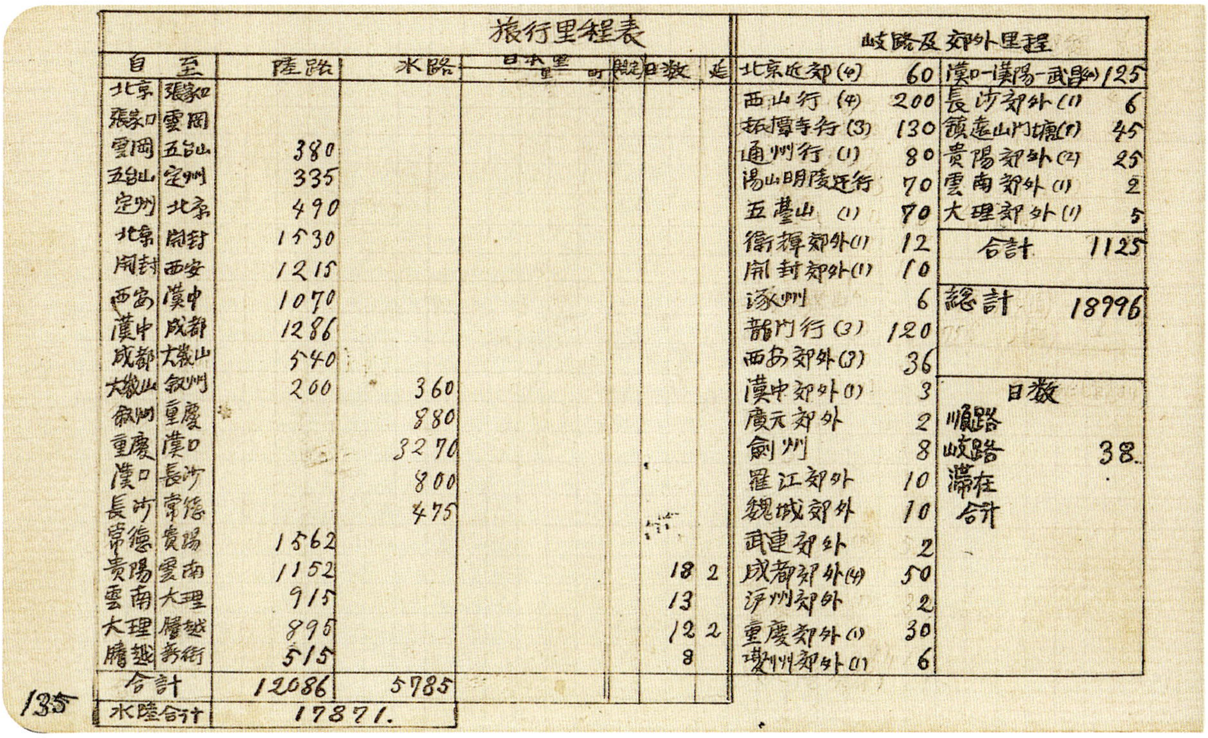

旅行里程表

自	至	陸路	水路	日本里 里	町	日数	延
北京	張家口						
張家口	雲岡						
雲岡	五台山	380					
五台山	定州	335					
定州	北京	490					
北京	開封	1530					
開封	西安	1215					
西安	漢中	1070					
漢中	成都	1286					
成都	大峩山	540					
大峩山	敘州	200	360				
敘州	重慶		880				
重慶	漢口		3270				
漢口	長沙		800				
長沙	常德		475				
常德	貴陽	1562					
貴陽	雲南	1152				18	2
雲南	大理	915				13	
大理	騰越	895				12	2
騰越	新街	515				8	
合計		12086	5785				
水陸合計		17871.					

岐路及郊外里程

北京近郊(4)	60	漢口—漢陽—武昌(4)	125
西山行(4)	200	長沙郊外(1)	6
拓擅寺行(3)	130	饒遠山門塘(1)	45
通州行(1)	80	貴陽郊外(2)	25
湯山明陵近行	70	雲南郊外(1)	2
五臺山(1)	70	大理郊外(1)	5
彰德郊外(1)	12	合計	1125
開封郊外(1)	10		
涿州	6	總計	18996
龍門行(3)	120		
西安郊外(3)	36		
漢中郊外(1)	3	日数	
廣元郊外	2	順路	
劍州	8	岐路	38.
羅江郊外	10	滯在	
綿城郊外	10	合計	
武連郊外	2		
成都郊外(4)	50		
瀘州郊外	2		
重慶郊外(1)	30		
瓊州郊外(1)	6		

135

135 里程表

图中右栏是闲暇逗留时，对都市及郊外调查的一览表。

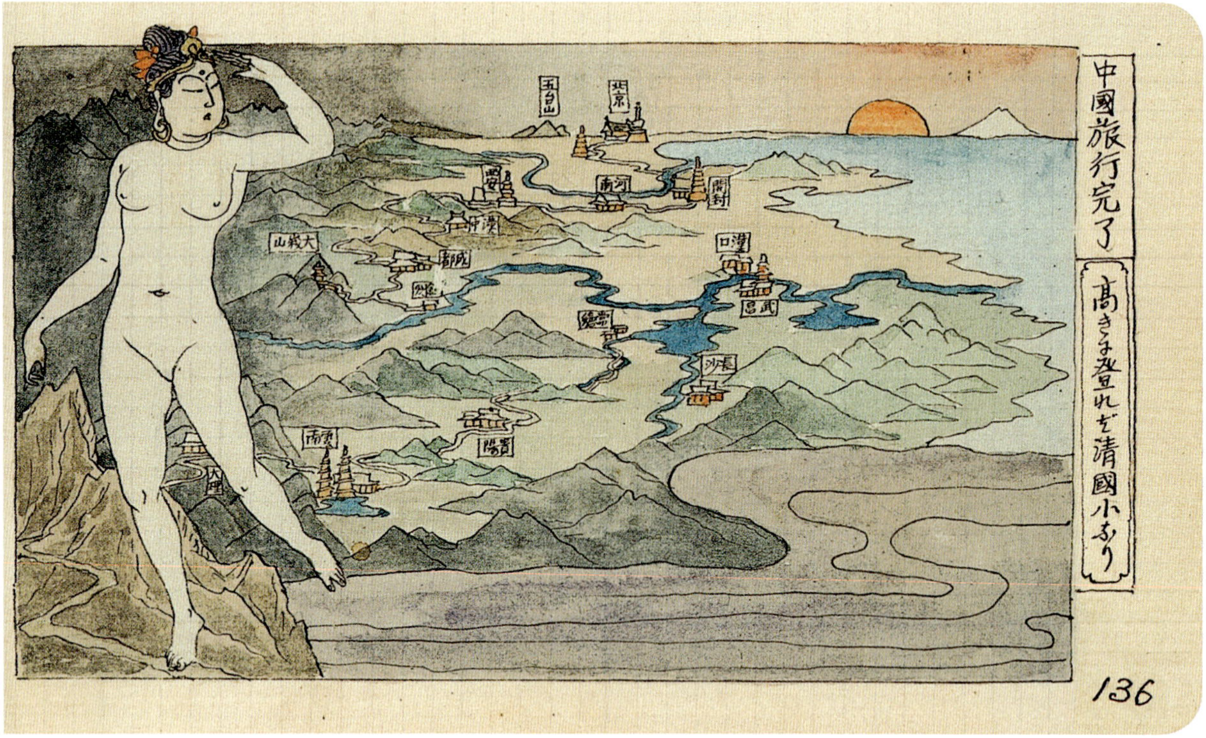

136旅行结束图

笔者这次的中国之旅，从河北出发，遍访陕西、四川，游经湖北、贵州，最终结束于云南，是一次纵贯南北，横跨东西的考察之旅。

解说

日本建筑探险家——伊东忠太

松村 伸

一、紫禁城调查

1901年（明治34年）7月，伊东忠太第一次踏上清国大地。严谨的伊东关于此次旅行和调查做了详实的笔记，取名《渡清日记》、《紫禁城实测帐（笔记）》。这些笔记是伊东横跨中国奔走世界各地时，经常随身携带并记录而留下来的庞大现场调查记录的原形（注1）。

7月4日（星期四）

老早就想去北京一次，终于得到帝国大学的批准，奉内阁之命去该地出差，高兴地准备，搭乘今天下午6点10分由新桥出发的火车启程。同行者有来自大学的土屋工学士奥山恒五朗氏、小川一真氏，他的随从大冢、森川两人，另外还有外语学校中国学毕业生岩原大三郎。

伊东忠太对于能够初次远渡中国，欣喜雀跃自是溢于言表。一行人在京都逗留小息，7日经广岛，乘坐3000吨的佐仓号日本邮船，一路向清国前行。11日在天津近郊的大沽登陆，伊东的清国探险终于开始。《渡清日记》和本册《手绘清国》一样，不仅仅是建筑物，所到之处观察到的琐事、风俗描写及旅行地遇见的人物等笔意纵横。然而，34岁的伊东此次清国之行是首次出国。尽管是熟知的近邻清国，但所见所闻均感新鲜。首先映入眼帘的是天津大沽的街头巷尾，他记述如下。

7月11日（星期四）

一行人来到街头，大街上人来人往，熙熙攘攘，中国人、日本人，还有德、法、印度、英、俄、美等各国军人，人们往来于泥泞之间，实在是『百鬼夜行』奇观，无暇一一送迎，我等一行人出神发呆，似梦非梦，甚至怀疑自己到底身居何处。特别令人吃惊让人同情的是中国人，不知身处战败之时，在他国人叱责鞭笞之下劳动，几乎没有做人的尊严。

各国兵中印度兵给人异样的感觉，黑而魁梧的体格，缠着特异的头布，而且有直率可爱风采，悠然自得的俄国兵、活泼的美国兵、意气风发的英国兵、敏捷的德国兵、轻松愉快的法国兵、帽子上插着羽毛总觉得不像兵士的意大利兵等，在各酒店暴饮喧嚣。

虽然伊东初次见到中国街道的不干净感觉大吃一惊，但更多地是为在各个外国军队占领下的中国人悲惨境地瞠目结舌。伊东对各国军队观察敏锐，后来用时事漫画的形式讽刺世态的意图时此刻已经生成。但是，正如生活在这个时代的多数日本人一样，从伊东的日记可以读出，一方面对本国和本国国民意识到不足等感，同时想要摆脱不足感这样一种强烈的明治时代精神。

那时，清国受到西方列强和新兴日本的蹂躏，危机四伏。过去沉睡不醒的狮子形象在那里已经不复存在。清国在各地开辟租界，从西方进口的新锐铁道开始在中国大陆疾驰。外国士兵携带枪支短刀百般刁难欺负中国人。伊东来中国之前爆发的中日甲午战争也向清国索以巨额赔款，亦再次成了大事件的开端。

为了筹集大量赔款，清国政府甚至把手伸向普通老百姓腰包。

堂堂中华帝国的光荣体面丧失尽致。人们那样着急，成立了倡导『扶清灭洋』的义和团，对外国的连续压力猛烈反对。1899年义和团起义，虽然得到了民众压倒性的支持，但是另一方面，在保护权利和本国国民的名义下，包含日本在内的八国联军，瞬间派遣七万大军，占领了北京。北京紫禁城的主人光绪皇帝和西太后早早地就逃往西安了。

伊东忠太一行人的紫禁城调查，正是在八国联军假借镇压义和团的名义占领北京的情况下进行的。同行摄影师小川一真留下的自传中，阐述了调查紫禁城的契机。1901年春，华族冈部长来到中国，为窥视到的颐和园和紫禁城的壮丽而感动，想作为照片留下。很快得到日本占领军及当时驻清公使小村寿太郎的许可，亲自给赞助者小川一真家写信，催促他火速从日本来中国。

不过，小川摄影旅行需要正当理由。北京的小村和时任文部大臣的菊地大麓及帝室博物馆馆长协商，其结果是作为来自东京帝国大学的学术派遣（注2）。另一方面，虽然从前些年就策划要研究北京城，可旅费筹措一直没有着落的工部大学校建筑专业，接到来自北京的邀请简直就是及时雨。经费由博物馆出，名义是大学派遣，这次调查得以实现（注3）。

当时帝国大学校长写给文部大臣的委托信，现保存在东京大学史料馆。信中主要意思是，调查紫禁城对于当时正在设计中的东宫御所，即赤坂离宫的装饰也十分有用，请拜托军方给予关照（注4）。建筑专业计划受挫的研究目的或许正是在此。但是，不管怎么说，决定派伊东紧急去北京。并且各有分工，情况是：历史观察伊东忠太，建筑物实测是比伊东小7岁的土屋纯一，装饰物观察是大学助教奥山恒五郎，还有建筑拍照小川一真（注5）。

7月12日，从天津到北京的伊东等人用了大约一周时间，不知疲倦地寻访城内外古建筑及名胜古迹。颐和园、雍和宫、孔子庙、景山、北海、中海、南海、天坛等，即便是现在也是北京的重要古迹地点，都是他们探访的对象。但是，伊东他们自然不只是单纯地参观，还要和占领紫禁城的各国军队交涉。7月21日终于要开始对紫禁城实测调查。

小川和他的弟子们担任内部摄影，另一方面伊东和土屋纯一、奥山恒五郎全力以赴进行结构、装饰的实际测量。从伊东此行留下的另一本现场笔记《紫禁城实测帐》可知，调查中的行动、他们感兴趣的原因等都一目了然。整体配置、各个建筑物的平面图、斗拱的构成方法、瓦饰及门、栏杆的细部设计都一一细致描绘出来。现在看来，测量技术精度粗糙得惊人，作为一个结构系统，捕捉建筑物的焦点也几乎不涵盖。视线只曝光到细节，一部分被解体的对象作为见闻录被描绘了出来。

可是，如以上所述应该说批评可能过于严厉。当时伊东手头掌握的只不过是西洋发达的古典主义建筑理论和西洋建筑史调查手法。木造建筑物独特的调查方法尚未完成，伊东本身摸索调查法隆寺还正处于开发研究途中。

还有一点，在这次调查中伊东所得到的最大成果，那就是确立了他自己一贯主张的『中国建筑独特的性质』。调查记录《紫禁城实测帐》和见闻录一起还写入了题目为『同日本的不同点一二』意见、报告书草稿，『横梁装饰画也千篇一律』、『屋顶造型变化多样』一类备忘及独白。依靠仅仅一个月的考察，形成对明清建筑的一家之言。这在显示伊东才气的同时，也必将终生束缚他的中国建筑观。

伊东一天从早到晚埋头调查，夜晚还要记日志，这样一种紧张的调查，由于一封发自日本突如其来的电报而宣告结束。刚刚迁宫的伊势神宫漏雨了，严令伊东务必紧急回国。让我们再次翻阅《渡清日记》。

8月11日（星期日）

今天作为『千秋乐』（最后一次）进入皇城，巡视一圈，还未来得及调查的事项一大堆，越想越多，一齐涌上心头。一想到今天便是最后期限，真是不胜惋惜。

伊东的懊悔，字里行间溢于言表。这种悔恨逼着伊东忠太必将向建筑探险家的方向发展成长。一回到日本，尽管仅仅只做了一个多月的调查旅行，伊东却作为中国建筑权威受到款待。建筑学会、日本美术学会、考古学会、史学会各领域学会邀请伊东忠太，请他演讲紫禁城调查成果。世上不可多得的东洋建筑史学家伊东忠太就此诞生了（注6）。

二、作为最初的建筑史学家

伊东家祖籍日本山形县米泽，祖祖辈辈行医为生。忠太是伊东家里的老二，1867年（庆应3年）10月18日出生，他是如何走上建筑史学的道路呢？有必要简述一下，到后来踏上中国大陆，一丝不苟地写出详实的《清国日记》的土壤其实在那以前早已经铺垫好了（注7）。

出生在米泽的伊东4岁时，进入藩校兴让馆学习，尽管当时只学了一点点汉学，可是从6岁跟随父亲佑顺进京，上了番町小学。虽然此后依然是因为父亲调动工作，在佐仓度过了两年的田园般的生活，但他一生的大半都是以东京为中心展开的，不管是言行举止还是人生感悟，他的气质都和地地道道的东京人没有什么两样。经过第一高等中学预科、本科，1889年（明治22年）进入东京帝国大学工科大学建筑专业学习。岸田日出刀著的带有小说性质的传记《建筑学者伊东忠太》中述说道，伊东忠太首先选择了不会丢掉饭碗的工学部，因为擅长绘图，所以把这一辈子就赌在了建筑学科上。

当时的东京帝国大学工学系建筑专业1873年创立，6年后的1879年第1期毕业生包括辰野金吾、片山东熊等4人。尽管伊东忠太是第12期毕业生，可在此之前该专业送到社会上去的毕业生只不过才31人。不难想象他们有多吃香，和明治其它各领域一样。主任教授辰野金吾和西洋建筑专业的小岛宪之教授、担任结构施工等的中村达太郎教授等教师队伍都是三十来岁的俊杰。不难推测在他们之下，以伊东为首4名同级生自豪地勤于攻读建筑学。

不过，伊东不可能只专心致志于学业。16册日记《浮世之旅》夹杂着插图快乐地记录了他在东京本乡的附近，和哥哥佑彦一同生活，度过了从帝大入学到大学院（大学研究生院）时代的三年半日日夜夜的经历，那段时光才华横溢伴随着青春普遍的光彩夺目。对牛肉火锅啧啧称赞，任凭酒醉，喜欢天真无邪的恶作剧，与女说唱演员常来常往，狂热地玩花纸牌，一幕幕尽管其内容有差异，似乎是把现代学生的生活原封不动地搬到了明治时代（注8）。

毕业论文以《建筑哲学》为题，专心致志思索分析建筑美（注9），1892年7月毕业，决定直接进入研究生学院读研，从事日本建筑史研究。日本建筑学讲座，早在伊东进入建筑专业前的1889年1月，就已经由继承传统建筑技术的宫内省（掌管宫中事务的官厅）内匠寮（负责宫殿等建筑、土木、营造园林景观等）技术员木子清敬抢先进行。按照通常说法，其导火索是辰野金吾在留学地英国被他的导师威廉·伯吉斯寻问到日本建筑时无言以对，内心感到羞愧（注10）。

辰野和伯吉斯之间的传说创作出了木子讲座，如果说这次讲座不久将成为驱使伊东忠太鼓起勇气研究前人未涉足的日本及东洋建筑史的间接原因，那么在明治中叶的时代潮流及风气熏陶下的伊东，而他对此的反映也预示着他的将来。在前述学生时代的日记《浮世之旅》中，嘲笑蔓延整个社会的欧化主义世态，偏爱已成过去的江户时代传统的态度和意见到处可见（注11）。在美术界费诺罗萨（Ernest Francisco Fenollosa 1853 ~ 1908 美国东洋美术史家、哲学家）出版了《美术真说》（1882年），促使社会再次认识日本传统美，后来研究费诺罗萨的弟子冈仓天心和伊东的有力结合，可以理解为他回归传统也是受到当时论坛的影响。但是，从日记及现场调查记录的细微之处及零零碎碎言谈话语，可以看到在伊东的体内流淌着扎根于逻辑推理前的感情即热爱传统的血脉，这一点通过同费诺罗萨和天心的交流得到扩展，而且升华到日本建筑史及中国建筑史这些学问中，这样考虑大概是顺理成章的。

若说是感情上的，那么伊东忠太对木子清敬的想法也不是单纯的。从参与有关皇室的营造修缮及1888年完成的明治宫殿设计脱颖而出，成为讲师的木子不到13年时间，在帝国大学建筑专业负责『日本建筑学』（注12）。在伊东晚年的回顾中，他批评道：木子这门课的讲课内容是非系统的，宛如木匠讲习会（注13）。

确确实实，木子把讲课重点放在了如何建造神社、寺庙、佛阁、传统房屋之类的木结构建筑上，只不过是讲究实效的授课。不是把握时间进程的历史研究，只是近代以前的传达烦琐技法的教授方式，无论如何也无法使伊东他们满意。木子反而成了应该超越的对象，他被批评授课内容是木工讲习会。

但是，另一方面木子对于伊东他们来说始终是恩师，不只是课上，课余时间他们多次到木子家登门拜访请教各种问题。对于古建筑方面的知识不能不压倒性地判定木子获胜，首先木子本身在亲身实践中掌握了活的技能。与此相比伊东他们的知识只不过是靠讲义和外来书籍获得的思辨性的纯理性的东西。虽然应该和这种实情及观念相背离并超越，但毕竟是老师，这种矛盾的结果正是让伊东在感情上冲撞木子。

有时，明治中期的以伊东为首的精英们试图对抗西洋回归自己的传统，可是为了回归的手段及分析方法不采用传统的那套，反而作为落后时代给排除了（注14）。1897年伊东成了讲师，两年后升格为副教授。另一方面，尽管木子在建筑专业工作了13年，可依旧还是讲师，直到1901年免职。这种新旧交替正是明治那个复杂时代的反映。

话题似乎有些扯远了。再稍微追溯一下进入大学院读研后的伊东。1893年毕业，恩师小岛宪之推荐伊东去东京美术学校任讲师，负责西洋建筑史和建筑装璜课。不用说这所东京美术学校是费诺罗萨和冈仓1889年刚刚创立的，应该说这是他们两个人对日本美术热情的结晶。由于早在1886年已经开始的奈良等地古神社寺庙调查，所以冈仓关于日本绘画和雕刻拥有了一家之言。通过和冈仓的交流与激励，伊东向着日本建筑史的系统化迈进。

1898年，伊东的学位论文《法隆寺建筑论》作为东京帝国大学纪要第一册第一号出版。但是，学位授予必须要等到去中国调查紫禁城之前的1901年2月，该论文是伊东进入大学院读研的两年时间，进行实测调查和通读文献所得到的知识见解整理归纳出来的，关于构成法隆寺伽蓝（精舍、僧园）的中门、塔、金堂（正殿）、讲堂（讲经堂）、回廊、钟楼逐一进行了分析。在这里采用的是伊东的手法和观点，现在回过头来看，只不过是幼稚笨拙的办法。不过论文里罗列了Plan、Elevation、Proportion之类生硬的外来专业术语，随意以犀利的笔锋把古建筑纵横得支离破碎，不禁让人苦笑。尽管如此，作为当时那种条件状况，远远越出了学位评委们的审查能力和观点。论文被搁置 3 年之久落满灰尘也是理所当然。

伴随着先进的新分析手法引进的同时，伊东在最初的这篇学术论文中，窥视到了宏伟的文明史视点，而这正是伊东迫使自己接连不断异常活跃向前发展的原点。那正是这个东洋边际国，而且是好不容易走到一古代寺院，与西洋古代文明之间的连续性。例如：被安放在法隆寺金堂的玉虫厨子所描绘的纹样，使他发现了那个重要的佐证，他在叙述当时的兴奋劲儿时这样描述（注 15）：

> 加在那个须弥座（基座）上下的莲花形表面，有『忍冬』（金银花）变形图案，『台座』的平面，还有每当看到希腊式蔓藤纹画、特别是在『尾垂木』突出出来的部分通肘木表面纯粹希腊式忍冬时，我们不能不为得到东西交通往来的确证而拍腿叫绝。

论文还有或许社会上人们早就知道的，法隆寺中门及金堂圆柱中可见到的微凸线也和希腊古典柱子上的『凸腹状收分线』联系在一起。亚历山大大帝东征和希腊文明移植到巴克特里亚（大夏），还有，和犍陀罗的印度文明邂逅，那些通过西域传播到中国六朝，绕道朝鲜半岛，最终到达日本奈良法隆寺，使推古式得以成立。

看破这个希腊文明和日本奈良朝美术有关，确实不是伊东的独创。冈仓天心 1886 年调查奈良古神社寺庙的现场笔记，法隆寺金堂安置的雕像四天王条上，有希腊语和亚述（美索不达米亚北部古地名）文字跃然而出（注 16）。或许冈仓在东京美术学校从 1889 年开始的三年时间讲授『日本美术史』讲义，伊东在《法隆寺建筑论》就那样原封不动地记述了展开文明传播的路径（注 17）。并且这一卓越的立意也可以追溯到费诺罗萨（Ernest Fenollosa 1853~1908）（注 18）。

正因为如此，乍一看伊东没有经验，可是在法隆寺发现了希腊文明的影子。即使是低估那样的背景，发现的喜悦到达顶点，他想象力的翅膀会不知停留。事到如今，纵然不是伊东自然也会渡海去中国，追溯其传播路径，甚至梦想到达起点帕提依神庙（古希腊女神雅典娜的主神庙）。

前面多次提到的伊东学生时代的日记《浮世之旅》中有一节这样叹息，作为消闲喜欢牛鬼蛇神和仕女图，有难以控制无法自拔的空想癖（注 19）。

> 我有个异想天开的毛病。如果不浮想联翩就不能做真正的学问。倘若完全失去空想，我将成为一个铁石心肠的木头人。小鸟啊，节制空想比节制酒色还难。从那以来我将断绝努力空想。

24 岁的年轻伊东对空想癖的烦恼，没想到与法隆寺和学问有了不解之缘，而且那个空想在几年后必将在作为建筑探险家的伊东忠太身上实现。

三、建筑探险家

最初渡海去清国返回日本那年的 12 月，伊东和中牟千代子结婚，婚后不到 3 年的 1902 年（明治 35 年）3 月 25 日，出发到中国、印度、土耳其，进行长达 3 年的留学。当时要晋升教授必须留学，相对于通常的研究人员选择欧美等先进国家去锤炼学问，伊东却选择了从中国穿越到印度，经由土耳其、埃及，最后到达欧洲的横穿亚洲大陆的路线。即便是辰野金吾也选择了 3 年的英国修行。

由于没有横穿亚洲留学的先例，文部省的批准很不顺畅。要说服大学当局也颇费周折。伊东的亚洲之行是作为晋升帝国大学教授的留学，要知道无论如何这也是破格行为。深知大探险面临大学的反对和旅程的艰难，而敢于挑战的背景，天生的空想癖、对学问的真挚探究可追寻到『推古式』法隆寺渊源的行程、开拓未知领域的冒险精神、喜欢引人注目，富有功名心等野心，浑然不觉地在伊东内心翻滚，诱使他走上探险之路。

例如：三番五次叙述过的冈仓天心。伊东忠太成为东京美术学校讲师的1893年7月至第二年2月，校长冈仓接受宫内省之命调查清国美术。从门司出发途经釜山、仁川、芝罘的乘船旅行，在天津登陆。绕道北京、开封、洛阳、西安、成都，顺长江而下，来到上海，返回出发港口门司，这个漫长的旅行，不仅其行程，就连旅行日记都使伊东的头大了三圈（注25）。

日本的德意志考古学家海因里希·施利曼式的人物——人类学家鸟居龙藏入籍帝国大学人类学专业，经历了辽东半岛考古学调查（1894年）、前后四次台湾原住民人类学调查（1896～1899年），进行了中国西南地区苗族调查（1902年7月～1903年3月），不知疲倦地长途跋涉，博得了江湖好评。在去中国西南地区旅行途中，鸟居在贵州省贵阳府卖掉的轿子，一年后在同一个地方伊东将其买下乘坐。27岁的光瑞率领的大谷探险队第一次开始横穿中亚，不可思议地和伊东留学渡海同样都是在1902年，鸟居卖轿后不久在杨松那个地方，伊东和大谷探险队别动队两人遭遇。风闻河口慧海（1866～1945）向西藏进发，也是大旅行出发前在北京逗留的伊东他们的重要话题（注26）。鸟居、伊东，还有大谷、河口四个人都在令人吃惊的近距离进行过探险（注27）。

里希特霍芬的弟子、具有瑞典人坚韧意志的探险斯文·赫定（1865～1952）真正地挺进中亚探险是在1893年。他正在幻都楼兰古都挖掘之时，伊东在挥汗调查紫禁城，英国探险家斯坦因（1862～1943）1900年出发去进行最初的中亚探险，他发现敦煌千佛洞是在1907。同样，法国的敦煌学者佩里奥（1878～1945）还在越南河内远东学院任教（注29）。伊东和这些欧美著名探险家们生活在同一时代。尽管等待他们的是白热化的竞争，伊东名义上称为留学，实则进行大探险的条件完全具备了。

如果说，伊东忠太调查紫禁城是第一回的话，那么包含琉球在内，共计在海外进行了多达11次的探险调查。对于当时的日本人来说，这是个压倒的多数。把这11次旅行大致划分一下的话，可划分为前后两个时期，披荆斩棘踏入未涉足之地旨在发现的探险为前期，晚年参观浏览游山玩水为后期。不管哪个时期，片刻也未曾放松记笔记，一丝不苟地记述下了每天的活动动向。

这11次旅行中最为精彩的压轴好戏不管怎么说也是第二次，即1902年3月25日至1905年6月22日描写的始于清国的旅行。关于在中国国内的旅行将在下一章叙述。在此先简述一下穿越中国后的旅行。从中国云南进入缅甸巴莫的伊东，沿伊洛瓦底江南下到仰光，乘航路前往加尔各答。在印度参观9个月，穿过红海，全力以赴探查叙利亚、土耳其、希腊、埃及各地的史迹，从欧洲经由美国，1905年6月回国（注29）。

以下，第3次满州（1905年8月13日～1906年2月23日）、第4次江苏、浙江、安徽、江西等中国华南地区调查（1907年9月5日～12月11日）、第5次广东省（1909年12月20日～1910年4月8日）、第6次越南（1912年1月16日～2月22日），无一不是走过留学的艰险路程，起到填补了过去空白的作用。从年龄上看，从紫禁城调查时34岁，到越南旅行44岁，这是工作最圆熟时期的调查。

后期旅行，山东省（第7次，1902年8月）、琉球（第8次、1924年7月）、北京、大同（第9次，1930年5月）、热河（第10次、1935年7月），虽然包含伊东本身未涉足地的参观，但是已经不是当年只身深入内地那种冒险性质的旅行了。考虑到年过60的伊东的体力，自是理所当然，另外从中国来看，探险的时代已经过去。最后的旅行是1937年2月至次年6月去德国作为日德交换教授的远渡重洋（注30）。

贯穿伊东这个探险人生，因最初的法隆寺研究，而用自己的双眼凝视欧亚大陆，想用自己的双腿走遍欧亚大陆这种痴心妄想几近奢望。但是他能够得以实行了如此之多的调查的历史背景，散发弥漫着战争和日本侵略主义的血雨腥风。紫禁城调查本身是这样。多数调查旅行对伊东的东洋建筑史研究贡献颇大，但是，与此同时，日本和日本人的优越感、国粹主义在他们心灵中也成长起来。

四、关于清国

本书正如『编者的话』所言，伊东探险旅行携带的现场笔记清国部分按照原尺寸、原颜色（一部分单色）印刷的。都带有布制封面横翻笔记。

与此不同的是，书脊皮标上《日志》，第1页上只印『南船北马　天』、『南船北马　地』、『南船北马　人』笔记文字，笔记3册，另外，包括封面『南船北马　天』，内题有『渡清日记』一册，共计4册，与见闻录呼应。老实说，虽然这本见闻录可与日志形成互补的同时，还是回味伊东旅行足迹最富兴趣的读书方法，可是在日志尚未公开刊出的现在，只能依据本书的『说明图』，摘录其部分内容，添加在见闻录的旁边。一看日志的日期，便清楚从出发，到走遍清国，穿越缅甸，经印度最后到达欧洲，再次记录成册。虽然这也和见闻录一样，是携带的笔记，但只是把清国部分放在最后，用了一句形容中国大陆辽阔的成语『南船北马』作为标题。

《手绘清朝》5册如本书所示，由分别标有地名和页数的目录开始，追随伊东的旅程，用地图、图画、文字描绘了摆在眼前的实物、发现的问题等。那些图画线条有踌躇，天才的运笔无需恭维。与其说是天赋的素养，不如说是作为兴趣爱好刻苦训练的结果。

见闻录的内容涉及到了方方面面，逐一描写了探险的行程及所到之处该地域概况、建筑物配置及细节、雕刻、服装、发型等人们的风俗、家具等起居穿着打扮、形形色色的自然风景等，有时还加上一些出自幻想的天女、龙等，使得见闻录内容大放异彩。一百多年前冈仓天心清国之旅的路线，虽然有一部分和伊东重合，但他留下来的《中国旅行日记》所描述的见闻录，尽管确确实实要比伊东的优美流畅，且有欣赏绘画能力，但在准确和多彩方面要逊色于伊东。要把所见所闻全都记录下来，这种伊东的执着劲头，冈仓的日志里没有（注32）。

虽然伊东奠定起来的日本建筑史和东洋建筑史现在已经过时，只有建筑史学的意义，但是这本见闻录和日志告诉我们，在没有现成知识情况下，汇集见闻，带着以往的地方志，去发现、去发明，使其在历史中扎根，对于现在几乎等于空白的历史学家无疑是道美味佳肴。日本的建筑史学其大部分时间劳力都耗费在了木造建筑的鉴定和年代判定上了，而伊东的手法也是一样。在北京所看到的建筑物几乎都是明、清时代的，伊东之旅的工作就是粗略地把握清国存在的古建筑总量。那就像是伊东作为建筑史家初次进入奈良和京都鉴定建筑物的一个延伸。

作为首次探险，伊东选定了山西地区，应该说那是极富远见卓识的。现在，中国最古老的木造建筑物就是战后发现的山西省五台山南禅寺（唐782年），虽然伊东无从知道它的存在，但除此以外的多数辽、金时代的建筑物现在实际保存着。伊东将其一部分出版公之于众，必将成为高度评价的对象。伊东发现云冈石窟、大同善华寺、应县佛宫寺木塔时欣喜若狂的劲头儿，与他在日本法隆寺发现希腊建筑特色时遥相呼应。详情请看一下佑信氏解说中引用的伊东日记。不过，对于伊东倍感遗憾的是，和欧美的斯文·海定（1865—1952）、斯坦因（1862—1943）、佩里奥（1878—1945）等探险家生在同一时代，有同样重要发现，可是错过了评价的机会。身处远东，与欧美学会相距遥远，发表成果的运气不佳，与此同时也起因于他自己调查的杂乱无章没有系统性。

可是，伊东他们一行人的探险气壮山河，现在的我们是无法想像的。在铁路交通网的建设刚刚开始的中国，可依赖的交通工具只能是原始手段。坐马车、骑马、徒步从县城到县城。迟迟没有进展的行程令人焦急万分，但是知道大陆辽阔的人反而会对他们果敢的举动赞叹不已。一天前进约60里，途中如果有史迹，还要写生拍照。晚上找住宿处，会见地方行政官员知县，交换意见。而唯一的乐趣就是享受期待的晚餐，记日志是每天必修课，一直坚持不懈。住宿条件差，不干净不卫生，饭食难吃，臭虫、跳蚤、蚊子之多，令人一筹莫展。唯一支撑就是前人未曾涉足的学术探险这么个名誉，看到谁都未曾见过的东西这么个小小的欲望。

从山西旅行归来回到北京的伊东，马不停蹄地出发去南边探险。其路线如同前面已经叙述过的那样，10年前也是伊东的老师冈仓走过的路。先到开封，然后南下，西折洛阳方向，到西安。从西安奔成都，沿长江而下坐船到汉口。虽然这师徒二人的性格酷似，说好的话，是气宇轩昂心胸开阔，说坏的话，是粗枝大叶草率粗疏，但是对照比较日记来看，前者更简洁，表现富有诗意，伊东则对一些琐碎之事也津津乐道。

从汉口坐船去长沙，然后南下贵州、云南的行程，重走一年前人类学者鸟居龙藏所走过的路线。鸟居的日记原本没有出版。恐怕以此为基础稍加改动的日记体《从人类学角度看华南（中国西南）》（1926年，富山房）和伊东未出版的私人日记如实进行比较，恐怕鸟居的就不那么优秀了。尽管如此也可以看出，如果加上见闻录，就可以避开人类学者鸟居的耳目，把目睹的一切均可写入记录。所以这个见闻录不仅仅是建筑史，也可以说还有风俗史及民族史的价值。

见闻录中到处描绘着的幻想图，正是伊东自幼小就喜欢的消遣事的延伸。他把自己想象为天女，一边和龙在戏耍，一边自由自在漂浮在大陆空间的图画，是伊东最为喜欢的构成。日记的妄想或梦想展开双翅。每天夜晚做梦的内容都一丝不苟地记录下来，翻开那个日记，从故乡、大学生活、日本建筑学会一类世俗的内容，到荒唐无稽的空想铺天盖地，把那些都精心地记录下来，留下的性格除了敬佩之外，还有点儿让人感觉毛骨悚然。或许本来就有的妄想癖，由于清国大旅行心情的紧张感愈加扩大，一下子全都迸发出来了。

伊东这次清国旅行和其它数次调查旅行所得到的见识，在此后的未来为东洋建筑史所利用，或设计，作为具体形式表现了出来。其中作为代表作的筑地本愿寺，印度建筑风格的躯体如今仍奇妙地屹立在那里。关于他的这些论文及设计的内容和评价，这里已经没有篇幅言及了。伊东在亚洲的探险纯真无邪，但是却未被继承下来，而尘封在这个现场记录及他的几个作品中了。我期待着这个现场记录出版，但愿这个被尘封已久的妄想再度获得解放，让她在历史学中振翅高飞。

注

（1）关于伊东忠太最初的清国渡海航行和紫禁城调查，村山正司『溥仪即位7年前，那个特写「紫禁城」』（《周刊朝日》8月12日号，1988年朝日新闻社）进行了简要记述。《渡清日记》《紫禁城实测帐》为伊东佑信氏所藏。

另外，有关伊东忠太的整理研究及传记还有以下作品：岸田日出刀《伊东忠太》（乾元社，1945年）、建筑史研究会『伊东忠太先生追悼号』（《建筑史研究》17号，1954年，彰国社）、平井圣『东洋建筑的展开・明治期』（日本建筑学会编《日本近代建筑学发达史》，第10编建筑史学史，1972年，丸善）、前野晓『伊东忠太』（村松贞次郎编《日本建筑〈明治大正昭和〉8・样式美的挽歌》，1982年，三省堂）。

（2）小川一真『小川一真翁经历谈』（《朝日图表》6，1928年，朝日新闻社）。

（3）奥山恒五郎『关于北京紫禁城建筑装饰』4（《建筑杂志》182号，1902年）21页。

（4）《文部省往复》1901年（东京大学史史料室保管A108），20、21丁。

（5）同注（3）。

（6）伊东忠太的调查报告作为正式稿有『清国北京紫禁城殿门的建筑』（《东京帝国大学工科大学学术报告》4，1903年，之后的《伊东忠太建筑文献・卷3・东洋建筑的研究・上》，龙吟社，1936年收）。其他，还有『伊东氏紫禁城建筑谈』（《日本美术》37，1901年）、『北京紫禁城建筑谈』（《建筑杂志》178，1901年）、『北京城建筑』（《史学杂志》12–11，1901年）、『北京紫禁城建筑谈』（《考古界》1–6，1901年）、『关于北京城等的建筑』（《史学杂志》12–11，1901年）。

此外，请看奥山恒五郎的报告『关于北京紫禁城建筑装饰』1–4（《建筑杂志》179号，1902年）。小川一真的写真集作为《清国北京皇城写真帐》出版。

（7）伊东传记性记述主要依据前述注（1）岸田日出刀《建筑学者伊东忠太》。

（8）稻叶信子『通过日记《浮世之旅》看帝国大学生伊东忠太的大学生生活——明治22–23年工科大制学造学科第一年次』（《生活文化史》12号，日本生活文化史学会，1987年）。

（9）伊东忠太『法隆寺研究的动机』（《建筑史》第二卷第二号）。此外，日本近代建筑史研究的开端和伊东忠太的联系，关于伊东建筑史研究的特色，稻恒荣三『建筑史研究的开端——伊东忠太和关野贞』（日本建筑学会编《日本近代建筑发达史》，第10编建筑史学，1972年，丸善）有确切分析。本章多依据该论考。

（11）上述注（8），27～31页。

（12）稻叶信子『关于木子清敬在帝国大学（东京帝国大学）讲授日本建筑学』（《日本建筑学会计划系论文集报告集》374号，1987年）。

（13）上述注（1），岸田日出刀《建筑学者伊东忠太》38～39页。

（14）伊东忠太『关于日本建筑艺术研究的必要及其研究方针』（《伊东忠太建筑文献六论丛・随笔・漫笔》，龙吟社，1937年）。

（15）伊东忠太『法隆寺建筑论』（《伊东忠太建筑文献》——日本建筑研究〈上〉，龙吟社，1937年，113页）。

（16）冈仓天心『奈良古社寺调查手录』（《伊东忠太全集》8卷，平凡社，1981年），6，28页。

（17）冈仓天心『日本美术史』（《冈仓天心全集》），4卷，平凡社，1980年），41～49页。

（18）欧内斯特·F·费诺罗萨《东洋美术史纲》〈上〉（森东吾译、东京美术、1987年）尽管确实是1906年执笔，框架和逻辑展开比冈仓天心的『日本美术史』创造要早。

（19）上述注（8）、31～32页。

（20）石田干之助《欧人的中国研究》（日本图书株式会社、1946年）。1781年以荷兰人组成的巴达维亚学艺协会为开端，欧美人组成的亚洲关系学会，1822年在巴黎，次年在伦敦结成。

（21）关于费迪南德·里希特霍芬的中国之行，海老原正雄译《中国旅行日记》（庆应书房、1943年）。

参照内海治一译《中国》（岩波书店、1943年）。

另外，作为传记有高山洋吉编译《里希特霍芬传》（庆应书房、1941年）。

（22）深田久弥《中亚探险史》（白水社、1971年）、433页。

（23）曾根俊虎《中国北部纪行》（前、后编）（海军省、1879年）。

（24）例如：小室信介《第一清游记》（自由灯出版社、1885年）、冈千仞《观光纪游》（私家版、1892年）都是1884年清国访问纪行文。

（25）冈仓天心『支那旅行日志（明治26年）』（《冈仓天心全集》5卷、平凡社、1979年）、及解题。

（26）鸟居龙藏『某老学徒手记』（《鸟居龙藏全集》第12卷、1976年、朝日新闻社）。另外，伊东和鸟居龙藏、大谷探险队的遭遇，见伊东忠太『中国旅行谈　其五』（《伊东忠太建筑文献五　见学·纪行》、龙吟社、1937年）、302、309～310页。

（27）伊东忠太《南船北马　天》、明治35年5月30日项。

（28）上述、注（22）390～430、471～478页。

（29）第二次探险旅行『中国旅行谈』（其一）～（其五）、『缅甸旅行茶话』、『印度旅行茶话』、『迦湿弥罗』、『叙利亚沙漠』『横穿小亚细亚旅行谈』、『土耳其、埃及旅行茶话』、『欧亚咽喉』、『希腊旅行茶话』（均详见《伊东忠太建筑文献》、龙吟社、1937年所收）。

（30）第三回以后的旅行细节参照伊东佑信氏所藏伊东忠太自己亲笔书写的日记。

（31）奉天宫殿调查由东京帝国大学派遣鸟居龙藏（理科大学）、市村次郎（文科大学）、伊东忠太（工科大学），此外再加上大阪朝日新闻社的内藤湖南，进行了各自专门领域的调查。伊东主要负责清宁宫所收藏古铜器调查，此外的其它内容请参照，和带队讲师们佐野利器、大熊喜邦、大江新太郎一起进行的佛教遗迹调查。上述注（26）、鸟居龙藏『某老学徒手记』。

（32）参照上述注（25）。

父亲伊东忠太的背影

伊东佑信

汉　学

父亲1867年（庆应3年）10月18日出生于山形县米泽市。因为次年就是明治元年，所以等于和『明治』同岁。

5岁进入藩校——兴让馆学习。首先从背诵《三字经》『人之初，性本善，性相近……』开始，这是和中国文化最早的接触。6岁去东京进入番町小学校读书。不久，由于祖父（军医）工作调动，父亲跟着去了佐仓。在佐仓上了续敬德老师的汉学私塾，学习文章规范、十八史略。

14岁返回东京，进入东京外国语学校学习德语专业，和西洋文化初次接触。留下了明治15年9月至16年7月学年的『定期试业点表』。德语的读法、译文等和数学、地理、历史等一般科目，总共20个科目的考试成绩表。

在这里，另外还有叫做『皇汉修身两学』的科目。『皇汉』修史记、文章规范、日本外史，『修身』读《论语》、《大学》等。一看表，一级上有哥哥熊治（后改名佑彦），成绩是忠太稍好。

对于明治时代的人来说，『故事成语』是切身的东西。《三国志》、《水浒传》、《西游记》、《红楼梦》、《聊斋志异》之类读物里活跃的人物们为大家所熟悉。我们上小学时（大正9年左右）老师要求我们吟咏『天莫空勾践　时非无范蠡』等诗句。

父亲虽然并未特别对我们阐明汉学，但是不知不觉之间我们就记住了玄德、关羽、张飞、孔明，还有其他《西游记》等方方面面的名字。例如：父亲饭后曾朗诵文天祥的『正气歌』。

稍加手势动作便称之为『正气舞』。记得一唱一和到『天地有正气，杂然赋流形……在齐太史简（朗诵至此还用筷子敲击茶碗），在晋董狐笔（砰）……在汉苏武节。……』

父亲留学的主题是『探寻日本佛教寺院的源流』，第一目标是中国。因为父亲汉学素养的缘故，在心理上对中国倍感亲切，但是，在近代学问研究上所能求索的信息甚是贫乏。在这个意义上讲，也是对未知的挑战（探险）。父亲的中国行可以说是践行明治时期『和魂洋才』思想创造新『汉学』。

父亲使用和调查用的『野贴』（野外用笔记本）同类型的笔记本记日志。行动记录、途中情况和发生的事情、住宿地情况、和知县等的交谈、甚至前一天晚上做的梦都记录在案。关于调查内容有『野贴』，停留在记载所拜访寺庙的名字，刻骨铭心之处所感所想也记上。

在大同，调查『……华严寺的形式维持辽金时代初创时格局……高兴劲头无以比拟，兴高采烈近似于疯狂……』到了云岗发现石窟时吃惊地得瘫坐在地上。记录着『实属意外之意外。我得知法隆寺的故乡无限高兴……』在广州遭遇大木塔。写有『我得到意外发现物，欢欣雀跃，在半狂状态下调查拍照……』。

应该说父亲是幸运的，以意外发现的形式，给予最主要主题的最大级解答。虽然没说『这是神佛的指引』，但他的妻子即我的母亲是那么认为的。

拜访的寺庙、参拜的堂塔、拜见的佛的数量不可能数，所以这也是一次『巡礼之旅』。兴奋不已的父亲如愿以偿进入了五台山。关于五台山的印象，总觉得好像是在高原的山边一般，而单调平板的山顶让人感到着实意外。野帖（野外用笔记本）也有的地方写道『想像○○，实际○○』采取比较图的描写方式。所以这也是一次确认和修正原来脑海里图像的旅行。

国体胜于贤明的君主。

父亲1947年（昭和22年）迎来了80岁大寿，战后社会状况来了个180度大转弯。1949年（昭和24年）1月26日法隆寺的金堂失火，对父亲的冲击很大。法隆寺是父亲研究日本寺院建筑的原点。在很多事情上一直都互相有干系。可以说好像是父亲的终生伴侣。不久父亲完全隐居起来（注4）。

按照哥哥的说法，晚年的父亲恋恋不舍地翻阅着『野贴』。好像把颜色变淡的铅笔字迹又重新描黑。『野帖』中的错别字、误记很多又被重新加工，可能是忠实地沿着原铅笔线又过了一遍。1954年（昭和29年）4月7日父亲86岁，结束了他的一生。

注

（1）《忠太自画传》（和纸两折、木口和装订、竖14×横20厘米）和合页的右面是短文，左面是配上画的手书小册子。开始『忠太出生』，从『前往京城』迁居佐仓的番町小学时代，在那里生活的方方面面等，分50个项目讲述。封面上写着『上』，但『下』似乎未完。执笔年代不详。

（2）东京大学藤岛亥治郎名誉教授讲述，和伊东比赛画地图，结果自己彻底失败，当时是凭记忆画欧洲轮廓，父亲首先把半岛和港湾深处的顶端都点出来，然后再把那些点接连起来。

（3）据藤岛教授介绍说，伊东在东大的研究室桌子上，放着泡有福尔马林的虾、蜥蜴、昆虫、鳄鱼等。

（4）据说，去世的前一年（昭和28年）伊东把卷起的图画纸亲手交给藤岛教授，满脸认真地只是说『不得了了，不得了了』。那上面是伊东亲笔画的红莲起火，烧毁了的法隆寺金堂。法隆寺火灾已经是4年前出的事。而且那是父亲多年来对往返惯了的东大的最后一次拜访。

伊东忠太大略年谱

1867（庆应 3） 出生在米泽市，父亲佑顺，母亲花子（内藤氏）

1871（明治 4） 4岁 进入藩学兴让馆学习。

1873（明治 6） 到东京，进入现千代田区立番町小学学习。

1879（明治 12） 移居千叶县佐仓，升入中学。

1881（明治 14） 14岁 返回东京，进入外国语学校学习德语。

1885（明治 18） 外国语学校撤销，转入第一高等学校预科（后来的一高）插班学习。

1889（明治 22） 进入东京大学工科大学建筑专业学习。

1882（明治 25） 25岁 东京大学工科大学毕业，进入研究生院学习。

1893（明治 26） 受东京美术学校（现东京艺大）委托在该大学讲授建筑装饰术。

成为帝室博物馆有关建筑物品调查方特约人员。

受委托作为平安神宫规划设计监督的管理人员

（1895年〈明治28〉兴建完成。）

1896（明治 29） 成为古社寺保存会委员。

1897（明治 30） 30岁 成为东京大学工科大学讲师。

1898（明治 31） 《法隆寺建筑论》纪要第一册第一号由东京帝国大学出版。

被委任造神宫技师兼内务技师。

1901（明治 34） 被授予工学博士。7～8月出差去北京。调查故宫（作为外国人是首次）

12月和中牟田鹤子结婚（后改名千代子）。

1902（明治 35） 35岁 3月出发去中国（清）、印度、土耳其、欧美留学3年。

4～7月调查北京、大同、五台山，发现云冈石窟

1903（明治 36） 从中国（清）中部经云南、贵州调查缅甸。

1904（明治 37） 3月前往调查印度。

3月起在埃及、叙利亚、土耳其调查。

1905（明治 38） 6月经欧美回国。被任命为东京帝国大学教授。

8月出差到中国（清），调查满州各地。

1907（明治 40） 40岁 出差到中国（清）调查江苏、浙江、安徽、江西各地。

1909（明治 42） 出差到中国（清），主要调查广东省。

1911（明治 44） 《文样集成》（全60辑，大正5年完，伊东忠太・关野贞・冢本靖共著，建筑学会刊）

1912（明治 45） 出差法属印度支那（现越南）。调查东京地区。

1913（大正 2） 日本美术协会第三部副委员长，东大寺大佛殿重建工程顾问。

古社寺保存计划调查特约顾问。

1914（大正 3） 帝室博物馆学艺委员。

1915（大正 4） 明治神宫营建参议，工营科长。

1916（大正 5） 法隆寺壁画保存调查委员，造神宫使厅特约顾问。

1917（大正 6） 明治神宫奉赞会设计及工程委员，日本美术协会第三委员长。

1918（大正 7） 朝鲜神宫营造有关事务特约顾问，圣德绘画馆审查委员。

1919（大正 8） 临时议院建筑局常务顾问。

1920（大正 9） 出差到中国山东省，调查青岛、济南地区。明治神宫完成。

1921（大正 10） 55岁 纪念和平东京博览会顾问。

1923	（大正 12）		学术研究会议会员、帝都复兴院评议员。
1924	（大正 13）		外务省对中国文化事务局事务特约顾问。 出差去冲绳县，调查琉球文化活动（镰仓芳太郎氏同行）。
1925	（大正 14）		帝国学士院会员、营缮管财局顾问。
1926	（昭和 1）		名胜古迹天然纪念物保存协会评议员。
1927	（昭和 2）	60岁	帝室博物馆评议员。
1928	（昭和 3）		3月，因退休制，辞去东京帝国大学官职，成为名誉教授。 被委任早稻田大学教授。
1929	（昭和 4）		临时正仓院宝库调查委员会委员、东京工业大学讲师。 东方文化学院东京研究所研究员。
1930	（昭和 5）		5月，去北京、大同调查。
1931	（昭和 6）		着手编辑《伊东忠太建筑文献》。军人会馆顾问。
1933	（昭和 8）		帝室博物馆营造工程顾问。重要美术品等调查委员会委员。
1934	（昭和 9）		关东军司令部特约顾问。日满文化协会评议员。伪满州国出差。
1935	（昭和 10）		7月，伪满州国特约顾问、热河离宫・遗迹调查。 文部省宗教局特约顾问。
1936	（昭和 11）		台湾神社营造特约顾问。
1937	（昭和 12）	70岁	帝国艺术学院会员。日本万国博览会会场设计委员。 日德文化协会理事。2月，作为文化交换教授去德国出差。次年6月回国。
1938	（昭和 13）		辞去东方文化学院东京研究所研究员，成为评议员。 伪满州国民生部特约顾问、伪晋北政府特约顾问（热河遗迹・云冈石窟保存等）。 帝室博物馆顾问。
1939	（昭和 14）		法隆寺壁画保存委员会会长。
1940	（昭和 15）		访问北京、承德。
1941	（昭和 16）		学士院明治以前日本科学史编纂委员（1943年〈昭和18〉年委员长）。
1943	（昭和 18）		获文化勋章。
1945	（昭和 20）	78岁	日本战败。
1949	（昭和 24）		法隆寺金堂火灾。壁画烧毁。
1954	（昭和 29）	86岁	在东京都文京区自家住宅去世。

主要建筑作品

1895（明治 28）　平安神宫（规划·设计·监督管理）
1898（明治 31）　丰国庙（规划·设计·监督管理）
1900（明治 33）　台湾神宫（规划·设计）
1909（明治 42）　浅野总一郎公馆（监督管理·佐佐木岩次郎设计）
1912（明治 45）　桦太神社（设计）
1914（大正 3）　不忍池弁天天龙门（设计·监督管理）
1916（大正 5）　弥彦神社（设计）
1918（大正 7）　伦敦博览会日本馆（设计）
1919（大正 8）　临时议院建筑局常务顾问
1920（大正 9）　明治神宫（设计·监督管理）
1921（大正 10）　出云神社（设计·监督管理）
1923（大正 12）　上杉神社（规划·设计·监督管理）
1925（大正 14）　朝鲜神宫（设计·监督管理）
增上寺大殿（设计·监督管理）
1927（昭和 2）　大仓集古馆（设计·监督管理）
入泽达吉公馆《枫荻庄》（设计·监督管理）（后让给近卫文，改称《荻外庄》）
1930（昭和 5）　震灾纪念堂（设计·监督管理）
1931（昭和 6）　中山法华经寺经殿（设计/与内田洋三氏共同·监督）
1934（昭和 9）　筑地本愿寺（设计·监督管理）、最乘寺真殿本堂（设计·监督管理）
1935（昭和 10）　尾崎神社（岩手县）、高丽神社（玉县·设计）、山田长政碑（泰国·设计）
1936（昭和 11）　成田山新胜寺太子堂·开山堂（设计·监督管理）
1937（昭和 12）　总持寺大僧堂（顾问）、善光寺毗沙门堂（设计）
1938（昭和 13）　德国哈根贝克动物园日本庭园、柏林日本大使馆（设计）

★其他还有许多纪念碑、像台座、墓的设计监督。

主要著作

论文多刊登在《建筑杂志》《国华》《日本美术》等上，但几乎都可以在《伊东忠太建筑文献》《东洋建筑研究》等看到，所以这里只限选择主要公开发行的图书，而共著的除外。

《阿修罗帖》1—5（大正 5）国粹社
《摘自我的漫画帖》（大正 13）实业之日本社
《支那北京城建筑》伊东忠太解说（大正 15 年）建筑工艺出版社
《伊东忠太建筑文献》1—6（昭和 11—12）龙吟社
《法隆寺》（昭和 15）创元社
《支那建筑装饰》1—5（昭和 16—19）东方文化学院
《琉球—建筑文化—》（昭和 17）东峰书房
《东洋建筑研究》上·下（昭和 20）龙吟社